U0941117

甘肃金融年鉴

Almanac of Cansu′s Finance and Banking

甘肃金融年鉴编委会

2010

图书在版编目（CIP）数据

甘肃金融年鉴. 2010 /《甘肃金融年鉴》编委会编. —
兰州：甘肃人民出版社，2010.12
ISBN 978-7-226-04072-0

Ⅰ. ①甘… Ⅱ. ①甘… Ⅲ. ①金融事业—甘肃省—
2010—年鉴 Ⅳ. ①F832.742-54

中国版本图书馆 CIP 数据核字（2010）第252297号

责任编辑：肖林霞
封面设计：薛惠兰

甘肃金融年鉴 （2010）
《甘肃金融年鉴》编委会 编
甘肃人民出版社出版发行
（730030 兰州市南滨河东路520号）
甘肃欧亚印刷有限公司印刷
开本880毫米×1230毫米 1/16 印张 32.25 插页 24 字数 1518 千
2010年12月第1版 2010年12月第1次印刷
印数：1~3 800
ISBN 978-7-226-04072-0 定价：158.00 元

《甘肃金融年鉴》编辑委员会

《甘肃金融年鉴》编辑部成员名单

《甘肃金融年鉴》组稿单位及组稿编辑名单

组稿单位	组稿编辑
中国人民银行兰州中心支行	许朝阳
中国银行业监督管理委员会甘肃监管局	赵　宁
中国证券监督管理委员会甘肃监管局	许尔远
中国保险监督管理委员会甘肃监管局	刘景琪
国家开发银行甘肃省分行	汪国平
中国农业发展银行甘肃省分行	牛效智
中国工商银行股份有限公司甘肃省分行	张建军
中国农业银行股份有限公司甘肃省分行	丁兆魁
中国银行股份有限公司甘肃省分行	钱　俊
中国建设银行股份有限公司甘肃省分行	李　京
交通银行股份有限公司甘肃省分行	徐旭东
招商银行股份有限公司兰州分行	魏磊平
上海浦东发展银行股份有限公司兰州分行	贺国华
中信银行股份有限公司兰州分行	范海啸
中国邮政储蓄银行有限责任公司甘肃省分行	赵　钧
甘肃省农村信用社联合社	王　强
兰州银行股份有限公司	袁志军
中国银联股份有限公司甘肃分公司	杜永强
中国华融资产管理公司兰州办事处	司晓磊
中国长城资产管理公司兰州办事处	刘明煜
中国东方资产管理公司兰州办事处	王　辉
中国信达资产管理公司兰州办事处	张剑眉
华龙证券有限责任公司	朱宗云
中国人民财产保险股份有限公司甘肃省分公司	赵小梅
中国人寿保险股份有限公司甘肃省分公司	宋　平
中国太平洋财产保险股份有限公司甘肃分公司	王财元
中国太平洋人寿保险股份有限公司甘肃分公司	赵　杰
中国平安财产保险股份有限公司甘肃分公司	李建凤
中国平安人寿保险股份有限公司甘肃分公司	李会荣

组稿单位	组稿编辑
兰州市	刘红艺
白银市	吴正鹍
天水市	石望林
嘉峪关市	朱海亮
金昌市	李广炎
武威市	巴泰基
张掖市	贺树杰
平凉市	孙小平
庆阳市	李亚雯
酒泉市	王晓芳
定西市	金启昊
陇南市	王应权
临夏州	马继洲
甘南州	王连华

编 辑 说 明

一、《甘肃金融年鉴》是以年为期，记载甘肃金融事业发展里程的大型历史性、资料性工具书。自1993年以来，它逐年系统汇辑各种经济、金融信息数据和史实资料，真实客观地反映甘肃金融改革和发展的进程、情况和变化，供广大经济界、金融界人士查阅、交流、借鉴，为深化金融改革和推动金融事业发展服务。

二、本卷为《甘肃金融年鉴》总第18卷，主要反映2009年甘肃金融事业发展的基本情况，在组稿、筛选和编纂工作中力求体现科学性、资料性、全面性和连续性。凡有影响的大事、情况，能如实反映全省金融业务发展的文字资料、数据和图表、图片，我们均尽力收录并进行了精心编辑加工。

三、本卷年鉴主要由彩页和正文两大部分构成，正文分九个栏目，采用条目式编排，本着重事实、重数据、据实论理的编史要求，以翔实、丰富的资料、数据、图表和文字，真实地记载了2009年甘肃包括银行业、证券业、保险业在内的金融业主要业绩和基本情况。编排中，适当考虑金融业务门类的单元组成。在按资料性质分类编排的部类中，金融机构的排列顺序只按照一般惯例，即以人民银行、监管局、政策性银行、商业银行、资产管理公司、证券类公司、保险公司及其他非银行金融机构为序排列，不含名次高低之意。

四、本卷年鉴中，国民经济统计资料以省统计局的统计口径为准，全省金融统计资料以人民银行统计部门的统计口径为准，金融系统机构、人员、财务统计及名录，是根据各金融机构人事、财务部门提供的资料汇总的，在使用时请注意统计口径的差别和适用范围。

五、因年鉴篇幅有限，对2009年省内各金融机构制定的有关条例、制度、办法、实施细则和撰写的调研材料，只选其部分做了收录。

六、《甘肃金融年鉴》的编纂工作是在全省各金融机构共同组成的编委会和甘肃省金融学会的组织领导下进行的，并得到了全省金融系统各单位领导的大力支持。各组稿单位的组稿、编撰人员为本书的出版付出了辛勤的劳动；广大摄影爱好者提供了大量精美的图片；人民银行兰州中心支行调查统计处汇总了大量的统计资料。在此，一并表示衷心的感谢。

七、由于我们的编纂水平有限，书中难免有缺陷和疏漏之处，诚请广大读者批评指正。

《甘肃金融年鉴》编辑部

2010年9月

目 录

第一部分:经济、金融形势与重要方针政策

第二部分:金融改革与发展

第三部分:各市、州金融发展情况

第四部分:调查报告与专题材料

第五部分:金融学会、协会及金融研究成果

第六部分:金融法规、制度、办法选编

第七部分:甘肃金融大事记

第八部分:经济、金融统计资料

第九部分:金融机构、负责人名录

序言

2009年是新世纪以来我国经济发展最为困难的一年。在党中央、国务院的坚强领导下，我国有效应对国际金融危机冲击，在全球率先实现经济总体回升向好；科学处理改革发展中的深层次矛盾和各类突发事件，有力维护了社会稳定和人民群众根本利益；举国欢庆迎来了共和国60周年华诞，中国特色社会主义事业取得新的重大进展。一年来，全省金融部门紧紧围绕中共甘肃省委、省政府确定的“四抓、三支撑”总体工作思路，在应对危机中，谋求主动，在坚定信心中把握机遇，在攻坚克难中高效履职，为全省经济社会平稳较快发展做出了新的贡献。

坚持“保增长、调结构、扩内需”，金融宏观调控取得显著成效。面对严峻复杂的经济金融形势，全省人民银行紧扣甘肃经济发展脉搏，坚定不移地执行适度宽松货币政策，全面落实应对金融危机一揽子计划，综合运用窗口指导、工具引导和市场传导等多种手段，科学准确实施金融宏观调控政策。全省金融机构坚持正确处理保增长与防风险的关系、增加信贷总量与优化信贷结构的关系，积极筹措信贷资金，努力加大信贷投入。年底，全省金融机构存、贷款余额分别达5903.13亿元和3739.90亿元，增长24.39%和35.09%，增量均创历史新高，为全省经济回升向好提供了有力的金融支持。累计发放灾后重建贷款371.15亿元，金融支持灾后重建取得阶段性成果。

坚持科学监管，确保了全省金融业安全稳定运行。全省人民银行依法履行金融管理职责，积极防范和化解系统性金融风险，有效维护了全省金融体系稳定。银行监管部门按照“人本监管、动态监管、功能监管”思路，坚持“一行一策”、“一社一策”，综合运用多种手段，推进系统性、持续性监管，有效防范化解了金融运行风险。证券监管部门坚持以完善市场基础制度为抓手，以规范上市公司营运行为为着力点，加大监管力度，促进了全省证券市场健康发展。保险监管部门按照“防风险、调结构、稳增长”的要求，不断加强和改进保险监管，维护了良好的保险市场秩序。

坚持市场化方向，金融改革深入推进。开发银行甘肃省分行商业化转型稳步实施。农业发展银行甘肃省分行支农领域进一步拓宽。农业银行“三农”服务试点范围不断扩大。按照“上下联动、整体推进”的部署，工商银行、中国银行、建设银行积极巩固股份制改革成果，改革的穿透力和对经济的渗透力进一步增强。中信实业银行兰州分行开业，浙商银行兰州分行积极筹建，兰州银行跨区域经营范围扩大。农村信用社改革继续深化，统一法人社工作基本完成。2009年底，全省已有84家农村合作金融机构通过专项票据兑付考核，兑付资金9.72亿元。新型农村金融机构改革试点取得新的进展，年末，全省合作银行12家、村镇银行8家、资金互助社2家、小额贷款公司32家。全省金融体系进一步健全，金融服务功能和市场竞争力明显提升。

坚持贴近市场原则，金融服务质量进一步提高。小额支付业务、支票影像交换系统推广和兰州票据清分系统升级工作顺利完成，农民工用卡特色服务全面启动，城乡一体化支付结算体系建设深入推进。财税库银横向联网系统在全省上线运行，国库集中支付业务稳步推开。信贷市场评级健康发展，社会信用体系建设有序推进。银行卡受理环境进一步改善。100亿元中期票据、33亿元短期融资券、15亿元企业债券、65亿元地方政府债券成功发行，上市公司质量和竞争力明显提升，资本市场融资能力不断增强。农村小额人身险等新兴险种不断推出，工程险、出口信用险及传统险快速发展，保险网络进一步健全，风险补偿、支持发展的功能进一步增 强。特色化、精细化、综合化金融产品推陈出新，金融服务质量和效率进一步提升。

鉴史知今，继往开来。新一卷《甘肃金融年鉴》，翔实记录了2009年全省金融改革发展的历史足迹，生动反映了全省金融工作者奋发作为、支持发展的精神风貌和优良业绩，是历史的积累与沉淀，更是对未来的启迪与借鉴。

栉风沐雨，春秋一度岁月稠；乘风破浪，锦帆百幅风力满！让我们以科学发展观为统领，以促进全省经济又好又快发展为己任，以时不我待的紧迫感，改革创新的责任感，开拓进取的使命感，进一步解放思想，凝心聚力，励精图治，不断加强和改进金融宏观调控，努力维护全省金融稳定，全面优化金融服务，进一步增强金融对经济社会发展的核心推动作用，再谱全省金融业改革发展的新篇章。

甘肃省金融学会会长
中国人民银行兰州中心支行行长 杨明基

中国人民银行
The People's Bank of China
兰州中心支行

△中国人民银行副行长苏宁（左三）在西安分行行长刘贵生（左一）、兰州中心支行行长杨明基（左二）的陪同下到人民银行陇南市中心支行进行学习实践科学发展观调研

△中国人民银行副行长易纲（左）与中共甘肃省委常委、常务副省长冯健身（右）会谈

△中国人民银行纪委书记王洪章（左）在陇南调研灾后重建

△中国人民银行清算中心主任励跃（左）与兰州中心支行行长杨明基启动甘肃省现代化支付业务宣传仪式

△中国人民银行兰州中心支行行长杨明基（中）深入张掖市中心支行现场检查基建工作

△中国人民银行兰州中心支行副行长王志武在年终决算日慰问加班干部职工

△中国人民银行兰州中心支行副行长陶君道（后排中）主持与中国金融电子化公司战略合作签约仪式，深入推进全省人民银行信息化建设

△中国人民银行兰州中心支行工会主任白克荣（中）组织干部职工向扶贫点捐款捐物

△中国人民银行兰州中心支行副行长王世元（中）出席天水市“金融活动周”现场

△中国人民银行兰州中心支行开展反假币知识宣传活动，纪委书记张立民（左）为群众现场讲解

△中国人民银行兰州中心支行副行长李文瑞（右）在业务竞赛现场巡视

△中国人民银行兰州中心支行举办甘肃省农民工银行卡特色服务开通仪式，积极优化农村金融服务工作

CBRC 中国银行业监督管理委员会

China Banking Regulatory Commission

甘 肃 监 管 局

△中国银行业监督管理委员会副主席郭利根在甘肃调研指导工作

△中国银行业监督管理委员会纪委书记王华庆赴白银银监分局调研

△甘肃部分全国人大代表、全国政协委员听取甘肃银监局工作汇报

△甘肃银监局召开2009年工作会议

△甘肃银监局举办庆“七一”“廉政杯”书法摄影短信作品大赛

△甘肃银监局举办庆祝祖国60华诞“我和我的祖国”诗歌朗诵会

中国证券监督管理委员会
China Securities Regulatory Commission
甘 肃 监 管 局

△中国证券监督管理委员会主席助理朱从玖（中）参加甘肃证监局民主生活会

△甘肃证监局召开民主生活会

△甘肃证监局与甘肃保监局联谊文艺演出

△甘肃证监局举办庆祝建国60周年演讲演唱会

△甘肃证监局干部职工在新疆小白杨哨所接受爱国主义教育

▷甘肃证监局组队参加中国证监会羽毛球比赛

CIRC 中国保险监督管理委员会

China Insurance Regulatory Commission

甘肃监管局

△中央第二金融企业巡视调研组莅临甘肃保监局指导工作

△中共甘肃省委常委、组织部部长侯长安（右）视察全省保险行业协会党组织建设情况

△甘肃保监局召开全省保险工作会议

△甘肃保监局召开甘肃保险业党风廉政建设暨治理商业贿赂工作联席会议

△甘肃保监局召开2009年上半年市场运营分析会

△甘肃保监局举办甘肃保险业“学新法、迎国庆”知识竞赛活动

甘肃省银行业协会

The Banking Association of Gansu Province

△甘肃省银行业协会银行卡工作委员会召开第三届换届会议

△甘肃省银行业协会举办银行业文明规范服务先进事迹报告会

△甘肃省银行业协会召开银行业"信贷诚信企业"评选工作会议

△甘肃省银行业协会举办农村金融机构中层干部远程教育培训班

△甘肃省银行业协会举办甘肃省银行业"迎国庆、颂祖国"合唱比赛

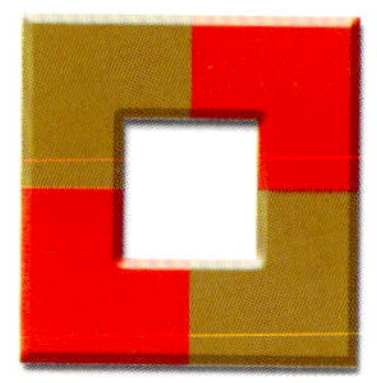

国家开发银行 甘肃省分行

China Development Bank

△甘肃省人民政府与国家开发银行签订"5·12"地震受灾农户住房重建项目合作协议

△国家开发银行甘肃省分行行长杨文清荣获2009年度省长金融奖及金融支持地方突出贡献奖

△国家开发银行甘肃省分行作为牵头行，组织兰州南山路项目银团贷款签约仪式

△国家开发银行甘肃省分行行长杨文清深入"5·12"汶川特大地震灾区陇南调研灾后重建工作

△国家开发银行甘肃省分行实施服务企业"走出去"战略，支持金川公司海外资源合作项目

△国家开发银行甘肃省分行支持新农村建设，与英国联合农业公司座谈特色农业产业化项目合作

△国家开发银行甘肃省分行支持地方高校建设，行长杨文清一行赴西北师范大学现场调研

△国家开发银行甘肃省分行大力支持全省规划工作，召开《兰白都市经济圈规划》专家咨询论证会

△国家开发银行甘肃省分行全面推进生源地助学贷款，开展县级学生资助中心工作人员业务培训

△国家开发银行甘肃省分行丰富员工业余生活，举办沙漠运动会

中国农业发展银行 甘肃省分行

AGRICULTURAL DEVELOPMENT BANK OF CHINA

△中国农业发展银行甘肃省分行领导班子

△中国农业发展银行甘肃省分行行长蔺秦生陪同甘肃省政协副主席侯生华（右二）深入企业调研

△中国农业发展银行甘肃省分行正式开办国际业务

△中国农业发展银行平川支行正式挂牌营业

△中国农业发展银行甘肃省分行召开客户营销与合作洽谈会

△中国农业发展银行甘肃省分行行长蔺秦生开展棉花收购资金供应管理情况调研

△中国农业发展银行甘肃省分行组队参加甘肃银行业协会主办的“迎国庆、颂祖国”歌咏比赛

△中国农业发展银行甘肃省分行举办第二届业务技能比赛(图为单指单张点钞比赛现场)

中国工商银行 甘肃省分行

INDUSTRIAL AND COMMERCIAL BANK OF CHINA

△中国工商银行股份有限公司副行长李晓鹏（左）与中共甘肃省委常委、常务副省长冯健身（右）亲切交谈

△中国工商银行股份有限公司副行长牛锡明（左一）深入酒钢公司了解不锈钢生产情况

△中共甘肃省委常委、政法委书记罗笑虎（右一）视察中国工商银行股份有限公司甘肃省分行安全保卫工作

△中国工商银行股份有限公司甘肃省分行与甘肃省电力投资集团公司签订融资顾问合作协议

△中国工商银行股份有限公司甘肃省分行积极支持兰州市庙摊子整体改造项目

△中国工商银行股份有限公司甘肃省分行捐建“5·12”汶川特大地震陇南灾区希望小学2所120万元

△中国工商银行股份有限公司甘肃省分行开展信息系统灾难恢复应急演练工作

△中国工商银行股份有限公司甘肃省分行党委班子参观甘肃银行业反腐倡廉集中警示教育展览

△中国工商银行股份有限公司甘肃省分行参加兰州理工大学90年校庆

△中国工商银行股份有限公司甘肃省分行在“重阳节”来临之际走访慰问老干部

中国农业银行 甘肃省分行

AGRICULTURAL BANK OF CHINA

△中共甘肃省委书记陆浩（右二）、省长徐守盛（右一）与中国农业银行股份有限公司董事长项俊波（左二）、执行董事、副行长杨琨（左一）共商政银合作事宜

△中国农业银行股份有限公司董事长项俊波（前排中）、甘肃省副省长冯健身（前排右）考察农业银行定西分行安定支行“三农”流动服务点和乡镇自助银行建设情况

△中共定西市委、市政府向中国农业银行股份有限公司赠送“大行德广 惠泽万家”锦旗

△中国农业银行股份有限公司行长张云参观农业银行定西分行服务“三农”展览

△中国农业银行股份有限公司与甘肃省人民政府在兰州签署银政战略合作备忘录

△中国农业银行股份有限公司甘肃省分行举行与甘肃省各市、州政府战略合作协议签约仪式暨甘肃省农业银行存款突破800亿元、储蓄存款突破500亿元庆典活动

△中国农业银行股份有限公司甘肃省分行客户经理深入农村为农户现场办理惠农卡业务及小额贷款业务

△中国农业银行股份有限公司甘肃省分行召开第一届职工代表大会第二次会议

△甘肃省农村金融学会召开第六次代表大会

△中国农业银行股份有限公司甘肃省分行贷款支持建设的康县新农村

甘肃省分行

△中共甘肃省委书记陆浩视察中国银行股份有限公司甘肃省分行营业部

△中国人民银行兰州中心支行行长杨明基在中国银行股份有限公司甘肃省分行视察调研

△中国银行股份有限公司甘肃省分行与兰州大学签订全面合作协议

△中国银行股份有限公司甘肃省分行与甘肃省农村信用社签订全面业务合作协议

△中国银行股份有限公司甘肃省分行与华龙证券有限责任公司签订全面业务合作协议

△中国银行股份有限公司甘肃省分行召开2009年工作会议

△中国银行股份有限公司甘肃省分行开展全员营销劳动竞赛活动

△中国银行股份有限公司甘肃省分行为和政县吊潭乡中心小学捐建中银理财图书室

△中国银行股份有限公司甘肃省分行举办外经贸企业迎春答谢联谊会

△标准化的中国银行股份有限公司营业网点

△中国建设银行股份有限公司副行长范一飞在甘肃省分行皋兰路支行检查指导工作

△中国建设银行股份有限公司党委副书记、监事长谢渡扬来甘肃省分行调研期间到网点检查指导工作

△甘肃省人民政府与中国建设银行股份有限公司在北京签订100亿元中期票据业务合作备忘录

△中国建设银行股份有限公司甘肃省分行与中国电信股份有限公司甘肃分公司签订全面业务合作协议

△中国建设银行股份有限公司甘肃省分行与兰州大学第一医院签订"健康龙卡"揭卡暨全面合作协议

△中国建设银行股份有限公司甘肃省分行与读者出版集团有限公司签订企业年金基金受托管理（含账户管理）合同

△中国建设银行股份有限公司西北地区铁路项目业务协调会在兰州召开

△中国建设银行股份有限公司甘肃省分行与读者出版集团有限公司举办双百双优送文化主题活动暨业务合作签字仪式

△2009年6月12日，中国建设银行股份有限公司甘肃省分行与甘肃信托有限责任公司签订了全面业务合作协议

△2009年3月6日中国建设银行股份有限公司甘肃省分行召开工作会议

招商银行 兰州分行

CHINA MERCHANTS BANK

△中共甘肃省委书记陆浩（左二）与招商银行股份有限公司行长马蔚华（右二）亲切会晤

△ 中共甘肃省委书记陆浩、常务副省长冯健身、兰州市委书记陆武成等领导出席招商银行股份有限公司兰州分行2010年新年音乐会

△招商银行股份有限公司监事会主席史纪良一行视察兰州分行

△兰州市委、市政府领导在年终决算日慰问招商银行股份有限公司兰州分行员工

△招商银行股份有限公司兰州分行与中国银联甘肃分公司举办“‘和’您一起，向国庆献礼”营销活动启动仪式

△招商银行股份有限公司兰州分行举办财富健康赢未来理财教育公益行活动

△招商银行股份有限公司兰州分行深入社区宣传

△招商银行股份有限公司兰州分行组织业务技能竞赛

△招商银行股份有限公司兰州分行举办财政公务卡“快乐购”答谢会

△招商银行股份有限公司兰州分行举办“金葵花”羌族少儿合唱团爱心义卖活动

△招商银行股份有限公司兰州分行一年一度的新年音乐会，铸就金城金融文化品牌

△招商银行股份有限公司兰州分行“群英争霸”竞技运动会上高潮迭起

浦发银行 SPD BANK 兰州分行

△中共甘肃省委常委、常务副省长冯健身（右）会见上海浦东发展银行股份有限公司董事长吉晓辉（左）

△上海浦东发展银行股份有限公司董事长吉晓辉视察兰州分行营业部

△原中共甘肃省委书记李子奇一行在上海浦东发展银行股份有限公司兰州分行视察指导工作

△上海浦东发展银行股份有限公司兰州分行与甘肃省农垦集团签订战略合作协议

△上海浦东发展银行股份有限公司兰州城关支行开业

△上海浦东发展银行股份有限公司兰州分行与兰州住房公积金管理中心签订住房公积金委托贷款业务合作协议

△兰州市中小企业融资政银企保对接洽谈会浦发银行分会场现场

△上海浦东发展银行股份有限公司兰州分行行领导看望福利院儿童

△上海浦东发展银行股份有限公司兰州分行举办“浦发周年情”志愿者活动

△上海浦东发展银行股份有限公司兰州分行举办知识竞赛

中信银行 兰州分行
CHINA CITIC BANK

△中共甘肃省委书记陆浩(左四)、省长徐守盛(左三)会见中信银行股份有限公司行长陈小宪(右三)

△中信银行股份有限公司兰州分行举行盛大开业庆典仪式，中信银行行长陈小宪(右)和甘肃省常务副省长冯健身为中信银行兰州分行揭牌

△中信银行股份有限公司副行长苏国新(左)拜会甘肃省常务副省长冯健身

△中国银行业监督管理委员会甘肃监管局副局长刘青(右)向中信银行股份有限公司兰州分行颁发金融许可证

△中共兰州市委常委、市纪委书记徐伟一行看望年终决算日坚守工作岗位的中信银行股份有限公司兰州分行员工

△中信银行股份有限公司兰州分行行长王立就促进兰白经济一体化与当地党政领导深入交换意见

△中信银行股份有限公司兰州分行邀请优质个人客户，召开私人银行产品说明会

△中信银行股份有限公司兰州分行竭诚为各类客户提供差异化、高效优质的金融服务

△中信银行股份有限公司兰州分行开展户外宣传活动

△中信银行股份有限公司“同根、同源、同梦想”重走长征路活动誓师大会在兰州隆重举行，60位来自中信银行全国各分行的客户经理重走甘肃陕西段红军长征路线，共同体验长征精神

◁中信银行股份有限公司兰州分行与中国电信甘肃分公司联合举办迎国庆羽毛球联谊赛

交通银行 BANK OF COMMUNICATIONS 甘肃省分行

△兰州市委、市政府领导莅临交通银行股份有限公司甘肃省分行进行新年慰问

△交通银行股份有限公司甘肃省分行成功承办2009年甘肃省金融形势分析会

△交通银行股份有限公司甘肃省分行西固天鹅湖沃德财富中心开业

△交通银行股份有限公司甘肃省分行召开2009年二季度沃德财富之旅投资报告会

△交通银行股份有限公司甘肃省分行上海世博会服务志愿者宣誓

△交通银行股份有限公司甘肃省分行举行庆祝建国60周年暨建行20周年职工文艺晚会

△甘肃省副省长张晓兰(女)在甘肃省农村信用社联合社调研

△甘肃省农村信用社联合社领导班子成员

△甘肃省农村信用社联合社党委书记、理事长雷志强在定西市安定区调研

△甘肃省农村信用社为农民提供上门金融服务

△甘肃省农村信用社的业务柜台

△甘肃省农村信用社支持农民增产增收

兰州银行

BANK OF LANZHOU

△兰州银行股份有限公司举办银政合作签字仪式暨更名一周年座谈会

△兰州银行股份有限公司发起成立甘肃省首家银企协会

△兰州银行股份有限公司举办兰州中小企业融资洽谈会

△兰州银行股份有限公司与红古区人民政府签订合作发展授信协议

△兰州银行股份有限公司认真践行社会责任，全力支持民生工程

△兰州银行股份有限公司举办“祝福祖国”大型职工文艺汇演

△中国银联常务副总裁蔡剑波（右一）在甘肃分公司考察

△中国银联甘肃分公司举办甘肃省银行卡产业展望论坛

△中国银联甘肃分公司召开2009年一季度甘肃省银行卡业务分析会

△中国银联甘肃分公司召开党员组织生活会

△中国银联甘肃分公司举办甘肃省银行卡业务培训班

△中国银联甘肃分公司举办二代商户平台操作培训班

中国华融资产管理公司

China HuaRong Asset Management Corporation

兰州办事处

△中国工商银行股份有限公司与中国华融资产管理公司业务合作座谈会在兰州隆重召开

△中国华融资产管理公司副总裁章琳（右二）在兰州办事处调研指导工作

△中国华融资产管理公司兰州办事处与中国工商银行股份有限公司甘肃省分行签订全面业务合作协议

△中国华融资产管理公司兰州办事处与天水市人民政府签订战略合作协议

△中国华融资产管理公司兰州办事处召开党委（扩大）会议暨上半年业务经营汇报交流会议

△中国华融资产管理公司兰州办事处召开债转股企业座谈会

中国长城资产管理公司
China Great Wall Asset Management Corporation
兰州办事处

△中共甘肃省委副书记、省长徐守盛（左）会见中国长城资产管理公司总裁赵东平（右）

△中国长城资产管理公司总裁赵东平、副总裁周礼耀与兰州办事处全体员工合影

△兰州市副市长杨志武与中国长城资产管理公司副总裁周礼耀代表双方签订全面战略合作协议

△中国质量中心检查组莅临中国长城资产管理公司兰州办事处审核ISO9001质量风险管理体系运行情况

△中国长城资产管理公司兰州办事处参加甘肃省银行业协会主办的“迎国庆、颂祖国”歌唱比赛

△长城资产管理公司兰州办事处参加中国长城资产管理公司10周年庆典文艺演出

中国东方资产管理公司
China Orient Asset Management Corporation
兰州办事处

△中国东方资产管理公司法律事务部总经理许向阳（中）在兰州办事处调研指导工作

△中国东方资产管理公司兰州办事处副总经理张尊院与哈密地委书记郭连山亲切会晤

△中国东方资产管理公司兰州办事处召开2009年年中工作会议

△中国东方资产管理公司兰州办事处组织爱国主义教育活动

△中国东方资产管理公司兰州办事处组织员工参观甘肃会宁会师塔

△中国东方资产管理公司兰州办事处参加甘肃省银行业协会“迎国庆、颂祖国”合唱比赛

中国信达资产管理股份有限公司

China Cinda Asset Management Corporation

甘 肃 省 分 公 司

△中国信达资产管理公司副总裁肖林(中)在兰州办事处检查指导工作

△2009年信达集团特约研究员会议在兰州举行

△中国信达资产管理公司兰州办事处主任李月瑾在纪检工作会议上讲话

△中国信达资产管理公司兰州办事处与青海盐湖工业集团股份有限公司签订战略合作协议

△中国信达资产管理公司兰州办事处成立10周年庆典

△中国信达资产管理公司兰州办事处参加甘肃省银行业协会“迎国庆、颂祖国”合唱比赛

华龍証券
CHINA DRAGON SECURITIES

华龙证券有限责任公司

△华龙证券有限责任公司与中国电信股份有限公司甘肃分公司签订战略合作协议

△华龙证券有限责任公司与读者出版集团有限公司签订上市辅导协议

△华龙证券有限责任公司举办保荐公司债券发行网上投资者交流会

△华龙证券有限责任公司举办保荐公司公开发行可转换公司债券网上投资者交流会

△华龙证券有限责任公司举办职工运动会

△华龙证券有限责任公司举办建国60周年迎国庆文艺表演

PICC 中国人民财产保险股份有限公司
PICC PROPERTY AND CASUALTY COMPANY LIMITED

甘肃省分公司

△中国人民财产保险股份有限公司甘肃省分公司举行庆祝成立60周年华诞联谊会，甘肃保监局局长张瑞为甘肃省分公司资深员工颁奖

△中国人民财产保险股份有限公司甘肃省分公司党组书记、总经理徐加合参加业务宣传咨询活动

△中国人民财产保险股份有限公司甘肃省分公司在兰州市签发电话投保“直通车”机动车保险第一单

△中国人民财产保险股份有限公司甘肃省分公司2009年度营销精英高峰会

△中国人民财产保险股份有限公司甘肃省分公司举办业务技能比武决赛

◁中国人民财产保险股份有限公司甘肃省分公司联谊会上，员工表演节目《千手观音》

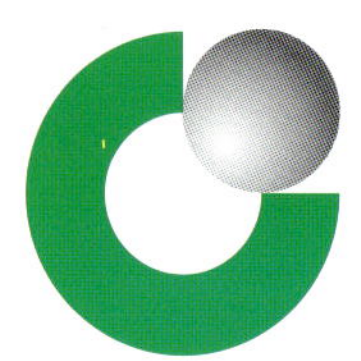

中国人寿保险股份有限公司
China Life Insurance Company Limited

甘肃省分公司

△中国人寿保险股份有限公司总裁万峰（中）在酒泉分公司视察党建工作

△中国人寿保险股份有限公司甘肃省分公司召开业务启动视频大会，总经理王福祥在会上作动员讲话

△中国人寿保险股份有限公司甘肃省分公司召开党委民主生活会

△中国人寿保险股份有限公司甘肃省分公司召开首届三次职工代表大会

△中国人寿保险股份有限公司甘肃省分公司召开本部绩效激励体系改革动员大会

△中国人寿保险股份有限公司甘肃省分公司举办庆祝五一劳动节系列活动，图为拔河比赛现场

中国太平洋财产保险股份有限公司
China Pacific Property Insurance Co.,Ltd.
甘肃分公司

△中国太平洋财产保险股份有限公司甘肃分公司向大唐电力集团送上“5·12”汶川特大地震赔款

△中国太平洋财产保险股份有限公司甘肃分公司非车险业务获总公司表彰奖励

△中国太平洋财产保险股份有限公司甘肃分公司对新员工进行企业文化核心价值观宣导

△中国太平洋财产保险股份有限公司甘肃分公司青年员工参加“激发潜能、熔炼团队”主题拓展训练活动

△中国太平洋财产保险股份有限公司甘肃分公司资助的学生代表为公司献上自己的书法作品

△中国太平洋财产保险股份有限公司甘肃分公司员工在新春团拜会上载歌载舞

中国太平洋人寿保险股份有限公司
China Pacific Life Insurance Co.,Ltd.

甘 肃 分 公 司

△中国太平洋人寿保险股份有限公司甘肃分公司召开2009年度“白海豚”业务竞赛表彰大会

△中国太平洋人寿保险股份有限公司甘肃分公司开展户外拓展训练

△中国太平洋人寿保险股份有限公司酒泉中心支公司开展新《保险法》宣传活动

△中国太平洋人寿保险股份有限公司甘肃分公司工会开展向家庭困难员工送温暖活动

△中国太平洋人寿保险股份有限公司甘肃分公司开展“植树育人”活动

▷中国太平洋人寿保险股份有限公司甘肃分公司举办首届乒乓球、羽毛球比赛

中国平安
PING AN
保险·银行·投资

中国平安财产保险股份有限公司
PING AN OF CHINA PROPERTY & CASUALTY INSURANCE CO,. LTD.

甘肃分公司

△甘肃保监局副局长万金文莅临中国平安财产保险股份有限公司甘肃分公司指导工作

△中国平安财产保险股份有限公司甘肃分公司召开渠道改革启动宣导大会

△中国平安财产保险股份有限公司甘肃分公司召开兰州中支团队主管公开竞聘大会

△中国平安财产保险股份有限公司甘肃分公司举行保险中介代理联谊会

△中国平安财产保险股份有限公司嘉峪关中心支公司全体员工看望、慰问孤寡老人

△中国平安财产保险股份有限公司甘肃分公司在甘肃保险业“学新法、迎国庆”知识竞赛中荣获二等奖

中国平安
PING AN
保险·银行·投资

中国平安人寿保险股份有限公司
PING AN OF CHINA LIFE INSURANCE CO,. LTD.
甘肃分公司

△武威民勤夹河乡平安希望小学落成典礼仪式

△中国平安人寿保险股份有限公司甘肃分公司和甘肃电视台经济频道联合推出首档保险理财节目《平安理财》

△中国平安人寿保险股份有限公司甘肃分公司举办“十年华诞、成就价值”成立10周年庆典

△中国平安人寿保险股份有限公司甘肃分公司组织2009年度“新农村、新希望”中国平安希望小学支教行动

△ “你的快乐、我的承诺” 中国平安人寿保险股份有限公司甘肃分公司客户服务节启动仪式

△中国平安人寿保险股份有限公司甘肃分公司举办“快乐工作、健康生活” 2009年平安夜活动

第一部分

经济、金融形势与重要方针政策

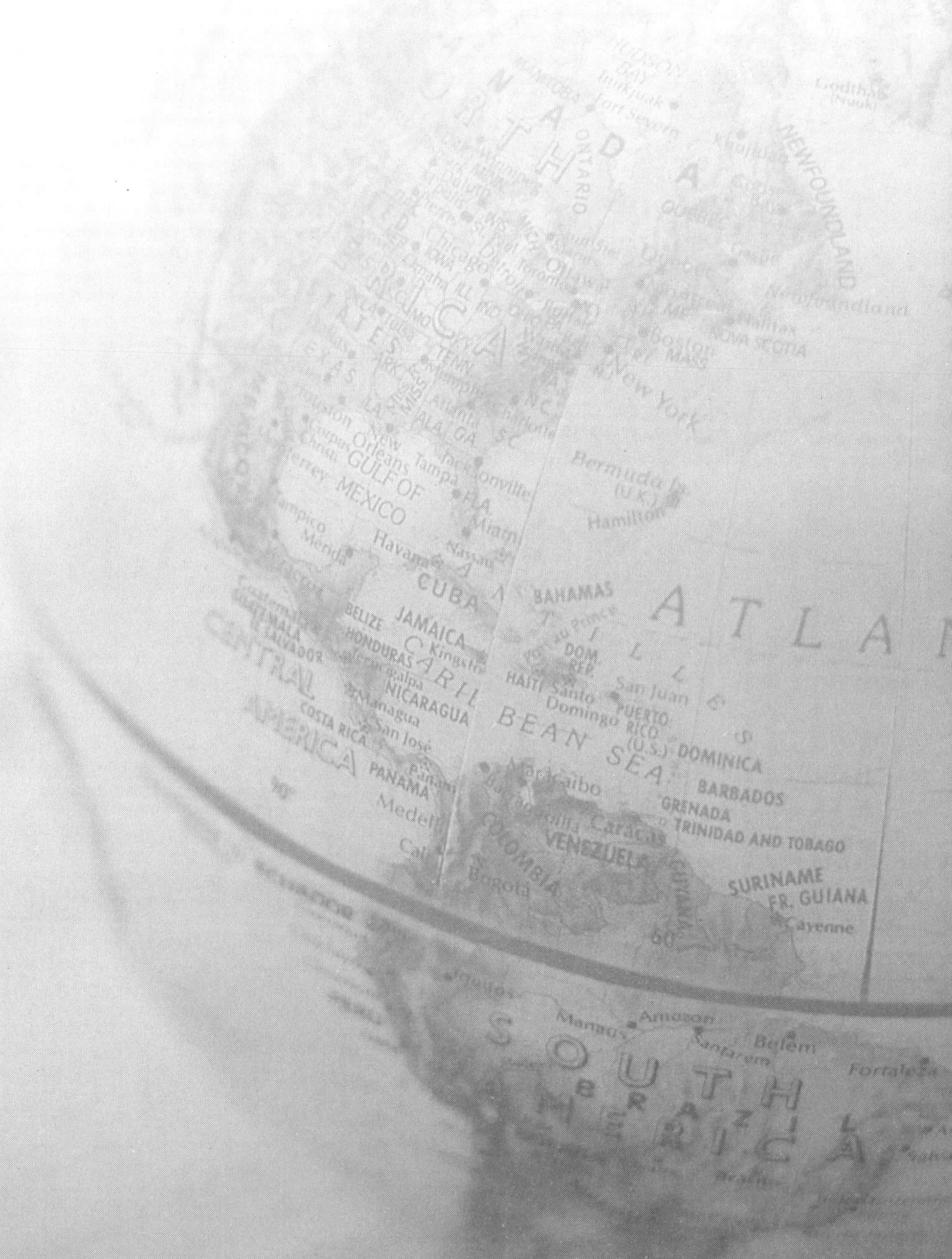

甘肃省2009年国民经济和社会发展情况

2009年，面对国际金融危机严重冲击和干旱、洪涝等自然灾害的影响，全省人民坚持以科学发展观统领经济社会发展全局，全面贯彻落实中央应对金融危机的一揽子计划和政策措施，坚持“四抓三支撑”的总体工作思路，以保增长、保民生、保稳定为主线，强化薄弱环节，破解发展难题，有效遏制了经济下滑态势，国民经济保持了平稳较快发展。

一、综　合

经济增长：全年全省实现生产总值3 382.35亿元，比上年增长10.10%。其中，第一产业增加值497.50亿元，增长4.90%；第二产业增加值1 510.98亿元，增长10.40%；第三产业增加值1 373.87亿元，增长11.30%，其中金融保险业增加值88.27亿元，增长20.10%，批发和零售贸易业增加值231.21亿元，增长15.30%，房地产业增加值101.37亿元，增长7%。按常住人口计算，全省人均生产总值12 852元，比上年增长9.40%。三次产业结构由上年的14.55∶46.33∶39.12调整为14.71∶44.67∶40.62，与上年相比，第二产业所占比重下降1.66个百分点，第一、三产业所占比重分别提高0.16和1.50个百分点。

就业：年末全省就业人员1 488.63万人，比上年末增长2.92%。其中，城镇就业人员413.84万人，增长4.05%。年末城镇登记失业率3.25%，比上年末提高0.05个百分点。下岗失业人员再就业10.90万人，下降6.84%。

物价：全省居民消费价格总水平比上年上涨1.30%，其中城市上涨0.90%，农村上涨2.20%。全省商品零售价格总水平比上年上涨1.80%，农业生产资料价格总水平下降1%。

全年全省工业品出厂价格总水平比上年下降9%，原材料、燃料、动力购进价格总水平下降9.50%，固定资产投资价格总水平上涨1.45%，农产品生产价格总水平上涨0.22%。

二、农　业

全年粮食总产量906.2万吨，比上年增长2%。其中，夏粮总产341.30万吨，下降2.80%；秋粮总产564.90万吨，增长5.20%。

粮食作物种植面积为274万公顷，比上年增长2.13%；棉花种植面积5.57万公顷，下降23.45%；油料种植面积35.19万公顷，增长6.08%；糖料种植面积0.45万公顷，下降2.62%；蔬菜种植面积37.16万公顷，增长1.05%。

年末大牲畜存栏623.22万头，比上年增长4.30%；羊存栏1 726.70万只，增长4.80%。年末牛、羊出栏分别为151.66万头和1 036.67万只，分别比上年增长6.70%和6.10%。猪存栏、出栏分别为600.59万头和638.93万头，分别增长3.80%和4.40%。

全年肉类总产量83.32万吨，比上年增长5.19%，其中牛肉、羊肉分别增长9.54%和6.05%。牛奶产量37.69万吨，增长3.12%；绵羊毛产量2.64万吨，增长6.55%。全年水产品产量1.19万吨，比上年增长2.51%。

主要经济作物中，棉花产量9.54万吨，比上年下降22.52%。药材产量50.36万吨，比上年增长8.15%；甜菜产量20.42万吨，增长1.65%；油料产量58.54万吨，增长9.35%；烤烟产量1.02万吨，增长24.69%；蔬菜产量1 145.35万吨，增长5.83%。

全年新增有效灌溉面积1.57万公顷，比上年下降16.49%，新增节水灌溉面积5.85万公顷，增长62.95%，综合治理水土流失面积7.81万平方公里，增长1.69%。

三、工业和建筑业

工业：全年全省完成工业增加值1 191.25亿元，比上年增长9.90%。规模以上工业企业完成工业增加值1 136.71亿元，比上年增长10.60%。其中国有及国有控股企业完成工业增加值847.10亿元，增长9%。规模以上工业企业产品销售率97.54%，比上年提高2.05个百分点。

规模以上工业中，中央企业完成工业增加值377.55亿元，比上年增长8.60%；省属企业完成工业增加值399.76亿元，增长12.90%；省以下企业完成工业增加值359.41亿元，增长14.50%。集体企业完成工业增加值38.06亿元，增长27.01%；外商及港澳台投资企业完成工业增加值3 208亿元，增长4.20%；股份制企业完成工业增加值736.62亿元，增长7.90%。轻工业完成增加值169.62亿元，增长9%；重工业完成增加值967.09亿元，增长10.90%。

全年发电量696.65亿千瓦小时，比上年增长1.51%；原煤3 975.96万吨，增长0.60%；原油359.91万吨，下降1.50%；原油加工量1 436.59万吨，增长3.58%；粗钢产量626.36万吨，增长21.44%；钢材644.54万吨，增长10.44%；水泥1 816.10万吨，增长15.52%；十种有色金属172.64万吨，增长6.03%。

全年规模以上工业企业盈亏相抵后，实现利润总额155.23亿元，比上年增长1.13倍。其中国有及国有控股企业实现利润118.90亿元，增长2.50倍。规模以上工业亏损企业亏损额47.69亿元，比上年下降68.72%。其中国有及国有控股亏损企业亏损额39.14亿元，下降73.20%。规模以上工业经济效益综合指数为187.44%，比上年提高7.43个百分点。

石化、有色、电力、冶金、食品和机械等支柱产业完成工业增加值占规模以上工业的84.10%。其中，石化工业完成增加值258.86亿元，比上年增长13.51%；有色工业完成增加值200.55亿元，增长15.03%；电力工业完成增加值145.95亿元，增长8.29%；冶金工业完成增加值143.24亿元，增长2.61%；食品工业完成增加值120.23亿元，增长10.06%；机械工业完成增加值87.09亿元，增长13.69%。

全省规模以上装备制造业完成工业增加值92.10亿元，比上年增长13.86%；实现利润9.54亿元，比上年增长20.61%。

建筑业：全省建筑业实现增加值319.73亿元，比上年增长28.12%。全省具有建筑业资质等级的总承包和专业承包建筑业企业实现利润总额17.85亿元，增长13.47%。

四、固定资产投资

固定资产投资：全年全社会固定资产投资2 479.60亿元，比上年增长42.85%。其中，城镇固定资产投资2 076.38亿元，比上年增长38.83%；农村固定资产投资286.64亿元，增长41.89%。

全社会投资按产业分，第一产业投资129.09亿元，比上年增长53.24%；第二产业投资1 206.31亿元，增长44.58%，其中工业投资993.59亿元，增长40.83%；第三产业投资1 144.20亿元，增长40.02%。

城镇项目固定资产投资按行业分，采矿业投资100.88亿元，比上年增长30.37%；制造业投资397.40亿元，增长32.44%；电力、燃气及水的生产和供应业投资407.80亿元，增长56.73%；交通运输、仓储和邮政业投资145.04亿元，增长37.07%。

房地产开发投资：城镇固定资产投资中，房地产开发投资204.14亿元，比上年增长19.59%。其中住宅投资137.32亿元，增长10.57%。房屋施工面积2 543.10万平方米，增长32.83%；房屋竣工面积545.16万平方米，增长56.17%；商品房销售面积696.26万平方米，增长47.73%。商品房销售额174.59亿元，增长70.78%，其中期房销售额107.61亿元，增长97.78%。

五、交通、邮电和旅游

全年全省交通运输、仓储和邮政业实现增加值213.64亿元，比上年增长0.80%。

交通运输：全年各种运输方式完成货物周转量1 477.06亿吨公里，比上年增长1.54%；旅客周转量469.99亿人公里，增长6.49%。

截至年末，全省民用汽车保有量65.75万辆，比上年末增长30.02%。其中，轿车26.26万辆，增长42.77%；本年新注册汽车15.64万辆，增长1.53倍。年末私人汽车保有量51.18万辆，增长42.42%；私人轿车保有量17.06万辆，增长63.78%。

邮电通讯：全年完成邮电业务总量363.56亿元，比上年增长29.93%。其中，电信业务总量355.51亿元，增长30.77%；邮政业务总量8.05亿元，增长1.14%。年末局用交换机总容量439.36万门，比上年末增长3.06%。年末固定电话用户458.98万户，下降11.60%。其中，城市285.94万户，下降14.56%；农村167.99万户，下降8.96%。本年减少固定电话用户60.21万户。年末移动电话用户1 194.37万户，本年新增297.89万户。电话普及率达62.73部/百人，每百人拥有电话比上年增加8.72部。年末互联网上网用户达到103.01万户，增长51.40%，互联网宽带接入用户86.61万户，增长30.31%。

旅游：全年国内旅游人数3 387.67万人（次），比上年增长36.47%；国内旅游收入191.90亿元，增长40.69%。全年境外入境6.07万人（次），比上年下降26.87%。其中，外国人4.51万人（次），下降24.58%；港澳台同胞1.56万人（次），下降33.33%。全年国际旅游外汇收入1 253.84万美元，比上年下降21.80%。

六、国内贸易

全年实现社会消费品零售总额1 183.01亿元，比上年增长18.88%。其中，市的零售额762.95亿元，增长18.72%；县的零售额191.69亿元，增长20.14%；县以下零售额228.36亿元，增长18.38%。分行业看，批发业实现零售额122.92亿元，增长10.08%；零售业实现零售额841.84亿元，增长20.57%；住宿和餐饮业实现零售额194.76亿元，增长19.09%。

全年限额以上批发和零售业实现零售额292.29亿元，比上年增长20.73%。其中，石油及制品类零售额130.09亿元，增长11.45%；汽车类零售额59.02亿元，增长64.51%；食品、饮料、烟酒类零售额30.94亿元，增长44.88%；服装类零售额15.23亿元，增长20.60%；家用电器和音像器材类零售额10.79亿元，增长27.42%；金银珠宝类零售额6.03亿元，增长33.42%；日用品类零售额5.40亿元，增长20.21%；化妆品类零售额2.77亿元，增长18.93%；通讯器材类零售额2.66亿元，下降7.36%。

七、对外经济

对外贸易：全年全省外贸进出口总值38.21亿美元，比上年下降37.30%。其中，出口总值7.35亿美元，下降54.10%；进口总值30.86亿美元，下降31.30%。一般贸易出口5.98亿美元，下降55.69%；加工贸易出口1.30亿美元，下降45.06%。机电产品出口1.15亿美元，下降53.77%。

利用外资：全年外商直接投资合同项目26个。实际使用外商直接投资1.34亿美元，比上年增长4.21%。全年对外承包工程和劳务合作合同金额2.89亿美元，增长1.86倍；对外承包工程和劳务合作完成营业额2.84亿美元，下降6.27%。

八、财政、金融、证券和保险业

财政：全年全省大口径财政收入604.01亿元，比上年增长36.63%。全省一般预算收入286.69亿元，增长20.94%。其中，增值税37.13亿元，下降2.07%；营业税65.25亿元，增长22.76%；企业所得税16.95亿元，下降17.80%；个人所得税8.99亿元，增长10.54%。财政支出1 245.57亿元，增长28.62%。

金融：年末全省金融机构本外币各项存款余额5 903.13

亿元，比上年末增长24.39%。全省金融机构人民币各项存款余额5 881.82亿元，增长24.38%。其中，企业存款余额1 697.09亿元，增长24.22%；城乡居民储蓄存款余额3 026.94亿元，增长22.95%。年末全省金融机构本外币各项贷款余额3 739.90元，比上年末增长35.09%。全省金融机构人民币各项贷款余额3 649.62亿元，增长33.59%。

证券：年末全省共有境内股票上市公司22家，比上年末增加1家。年末股票市价总值1 307亿元，比上年末增长1.84倍。发行、配售股票筹集资金166.05亿元，增长4.73倍。

保险：全年保费收入114.38亿元，比上年增长17.38%。其中，财产险收入27.05亿元，增长19.63%；寿险收入80.34亿元，增长16.73%；健康险和意外伤害险收入6.99亿元，增长16.27%。全年赔付额31.85亿元，比上年增长1.89%。其中，财产险赔款14.43亿元，增长3%；寿险给付14.91亿元，下降0.51%；健康险和意外伤害险赔款2.51亿元，增长11.01%。

九、科学技术、教育

科学技术：全年研究与试验（R&D）发展经费支出33.20亿元，比上年增长2.20%，其中基础研究经费0.30亿元。全年共取得省部级以上科技成果857项，比上年增加69项。其中，基础理论成果40项，应用技术成果769项，软科学成果48项。全年获得奖励181项。受理专利申请2 676件，授权专利1 274件。全年共签订技术合同2 680项，技术合同成交金额35.63亿元，增长19.70%。

教育：全省研究生教育招生0.85万人，比上年增长12.81%，在校研究生2.35万人，增长8.75%；普通高等教育招生11.23万人，增长1.25%，在校学生36.15万人，增长8.92%；中等职业教育招生14.15万人，增长8.96%；普通高中招生21.70万人，增长3.07%；初中学校招生48.23万人，下降0.84%；普通小学招生37.27万人，下降9.32%；特殊教育招生0.20万人，下降4.73%。

十、文化、卫生

文化：年末全省共有文化馆101个，公共图书馆92个，博物馆91个，艺术表演团体79个，广播电台4座，电视台9座，档案馆101个。中短波广播发射台和转播台30座，广播和电视综合人口覆盖率分别为92.63%和92.91%，分别比上年提高0.68和0.97个百分点。有线电视用户195.17万户，增长3.87%。有线数字电视用户90.68万户，增长55.89%。省级报纸出版4.00亿份，比上年增长4.30%，期刊出版1.32亿册，增长3.74%，图书出版8 672.37万册，增长34.18%。

卫生：年末全省共有卫生机构10 324个，其中医院、卫生院1 758个，妇幼保健院（所、站）97个，专科疾病防治院（所、站）34个。医院、卫生院拥有床位76 347张。全省共有疾病预防控制中心（防疫站）102个，卫生技术人员3 651人。卫生监督检验机构103个，卫生技术人员1 615人。乡镇卫生院1 390个，拥有床位19 840张，卫生技术人员16 620人。

十一、人口、人民生活和社会保障

人口：年末全省常住人口2 635.46万人，比上年末增加7.34万人。其中，城镇人口860.48万人，占全省常住人口的32.65%，比上年提高0.50个百分点；乡村人口1 774.98万人，占全省常住人口的67.35%，比上年下降0.50个百分点。按年龄分，0岁－14岁人口占20.81%，比上年末下降0.36个百分点；15岁－64岁人口占71.56%，提高0.31个百分点；65岁及以上人口占7.63%，提高0.05个百分点。按性别分，男性人口占51.28%，女性人口占48.72%。

全年出生人口35.12万人，出生率为13.32‰，比上年上升0.10个千分点；死亡人口17.69万人，死亡率为6.71‰，上升0.03个千分点；人口自然增长率为6.61‰，上升0.07个千分点。

人民生活：全年城镇居民人均可支配收入11 929.78元，比上年增长8.75%；城镇居民消费性支出8 890.79元，增长7.01%；城镇居民家庭食品消费支出占消费总支出的比重为37.78%，比上年下降0.54个百分点。农民人均纯收入2 980.10元，增长9.41%；农村居民人均生活消费支出2 766.45元，增长15.22%；农村居民家庭食品消费支出占消费总支出的比重为41.28%，比上年下降5.89个百分点。年末农村贫困人口389万人，脱贫人口53.40万人，贫困面为18.70%，比上年末下降2.60个百分点。

社会保障：全年新增就业27.80万人，安置下岗失业人员再就业10.90万人；年末全省参加城镇基本养老保险人数230.91万人，比上年末增长4.48%。其中，职工163.37万人，增长4.06%；离退休人员67.54万人，增长5.53%。参加城镇居民基本医疗保险人数285.20万人，比上年末增长4.38%。其中，职工194.52万人，增长8.01%；退休人员77.72万人，增长12.90%。全省参加失业保险人数164.08万人，比上年末增长0.67%。参加工伤保险人数119.72万人，比上年末增长9.96%，其中参保农民工人数32.65万人，增长57.50%。参加生育保险人数71.24万人，比上年末增长20.46%。参加新型农村合作医疗农民人数1 906.92万人，参合率为95.54%。新型农村合作医疗基金累计支出总额18.79亿元，累计受益1 294.44万人。全年城市医疗救助26.20万人（次），比上年增长1.39倍。农村医疗救助88.36万人（次），增长1.11%。民政部门资助农村合作医疗的人数达63万人。全省城镇居民得到政府最低生活保障的人数达83.46万人，比上年末下降7.15%；农村居民得到政府最低生活保障的人数达293.20万人，比上年末下降9.37%。

十二、安全生产与自然灾害

安全生产：全年全省生产安全事故死亡1 758人，比上年下降1.73%。亿元GDP生产安全事故死亡人数0.52人，下降7.14%。工矿商贸企业就业人员生产安全事故10万人死亡人数2.71人，下降9.36%。煤矿百万吨死亡人数0.75人，下降17.58%。全年发生道路交通事故造成1 553人死亡、3 353人受伤，直接经济损失1 224.9万元；道路交通万车死亡人数为9.63人，下降10.75%。

自然灾害：全年农作物受灾面积129.98万公顷，增长4.93%。其中，成灾面积98.16万公顷，增长12.59%；八成至绝收17.11万公顷，增长68.39%。

全年有人值守的地震监测台站25个，地震遥测台网数3个，无人值守地震监测台站258个。全年未发生5级以上地震，分别发生4.8级和3.2级地震一次，造成直接经济损失134.30万元。

（摘自《2009年甘肃省国民经济和社会发展统计公报》）

甘肃省2009年金融运行情况

2009年，全省金融机构以科学发展观为指导，积极应对严峻复杂的经济金融形势，围绕“保增长、扩内需、调结构”这条主线，认真执行适度宽松的货币政策，为扭转经济增速下滑趋势提供了强有力的金融支持。全年全省货币信贷快速增长，流动性合理充裕，金融体系平稳运行。

年末，全省金融机构本外币各项存款、贷款余额分别为5 903.13亿元和3 739.90亿元，同比分别增长24.39%和35.09%。其中，存款增量突破千亿，全年新增加1 155.19亿元，较上年多增加171.67亿元；贷款增量接近千亿，全年新增加969.66亿元，较上年多增加515.23亿元。存款、贷款年增量均创历史新高。

一、货币信贷运行情况

（一）贷款高速增长，金融支持扩大内需成效显著

2009年，全省贷款月度增速均高于上年同期10个百分点以上，年末达到最高点35.09%，为近22年来新高。一至四季度贷款分别增加319.60亿元、229.90亿元、148.40亿元、271.76亿元，全年增量接近千亿元，为全省经济发展提供了充裕的资金保障。从行业、企业结构看，贷款投向重点突出，中小型企业贷款增长较快。全年农业、电力和交通运输业贷款共增加362.90亿元，占行业贷款新增量的44.39%；中小企业贷款增加265亿元，较大型企业多增加55亿元，比年初增加169.70亿元。从银行业结构看，政策性银行、国有商业银行、股份制商业银行、城市商业银行和农村合作金融机构新增贷款分别为173.70亿元、366.30亿元、127.10亿元、61.30亿元和221.90亿元。其中，国有商业银行贷款增加较多；农村信用社（含农村合作金融机构）在各家金融机构中新增贷款全省第一，增长50%；中国银行全年新增贷款113.70亿元，同比增长116.62%。

中长期贷款持续快速增长，有效满足了重点项目建设和农业发展的资金需求。2009年3月以后，随着扩大内需重点建设项目的陆续开工，中长期贷款增速迅速攀升至20%以上。从5月开始，经济形势总体向好，使企业的投资意愿回升；工业企业和扩大内需重点项目对中长期贷款的需求因素相互叠加，使中长期贷款投放进度进一步加快，增速由5月的22.20%提升至12月末的31.54%。全年中长期贷款共增加446.30亿元，较上年多增212.87亿元，占新增贷款总量的46.03%，主要投向了交通、新能源和农业基础设施等扩大内需投资项目及企业生产配套设施建设领域。

工业经济企稳回升，短期贷款迅速增加。从5月开始，随着工业经济的回暖，短期贷款增速迅速提高。6月末，短期贷款增速高达32.80%，较5月末上升了8.30个百分点。此后，短期贷款月度增速基本保持在30%以上。2009年末，全省短期贷款余额1 615.55亿元，同比增长33.03%；全年短期贷款共增加402.04亿元，较上年多增加169.54亿元，占新增贷款总量的41.46%。短期贷款在解决企业暂时性资金困难、推动工业经济快速回升方面发挥了重要作用。

商业银行信贷结构调整意愿增强，票据融资规模波动明显。经济企稳回升使商业银行进行信贷结构调整的意愿增强。票据融资规模自3月达到最高点后，就一直保持下行态势，在规模下降的同时，票据融资结构也出现明显变化，直贴现占比逐步加大，票据业务更多地向实体经济方面倾斜。年末，受票据市场价格及部分商业银行扩大贷款规模的影响，票据融资规模有所增加，12月票据融资增加47.86亿元，较上年多增48.26亿元。年末，票据融资余额217.52亿元，全年票据融资共增加98.40亿元，占全部贷款增量的比重由3月末的37.55%下降至10.15%。其中直贴现占比60.63%，较3月末上升了6.90个百分点。

消费性贷款增量较大，其中个人住房消费贷款占69.07%。受扩大消费内需政策影响，2009年全省消费性贷款增量明显提高。年末，居民户消费性贷款余额186.05亿元，增幅高达47.45%。全年共增加59.40亿元，较上年多增41.35亿元。1月—4月，消费性贷款呈波动增长态势，期间共增加7.44亿元；5月以后，转变为稳步快速增长，期间共增加33.60亿元；5月—10月，月均增量在5亿元以上。11月以来，受住房、汽车消费优惠政策紧缩预期加强的影响，消费信贷增速明显加快，11月和12月居民户消费性贷款分别增加11.40亿元和6.87亿元，较上年同期分别多增6.90亿元和5.82亿元。

个人住房贷款是居民户消费性贷款增长的主体。年末，个人住房贷款余额125.72亿元，占居民户消费性贷款的67.57%，较年初增加41.03亿元，占同期居民户消费性贷款增量的69.07%。

外贸形势逐步好转，外汇贷款恢复性增长。外汇贷款自8月同比增速首次由负转正后，一直保持正增长，且增速不断提高。年末，全省外汇贷款余额13.22亿美元，同比增长147.10%，增加7.88亿美元，较上年多增8.62亿美元。外贸形势的好转是外汇贷款增加的主要原因，除此之外，外汇

贷款利率较低及人民币升值预期增强，也使得相关企业利用外汇贷款的积极性大大提高。

房地产市场迅速升温，房地产开发贷款大幅增加。2009年初，商业银行积极调整房地产贷款结构，加大了对实力强、信用好的政府土地储备机构和保障性住房建设的信贷支持。下半年以来，房地产市场迅速回暖，对房地产企业的贷款开始大幅增加。12月末，全省房地产开发贷款余额102.82亿元，较上年末增加25.85亿元，同比增长33.57%，增幅较上年提高18.08个百分点。政府土地储备机构贷款余额13.88亿元，是上年的2.64倍。

实际贷款利率水平下降，利率下浮贷款比重上升。在2008年连续降低存贷款基准利率的背景下，2009年全省金融机构贷款加权平均利率6.55%，较上年下降1.36个百分点。其中一年期贷款加权平均利率为6.40%，较上年末降低1.69个百分点，高于基准利率1.09个百分点，上浮幅度为20%。1月—12月，全省金融机构贷款利率总体呈下行态势，6月达到最低点5.64%，7月和8月略有回升，自9月开始平稳回落。全省信贷投放进一步向重点领域集中，银行业金融机构议价能力有所减弱，普遍执行下浮贷款利率以争取优质客户。2009年，全省金融机构利率下浮贷款占比53.49%，较上年提高12.16个百分点。其中大型企业贷款中利率下浮贷款比重较上年提高14.63个百分点至74.63%。

（二）存款增量突破千亿，储蓄存款活期化趋势增强

年末，全省金融机构人民币各项存款余额5 881.82亿元，同比增长24.38%，增势较为平稳。全年全省金融机构新增人民币各项存款1 150.72亿元，较上年多增116.07亿元。

储蓄存款增势趋缓，活期化趋势增强。年末，全省金融机构人民币储蓄存款余额3 026.94亿元，同比增长22.95%，较上年降低5.65个百分点。储蓄存款共增加563.90亿元，仅比上年多增16.03亿元。其中，活期存款增加324.69亿元，较上年多增135.32亿元；定期存款增加239.21亿元，较上年减少119.29亿元。储蓄存款增势趋缓、活期化趋势加强的主要原因：一是受国家减免汽车购置税等刺激消费优惠政策的推动，居民消费支出增加较多。二是2009年资本市场发展较好，部分储蓄流入资本市场。三是年末受房贷政策调整预期加强及汽车购置税政策变化影响，居民购房、购车热情进一步高涨，分流了部分储蓄存款。

企业存款大幅波动，贷款派生因素影响较大。年末，全省金融机构人民币企业存款余额1 697.09亿元，同比增长24.22%。全年企业存款增加322.77亿元，较上年多增80.42亿元。2009年以来，企业存款波动明显，其中1月、4月、7月、9月和11月末，均出现余额下降现象。在短期贷款大幅增加的月份，由于贷款派生的因素，企业存款也大幅增加。企业存款波动在一定程度上反映了2009年全省工业经济运行的困难局面。随着信贷的大幅增加，为实体经济注入大量“血液”，全省工业企业资金状况逐步趋于好转。

二、金融市场运行情况

（一）债券市场交易强劲增长

全省2家银行间债券市场成员面对流动性充裕及债券市场利率持续走低的实际情况，适时调整资金营运思路，主动从市场融入成本较低的资金，合理配置债券资产，交易量增长迅猛。2009年，全年债券市场成员累计成交金额3 394.29亿元，同比增长3.60倍，成交量创历史最高。其中，回购累计成交2 833.31亿元，同比增长3.60倍；质押式回购交易2 794.51亿元，同比增长3.60倍，占回购交易量的98.60%；现券交易560.98亿元，同比增长3.50倍。

（二）银行结售汇与跨境收支明显减少

受全省进出口大幅下降的影响，2009年银行结售汇39.43亿美元，较上年减少21.48亿美元，同比下降35.27%。其中，结汇9.98亿美元，同比下降43.83%；售汇29.45亿美元，同比下降31.73%；结售汇逆差19.47亿美元。全年全省跨境收支50.65亿美元，较上年减少22.21亿美元，同比下降30.48%。

（三）场内黄金交易下降明显，纸黄金交易规模迅速扩大

2009年，全省黄金业务累计成交量42.78吨，同比增长9.80%。场内黄金交易下降趋势明显，辖内惟一一家黄金交易所成员—甘肃西脉新材料科技股份有限公司黄金交易累计成交6.93吨，同比下降66.45%，主要原因为国际金价不断上涨，企业资金占用率较高，加之上海黄金交易所加强了对自然人账户的清理，对场内黄金交易产生了一定的影响。受国际金价不断上涨影响，黄金保值功能日益受到重视，商业银行纸黄金业务交易量增长迅速，全年累计成交35.47吨，同比增长97.63%。实物金和品牌金条受到市场热捧，销售稳步增长，全年累计销售0.37吨，同比增长11.54%。

三、证券市场持续活跃，直接融资显著增加

2009年，在一系列经济刺激政策的推动下，上证综指从1 820.81点起步，一路上扬至年末的3 277.14点，年度涨幅达到79.98%，为历史上第五大年度涨幅，全球排名第七位。随着证券市场行情持续向好，全省资本市场发展环境明显改善，上市公司数量有了新的突破，质量有了新的提高。

证券交易持续活跃。2009年，全省证券交易量和开户人数大幅增加。全年证券交易总额5 789.60亿元，增长79.45%。截至年末，投资者开户数71.90万个，增长22.74%；客户资金66.28亿元，增长98.92%。

直接融资显著增加。企业通过IPO、短期融资券、企业债和中期票据等多种渠道进行直接融资的意识和能力不断增强。全省融资结构明显改善，直接融资达到378.59亿元，创下历史最好水平，直接融资占全部融资的比重达29.61%，较上年提高19.15个百分点。其中，IPO融资2.25亿元，发行短期融资券33亿元，企业债15亿元，中期票据100亿元，地方政府债券65亿元。直接融资资金绝大部分投向了符合国家产业政策、政府鼓励的项目和领域，重点支持了能源、公路和铁路等重大基础设施项目建设以及国家重点产业调整振兴规划涉及的重大项目建设。

上市公司质量有所提高，市场融资能力增强。2009年，全省有5家企业通过IPO、非公开发行以及股份置换资产等方式合计募集资金166.05亿元。其中，大禹节水成功登陆创业板，募集资金2.25亿元；祁连山通过非公开市场发行，

募集资金6.98亿元；酒钢集团、国投电力、亚盛集团通过股份置换资产，募集资金156.36亿元。

四、保险市场发展加快，保障领域进一步扩大

2009年，全省保险业发展速度明显加快，服务领域不断拓宽，社会保障能力不断增强，呈现出市场完善与业务增长、服务扩展与保障提高、行业发展与服务大局协调统一的良好局面，保险的经济“助推器”和“稳定器”作用得到进一步发挥。

2009年，全省新增省级保险公司1家，保险经营主体发展到20家，保险分支机构数量增加至1 206家，从业人员达到5.10万人，初步形成了覆盖城乡的保险服务网络。年末，保险业总资产228.40亿元，增长19.94%。全省实现保费收入114.40亿元，突破了100亿元大关，提前一年实现“十一五”发展目标，保费增长速度为17.37%，全国排名第九位。其中，财产险业务保费收入28.10亿元，同比增长19.49%；寿险业务保费收入86.24亿元，同比增长16.70%。

保险业服务经济社会的能力不断增强。2009年，累计为全省相关重点建设项目、各类企业和家庭提供财产类风险保障9 000亿元，为852万城乡居民提供了5 300亿元的人身保险保障。累计赔付31.76亿元。其中，为重点工程建设提供237亿元的风险保障，累计赔付资金1 200万元；累计为57万台车辆提供交强险，支付赔款3亿元；校园方责任保险为476万名学生提供风险保障6亿元。

（中国人民银行兰州中心支行货币信贷管理处供稿）

甘肃省2009年货币信贷政策执行情况

2009年，全省金融机构认真贯彻落实适度宽松的货币政策，支持甘肃省“保增长、扩内需、调结构、重民生”取得了显著成效，在自身加快发展的同时，为有效遏制全省经济增长下滑态势和促进全省经济企稳回升发挥了关键作用。

一、深刻理解政策内涵，准确把握发展形势，适度宽松的货币政策得到有效传导和落实

2009年初，面对全省经济增长下滑的严峻局面，全省金融机构深刻领会中央宏观调控意图，准确理解适度宽松货币政策内涵，结合甘肃实际，加大信贷投放力度，支持全省经济企稳回升。为巩固经济企稳向好的势头，人民银行兰州中心支行密切关注形势变化，在保持政策执行连续性和稳定性的同时，通过多种形式，准确传导货币政策调控信号，在千方百计增加信贷投入总量的同时，不断调整优化信贷结构，促进了经济的企稳回升。

在充分发挥信贷主渠道作用的同时，全省金融机构积极探索运用金融市场创新产品支持全省经济发展，营造了宽松的金融市场环境。人民银行兰州中心支行牵头举办了全省非金融企业债务融资工具及金融产品宣传推介会，大力宣传和推动非金融企业债务融资工具在甘肃的推广运用。建设银行和国家开发银行作为主承销商，配合省政府成功发行100亿元中期票据，为全省经济发展筹集了建设资金。2009年，甘肃省实际发行各类债券213亿元，是近年来通过金融市场直接融资额度最多的一年。

二、完善政策协调机制，加强政银企合作，经济金融互促共赢局面不断巩固和发展

全省金融机构加强与地方政府的联系沟通，多措并举，多方协力，支持国家一揽子经济刺激政策在甘肃的全面贯彻落实。与省发改委、工信委和统计局等经济综合部门加强信息交流，全面掌握全省经济发展动态和新增中央投资项目进展情况，提早做好项目资源储备和信贷计划安排。人民银行兰州中心支行与有关部门深入兰州市30多家企业进行联合调查，组织工商银行、农业银行、中国银行、建设银行、交通银行、招商银行、浦发银行和兰州银行8家金融机构与43家企业开展银企对接重点帮扶。加强银政企的沟通合作，组织参与各种层次的银企、银地和银文项目对接会，实现银行信贷资金与企业项目的有机对接，缓解了金融危机给企业带来的经营和融资压力。先后就甘肃省金融支持循环经济发展、发行中期票据和灾后重建等关系到全省发展大局的事项，陪同省政府领导向人民银行总行汇报并争取金融政策方面的支持；与省财政厅、甘肃银监局、甘肃保监局和省林业厅联合制定了《关于全面做好甘肃省集体林权制度改革和林业发展金融服务工作的实施意见》，由省政府批转全省执行。通过积极努力，在辖区营造良好的货币政策环境，形成了“保增长、扩内需、调结构”的工作合力，经济金融良性互动局面进一步巩固和发展。

三、支持经济发展重点，提升信贷增长质量，信贷结构调整出现积极变化

2009年，在信贷较快增长的同时，全省银行业金融机构更加注重信贷增长的质量和效益，积极调整信贷结构，促进信贷政策与宏观调控政策、产业政策的进一步融合。一方面，对重大项目、支柱行业和重点企业等经济增长引擎的信贷支持重点更加突出；另一方面，对“三农”和中小企业等薄弱环节的信贷支持明显改善，呈现出保障重点、支持薄弱与均衡发展的良好势头。

重点保障项目建设信贷需求。全省银行业金融机构以支持重大项目建设、带动投资增长为切入点，围绕国家下达甘肃省四批共136.60亿元新增中央投资项目，优先保证手续齐全、符合项目开工和建设条件的中央投资项目所需配套信贷资金及时落实到位；通过银团贷款等方式，整合、优化信贷资源配置，形成了支持交通、民生领域基础设施建设和增强全省经济发展后劲的信贷合力。其中，国家开发银行、中国银行、招商银行和兰州银行联合发放31.80亿元银团贷款，支持兰山公路建设。截至年末，全省银行业金融机构已发放2008年11月全省重点项目银企对接会签约项目贷款超过700亿元。

大力支持“工业强省”战略实施。针对年初全省工业增速下滑的严峻局面，全省银行业金融机构抓住国家出台十大产业调整振兴规划的机遇和甘肃省被国家列为第二批循环经济试点省份的有利时机，切实加大对优势、支柱行业和节能环保、循环经济领域的信贷投入。同时，坚持“有保有控”的信贷原则，严格控制对产能过剩和重复建设行业企业贷款。工商银行充分发挥自身优势，中国银行及时调整经营战略，浦发银行、中信银行积极开拓信贷市场，全方位支持有色、钢铁、电力和石化等省内支柱行业和骨干企业发展。2009年，全省银行业金融机构累计发放工业贷款543.40亿元，较上年多增145.50亿元，拉动实体经济发展取得实效。

“三农”和中小企业贷款增长加快。全省银行业金融机构认真落实中央和省上1号文件精神，加大对抗旱救灾、春耕备耕、农田水利建设和农业产业化的信贷支持力度，农业发展银行、农业银行、农村信用社和邮储银行等涉农金融机构优先保证“三农”信贷需求，全省新增涉农贷款的总量和占比均明显高于上年水平。截至年末，全省金融机构涉农贷款余额1 243.70亿元，全年新增334.76亿元，占同期贷款新增额的34.52%，同比增长39.93%，有力促进了全省农业生产稳定增长和农民持续增收。针对金融危机形势下中小企业经营和融资困难加剧问题，全省金融机构积极开发符合中小企业经营特点的金融创新产品和工具，配合兰州市政府部门举办了两届中小企业融资政银企保对接洽谈会，有效缓解了中小企业的暂时性资金困难。截至年末，全省金融机构中小企业贷款余额1 059.60亿元，比年初增加265亿元，占新增企业贷款的55.78%。人行银行兰州中心支行积极配合省政府金融办推动小额贷款公司在全省的试点工作。截至年末，全省已有30家小额贷款公司正式开业，贷款余额3.40亿元，对“三农”和中小企业的金融支持起到了有效的补充作用。

四、落实各项民生政策，切实践行社会责任，支持民生改善的金融服务工作取得积极成效

为缓解就业压力，全省金融机构大力推进下岗失业人员小额担保贷款新政策的落实，积极推动妇女小额担保贷款试点工作，探索建立金融支持“村官”创业富民监测制度。年末，全省小额担保贷款余额64 985万元，是上年的4倍；全年累计发放贷款60 144万元，是上年的6.08倍，累计支持15 408名失业人员实现创业再就业，发放贷款人数是上年的3.49倍；累计发放劳动密集型小企业贴息贷款16 228万元，是上年的2.56倍；累计发放贷款笔数115笔，是上年的2.20倍。兰州银行和农村信用社积极拓展小额担保贷款业务，占到全省小额担保贷款余额的66.40%。由于工作成效显著，《金融时报》对甘肃省小额担保贷款工作进行了宣传报道。

生源地信用助学贷款政策优势逐步显现，覆盖面明显扩大。助学贷款经办银行加强与高校的密切配合，积极落实已签订的贷款协议，简化贷款手续，加快贷款发放速度，保证贫困家庭学生，特别是地震灾区贫困学生顺利入学。12月末，全省助学贷款余额11. 85亿元，同比增长56.15%，其中生源地助学贷款余额87 126万元，是上年的1.91倍。财政部、教育部和国家开发银行联合推广，由国家开发银行甘肃省分行发放的生源地信用助学贷款由于政策优惠，成为全省助学贷款业务的主体。

金融支持地震灾区农户住房重建任务如期完成。为全力支持灾后重建工作，人民银行兰州中心支行与甘肃银监局、省政府金融办召开了全省金融支持灾后重建工作座谈会，并与甘肃银监局联合制定了《关于进一步做好金融支持灾后重建工作的指导意见》。灵活运用货币政策工具，向地震灾区增加支农再贷款限额19.50亿元，对40个灾区农村信用社发放优惠利率再贷款45.11亿元。在政策引导下，全省金融机构累计发放灾后重建贷款371.15亿元，其中发放农户住房重建贷款33.81万笔、64.10亿元。全省农村合作金融机构投入30亿元农户住房重建贷款，国家开发银行发挥政策性金融的优势，通过政府融资平台，委托农村信用社一次性发放32亿元贷款用于重灾区农户住房重建，使符合贷款条件的农户住房重建信贷需求基本得到满足，为2009年底顺利完成农户住房重建任务奠定了基础。

落实民贸贴息贷款新政策，支持民族地区经济发展取得实效。2009年3月，人民银行调整了民族贸易和民族特需商品生产优惠利率贷款经办行范围，在原来四家国有商业银行基础上增加了农业发展银行、城市商业银行和农村信用社。新政策在甘肃省的实施效果明显，全年全省人民银行为40户企业累计贴息853.98万元，贴息额是2008年的6.54倍，对支持民族企业发展和民族地区经济繁荣起到了积极的推动作用。

（中国人民银行兰州中心支行货币信贷管理处供稿）

甘肃省2009年财政预算执行情况

2009年，全省预算执行情况良好，各级财政均能实现当年收支平衡。全省地方财政收入实现286.70亿元，同比增长20.90%。其中省级收入109.30亿元，同比增长23.30%；大口径财政收入实现604.01亿元，增长36.63%。全省财政支出实现1 245.57亿元，迈上千亿元台阶，比上年增支280亿元，增长29%，其中省级支出269.90亿元，增长27.80%。

一、预算收支任务完成情况良好

实行重点税源动态监控，全面落实征管责任。认真贯彻落实《甘肃省政府非税收入管理条例》，深化非税收入收缴管理改革，积极实施国有资本经营预算制度，保证行政事业性收费、罚没收入等收入及时足额入库。强化支出管理，从严控制一般性支出，全力保障重点支出。农林水、教育、医疗卫生、社会保障和就业、交通运输等支出增幅分别达到48.40%、24.20%、51.10%、30%、76.30%。累计下达资金236.50亿元，有力地支持了灾后重建工作。12件27项实事顺利推进，省级共下达资金61.50亿元，比年初预算增加13.30亿元。

二、中央支持力度加大

中央下达甘肃省各类补助885亿元，增长24%。义务教育绩效工资、司法经费保障和医药卫生体制等改革政策起步实施。农村公益事业建设“一事一议”奖补、乡村公益性债务清理化解工作列入国家试点范围。白银、玉门两个资源枯竭城市转型补助力度加大。《甘肃省循环经济总体规划》正式批复。《国务院关于进一步支持甘肃加快经济社会发展的若干意见》即将出台。在中央的大力支持下，省上当年下达市县补助799亿元，增长25%。

三、积极财政政策得到有效落实

加大政府公共投资力度。及时拨付中央扩大内需投资116亿元，争取中央代理发行地方政府债券65亿元，募集中期票据资金100亿元、地震灾区农户住房重建贷款32亿元。加大了对民生工程、重大基础设施建设等的投入力度。大力推进经济结构调整。安排资金28亿元，加快实施科技重大专项、重点实验室、创新服务计划等项目，推进企业节能技术改造，支持城镇污水处理配套设施建设。办理出口退税7亿元，支持外贸企业扩大出口。认真落实扩大消费政策。落实增值税转型、降低小规模纳税人增值税征收率、取消或停征收费项目等税费减免政策，减轻企业和居民负担28亿元。下达资金4.50亿元，保证了家电、汽车摩托车下乡等政府补贴的及时兑付，有效降低了石油价格变动对相关行业的影响。

四、“三农”投入进一步加大

全省用于农林水事务、天然林保护、退耕还林、退牧还草、道路建设等方面支出212.90亿元，比上年增加40.50亿元。提高粮食直补等补贴补助标准，扩大补贴品种和范围。围绕促进农民增收“六大行动”，支持旱作农业、草食畜和马铃薯等特色优势产业发展，推进农业产业化经营。加大对中低产田和中型灌区节水改造力度。解决了153万农村人口饮水安全问题，新建农村沼气用户40.20万个。支持水利工程和农田水利基础设施建设。加强整村推进、劳动力输转培训等扶贫项目建设。支持自然灾害救助、农作物病虫害防控、动物防疫和防汛抗旱工作。推进村级公益事业“一事一议”奖补试点，全面开展集体林权制度改革。积极支持农村公路建设。

五、民生支出保障有力

全省社会保障和就业支出199.70亿元，比上年增加46亿元。城乡低保和农村五保供养标准提高，保障人数达到346万人，实现了应保尽保。企业离退休人员基本养老金按时足额发放。有效落实公共就业服务、小额担保贷款贴息等就业政策，解决了3 838名纯农牧户零就业家庭毕业生就业问题，招录1万名普通高校毕业生充实农村中小学和乡镇卫生院力量。支持城市保障性住房建设，11.80万户住房困难家庭享受到了政府廉租房租赁补贴，1.20万困难户入住了新建廉租住房。支持推进灾后农民住房重建、农村危旧房等改造工程。实施村干部养老保险制度，在10个县开展新型农村社会养老保险试点。积极推进城乡医疗保障体系建设。全省医疗卫生支出87亿元，比上年增加29.40亿元。认真落实新农合补助资金，提高报销比例，参合农民达到1 907万人。推进医疗卫生体制改革。城镇居民基本医疗保险覆盖面扩大，报销比例提高。基本完成了50个城市社区卫生服务中心建设任务。大力支持教育事业发展。全省教育支出达到205.20亿元。实施农村寄宿制初中建设和中小学校舍安全工程，增加寄宿生14.10万人。继续巩固农村义务教育经费保障机制。基本完成了农村“普九”债务化解工作。提高少数民族地区中小学寄宿生生活费补助标准，部分减免普通中等职业学校新生学费，免除城市义务教育阶段学生学杂费，实行公用经费以奖代补政策，支持特色专业、精品课程、博士点以及学科实验室等项目建设。加大公共文化事业投入力度。文体传媒支出达到24.20亿元，支持推进农村电影放映、农家书屋和文化信息共享等重点文化工程，继续扩大博物馆、纪念馆免费开放范围，落实人口和计划生育等政策。

六、各项改革稳步推进

全面实施增值税转型改革，顺利推行成品油价格和税费改革，建立了以税收筹集公路发展资金、调控能源消费的新机制。调整完善了省对市（州）及直管县的财政管理体制，直管县数达到41个。推进“乡财县管”、“村财乡管”改革，全面推行“一册明、一折统”惠农补贴发放方式改革。部门预算改革向县级推进，综合预算编制不断强化。国库集中支付改革在市（州）及省管县深入实施，在省级垂管系统全面推进。公务卡应用范围继续扩大。财税库银横向联网工作稳步展开。政府采购规模进一步扩大。省级行政事业单位国有资产收入管理及资产处置办法出台，管理机制得到加强。“小金库”专项治理工作取得了阶段性成效。

（摘自《关于甘肃省2009年预算执行情况和2010年预算草案的报告（摘要）》）

中国人民银行兰州中心支行
2009年工作部署

2009年，中国人民银行兰州中心支行工作的总体要求是：深入学习实践科学发展观，全面贯彻总行、分行工作会议精神，坚持把支持全省经济社会平稳较快发展作为首要任务，认真执行适度宽松的货币政策，努力维护全省金融稳定，切实加强和改进外汇管理，不断提升金融服务水平，进一步落实治行理念，大力弘扬兰州人行精神，着力加强中心支行自身建设，坚定信心，迎难而上，锐意进取，高效履职，推动中心支行各项工作实现新跨越。

一、认真落实适度宽松的货币政策，全力支持全省经济平稳较快发展

为促进全省经济社会发展目标实现，2009年全省银行信贷增长预期目标是：本外币各项存款、贷款均增长22%左右。围绕上述目标，全年货币信贷工作的重点是：

（一）认真落实金融支持扩大内需措施，着力在执行适度宽松的货币政策上下工夫。以“保增长、扩内需、调结构”为主基调，准确把握适度宽松货币政策内涵，引导金融机构有效增加信贷投入，切实改进信贷管理和服务方式，继续加大对国家和省上确定的民生工程、重点项目、重大工程、自主创新、节能减排和循环经济发展的信贷支持。加强与地方政府沟通协调，完善经济金融综合分析制度和联席会议制度，利用政府部门的经济信息资源，引导金融机构有效配置信贷资源，提高经济金融协调发展的融合度。主动做好适度宽松货币政策的宣传、解释工作，正确引导公众预期，为货币政策传导创造有利条件。

（二）充分发挥信贷政策导向作用，着力在促进全省经济结构战略性调整上下功夫。引导金融机构坚持“区别对待、有保有压”，积极调整优化信贷结构。认真落实中央和省委1号文件精神，围绕“稳粮、增收、强基础、重民生”的要求，鼓励金融机构增加对“三农”的信贷投入，提高涉农信贷投放比例。引导金融机构提高中小企业贷款比重，对信用记录较好、有竞争力、有市场和有订单但暂时出现财务困难的中小企业，适当放宽信用评级标准，给予信贷支持。以保障性住房建设和安居工程为重点，督促金融机构加大对符合贷款条件的中低价位、中小套型普通商品住房、经济适用房和廉租住房建设的信贷支持力度。进一步完善下岗失业人员小额担保贷款、助学贷款政策，不断改善对经济社会薄弱环节的金融服务。积极探索开发贴近农村市场、适合农民需求的消费信贷产品，扩大消费信贷规模，增强消费对经济增长的拉动作用。认真落实灾后重建各项金融扶持政策，引导金融机构加大对城乡住房、基础设施，以及产业调整、市场服务体系等领域的支持力度，改善灾区工农业生产条件，提高灾区群众生活水平，增强灾区可持续发展能力。

（三）切实提高监测分析水平，着力在把握形势和增强敏感性上下工夫。加强对全省经济走势的监测分析，密切关注全省价格水平、工业运行和企业经营变化情况，准确把握全省货币信贷运行特点和经济运行态势。高质量完成《甘肃省区域金融运行报告》。完善重大金融政策效应跟踪和快速反馈机制，实时掌握微观经济主体对金融政策调整的反应和预期。增强监测分析工作的敏感性，及时发现经济金融运行中出现的新问题，为改进货币信贷政策手段、提高执行绩效提供依据。

（四）灵活运用货币政策工具，着力在保持银行体系流动性充足上下工夫。认真执行好有区别的存款准备金率政策。综合运用再贷款、再贴现等货币政策工具，帮助金融机构解决临时性资金短缺问题，保持流动性充足。管好用好支农再贷款，根据农业生产需求，适当扩大支农再贷款对象和用途。继续推进利率市场化，加强利率监测管理，指导地方法人金融机构提高风险定价能力和水平。

（五）积极推动金融创新产品运用，着力在拓展多元化融资渠道上下工夫。采取举办金融市场创新产品推介会等形式，积极向地方政府、金融机构和企业宣传新型债务融资工具，进一步提高社会各界对债券融资工具的认识。推动中期票据发行，力争在银行间债券市场发行100亿元中期票据，为重点项目和灾后重建募集资金。加强金融市场监管，引导辖内金融机构积极参与银行间债券市场，逐步扩大市场交易主体，发挥好银行间债券市场的融资功能。

二、积极防范化解金融风险，确保全省金融体系安全稳健运行

进一步提高金融风险监测预警水平。加强与地方政府、监管部门的沟通协调，拓宽金融稳定信息交流渠道，增强维护金融稳定的合力。完善风险监测制度，加大对虚拟经济和实体经济的风险监测力度。跟踪评估国际金融危机对全省经济金融的影响，及时揭示市场风险。完善金融风险监测手段和方法，高质量完成《金融稳定报告》，科学评估全省金融稳定状况。

认真做好金融风险处置工作。督促临夏市解放路农村信用社清算组加快工作进度，确保风险处置工作顺利进行。加强金融稳定再贷款管理，二季度开展金融稳定再贷款使用情况专项检查。密切关注白银市银鹏城市信用社破产清算进展情况，依法维护人民银行债权。继续做好历史遗留资产管理工作。

积极推进金融改革。及时跟踪国有商业银行改革动态。指导农业发展银行完善内部管理和风险控制机制，做好改革准备。关注国家开发银行股改成效以及商业化转型情况。加强对地方法人金融机构改革的监测分析，及时反馈改革中出现的问题。认真做好农村信用社专项票据兑付考核工作，指导已改制农村信用社不断完善经营管理机制。支持新型农村金融机构发展，鼓励产品、业务和服务创新。推进金融机构践行社会责任长效机制建设，开展金融生态县和金融安全区建设试点工作，不断夯实区域金融稳定基础。

三、加强跨境资金流出入均衡管理，努力支持全省对外经济发展

改进贸易收结汇与贸易活动真实性、一致性审核，积极支持企业扩大进出口。扎实做好贸易收付汇核查系统企业开户和档案信息清理工作，实现进出口收付汇核销方式的转变。配合扩大内需政策，在支持招商引资、项目开发、营销、并购和债务重组等方面创新外汇管理方式，营造良好投资环境。支持重点企业抓住国际市场资源类产品价格回落的有利时机，大力开展境外投资，开拓境外市场。

强化外汇管理措施，完善跨境资金流出入均衡管理。进一步完善直接投资外汇业务信息系统功能，实现对直接投资项下外汇资金流动的实时监测。加强外债管理，在做好外债风险防范的同时，为企业贸易融资提供便利。严格按照总局规定核定兰州银行短期外债余额指标。强化个人外汇收支真实性监管。充分利用各监管信息系统，全面加强对金融机构外汇业务合规性监管。

加强国际收支统计分析预警。认真做好外汇金宏工程试点及推广工作，进一步夯实国际收支统计工作基础。有序推进外汇管理信息系统整合，建立外汇收支数据全口径采集平台，完善外汇资金流动监管体系，逐步实现对外汇收支的实时监测和预警。提高外汇形势分析预测能力，密切关注跨境外汇收支变化等情况对全省外汇收支的影响。加强对外汇政策执行情况的跟踪和信息反馈。

四、充分发挥调查统计决策支持作用，切实提高金融研究质量和水平

强化调查统计支持功能。积极采用环比经济金融监测分析方法和手段，有效开展持续性和系列性经济调查。认真落实《金融统计管理规定》等新的金融统计制度，严格执行金融统计标准体系，确保金融统计数据集中系统顺利运行。扩大统计数据采集范围，提高重要报表统计频度，着力在“快、准、实”上下工夫。按照第二次经济普查工作要求，及时完成辖区金融业经济普查专项任务。

拓宽金融研究的广度和深度。密切关注世界经济形势发展变化情况，特别是国际金融危机发展以及对实体经济的影响。密切关注国内宏观经济形势和经济政策变化情况，特别是扩大内需、金融支持经济发展政策实施情况。密切关注微观经济主体和经济变量的变化情况，特别是投资、消费、就业、税收、居民收入和外汇储备等主要经济变量变化情况。围绕金融支持资源型城市转型、特色农业及旅游业等方面进行深层次研究，为上级提供决策依据。强化重点研究课题的组织、协调和管理，着力打造一批研究精品。

五、加强征信工作，促进社会信用环境不断优化

加强征信市场培育和管理。结合开展征信数据核对、异议处理工作，加大对金融机构的检查力度。推动信用评级机构与商业银行协作联合，全面开展借款企业和信用担保机构资信评级。

深入推进中小企业和农村信用体系建设。以扩大贷款卡发放和年审范围为载体，建立中小企业信用档案信息征集和更新的长效机制，引导金融机构利用已建立的信用档案挖掘优质客户，支持中小企业发展。组织农村信用社做好农户信用档案建设工作，督促省农村信用联社加快建立全省农户电子信用档案和农户信用评价体系。

工商、税务和质检等部门加强协调，扩大征信系统信息采集范围，力争年内在个人工商注册信息、企业和个人欠税信息、法院诉讼信息采集方面有新突破。提高企业和个人征信系统应用水平，确保征信数据准确完整。推动应收账款质押登记系统在全省推广应用。深入开展征信宣传教育活动，努力提高社会公众信用意识。

六、创新反洗钱工作手段，进一步加大反洗钱监管力度

进一步完善反洗钱工作机制。充分发挥省政府反洗钱联席会议机制作用，加强与成员单位的协调沟通，实现反洗钱信息共享和工作互动。与金融监管部门建立信息通报制度，完善与金融机构的反洗钱对话机制，指导金融机构积极开展反洗钱工作。

加强反洗钱监管。督促金融机构提高反洗钱监管数据报送质量，对金融机构进行差异化管理。加强大额和可疑交易报送管理，降低“防御性”交易报告数量。以反洗钱现场检查精品工程建设为抓手，进一步改进检查手段，加强对金融业高风险领域的检查。开展大额现金监测试点工作，探索建立大额现金交易分析指标体系，预防和打击有关违法犯罪

活动。加强与侦查机关的反洗钱和反恐融资合作。发挥人民银行反洗钱调查和案件协查工作优势，建立涉嫌洗钱案件线索上报和督办制度。配合有关部门预防和打击恐怖融资活动。深入开展反洗钱宣传，提高社会公众对反洗钱工作的认知度。

七、推进金融服务现代化体系建设，全面提升金融服务水平

切实加强支付系统运行管理。按期完成电子商业汇票系统上线任务。加大公用事业收费、支票影像截留等小额支付业务推广力度，提高公用事业收费服务水平。加大支付系统参与者日常考核和准入管理。配合做好公务卡在全省的推广应用工作，扩大银行卡特约商户覆盖范围。继续开展账户检查，认真做好联网核查工作，切实落实账户实名制。以全面开通农民工银行卡特色服务为契机，督促涉农金融机构加大农村支付设备投入，逐步构建城乡一体化的支付结算体系。加强全省会计、联行和票据交换管理，有效防范资金风险。

大力推进国库服务创新。扩大财税库银横向联网系统在全省上线范围，力争年内国税系统业务全部推广到县。加快地税系统联网和银行卡缴税业务试点进程。拓宽国库服务领域，扩大国库直接办理行政事业单位人员工资发放和灾后重建资金直拨范围。力争将社保基金、国有土地出让金统一纳入国库核算。建立出口退税“快速通道”，提高退税效率。强化国库监督检查，确保国库资金安全。做好国债管理，选择部分乡村开展“送国债进乡村”试点工作。

做好货币金银管理工作。提高现金投放、回笼预测的前瞻性和准确性，合理摆布发行基金，满足经济社会发展对现金的合理需求。继续开展发行库“达标升级”考核工作，提高发行库规范化管理水平。加强人民币流通管理，认真落实首兑责任制，按季对金融机构现金收付业务开展检查。配合公安部门开展打击假币犯罪专项“09行动”。认真做好钞票处理工作。

推进科技信息化建设。认真落实全省人民银行“十一五”科技发展规划，建设统一运行维护监控平台、综合办公服务平台和金融数据信息交换平台，形成省级数据中心技术架构。加强计算机机房和网络等基础设施的建设和管理。研究制定统一规范的外包服务制度，确保重要信息系统正常运行。完成涉密专网和内外网分离改造项目建设任务，形成标准规范、稳定可靠与统一高效的网络体系。

加强会计财务工作。按照勤俭办行要求，切实减少会议数量，严格控制接待标准，压缩费用开支。做好规范津补贴和清理账外资金工作。加强会计制度执行情况监督检查，规范会计财务行为，确保资产安全。加强基建项目管理，严格基建程序，落实在建项目监督检查规定。认真做好集中采购和固定资产管理工作。提高后勤服务保障水平，努力构建节约型机关，确保节能减排目标实现。

狠抓安全管理工作。严格落实枪弹管理责任制，确保枪弹绝对安全。加强发行库物防技防建设和封闭式改造工作，逐步实现全省人民银行发行库封闭式管理。加强发行基金调运组织领导工作，消除货币押运风险。加大安全检查力度，分两次对全省人民银行安全保卫工作进行现场检查。高度重视网络信息安全管理工作。加强对网络设备的运行维护，确保各项业务系统安全、稳定、高效运行。充分利用计算机安全防范体系，强化信息系统和个人用机监测，杜绝发生信息安全事故。认真做好社会治安综合治理工作，推动平安单位建设。

八、狠抓内部管理，推动各项工作实现新跨越

（一）深入学习实践科学发展观。扎实开展学习实践科学发展观活动，针对活动中查找出的问题和征求到的意见建议，严格落实整改措施，深入开展“回头看”活动，确保学习实践活动取得实实在在成效。围绕永葆党的先进性，狠抓基层党组织建设，修订完善党支部目标管理考核实施细则，健全工作责任制，促进党支部建设科学化、制度化、规范化。深入开展各种主题实践活动，坚持用党的先进性吸引广大群众，切实做好入党积极分子培养和新党员发展工作。

（二）进一步加强干部队伍建设。坚持德才兼备、以德为先的用人标准，进一步充实、调整和优化处级干部队伍。加强干部职工履职考核和监督，完善行员年度考核和绩效考核管理办法，实行工作责任追究制和考核末尾问责制，切实发挥好考核的导向和激励作用。重视和加强对青年干部的培养。加大干部培训工作力度，重点抓好对处级干部、业务骨干和新入行人员的培训。按照新“三定”方案要求，研究制定中心支行人才队伍建设规划。以提高履职能力为切入点，探索有利于县支行有效履职的新途径，推动县支行把工作重心调整到金融服务和政策效应反馈方面。

（三）全面落实党风廉政工作责任。认真学习贯彻胡锦涛总书记在中央纪委十七届三中全会的重要讲话、周小川行长在人民银行落实党风廉政建设责任制电视电话会议上的讲话精神。研究制定《关于贯彻落实建立健全惩治和预防腐败体系2008—2012年工作规划的意见》，细化任务措施，落实工作责任，健全和完善教育、制度、监督并重的惩治和预防腐败体系。加大党性党风党纪教育、示范教育、警示教育和岗位廉政教育力度，筑牢拒腐防变的思想防线。严格执行“三谈两述”和个人重大事项报告制度，引导和督促党员干部坚决执行党的政治纪律、财经纪律、廉政纪律。进一步落实党风廉政建设工作责任，各部门和各县（区）支行负责人要认真履行“一岗双责制”。充分发挥好纪检监察、组织人事、内审和事后监督等部门的作用，巩固“制度落实年”活动成果，切实防范风险和案件的发生。认真执行《政府信息公开条例》，进一步拓宽干部群众参与反腐倡廉建设的渠道。

（四）强化内部管理。狠抓制度执行，严厉杜绝一切违章违规操作、差错事故和不规范现象，把各项规章制度不折不扣地落实到管理、监督、操作各个环节。全面推动依法行政、依法治行工作，加强部门之间横向联系，建立防范金融法律风险和处置金融案件协作机制，加强诉讼案件管理，维护好人民银行合法权益。积极探索和完善政务公开的有效途径方式，拓宽公开渠道，完善载体建设，深入推进阳光政务。积极开展金融法制宣传，提升金融法制工作水平。充分整合内部监督资源，加强纪检、内审和事后监督等职能部门之间的信息共享，形成监督合力。深入开展领导干部履行职

责审计，加强对重要部门、重要业务和关键领域的审计检查。进一步提高应急管理能力。按照“完善体系、强化演练、及时沟通、全力保障”的原则，修订完善应急管理操作流程，增强实用性和可操作性。落实应急工作责任制，建立健全风险评估制度，全面排查和掌握可能发生的风险源。积极组织开展针对性、实战性强及范围广的应急演练，提高应急处置能力。

（五）大力推进央行文化建设。深入推进团队文化建设，引导全行干部职工正确处理个人与集体的关系。深入推进行为文化建设。发挥各类兴趣小组的平台作用，组织开展丰富多彩、具有央行特色的文化活动。继续发挥甘肃省钱币博物馆爱国主义教育基地的作用，大力弘扬钱币文化。发挥工、青、妇等组织的桥梁纽带作用，深入开展“争先创优”、“青年文明号”与“青春共建和谐·金融知识进社区”等活动，把全行干部职工的力量凝聚到推动科学发展的宏伟事业上来。

（六）深入开展作风建设。狠抓责任落实，切实把工作责任靠实到每一个岗位和人员，真正形成一级抓一级、层层抓落实的工作格局。提倡雷厉风行的良好作风，进一步提高工作效率。继续把创新作为推动工作上水平、上台阶的重要抓手，进一步解放思想，创新工作思路和举措，推动各项工作实现新跨越，再上新台阶。

（中国人民银行兰州中心支行办公室供稿）

中国银行业监督管理委员会甘肃监管局 2009 年工作部署

2009 年，甘肃银监局工作的指导思想是：以科学发展观为指导，紧紧围绕“保增长、调结构、防风险、强基础、促发展”主线，全面贯彻落实银监会工作会议和全省经济工作会议精神，更加注重科学监管，更加注重银行资产质量和增长方式，更加注重监管服务，更加注重银行信贷结构的合理调整，切实增强监管工作的预见性、针对性、灵活性和有效性，努力促进甘肃银行体系稳健运行，为全省经济平稳较快发展做出贡献。

一、着力于监管政策支持，提高“区别对待、有保有压”的针对性和有效性

（一）认真落实好监管扶持措施。根据银监会《关于当前调整部分信贷监管政策促进经济稳健发展的通知》提出的十个方面的“松绑性”政策，甘肃银监局结合实际，提出做到“四个允许”：即允许“救急”、“救穷”，鼓励银行业金融机构对基本面较好、信用记录良好、有竞争力、有市场、有订单，但受金融危机影响而出现暂时经营或财务困难的企业，予以信贷支持；允许实施贷款重组，对贷款品种、期限进行科学调整，对正常类、关注类贷款实施细分管理，对灾前发放、灾后不能偿还的贷款，催收、罚息等方面的政策宽限期适度延长；允许规范化的贷款出售转让，继续开展正常类贷款的证券化试点工作；允许对符合条件的非生产性项目发起人或股东发放搭桥贷款。

（二）加大对国家和省上确定立项项目的信贷支持力度。积极落实中央制定的“国十条”和“金九条”等政策措施，督促银行业金融机构加大对重点企业、重点项目、重点工程以及技术改造的信贷支持力度，加强对甘肃经济社会发展具有带动作用的铁路、公路、机场、绿色能源、循环经济试验区等重大项目和特色优势产业项目的资金支持力度，发展绿色信贷，大力支持节能减排重点工程和循环经济。

（三）加大对“三农”的信贷支持力度。认真贯彻落实十七届三中全会精神，积极推进农村地区新型金融机构试点工作，增加农村金融机构，提高农村金融覆盖面，增强金融服务机能。发挥农业发展银行、农业银行、邮政储蓄银行和农村信用社等机构在农村金融中的作用，增加对农村基础设施的信贷投放，加强对风电、农村公路建设、电网改造和饮水安全工程等的信贷支持力度，加大对上层次、上规模、有特色和有优势的涉农企业的支持力度，扶持其形成品牌和市场规模，促进农业产业化。

（四）加大对小企业的信贷支持力度。督促银行业金融机构增强社会责任意识，认真落实银监会《关于银行建立小企业金融服务专营机构的指导意见》，深化“六项机制”建设，指导和督促银行机构设立和完善小企业信贷专营机构，实行对小企业不良贷款、成本等的单独考核，开展对信贷人员的专门培训，实行有效的激励约束机制。积极支持创新能力强、技术含量高、拥有自主知识产权以及有市场、有发展前景的小企业发展，确保 2009 年小企业贷款增速不低于全部贷款增速。

（五）加大对消费的信贷支持力度。积极支持银行发展消费信贷，进一步提高金融服务效率，开展有利于促进消费的金融创新，为商贸流通企业和扩大内需型建设企业提供信贷支持，加大对汽车、家电、首套自住房和改善性自住房等合理消费需求的支持，促进城乡消费和消费升级。

（六）切实做好灾后重建服务工作。继续做好金融支持灾后重建相关政策的宣传解释、检查落实工作，督促银行加强与地方政府的联系，及时衔接地方规划，了解客户信贷需求，为灾后重建提供简便快捷的金融产品，指导灾区银行机构全面做好灾后重建的各项金融支持和服务工作，提高银行服务灾后重建的能力。

二、着力于科学监管，增强风险管控的能力和水平

（一）确保实现不良贷款的“双控”。2009年银监会把不良贷款的监管目标由“双降”调整为“双控”。为实现上述目标，督促银行业金融机构做到“四个一定要”：一定要准确分类。加强贷款分类的细化，整体分类可从5级扩展为9－12级，提高科学管理和精细化管理水平，准确及时地反映风险，并有针对性地加强对重点地区和重点行业资产质量的现场检查。一定要充足拨备和建立资本补充约束机制。通过拓宽资本募集和补充渠道，增强资本约束，提高抵御风险能力。一定要强化风险管理。完善评级体系，提升有效识别、计量风险的能力，认真做好贷款“三查”工作，积极主动地防控风险。一定要加大核呆力度。积极协调财政、税务部门，加大核呆工作力度，促进形成风险自我控制和消化的良性循环机制。

（二）牢牢把住风险管理底线。主要做到“四个严禁”：严禁项目贷款借新还旧；严禁续做“打捆”贷款；严禁把理财产品等同于存款客户管理；严禁发放加按揭贷款，不提倡转按揭贷款。认真落实《国务院关于支持房地产市场健康发展的意见》，执行对首套自住型普通住房和首套自住改善型普通住房的信贷优惠政策，切实防范房地产及相关行业风险。

（三）加强对单体银行机构风险的防控和处置。把单体银行机构风险的防范和化解作为一项重点工作来抓。对监管的法人机构进行深入剖析，建立专门的分析报告制度，分别研究监管政策和风险化解措施。建立监管责任制，层层制定并落实责任，把风险防控和化解任务分解到岗位、分解到人员。重点加强农村信用社高管人员道德风险的监管，严格教育、监督、问责及处罚，切实做到“一行一策、一社一策”，做到贴身监管，全面掌握其经营状况及风险变化情况，把主要精力放在建设制度、健全内控、加强管理和化解风险上。

（四）切实改进监管方式和手段。进一步规范现场检查流程，统一现场检查标准，有效配置检查资源，重视后续跟踪检查，重视问题整改，重视责任追究，促进现场检查质效的提高。突出监管重点，加大对中小法人金融机构的检查力度，特别要对农村信用社2005年以来的大额贷款进行专项检查，把现场检查、非现场监管同防范、化解和处置风险紧密结合起来。新的非现场监管处组建运行后，要发挥专业化优势，加强各种报表审核，及时维护非现场信息系统数据，重点关注和分析异常信息，理顺运行机制，发挥非现场指导现场检查的“精确制导”功能。进一步把好准入监管关口，防止“带病入市”、“带病上岗”。积极探索高管人员面谈、承诺制度，建立高管人员向监管部门书面承诺的勤勉履职制度，将准入监管工作与全面风险管理工作结合起来，使准入监管、非现场监管和现场检查形成合力。

三、着力于监管服务，完善信息交流和共享机制

（一）积极推动银行、政府和企业之间的信息交流。继续加强与省政府金融办、发改委、经委和建设厅等政府相关部门的联系沟通，加强与人民银行、证监局和保监局的沟通协作，建立银行、政府和企业之间信息交流与合作平台，进一步强化监管政策与产业政策、货币政策的协调配合和监管信息资源的有效利用。

（二）认真组织开展银行间信息交流与合作。充分发挥银行业协会的职能作用，重点在推动发展银团贷款、防止企业过度举债、避免同业恶性竞争和防范贷款集中风险等方面，加强市场调研、部门协调、行业自律和信息服务。对于重大风险，要主动协调银行业金融机构加强债权保护，共同维护银行业的整体权益和形象。2009年对于贷款需求在10亿元以上的项目，原则上采用银团贷款的方式，由一家主办银行发起，两家以上银行共同参与，保证充分满足资金需求的情况下，分散信贷风险，确保银行运行安全。

（三）大力督促银行机构加强信息系统建设。督促完善内部统计信息相关制度办法和管理流程，确保数据的真实性、完整性和时效性。进一步提高信息自动化水平，有效满足各方面对银行业务信息、管理信息和监管信息的要求。提高对信息的分析、研究和运用水平，促进提高自身风险管理能力。督促银行业金融机构加强信息科技风险管控，把信息科技风险纳入到银行风险管理体系之中，建立良好的IT治理结构，着力解决信息化建设中的深层次问题。地方法人机构要加强信息科技战略规划和标准制定，有效提升信息科技建设水平和核心竞争力。

（四）进一步完善银监局系统信息交流机制。充分发挥功能监管的作用，深度挖掘现场检查、非现场监管和市场准入等信息资源，提高各类数据和信息的附加值。充分利用统计信息网提供的信息，提高对信息的使用价值。进一步加强对银行风险早期预警系统、客户风险监测以及助学贷款违约信息系统的运用，为风险监管提供数据信息支持。进一步加强各部门之间的沟通，实现功能监管与机构监管之间的互动。认真做好新闻宣传和舆情监测工作，全面掌握舆情导向，掌握舆情工作的主动权，指导银行业金融机构加强正面宣传，维护良好的社会舆论氛围。

四、着力于内部管理，推进各项工作的规范化和制度化

（一）发挥好功能监管的作用。以新机构运行为契机，进一步加强内部管理，健全管理制度，科学设置科室，制定岗位说明书，明确工作职责，狠抓工作落实，全面提高执行力。进一步健全工作考核机制，实行履职问责，发挥正向激励作用，充分调动干部职工的主动性和积极性，形成人人想工作、人人干工作、人人干好工作的良好氛围。现场检查处和非现场监管处要进一步创新集约式工作方式，切实形成监管合力，发挥好功能监管的作用，努力提高监管效能。

（二）进一步加强调查研究工作。在监管工作中大兴调查研究之风，把落实监管政策、促进地方经济发展、维护金融消费者权益及满足广大人民群众需要，作为履行监管职责的出发点和落脚点。对工作中的热点、难点问题，进行蹲点指导，努力增强监管工作的针对性，提高依法行政、依法监管水平。

（三）夯实各项基础工作。进一步完善和落实工作制度，提高制度的执行力和严肃性，形成凭制度办事、靠制度管人和制度面前人人平等的工作机制。坚持勤俭办局，合理配置

和使用财务资源。加强科技管理，维护网络系统正常高效运转。严格执行计算机信息保密的“十个不得”规定，确保信息安全。进一步搞好后勤服务，为干部职工提供优良服务保障。加强安全保卫和行政值班工作，确保安全无事故。

五、着力于班子和队伍建设，为完成全年工作任务提供有力保障

（一）高标准、高质量地完成学习实践科学发展观活动。按照中央和银监会党委学习实践科学发展观活动的要求，进一步突出实践特色，把学习实践活动与贯彻落实2009年工作会议精神紧密结合起来，认真开展分析检查，找准存在问题，扎扎实实对问题进行分析和评议，治理制约科学发展的症结，谋划有效监管的思路，促进监管工作取得新成效。

（二）进一步加强思想组织作风建设。深入学习中国特色社会主义理论体系，做到真学、真懂、真用，努力提高干部队伍的理论修养和政治素质。继续深化干部制度改革，积极推行干部竞聘上岗制度。积极推行“两主员”（主监管员、主查员），理顺监管职责，提高监管效能。充分发挥党建巡视、宣传、工会和团委等部门的作用，继续开展“创先争优”活动，推进监管文化建设。加强和改进行政执法监察和内部审计工作，规范内部管理和监管自律。

（三）切实加强党风廉政建设。进一步加强党风廉政教育，坚持不懈地抓好领导干部党性修养和廉洁自律工作。全面落实《建立健全惩治和预防腐败体系2008—2012年工作规划》和中纪委“八条”廉政禁令，进一步落实党风廉政建设责任制，完善内部监督机制，创新监督方式，突出监督重点，提高监督工作的科学性、针对性和有效性。

（甘肃银监局办公室供稿）

中国证券监督管理委员会甘肃监管局 2009年工作部署

2009年，甘肃辖区证券期货监管工作的指导思想是：全面贯彻落实党的十七大精神，以科学发展观为指导，紧紧围绕中国证监会的整体工作部署，继续坚持监管与服务并重的原则，夯实市场发展基础，改善市场发展环境，提高市场主体质量，拓展市场服务功能，提高直接融资比重，推动甘肃资本市场加快发展，为全省经济发展做出更大的贡献。全年工作的重点是：

一、落实科学发展观，营造和谐的资本市场发展环境

深入学习贯彻党的十七大精神，落实科学发展观，进一步统一思想，深化认识，牢固树立以服务促监管、以监管促发展的监管理念，积极推动地方政府、企业和市场各主体共同营造和谐的资本市场发展环境。

（一）坚决贯彻证监会党委的各项决策部署，依法履行监管职责，进一步强化市场监管，维护甘肃资本市场的稳定健康发展。

（二）积极助推和引导地方政府及其相关部门、市场参与各主体在思想上形成资本市场发展为甘肃经济建设服务的共同理念，共同推动资本市场发展壮大，充分发挥资本市场服务社会经济的功能。

（三）进一步强化全省一盘棋的全局观念，积极引导企业转变经营理念，创新发展模式，充分利用资本市场这一平台，调整经济结构，转变发展方式，实现做优做强做大。

二、抓好增量，优化存量，稳步提高上市公司质量，扩大直接融资比重

（一）以政府为主导，积极推动省内优质大型企业和高成长性中小企业发行上市。积极配合省政府及有关部门，推动甘肃优势产业、优势行业的优质公司在主板上市，推动高成长性公司、科技创新类公司在中小板及创业板上市。重点推动政府抓好行业龙头企业的上市工作，对所有具备上市条件的企业，逐户列出时间进度和目标要求，明确任务和责任，抓好落实。通过抓好行业龙头企业的上市，以点带面，抓大促小。抓金川公司的改制上市，带动全省有色行业的重组整合；抓华亭煤电的上市和重组，带动全省煤炭行业的整合；抓佛慈药业的上市和独一味的扩张，带动和整合全省的医药产业；抓读者集团的改制上市，带动全省文化传媒产业的整合和发展；抓重点电力企业的上市，带动和整合全省的电力产业；抓敦煌旅游的上市，带动和整合全省的旅游资源；抓农畜产业化龙头企业的上市，带动全省农业和畜牧业的整合和发展；抓地方金融机构的改制上市，带动全省金融产业的快速发展。对于股东人数200人以上的非上市公司，引导其健全公司治理，规范运作，在相关政策实施细则出台后，早日实现股票发行上市，发展壮大。通过增量公司的补充，努力摆脱甘肃上市公司数量少、规模小的落后局面，提高未来上市公司的代表性和竞争力，改善甘肃资本市场的质量和结构。

（二）努力提高现有上市公司质量，提高再融资能力。围绕进一步提高上市公司质量，不断巩固和扩大公司治理专项活动成果，完善公司治理和内控建设，推动上市公司规范发展；积极引导上市公司通过并购重组，优化资产结构，提高再融资能力，通过增发、配股、非公开发行和发行公司债等方式，提高直接融资比重。对具有再融资能力的上市公司加强指导和督促，强化项目开发建设，创造再融资条件，扩大再融资规模；对缺乏成长性且资产质量恶化的上市公司要及早着手并购重组，让省内具备发行上市条件的企业注入优质资产，借壳上市，逐步恢复再融资功能。

（三）强化日常监管，促进上市公司规范发展。针对上年专项治理工作中发现的问题，强化检查，督促上市公司全面落实各项制度，积极协调地方政府及其相关部门、公司大股东或实际控制人，共同推动探索建立公司治理长效机制；强化信息披露监管，重点加强对股价敏感信息的监管，督促上市公司进一步提高信息披露的有效性和质量；主动与省国资委共同探索切入点，鼓励有条件的上市公司尝试建立股权激励约束机制；不断完善工作制度，细化工作措施，探索有效的监管方式，进一步做好日常监管基础工作。

三、推动证券经营机构规范发展，不断提升公司实力和竞争能力

（一）狠抓机构监管基础性工作的落实。完善分类监管制度，健全分类评价机制，根据分类监管办法和“区别对待、扶优限劣”政策，完善与分类结果挂钩的配套措施，促进证券公司提高合规管理能力和风险控制水平。建立风险控制指标动态监控机制，华龙证券公司根据《证券公司风险控制指标管理办法》，在12月底前完成动态监控系统的建设。建立健全“隔离墙”制度，确保业务隔离与信息隔离，防范利益冲突、风险传递和内幕交易等行为的发生。年底之前，全面落实证券公司合规管理制度，华龙证券公司6月底前制定合规管理制度实施方案并报甘肃证监局备案。按照证监会的要求，完成账户规范工作，建立健全账户管理和客户管理的长效机制，不能按期保质完成的，将追究公司和有关人员的责任。全面完成客户交易结算资金第三方存管后续工作。进一步规范业务流程，完善内部管理制度，加强客户信息和档案管理，加强市场营销人员管理，切实维护投资者合法权益。

（二）强化日常监管，完善现场检查和非现场检查，建立健全快速反应监管机制。现场检查重点关注公司风险控制、合规管理、账户规范、投资者教育和经纪业务营销行为等；完善非现场检查手段，全面使用机构监管综合信息系统，提升监管效能；有效利用信访投诉、媒体报道等渠道，及时发现、捕捉新情况、新问题和新风险，增强监管工作的前瞻性、针对性和有效性；加强对证券投资咨询机构的监管。

（三）深入调查研究，做好辖区证券经营机构的布局和设置工作，改善全省证券经营网点布局不平衡的状况。

（四）指导和督促华龙证券公司切实发挥行业带头人的作用，切实完善法人治理结构，进一步加强内控建设，有效落实各项制度，在规范经营的基础上创新发展，鼓励和支持其增资扩股、引进战略投资者，做优做大做强。

四、以规范和发展为主线，以净资本动态监管为抓手，强化期货经营监管

一是夯实基础，着力提升期货公司质量和风险防范水平。一方面，利用股指期货将要推出的契机，推动期货公司把握市场发展机遇，做大做强；另一方面，充分利用《期货交易管理条例》赋予的监管手段，督促公司解决遗留问题，提高抗风险能力。二是加强对期货开户实名制工作的监管力度，切实化解潜在的风险。三是继续深入开展投资者教育，为股指期货的推出做充分准备。四是对照政策规定，对辖区证券经营机构从事股指期货业务准备情况进行检查。五是打击市场违规行为，维护市场平稳运行。

五、加强证券服务中介机构的监管

重点加强对从事证券期货业务的会计师事务所和资产评估所的监管。建立完善监管体制和制度，加强日常监管，进一步强化现场检查。督促各会计师事务所、律师事务所、资产评估师事务所及其执业人员恪守“诚信为本、操守为重、坚持准则、不作假账”的职业精神，遵循独立、客观与公正的职业准则，切实维护国家、社会和公众的利益，努力规范执业行为，力求提供真实、准确、客观与公正的信息，提供优质的鉴证服务；上市公司协会、证券期货业协会切实履行“自律、服务、传导”职能，加强行业自律，继续加强对证券期货从业人员、公司高管人员的管理和法律法规培训工作，提高从业人员的专业素质和适应新形势的能力。

六、加大市场监管和执法力度，进一步维护市场秩序

努力适应稽查体制变化的新形势，加快稽查执法制度建设，提高对违法违规案件的查处反应速度；对内幕交易和操纵市场股价行为继续加大监管和打击力度，严惩违法违规行为；进一步做好打击非法证券活动；认真做好信访受理工作；积极开展法制教育和宣传。

七、以风险教育为重点，继续深入开展投资者教育工作

针对新入市的投资者缺乏证券投资经验，投资理念不成熟，风险意识淡薄且抗风险能力弱的新情况、新特点，深入开展以风险教育为主要内容的投资者教育工作，增强投资者风险意识。一是充分发挥中介机构的投资者教育主体作用，把风险教育进一步做实、做深、做细。二是整合投资者教育资源，拓宽渠道，创新方式，完善内容，进一步增强教育的针对性和有效性。三是将投资者教育与日常监管工作结合起来，加大检查力度，全面推进辖区投资者教育工作深入开展。督促各证券期货经营机构切实将投资者教育和风险揭示工作融入各项业务流程，体现在客户服务体系的各个环节，形成以风险揭示为核心的投资者教育长效机制。

八、进一步加强协作配合，提高综合监管机制的有效性

进一步健全完善综合监管机制，健全责任机制，充分发挥各方面的积极作用，共同促进甘肃资本市场的发展。一方面，积极探索完善监管系统内与证监会机关各部门、交易所、各省监管局以及行业协会的监管协作机制，发挥好会计审计评估机制、市场媒体等方面的社会监督作用，不断提高监管与服务的质量和水平；另一方面，紧紧依靠地方政府，进一步加强与地方政府及其相关部门、各金融监管部门、司法机关的沟通和协作，健全完善综合监管协作机制，做到各司其职、各尽其责，确保综合监管机制的有效性。

（甘肃证监局办公室供稿）

中国保险监督管理委员会甘肃监管局 2009 年工作部署

2009 年，全省保险工作的总体思路是：深入实践科学发展观，全面贯彻落实全国保险工作会议精神，围绕“防风险、调结构、稳增长”目标，进一步深化“三点一面四提高”的发展思路，紧扣“防起落、保发展，防风险、保权益”的工作重点，解放思想，开拓进取，全力促进甘肃保险业平稳健康发展。

一、保障经济建设，服务民生改善，促进社会和谐，全力服务甘肃发展大局

（一）继续稳步推进“三农”保险。继续推进政策性农业保险试点工作，扩大政策性农业保险覆盖面，建立补助资金正常增长机制，逐步推进政策性森林保险试点工作，积极协调推动农房、农机具等其他农村保险发展，为农民提供广泛的保险保障。扩大农村小额人身保险试点范围和试点公司，开展外出务工人员保险保障试点工作，促进全省劳务经济发展和农民增收。

（二）大力做好项目保险保障服务。坚持“立足保险搞服务，贴近省情谋发展”的思路，紧紧围绕国家宏观调控的方向和重点，围绕甘肃省项目建设和灾区恢复重建，积极做好保险进项目、进企业工作，为重点项目的建设提供保险保障和风险管理咨询服务。

（三）抢抓政策机遇推动责任保险。着力抓好已出台政策的落实工作，重点推进火灾公众责任险、校园方责任险和旅行社责任险等责任保险的发展。积极争取更多的政策性保险业务，研究推动科技创新责任险、环境污染责任险等符合国家宏观政策导向的新兴保险服务。

（四）积极开拓业务发展新领域。在大力推动“三农”保险、工程保险、责任保险、养老保险和健康保险等重点业务发展的基础上，认真落实保险业促进全省扩大内需的政策建议，稳步发展与住房、汽车消费等相关的保险业务。围绕国家鼓励出口贸易的政策导向，推动出口信用保险发展。

（五）大力培育和发展保险市场。围绕省委、省政府打造西北区域性金融中心的重大战略部署，进一步完善保险市场功能，加强保险产业聚集，营造有利于保险主体入驻和发展的投资环境和干事创业环境。稳步发展保险专业中介市场，规范发展兼业代理市场，提升中介组织规范度和竞争力。

（六）积极履行行业社会责任。突出交强险的社会性和公益性，规范业务发展，提高覆盖面，努力做到应保尽保，改善服务质量，提高服务水平，倾力把交强险打造成金字品牌。继续做好车船税代收代缴业务管理和宣传，加强与地方税务部门的配合协作，加大督促检查力度，努力实现应收尽收。积极做好灾后理赔服务，加快理赔进度，为灾区生产、生活提供保障服务。积极参与城乡社会保障体系建设，为广大居民提供更好的保险保障服务。

二、转变发展方式，调整业务结构，促进科学发展，实现平稳健康发展的目标

（一）继续深化保险改革。各保险机构把解决结构性矛盾和发展方式矛盾作为改革的着力点和突破口，抓住应对金融危机这个契机，查问题、揭矛盾、调思路，在调整结构、转变发展方式上迈出实质性步伐。

（二）强化公司内控管理。改善保险公司经营管理，强化公司治理，完善体制机制，加强内控管理，切实提高公司的竞争力。在产品创新、管理创新和服务创新方面狠下工夫，大力提升保险行业的服务能力。

（三）着力提高行业盈利能力和水平。深入研究行业发展的客观规律，特别是盈利周期规律，增强行业整体盈利能力和商业持续率。通过抓承保、抓管理，来提高承保业务的质量，堵塞跑冒滴漏，提高盈利水平。按照突出主业的原则，促进保险业务结构调整，鼓励发展保障型产品，稳步发展投资型产品，巩固提高传统保险，有序发展新兴保险，努力使各种保险业务协调发展。

（四）防止业务大起大落。把加快发展方式转变和结构调整作为确保平稳健康发展的主攻方向，积极应对当前的市场变化和风险，通过加强结构调整、产品创新和内控管理，积极化解市场风险，防止业务大上大下、行业大起大落。

三、加强基础建设，严格内部管控，防范化解风险，确保行业经营安全

（一）制定和完善风险预警制度，及时排查风险隐患。各公司要建立健全风险应急管理机制，落实风险管理“一把手”负责制，进一步完善预案，做好保险业发展日常监测和月度分析工作。加强业务预测，保证充足的现金流，做好应对给付高峰准备，确保行业经营安全。妥善处置可能发生的各类风险，防止风险积聚与沉淀，严密防范风险传递。

（二）推进交易制度改革，防范收付费风险。推进车险业务“见费出单”制度，防范应收保费过高带来的经营风险；推进寿险业务收付费管理规范，即大额业务“零现金”管理制度，防范现金收付环节中的风险。通过实施上述两项重要市场交易制度，带动财务管理、业务管理等领域的管理创新和服务提升，推动保险业务规范化水平迈上新台阶。

（三）全面加强保险业基础建设。按照科学发展、制度先行的原则，进一步加强市场交易、市场竞争的行业规范和制度体系建设。推进保险公司合规管理工作，继续开展保险高管人员合规培训，加大高管资格核准中法规制度和监管政策的考察。加强营销员教育管理，推进保险中介从业人员继续教育。加快保险诚信体系建设，加大对失信行为的惩戒力度。

四、坚持以人为本，狠抓理赔环节，提高服务水平，用心保护消费者权益

完善消费者权益保护的制度体系。严格落实消费者权益保护“四个百分百”制度，进一步加大制度执行情况的监督检查力度。牢固树立以人为本、以客户为中心的服务理念和价值观，在产品设计、销售、服务和理赔等过程中，切实体现消费者权益至上的原则。开展理赔服务标准化建设，建立完善保险赔付程序公开制度，执行好风险信息消费提示制度。

畅通渠道，保障广大消费者依法维权。各公司加强客服部门、信访部门建设，认真接待信访投诉，倾听客户诉求；监管部门加大对信访投诉案件的督办力度，做到件件有落实、件件有回复。进一步发挥保险行业协会等社会组织的作用，完善保险合同纠纷快速处理机制和多渠道解决机制，使保险纠纷能够得到妥善解决，使被保险人的合理诉求切实得到保障。不断加强保险消费者教育，倡导科学理性的保险消费观念，提高消费者的风险意识和维权意识。

加大对关系消费者权益问题的查处力度。2009 年，监管部门将进一步加大消费侵权问题的查处力度，从社会反映比较集中的销售误导和理赔难等问题入手，依法严肃查处各种损害消费者权益的违法违规行为。

五、加强宏观调控，实施分类监管，提高监管效能，全力规范市场秩序

（一）探索加强对保险业发展的宏观调控。加强对保险区域市场、城乡市场的宏观把握，有规划、有针对、有选择地开展机构准入，把握好市场总体布局。对保险业的发展规模、速度、结构、质量和效益等状况进行全面评估，既保持平稳持续发展速度，防止大起大落，又增强业务结构的协调性，防止保险资源被破坏。开展保险业第二次全国经济普查，摸清行业底数，为实施宏观调控提供参考。

（二）加强市场准入监管。坚持扶优限劣的原则，支持经营管理好的机构发展壮大，扩大服务覆盖面。坚持总量调控原则，防止特定区域在较短时间内机构增加过快。坚持从严从高原则，严格机构审批和高管资格核准，提高准入主体质量。

（三）建立和完善分类监管制度。根据保险经营主体在资本结构、业务特点和风险状况等方面的情况，提出分类监管的标准，确立不同的监管重点。把公司的偿付能力、内控建设、合规经营等状况与市场准入、高管核准、业务审批相挂钩，采取不同的监管措施，提高监管的针对性和有效性。

（四）下大力气规范市场秩序。一要加强对2008 年9 月以来的业务检查，特别是招标业务、大宗业务的跟踪检查。二要以车险为抓手，加强产险公司费率执行情况、数据真实性和信息系统的监督检查。三要以规范银保业务为重点，加强对人身险领域销售误导等问题的监督检查。四要以规范手续费管理和中介招投标业务监管为重点，加强中介市场监管，强化保险公司对中间业务的管控责任。五要适时开展保险综合性检查，实施市场退出机制，进一步强化高管人员责任。

（五）扎实推进监管体制机制建设。增强监管联动，充分发挥市场监管联系组的作用，加强对区域市场的监管巡查，加强与各市（州）党政部门的沟通交流。加强监管法制建设和制度建设，严格依法行政，完善查处分离机制，提高执法水平。加大监管信息通报和公开力度，主动接受社会监督。加强机关建设和作风建设，深入开展党风廉政建设和反腐败斗争，严格执行廉洁从政“六条禁令”，打造合格监管集体。

（六）加强行业执行力建设。狠抓行业执行力，令行禁止，步调一致。着力强化省级分公司对所属分支机构的管控，提高自我管控、自我约束能力。强化领导责任制，有权必有责，权责相一致。

（七）加强行业协会、学会工作。加强对行业协会、学会工作的指导，加强市（州）保险行业协会规范化建设，提升工作水平。支持各级行业协会依照职责和授权更好地开展工作，对工作情况定期进行考核。健全行业自律的社会监督机制，指导开展行业自律情况互查。加强保险学会工作，推进保险理论研究，繁荣保险文化，推进保险创新。积极采取多种形式，推进行业文化建设，凝聚行业精神，改善行业形象。

（甘肃保监局办公室供稿）

国家开发银行甘肃省分行 2009年工作部署

2009年，国家开发银行甘肃省分行工作的总体思路和指导思想是：以科学发展观统揽工作全局，全面贯彻落实总行党委的各项战略决策和部署，立足甘肃省情，坚持开发性金融理论和方法，巩固和提高“两基一支”市场份额，加快推进基层金融机制覆盖，实现国际业务区域全覆盖及实质性项目合作，强化内部基础管理，加强风险防范和化解，提高综合经营效益和市场竞争力，打造服务甘肃科学发展的主力银行。

一、认真落实“扩内需、保增长、调结构”调控政策

一是坚持规划先行，发挥规划对项目开发的引导作用，加强与全省各级政府、重点行业主管部门的合作，组织召开省级高层联席会议。二是加大项目开发、评审及贷款发放力度，增强各环节统筹协调，加快工作进度，提高对全省有代表性和影响力的重大项目融资的覆盖率。三是总分行联动，创新金融产品，积极主动帮助各地解决新增投资项目资本金问题。

二、巩固和提高“两基一支”领域的市场份额

一是完善重点行业项目工作组开发评审调度机制，形成重点项目开发的整体合力，提高优质项目储备。二是加大贷款营销，提高承诺未贷和已签合同项目的发放实现率。三是探索灾后重建新的合作切入点，加大灾后重建支持力度。四是按照分类指导、重点突破的原则，推动平台建设，切实提高平台信用水平和融资能力，努力开创与各地政府合作的新局面。五是积极研究甘肃承接产业转移以及台资企业的信贷支持工作。

三、加快推进基层金融和国际业务

一是突出重点，继续做好低收入家庭住房和医疗卫生体系建设的信贷支持，完善生源地信用助学贷款和高校贷款工作机制，跟踪关注总行小企业贷款专门机构以及甘肃省中小企业发展基金的设立工作。二是探索基层金融的有效模式，推进基层业务制度体系和支撑系统建设，提高市、县合作机制与机构建设的覆盖面和质量。三是加强国别组对驻在国的政治经济国情调研和信息工作。加大境外项目开发力度。探索区域整合模式，逐步实现加勒比海地区业务全覆盖。四是实现与中非基金等行内国际业务专业机构的合作突破，做好省内企业“走出去”的金融服务。五是加强国际业务人才队伍和业务能力建设，优化国别组人员结构，培养国际业务骨干。理顺国际业务处与国别组的管理体制。探索国际业务项目信贷管理和风险控制的有效手段。开办分行结售汇业务。

四、切实提高科学管理和综合收益水平

一是继续做好重点客户调研报告及工作预案的编制和审议工作，形成重点客户资料分析信息系统，建立健全工作预案机制。开展客户细分，确定重点客户群，明确客户关系维护的重点目标对象，并进行动态调整。二是努力防范和化解信贷风险，千方百计确保资产质量维持在2008年水平。成立分行风险防范和化解工作领导小组，切实做好中川机场等不良项目化解工作。改进分行信贷管理中存在的薄弱环节，提高基础工作水平。建立重点行业外部系统风险和政策风险的识别预警机制，提高滚动预测准确性。配合总行做好基础数据完善、知识培训等新资本协议实施准备工作。三是加强经营管理，提高综合效益。做好资金调度和运用，加快发放进度，加大发放力度，增加短贷使用规模，提高资金使用效益。开展重点客户综合效益分析。拓展派生业务，提高业务能力和中间收益。四是加强内部管理，提高规范化、制度化管理水平。完成制度汇编，提高公文质量，确保保密安全，稳步提升人事、财务管理和IT信息服务水平。五是做好后勤工作，实现新物业服务公司的平稳过渡，完善服务质量要求标准化体系，提高后勤保障能力。

五、加强党建和队伍建设

一是做好学习实践科学发展观活动的各项整改落实工作，在此基础上推进长效机制建设，将学习实践活动的成果转化为推动分行健康可持续发展的强大动力。二是建设学习型团队，深入开展商业银行业务培训工作，按照商业化运行的需要和要求，提升员工队伍整体专业知识储备和业务技能。发挥“传帮带”作用，严格管理，做好新员工的教育、引导和培养。三是加强作风建设，建立和实行党风廉政建设问责制度，杜绝和防范违法违纪行为。完善员工行为规范，强化服务意识、大局意识、协作意识和奉献意识。改进工作方法，增强沟通技巧和能力，提高工作的效率和创造性。四是完善分行考核体系，探索建立符合商业银行特点的、科学有效的考核评价和激励约束机制，充分发挥考核导向作用，调动员工积极性、主动性和创造性。五是继续加强分行企业文化建设，发挥党、工、团、妇和各活动小组的联动优势，建立开展各项集体活动的长效机制。

（国家开发银行甘肃省分行办公室供稿）

中国农业发展银行甘肃省分行 2009 年工作部署

2009 年，中国农业发展银行甘肃省分行要以科学发展观为指导，认真贯彻党的十七届三中全会精神，按照总行和省委、省政府的工作部署，继续大力支农，严控经营风险，狠抓基础管理，勇于改革创新，积极构建和谐，努力实现信贷业务跨越式发展，为支持全省新农村建设做出新的更大的贡献。全行的工作目标是：贷款余额增长 25% 以上，农业农村基础设施建设贷款有较大增幅；贷款结构不断改善，商业性贷款占比达到 43% 以上，中长期贷款占比达到 28% 以上；不良贷款继续实现“双降”，严控新增不良贷款；人（日）均存款余额力争增长 35%，中间业务有较大发展，账面盈利 2 亿元；努力实现“四无”目标。全行工作着重把握好五个方面：

一是把发展节奏与平衡信贷投放结合起来，推动业务均衡快速发展。既充分利用储备的项目，抢先抓早，确保开门红；又在新项目的营销上坚持不懈，力争早见效；还要善于抓住传统业务淡季的空当，大力投放商业性贷款，努力实现信贷业务均衡快速发展。

二是把优化投向与区域统筹结合起来，实施信贷结构战略性调整。在确保粮棉油收购资金供应的基础上，重点支持农业开发和农村基础设施建设，择优支持农业产业化经营。在发展中统筹区域平衡，调整信贷结构，确保商业性贷款、中长期贷款和非经营性项目贷款占比稳步上升。

三是把尽职管理与清收处置结合起来，从严防范控制经营风险。坚持业务发展与防范风险两手抓、两手都要硬。既前移风险防范关口，强化风险管理，尽职尽责地做好风险防范工作；又多措并举，采取各种行之有效的措施，大力清收处置不良贷款，努力实现“双降”。

四是把合规操作与改革创新结合起来，努力提高经营管理水平。一方面，严格遵守国家法律、法规、政策和总行各项制度规定，通过合规经营创造效益；另一方面，进一步解放思想，大胆创新，务求各项工作措施具有针对性，富有创造性。

五是把目标激励与责任约束结合起来，充分调动全行员工积极性。把调动各级行和全行员工的积极性、主动性、创造性作为应对困难和挑战的根本措施，坚持各种资源配置向发展快、效益好的单位和贡献大的个人倾斜，努力形成上下一心、共克时艰的良好氛围，为发展提供强大动力。

一、加大支农力度，加快业务发展

一是确保粮棉油收购信贷资金及时足额供应。保证中央和地方粮棉油肉糖增储、粮棉临时收储的收购资金需要，认真做好最低收购价粮跨省移库及贷款划转工作，积极支持市、县级储备企业收购增储；按照“保收购、保优质企业”的原则，继续支持多渠道收购；积极参与配合粮食清仓查库工作，及时整改存在的问题；主动适应市场变化情况，抓好粮棉促销工作。二是重点支持农业开发和农村基础设施建设。优先支持公路、风电、电网改造、水电、天然气管道、农田水利、病险水库除险加固、灌区节水改造、农业生态环境建设、农村饮水工程和灾后恢复重建等方面的项目；加大政府主导的非经营性项目贷款投放力度，确保省级政府主导的非经营性项目贷款需求，优先支持地市级和财力强的县（市、区）级政府主导的项目。三是择优支持农业产业化经营。坚持区别对待、有保有压、择优扶持和严控风险的原则，继续支持马铃薯、啤酒大麦、玉米制种、中药材、草食畜牧业及果蔬加工等特色优势农业产业；优先支持省级以上龙头企业和国家农业产业化专项资金扶持的项目；积极支持油料、生猪、奶业发展和劳动密集型、技术密集型农产品出口企业；对农业小企业原则上落实企业主或主要股东个人有效财产抵质押，并探索推行适合小企业特点的办贷管贷机制。四是加强客户营销，改善金融服务。制订全年客户营销计划，明确营销的目标和重点，通过与当地政府互动，召开银政企座谈会、项目推介会等形式，多层次、全方位开展营销；搭建政府信用平台，完善政府推荐项目、农发行独立审贷的合作机制，共同推动项目建设；改善结算服务，大力推行收购资金非现金结算，积极推广网银业务、银行卡、银行承兑汇票及贴现业务。

二、加强信贷管理，从严防控信贷风险

一是切实加强信贷基础管理。认真搞好评级授信工作，3 月底前完成集中评级授信工作。加强贷款审查审议，适当简化手续，优化流程，落实责任，进一步提高办贷效率。加强贷款支付环节的监督，建立健全客户动态监测机制和定期排查制度，省分行每半年、二级分行每季度对客户进行一次全面排查。对高风险或有不良记录的客户，积极稳妥地实施退出。严格落实贷款担保措施，切实提高客户担保能力。二是突出抓好贷后管理。以落实贷后管理责任为重点，建立以各级行客户部门为主体，信贷、风险和内审等部门参与的贷后管理体制，完善以货币资金归行率、贷款物资保证率、收贷收息率及存贷比率为主的贷后管理指标体系。三是进一步加强贷款风险管理。充分利用 CM2006 系统提供的基础数据信息，进一步发挥风险经理的职能作用，加强贷款风险分类管理，实时监测贷款质量变化情况。全面推行不良贷款清收处置预案管理，建立不良贷款通报、约谈和专题汇报等制

度。以2008年年底不良贷款余额为基数，下达清收计划，落实清收责任，抓好清收工作。推行法律人员参加贷款审查审议工作方式，深入开展“积案”清理工作，力争当年发生经济纠纷案件结案率达到80%以上，以前年度发生的经济纠纷案件在上半年必须结案。严防粮食企业改制风险，坚决制止逃废债行为。加强风险管理队伍建设，有条件的二级分行要配备1名高级业务经理和1名业务经理，专门负责风险管理工作。

三、狠抓基础工作，深化基层行改革

一是进一步加强制度建设。学习推行贷款尽职管理、违规积分管理和岗位绩效考核等措施，细化管理规定和手段，强化岗位绩效考核。把学习落实总行基本制度作为全年一项重要工作任务，采取县级支行序时自查、省分行和二级分行定期不定期检查以及加强条线工作考核等措施，切实提高制度执行力。总结推广白银分行信贷监管评价制度、武威分行业务差错甄别制度和酒泉分行贷后检查表电子化模块，进一步完善不良贷款户籍管理制度。二是积极推进基层行管理改革。加强二级分行经营管理基础平台建设，省分行选择2个二级分行开展打造基础平台的改革试点。推行县级支行副职兼任主管做法和等级行管理，实行综合柜员制和岗位系数管理，明晰岗位职责，开展双向选择，员工竞争上岗。上半年选择2个县支行先行试点，下半年全面推开。三是全面提升经营管理水平。改进资金计划管理方式，实行信贷计划弹性管理。在确保政策性贷款计划需要的前提下，商业性贷款实行计划与项目相匹配，重点向商业性中长期贷款和管理好的行倾斜。对政策性及准政策性贷款计划由省分行统一管理，各二级分行按需要逐月申请下达；对商业性贷款计划由省分行集中管理，根据各二级分行贷款营销、审批等情况适时配置下达，并与实际执行进度挂钩。继续发展中间业务，增加收入来源。把组织存款作为增收的重要渠道，加强领导，落实责任，强化考核，拓宽存款业务范围，加大客户存款、同业存款以及财政性存款的组织力度。按照等级行管理要求，制定固定资产配备标准。巩固和完善报账制、委派制和会计远程监控等各项内部改革成果，加强对相关制度办法、财经纪律执行情况和财务数据真实性的监督，健全应急处置机制，确保综合业务系统安全稳定运行。继续做好信息技术工作，重点做好网络视频会议系统向县级支行延伸、CM2006系统模块推广上线和行内数据存储平台等建设工作，完善行内计算机网络标准化配置，有效排查解决各类应用系统运行风险点和系统运行环境安全隐患，确保系统的安全高效运行。加强内部审计工作，上半年配合国家审计署做好审计检查，下半年配合总行检查审计重要规章制度的落实执行情况。同时，认真组织实施2009年度序时审计，适时开展领导干部任期经济责任审计，狠抓历次检查发现问题的整改落实。

四、加强队伍建设，为改革发展提供保障

一是加强思想政治建设。善始善终地抓好深入学习实践科学发展观活动，不断巩固和扩大学习实践活动成果，推动全行科学发展再上新水平。二是加强领导班子建设。加大选拔优秀年轻干部的力度，完善领导干部公开选拔、竞聘上岗制度，加强对各级领导班子的考核管理，不断提高各级领导班子的治行理政能力。三是加强员工队伍建设。分层次、大规模开展员工培训；广泛开展“学习型单位、知识型员工”竞赛活动，并形成长效机制；建立业务岗位人员管理使用办法。四是加强企业文化建设。以狠抓规章制度落实、增强执行力为重点，继续深化制度文化、专业文化和行为文化建设，探索建立企业文化建设长效机制。五是加强党风廉政建设。认真学习贯彻胡锦涛总书记重要讲话精神，以加强领导干部党性修养为重点，扎扎实实抓好反腐倡廉工作。加大查办案件工作力度，促进实现“平安农发行”。

（中国农业发展银行甘肃省分行办公室供稿）

中国工商银行股份有限公司甘肃省分行2009年工作部署

2009年，中国工商银行甘肃省分行坚持以科学发展观为指导，继续按照“三个做大、三个提升”的工作思路，加快转变发展方式，努力优化经营结构，确保资产质量稳定，不断增强核心竞争力，实现各项业务同业领先，推进经营管理持续稳定健康发展。

一、加快推进经营发展，进一步增强市场竞争能力

一是坚持存款基础地位，全力拓展存款业务市场。把存款放在优先发展的位置，进一步开拓抓存款业务的新思路，主动应对同业竞争，千方百计夯实存款这个基础，不断扩大存款规模，夺回和巩固存款余额、增量占比“双第一”的市场地位。二是抢抓政策机遇，推动贷款快速健康发展。抓住全省项目建设高峰的历史契机，实施更加积极的竞争策略和更有效率的信贷服务模式，在支持扩内需、保增长中努力扩大优质信贷市场，持续增大信贷规模，不断提高信贷综合收益水平。三是发挥自身优势，进一步提高中间业务收入水平。不断完善中间业务和新兴业务发展策略，调整工作思路，突出发展重点，加强组织推动，促进中间业务规模与收益快速增长，确保中间业务同业市场占比第一。四是在加强业务营销、加快业务发展的同时，进一步优化经营结构，提

高业务发展的质量。

二、强化风险管理和内部控制，推进全行健康稳定发展

一是深入开展“远离违规行为，珍惜职业生涯”主题教育活动，进一步加强对经营管理活动的全方位全过程控制。二是在应对经济周期波动和扩内需、保增长中，进一步加强信贷风险管理。高度关注国际国内经济金融形势变化给银行信贷风险管理带来的新问题，积极应对可能出现的不良贷款反弹压力，前瞻性做好信贷风险防控工作。三是综合采取多种手段，进一步加强操作风险管理。坚持把制度控制、流程控制、计算机控制和人的控制紧密结合起来，实现对风险的刚性管理和控制，有效杜绝各类屡查屡犯、边查边犯问题。四是继续保持经济案件高压态势，进一步加强案件事故风险管理。高度重视科技风险管理，加强系统监控和机房环境动力等方面的基础性建设，增强信息科技控制能力，确保信息系统安全稳定运行。强化安全保卫工作，规范守押社会化业务管理，加大减库、减枪的工作力度，加强对ATM机具和自助银行的安全管理，完善安防设施建设，落实内部治安保卫责任制，防范外部刑事治安事件，努力提高全行保卫工作水平。严格落实案件防范长效机制，认真开展员工行为动态排查，加大责任追究力度，有效防止和杜绝经济案件的发生。

三、持续改进金融服务，树立良好的企业形象

一是牢固树立“客户至上”的服务理念。广泛深入地开展对员工的服务教育，采取多种教育方式，引导各个机构网点和每个干部员工充分认识服务对竞争客户、扩大业务和塑造形象的重要意义，进一步增强服务意识，牢固树立“客户至上”的服务理念，增强做好优质服务工作的自觉性。二是加快服务渠道扩充建设和优化步伐。加强物理网点建设。三是进一步提高服务工作效率。加强柜面服务人员业务操作知识、服务质量标准、服务礼仪和营销技能的培训，提高柜面人员业务处理效率。加快网点物理布局“硬分区”与业务流程、系统功能“软分区”，真正实现个人金融业务流程前后台分离和客户分层服务，通过细分和畅通服务渠道，推进网点功能转型和服务效率提高。四是加紧完善服务工作管理长效机制。健全全行服务管理组织体系，自上而下建立起综合管理机构统一协调、市场部门各负其责的服务管理组织架构，加强对服务工作的统一规划、统筹管理和协调推动。建立科学的服务评价体系和服务评价制度，切实加强营业网点服务工作综合考评。强化服务规范化管理，建立管理与教育并重、奖励与惩罚并举的管理模式，有效推动服务质量的提高。

四、切实加强党建和队伍建设，为全行改革发展提供坚强保障

一是深化“四好”班子建设，努力把各级领导班子建设成为贯彻落实科学发展观的组织者、推动者和践行者。坚持“围绕业务抓党建、抓好党建促发展”的方针，把推动科学发展、提高经营管理水平与发挥党组织政治核心作用有机结合起来，不断完善党建工作机制，进一步提高领导班子建设水平，使各级领导班子成为带领全行干部员工攻坚克难、科学发展的坚强领导核心。二是强化员工教育培训工作，对管理、专业、销售和操作等各类人才实施全方位、系统性的培训，突出抓好中高级管理人员领导能力培训与营业网点负责人综合管理能力培训，全面提高员工队伍的综合素质。鼓励员工积极参加各类专业资质认证考试，多措并举壮大全行专业人才队伍。落实柜员岗前培训制度，保证新入行柜员有效的集中培训和岗位实践时间。三是优化人力资源布局和劳动组合，通过流程再造、后台集中、业务集约、跨区流动、压缩二线和培训转岗等方式，挖掘人员潜力，推进人力资源区域、专业、岗位和素质结构的战略性调整。四是健全各级干部及各类人才的考核评价体系和选用标准，树立正确的用人导向，大力倡导尊重劳动、尊重知识、尊重人才和尊重创造的风气。完善人力资源管理提升项目，稳步推进员工岗位序列管理，积极构建员工多通道职业发展路径，建立“人均收入靠效率、岗位等级重贡献、绩效工资凭业绩”的竞争性绩效分配制度，切实调动各级干部员工的积极性，大力营造心齐、风正、气顺、劲足的良好工作氛围。

五、积极创建特色企业文化，努力营造和谐稳定的发展环境

把全行改革发展与企业文化建设有机结合起来，在继承和弘扬成熟稳健、积极进取、透明亲和等传统优秀文化的基础上，着力培育锐意进取、敢于实践、鼓励竞争和志在领先的企业文化，促进工商银行核心价值观和企业精神的形成，进一步发挥企业文化在引领发展、创造价值、凝聚人心、塑造形象和提升核心竞争力等方面的重要作用，积极促进全行的改革发展。进一步加强和改进思想政治工作，完善行务公开制度实施办法和职代会规程，发挥工会、共青团及女工委等群众组织的作用，把广大员工的首创精神和民主管理积极性引导好、发挥好。健全和完善维护稳定工作长效机制，建立信访维稳工作责任考核制度，促使各级行主动排查化解矛盾，及时消除不稳定因素。进一步完善预防群体性事件应急处置机制，有效维护正常的工作秩序和社会稳定。

（中国工商银行股份有限公司甘肃省分行办公室供稿）

中国农业银行股份有限公司甘肃省分行 2009年工作部署

2009年，中国农业银行甘肃省分行工作的指导思想是：深入学习贯彻十七届三中全会精神，认真践行科学发展观，抓住农业银行重组改制、国家扩大内需的历史性机遇，以“3510”战略为总纲，全面落实面向“三农”市场定位，加快城市业务升级转型，强化全面风险管理，深化体制机制改革，加强党建队伍和企业文化建设，在新的起点上开创全省农业银行科学发展的新局面。

一、坚持面向“三农”，全力开拓县域市场

一是继续深化服务“三农”试点。加快试点成果的推广应用，继续在具体机制、措施上探索创新，加快推进“三农”事业部改革。努力改善用卡环境，做实惠农卡功能，认真搞好惠农卡全覆盖试点。二是加大“三农”和县域信贷投放。大力支持现代农业和县域支柱产业发展，择优支持龙头企业开展基地建设、技术改造和季节性收购，稳步支持县域中小企业发展。抓住国家加大农业基础设施投入、龙头企业产业链向农村延伸等商机，推动城乡联动，促进城乡一体化发展。三是加快推进县域支行综合改革。在辖区选择一批经济强县、粮棉大县和特色资源县支行，开展穿透式管理试点。明确县支行经营主体地位，健全和完善激励约束机制，激发县支行经营活力。

二、加快升级转型，努力提升城市对公业务竞争力

一是做大做强城市对公信贷业务。大力开展“总部经济”营销活动，持续加大高端客户的直接营销力度。组建铁路、风火电、煤油气和公路4个营销团队，下大力气拼抢重点建设项目。积极支持受经济周期波动影响小、市场需求稳定的生产企业，支持符合条件的大型商贸和物流企业以及国家级和省级重点消费市场建设，积极支持由省、市级投资平台投资建设的城市供水、供电、供气、供热与污水处理等项目。抓好学校、医院及广电等优质机构客户的营销。积极支持风险可控的保障性住房项目。二是下大决心抓好对公存款。切实抓紧抓好项目投资资金的营销，将项目投资资金作为对公存款营销的首要任务。加大新兴产业资金“保抢挖”力度，努力提升市场份额。提高财政性资金代理服务质量，拓宽财政性资金来源。抓住各级政府招商引资的有利时机，进一步做大外汇存款总量。三是加快城市对公业务综合化经营。大力发展投资银行业务，加快企业网银、现金管理业务营销，做大国际结算、结售汇业务，积极推进保险代理、第三方存管、“银期通”和企业年金等业务发展。

三、加快调整转型，实现城市零售业务新突破

一是转变零售业务营销管理模式。推进零售业务板块整合，构建以支行为中心、网点为销售服务平台的个人业务组织体系。二是全面推进重点零售业务。巩固和提升储蓄业务优势，切实转变观念，改进策略，着力抓好品牌带动、渠道带动、产品带动和服务带动。加快网上银行、电话银行与手机银行等渠道的建设，大力发展电子银行业务。巩固和提升银行卡、保险代理等传统优势，加快推广理财、基金、第三方存管等产品。丰富个人信贷业务品种，试点个人客户综合授信业务。大力发展以住房为主的个人消费贷款业务，做大个人经营贷款业务。三是强力推进网点转型。实施网点改造标准化工程，建设标准化样板网点。加快个人优质客户管理系统的推广，为全面推行客户分层服务打好基础。改进柜面设计内部流程和营销模式，全面提高网点的服务效率。

四、强化风险治理，健全风险管控的长效机制

一是加快风险管理和内控体系建设。结合分支行内设机构改革，完善各级行风险管理职能，全面落实风险报告制度。落实“三委派”制，提高会计主管的履职能力。明确风险管理体系中各部门的职责，理顺风险管理关系。二是加强信用风险管理。严格落实行业信贷政策，尝试开展限额管理。加强风险监测、资产分类工作，提高资产分类的审慎性和准确性。认真落实贷后管理责任制，及时跟踪掌握风险变动情况。三是进一步改善操作风险管理。改进风险管控方式，把营业网点整体移位接管作为控制操作风险的重点措施。加快集约化运营管理体系建设，提升后台流程化作业、规范化运行水平。推广应用对账管理、会计监控二期等技术手段，提高会计内控管理技术水平。四是坚决做好案件防控工作。强化案件防控第一责任人责任，切实抓好案件防控重点，加大对案件易发高发部位、岗位和环节的监督检查力度。

五、加快机制改革，为全行发展提供有力支撑

一是推进人力资源综合改革。理顺内设机构及职能设置，优化人力资源配置，推进岗位梳理工作，建立健全员工业绩考核评价体系。二是完善绩效考核体系。取消经营利润管理，强化风险调整后的资本净回报和资产净回报考评，增设市场份额考核指标，对“三农”业务进行单独考核。对重点行、重点网点集中一定的资源，推动其率先发展。三是加大实施重点行、重点网点优先发展战略力度。开展“城区十强支行”和“县域双十强支行”评选活动，省分行将拿出部分费用、绩效工资对获奖的单位及高管人员进行专项奖励。四是围绕经营战略重点优化资源配置。贷款投放向重点地区、重点行业、重点项目和服务“三农”领域倾斜。

强化资本约束理念，逐步实现按业务条线、按产品、按客户配置经济资本。五是加快财务综合管理体系建设。积极构建科学合理的财务决策体系，稳步推进机构预算管理改革，构建全面应税事务管理体系，完善新准则下的会计制度建设。六是全面推进信贷审批体制改革。逐步建立以会议审批、合议审批和直接审批为主要内容的新型信贷审批模式，全面推进网上作业，改进信贷业务报备方式，加强信贷专业队伍建设和业务流程管理。

六、坚持以人为本，加强党建、队伍和企业文化建设

一是抓好系统党的建设。继续深入推进学习实践科学发展观活动，重点抓好问题的整改落实。加强基层党建工作，积极探索基层党建新模式，抓好基层组织班子建设。切实抓好党员教育管理工作，组织开展生动活泼、富有成效的学习教育活动。二是坚决抓好党风廉政建设。组织各级领导干部认真学习中央、国务院和总行重要文件和领导讲话，并加大警示教育力度。落实党风廉政建设责任制，切实强化“一把手”是第一责任人的意识，强化班子成员和部门负责人“一岗双责”意识。抓好领导干部廉洁自律，将惩防体系建设和落实党风廉政建设责任制纳入对“一把手”和班子绩效考核内容。三是加强班子、队伍建设。继续抓好以“一把手”工程建设为重点的领导班子建设，进一步完善领导干部考核办法。狠抓领导作风、机关作风建设，开展机关作风整顿活动。四是推进企业文化建设。充分利用企业文化建设大讨论成果，扎实抓好农业银行企业文化优秀元素的倡导和落实。同时，切实做好维护稳定、信访和矛盾纠纷化解工作。

（中国农业银行股份有限公司甘肃省分行办公室供稿）

中国银行股份有限公司甘肃省分行
2009 年工作部署

2009 年，中国银行甘肃省分行工作的指导思想和总体要求是：根据总行的整体部署，按照“换脑筋、树正气、建机制、提素质、固基础、严治行、防风险、抢份额、增效益”的工作方针，同心同德，克难奋进，把解放思想与抢抓机遇结合起来，把增强忧患意识与坚定发展信心结合起来，继续狠抓负债业务，做大做强资产业务，大力拓展中间业务，加快机制体制创新，推进渠道流程整合，强化学习型企业建设，加强后备人才培养，提升核心竞争力，实现全面、协调、可持续的科学发展目标，建设甘肃省内一流银行。

一、换脑筋

全行干部职工要做好“十五个转变”，即从思想懒惰、畏首畏尾，转为思想勤奋、敢作敢为；从习惯与自己比、与计划比，转为与同业比、与系统内行比、与绝对额比、与市场份额比；从认为甘肃落后、没有大企业和好企业、信贷投放风险大且不能大做，转为甘肃经济正在崛起、大企业和好企业不断增多且风险相对较小、公司信贷业务大有可为；从做事只注重过程、论人只凭印象，转为更注重结果、更注重业绩；从强调不求大、但求强，转为既要做强更要做大；从强调控住风险就不能快速发展、快速发展就控不住风险，转为既要控住风险、又要快速发展；从凡是发生风险就问责，转为有责问责、无责免责；从只有发生风险才问责，转为不发展或发展缓慢也问责甚至还要“问罪”；从职能就是权力、管理就是管住，转为职能是责任、管理就在服务中；从管业务不管人、重物不重人，转为管业务先管人、重物更重人；从习惯于平均主义的分配方式，转为让每个人的付出与回报尽量相一致；从注重对人的使用和物质激励，转为使用与培养相结合、物质激励与精神激励相结合；从坚持以人为本，转为以认同和践行中行企业价值观的人为本；从以自我为中心，转为真正以客户为中心；从远离当地政府且不关心当地发展，转为依靠当地政府并以繁荣当地经济为己任。

二、树正气

各级管理者要正确使用手中的权力，在其位、谋其政、负其责；每一名中层干部要不忘不负党委的重托，想事、干事、成事；每一名客户经理和营销骨干要充分发挥自身的优势，肯干、多干、大干；每一名员工要真正尽到自己的义务，爱岗敬业、遵纪守法、精益求精。

三、建机制

（一）建立新的资源配置机制。在业务费用保证网点开门的前提下，其余的所有费用均与业务发展、绩效考核挂钩，多挣多花、多挣多发。人事费用配置在保障员工基本工资的前提下，加大绩效挂钩力度，以有效激励核心业务发展和整体绩效进步。

（二）加强激励约束机制建设。按照总行的要求，以绩效为导向，建立科学的、全方位的绩效管理体系；推进薪酬改革，建立包括经营性支行、网点负责人在内的机构高管薪酬等级晋升指标体系；建立对业务一线部门和客户经理“底薪加提成”、“工资大包干”等专门的薪酬激励制度；建立全员全产品业余销售奖罚办法。

（三）在尽可能大的范围内建立对主管以上管理职位和重要业务岗位用人用工公开选拔制度。

（四）建立全员公开竞聘上岗制度。在省分行部分部门和辖区部分分行、支行实行全员竞聘上岗，把合适的人放到合适的位置上。对落聘人员统一组织培训，半年之后仍不能重新上岗的，改为专职产品销售人，享受当地最低生活标准的工资待遇，对既无能力、品德又差的，直接解聘劳动合同。

（五）设立行长特殊津贴基金，对业务专家实行奖励制度。在三年时间内分批评选出30名—50名专业拔尖人才，每年享受行长特殊津贴，补充高级经理、中层管理人员时优先选拔。

（六）加大精神激励力度，建立评先选优制度。在辖区开展评选十佳行长、十佳中层、十佳主管、十佳员工、十佳客户经理、十佳复转军人、十佳兼职教师、十大销售高手、十大服务标兵、十大杰出青年和十大杰出女性，以及优秀共产党员、优秀党务工作者和工会积极分子等活动，大张旗鼓地进行宣传和表彰，并为先进分子的成长进步创造条件。

四、固基础

（一）壮大客户群体。实现当年新增开户企业5 000个，新增优质贷款企业30个，力争达到50个。

（二）推进业务架构整合。按照总行的统一部署，尽快建立公司与金融市场、个金和运营三大板块，完成架构整合、职位设置和职位聘任工作，理顺业务板块之间、条线与分行之间的关系，充分发挥条线的管理职能。

（三）加快渠道建设。按照总行标准，改造网点27个，购置新网点3个。增加优化网上银行、电话银行等现有渠道，开辟手机银行等新兴渠道，力争建立直销渠道，提升电子化交易迁移率和替代率。着力推进网点转型，建立实施新的营销服务流程与业务操作流程。建立大堂经理、客户经理、理财经理和柜台经理等全员参与的营销服务体系，加强网点综合效能考核，重点建设全功能型网点和销售服务型网点。

（四）做好网点的文明优质服务。各级工会要对网点的文明优质服务负起责任，从基本的礼仪、基本的服务技能抓起，制定具体的、可操作的办法。对因服务不好遭投诉的，要给予严厉的处罚；对造成不良影响的，要令其下岗，直至解除劳动合同，并对其直接上级给予处分。

五、提素质

提高员工整体业务素质，建立一个学习型组织。倡导“终身学习”，提倡引导全行每一位员工养成终身学习的习惯；强调“全员学习”，要求全行决策层、管理层和操作层全身心投入学习，尤其是各级管理者，更要加强学习；强调“全程学习”，学习必须贯彻于组织系统运行的整个过程，边学边干，边干边学；强调“团体学习”，组织做好全行上下的合作学习和群体智力的开发。

将2009年确定为“培训年”，着力加大学习培训力度。省分行培训中心要调整人员结构，充实教学人员，建立一支兼职专职教师队伍，常年开班，常年上课。辖区全年要举办各种类型的培训班80期，力争培训各类人员1 900人（次）。力争对省分行本部主管以上的管理者，分行、支行中层以上的管理者以及网点负责人轮训一遍。对辖区公司信贷人员、客户经理集中培训，举办一期50人的理财师培训班，在兰州大学的工商管理硕士班按期开班。

六、严治行

（一）坚持从严治行，严格问责。对问责人问责不到位的也要问责，确保全年不出案件和重大责任事故。年内在辖区开展一次“珍惜人生，远离犯罪”的教育活动。

（二）从严要求各级领导班子，从讲党性、讲奉献、讲纪律、讲风格、重品行、识大体、顾大局、坚持民主集中制等方面严格要求每一位管理者。重大事项、重大项目、大额费用开支和人事任免必须经过集体研究，实行科学民主决策。加强党风廉政建设，要从每一位党员干部做起，特别是对各级领导干部更要严格要求、严格教育、严格管理、严格监督，做到有职者必须忠于职守、有权者必须秉公用权、有责者必须严格问责。

（三）加大问责力度和责任追究。制定完善责任追究审理程序和问责工作的操作流程并严格执行。制定尽职尽责的评价机制和标准，特别是要加大对道德风险问责力度。同时，制定完善并认真执行员工行为失范的内部报告制度，建立落实员工思想行为分析制度和定期谈话制度，形成“行内、社会、家庭”三位一体的管人机制。

七、防风险

一是加强“三道防线”的体系建设，完善不同层级之间、各条线之间、各职能部门之间的协调配合与交叉监督机制，形成内控防案工作的合力。二是加强安保工作，落实人防、物防和技防标准规范，发挥监控联网察看在基层内控防案和应急处置中的作用，防范“四类案件”和重大安全事故。三是坚持“突出重点”、“预防为主”、“以人为本，惩处与教育相结合”的原则，加强检查的科学性和有效性，重视整改督查，着力解决屡查屡犯问题。四是强化对重要岗位、重要人员和重要环节的监督管理，严防道德风险。

推行名单式管理，明确支持类、维持类、压缩类及退出类客户清单，通过制度约束和绩效考核等手段，实施主动风险监控。强化授信资产十二级分类结果的运用和管理，与大额高风险监控、客户政策和行业政策有效结合，加强授信资产管理。继续推广运用操作风险管理流程和工具（RACA），有效控制各项业务操作风险。加大“一户一策”化解措施的落实力度，综合运用清收、抵债、核销和其他创新等方式化解不良贷款。加大考核力度，建立领导挂钩包干重点项目化解责任制，落实不良资产责任人下岗清收制度，确保实现不良“双降”。

八、抢份额

以“市场提升”和“标杆超越”为目标，本币存款、贷款力争新增市场份额达到10%，国际结算收入市场份额与上年持平，外币存款市场份额实现大幅度提升。

（一）三大主要业务实现超常规、突破性发展

1. 坚持“并重战略”，推动各项存款市场份额稳步提升。坚持“人民币存款和外币存款并重”、“储蓄存款、对

公存款和金融机构存款并重”的战略，抓公司存款突出对无贷户和系统性客户营销，抓储蓄存款加大对优质公司客户代发工资、代收代付业务营销。依托理财中心、财富中心等平台，提高中高端客户对负债业务的贡献度。加强外汇产品的宣传和推广，促进外汇存款增长。关注改制中的城市商业银行和新设立的村镇银行等新型农村金融机构，争揽金融机构存款。

2. 按照总行信贷投向指引，加快资产业务发展。公司授信要突出重点，对已营销成功、正在营销或准备营销的客户承包到人。在行业选择上，向资源、能源、交通运输、城市基础设施建设、房地产开发、优质制造业、社会事业和服务等行业进行授信倾斜；在项目选择上，将列入甘肃省发改委重点项目建设清单及各地政府确定的重点项目作为支持重点；在客户选择上，优先支持中央和地方大中型客户，适度、择优选择产业链中与总行、省分行重点客户构成上下游关系的中小企业与有进出口业务的中小企业，重视有成长性的优质中小企业客户的准入和培育。

强化零售贷款的战略地位。把保障用房、单位集资（合作）建房、单位团购房和旧城改造项目等作为新的业务增长点，积极拓展个人公积金住房贷款，进一步抢占个人住房贷款增量市场。大力发展消费类个人汽车贷款。在风险可控的前提下，对中高端客户提高产品政策的灵活性和适应度。围绕当地支柱企业供应链和个人在经营过程中的贷款需求，积极探索试点，发展以住房和临街商铺为抵押物的经营类产品。

3. 大力发展中间业务，巩固国际结算业务领先地位，提高中间业务收入占比。统筹发展中间业务涉及的各产品线，建立跨部门的产品组合研究机构，加强条线协作联动，强化对下统一指导，适时解决中间业务发展过程中遇到的问题。

（二）重点城市切实发挥龙头带头作用

全力做大兰州城区的业务，特别是把公司业务做上去。成立兰州城区业务发展委员会，统一协调组织兰州城区的业务发展。同时，在兰州市新设雁滩、安宁和庆阳路三家直属支行，采用新的管理办法，主要以贷款业务和服务中高端客户为主。嘉峪关、金昌等重点分行，公司贷款要有大的突破。对重点地区加大人、财、物等资源的配置力度。

（三）高度重视精心研究营销工作

各级行、各条线以“营销天下”的视野和策略，坚持“目光向外”和“走出去”，突破地域限制，加强客户群建设。转变营销方式，针对不同的客户，采取个性化的营销方式，通过产品创新、服务创新以及授信创新等一揽子服务解决方案来赢得客户。继续落实一把手营销负责制，加强高层营销。发动包括在岗员工、内退员工、离退休员工和员工家属在内的全员营销。充分发挥理财中心、财富管理与理财经理等主渠道作用，积极挖掘、拓展和维护个人中高端客户。加大条线联动营销力度，组建客户群建设专项工作小组，结合发展战略、行业政策和地区定位，出台客户发展指导意见，形成定期磋商、优先审批、靠前指导、联动营销和综合回报率后评价等机制。

九、增效益

（一）调整收入结构，大力发展资产业务。大幅度提高利息收入和中间业务收入占比，加大优质公司贷款投放，积极发展零售贷款，加快贷款投放进度，做大资产规模。

（二）调整存款结构，大力发展活期存款。公司存款、储蓄存款都要大力发展活期存款，提高活期存款的占比。

（三）调整贷款结构，大力发展中长期贷款。紧紧抓住重点企业、重点项目和重点行业发展中长期贷款，大力拓展个人贷款业务，提高贷款业务的盈利水平。

（四）调整客户结构，大力发展综合回报率高的客户。公司客户大幅度增加基本结算账户，提升银企合作的广度和深度，为客户提供贷款、存款、结算与资金等全面的金融服务，提高竞争能力和综合回报水平。个人业务加快落实总行提出的以中高端客户为重点的个人金融发展战略，加强对客户的分层服务和管理，扩大中高端客户包括存款、基金和理财产品等在内的各类金融资产规模。

（五）调整网点结构，大力发展综合效能高的网点。按照省分行下发网点规划的要求，按进度完成低产低效网点的撤并整合，年内撤并25个网点，在兰州地区建成6个左右全功能型网点，大力发展综合效能高的全功能型网点，提高全功能型网点占比。同时，结合实际发展理财、个人贷款和银行卡等特色销售服务型网点，扩大网点的业务规模，提高网点综合效能和经营效益。

（六）调整人力布局结构，大力充实营销人员队伍。人力资源配置重点向公司、个金等业务条线和一线网点倾斜，重点充实营销岗位和网点营销人员。增加网点人员数量，提高大堂经理、客户经理、消费贷款经理与理财经理等营销人员的配备，提升网点营销能力和盈利能力。

（中国银行股份有限公司甘肃省分行办公室供稿）

中国建设银行股份有限公司甘肃省分行 2009年工作部署

2009年，中国建设银行甘肃省分行工作的指导思想是：转变发展方式，提高发展质量，创新工作机制，强化风险管理，坚持“打基础、调结构、促转型、保平安、上份额”十五字工作思路，内强素质，外塑形象，努力打造客户首选银行。管理目标是：实现各项管理工作精细化、专业化、规范化、标准化；夯实风险管理和内控管理基础，确保不发一案，不误一人，全年无重大责任事故；客户服务水平进一步提高。

一、认真贯彻中央经济工作会议精神，服务好甘肃经济发展大局

（一）发挥基础设施领域的传统优势。进一步加大对甘肃省基础设施领域续建、在建项目的营销力度，对已经承诺的项目优先保证资金需求；正在营销的项目要加大力度；高度关注甘肃循环经济以及兰州—白银都市经济圈、天水—关中经济区、河西新能源和陇东能源化工基地有关政策，主动出击做好相关项目营销。

（二）全面夯实客户基础。加大账户营销挂钩比重，增加人、财、物投入，支持夯实客户基础战略的全面落实。建立账户分析、监测和筛选机制，实行客户分类分级管理；准确掌握行业和客户的占比情况，准确掌握产品和电子渠道对行业和客户的覆盖情况，提高客户覆盖率、产品覆盖率、电子渠道覆盖率和行业覆盖率。

（三）继续大力拓展机构业务。抓住国家惠民生、保民生的政策机遇，不断提高“民本通达”综合服务能力，延伸客户链条，拓宽产品线，丰富服务内涵。积极营销物流配送、电子商务、信息咨询、研发设计及文化传媒等新兴服务业。

（四）继续抓好住房金融与个人信贷业务。既要坚定住房金融业务战略地位，又要警惕房地产市场风险。重点支持居民自住房贷款，推行差别化定价，综合考虑首付比例、客户信用和贷后表现等多种要素进行定价。巩固一手房市场，拓展二手房市场。加强风险防范，发生“假个贷”的机构，贷款申报环节相关责任人开除公职，审批环节相关责任人给予留用察看以上处分。

（五）大力发展投行业务。进一步明确投资银行业务部工作职责，培养充实专业人员，在基础设施建设、中小企业、低碳经济、民生领域、文化产业和企业并购等方面发挥积极作用，实现投行业务收入的倍增。

（六）加快发展小企业业务。认真领会中央关于促进中小企业发展的有关精神，积极探索服务中小企业发展的新办法。加大小企业经营中心建设力度，进一步推广小企业“信贷工厂”模式，完善小企业经营激励约束机制，把小企业中心建设成独立的利润中心和责任中心，为小企业业务的发展打开通道。

（七）积极探索服务“三农”业务。积极探索服务“三农”的办法、措施，学习系统内兄弟分行的经验，借鉴兄弟分行在开展服务“三农”业务方面的成熟做法，力争年内有所突破。

二、内强素质，扎实做好风险管理和基础管理工作

（一）坚持稳健经营和收益覆盖风险的原则。坚持积极审慎的经营方针，持续调整信贷结构，优化信贷资产组合；积极探索消化不良资产的新途径，采取打包处置等方式，进一步提高资产质量；根据市场状况和客户风险收益水平，灵活合理定价，努力实现利率差别化和精细化管理。

（二）强化贷后管理。针对目前贷后管理工作中存在的具体问题，结合开展“贷后管理年”活动，通过组建专业专注的贷后管理团队，在专业化和精细化方面进一步下工夫，把贷后管理打造成为信贷业务的核心竞争力。对所有贷款客户的每一笔贷款开展一次梳理检查，采取措施彻底整改存在的问题，绝不能形成隐藏的“定时炸弹”。

（三）狠抓基础管理。坚定不移地推进标准化管理，引入ISO9000质量管理体系，实施全面质量管理，从制度建设、督促落实、检查分析和持续改进四个方面入手，切实加强内控内管工作，努力提高管理效率、管理质量和竞争能力。

（四）强化风险案件防范。加强案件防控队伍建设，完善防控体系，选拔一批德才兼备的优秀干部，充实到基层行纪委书记和纪检监察特派员岗位；规范员工行为，加强基层机构关键风险点排查，尤其要加强对基层机构负责人和委派会计主管的管理，组织开展行为排查，并按照有关规定对基层机构负责人和委派会计主管进行交流轮岗，通过落实交流轮岗和排查制度，确保基层机构负责人不碰“红线”、不踩“高压线”；针对目前案件防控面临的严峻形势，对重要空白凭证、印信、要害岗位以及历史形成的相关问题，开展一次全行性的排查；加大内外部审计检查发现问题的整改，从严认定责任。强化员工合规教育，树立“不管是金山银山，只要是违规经营，就坚决不做”的思想。加强技防、安防等设施设备的建设和管理，严防抢劫、盗窃、诈骗和涉枪案件发生。

（五）继续实施新一轮大规模培训，全面提高员工素质。统一规划，合理安排，培训资源向基层员工、一线员工和年轻管理人员倾斜，教育经费要适应集中培训的要求，由省分行统一管理，集中调配；进一步加大对中高级管理人员

的培训力度，通过增加培训投入，设计培训方案，组织中短期培训，为各级干部提供更多的培训机会；进一步加强后备干部培养，加强干部梯队建设。

三、坚定不移地推进改革创新，提升专业化和精细化服务水平

（一）推进对公业务转型。提高客户服务水平，建立“以客户为中心”的营销服务体制和专业化的客户服务体系。进一步上移对公大型客户的营销管理职能，加大省分行直接营销力度；组建大行业、大客户营销服务团队和产品销售专业化团队，切实达到专业、专注的服务要求。

（二）推进个人客户专业化服务。重视理财师培养，加快理财师队伍建设步伐，加大对财富管理与私人银行业务的资源、人员和产品拓展的投入力度，稳定提升富裕客户和高端客户的签约率。加强信用卡业务数据分析，及时监控客户消费行为和客户等级迁移情况，提高客户识别、营销和管理的精准性，全面提高各服务渠道的客户满意度。

（三）加强信息技术和电子渠道建设。继续加大信息技术和电子渠道建设投入，资本性支出安排重点支持IT建设和电子渠道建设，改善全行生产性基础设施；确保生产运营的安全稳定，避免发生重大事故；加强自主研发能力，使信息技术与业务战略更好地融合。

（四）继续推进中后台集中和流程优化。进一步抓好前后台业务分离项目建设，进一步减少稽核、会计、档案、守押和配送等人员。积极探索守押体制社会化改革、档案管理及物品配送社会化托管的有效方式。

（五）完善资源配置和激励约束机制。通过调整资源配置，彻底解决配置不科学、激励不充分等问题。科学制定考核政策，坚持市场份额原则、竞争性原则和人均原则；加强对员工的考核，优化员工费用配置；调整业务管理费配置，合理调配资源，提高使用效率。加大对拓展服务渠道、改善服务条件、改善员工工作条件和提升社会形象方面的资本性投入。

（六）积极探索业务量大的县支行由省分行直管模式。在认真调研分析的基础上，对于区域经济发达、存贷款规模大、市场占比高、发展潜力大和经营特色突出的县支行建立试点，逐步实施直管。

四、抓好党的建设、队伍建设和企业文化建设

（一）在经营管理中充分发挥党的领导优势和组织优势。健全各级分支机构党的组织，充分发挥党的组织优势，发挥党员先锋模范带头作用；健全党的各项规章制度，加强执行力建设，加大督查督办和行政效能监察力度，确保政令畅通和各项决策部署落实到位。

（二）深化用人制度改革。坚持德才兼备、以德为先的用人标准，完善选人用人机制，规范选拔任用工作流程，公开、公平、公正地做好人才培养选拔工作。进一步改进干部考察工作方法，坚持任前考察与平时考察相结合，充分运用审计、日常年度考核等多项结果，全面客观地评价干部，形成注重品行、崇尚实干、鼓励创新与群众公认的用人导向。健全专业技术岗位序列，拓宽专业技术人员的发展空间和晋升通道，鼓励提高专业水平，安心做好本职工作。

（三）加强企业文化建设。弘扬不屈不挠、拼搏进取的顽强精神，提振士气，凝聚人气；切实关爱员工、善待员工。大力提倡“诚实、公正、稳健、创造”的核心价值观，开展好“深化客户服务，关爱基层员工”的主题活动。同时，进一步加强老干部服务工作。

（四）充分调动员工的积极性。完善职代会制度，加强和改善员工民主管理，通过员工心声等信息平台，多渠道听取员工的意见和建议；积极探索发展和谐劳动关系，关心员工的工作、生活和困难，关心员工的职业生涯，充分发挥员工的聪明才智和价值创造力。

（五）抓好党风廉政建设。认真学习和贯彻胡锦涛、贺国强在中纪委十七届五次全会上的讲话精神，加强党纪教育和作风建设，弘扬正气，抵制歪风。继续实施党风廉政建设责任制，加强对各级班子和干部的监督管理，有效实行权力制约，按照授权经营和管理工作的重点，加强执法监察，完善监管体系，切实防范职务犯罪。

（中国建设银行股份有限公司甘肃省分行办公室供稿）

中国人民财产保险股份有限公司甘肃省分公司 2009年工作部署

2009年，中国人民财产保险公司甘肃省分公司的工作指导思想是：夯实基础促发展，强化技能保效益，加强管控防风险，努力开创公司科学发展的新局面。总体要求是：围绕一条主线，抓好两个关键，实现三大目标，提升四种能力。

一、完善经营绩效考评，优化资源配置

按照稳定性、长期性、公平性的原则，进一步完善公司经营绩效考评，优化资源配置。坚持效益优先，鼓励业务健康发展。加大费用、职工工资分配与利润的挂钩力度，增加利润在薪酬、费用分配中的权重，对实现综合成本率控制目标的分公司进行现金奖励。建立和完善综合考评体系，通过综合评价指标的设计，对公司经营绩效、客户与市场、内部控制、销售能力建设、企业文化与员工发展五个方面的目标进行层层分解，将各项目标具体化并实行相应的奖惩办法，

与公司年度经营绩效考核共同构成公司综合经营评价体系的核心内容。

二、夯实经营基础，加强区（县）支公司建设

制定出台《关于加强区（县）支公司建设的指导意见》，进一步加大人力资源和财务资源向区（县）支公司倾斜的力度，实行省分公司授权下的区（县）支公司经营管理责任制，充分发挥区（县）支公司经营管理职能，逐步实现区（县）支公司真正意义上的经营基础和利润单元。在区（县）支公司定位上，进一步明确区（县）支公司业务发展、创造利润、防范风险和服务客户的综合职能，筑牢公司发展和经营的基础。在财务资源配置上，建立自下而上、重点保证区（县）支公司费用的预算管理机制。完善薪酬分配体系，建立体现激励作用的薪酬分配制度。在计划考核上，省分公司下达年度计划和考核指标，向辖区（县）支公司分解预算和考核指标，实行全面预算管理；在人力资源管理上，赋予区（县）支公司在参与管理人员选拔使用、用工管理和劳效激励方面较高的自主权，着力解决后备力量不足、展业人员年龄老化问题；在重点区（县）支公司建设上，进一步深化重点区（县）支公司建设的各项举措，加大各类资源倾斜力度，设立重点区（县）支公司建设专项费用，增强其销售能力和盈利能力。

三、加强产品线建设，推进产品线经营职能专业化

各产品线要深入分析市场发展趋势，捕捉发展机遇，把握发展重点，制定发展策略，持续不断地推进产品线经营职能专业化。车险产品线要贯彻落实总公司车险盈利能力建设会议的各项工作部署，加强车险盈利能力建设。以差异化、专业化、精细化和规范化实现车险规模效益。财产险产品线要努力化解重点企业因经营效益下滑、资金紧张、竞争加剧和承保费率下降等不利因素，采取积极的拓展策略，保持业务规模基本稳定。货运险产品线要采取适应市场的进取性拓展政策，扩大货运险承保面，提升业务规模。责任意外险产品线要全面实施“54321”计划，扩大业务规模。

四、创新理赔管理模式，提升理赔管理水平

坚定不移地以车险理赔风险防范为主线，以强化成本控制能力和客户服务能力为目标，以建立有效的激励约束机制为核心，以提升专业化队伍技能和深化信息技术应用为手段，建立形散神聚的理赔管理模式，着力解决车险业务利益漏损问题。加强重点环节管控，认真抓好现场查勘、远程定损、核损、报价、核赔、医疗审核和未决赔案管理等关键风险点的管控工作。加强对分支机构理赔工作的指导，每月进行理赔业务分析，加强与产品线的沟通和反馈工作。加大理赔业务检查质量力度，理赔质量检查将通过日常数据监控预警、重点督导检查、现场集中检查等方式展开，组织开展赔案质量集中评比和现场观摩活动。加强理赔工作考核，制定理赔工作考评办法，实行重点理赔指标定期通报和考核。对不称职的理赔人员，经培训仍不能胜任工作的，坚决调整岗位；对制造假骗赔案、吃、拿、卡、要、内外勾结等损害公司利益的人员，经调查核实后严肃处理，情节严重的解除劳动合同直至追究法律责任。实行案件审批终身责任制。加强理赔队伍建设，全力抓好核赔师组织培训、辅导和考评工作，制定理赔人员全年培训计划，开展不同层次、不同岗位的理赔技能培训。

五、加强基础管理，提升管理水平

坚持“短期有效，长期有利”的原则，提高精细化管理水平，确保公司稳健经营。加强承保管理。按照“承保有利润”的原则，进一步完善承保制度建设，规范承保操作。强化核保人员专业素质、责任和质量意识，培养专业承保人员，尽快实现从简单要素核保向风险评估型核保转变。强化财务管控，深入推进综合成本率管理思想，加强销售成本、理赔成本和管理成本控制，在公司培育和建立每一个人、每一个环节都对成本负责的良好习惯和管理机制，以综合成本率的有效控制争取更大的利润空间。进一步加强数据质量管理，不断提高信息技术应用水平。加大监审工作力度，把完善惩防腐败体系建设与公司的发展战略和经营管理有机结合起来，深入开展廉洁从业、依法合规宣传教育活动。加强对各级领导班子和领导干部的监督检查，开展“六条禁令”执行情况的专项效能监察。加强风险管控，贯彻落实保监会70号文件，认真反思内控建设的差距，查找整改在风险管控意识、制度建设、合规教育、制度执行、管理流程规范化、法人授权管理及执行“六条禁令”等方面存在的突出问题。进一步加强内控制度建设，构建全员、全面、全过程的风险管控体系，完善风险管控责任制。进一步建立健全风险管控组织，定期开展合规指导和检查，严厉惩处内控违规行为。

六、加强客户服务能力建设，不断提升服务水平

树立“上级为下级，后台为前台、全员为客户”的大服务理念，切实提升全系统的服务能力建设。

持续推进金牌服务工程建设。按照最新的VI标识，完成公司职场标准化建设，统一职场内外环境、服务礼仪和宣传标识等各项规范。完善理赔快捷处理流程，实行理赔单证“瘦身”，对事故责任和保险责任明确、不涉及人员伤亡、赔款金额在5 000元以下的车险案件实现客户“一张纸”索赔。继续推进客户资源管理（CRM）。实行客户代码省级集中管理，加强客户真实性和完整性审核，确保一户一码，为CRM系统提供良好的数据支持。建立服务效能评价体系，公开理赔服务标准和流程，公开社会承诺服务标准和流程，接受社会监督，提高服务满意度。围绕客户满意度、服务标准和客户投诉处理率建立服务效能评价体系，加强监测和考评，不断提高客户满意度和忠诚度。

七、以人为本，优化人力资源配置，构建和谐企业

加强基层班子建设。加速干部队伍年轻化进程，完善考核配套政策，探索干部退出机制；建立干部培养机制，开展后备干部推荐，加强干部系统性和长期性培养，建立各级机构梯次性后备干部队伍；试行大学生团队的引进、管理和培养，为公司队伍建设储备力量。加强领导干部作风建设，切

实采取措施提高各级领导班子和班子成员的危机意识、责任意识和创新意识，提高认识规律、把握规律和践行科学发展观的能力。进一步开展廉洁从业宣传教育，加强反腐倡廉制度建设，不断强化监督检查。构建"以人为本、和谐奋进"的企业文化，把企业文化建设作为公司管理的重要内容和提升竞争力的动力保障。完善员工考核激励机制，建立科学合理的考核体系，积极探索建立对核心员工、业务骨干的中长期激励制度，实施员工关爱计划。

（中国人民财产保险股份有限公司甘肃省分公司办公室供稿）

中国人寿保险股份有限公司甘肃省分公司2009年工作部署

2009年，中国人寿保险公司甘肃省分公司的工作思路是：继续深化"六个不动摇"和"七个坚定不移"的工作指导思想，求真务实，转型增效，深入贯彻落实科学发展观；优化业务结构，提升内涵价值；加快发展步伐，保持适度增长；加强基础建设，提高管理水平；推进薪酬改革，激发发展活力；坚持依法合规，加强风险管控，努力推动公司持续健康发展。

全省系统业务发展目标任务是：总量保持适度增长，总保费达到39.50亿元以上；首年标准保费3.12亿元；个险10年期及以上期交保费4.20亿元，5年—9年期期交保费0.80亿元；银邮渠道保费12.70亿元，其中银邮期交保费7 000万元；短期险保费2.30亿元；续期保费收缴率力争达到95%；个险渠道职场实有人力达到2.40万人。

围绕上述目标，重点抓好以下六个方面的工作：

一、突出发展重点，努力实现结构优化和效益提升

个险渠道充分利用人多力量大、点多基础实的优势，切实担负起调结构、挣费用、挣佣金、保工资和增强公司可持续发展能力的重任。一是大力发展能上量、能创费、能创佣和折标系数高的险种，在加大10年期以上产品销售的同时，争取5年—9年期业务快速发展，以拉动期交业务整体增长，确保全年5亿元期交计划目标的达成。二是在净增4 000人增员任务落实的基础上，将有效人力规模、举绩率和件均产能等关键指标作为衡量队伍建设的核心标准，抓实抓好，实现有效人力稳健增长、人力结构持续优化与人均产能不断提升。三是通过三个经营手册的推广运用，进一步夯实团队经营、职场运作和网点建设等各项基础性的管理工作，固本强基，增强渠道的持续竞争能力。四是扎实推进个险省级集中管理。按照《个险集中实施方案》要求，积极做好岗位职责梳理和人员调配，实现平稳过渡，确保个险省级集中管理工作6月底顺利完成。五是与国寿财险公司加强协调与配合，积极做好互动业务。把业务目标细分到各基层单位、团队和产险专员，做到动员到位、氛围到位、追踪到位和目标管理到位。

银保渠道切实发挥上规模、占市场的渠道作用，担当起保证公司全年业务总量正增长的重任。一是在确保完成趸交任务的同时，全力以赴加快期交业务发展，切实提高渠道的内涵价值。二是在全省银保渠道逐步实施渠道专营、垂直管理的事业部管理模式，在组织架构上实现"同城集中、专业经营"。加强制度建设和队伍管理，增强发展后劲。三是加强对现有渠道的维护，同时积极开拓中行、浦发和信合等新的代理渠道，为业务发展寻求新的合作伙伴。

团险渠道实现"团险业务讲效益、挣费用；企业年金占市场、上规模；队伍建设增优员、规范化"的目标。一是各级公司要从政策、资金等方面给予大力支持，加大对团险渠道的费用投入力度，有效利用政策杠杆和费用政策刺激团险业务的发展。二是在做好传统团体短期险业务的同时，把代理单位的短期险业务拓展作为短期险业务发展的主攻方向，争取打开局面。三是尽早出台团险销售人员管理办法，把队伍建起来，切实解决团险业务发展后劲不足的问题。四是协助省养老金中心加强攻关，协同作战，完成年金险计划任务。五是加强与政府合作力度，办好政策性业务。重点是拓展新农合和新城合业务、尽快与当地政府签订战略合作协议、增加"医保通"上线公司数量以及为奶粉事件的患儿提供医疗服务等工作。

二、加快推进薪酬体系改革，全面理顺人力资源管理

2009年，省分公司将以考核制度和人力资源制度改革为基础，对全省系统组织架构、岗位和人员编制进行重新整合配置，为公司发展提供强有力的组织保障和政策支持。一是完善考核评级制度。2009年考核办法设置统一的指标体系，同时为体现差异化指导的原则，针对不同组别公司的业务发展现状及战略定位，设置差异化的指标权重，取消全省排名评级的办法，加大与经营绩效考核结果挂钩的内容，不但与"一把手"和其他班子成员年终考核挂钩，而且与员工工资奖惩挂钩。同时，充分体现多劳多得和向基层倾斜、向一线倾斜的分配原则，省分公司将针对区（县）支公司经理室成员制定相关考核政策，建立科学有效的薪酬管理和考核制度。二是全面理顺全省系统组织架构。对省分公司本部、地市分公司本部部门设置进行调整。省分公司成立教育培训部、销售督察部，对相关部门和机构酌情进行合并和"瘦身"。二级分公司根据差异化管理要求对内设部门进行调整，该合并的要合并。根据保费规模、业务结构和持证人力等指标，对区（县）支公司、直属营销服务部和直属营

业部实施机构整合。结合绩效激励体系改革工作，对全省系统岗位设置进行调整。三是努力降低用人成本。严格规范用工管理，严把人员的入口关和出口关，部门、岗位之间合理调剂，提高人力资源的利用效率，确有需要增人增岗的，必须经过省分公司批准同意。科学、合理地评估岗位编制数量，压缩岗位设置，坚决杜绝重复设岗、一岗多人和非关键性岗位专人专岗的现象，实现定岗、定员、定编。在保证全省系统业务正常发展、管理顺畅运转的前提下，坚决裁减冗员，实现员工队伍精简高效，有效降低人力成本。四是稳步推进绩效激励体系改革。在全省系统开展绩效激励体系改革，力争在上半年初步完成改革工作。

三、强化基础管理，有效提升运营水平

按照有利于客户服务、有利于支持销售和有利于提高运营效率的原则，以精细化管理为手段，进一步提高全省运营管理水平。一是有效强化财务管理职能。以新财务系统上线为契机，切实加强财务精细化管理；通过继续强化集中高效、风险可控和运转有序的资金管理体制，保证资金的安全性和高效运转；顺应矩阵式管理要求，加强收付费省级集中管理力度，提升收付费运营效率和服务水平。二是进一步提高业务管理水平。逐步提高承保理赔工作质量，全面启动历史业务档案影像化处理项目，积极做好非现金收付费工作的宣导和管理，全面推广省级集中管理服务平台，加快标准化柜面建设步伐，继续做好留存业务管理，切实改进和提高全省系统的业务处理与管理水平。三是充分发挥信息技术服务作用。一方面进一步夯实信息技术服务平台，逐步构建全面支撑公司发展和运营的信息技术体系；另一方面继续扩大信息技术支持和服务的广度与深度，充分发挥全省系统IT资源的整体效应。四是加强技术基础力量建设。重点加强核保核赔、信息技术与财务管理等关键岗位和重要技术岗位人员的培养力度，推行持证上岗制度，提高核心岗位人员的知识储备和含金量，打造一支强有力的技术服务团队。

四、着力推进客户服务工作，全面提高服务发展能力

继续坚持以支持和服务销售为出发点，进一步夯实各项基础服务工作，不断提升公司整体的客户服务水平。一是继续推广国寿“1+N”服务。在做好保单基础服务的基础上，继续推广实施国寿大讲堂、国寿特惠超值、健康好帮手、国寿资讯通和国寿特色服务等附加值服务，把服务工作与业务发展有机结合起来，逐步形成“服务发展、推动发展”的良性格局。二是全力做好国寿鹤卡的发放工作。总公司在全国范围内面向所有客户推广使用“国寿客户卡”，是2009年服务工作的一项重头戏，各二级分公司一定要按照要求和进度做好发放工作。三是加强回访和电话中心服务功能。进一步理顺省、市、县三级机构回访工作运作流程，努力提高回访成功率；加强投诉管理、提高处理质量，保证投诉结案率达到95%以上；保证人工电话接通率达到95%以上，确保各项考核指标的达标。四是推行客户服务岗位标准。细化目标管理、绩效管理、人员管理、运营及流程管理等各项管理指标，实现管理工作的科学化、系统化。

五、强化内部管控，有效规避经营风险

内部控制工作要与经营管理活动紧密结合，相辅相成，做到一起研究部署、一起监督检查、一起考核落实。一是强化对销售渠道的风险管控。个险渠道重点防范销售误导、欺诈等违纪违规风险。一方面，要切实加强对销售队伍的依法合规教育，推动诚信教育进教材、进早会、进职场，提高依法合规、廉洁从业意识；另一方面，要开展客户大回访活动，对潜在风险早预警、早防范、早化解。银邮渠道严格执行监管规定和行业自律公约，防范销售误导和退保风险，同时进一步做好银邮网点的反洗钱识别和资料保存工作。二是重点加强高管人员变更、经营地址变更和各类证照到期的更换和管理工作。三是定期召开案件防范分析会，查堵漏洞，防范风险；切实加强对费用收支管理等规定落实情况的监督检查，加强对经营管理关键环节风险点的查找和排除，从根本上抓好治本抓源头工作；着力抓好反洗钱工作，切实加强大额和可疑交易的识别分析，防范普华审计以及各种外部检查风险，确保依法合规经营。四是加强执行力审计和常规经济责任审计，强化对审计发现问题整改落实情况的后续审计，针对经营管理中存在的薄弱环节及时开展专项审计、审计调查和突击性的机动审计，重点防范责任风险。五是进一步梳理和完善各项规章制度，细化考核措施、量化考核标准与强化考核落实，确保各项工作的有效执行，切实防范由于领会不准、措施不实、落实不力及考核不严等行为引起的执行风险。

六、充分发挥公司政治优势，营造良好的发展氛围和环境

通过有效发挥国有保险公司的政治优势，努力营造良好的发展环境。一是加强思想政治建设。针对科学发展观学习活动中查找出的问题和不足，结合工作实际，重点解决广大党员干部在打造国寿“精品工程”、践行特色发展道路上的认识问题、方法问题和效果问题，增强用科学发展的观念想问题、办事情、作决策的能力，切实排除发展隐患、破解发展难题、突破发展瓶颈，促进公司实现健康、全面发展。二是加强领导班子建设。加强干部的跟踪考察和交流培养力度，真正把那些想干事、能干事、会干事、干成事的优秀干部充实到领导班子中来；建立健全各级领导班子年度定期考核机制，加大动态化考核力度，实行任期目标责任制，建立能上能下、能进能出的用人机制。同时，强化班子作风建设，坚持民主集中制，保证决策的科学化、民主化、专业化，注重发挥班子整体的战斗堡垒作用。三是加强党风廉政建设。严格执行党风廉政建设责任制，扎实开展主题教育、巡视检查、案件查处、效能监察和治理商业贿赂等专项工作，深入推进惩防体系建设；结合公司经营管理实际，认真开展反腐倡廉工作；充分发挥各级纪委在整合监督资源、完善风险管控体系和处理疑难复杂问题方面的作用，有效服务公司的改革发展。四是加强党、团、工会组织建设。进一步完善职代会制度，为广大员工参与公司决策制定、民主管理开辟通道，激发主人翁意识和干事创业的热情；通过组织开展岗位技能竞赛、评先树优等形式多样的活动，调动广大员工以更加饱满的热情投身公司的改革发展事业。

（中国人寿保险股份有限公司甘肃省分公司办公室供稿）

第二部分

金融改革与发展

中国人民银行兰州中心支行

行长 杨明基

【综述】 2009年，兰州中心支行坚持以科学发展观为统领，紧紧围绕“发挥整体优势，凝聚发展合力，再创一流业绩，实现全面跨越”的总体工作要求，坚定信心，迎难而上，圆满完成了年初确定的各项工作任务，为支持全省经济社会平稳较快发展做出了新贡献。

一、认真贯彻执行适度宽松的货币政策，引导金融机构加大信贷投入，有力支持了全省经济平稳较快发展

以支持全省经济平稳较快发展为首要任务，抓住扩大内需、促进经济增长的政策机遇，着力在营造货币政策执行环境、保持银行体系流动性、拓宽多元化融资渠道和加强监测分析上下工夫，引导金融机构增加信贷投放，适度宽松的货币政策实施效果显著。通过制定信贷增长指导意见、召开经济金融形势季度分析会和金融机构座谈会等多种方式，准确传导了货币政策调控意图。加强与政府、经济综合部门的沟通协调，省委、省政府更加重视金融工作，专门制定下发了促进金融业发展的若干意见。组织金融机构参加各种层次的银企、银地和银文项目对接会，推动了信贷资金与企业项目的有机对接。积极引导企业利用市场融资工具筹集资金，有效弥补了信贷资金供给不足。配合省政府推动中期票据发行工作，由建设银行和国家开发银行主承销的100亿元中期票据于8月25日成功发行。举办非金融企业债务融资工具及金融产品宣传推介会，完善市场成员联系会议、重点成员走访制度，加强了市场业务监督指导工作。全年共发行短期融资券33亿元、企业债券15亿元、地方政府债券65亿元，市场配置资源的基础性作用进一步增强。建立和完善信贷投向、涉外企业、利率、民间借贷及地方法人金融机构流动性等监测制度，监测分析工作的前瞻性和有效性进一步提高。快速调查一系列保增长政策措施的实施效应，为上级决策提供了信息支撑。将支农再贷款限额向农业、少数民族、贫困地区和地震灾区倾斜，引导农村信用社扩大了支农信贷投放。加大对上海银行间同业拆借利率（Shibor）的宣传推广力度，制定了《完善金融机构存贷款利息计算辅导方案》，指导地方法人金融机构加强贷款定价机制建设，确保了利率政策执行的严肃性和透明度。截至12月末，全省金融机构本外币各项存款、贷款余额分别达到5 903.13亿元和3 739.90亿元，同比增长24.39%和35.09%，存款、贷款增量均创历史新高，为全省经济实现企稳回升提供了有力金融支持。

二、充分发挥信贷政策导向作用，着力优化信贷结构，促进全省经济结构调整

强化对重点项目的金融配套服务。引导金融机构围绕国家下达甘肃省的4 889个项目，做好中长期业务发展计划，优先保证手续齐全、符合开工条件项目的配套信贷资金。加快落实全省重点项目银企对接会签约项目，合计发放签约贷款超过600亿元，有效保障了重大投资项目顺利展开。研究推动落实县域金融机构新增存款用于当地的激励政策，有效支持了农村基础设施建设、农技推广和特色农业发展。全年全省新增涉农贷款245.70亿元。引导金融机构探索开发满足农民需求的消费信贷产品，有效刺激了农村消费。制定了做好集体林权制度改革和林业发展金融服务工作的意见，由省政府批转全省执行。改善对薄弱环节的金融服务。引导金融机构开发针对中小企业的信贷产品，配合兰州市委、市政府举办了中小企业融资洽谈会，10家银行共向中小企业授信560亿元，有效缓解了中小企业资金困难。加快建立“创建信用社区+就业培训+小额担保贷款”的金融支持再就业长效机制。年末，全省小额担保贷款余额6.50亿元，增长3倍；各项助学贷款余额11.85亿元，增长56.15%。加强金融支持残疾人事业、扶贫贴息贷款和民贸民品贴息贷款等方面的金融服务工作，获得省委、省政府授予“民族团结进步先进集体”荣誉称号。组织召开“金融支持全省灾后重建工作座谈会”，确保金融支持灾后重建工作扎实推进。加大支农再贷款支持力度，陇南、甘南等地震灾区支农再贷款限额累计增加17.50亿元，40个灾区农村信用社申请使用优惠利率再贷款37.40亿元。全省金融机构累计发放灾后重建贷款217.55亿元，金融支持灾后重建取得阶段性成果。

三、加强金融风险监测，深化地方金融改革，全省金融体系安全稳健运行

拓宽风险监测领域，将涉外经济运行及重点企业等纳入监测范围，并向村镇银行等新型农村金融机构及典当行等准金融机构延伸。建立了覆盖省、地、县三级的金融风险监测月报、金融稳定信息专报制度。创新金融稳定评估方法，率先对全省银行业实施压力测试，运用熵权法评估国有商业银行改革绩效，有关经验在全国推广和交流。大力推动农业银行股份制改革及服务“三农”试点工作，全力支持农村新型

金融机构发展，农村金融服务体系逐步完善。年末，全省共有村镇银行8家、资金互助社2家、小额贷款公司32家。继续做好农村信用社专项票据兑付考核工作，全省有84家农村合作金融机构通过专项票据兑付考核，兑付资金9.72亿元。初步构建了金融机构践行社会责任评价体系，对20家省级金融机构践行社会责任情况进行了客观评估。加大资产管理力度，在全国第一家全面完成融资中心和自办经济实体清理收尾工作。全年收回金融稳定再贷款利息320.47万元，占农村信用社应收利息的57%；依法受偿债权资金739万元。继续做好高风险金融机构风险处置工作。配合省政府跟踪查处甘肃大圣生物科技股份有限公司非法集资事件，防止了群体性事件的发生，维护了地方金融安全。

四、优化外汇管理和服务，促进贸易投资便利化，着力营造良好的外汇经营环境

简化贸易信贷审批程序，调整企业出口货款预收汇比例和进口货款延期付汇比例，促进了贸易投资便利化。扩大境外放款外汇资金来源，放宽境外投资政策限制，有力支持了涉外企业开拓境外市场。与兰州海关、省商务厅等单位共同筹建"甘肃省涉外经济金融信息网"，搭建了与涉外经济主体间的交流互动平台。加强国际收支统计监测，严格落实外汇均衡管理措施。顺利实现了全省银行机构外汇金宏工程上线工作，完成了企业贸易收付汇核查系统开户和档案信息清理工作。成功实现并完成224家外商投资企业外汇网上年检。简化外债转贷款结汇手续，按照适度从紧原则核定了兰州银行短期外债余额指标。建立了以外汇账户信息系统为平台，经常项目和资本项目各业务系统横向核对的监测模式，有效防范了异常外汇资金流动风险。强化外汇市场管理，审核并授权4家银行13个网点通过"个人结售汇管理信息系统"办理业务，批准3家许可证到期的保险机构继续经营外汇保险业务。开展对工商银行、中国银行和建设银行个人外汇业务检查，规范了金融机构外汇业务操作。查处了各种外汇违法违规行为，维护了良好的外汇金融秩序。全年全省跨境外汇收支额50.75亿美元，银行结售汇39.43亿美元。

五、加强基础设施建设，改进金融服务手段，金融综合服务水平全面提升

进一步完善了与政府部门、金融监管部门、金融机构和企业的调查统计信息交流机制，实现全省金融统计数据集中系统的单轨运行，提高了统计报表质量。重新设计修订了甘肃省金融统计报表体系，并高质量地完成了全省金融业经济普查工作。以制度性调查为载体，开展了持续性、系列性专题调查。自主开发了"县域经济金融数据库系统"，为准确反映县域经济金融运行状况，有效提高县支行履职能力和县域金融服务水平奠定了基础。围绕金融生态与区域经济增长、西部地区扶贫问题、资源性城市转型与可持续发展三个领域，深入开展调查研究，全年共形成特色研究报告160多篇，完成10项总行、分行及中心支行重点课题，在省级以上刊物发表论文78篇，在CSSCI核心期刊发表论文6篇。积极推动调研成果转化，8份专题报告引起省政府高度重视，一些意见和建议已转化为上级行和地方党政的决策依据和政策措施。

制定了《甘肃省改善农村地区支付服务环境实施意见》，确定6个县为全省改善农村支付服务环境示范县。督促省农村信用联社改造支付系统接口方式，省联社支付系统接入网点增加1.20倍，有效推进了城乡一体化支付结算体系建设。以公用事业收费和支票影像截留业务为突破口，全面推动小额支付业务开展，业务量同比增长51.90%。顺利完成兰州票据清分系统升级工作。加强运行维护管理，小额支付系统和全国支票影像交换系统安全运行率达100%。全面启动农民工用卡特色服务工作，相关业务量居全国前列。对全省1.30万个存量特约商户进行了专项整治，银行卡受理市场环境进一步改善。

起草了关于加快推进全省社会信用体系和农村信用体系建设的两个意见，推动了全省社会信用体系建设。积极发展信贷市场信用评级，借款企业和信用担保机构信用评级工作实现零突破。进一步完善了中小企业信用档案。深入开展农村信用体系建设，全省农村合作金融机构累计建立农户信用档案285.73万个，评定信用等级农户196.68万个。将全省非银行信息采集范围扩大到了12个领域。组织开展金融机构执行征信管理制度现场检查，提高了征信系统应用水平。

组织全省国库系统开展资金直拨业务，全省6个中心支库及辖属18个县支库实现了24项灾后重建和财政专项资金的直接拨付，业务金额1.30亿元，惠及农户4.40万个。实现了财税库银横向联网系统在全省国税系统的上线运行，完成了省地税和省联社的联调测试工作。对7个中心支行及辖属13个县支行国库业务进行了实地检查。配合财政部门扩大集中支付业务范围和"省直管县"改革，在全省13个中心支库、21个县支库推广了国库集中支付业务，新增"省直管县"试点25个。

按照"总体规划、分步实施、标准规范、统筹兼顾、急用先行"的原则，开发建设了综合办公服务平台并上线运行，进一步提高了综合办公效率。完成了统一运行维护监控平台建设的需求分析及前期调研。做好系统日常维护，重要业务系统安全运行率达到100%。完成了网间互联平台DMZ区扩容改造及同城通信转接中心DMZ区建设项目，有序开展了内联网骨干网核心设备更新及线路升级项目。

加强现金供应形势预测分析，科学调拨发行基金，从总量和结构上保证了现金供应。加强发行库安全管理，在全省人民银行开展了旺季发行库安全检查，检查面达到100%。加大对制贩假币违法犯罪活动的打击力度，全年全省共收缴假人民币4.70万张，面值333.50万元。强化残损人民币回收、清分、复点和销毁工作。对全省13个市（州）中心支行和21个县支行安全保卫工作进行了全面检查，确保了发行库守卫、货币押运以及枪支弹药安全。

六、依法履行金融监管职责，加大监督检查工作力度，金融机构依法合规经营意识明显增强

加强金融市场管理，对辖区银行间债券市场成员单位进行了现场检查，对省农村合作金融服务结算中心买断式回购超限、异常交易行为，以及部分市（州）再贷款和存款准备金管理情况进行了现场核查。建立退库业务审批监督制度，优化了退税审核和办理流程。制定了《甘肃省银行业金融机构支付系统直接参与者考核办法》，对全省109个银行分支机构的账户管理和公民联网身份核查情况进行了重点检查。对全省452家商业银行网点开展了人民币收付业务检查，有效规范了人民币收付行为。规范金融机构统计行为，将甘肃省小额贷款公司纳入金融统计范围，顺利实现了村镇银行的并表统计，开展了针对金融机构新增专项统计报表数据真实性和金融统计制度执行情况的专项检查，确保了统计数据质量。

制定了针对银行业和保险业金融机构的两个考核评估办法，逐步开展对金融机构差异化管理。加强大额和可疑交易报告管理，金融机构报告行为逐步从“防御性”向“主动性”转变，可疑交易下降了7.80%。开发大额现金监测报送系统，实现了数据的快速采集、汇总和上报。对117家金融业分支机构的反洗钱工作、36家银行业分支机构的个人银行和外汇业务进行了专项检查，对违规行为依法进行了处理。全年协助完成行政调查和案件协查20起，涉及资金7.80亿元，立案侦查8起。加大反恐融资工作力度，组织开展了甘肃省“护航2009”专项行动，配合省安全部门开展涉恐案件调查15起。

七、创新宣传载体，营造舆论氛围，积极探索金融宣传工作长效机制

组织开展了反洗钱、银行卡、现代化支付系统业务、征信、反假货币宣传月和“诚信兴商”宣传周、“国际收支宣传周”、征信知识竞赛、银行卡业务知识竞赛等活动，编印了《债券基础知识宣传手册》、《银行卡业务知识问答》及有关利率政策宣传手册，通过媒体宣传、举办培训班和知识竞赛等多种方式，加大宣传力度，提高了社会公众对金融政策和人民银行业务的认知度，营造了良好的履职氛围。充分发挥甘肃省金融学会和《甘肃金融》杂志的平台作用，积极宣传人民银行的政策导向和职能作用。在《金融时报》上刊登了《共铸诚信·共享和谐—甘肃省人民银行系统加快推进征信体系》、《宝剑锋自磨砺出—甘肃省人民银行系统力推反洗钱工作步入快车道》等通讯和专题文章，集中宣传了人民银行兰州中心支行近年来所取得的突出成绩，为基层人民银行履职营造了良好的舆论环境。

八、以学习贯彻十七届四中全会精神为契机，全面加强党的建设，不断提高党建工作科学化水平

把学习贯彻党的十七届四中全会精神作为首要政治任务，着力加强党的思想政治建设。举办了学习贯彻全会精神专题辅导讲座，开展了“学习型党组织”、“廉洁型党组织”建设活动和中国特色社会主义理论体系普及活动、学习实践科学发展观“回头看”活动。完善党建工作责任制，开展民主评议党员和“争先创优”活动，加强入党积极分子的培养和新党员的发展工作，全面加强了党的组织建设。制定了《兰州中心支行党务公开实施办法》，提高了党务公开的规范化、科学化，党内民主建设进一步加强，党内民主建设专题调研工作被西安分行通报表扬，党务公开工作受到总行领导表扬。

研究制订了《中国人民银行兰州中心支行贯彻落实<建立健全惩治和预防腐败体系2008—2012年工作规划>的实施意见》，全面规划了中心支行的反腐倡廉工作。以开展“学楷模，促发展”、“四个一”活动为重点，认真落实党员干部廉洁自律制度。通过内联网、文化长廊和宣传栏等宣传阵地，大力开展廉政文化宣传，筑牢了干部职工拒腐防变的思想道德防线。以案件专项治理为抓手，深入开展风险排查活动，夯实了风险防范基础。开展了处级干部廉政述职和部门负责人廉政民主测评工作，对新提拔处级干部进行了廉政谈话，签订了《廉政承诺书》，建立了廉政档案，切实把好了领导干部廉洁自律关口。紧紧围绕“权”、“钱”、“人”等重要环节，认真履行监督职责，有效促进了中心支行工作的全面开展。

九、创新干部管理方式，切实抓好干部队伍建设，进一步优化人力资源配置

坚持“民主、公开、竞争、择优”的原则，不断创新干部管理方式。建立科学考核评价体系，对考核排名靠后的2名副处长转任非领导职务，对考核靠后的2名年轻干部调整到县支行锻炼，较好地发挥了考核导向作用。探索建立了干部职工待岗学习制度。加强干部交流和岗位轮换工作，全年调整交流处级干部9名、一般干部14名，选送4名干部到总行工作锻炼，推荐1名处长到市（州）中心支行挂职担任行长，选派2名年轻干部到县支行挂职任行长，进一步优化了人力资源配置。制定了《关于进一步加强和改进青年工作的意见》和《青年干部考核管理办法》，进一步明确了对青年干部培养目标和要求。加大选拔力度，对学历层次高、工作实绩突出的年轻干部破格提拔，进一步激发了青年干部工作的积极性。通过选派新入行职工到市（州）中支实习锻炼、加强新入行职工试用期管理等举措，引导和鼓励青年干部在工作实践中提高修养、锤炼作风、增长才干。加强干部培训，举办了处级干部培训班、全省人民银行新行员培训班和全省人民银行县支行干部职工轮训班，共培训处级干部100名、新行员43名、县支行干部625名。邀请知名专家学者和中心支行业务骨干，举办学术报告暨业务交流讲座12期，进一步提升了干部队伍素质。

十、以内控安全管理检查为契机，狠抓管理制度落实，积极促进内部管理规范化建设

集中4个多月时间，在全省人民银行系统内组织开展了内控安全大检查，及时发现和消除了风险隐患。通过开展“内控制度完善月”、业务突击检查和召开现场会等活动，巩固了检查整改成效，完善了内控安全管理长效机制。加强纪检、内审和事后监督等部门间合作，形成了内控管理“大监督”工作格局。制定了基建项目现场审计与非现场监管实施办法，开展审计项目全过程控制和优秀项目评比活动，全年共完成各类审计任务31项。加强内部管理规范化建设。建立了中心支行“学习研究日”制度，制定了关于

规范办公秩序、加强信息共享的一系列制度办法，全行内部管理制度化、规范化水平不断提高。开发建设电子督查系统，实现了中心支行督查工作由纸质方式向电子化方式的根本性转变。组织编写了《基层人民银行行政执法工作手册》，进一步夯实了依法行政工作基础。加强风险评估和演练工作，全年组织应急演练20次。加强会计财务工作，对全省人民银行会计制度执行情况进行了全面检查，在中心支行机关推行了办公用品费用包干制度。顺利完成全省人民银行系统“小金库”专项治理工作。全程跟踪监督在建项目，切实加强了基建项目管理。圆满完成财务综合管理系统的运行和升级工作，自主开发推广了会计辅助管理信息系统，进一步提高了会计财务信息化水平。

十一、以文明单位创建为载体，切实抓好央行文化建设，努力打造团结和谐的工作氛围

研究制订了“2009—2011年度文明单位建设规划”和“2009年度创建工作实施方案”，举办了文明单位管理系统推广培训班，在总行文明单位建设座谈会上交流了新一轮文明单位创建经验。参加了西安分行辖区央行文化建设成果展，全面展示了中心支行央行文化建设成果。广泛开展了选树“学习型组织”标杆和“知识型职工”标杆活动。开展了以“同舟共济保增长、建功立业促发展”为主题的劳动竞赛和“创新金融业务、支持经济发展”业务竞赛活动，有效激发了干部职工干事创业的积极性。紧紧围绕离退休干部中心工作，通过创办老年大学、开展丰富多彩的文化娱乐活动，全面加强离退休干部思想和组织建设。继续深入开展女职工“三项创建”活动，获得西安分行“女职工文明示范岗”荣誉称号。大力弘扬钱币文化，钱币学会获中国钱币学会第三届先进学会，甘肃开元钱币文化有限公司被授予2009年度中国金币特许零售示范店。以建国60周年纪念活动为契机，开展了“爱国歌曲大家唱”、“辉煌60年·赞歌颂祖国”—庆祝新中国成立60周年演唱会等形式多样的文化活动，增强了干部职工的凝聚力和向心力。组织开展了“青春建功在岗位”、“我与央行共奋进”等主题教育实践活动和“央行之星”西安分行甘肃赛区青年英语大赛，陶冶了情操，充分展现了中心支行青年干部的良好精神风貌。

【法律事务】 2009年，人民银行兰州中心支行法律事务工作紧紧围绕全行中心工作，按照基础工作制度化、日常工作规范化和创新工作成果化的思路，大力推进依法行政，全面提高法律服务水平，为中心支行各项工作顺利开展提供了有力的法律支持。

一、大力推进依法行政。大力推进依法行政“三项建设”，即“制度化建设、规范化管理、标准化操作”，全面提高法律服务水平，依法行政整体工作取得了长足的进步。在2008年印发《关于进一步推进依法行政的意见》等十二项依法行政工作制度的基础上，2009年重点开展了十二项制度的贯彻落实工作。通过依照制度规范审批权限和业务流程，严格审核行政许可、检查监督和行政处罚等行政行为，使各部门特别是行政执法职能部门在执法过程中切实做到依法办事、合规操作，有效提高了人民银行行政执法公信力。组织编写了《基层人民银行行政执法手册》，全省人民银行系统干部职工人手一册，提高人民银行行政执法效能，完成了中心支行行政格式文书电子化办理流程的设计与应用，实现了行政格式文书网上流转和审核。深入推行政务公开，积极推行“一个地点、一个窗口对外”集中受理行政许可的办事方式，进一步完善政务大厅工作制度，加强硬件设施建设，建立了政务大厅查询机数据库，畅通了公开渠道。编制了政府信息公开年度报告，开展了政务公开监督检查。强化服务意识，改进工作作风，认真办理贷款卡发放核准、外汇进出口核销和开户许可证核发等行政许可事项，为金融机构、社会公众提供高效便捷的金融服务。

二、全面提高法律服务水平。有针对性地改善法律顾问工作，将法律服务涵盖到了中心支行各项工作中。认真把好规范性文件起草制定的法律关、内容关和形式关，对涉及法律问题的规范性文件，严格按照工作程序进行合法性审查，努力做到规范性文件未经合法性审查不生效、不出门。加强行政处罚案件法律审核工作，注重行政处罚案件内容的合法性和文书形式的合规性，坚持听证制度和告知制度，有效防范了履职过程中可能出现的法律风险。全年审核《行政处罚意见告知书》、《行政处罚决定书》106份。加强民事合同、协议审核工作，杜绝和消除损害中心支行合法利益的问题发生。全年共审核各类合同、招标文件等法律文书41份，出具法律意见书5份。全国集中清理执行积案期间，协助人民法院查询注册地在甘肃省的法人被执行人人民币银行结算账户开户银行名称，受理102件查询申请，其中甘肃省内法院查询75件，省外法院查询26件，查询机关撤销查询1件；现场答复93件，通过邮寄方式答复8件。

三、加强金融法律调研工作。从维护金融稳定、预防和控制系统性金融风险、全面推进依法行政的法定职责出发，积极关注和研究金融法制热点问题。配合西安分行调研组完成了《人民银行执法风险问题研究》调研，提出防范和化解风险的建议和措施。向总行上报《人民银行兰州中心支行行政服务大厅建设调研报告》、《关于空头支票行政处罚有关问题的调研报告》。完成地方人大、政府下达的立法项目前期调研和征求意见工作。

四、深入开展金融法制宣传教育。加强行政执法人员业务培训，通过举办法制讲座、召开座谈会和集中学习等方式，督促行政执法人员重点掌握行政法律知识，通过开展学习培训，切实提高了行政执法效能，有效维护了人民银行良好执法形象。加强全行干部职工法制学习培训，在全行开展了法律知识考试和《行政复议法》施行10周年纪念宣传活动。邀请北京大学教授、博士生导师周旺生作了《目前中国法治基本态势》辅导讲座。以“营造良好金融法制环境，确保金融经济健康发展”为主题，在全行范围内开展了“12.4”法制宣传周活动，组织干部职工集中学习金融法律法规，使干部职工深刻认识人民银行法定职责和金融危机背景下所担负的重要使命。

（刘恒国）

【货币信贷管理】 2009年，人民银行兰州中心支行围绕“扩内需、保增长、调结构”的目标，以支持全省经济平稳较快发展为首要任务，认真贯彻落实适度宽松的货币政策，充分发挥信贷政策导向作用，进一步健全货币信贷监测分析体系，切实提高政策执行力，金融支持全省经济平稳较快发展取得显著成效。

一、认真落实适度宽松的货币政策，确保金融支持扩大内需政策措施落到实处。突出窗口指导重点，引导全省金融机构努力增加信贷投放，合理把握贷款投放的重点、力度和节奏，保持全省信贷稳定增长。督促银行业金融机构落实全省重点项目银企对接会，签约项目贷款超过700亿元，确保信贷资金投向“扩内需、保增长”的重点领域，有效满足了全省经济发展和结构调整的信贷需求。积极探索利用直接融资支持全省经济发展，牵头举办了全省非金融企业债务融资工具及金融产品宣传推介会，大力宣传和推动非金融企业债务融资工具在甘肃的推广运用，配合省政府成功发行100亿元中期票据，为全省重点项目建设筹集了最大一笔低成本资金。2009年，甘肃省实际发行各类债券213亿元，是近年来通过金融市场直接融资额度最多的一年。继续加强与地方政府的联系沟通和协调配合，及时掌握地方政府在扩大内需方面的措施和重点，组织参与了各种层次的银企、银地和银文项目对接会，找准金融支持扩大内需的切入点，确保金融支持扩大内需落到实处、取得实效。年末，全省金融机构本外币各项贷款余额3 739.90亿元，同比增长35.09%，全年新增贷款969.66亿元，较上年多增515.23亿元，创历史新高。

二、加大信贷政策指导力度，切实发挥金融在改善民生和促进经济结构调整中的作用。鼓励金融机构合理配置信贷资源，在有效满足中央投资项目资金需求的同时，抓住国家十大产业调整振兴规划实施机遇，引导金融机构有重点地支持全省钢铁、有色、石化和装备制造等骨干企业发展，促进全省经济结构战略性调整，增强全省工业经济发展后劲。密切关注中小企业信贷需求，联合省工信委对中小企业生产经营情况进行摸底，积极开展中小企业融资情况和金融创新产品调查，有效缓解了中小企业融资困难的局面。继续改进民生领域的金融服务，督促金融机构落实各项民生政策，全年全省小额担保贷款、生源地助学贷款及民贸贴息都实现了快速增长。制定了《关于全面做好甘肃省集体林权制度改革和林业发展金融服务工作的实施意见》，由省政府批转全省执行。加强房地产信贷市场的监测指导，及时召集商业银行召开房地产形势和房地产信贷座谈会，对商业银行房地产信贷提出要求，促进全省房地产市场平稳健康发展。与省妇联等部门联合印发了《关于下发甘肃省妇女小额担保贷款实施方案的通知》，共同推动妇女小额担保贷款试点工作的开展。扩大信贷政策导向效果评估试点范围，稳步推进试点工作，切实提高了信贷政策实效。

三、不断加大灾后重建金融支持力度，确保重建任务如期完成。与甘肃银监局、省政府金融办召开了全省金融支持灾后重建工作座谈会，并与甘肃银监局联合制定了《关于进一步做好金融支持灾后重建工作的指导意见》。积极运用货币政策工具，向地震灾区增加支农再贷款限额19.50亿元，对40个灾区农村信用社发放优惠利率再贷款45.11亿元。引导国家开发银行、农村信用社、农业银行和村镇银行等金融机构发放农房重建贷款64.10亿元，为按期完成全省农房重建任务发挥了关键性作用。截至年末，全省金融机构累计发放灾后重建贷款371.15亿元，为顺利完成灾后重建任务奠定了基础。

四、进一步健全货币信贷监测分析体系，全面提高监测分析工作水平。加大对国际金融危机背景下甘肃省经济金融发展情况的监测分析力度。深入了解金融支持扩大内需进展情况，及时总结金融支持扩大内需的经验及存在的问题。按季监测外贸企业外汇承受力相关情况，对国际金融危机背景下甘肃省外贸企业融资问题进行了深入研究。密切关注地方政府融资平台的融资进展情况，与银监局联合开展地方政府融资平台融资情况调研，及时提示地方政府融资平台融资风险。2009年，全省货币信贷运行监测分析工作得到了总行货币政策司的充分肯定。

（常　晔）

【利率管理】 2009年，人民银行兰州中心支行深刻领会中央宏观调控意图和适度宽松货币政策内涵，认真贯彻落实利率政策，提高政策实施效果。全省各金融机构加强利率管理，贷款定价能力有所提高，利率风险管理意识不断增强，利率政策执行情况良好。

一、落实优惠贷款利息补贴政策，支持民族贸易和民族用品定点生产企业发展。及时转发《中国人民银行关于民族贸易和民族特需商品生产贷款利率事宜的通知》（银发［2009］63号），积极传导优惠利率贷款新政策，密切关注政策执行情况，及时向总行和省委、省政府反映。加强与民委部门、金融机构和企业的沟通协调，按季做好民贸贷款贴息的审核工作，特别是对新增承贷金融机构的民贸贷款贴息工作进行了严格的规范和指导，确保新政策实施效果。近几年金融支持民族地区经济发展成效显著，被省委、省政府评为“甘肃省第六次民族团结进步”模范集体。

二、加强计结息工作指导，推进存贷款基准利率确定方式改革。按照人民银行总行统一部署，制定了《完善金融机构存贷款利息计算辅导方案》，组织召开了“甘肃省利息计算工作座谈会”，指导并督促地方法人金融机构结合实际制定计结息规则并报备，全面调查辖区银行业金融机构计结息工作进展情况，为存贷款基准利率确定方式改革做好准备工作。

三、继续加大Shibor宣传力度，推动货币市场基准利率Shibor的推广和运用。及时转发《中国人民银行关于2009年Shibor建设工作有关事项的通知》，传达总行对Shibor建设工作的总体思路和要求，采取各种方式督促辖区地方法人金融机构认真执行已制定的《Shibor建设和宣传实施方案》，引导其完善利率定价机制，扩大Shibor在市场化产品定价中的运用，逐步建立以Shibor为基准的定价体系。了解和掌握各金融机构推进Shibor建设的进程和特点，重点关注和解决Shibor建设过程中存在的问题和困难，优化Shibor应用环境，推动全省Shibor建设同步均衡发展。

四、加强对利率报备工作的指导，提高利率报备质量和利率监测分析水平。按月对利率报备数据进行汇总、分析和反馈，为总行决策提供了连续准确的基础监测数据。根据小额贷款公司的业务特点，建立和完善了小额贷款公司利率监测制度，按月（季）对其利率执行情况进行监测分析并及时上报总行。深入现场调查小额贷款公司定价机制建设和定价办法执行情况，对存在的问题进行现场指导，不断提高其贷款定价能力。

五、积极开展调查研究和信息反馈，推进辖区利率市场化改革。深入调查银行业金融机构存款利率下浮、贴现利率形成机制改革、放开信用社贷款利率上限和增强贷款利率下浮弹性等问题，分析在利率市场化改革推进过程中利率政策传导效果，研究推进利率市场化改革的基础条件，提出具体措施及实施步骤。及时向总行反馈辖区金融机构在利率政策执行和利率市场化进展等方面的动态情况，为推进甘肃省利率市场化改革提出科学合理的政策建议。

六、完善利率政策宣传制度，提高政策宣传效果。按照总行要求，结合甘肃省利率政策执行情况，制定了《中国人民银行兰州中心支行利率政策宣传方案》，对利率政策宣传工作进行了全面的部署和指导。在主动调查和积极实践的基础上，编制了《利率知识及政策宣传手册》，对利率政策进行了系统的梳理，此手册因其理论性和实用性较强受到了社会各界的广泛关注。此外，通过会议、电话和网络媒介与实地讲解等方式就利率政策的疑问予以正确解读和宣传，及时化解各种矛盾，营造了良好的政策执行环境，全年接待社会各界利率政策咨询20余次。

（任墨香）

【货币政策工具及金融市场管理】 2009年，人民银行兰州中心支行及时传导货币政策意图，不断加强各项货币政策工具管理，进一步强化金融市场监测，推动金融市场创新和发展，确保了金融市场的平稳健康发展。

一、加强再贷款管理。2009年，兰州中心支行进一步加强再贷款监督管理工作，灵活调剂全省再贷款限额，有效解决了地震灾区、农业地区、贫困地区和少数民族地区农村信用社支持灾后重建和“三农”发展的流动性不足问题。全年共向这些地区增加支农再贷款限额11.80亿元，有效地发挥了支农再贷款政策引导作用，扩大农村金融合作机构“三农”信贷投放。2009年，全省人民银行累计发放各项再贷款55.59亿元，其中累计发放头寸贷款2.59亿元，对农村信用社发放再贷款44.49亿元，有效地缓解了中小金融机构信贷资金供需矛盾，支持了地方经济特别是“三农”经济的发展。

二、加强存款准备金管理。一是建立了辖区地方法人金融机构流动性监测制度，密切关注金融机构流动性变化状况。二是加强监督检查，规范业务操作。组织各市（州）中心支行对全省城乡信用社法定存款准备金交存情况进行了全面检查，下发了《关于进一步加强支农再贷款和存款准备金管理的通知》。三是加强调查分析，为总行决策提供依据。按季向总行上报了全省存款准备金政策执行情况报告，针对存在的问题提出了政策建议。

三、加强金融市场监管，推动金融市场创新和发展。一是加强债务融资工具的宣传力度，积极推动债券市场发展。2009年11月，联合甘肃省工信委、省金融办组织召开甘肃省非金融企业债务融资工具暨金融产品宣传推介会，组织编印《债券基础知识宣传手册》，提高社会各界对债务融资工具的认识。2009年，甘肃省发行短期融资券33亿元、企业债券15亿元、地方政府债券65亿元，中期票据100亿元，直接融资取得了重大突破。二是加强对债券交易情况的监督检查。对甘肃省农村合作金融服务结算中心买断式回购超限额问题、异常交易行为进行核查，对辖区银行间债券市场成员单位的债券交易情况、内控管理制度和风险控制制度建立等情况进行现场检查，并提出意见督促整改，有效防范了市场风险。三是加强对金融市场业务的监测分析。密切关注辖区票据市场发展趋势，深入分析票据融资结构，为总行决策提供参考。密切关注黄金市场非法交易情况，向社会公众分发宣传材料5 000余份，对“地下炒金”非法黄金期货交易行为进行风险提示，引导投资者通过商业银行、期货经纪公司等合法投资渠道理性投资。2009年，全省金融机构同业拆借成交额16.01亿元，同比增加7.23亿元，增长82.35%。债券市场成员债券累计成交金额3 394.29亿元，同比增长3.60倍，为历史最高。累计签发银行承兑汇票470.62亿元，同比增加213.36亿元，增长82.95%。累计办理票据贴现1 157.62亿元，同比增加659.82亿元，增长132%。辖区黄金业务累计成交量42.78吨，同比增长9.80%，商业银行纸黄金业务全年累计成交35.47吨，同比增加17.52吨，增长97.63%。

（张　颖　李　静）

【农村信用社改革资金支持工作】 2009年，人民银行兰州中心支行认真落实深化农村信用社改革试点精神，加强改革试点情况监测，督促农村信用社完善法人治理结构，加强内部管理；严格执行专项票据兑付考核标准，积极稳妥做好全省农村信用社改革试点专项中央银行票据兑付审核工作；进一步加大对已兑付专项票据农村信用社的后续监测考核力度，确保全省农村信用社改革取得实效。

一、加强指导，做好日常监测工作。按照深化农村信用社改革试点资金支持有关文件精神，通过现场和非现场监测相结合的方式，继续加强对辖区农村信用社改革试点实施进展情况的日常监测，实时全面掌握全省农村信用社资本充足率、不良贷款占比、股本金余额及股权结构、已置换不良贷款处置变现率、资产利润率和资产费用率等指标的变化情况，督促农村信用社不断完善法人治理结构，加强内部管理，强化外部约束，切实提高经营管理水平。

二、严格把关，做好全省农村信用社改革试点专项中央银行票据兑付审核工作。会同甘肃银监局严格按照专项票据兑付考核的标准和条件，对全省分三批上报的19家农村信用联社的兑付申请材料和相关数据分别进行了审核，并组织相关人员对人民银行总行和银监会确定的农村信用联社进行了现场检查。经审核，2009年全省共有19家农村信用联社（含农村合作银行）顺利通过总行和银监会的考核，兑付专项票据资金2.97亿元。截至年末，全省已有84家农村信用联社（含农村合作银行）顺利通过总行和银监会的考核，兑付专项票据资金9.72亿元，分别占全省农村信用联社（含农村合作银行）个数和认购专项中央银行票据资金额度的96.55%和83.58%。

三、深入检查，继续做好已兑付专项票据农村信用社的后续监测工作。继续加强对已兑付专项票据农村信用社的后续监测工作，组织安排人民银行各市（州）中心支行对辖区已兑付专项票据的农村信用社改革试点情况进行了检查，检查结束后将检查情况及时进行了通报，并督促相关信用社切实采取有效措施，对检查中发现的各类问题及时进行整改；同时，将检查结果反馈省联社，建议其督促各信用联社对存在的问题及时进行整改，切实按照改革试点方案的要求，扎实做好各项工作，确保改革取得实效。

通过改革，全省农村信用社资金实力明显增强，经营管理更趋完善，改革取得显著成效。截至年末，全省农村合作金融机构各项存款余额953.17亿元，是2002年末存款余额的5.23倍；各项贷款余额665.84亿元，是2002年末贷款余额的4.21倍。按照贷款四级分类标准，全省农村合作金融机构资本充足率达到16.63%，比2002年末提高13.29个百分点；全省农村合作金融机构不良贷款余额54.09亿元，较2002年末增加1.36亿元，不良贷款占比8.12%，较2002年末下降25.38个百分点，占比降幅为75.75%。按照贷款五级分类标准，全省农村合作金融机构不良贷款余额84.22亿元，较年初减少13.95亿元，不良贷款占比12.65%，较年初下降9.45个百分点。2009年，全省87家农村合作金融机构全部盈利，实现净利润7.99亿元，较年初增加3.33亿元，较2002年末增加8.29亿元。

（牛艳艳）

【国际收支】 2009年，国家外汇管理局甘肃省分局国际收支工作按照“保增长、防风险、促平衡”的总体要求，进一步加强内部管理，努力做好国际收支和外汇检查工作，不断提高综合和科技保障能力，切实促进依法行政，较好地完成了全年各项工作任务。全年全省跨境外汇收支额50.59亿美元，其中外汇收入12.91亿美元，外汇支出37.68亿美元，同比分别下降30.20%、45.18%和23.54%，收支逆差24.77亿美元。

一、认真做好国际收支工作，国际收支基础工作水平进一步提高。加强外汇资金流动监测预警分析，提高外汇统计质量和分析水平。以非现场核查为主线，以大额外汇资金收支为重点，全面提高统计申报数据质量。认真落实季度现场核查制度，扩大核查领域，将核查工作延伸至申报企业，及时发现和纠正了统计工作中存在的问题；建立了外汇数据交叉对比和宏观数据收集制度，定期与相关部门进行国际收支、银行结售汇、资本账户、经常账户和进出口等数据比较分析。加快银行结售汇市场建设，有序促进外汇金融服务发展。以增强抗风险能力为核心，健全外汇市场机制，加强对外汇市场运行、银行外汇业务及衍生品创新的监管，确保了结售汇市场健康发展。

二、认真做好外汇检查工作，着力维护良好外汇秩序。开展了全省外汇指定银行执行出口收结汇联网核查政策和企业货物贸易项下外债登记管理政策情况专项检查。根据国家外汇管理总局统一部署，组织辖区分支局对全省工商银行、中国银行和建设银行2008年1月1日至2009年3月31日期间个人外汇业务进行了全面检查。加强与省、市公安部门的联系，密切关注辖区跨境资金流动情况，及时向总局反映趋势性和苗头性问题。8月，协助总局举办了“打击网络炒汇案例研讨会暨工作部署会议”。认真做好外汇违法（负面）信息披露工作，及时准确地汇总上报全省立案查处、逃逸类等外汇违法案件信息。

三、认真做好外汇科技工作，不断提高支持保障能力。顺利完成“金宏工程”第一、二批银行的上线技术支持工作，稳步实施并完成了“金宏工程”第三批上线银行现场验收、专线网络改造和生产环境试运行工作。完成了信息传输系统、直接投资外汇管理信息系统等一批应用系统的升级和上线工作以及骨干网设备备份改造项目。协同业务部门完成了新旧系统并行维护和业务切换工作，确保系统稳定运行和数据安全。加强外汇业务系统日常运行维护工作，确保业务信息安全和工作正常运行。主动为业务部门提供进出口、外汇检查和外资外债等业务数据的抽取、分析与加工，有效提高了业务工作效率和信息利用水平，提升了科技工作的层次和深度。

四、规范行政行为，促进依法行政建设。根据总局工作安排，完成了分支局依法行政情况自查工作。对省分局和各中心支局中层干部进行了外汇专项检查业务及相关政策培训，对两个中心支局进行了依法行政监督检查，进一步增强了分支局依法行政意识。修订了全省《国际收支申报核查工作制度》和《〈国际收支申报核查证〉管理办法》。加强执法证管理，完成了2003版外汇检查证的清理工作和2009版的申领下发工作。对分支局规范性文件进行了全面清理，及时组织对不符合当前工作实际的规范性文件做了废止处理。认真清理分局外汇管理行政审批项目，向省行政审批改革领导小组办公室报送了清理报表。对省分局《突发事件应急实施方案》重新进行风险评估，形成了可操作性较强的《应急实施方案评估报告》，并对应急实施方案进行了修订，完善了“数据分中心突发事件应急响应”等内容。

（王　煜）

【外汇管理】 2009年，全省外汇管理工作按照“保增长、防风险、促平衡”的总体工作要求，全面落实各项外汇管理改革政策，积极促进贸易投资便利化，不断完善跨境资金流出入均衡管理，为应对国际金融危机、促进全省涉外经济平稳较快发展发挥了重要作用。外汇局甘肃省分局作为支持外贸进出口成绩突出单位，受到省政府表彰奖励。2009年，全省进出口总值38.20亿美元，同比下降37.30%；实际利用外资9 406.40万美元，同比下降24.20%；境外投资资金汇出2 017.50万美元，同比下降94.70%。

一、落实外汇政策，全力支持涉外企业应对国际金融危机。深入贯彻落实国际金融危机发生以来国家出台的各项经济刺激政策，立足省情，制定了促进贸易投资便利化的十项措施，加大了金融危机时期对外向型经济发展的政策支持力度。对金融危机造成的逾期未核销业务进行了特殊处理，便利了企业后续经营。将真实性审核与灵活管理相结合，调整企业贸易信贷收付汇比例，最大限度地满足企业贸易融资需求。抓住国际资源价格回落的有利时机，扩大境外放款主体资格和外汇来源，拓宽了境外投资融资渠道。

二、改进外汇服务，积极促进贸易投资便利化。不断改进服务理念，提高服务水平，为有真实贸易背景的企业开辟“绿色通道”，对因客观原因造成企业出口可收汇额不足的，允许其先结汇后核查。与税务部门建立出口收汇核销信息交换机制，随时为企业办理退税。提高“进口单位付汇名录”公布频率，缩短核销数据导入时间，提高了企业核销速度，加速了企业资金周转。向市（州）中心支局和外汇指定银行下放境外投资外汇业务管理权限，简化了审批程序。改进对中国进出口银行外债管理方式，简化外债转贷款业务流程，便利了企业外债登记及资金使用。科学核定地方法人金融机构短期外债指标，积极鼓励银行开展贸易融资。

三、深化外汇改革，不断完善跨境资金流出入均衡管理手段。深化进出口核销制度改革，提前完成全省企业贸易收付汇核查系统开户和档案信息清理工作。全面梳理服务贸易外汇管理法规，结合甘肃实际，及时调整非现场监管预警值，有效解决了市（州）中心支局服务贸易非现场监管的难点问题。改革外商投资企业外汇年检方式。一方面，通过开展网上年检，减轻了企业负担，全面促进了企业依法经营；另一方面，在年检工作中初步实现了数据的电子化管理。

四、加强统计监测，有效防范跨境资金流出入风险。建立以国际收支申报数据和银行结售汇数据为基础，外汇账户数据、经常项目和资本项目外汇收支数据交叉核对的非现场监测模式，重点加大对大额跨境资金流动、个人分拆结汇及外商投资企业利润汇出的监测力度，有效防范了异常跨境资金流动风险。

五、强化监督管理，有效规范外汇市场秩序。强化外汇市场管理，审核授权4家外汇指定银行的13个营业网点通过“个人结售汇管理信息系统”办理业务，批准3家许可证到期的保险机构继续经营外汇保险业务，授权6家外汇指定银行分支机构办理资本金结汇业务。对全省证券公司经营B股结算账户的开立和备案等进行了规范，促进了外汇市场的稳定运行。

（张乃丹）

【金融稳定】　2009年，人民银行兰州中心支行金融稳定工作以“防风险、保稳定、推改革、促发展”为主线，创新工作思路，拓展工作手段，确保了国际金融危机背景下全省金融业的稳健运行，促进了经济社会和谐平稳发展。

一、全面推动金融业改革，夯实金融业稳健运行的基础。将深化改革作为塑造健康金融微观主体、增强金融机构竞争力与防风险能力的重要手段，全面推动金融业改革，夯实金融业稳健运行基础。运用熵权法评估已改制国有商业银行改革绩效，进一步验证了深化改革与金融稳健运行的正相关关系。调查评价农业银行“三农”事业部制改革试点成效，为总行掌握改革成效、制定政策提供了决策依据。推进国家开发银行商业化转型和农业发展银行改革进程，开展政策性金融需求状况调查，提出了政策性金融机构支持欠发达地区经济发展建议。积极推动兰州银行、西部金融租赁公司和农村信用社等地方中小法人金融机构加快向现代金融企业转型，促进全省金融业增强了整体活力和风险控制能力。

二、全方位开展风险监测，及时防范金融风险。针对经济金融形势的变化，及时调整风险监测视角，拓宽风险监测范围，将风险监测领域由银行、证券和保险业金融机构拓展到新型农村金融机构及典当行、担保公司和小额贷款公司等准金融机构，将实体经济特别是涉外经济运行及重点企业经营情况纳入监测范围。针对国际金融危机对中小企业的影响、信贷集中现象、跨市场交叉性金融业务和非法放贷活动等开展多方面的监测，深层次挖掘潜在的金融风险因素，防止了风险因素向风险事件的转化。建立了《金融稳定信息专报》制度，形成了覆盖全省的多层次、高频度的风险监测机制，有效发挥了风险监测的实时预警功能。

三、科学评估区域金融稳定状况。拓展综合评估思路，从省级层面对银行业实施中观压力测试。撰写甘肃省金融稳定报告，全面分析揭示重特大自然灾害、国际金融危机等背景下全省经济金融运行状况及风险因素，并对全省金融稳定状况进行了结构性计量测度。

四、高效完成资产清理收尾工作。组织全省人民银行积极与有关部门沟通协调，全面摸底调查，制订实施方案，落实工作责任，减少完税环节和注销手续，全部完成甘肃省人民银行系统资产清理收尾工作，历史遗留问题得以彻底解决。

五、依法履行再贷款管理职责，有效处置金融风险。积极向总行争取金融稳定再贷款的优惠政策，减轻农村信用社历史包袱，实现平稳可持续发展。做好临夏市解放路农村信用社风险处置再贷款的监测、检查及展期申请等工作，累计收购个人债权户数和金额分别达到总户数和总金额的53.97%和93.55%。

六、构建金融机构践行社会责任长效机制，推动经济金融和谐发展。引导全省金融机构在参与抗震救灾、打造绿色信贷机制、支持地方经济社会发展薄弱环节等方面积极践行社会责任，对推动经济金融和谐发展发挥了重要作用，《金融时报》进行了整版专题报道。选取辖区银、证、保三类共20家省级金融机构制定相关社会责任标准，开展践行社会责任评估工作，督促、激励金融机构更加主动深入地履行社会责任，为构建社会责任长效机制奠定了坚实的基础。

七、拓展金融稳定协调机制，搭建维稳合作平台。建立了覆盖全省的省、地、县三级金融风险监测月报及信息专报制度，畅通了全省人民银行系统内金融稳定信息反馈渠道。继续加强“一行三局”金融稳定协调机制建设，共同维护金融体系秩序。建立与省金融办、商务厅等政府有关部门及中小企业信用担保协会的沟通协调机制，搭建了新的金融稳定工作平台。

（张　莉）

【调查统计】　2009年，人民银行兰州中心支行调查统计工作以“快、准、实”为目标，以服务宏观经济为主线，以增强金融统计和经济调查工作实效为重点，以强化内部管理为保障，通过打造一个平台，突出二个重点，增强三种能力，实现了调查统计工作质量和水平的整体上升。

一、发挥数据资源优势，全力打造调查统计信息服务平台。一是信息共享工作取得新突破。按照“发挥部门资源优势、明确各自职责分工、搭建统一信息平台、提供便捷信息服务、畅通信息交流渠道”的总体要求，制定了《中国人民银行兰州中心支行信息共享暂行办法》，开发建设了兰州中心支行信息共享电子平台，实现了全行业务信息的实时、充分、有序共享。二是综合信息及调研工作取得新进展。充分整合调统部门业务信息资源，研究制定了《调查统计信息归口管理办法》。采取扩大稿源、改进版面设计和开辟调研专辑等措施，不断提高《甘肃金融调研》办刊质量，全年共编发《甘肃金融调研》33期，刊登各种调研报告225篇。三是信息交流范围得到新拓展。加强与政府经济主管部门的联系和交流，积极落实与银、证、保监管部门的统计信息交流与共享制度，定期召开“一行三局”信息交流会、经济金融部门统计信息联席会。建立了《调查统计月度分析例会制度》，结合宏观经济金融形势变化，按月交流金融统计、制度性调查和宏观监测分析信息，信息交流的时效性、广泛性进一步增强。四是数据信息服务工作迈上新台阶。重新设计和修订了甘肃省金融统计报表体系。利用甘肃省、西北五省和全国有关的经济金融指标，设计编发了月度《统计信息专报》，统计信息服务的广度和深度得到进一步拓展。

二、创新工作思维，顺利完成了各项金融统计工作和专项调查工作任务。以数据集中为契机，扎扎实实做好各项金融统计工作。完成了“金融统计监测管理信息系统”的参数设置和测试核对等工作，并于4月1日在全省范围内顺利实现了金融统计数据集中系统的单轨运行。按照金融统计工作标准化要求的统计模式，及时完成了各银行业金融机构4 000多条统计信息编码的核对和报送工作。根据全国第二次经济普查工作的安排，保质保量完成了全省及兰州市银行业及其他金融业经济普查各类报表的填报报送工作。以制度性调查为载体，深入开展了内容广泛的持续性、系列性专题调查。全年共完成专题调查报告8篇，完成专题分析材料15篇。

三、夯实基础工作，经济金融统计调查和监测分析的能力进一步提高。制定《2009年甘肃省金融统计工作安排意见》，加强对全省金融统计工作的指导。将村镇银行纳入金融统计范围，对辖区小额贷款公司进行了统计制度培训，并按月度、季度收集数据进行监测。加强金融统计管理，重新制定了《甘肃省人民银行系统金融统计工作考核暂行办法》、《甘肃省金融统计考核管理办法》。组织开展了2009年全省金融统计制度执行情况检查，重点对涉农贷款、大中小企业贷款以及商业承兑汇票统计数据的编报情况进行了检查，督促相关统计主体切实提高了金融统计工作质量。完成了企业景气、物价调查系统升级和维护工作，开展了对制度性调查工作的全面培训。协调组织全省人民银行和各金融机构围绕扩大内需政策效应、政府投融资平台、产业结构调整、农村金融发展以及贷款增量、结构、票据等问题，深入开展调查研究。全年共完成调查项目20多项。完成了全省各月度货币监测分析报告和宏观经济分析报告，建立了环比经济金融指标监测体系，经济金融监测分析工作的实效性、前瞻性进一步增强。

（景文宏）

【金融研究】 2009年，人民银行兰州中心支行金融研究工作坚持以科学发展观为指导，以深化特色研究和重点课题管理为突破口，突出特色研究，打造研究品牌，不断提高研究工作的科学性、针对性和实用性，推出了一批高质量的研究成果。

一、广泛开展调查研究，努力把握经济金融运行态势。针对经济金融运行各种不确定因素增多，分析判断形势的难度明显增大的情况，广泛开展调查研究，及时反馈宏观调控政策执行效果，全行共完成各类调研报告230篇，为上级决策提供了有效参考。货币信贷管理处积极参加省政府月度经济形势分析会，及时掌握全省经济发展趋势和特点，努力做到吃透省情，寻求经济金融良性互动的结合点，研究有效应对经济金融危机的金融措施。探索完善微观经济主体对宏观调控政策反应的快速调查机制，开展政策落实情况调研和实施效果评估。调查统计处认真做好经济调查，共完成扩大内需政策效应、政府投融资平台、产业结构调整、农村金融发展以及贷款增量、结构、票据等方面的快速调查20多项，调查反映的作用得到充分发挥。金融稳定处开展一系列专题调研，形成10余篇具有前瞻性的调研报告，为各项工作的开展提供了实践依据。《甘肃省新型农村金融机构调查与思考》和《关于宏观压力测试的延伸性思考》等5篇调研报告被总行《金融稳定工作信息》刊登交流。金融研究处向省政府报送的《关于请求国家出台支持甘肃经济社会发展金融政策的意见》、《关于2009年全省经济社会发展工作的建议》和《关于甘肃金融支持甘南藏族自治区经济社会发展的调研报告》等8篇专题报告，引起省政府高度重视，一些意见已转化为省政府的政策措施。紧扣国际国内热点问题，全年编发《热点问题追踪》12期、《甘肃金融研究报告》30期、《动态》20期，为经济金融部门的领导提供了视野宽广的有益参考。

二、深入开展重点课题研究，努力拓宽研究的广度和深度。全行共承担了包括总行重点课题《我国农地金融制度建设的探讨与构想》、分行重点课题《甘肃省特色农业产业链延伸问题研究》和《世界经济金融化趋势研究》在内的28项重点研究课题。重点课题选题涉及货币信贷政策、金融稳定、区域经济发展、农村金融和央行建设等多个方面，完成了《甘肃省旅游经济与金融支持研究》、《开放经济条件下居民消费需求演变及影响因素分析》和《金融支持甘肃省文化产业发展问题研究》等一批重点课题，有效拓宽了研究广度；加强了对长期影响区域经济金融发展的体制性、机制性问题研究，深刻分析关键领域和关键环节，完成了《欠发达地区农村金融发展路径研究》等有较高科研价值的重点课题，有效拓展了研究深度。全年在全国和省级以上刊物发表调研文章60篇，其中在《金融研究》、《中国金融》等重点核心期刊发表16篇，研究影响力进一步扩展。

三、立足省情，突出特点，特色研究工作稳步推进。把特色研究工作摆在突出位置，坚持重点课题与特色研究相结合，力求做到以重点课题形式深化特色研究，以特色研究提升重点课题研究水平，并将之贯穿于整个研究工作始终，取得了阶段性成果。组织全省人民银行系统调研力量围绕金融生态环境与区域经济增长、西部地区扶贫问题、资源性城市转型与可持续发展三个特色领域，积极开展调查研究，全年撰写特色研究报告160多篇，在省级以上刊物发表78篇。部分市（州）中心支行结合各地经济金融特点形成的一些特色研究成果在《中国金融》等高层次刊物发表。完成的《中国区域经济与金融发展探索》和《中国经济金融发展与央行建设问题研究》两本书，由中国金融出版社出版发行。

四、课题管理工作走上规范化轨道。一是加强课题的组织管理。坚持以服务履行央行职责为出发点，准确把握全省人民银行研究工作的重心和方向，凝聚市（州）中心支行研究工作合力。印发《2009年全省人民银行金融研究工作安排意见》，提出了研究工作的目标任务、研究重点和具体要求。根据《2009年全省人民银行重点研究课题安排》，在兰州中心支行机关各处室和各市（州）中心支行课题申报的基础上，确定2009年全省人民银行重点研究课题41项，其中，兰州中心支行28项，各市（州）中心支行13项。组织召开2009年全省人民银行系统重点课题中期报告会，与会专家对16项课题进行点评，提出修改和完善课题需要关注的问题和要求，达到了交流成果、深化认识、寻找差距和完善课题的预期目的。二是加大研究成果交流力度。加强和巩固了与高校、政府综合经济部门和机关各处室之间以及人民银行系统之间的联系与合作，对基础理论性强、涉及面广的重点课题，采取联合攻关的方式进行研究。对2009年全省人民银行的调研成果进行了编辑整理，汇编成册。

五、切实做好金融科研服务工作。在年初获得总行“优秀调研工作奖”的基础上，不断加强甘肃省金融学会规范化建设，认真做好基础性工作，强化学会的学术团体平台作用，组织各会员单位选择对经济金融工作具有实际指导意义的课题，开展研究活动，完成了23项重点课题研究。组织开展甘肃省第四次金融科研优秀成果评奖活动，对1997年5月1日至2008年12月31日期间的金融科研优秀成果进行评奖，充分展示十多年全省金融科研取得的丰硕成果。以《甘肃金融》和《甘肃金融年鉴》为载体，宣传金融研究成果，促进金融科研成果转化，扩大学会的社会影响力，有力地促进了金融科研活动的深入开展。

（荆勤忠）

【征信管理】 2009年，人民银行兰州中心支行征信管理工作以推动社会信用体系建设为契机，以促进改善地区信用环境、服务全省经济社会发展为目标，在完善征信体系建设、加强征信市场培育管理和提高征信系统运行质量等方面突破创新，较好地完成了全年各项工作任务。

一、积极推动全省社会信用体系建设。在向地方政府及社会各界广泛宣传的基础上，推动出台了《甘肃省人民政府办公厅关于加快推进社会信用体系建设的意见》，明确了全省社会信用体系建设的指导思想、工作思路和总体要求，提出以“法律规范、市场规范、道德规范”为内容，加快征信体系建设，并建立了以省政府为领导、相关部门参与的工作机制，为加快全省征信体系建设打下了良好基础。

二、进一步加强征信系统的推广应用。坚持做好企业和个人征信数据月度核对工作，重点加强与地方性金融机构的数据核对，提高了征信系统数据质量。截至年末，全省入库人民币企业贷款余额2 679.92亿元，比上年增加442亿元，增长19.75%；入库个人贷款余额478.93亿元，比上年增加149.22亿元，增长45.26%。加大征信系统的推广应用，全年全省累计查询征信系统157.1万次，比上年增加81.40万次；受理异议申请228笔，都得到了有效处理和解决。

三、深入推进中小企业和农村信用体系建设。利用扩大贷款卡发放和年审范围等多种途径，广泛征集中小企业信用信息，建立健全中小企业信用档案。截至年末，全省已累计为7.20万家中小企业建立了信用档案，比上年增加4 334家。依托“信用村（镇）”创建工作，稳步推进了农村信用体系建设。截至年末，全省共为285.73万个农户建立了信用档案，评定信用等级农户196.68万个，累计发放贷款299.71亿元。

四、加强征信市场的培育和管理。结合开展征信数据核对、异议处理，经常性地对金融机构执行企业和个人数据库管理规定情况进行抽查和检查，维护了信用报告主体的合法权益。组织评级机构考察学习其他省（市）开展信贷市场信用评级的成功经验，督促和指导其加强与相关部门的联系沟通，主动开拓市场，全年完成了对8家借款企业和12家担保机构的信用评级。

五、组织做好非银行信息采集工作。积极协调已报送数据的数据源单位提高数据报送质量，在确保连续报送的同时，报送数据量大幅度增长。截至年末，全省信息采集范围已扩展至12个领域，其中入库个人住房公积金缴存账户191.10万个，个人电信正常缴费账户264.46万个，个人电信欠费账户157.56万个。与省高级人民法院就集中采集法院诉讼信息进行了协商。

六、广泛开展征信宣传教育活动。借国家出台房贷利率7折优惠政策措施，通过媒体撰写评论文章，刊登征信知识，组织现场查询信用报告，进一步增进社会公众对征信系统、信用记录的了解。按照总行统一部署，扎实开展“征信知识宣传周”活动，组织各商业银行在营业网点悬挂横幅、张贴海报、发送宣传材料和帮助群众解答征信问题等方式，广泛宣传了征信知识。联合团省委在全省青少年中开展征信知识普及活动，成功举办了青年征信知识竞赛，扩大了征信的社会影响。

（陈荣国）

【会计财务】 2009年，人民银行兰州中心支行会计财务工作以“强管理、夯基础、防风险、上水平”为目标，进一步夯实会计基础工作，强化财务、基建、固定资产和集中采购管理，努力发挥会计财务部门的服务、保障和监督作用，圆满完成了本年度各项工作任务。

一、整章建制，进一步规范了会计财务行为。制定了《兰州中心支行机关财务报账管理暂行规定》、《兰州中心支行基本建设项目检查辅导办法实施细则》、《兰州中心支行建设工程项目招投标采购管理实施细则》和《兰州中心支行基本建设项目工作流程》等规章制度，进一步构建了全面覆盖、环环相扣与科学合理的会计制度体系，为规范会计财务行为、防范资金风险提供了可靠的制度保障。

二、加大监督检查力度，进一步加强了会计财务管理。

对辖区在建项目进行了现场检查。对陇南等5个市中心支行财务预算制度执行情况进行了全面检查；对天水等3个市中心支行及礼县等24个县支行的灾后重建或维修项目资金使用管理情况进行了检查；对全省13个市（州）中心支行2009年度会计、营业和事后监督工作进行了检查考核。通过检查辅导，推进了会计财务及基建工作标准化、规范化建设，全面提升了会计财务管理水平。

三、强化预算管理，进一步提升了资金使用效益。强化预算管理，组织编制了全省人民银行系统2010年财务预算，按照轻重缓急的原则，合理安排各项财务资源。同时，加强预算执行的严肃性，严格控制费用开支，压缩日常公用经费，勤俭办一切事业，在全行首次推行办公用品费用包干制度，勤俭办行迈出了重要一步。规范财务行为，顺利完成了全省人民银行系统“小金库”专项治理工作。做好全省人民银行系统2008年度244个银行账户年检工作，完成了2009年度银行账户资料变更的统计汇总工作，及时向财监办申请开立19个、撤销3个、延期2个银行账户。完善《财务综合管理系统》各项功能，顺利完成《中国人民银行财务报表系统》的试点运行工作。与平凉市中心支行联合开发设计了会计辅助管理信息系统，将手工会计登记簿转化为电子数据信息，实现会计登记簿电子化。

四、加强基建管理，进一步提高了基建规范化水平。2009年，全省人民银行系统建设项目32个，是历年来新建项目最多、投资最大的一年。针对这一情况，积极沟通协调，组织签订了9个县支行的土地征用协议，对辖区县支行灾后重建项目方案进行了统一设计。对在建项目，严格控制基建程序，从立项、设计、施工到最后竣工决算，全面加强监督检查，坚决杜绝超规模、超标准、超投资问题。对已竣工项目，及时组织决算审计，严格控制基建项目投资。为提高基建管理人员素质，举办了全省人民银行基建管理业务培训班。按照总行要求，在全省人民银行系统开展了工程建设领域突出问题专项治理工作。

五、强化固定资产管理，进一步规范了集中采购工作。一是加强固定资产日常管理，定期核对账务，切实做到了账、实、卡相符；组织人员清收中心支行机关2008年度报废的电子设备，同时做好2009年度固定资产清查工作，审核全省申请报废的固定资产2 923.50万元。二是进一步扩大集中采购范围，规范集中采购行为，组织召开集中采购管理委员会、小组会议9次，对18个项目进行集中采购，节约采购资金160.79万元。

六、加强报表编报工作，进一步提高了会计财务信息质量。圆满完成2008年度会计年终决算工作，获得总行“决算报表优胜奖”和“基本建设报表优胜奖”。按月度、季度优质高效地完成全省人民银行系统会计财务报表的编制、汇总、审核和上报工作。认真部署2009年度会计决算的各项准备工作，为圆满完成2009年度会计决算工作提供保证。

七、深入开展调查研究，进一步提高了会计人员理论研究水平。2009年，围绕人民银行中心工作和会计财务工作实际，撰写《金融危机背景下的中央银行资产负债表变化情况分析》等多篇调研报告和信息。各市（州）中心支行针对一些会计财务工作热点、难点问题，上报20篇调研报告。借助甘肃省金融会计学会平台，将全省金融行业优秀论文结集，出版了《甘肃金融》会计增刊，更好地促进了甘肃金融会计理论研究与实践探索。

（王彦平）

【会计核算】 2009年，人民银行兰州中心支行会计核算按照“严格制度、规范操作、确保安全、提高质量”的工作思路，以“系统运行零故障、资金汇划零事故、核算业务零差错、柜台服务零投诉”为目标，进一步加强管理，夯实基础，改进服务，较好地完成了各项工作任务。截至年末，共办理支付往来业务8 912笔，金额1 701.32亿元；会计核算业务64 515笔，金额49 503.92亿元；办理再贴现58笔，金额5.30亿元。

一、夯实会计核算基础，进一步规范业务操作。按照《中央银行会计集中核算系统操作实用手册》等文件制度规定，强化和规范会计凭证、会计科目、系统运行、账务核对和会计报表等基础工作，严格业务操作流程；加强会计岗位管理，合理配置会计人员，适时岗位轮换；强化柜面监督，及时准确调整法定存款准备金率，严格按旬考核存款准备金和财政性缴存款，按月上划外汇准备金存款余额，对每一业务环节加大审核力度，切实做到技术操作谨慎、受理业务细心、传递凭证及时、层层审核到位，进一步提高了会计核算质量。完善支付系统基础建设，组织上线运行了《中央银行会计集中核算电子对账系统》，对账工作实现网络化、电子化和实时化。全年无资金案件、无责任事故、无重大差错、无客户投诉。

二、扎实开展会计内控制度检查，风险控制能力进一步增强。根据《中国人民银行关于加强监督检查防范案件的紧急通知》和《中国人民银行兰州中心支行内控安全管理专项检查方案》的要求，对2008年度办理的会计核算业务、内控管理、岗位设置、用户与权限管理、设备安全管理、系统数据安全等进行全面检查，通过检查对口令设置不规范、会计事项登记不详细等问题，制定措施及时进行纠改。及时补充制定《营业部中央银行会计集中核算电子对账系统岗位职责及操作流程》，强化了风险管理，规范了业务操作流程；严格执行内控制度，加强对重要空白凭证、口令、密钥和业务印章的管理与检查；开展内控风险评估和业务风险点排查，设立了各业务岗位风险点警示牌；组织开展“百日安全生产无事故”活动，增强了安全责任意识。坚持业务受理、审核各环节的事中控制和事后检查的相互制约、相互监督制度，促使接柜、记账及复核各岗位业务流程迈上制度化、规范化与标准化轨道。

三、认真开展会计核算应急演练，不断完善危机处置预案。开展了会计集中核算系统服务器切换应急演练和手工会计核算应急演练，应对突发事件的能力得到了进一步提高；根据几年来应急演练工作取得的成效及会计集中核算业务发展变化，修订了《中国人民银行兰州中心支行营业部中央银行会计集中核算系统危机处置预案》，细化了危机处置的业务操作流程和手工会计核算业务操作规程，使应急预案更具操作性和针对性。

（魏虎林）

【支付结算】 2009年，人民银行兰州中心支行支付结算工作以“强化支付监管，提高支付效率”为重点，大力改善农村支付服务环境，促进银行卡产业健康快速发展，加强支付系统和人民币银行结算账户监管，防范央行会计核算风险，确保了支付结算服务水平的进一步提高。

一、从农村市场需求出发，切实改善农村支付服务环境。深入涉农金融机构和农户调查研究，制定了《甘肃省改善农村地区支付服务环境实施意见》，在秦安、临泽、永登、通渭、景泰和康乐6个县开展示范县试点工作，取得显著效果。督导甘肃省农村信用联社完成行内系统改造，新增支付系统县及县以下接入网点机构252家，扩大了支付系统覆盖面。举办甘肃省农民工银行卡特色服务开通仪式，广泛开展业务宣传，不断提高服务质量，全年业务量达36.12万笔，金额1.90亿元。

二、推广与规范并重，促进银行卡产业健康快速发展。贯彻落实《国务院办公厅关于搞活流通扩大消费的意见》，与省商务厅、旅游局制定了加强银商合作、鼓励经营者受理银行卡等推进产业发展的意见。开展了以“刷卡促消费、共同拉内需”为主题的大型宣传活动，组织11家发卡机构开展银行卡业务知识竞赛活动并在甘肃电视台播出，编印《银行卡业务知识问答》一书，充分发挥了提高业务技能和扩大宣传范围的双重作用。与省公安厅建立了银行卡风险防范长效机制，加强资源共享，提高了打击银行卡犯罪的工作效率。整理编发《甘肃省银行卡风险情况通报》，向社会发布预警防范信息，提高了公众防范意识。制定了《甘肃省加强银行卡安全管理工作实施方案》，对银行卡经营机构进行现场检查，规范了银行卡各参与方行为。制定了《关于规范甘肃省受理市场秩序建立银行卡产业健康有序发展长效机制的意见》，督导全省银行卡经营机构成立银行卡市场工作委员会，建立了市场约束机制，对全省1.30万个特约商户开展了规范受理市场专项整治工作。

三、以系统建设和监管为抓手，维护支付系统安全、高效、稳定运行。顺利完成了中央银行会计集中核算系统（ABS）（V5.1版）升级换版工作和电子商业汇票系统在部分金融机构上线运行。实现了ABS账务对账电子化，制定印发了《甘肃省中央银行会计核算电子对账系统实施细则》，规范了业务操作。开展会计核算业务检查，防范了资金风险。以金昌、嘉峪关为重点城市，积累工作经验，大力推广小额支付系统业务，业务量增幅明显。制定实施了《甘肃省银行业金融机构支付系统直接参与者考核办法》，首次对14家金融机构支付系统直接参与者进行现场检查，进一步加大了监管力度。制定了《甘肃省支付系统应急处置隔夜头寸拆借管理办法（试行）》，组织14家金融机构签订拆借协议，拓宽了金融机构流动性管理渠道。组织完成了全省特定非金融机构的登记工作。

四、落实实名制，提高银行结算账户管理水平。对全省12万个存量单位银行结算账户相关个人公民身份信息进行核查，落实了账户实名制。配合人民法院查询积案被执行人4 134户。组织全省人民银行对金融机构账户管理情况进行检查，对违规机构予以警告或经济处罚，促进了账户管理规范化。

（管晓岩）

【清算中心工作】 2009年，人民银行兰州中心支行清算中心紧紧围绕确保支付清算系统“安全、稳定、高效”运行的中心任务，不断完善规章制度，切实强化监督管理，全力做好运行维护工作，为全省经济社会发展营造了健康高效的支付清算环境。全年共完成支付清算业务总量715.96万笔，金额50 189.65亿元，分别比上年增长24.43%和78.26%。大额、小额支付系统和全国支票影像交换系统全年安全运行率均达到100%，兰州清算中心被人民银行清算总中心授予2009年度支付清算系统安全运行奖。

一、狠抓运行维护管理，确保了支付清算系统安全、稳定、高效运行。紧跟支付系统建设发展需要，全面完善、修订各项规章制度，构建了更加科学合理、严格规范和操作性强的制度体系。严格执行支付系统7×24小时值班制度，在保证系统正常运行、资金准确及时清算的基础上，采取有效措施，努力解决查询查复率偏低问题，大额、小额支付系统查询查复率平均达到99%以上，全年未出现清算窗口开启现象，向社会提供了优质高效的支付清算服务。严格执行系统巡检和现场检查制度，与开发商、运营商和维护商积极沟通配合，加强系统运行维护工作，及时发现和解决了系统故障隐患。完成了支付清算系统城市处理中心软件、大额支付系统升级换版工作，进一步完善和优化了系统功能。扎实做好应急管理工作，认真落实突发事件应急处置制度，组织开展了城市处理中心服务器切换、MBFE前置机故障、机房供配电系统和消防等科目的应急演练，深入检验了应急机制有效性，全面提高了支付系统突发事件处置能力。

二、加强服务指导，提高支付系统参与者运行质量。召开“2009年甘肃省支付清算工作会议”，全面安排部署了2009年工作任务，总结推广了支付清算系统运行维护工作经验。做好对商业银行参与者的培训工作，举办了“支付系统MBFE用户技术培训班”，提高商业银行前置机系统维护人员的技术水平和故障处理能力，促进了各直接参与者系统的安全稳定运行。加大系统运行巡访工作力度，组织工商银行、农业银行和交通银行甘肃省分行支付系统业务人员对兰州银行进行现场巡访。组织开展了全国支票影像交换系统运行情况专项调查，深入分析探讨退票率、待回执率“两高”的原因，提出了切实可行的对策措施。完成中信银行兰州分行接入支付系统相关工作，全省支付系统直接参与者增至42家。提供现场技术支持，完成了人民银行甘南州中心支行电子联行卫星小站室外设备迁移工作。

三、多方并举，支付清算系统业务宣传推广活动成效显著。举行了甘肃省支付系统业务宣传月活动，中国人民银行清算总中心主任励跃、兰州中心支行行长杨明基出席了启动仪式并讲话，全省15家金融机构300多人参加了广场宣传活动。期间，共发放宣传册和宣传折页3万多份，发放宣传品3 000多件，取得了良好的宣传实效。录制并在甘肃卫视播出“中国现代化支付系统业务宣传专题片”；在《甘肃日报》等报刊媒体连续刊登了现代化支付系统业务系列宣传报道；组织全省各银行业金融机构业务经办人员开展了支付业务知识有奖答题活动；组织编印并在金融机构营业网点广泛张贴发放宣传海报和宣传折页；在大型农贸市场等群众集聚场合开展了多次业务宣传活动，有效普及了支付业务知识和有关方针政策，增强了社会公众对支付清算服务的认知度。

四、结合业务特点，进一步加强了业务技术培训和信息调研工作。制订培训计划，抽调40人（次）参加各类培训班13期，切实提高了全省人民银行支付系统工作人员的业务技能和岗位履职能力。编撰《甘肃省银行支付系统运行通报》12期，完成《甘肃省支付系统运行分析报告》2篇和《甘肃省支付系统实践与探索》重点课题1个；报送调研信息30多篇，及时沟通交流了系统运行信息和工作经验，督促系统参与者进一步加强了系统运行维护管理，提高了支付系统运行效率。

（李 华）

【电子结算】 2009年，兰州金融电子结算中心以“强化管理、夯实基础、全面提高、稳定发展”为工作主线，进一步强化安全生产，优化结算服务，提高工作效率，加强内部管理，全面完成了各项工作任务，促进了社会资金安全、快速、高效周转。截至年末，参加同城票据交换的单位达561家。清分清算各类票据2 518.23笔，较上年下降7%；金额3 752.08亿元，较上年增加9%；日均清分清算各类票据10 073笔，金额15亿元。

一、优化结算服务，进一步提高了结算服务质量。一是启用清分系统磁码打印新格式，完成了兰州票据清分系统升级完善工作。解决了票据交换单位垫付邮电服务费等问题，实现了与全国支票影像交换系统统一编码规则的完全接轨。采取有效措施提高交换票据打码质量和效率，切实降低了清分机拒票率。截至年末，清分机平均拒票率为3.76%，较上年降低了1.60个百分点；每场交换时间由原来的平均2小时减少到1.50小时。二是加大对交换单位票据交换业务检查、辅导力度。先后对9家票据交换管辖行，82家票据交换网点进行了检查、辅导，检查面达23%，提高了票据交换工作质量。三是加强票据交换单位的交换准入、退出管理。截至年末，批准准入直接交换单位23家，退出直接交换单位7家，间接交换单位30家，交换单位更名3家。四是加强票据交换中转站管理。在优化速递线路、整合票据交换中转站的同时，先后对35家票据交换中转站进行了现场检查，检查面达100%，进一步规范了票据交换中转业务，提高了票据速递效率。

二、狠抓内部管理，进一步规范了票据交换业务操作。一是按照内控和岗位风险防范要求，及时修订、完善了内部管理制度。先后制定下发内部管理制度10项，并整理印发了《兰州金融电子结算中心制度汇编》，形成了更加科学严密的制度体系。深入开展了“制度学习月”活动，进一步提高了全体员工执行制度的自觉性和执行力。二是严格业务运行管理。认真落实兰州票据清分系统管理办法和操作规程，加强督促检查，确保了票据交换工作规范有序运行。截至年末，票据交换差错率较年初下降了37.50%。三是加强电子结算中心财务核算管理。完成了财务核算系统升级工作，进一步增强了系统功能，加强核算审核，适时开展专项检查督导，财务会计核算工作质量明显提高。四是加强结算中心派遣员工管理。按照派遣员工管理规定，坚持按月考核、按年考评，奖罚分明。充分调动了派遣员工的工作积极性，促进了工作质量和效率的提高。

三、强化安全生产管理，确保了票据清分系统稳定运行。一是强化安全生产意识，提高风险防范能力。坚持业务管理、网络通讯、安全方面的定期巡查制度和重大节日前的安全检查，强化内部控制，做好清分、清算与速递的各项风险防范工作，对重要岗位实施全过程监控。二是加强清分系统运行维护，确保了系统稳定运行。加强清分系统运行巡查工作，及时发现和解决了系统运行中出现的各种问题；积极向票据交换网点提供技术支持，保证了清分系统商业银行端系统正常运行。三是加强速递车辆管理。严格落实《兰州金融电子结算中心车辆管理规定》，加强对速递员的安全教育，坚持车辆定点停放，周末封闭管理，确保了速递车辆运行安全。截至年末，出动速递车辆2万多台（次），安全行驶28万多公里。全年安全无事故。四是完善“应急预案”，进一步强化了清分风险处置能力。制定了清分机系统故障数据补录应急处理方案、演练实施方案，切实增强了预案的全面性、科学性和可操作性。加强实战演练工作，于2009年10月24日进行了一场模拟票据清分机发生故障后采用手工应急处理的演练，切实磨合了应急工作机制，锻炼了队伍，进一步提高了“兰州市票据清分系统”突发事件处置能力。

（王国福）

【国库组织与管理】 2009年，人民银行兰州中心支行国库工作以“夯实基础工作、推进信息化建设、拓展服务领域、创建一流国库”为目标，扎实开展“三化”管理活动，全面强化国库组织与管理，有效维护国库资金安全，圆满完成了全年各项工作任务，有力支持了全省经济社会发展。全年共办理国库业务468万笔，收纳报解各级预算收入612.70亿元，同比增长26.30 %。其中，中央预算收入335.40亿元，同比增长47.50%；地方预算收入277.30亿元，同比增长7.70%。拨付预算支出1 242.40亿元，同比增长29.40%。

一、拓展国库服务领域。全省国库工作按照“服务政府、服务民生”的要求，积极组织将政府资金直接汇划到最终收款人账户，减少资金划拨环节，提高资金到户速度。陇南等6个中心支库及辖属18个县（区）支库把24项灾后重建等财政性专项补助资金1.30亿元直接拨付到4.30万农户，拓展了国库服务民生新领域。

二、加强国库信息化建设。在全省基本实现财税库银横向联网的基础上，扩大国税系统财税库银横向联网系统（TIPS）在全省的覆盖面，到年末全省14个市（州）、88个县（区）有37 648户纳税人通过TIPS系统实现缴税，占全部纳税户的33.97%，缴税额占中央级税收的36.56%。省地税局确定白银、金昌市为试点地区，省财政部门上线TIPS系统准备工作已就绪。积极推广使用银行卡刷卡缴纳税款，提高税款入库速度，嘉峪关、张掖和天水市中心支库已在5家金融机构使用POS机办理刷卡缴税业务3.10万笔。

三、加强国库内部管理。省分库扎实开展“管理工作制度化、业务操作规范化、执行行为标准化”的“三化”管理活动，起到了夯实基础工作，提高服务质量的作用。进一步规范预算收入退库业务，明确退税的审批机关和审批权限，下放兰州市辖区退税业务审核权限，优化了退税审核和办理流程。加强应急管理，组织全省13个中心支库和63个县（区）支库开展了以手工业务处理的应急演练，提高了国库人员应急处置突发事件的能力。

四、加强国库监督管理。组织全省国库部门认真开展内控安全管理自查和专项抽查工作。省分库组织3个检查组，对白银等7个市中心支行及辖属平川等13个县支行进行国库业务实地检查，对存在问题督促认真整改。对全省13家代理支库进行年审，批准继续代理2009年国库业务。依据行政许可规定，批准中国银行甘肃省分行营业部等7家商业银行代理国库集中支付业务的资格，批准设立了天水市开发区支库，建设银行天水市麦积支行代理国家金库天水市开发区支库业务的资格。

五、积极推进财政国库管理体制改革。截至年末，全省13个市（州）中心支库、21个县（区）支库推广了国库集中支付业务，办理集中支付业务34.30万笔，金额310.80亿元。积极配合财政部门“省直管县”管理体制改革。2009年新增省直管县25个，全省共有41个县实行省直管县，省分库指导县支库认真做好省直管县库款的及时入库，拨付财政资金641.94亿元，促进了县域经济发展。

六、加强统计分析和调研信息反映。充分使用国库统计分析系统，准确及时反映预算收支执行情况，按月撰写甘肃省国库资金运行情况分析报告。加强对省级国库现金流的预测和研究，完成总行国库局布置的8个调研课题，有4篇文章被《甘肃金融》等刊物采用，编辑《国库快报》22期。

（张正恒）

【国债管理】 2009年，全省共承销五期凭证式国债17.80亿元，实际销售16亿元，占计划销售额的89.79%；组织发行八期储蓄国债（电子式）7.30亿元；全年兑付历年到期国债本息10.10万元。

一、认真做好国债发行检查及信息上报。认真贯彻中国人民银行、财政部国债发行部署，每期国债发行前，紧密结合甘肃实际，提出具体发行要求，及时做好相关准备工作。在每期国债发行首日，组织人员对承销机构发行情况全面开展现场检查，及时研究解决发行过程中存在的问题。全年共组织检查8次、检查凭证式国债发行网点115家，根据发行进度和现场检查情况，及时向总行国库局反映甘肃省国债发行情况。

二、积极开展人民银行直接办理无记名国债兑付业务。全年累计兑付无记名国债和单位国债收款单本金6.50万元，利息3.60万元，维护了国债信誉，赢得了投资者的好评。

三、做好无记名国债实物券的收缴、入库、对账与销毁。各级国库与发行部门紧密协作，将人民银行与兑付网点账务核对无误的国债实物券65 252元全部入库保管，做到“账账、账表、账实”相符。对下级国库部门销毁国债逐年、逐券别进行核对、盖章确认，做到销毁手续齐全，销毁程序符合规定。全年共销毁上年兑付的无记名国库券实物29.32万元。

四、积极开展“送国债下乡”活动。认真落实服务“三农”的政策，开拓农村国债市场，开展“送国债下乡”活动，取得了良好的社会效果。

五、积极推进国债管理信息化建设。甘肃省分库被国库局确定为国库管理信息系统（TIMS）（凭证式国债部分）的试点省份，认真做好系统的安装、测试和模拟运行，加强系统上线后的同步监测和数据报送，确保了系统的安全稳定运行。

六、认真做好国债调研和信息反映。通过对辖区平凉、定西和酒泉等市国债承销机构网点设置情况的调查研究，撰写《基层国债网点设置与国债发行情况调查报告》和国债信息65篇，其中《2009年凭证式（一期）国债销售火爆金城》的信息被省政府采用。

（刘晓峰）

【货币发行】 2009年，人民银行兰州中心支行货币发行工作按照“抓安全保供应、强管理促发展、提水平求突破、聚合力创一流”的要求，以确保发行基金安全和现金供应为目标，努力推进发行库达标升级，较好地履行了货币发行职责，圆满完成了各项工作任务。

一、科学预测，灵活调拨，确保了发行基金合理供应。密切关注全省经济金融发展形势，强化现金投放、回笼统计监测，全年全省累计投放、回笼发行基金较上年增长17.27%、10.42%，满足了地方经济发展和灾后重建对现金的需求。加大小面额人民币的投放、回笼力度，在全省指定106家金融机构营业网点，专门办理小面额人民币投放、回笼业务，建立了小面额人民币定点支付、回收制度。加强货币金银管理信息系统管理，规范货币发行业务会计核算操作，推行发行基金调拨命令签发电子化工作，强化业务操作管理，完成了金银子系统初始化工作，保证了货币金银管理信息系统安全平稳运行。完成贺岁牛、“和”字书法、环境保护3套3枚普通流通纪念币的发行工作。

二、遵章守制，规范操作，确保了库房库款绝对安全。认真开展发行库安全检查，有效提升发行库管理工作水平。组织开展了《中国人民银行人民币发行库管理办法》执行情况检查；开展了旺季发行库安全检查，检查面达到了100%，对发行库的风险点进行了逐项排查，对发现的问题提出了整改要求，并将检查情况在全省范围内进行了通报，全面推进发行库安全管理工作。强化指导，精心培育，推动发行库达标升级工作向纵深发展。兰州分库及武威市、酒泉市和定西市中心支库被总行评定为“一级发行库”。创新发行库管理技术手段，开发了人民币发行库管理信息系统，对全省51个发行库的基础信息进行了采集、整理和录入，为下一步实现全省发行库信息数据共享、提升发行库管理水平奠定了基础。

三、严格管理、狠抓落实，推进残损人民币回收、清分、复点和销毁工作顺利开展。按季度下达残损人民币销毁计划，对各行工作进度按月跟踪统计，确保销毁任务全面完成。加强对残损人民币清分、复点工作的检查指导，安全管理意识显著增强。天水市、张掖市钞票处理中心按照预案认真开展钞票处理业务应急演练，进一步提高了应对紧急情况的能力。将天水市钞票处理中心2台清分设备搬迁至兰州钞票处理中心，进一步优化了钞票处理中心布局。同时，承办了全国钞票处理销毁督查员培训班，兰州中心支行就多年来在钞票处理方面好的做法和经验进行了交流发言。

（王小芹）

【人民币流通管理】 2009年，人民银行兰州中心支行进一步强化对反假货币工作的组织协调，密切配合公安机关开展打击假币犯罪专项“09行动”，规范全省金融机构人民币收付业务，加强全省经营、装帧流通人民币企业和人民币图样使用管理，切实维护了人民币的正常流通秩序和良好信誉。

一、充分发挥甘肃省反假货币工作联席会议办公室的职能作用。组织召开了甘肃省第四次反假货币工作联席会议，总结回顾了近年来反假货币工作的基本情况，安排部署了下一阶段工作任务，加强了与成员单位的沟通协调。组织召开了甘肃省反假货币成员单位“09行动”联席会议，分管行领导到会并讲话，分析了当前反假货币工作的严峻形势，与省公安厅建立了联席议事和信息交流制度，形成了政府牵头、部门协作、齐抓共管、综合治理的工作格局。

二、采取多种方式，有针对性地开展反假货币宣传。以开展打击假币犯罪专项“09行动”为契机，联合公安机关、反假货币办公室各成员单位，在全省开展了反假货币集中宣传月活动，消除了群众对“HD90”假币的恐慌心理，提高了公众的防范意识和识别假货币能力，取得了良好的社会效果。

三、开展检查培训，不断提高金融机构人民币收付业务工作人员技能。对各金融机构使用的自动存取款机、柜台点验钞机和小型清分机等机具进行防伪功能检测，增强了机具的安全性和可靠性，确保了对外支付现金的质量。举办本外币反假货币培训班35期，组织对全省4 223家金融机构营业网点、4 556名出纳人员进行了上岗培训考试，为考试合格人员颁发了《反假货币人员资格上岗证》，指导商业银行对开户单位举办培训班20期，提高了业务人员识假、反假货币的能力和意识。

四、加强协作配合，加大对制贩假币违法犯罪活动的打击力度。组织开展了假人民币市场非法流通状况调查，对流通中假币信息进行监测，掌握假币犯罪活动的新特点、新动向。配合公安机关严厉打击制贩假币违法犯罪活动，全年共收缴假人民币395.46万元，其中公安机关收缴182.23万元，银行柜台收缴213.17万元。

五、依法加强对金融机构人民币收付业务的管理。每季度组织商业银行召开人民币流通管理联席会，传达人民银行关于人民币收付业务管理的政策导向，通报商业银行向社会公众提供现金服务情况，督促商业银行自觉做好大小票和残损人民币兑换工作，共同维护人民币的良好信誉。对全省452家商业银行营业网点的人民币收付业务进行检查，进一步规范了商业银行人民币收付行为，提高了流通中人民币的整洁度。

六、加强全省经营、装帧流通人民币企业和人民币图样使用管理。严格按照行政许可事项办理程序，做好对全省经营、装帧流通人民币企业的审批和报备工作。对经营流通人民币的7家企业进行了重新登记，对其经营情况进行了检查，规范了流通人民币经营、装帧行为和钱币市场秩序。严密关注、防范和打击“法轮功”分子利用人民币进行反动宣传的违法犯罪活动，维护了人民币作为法定货币的神圣性和严肃性。

七、加强人民币流通状况监测和质量检测工作。加强对全省658个人民币流通状况监测网点的指导，重点收集流通中人民币券别结构、需求和整洁度等信息，为做好现金供应、券别结构调剂及残损券回收等工作提供参考和依据。组织天水市、平凉市和临夏州中心支行完成了2005年版第五套流通中人民币纸币四种券别的抽样、收集、登记和送检工作；对第五套人民币100元、10元、5元、1元四个券别共70箱纸币的原封券进行了质量检测，为准确判断、掌握人民币的质量状况和流通使用时间提供了参考。

（王　斌）

【反洗钱工作】 2009年，人民银行兰州中心支行反洗钱工作紧紧围绕“贯穿一条主线、坚持两个结合、突出三项重点、实现四个目标”的反洗钱工作思路，按照依法、有效、均衡的反洗钱监管原则，不断创新监管理念，完善监管手段，夯实工作基础，圆满完成了各项工作任务。

一、反洗钱工作程序进一步规范。统一全省反洗钱现场检查操作程序，制定印发了《甘肃省反洗钱现场检查操作规程》，提升了全省反洗钱现场检查效率和水平。规范辖区金融机构重点可疑交易报告工作，制定印发了《甘肃省金融机构重点可疑交易报告暂行办法》，提高了可疑交易报告的利用价值。引导和激励金融机构全面履行反洗钱义务，修订完善了《甘肃省银行业金融机构反洗钱工作考核评估办法》，制定印发了《保险业金融机构反洗钱工作考核评估暂行办法》。

二、反洗钱非现场监管力度进一步加强。建立金融机构反洗钱分类监管机制，开展了对辖区12家银行和19家保险公司的反洗钱考核评估工作，根据考评结果对金融机构进行评级和分类管理。通过电话询问、书面质询、现场走访和约见谈话等措施，引导金融机构从“防御性”报告行为逐步向“主动性”报告行为转变，切实提高可疑交易报告质量。扩大大额现金监测试点范围，增加白银、嘉峪关、金昌、酒泉市和甘南州作为大额现金监测试点单位。着力提高大额现金监测水平，探索开发了大额现金监测报送系统，实现了数据的快速采集、汇总和上报，大额现金监测工作取得明显成效。

三、反洗钱现场检查的针对性进一步提高。按照风险为本的监管方法，有重点地对辖区保险业金融机构和银行业金融机构高风险业务开展反洗钱现场检查。2009年，全省人民银行共对12家金融机构及其153个分支机构进行了反洗钱现场检查。其中，涉及6家银行的现金、外汇、银行卡以及网上金融等业务，涉及5家保险公司和1家证券公司全面履行反洗钱义务情况。全年完成现场检查报告127份，下发反洗钱现场检查意见书99份，对发现的违规问题提出了限期整改的处理意见。

四、反洗钱调查和案件协查工作成效明显。积极做好反洗钱调查和案件协查工作，全年协助侦查机关完成反洗钱行政调查和案件协查20起，调查账户350个，调查交易资金7.80亿元，立案侦查8起，破获案件3起。组织开展了“护航2009”反恐融资专项行动，制定了专项行动方案，定期与有关部门进行情报会商，为涉恐案件的深入开展提供有力支持。由于反洗钱协查工作积极有效，得到总行反洗钱局的表扬和甘肃省国家安全厅的书面感谢。

五、深入开展反洗钱宣传和培训。组织全省金融机构开展了“认真履行反洗钱义务—反洗钱从我做起”主题宣传月活动和预防“警察查洗钱”电话诈骗宣传活动，全省人民银行和金融机构共开展反洗钱宣传活动529次，参与人数逾7万人，社会反洗钱意识进一步增强。全面提升反洗钱工作人员反洗钱政策法规水平和业务技能，举办了甘肃省金融机构反洗钱业务和反恐融资管理培训班，开展了反洗钱业务转培训76场（次），参加培训人数达5 100余人。

（栾　珊）

【金融电子化建设】 2009年，人民银行兰州中心支行科技工作坚持以科技创新为动力，以项目建设为载体，以“数据集中、资源整合”为手段，大力推进金融信息化建设，为有效履行基层央行职责提供了有力的科技支撑。

一、突出创新，全面高效完成了项目建设任务。以统一用户管理为基础，利用门户技术，在全国率先自主建成了省级电子办公门户和金融业信息服务平台。一方面使全省人民银行系统用户在一个登录界面就可访问全国系统和本地系统，统一了分散在各办公相关系统中的工作任务；另一方面也为全省金融机构提供了区域性横向、纵向信息交换渠道。实现了办公信息系统的功能和资源在省级的融合，提高了数据交换的时效性，提升了内外信息共享水平，也为总行和省两级数据中心建设实现“数据集中、资源共享”探索出了一条新路。通过自主开发“县域经济金融数据库系统”，实现了对县域经济金融活动的定期监测，准确及时地反映县域经济金融运行状况，为提升央行服务水平、促进地方经济发展提供了有力支持。同时，按照总行统一安排部署，完成了国库信息处理系统（第二批）、高清电视会议系统、中央银行会计核算电子对账系统、银行财务报表系统试点建设任务，以及中央银行会计核算系统、国库会计核算系统的升级工作，充分发挥了科技服务保障作用。

二、科学规划，有序推进了网络建设。完成了内联网与城市金融网的网间互联平台信息安全缓冲区扩容改造及同城通信转接中心信息安全缓冲区建设项目，在城市金融网上部署了负载均衡设备，全面提高了综合前置系统的可靠性和处理能力，进一步强化了网络间信息交流安全防护。有序开展了骨干网核心设备的更新及线路升级建设，确保了内联网的安全稳定运行。

三、强化管理，确保了金融信息系统安全。完成入侵检测系统控制中心数据库升级改造工作和防病毒系统、非法外联监控管理系统等的升级工作，全面提高了信息系统安全技防能力。以计算机安全管理、运行环境、业务系统操作、网络安全、病毒防治和计算机保密等为主要内容，深入组织开展了全省信息安全交叉检查、市（州）中心支行的科技工作交流，有效促进了全省人民银行信息安全管理。深入开展信息安全风险排查，进一步加大计算机网络系统运行监控巡查力度，有效保障了特殊和重要时期的信息安全。组织开展了全省计算机网络、机房应急演练，切实提高了科技人员的应急处理能力。严格落实《计算机应用系统管理制度》、《电子化建设项目管理制度》等规章制度，从工作职责、岗位责任和操作规程等方面，全面强化制度执行，确保信息系统安全稳定运行。

四、积极开展银行卡联网通用工作，有力促进了全省支付环境建设。组织开展对2008年银行卡和ATM联网通用的复测及整改工作，切实提升了银行卡系统安全防范能力。严格落实POS终端安全技术标准和业务规则，有序推进POS终端标准化改造工作，全省银行卡交易环境得到进一步改善。切实做好银行卡用卡安全的技术保障工作，强化安全管理，有效防范了银行卡受理市场风险。

五、加强科技宣传培训，强化全员科技安全意识。举办了人民银行信息化建设、办公自动化系统技术和全省人民银行防非法外联系统升级3期培训班。通过有计划的培训和日常的积极宣传，全省人民银行干部的科技知识、办公效率和计算机网络安全意识大大提升。

（薛　荣）

【人事教育】 2009年，人民银行兰州中心支行组织人事工作以提升干部队伍整体履职能力为目标，狠抓领导班子、干部队伍和人才队伍建设，为有效履行基层央行职能提供了坚强的组织保证和人才支持。

一、深入学习党的十七届四中全会精神，全面做好党建组织工作。采取多种形式，区分不同层次，认真组织开展了学习贯彻党的十七届四中全会文件活动，深刻领会全会精神，统一思想认识。组织开展了深入学习实践科学发展观“回头看”自查活动，进一步巩固和扩大了学习实践活动成果。积极探索推进党务公开工作，制定了中心支行党务公开实施办法，提高了党务公开的制度化和规范化水平。组织召开了2009年度党员领导干部民主生活会。加强基层党组织和党员队伍建设，夯实党建工作基础，开展了党费收缴、管理和使用情况自查，进一步规范了党费收缴工作。认真组织开展了庆祝建国60周年走访慰问老干部、老党员和老工人活动。

二、认真做好干部选任和交流工作，进一步优化了人力资源配置。加强机关各处室班子建设，重点选好配强处室“一把手”，全年选配处长6名、副处长2名、处级非领导职务6名。加强青年干部选拔培养，选聘20名学历较高、实绩突出、能力较强的年轻干部担任科长，树立了良好的用人导向。坚持“择优晋升”原则，组织开展了机关科以下行员非领导职务晋升工作。对2008年招录入行的14名工作人员进行了考核、转正定级。加强干部交流工作，全年机关部门间调整交流处级干部9名、一般干部14名。选送5名干部分别到总行、省内市（州）中心支行、县支行挂职锻炼。积极探索开展职位分类管理工作，组织完成了2008年度中心支行工作量指标表的填报工作。认真落实总行《关于进一步加强县（市）支行建设的意见》，加强了对县（区）支行的建设和管理。

三、切实加强干部考核管理，建立健全了激励约束机制。加强和改进干部年度考核工作，注重考核结果的运用，实行“末尾问责制”，积极推行“责任追究制”，初步建立了干部“能上能下”的机制，较好地发挥了考核奖优罚劣、奖勤罚懒的激励导向作用。针对青年干部特点，加强青年干部管理，分别召开了2007年度和2008年度新入行人员座谈会，组织10名新入行员工到省内市（州）中心支行实习锻炼，并根据青年员工实际开展针对性考核，引导和督促青年干部自我加压，在工作实践中历练成长。认真做好对要害岗位人员的考核管理。加强对因公因私临时出国（境）人员的管理工作。

四、积极开展干部培训工作，进一步提高了干部队伍素质。加强培训工作的计划管理，增强针对性和实效性。全面组织完成了全省人民银行县支行干部职工轮训工作，集中举办培训班5期，轮训625人；组织开展全省业务工作培训，全年举办培训班45期，培训2 630多人（次）；举办了机关处级干部、全省人民银行新入行员工培训班；组织开展了辖属县区支行业务知识培训考试，达到了“以考促学”的目的；坚持学术报告暨业务交流讲座制度，全年举办学术报告暨讲座12期；完成了岗位任职资格培训考试组织工作；选派210人（次）参加上级行举办的各类培训和外派干部考试，有3人被总行选派到国外参加培训调研。认真做好培训信息管理系统的试点运行工作，初步建立了培训情况信息库。制定了专业技术人员管理办法，严格聘任标准，督促专业技术人员加强调查研究，提高专业能力。对402名专业技术人员续聘了专业技术职务。完成了金融专业英语证书考试甘肃考区的各项考务工作。

五、认真做好劳资统筹工作，提高了工作的规范化水平。加强对全省人民银行系统的工资计划管理，合理分解下达，确保落实到位。加强全省人民银行系统养老保险统筹管理，组织对部分市（州）中心支行开展了现场检查，进一步规范了业务操作。对全省人民银行系统医疗保险参保情况进行了摸底。完成了人民银行分支机构2009年度人员招录考试甘肃辖区工作，与43人签订了就业协议书。认真履行对全省人民银行系统合同制用工管理的职责，组织各市（州）中心支行对辖内合同制用工情况进行摸底自查，针对发现的问题，制定印发了《甘肃省人民银行系统合同制用工管理实施细则》，进一步规范了全省人民银行系统合同制用工管理。

六、夯实组织人事基础工作，加强了组织人事部门自身建设。按照建设“模范部门”、打造“过硬队伍”的要求，深化拓展“讲党性、重品行、作表率”活动，进一步提高了组工干部的党性修养、政策水平和工作能力。加强信息和调研工作，全年共报送组织人事信息30多篇，有20多篇被上级行采用，完成了《对提升基层央行干部培训工作实效性的研究》重点调研课题。对2006年以来的人事档案进行了集中整理审核、归类立卷，及时做好人事信息管理系统数据的日常维护和集中上报工作，加强人事统计工作，进一步夯实了组织人事工作基础。

（李海东）

【内审工作】 2009年，人民银行兰州中心支行内审工作按照“围绕中心、服务大局、依法审计、持续创新、固本强基、保驾护航”的审计理念，努力创新内审工作方式，积极推进内部审计转型，充分发挥审计监督和服务功能，为促进中心支行依法有效履职提供了有力保障。

一、保质保量完成各项审计任务。全年共组织完成各类审计任务31项。其中：领导干部履职审计1项、离任审计4项，依法行政专项审计3项，内部控制专项审计1项，中心支行立项的基建项目专项审计1项，灾后重建资金跟踪审计试点项目1项，行政后勤管理专项审计1项，专项业务核查5项；西安分行授权的基建项目专项审计6项。全年累计投入审计工作日1 332个，审计发现问题295个，提出整改建议97条。向被审计单位发送《内审结论和处理决定》、《审计意见书》和《整改通知书》51份。参与完成西安分行审计项目6人（次），中心支行大额采购招标12次，较好地发挥了内审监督作用。

二、精心组织开展内控安全管理专项检查。一是做好全省检查部署指导。成立了专项检查领导小组，向全省人民银行系统下发了《内控安全管理专项检查方案》和《内控安全管理专项检查对照表》，详细部署指导专项检查工作。二是扎实开展现场检查。完成对辖属4个县（区）支行和嘉峪关等4个市中心支行的现场检查，并对民勤等4个县（区）支行的检查结果进行了复查，共发现问题81个。三是狠抓整改落实。认真总结分析问题产生的原因，提出12条整改意见和5项合理化建议，及时组织全省各级人民银行对存在的问题和风险隐患进行整改，整改率达84.02%。

三、审计工作创新取得新进展。以打造“精品项目”为目标，不断探索创新审计工作方法，审计质量和效率显著提高。一是基建项目审计方法取得新突破。制定《中国人民银行兰州中心支行基建项目现场审计与非现场监督实施办法》，建立基建项目非现场监督报告制度，完善了监督管理长效机制，被西安分行在全辖区推广。二是履职审计工作思路实现新转变。确定“风险岗位先审、任职时间长者先审、行长指定先审”的履职审计原则，制定了三年履职审计规划，进一步拓展了领导干部履职审计范围，保证了审计覆盖面。三是内控管理长效机制建设取得新进展。制定了《中国人民银行兰州中心支行风险提示约见谈话制度》。将内部控制思想贯穿于履职审计和专项审计全过程，引导和促进干部职工主动关心和思考内控管理工作。积极组织举办全省人民银行“管理·责任”征文演讲比赛，共收到征文81篇，编辑出版了《甘肃金融》“管理责任优秀征文”增刊，总结交流了各行、各部门加强内部管理、落实规章制度的做法、经验和成效，进一步促进了内控管理长效机制建设。四是内审项目实现新拓展。高度重视“5·12”特大地震灾后重建项目审计试点任务，制定《灾后重建资金物资专项审计方案》，保障重建资金物资使用安全、合规、有效，促进了灾后重建工作的顺利实施。

四、内审基础工作和干部队伍建设不断加强。顺利完成“内审业务综合管理系统”上线工作，实现审计项目和审计过程电子化管理，内审工作信息化建设取得新进展。结合内审工作实际开展信息调研工作，完成了《基层央行依法行政的实践与思考》和《人民银行风险导向内部控制系统模式研究》等调研信息报告40多篇，有12篇被采用。狠抓内审队伍业务素质与职业道德教育，积极开展审前调查和业务交流，加大审前培训力度，采取跟班学习、以查代训和以老带新等多种方式，不断提高审计人员整体工作水平，全年共组织参加各类内审培训和业务培训122人（次）。

（晏　军）

【事后监督】　2009年，人民银行兰州中心支行事后监督工作以风险防控为主线，积极探索创新监督方式和手段，强化内部管理和制度建设，不断提高监督核查效率和质量，充分发挥事后监督在规范会计核算行为、防范资金风险方面的重要作用，为兰州中心支行会计核算业务顺利开展提供了有力保障。全年共实施会计核算监督业务381 071笔，较上年同期增加5 625笔，增长1.48%。共发现各类差错27笔，较上年同期下降18.18%，会计核算差错率明显下降。其中：风险性差错2笔，占比7.40%；规范性和一般性差错25笔，占比92.60%。向总行国库局上报《国库监督业务双周报》26期。

一、强化风险控制，确保资金安全。开通运行中央银行会计核算电子对账监督系统，设立专人专岗，负责确认对账结果、追踪监督未达账项。全年通过电子对账监督系统累计完成对账28 125笔，及时反映解决164笔未达账项中的比对不一致问题。针对财政性缴存款业务差错问题较多的情况，建立相关业务登记簿实施逐笔监督。对监督发现科目归属错误的县支行财政性缴存款，进行逐笔追踪调查，责成核算单位限期整改，严肃会计核算纪律。针对货币发行核算业务存在监督内容不明确、监督范围不平衡问题，与核算部门对会计凭证、账务核对方面的内容进行交流沟通，及时解决了监督资源缺失问题。实现对重大会计事项的即时监督，全年共对446份重大会计事项记录进行了对应监督、审核。

二、完善工作机制，规范事后监督行为。通过召开通报分析会，实施季度通报制度和发出“事后监督通知书”等措施，及时反馈核算监督质量情况，提出风险隐患、操作性问题和内部控制薄弱环节的预警意见。全年共发出“事后监督季度通报”4份，“事后监督通知书”27份，监督行为进一步规范。落实全省事后监督工作联席会议制度，围绕事前、事中与事后监督相结合有效途径专题展开讨论和座谈，明确了事后监督工作的任务目标和具体要求。总结形成兰州中心支行《认真履行职责，充分发挥事后监督职能作用》经验材料，在人民银行会计事后监督工作座谈会上交流。充分发挥全省人民银行监督信息共享机制作用，编审“事后监督工作简报”3期，整理全国事后监督工作经验48条，汇编形成了“全省事后监督工作经验电子手册”等。

三、加强制度建设，强化内部管理。严格日常监督业务内控管理，制定完善各项监督工作制度规程，加强岗位交接、系统代码口令和各类登记簿、日志管理，进一步提高监督业务规范化、标准化操作水平。严格落实监督业务的“再监督”制度，定期开展业务督查和交叉检查，查找被监督业务风险点和薄弱环节，有效提高了监督工作质量。

四、做好会计档案管理工作。对监督资料及档案，按要求分类装订、登记入库，档案管理做到了有序规范。全年共装订会计凭证643本，报表224册，各类登记簿、年报42册，移交会计档案1 146册（本）。

（吕　飞）

【纪检监察】　2009年，人民银行兰州中心支行纪检监察坚持“标本兼治、综合治理、惩防并举、注重预防”的方针，以促进中心支行履职为核心，以党风廉政建设和反腐败工作为主线，强化措施，落实责任，较好地完成了全年工作任务，连续第四年获得西安分行纪检监察目标管理考核先进单位荣誉称号。

一、以贯彻《建立健全惩治和预防腐败体系2008—2012年工作规划》为重点，认真落实反腐倡廉建设工作任务。研究制定了《中国人民银行兰州中心支行贯彻落实<建立健全惩治和预防腐败体系2008—2012年工作规划>的实施意见》，从总体上规划了中心支行反腐倡廉工作。召开纪检监察年度工作会议，签订党风廉政建设目标责任书，坚持把党风廉政建设工作与各项业务工作同安排、同部署、同检查、同考核。按季召开党委会和纪委会，专题研究党风廉政建设工作。班子成员认真落实督导责任，各部门负责人和县（区）支行负责人各负其责，自觉做到了党风廉政建设和业务工作有机结合，相互促进。

二、以开展“大宣教”活动为抓手，认真开展反腐倡廉宣传教育。一是结合深入学习实践科学发展观“回头看”活动，以处级干部和县（区）支行班子成员为重点，认真督促开展党员干部深入学习中国特色社会主义理论体系活动。督促处级干部和县（区）支行班子成员严格执行“四大纪律、八项要求”、“九个不准”等廉洁自律各项规定，严格执行《中国人民银行办公厅转发<财政部关于严格控制一般性支出切实做到“四个零增长”的通知>的通知》，作勤俭建行、廉洁自律的榜样模范。二是认真组织开展“四个一”活动。组织干部职工观看《永不凋零的巴山红叶—记四川省南江县原县委常委、纪委书记王瑛》电视专题片，以部门为单位开展“学楷模、促发展”专题讨论，党委班子成员带头撰写心得体会，全行干部职工踊跃投稿，纪检监察部门在内联网“学楷模、促发展”专栏择优刊载学习心得49篇，在全行营造了学先进、赶先进的良好氛围。三是以宣化县支行案例为教材开展警示教育，举办《目前中国法制基本态势》法制宣传讲座，要求全行干部职工引以为戒，牢记制度，自觉做好本职工作。四是认真组织开展了“学习型组织”、“廉洁型党组织”建设活动，通过开展“职业道德教育”、“爱岗敬业教育”和“风险防范”等一系列经常性教育活动，不断增强广大党员和干部职工的廉洁勤政意识。五是坚持通过内联网、文化长廊、处室园地和宣传栏等宣传阵地，大力开展廉政文化宣传，通过指导培育典型示范单位、向干部职工推荐48篇廉政文章、向新入行职工推荐使用廉政屏保和编印《廉文汇萃》书籍等形式，凸显中心支行廉政文化建设成果，营造了“以廉为荣，以贪为耻”的廉政氛围。

三、以案件专项治理活动为契机，积极做好风险防范工作。制定了中心支行《开展案件治理专项活动实施意见》，以加强内控管理、落实制度为目的，认真开展了中心支行的案件治理专项活动。通过对业务部门印章使用管理情况进行专项检查，对251个岗位风险点排查，对外汇管理处、反洗钱处贯彻执行《行政许可法》、《反洗钱法》情况开展执法监察，有效堵塞了管理漏洞，严防了各类风险事故的发生。核查了市（州）中心支行3件信访举报件，发挥了信访监督作用。

四、以“权、钱、人”为关键环节，认真抓好源头防腐工作。组织同县（区）支行行长谈话6人（次），任前廉政谈话24人（次），述职述廉113人（次），函询28人（次），认真落实了党内监督制度。组织开展了全省人民银行系统“扩内需、促增长”和执行适度宽松货币政策工作情况的自查工作，确保了货币政策的正确贯彻和实施。对新行员录用、干部选拔任用等工作进行了全程监督，维护了干部选拔任用工作的严肃性。参加集中采购会议，对招投标和大宗物品购置进行了监督，保证了大额采购和资金的安全规范使用。组织开展了全省人民银行系统“小金库”清理和工程建设领域突出问题的专项治理工作，防范了违规问题的反弹和发生。对机关政务公开工作进行了监督检查，促进了中心支行政务公开规范化进程。

五、以加强能力建设为基础，进一步提升纪检监察工作水平。组织纪检监察干部深入践行科学发展观，不断提高政治理论素质和政策水平。加强了调查研究，全年共撰写理论调研和工作信息49篇，其中被总行采用8篇，分行采用32篇，被《甘肃金融》和《甘肃金融信息》采用9篇。

（贺　庆）

【宣传思想】　2009年，人民银行兰州中心支行宣传思想工作紧紧围绕全行中心工作，在宣传工作中谋创新，在文明单位创建中打基础，在党务工作中讲实效，在青年工作中增活力，在整体工作中求突破，突出重点、服务大局、坚定信心、扎实工作，较好地完成了全年各项工作任务。

一、切实加强政治理论学习。2009年兰州中心支行以中国特色社会主义理论体系为重点，不断深化理论学习和理论武装工作。一是党委中心组成员采取集体学习、专题讲座和交流发言等形式，在增强学习的针对性、规范性、经常性和实效性上下工夫，不断提升学习效果，夯实理论功底，增强了政治素质。二是以《中国人民银行干部理论教育读本（续编）》为主要内容，在广大干部职工中认真开展中国特色社会主义理论体系普及活动，组织了特色理论知识竞赛和测试活动，参加了西安分行知识竞赛并获优秀奖。三是认真学习十七届四中全会精神，组织广大党员积极向书本学习、向实践学习、向群众学习，为推动中心支行各项工作开展奠定了坚实的思想基础。在党委中心组的示范带动下，中心支行各个层次的政治理论学习重点突出，形式多样，推动了“创建学习型组织”活动的深入开展。

二、切实加强思想政治工作。坚持贴近实际、贴近基层、贴近职工，努力提高思想政治工作水平。一是通过举办《心理健康和心理调适》专题讲座、开展干部职工心理健康状况调查等形式，有针对性地做好人文关怀和心理疏导，有效缓解了干部职工心理压力。二是通过开展主题教育活动、群众性歌咏活动，激发了干部职工的爱国热情和民族精神。三是通过开展干部职工的职业道德教育，不断完善干部职工思想动态季度分析报告制度，增强了思想政治工作的针对性和前瞻性。

三、切实推动文明单位创建。按照中心支行党委提出的争创总行级文明单位的奋斗目标，一是在认真总结上一年度创建经验的基础上，研究制订了兰州中心支行2009—2011年度文明单位建设规划和年度创建工作方案。召开会议，对创建工作进行了动员部署，有序推进文明单位创建工作。二是采取制定制度、强化培训等措施，上线运行了文明单位建设电子管理系统，实现了创建管理的网络化、常态化和创建档案的规范化。三是进一步深化文明处室创建活动。四是将年度创建工作考核纳入到中心支行目标管理考核工作之中，确保了创建考核工作的质量。通过形式多样、内容丰富与管理规范的创建活动，文明单位创建工作取得了一定成效，创建的经验和做法在总行文明单位建设座谈会和分行推进会上做了交流。

四、切实加强机关党建工作。从抓基层、打基础入手，切实加强和改进机关党建工作。一是积极开展主题实践活动，教育和引导广大党员干部，增强了党员队伍的生机与活力。二是以庆祝建党88周年为契机，组织开展系列活动，激发了广大干部职工立足本职，有效履行基层央行职责的决心和信心。三是认真做好机关党务工作，举办了支部书记培训班，开展了民主评议党员活动，做好党员发展和支部改选工作，进一步加强了基层党组织和党员队伍建设。

五、切实加强和改进青年工作。党委重视和加强对青年工作的领导、管理，关注青年干部的成长成才。一是制定印发了《关于进一步加强和改进青年工作的意见》，为青年干部成长成才提供了制度保障。二是认真开展主题教育活动、“青年讲堂”和“青年课题组”等活动，充分调动了青年职工学业务、提素质的积极性，拓宽了青年职工的知识面和工作视野。三是围绕业务工作开展活动，积极引导青年职工加强对外语知识的学习，通过组织青年英语选拔赛和甘肃赛区青年英语大赛，一批青年外语人才在比赛中脱颖而出，在西安分行“央行之星”青年英语大赛中获得二等奖。

六、切实加强宣传信息报道工作。组织机关各部门结合工作实际开展了《展望09——新起点·新跨越·新发展》主题宣传活动，配合有关处室制作了《现代化支付系统让经济血脉畅通起来》等专题片。做好全行各部门召开的会议图片、影像资料的拍摄和宣传工作。

（崔晓祥）

【安全保卫】　2009年，人民银行兰州中心支行安全保卫工作认真贯彻落实“防查并举，标本兼治，重在预防”的方针，抓管理、带队伍、促工作、保安全，较好地完成了安全保卫工作任务。

一、完善规章制度，提高规范化管理水平。制定《甘肃省人民银行系统枪支弹药管理实施细则》，统一编印了7种登记簿和表格，进一步规范了枪支弹药管理。加强安全保卫工作内控制度建设，修订完善了《甘肃省人民银行人民币发行库守卫危机处置预案》和《甘肃省人民银行发行基金押运危机处置预案》，明确了突发事件处置的任务分工、人员职责及善后处理等事宜，保卫应急处理能力明显提高。

二、加强人员培训，提升保卫队伍素质。按照总行提出的“政治坚定、业务精通、作风优良、纪律严明、清正廉洁”要求，大力开展经常性的思想教育，不断提高保卫人员的责任意识、安全意识和服务意识。以总行开展的“岗位练兵活动”为契机，开展形式多样的岗位技能练兵比武竞赛活动，全省人民银行系统组织保卫人员培训和训练450次、5 127人（次），切实提高了保卫人员业务素质。督促指导各市（州）中心支行开展了发行库守卫、货币押运、人为破坏和自然灾害等突发事件应急演练，进一步提升了保卫人员应对突发事件的处置能力。举办了全省人民银行枪弹管理员培训班，参训人员60人（次）。

三、加大检查力度，不断提升安全管理水平。组织各市（州）中心支行对发行库守卫、货币押运等情况进行自查，及时发现问题，排除风险隐患。组织对全省13个中心支行、33个设库县支行的安全保卫工作进行了全面检查，对存在的问题提出了具体的整改措施，进一步规范了业务操作程序，提高了发行库管理工作水平，保证了全省发行库房、库款的安全。根据《甘肃省人民银行发行库守卫和押运风险评估预警指标（试行）》精神，组织对全省人民银行人民币发行库安全管理、运钞和护卫车辆安全管理等方面进行了安全评估。积极配合省公安部门向13个中心支库、34个县支库颁发了《甘肃省银行业安全防范设施合格证》牌匾及证书。

四、加强技防建设，提高科技管理水平。完成了兰州市中心支库与全省各市（州）中心支库电视监控远程联网试运行工作；组织对兰州市、临夏州中心支库和临洮、成县等5个县支库库区封闭式改造及监控报警系统改造工程进行了验收；完成了武威市、庆阳市中心支库和礼县、金塔、环县等16个县支库封闭式和监控报警系统改造工程公开招标的前期准备工作。

五、落实公务用枪责任制，规范枪支管理。认真贯彻落实《中国人民银行枪支弹药管理规定》，加强枪支弹药管理，对公务用枪一律实行集中保管，落实专人负责管理制度。加强与省公安厅的沟通协调，为保卫部门无持枪证人员和持枪证到期的人员申办、换发48本公务用枪持枪证。结合全省人民银行弹药装备情况，向省公安厅申购“五六”式冲锋枪训练弹和“九七”式防暴训练弹。

六、严格守卫押运管理，确保守押工作安全。严格按照守卫押运规章制度，认真执行双人24小时武装值守，加强货币押运安全管理，确保了守卫押运工作任务顺利完成。全省各市（州）中心支行累计完成发行基金押运任务530次、1 444车（次），在途时间978天，动用枪支2 626支（次），行驶里程20.89万公里。

七、积极开展综治工作，确保一方平安。在加强领导、明确任务、夯实责任的基础上，重点做好对各种矛盾纠纷的排查调处，严防刑事、治安等案件发生，确保了重点场所和部位的安全。尤其是国庆前后，对发行库和发行基金安全、枪支弹药安全和交通车辆安全等方面的风险隐患逐一进行了全面排查。与公安机关、反恐部门密切联系，建立良好的工作机制，有针对性地化解安全风险，确保了全省人民银行安全无事故。

（徐海良）

【工会工作】 2009年，人民银行兰州中心支行工会工作紧紧抓住“围绕中心、服务业务”这条主线，加强工会组织建设和制度建设，推进民主管理，创新劳动竞赛，深化央行文化建设，巩固“创争”活动成果，促进构建和谐央行，全面提升工作水平，较好地履行了工会职责。

一、以改革创新精神加强央行文化建设和“创争”活动。举办了央行文化建设成果展，参加了西安分行举办的辖区央行文化建设成果展，得到了总行、分行领导的表扬和肯定。在西安分行央行文化建设推进会上作了题为《以改革创新精神加强央行文化建设》的经验交流。广泛征集中心支行职工书法、美术和摄影作品，推荐的19幅作品被《西北金融》刊登。积极推进“创争”活动，丰富“创争”活动形式，扩大“创争”活动影响力，在全行开展了选树“学习型组织”标杆和“知识型职工”标杆活动，选树了不同层次的“学习型组织”标杆12个和“知识型职工”标杆22名，充分发挥了“标杆”示范作用。积极开展水车园读书社读书和荐书活动。坚持每月开展业务培训和讲座，组织全行青年职工参加了金融英语考试。

二、积极开展劳动竞赛，大力弘扬先进典型事迹。不断创新业务竞赛载体和途径，积极开展“比敬业、比贡献、比业绩、比安全、比效率”的“争先创优”活动，评选表彰了2008年度中心支行先进集体、先进工作者；向西安分行推荐了2007—2008年度先进集体和先进个人；组织全行职工参加了西安分行“感动央行”人物评选和网上投票活动。向甘肃省总工会推荐了全省金融系统“五一劳动奖状”、“五一劳动奖章”及“工人先锋号”集体和个人。创新劳动竞赛内容和形式，积极开展了以“同舟共济保增长、建功立业促发展”为主题的劳动竞赛活动，举办了西安分行甘肃辖区“央行之星”青年英语大赛和中国特色社会主义理论体系知识竞赛。积极响应总行号召，在全辖范围内开展“创新金融业务、支持经济发展”业务竞赛活动，制定了业务竞赛活动实施方案和细则。加强了劳模和先进管理，落实劳模待遇，制定了《劳模先进疗休养管理办法（暂行）》，并分两批组织近年来获得省部级、分行级先进集体代表和先进个人疗休养，在中心支行营造了尊重劳动、尊重知识、尊重人才、学习先进和赶超先进的良好氛围。

三、加强民主管理，深入开展“送温暖”活动。积极探索具有央行特色的、多层次的民主管理方式。召开了中心支行工会工作会议暨“三委会”会议，有效推动了基层民主管理工作。召开了兰州中心支行机关第二届第二次职工代表暨工会会员代表大会，向职工代表及全行员工征集职代会提案23条。切实维护好职工的合法权益，建立了特困职工爱心救助机制，制定了《全省人民银行系统“爱心救助”机制实施方案》和《兰州中心支行“爱心救助”机制实施细则》，形成了帮扶困难职工的长效机制。对甘肃辖内的广河、会宁两个县支行以及全省13个市（州）的26户人民银行困难职工进行了慰问和帮扶；陪同总行慰问组，对甘肃地震灾区康县、徽县、宕昌和秦安4个县支行和职工进行了慰问。

四、积极开展具有央行特色的职工文体活动，丰富职工业余文化生活。举办了中心支行机关2009年职工趣味运动会，职工参与率达到100%。加强中心支行兴趣小组管理，丰富了职工生活，增强了凝聚力。举办了中心支行“庆八一复转军人爱国歌曲大家唱”活动，开展了“我爱我的祖国”百首红色经典歌曲学唱活动，组队参加了兰州市城关区庆祝新中国成立六十周年文艺汇演。

五、积极开展富有央行特色的女职工活动。深入开展女职工“三项创建”活动，开展了“女职工文明示范岗”评选工作，向分行推荐了2008—2009年分行级“女职工文明示范岗”，向省妇联推荐了中心支行“巾帼建功标兵”，加强对女职工的人文关怀和心理疏导，举办了“阳光心态”女职工心理健康辅导电视讲座和主题座谈会。关注女职工思想状况，提高女职工的心理健康水平，组织开展了女职工工作问卷调查。为全行女职工购买了特殊疾病医疗保险，组织了女职工一年一次的妇科疾病检查。

六、加强工会自身建设。强化学习培训，举办了工会综合管理信息系统业务培训班，保证了工会综合管理信息系统上线运行。加强信息调研，完成了《基层央行民主管理的调查与思考》、《央行文化建设的理论与实践》和《对创建学习型组织的若干思考》三篇调研课题，其中《基层央行民主管理的调查与思考》获“人民银行民主管理专题调研”征文活动三等奖。

（杜润泽）

中国人民银行兰州中心支行行长杨明基一行，深入酒泉、嘉峪关、张掖等地调研

中国银行业监督管理委员会甘肃监管局

局长 席前进

【综述】 2009年，甘肃银监局以科学发展观为统领，按照“保增长、调结构、扩内需”的宏观调控要求，引导银行业积极应对金融危机带来的压力，加大信贷投放力度，着力推动金融创新，努力提高服务水平，积极化解金融风险，进一步加强监管能力建设，有效促进了甘肃经济金融稳定健康发展。

一、积极贯彻落实宏观调控政策，引导银行业加大对甘肃经济发展的信贷支持力度

（一）全面贯彻落实宏观调控政策，积极应对国际金融危机的冲击。2009年，在复杂的经济形势下，根据“国九条”、“银十条”和银监会《关于当前调整部分信贷监管政策，促进经济稳健发展的通知》等宏观调控政策措施，结合甘肃实际，及时制定了《关于落实扩大内需促进经济增长政策措施，支持甘肃经济平稳较快发展的贯彻意见》，提出了促进甘肃经济金融平稳较快发展的“十一条意见”。同时通过召开经济金融形势分析会等多种形式，加强监管引领和窗口指导，督促银行业准确判断经济金融形势，把握甘肃银行业科学发展的主动权，引导银行业科学发展，把“保增长”与“防风险”结合起来，把解决当前问题与防范长远风险结合起来，把治标与治本结合起来，把优化信贷结构与经济结构调整结合起来，积极支持甘肃经济共渡难关、走出低谷，使银行业在支持甘肃经济应对金融危机的压力、促使经济平稳较快发展中发挥了积极作用，受到省委、省政府的高度评价。

（二）加大对全省重大项目和基础设施建设信贷投入力度。以支持项目建设、带动投资增长为切入点，按照“发展抓项目”的要求，积极会同省政府召开全省重点项目对接会议，引导银行业金融机构加大了对电力、钢铁、石化、交通、城市基础建设、有色金属、新能源及装备制造等项目的信贷支持力度，切实发挥了信贷资金在实体经济发展中的拉动作用，为全省经济渡过难关、保持较快发展提供了有效的资金支持。

（三）加大对经济社会发展薄弱环节的信贷支持力度。积极发挥监管引领作用，促使银行业科学把握信贷节奏、投向和力度，在督促指导银行业支持大项目、大企业发展的同时，加大对“三农”的信贷支持力度，积极满足农户养殖、农产品加工、春耕生产、抗旱和农田水利等“三农”的信贷需求；以设立小企业信贷专营机构为载体，深化“六项机制”建设，千方百计改善中小企业金融服务，积极支持中小企业特别是符合国家产业政策、有市场、有潜力和绿色环保型中小企业的资金需求，加强对经济社会发展薄弱环节的信贷支持力度，推动全省经济社会均衡发展。

（四）继续支持灾区灾后重建。继续推进银行支持灾后重建工作，加强协调，强化落实，督促国家开发银行甘肃省分行积极创新信贷产品，向陇南、甘南和天水三个市（州）灾区的17.70万农户发放32亿元住房重建贷款，为实现“三年任务二年完成”提供了有力资金保障。至2009年末，全省重建户已全部开工建设，竣工数已达到97.09%，39.46万个维修户已全部完成维修加固任务。

（五）积极开展生源地助学贷款工作。继续加大对生源地助学贷款的指导力度，先后深入榆中、会宁等地，实地了解助学贷款开展情况，总结试点工作经验，分析存在的问题，进一步加强与教育、财政等有关部门的配合与协作，不断创新机制、简化流程，协调解决财政支持、风险补偿等问题，提出了全面推动生源地助学贷款的具体办法和措施，努力做到应贷尽贷。至2009年末，已发放生源地助学贷款10.31亿元，受助学生14.87万人，其中当年新发放5.07亿元，使9.05万名贫困学生得到资助走进大学校园。

二、坚持科学监管理念，增强对金融风险的管控能力

（一）切实加强非现场监管功能。按照银监会的部署，根据功能监管的要求，对监管资源进行了重新整合，设立了2个非现场监管处，专门对银行机构的数据信息进行采集、汇总、分析和研究。制定了《甘肃银监局非现场监管操作规程（讨论稿）》、《月（季）度分析例会制度》等11个制度办法，初步构建了非现场监管工作的制度框架，为推进非现场监管工作提供了制度保障和依据。充分运用分支机构非现场监管信息系统，分类分析被监管机构的各项指标，通过横向、纵向的对比，提高对各类风险的识别、计量、监测和控制能力。积极开展监管评级工作，建立各机构《机构概览》，动态地掌握被监管机构的有效信息，为持续监管提供可靠依据，并有针对性地采取监管措施，推动被监管机构内控管理上台阶上水平。加强了对大额不良贷款变动趋势和原因、客户构成变动、清收处置方案进度及存在的问题等方面进行全面监测，为现场检查提供“导航”。

（二）进一步提高现场检查的专业性和针对性。积极运用银监会EAST系统开展检查，理顺了检查流程，统一了检查标准，促进了现场检查质效的提高。按照银监会的现场检

查计划和甘肃实际，先后开展了对新增贷款使用情况、“三查”落实情况、风险管控状况、重点业务风险、大额存款进出、账户情况、承兑汇票业务、监管统计和科技风险等现场检查，及时通报检查中发现的问题，提出监管意见，督促被监管机构及时进行纠改。积极探索联合监管新方式，分别与证监局、保监局联合对基金代理业务和保险代理业务开展了联合检查，积累了联合监管的经验，发现了银行与证券公司、保险公司合作中存在的问题和风险隐患，促进了金融业的健康发展。

（三）不断强化准入监管的规范性。一是把好关口，防止“带病入市”、“带病上岗”。2009年，共组织召开行政审核委员会会议8次，审核行政许可事项17项，出具法律审核意见17份，不断提高依法行政的意识和水平。二是制定了《大型银行机构管理操作规程》、《大型银行高管人员任职资格审核操作规程》等制度，努力实现准入的法制化、规范化。三是积极探索与高管人员的面谈制度，将准入监管工作与全面风险管理工作紧密结合，使准入监管、非现场监管和现场检查形成合力。四是积极开展行政执法监察工作，对执行监管法规、执法规范性和监管合规性等方面进行了执法监察，积极推动了依法监管工作。

（四）突出抓了不良贷款“双降”工作。进一步强化了派出工作组、派驻监管员、现场询问、监管查访、电话预告和书面提示等多种措施，督促银行业金融机构进一步完善信贷“三查”制度，把监测不良贷款余额和比率、贷款增量和增速、贷款投向和结构等作为工作重点，督促银行业金融机构牢牢把住风险管理底线，做到“四个严禁”。加强贷款分类管理，提高科学管理和精细化管理水平，通过拓宽资本募集和补充渠道，严格资本约束，充足拨备，增强抵御风险能力。完善评级体系，提升有效识别、计量风险能力，积极主动地防控风险。综合运用保全、追索、变现、转化和清收等多种措施，加大存量不良资产的回收、盘活和处置力度。

（五）加强对重点机构风险的防控和处置。2009年，始终把中小金融机构风险防范和处置放在工作的突出位置，把风险较为突出的单体银行机构尤其是农村信用社作为监管重点来抓，着重清理了农村信用社冒名贷款、自批自贷问题，对发现的问题移交司法部门，进行行政处理、处罚，提高了农村信用社管理能力，预防了风险扩大。通过省联社注资，化解了甘南合作农村信用联社的高风险，为藏区金融、社会稳定消除了一大隐患，也开创了省联社依靠自身能力化解金融风险的新途径。通过实地调研、现场检查、监管谈话、监管提示、与地方政府沟通等多种方式，分别研究监管政策和风险化解措施，切实做到“一社一策”，抗风险能力明显增强。2009年末，全省法人银行机构的主要风险指标发生了积极变化，资本充足率在资产快速扩展的情况下提高了0.16个百分点，贷款损失准备充足率提高了13.82个百分点。

三、努力推进银行改革，不断增强甘肃金融实力

督促国家开发银行甘肃省分行按照商业化改制的要求，转换经营机制，拓展业务领域，进一步发挥积极作用。支持农业发展银行甘肃省分行在传统业务的基础上，积极满足县域城镇基础设施建设的资金需求，努力开拓市场。督促大型银行省分行进一步巩固股份制改革成果，着力转变经营理念和发展模式，强化制度执行力，进一步提高了改革的穿透力和对经济的渗透力。积极推进邮政储蓄银行改革，进一步理顺管理体制，发挥网点多的优势，增强服务城乡的能力。继续推动农村信用社改革发展，基本完成年初制定的年内“消灭”两级法人社的目标。2009年末，全省合作银行已达到12家，统一法人社达到74家，目前两级法人社仅剩1家。积极推进新型农村金融机构的设立，甘肃新型农村金融机构达到10家，其中村镇银行8家，互助社2家。积极支持股份制银行来甘肃设立分支机构，上海浦东发展银行兰州分行、中信银行兰州分行均已开业，筹建浙商银行兰州分行的初审意见已上报银监会。另外，兰州银行省内跨区域经营的范围进一步扩大；白银市城市信用社改制工作取得新进展；资产管理公司进一步探索多元化经营新模式，商业化业务拓展取得了明显进展。加快推进甘肃金融机构空白乡镇金融网点建设和服务方式创新，对全省金融机构空白乡镇进行了摸底调查，制订了金融机构空白乡镇金融便民服务的总体原则和目标，明确了甘肃省金融机构空白乡镇金融服务工作推进时间。积极推进甘肃信托公司的改制重组。经过近几年的清理规范，提前完成了甘肃信托公司的重新登记换牌工作，在促进该公司加快增资扩股方面有了新进展。

四、认真做好案件防控工作，加强执行力建设

2009年，全省银行业金融机构累计发生各类案件3件，同比减少3件。重点抓了五个方面的工作：一是抓重点，深入开展案件风险“回头看”活动，进一步强化防控目标责任管理，细化分解工作目标，建立工作目标责任制度，做到对案件风险的情况清、底子清和部位清。二是抓管理，开展了以对账为主要内容的专项检查，督促辖内银行业金融机构建立健全对账制度，实施完善的对账流程，做好相应的对账记录。三是抓落实，切实防范了岗位操作风险，落实了重要岗位人员轮岗和强制性休假制度，建立了对重要岗位人员实施轮岗后的内部审计制度，提高了制度的执行力。四是抓教育，加强了对职业操守和履职行为的考核，将任职准入与管理队伍、防范风险、清正廉洁和干净做事结合起来，积极探索在全省银行业金融机构开展法制教育和警示教育的有效方法和途径。五是抓基础，进一步构建案件防控长效机制，将案件防控与准入监管、非现场监管、现场检查、银行安保、应急管理和综合治理有机结合，确保形成合力共同完成案件防控工作。

五、认真做好基础工作，为完成各项工作提供保障

（一）积极推动与政府相关部门的交流沟通。2009年银监会工作会议后，局党委主要负责人立即向省委、省政府有关领导汇报了银监会会议精神和落实意见，努力争取地方政府对监管工作的理解和支持。在“两会”召开前，邀请全国人大代表、政协委员到甘肃银监局视察工作，汇报银行业改革成就及监管工作开展情况，主动征求对银行业发展及监管工作的意见建议。牵头召开了“一行三局”金融联席会，就加强监管合作进行了深入探讨，共同分析存在的问题，研

究应对金融危机、化解金融风险的对策措施。进一步强化监管政策与产业政策、货币政策的协调配合和监管信息资源的有效利用。

（二）进一步加强调查研究工作。年初，制定了《甘肃银监局政务信息工作评价考核办法》和《甘肃银监局信息员队伍管理暂行办法》，对调研信息的组织领导、日常管理、报送采编、考核通报及队伍建设等工作，做了明确规定，注重发挥制度的正向激励作用。着眼于“大信息”建设，建立了涵盖政府相关部门、银监局、银行的信息共享机制，围绕银行业贯彻落实“保增长、调结构、扩内需”和“国十条”、“金九条”及甘肃经济金融运行中的新情况、新问题，及时组织调研，撰写调研报告，为领导和相关部门提供了综合性、深层次的情况，也为监管决策提供了有效参考。全年共完成调研报告200多篇，其中被银监会、省委和省政府采用39篇，一些报告还被银监会和省委、省政府领导批示。

（三）进一步加强内部管理。开展了深入学习实践科学发展观活动，全系统95个基层党组织、594名党员全部参加了活动，完成了3个阶段11个环节的各项任务，群众满意度达到98.31%。根据银监会党委的部署，接受了银监会的巡视，巡视组对5个方面、22项具体工作给予了充分肯定，大大地鼓舞、督促和鞭策了全局工作。着力加强队伍建设，对机关内设机构进行了调整，处级领导干部和工作人员进行轮岗和重新组合；积极创新干部任用机制，在局机关首次实施了副处长岗位公开竞争上岗工作，选拔出11名优秀干部，充实到各个岗位。举办了第三期处级党员领导干部进修班，34名处级干部参加了进修，进一步提高了处级干部的马克思主义理论水平和履职水平。开展了20多期特色鲜明的专项培训，培养各方面的行家里手，提升监管效能和整体战斗力。按照新录用人员的招录程序，为分局招录28名大学生，缓解了人力资源紧张的局面，改善了人员结构。探索建立了与中东部银监局“点对点”的培养机制，推进干部到发达地区观摩学习和挂职工作，为提高监管有效性培养干部、储备人才。积极发挥宣传、工会与团委的作用，深入开展“文明创建”和“创先争优”活动，引导职工建功立业，推进监管文化建设，“职工之家”建设取得了新成效，引导职工奉献爱心，解决职工实际困难。组织参加了银监会庆祝建国60周年职工运动会活动，展现职工的风采和精神面貌。持续开展“送金融知识下乡”活动，在中央金融团工委的指导下，陇南“金融希望小学”建成并投入使用，把银行业的社会情怀送到了灾区人民的心坎。坚持勤俭办局的原则，合理配置和使用财务资源。进一步做好后勤、保密、保卫、档案和安全等工作，为监管工作提供了良好的服务保障。

六、全面落实党风廉政建设责任，反腐倡廉各项决策部署得到有效贯彻

及时召开银监局系统纪检监察工作会议和纪委书记座谈会，对全系统党风廉政建设和纪检监察工作进行了全面安排部署。组织全系统层层签订了《党风廉政建设责任书》，明确了“一岗双责”。扎实开展教育清理“回头看”活动，把教育清理与建立长效机制紧密结合起来，健全完善了各项规章制度。继续深化对重要工作、重点环节和主要人员的监督力度，认真贯彻落实厉行节约八项要求，扎实开展了清理“小金库”工作，加强了对领导班子和领导干部的监督，组织完成了对陇南、张掖及金昌三个分局的党风廉政建设巡视和对临夏、甘南分局的跟踪巡视，完成了对定西、平凉、天水与甘南4个银监分局离任分局长的经济责任审计和对临夏、酒泉2个分局经济责任审计整改情况的后续监督。完成了对5个分局和机关2个监管部门现场检查和廉政监管的执法监察，加强了对监管权的规范和约束，纪检监察部门列席行政许可事项审批会议，介入对监管工作中自由裁量权行使的监督。加强了对干部录用、管理及领导干部选配的监督。认真开展治理商业贿赂专项工作，组织完成了2009年度行风评议工作，满意率达到97.91%。加大廉政文化建设力度，积极组织“廉政杯”书画摄影及廉政短信大赛。扎实开展了以“银行业反腐倡廉集中警示教育展览”为载体的警示教育活动，全系统20多家机构6 000多人参观展览，教育和引导全省银行业从业人员特别是领导干部始终保持清醒头脑和高度警觉，牢固树立正确的权力观、地位观和利益观，增强廉洁自律意识，筑牢拒腐防变的思想防线，树立银行业的良好社会形象。

【政策法规】　2009年，甘肃银监局政策法规工作紧紧围绕监管工作中心，认真履行政策法规工作职责，继续探索完善监管工作制度体系，各项工作取得了明显成绩。

一、加强许可事项审核工作，进一步规范行政执法行为。一是强化准入监管，从源头把好风险关口。及时调整了行政许可审核委员会组成人员，充分发挥行政许可审核委员会在行政许可工作中的指导作用，确保了依法监管。二是严格行政许可的内部工作流程，做到程序化、制度化和规范化。共审核行政许可事项17项，出具法律审核意见17份，组织召开行政审核委员会会议8次，审核事项19项，其中机构准入2项，高级管理人员准入15项，业务准入1项，其他事项1项。通过对行政许可事项的严格审核，提升了各监管部门行政许可的程序意识，切实提高了依法监管的意识和水平。

二、完善法律服务机制，进一步规范法律事务工作。一是对属省局解释的法律问题，及时与相关部门进行沟通后出具法律咨询意见，对属于银监会或其他部门解释的法律问题，积极向银监会法规部反映，依法维护银监局和金融机构的合法权益。二是积极开展法律咨询工作。对当地立法机关、司法机关、政府部门、各银监分局和金融机构提出的法律咨询申请，严格按照《银监会法律工作规定》的相关要求，就咨询的问题提供了有针对性的答复意见。三是积极配合做好信访工作，依法处理群众来信，解决了涉及群众切身利益的信访问题，维护了广大存款人和金融消费者的合法权益。

三、认真履行《中国银监会法律工作规定》，全面开展政策法规执行评价工作。结合银监局实际，制定了《甘肃银监局2009年度执法检查评价工作方案》，从2009年6月开始，先后组成三个执法检查组，历时40多个工作日，对庆阳、平凉、嘉峪关、酒泉和天水等五个银监分局自2007年以来执行行政许可、行政处罚情况和现场检查、非现场监管档案及辖属部分银行业金融机构合规性经营情况进行了全面、系统的检查评价，发现和纠改各类问题40余个，提出整改意见和建议50余条。同时，针对银行业金融机构监管工作存在具体业务检查多，而从其机构整体运行的合规性和内控制约有效性总体评价相对较少的实际，重点对农行、工行、农发行、平凉城市商业银行及农村信用联社、省联社地区办事处等银行业金融机构日常管理运行的合规有效性进行了初步尝试性评价。通过对这些金融机构内控制度、监督制约机制及管理运营框架设计等总体宏观设置的科学、合理及有效性进行评价，以发现其制度设计及整体运行方面存在的不足和潜在风险，为今后深入开展工作积累了经验，奠定了基础。

四、加强处置非法集资工作，依法取缔非法金融机构和非法金融业务活动。一是按照《银监会办公厅关于积极配合地方政府切实做好处置非法集资有关问题的通知》（银监办发〔2009〕13号）和《银监会办公厅关于切实做好当前处置非法集资工作的紧急通知》（银监办发〔2009〕44号）精神，就贯彻落实情况向银监会处置非法集资部际联席会议办公室及省政府金融办做了专题汇报。二是根据兰州市工商局七里河区分局《关于甘肃昱洁农业科技开发有限责任公司涉嫌非法集资的情况反映》，就有关涉嫌非法集资情况向省政府金融办公室做了专题汇报。三是按时完成了省政府金融办公室对辖属金融机构涉嫌非法集资案件排查及案件分类统计的各类报表统计报送工作。四是组织召开了西北地区非法集资案件处置工作培训会议，并就当前非法集资案件形式及典型案例做了剖析和经验交流。通过培训，提高了处置非法集资工作人员的能力和水平，为进一步推进处置非法集资工作奠定了基础。

五、加强法律法规培训，进一步提高政策法规队伍整体素质。一是按照《甘肃银监局"五五"普法规划》，对全体干部职工进行了"五五"普法法律知识测试。二是对监管人员做了行政许可知识专题讲座培训。三是组织开展了《行政复议办法》颁布十周年纪念宣传活动，营造了贯彻实施行政复议办法的良好舆论氛围，为推动行政复议工作深入开展奠定了良好的基础。四是组织召开了"2009年银行业监管与发展高级研讨会"，就当前经济金融运行现状及发展趋势、银行监管者面临的法律风险等内容进行了交流研讨。

六、加强调查研究，为领导决策和完善立法提供依据。一是按照银监会国际部关于征求对实施新资本协议《商业银行资本计量高级方法验证指引》等指引意见和建议要求，完成了对《商业银行资本充足率监督检查指引》、《商业银行资本充足率计算指引》等7个监管指引的修改意见和建议报送工作。二是按照银监会政策法规部关于征求《固定资产贷款管理暂行办法》执行情况的通知，组织各银行业金融机构和监管部门进行了研究讨论，提出修改意见和建议13条。三是按照银监会法规后评估试点工作方案要求，对《中国银行业监督管理委员会法律工作规定》及《商业银行信息披露办法》两部规章的合法性、适当性、普及性、立法技术和实效性等，以调查问卷形式逐项进行了评估、统计，提出建议和意见3条。四是按照银监会政策法规部要求，积极配合省教委，对甘肃银行业机构助学贷款开展情况及灾区助学贷款情况做了快速调查。

（赵云晖）

【国有大型银行监管】 2009年，甘肃银监局国有大型银行监管紧紧围绕"保增长、扩内需、调结构、防风险"的总体要求，结合甘肃实际，转变监管方式，提升监管效力，各项工作取得明显成效。

一、以贯彻落实监管政策为着力点，引导大型银行科学调整信贷结构。一方面加大对全省经济有带动作用的大项目、大企业的信贷支持；另一方面强化对薄弱环节的金融扶持，在信贷投向上坚决执行"四倾斜、一控制"政策，向国家重点振兴产业、小企业、"三农"和灾区重建倾斜，严控"两高一剩"行业贷款，科学调整信贷结构，贷款保持了快速增长的态势。截至2009年末，五家国有大型银行交通、有色金属、新能源及装备制造等行业贷款余额532.77亿元，比上年增长31.89%。

二、加强行政许可，突出合规性监管。一是加强对全辖大型银行行政许可工作的指导。加强了行政许可业务培训，明确了大型银行行政许可工作中的有关问题，统一了操作流程，提高了标准化和规范化水平。二是进一步发挥机构准入的引领作用，鼓励大型银行履行社会责任，向欠发达地区延伸服务，不断优化网点布局，提高服务质量。全年审批新设机构9家，迁址更名159家，升格26家，临时停业装修25家，撤并14家。三是加强对高管人员任职资格审核，坚持推行考试、谈话相结合的审查制度，从严审核其任职资格，不断提高高管人员任职资格的公信度。全年对89名大型银行拟任高管人员进行了任职资格审核，其中核准78名，备案7名，否决4名。四是加强了新业务准入备案，为开展检查、评估风险奠定了基础。

三、以转变监管方式为目标，提高功能监管和监管专业化水平。一是完善了非现场监管制度，制定了《甘肃银监局非现场监管操作规程》等5个制度办法，促进非现场监管的制度化、规范化和流程化，促进了有效监管的实施。二是发挥非现场监管的预警和导向功能，增强风险分析的针对性、连续性和动态性，重点关注和分析异常信息。分类分析各个机构、各项指标，强化了对重点行业和大客户的分析预警。三是持续对大型银行经营管理及风险变化情况进行综合分析，及时发现、评估、预警和报告。通过对五家大型银行机构人员、业务运行及特点、贷款集中度、贷款质量、财务收支与内部控制等方面的全面分析，形成了对五家大型银行的非现场监管报告，针对存在的问题和风险，提出了相应的监管意见和整改要求。

四、加强现场检查，突出了实效性。2009年，甘肃银监局着力优化监管资源配置，凸显功能监管特色，不断突出现场检查的针对性和持续性，努力改进现场检查工作方式，加大现场检查工作力度和深度，注重现场检查发现问题的整改，切实提高了现场检查的有效性，充分发挥了现场检查在银行监管中的排头兵作用，有力提升了大型银行监管工作水平。全年共抽调257人（次），组成27个检查组，投入

5 542个工作量，检查业务24 818笔，对5家大型银行组织开展了新发放贷款、案件风险季度排查，与甘肃证监局开展了基金代理业务联合检查及新增大户贷款检查等7个项目的现场检查，共发现各类违规违纪问题136个，涉及金额478.56亿元，提出整改意见和建议92条，有效规范了大型银行的经营行为。

五、以坚守风险监管底线为基本要求，突出风险防范和化解效果。通过多种手段，督促大型银行加强贷款管理，建立动态资本补充机制，提高拨备覆盖，牢牢把住风险底线，继续把不良贷款“双控”作为监管工作的重要任务，明确要求10亿元以上新增贷款原则上必须通过银团贷款发放，强化了对不良贷款迁徙率、偏离度情况的分析，注重对风险的动态监测。截至2009年末，五家大型银行拨备覆盖率达到115.83%，比上年提高了20.57个百分点；五家大型银行不良贷款率2.45%，比年初下降1.44个百分点，实现了不良贷款“双降”。

六、以推进大型银行改革创新为动力，提升大型银行经营管理和服务水平。一是积极推进大型银行分支机构事业部制改革，督促农业银行加快三农事业部制建设步伐，要求县域支行全部业务纳入事业部核算范围，发挥城乡联动优势，服务“三农”和县域经济。二是大力推进大型银行中小企业专营机构建设，促进“六项机制”建设，中小企业信贷投放速度加快，中小企业金融服务和产品创新不断提升，在客户开拓、客户积累、数据积累、专业人才队伍建设、专业化信贷技术开发和融资担保等瓶颈上有所突破，积累了成功经验。三是推进完善大型银行公司治理，列席重要经营会议，督导管理层制定战略规划和经营计划，推动银行内部体制、机制改革不断深化。

七、以热点、难点问题调研为突破口，增强监管的针对性和前瞻性。针对2009年大型银行改革和甘肃金融服务热点、难点问题，对信贷增长过快、中小企业融资、“六项机制”建设、贷款集中、农业银行服务“三农”试点情况、政府融资平台及银行与担保公司合作等课题进行了调查研究和深入分析。通过分析研究，一方面总结提炼了好的经验和做法，提出了解决问题的建设性方案或意见，提高了监管工作的针对性和有效性；另一方面分析了辖内大型银行改革发展中的矛盾和不稳定因素，明确了把握信贷投放节奏、提高“三农”服务质效与继续推进中小企业金融服务等工作思路，有力保障了大型银行的稳健运行和协调发展。

八、加强监管能力建设，提高监管队伍素质。一是加强了思想作风建设。以政治理论学习为重点，认真组织工作人员加强政治理论学习，进一步深化对马列主义、毛泽东思想、邓小平理论和“三个代表”重要思想、科学发展观的理解，不断用先进的理论武装工作人员的头脑，提高了自身政治素养，牢固树立起正确的人生观、世界观和价值观，同时有针对性地加强思想教育工作，努力营造风正、气顺、心齐、劲足的工作氛围。二是加强了业务能力建设。根据大型银行的业务经营特点和监管工作重点，采取多种方式，加强了对监管人员的学习培训，以老带新，在实践中学，带着压力学，切实提高监管技能和水平，做到有的放矢。三是加强了廉政教育建设。要求工作人员时刻牢记“约法三章”，遵守“监管人员守则”和现场检查“八不准”，把廉洁从业作为应有的品格渗透到每一项工作中去，自觉做到自重、自警、自省、自励，依法监管，廉洁敢管，树立了良好监管形象。

（姬　玲　金小刚）

【股份制银行监管】 2009年，甘肃银监局股份制银行监管工作认真贯彻银监会工作会议精神，依法履行监管职责，有效实施银行监管，开展了一系列扎实有效的工作，促进了股份制银行的安全稳健运行。

一、积极贯彻落实国家宏观调控政策。年初，及时传达贯彻银监会2009年股份制银行监管工作会议精神，召开了2009年股份制银行季度经营分析座谈会，及时掌握经济金融形势、国家产业政策与对股份制银行的影响，交流当期经营情况，通报经营计划、内控管理及案件专项治理工作情况，积极引导股份制银行贯彻落实国家宏观调控政策以及2009年监管工作会议精神要求。同时对股份制银行机构进行风险预判，要求其年末资本充足率、拨备覆盖率和不良资产率等主要监管指标必须达到银监会监管标准要求，确保安全稳健运行。

二、以全国部分城商行监管座谈会为契机，有效促进股份制银行稳健经营。2009年7月，银监会在兰州召开“八省（区）部分城市商业银行监管工作座谈会议”，针对2009年上半年中小商业银行信贷投放过猛，引发部分机构主要监管指标逼近监管底线的问题，甘肃银监局适时提出监管工作要求，及时下发了《关于城市商业银行后几个月监管工作的意见》，提出了针对资本约束、重要监管指标达标、制定战略规划、完善公司治理、严格贷款“三查”和加强内控建设等八个方面的监管要求，督促其稳健经营。

三、健全非现场监管制度，切实提升监管有效性。一是按照银监会非现场监管制度要求和监管职责定位，加强内部管理，细化岗位职责，明确了监管工作重点和任务。二是制定了《月（季）度分析例会制度》和非现场监管制度，运用非现场监管信息系统，加强数据审核的准确性和及时性，提高对被监管机构整体风险状况的跟踪监控和分析评估，提升非现场监管工作水平和质量。三是以各类报表为基础，及时撰写机构季度、半年度监管报告，全面、真实、快速地反映机构各项业务发展情况，并突出了对新增贷款、重点项目和主要监管指标的监测分析，提高了风险预警、识别和监测分析能力。四是建立股份制银行《机构概览》制度，通过定期编制、更新《机构概览》，动态地掌握被监管机构的有效信息，并结合风险分析、评估和监管评级，形成对被监管机构的基本判断，为加强股份制银行监管工作奠定了坚实的基础。

四、完善分类监管措施，认真开展有针对性的现场检查。针对风险类别不同的机构，明确监管重点，以现场检查为主，其他手段为辅，全面履行监管职能。2009年组织开展了对被监管机构的后评价、新增贷款和票据案件风险排查等现场检查15项，及时跟进对新设机构的监管，开展对兰州银行天水分行异地分支机构运行情况的现场检查，对新设机构的筹建审批、内部控制以及业务发展和总行支持度进行后评价，其中对浦发银行的联动监管暨开业后评价现场检查得到其总行属地上海银监局的认同，并在重庆联动监管工作会议上作为先进经验进行了交流。

五、坚持监管与服务并举，继续推进股份制银行跨区域发展。一是按照银监会支持有条件的股份制银行进行跨区域发展的要求，在督促兰州银行扩大资本补充渠道、改善资产负债结构与完善法人治理结构的同时，实施“走出去”发展战略，提高其市场竞争力；积极支持兰州银行在省内设立分支机构，敦煌分行于2009年9月3日开业，永登支行于2009年11月28日开业。二是积极支持股份制银行在省内设立分支机构，增强金融活力。2009年6月5日，审批中信银行兰州分行开业；2009年6月23日和12月15日，分别审批浦发银行兰州城关支行和东岗支行开业。

（何雁汀）

【政策性银行及邮政储蓄银行监管】 2009年，甘肃银监局政策性银行及邮政储蓄银行监管工作按照银监会安排部署，认真落实宏观调控措施，坚持依法履行监管职责，创新监管方式，努力提升监管的针对性、持续性和有效性，促进了政策性银行和邮政储蓄银行持续健康发展，全面完成了各项工作任务。

一、认真贯彻执行国家宏观调控政策，积极支持甘肃经济发展。2009年，甘肃政策性银行和邮政储蓄银行认真贯彻落实“扩内需、调结构、保增长”的宏观经济政策，积极支持全省基础设施、基础产业、节能减排和灾后重建等建设，把有限的贷款资源集中投向区域经济发展的重点领域和薄弱环节，为支持全省经济企稳回升发挥了积极作用。

二、完善非现场监管制度，加强非现场监管工作。一是结合实际，研究制定了《甘肃银监局非现场监管操作规程》、《甘肃省银行业金融机构非现场监管工作考核评比办法》等10项制度办法，建立起了非现场监管工作的制度框架，为推进非现场监管工作提供了制度保障和依据。二是组织人员学习了非现场监管工作的有关制度办法，明确了岗位职责分工，落实了工作责任。三是按时完成了非现场监管报表的审核工作，分析研究非现场监管报表审核中发现的风险点，及时进行预警、风险提示，提出了监管的措施建议。

三、强化监管措施，完善准入审查机制。一是强化依法行政意识，严格准入规程和时效。组织召开了准入工作座谈会，分析了准入管理中存在的问题，学习讨论准入行政许可规程，提出了改进的要求和措施，进一步促进了准入管理的规范化和制度化，提高了行政许可效率。二是强化业务报备管理，严把风险入口关。一方面，督促被监管行严格按监管规程进行新业务报备；另一方面，将风险管控关口前移，严格审查被监管行是否制定了清晰的管理流程、健全的监督制约机制以及风险管控的具体办法和预案，切实体现监管工作由事后化解处置风险向事前防范风险转变。三是强化机构管理，提升机构网点管理水平。一方面，督促邮储银行认真签订委托代理协议，以合同的形式规范银行与邮政的委托代理关系，规范代理网点经营行为；另一方面，督促邮储银行制定三年机构网点设立、调整和改造规划（包括ATM机），把机构管理同提升网点安全与服务功能有机结合，科学合理地优化网点布局，加快网点改造和功能转型，加快现代服务手段应用和流程改造，提高服务质量和效率。四是强化高管准入管理，进一步完善高管准入考试题库和任前谈话等考核方式，加强了对高管监管法规和风险管理的培训。全年完成3家银行26名高管任职资格核准、17名高管任职资格备案、68个机构设立和变更，受理13项业务报备审核，否决1名不符合条件高管准入。

四、突出五项举措，提升现场检查质效。一是定思路，突出检查重点。经过认真分析研究，提出现场检查必须坚持“一行一策”，从立项、检查到发监管意见书全过程均要突出各行的风险重点，增强针对性。二是看问题，突出内控机制。无论任何项目检查，都针对存在的问题对其内控进行评价，针对管理层和经营层，确定不同的内控检查侧重面。对省、市分行，侧重于从组织架构的有效性、岗位设置的科学性、职责的明晰性和监督审计的独立性等方面入手，检查内控制度的健全性与有效性，看风险管理是否覆盖了所有业务环节和重点岗位。对支行，主要检查制度是否执行到位。三是查流程，突出合规经营。检查中始终把依法合规经营作为重点，针对不同的检查任务，灵活采取不同的检查方法，深入检查到每个风险点。四是重提示，突出强化自律。注重对高管层和经营者的风险理念引导、风险隐患提示与合规文化启发，把检查过程变为指导被监管行牢固树立审慎经营、稳健发展思想的过程，使检查结果转化为被查行强化风险管控的自觉行动。坚持“四级确认”分层提示，即对查出的每一个问题，一般都依次经过“经办人→部门负责人→分管领导→行长（或上级行）”四级确认，并根据各层次应承担的责任，进行不同角度、不同层面差异化的风险提示；坚持“两个会谈”，即充分利用进点会谈与离场会谈，督促高管人员对本行存在的违规问题和风险高度重视，积极主动地落实整改意见。五是抓问责，突出检查效果。每次检查结束后，都要针对查出的问题责成被查行逐一进行责任认定、追究，督促制定整改措施，对整改情况均安排进行持续跟踪检查，并坚持上下联动，进一步强化监管权威，增强检查的有效性。全年共完成3家行13个项目的现场检查。

五、加强调查研究，增强监管工作的针对性。一是对辖区政策性银行贷款集中度情况进行了调查研究。通过对贷款存量、增量情况以及行业、客户集中情况的调查分析，提出了加强贷款集中度和关联交易风险控制，改进贷款集中度风险监管手段，密切关注国家产业政策调整，完善内控评价机制，扩大银行服务对象，加强信息披露以及建立信息共享机制等方面的措施建议。二是对邮储银行的改革发展情况开展了调研，对其机构人员状况、基本运行情况、内控建设情况、案件治理情况等进行进一步调查了解，并将其运行机制、管理体制和存在的问题等作为重点进行分析研讨，提出改进对策和建议。

六、加强学习，提高监管干部的政治修养和业务水平。一是加强党风廉政建设，时刻牢记“约法三章”，遵守“监管人员守则”，依法监管，廉洁敢管，树立监管公信力。二是组织监管人员积极参加思想政治教育活动，寓教于乐，陶冶情操，把思想政治工作做活做细，始终保持昂扬向上、朝气蓬勃与团结拼搏的精神状态。三是加强学习培训，扎实进行监管知识培训，以老带新，在实践中学，带着压力学，提高监管人员分析问题和解决问题的能力。

（常 晔）

【非银行机构监管】 2009年，甘肃银监局非银行机构监管工作以科学发展观为指导，紧紧围绕“管法人、管风险、管内控、提高透明度”的监管理念，按照“抓重点、求发展、防风险、促和谐”的监管思路，一手抓改革，一手抓创新，在西部租赁风险处置、甘肃信托审慎监管和资产管理公司商业化转型过渡期持续监管等方面做了大量扎实有效的工作，促进了三类机构的深化改革和自身发展，较好地完成了全年工作任务。

一、明确任务，理清思路，引领非银行金融机构健康发展。认真贯彻落实银监会监管专业会议和甘肃银监局年度工作会议精神，结合辖区实际，制定了2009年西部租赁公司风险处置、信托公司和资产管理公司监管工作计划，并将会议精神、监管思路以座谈会的形式传达落实到3家非银行金融机构，与被监管机构形成良好的沟通机制，引导非银行金融机构健康发展，增强了监管的主动性和有效性。

二、依法推进西部租赁公司风险处置工作，取得了重大突破。2009年西部租赁公司风险处置工作基本完成，取得阶段性重大突破。一是产生了新的董事会，法人治理架构基本确立。二是完成了清产核资和评估审计，《清产核资报告》和《评估报告》已经董事会审计通过，评估结果已经风险处置领导小组会议通过。三是保全了资产，与债权人、股东签订了减债、减资协议，并在《甘肃日报》刊登了《减资公告》。四是对公司原高管、原监事及相关责任人进行了追究，免除了原公司高管、监事和董事职务。五是积极支持信达公司重组西部租赁公司。

三、加强了对信托公司的审慎监管。一是对甘肃信托原有实体投资剥离后申请变更公司名称、注册资本金等事项进行了严格的审核。二是配合银监会出具甘肃信托提请进入全国银行间同业拆借市场，从事同业拆借业务监管意见的函。三是加强对到期资金信托项目的监管。密切关注到期信托计划的运行情况，督促甘肃信托加强信托计划的管理，切实做好风险防范工作。重点监控2009年到期清算的8笔信托计划，实际到期6笔13 028万元，全部按期兑付。四是主动汇报，积极协调，推动甘肃信托继续增资扩股。五是对甘肃信托业务经营合规性与内部控制状况进行了专项现场检查。

四、加强对金融资产管理公司商业化转型过渡期的监管。一是按行政许可程序核准了资产管理公司兰州办事处4名高管人员的任职资格。二是结合资产管理公司特点，首次从专业性、风险管理水平、人员管理情况和配合监管四方面开展了对辖区资产管理公司高管人员履职情况的现场检查。

（张海燕）

【城市信用社监管】 2009年，甘肃银监局城市信用社监管工作紧紧围绕深化改革、完善法人治理和提高风险防范能力的要求，加大监管力度，各项工作取得了积极成效。

一、加强监管指导，健全完善内控管理制度。对白银市城市信用社开展专项现场检查，对该社以前年度形成的不良贷款进行了全面检查，并对形成不良资产的原因及公司治理不健全、贷款“三查”制度不落实、违规放贷和缺少健全有效的内部控制体系等问题，进行了全面分析，落实了相关责任人的责任，并督促其加强内部经营管理，健全完善内控制度。

二、积极争取政府支持，改制迈出了实质性步伐。为进一步明确白银城市信用社风险管理职责，争取地方党政部门对信用社改制工作的积极支持，甘肃银监局主要领导两次赴白银进行调研，就城市信用社改革发展问题与白银市委、市政府主要领导进行了会谈，对白银城市信用社改制为白银市城市商业银行的指导思想、改革目标与工作步骤达成一致意见，白银市政府从政策、资金和人员上对白银城市信用社改制给予了大力支持，从根本上解决了白银市城市信用社风险管理职责不明确、管理体制不顺畅等突出问题。同时，甘肃银监局积极督促指导白银城市信用社加强改制期间的维稳工作，并对进一步提升信用社社会形象等方面提出了要求，确保了白银城市信用社向城市商业银行的平稳过渡，组建城商行的工作取得了实质性进展。

三、认真落实监管措施，积极推动改革。一是按照银监会“先整顿，后组建”的工作思路，制定了《关于筹建白银市城市商业银行工作方案》等七项指导原则，确保改制工作方向明确，目标清晰，过程严谨。二是督导白银分局认真履行属地监管职责，落实白银城市信用社改制期间信贷、财务、人员管理及突发事件处置应急预案，防止引发群体性事件，保持了改制期间的平稳发展。三是加强非现场监测和现场检查，密切关注风险变化情况和发展趋势，针对该社改制期间内控薄弱、贷款集中度风险突出、不良贷款清收进度缓慢、盈利能力不足和不稳定因素增加等情况，专门约见白银城市信用社高级管理层进行集体谈话，通过下发监管风险提示书、监管预警通知书和监管谈话纪要等多种形式，切实增强监管工作的针对性和有效性。四是推动白银城市信用社顺利召开第三届股东代表大会，依法选举产生新一届董事会、监事会和经营层班子，稳步扎实推进各项组建工作，为白银城市信用社向城商行过渡奠定了基础。

（何雁汀）

【农村中小金融机构监管】 2009年，甘肃银监局践行“管法人、管风险、管内控、提高透明度”的监管理念，依法履行监管职责，促进了全省农村中小金融机构各项业务的稳定健康发展。

一、突出市场准入监管，切实提高日常监管的质量与效率。一是加大了对高管人员履职行为的监管力度。2009年，共约见高管人员谈话40人（次），审核批准高管人员任职资格352人，取消高管资格9人，并监督和推动甘肃省联社完成了第二届理事会换届工作和第一届监事会设立工作。二是开展高管人员风险教育。派员分别在兰州、平凉、天水、甘南和临夏市（州）对农村中小金融机构高管人员开展了监管知识培训，并将此项工作推广至全省范围，为农村中小金融机构高管人员监管进行了有益探索。三是加强对属地高管人员的监管。多次组织召开兰州市行、社高管人员监管座谈会，分析存在的风险，进行约见谈话和风险提示，提出有针对性的监管措施。

二、突出现场检查重点，提高检查工作的针对性和有效性。全年重点围绕内控管理、风险控制、业务流程和体制机制建设等方面，共组织完成现场检查项目11个，派出检查组121个，累计投入7 154个工作日，检查业务8 936笔、金额206.82亿元，检查发现违规金额88.79亿元，提出整改意见463条。同时抽调专人配合银监会合作部完成了对甘肃省联社资金运用合规性及风险状况现场检查，全面了解了省联社结算中心资金营运的合规性和风险状况，为实施持续监管打下了坚实的基础。

三、突出非现场监管，实现非现场与现场检查的有机结合。一是扎实做好监管评级工作。2009年度监管评级结果表明，各行社综合评级和单项要素得分普遍优于上个评级年度。二是加强日常风险提示。多次就部分机构不良贷款数据发生异常变动、房地产贷款投放过快和授信集中度过高等问题向个别行、社发出风险提示单，加大了非现场风险早期预警力度，有效地抑制了风险聚集。三是改进非现场分析方法。对主要监管指标和风险数据，由对全省总体分析扩展为对县级法人进行主要风险指标的综合分析，注重对重点地区和监管评级在5、6级机构的风险监测和变化对比，密切关注风险新动向，为现场检查提供可靠依据。

四、突出对重点风险的监测，上下联动，增强监管合力。加强了对辖内合作金融机构大额贷款风险的跟踪监测，重点加强了对房地产贷款风险、政府平台公司融资风险和贷款集中度等风险的适时监测。针对部分地区房地产贷款投放过快以及全省合作金融机构授信集中度风险严重、房地产行业贷款风险聚集等问题，及时约见甘肃省联社及兰州市8家行、社高管人员进行监管会谈，要求全省联社始终坚持服务“三农”的方向，合理制定下达计划任务和发展目标，加强对基层高管和职工的培训，高度重视风险问题。针对部分市(州)信贷投放过快，严重突破监管底线，大额贷款风险集中的问题，组织召开分局局长座谈会，研究加强监管的具体措施和处理意见，增强了监管合力。

五、突出风险防范意识，加强案件专项治理工作。2009年，督促省联社在全省农村合作金融机构中开展“冒名、假名贷款”清理排查，并与案件风险排查工作相结合，取得了一定成效，使一些陈案、积案得以暴露，进一步规范了信贷管理，强化了业务流程，防范了操作风险，并督促省联社对存在违规问题的联社高管进行了严肃处理。针对农村合作金融机构案件专项治理工作基础还不够牢固、主要业务和人员排查留有“死角”等情况，要求省联社继续加大案件治理深度排查和深度治理，着力构建案件治理长效机制。

六、突出监管方式创新，高风险社处置取得新突破。一是对武威凉州区信用社风险状况和其最大贷款户荣华集团贷款情况进行专题调研，通过与当地各级政府领导、监管部门和凉州区农村信用社高管人员座谈，走访基层信用社，召开风险座谈会等方式，对该联社风险状况和荣华集团贷款情况进行了深层次的分析。经过各方努力，荣华集团的贷款风险化解取得初步成效。二是先后五次深入合作市联社进行全面会诊剖析，寻找风险形成的主、客观原因，有针对性地提出了监管意见和风险化解的新思路、新措施。三是针对临夏州8家县(市)联社存贷款严重超比例、流动性风险加剧和高风险经营的状况，派出评估小组，逐社、逐项业务检查评估风险，有针对性地提出了监管措施，为有效化解农村信用社高风险探索了新的方法，也为省联社和临夏分局对8家县(市)联社实施有效监管起到指导作用。

七、突出完善机制建设，寓监管于服务之中。一是积极开展小额农户贷款推广工作。对平凉、庆阳两市农村信用社大力开展的农户小额信用贷款推广工作进行了调研。积极在全省普及推广农户小额信用贷款，解决农民贷款难和信用社难贷款的问题，进一步扩大贷款规模，规范贷款流程，实现了多方共赢的良好效果。二是积极做好金融机构空白乡镇金融服务推进工作。对全省金融机构空白乡镇进行了摸底调查，同时组织省农行、省联社等4家机构进行座谈，明确了甘肃省金融机构空白乡镇金融服务工作推进时间，制定了《甘肃省金融机构空白乡镇金融便民服务办法》，确立了甘肃省金融机构空白乡镇金融服务的总体原则和目标，力争在2011年以前，解决全省农村金融服务不充分的问题，实现金融服务的全覆盖。

八、突出农信社支农作用，切实做好灾后重建的金融服务。一是督促省联社组织农村信用社加快灾区农房重建贷款投放进度。截至2009年末，农村中小金融机构累计发放灾后重建贷款65.90亿元，占银行业金融机构累放数的18%，其中发放城乡住房贷款175 526户、31.39亿元，所有受灾农户住房建设基本完成。二是多方协调，重建金融政策得到较好落实。截至2009年末，灾区农村合作金融机构借入央行再贷款19.78亿元，占银行业金融机构发放重建贷款的5.60%；灾区农村信用社2.32亿元央行票据已全额兑付；灾区增设农村信用社分支机构6家；对27 710个个人客户、17个法人客户执行了“四不政策”(即对灾前发放、不能按期归还的贷款不催收催缴、不罚息、不作为不良记录、不影响提供新的信贷支持)，涉及金额11.53亿元。

(成 中)

【统计信息】 2009年，甘肃银监局统计信息工作围绕监管工作中心，进一步夯实工作基础，提高数据质量，强化分析应用，加强信息共享，推动科技监管，完善系统建设，为银行监管决策的科学性、预见性和有效性提供了有力的监管服务和信息科技支持。

一、认真落实统计制度，夯实统计基础工作。一是对非现场监管统计数据进行汇总和加工，编制形成了《甘肃省银行业金融机构监管统计报表》；收集、整理甘肃省国民经济金融有关数据，编制了《甘肃银行业监管统计主要指标》，为辖内银行业监管工作提供了详实的监管统计数据。二是积极推广银监会派出机构客户风险监测预警系统，为各级监管部门和辖区银行业金融机构开放了客户查询功能，在加强监管服务的同时，使银行业客户风险监测预警能力进一步增强。三是按照《助学违约贷款统计制度》的要求，汇总辖内助学贷款违约数据信息，掌握全省银行机构助学贷款违约情况。四是努力提高数据质量。运用已经建立的非现场监管信息系统内部协调和控制机制，加强环节管理，明确责任分工，尤其加大了对数据异常变化情况的审核和询问机制，提高了非现场监管报表和数据报送的完整性、及时性、准确性。通过开展监管统计现场检查，规范了银行机构的监管统计工作行为，从源头上提高数据报送质量。

二、强化数据分析运用，提升监管统计的服务功能。一是深化对统计数据的分析，编写“监管统计分析”，强化非现场监管综合性分析的风险监测和预警作用，为判断和把握辖内金融形势和风险状况提供依据。二是及时跟踪分析全省经济金融运行情况和银行风险情况，撰写《甘肃省经济金融形势及风险状况分析报告》。三是依托客户风险预警系统开展专项分析，定期撰写《甘肃客户风险分析报告》，从授信的集中度、贷款质量、风险预警、多头授信以及重点行业监测等方面较为全面地掌握了大客户信贷风险状况，为大客户的风险管控提供参考。四是运用银行风险早期预警系统，开展对辖区法人机构的风险预警分析工作，撰写《法人机构预警分析报告》，根据预警情况对可能出现较严重风险情况的金融机构提出风险预警。

三、积极开展专题调研，提高调研分析工作水平。一是结合地域经济发展，查找信贷支持农业产业化中的主要问题及矛盾，撰写“银行业支持甘肃农业产业化发展状况调查”报告，对问题的原因进行分析，并提出政策建议。二是开展快速调查，及时掌握经济金融热点问题。通过对房地产、政府融资平台公司信贷情况进行调查，为监管部门开展风险监管提供了详实的数据依据。三是重点对辖区银行业金融机构贷款投向和风险状况进行了快速调查，对甘肃银行业运行中的问题进行分析，完成多篇专题调查报告，为上级部门提供了参考依据。四是开展了与分局间的调研联动工作，在下发2009年重点调研课题的基础上，指导分局调研工作。全年编辑《银行业监管调研分析》18期，为全局上下提供了交流平台。

四、拓展信息服务平台，扩大统计信息共享范围。一是落实统计信息的对外披露和共享制度，在《甘肃日报》披露甘肃银行业监管统计信息数据，使银行业金融机构进一步接受社会监督，增加了监管透明度。二是按季参加“一行三局”统计联席会议，通报银行业运行情况和风险状况，实现区域金融统计信息的交流和共享。三是加强与西部12省（区）银监局的信息交流和共享，为兄弟银监局了解甘肃银行业监管信息提供服务。四是加强了“统计信息网”数据共享工作。向全辖银监局系统相关工作人员分配权限，提供数据覆盖面更大、更为丰富的监管信息共享服务。五是做好与人民银行的企业信用信息共享服务工作，为监管部门提供更为全面的监管信息。

五、加强科技风险监管，发挥功能监管作用。一是加强了信息科技风险现场检查。通过对相关银行机构开展信息科技风险现场检查，促进银行机构信息科技风险管控意识和管理水平逐步提高。通过开展现场练兵，为辖区开展科技风险检查工作培养骨干。对辖区法人银行业金融机构“国庆”期间的信息科技安全工作开展检查，确保了“建国六十周年”大庆期间辖内银行业安全稳健运行。二是举办银行业科技风险监管知识讲座，进一步增强了监管人员和银行业金融机构科技人员的风险防范意识。三是开展了中小银行法人机构联建灾难备份中心的协商工作，督导其采用适合的灾备方式，在保持业务连续性和持续性的基础上，确保数据信息的安全。

六、加强系统建设与管理，发挥科技支撑作用。一是完成了分局办公自动化和省局收文系统的推广工作，提高了办公效率。二是建立了银监局与辖内21家银行业金融机构连接的监管专网，为监管机构与被监管机构间的高效沟通以及数据报送等工作打好了硬件基础。三是加强对系统的正常运行维护，及时排除技术故障，做好病毒防治工作，为监管工作提供了科技保障。

（吕　锐）

【纪检监察】　2009年，甘肃银监局纪检监察工作认真贯彻落实党的十七届四中全会和第十七届中央纪委三次、四次全会精神，紧紧围绕银行业监管中心工作，加强教育，完善制度，以健全完善惩治和预防腐败体系为主线，不断加大组织协调、监督检查与源头治理工作力度，为提高监管有效性，营造和谐金融环境提供了强有力的思想和政治保障。

一、全面落实党风廉政建设责任，反腐倡廉各项决策部署得到有效贯彻。一是科学谋划，统筹安排，确定了全年工作的指导思想和基本思路，及时召开银监局系统纪检监察工作会议进行安排部署。二是修订完善了《党风廉政建设责任书》，组织全系统层层签订了《党风廉政建设责任书》，明确了“一岗双责”责任。三是制定下发了全系统《党风廉政建设和反腐败工作任务分解表》，制定了《2009年党风廉政建设责任制量化管理考核标准》，积极协调督促认真落实。四是加强了对党风廉政建设的考核工作，制定印发了《甘肃银监局机关处室落实党风廉政建设责任制综合考核实施意见》和《甘肃银监局机关处室2009年党风廉政建设责任制量化管理考核项目及标准》，建立了定期考核机制。五是在机关各部门重新聘请了17名党风廉政建设联络员，为深入推进党风廉政建设责任制的落实、实现关口前移和加大监督力度创造了条件。

二、深入开展党性、党风、党纪教育，筑好思想作风防线。一是以学习贯彻党的十七届四中全会和十七届中央纪委四次全会精神为重点，开展了党的政治纪律宣传教育。二是按照银监会党委《关于进一步加强银监会系统领导干部作风建设的意见》和中组部“讲党性、重品行、作表率”活动的相关要求，充分利用党委中心组、支部理论学习和党课教育，组织全系统各级党员领导干部深入学习胡总书记“六个着力、六个切实”要求，进一步加强和改进作风建设。三是开展了党委书记和纪委书记带头讲廉政党课和做反腐倡廉主题报告活动。建党七十周年前夕，党委书记、局长席前进在全体党员大会上做了“切实加强党建工作，全面促进银行监管”的党课教育。纪委书记何伟在全局系统电视电话会议上做了“加强党风廉政建设，为提高银行业监管有效性保驾护航”的廉政主题教育。四是积极开展廉政文化建设“四个一”活动。组织开展了以“庆七一·迎国庆”为主题的“廉政杯”书画摄影及廉政短信大赛，增强了反腐倡廉的宣传效果。五是组织开展了反腐倡廉集中警示教育及巡展活动。在兰州及辖内13个市（州）举办了甘肃银行业反腐倡廉集中警示教育展览首展及巡展活动，组织

19家银行业金融机构高级管理人员共6 000多人观看了展览。同时，各银行业金融机构结合本单位、本地区案件防控形势，对照展览内容，通过座谈会等形式开展防范操作风险、案件专项治理、治理商业贿赂和预防职务犯罪等集中警示教育活动，促使干部职工以案明纪，自觉加强党性修养和行业作风建设，严格遵守各项纪律和规定。

三、抓好反腐倡廉各项重点工作，认真开展监督检查。一是依据《甘肃银监局贯彻落实〈银监会建立健全惩治和预防腐败体系2008—2012年工作规划〉实施办法》，制定印发了贯彻落实银监会党委《实施办法》任务分解表，明确了各分局和机关各部门的工作职责、完成时限和目标要求，并纳入每年党风廉政建设和反腐败任务目标管理；建立了监督检查和责任追究机制，通过扎实开展执法监察、内部审计等工作，重点对市场准入、非现场监管、现场检查和行政处罚四大业务操作流程加强监督，有针对性地开展监督工作。二是深入开展学习贯彻反腐倡廉“三项法规”活动。《中国共产党巡视工作条例（试行）》、《关于实行党政领导干部问责的暂行规定》和《国有企业领导人员廉洁从业若干规定》等“三项法规”颁布后，局党委召开专题会议对学习贯彻作出了部署；认真开展宣传教育，组织广大党员干部深入系统地学习领会“三项法规”出台的背景、主要精神和基本内容，充分认识颁布“三项法规”的重要意义，切实增强党员干部的自觉性和主动性，紧密结合内部监督、履职问责、银行业监管和案件专项治理等工作中存在的突出问题和薄弱环节，采取有效措施加以解决。三是扎实开展教育清理“回头看”活动。银监会纪委《关于开展教育清理工作“回头看”活动的通知》下发后，结合辖区实际，认真完成了活动各阶段的学习和清理清查任务。针对教育清理“回头看”活动暴露出来的问题，积极督促开展了“会规会纪学习教育周”活动，组织全体工作人员重温会规会纪，开展“学习会规会纪，强化会规执行力”大讨论，加强会规会纪执行监督，构建执行的长效机制。

四、严格执行廉洁从政、从业各项纪律，落实反腐倡廉各项目标。一是坚持教育与管理相结合原则，在继续抓好领导干部廉洁从政、从业教育的同时，补充和完善了处级领导干部廉政档案；按照银监会关于禁止违规向被监管机构安排干部或亲属就业以及规范领导干部讲课、单位编辑出版书籍等一系列制度规定，坚持落实领导干部重大事项报告制度。二是加强对干部录用、管理及领导干部选配的监督，有效防止了考察失真、“带病提拔”和跑官要官等不正之风。三是加强对领导班子和领导干部廉洁自律情况的监督，坚持“三谈两述一评议”制度，严格执行《甘肃银监局系统关于对党员领导干部进行诫勉等谈话和函询的暂行办法》和《甘肃银监局党员领导干部述职述廉暂行办法》等规定，组织完成了对定西、平凉、天水和甘南4个分局离任领导干部的经济责任审计，完成了对临夏、酒泉2个分局经济责任审计整改情况的后续监督检查工作。四是认真落实民主集中制原则，坚持“三重一大”事项集体研究决定，推行政务信息公开，打造“阳光权力”，严格执行《中国共产党党内监督条例（试行）》的各项规定，认真落实党委监督、班子成员监督、纪委协助党委监督、党委组织部门监督及党外群众监督等制度，强化对各级领导干部的监督。五是及时修订完善了《甘肃银监局党风廉政建设巡视工作操作规程》，完成了对陇南、张掖和金昌银监分局的第二轮巡视，并对临夏、天水银监分局落实整改情况进行了跟踪巡视，推动巡视工作进一步制度化、规范化和常态化。六是认真组织开展了年度行风评议活动。按照统一组织，分级负责，条块结合，上下联动，成果共享的办法，认真组织开展了年度行风评议活动。局和分局参评率达到100%，被监管银行业机构参评率达98.50%，全系统问卷满意率达97.91%。

五、围绕监管中心工作，加大源头治理力度。一是公开各类行政许可事项，提高了监管工作的透明度和办事效率，保障了公民、法人和其他组织依法获取银行监管方面的政府信息。二是列席行政许可事项审批会议，介入对监管工作中自由裁量权行使的监督。三是依法开展执法监察工作，完成了对张掖、武威、定西、平凉、陇南分局和统计信息处的第三轮执法监察工作，以及对临夏分局和合作金融机构监管处落实执法监察意见情况的跟踪监察；在酒泉、天水和庆阳开展了效能监察试点，在定西召开了监管效能监察座谈会，对3家分局开展效能监察的情况进行了总结。

六、抓好案件防控和信访核查，保持惩治腐败高压态势。一是组织分局和机关部门开展了违纪、违规、违法案件隐患排查工作，对易发案件的部位、岗位及环节进行了全面梳理和分析排查，对发现的隐患和漏洞及时落实责任，认真加以整改并采取防范措施。二是结合甘肃银行业反腐倡廉集中警示教育巡展活动，组织开展了“警示教育宣传月”活动。三是依据信访条例，指导全面细致核查信访件反映的问题，督促做好信访维稳和社会矛盾的化解工作。

七、积极开展主题实践活动，加强纪检监察队伍建设。一是组织纪检监察干部认真学习胡锦涛同志在第十七届中央纪委第三次全会上的重要讲话和黄树贤同志在纪检监察系统主题实践活动经验交流电视电话会议上的讲话精神，并围绕学习王瑛、李彬、盖起章等同志先进事迹和中央纪委通报的纪检监察干部典型案例，通过讲廉政教育课，组织座谈讨论，进行思想汇报和心得交流，利用内部网站、宣传橱窗和开辟专栏进行宣传等形式，对专兼职纪检监察干部进行教育，进一步增强纪检监察干部的荣誉感、责任感和使命感，不断强化履职意识和责任意识。二是组织广大纪检监察干部认真对照“四个对”的基本要求，认真查找在理想信念、宗旨意识、党性修养、工作作风、工作能力和廉洁自律方面存在的差距和不足，分析原因，剖析思想根源，实事求是地制定整改措施，组织整改。三是进一步加强纪检监察部门的自身建设。利用资源整合的机会，进一步调整充实纪检监察干部，强化纪检监察组织建设；加强学习培训，举办了第五期纪检监察干部培训班，先后选派23名干部参加了中纪委和银监会举办的纪检监察干部培训，并通过抽调纪检监察干部开展巡视、执法监察和内部审计等工作，促使纪检监察队伍的整体素质和工作水平得到新的进步和提升。四是积极开展反腐倡廉调查研究工作，完成了“强化会规会纪执行力，开展教育清理‘回头看’，构建会规执行长效机制问题研究”和“巡视工作成果问题研究”两项课题；全年编发《纪检监察工作信息》19期，为全辖纪检监察干部交流经验、借鉴和推进各项工作提供了支持。

（刘 鹏）

【人事教育】 2009年，甘肃银监局人事教育工作紧紧围绕监管能力建设，以强化监管资源集成、提高专业化监管水平为重点，进一步完善监管组织架构调整，不断加强银监局系统领导班子、干部队伍和人才队伍建设，为有效履行银行业监管职责提供了有力的组织保证和人才支持。

一、认真做好全局系统党建工作，协助党委深入开展学习实践科学发展观活动。一是深入推进学习实践科学发展观活动，加强检查和指导，组织群众对领导班子分析检查报告进行了评议，并开展了学习实践活动满意度测评。二是切实提高党委民主生活会质量。通过广泛征求意见，认真组织学习和开展谈心活动，切实落实整改任务，及时反馈整改落实情况，不断完善领导干部民主生活会机制，确保了各单位民主生活会制度的有效落实。三是积极开展深化拓展“讲党性、重品行、作表率”活动。制定印发了《甘肃银监局深化拓展“讲党性、重品行、作表率”活动实施方案》，在庆阳分局召开了拓展“讲党性、重品行、作表率”活动经验交流会。四是认真做好党建工作。组织举办了全辖系统党员和党的基层组织工作培训班，对全辖党员干部开展了新党章及党务知识的培训；积极组织“庆七一”有关活动，邀请银监局党委书记、局长席前进做了题为《切实加强党建工作，全面促进银行监管》的党课讲座，并就全辖党建工作开展了调研；认真组织全辖党员干部学习十七届四中全会精神，制定了学习贯彻十七届四中全会精神的意见；组织上报了甘肃辖内金融系统“抗震救灾”先进集体、先进个人先进事迹材料。

二、积极推进监管组织架构调整，切实加强干部队伍建设。一是完成了局机关监管组织构架调整和监管资源整合工作。根据银监会《关于甘肃银监局调整内设监管部门的批复》和《关于甘肃银监局主要职责内设机构和人员编制方案的批复》精神，对局机关内设职能部门的职责和人员编制进行了调整，并在下发了岗位交流征求意见表的基础上，拟定了人员调整初步方案，经局党委研究决定后进行了人员交流和资源整合，共有88名同志进行了轮岗和监管资源整合。二是认真做好公务员招录工作，不断改善干部队伍的年龄结构。按照《公务员法》和银监局行业特色的要求，认真落实公务员录用管理办法，在人员编制内，有计划、有步骤地做好人员招录工作，组织完成了2009年度辖内银监分局人员招录工作，共招录大学本科以上人员29名。三是切实加强干部交流学习和挂职锻炼工作。逐步建立了与中东部地区银监局建立“点对点”的持续性人才交流协作机制，选派4名监管业务骨干分别赴上海银监局和湖北银监局交流学习。为鼓励年轻干部深入基层，在艰苦环境和困难岗位上学习实践，不断增强党性锻炼，7月份选派了2名业务骨干到甘南银监分局挂职锻炼。四是按照《关于2009年度参照公务员法管理登记工作有关问题的通知》，完成银监局系统826名工作人员的公务员登记上报工作；选派银监局系统3名优秀干部到银监会机关挂职锻炼；接受被监管单位1名干部到银监局交流挂职；完成了11名同志一般行政职务确认工作。五是进一步完善干部考核评价体系，认真做好年度各项考核工作。组织成立了5个分局年度考核工作组，对辖内13家银监分局领导班子和领导干部进行了年度考核工作，完成了分局年度量化考核工作，下发了2008年银监局机关处室和辖内分局考核情况通报以及分局领导干部考核结果通知。按照银监会对银监局年度考核工作要求，完成了2008年网上评分系统的建立、维护以及相关背景资料的前期准备工作，接待完成了银监会对甘肃银监局2008年度领导班子和领导干部考核工作。

三、以改革创新精神为动力，不断完善组织人事管理制度。一是按照银监会要求，认真做好省局、分局党委班子等机构组成人员的调整补充工作。二是组织开展了局机关副处长岗位竞争上岗工作。按照局党委的统一部署，修订了《甘肃银监局机关2009年副处长岗位竞争上岗实施方案》，组织召开了动员大会，严格开展报名、笔试、面试、民主测评和考察等工作，共有11名干部通过竞争上岗被提拔到副处长岗位上。三是不断完善老干部管理相关工作制度办法，进一步加强了退休干部管理服务工作。每年定期组织老同志进行身体检查，为每位退休干部建立健康档案，方便退休干部及家属的查询；组织老干部赴河西参观考察，认真落实退休干部的生活待遇，做好重阳节慰问退休老干部工作；认真落实退休干部政治、生活等各项待遇，成立了退休干部党支部，选举产生了支部书记和支部委员。四是不断完善领导干部监督机制，加大对干部选拔任用工作的监督力度。通过积极研究干部监督工作中新情况、新问题的解决途径和办法，研究和探索以问责制为重点的领导干部岗位责任制，配合纪委做好对领导干部，特别是“一把手”的日常管理和监督，认真落实领导干部述职述廉、诫勉谈话、履职回避和任前谈话等制度，完成甘肃银监局2008年度党员领导干部个人重大事项申报管理工作。

四、加大干部教育培训工作力度，大力推进干部的分级、分类培训。一是研究制定了《甘肃银监局2009年度干部职工教育培训计划》，明确了人员培训和使用相结合的培训管理机制，提高了培训的针对性和有效性。二是按照年初银监会系统党校工作座谈会精神，提出了甘肃银监局系统开展处级领导干部进修班的实施意见，并通过依托省委党校办班的形式，成功举办了银监会党校甘肃银监局第三期处级领导干部进修班。三是做好选派人员参加银监分局局长培训班、监管英语培训班和监管业务专项培训班工作。全年共选派3名银监分局局长参加了银监会与香港金管局合作举办的第四期银监分局局长培训班；选派13名分局副局长参加银监会举办的4期监管业务培训班；通过考试选派2名业务骨干参加了银监会举办的第三期监管英语培训班；选派4名监管人员参加了专项监管业务培训班；在白银分局组织开展了2009年新招录人员培训班。四是参加了银监会在深圳招商银行总行、平安集团举办的银监会系统组织人事干部现代人力资源管理培训班，认真学习和观摩了招商银行、平安集团在人力资源管理、绩效管理、招聘及培训等方面好的做法和经验，增强了工作的主动性。

五、积极做好组织人事日常管理工作，全面提高组织人事工作服务水平。一是认真贯彻落实银监会组织人事工作会议精神。组织召开年度组织人事工作专业会议，印发了2009年度全省组织人事工作会议材料，制定下发了组织人事工作要点，安排部署了全辖2009年度组织人事工作任务。二是认真做好劳动工资日常管理工作。三是根据《甘肃省省级行政事业单位职工住房补贴发放管理办法》，积极向银监会申请住房补贴资金，成立了职工住房补贴发放工作领导小组及其办公室，制定了甘肃银监局机关住房补贴发放实施方案，严把个人申报、测算核实和公示监督等几个环节，保证了住房补贴发放工作顺利完成。四是认真做好信息报送和调查研究工作。先后完成了《甘肃银监局职工队伍建设中存在的问题与措施建议》、《甘肃银监局内设监管组织机构调整工作》等调研。

（刘喜平）

【工会工作】 2009年，甘肃银监局工会工作紧紧围绕中心工作，服务大局，服务职工，促进监管，促进职工全面发展，为提高监管工作水平和工会工作整体能力，推进文明创建工作发挥了积极作用，较好地完成了全年的工作任务。

一、突出重点，精心安排抓落实。认真制定《甘肃银监局2009年工会工作要点》，紧紧围绕监管中心任务和目标，全面履行职能，正确引导职工思想，积极推动工会建设，丰富职工精神文化建设，进一步增强工会工作的针对性和实效性。认真组织职工学习实践科学发展观、胡锦涛总书记重要讲话和中国工会十五大文件精神，围绕中心任务和干部员工思想实际，着力强化思想政治工作。

二、争先创优，与时俱进促监管。充分发挥工会优势，组织和引导职工认真开展各具特色的建功立业活动。按照贯彻落实《中国银监会开展创建学习型组织、争做知识型职工活动实施意见》，积极开展了建设“学习型、专家型、务实型、开拓型”监管队伍的活动。在兰州召开了由西部8个银监局参加的银监会西部片工会工作座谈会，并在座谈会上做了大会交流。庆阳分局被推选为银监会“创建学习型组织，争做知识型职工”先进单位，并出席了银监会在长沙召开的现场观摩会，做了大会交流。

三、以职代会为载体，完善基层民主管理。进一步完善职代会制度，指导分局依法规范召开职工大会。针对省局机关职能部门的调整，加强机关工会的组织建设，召开了甘肃银监局机关工会第一届第二次会员（代表）大会，选举产生了局机关第二届工会委员会、经费审查委员会和工会女职工委员会。通过职代会的建立和召开，加强了基层民主管理、民主监督，激发了职工参与民主决策、民主管理和民主监督的积极性，维护了职工的合法权益。

四、加强“职工之家”建设，活跃职工文化生活。一是加强“职工之家”建设。按照《银监会工会开展建设“职工之家”活动办法》要求，下拨专项费用，加强了省局机关工会和13个分局“职工之家”建设，增强了“职工之家”的吸引力和凝聚力。二是开展文娱活动，营造温馨氛围。组织召开了银监会成立五周年纪念大会和青年职工座谈会，回顾总结了五年来银行监管、内部管理及队伍建设等方面取得的成绩和经验；开展了元旦、春节、“五一”、“五四”文体系列活动以及多种体育比赛、游戏和群众健身活动；成功协办了庆七一“廉政杯”书画作品大赛；参加了银监会第二届职工运动会，获得优秀组织奖和道德风尚奖。三是关心职工生活，解决实际困难。邀请中医大夫利用一周时间，为省局机关职工进行了中医针灸、理疗和健康知识咨询活动；组织全体干部职工进行了健康体检和女职工妇科检查；联系城关区疾控中心上门为机关职工进行了流感疫苗注射；组织二批先进工作者、高寒地区职工和符合疗养条件的职工到海南进行了休养疗养。四是组织全系统工会会员开展送关怀、送温暖活动。全局职工心系灾区，向5·12特大地震的陇南特困灾民捐款48 150元；按照银监会《关于做好2009年职工重大灾病互助捐款工作的通知》精神，组织全系统职工为银监会特困职工互助金账户捐款93 800元，并按照互助金资助的有关规定程序和条件，向符合互助金资助条件的7名职工争取互助救助。

五、夯实基础，加强工会自身建设。一是组织工会干部加强政治理论、工会业务和银行业监管知识学习，增强服务监管、服务职工的能力和水平；二是加强调查研究，进一步把握工会工作特点，推进工会组织创新和工作创新；完成并向银监会上报了“创争”活动的调研课题报告。三是在张掖召开系统工会工作会议之际，采取“以会代训”的形式，对工会干部进行培训，提高工会干部服务监管、服务职工的水平。四是按照工会财务管理的要求，加强了对工会的财务管理，进一步完善了财务管理和考核办法。

（高知沁）

中国证券监督管理委员会甘肃监管局

副局长　陈士轰

【综述】　2009年，面对国际金融危机的严重冲击、资本市场深度调整的严峻形势，甘肃证券期货市场各主体在中国证监会和甘肃省委、省政府的正确领导和大力支持下，坚决贯彻中央应对金融危机冲击、促进经济平稳较快发展的一系列政策措施，紧密结合甘肃辖区实际，全面落实中国证监会关于资本市场发展的各项决策部署，坚持服务地方经济发展大局，维护甘肃证券期货市场稳定运行，全力以赴推动甘肃资本市场稳定健康发展，为甘肃经济建设和社会发展做出了应有的贡献。

一、有效应对国际金融危机冲击，市场主体综合实力明显增强

一是上市公司规模和竞争实力显著改善。截至2009年末，辖区有A股上市公司22家，占全国上市公司的比重上升到了1.31%，其中：主板上市公司18家，中小板上市公司3家，创业板上市公司1家；上市公司总股本115.81亿股，同比增长43%；总市值1 296亿元，同比增长188%；总资产1 474亿元，同比增长157%；所有者权益总额达437亿元，同比增长71%。全年通过IPO、配股和增发等方式共募集资金（含发行股份购买资产）166.05亿元，约占历年辖区上市公司募集资金总额的50%。酒钢宏兴等3家公司完成了重大资产重组，祁连山实施再融资，资产规模和质量同步提升。

二是证券经营机构盈利能力明显提升。辖区有证券公司1家，省外证券公司在甘分公司2家，证券营业部、服务部54家。2009年，投资者开户数71.90万个，同比增长23%；指定交易与托管市值508.97亿元，同比增长224.3 %；客户资金66.30亿元，同比增长99%；辖区证券交易额5 789.63亿元，同比增长79%；实现净利润9.10亿元，同比增长108%；上缴营业税金及附加6 831.20万元，同比增长87%。华龙证券经过证券公司综合治理后持续合规经营，竞争力不断提高，全年实现净利润4.21亿元，同比增长710%。

三是期货经营机构发展基础逐步夯实。2009年，辖区有期货公司1家，期货营业部5家；全年实现期货交易额960.21亿元，同比增长155 %；期货交易量162万手，同比增长119%；手续费收入1 247.43万元，同比增长96%；利润总额362.67万元，同比增长37%；期货保证金余额1.43亿元，同比增长307%；客户人数1 327个，同比增长79%。陇达期货公司经过重组，净资本和风险指标均已达标。

二、主动服务地方经济发展，辖区资本市场取得新的发展

一是积极开展资本市场宣传调研。结合日常监管工作，联合政府有关部门，不断拓宽渠道、创新形式，积极开展市场资源调研，对全省上市后备资源进行调查摸底；利用各种途径宣传资本市场，帮助政府、企业等有关各方了解资本市场发展新动向，熟悉IPO和再融资政策，形成了政府引导、中介机构参与和企业行动的良好局面。全年共调研7个市（州）、30多家企业，召开各类座谈会50余次，向省、市、县三级政府及其有关部门赠送《中国资本市场发展报告》800余册。

二是主动为地方经济发展建言献策。坚持专报沟通制度，及时向地方政府揭示政策走向，反映市场热点，通报辖区上市公司和证券期货经营机构运行情况。向省委、省人大专题汇报了资本市场支持少数民族地区发展和中小企业发展的建议，向省政府主管领导专题汇报了辖区市场状况和加快发展的建议。省政府领导对甘肃资本市场发展取得的成绩和甘肃证监局的工作给予了充分肯定，就加快资本市场发展做出了部署，明确提出了组建全省资本市场发展领导小组、制定资本市场发展规划等要求，并就推动发展工作做出了具体安排，相关部门目前正在积极落实。

三是全力配合上市公司后备资源培育。配合省政府有关部门举办培训班，随时提供政策咨询，加大上市后备资源培育工作力度，取得了明显成效。2009年10月23日，创业板市场正式启动，甘肃大禹节水公司作为首批上市的28家企业之一成功登陆创业板，募集资金2.50亿元。当年，辖区有4家公司进入了辅导期，有3家公司向中国证监会上报了首发上市申请，进入审核程序，另有2家本地企业到省外借壳上市，还有10多家公司正在与有关中介机构商谈辅导准备工作。

三、认真履行监管职责，不断巩固辖区资本市场发展基础

一是上市公司规范运作水平有所提高。在上市公司治理专项活动取得成效的基础上，督促辖区上市公司落实“上市公司治理整改年”工作要求，彻底整改公司治理遗留问题，大部分公司治理结构进一步完善，内控水平不断提升，信息披露质量明显提高。建成甘肃上市公司投资者关系互动平台，上市公司投资者关系管理工作进一步提升。继续加强监管资源的合理配置，协调各方监管力量，有效实施分类监

管，加大对个别高风险公司的持续性跟踪监管，及时防控和化解风险。根据公司风险分类及日常监管中掌握的情况，采用年报审计监管、公司治理整改现场验收、全面检查和专项核查等多种形式，不断加大现场检查力度，全年共现场检查上市公司12家，检查覆盖面达57%。强化中介机构监管，重点加强对审计机构和执业会计师监管，督促会计师事务所遵守风险导向审计原则，加强项目审计质量控制，严格履行审计程序，及时通报上市公司重大错报风险和内控缺失隐患，有效延伸监管手臂；加强对保荐机构持续督导期履职检查，督促其履行督导责任。组织创业板知识培训，积极开展创业板投资者教育工作，保证创业板平稳推出；认真做好创业板上市公司持续监管工作，建立信息披露、监管报告及信访投诉处理机制，规范募集资金使用，加强控股股东和高管人员培训，督促公司规范运作。积极鼓励和支持上市公司并购重组，做好政策辅导和沟通上级部门等相关服务工作，加强对重组公司的现场核查，及时出具持续监管意见和核查报告。全年辖区有6家公司资产重组、再融资项目取得重大进展。

二是证券期货经营机构合规经营能力进一步增强。督促证券经营机构进一步加强合规管理，强化净资本监控，加强资产管理业务和证券经纪业务营销活动监管，规范研究报告发布行为和投资顾问行为，提升客户服务和管理水平。全面规范辖区证券经营机构和经营网点，海通证券兰州业务总部和国泰君安证券甘肃营销总部规范为分公司，19家符合条件的证券服务部规范为营业部。严格落实证券营销有关规定，印发《关于落实〈证券经纪人管理暂行规定〉有关要求的通知》，加强对证券经纪人的备案审核和监督检查，有效规范了辖区机构的市场营销行为。与银监局联合对辖区具有基金代销资格的证券经营网点和银行网点基金销售业务全面进行现场检查。圆满完成了原甘肃证券第四批个人债权收购工作。督促证券期货经营机构完善法人治理结构，强化内部控制，提升服务意识。强化期货经营机构保证金和净资本日常监管，开展信息系统安全专项检查和期货公司分类监管评价工作。

三是执法力度和法制教育不断强化。对2006年以来的稽查案件和非正式调查案件进行全面研究分析，探索证券期货案件规律，总结办案经验，撰写案件调查指引7项、案例分析4项。认真做好“打非”工作，牵头组织召开“打非”领导小组会议，研究制订《非法证券活动处置应急预案》，全力配合地方政府做好甘肃大圣非法集资案政策咨询和信访接待。探索制定《稽查提前介入实施规程（试行）》，为日常监管和稽查工作的无缝对接及联系配合提供了制度保证。积极推进“五五”普法工作，组织开展法制宣传教育，市场主体法制意识进一步增强。深入开展反洗钱工作，督促证券期货经营机构切实防范洗钱风险。加强诚信档案建设，打造诚实守信市场环境，守信意识有所增强。

四、不断加强协作配合，辖区监管合力进一步显现

一是综合协作监管机制进一步完善。在已经建立的辖区综合协作监管机制基础上，进一步加强与省委宣传部、省政府新闻办、公安厅、工商局、广电局、出版局和通信管理局等部门的协作沟通，建立了打击非法证券投资咨询活动、规范资本市场信息传播秩序联席会议制度，出台了相关政策文件，为整治和规范辖区资本市场信息传播秩序、打击非法证券投资咨询活动提供了有力保障。

二是系统内的支持与协调配合更加有力。坚持向中国证监会领导、机关各部门汇报、请示和沟通，通过承办会议、邀请调研等多种方式，及时反映辖区监管工作情况，在企业上市、上市公司并购重组、监管工作、案件调查以及机关建设和干部队伍建设等方面，得到了上级主管部门的及时指导与大力支持。主动与交易所、兄弟派出机构密切协作配合，加强信息共享与交流，有力地推动了辖区监管工作的顺利开展，监管效率明显提高。

三是与地方相关部门的配合协作日趋密切。按照辖区综合协作监管机制，主动加强与金融监管部门、各级政府及其相关部门、司法机关和新闻媒体等的沟通协调，进一步改进和完善责任机制，保证了综合协作监管机制的有效实施。在当年的基金销售机构检查、行业信息系统安全检查、上市公司重大资产重组及拟上市资源培育等方面，得到了有关部门的大力支持与配合。

四是自律组织的作用得到有效发挥。结合监管工作实际，不断加大对行业自律组织的督促和指导力度。上市公司协会、证券期货业协会进一步加强会员自律管理，改善对会员的服务，组织各会员单位签订了自律公约，有效发挥了行业协会的自律、传导和服务功能。

五、全力维护证券期货市场安全稳定，为地方经济社会平稳较快发展积极努力

一是严格落实辖区维稳责任制。进一步健全维稳机制，细化措施，分解任务，明确监管部门、市场主体维稳责任，形成“纵向到底、横向到边”的立体化维稳机制，确保维稳工作“落实到单位、落实到岗位、落实到人员”。辖区各上市公司、证券期货经营机构和行业协会全面落实中国证监会和地方政府的要求，成立了“一把手”总负责的维稳工作领导小组，结合各自实际，制定维稳工作方案，健全完善应急预案，确定落实部门和责任人，采取切实有效的措施，保证了辖区市场的安全稳定运行。

二是全面排查矛盾纠纷，及时化解风险隐患。组织开展矛盾纠纷和风险隐患大排查活动，特别关注投资者利益保护和风险公司风险处置，及时发现、准确掌握各种矛盾纠纷和苗头隐患，排除不和谐、不稳定因素，摸清矛盾纠纷和风险隐患底数，有针对性地采取措施，做到心中有数、积极应对与妥善处置。由于准备充分，措施有效，及时有效化解了个别公司出现的职工聚集事件风险。加强国庆、“两会”等重点时段的应急值守工作，实行零报告制度，严密监控各种风险隐患。

三是强化行业信息系统和经营场所安全基础设施建设。严格落实《证券期货行业网络与信息安全事件应急预案》等管理文件，指导和督促辖区证券期货经营机构建立健全安全保卫、信息系统保障、电力保障及消防安全等各项突发事件应急预案；组织开展突发事件应急演练，查漏补缺，进一步提升处置突发事件的应急能力和水平；联合省公安厅对辖

区经营网点安保工作进行了全面检查，辖区经营网点安保工作均达到了要求。

四是整治和规范资本市场互联网信息传播秩序。建立与新闻宣传、公安、电信和广电等主管部门的联席会议制度，健全协作机制，发挥协作监管优势，及时妥善处理媒体质疑和投诉，通过联合检查、联合执法等方式形成监管合力，有效打击和遏制了辖区非法证券信息的传播。

五是加强舆论引导和投资者教育。加强正面宣传，组建辖区资本市场新闻评论员队伍，主动协调省政府新闻办和相关媒体加强对甘肃资本市场发展的正面宣传报道，积极开展“打非”活动专题宣传报道活动，集中报道典型案例，广泛宣传政策法规，积极提供政策咨询，主动回应市场热点，引导正确的舆论方向。不断强化市场主体、行业协会投资者教育主体责任，认真落实《甘肃辖区投资者教育工作方案》，积极整合辖区投资者教育资源，深入开展投资者教育活动，宣传资本市场知识，揭示市场风险，投资者风险自担和自我保护意识进一步增强。

六是全力做好信访受理、办理工作。坚持“抓信访、保稳定、促监管”工作理念，切实维护信访群众利益。全年共受理、办理来电189件（人、次）、来访16批（次）23人（次）、来信25份，为信访群众追回资金27万余元，有效解决了信访群众的实际困难，切实维护了信访人的正当权益。

六、不断加强内部管理和队伍建设，为推动辖区资本市场发展提供有力保障

一是继续深入推进学习实践“科学发展观”活动，解决突出问题，完善制度机制，落实整改措施，开展整改落实“回头看”，圆满完成了学习实践活动的各项工作任务，各项阶段性的整改任务已基本完成，中长期整改任务正在稳步推进。

二是积极创建学习型机关和学习型党组织，深入开展“强素质、促监管”读书学习活动，提高干部职工业务能力和文化修养，有8篇理论文章获得了中国证监会党委及有关部门的表彰奖励。

三是进一步加强党风廉政建设，严格落实“一岗双责”，坚持抓好“每月一课”、“每季一查”、“半年一评”活动，深入开展治理商业贿赂专项工作，干部作风建设进一步加强。

四是进一步修订完善制度，强化保密教育管理，机关管理的科学化、规范化水平进一步提高。

（许尔远）

甘肃保监局开展“庆七一、促党建”活动

中国保险监督管理委员会甘肃监管局

局长　张　瑞

【综述】　2009年，全省保险业在中国保监会和甘肃省委、省政府的正确领导和大力支持下，按照保监会“防风险、调结构、稳增长”的要求，认真贯彻“防起落，保发展；防风险，保权益”的工作部署，全面落实科学发展观，积极稳妥应对国际金融危机带来的机遇和挑战，大力调整业务结构，着力防范经营风险，不断拓宽服务领域，实现了持续稳健快速发展。

一、业务增长快速稳健

2009年，全省保险业努力克服国际金融危机的不利影响，紧紧抓住“保增长”的要求，圆满实现年初确定的发展目标，实现保费收入114.40亿元，突破100亿元大关，提前一年实现“十一五”规划目标。保费增长速度达到17.40%，在全国排名第十五位。其中，财产险业务继续保持较快增长，保费收入27亿元，同比增长19.60%；人身险业务在上年增幅较大的基础上继续实现稳定增长，保费收入87.30亿元，同比增长16.70%。新增保险分支机构233家，目前共有21家省级分公司，1 207家分支机构，总资产228亿元，较年初增长19.90%。

二、行业风险有效防范

全行业把风险防范工作摆在突出位置，采取有效措施化解潜在风险。有效防范非正常集中退保风险，剔除平安养老险公司1.35亿元大单退保，全省寿险机构退保金支出同比下降4.20%，没有出现非正常集中群体退保事件。产险机构承保利润扭亏为盈，在上年亏损1.20亿元的不利条件下，实现承保利润2 177.40万元，其中9家公司承保利润实现增长，8家公司扭亏为盈。特别是一些中小公司经营时间虽不长，但注重公司管控，注重承保理赔等各个环节的风险防范，在实现社会效益的同时，公司取得赢利。产险机构应收保费风险有效降低，全省应收保费余额同比下降24.50%，应收保费率2.20%，同比下降3个百分点，低于全国0.90个百分点。寿险机构收付费环节风险防范有效加强，全省收付费综合业务转账率达到93%，同比提高10个百分点。

三、结构调整初见成效

积极落实保监会应对国际金融危机的一揽子计划和政策措施，采取一系列措施推动业务结构调整。寿险公司业务内含价值持续提升，寿险新单期交保费同比增长40.80%，高于全国9.60个百分点，在新单保费中占比33.70%，同比上升7.20个百分点，高于全国7.80个百分点。个人代理渠道保费同比增长19.80%，高于银保渠道保费增速9.50个百分点。个代渠道保费贡献度提高1.50个百分点，银邮渠道下降2.10个百分点。

四、市场秩序持续好转

按照“出重拳、动真格、见成效”的原则，深入开展规范市场秩序工作。有针对性地指导省行业协会按照会员单位的意愿，制定手续费自律公约，促进了市场秩序进一步好转。2009年，累计派出660多人（次），开展现场检查工作139次，给予保险机构行政处罚15次，个人行政处罚4次，累计行政处罚24.50万元，警告9次，责令撤换高管人员1人，非行政处罚措施45件（次）。稳步推进综合监管工作，在打击保险业“三假”活动中，联合工商管理部门、公安机关开展执法检查，查处了机票代理网点销售假保单的行为，取缔非法代理网点，挽回经济损失196.90万元。从各方面情况看，全省保险市场秩序继续好转，行业综合成本率下降7个百分点。人身险公司销售行为逐步规范，销售误导一定程度上得到遏制。

五、监管基础不断加强

坚持立足甘肃省情，不断健全完善监管制度。制定保险机构高管人员管理新规定，建立省级机构主要负责人依法合规履职情况年度报告制度，实行中支机构主要负责人任职前公示制度。推行新设机构和高管人员依法合规经营承诺书制度，加强对筹建负责人的考察力度。建立银邮代理省对省的“四统一、五规范”制度。制定统计分析工作考核办法，明确统计分析报告基本框架，提高了数据分析报告的及时性、准确性和完整性。全面推行车险业务“见费出单”制度和车险保单自主查询制度。推进行业协会建设，建立秘书长考核制度，全省2/3的市（州）行业协会配备了专职秘书长或副秘书长。

六、消费者权益保护得到落实

认真做好政府信息公开工作，及时公布监管信息。积极开展积压赔案清理工作，财产险机构共清理积压赔案6.14万件，支付赔款2.34亿元，未决赔案比重下降18个百分点。制定车险理赔服务指引和车险理赔服务质量评价办法，缩短理赔周期。认真落实理赔（给付）程序公示制度，发布新的投保提示，倡导理性投保。紧紧抓住《保险法》修订的契机，在全行业深入开展了一次“学新法、迎国庆”活动，举办了知识竞赛、学法答题和高峰论坛等一系列学习宣传活动，在行业内外营造了学法、懂法和守法的良好氛围，增强了法律意识。把维护稳定作为首要政治任务，认真接待群众信访投诉，信访投诉案件100%得到妥善处理。同时，省行业协会建立了30多人的仲裁队伍，方便快捷地处理保险仲裁案件，保护了消费者权益，促进了行业和社会稳定。

七、发展环境持续改善

推动“三农”保险发展。联合省财政、农牧等部门下发5个有关政策性农险的文件，规范政策性农险发展。突出抓好养殖业保险理赔服务，要求承保机构将赔案处理周期控制在10天以内。主动和地方政府沟通联系，积极开展政策性农险应收保费清缴工作。推动责任保险发展。协调省政府批转实施《关于大力推进旅游保险工作意见》。积极协调公安消防部门，做好火灾公众责任险试点准备工作。与卫生厅协调，着力推动医疗责任保险发展。加快发展工程保险。紧紧围绕全省“项目建设”的战略目标，抓住国家扩大基础设施建设投资的有利机遇，积极引导保险机构做好项目保险服务，推动工程保险的发展。

八、社会贡献不断增强

积极为地方经济社会提供保险服务。2009年，全省保险业累计支付各项给付赔款31.85亿元，同比增长1.90%。农业保险实现保费收入3 800多万元，累计赔付农户近5600万元，同比增长99%。农村小额人身保险试点从5个市（州）的部分乡镇扩大到10个市（州），实现保费收入697万元，承保农民13万人（次），承担风险近40亿元。在农村推出个人消费保证保险，解决农民贷款难的问题。责任保险、工程保险继续保持快速增长势头，同比分别增长16.90%和52.40%，为西气东输二线管道建设、引洮工程等重大工程项目和产业基地建设提供保险保障，累计支付大项目赔款2 750多万元。积极发展出口信用保险，为全省出口贸易提供704万美元风险保障。甘肃省成为全国最先实现校园方责任保险全覆盖的省份之一。开办生源地助学贷款保证保险，为972名贫困农家学子提供助学贷款保证保险210万元。保险机构上缴地方税收1.58亿元，代收代缴车船税1.45亿元，为地方财政增收做出了贡献。积极为社会创造就业机会，送考试下基层，累计有3.50万人（次）参加了代理人考试，保险从业人员达到5.10万人。

九、自身建设得到加强

深入开展学习实践科学发展观活动。在整个学习实践活动期间，共向党员群众征求意见建议110余条，制定整改落实措施2大类8项47件，建立、完善和修订各种制度36项，组织党员群众开展评议测评4次，编写活动简报41期，组织开展各类研讨、交流和辅导8次，开展各类主题实践活动4次。全局干部对学习实践活动的满意度测评达到100%。开展了为期半年的“科学监管，攻坚克难”主题实践活动，继续巩固学习实践科学发展观活动成果。切实做好组织人事工作，进一步深化干部人事制度改革，研究制定《科级干部聘任制管理办法》，创造能上能下、竞争择优的用人机制。建立完善干部激励机制，设立年度贡献奖和年度创新奖，激励干部推动监管创新，为监管事业做贡献。坚持教育、制度和监督并重，认真开展纪检监察工作，强化党风廉政建设。加强依法行政管理，努力提高行政效能。

（李瑞红）

国家开发银行甘肃省分行

行长　杨文清

【综述】　2009年，国家开发银行甘肃省分行积极应对国际、国内复杂严峻的经济金融形势，齐心协力，开拓进取，取得了较好的经营成果，贷款发放、余额新增、项目开发、评审承诺和账面利润等经营指标均创历史新高。全年累计发放各类贷款202亿元，增长40%；新增贷款余额122亿元，增长29%。至年末，本外币贷款余额550亿元，其中人民币贷款515亿元，外汇折合人民币贷款35亿元，不良贷款率0.82%。

一、支持重点领域和薄弱环节，助力全省经济平稳较快发展

一是加大力度支持重点项目建设，风电、火电、公路和城建领域贷款占全年贷款发放量的70%以上。二是继续支持灾后重建。在贷款支持天水等地中小学校舍、基础设施等灾后重建项目的同时，向陇南、天水、甘南“两市一州”受灾农户发放住房重建贷款32亿元。三是着力支持民生发展和社会事业建设。向张掖肉牛养殖等农业产业化项目以及各地经济适用房、集中供热和医院等民生项目发放贷款40亿元。贷款8亿元支持商贸、餐饮及特色农产品加工等中小企业发展。支持全省教育事业发展，当年向省属高校和各类职业教育学校发放贷款14亿元；发放生源地助学贷款4.20亿元，累计贷款余额8.60亿元，惠及9.70万学生，贷款余额和学生人数在全国位居前列。四是泾川汇通村镇银行安全平稳运行，支农作用进一步发挥。截至年末，贷款余额1 854万元，当年新增940万元，增长103%，其中涉农贷款投放比例达到38.20%。创新信贷模式，以“公司+农户”方式发放贷款360万元；积极稳妥地推广农户小额信用贷款和农户联保（保证）贷款业务，先后为泾川县56位下岗失业人员发放小额担保再就业贷款280万元，取得了良好的经济效益和社会效益。

二、开拓国际业务，各项工作取得新进展

当年新增外汇贷款1.52亿美元，贷款余额5.03亿美元，占全省的38%，继续位居第一位。成功开展结售汇业务，为金川公司办理3 129万美元结售汇业务。实现对牙买加开发银行的1 000万美元授信贷款发放。全面完成工作组派驻、国情调研和国别规划工作。强化总行与分行以及分行内部的信息交流，建立双向沟通长效机制，按周编发《信息专刊》和《国别工作动态》，向总行报送信息200余条，信息专报、政经分析、重要情况报告等近10篇。建立健全国际业务工作管理制度，制定《外文翻译人才库建设管理暂行办法》、《因公出国管理实施细则》和《国际合作业务费用管理实施细则》，提高规范化管理水平。

三、巩固客户关系，提升竞争力

加强平台建设，组织召开省级高层联席会暨平台建设座谈会，向省政府及14个市（州）政府反馈平台调研报告，进一步明确合作思路和重点。推进重点客户分析和预案编制工作，顺利完成21个客户的第一轮审议和9个客户的第二轮审议。探索建立客户重要性评价指标体系，对客户进行细分管理，提高客户服务工作效率。重大项目开发评审调度机制运行初见成效，评审工作成果显著。加大创新工作力度，开办流动资金贷款，成功试点保险代理、银行承兑汇票和非融资保理等新产品，推动金川公司综合营销试点工作，业务品种和服务手段不断丰富。加强规划工作，与省发改委建立规划合作平台，成为甘肃省“十二五”规划领导小组成员和专家委委员，启动关中—天水经济区融资规划编制工作；邀请总行外聘专家为嘉峪关生态环境综合建设、白银资源枯竭城市转型等提供规划咨询论证；制定分行《规划项目储备办法》、《规划实施细则》和《引进外部专家为战略客户咨询管理办法》等规章制度；采取招标方式，引进兰州大学、省发改委经济研究院等科研单位参与编制工作，全年完成28个县域规划、5个行业规划、1个战略客户规划和5个国别规划。

四、努力做好资金工作，增强协同发展能力

通过基本结算户、住房公积金等拓宽存款来源渠道，丰富存款品种，年末实现存款余额54.60亿元，增长63%；日均存款余额40.90亿元，增长122%。加强资金头寸管理，在确保流动性和安全性的前提下，运用还款、拆借、吸存等方式降低头寸，增加短贷循环利用，全年资金需求计划完成率94%，日均一级备付金率6%，低于上年4个百分点，实现拆借资金净利息收入412万元。发挥“投贷债租”综合协同优势，系统推进中间业务。承销省政府中期票据20亿元，并以此为契机，深化与省国投公司的合作，探索建立全省资本市场和产业发展融资机制。独家承销兰州城投15亿元企业债券，开创了省内城建领域利用资本市场直接融资的先河。推进金融合作，与工商银行签订战略合作协议，牵头组建兰州市南山路、国电兰州热电改扩建项目等银团贷款，

与兰州银行开展中小企业贷款合作，与新疆分行开展敦煌柳园风电场项目首笔系统内银团贷款合作。

五、提高全面风险管理水平，资产质量保持稳定

成功化解了一批不良贷款。按时保质完成了信用评级工作，加强风险管理能力评价指标的基础数据管理，评级数据质量位居前列，平均风险权重、信用风险预期损失率等指标显著改善。成立省分行操作风险评估和管理方案实施小组，通过推行操作风险管理工具，提高风险意识和识别、评估、判断风险事件的能力，完善全面风险管理，配合总行做好新巴塞尔协议的实施准备工作。配合银监局、稽核专员组等各项内外部检查，及时整改落实检查中发现的问题。继续加强合同管理，修订《信贷合同签订管理办法》，发布《合同修改参考》4期。加强涉诉风险防控，规范涉诉事件管理流程，制定《协助查询、冻结、扣划工作及涉诉事件管理办法》。全面清理、修编分行各项业务管理制度。

六、加强内部管理，提高运行效率

在经营管理方面，加强经营指标的调度和考核，建立健全绩效考核评价管理办法和体系标准；提高统计分析能力，统计工作荣获甘肃省2009年人民银行金融统计考核一等奖。在财会工作方面，加强费用管理和调度，编制《经费周报》和《经费分析及管理建议月报》；圆满完成税收自查任务；编制《财务报销手册》，开发工资条电子化发放程序，提高服务水平。在办公管理方面，推进“程序化、规范化、标准化”建设，切实加强保密管理和信贷档案管理；顺利完成各项重大活动和会议的筹备和组织工作；信息报送和督办工作得到进一步加强。在IT管理方面，开展信息科技风险、计算机保密隐患专项排查，支持信贷系统和客户关系管理系统建设，完成金宏、SWIFT等总行外汇系统上线；组织网上银行培训，协调做好客户网银系统的试用和推广工作，及时满足两网分离的设备需求。在后勤管理方面，做好甲流防控，加强外包物业服务监管，努力降低后勤成本，提高保障效率。对外宣传工作，紧紧抓住经办32亿元农户住房重建项目、省分行成立10周年、发放生源地助学贷款等有利时机，集中开展深度报道，有力宣传了分行形象，扩大了社会影响力。

七、发挥党建保障作用，推进干部人才队伍和团队文化建设

深入学习贯彻党的十七届三中、四中全会精神，扎实做好学习实践科学发展观活动整改落实和“回头看”工作，巩固和扩大学习实践活动成果。配合做好总行党建巡视工作，首次承办党建巡视片区座谈会。做好基层组织工作，3名预备党员转正并吸收5名同志入党，8名同志被确定为入党积极分子。狠抓党风廉政建设，开展多形式的党风廉政和反腐倡廉教育，建立客户回访制度，公布廉政监督电话接受监督和举报。从省分行发展全局和队伍建设的要求出发，对部分处室的分工进行合理调整，单独设立规划发展处、国际合作处和信息科技处，并按照总行干部轮岗的管理制度要求，本着促进省分行发展和干部成长的原则，大部分部门主要负责人进行了轮岗交流。加强中层干部队伍建设，充实员工队伍，7名副处长和7名处长通过竞争上岗走上新岗位，并招聘新员工14人。企业文化建设继续深入推进，经常性组织各类集体活动，成功举办省分行十周年联欢会、沙漠运动会、迎国庆联欢会和“五四”演讲比赛等活动，获得甘肃银行业“迎国庆·颂祖国”合唱比赛一等奖、国家开发银行西部片区篮球赛第三名，参加总行第一届文艺汇演，得到了各方广泛好评。加强对员工的人文关怀，落实重大疾病保险理赔和商业保险理赔工作，开展两批集体休假，员工队伍的凝聚力和归属感显著增强，工作中的团结紧张、轻松愉快的良好氛围逐步形成。

【规划研发】 一、全面完成规划任务。制定省分行《规划工作方案》和《规划工作实施细则》，初步建立职责明确、流程清晰和运行有效的规划工作管理体系。按照招标采购程序搭建规划外包合作平台，引进兰大经济学院和省发改委经济研究院等科研单位，内外结合，完成30余项规划新编与修编工作。推动建立省级规划合作机制，与省发改委签订《规划合作协议》，启动兰白、酒嘉经济一体化及综合交通、能源和社会事业等首批专项规划合作项目。

二、组建并发挥专家平台作用。制定省分行《专家平台管理细则》和《规划专家咨询业务暂行办法》，建立总、分行资源共享机制和省分行专家库，入库专家57名。配合相关处室为嘉峪关、兰州和白银三地市开展规划专家咨询业务。

三、按计划完成产品研发、案例编写等工作。完成总行研究院和金融学会《客户重要性指数项目设计方案》、《重大客户区域融资战略及风险控制研究》和《政策性金融支持甘肃灾后重建问题研究》等研究报告，以及《受灾农户住房重建》和《生源地信用助学贷款》两个案例编写的阶段性任务。

（王 科）

【国际合作业务】 按照省分行党委提出“坚持全行一盘棋，加强统筹协调，形成开展国际业务合力”的要求，建立了国际合作业务处牵头组织，借力实施总行、分行和国别组联动工作机制，国际合作业务取得长足发展。

一、完成工作组派驻和国情调研、国别规划工作。当年5个国别组全面完成派驻计划，驻外期间积极开展国情调研和国别规划工作，完成6个国家的年度信用评级；5个国家国情调研、国别规划和专项政策调研报告；及时、准确反馈项目信息，报送信息200余条，信息专报、政经分析和重要情况报告等近10篇；基本建立了信息采集交流的渠道。

二、全力落实高访成果，牙买加项目顺利实现贷款发放。经过长达半年的艰苦谈判，与牙买加开发银行正式签署协议，实现1 000万美元贷款发放，落实了国家领导人访问牙买加期间达成的高层共识，受到牙买加及中国驻牙买加使馆的高度肯定。

三、坚持规划先行，抢抓机遇推进国际项目合作。建立外汇贷款项目开发评审动态协调机制，对国别组跟踪的14

个重点项目按照所处不同阶段进行统筹调度。积极与总行美洲大区组及兄弟分行合作，争取参加各类银团项目。

（张　艳）

【风险管理】 一、按时保质完成信用评级工作。全年组织召开信用评级委员会会议25次，完成638项评级任务。审查并出具70余个客户及项目的风险边界判断意见。制订工作预案，有力保证评级器上线后评级任务的按时完成，提高了评级数据的准确性和评级结论的可行性。

二、风险管理制度建设进一步加强。适应总行评级改革，加强省分行与总行、省分行各处室之间的沟通，保证业务的正常开展。继续加强分行层面风险管理制度建设。制定《信用评级管理试行办法》，改进工作方式，加强了同各客户处的横向沟通；制定《信用评级委员会工作管理规定》，进一步明确分行信用评级委员会职能。

三、全面风险管理能力稳步提高。以季度风险分析为基础，继续加强分行整体信用风险的监控和预警工作。加强与总行全面风险管理处及兄弟分行风险处的沟通，提高信用风险管理水平。推动分行操作风险管理工作。成立分行操作风险评估和管理方案实施小组，通过推行操作风险管理工具，提高风险意识和识别、评估、判断风险事件的能力，完善分行全面风险管理，提高分行合规管理能力。以贷款资金流向开展自查和案件风险排查“回头看”等活动为契机，加强与总行稽核部门及外部监管部门的沟通。

四、逐步适应新协议实施变革。加强学习，适应外部监管。2009年银监会《商业银行资本充足率计算指引》和《商业银行资本计量高级方法验证指引》等文件下发后，省分行及时组织学习文件精神，随时调整相关业务，以适应监管要求。同时，及时掌握总行政策动向，及时沟通，紧跟总行步伐，随时调整工作策略，保证业务正常开展。

（翟剑虹）

【财务管理】 一、财会内控制度建设进一步完善，内控制度的有效性逐步显现。对《国际合作业务费用管理实施细则》、《反洗钱岗位职责》和《支付系统日常检查办法》等已有制度进行系统修订；及时制定《承兑汇票业务管理制度》、《即期结售汇业务操作规程》和《结算票证管理实施细则》等开办新业务所需要的财会制度。

二、财会人员主动服务意识明显增强。为了提高员工财务报销的效率，编制了《财务报销手册》，既方便员工查询报销规定，又规范了费用管理流程。实现工资条电子化发放。牵头拟定分行结售汇相关内控制度并向总行申请代客外汇买卖业务资格，办理相关资格审批手续，开通结售汇申报系统，顺利开办分行结售汇业务。

三、费用预算、管理方式得以转变，预算控制成效明显。每周编发《经费周报》，每月编发《经费分析及管理建议》，向行领导和相关部门动态反映费用支出，并通过费用折射出经营管理中存在的不足和问题，为进一步改进工作提供参考。此外，加快对费用开支情况的统计频率，提高了费用预算管理水平。

四、会计结算和服务功能更具完备。通过与商业银行、试点客户签订三方协议，创新现金代理方式，开立省分行首个基本存款户。组织网上银行操作实务培训，面向客户处举办网上银行系统宣介会，成功为首家试点客户配置了网上银行系统，经测试可满足客户日常资金结算需要。牵头制订省分行汇票业务推动方案，协助业务发展处制定一系列票据制度，成功开办银行承兑汇票业务。开通了结售汇申报系统，并配合各客户处开办多种创新业务，包括财务顾问、保险代理和保理等业务。

（包喜军）

【人事管理】 一、抓好基层党建工作。各党支部围绕分行党委提出的打造优秀团队的工作目标，积极开展业务研讨、文化体育和革命传统教育活动，基层党的组织建设得到进一步加强。

二、加强干部队伍建设。组织完成了分行处级管理岗位竞争上岗、处级干部试用期满正式任职工作及处级干部聘期满重新聘任工作；圆满完成员工招聘工作；通过干部交流锻炼员工队伍，当年派出交流干部13人，接收6人，同时还接收了9名开发性金融志愿者。

三、加强基础管理。全面落实全员培训工作，员工综合业务素质得到进一步提升；制定印发了分行考勤制度；对分行员工人事档案材料进行了整理归档和补充完善；组织员工填写相关人事信息并进行统一审核，完成了分行全部员工的工作经历、职务变动和所在岗位信息的录入工作。

（孙文喆）

【纪检监察】 一、充实纪检队伍，加强组织建设。加强纪检监察干部队伍建设，充实专职纪检监察干部、兼职纪检监察员力量，建立了一支纪律严明、作风过硬的纪检监察队伍。

二、坚持预防为主，开展作风建设。开展“艰苦奋斗、勤俭办行、廉洁办事、健康交往”专题教育活动，组织员工开展对外交往行为规范大讨论。坚持“一季一课”廉政教育制度，不断加强思想建设。培养和树立严谨的工作作风，制定下发《关于进一步加强作风建设的指导意见》。

三、狠抓制度建设，加强内部控制。分行党委与各处室签订党风廉政建设和反腐败工作责任书，组织每个员工签署《廉洁从业承诺书》。制定《2009年党风廉政建设工作任务分解意见》，将反腐倡廉建设工作责任到处（室）；实行谈话了解制度，重点了解员工所在处室有关人员在业务交往中的遵守纪律情况，以及员工对省分行纪委工作的有关建议和意见。建立客户回访制度，重点了解员工在业务交往中的廉洁自律情况和服务质量情况，听取客户对于提高服务质量的建议和意见。

四、力推联合监督，参与防腐试点。坚持“注重实效、服务大局、稳步推进”原则，建立了一般性监督和个别性监督相结合的工作机制。建立和完善社会举报监督机制，在省、市（州）主要报刊上发布公告，接受社会举报。坚持与省监察厅的联席会议制度，建立了紧密的工作联系。

（郭宏伟）

【工会工作】　一、构建和谐劳动关系。组织员工定期体检，邀请外部专家来行内坐诊咨询，保障职工的身体健康。继续加强职工食堂建设和管理，定期对食堂的运营情况进行公示，提高饭菜质量。改善办公条件，在办公区安装热水装置。组织开展形式多样的各类集体活动。

二、基层组织建设。改选部分工会委员，增加了委员数量，明确委员职责，建立委员AB角制度。改选工会小组长，调整工会小组，使工会工作与业务分工结合、与党支部设置结合。加强活动小组管理，对省分行成立的9个活动小组加强管理，明确各活动小组负责人，并动态调整，开展各项有益的健身活动，使小组活动常态化、制度化和规范化。

三、维权机制和帮扶机制建设。发挥职代会民主管理、监督职能，完善职代会制度，坚持行务公开，对省分行关系员工切身利益的事项多次组织职工代表讨论，征求全体员工的意见和建议，接受职工的监督。关心员工困难，看望生病员工及员工家属，对产妇员工进行慰问，对新婚员工送上祝福和全行员工的签名卡，对海外工作人员及家属和交流在外工作人员送上节假日的问候，帮助解决实际困难。

四、保障女职工权益。积极响应总行女工委的号召，支持女职工参加职工健身运动、爱心活动和女职工促安全活动。开展了女职工系列活动，举办女职工“三八节”庆祝、慰问活动，进行健康操锻炼和女员工舞蹈健身小组活动。

（窦世成）

农业发展银行甘肃省分行行长蔺秦生一行，深入兰州农副产品物流中心，开展非经营性项目贷款管理调研

中国农业发展银行甘肃省分行

行长　蔺秦生

【综述】　2009年，中国农业发展银行甘肃省分行在总行和省委、省政府的正确领导下，全面贯彻落实党中央、国务院"扩内需、保增长、保民生、保稳定"的一系列政策措施，努力增加信贷投放，从严防控信贷风险，为全省农业、农村经济发展做出了新的贡献。

各项考核指标完成情况较好。人均利润20.80万元，比上年增加0.06万元；资产利润率1.50%，比上年下降0.27个百分点；收入成本率20.56%，比上年下降0.63个百分点；不良贷款余额53 561万元，比年初减少1 231万元；不良贷款比例2.11%，比年初下降0.63个百分点；人（日）均存款447万元，比上年增加151万元；人均中间业务收入0.23万元，比上年增加0.01万元。

贷款投放大幅增加，信贷规模创历史新高。全年累放贷款147.70亿元，比上年多放22.24亿元，增长17.70%。年末各项贷款余额252.46亿元，比年初增加52.67亿元，增长26.40%。

中长期贷款增速较快，信贷结构进一步优化。短期贷款、中长期贷款占比分别从年初的82.30%、17.70%，调整为61.80%、38.20%。其中商业性中长期贷款占比高于全国平均水平14.40个百分点。

负债结构继续调整，资金自给能力不断增强。年末，各项存款余额79.84亿元，比年初增加26.05亿元；日均存款达到58.42亿元，比上年增加19.98亿元。

经营状况持续改善，内部收益稳步增加。实现账面盈利3.39亿元，比上年增加0.35亿元，较总行下达计划多盈利2.64亿元。

一、进一步加大信贷支农力度，支持新农村建设取得新成效

以省委、省政府贯彻落实2009年中央1号文件的实施意见为指导，坚持把促进全省农业农村平稳较快发展作为首要任务，紧紧围绕"稳粮、增收、强基础、重民生"，切实加大信贷支农力度，积极发挥骨干和支柱作用，有力地促进了全省新农村建设。

（一）全力支持储备体系建设。累放粮油储备贷款4.59亿元，支持企业轮入粮油3.50亿公斤，新建市、县级粮油储备0.42亿公斤；累放调控贷款1.55亿元，新增国家临时存储油菜籽0.38亿公斤；划转贷款7 517万元，跨省移入最低收购价粮1.80亿公斤。累放肉、化肥等专项储备贷款3.36亿元，比上年增加1.34亿元，增长66.30%；支持储备猪肉1 970吨、冻牛羊肉600吨、化肥12.57万吨。

（二）大力支持粮棉油购销。累放粮棉油收购、调销和流转贷款53.37亿元，支持收购调入粮油32.92亿公斤，棉花175.61万担。同时，发挥系统优势，采取购销联营、工商联营等多种措施，积极帮助企业促销压库。累计销售粮油34.64亿公斤、棉花207.46万担；实现粮棉油销售收入73.27亿元，收回贷款71.40亿元，收贷率达97.40%，比上年提高8.10个百分点。

（三）重点支持农业综合开发和农村基础设施建设。累放贷款61.59亿元，比上年增加28.76亿元，增长87.60%；支持项目168个，增加81个，比上年增长88.50%。其中：农村能源项目9个，农村流通体系和农业生产资料项目30个，非经营性农业农村基础设施建设项目52个，农业生态环境建设项目1个，农村路网项目20个，县域城镇建设项目25个，农业科技项目3个。

（四）择优支持特色农业产业化经营。向68户重点龙头企业和精深加工企业发放贷款19.96亿元，比上年增加8.66亿元，向91户小企业发放贷款2.30亿元。

（五）强化客户营销与服务工作。分别与天水市、临洮县等16个市、县（区）政府，以及省交通厅等部门签订了业务合作协议或达成合作意向。成立平川区支行，开办国际业务，推广收购资金非现金结算，初步形成以综合业务系统、银行卡和网银为手段的现代支付体系，提高了服务水平。

二、强化信贷基础管理，风险防控工作得到加强

从完善制度、强化信贷基础管理入手，以不良贷款清收处置为重点，细化措施、落实责任、加大考核、明确奖罚，努力将信贷风险控制在可承受范围之内。

（一）积极推进信贷制度建设。成立信贷制度整合小组，修订和完善计划、客户、信贷、财会和风险等22个专业制度办法。认真开展重要信贷管理制度按月督导和2009年重点工作综合督导检查，对信贷制度落实中存在的问题及时进行了整改。

（二）全面加强信贷基础管理。对1 206户企业进行信用评级，对967个客户进行统一授信，核定内部授信额度285.40亿元，分别比上年增加221个、167.90亿元，增长29.60%和142.90%；按照客户价值对620个客户进行分类排查，确定重点支持、一般支持、有限支持和退出客户分别为246个、233个、106个和35个。及时调整充实省分行贷审委组成人员，全行设立15名贷款独立审查官；全年省分

行共审查、审议项目197个，金额86.45亿元，同比增加35个、22.19亿元；提示风险532项，审查有关法律事项226件。全面推行信贷业务责任管理和客户经理尽职记录，深入做好各类贷后检查的整改工作。认真落实抵质押担保制度，全行抵质押担保贷款余额132.17亿元，占比52.30%，比上年提高了8.70个百分点。

（三）进一步完善风险管理机制。建立健全风险管理工作机制，完善风险监测预警机制，全年开展风险排查2次，报告重大贷款风险事项5起，向12个二级分行下发红色、橙色和黄色等风险提示25次。强化内控机制建设，重点围绕权、钱、人等关键环节和关键岗位，健全内部监督制约制度，内部权力运行机制得到进一步完善。全年召开党委会、行务会86次，召开资产保全、财务审查和内部监督委员会28次，开展审计署审计前自查自纠工作和各类审计4次。上收不良贷款较多、清收不力的5个二级分行部分贷款审批权。积极开展大额存款、银行承兑汇票、账户管理和反洗钱等风险点排查工作，认真整改检查发现的问题，确保了全行合规经营。

（四）大力清收处置不良贷款。全年集中开展风险大排查2次。综合运用预案管理、专项治理、银政协作、依法清收和呆账核销等多种措施，累计清收不良贷款16 990万元，完成总行下达清收任务的2.08倍，申报核销呆账8 167万元。

三、健全完善经营机制，管理水平有了新提高

针对利差收窄、财政补贴利息不确定性增加、企业收息难度加大和信贷投放不均衡等不利因素，以加强财务收支管理为重点，进一步完善经营机制，调整负债结构，扩大生息资产规模，严控经营成本，业务经营取得了显著成效。

（一）加强激励约束机制建设。修订完善经营绩效考评办法，取消二级分行考核分组，实行全行考核统一排队。制定了县级支行等级行管理办法，开展二级分行经营基础管理平台改革试点，完成县级支行岗位绩效考核和员工双向选择竞争上岗改革，市、县行改革稳步推进。全面实行员工岗位绩效考评办法，严格执行信贷、资金管理等四个违规处理办法及违规行为经济处罚规定，积极推行员工违规积分管理，经营机制得到进一步完善。

（二）积极调整负债结构。积极扩大县域存款业务范围，加大存款的组织力度。积极开展同业合作，先后成功营销同业存款15笔、44.59亿元。强化系统内借款管理，尽量减少闲置资金占用。全年月均头寸占用4 312万元，同比下降804万元；资金运用率109.79％，同比提高6个百分点。

（三）加强信贷计划管理。积极发挥计划调控和优化信贷资金配置作用，坚持信贷计划弹性管理，对政策性及准政策性贷款计划需求，据实核定限额；商业性贷款计划重点向中长期贷款项目和管理好的行倾斜，全年信贷计划执行率达99.80%。下发商业性贷款定价实施细则，把贷款利率定价作为贷款审议审批的必要环节，实现了贷款定价的规范化和制度化。

（四）加强财务收支管理。坚持把发展作为改善经营的重要手段，积极增收节支。全年实现账面利润33 906万元，同比增盈3 522万元，增长11.59%，完成总行下达利润计划的4.50倍，是建行以来盈利最多的一年。

（五）重视自身基础设施建设。认真执行总行基建管理规定，积极解决部分市、县行基建问题，对已批复的4个行基建项目加快工程建设进度，对13个市、县行提出解决意见。根据业务发展需要，购置配备各类资产1 520台（套、个）。年内建成县级支行网络视频会议系统和省、市行机房集中控管系统与综合业务系统，CM2006二期项目顺利推广上线。开展保卫和安全生产管理工作检查，及时消除安全隐患。

四、坚持以人为本，组织队伍建设有了新进展

认真学习贯彻党的十七届四中全会精神，着力加强领导班子和队伍建设，为改革发展提供了坚强保障。

（一）狠抓学习实践科学发展观活动整改方案落实。认真组织“回头看”，督促落实整改方案，集中解决存在问题，巩固和扩大了学习实践活动成果。

（二）加强领导班子建设。以先进性建设和能力建设为重点，对11个二级分行领导班子、10个省分行机关处室的负责人以及15个县级支行“一把手”进行了调整，完成省、市两级行中层干部到期重新竞聘上岗工作，各级行班子结构得到优化。

（三）大力加强员工队伍建设。全年举办各类培训班177期，累计培训员工10 479人（次）。其中选派134人（次）中高级管理人员赴国内外进行高层次培训，培训力度为历年最大。积极鼓励员工参加系统内外资格考试和在岗学历教育，全行共有161人获得银行业从业资格证书和银行风险与监管国际证书等国家认可的资格证书。

（四）高度重视党风廉政建设。认真落实党风廉政建设责任制，建立完善惩治与预防腐败体系，严格落实各项廉政制度，组织开展“遵章守纪、合规经营”专题教育活动，并进行案件排查，全行没有发生案件和严重违规违纪问题。

（五）加强思想政治工作和企业文化建设。认真落实员工思想状况定期分析制度。全面推进制度文化、专业文化和行为文化建设。加强基层行职代会建设。大力开展文明创建活动。全行有2个单位、6名个人分别获得国家级和总行级荣誉称号，省分行代表队在全国农业发展银行财会技能比赛中获得二等奖。

【体制改革】 一、结合实际开展中层干部竞聘上岗。一是对各级行中层干部空岗均实行竞聘上岗。全年审查各二级分行空岗竞聘方案10个，办理请示、报备的科级干部任免事项的审查审批手续223人，其中任免县级支行领导班子成员58人。二是认真组织开展省、市两级行中层干部到期重新竞聘工作。严格按照省分行机关中层干部聘任到期重新竞聘上岗实施方案规定的程序开展竞聘工作，共有24人参加了重新竞聘，其中对8名在同一岗位时间较长的处级干部进行调整，8人成功竞聘到了上一级岗位。及早安排部署二级分行机关正、副高级主管聘任到期重新竞聘工作，13个二级分行在年底前顺利完成竞聘工作。三是做好省分行机关高级业务岗位竞聘工作，研究制定了省分行机关高级业务岗位竞

聘上岗实施方案，经向总行报备同意后组织实施，共8人参与了竞聘，4人成功竞聘。

二、扎实有效地推进县级支行改革。一是把深化县级支行改革作为“一把手”工程，行领导带队到景泰、陇西等地进行专题调研，亲自参与改革工作的全过程。实行“一行一策”的改革思路，在岗位系数设置上突出工作量大小、责任大小、风险大小、技术含量、可承受度和群众认可等六个重点；在竞争上岗上坚持全员竞聘、人尽其才、公开、公平、公正和尊重第一志愿的原则，为改革工作的顺利进行提供了坚强的组织保障。二是在试点和召开改革现场会议的基础上，印发了深化县级支行岗位绩效考核和推行员工双向选择竞争上岗改革的实施意见，改革工作全面推开。全省41个县级支行如期完成了改革工作，612名在岗员工全部参加了双向选择、竞争上岗，占应参加人数的100%。三是签订《员工履行岗位职责承诺书》，切实增强了履行岗位职责的责任意识。全年共安排深化县级支行改革专项增资317 160元，巩固和扩大了改革成果。

三、认真抓好岗位绩效考核。及时研究制定了岗位绩效考核实施细则，督促各处室认真抓好月度岗位绩效考核，切实发挥岗位绩效考核对推动工作的激励导向作用。年末，组织机关各处室严格按照实施细则的规定内容，开展了岗位考核、民主测评、纵向评价和横向评价，汇总统计出了省分行机关31名处级干部和52名高级业务岗位及以下员工的年度岗位绩效考核得分，岗位绩效考核工作扎实有效。

四、着力打造二级分行经营管理基础平台。研究下发了《关于加强二级分行经营管理基础平台建设的意见》，从优化客户营销、信贷管理和风险管理工作流程入手，以成立贷款调查、审查及风险防控三个中心为核心，在减少管理环节、统一调配辖内力量、合理上收县级支行的部分管理职能和强化资源配置等方面进行了有效探索。并在白银、天水、定西和武威4个行开展了打造二级分行经营管理基础平台的试点工作。

五、不断优化基层机构布局。根据总行相关批复，按规定撤销了嘉峪关市分行营业部，增设白银市平川区支行，对拟增设的静宁县支行和成县支行进行了调研论证。

(丁国锋)

【信贷资金计划管理及中间业务】 一、改进计划分配方式，促进信贷结构调整。认真贯彻执行国家“扩内需、促增长”的宏观调控政策，大力改进信贷计划分配方式，调整信贷投放结构，提高规模使用效率。年末，各项贷款252.46亿元，比年初增加52.67亿元，完成下达计划的99.80%；商业性贷款占比由年初的34.50%上升到51.28%，中长期贷款余额达到96.37亿元，占比由年初的17.72%上升到36.72%。

二、强化日常调度管理，提高资金营运水平。按照“区别对待、分类管理、计划调度、合理定价”的原则，对政策性和商业性资金需求实行不同供应方式，对不同期限的借款实行不同的利率标准。坚持借款计划与贷款投放、粮棉油收购和财政资金拨付进度有效衔接，努力提高资金营运管理水平。完善应急处置隔夜头寸拆借机制，严格遵守同业清算、大小额支付系统各项管理规定，切实防范清算账户透支风险。全年共审批下拨资金1 403笔，归还资金442笔，轧差后净下拨资金29.69亿元；借款计划偏差率同比下降23个百分点，月均头寸占用同比下降804万元，资金运用率同比提高6个百分点。

三、加强保险代理管理，推动中间业务发展。强化保险代理业务资质管理，为全辖45个机构申请换发、新办了《保险兼业代理业务许可证》，确保代理资质的顺利延续；组织保险代理从业人员参加资格考试，合格率达到83.33%，各机构取得从业资格的人数均达到监管部门要求；加大保险代理业务规范力度，促进代理业务健康持续发展，积极推动国际结算、人民币结算和担保类中间业务发展。国际业务开局良好，中间业务稳步发展。全年实现中间业务收入303万元，比上年增加19万元，增幅6.70%。

四、加强存款组织管理，努力改善负债结构。准确把握存款业务范围和管理要求，根据银监会批复开办了县域内公众存款；认真落实“监管保存、封闭管理”要求，从制度上确保存款资源不流失；实施“服务增存，以贷引存”措施，大力营销涉农财政资金和企事业单位存款；紧盯利率市场走势，密切与同业沟通合作，积极组织同业定期存款；建立存款风险滚动式检查制度，促进存款业务稳健发展。年末，各项存款79.84亿元，较年初增长48.43%；日均余额达到58.42亿元，较上年增加19.98亿元；存款平均余额占负债的比重由年初的23.81%上升到29.60%。

五、认真落实国家惠农政策，积极履行代理拨付职能。加强与财政厅及农口部门沟通与配合，认真落实国家财政惠农支农政策，切实履行财政补贴资金代理拨付职能，确保各项支农资金及时顺利拨付。全年审核拨付各项财政补贴资金238笔、36.20亿元，综合拨付到位率96.50%，其中：农资综合补贴资金14.80亿元，农民直补资金2.50亿元，退耕还林粮食补助资金17.60亿元。

(任　劼)

【粮油客户营销管理】 一、落实国家政策，加强收购资金供应。一是及早组织开展粮油收购贷款资格认定工作。全省确认收购贷款资格企业560户。二是积极支持储备体系建设。发放各级储备贷款5亿元，支持储备、轮换粮油3.50亿公斤，收购临时储存油料0.40亿公斤，跨省移入粮食1.80亿公斤，划转中储油贷款3.10亿元。三是大力支持多渠道收购。积极支持符合贷款条件的各类粮食企业入市收购，保证收购顺利进行，保护了农民利益。累计发放粮油收购、调销贷款41.20亿元，支持收购调入粮油29.40亿公斤，同比增加1 174万公斤。四是加强粮油促销收贷工作。全年累计销售粮油34.60亿公斤，其中销售2008年度企业自主收购小麦5.10亿公斤，玉米3.50亿公斤，购销比分别为88%和96%；收回贷款8.80亿元和5亿元，贷款收回率分别为85%和97%。

二、审慎积极营销，加快业务均衡发展。一是加强行业支持指导和规划。起草下发《关于积极支持全省草食畜牧业发展的意见》和《关于大力支持我省农业科技成果转化和产业化的意见》，为做好畜牧业和农业科技贷款营销与管理提供指导。二是实施区别对待的信贷政策。重点支持“机制好、资信好、效益好”的三好企业和成长性强、带动面广、有核心竞争力的黄金客户与优质客户，逐步退出经营亏损、风险较大客户，贷款客户结构和贷款结构进一步优化。累计退出贷款客户27个，年末全行支持龙头企业中AA－级以上客户占比达到50%以上，政策性、准政策性、商业性贷款占比由2008年的42%、40%、18%调整为43%、38%、19%。三是大力推行个性化和差异化服务。首次采用公开授信方式对总行级黄金客户武威红太阳面粉有限责任公司公开授信1.80亿元，首次对2个优质老客户发放中期流动资金贷款0.80亿元。

三、加强信贷引导，促进特色产业升级。充分利用甘肃省马铃薯和啤酒大麦列为收购贷款的信贷优惠政策，坚持统筹规划、好中选优，集中信贷资源，实施“扶大、限中、淘小”战略，促进马铃薯和啤酒大麦产业升级。全年发放啤酒大麦收购贷款8.10亿元，支持企业收购啤酒大麦4.60亿公斤；发放马铃薯收购贷款3亿元，支持企业收购马铃薯3亿公斤；发放畜牧养殖业贷款2.10亿元。

四、狠抓基础管理，有效降低信贷风险。一是认真做好清仓查库库贷核查工作，进一步夯实粮油信贷底数。二是积极开展客户分类排查及分级排队工作，分析贷款使用情况，明确信贷支持、风险防控的重点和措施。三是全面做好贷款尽职操作和管理工作，全省共按《尽职记录》管理客户796个，贷款总额85.20亿元，使用《尽职记录》管理客户数与贷款数均为100%。

五、加强调研培训，提高信贷服务水平。发挥自身优势，加大员工培训力度，集中开展行业分析，灵敏捕捉最新粮油生产、供求、质量等重要信息，为客户提供战略规划、市场研判、财务顾问及上下游客户信息，最大限度地为客户创造价值，实现重要客户零流失。

（付　平）

【棉花、生产资料等客户营销管理】 一、切实加强棉花收购资金供应与管理，发挥了主渠道作用。坚持把做好棉花收购资金供应与管理放在工作首位，确保棉花收购平稳进行，维护了棉农利益。严格落实棉花“双线”管理，积极支持企业开展收购。2009棉花年度累计投放收购调销贷款124 147万元，支持收购、调入棉花172.68万担。积极做好上年度棉花促销，32家企业实现贷款本息“双结零”目标。

二、配合国家完成专项储备计划。适时投放国家储备肉贷款4 611.50万元，支持收储国储肉2 570吨，有力配合了国家及甘肃省对猪肉市场的调控，保证了市场稳定。

三、加大生产资料贷款投放力度，有效支持了农业生产。全年发放化肥储备贷款29 000万元，支持收储化肥125 711吨，在支持农业生产、稳定化肥农资市场方面发挥了显著作用；积极拓展农资信贷支持领域，向具有一定实力的农机具、农药和农膜经营企业提供信贷支持；发放其他农业生产资料贷款5 000万元，支持购进农机具252台，购入农药、农膜860吨，保证了备耕物资的供应；支持其他产业化龙头企业发展，2009年末，糖丝麻烟产业化龙头企业贷款余额800万元。

四、加大客户营销力度，大力推进农村流通体系建设。累计投放农村流通体系建设贷款31 380万元，支持项目17个，其中农副产品批发市场项目9个，农产品物流中心和农村日用消费品配送项目8个。贷款客户较上年度增加16个，农村流通体系建设贷款业务取得较大发展，贷款额度增长较快，中长期贷款较年初增加26 200万元，增长近4倍。

五、加强信贷监督管理，不断增强风险防控能力。认真落实棉花收购贷款资格审查和农业生产资料企业准入制度，对35家棉花收购企业和5家农业生产资料企业的贷款资格进行了认定；强化贷款发放管理，认真监督落实贷款批复条件，推行棉花库存第三方监管，始终把对企业实物库存和资金流的监管贯穿信贷工作的全过程，严格贷款、资金、实物三个环节的监管；坚持按使用进度审批、发放贷款，确保了信贷资金支付使用的合规性；加强对棉花销售货款的监督管理，确保销售货款及时回笼归行，足额收贷收息。进行客户分类排查，共组织排查企业54家，确定重点支持企业17家、一般支持企业18家、限制支持企业11家、退出企业8家；开展专项库存检查和贷后评价工作，对发现的问题及时通报，督促整改，努力把各种风险隐患消灭在萌芽状态，提升了风险防控水平。

（白文耀）

【农村基础设施建设和农业综合开发客户营销管理】 一、贷款业务快速发展，支农成效显著。2009年，累计发放农村基础设施建设和农业综合开发等贷款58.20亿元，同比多增29.28亿元，成为全行贷款的主要增长点之一，其中，农村基础设施建设贷款32.93亿元，新支持项目35个；农业综合开发贷款1.99亿元，新支持项目6个；农业小企业贷款2.30亿元，新支持农业小企业64家；非粮棉油产业化龙头企业贷款15.84亿元，新支持非粮棉油产业化龙头企业20家，直接带动种植、养殖基地194.05万亩。年末，贷款余额为101.39亿元，其中农村基础设施建设贷款余额为57.96亿元，农业综合开发贷款余额为3.46亿元，非粮棉油产业化龙头企业贷款余额为15.81亿元，农业小企业贷款余额为2.88亿元，县域城镇建设贷款余额为15.81亿元。

二、加强客户营销，重点项目取得突破。一是制定全年客户营销计划。根据当地农业和农村经济发展情况、农业开发和农村基础设施建设规划，主动走访政府相关部门，了解正在建设和准备建设的重点项目，制订了年度营销计划，根据项目投资额度，分地区、分企业排队，按照项目建设进度、资金需求情况及营销难度，制定了营销方式和措施。二是加大客户营销力度。积极同发改委、财政、农业、交通、电力等部门及企业衔接与沟通，对于重点项目采取三级行联合与同级政府互动形式，通过召开银政（企）座谈会、项目推介会等方法，分层次、分步骤多次进行营销，目前在优质项目营销上已取得了突破。三是加强项目库管理。按待调查、已调查、待审查、已上贷审会、已过审批流程和已审批不再发放贷款六种类型进行细分项目库，按旬调整，实施动态管理，及时了解各条线部门项目营销和贷款投放进度。

三、强化基础管理，有效防控贷款风险。一是严把贷款准入关。根据“审慎稳妥、好中选优”的原则，将项目立项审批手续是否合法、合规，项目的资本金比例是否达到标准，项目第一还款来源是否可行等作为评判贷款准入的先决条件，并要求专业条线部门参与农业小企业贷款报备审查过程，帮助二级分行把好小企业准入关，共退出了农业小企业10家。二是严格贷款的发放和使用。认真落实贷款批复条件，严格规范贷款和担保手续，确保合法、有效。加强贷款使用环节的监控，项目贷款采用了报账制，认真审查客户资金使用的原始凭证，确保资金使用方向符合合同约定。三是强化贷后检查与管理。对项目资本金没有到位的督促客户及时到位。对贷款附件资料整理不规范、企业现金流监测不严、个别行贷后监管松懈的情况，采取了相应措施，进行了限期整改。

（丁永平）

【信贷管理】 一、加强信贷基础管理，强化信贷政策制度执行力。修订完善信贷业务等方面的制度办法22个。全面推行信贷业务责任管理、贷款管理尽职记录、信贷资金账户管理、支付监管和信贷业务流程化管理，强化贷款用途管理，建立贷款独立审查官制度。积极推行民营企业法定代表人个人资产抵质押担保和无限连带责任保证担保。制定下发《中国农业发展银行甘肃省分行信贷政策实施细则》，细化了信贷保证支持、重点支持和限制支持的行业、区域与客户政策要点。

二、加快信贷审查审议，办贷效率明显加快。实行贷款审查时限制，从县级支行贷款受理到省分行审批各环节实行限时办贷。同时加强了利率定价审查和法律审查工作，通过审查，保证了利率定价和担保事项的规范化操作。2009年，省分行和二级分行共审批信贷业务989笔，金额154.43亿元。其中，省分行审批信贷业务197笔，金额86.45亿元；二级分行审批信贷业务792笔，金额67.98亿元。

三、推进评级授信工作，控制作用发挥显著。积极推动系统评级授信模块的上线运行，制订了客户评级、授信实施细则。全行共对包括担保企业在内的1 275家企业进行了集中评级，其中AAA级企业5家，AA+级企业22家，AA级108家，AA-级企业45家，A+级、A级和A-级企业分别为296家、321家和95家；BBB+级企业12家，BBB级企业125家，BBB-级企业35家，BB级企业102家，B级企业109家。共对1 144家企业进行了授信，授信总额331.32亿元。在授信过程中，严格控制特别授信，仅对4家企业追加了特别授信额度0.59亿元，较2008年减少99家18.17亿元。

四、加强信贷电子化建设，提高信贷管理科技水平。完成了CM2006系统二期投产工作，规范了全行业务系统办理流程，充分发挥CM2006系统的管控作用。2009年，通过系统发放各类贷款944笔，金额累计123亿元。同时，进一步做好了人民银行征信系统接口模块的正常运行工作，确保全省各行征信接口系统正式上线运行。

五、加强监测检查工作，识别防控信贷风险。对信贷运行与管理状况进行了全方位、多维度实时动态监测分析，及时识别、计量、预警提示整体信贷风险。及时印发了《信贷业务运营分析报告》、《省分行和二级分行信贷审批分析》、《客户信用等级评定情况分析》和《统一授信分析报告》。加强信贷政策制度落实情况的检查、在全系统组织开展了信贷制度落实情况现场检查，包括以信贷资金支付为主要内容的政策制度执行情况检查、信贷风险“回头看”自查，并通过对现场检查工作中发现的问题进行整改，提升了风险控制能力。

（陈旭明）

【资产质量管理和风险管理】 以实现不良贷款“双降”为目标，进一步完善风险管理机制，严格控制新增贷款风险，加大不良贷款清收处置力度，剔除政策性因素，全行不良贷款继续实现“双降”。年末，全行贷款余额252.46亿元，按五级分类划分，其中正常贷款247.10亿元，占97.89%，较年初增加561 639万元，上升0.63个百分点；不良贷款53 561万元，占2.11%，较年初减少1 231万元，下降0.63个百分点。

一、加大清收力度，不良贷款管理工作成效明显。制定不良贷款管理实施细则，重点落实贷款风险专项治理、预案管理、分片包户督导、约谈通报、考核奖惩和停职、停贷、停薪追究等管理措施。组织38个市、县机构开展了贷款风险专项治理，对不良贷款余额较大、新增较多的4个二级分行进行了约谈，对余额在1 000万元以上的不良贷款进行了包片督导，对庆阳、平凉等行不良贷款清收工作进行了重点督导。通过蹲点清收、依法收贷、政银合作和申报核销等途径，清收处置不良贷款2.50亿元，其中现金清收1.70亿元，为总行下达清收任务的2.08倍，是近几年现金清收最多的一年。

二、优化管理手段，风险监测预警水平进一步提高。CM2006系统二期成功上线并平稳运行，为实现风险在线适时监测提供了技术平台。建立推行贷款风险排查制度，完善重大险情限时报告制度，省分行2次排查处置风险贷款3.70亿元，加大风险提示力度，向12个二级分行下发风险提示25次，涉及风险贷款7.30亿元。进一步加强贷款风险五级分类管理，试行贷款风险十二级分类管理，建立损失类贷款向总行审批报备制度，全年共审查认定分类不良贷款85户企业、193笔、6亿元。

（三）改进法律服务，对业务经营的支撑和保障作用明显增强。深化基本转授权和差异化转授权管理，促进了业务经营的健康发展。制定实施信贷业务法律审查办法，积极开展法律咨询服务，省分行共审查信贷业务事项45件，排除法律风险点47处。加强经济纠纷案件管理，严格案件报告审批制度，深入开展积案清理活动，新发生案件12件，涉案标的5 724万元，结案15件，收回贷款本息1 720万元，年末未结案件16件，涉案标的9 751万元。

（四）完善担保管理，抵御风险的能力进一步提升。积极推广林权抵押担保，规范民营企业法定代表人个人资产抵质押担保和连带责任保证担保，明确超权限押品评估、审查及执行有关措施，重新公布超权限押品社会评估机构名单，适时开展押品价值重估工作，有效提高了贷款第二还款来源的保障度。年末，全行担保贷款余额132.17亿元，比年初增加76.10亿元，占贷款总额的52.30%，比年初上升8.70

个百分点。其中：抵质押担保贷款108.33亿元，比年初增加45.25亿元，贷款覆盖率229.40%，比年初上升28.70个百分点。

（周金明）

【财务管理】 一、完善激励约束机制，推动业务有效发展。一是修订经营绩效考评办法，实行全行大排名，提高费用与业绩的挂钩比例，进一步增强考评办法的导向作用。二是下发县级支行等级行管理办法，将县级支行划分为三个等级，与业务管理费用、资产购置指标和年终奖金分配等挂钩考核，有效地调动了县级支行经营积极性。三是加强财务收支管理，努力提高经营效益。打造阳光财务，按照公开、公正、透明原则，向业务发展、向基层行倾斜。落实收息责任制，全年贷款利息收回率达到98.02%，同比上升12.83个百分点。全年实现经营利润33 906万元，超过总行下达财务计划的3.50倍。

二、加强资产管理，改善自身基础设施建设。一是积极解决部分市、县行基建问题。对已批复的4个行基建项目加快工程建设进度，对13个市、县行营业办公用房提出解决意见，对历史遗留问题和申报不规范问题积极整改，基建管理得到加强。二是合理有效配置资产，改善办公条件。全年安排资产指标1 468万元，共购置配备各类资产1 520台（套、件），进一步改善了全行营业办公条件，提高了科技支撑能力。三是加大闲置资产处置力度，优化资产结构。全年处置因地震损毁及农业银行划转房产4 610平方米，处置车辆21辆，报废处置折旧已提足的电子、办公设备1 616个，减少了非生息资产占用。四是配合保险公司认损和理赔地震损毁的固定资产348万多元；完成固定资产统保投保工作，覆盖面达到100%，提高了全行资产风险保障度。

三、丰富结算手段，增强综合服务能力。一是全面推广实施综合柜员制。举办2期柜员制培训班，培训机构面达100%；加强流程和岗位管理，推广应用会计远程监控系统，确保45个对外营业机构全面实行综合柜员制，成为全国农业发展银行首批切换成功的10个分行之一。二是全面推广收购资金非现金结算。在做好与工商银行合作业务的基础上，推广收购资金非现金结算业务。三是强化监管，确保各系统安全稳定运行。精心安排部署，综合业务系统平台前移和新功能顺利上线，全年处理账务541 730笔，运行平稳无责任事故。

四、切实抓好基础管理，不断提高财会工作水平。一是结合实际，制定下发了各条线8个制度，规范业务操作行为，保证了各项工作的规范运行。二是加强组织领导，强化监督检查。三是继续搞好教育培训，提高财会队伍综合素质。组织全辖各级行积极开展财会业务技能竞赛，选拔人员参加全国农业发展银行比赛，取得了二等奖的好成绩。四是坚持统筹兼顾，抓好其他重点工作。圆满完成了2008年全省决算报表汇审上报和2009年年终决算工作；结算及账户管理和反洗钱工作水平稳步提高。

（白　静）

【国际金融业务】 随着全行业务范围和服务领域的不断拓展，为客户提供国际金融服务已成为丰富金融产品、完善服务功能不可或缺的重要组成部分。2008年9月，建立外汇业务工作机制和业务流程。2009年7月，正式开办国际业务，共办理国际结算业务90笔，结算金额458万美元，结售汇业务75笔、金额398万美元，平均收益率为1.65%。一是狠抓外汇业务普及工作，加大营销力度。省分行成立了外汇业务领导小组，下发了《关于加强外汇业务营销工作的意见》，各级行结合当地实际，根据开办的业务产品，积极推行人民币贷款、贸易融资、结算和资金产品等一揽子营销策略，逐步形成“本外币一体化”营销的格局，有效促进资产负债业务与中间业务、本币与外汇业务的良性互动和优势互补；强化宣传，扩大影响，组织人员编印下发了《外汇业务文件汇编》和外汇业务宣传折页。二是加强业务规范化管理和培训。按照“开办业务，制度先行”的原则，根据总行相关文件，结合实际，先后制定了国际业务操作流程、岗位职责、业务委托办理流程和业务单证管理制度等16个国际业务制度，为国际业务顺利开办提供了制度保障；组织国际结算、外汇资金和外汇会计人员参加总行培训及兄弟行跟班培训学习18人（次），提高了国际业务人员的业务素质。目前，全行国际业务的工作机制、业务流程和操作规程已全面建立，业务人员的业务能力与操作水平在实践锻炼中得到了提高。国际结算系统与行内综合业务系统接口项目已顺利上线，外汇结算款项做到了当即接收、当即结汇、当即汇入企业所在地农业发展银行的账户，充分保证了企业资金的及时周转。

（白　静）

【内部审计】 一、认真做好审计实务工作，切实发挥内审的监督和保驾护航职能。先后组织开展审计署审计前的自查自纠和全省序时审计，完成21位处级干部和41位科级干部的领导干部任期经济责任审计，累计投入724人（次），268个工作日，审计发现问题137个，涉及贷款金额12.91亿元。同时，派出业务骨干10人参与总行组织的主要信贷制度执行情况专项审计。

二、精心组织审计项目，确保审计质量。每个审计项目组织精心，程序规范，做到了审前精心准备、审中严格实施、审后及时报告的“三到位”。审计项目开展前，严格按照质量控制要求，制定审计方案和工作计划，将任务分解落实到人；现场审计中，采取销账式的逐笔核查核对、不同环节交叉取证、手工记录与电子记录相互印证的审计方法，按照交叉复核、主审复核和审计组长复核三级复核制度，落实现场审计责任制；审计结束后，确定专人审核、汇总审计情况，分地区撰写审计报告，提出初步审计意见，向被检查行反馈。

三、运用计算机辅助审计（CAA）系统，创新审计方式。根据CAA系统所提供的线索，运用现场审计和非现场审计相结合的方式，通过现场核实贷款风险保证金未及时到位、收购贷款缴存风险金、五级分类不准确、贷款转定期存款和抵押合同期限短于贷款合同期限等CAA线索反映的问题，改变了传统的审计模式。

四、狠抓整改与处罚双管齐下，杜绝屡查屡犯。对各类检查发现的问题进行“回头看”，起草《各类检查发现问题分析报告》；对近三年检查发现问题进行了归类和统计，建立整改台账，动态登记整改进度。全年累计整改问题230个，涉及金额16.03亿元，对涉及的相关单位和责任人实施经济处罚4.80万元。

五、多措并举，加强内审自身建设。起草《甘肃省分行审计项目操作流程（试行）》等5个制度办法，进一步规范审计项目管理；修订《甘肃省分行内部审计工作考核实施细则》，科学量化考核指标，做好全辖内审条线考核；举办各类审计培训班3期，累计培训161人（次），进一步提高内审队伍工作水平。

（密　海）

【农业政策性金融调研】　一、加强对系统调研的指导工作。印发2009年度调研课题计划，按照“分散调研、分片研讨”的思路，将确定的27个重点调研课题，分解落实到14个二级分行和省分行机关各处室，加强督促催办，各项课题全部完成。

二、认真做好重点调研工作。配合行领导赴市、县行及开户企业调研16次；配合总行研究室做好关于农业发展银行外部配套改革的调研，向总行研究室报送了3篇书面调研材料；配合人民银行兰州中心支行开展了对农业发展银行的改革调研，提交了《农业发展银行改革调研报告》。高度关注国际金融危机的发展变化，加强对全省农业特色产业行业，尤其是农业发展银行贷款集中度较高的产业行业的分析工作。在对马铃薯产业深入调查分析的基础上，编发了《马铃薯加工行业发展面临的三大矛盾》的情况反映。组织有关行开展专题调研，编发了关于干酪素、面粉加工等行业的调研报告4篇，为领导决策提供了依据。

三、做好调研成果转化工作。共编发《调查与研究》7期，交流调研成果10篇；在《决策与参考》、《农业发展与金融》、《粮油市场报专版》和《甘肃金融》等报刊发表调研文章5篇；组织申报“甘肃省第四次金融科研优秀成果奖”评选文章10篇。

（张振军）

【宣传思想工作】　一、加大对外宣传工作力度。紧紧围绕全行中心工作，完善宣传机制，做好重点宣传，努力为全行改革发展营造良好的舆论环境。全年共在各类新闻媒体刊登稿件240篇，其中在省级以上新闻媒体刊登稿件190篇，分别比上年增加14篇和64篇；在中央7大媒体发稿28篇，同比增加3篇。同时，开展一系列庆祝建国60周年和建行15周年活动，与甘肃银监局联合制作的《辉煌陇原六十年》在甘肃卫视经济频道播出；向省政府金融工作办公室、甘肃银监局和省银行业协会分别报送了农业发展银行甘肃省分行成立15年来在信贷支农上取得的成果，全面介绍了省农业发展银行的信贷产品。为纪念“5·12”汶川特大地震一周年所撰写的《大难催生拼搏心》和相关图片，被《粮油市场报》农业发展银行专版采用。

二、认真做好思想政治工作。按照总行党委和省分行党委的部署安排，采取召开座谈会、聘请专家讲座和收看视频辅导等方式，组织员工深入学习党的十七大、十七届三中、四中全会精神和全国分行行长会议文件，不断将全行干部职工思想统一到中央和总行的重要部署上来，为全行改革发展提供了有力的思想政治保障。以庆祝建国60周年、建行15周年为契机，组织全行深入开展以爱国主义为核心的丰富多样的党情、国情、行情宣传教育活动，进一步强化了广大员工爱党、爱国、爱社会主义和爱农业发展银行的思想意识。在认真落实员工思想状况定期分析制度的基础上，按照总行要求，采取问卷调查和现场调研结合的方式，扎实开展了思想政治工作调研活动，深入分析了员工队伍的整体状况及主流思想表现，研究提出了加强思想政治工作的措施和建议。撰写的《关于开展思想政治工作调研的报告》，被总行《党建通讯》刊用。

三、认真做好党委中心组学习的服务工作。下发全省农业发展银行党委（支部）中心组学习要点，及时做好省分行党委中心组学习的通知、学习材料的收集整理、会议服务和会后向总行的上报工作，促进省分行党委中心组学习实现规范化、制度化。

四、积极开展文明创建活动。把文明创建活动作为思想政治教育、提高员工综合素质和文明程度的重要抓手，对陇南市分行、高台县支行和天水市分行营业部等文明建设先进单位创建活动进行了检查，并颁授了奖牌，促进了文明创建活动。

（张振军）

【信息化建设】　2009年，省分行信息技术工作紧紧围绕支持业务发展和提高科技支撑水平两大目标，以狠抓信息技术基础设施建设和系统运营维护管理为工作重点，夯实管理基础，提高信息安全水平，强化技术服务保障能力，实现了信息化建设的快速发展。

一、信息系统建设。建成了机房动力监控系统、IT集中控管系统和网络视频会议系统，实现了对全辖机房动力环境、运行状况的预警监控，对全行网络设备、业务系统的远程管理、故障处理和运行状态的监控，以及所有机构间的远程、互动视频交流。推广部署了综合业务、CM2006信贷管理系统二期改造项目，使全行业务处理和经营管理的信息化水平进一步提升。

二、信息安全保障。全年实现了行内核心业务系统和计算机网络的安全无故障运行。完成了骨干网络的改造优化工作，为省、市行配置了性能更为优越的核心路由器，全行网络运行的安全性进一步提升。对基层行机房配电环境进行了全面检查、摸底后，更新、维修了所有基层行故障老化的UPS，确保了机房供电安全。完成省分行互联网的改造，通过绑定主机IP地址和物理地址，部署互联网安全管理系统，实时监控上网行为，杜绝非法上网和外来入侵。

三、科技管理。实行信息技术专业条线考核，将机房建设、信息安全和技术支撑作为重点，进行考核、评比，提高了条线的执行力。与兰州大学联合举办了一个月的信息技术培训班，对来自市、县行的58名信息技术人员进行了脱产培训，有效提高了信息技术人员的专业技能，增强了全行信息技术条线力量。

（史　浩）

【人力资源管理】 一、建设一支善于推动科学发展的高素质干部队伍。一是强化对二级分行领导班子的调整配备。按照省分行党委安排，组织对14个二级分行领导班子及班子成员进行了年度考核。全年共办理副处级以上干部任职56名，其中平级调整31名、提拔任职22名、停职3名，参与考察了15个县级支行“一把手”的调整配备，初步形成了充满活力的选人、用人机制。二是加大对优秀年轻干部的培养选拔力度。补充完善二级分行后备干部库，选拔了9名年轻同志担任二级分行副职，班子队伍结构得到明显改善。三是不断规范和健全完善干部管理机制。对省分行机关15个处室的29名正、副处长和14个二级分行的42名领导班子成员进行了民主测评，对一些民主测评和经营业绩较差的领导干部进行了调整。

二、创新培训机制，打造过硬队伍。采取脱产培训与在岗培训、远程培训与现场培训、院校培训与内部培训相结合的方式，大力开展全范围、大规模、多层次的轮训。全年共举办各类培训班177期，累计培训员工10 479人（次），人均轮训8次，培训期数和参训人次均创建行以来之最，全员素质普遍得到提升，培训效果较为明显。一是完善培训工作机制，研究制定了教育经费使用意见，全年安排教育费用323.52万元，其中安排基层行教育经费176.17万元，保证了教育培训的有效开展。二是开展院校合作培训，先后与中国浦东干部学院、中国人民银行研究生部和兰州大学合作举办了全省农业发展银行中高级管理人员、各县级支行的行长和各二级分行的高级主管、各二级分行及县级支行信息技术骨干培训班。同时，积极参加系统内外培训，选派37名中高级管理人员参加了银行业协会组织的农村金融机构中高级干部培训班和2期法律事务及风险管理出境培训班，选派10名处级干部参加了总行党校班，3名处级干部参加了总行组织的出国（境）培训班。三是开展基本制度、基本流程和基本技能“三基本”培训，组织培训工作得到总行通报表扬。四是认真执行总行《鼓励员工自学成才管理暂行办法》，对按规定参加各类学历学位教育、职业资格证书考试和外语水平考试等取得证书的员工，按规定报销相关费用或给予奖励。

三、完善薪酬管理，发挥激励作用。一是认真落实基本薪酬制度及工资密封发放、年度薪酬福利报告等各项制度，按照逐步理顺分配关系和向基层倾斜的原则，研究确定了2008年度经营绩效考评奖金分配方案。二是组织各行妥善处理好工资收入分配中的效率和公平的关系，加大对收入分配制度改革的检查指导力度，督促辖区各行把基本薪酬制度的各项政策落实到位。三是做好全省中层干部竞聘和县级支行改革后的工资测算和兑现工作，认真核实填写工资变动审批表信息和收入申报表数据。四是加强保险统筹基础管理工作，认真落实退休老干部的政治和生活待遇。全年累计发放养老金501.28万元，遗属生活补助48 980元，丧葬费11 700元，一次性抚恤金111 002元，生活补贴506 400元。五是认真研究属地基本医疗保险的政策规定，加强与地方医保部门的联系，较好地解决了职工住院医疗费不足的困难。

四、规范基础管理，提高工作质量。一是强化对日常工作的管理，按干部管理权限及时向总行人力资源部报告重大事项。加强人力资源工作信息交流，全年累计向总行《人力资源工作信息》报送信息10期，采用信息14篇。二是开展干部人事档案达标升级，组织15个管档单位集中开展干部人事档案达标升级活动。经总行验收，省分行机关干部人事档案达到2级标准，省分行营业部和张掖市分行干部人事档案达到1级标准。三是切实加强对人员的管理。按照总行下达省分行的2008年度进人计划指标和招聘市场化用工的要求，严格按照市场化用工招聘程序，确定招用市场化用工人员32名，并完成了录用和派遣工作。根据2009年总行下达省分行的60名招聘计划，制定了招考方案，组织完成了招聘信息发布、报名和资格审查、笔试及面试相关工作。

（丁国锋）

【党建工作】 一、抓好对科学发展观等党的创新理论的学习。组织全行系统党员认真学习党的十七届三中、四中全会和中央经济工作会议精神，不断提高党员的思想政治水平。认真开展学习实践科学发展观第三阶段工作，按要求完成了学习实践活动总结和整改方案落实“回头看”，专题对各行科学发展观整改落实方案落实情况进行了督促检查，全行58个分支机构的整改方案已经全面得到落实，巩固和扩大了学习实践活动成果，受到总行西安巡视组的充分肯定。各级行坚持党委（支部）中心组学习，有组织地深入开展调查研究，努力创建学习型党组织和“四好”领导班子。省分行专题下发了党委中心组学习计划，全年召开党委中心组学习会12次，党委成员先后与地方党政进行座谈合作和高端营销，深入各个分支机构和企业进行调研，认真研究信贷支农中的深层次问题，不断提高治行理政能力，全行进入新的发展时期。

二、加强基层党建工作，着力发挥基层党组织促进发展的作用。一是通过坚持党支部“三会一课”、组织党员专题学习、邀请专家讲课，以及观看视频录像、开展争先创优等有效形式，进一步发挥基层党组织围绕中心、服务大局、推动发展的作用。省分行邀请兰大专家等向全行系统作了视频专题辅导2次，省分行机关共评选表彰先进党支部3个、优秀共产党员7名。二是督促各二级分行制订党员发展规划，做好对入党积极分子的考察、培训和发展工作，2009年新发展党员21名。三是严格落实党员领导干部“一岗双责”制度，层层签订《党员目标管理责任书》，开展了困难党员调查摸底和慰问帮扶工作，建立健全党内激励、关怀、帮扶机制。在2009年春节前和年底前，组织开展了对生活困难党员和老党员慰问活动，全行系统共慰问困难党员和老党员72名、发放慰问金23万元。四是对全行2009年度民主生活会进行了安排部署，组织召开了省分行党委2009年度专题民主生活会，省分行领导、省分行党委组织部和监察室负责人参加了9个二级分行的民主生活会。

（丁国锋）

【纪检监察及安全保卫】 一、稳步推进惩治和预防腐败体系建设。制定印发了《甘肃省分行建立健全惩治和预防腐败体系2008—2012年工作规划实施意见》，分解落实工作任务，建立和调整惩防体系建设领导机构。制定了惩防体系建设检查办法和检查方案，在组织全行全面自查的基础上，接受了农业发展银行总行的检查，得到了认可。狠抓检查发现问题的整改，惩防体系建设工作进一步推进。

二、全面落实党风廉政建设责任制。坚持党风廉政建设工作“一把手”负责制，落实工作责任，加大考核力度，年末全省二级分行量化考核得分均在90分以上。认真落实领导干部述职、述廉和“三项谈话”等制度。全省各级行开展任前廉政谈话129人（次），诫勉谈话29人（次），纪委书记同下级主要负责人谈话103人（次），函询1人（次），开展廉政执法监察17次，提出监察建议94条。

三、深入开展反腐倡廉教育。全省各级行把党风廉政教育纳入全行宣传教育的总体格局，突出抓好以领导干部和关键岗位人员为重点的反腐倡廉教育。组织200多名高级副主管以上干部参观“银行业反腐倡廉警示教育展览”。扎实进行“遵章守纪、合规经营”专题教育活动，全员拒腐防变和合规经营意识明显增强。

四、领导干部廉洁自律工作得到加强。认真贯彻领导干部廉洁自律各项规定，抓好中央三项法规的学习贯彻，严格执行中纪委《关于严格禁止利用职务上的便利谋取不正当利益的若干规定》和“七个不得”的要求。严格落实任职回避、报告个人重大事项等制度规定，全行领导干部报告个人重大事项55人（次）。

五、积极开展案件防控工作。制定下发《关于进一步加强案件防控和排查工作的实施意见》，召开纪委书记座谈会和案件防控视频会议，围绕信贷、财务等14个重点环节和63个风险点全面开展案件排查工作。全行召开行务公开会议298次、银企座谈会129次，发放征求意见函1 230余份，收集意见建议430余条。在参加当地民主评议活动的19个基层营业单位中，有17个单位得分90分以上。全行保持无案件和无严重违规违纪问题的良好局面。

六、全面推行违规积分管理。制定了《员工违规积分实施细则》，全行确定合规管理人员72名，所有员工均建立了《违规积分管理台账》，对14名员工进行了违规积分认定，合规管理组织体系和员工违规纠错改正机制初步建立。

七、高度重视安全保卫工作。全面落实安全保卫工作责任制，抓好全员安全教育，省分行对基层营业机构的检查面达到100%。加强物防技防建设，全行实现了现金寄库和委托押运。加强对维稳工作的检查指导，巩固和发展了和谐稳定的局面。

（赵永宁）

【工会团委工作】 2009年，工会团委工作处（机关党委）认真贯彻落实总行工团专业会议和全省分支行行长会议精神，坚持围绕中心、服务大局的方针，以企业文化建设统领工团各项工作，进一步加强省分行机关党的建设，为推进和谐农业发展银行建设发挥了积极作用。

一、继续深化企业文化建设，切实增强员工执行力。以员工行为礼仪规范为主要内容，抓好员工文明素质的养成，进一步提升员工职业形象。积极推进制度文化建设，突出抓好员工作风建设，严格落实各项工作流程，在实践中逐步形成具有农业政策性银行特点的专业文化。对全省各分支机构门牌进行了统一制作更换。

二、继续完善职代会各项制度，推动职代会工作取得新进步。年初，下发《2009年度职代会工作意见》和开展职代会质量评估的通知，进一步推动了职代会工作规范化建设。认真做好二级分行召开职代会的批复工作，并派专人参加部分行的职代会进行现场指导，有14个县级支行和10个二级分行完成了工会“三委会”的换届改选工作。

三、大力加强共青团和青年工作。认真开展了“青年文化月”活动，有3个集体分别被新命名为国家级、总行级和省分行级“青年文明号”。认真做好新建“农发行青年林”纪念广场暨纪念碑各项准备工作。召开全省农业发展银行青年代表座谈会，开展了青年优秀论文评选活动。

四、积极抓好机关党建工作。狠抓机关党的思想建设，开展机关处级干部专题组织生活会和员工思想状况调查分析工作。认真抓好机关的政治理论学习，切实抓好党风廉政量化考核工作。深入基层开展资金帮扶活动。

五、认真做好其他各项工作。召开了全省农业发展银行工团专业会议。组织了全省农业发展银行第二届业务技能比赛，有14支代表队、42名选手参赛，并在总行的比赛中取得团体二等奖的优异成绩。举行了全省农业发展银行“女职工与农发行共奋进”主题演讲比赛和女职工代表座谈会。认真做好推优工作，共有1个集体、9名个人获得省分行级以上荣誉称号。组织开展“送温暖”活动，共慰问困难职工231人，发放慰问金21万元。

（肖延琴）

中国工商银行股份有限公司甘肃省分行

行长 许 海

【综述】 2009年，中国工商银行甘肃省分行面对复杂多变的市场环境和经营管理中的新情况、新问题，认真贯彻落实总行的各项决策部署，积极推进经营转型，狠抓市场营销，加强经营管理，改进金融服务，业务经营稳定发展，各项工作取得了新成效。

一、围绕效益目标，业务发展持续推进

在市场竞争严峻、存贷款利差收窄、经营压力较大的情况下，全行始终坚持加快发展的信心不动摇，狠抓市场营销的工作不松劲，积极转变发展方式，优化经营结构，深入开展服务大提升活动，有力地推动了各项业务的稳定发展，确保了效益目标的顺利完成。累计销售个人和法人理财产品480亿元、342亿元，同比分别提高5.76倍和8.44倍。全部存款较年初增加120.62亿元，活期存款余额占比达到56.09%，较年初提高5.27个百分点。各项贷款增加79亿元，同比增长57.28%，存贷款比率较年初提高2.59个百分点。实现中间业务收入5.23亿元，同比增长22.22%。牡丹信用卡净增发卡18.89万张，消费交易额32.71亿元；净增对公结算账户1.07万个，新增第三方存管账户3.06万个，电子银行替代率达到50.55%，中间业务和新兴业务继续保持了同业领先。实现账面利润12亿元（完成年计划的102.04%）、净利润9亿元、经济增加值5.40亿元，同比分别增长17.90%、17.50%和31.80%。成本收入比47.59%，较上年末下降2.13个百分点。在全国一级分行经营绩效考评中，省分行由上年的E－－上升为E＋＋，提升4个等级。

二、围绕质量目标，风险防范得到加强

全行严格执行国家行业发展政策和信贷政策，认真把好新增贷款投向。加强贷后管理，完善贷款大户风险监控体系，细化法人客户有贷户管理和监督检查措施。强化潜在风险贷款退出工作，累计退出潜在风险贷款18.06亿元，完成年计划的139%。清收处置不良贷款7.68亿元，完成年计划的102.41%，不良贷款余额和占比较年初分别下降0.47亿元和0.72个百分点。

三、围绕安全目标，保障基础更加稳固

组织开展了“远离违规行为，珍惜职业生涯”主题教育活动，加强对《业务操作指南》的学习和操作风险的控制，积极开展内控评价、合规检查和反洗钱工作，认真对存在问题进行专项整治，内控和案防水平有了新的提升。稳步实施了业务运营和报表集中管理改革。规范守押社会化管理，加强安防设施建设，加大安全检查督导力度，深入开展警示教育和应急演练，成功防范了2起诈骗案件和1起重大抢劫银行案件，确保了安全运营。

四、围绕和谐目标，队伍建设取得成效

全行继续开展深入学习实践科学发展观活动，全面完成了整改落实、总结提高和“回头看”等阶段性任务，以学习贯彻党的十七届四中全会精神和总行对省分行开展巡视工作为契机，推进了各级领导班子建设。积极实施人才兴行战略，稳步开展员工跨区域流动，进行支行行长和中年员工集中培训。落实职工代表大会制度，深化企业文化建设，努力做好信访稳定工作，促进了全行和谐发展。省分行被省政府授予“精神文明创建年活动先进单位”荣誉称号。

【财务会计】 一、以实现利润计划为目标，精心组织财务预算的执行。年初编制下达了2009年经营计划和财务预算，做到各项经营计划与全行财务预算相衔接；认真组织财务预算的执行，适时安排各项财务支出，加强财务预算执行的预测和分析，提高了财务预算执行的掌控能力；千方百计扩大经营收入，促进了全行经营目标的实现，全行实现考核拨备后利润11.93亿元，完成总行年初下达计划的101.58%。

二、以市场占比第一为目标，全力推动中间业务的发展。针对经营环境和市场发生的重大变化，及时调整了中间业务工作思路和重点，分析中间业务发展中发现的新情况和新问题，加强了组织推动工作。完善中间业务考核激励机制，加大在行长绩效考核中的权重，以及与资源分配的挂钩力度，调动了各级行和处室发展中间业务的积极性。在较为不利的经营环境下，全行中间业务收入52 285万元，同比增长22.21%，保持了同业市场第一的位次。

三、以促进经营发展为目标，优化资源配置和绩效考评。制定《2009年营业费用配置办法》，完善了基础费用的分配办法，加大了激励费用与中间业务收入、经济增加值、行长绩效考评结果挂钩的力度。同时，完善了行长绩效考评和分产品、分部门的业绩考核。

四、以网点建设为重点，加大固定资产的投入和管理。全年完成固定资产投资24 250万元，其中网点建设项目投资12 300万元。

五、以效率和效益为目标，做好全行集中采购工作。完善了集中采购工作体系，加大集中采购工作力度，提升集中采购管理层次，提高了集中采购质量，降低了采购成本，集中采购占比达到了94.89%，比总行核定的全年采购占比目标高出4.39个百分点，采购集中度达到76%，资金节约率8.10%。

六、以规范财务行为为目标，加强全行财务管理。加强财审会工作，全年组织召开财审会审议各类项目319个，压缩项目预算4个；加强会计管理工作，认真做好各类财务会计报表的填报工作；加强应税事务工作，组织开展了全行税务事项大检查，及时向省国税部门申报财产损失税前扣除，核销呆账，财产损失得到全额税前扣除。

七、完善财务集中管理，强化财务控制。制定了财务集中管理的各项规章制度，完成4次系统版本升级及年终决算测试演练工作，确保了系统升级改造的顺利完成。严格审查各类财务支出，强化财务支出控制，全年累计办理各类审查业务76 912笔，涉及金额61.20亿元，审查退回各类不合规财务报账215笔，确保了年终决算工作的顺利进行。

八、健全制度，完善措施，业务与产品创新工作稳步开展。完成了“银烟通”项目、兰州市财政国库资金集中支付系统和中石油甘肃省销售公司自助加油机项目的前期立项申报工作。

（王　敦）

【资产负债】 一、加强经济资本与贷款计划协调管理，促进贷款均衡增长。不断强化对经济资本占用和贷款变化情况的监测、预测工作，加强与各行、各部门的协调沟通，提高滚动预测的准确性，促进了各项贷款均衡增长。

二、完善利率管理体系，提高存贷款利率管理水平。一是加强人民币公司贷款定价管理，制定了《2009年人民币公司贷款定价管理办法》，促进了公司贷款定价的规范化和制度化建设。二是加强同业定期存款管理，严格执行总行相关利率管理规定和同业定期存款指导利率标准，对个别不符合总行定价标准的同业定期存款及时进行了纠改，要求各行实行同业定期存款会审制度，有效降低了付息成本。三是组织开展利率大检查，接受总行利率检查组的检查，制定了《2009年存贷款利率检查方案》，组织对营业部及4家二级分行进行了重点检查，有效规范了利率政策的执行。

三、加强资金全方位运作，提高资金收益水平。一是不断完善流动性管理机制，严格资金调拨制度，在确保充足流动性和支付能力的前提下，保持了合理备付。二是充分发挥资金交易系统调剂资金余缺的作用，努力增加上存总行定期存款，有效增加资金营运收益，全年累计实现资金营运收入12.13亿元，同比增加1.25亿元。三是做好总行全额资金集中管理改革的组织落实工作，下发了《关于认真做好全额资金集中管理改革工作的通知》，并组织做好投产测试等各项准备工作，以确保新旧管理体制平稳过渡和各项业务稳步发展。四是推进内部资金收付管理系统（三期）在辖内二级分行的顺利投产，实现了省分行与各行之间的人民银行头寸调拨等功能。

四、积极推进代客资金业务发展，增加中间业务收入。一是组织制定了《2009年资产负债管理专业中间业务工作指导意见》和《2009年代客资金交易业务绩效考评办法》，分解下达了年度任务指标。二是组织开展结构性存款业务专项营销活动，激发结构性存款业务的营销积极性，全年累计完成人民币结构性存款业务交易量123.30亿元，实现中间业务收入316.62万元。三是下发了《关于进一步加强结构性存款业务管理工作的紧急通知》，有效防范了业务风险。四是认真做好国债承销和“中期票据”参团及投资事宜，实现分销手续费收入40万元。全年共实现中间业务收入576.06万元。

五、严控票据业务风险，提高票据业务综合贡献度。一是大力开展“新春大营销、持续促发展”业务营销竞赛活动，累计办理特别交易业务27.60亿元。二是始终坚持票据服从全行经营发展和信贷调控需求，充分发挥票据“调节器”作用，为信贷规模调控做出重要贡献。三是大力推广票据理财等业务，重点推出票据托管业务，与甘肃省电力公司签署了票据托管全面合作协议，组织票据托管业务专业人员专程赴宁夏分行学习交流，并制定了票据托管的相关制度办法。四是组织开展了票据准入机构年审和票据从业人员资格认定考试，14家票据准入机构获批准，275名员工取得从业资格。五是举办了票据业务综合管理培训班，有效提高了业务操作人员和管理人员风险防范能力。六是组织开展票据业务专项检查，对推动票据业务健康发展起到了积极作用。七是开展票据移存和存管工作，扩大风险监测面，各行累计向省分行移存票据25.86亿元，票据中心累计向西安分部存管票据17.08亿元、移存票据8.08亿元。八是成功堵截克隆银行承兑汇票1张，金额900万元，票据资产损失率为零。

（王彩云）

【个人金融】 2009年，人民币储蓄存款余额523.90亿元，比年初增加67.57亿元；个人贷款余额36.14亿元，比年初新增9.16亿元，个人贷款和个人住房贷款增幅创5年来的新高；实现个人中间业务收入21 817万元；代理个人寿险业务11.17亿元；发行91期本外币个人理财产品428.08亿元；累计发行牡丹灵通卡332.47万张，新增112.99万张，消费额达到76.05亿元。

一、加快网点改造，优化渠道建设，提升对外形象。装修改造网点112家、离行式自助银行30家，建成贵宾理财中心89家。经过装修的网点，尤其是贵宾理财中心，在实现功能分区、流程优化、业务营销和提升对外形象方面起到了显著作用。

二、建立健全工作机制，有序推进核心竞争力项目网点建设，提升网点营销能力。确认了全省105家核心竞争力项目网点，建立了核心竞争力项目网点定点定期联系制度、通报制度、信息沟通制度、财富团队支持制度、定期培训制度和总经理分片辅导制度等，通过督导—试点—推广—复查督导工作方式，有序推进项目建设工作，结合项目培训、营销训练营等活动，确保了核心竞争力项目的顺利实施。

三、强化客户服务，优化客户结构，提高优质客户占比。确定了强化对中高端客户的增值服务，努力提高优质客户占比的目标。一是年初将5万元以上的个人客户信息在确保安全的前提下，下发各营业网点。二是在省分行“网讯”专业之窗栏目开通了“网点零售产品信息”平台，及时将发行的各类个人金融产品发布全行。三是开展多种形式的客户维护工作，有针对性地开展各种营销活动，提高产品对优质客户的渗透率和覆盖率。

四、强化客户经理队伍建设，提高团队营销素质，提升服务水平。一是建立完善个人客户经理体系，加强客户经理管理。二是加强培训，提高认识，强化队伍建设。目前全行有国内金融理财师（AFP）255人，其中国际金融理财师（CFP）25人。三是完善个人客户经理考核办法，结合识别引导、接触营销、业务处理、关系维护四个环节服务流程，制定了《甘肃分行营业网点服务流程及个人金融产品计价分配指导意见》，强化团队建设和协同营销，保证优质客户服务流程的落实。四是加强个人客户经理营销风险和操作风险管理工作。

五、加强对外宣传，提高产品知名度，扩大业务市场影响力。充分利用广播、电视、报纸等媒体加强新业务、新产品的宣传与推广。分别与甘肃电视台、兰州电视台和西部商报联合开办了《工银财富》和《幸福贷款》系列宣传节目，对业务和产品的营销、宣传起到了良好的示范带动效应。

（杨国栋）

【公司业务】 2009年，全行公司存款余额228.90亿元，较年初增加10.10亿元；公司存款日均余额227.60亿元，较年初增加8.80亿元。公司贷款余额383.08亿元，较年初增加48.07亿元。

一、加大优质项目营销力度。2009年共向51个优质项目新增投放项目贷款86.61亿元，项目贷款投放主要集中在电力、交通、工业和煤炭四大行业，其中投向电力行业36个项目共计48.70亿元，投向交通行业5个项目共18.20亿元，投向工业4个项目共7.22亿元，投向煤炭行业4个项目共12.49亿元，占比分别为56.23%、21.01%、8.34%和14.42%。项目贷款余额占各项贷款比例由2003年的24.96%上升到2009年末的58.58%，占公司贷款余额比例达到71.30%，信贷结构得以优化。先后向酒泉风电基地、平庆煤电基地及主要流域水电项目发放各类项目贷款48.70亿元。与北京分行组建中国华能与华亭煤业并购贷款行内银团，取得与北京分行各50%并购贷款银团份额，4.48亿元贷款全部发放到位。

二、努力推进信贷结构调整，合理配置信贷资源。全年新增流动资金贷款58.60亿元，收回流动资金贷款67.80亿元，流动资金贷款负增长9.20亿元。年末，国内贸易融资表内业务余额为87 780万元，较年初增加86 635万元，占公司贷款净增额的18.02%，占流动资金贷款余额的8.64%，较好地完成了国内贸易融资业务目标任务。

三、做好总行直营客户和集团客户年度综合授信工作。认真审查上报总行核定和调整甘肃大唐、省电力公司、华能集团、华电集团、中水集团等客户集团关联企业授信，为新增贷款投放奠定基础。及时做好总行已审批贷款发放的特别授权申报工作，认真做好省分行审批贷款发放的资金配置、流程审批等衔接工作，确保贷款及时投放到位。

四、做好优质项目储备，夯实业务发展基础。一是按照省分行牵头营销管理办法，坚持全年定期走访制度，分层次加大与省电力公司、省电投、甘肃大唐、华能甘肃公司等优质重点客户的联络，及时了解客户金融需求。二是积极了解辖内企业项目进展情况及项目实施情况，每月对项目营销储备库进行更新和调整，保证目标客户信息的准确性。2009年对国电武威发电有限公司等项目出具有条件贷款承诺函，承诺贷款金额35亿元，为全行公司贷款可持续发展夯实了基础。

（雷　燕）

【机构业务】 2009年，机构（同业）存款时点余额251.70亿元，较年初净增47.31亿元；机构（同业）存款日均余额225.28亿元，较年初时点净增19.34亿元；新增企业年金签约客户11个；新增现金管理客户423个；实现中间业务收入9 878.22万元；新增对公结算账户12 094个；净增对公结算账户7 258个；销售对公理财产品342.02亿元；销售如意品牌黄金102.02公斤；个人账户黄金交易量达到21 549公斤。

一、多策并举，稳固重点客户关系。2009年政府机构客户存款营销成果显著，主要呈现四个特点：一是存款稳定。政府机构定期存款余额达到6.65亿元，占政府存款的5.97%。二是筹资成本相对较低，筹资成本为1.26%，低于全国平均水平0.23个百分点。三是社保资金存款增长较快。社保资金余额9.95亿元，较年初增加5.23亿元。四是同业占比提升明显，存款增量保持了较高水平。

二、扩大份额，加快项目营销谋求业务发展。一是紧盯大型投资项目，争取最大营销成果。开展了形式多样的重点项目客户走访营销活动，全力争取优质客户和各类项目资金，成功争取到一大批重点项目。二是创新营销思维，加快“银烟通”项目推广。首次利用POS跨行扣款，全面解决烟草公司在全省各级县的资金归集问题，进一步缩短了烟草公司资金归集时间，提高了资金使用效率。三是推进银证、银保合作新模式，共同深化发展基础。继续推动银证业务合作，深化银证合作关系，扩大第三方存管市场份额，抢占证券业务资金。与甘肃华龙证券公司、海通证券甘肃分公司等多家证券公司开展了“合作·创新·共赢”为主题的营销活动。四是创新银企合作新领域，寻找业务切入点。积极发挥银企互联业务纽带，逐步渗透并拓宽业务发展领域，全面营销中国移动集团甘肃分公司银企互联项目。截至2009年末，中国移动集团甘肃分公司市级分支机构的基本结算账户全部从他行转入工商银行，并通过银企互联系统进行资金归集，为双方的深度合作架起了金桥。

三、突出重点，全面推进新型业务市场占有率。一是发挥营销优势，努力打造企业年金精品业务。先后与兰州铁路局、甘肃省电力公司等31家企业签订企业年金合作协议，全省占比达到85.71%，受托年金基金8亿元；管理个人账户16.80万个，全省占比80.47%，在总行排名第6；托管年金基金6.52亿元，全省占比48.89%，新增额在总行排名第7，企业年金业务稳居市场第一。二是努力把法人理财业务打造为“精品”和“亮点”，全年销售各类法人理财产品

342.02亿元，销售规模较上年提高8.44倍；销售对公基金814.50万元，实现中间业务收入867.76万元，销售收入较上年提高6.86倍。三是细化客户服务手段，积极推动资产托管加速发展。全年共实现资产托管业务收入94.47万元，完成总行年度计划任务的118.09%。四是以“企业年金”、“资产托管”、“法人理财”、“现金管理”、“黄金业务”为产品，全力实现创新业务市场占比第一的目标，保障中间业务收入快速提升。2009年末，实现中间业务收入9 878.22万元，同比增长2 014.39万元，增幅为25.62%。

（张涵予）

【信贷管理】　一、持续实施信贷业务精细化管理，提升信贷管理水平。制定了《2009年度信贷管理指导意见》，以年度经营变化、当年到期贷款处理意见、主要风险及防范措施为主要内容，通过确定每笔到期贷款的处理方式，明确进入或退出目标，逐个制定个性化的贷款风险管理方案，限制进入类、退出类客户，并通过实施客户差别精细化管理，信贷风险控制得到进一步加强。

二、发挥非现场监测职能，防控风险隐患。积极开展信贷业务风险性与合规性监测，定期对全行贷款、表外业务办理情况进行监控，严格监控贷款企业的资金流向，防止出现挪用资金行为；对新发生逾期贷款逐笔建立检查分析和报告制度，落实清收措施及责任人；建立了贷款提前预警提示制度，前瞻性地落实贷款到期处理意见，防止信贷质量恶化和风险集中暴露。

三、严格信贷准入，信贷风险防控能力进一步提高。对客户的信贷准入严格把关，加大对重点区域、重点行业、重点客户的信贷支持力度及对高风险行业的退出力度，积极引导全行有效实施“区别对待、有进有退”的信贷策略，实施准入“名单制”管理，把好信贷投放的第一关口。

四、强化大户风险管理，提高贷款大户风险监控预警能力。完善了大户风险分析制度，加强了大户风险分析的频率与深度，积极推进客户风险分类、贷款差异化管理，大户监控面达到100%。

五、全面实施和加强信贷作业环节监督管理，有效规范信贷作业行为。制定下发了《关于规范信贷作业监督流程的通知》和《甘肃省分行信贷作业监督工作考核办法（试行）》，进一步规范了作业监督各环节工作，建立了通报和整改机制，确保信贷作业监督工作质量和效率稳步提高，作业监督整改率、移交率、归档合格库率均达到100%。

六、加大潜在风险贷款退出力度，增强了风险防控能力。制定潜在风险贷款压降计划，根据行业周期、信用等级和财务等相关指标的变化，对拟退出客户采取逐步核减最高综合授信额度来控制同业占比和融资总量，通过贷款到期收回或融资压缩等方式有计划、有针对性地达到信贷退出的目的。

七、强化系统的集中控制与管理功能。加强对CM2002和PCM2003的维护与应用管理，充分发挥总行、省分行对资产业务的集中监控和管理职能，依托资产管理系统（CM2002）功能，对部分风险度较高的系统业务操作权限进行上收集中。

八、严格贷款分类，提高贷款质量。按照岗位职责分离、权限分级控制的原则，强化对不良贷款转入转出以及贷款分类结果调整的监管。通过贷款分类，真实反映信贷资产质量，为提取减值准备、提高抗风险能力打下良好基础。

（张建立）

【授信审批】　2009年，受理审查审议法人客户信贷业务2 224笔，涉及金额本外币合计657.80亿元；受理个人客户信贷业务15 827笔，20.57亿元。共完成全省法人客户信用等级评定330个，完成权限内法人客户最高授信额度核定255个，核定最高授信额度383.12亿元，评级授信客户覆盖率达到100%。受理评估项目51个，涉及投资总额1 309.19亿元，申请贷款407.26亿元。共审查押品379笔，押品评估价值77.71亿元。

一、认真贯彻执行信贷政策制度，合理把握业务发展和风险防控。一是加强政策制度学习，及时调整审查重点，严把信贷审查风险关口。二是大力实施信贷结构调整，全年新增贷款重点投向电力、电网、公路和有色冶金等行业的优质项目。

二、优化业务流程，提高信贷审查审批效率。一是继续实施一站式审批模式，并积极探索联合评审方式，对重大以及紧急项目实施评估、审查联动，在风险可控的前提下较好地提高了对优质项目贷款的审查审批效率。二是实行审批业务限时制，进一步提高业务办理速度，有效满足客户融资需要。三是在严格控制风险的同时，积极支持业务发展，对上报业务及时审议，根据业务品种特点采取集体审议、签报审批的方式审议审批信贷业务，并对审批量集中、风险相对较低的个贷业务采取现场审批方式，灵活、高效处理信贷业务。

三、强化授信审批精细化管理，提高风险管理能力。一是根据总行要求和转授权的实际需要，修订各级集体审议机构议事规则，完善集体审议制度，强化集体审议在风险防控中的重要作用。二是积极配置硬软件，推进信贷业务无纸化审批流程，提高信贷业务审批效率，严防信贷业务操作风险。

四、加强信贷从业人员资格认证管理和业务培训，提高信贷审批队伍素质。一是组织实施信贷业务审批资格认定考试、评估审查审定人资质认定考试以及信贷评估委员考核，建立审批人档案，强化审批人动态管理。二是通过培训、转培训等方式加强信贷从业人员业务培训，提高审查审批人员风险识别和分析判断能力。

（张云莲）

【风险管理】　一、突出重点，加强全面风险管理的协调与指导工作。制定下发了《2009年度风险管理委员会工作计划》等3个制度办法、《甘肃分行2009—2011年风险管理三年规划》等3个配套制度办法以及6个有关不良贷款管理和处置方面的工作要求。组织筹备相关风险管理会议14次，并通过业务督导函形式，使会议的各项决议和工作要求得到有效的贯彻和落实。积极组织开展风险报告工作，全年先后向总行上报各类风险管理报告16期。认真做好风险管理评价工作，重新修订下发了风险管理评价办法实施细则，在上半年总行风险管理评价中，甘肃省分行排名第4。成立了个人客户内部评级系统推广应用工作领导小组，有序推进个人客户内部评级系统的推广应用工作。

二、多法并举，大胆创新，加快不良贷款清收处置。在大力加强现金清收的基础上，充分利用呆账核销、还款免息等各种资源，运用处理抵押物、追索担保人和依法清收等手段抢收不良贷款，取得成效。针对不同的清收个案，坚持传统手段与创新手段相结合，提高清收效果，全年现金清收不良贷款2.98亿元。深入挖掘核销资源，推动核销工作有序开展，全年累计核销7户，涉及贷款本金3 849万元。充分利用总行还款免息政策，成功解决了沉积多年的3户多年不良贷款处置。全年共审批还款免息项目6个，还款9 913万元，占全部现金收回不良总额的33.22%。继续强化大额不良贷款清收处置领导挂帅和三级行联动工作机制，全行累计清收处置不良贷款余额在1 000万元以上的法人客户16个，不良贷款50 745万元。坚持抓大户促小户，以现金清收为主策略，有序推进不良贷款清收处置，全年累计清收处置不良贷款1 000万元以下的法人客户50个，金额7 985万元。

三、加大检查督导工作力度，提升全面风险管理水平。开展对省分行营业部及部分二级分行和县支行的督导风险管理工作，就新增不良贷款移交、责任认定、尽职调查及估值进行帮扶和调研。一是现场解决不良贷款清收问题，研究制定具体措施。二是调查各行全面风险管理工作开展情况，查阅相关资料，指导各行加强风险管理工作。三是现场查看和指导不良贷款管理系统和档案管理，提高精细化管理水平。四是明确各项工作要求，确定工作措施和进度。

四、统筹安排，组织做好风险管理各项基础工作。加强制度建设，完善不良贷款清收处置流程管理，进一步加强风险业务内部控制管理，规范不良贷款处置业务操作，提高处置效率。认真组织好新业务培训工作。先后组织个人信贷业务内部评级培训班、信用卡内部评级系统培训班等有关风险管理业务培训4次，对全省230人（次）的业务人员进行了业务培训。加强风险管理业务宣传力度，总行“网讯”对省分行全面风险管理、不良贷款清收处置等工作情况给予了报道宣传。

（杨　凌）

【运行管理】　一、深入推进业务运营“三项”改革，确保业务运行安全稳定。一是业务处理水平稳步提升，现金备付率0.41%，综合抵用率66.97%，均列全国前茅。二是清算业务水平继续保持较高质量。全行本外币清算增量、现金收付增量、人均生产性业务增量均超额完成计划指标，清算业务直通率、跨行支付查询查复综合回复率和外币查询查复业务回复率均为100%，稳居全省同业首位。三是对账管理保持较高水平。集中对账单邮寄平均退信率下降2.44%，较上年下降1.08个百分点。

二、不断强化风险管理，全面提升业务运行质量。一是以业务运营风险管理系统为依托，强化现场检查与非现场检查有机结合，健全运营操作风险防控体系建设。全年成功堵截假银行承兑汇票2笔，共940.20万元，实现运营安全无事故。二是完善运行业务制度建设，规范运行监管队伍职能，有效开展运行风险监控、监督检查以及业务培训工作，积极推行运行监管人员任职资格准入制度管理等工作措施，为各项业务的顺利发展提供有力保障。

三、实施运行管理标准化体系建设，切实提高业务运行效率。一是准确完成了各项业务的参数设置和维护工作。进一步规范参数管理，提高参数系统化、制度化管理程度；稳步推进金库标准化管理建设和现金营运标准化建设，加强ATM现金精细化管理；深入推进集中对账管理，充分发挥对账业务后台风险防控作用；继续推进业务集中、网点功能优化、运行业务管理标准化体系建设。二是认真完成业务系统的升级和投产任务。完成人民银行大额支付系统升级换版工作和中央银行会计核算电子对账系统等诸多跨行清算业务处理系统的升级推广，以及现代化支付系统应急测试演练；做好NOVA各版本、跨行支付财税库银横向联网项目、新一代个人委托贷款核算管理系统、业务集中处理平台项目、账务动态管理项目和业务运营风险管理系统等一系列重要项目、系统的测试及投产工作。

（董晴霄）

【国际业务】　2009年办理国际结算业务67 351万美元，比上年同期下降61 290万美元；各项外汇贷款余额12 145万美元，较年初增加7 687万美元；实现外汇中间业务收入204.78万元。

一、科学制定业务发展计划，奠定全年业务发展基础。根据全省对外经济发展状况，对辖区外汇业务资源进行调查摸底，制定了国际业务的三年发展规划，为国际业务的持续发展奠定了基础。

二、积极组织推动，努力促进业务发展。在摸清全省外汇资源分布状况的情况下，发挥全行整体优势，紧盯重点客户的业务需求，大力推动重点地区行国际业务的发展，在不断提升服务水平，满足客户不断增长金融需求的同时，保持了国际结算和贸易融资业务较好的发展势头。

三、采取品牌发展策略，提升社会知名度。大力向客户推介国际业务产品组合套餐，规避客户风险，国际贸易融资业务取得了较好成绩，同时以组合套餐为主要内容的“财智国际”国际业务品牌得到了客户认可。

四、健全规章制度，加强内控管理，实现安全营运。制定了《中国工商银行甘肃省分行直接投资外汇业务信息系统操作规程》以及《旅行支票代售、全球快汇、结售汇业务应急预案》，规范业务操作；实施国际业务专业人员的岗位轮换，不断完善国际业务岗位职责；组织对办理的外汇资金流入、结汇及国际收支申报等业务进行检查，对检查中发现的问题及时进行整改。

五、加强业务培训，提升专业人员素质。为保证全行国际业务的安全营运和健康发展，根据国际业务发展实际状况，组织举办了“财智国际”、国际结算、内外联动、外汇转贷款系统、速汇金系统等多项国际业务培训；为提高全行业务人员对专业知识的学习积极性，组织举办了国际结算及贸易融资中级、助理产品经理考试。

（李鸿裕）

【电子银行】　2009年共新增网银企业客户8 266个；新增网银企业证书版客户1 619个；新增网银个人客户406 238个；新增网银个人证书版客户24 741个；新增电话银行个人客户318 597个；新增手机银行个人客户93 167个；电子银行业务替代率达到50.50%，全行电子银行业务量占比连续两个月突破了50%的大关，综合竞争力不断提高。

一、广泛开展个人、对公客户市场营销工作，努力提高离柜率。一是以“工行金融@家，引领快乐e生活”为主题，掀起个人电子银行业务营销热潮。二是积极开展捆绑营销和交叉营销，提高营销效果。三是以“U盾”产品为核心，认真抓好个人网银口令卡客户向“U盾”产品升级转化工作，提高中高端客户市场覆盖率。四是以（WAP）手机银行和电话银行为载体，大力发展手机银行客户和个人电话银行客户；深入开展“对公业务分流”活动。五是以企业网上银行和企业电话银行为主打产品，深入开展企业网上银行证书客户、企业网上银行普及版客户、企业电话银行客户和网上对账转化工作。六是以“点e成金，网聚财富”为主题，积极做好中小企业客户网银证书的升级转化工作，提高中小企业电子银行覆盖率。七是以总行电子银行技能比赛为契机，加强营销宣传和业务培训工作，掀起学习、使用、开办电子银行业务的新高潮。八是加强业务收入管理和电子银行业务量占比，提高电子银行对全行业务的综合贡献度。

二、建立完善服务支持体系，不断提升客户服务质量。一是继续加大新产品营销推广力度，着力提高电子银行新产品的覆盖率。二是加强电子银行服务区建设，拓宽服务渠道。抓住全行实施网点装修改造的机遇，加快推进新增电子银行服务区网点建设，努力推进电子银行服务区网点建设工程向纵深发展。三是认真做好辖内现有服务区网点业务完善和流程再造工作，强化服务区网点BSM、PC演示机、网银机等自助设备配置管理，加快全行新增服务区网点产品应用和推广工作。

（吴　迪）

【银行卡业务】　2009年，牡丹信用卡发卡54.50万张，较年初净增18.90万张；实现信用卡消费交易额32.70亿元，同比增长16.90亿元；信用卡业务总收入9 470万元，同比增加2 695万元；中间业务收入6 078万元，同比增加1 918万元。

一、经营业绩持续攀升，保持了明显的同业优势。一是发卡类计划指标完成较好，持卡客户群体迅速扩张。二是信用卡刷卡交易额透支规模大幅增长，不良透支保持良好控制水平，操作风险控制及防范措施比较到位。三是品牌形象进一步提升，牡丹信用卡已初步形成了以联名卡、主题卡、功能卡为特点的市场细分的产品序列。四是营销渠道得到有效扩展，银行卡业务与公司业务、机构业务、个金业务联动营销和银行产品一揽子服务体系初步形成。

二、坚持以项目带动业务全面发展的经营思想，项目营销成效卓著。牡丹中油卡项目营销工作继续深化，中油卡品牌形象和社会认知度进一步上升，中油卡发卡量、刷卡加油交易额和回佣收入迈上新台阶。省分行和省分行营业部、各二级分行银行卡部门协调配合，与公司、机构、个金等部门整体联动，联名项目营销和收单市场建设取得成效。省分行营业部和甘南、平凉等十多个分行都建立了地方联名卡项目，带动了集团客户、项目客户批量发卡业务的发展步伐，满足了客户需求，扩大了牡丹卡的知名度。

三、积极拓展收单市场，促进刷卡交易额和中间业务收入的快速增长。一是坚持发卡量和收单额两手齐抓并举的策略，拓展发卡市场的同时，紧紧盯住内、外卡收单市场的建设和发展。二是继续促进牡丹中油卡项目的刷卡结算工作，通过委托代理POS维护、双方联合促销、牡丹中油卡置换“油票”等工作，使中油项目再上新台阶。三是盯住市场，盯住集团客户，从省级层面直接牵头营销集团客户刷卡缴费，通过与人保财险省公司签订“见费出单”业务合作协议、与国美电器甘肃总部签订收单和分期付款合作协议，开展了对收单市场大集团客户的营销工作。

四、加强内控管理，提高风险管理水平。通过修订完善制卡、审批、发卡政策和积分兑换等规章制度，优化申请表要素，落实“宽进、低额、多用、升级”发卡政策和客户风险管理措施，准确找准客户定位，建立差别化的服务标准，进一步强化风险管理工作。认真开展业务操作风险专项检查，定期组织信用卡规章制度执行大检查并进行“回头看”，查防操作风险和案件隐患。制定银行卡专业反洗钱办法，建立银行卡防欺诈措施和信息通报机制，举办内控管理相关业务培训班，加大“追透”工作力度，不良透支额和不良率保持了较低水平。

（全　珲）

【中间业务】　2009年，共实现中间业务收入52 285万元，同比增加7 979万元，省内同业市场占比为34.25%，较2008年提高1.63个百分点。

一、明确任务目标，力促中间业务持续发展。分解下达全行中间业务收入各项指标，从纵向到横向将任务分解落实到省分行相关专业部门和各二级分行，形成了全行上下有指标、人人有任务、全员营销中间业务的局面。

二、组织召开中间业务工作会议和推动会议，分析中间业务发展中出现的新情况和新问题，总结各阶段中间业务经营情况，适时调整中间业务工作策略，动员全行“盯住任务目标、盯住同业占比、盯住薄弱环节”，确保打赢“同业阵地战”，实现中间业务收入市场占比第一的目标。

三、进一步完善中间业务考核激励机制。按照总行对中间业务工作的要求，将全行的资源配置与中间业务收入挂钩，明确重点发展业务，使中间业务收入发展与考核、费用分配紧密结合，进一步调动了各级行、处发展中间业务的积极性，为全行中间业务的发展提供了强有力的保障。

四、加强对中间业务的精细化管理和分析通报工作。通过省分行“网讯”平台，建立了中间业务年度计划完成进度通报制度，督促、激励各行努力按计划进度完成中间业务收入任务。建立了中间业务季度分析制度，每季度末结合中间业务完成情况及存在的问题进行深入细致的分析，提出相应的对策与建议，对各二级分行的中间业务开展起到了较好的引导作用。同时，利用省分行“网讯”弹出窗口功能，定期推出“中间业务工作动态”栏目，刊登省分行中间业务各经营管理部门阶段性工作重点、各二级分行及兄弟省行中间业务市场拓展中营销亮点等，引导和启发各行中间业务发展思路，明确阶段性工作重点，确保实现各阶段工作目标任务。

（景逢晖）

【管理信息】 2009年，工商银行甘肃省分行管理信息各项工作获得长足进步。在总行考核中，网讯工作获得二等奖；个人征信数据质量和个人征信异议处理工作获得一类行评价；个人不良欠款扣收工作位居全国第三；统计工作被人民银行兰州中心支行评为先进集体二等奖；一批先进个人受到总行表彰。

一、报表集中改革稳步推进。一是省分行和各二级分行分别成立了报表集中工作领导小组，对全行2 000多张业务统计报表及统计人员情况进行了4次系统梳理，制定下发了全行业务报表集中工作实施方案。选择张掖分行作为业务报表集中工作试点，并召开了现场会，进行总结推动。二是积极挖掘数据源，大力提升报表自动化率，逐步实现了现金统计报表和资金附报一等报表的自动导入。在全行推广报表数据补录和调整系统的管理与应用，已实现4个专业、15张手工类报表通过系统上线报送。各二级分行按总行、省分行要求，如期完成了报表分中心的组建工作。截至年末，报表分中心实际到岗43人，占应到岗人员数的55.84%。全行成功上收了194张支行级报表，合并和废止报表34张，报表人员总量由集中前的570人减为436人。

二、统计数据质量显著提高。认真贯彻总行统计制度，及时修订完善统计工作考核办法，组织编写统计报表操作流程，统计管理规范程度不断提高。一是人民银行金融统计数据集中系统上线后，为全面了解和掌握统计报表的完整性、统计数据的真实性，以及统计数据、系统信息备份和计算机安全管理等工作情况，全行精心组织，认真检查整改，有效推动了全行综合统计和数据标准化进程。二是加强与有关业务部门配合，加大数据治理工作力度，开展PCM2003系统数据与主机核算数据核对以及系统自身数据真实性审核。三是组织开展统计制度执行情况大检查，对发现的问题归类通报，限期整改，提升了管理信息规范化和标准化运作水平。四是积极配合人民银行兰州中心支行和甘肃银监局，开展了非现场监管统计制度和金融统计专项报表数据真实性大检查。五是以系统和同业动态为轴心，加强数据挖掘，开发高附加值的统计分析产品，拓展了统计工作的广度和深度。

三、数据仓库应用效益不断提升。一是强化监测分析，优化对优质客户的维护。通过对大机底层客户基础数据进行深入挖掘，对海量数据整理分析，支持各行按机构网点、存款余额、总量分段和产品等不同维度，对客户进行分类、组合和筛选，锁定目标客户。省分行按季推出《个人客户结构监测》和《法人客户结构监测》等系列专题分析，为市场营销和经营决策提供了有效参考。二是充分发挥数据仓库各系统的作用，为风险管理提供信息支持。按期回复解决了人民银行通过个人征信异议处理子系统下发的67笔异议；利用信用风险相关系统成功堵住3 212名不良客户再融资，完成拒贷金额24 094.64万元；利用扣收追索系统累计现金收回个人不良欠款1 644笔，收回金额990.53万元，在总行5月、7月和9月三个批次的扣收工作内控评价考核中均位居一级。此外，还累计完成自行扣收345笔，金额137.63万元，没有因扣收工作而引发诉讼等问题。三是继续加大大机数据质量治理力度，数据质量显著提升。截至年末，全行CM2002企业征信系统有出错提示的客户为2 828个，比年初下降66%，业务笔数降至975笔，下降了93%。总行《管理信息动态》全文刊发了省分行的做法。

四、“网讯”信息引领作用日渐突出。一是修订了“网讯”信息考核办法，按年度开展双先评比表彰活动，按日展示各行、各部门在总行网讯的采用信息索引。2009年省分行“网讯”在第一时间增设专栏，全面报道一季度全行业务营销竞赛活动情况，发布信息近1000条，被总行“网讯”采用150余条；全省分支行长会议后，开设“贯彻全省行长会议精神”专栏，开展集中报道。二是根据业务部门要求，开设了“国内贸易融资”、“网点零售产品信息”等专业窗口。三是对中间业务、ATM应用等业务重要指标，通过弹出窗口的方式进行按日公布。四是积极发挥省分行“网讯”记者站的作用，牵头重大信息采访报道，《甘肃分行发挥品牌优势打造陇原第一发卡银行》和《甘肃分行强化组织推动 中间业务市场竞争力持续增强》两篇专稿被总行记者站专栏采用。2009年省分行“网讯”共发布各类文字信息21 371条，图片信息481条，均比上年有成倍增长。全行上报的信息共有1 458条被总行“网讯”采用，采用量排名居全国一级分行第10位，采用率居全国第5位。

（张建军）

【人力资源】 一、组织开展了学习实践活动后续工作。召开了两次民主评议大会，广泛征求了行内干部员工和行外相关单位、客户对学习实践科学发展观活动的意见和建议，并针对征集到的意见和建议组织制订了整改落实方案，从解放思想、业务发展、风险管理和改进服务等六个方面提出了29条具体的整改落实措施。

二、狠抓领导班子和党的建设。进一步优化“四好”班子考核评价方式，补充完善考核内容，调整部分指标量化标准，促进“四好”领导班子创建活动不断深入；组织召开了省分行党委党员领导干部民主生活会。同时指导各二级分行认真开好本行民主生活会，促进全行领导干部不断改进思想作风、工作作风和生活作风；组织开展了“双优一先”评选表彰活动，向总行推荐评选先进基层党组织2个、优秀党务工作者1名、优秀共产党员4名，省分行级先进基层党组织30个、优秀党务工作者30名、优秀共产党员61名。

三、完善了干部选拔聘任和监督管理制度。组织制定了《关于完善省分行管理干部聘任工作的实施意见》，对二级分行正、副行长和省分行部室正、副总经理任职期满后的续聘、改聘工作程序进行了细化，对任职期满的69名省分行管理人员进行了组织考察、续聘、改聘或交流；配合总行完成了省分行行级领导后备干部集中选拔工作。组织制订了《省分行营业部、二级分行领导班子后备干部集中选拔工作方案》和《省分行本部后备干部集中选拔工作方案》，明确了后备干部集中选拔的工作程序，以及人选资格、条件、数量和结构等要求。确定了二级分行行长16人、副行长63人、省分行总经理11人、副总经理20人。

四、完善了激励分配机制和薪酬福利体系。修订完善了绩效考核与分配办法。组织制定了《2009年省分行本部部室绩效考核办法》，突出了内设部室与全行经营绩效的关联度；完善修订了二级分行绩效工资分配办法；实施了分类别人员考核机制；对支行岗位等级实行了动态调整，对经营效益上升比较明显的21家支行等级予以上调，对效益下滑的4家支行给予降级，对发展缓慢的5家支行进行了降级预警。

五、机构渠道建设取得了新的进展。开展了县级支行综合竞争力提升工作。根据总行《关于推进县支行变革工作的意见》的总体要求，通过组织召开专业线座谈会等形式，对县支行经营情况、经营难点和各方面的需求进行了深入调查了解，与相关业务部室认真讨论研究并制定下发了《关于全面提升县支行综合竞争力的实施意见》，提出未来三年县支行发展的目标和14项具体工作措施，促进了县级支行进一步提升综合竞争能力。

六、进一步加快中高端网点建设。与相关部门共同制定了《网点装修改造基本规范和标准》和《离行式自助银行建设规范》，促进全行加快网点的改造装修和功能提升。完工并投入营运的网点100家，其中，贵宾理财中心49家，离行式自助银行20家。累计建成财富管理中心1家，贵宾理财中心89家，理财网点160家，金融便利店93个。全行网均存款、贷款和中间业务较上年分别增长了14.06%、22.16%和21.81%。

七、全面加强教育培训工作。联合清华大学职业训练中心和深圳博唯扬管理咨询有限公司组织举办了7期基层管理人员培训班，对全行387名一、二级支行行长进行了集中轮训。按照总行要求，组织制定了《中年员工培训方案》和《柜员岗前培训方案》，对全行1 372名中年员工进行了集中培训，完成了1 115名综合柜员岗前培训和43名新入行员工培训。配合个人、公司、机构等部门组织举办了各类客户经理培训班222期，培训8 088人（次）。2009年全行共举办各级人员培训班930期，培训44 650人（次），人均培训天数达6.11天。

（丹　华）

【法律事务】 2009年，发生被诉案件7起，被诉标的额221.60万元；审结8起，被诉标的额1 842.40万元，胜诉7起，避免损失1 842.40万元；败诉1起，无败诉责任金额。新发生起诉案件的总件数23件，总金额1 950.10万元；审理结案案件的总件数73件，总金额2 924.76万元，全部胜诉；胜诉案件执行收回317件，收回金额11 305.81万元，其中收回现金10 549.24万元，实物资产756.6万元。胜诉案件执行率58%，较上年提高近39个百分点，现金清收比例高达93.30%。

一、加强诉讼案件监督管理，妥善控制和化解诉讼风险。一是扎实开展清理执行积案活动。充分利用中央政法委等部门组织开展清理胜诉执行积案专项活动的契机，加强对大案的执行突破，广泛持久地开展了多种形式的法律清收不良资产工作。二是进一步强化被诉案件管控工作。严格执行诉讼案件授权管理，全面加强对被诉案件的应对工作。对各二级分行严格执行权限管理，及时批复超授权案件的应对方案。对超过省分行权限的案件及时向总行报告并请求授权。三是加强对突发事件和重点案件的跟踪指导。对全辖发生的事件和案件进行及时处理、妥善应对，跟踪了解重点案件的诉讼进程和诉讼效果。

二、加强法律咨询审查工作，支持提高市场竞争力。2009年，全辖各级行法律事务部门（人员）受理口头咨询1 173件，书面审查3 990件，出具书面法律意见书3 541份，书面审查各种交易合同涉及标的金额932.17亿元，揭示风险点3 395条，提出防范措施3 929条，参加业务谈判454次，业务谈判累计1 125小时。工作中：一是不断拓展业务法律服务创新的广度和深度。二是加大对综合化经营的法律支持力度。三是细化个人金融业务法律服务，支持银行卡优化、整合和多元化发展。四是加强贷款、担保合同变更的审查，确保债权安全。

三、加强法律培训，指导二级分行法律事务工作。一是通过对二级分行的咨询解答和案件代理诉讼，一对一地对二级分行法律事务人员进行指导。二是通过开展专题调研及研究处理有关疑难复杂案件与法律问题，组织二级分行法律骨干进行座谈或研讨，通过对法律问题的探讨与交流，不断提高全行法律队伍的整体素质和水平。三是通过组织参加总行法律部举办的2009年法律事务工作技能竞赛，提高基层行法律人员的水平。

（马正宇）

【内控合规】 一、组织实施内控体系三年规划。组织制订了《甘肃省分行2009—2011年内控体系建设规划实施方案》，明确了内部控制体系建设的指导思想、目标、任务、措施及工作进度。同时，根据内部控制要素分解落实各项工作任务，落实具体的牵头部门和协办部门，并建立工作任务的动态调整机制和报告考核机制，为第二个内控体系建设三年规划顺利实施打下良好的基础。

二、持续加强内控文化建设。2009年，在全行范围内组织开展了“远离违规行为，珍惜职业生涯”主题教育活动，切实解决业务操作中存在的屡查屡犯问题。通过重点治理，有效解决了内控管理中存在的“三违”（服从性违规、无知性违规和习惯性违规）问题，实现了2009年全行无重大风险隐患、无案件的内控管理目标。

二、积极开展合规性审计工作。一是组织开展了2008年度基层行内控评价和重要业务事项检查发现问题整改情况的后续审计。二是组织开展了反洗钱业务专项检查及反洗钱业务专项调研工作。三是组织开展了个人住房按揭贷款合规审计。四是组织开展了理财业务专项检查。五是组织开展了对高管人员和关键岗位人员经济责任和离岗审计工作。内控部门对101名各级高级管理人员进行了离任审计，对29名高级管理人员进行了经济责任审计，对116名关键岗位人员进行了离岗审计，审计单位达179个。

三、继续完善操作风险监测工作。一是针对操作风险监测指标报告工作的实际情况，进一步明确了各级行内控合规及各专业职责和工作要求。组织各级行认真开展操作风险监测工作，及时分析操作风险成因，提示操作风险隐患。二是加强操作风险损失事件统计和分析，按季测算操作风险损失率。三是加强风险提示，提高全行操作风险分析和监测水平。2009年，被监测的7种类型26个监测指标中，有18个指标显示正常，8个指标存在的风险隐患比上年度有了大幅度下降。

四、大力提升反洗钱工作管理水平。一是组织加强各级行对大额和可疑报告报送工作。二是组织开展缺失客户信息补录和客户风险分类工作。三是组织配合人民银行反洗钱调查，积极协助司法机关打击洗钱活动。2009年，全行共协助安全机关反洗钱调查9起，涉及账户76个，金额数亿元，为监管和司法机关在反洗钱工作中提供了有利的支持和帮助。

五、配合内外部审计落实整改要求。配合总行及成都内审分局完成了中间业务合规现场检查、信贷业务现场检查、内控合规工作现场调研、内控评估互动交流活动、核心竞争力专题调研以及季度经营情况分析资料非现场审计工作；配合省银监局完成了新发放贷款、住房按揭贷款、信用卡业务和部分重要业务现场检查以及“五管齐下”自查工作；配合安永会计师事务所对2008年年度财务报表、2009年上半年财务报表进行审计。同时，对2009年年度预审以及内部控制自我评估报告进行核实评价，对46类主要业务的流程及内部控制进行了测试，对280个贷款客户进行了信贷审阅，组织全行填报外部审计基础数据表432张。

（李华夏）

【纪检监察】 一、切实推进惩治和预防腐败体系建设。组织制订了《甘肃省分行关于落实〈建立健全惩治和预防腐败体系2008—2012年工作规划〉实施方案》、《省分行部室落实构建惩治和预防腐败体系2008—2012年实施方案任务分工》和《省分行部室2009年党风廉政建设和反腐败任务分工》，明确各级行、各部门工作措施和任务分工，增强各级领导干部的党性。重点监督领导干部个人重大事项报告、民主生活会、述职述廉、诫勉谈话和函询等制度执行情况。通过执法监察、“两责”检查等形式，督促各级行积极推行行务公开，保证了员工的知情权、参与权和监督权。

二、认真贯彻落实案防工作责任制。深入开展案件防范警示教育，提高全行员工依法合规经营的意识。组织全行各级机构负责人层层签订案件防范责任书，将案防工作任务和案件风险点的防控治理责任分解到相关业务部门，并抓好落实。监督检查、督促落实整改措施，努力防范案件风险，一年来全行没有发生内外部经济案件。

三、开展案件风险的重点治理和排查。召开全行纪委书记会议，对总行及省分行确定的10个重要风险点的治理进行了安排部署，组织4个工作组分赴4个二级分行对贯彻落实情况进行了监督检查，促进了风险排查工作的落实。配合省银监局每季度开展案件风险排查工作，定期报送排查报告。将庆阳分行确定为省分行重点监控行，督促其制订了《整改方案》，经省分行审核批复后监督落实，年末对整改落实情况进行了检查验收，解除了重点监控。

四、不断提高信访工作水平。认真抓好各类信访件的核查，妥善处理各类信访问题，及时排查不安定因素，切实解决群众反映的热点、难点问题，促进和保证了全行各项业务的健康稳定发展。全年共收到各类信访件7件，办结率达到100%。

五、认真开展学习教育活动。通过邀请省委党校教授进行作风建设专题讲座、开展“学规定，促发展”等主题教育、组织参观银监局举办的“银行业反腐倡廉警示教育展览”等活动形式，增强了管理人员廉洁自律意识，营造了良好的廉政文化氛围。各级行结合深入学习实践科学发展观活动，加大对党员干部特别是管理人员党性、党风、党纪教育的力度，组织管理人员认真学习廉洁自律规定，促使党员干部特别是各级管理人员坚定理想信念，增强廉洁从业的自觉性和坚定性。

六、组织制定了《甘肃省分行2009年执法监察工作实施意见》，重点对省分行本部和部分二级分行集中采购制度执行情况、贯彻落实案件防范工作长效机制情况组织开展了执法监察。全年完成执法监察项目36个，办结率100%。各级机构共成立检查组36个，执法监察投入工作日264天，对所辖57个分支机构开展了执法监察。累计发现各类问题119条，发出执法监察鉴证单22份、执法监察建议书62份。对14名违规人员进行了批评教育。

（张生林）

【科技建设】 一、开展“风险管理年”活动，提升风险防控水平。一是高度重视信息科技风险，全行信息科技风险意识不断得到强化。二是突出重点，狠抓关键环节风险防范。在机房每日巡检和定期维护的基础上，加强了机房运行监控及故障报告制度，设立机房“红色应急电话”，提升中心机房对全行业务经营的运行保障能力。三是突出防范信息科技风险的实战性。注重和提高防范信息科技风险的有效性、实战性，根据数据管理要求，建立了全行关键生产数据备份制度。

二、强化基础管理，努力提高信息科技管理水平。一是加强科技制度建设，修改完善了16个甘肃分行信息科技管理制度工作手册，明确了大部分关键生产系统岗位的A、B岗，规范了科技人员、操作人员、业务人员的操作流程及职责权限。二是完成了年度日常例行化检查及每月系统健康检查，并组织完成了2009年计算机设备专项检查，按计划实施了全行性科技现场检查和调研。三是坚持周例会制度，并确定了每季度召开的生产运行电话会议制度。四是加大了对全行科技人员及网点科技管理员的培训力度，举办了5期以管理制度、网络、动力环境、计算机资源管理和应用系统等为主题的培训班。五是补充技术人员5人，并完成了全行343个营业网点科技管理员的选拔、聘任，实施了网点科技管理员技术培训，开辟了省分行直至网点的科技工作联系通道。

三、实施综合整治，提高设备使用率和装备水平。一是牵头组织全行开展自助设备综合整治工作。召开行长办公会，专题协调解决ATM运营管理问题，强化相关部门在ATM安装选点、引导客户使用等方面的日常管理，加强自助设备系统监控、ATM运行情况监测通报和技术维护。二是快速落实新增ATM安装地点，加快安装进度，在总行规定的时间内完成安装投产任务。三是开通了省分行直至各ATM安装网点的自助设备保修信箱“直通车”，减少了ATM问题报告环节，有效提高了设备故障解决时效；同时在省分行“网讯”栏目每日通报全行ATM运行情况，ATM可用率明显提升。

（于　江）

【安全保卫】　一、强化责任落实，严格制度保证。一是高度重视案件和风险防控工作。二是进一步完善保卫安全目标责任制，有效保证了各级安防责任制度的落实。三是召开全行保卫工作会议和安防领导小组会议，落实各项安防措施。

二、强化安防措施，确保实现“平安工行”的目标。在领导责任、防范措施、应急准备等方面狠抓落实，切实加大案件防控力度，在全行范围内开展了全方位、拉网式排查，消除各种安全隐患。

三、严格枪弹管理，坚决杜绝涉枪案件（事故）的发生。一是坚持依法合规管理枪支弹药，保证枪弹万无一失。二是积极配合开展枪弹专项治理整顿，严格枪弹管控制度。要求各行严格实行省、市、县三级行枪弹台账对账制度和《枪支弹药管理操作月报》制度，并切实坚持开展二级分行季查、县支行月查、保卫职能部门周查的检查制度。三是切实加强对持枪人员的教育和管理，确保依法持枪。四是坚决杜绝违法、违规操作行为，防止涉枪案件事故的发生。

四、严格规范守押社会化管理，降低操作风险。一是认真执行总行《守押社会化业务管理办法》以及制式合同文本。二是从审批、业务管理、守押合同的签订等方面完善和规范各项管理工作流程，完善权利义务和风险责任。三是加强与守押公司信息沟通和业务联系，协调完善服务机制，提高安全服务质量。

五、加大安全检查工作力度，确保各项规章制度的落实。组织开展各类安全抽查和专项检查8次，对全行所辖营业机构和业务库的检查面均达到100%。同时，开展案例警示教育，切实提高一线员工执行规章制度的自觉性和防范案件意识。

六、切实抓好安防教育。一是修订完善了各类应急预案，补充了预防社会突发事件和地震自然灾害应急预案。二是有针对性地督促和组织各二级分行对营业机构、业务库、运钞车和机关各类预案的演练。三是认真组织指导部分分行的防抢劫、防爆炸现场演练，注重提高演练的效果。四是开展学规章、查隐患、促管理的活动。

七、认真开展安防设施标准化建设，不断提升技防水平。一是严格执行公安部、银监会关于银行营业场所防护级别规范标准，及时指导改造、调整或新建营业网点的安防设施建设设计。二是积极配合网点改造，加快了对各项安防设施的更新改造步伐。更新改造175个营业网点和15个业务库的监控、报警、防弹玻璃和消防设施。三是充分运用高科技防范设施，在省分行营业部和白银、庆阳分行实施远程集中监控报警系统建设。四是明确安防设施管理责任，规范操作规程，保障了各类设施的安全运行。

八、加强保卫精细化管理，促进保卫管理水平不断提升。一是强化保卫工作考核，提高风险掌控水平。二是加强了易发案环节的管理以及重大节日期间和敏感时期案件防范力度。三是抓好内务管理，加强信息传递和交流工作。四是开展安全风险自测自评，部分营业机构接受了当地公安机关的安全评估。

（秦光明）

【工会工作】　一、认真落实职工代表大会制度，民主化管理进程逐步推进。一是坚持实行职代会预审制度，督导各二级分行每年至少召开一次职代会。筹备召开了甘肃省分行一届二次职代会，对2007年省分行一届一次职代会提案100%给予了答复或落实。通过职代会、行务会、员工大会、公示栏、网讯等渠道和形式及时公开涉及重大经营决策事项和员工切身利益的重大事项，做到了广泛公开征求意见。二是坚持以人为本，努力构建和谐劳动关系。在全行员工中广泛调研征求了对《中国工商银行股份有限公司拟实行特殊工时制度的工作岗位及说明（征求意见稿）》的意见和对《省分行参加补充医疗保险意见》的建议。积极参与劳动关系协调工作，有力配合信访办、办公室、人力资源部等部门稳妥做好协解人员的上访疏导和解释工作。落实完成总行组织的高、中层管理人员和劳动模范及各类先进人物疗休养工作。

二、大力开展劳动竞赛和评选创优工作，充分调动员工积极性。一是积极协调配合电子银行部、银行卡业务中心制订业务技能比赛方案，成功举办了全省电子银行业务技能比赛、牡丹信用卡发行20周年知识竞赛等竞赛活动，并组队参加了总行业务比赛，取得了较好成绩。二是开展了金融系统、总行及省总工会各类先进的评选推荐工作。一年来，全行1人被授予全国五一劳动奖章，2人被授予全国金融五一劳动奖章，3个二级分行、2个营业网点、2人分别被总行授予“创争”活动先进单位、班组和个人。2家单位、2人分别被省总工会授予甘肃省模范职工之家、小家和优秀工会工作者、工会积极分子。三是大力支持女工委在女员工中广泛开展提升素质建功立业活动。武威分行凉州支行被全国妇联授予“巾帼文明示范岗”荣誉称号。在全行女员工中开展了“我为科学发展献一策”活动，全行3 170名女员工积极参与，共征集个人及集体建议266件。

三、帮扶救助工作效果显著。制定了甘肃省分行特困救助金管理办法，并在省分行一届二次职代会上审议通过。全面落实“送温暖”工作，2009年元旦春节期间对全行482名特困员工及16名在岗劳模进行了慰问，发放慰问金总计93.20万元。“十一”前夕对全行在岗员工中的370名困难人员发放慰问金50万元。安排部署了2009年特困救助金的申报发放工作。制定下发了《中国工商银行甘肃省分行救灾资金和物资管理办法》，进一步提高救灾资金和救灾物资的管理、使用效益。捐助120万元在地震灾区陇南宕昌县新建了两所工商银行希望小学。

四、活跃员工业余文化生活，员工凝聚力不断增强。举办了全行羽毛球选拔赛，并组队参加了工商银行庆祝建国60周年员工羽毛球深圳赛区的比赛，取得了较好成绩；筹划、协调并做了一定的甘肃省分行职工体育运动会比赛前期的各项准备工作。向总行推荐了37名书法、美术、摄影、收藏、戏剧和文学创作人才。安排部署了参加全国金融系统庆祝建国60周年书法美术展作品的推荐工作，向总行上报作品20余幅。安排部署了“聚焦工行——2009金融书法、美术、篆刻大赛”作品征集工作，共有9位同志获奖。筹划并组织省分行机关开展了春节联谊会、五一劳动节全民健身活动等特色活动，丰富了机关员工文化生活。

（王　欣）

【企业文化】 一、认真学习、深刻领会党的十四届四中全会精神，要求各基层党组织、党员领导干部和广大共产党员坚持用党的十七届四中全会精神武装头脑，紧密联系各级行基层党组织建设工作的实际，在指导实践、推动工作上下工夫。同时要求各级行在学习中紧密联系本行党建工作的实际，区分党员层次，提出不同的学习要求，安排好学习活动，及时转化学习成果。

二、按照“唱响主旋律，打好主动仗”的要求，切实抓好经常性的宣传教育和思想政治工作。一是组织全行员工积极参加“与祖国共奋进，与工行共发展——庆祝建国60周年网上知识竞赛”活动。共有3 711名员工参加了网上知识竞赛答题活动，参与率为50.65%。二是组织开展了“我和我的祖国”有奖征文活动。共征集112篇作品，其中6篇在《中国城市金融》刊载发表。三是积极向省委宣传部报送反映全行改革发展，积极支持甘肃经济社会发展的文字和图片资料，树立了工商银行良好的社会形象。四是大力开展“唱红歌、颂祖国”活动。积极组织员工合唱团参加由甘肃银行业协会组织的“迎国庆、颂祖国”合唱比赛与甘肃省庆祝新中国成立60周年大型文艺晚会，并取得优异成绩。

三、重视运用“典型引路”的方法，坚持用身边事教育身边人，大力弘扬爱岗敬业、无私奉献的精神。一是开展了学习首届“感动工行”员工先进事迹的活动，并积极组织嘉峪关分行、酒泉分行、东风场区分行的领导和员工与“感动工行”员工进行座谈交流。二是组织全行员工积极参与全国第二届道德模范的评选活动。同时完成了张华同志参加全国第二届“道德模范”评选参评材料的撰写，配合甘肃、酒泉电视台完成了相关影像和语音资料的录制工作。三是深入挖掘和大力宣传先进人物的先进事迹。整理并撰写了陇南分行碧口支行行长任卫群同志的事迹材料——《坚强与责任同行》，在《中国金融》杂志第6期上刊载。及时总结整理了“全省民族团结进步模范个人”临夏分行行长陈力明同志的事迹，在《金融队伍建设》杂志上发表。

四、以夯实文明创建基础为重点，扎实推进文明创建工作。一是向省文明办《文明风采——甘肃省群众性精神文明建设成果巡礼》画册报送了反映辖属各分支机构大力开展文明创建工作的经验材料与图片，其中4个单位的经验材料和图片被收录。二是完成了参加总行级文明单位评选的推荐工作，推荐省分行营业部金城支行参加总行级文明单位的评选，推荐甘南分行参加总行级精神文明建设先进单位的评选。三是坚持对文明创建工作的投入，对荣获国家级、省级、省分行级文明单位进行了表彰奖励。对在2008年度荣获国家级、省级、省分行级各类文明单位称号的48个单位进行了表彰奖励，极大地调动了各级行创建工作的热情。四是应邀参加了甘肃省深化经济领域精神文明建设工作座谈会。作为金融系统唯一的代表，系统介绍了近年来省分行在精神文明建设工作中的做法与经验。五是提出了在文明创建活动中更加注重“属地”创建的工作要求，引导各级行积极参加各级政府组织开展各级别的文明创建活动，确定11个争创2010年省级各类文明称号备选单位上报省文明办。六是认真做好相关行接受省文明办复查文明单位的准备工作，4个单位均通过验收。七是积极派员参加省文明办举办的精神文明建设工作培训和“甘肃省文明单位测评体系和实施细则”审查修改工作，并组织相关人员对测评体系和实施细则进行了学习。

五、大力开展企业文化建设实践活动，积极培育专业文化和特色文化。一是积极参加“盛世中华杯”甘肃省企业文化展览展示活动。二是按照总行党委宣传部的要求，认真组织企业文化故事的编写工作，最终上报总行党委宣传部企业文化故事9则。三是积极培养企业文化工作的骨干，为企业文化建设积蓄力量。先后组织省分行营业部及二级分行17位宣传部长参加了中国企业文化促进会在兰州举办的提升企业文化管理能力高层研讨班的学习，参加了中国企业文化研究会在南昌举行的全国企业文化建设峰会。四是完成了推荐参加全国企业文化建设先进单位评选材料撰写和上报工作。五是完成了宣传思想和企业文化建设情况的专题调研报告。对省分行“专业文化”进行了较为系统的梳理、归纳，初步提炼出具有特点、员工认同的专业文化理念。六是积极配合全行性对外宣传工作，努力展示精神文明建设和企业文化建设成果。承担了工行成立25周年、上市3周年宣传活动的文稿撰写任务，配合甘肃电视台完成了相关采访工作。

（卢　昕）

【青年工作】 一、以“理想、责任、能力、形象”为主题，广泛开展理想信念教育。一是积极参加中国工商银行青年文化创意大赛，共选送9件DV作品参赛，其中天水分行团委的参赛作品被总行团委评为中国工商银行青年文化创意大赛三等奖。二是和甘肃省城市金融学会联合开展“光荣与梦想——工行振兴路”征文活动，共征集征文39篇。其中3篇征文获一等奖，5篇征文获二等奖，10篇征文获三等奖。三是积极开展青年创先争优活动。隆重召开纪念“五四”运动90周年大会及总行级“青年岗位明星”座谈会；积极开展“省分行第四届杰出青年”评选活动和争当“青年岗位明星”活动，分别评选出10名“杰出青年”和52名省分行级“青年岗位明星”；在中国工商银行首届英语大赛中，省分行团委被评为优秀组织单位，2名选手被评为“青年英语之星”。

二、以“五个一流”为目标，广泛开展“青年文明号”创建活动。一是举办“青年文明号”服务创新论坛，10个全国级、总行级、省分行级“青年文明号”代表作了演示交流。二是举办团干部暨“青年文明号”负责人培训班，讲授了《团队建设》等多门课程。三是组织进行“青年文明号”重新确认工作。2009年，新增1个全国级“青年文明号”，1个总行级“青年文明号”。

三、以全行的改革发展为中心，广泛开展业务宣传、营销竞赛。一是组织开展“TOP100财富精英赛”，促进了全行中高端客户及其金融资产的持续增长。比赛取得了优异成绩，省分行1个集体、4名个人被总行授予荣誉称号；10个优秀团队、10名优秀客户经理、10名优秀员工被省分行通报表彰。二是开展了青年客户体验活动，共建立19个青年客户体验小组，撰写267篇体验报告，其中有185篇被省分行“网讯”采用，6篇被总行“网讯”“产品创新”栏目采用。三是开展“中国工商银行百所高校金融大讲堂”活动，省分行理财师为西北民族大学师生200余人作了《赢在起点——大学生理财规划》专题讲座。

四、以“五有”为目标，广泛开展五四红旗团委创建活动。一是组织开展了“新世纪青年读书活动”，为团干部和300名团员青年赠送了《优秀员工素质手册》等学习书籍。在读书活动中，青年员工共撰写各种文章78篇。二是开展了共青团工作效能评价调查研究活动，共抽样调查了66名团干部、66名各级管理人员、117名青年员工，团组织覆盖面达到68%，有效问卷率为98%。三是完成了全行共青团员年度注册工作，加强了共青团基础工作建设。四是完成了总行团委、团省委安排的学习培训任务。五是按时完成团费收缴和共青团年报的统计工作。六是加强共青团宣传工作，办好“青年文明号”“网讯”。省分行共青团工作的2个主题活动被总行团委列为共青团工作优秀案例。

（郭　力）

中国人民银行武威市中心支行举办全市金融知识讲座

中国农业银行股份有限公司甘肃省分行

行长　傅志辉

【综述】 2009年，中国农业银行股份有限公司甘肃省分行认真贯彻落实总行、分行年初工作会议和各项专业会议精神，紧紧围绕“抢抓两大机遇，打好两个硬仗，推进两个建设”的工作思路，狠抓各项目标任务和措施的落实，各项工作进展顺利，主要经营指标创历史最高水平。各项存款余额达1 005.43亿元，较年初增加169.13亿元；累放贷款336.32亿元，同比多投放74.86亿元，贷款余额较年初增加83.87亿元；累计清收自营不良贷款本息12.01亿元，现金收回委托资产4.92亿元；实现中间业务收入3.47亿元；实现拨备后利润13.24亿元，同比增盈10.66亿元。

一、坚持面向“三农”，全力拓展“蓝海”市场

一是全力抓好农户金融服务。实践中，探索形成了“依靠党政、紧扣规划、集中发放、流动服务”的指导原则、“就近服务、远联大户、集中连片、委托代理”的服务方式，建立“公司＋农行＋农户”等10种服务发展模式，初步建立了以物理网点、流动服务、信用村、龙头企业、电子渠道、委托代理等为依托的六大渠道，惠农卡和农户小额贷款工作取得了突破性进展。全年新增惠农卡44.17万张，累计投放农户小额贷款26.21亿元。二是积极支持县域优势产业发展。制定了马铃薯、中药材、草食畜牧等十大产业金融服务方案，各二级分行确定重点支持的优势行业49个，各县域支行确定重点支持的“一乡一业、一村一品”特色产业、项目149个。围绕以上重点，各级行加大信贷营销、投放力度，支持农业产业化企业开展基地建设、扩大生产规模、提升盈利能力。至年末，支持农业产业化企业191户，其中省级、国家级以上龙头企业共52户，覆盖面达30%。认真做好灾后重建信贷支持工作，累计发放灾区农民建房贷款6 790万元。三是扎实推进三农金融部建设。在理顺职能分工的基础上，逐步划清业务边界，对县域法人客户进行分类，实行了对口管理。实行信贷计划、费用配置、固定资产投资“三优先”政策。初步建立了“三农”业务独立核算和考核评价体系。累计推出农户贷款等6个新产品，制定信用村管理办法等16项制度，推广农户联保等9种担保方式。大力推进信贷审批体制改革，下放权限，简化操作。同时，根据定西分行服务“三农”试点经验，中国农业银行全面推进服务“三农”改革发展工作会议在兰州召开，并在定西召开了现场观摩会，引起了与会者和社会各界的强烈反响，提升了甘肃农行的知名度和在公众中的形象。

二、加快经营转型，努力做大做强城市对公业务

一是努力提升对公存款竞争力。加大省内重点行业、企业和投资项目的资金营销，扩大代理国库直接支付中央专项资金范围，与省内一些系统性客户建立了合作关系。二是全力拼抢高端客户市场。总行、省分行分别与省政府、14个市（州）政府签订了战略合作备忘录、战略合作协议，进一步密切了银政关系。与华能、大唐和国电等能源企业达成了多项合作意向，深化了同酒钢集团、金川公司等重点客户的合作。三是积极开拓中小企业。扎实推进小企业金融服务专营机构试点，在全省12个二级分行成立了小企业金融服务中心。在嘉峪关分行开展了保兑仓、应收账款融资、非标准仓单质押业务试点。围绕“六项机制”建设，在资源配置、考核激励、客户准入、授权管理等方面，出台了一系列优惠政策，引导各行开拓中小企业业务市场。四是大力推进对公业务综合经营。以中间业务为抓手，积极推进对公业务综合经营，各项战略重点业务继续快速稳步推进。其中，投资银行业务实现较大突破，实现业务收入691万元。与省内75户企业达成了企业年金合作意向，其中正式签订托管合同4户，实现了零的突破。

三、加快结构调整，积极开创零售业务新局面

一是大力推进个人业务综合营销。先后开展了“大行德广 金钥匙春天行动”、“激情仲夏·金彩生活”等个人业务综合营销活动，掀起了个人业务营销热潮。坚持抓好“四个带动”，以多样化的产品、便捷的渠道、优质的服务，推进储蓄业务稳增快增。二是稳步发展个贷业务。积极开展了个贷“进机关、进社区”、个人住房贷款“争创百佳”等专项营销活动。组织开展了个贷业务专项检查和问题整改落实活动，持续推进个人不良贷款专项清收。全行个贷投放量达到37.42亿元，余额增加8.67亿元，同比多增11.32亿元，个贷不良率较年初下降了4.40个百分点。三是不断提升银行卡业务质量和效益。开展了“情满陇原，金穗有礼”、“新·响中国”等贷记卡专项营销活动和“感恩十年 相伴永恒”借记卡营销活动，落实主题宣传、上门营销、消费积分奖励等措施，新增贷记卡61 401张，累计消费51 123万元。大力拓展收单业务，全年新增特约商户2 037个，POS累计交易44亿元，实现收单业务收入1 278.77万元。四是大力发展电子银行业务。以“新一代”网上银行系统投产、客户服务业务上收总行为契机，召开专题营销会议，配置有效资源，着力产品优化和宣传，强化人员培训，开展

系列营销活动，全力推广电子银行产品。至年末，新增电子银行客户54.20万个；电子渠道占比达到33.20%；实现电子银行业务收入3 598.70万元。同时，稳步推进网点转型，积极推进网点标准文明服务导入工作。

四、强化风险管控，保障业务经营安全运行

一是切实加强风险管理体系建设。理清了风险管理部门与相关业务部门的职责分工，明确了省、市行职能部门的风险管理职责。稳步推进风险主管、风险经理派驻试点，向酒泉、张掖等4个分行派驻了风险主管，向县支行派驻风险经理33名。建立了覆盖信用、操作、市场等各类风险的报告机制，积极推进法人客户贷款12级分类工作。二是加强信用风险治理。继续强化按日预警工作，全行到期贷款综合、现金收回率分别比年初提高了0.89个百分点和1.07个百分点。专门对全行前十大客户、十大不良贷款户、省分行直管客户以及房地产、有色金属等重点行业客户开展持续风险监测，防止不良贷款反弹。切实加大对集团客户、用信余额较大客户、重点调控行业客户的贷后监管。三是严格操作风险管控。推广应用了操作风险报告系统，初步建立了监测、报告、预警和处置制度。积极改进业务检查的方式，开展了内外部对账、业务经营自查自纠、自律监管检查等一系列专项检查工作。稳步推进整体移位检查，落实金库管理制度。全面推进运行科技维护体系精细化管理，核心系统升级改造、二级分行机房改造等重点工程稳步推进。四是狠抓案件防控工作。继续严格执行案件防控承诺制，督促各级行切实抓好案件防控硬性规定和重点措施的落实。以开展“八查”活动为重点，继续深入推进案件专项治理活动，对庆阳分行、武威分行和30个县级支行进行了重点治理。各级行将挪用盗用案件和职务犯罪案件作为防控重点，逐级作出安排，采取有力措施，加大了防控力度。

五、坚持以人为本，加强党建和企业文化建设

一是继续加强党的建设。深入推进学习实践科学发展观活动，认真抓好问题查找和整改落实。召开了全省农行党建工作会议，对当前和今后一个时期党建、组织人事工作进行了全面部署。在全系统组织开展了学习贯彻党的十七届四中全会精神学习活动，以及形式多样的纪念建党88周年学习教育活动。二是加强班子和队伍建设。进一步完善选人用人机制，加大干部选拔、任用和交流力度。集中开展了领导班子和领导干部作风建设教育活动，各级行领导班子认真开展对照检查，并对发现问题认真加以整改落实。制订了全省农行教育培训“3510”规划，重点加强对“四支队伍”的培训和培养。三是努力营造和谐稳定的改革发展环境。省分行和各二级分行均召开了职代会，共收集员工意见建议495条，解决关系员工切身利益的问题362个。继续抓好农村基层网点“四小”建设，对10个示范点进行了重点扶持。深入开展了青年文明号、青年岗位能手、劳动竞赛等争先创优活动，评选表彰了各业务岗位的“十大标兵”。

与此同时，积极推进体制机制建设。制定了省分行本部及市、县行组织架构调整方案，省分行本部和各市、县行已实施到位。完善综合绩效考核体系，引导全行更加重视市场份额和同业竞争。继续开展“十强”、“百佳”争创活动，鼓励重点支行加快发展，发挥好对全行的带动作用。全面推进信贷审批体制改革，初步建立了以会议审批、合议审批和直接审批为主要内容的新型信贷审批模式。加快财务综合改革，初步建立了科学、完善的财务决策管理体系。

【财务会计管理】 2009年初，农行甘肃省分行成立计划财务处，3月25日更名为财务会计部。

一、强化业务综合管理。全面树立预算管理理念，以价值目标统筹各项经营，及时编制上报和分解下达了全年综合计划，加大计划指标监测力度，按月进行通报，全面分析业务经营情况，定期对财务运行中出现的问题提出解决措施，力促各项目标按季均衡实现。

二、强化绩效考核管理。深化和细化以经济增加值为核心的评价与考核体系，积极传导价值创造、资本约束、全要素成本、资产减值、投资回报和市场份额理念，引导辖内各行加强市场拓展，强化风险管理，重视价值创造，促进各项目标任务向多维平衡发展，不断提高可持续发展能力。

三、强化专项考核管理。继续实施“百佳网点”、“十强支行”争创工作，大力推动重点行、重点网点率先发展，最大限度激发基层经营行和营业网点“争创、赶超”意识，鼓励辖内各行争发展、拼市场、抢份额。

四、优化财务费用配置。按照“保开门、调结构、促发展”的配置要求，将全行费用划分为基础、激励、战略三个大类，实行分项配置、分类管理，并加大财务费用与中间业务收入、经济增加值挂钩力度，重点支持中心城市行率先加快转型、保障服务“三农”需要和中间业务发展。

五、强化固定资产管理。坚持资源向“一线倾斜、效益倾斜、三农倾斜”的原则，优先保证业务经营对固定资产资源的需求，加大电子建设、自助银行设备、网点装修、安防设施、出纳机具、车辆等固定资产投入，积极支撑业务经营快速发展。完善集中采购制度，梳理集中采购流程，规范采购行为，提高采购质量和效率。

六、构建科学的财务决策体系。完善财务审查工作制度，构建了省、市两级行财审会组织架构，确定了审议主要事项、工作流程、审议审批部门，规范了财务审查流程和权限，严格财务审批流程，规范财务审批程序，从制度和组织形式层面规范了财务决策的过程。

七、强化会计核算管理。认真做好新会计准则下会计核算工作，规范会计核算行为，提高会计信息质量。定期进行核算监测和通报，提升业务指导能力。

八、强化中间业务管理。以业务增收增效和实现全年收入计划为目标，认真分析中间业务发展中存在的问题，及时提出解决措施，引导前台和柜面营销中间业务产品，增加有效收入。严格执行中间业务收费标准，确保收入真实反映。

九、加强财务合规管理。严格费用管理、审批和监督流程，规范费用开支行为。加强财会自律监管，对辖内各行会计核算、固定资产、集中采购、财务管理、税收管理以及核算中心运行等进行检查，有效提升了财务管控力度和财会合规水平。

（聂远征）

【资产负债管理】 2009年3月25日，农行甘肃省分行资产负债管理处更名为资产负债管理部。

一、实施资金管理体制改革。一是顺利推广资产负债管理系统。制定上线方案，搭建系统环境、积极开展数据追账、培训、演练等工作，确保资负系统按时投产运行。二是制定全额资金存量价格方案。采用多套不同方案，反复测算存量业务内部资金转移价格，最终确定了“存量和增量一致”的价格方案。三是确保全额资金结息准确落账。在反复核对清理往来资金的基础上，开展往来账户清退清理和资金流动性压力测试，实现全额资金计息结果的准确入账。四是建立全额资金管理制度。制定全额资金管理实施细则和特殊产品管理办法，规范资金营运管理。

二、积极发挥综合调控管理职能。一是发挥经营分析对业务的推动作用。根据全行经营和宏观经济形势变化按月开展业务经营分析，突出同业市场份额、利率定价、资产质量迁徙、财务收支等重点内容。针对存在的问题，适时下发业务提示函，督促各行确保完成目标任务。二是发挥信贷计划调控作用。力促全行存款总量过千亿，根据市场竞争形势，及时调整预算考核政策，分解下达市场份额保底计划和超千亿目标，制定奖励措施，积极推动存款超1 000亿元目标实现。同时，针对全年贷款投放“先抑后扬”的特点，积极促进信贷投放，并争取总调增计划44亿元，全年新增贷款83.87亿元，创历史新高。三是发挥综合管理职能。牵头修订全行“3510”发展规划，明确长远业务发展目标；开展同业市场竞争力调研，为经营决策提供参考；单独设置“三农”统计报表体系，单独下达“三农”信贷和经济资本计划，积极支持“三农”金融事业部制改革；组织编发信息资料，拓宽决策参考信息渠道。

三、全面强化资金利率和计划管理。一是加强备付金管理。日均备付金率降至0.88%，较2008年下降0.24个百分点，首次压降到1%以下，在全国农行排名第3位，总行奖励购买备付金专项票据8亿元，增加收入120万元。二是加强利率管理。严格下浮利率授权管理，坚决退出高利率同业存款，加快利率申报审批效率，强化利率执行分析通报和监测整改，完成利率定价管理系统上线工作，利率管理基础明显改善，利差水平在中西部农行保持较高水平。三是加强计划管理。合理配置信贷和经济资本计划，将有限的信贷资源集中向重点客户、重点项目、重点区域和服务“三农”领域倾斜。加大计划执行监测力度，维护计划的严肃性，确保全行贷款不超规模、不冲时点。

（胡小青）

【信贷管理】 2009年3月25日，农行甘肃省分行信贷管理处更名为信贷管理部。

一、强化信贷政策制度管理，促进信贷业务又好又快发展。一是落实行业信贷政策管理，实施了房地产等13个行业信贷政策，对行业系统性风险防范起到了积极作用。二是启动客户名单制管理工作，开展了教育、造纸、房地产、电网、水电、火电、煤炭等7大行业信贷客户的分类工作，对各类客户执行不同的信贷准入标准。三是加强法人、“三农”和个人客户的分类指导，出台了《甘肃分行2009年信贷政策指引》、《2009年个人信贷业务政策指引》及《甘肃分行2009－2010年“三农”和县域信贷业务政策指引》。

二、全面推进信贷审批体制改革，完善信贷业务审议审批方式。一是制定了信贷审批体制改革方案、信贷业务审批管理细则和独立审批人管理细则，明确了信贷审批体制改革的主要内容。二是组织召开审批体制改革推进会，举办信贷审议审批人员培训班，紧密跟踪、指导、督促辖区各级行开展改革工作。三是推进省分行本部信贷审批体制改革，对改革涉及的组织机构设置、审批流程、人员选拔等进行了明确规定，规范了合议会议运作流程，完成了对独立审批人的信贷授权，推动独立审批人、专职审议人及时到位并开展工作。

三、着力提高审查质量和效率，提高精细化管理水平。一是认真贯彻落实国家宏观调控政策和产业政策，严格执行国家相关法律法规和农行规章制度，严把信贷准入关。二是推进信贷审查规范管理，探索总结贷款审查工作的一般性规律和标准，加强信贷业务批复和限制性条款管理、进一步规范报备和部分信贷业务运作流程。三是建立并落实审批信贷业务监测制度，按季做好省分行审批信贷业务的统计分析工作。四是进一步强化服务意识，推行“优先审查、优先审议”制度，着重提高优势行业、优质客户和总行、分行直管客户的信贷审查效率。

四、建立授信执行工作体系，提升信贷管理执行能力。一是搭建授信执行管理平台，在省分行信贷管理部内设授信执行部，在各级行设立信贷业务放款审核岗，初步形成授信执行工作格局。二是开展授信执行工作整章建制，制定细化了授信执行管理工作规划、贷后管理办法、用信管理办法、押品管理办法、信贷档案管理办法等。三是加大信贷监控工作力度，对全行各类信贷业务进行多层次、多角度的现场和非现场检查，强化信贷风险预警。四是实施资产评估中介机构和担保机构准入工作，为深入开展授信执行工作打好基础。

五、加强信贷管理系统功能应用，提升信贷科技管理水平。一是开展C3全行推广上线准备工作，组织人员开展C2数据整改与补录、培训，保证系统数据质量和上线工作按时保质完成。二是继续深化CMS新系统、新功能的应用，抓好对CMS信贷审批系统、贷后管理系统、CMS数据直通车系统、客户信用评级系统的学习和应用。三是按照人民银行要求，开展企业和个人征信系统报送数据核对、整改工作。

（史斌华）

【风险管理】 2009年3月25日，农行甘肃省分行风险管理处更名为风险管理部。

一、构建风险组织架构，着力推进风险体系建设。一是明确省分行风险管理部内部职能设置，确定由二级分行信贷管理部履行全面风险管理职能，并采取多种措施督导、强化风险管理职责。二是在总结派驻风险经理试点经验的基础上，选择张掖、酒泉、临夏分行和金昌路支行4个行推行派驻风险主管试点，制定了《甘肃省分行派驻风险主管（经理）管理细则》，明确派驻风险主管定位、职责、权利和管理要求，为有效防控驻地行经营风险发挥重要作用。三是成立省分行风险管理委员会及信用、市场、操作三个专门委员会，完善工作规则，定期召开风险管理委员会，重点研究处置业务运行中的风险事项。

二、推广运用风险工具，着力提升风险管理水平。一是积极推行法人客户信贷资产十二级风险分类。先后组织工作组多次对全行法人客户信贷资产十二级风险分类进行专项检查，对检查中存在的问题通过检查通报和风险提示函的形式督促整改落实。二是按月计量信用风险经济资本占用，并结合市场风险和操作风险经济资本计量结果，强化资本约束理念，引导全行通过优化客户结构、资产结构和业务结构，不断提高全行经济资本回报水平。三是切实提高风险抵补水平。根据资产减值测试工作的有关要求，统一安排，明确减值测试范围和要素，全面做好减值拨备计提工作，坚持“按月监测，准确计提，逐笔复核”的原则，确保全行减值拨备足额计提。

三、突出重点风险环节，着力强化风险管控能力。一是加强信用风险管理。明确评级要求，安排评级检查，确保客户评级工作规范运作。按月深入分析不良贷款总量、占比、行业结构、客户结构和区域结构风险状况，及时掌握不良贷款风险状况。加强重点客户和重点领域风险监控力度，前瞻性地揭示风险。二是加强“三农”风险管理。认真分析“三农”业务风险管控难点，提出明确的风险管控措施，确保“三农”业务的可持续发展。三是加强操作风险管理。搭建环境，设置权限，推广应用操作风险报告系统。同时组织全行对内外部检查发现的各项风险线索进行全面梳理，明确责任，落实整改措施，切实加强操作风险管理。四是高度关注和防范市场风险。积极主动按照客户信用等级、贷款类别、业务品种、贷款风险程度等因素实行差别化利率，严防市场风险。

四、强化风险监测报告，着力提高风险报告质量。一是下发信用、操作、市场风险报告管理办法，完善风险报告机制，明确风险报告职责，规范风险报告程序，提高报告质量。二是通过多种形式，督促报告制度执行，真实揭示业务经营中存在的风险，切实提高风险报告水平。

五、尽职开展风险研究，着力强化风险基础管理。结合全行热点和难点问题，及时开展调查研究，梳理各类业务风险点，提出风险管控意见。针对风险管理部门成立时间短，新制度、新工具和新方法层出不穷的实际，及时建立学习例会制度，切实提高岗位履职水平。

（糟　胡）

【资产处置管理】　2009年3月25日，农行甘肃省分行资产处置处更名为资产处置部。

一、加强领导，精心部署全行资产处置工作。分别召开了委托资产处置工作座谈会和全省农行2009年资产处置工作会议，对全年资产处置工作进行安排部署，为基层行开展处置工作提供了政策支持和指导。

二、突出重点，认真做好自营不良贷款清收处置工作。指导辖内各行抓大户，以诉促谈为重点，立足货币清收，当年实现自营不良贷款货币清收本息120 364.03万元，完成全年任务的1 203.64%。

三、上下联动，扎实推进委托资产清收处置工作。一是建立直管制度，确定直管客户。年初，根据总行要求，确定了总行、分行直管委托资产，并逐级、逐户配备项目经理，落实管理责任。二是抓大不放小，有的放矢开展清收工作。全年收回总行、分行直管委托资产项目28个、金额12 829万元。同时，加快小额委托资产清收步伐，全年累计收回自然人委托资产16 568.96万元。三是加强表外利息减免政策的研究和运用。全年共批准实施减免表外利息项目39个，减免表外利息总额2 244万元，带动收回贷款本金7 887万元。四是认真履行管理职责，有效开展处置工作。组织开展了农垦、供销社系统企业委托资产清理摸底工作，研究制定了处置措施。

四、认真做好呆账核销管理工作。依据总行文件精神，集中对申报的损失核销材料逐户进行审查，最终审批核销项目3 644个、1 757.58万元，对陇南分行申报因地震灾害形成损失贷款减免103万元批复实施。

五、不断增强内控意识，进一步强化基础管理工作。一是整章建制，不断完善资产处置制度体系。及时修订转发了表外利息减免、不良资产估值定价、资产处置部门监督检查、资产评估中介机构管理、拍卖机构选聘等一系列制度办法和规范性文件。二是建立资产处置工作相关机构和机制。在资产处置部内设委托资产处置中心，按照处、审分离原则，划分工作职能和岗位责任，并成立了资产处置审查委员会，规范了集体决策行为。同时建立了委托资产处置协助机制，对自然人及50万元以下（含）小额法人贷款采取转委托方式由剥离行负责清收处置。三是加强资产处置业务监督检查，有效防风险、控案件。全年分别配合总行工作组和抽调专人对省分行资产处置部及辖属11家二级分行进行监督检查，检查面达86.67%。四是加强不良资产清收处置监测管理和信息维护工作。对资产处置进度按月监测、按季分析，对处置进度相对缓慢的分行下发业务经营提示函，每半年对全行清收处置情况进行通报。五是认真开展委托资产核查工作。组织各行对委托资产抵质押物进行实地核查，对抵质押权利有效性和资产完整性进行了核实，确保实物信息、业务台账与会计账面余额相符。

（王　怡）

【结算与现金管理】　2009年3月25日，农行甘肃省分行成立结算与现金管理部/产品研发部。结算与现金管理部/产品研发部按照“业务管理、市场营销和产品研发”三位一体稳步、有序开展工作。

一、结算与现金管理业务各项任务指标完成情况良好。全年实现单位人民币结算与现金管理业务收入1 968万元，完成总行下达计划1 121万元的175.56%。其中：实现现金管理业务收入148万元，同比增加94万元，增幅174.07%，完成总行下达全年增量计划20万元的470%；现金管理业务交易量962亿元，完成总行下达全年计划856亿元的112.38%；现金管理平台上线客户新增15个，累计上线客户达到29个，增量是年初存量客户总数的一倍，完成总行全年计划10个的150%，取得了甘肃分行自现金管理业务开办以来历史最好水平；现金管理平台上线账户418个，累计上线账户 1 296 个，完成总行下达全年计划 149 个的 280.54%。

二、强营销、重服务，全面推进现金管理业务的快速发展。一是组建了横联大客户、公司、机构等前台部门，运营管理、科技等中后台部门，纵联二级分行、县级支行的团队合作机制，保证每一服务环节的无缝链接，提高服务效率。二是出台了“凡是营销一个现金管理客户，奖励 10 000 元；凡是营销一个账户，奖励 1 000 元”的专项奖励措施，激励各级行重视和发展现金管理业务。三是制定了《关于加强现金管理业务服务与管理的通知》，明确了省、市两级行维护服务客户的侧重点，对当年已上线客户逐个进行回访。四是制定三年现金管理业务规划，建立省分行营销客户名录，对目标客户，实行名单制管理。

三、加强账户管理，推进支付结算系统电子化建设。一是制定了《关于加强账户管理的通知》，提出了六项具体措施，促进了全省各级行对支付结算制度的贯彻执行。二是为减轻基层行工作量，实现个人银行结算账户信息由省分行集中报备。三是完成财税库银横向联网系统推广上线。四是配合人民银行兰州中心支行开展了支付清算系统危机处置应急模拟演练和结算账户管理系统应急演练。五是完成了全省 153 个机构 294 枚新旧结算印章更换工作。六是组织开展全省支付结算业务专项检查，对检查中发现的问题和不足进行了现场纠改，不能现场纠改的限期整改，促进了全省各级行支付结算规章制度的有效贯彻执行，防范结算业务系统应用操作风险。

四、产品研发工作步入正轨。一是成立了产品创新与管理委员会，制定了《产品创新与管理工作贯彻意见》、《产品创新与管理委员会工作规则》和《甘肃分行产品创新与管理实施细则》。二是结合实际开展产品研发工作，收集、整理各类需求 23 条，筛选后上报总行 2 条。三是在全行开展产品创新征文和创意大赛活动，形成一定的产品创新氛围。

五、高度重视，精心组织，圆满完成了“7.05”工程投产切换任务。一是开展“7.05 工程”投产切换业务再培训，培训人员累计达到 1 800 人。三是先后四次组织各行对非正常数据进行清理，共清理 19 类、349 个非正常数据，清理核实信息服务 14 条。四是成立了“7.05 工程”投产切换模拟演练工作小组，组织 30 个营业网点两次参与总行模拟演练，其中第一次演练交易量居全国第 7 名。五是切换工作完成后，组织辖内六个二级分行的营业机构参加了内部验证，圆满完成了“7.05 工程”投产切换任务。

（关向荣）

【运营管理】 2009 年 3 月 25 日，农行甘肃省分行成立运营管理部。运营管理部主要职责是制定全行运营管理工作年度工作计划，完善运营管理规章制度，指导、检查、监督实施情况；组织实施运营业务流程优化，实施柜面业务印章、档案、劳动组合、金库、现金、印刷品、出纳机具、会计主管管理；组织开展六大中心建设；建立和完善事后监督、集中对账等运营风险管理体系，实施运营风险管理；搜集整理运营管理系统功能优化和升级的业务需求，参与 ABIS 业务系统的优化、研发；监测、维护生产类业务系统日常参数；受理并开展运营管理日常业务处理和对基层提供操作指导和业务支持；实施本外币资金清算和会计核算；配合外部监管部门的相关检查。

一、建立健全了运营管理组织体系，明确运营体系建设规划和内设部门及各岗位的工作职责，省分行、各二级分行均成立了运营管理部门，县支行运营管理职能由财会运营部承担。

二、通过推广应用会计档案管理系统，规范临柜业务印章、纸质会计档案、上门服务业务管理，优化柜面业务处理流程，不断推进临柜业务精细化管理，夯实运营管理各项基础工作。

三、各级行认真落实金库管理各项制度，通过开展金库突击检查、金库盘点、推广金库现金调拨系统等工作，持续抓好金库管理风险防控工作，实现了现金和金库管理的安全运营。

四、加大出纳机具投入，进一步提高票币和出纳机具使用效率，通过组织开展“爱护人民币、反假货币”宣传月和“甘肃省反假货币工作‘09 行动’”宣传日活动，举办票币整点、反假和机具维护培训班等措施，持续抓好金库管理风险防控工作，进一步提高人民币整点质量、识假反假水平。

五、针对批量代收付业务的现状和存在的问题，对批量代理业务系统和流程进行了“一个集中，三个分离”的系统优化再造，提高了批量代收付业务工作效率。

六、针对运营管理的薄弱环节和案件易发点，采取有针对性的措施，通过开展“四严查”活动，切实解决柜台业务办理中存在的操作风险；进一步加强了现场监管监督工作，推广并有效运用 ARMS 会计监控系统，强化非现场监管检查，持续开展重点项目的监控，加大对运营风险的管控力度，不断提高作业监控质量；通过开展全省范围全面对账工作进一步加强了对账管理。

七、加强各类应用系统的环境维护，优化了运营管理业务平台，进一步提高运营管理工作质量和效率。

八、加强资金清算管理，确保各类资金安全高效运营。

九、通过编发《运营管理工作周报》、举办会计主管培训和进行运营管理工作考评等工作，加强了运营条线管理，提升运营管理工作水平。

（贵晓文）

【信息技术管理】 2009 年 3 月 25 日，农行甘肃省分行科技处更名为信息技术管理部。

一、突出重点抓运行保障，确保生产系统安全稳定运行。一是定期对生产运行管理中存在的隐患分析解决，不断优化完善各项安全管理措施。二是以各级行数据中心为重点，加大对业务前置系统和网络系统日常运行的监控力度，落实专人做好一级骨干网、二级骨干网、局域网日常维护和故障处理工作。三是更新生产前置系统、管理系统、ACBS 程序、CMS 及管理系统程序。四是修订完善了《生产系统运行管理考核办法》，按季对各二级分行生产系统运行、网络运行、信息系统安全管理等方面的情况进行全面考核，并将考核结果作为年度综合考评的重要依据。

二、面向业务经营管理需要，加快信息化项目建设推广进度。一是先后完成了资产负债管理系统及其项目群、个人优质客户关系系统三期、数据直通车项目、法人客户信贷资产十二级分类及第二还款来源保障评价系统、会计档案系统、储蓄国债三期、个人存款证明系统三期、集中版理财销售等项目在全行的推广应用，顺利完成了“7·05工程”投产切换工作。二是开发应用了太平人寿和中国人寿批量代扣、福利彩票开乐彩、全省集中版代收电费、柜员业务量考核等系统；完成了转账电话、电信话费代收、平安保险银保通、电话银行收费等系统的升级改造工作。

三、加强网络系统基础建设力度，提供强有力的网络技术支持。一是按照总行规范要求对具备改造条件的酒泉、张掖、武威、天水、定西和临夏6个二级分行生产局域网进行了改造。二是充分利用现有网络资源和模拟电话，建成了覆盖全省各级行和网点的内部IP电话系统。三是采用高清加标清模式，将视频会议系统推广至县支行。四是完成了省分行到总行的管理信息系统骨干网联通6M ATM线路的接入改造，实施了县支行至二级分行联通骨干线路带宽的升级扩容。

四、稳步推进数据中心机房规范化建设，提升信息系统环境设施安全保障水平。一是重新对省分行数据中心机房消防系统进行了规划、设计和改造。二是组织了二级分行机房专项检查，根据检查发现的安全隐患，对辖内二级分行机房改造工作进行了统一规划。三是制定了《二级分行计算机机房建设实施方案》，从机房选址、环境要求、建筑结构、消防系统等方面对二级分行机房建设进行了规范。四是完成了第一批改造的酒泉、张掖和武威等6家二级分行机房的验收工作。五是基本完成了第二批省分行营业部、嘉峪关、金昌、白银、平凉、庆阳和培训学校等7家单位机房改造的建设任务。

五、加强计算机安全管理，提高信息系统风险防范能力。一是在生产和办公系统部署安装了Windows操作系统补丁程序更新管理服务器，组织完成了防病毒服务器版本升级。二是制定了《甘肃分行计算机病毒管理防治办法》，健全了计算机防病毒管理体系，从源头上预防病毒、黑客对全行应用系统和网络系统的入侵和攻击。三是对省分行营业部、定西和天水等十家二级分行进行了科技部门自律监管及信息安全检查，针对检查发现的问题逐行下发了整改通知，要求限时整改。四是对省分行数据中心机房的环境保障设施、ABCS系统、主机、网络、消防系统进行了应急演练，提高了突发事件的应急处置能力。

（他福胜）

【统计工作】 一、全面贯彻执行2009年农总行统计报表制度，提高统计工作制度化、标准化管理水平。通过制订甘肃分行统计报表制度，对基层人员进行全面培训，对统计基础报表，从指标体系、指标释义、部门分工等方面，进行统一规范；合理制定报表填报、审核、上报流程，进行严格的标准化管理，切实做好基础报表收集、整理、上报工作，确保统计分析加工等后续工作的有效开展。

二、确保统计系统二期的顺利上线。认真学习基础数据平台和统计系统二期上线的相关内容，安装二期客户端，导入机构信息、测试模板等，逐月进行一期、二期数据一致性核对，认真总结核对结果，向总行反馈。经过全行上下的共同努力，年末统计系统一期、二期如期切换，实现独立运行。

三、强化统计管理和考核工作，提高统计工作整体质量。一是加强学习和指导，主动解决基层行遇到的疑难问题，全面履行上级行业务指导的职责；二是公平、公正地考核各行统计工作，力求发挥考核“激励先进、鞭策后进”的积极作用；三是对报表时限进行严格管理，并纳入考核范围。

四、高度重视，全面履行对监管部门的统计信息支持决策职能。按照人民银行金融数据集中工程统一部署，人民银行报表采用数据集中新接口独立上报。新的模式下，数据集中程度高，核对链条长，对数据上报时效和质量提出了更高的要求。在全省统计人员的共同努力下，人民银行报表工作取得较好的成绩。同时，严格按照监管当局要求，与业务部门紧密配合，认真填报各类监管报表，保证提供给监管部门的数据及时、准确，切实发挥统计信息的决策支持职能。

五、加强统计数据分析，充分发挥统计信息决策支持职能。一是按日、旬、月、季分别制作和按日、按月发布统计分析资料，及时披露、监测甘肃分行主要业务指标变化，对重要指标变化情况严密审核、调查追踪，力求透过数据，反映业务发展的真实面貌；二是强化服务意识，提高统计信息的使用价值。认真维护统计在线分析系统，及时加载各类统计分析，引导全行充分利用统计在线系统；三是严格把关，提高统计数据分析的权威性。对所有报表指标，从数据的逻辑性、相关性、真实性等多方面进行严格审核，确保数据的权威性。

（夏晓娟）

【大客户业务】 2009年4月，农行甘肃省分行成立大客户部。大客户部以开发营销大项目、大客户、大企业为重点，以全省重点经济领域建设项目为依托，积极做好中央在甘企业的落地服务和拓展总部在兰的省内重点客户。

一、团队支撑高层营销，积极构建市场营销新格局。按照当年甘肃省投资规划和国家重点建设项目，分期、分批拟定了全行重点项目市场营销指引目录，组建重点行业和优质项目营销团队，大力推行重点项目团队营销模式，明确对重点客户、优质项目的重奖制度；注重部门间的横向协作，设计制作了对公业务和零售业务相互交叉、相互补充的金融服务方案，建立并完善对公业务与零售业务联动营销体系，注重总部营销和高层营销。

二、锁定目标客户，拼抢高端市场。明确对大客户、大项目的市场营销主体目标，采取领导挂帅、高位介入、源头营销、团队支撑、上下联动的营销策略，不断拓展高端客户和高端业务市场。一是电力生产行业实行水电、火电、风电并进，全年先后与多家中央企业达成业务合作事项，审批项目贷款72.94亿元，实际投放21.29亿元，重点支持了酒泉千万千瓦级风电基地建设，共申报审批风电项目5个，金额达25.05亿元。二是加大了对高速公路贷款的投放力度，全年安排项目贷款71.64亿元，实现净投放10.50亿元，累计向甘肃境内"7918"高速公路网及其延伸段14个项目，安排授信161.98亿元，存量贷款已达41.60亿元。三是不断拓展与有色冶金龙头骨干企业的业务合作，围绕国字头和省内有色冶金龙头企业，进一步做大做强矿产品资源型企业业务总量，全年有色行业新增授信33.50亿元。四是积极拓展高端客户群体，谋求农行高端客户业务全覆盖。与联通新时空公司、江苏德赛化纤有限公司、中金阳山金矿、中铁建二十一局、中烟集团甘肃公司等一批优质客户建立了良好的业务合作关系，实现了多项信贷业务的营销突破。

三、注重市场调查研究，不断提高信贷风险防控水平。一是对产业、行业信息定期组织调查研究，密切关注政策调整和市场周期变化带来的影响，及时发布预警信息，切实增强行业风险的预见性和管控性。二是对受理的信贷事项，以国家产业、行业政策、环保政策和农行现行信贷政策为标准，重点关注信贷事项的安全性、合法性、效益性，综合考虑项目的成熟性，严把准入关口。三是从严核定集团客户授信额度，通过财务指标调节，实行授信总量控制，引入银行间拼盘贷款、核心资产抵押、追加主要股东或实际控制人连带担保的形式，以有效防范和控制信贷风险。

四、做好项目储备工作，为实现业务经营可持续发展打下良好基础。充分利用各级政府重点项目储备库的信息资源，定期不定期的从中筛选、推荐项目信息；以招商引资、项目推介和项目对接为渠道，以资源开发、能源和基础设施建设为重点，密切关注清洁能源、铁路公路、煤炭开发等项目建设动态，实行分层分级项目跟踪制度。

（李　斌）

【公司业务】　2009年3月25日，农行甘肃省分行公司业务处更名为公司业务部。

一、加大机制创新，推进城市对公业务经营转型。一是实施优势区域优先发展战略。将兰州、嘉峪关、金昌、天水、酒泉、白银、平凉和庆阳等分行确定为优势地区，制定差异化政策，实施优先发展战略。二是修订了《系统内联合贷款管理办法》，调整参与各方利益分配，充分调动营销积极性，增强系统合力。三是制定了《中小客户经理"六包一挂"责任制管理办法》，并在张掖、武威和天水分行开展了试点。

二、强化市场营销，切实加大有效信贷投放力度。一是密切银政合作，加强高端营销。农总行与甘肃省政府、省分行与兰州市政府分别签署了银政战略合作备忘录，涉及六大重点领域优势项目213个、总投资7 189亿元。二是完善营销机制，增强系统联动。组建了三个营销服务团队，持续加大对优势项目和重点客户的营销力度，成功营销了一批优质企业、高成长型中小企业和重点项目。三是提高项目调查评估质量和效率。全年共调查评估各类信贷项目33项，涉及金额306.70亿元。

三、增强发展意识，着力打造中小核心客户群体。一是下发了《加快小企业金融业务发展的实施意见》，引导基层行强化"抓大拓中不放小"的经营策略，大力拓展优良客户群体，解决自身发展问题。全年中小客户新增133个，贷款增加12.99亿元，增长11%，小企业新增112户，贷款增加10.59亿元，增长39.60%。二是制定了《小企业金融服务专营机构实施方案》，并选择武威、张掖和天水分行开展了试点。除临夏、甘南外的12个二级分行全部成立了小企业金融服务中心。三是开办"保兑仓"、"应收账款融资"、"非标准仓单质押"等金融业务，着力解决中小企业"融资难"、"担保难"问题。

四、落实管理措施，不断提高风险管控能力。一是组织实施客户名单制管理。牵头制定下发了各条线客户和直管客户名单，明确了管理边界和职责，并按月动态调整。二是严格执行国家宏观调控政策及总分行信贷政策，严把项目准入和贷款投向，有效防止向"两高一剩"行业和低水平重复建设项目发放贷款。三是落实尽职调查和贷后管理职责，评估项目做到双人实地调查，确保调查内容全面、真实、准确、有效。四是持续监测本部门业务条线信用风险和操作风险事件，做到早预警、早管控、早化解。

五、调整业务结构，大力发展存款和投资银行业务。一是大力组织对公存款，提高对公存款贡献度。实施以资产带动负债的营销策略，采取措施拓宽对公存款来源渠道，当年对公存款增量创历史最高水平。二是大力发展投资银行业务，努力提高新兴业务市场份额。全年新增常年财务顾问客户39个，总数达到了85个。三是积极开展债券承销。成功参与承销中期票据2亿元。

（魏福星）

【机构业务】　2009年3月25日，农行甘肃省分行机构业务处更名为机构业务部。

一、全力拓宽业务领域，努力提高机构类负债业务规模。一是突出重点营销，全面扩大了代理财政资金业务范围，争取到村干部养老保险基金专户的开立。全年共代理各类财政资金70亿元，其中农村义务教育等中央专项资金48亿元。二是与甘肃新华书店签订全面业务合作协议，争取到了其60家子公司的所有业务。三是先后走访了省检察院、兰州军区和省司法厅等单位，积极争取业务合作。四是做好机构类客户的维护工作，提高服务水平。搜集整理日常业务开展中的问题，制定防范措施及应急处理方法。

二、大力攻关，实现了企业年金和资产托管业务零的突破。先后与中国人寿、泰康人寿和平安养老保险公司签订了企业年金业务合作协议，制订了业务推动激励方案。同时，赴10个二级分行进行业务宣讲、督导。一年来，共与75户企业签订了企业年金意向性合作协议，其中正式签订企业年金托管合同资金规模达120多万元。与22家市、县级住房公积金管理中心、社保局、医保局签订了资产保管协议，资产保管规模达1.70亿元。

三、以第三方存管为依托，强化与金融同业的合作。一是以第三方存管业务营销为依托，密切与金融同业的合作，抢占高端个人客户的制高点。全年第三方存管新增客户数3万个，实现第三方存管手续费收入260万元，证券公司佣金收入300万元。二是以股指期货上市为契机，对陇达期货公司进行了重点营销，签订了《股指期货仿真交易代理业务合作协议》。2009年，新增签约客户数358个，月均吸收储蓄存款300多万元。

四、加大机构类资产业务营销、管理、清收力度。一是面对机构类资产业务边界和范围重新划分后，机构类资产业务范围缩小，总行对AAA级以下的机构客户贷款担保方式，在原有的收费权质押基础上增加了保证或抵押的条件等诸多新情况。一方面，对机构类贷款客户进行摸底排队，在细分市场、细分客户的同时，针对每一个客户制定出具体可行的营销方案，切实加大优质机构类贷款客户的营销力度；另一方面，组织调研天水、敦煌等地的旅游项目，以进一步拓宽业务领域。二是及时分析机构类不良贷款形成的原因，提出清收压降的任务目标，明确具体工作措施。同时，逐户制定了清收计划和盘活措施。至年末，全省机构类不良贷款较年初下降4 089万元，不良贷款占比下降了18个百分点。

（梁彩霞）

【个人业务】 2009年3月25日，农行甘肃省分行个人业务处更名为个人金融部。

一、全面推进零售业务转型，着力加快个金业务发展。组织召开了全省农行零售业务转型工作会议，成立了组织机构，明确了两年转型目标，并从“硬、软”转型两个方面安排了各项推进措施，全面启动了全行零售业务转型工作。先后组织开展了“金钥匙春天行动”、“激情仲夏·金彩生活”、“爱在金秋·情系万家”等个人金融业务营销竞赛活动，活动突出了“金钥匙”品牌宣传，实施了全员营销、联动营销和交叉营销策略，有力地推动了储蓄等个人金融业务的快速发展。

二、市场营销与风险控制并重，稳健发展个贷业务。一是始终坚持以住房按揭楼盘营销为依托，抢抓优质客户资源源头，促进重点个贷业务快速增长。二是针对个贷业务面临的主要风险，从推进制度执行力建设入手，采取有效措施切实强化了基础管理工作。三是加大不良贷款清收力度。组织开展城市不良个贷专项清收活动，剔除形态调整因素，全行城市不良个贷较年初下降1.75亿元，不良率下降了7.16个百分点。

三、实施网点标准化建设，稳步推进网点转型。一是认真做好LOGO标识牌的招标、定制和更换工作。二是按照网点建设新标准，组织完成了施工项目的摸底、设计和上报批复工作。三是进一步加快了网点自助化建设步伐。四是推进网点文明标准服务导入工作。培养组建内训师网点文明标准服务导入师资队伍。

四、持续加大营销力度，力促中间业务实现快速发展。一是推动基金营销。制定了“重点营销托管基金及子公司产品，辅助销售其他产品”、“基金手续费弹性分配政策”。二是组织开展“点滴积累，成就梦想——‘金钥匙·基金宝’基金定期定额投资营销推广”、核心产品及基金组合等营销活动。三是加强“本利丰”、“汇利丰”人民币理财产品营销。批准营业部、酒泉和天水三个试点行11个网点开办实物黄金买卖业务。

五、积极拓展市场，努力提高发卡量。一是确定了贵宾卡申领、发卡流程，制定了贵宾客户动态管理办法，与省内两个机场签订了候机楼贵宾厅冠名和贵宾客户服务协议，为大力拓展贵宾客户创造了条件。二是组织开展了“感恩十年·相伴永恒”借记卡营销活动，促进了发卡量和卡收入的快速增长。

六、加强业务培训，推进队伍建设。与中国金融理财标准委员会合作举办了两期金融理财师（AFP）培训班，共计124人参加了培训，103人通过了资格考试，考试通过率达到83.06%。组织相关人员参加了中国证券业协会基金销售从业资格考试和中国银行业协会个人理财从业资格考试；组织举办了个人信贷业务客户经理培训班、实物黄金业务培训班、借记卡业务人员培训，强化了一线人员的理论基础、操作技能和综合素质。

（唐　飞）

【房地产信贷业务】 2009年3月25日，农行甘肃省分行房地产信贷处更名为房地产信贷部。

一、正确把握宏观调控政策，明确房地产业务发展思路。制定房地产信贷业务工作要点，提出了房地产信贷工作指导思想和目标，部署了6项重点工作：落实信贷结构调整，合理配置信贷资源，拓展城市基础设施贷款业务，扩大优质客户市场份额，强化贷款风险防范，提高贷款精细化管理水平。开展房地产信贷业务调研，根据对兄弟行考察学习经验和对现有贷款客户存在问题的分析总结，提出了建筑企业贷款业务和城市基础设施贷款业务的发展思路。

二、合理配置信贷资源，扩大优质客户市场份额。本着“抓大放小”的客户调整策略，主动营销全省排名靠前的房地产企业，成功拓展了兰州中和房地产公司、兰州仁恒房地产开发公司、天水景园房地产开发公司、天水城建房地产公司等优质客户。同时，巩固发展与兰州天庆、兰州希望、兰州海鸿、平凉新世纪、天水金宇、酒泉巨龙等存量优质客户的合作关系。

三、加强贷款管理，提高精细化管理水平。贷款调查阶段，认真核实企业的财务情况，分析企业的经营水平，研究项目的市场前景；贷款审批后，实施管户经理负责制，落实各级行具体的管户经理，要求经营行客户经理定期进行贷后检查，省分行房地产信贷部客户经理通过电话、信贷管理系统不定期进行非现场检查。认真开展风险自查活动，分别对全行城市建筑企业贷款、房地产开发贷款、城市基础设施贷款业务进行了风险自查，对分类在关注及关注以下的贷款逐笔分析风险形成的原因、评估风险程度、落实风险化解措施。通过精细化管理，全行房地产贷款管理水平有了很大提高，贷款质量有了明显的改善。

（丁　勇）

【“三农”对公业务】 2009年3月25日，农行甘肃省分行三农对公业务处更名为三农对公业务部。同年12月29日，三农对公业务部更名为农村产业金融部。

一、切实加大县域对公客户的信贷投放。全年累计发放“三农”和县域法人客户贷款66.49亿元，余额达到了106.40亿元，较年初增加22.20亿元，同比多增8.52亿元。一是根据县域经济发展特点，积极寻找切入点，累计投放春耕备耕生产贷款23.96亿元，有力支持了化肥、农膜、种子等农资购销储备、农产品购销加工以及广大农户生产经营等。二是依托产业，充分发挥龙头企业的带动作用。累计向56户产业化龙头企业投放贷款14.40亿元。共有18万个农户从中直接受益。三是挖掘优势，大力支持特色资源开发。共向59个小水电以及矿产资源开发客户发放贷款21.34亿元，特色资源开发贷款余额较年初增加5.40亿元。四是好中选优，稳步支持县域机构和房地产客户加快发展。累计共发放县域学校和医院贷款0.20亿元，县域房地产及建筑类客户贷款6.92亿元。五是高度重视，积极开展农村基础设施建设贷款试点工作。加强与政府有关部门的交流合作，积极参与农村基础设施建设规划，累计发放农村基础项目建设贷款13.38亿元，取得了双效合一的效果。六是落实要求，着力提升县域中小企业贷款比重。累计投放县域中小企业贷款45.99亿元，县域中小企业客户已覆盖了全省工业、农业、通讯、建筑、能源等主要行业和领域。

二、全面加强对重点产业行业的政策研究和规划。制定了马铃薯、中药材、草食畜牧、酿酒原料和玉米制种等10个重点产业金融服务方案。下发了支持全省农业产业化发展的五年规划，与甘肃省农牧厅先后签订了支持地方经济发展和农业产业化发展的战略合作协议。对全省小水电行业开展市场调研，从能源储备、市场前景、风险状况、准入条件和竞争优劣等多个方面进行分析研究。对纳入金融部核算的70个县域支行所属所有存量教育、医疗卫生和旅游行业机构客户现有贷款情况进行了一次全面清理，对今后一个时期上述行业客户信贷需求情况进行分类摸底和排队。在全省范围内启动县域信贷项目储备工作，共储备项目客户211个，资金需求约为116.47亿元。

三、切实加强县域业务风险防控。从战略、政策、制度、组织、工具和机制等方面入手，强化风险管理创造价值的理念，不断改进和完善风险管理的方式方法，为金融部安全稳健运行保驾护航。认真落实党风廉政建设责任制，加强干部员工自身道德修养、业务能力的培养，以人、财、物决策程序为重点，规范各个环节，从源头上预防各类违规违纪问题的发生。严格实施信贷新规则，认真执行信贷业务调查审查，不断提升评审质量和效率。

（张国杰）

【“三农”个人业务】 2009年3月25日，农行甘肃省分行三农个人业务处更名为三农个人金融部。同年12月29日，三农个人金融部更名为农户金融部。

一、找到了服务三农的路子。坚持“依靠党政、紧扣规划、集中发放、流动服务”原则，采取“就近服务、远联大户、集中连片、委托代理”的服务方式，走出一条以产业化为切入点、县域和中心乡镇为依托、农户为重点、惠农卡为载体、农户小额贷款为突破口，“公司+农行+农户”等发展模式为主的服务“三农”新路子。

二、丰富了担保方式。试行农户联保、工薪人员担保、龙头企业担保、担保公司担保、风险基金担保、农机具抵押、林木收益权质押担保等担保方式，尝试给财政兜底的沼气建设、饮水安全、梯田建设等项目依托和带动的农户发放信用贷款，甘南分行积极尝试用牧民佩戴的首饰包括黄金、珊瑚、玛瑙等抵质押贷款。

三、优化了业务流程。一是实行差别授权。按照“逐级授权、差异管理、动态调整”的原则，向县支行转授了农户信贷业务审批权。二是卡式测评信用。调整优化了个体工商户、农户信用等级测评打分卡。三是从简核定授信。农户和个体工商户根据担保额度核定授信额度。四是改革审批体制。推行了信贷审批制度改革和信贷业务网上审批，试行独立审批人制度。五是精简信贷资料。农户小额贷款信贷资料由以前不同担保方式的23—27种精减为5—8种。

四、强化了风险控制。一是推行个贷客户经理包放、包管、包收、经营业绩与工资挂钩的“三包一挂”责任制。二是严把准入关。贷前实行“双签制”，客户经理与借款人100%面谈面签，与经营行签订“挂包责任书”和《合规经营承诺书》，严格落实“十个严禁、十个防止”要求。三是严把监督关。建立前中后台互动、条线监测督导的预警机制，前移风险防范关口。四是把好补偿关。分层面与党政部门、龙头企业、担保公司、保险公司建立“三农”业务风险补偿基金、保险基金、担保基金，拓宽风险补偿渠道。

五、加强了服务渠道建设。一是强化网点支撑。加大农村网点改造，向经济活跃、发展前景广阔的中心集镇布放离行式ATM机。二是强化流动服务支撑。组建流动客户经理组304个，选聘协管员460名，设立流动服务点127个。三是强化信用村支撑。制定信用村建设三年规划，并优选建设信用村624个。四是强化龙头企业支撑。支持90户龙头企业，密切与上下游客户的利益链接关系，发挥其带动作用。五是强化电子渠道支撑。配备ATM机660台，转账电话1 855部，POS机4 579台，大力推广转账电话、网上银行等电子产品。六是强化委托代理支撑。与农信社、邮储银行联合下发共同做好银行卡服务工作，借助同业在农村地区的网点优势延伸服务半径。

六、拓宽了服务覆盖面。惠农卡覆盖全省81.60%的乡镇、52.90%的行政村、43.30%的村民小组和23%的农户；农户小额贷款覆盖57.30%的乡镇和29.10%的行政村，惠及9万个农户。整体推进的定西分行，发卡25.40万张，授信3万户，贷款4.90亿元，卡覆盖93.30%的乡镇和85%的村。

七、举办了全面推进服务“三农”改革发展工作会议。10月，根据定西分行服务“三农”试点情况，农总行在兰州召开了全面推进服务“三农”改革发展工作会议，并组织参会人员赴定西分行实地考察。会议明确了全行今后一段时期服务“三农”的目标原则和工作要求。农总行将会议举办地选在兰州，是对甘肃分行服务“三农”工作的肯定和认可。会议的成功召开，标志着服务“三农”试点圆满结束，全面推进服务“三农”工作正式开始。

（贾东平）

【信用卡业务】 2009年3月25日，农行甘肃省分行银行卡中心更名为信用卡中心。

一、深入开展营销宣传活动，切实强化产品市场竞争力。一是在了解掌握甘肃省信用卡市场发展状况及同业发卡进度的基础上，启动了以“新·响中国”为主题的金穗信用卡品牌营销活动，制定了《“新·响中国”金穗信用卡品牌营销活动实施方案》。二是年初在全省各级行组织开展了以“情满陇原，金穗有礼”为主题的大型贷记卡促销活动，制定了《2009年金穗贷记卡有奖促销活动方案》，并印制了年历卡20万张、宣传折页20万份、海报3 000张和2 300份精美礼品配发各行。三是积极贯彻落实国务院办公厅和省政府办公厅关于搞活流通扩大消费的实施意见，配合银联甘肃分公司分别在全省范围内开展“拉动内需、促进消费”、“国美电器万人刷银联卡购物周”联合促销活动。四是与省委宣传部联合，共同策划开展了“金穗·盛世中华杯”甘肃省企业文化建设巡回展览展示活动。

二、丰富产品体系，强化系统支持，全力提升客户服务水平。一是大力推行公务卡。先后拟定了《甘肃分行地方预算单位公务卡合作计划书》、《甘肃分行企事业单位贷记卡发行实施方案》。二是与华龙证券有限责任公司联合推出首张地方性联名卡——金穗华龙卡。三是开发了地方财政预算单位公务卡支持系统，并在酒泉地区成功试点上线运行。四是积极参与“三农”金融服务工作，以进一步强化惠农卡产品功能为出发点，考虑小额农户贷款户居住地普遍离农行营业网点较远的实际情况，为惠农卡用户量身订制了贷款到期短信通知功能，在定西分行首先成功试点运行，丰富了农行服务“三农”的内涵。

三、强化业务管理，加大设备投入，进一步促进商户收单业务健康快速发展。一是积极配合人民银行兰州中心支行和银联甘肃分公司组织开展的“甘肃省银行卡规范受理市场秩序、促进产业健康发展专项工作”，规范全省银行卡受理市场、整治不正当竞争行为，开展专项整理工作。二是制定了《中国农业银行甘肃省分行强化收单业务基础建设专项工作实施方案》，在全省范围内进行商户自查和整顿工作。三是实现对全省有线POS的移机异地使用监控，提高了收单业务风险管控水平。

四、加强合规建设和风险管控，保障业务稳健发展。一是在全行范围内开展了金穗贷记卡不良贷款清收专项行动，确定了将贷记卡不良贷款率控制在0.15%以内的活动目标。二是建立健全银行卡卡片管理制度，制定了《借记卡卡片管理实施细则》。三是根据人民银行兰州中心支行《甘肃省加强银行卡安全管理工作实施方案》的要求，统筹安排，组织人员认真学习，进行自查，积极整改，切实贯彻监管要求，防范信用卡和收单业务风险。四是及时搜集信用卡及收单业务方面的风险案例，分析原因，提出风险防范和化解措施，指导全行开展风险防控工作。

（撖德军）

【电子银行业务】 2009年3月25日，农行甘肃省分行电子银行处更名为电子银行部。

一、多样的营销活动，促进了电子银行业务的发展。一是举办“体验金e顺·开户送好礼·使用喜中奖”电子银行有奖促销活动。二是参与组织开展“激情仲夏·金彩生活”个人金融产品综合营销活动。三是召开全省农行电子银行业务专题营销工作会议，明确了电子银行业务的发展方向、工作重点和具体措施。

二、丰富的产品功能，加速了电子银行业务的发展。一是成功上线“新一代”电子银行系统，同期上线企业网银柜面签约系统。二是顺利完成了个人网上银行实时收费系统和消息服务产品的上线工作。三是加快转账电话业务的发展，实现了转账电话在全省范围内的上线运行。开通了跨行转账功能，优化了管理系统。四是圆满完成客服上收工作，顺利开通人工坐席服务。构建畅通的客户服务渠道，提高了客户的满意度。五是以电子账单业务为突破，实现了电子商务业务的起步发展。

三、健全的组织机构，保障了电子银行业务的发展。2009年5月，电子银行部内设市场营销部、自助运营部、风险管理部和客户服务中心4个业务科室，进一步明确了各级行电子银行业务主管部门、岗位职责和人员配备。认真做好自助设备的业务移交和归口管理工作，确保自助设备管理工作不留空当，实现了业务管理职能的“无缝化”过渡。

四、全员的业务培训，助推了电子银行业务的发展。一是积极组织开展了电子银行业务宣讲活动。二是举办了“新一代”网上银行视频培训班。分别对新一代网上银行功能特点、业务操作、规章制度，以及企业网上银行柜面签约系统等内容对广大员工进行了培训。三是举办了客服联动业务视频培训班。就客服中心事件联动处理流程、知识库的建立与维护操作等内容进行了培训。四是开展电子银行业务“送教上门”活动。举办了电子银行业务知识培训10余场(次)，重点就相关电子银行产品和转账电话业务的产品功能、办理流程、操作技能、营销技巧和规章制度等内容进行了培训。

五、严格的制度管理，规范了电子银行业务的发展。一是健全规章制度和完善考核机制。制定了《中国农业银行甘肃省分行客服联动和知识库联动实施细则》和《自助设备管理办法》，明确了部门职责，细化了岗位分工，规范了工作流程；修订了电子银行产品计价标准，加大了有效性和动户率的考核力度。二是切实加强自助设备日常风险管理，强化设备监控管理，普及安全使用常识，保障客户资金安全。三是开展了电子银行业务自律监管工作，对6家二级分行、8个县支行和20个营业网点进行了电子银行业务检查，保障全行电子银行业务健康快速发展。四是积极配合做好内控评价工作。依据一级分行内部控制的重点环节和评价的基本要求，认真开展了自查自纠。对检查揭示出的问题逐条建立整改台账，撰写整改报告，落实整改责任人、规定整改时限，切实提高内控管理水平。

（王　宏）

【国际金融业务】 一、严格单证业务审查。一是成立单证审查中心，在中心内部设置了进口结算、出口结算和资金清算岗位，并单设外汇资金交易岗位；二是进一步完善业务操作规程，每笔业务一律严格按照经办、复核、授权相互制约的原则办理；三是实行限时办结制和全程负责制；四是加强条线业务工作的指导和推进工作；五是严格信用额度管理，办理业务确保在总行核定的相关国家信用额度、代理行信用额度和单证额度内。

二、实施重点营销措施。一是确定外汇业务营销重点。确定全省进出口量前50位企业为重点外汇客户，各二级分行将辖内经营状况良好、进出口额前10位涉外企业作为重点外汇客户，确定金昌分行等为外汇业务营销重点行，把贸易融资、外汇理财作为推广营销的重点外汇产品；二是加大目标客户营销力度，按照“以本带外、以外促本”的营销理念，紧贴客户需求，推介外汇产品；三是加强客户结构调整，坚持大、中、小客户并举，进一步加强外汇客户结构的调整和优化。

三、加强资金会计核算。一是及时准确处理日常核算业务，对业务传票进行审核和整理，同时登陆会计档案管理系统，对可疑数据进行检查，对外汇报表进行归档；二是认真履行对全行外汇会计核算的指导职责，按照总行、分行核算要求，先后多次对会计相关科目进行了调整变更，全面指导辖内各行及时调整到位；三是认真做好外汇资金交易和头寸管理，确定专人适时盯盘，适时交易，坚持每日向总行及时平盘；四是适时调剂全行外汇资金，提高资金使用效益；五是及时调缴现钞，减少无息资金占用。

四、完善内控监管机制。一是完善制度建设。先后制定了《海外代付业务操作通知》等制度规定，与中国银行甘肃省分行商订了《外汇现钞缴存协议》。二是加强授权管理。制定了《国际业务部岗位设置及职责分工》，并对国际贸易融资、外汇资金交易和外汇汇出汇款权限进行了调整；三是完善系统建设。完成了金宏系统的测试和推广，AD系统升级版的上线推广，MIPS、会计监管等系统的升级改造工作。四是做好监管检查。配合外汇管理局先后对执行出口收结汇联网核查政策执行情况、企业货物项下外债登记管理政策执行情况和待核查账户数据清理情况等进行了现场检查；开展外汇业务自律监管检查，制定了详实的自律监管检查方案，指导二级分行先期自查，组织人员对个别行进行重点现场检查；按照业务发展需要，核定外汇现钞库基数，增加了检查频次。

五、化解外汇理财风险。一是加强风险预警，从不同方面对理财产品进行了风险提示和预警。二是加强风险揭示，指定专人对对公客户外汇理财进行跟踪服务，在按月查询和发布理财市值的同时，应客户要求随时测算平盘价格，每周查询和发布产品价值情况，分析市场走势，帮助客户适时掌握市值及价值变动情况。三是适时化解风险。应酒钢公司对其理财产品提前平盘的要求，经过反复测算和比较分析，选择最佳时点为客户完成理财平盘交易。另外，针对“境外宝”个人理财实际价值损失较大的现状，做好解释说明，完善业务系统，全力做好个人理财产品的赎回工作。

六、理顺外资转贷管理。一是督促各转贷行建立完善台账，加强日常监管，保证前台部门的转贷账务要与会计部门、与当地财政部门、与转贷项目单位的账务完全相符；二是严格内部账务核算，查看总行关于外资转贷报文并及时转发至相应二级分行，及时向各行划收资金；三是积极协调解决转贷垫款问题，经与省财政厅多次协商和争取，成功扣划转贷项目垫款资金；四是对当年新发生的垫款，按照早测算、早申报的要求，及早将全年垫款数据汇总报送到省财政部门，积极协调款项扣划工作；五是加强贷后管理，加大到期款项催收。

七、强化队伍建设工作。一是督促各级行统一将外汇业务的归口管理部门落实到前台客户部，明确部门分管负责人，设立业务经办岗位；二是采取多种方式加强外汇人员培训。先后选派人员参加了内、外部监管机构举办的业务培训，组织经办人员跟班实地学习，并举办了全省外汇业务培训班和国际收支金宏系统视频培训班。

（唐　文）

【保险代理业务】　一、早部署，早安排。针对保险代理业务面临的新形势和业务发展中存在的问题、差距，2009年8月下旬组织召开了全省农行保险代理业务工作会议，提出了今后一段时期保险代理业务的发展思路和目标任务，并对加快保险代理业务发展应采取的工作措施进行了安排部署。

二、积极开展营销推动活动，促进业务较快发展。在全省组织开展了寿险业务擂台赛监测评比活动。活动的开展对整个寿险业务发展起到了促进作用，代理寿险业务在不少地区有了新突破。同时，全行上下以服务“三农”和提高信贷资产保障为着力点，大力推行信贷客户“双单作业”，积极组织开展“全员营销 人人一车”和2009年第四季度与中国人保等5家产险公司业务营销培训活动，实现了产险业务市场份额连续多年省内同业第一的良好业绩。在全国农行与太平洋产险公司联合召开的“金农保一单通”业务总结推动会上，获得“金农保一单通”业务竞赛三等奖。

三、规范保险代理行为，合规管理工作进一步加强。一是严格了公司、产品准入制度。根据农总行2009年代理产险、寿险产品目录及基准手续费率，确定下发了《2009年代理保险产品及手续费率目录》，进一步明确了产险、寿险公司及产品的准入标准，规范了代理保险手续费的入账管理。二是调整规范了代理寿险产品手续费率。经与省保监局、保险行业协会积极沟通联系，争取政策，与各合作保险公司进行多轮协商洽谈，最终使全省农行代理寿险业务手续费率得到统一，各寿险产品手续费率普遍提高了1个百分点。同时，积极争取激励政策，提高了寿险代理业务产品计价标准。此举从源头上规范了代理行为，提高了代理寿险业务收益。

四、加强监测考核，保障业务运行。一是建立保险业务每月监测评价制度，对全省94个县级经营行，按月对各支行代理产、寿险业务手续费收入排名，并在全行进行通报，对业务发展起到了很好的促进作用。二是努力推动集中版“银保通”系统的应用，成功上线所有代理的7家寿险公司“银保通”系统，系统出单率均达100%，实现了代理保险“保费零现金”管理要求。三是完成了所有营业网点保险兼业代理业务许可证的办理工作，启用了《中国农业银行股份有限公司代理寿险业务重要提示》，成立了银保业务危机事件处理小组，有效防范了代理寿险业务的销售风险。四是充分利用保险公司培训资源，适时开展业务培训，组织全行业务主管参加农总行国际寿险管理师（LOMA）和注册保险理财规划师（IFP）的培训，1人通过LOMA中级考试，20人取得IFP资格。

（梁彩霞）

【内控合规】 2009年3月25日，农行甘肃省分行审计处更名为内控合规部。

一、做好了基础管理和新划转业务。一是完成了全行转授权管理工作，开展了授权管理检查，对发现的46条问题进行了整改，制定了《中国农业银行甘肃省分行转授权管理实施细则》，规范了全行转授权管理。二是积极做好反洗钱工作。协查85个账户，交易笔数2 136笔，累计金额59 990万元；接受人民银行反洗钱各类检查15次。三是全力推进整体移位检查。对43个网点、238人进行了移位检查。四是加强关联交易管理。及时更新汇总上报有关信息和报表，接受银行业监管部门监管。

二、统筹开展各类业务检查。一是牵头开展了业务经营管理自查自纠活动，共发现各类问题18 536笔、869 125万元。二是开展了两次案件风险集中排查工作，发现问题7个方面6 676笔、66.30亿元。三是受委托开展市、县两级行行长和部门负责人责任审计225人；配合总行完成了对省分行离任、调任领导的责任审计，筹办了总行在甘肃省举办的责任审计调研和整改工作座谈会。四是开展了市、县两级行内部控制评价工作，对全行14个二级分行和91个县级支行内控工作进行了检查评价。五是牵头开展了全行自律监督检查。2009年10月，组织75名人员，对15个部门的自律监督检查和5个专项检查项目统一进行了检查，发出整改通知33份，提出针对性建议107条。六是牵头开展了内部控制自评估首轮测试工作，形成各类测试表21份、缺陷汇总表3份。七是根据甘肃银监局要求，组织开展了二、三季度案件风险排查工作，共排查大额资金进出5万多笔、984亿元，票据业务778笔、12亿元，核查账户6 875个。

三、抓好检查发现问题的整改。对2008年度分行内部控制评价、自查自纠活动、案件集中排查，以及2007年以来各类审计检查发现未整改的问题进行了督办整改，全年各类检查发现问题27 648笔、185亿元，整改27 330笔、177亿元，笔数、金额整改率分别达99%、96%，有效促进了内控管理的提升。

四、加强内控合规队伍建设。一是加强对内控合规办的管理，组织内控合规办开展了反腐倡廉警示教育、作风建设教育等活动，健全了各内控合规办党支部，吸收预备党员3名，培养入党积极分子1名，审核报送预备党员转正4名。二是加强业务培训。年内派人参加了总行内控管理、合规检查、内控评价、反洗钱、转授权、内部控制自评估等培训，达到了年内人均培训一次的目标。三是加强信息报送和交流。年内，内控合规信息有1篇被总行《每日要情》第14期采纳，《甘肃省分行案件集中排查信息》有3期分别被总行《案件集中排查信息》第2、5、6期采用。

（谢子文）

【纪检监察】 2009年3月25日，农行甘肃省分行监察室更名为监察部。

一、促进领导干部不断增强廉洁自律意识。开展廉洁自律、行风行纪培训。组织收看收听“扬正气、促和谐”全国优秀廉政广告展播。全行实施任前廉政谈话190人（次），诫勉谈话14人（次），613名领导干部进行了述廉，纪委书记同下级行负责人例行谈话329人（次），函询9人。

二、扎实做好案件防查工作。当年，全行案件数量下降50%，涉案金额下降19.10%，未发生百万元以上或涉及副处级以上领导干部大要案件，实现了年度案件防控目标。全行有3家二级分行和25家县级支行被总行授予“无案件先进单位”荣誉称号。一是加大案件查处力度。全行共查处经济案件1件，涉及金额88.99万元，已结案，挽回损失43.82万元。二是开展案件专项治理工作。制定了《关于2009年案件防控工作的安排意见》；继续在全行实行案件防控承诺制；组织开展案件专项治理“八查”活动；确定案件防范重点和治理的重点单位、重点业务、重点环节，并对2个二级分行开展了重点治理。三是认真做好信访举报核查工作。全行纪检监察部门受理信访件39件。四是严肃责任追究。全行共对案件和严重违规问题涉及的46名责任人给予了纪律处分。

三、集中组织开展两项教育活动。一是开展“严于律己、廉洁从业”反腐倡廉警示教育活动。组织全行通过学习规定篇目、观看警示教育片、开展专题讲座、召开员工家属座谈会、参观警示教育基地等多种形式开展警示教育，填写自查表5 085份，做出廉洁从业承诺4 297份，向客户发出廉洁从业公约8 938份。二是组织开展领导班子和领导干部作风建设教育活动，二级分行组织开展了县支行高管问卷调查。

四、加大源头预防和治理腐败力度。制定了《甘肃分行贯彻落实总行〈“建立健全惩治和预防腐败体系2008－2012年工作规划”实施意见〉分工方案》、《甘肃分行推进市场诚信体系建设实施意见》和《甘肃分行推进市场诚信体系建设工作规划》，组织全行贯彻落实中央厉行节约八项要求。

五、认真落实党风廉政建设责任制。省、市、县三级行签订《党风廉政建设责任书》，细化、分解党风廉政建设工作任务。制定了《甘肃省分行党风廉政建设责任制实施细则》和《甘肃省分行党风廉政建设责任制考核实施细则（试行）》，全行对县级支行以上单位落实党风廉政建设情况进行了考核。

（韦秀萍）

【法律事务】 2009年3月25日，农行甘肃省分行法律事务处更名为法律事务部。

一、积极适应股改变革，严把法律审查关口，做好风险的事前防范，对合同条款严格依法审查。全年共受理省分行部门和二级分行审查事项170项，其中省分行部门94项，各二级分行76项，同比增加81项，增加95.40%。出具法律审查意见170份，揭示风险隐患678处，提出修改意见684条，有效避免了法律风险的发生。

二、积极服务“三农”，深入调研，提示风险，规范操作。全年出具法律意见书5份，送参件1份，法律事务工作动态5份，充分发挥法律部门的独特视角作用，有效解决了经营行面临的突出问题，探索担保新模式，努力解决服务三农“瓶颈”。

三、围绕诉讼效益，加强诉讼论证，最大限度化解风险。当年全行诉讼案件发生67起、标的额5 816万元，审结诉案46起、权利金额3 752万元，现金收回2 542万元。一是强化案件诉讼论证。制定具体诉讼方案，确保诉讼目的实现。二是加强对重点案件的跟踪、指导。三是根据处理诉案发现的问题，及时揭示问题、提示风险、反映诉讼成果。四是结合年度考评情况，进一步规范外聘律师管理。五是按期完成每季度未决诉讼预计负债工作。六是做好LAMS系统上线运行工作。

四、结合业务经营，加强合同管理，确保合同规范使用。一是及时转发总行制定的各类合同文本12个。二是根据业务经营发展需要，制作统一的制式合同文本。三是研究银团贷款问题，做好为大客户的法律服务。四是开展了2009年度非制式合同管理使用情况检查，并跟踪督促整改。

五、认真做好全辖普法宣传教育工作。一是举办了全省农行法律事务培训班，对辖内各内控合规办事处、二级分行及县支行的法律人员进行了培训。二是根据相关部门要求，组织了行领导2009年度全省地（厅）级领导干部法律知识考试有关工作。三是参与举办了全省农行客户经理法律知识竞赛活动。四是做好“法律与我的工作”主题征文活动。五是为全省农行各类培训班提供法律知识培训。

六、做好总行安排的有关工作。一是开展《法律事务管理手册》验证工作。二是对全行法律事务机构、人员变化情况开展了专题调研。三是对甘肃省“三农”金融服务法律环境情况进行了调研。四是对全省知识产权管理工作开展情况进行了调研并上报总行。五是做好总行安排的有关诉讼调研工作。六是做好总行有关规章制度征求意见反馈工作。

（姜新永）

【安全保卫】 2009年3月25日，农行甘肃省分行保卫处更名为安全保卫部。

一、强化安全责任意识，认真落实安全保卫工作目标。一是制定下发了《2009年全行安全保卫工作要点》，明确全年的工作重点，细化分解工作任务。二是按照“谁主管，谁负责”的原则，层层签订了《安全保卫责任书》，进一步强化了全员安防意识和责任意识。

二、突出重点，通过各种形式进一步加大安全检查力度。一是围绕营业场所、金库等要害部位，守库、押运、枪支管理等重点环节，早晚接送库、午间交接班、夜间金库值守等关键时段，以防抢、防盗、防爆等为重点，采取突击查、查录像、电话查等多种形式，加强了元旦、春节和五一等节日期间的安全检查。二是对全行营业场所、金库和运钞安全等，从9个方面、139个项目进行了安全评估检查。经总行验收，全行平均得分98.60分，优秀率达100%。三是对全行营业场所、金库、自助设备和自助银行等进行了一次专项安全检查。四是制定《安全保卫自律监督检查工作方案》，对14个二级分行和辖属部分县支行、营业网点等进行了自律监管检查。五是对天水、临夏等12个行金库安全进行了突击检查。六是对全行金库夜间值守情况进行电话查岗3次，每次检查面达100%。七是针对检查中发现的问题，及时下发工作提示，积极督导做好各项工作。全年共下发《安全保卫工作提示》11期。

三、狠抓金库安全设施达标建设工作，全面提高物防、技防水平。通过制定建设规划、召开会议、现场督导检查等形式，加强金库安全设施建设。全年共投入安防资金1 391万元，新建金库9个、改建金库4个。更新电视监控62套，安装防尾随联动门89个、金库火灾报警系统161套，购置防弹衣44件，头盔45顶。

四、多策并举，严格枪支和押运环节的安全管理。一是对全行974名持（管）枪人员进行了审查考核，合格率99.4%，对不合格人员进行了岗位调整。二是“两会”前，下发了《关于进一步加强枪支管理的紧急通知》和《关于做好特殊时期安全保卫工作的通知》，对严格枪支管理提出了具体措施。三是统一启用新的《枪支弹药领用交接登记簿》。四是下发《关于加强和规范枪支弹药管理的通知》和《关于做好跨区长途押运安全工作的通知》，进一步规范了枪支管理和长途押运相关规程。

五、重点加强了ATM自助设备的安全防范工作。及时将不法分子利用ATM自助设备实施犯罪的案件通报基层行，针对ATM自助设备案件特点和作案手段，采取加强夜间巡查、加大对客户用卡安全知识的宣传等措施，严防案件的发生。协助公安机关对“3.30”银行卡诈骗案件进行了协查。

六、积极推进和规范守押市场化。本着“成熟一个、移交一个”的原则，积极稳步推行守押市场化，实现减枪减库降险。对酒泉、武威分行守押合同和操作规程进行了审查，规范了守押各个环节的操作规程。完善了全行守押市场化档案资料，加强了规范化管理。

七、加强安全教育和技能培训，增强保卫队伍素质。以“塑造良好形象，规范操作行为”为主题，在全行开展了守押人员岗位业务大练兵活动。共有897名守押人员参加了活动，进行防暴预案演练和示范性培训95次，举办枪支、消防知识讲座38次，进行实弹射击79次。

（周　霖）

【人事教育】 2009年3月25日，农行甘肃省分行人事处更名为人力资源部。

一、围绕选干部、配班子、建队伍、聚人才，对9个二级分行“一把手”进行了交流调整，加强了各级行“一把手”队伍建设；对考核排名靠前，业绩突出的6名同志提任所在行党委副书记，充实了二级分行领导班子；对13名试用期满，履职情况良好，胜任本职工作的副处级干部正式聘任；对6个二级分行调整配备了纪委书记；通过组织竞聘，提拔了8名同志，充实天水、武威、酒泉、庆阳、临夏分行以及金昌路支行领导班子；对定西、张掖和庆阳分行3名行长助理进行了考任，组织了张掖、平凉和临夏三个二级分行副行级干部缺岗竞聘；对二级分行报批的39名县支行行长进行了审查和批复，进一步加强县支行领导班子和干部队伍建设。

二、明确了省分行本部机构设置、人员编制、处级干部职数等，首次在省分行本部门设置了科室单元，并合理确定了科级职数。5月中旬，组织了省分行机关内设部门科级干部竞聘大会，选拔了118名优秀干部担任各部室内设部门正、副经理，解决了省分行机关科级干部队伍配备的问题。12月底，组织了机关处级干部缺岗竞聘工作，进一步充实加强机关部室领导力量。

三、按照总行下达甘肃分行的人员费用预算额度及各二级分行各个季度绩效考核结果，制定了全省每季度人员费用预算额度及季度工资计划。根据总行下达甘肃分行的2009年度工资计划，以辖内各行上年基数工资及全年绩效考核情况为依据，分解下达了辖内各二级分行年度工资到达计划，并加强了工资计提与支付管理，切实维护员工特别是基层一线员工的月度收入水平。

四、制订了《全省农行教育培训三、五、十年发展规划》，确定了甘肃分行人才强行、员工培训和人才培养工作的指导思想和阶段性目标，使全行培训工作做到了目标明确、有的放矢。2009年，全行共组织举办各类培训班145期，培训9 820人（次），其中，各级领导干部培训班15期，培训656人（次）；综合业务培训班39期，培训2 384人（次）；各类专业业务培训班91期，培训6 060人（次）；新员工岗前培训班1期，培训176人。

五、精心组织了1 750余名员工参加总行举办的网点负责人、个人客户经理、大堂经理员工上岗考试。及时向总行推荐总行级内训师人选20名，最后有6名同志入选总行级内训师人才库，3名同志被总行聘任为总行级内训师，同时建立了80名左右的省分行内训师队伍库。

六、组织实施甘肃分行2009年大学生招聘工作，通过组织报名、筛选、笔试、面试、体检、资格审查和协议签订等环节筛选，最终录用180名大学生。加大社会招聘力度，共确定招用派遣用工400人，缓解业务一线人员紧张、老化问题。与省安置办协调，对下达甘肃分行47名2008年度退役士兵的安置计划，实行了有偿转移。

七、密切关注协解人员动态，做好国庆60周年和其它敏感时段的维稳工作，实行全天候值班，及时汇总上报情况。上半年对4家二级分行开展了信访工作检查调研，督促各级行成立了信访工作领导小组。

（余也平）

【党建工作】　一、深入开展学习实践活动。按照总行、分行党委统一部署，紧扣科学发展主题，紧密结合甘肃农行实际，严格按照《实施方案》的步骤和要求，积极推进学习实践活动深入开展。年初，在解放思想大讨论的基础上，将收集到的129条意见和建议归纳总结为制约甘肃分行科学发展的8个方面的深层次矛盾和成因，在省分行党委的指导下，及时形成了7个方面26条整改意见和措施，全部分解落实到各级行单位和部门。整改报告切实体现出了“四个明确”，即整改项目明确、整改落实目标和时限要求明确和整改落实措施明确和整改落实责任明确，从体制机制层面进一步解决了制约甘肃农行科学发展的突出问题。

二、全面贯彻落实全国农行党建工作会议精神。9月初，组织召开了全省农行党建工作会议暨组织部长工作会议，会议全面贯彻总行党建工作会议精神，深刻总结了甘肃分行近年来党建和组织人事工作的基本经验，进一步强调了股改后农行党委“政治核心”的地位和作用决不动摇，提出了当前和今后一个时期加强全省农行党建工作、组织人事工作的总体思路和主要任务。会上，对近年来全行涌现出的“四好”班子、组织人事工作先进单位和个人进行了表彰，交流了党建和组织人事工作经验，进一步理清了今后党建工作的发展思路。会后，各级行围绕落实总行、分行党建工作会议精神，做了大量扎实细致的工作，切实推进了各级行党的思想、组织、作风、制度建设。

三、深入学习贯彻党的十七届四中全会精神。要求各级行党组织和广大党员认真学习胡锦涛总书记的重要讲话和全会通过的党的建设若干重大问题的决定，全面、系统、准确地理解掌握全会的精神实质和深刻内涵，把思想和行动统一到全会精神上来。为此，及时印发了《关于在全行组织系统认真学习贯彻党的十七届四中全会精神的通知》，对全行深入学习四中全会精神做了系统、深入的安排，要求各级党组织按照建设马克思主义学习型政党的要求，大力推进学习型党组织、学习型领导班子建设；按照坚持和健全民主集中制的要求，完善党内民主决策机制，推进党务和行务公开，保障党员主体地位和民主权利；按照建立高素质干部队伍的要求，深化干部人事制度改革，继续推进“一把手”工程，加强后备干部队伍建设，大力实施人才强行战略，深化人力资源综合改革，培养造就大批优秀年轻干部，更好地适应现代商业银行经营管理的需要；按照抓基层打基础的要求，加强基层党组织建设，重点抓好县支行领导班子建设，提高县支行党委班子的素质和能力，把基层党组织建设成为坚强的战斗堡垒。

四、大力推进作风建设。按照省分行党委《关于开展加强领导班子和领导干部作风建设教育活动的安排意见》，切实做好专题党委民主生活会安排和省行机关三个阶段活动的组织安排，着力抓好各级行领导班子和领导干部作风建设教育活动，大兴密切联系群众、求真务实、艰苦奋斗、批评和自我批评之风，提高服务经济社会发展的能力。

五、认真组织召开民主生活会。广泛深入征求二级分行和机关部室对省分行党委领导班子的意见和建议，共征求到97条，经归纳整理为46条，涉及9个方面，都如实进行了反馈。11月中旬省分行党委召开了以“加强领导干部党性修养、树立和弘扬良好作风”为主题的民主生活会。省行党委成员分别按照要求，进行了认真剖析和深刻反思。民主生活会发扬批评与自我批评作风，分析评议深刻，民主气氛浓厚，达到了统一思想、查找不足、增强党性、改进作风、增进团结和推动工作的目的。

（余也平）

【宣传思想工作】　一、加大正面宣传力度，着力提升农行社会形象。及时反映农行甘肃分行业务经营和内部管理中的突出成绩、做法和经验，重点宣传报道了全行在改革发展、经营管理、支持地方经济发展中取得的新成就。特别是针对农行甘肃分行作为全国农行首批金融服务“三农”和三农金融事业部改革试点行的实际，切实加大对农行甘肃分行“真心为农、实干惠农”，积极探索贫困地区农行服务“三农”与商业运作有机结合新模式、新途径的宣传力度，在《甘肃日报》头版刊发了农行甘肃分行支持全省经济发展成果的深度报道稿，拍摄制作了《为了这片贫瘠的土地》专题片，为农行甘肃分行乃至全国农行服务“三农”工作全面深入推进营造了良好的舆论支持环境。全年共在《金融时报》、《中国城乡金融报》和《甘肃日报》等媒体刊发稿件60余篇，其中有30余篇刊登在《中国城乡金融报》一版显著位置，有2篇被《中国城乡金融报》评为“好作品”。参与《庆祝建国六十年 甘肃银行业发展历程》专题片拍摄、“甘肃好银行 礼赞新中国”评选等活动，进一步树立了农行甘肃分行现代商业银行的崭新形象，有效提升了农行甘肃分行的社会认知度和客户忠诚度。

二、不断加强和改进思想政治工作。修订了《党委中心组学习制度》，组织省分行党委中心组学习15次；对基层行党委中心组学习情况进行督查，努力做到学以致用，用以促学。督促各级行严格执行员工学习制度，灵活采取辅导讲座、专题讨论、读书演讲、知识竞赛和培训导入等多种形式，不断加强对员工的爱国主义、集体主义及理想、信念、道德、作风等教育，推动全行作风建设教育及整改活动扎实开展。密切关注员工思想的新变化、新动态，做好耐心细致的思想政治工作，组织撰写思想政治调研报告24篇，充分发挥思想政治工作解疑释惑和对业务经营的导向作用。

三、深入推进系统精神文明建设。制定全省农行精神文明建设工作指导意见，加强对系统精神文明建设工作的指导。在系统内广泛组织开展“全省农行文明单位”、“全省农行精神文明建设工作先进单位”评选表彰活动。当年，全省农行总行级文明单位达到6家，省级文明单位达到5家，市、县（区）级文明单位分别达到24家、21家。

四、扎实开展企业文化建设各项工作。认真贯彻落实农总行提出的企业文化建设“坚持一个中心、依靠三种力量、围绕三大路径、突出两大重点、落实四个到位”的具体要求，制定了农行甘肃分行《企业文化建设工作实施方案》，广泛动员、大力开展企业文化培训宣传活动，建立和完善组织领导、协调实施机制，努力提升员工素质，与省委宣传部联合举办了“金穗·盛世中华杯”企业文化建设巡展活动，提升了企业形象。

（张小菊）

【工会工作】 一、把握工作重点、营造良好氛围，大力开展“争先创优”活动。一是深入开展各类劳动竞赛活动，在一线柜员、客户经理和产品经理等前台业务部门中，深入开展了涵盖农行主要业务种类的劳动竞赛活动，评选表彰了100名各业务岗位的“十大标兵”。二是努力营造“比、学、赶、超”竞争进取氛围。经推荐，1人被全国金融系统工会授予“全国金融五一劳动奖章”，一个集体被省总工会授予“甘肃省五一劳动奖状”荣誉称号；6个集体、8名个人得到总行和省总工会以上表彰。三是在青年员工中广泛开展岗位练兵活动。选拔、组队参加了农总行客户经理法律知识、电子银行知识和“三农”业务知识竞赛，对职工队伍整体素质提高起到了促进作用。

二、加强民主管理、维护职工权益，进一步完善职代会制度。一是按期召开了全省农行系统一届二次职工代表大会，听取审议《行务工作报告》和《工会工作报告》等5个工作报告，使广大员工的知情权、参与权、表达权和监督权得到了充分落实。二是认真督促落实职工代表提案，至年末，15条提案已全部落实，落实率达100%。三是进一步规范提高各二级分行和县（区）支行职代会质量，市、县职代会共收到代表提案480多条，有314条涉及业务经营和员工切身利益的提案都得到了积极妥善解决，落实率达90%以上。

三、坚持以人为本，构建和谐农行，深入开展职工之家建设。一是以“职工之家”建设为重点，促和谐、添活力。继续抓好农村基层网点小食堂、小菜园、小浴室、小活动室“四小”建设。对确定的示范点进行了重点扶持，为基层网点和农村网点更新饮水机、炊具、浴具、娱乐活动器材等，有效改善了基层营业网点特别是农村网点员工的工作、生活条件。二是以丰富多彩的文体活动，聚人心、添活力。为喜迎“国庆”60周年，省分行工会组织开展了庆典系列活动。国庆前夕，举办了全行庆祝建国60周年员工书法、绘画、摄影展，展出了180多名员工的近300幅作品，有78幅作品获奖；参加了省银行业协会举办的“迎国庆、颂祖国”歌咏比赛；省分行机关与省分行营业部联合举办了“迎国庆联欢晚会”，展示了全省农行近年来精神文明建设和企业文化建设成果，抒发了农行员工热爱生活、奋发进取、爱岗敬业的情怀。

四、倾力开展“送温暖·献爱心”活动，保稳定，促发展。建立了全行系统困难员工和劳模动态档案245份，全年慰问困难员工、劳模185人，送去慰问金22.50万元。各级工会层层建立辖内困难员工档案，470多名困难员工被纳入工会帮扶范围，在春节等节日期间，利用各种方式为困难员工和困难劳模送去慰问款物达170多万元。多数基层行工会还建立了为员工送生日贺卡制度，对职工子女开展“六一”节、高考录取送温馨活动，使“送温暖、献爱心”成为一项经常性工作，有效激发和调动了广大职工的工作积极性。

（于兴福）

中国银行股份有限公司甘肃省分行

行长 郭心刚

【综述】 2009年，中国银行股份有限公司甘肃省分行以科学发展观统领全局，紧紧围绕“换脑筋、树正气、建机制、固基础、提素质、严治行、防风险、抢份额、增效益”的工作方针，抢抓机遇，奋力拼搏，全行面貌焕然一新。

一、经营业绩

至年末，资产总额477.66亿元，负债总额470.48亿元，所有者权益7.18亿元，分别较上年增长31.57%、31.68%和24.65%。本外币存款461.17亿元，新增113.50亿元，增幅32.65%，比2007年、2008年之和还多19.62亿。本外币贷款余额217.06亿元，新增113.70亿元，增幅110%。不良授信资产余额2.07亿元，减少2.67亿元，不良率0.96%，较年初下降3.63个百分点。

二、主要工作措施及成效

（一）坚持用科学发展观指导各项工作

省分行党委提出了发展为先、为重、为大和全面发展、协调发展、持续发展的战略思想，确定了“建设甘肃省内一流银行”的战略目标，各项业务实现了全面发展，持续发展的基础平台开始建立。存贷款新增双双超过110亿元，增速及市场份额提升幅度双双位居同业第一，人民币中间业务实现快速增长。

（二）客户队伍逐步壮大

以增加结算账户和中高端客户为重点，大力拓展客户基础，实现快速发展。全年新开立结算账户8 117个，净增5 043个，较上年翻了一番。对公中高端客户新增337个，增长15.16%。贷款客户（不含贴现）新增59个，新增户贷款余额57.09亿元，占全部新增贷款的77.96%。加大对省政府重点支持的23家工业企业的营销力度，已与19家开展业务合作。个人中高端客户实现成倍增长，新增4 561个，增长161.39%；客户资产达到47.07亿元，增长173.03%。

（三）扩规模成效明显

公司授信方面。积极支持甘肃省重大项目建设和重点工业企业，开展高层营销，扩大营销范围，强化源头营销和联动营销，密切银政、银企关系，争取各级政府支持，积极拓展优质客户群，实现有效投放。全年人民币公司贷款新增73.23亿元，增幅为91.48%，同比多增42.22亿元，余额达153.28亿元；票据贴现新增10.37亿元，增幅为185.77%，同比多增20.06亿元，余额达15.95亿元。人民币中长期贷款占比为53.22%，较年初提高6.46个百分点。同时，储备项目80多个，预计投放金额105.29亿元，为持续发展提供了动力。

零售贷款方面。大力发展个人住房贷款和个人汽车消费贷款，零售贷款创历史最高水平，全年新增8.48亿元，增幅为65.27%，同比多增8.33亿元，余额达21.48亿元。

同时，负债业务和人民币中间业务产品收入也实现了规模增长。人民币存款新增超110亿，其中活期占比36.44%，上升4.23个百分点。国际结算市场份额达到73%，较上年末提高了20个百分点。

（四）主动风险管理效果明显

按照“全面、主动、专业、差异”的要求，不断提高风险管理能力。开展行业调研，制定了分地区、行业和客户的授信业务发展指引，明确风险偏好和行业投向。建立起与业务部门的联动机制，加强尽责审查，严格审批时限，优化审批流程，提高审批效率。推进差异化授权管理，在全辖范围内推行直接上会和优质客户授信或特急项目绿色通道。开展新增授信客户自查和存量客户风险排查，全年新增公司授信无不良发生。

（五）基础建设超越历史

加大基础建设投入力度，共完成固定资产投资1.59亿元。硬件基础设施不断升级，以网点建设为主的基础建设取得明显成效。

2009年，正式批复立项网点建设项目57个，购置网点11个，已经完工34个，达到了预期的装修效果。高柜改低柜网点22个，标准化家具和营销系统配置网点36个。投放ATM、自助终端等自助设备94台。自助设备网点配备率达到81%，单日网均交易量较上年增25%，简单业务迁移率达到75.35%。加快安全防范基础设施建设，更换了网点防尾随门，换装率达70%；完成全辖34个新装修网点监控报警系统的设计、招标及升级改造；完成14家分行、支行消防系统的更新改造。完成省分行机房建设和IT蓝图系统前端及安全生产设备的配置，更新二级骨干网网络设备，完成了各行网络线路的提速改造。

（六）内控合规建设得到重视

建立健全内控合规“三道防线”，不断完善规章制度，加大业务培训，增强员工责任意识和合规意识。加强三道防线的统筹协调，加大条线检查、稽核检查和专项治理力度。开展了“屡查屡犯”专项治理和案件风险排查。坚持从严治行，制定了《一般业务违规行为处罚办法》等规定。加大问责力度，根据违规事实、风险程度和重复次数，对直接责任人和相关管理者给予严格问责。各级管理者对内控合规建设重视程度不断加强，全年实现无案件和无责任事故发生。

（七）员工培训力度逐步加大

2009年是“培训年”，投入培训经费589万元，举办各类培训84期，培训各级员工9 300多人（次），同时还举办了一期50人参加的金融理财师培训班，共培养理财规划师100人；并与兰州大学联合举办了一期50人参加的MBA进修班。

（八）IT蓝图上线工作积极推进

按照总行的十六项准备工作要求，全面开展客户信息采集补录、例外数据清理、核心系统全员培训及各项演练工作。已完成四轮数据迁移验证、三轮切换演练和两轮并行演练，共清理无效客户72万多个，双零账户近60万个，梳理并改正不规范客户资料15万多户。搭建培训及切换演练技术环境，组织了核心银行系统上线集中培训，开展对全辖所有一线柜员的转培训。

（九）业务架构整合初步成形

成立省分行公司与金融市场部和个人业务部，进一步规范了个人金融部、银行卡部、公司业务部、国际结算部和营业部工作职责，突出客户服务职能。各业务条线间建立起专业团队牵头和协助全辖业务营销的营销体系。实现兰州城区财务和事后监督的集中上收，成立“行政财务中心”，完成运营板块的落地整合。对授信执行部内设团队细化职能，强化授信管理工作。对辖属分支行内设部门按照公司、个金、营业部和综合业务进行了整合。

稳步推进兰州城区机构网点战略布局，加强精品网点建设，提高网点辐射功能，新成立3家管辖支行和6家单点支行，建成省分行财富管理中心，抢占高端客户市场，提升了利润贡献度。

（十）多项改革在艰难中起步

一是建立了新的资源配置机制。将业务费用资源配置分为基础费用、挂钩费用和战略核心业务挂钩费用，突出挂钩费用，鼓励各级机构多挣多花、多挣多发。加大绩效挂钩力度，突出绩效分配导向，充分反映员工的实际业绩和贡献程度。

二是加强激励约束机制建设。突出市场份额提升和标杆超越，向同业、系统内先进行看齐，建立起科学的、全方位的绩效管理体系。在省分行实行公司客户经理“底薪加提成”的薪酬激励办法。开展全员营销劳动竞赛，建立起全员、全产品业余销售奖励办法，根据营销业绩兑现奖励。

三是建立起主管以上职位及重要岗位用人用工公开选拔制度。对省分行公司业务部、个人金融部和运营服务部等部门48个主管职位在兰州城区范围内进行了公开竞聘；从兰州城区公开选拔21名员工充实到省分行各部门；全年招录新员工403人。

四是建立评先选优制度，加大精神激励力度。在加大物质激励的同时，更注重员工精神激励。在全辖开展“享受行长特殊津贴业务拔尖人才”和“十佳”员工评选活动，表彰先进、树立典型，激励员工干事创业的热情。

（钱　俊）

【风险管理】 2009年，根据“扩内需、保增长、调结构”的宏观经济政策，贯彻落实总行、分行工作方针。一方面紧紧抓住业务发展机遇，争客户、争市场、争份额，加大对重点行业、重点客户、重点项目的金融支持；另一方面实施积极主动的风险管理，及时调整授信政策，保证发展质量，提升市场竞争力和经营效益。授信资产市场份额稳步扩大，资产质量明显改善。

一、突出授信业务发展重点，促进授信业务快速健康发展

根据地区行业和客户特点，将与甘肃省经济发展契合度较高的制造、有色金属、采矿业、电力、燃气及水的生产和供应、基础设施等行业龙头企业，以及中石化、中石油、中铝、五大电源在甘企业和国家、省级重大工程、重点项目、节能减排项目，作为分行授信重点支持对象，加大信贷支持和投放力度。年末，全口径授信资产余额本外币汇总折合人民币较2008年末增加一倍多，优质客户授信份额稳步增长。

二、增强授信决策的科学性，业务增长中力求资产质量稳定

一是进一步深化和完善授信尽责审查，加强对企业财务和非财务因素的分析，对企业的资金需求量、风险承受能力进行科学评估，全面把握业务中的风险点和风险度，结合企业业务发展的具体情况科学设计授信方案，拟定切实可行的风险防控预案，按照风险与收益相匹配的原则合理确定授信业务可接受的利率底线，有效防范授信风险。二是以实现在一定风险水平下收益最大化为原则，分客户确定授信品种。对于重点行业和重点客户，全方位提供包括贸易融资、短期流动资金、中期流动资金、项目贷款及符合条件的项目前期贷款。对于分行支持的重点行业、重点客户上下游及其他符合授信标准的客户，有选择的提供贸易融资、短期流动资金和项目贷款。对因受到金融危机冲击、出现经营困难的企业中，信用纪录良好和有竞争力、有订单的借款客户，在风险可控前提下，积极予以扶持，帮助企业渡过难关。

三、进一步优化授信审批流程，建立有效联动机制，提升服务支持内涵

一是以集中化、专业化、扁平化和垂直化为原则，积极优化审批流程，继续推行优质客户授信或特急项目绿色通道审批，推进直接上会，拉直审批链条，基本实现分行权限内授信项目“一次尽责、一次评审、一次审批”。进一步加强审批时限管理，根据项目需要随时召开评审会，增加现场评审次数。二是建立与公司业务部门的联动机制，通过定期、不定期公司和风险授信项目联席会议，及时发现授信项目在授信政策把握、调查评估方面存在的问题，协助业务部门做好授信材料整理和授信整体方案的拟定。三是对上报总行的授信项目，积极进行信息沟通，密切跟踪项目进展情况，争取获得最大的支持。对符合总行直上条件的重点优质客户积极争取直上。四是积极传导总行风险管理偏好，根据总行发展战略及国家十大产业振兴规划，在对甘肃省经济总量结构、经济增长方式，各地区的区域经济特点、区域经济发展及金融机构贷款投向分布，以及国家宏观调控政策和产业政策进行充分调研的基础上，编发公司授信业务发展指引，为一线客户营销指明方向。

四、全面提升风险计量水平，加强资产质量监控

一是以新投放贷款和大额高风险授信客户监控管理工作为重点，通过实施关注类贷款监控、大额客户名单式监控和集团客户重点监控，采取发送客户风险提示、行业风险提示和辖内机构授信业务风险提示等方法，从行业、地区及产品组合等多维度、分层次开展授信资产风险监控，确保分行资产质量持续健康发展。严格执行评级认定和调级标准，客观进行信用评级，控制偏离度。当年，上报总行终审客户未发生评级结果偏离的情况。

二是结合国家宏观调控政策和相关行业振兴计划，对当年信贷投放组织“回头看”，深入调查分行信贷业务发展情况，重点对钢铁、水泥、风电设备、电解铝和房地产等授信客户逐个分析，排查风险隐患，完善相关管理措施，确保授信资产质量。并根据排查结果制定强化风险监控和贷后管理的具体措施，督促业务部门严格按照风险等级分类标准，对授信客户实施分级差别监控。

三是针对重要风险点，展开重点研究和评估，确保真实、客观、动态地反映分行授信资产质量。提高风险排查频度、审慎进行资产分类，不存在风险分类认定偏离情况。对零售贷款资产质量状况进行风险警示，分析成因，在大力发展零售贷款业务的同时，制定风险防范和化解措施，确保分行零售类贷款业务的健康发展。不良贷款余额和不良率持续“双降”，不良率低于省内同业平均水平，资产质量持续改善。

五、加强风险管理基础建设，全面提高风险管理能力

加强规章制度的修订与完善，提高政策制度的传导效力。根据总行相关管理办法分别制定或修订贸易融资及保函业务授信管理、公司类客户低风险授信管理、授信集中审批与集团客户管理等实施细则。将有关授信政策、尽责审查及财务分析要点和方式进行全面整理，并发送全辖。充分利用培训、政策制度答疑热线和风险管理政策制度库，加强政策制度传导。修订辖内风险管理能力评价办法及评价指标体系。通过现场尽责、授信项目辅导和以岗代训等多种形式开展对二级行业务指导，提升风险管理水平。

（刘　琪）

【个人金融】　2009年，个人金融业务紧紧围绕省分行工作方针积极开展工作，较好地完成了既定工作目标。

一、主要业务指标完成情况

一是本外币储蓄和零售贷款新增创历史最高水平，市场份额稳步提升。人民币储蓄余额186.03亿元，较年初新增35.11亿元，同比多增4.46亿元；网均新增2 472万元，同比多增415万元。外币储蓄余额1.55亿美元，较年初新增1 831万美元，同比多增1 590万美元；网均新增13万美元，同比多增15.86万美元。外币储蓄余额、新增绝对量、余额市场份额和新增额市场份额居当地同业第一。零售贷款余额21.65亿元，较年初增加8.48亿元，增幅64%；余额市场份额10.22%，较年初提高0.64个百分点。

二是中高端客户、第三方存管客户增长迅速，理财产品、纸黄金和代理保险等中间业务实现突破性发展。个人中高端客户实现成倍增长。第三方存管个人客户新增2.03万个，增长率达243%。对私代客资金业务、对私保险手续费收入计划完成率系统内排名前三。销售人民币理财产品30.70亿元，外币理财产品2 604.24万美元；代销基金3.19亿元；销售个人寿险产品6 957.83万元，较上年同期增加4 494.15万元，增幅为182.42%；个人结售汇2.16亿美元；纸黄金交易量14亿元。

三是加快渠道建设工作步伐。网点建设的投入达到1.19亿元。正式批复立项网点建设项目57个，完工32家。实施了部分营业网点高柜改低柜、标准化家具和营销系统配置、室外电子滚动屏安装与连通、ATM防护罩安装等网点局部改造工作。高柜改低柜网点22家，标准化家具和营销系统配置网点36家，安装并连同室外电子滚动屏网点46家，安装ATM防护罩网点21家。共投放ATM、自助终端等自助设备94台。

二、围绕业务发展，重点抓全辖个金业务的组织和推动

一是明确个人金融业务发展思路和具体工作措施。制定2009年个人金融业务工作安排及指导意见，下发《个人中高端客户和代发工资业务营销指导意见》、《个人金融产品营销指南》、《3000美元以上外币储蓄存款客户转化为中高端客户营销实施方案》、《岁末年初代发工资、奖金和红利业务营销指导意见》及《甘肃分行板块联动营销、拓展个人中高端客户的实施方案》；开展对天水分行当地市场及业务需求调研工作，制定个金条线支持天水地区业务发展实施方案。

二是组织开展各类竞赛及营销活动，推进个人金融各项业务快速发展。制定《省分行本部全员营销劳动竞赛方案》，建立了全员营销机制；在全辖组织开展储蓄存款、零售贷款等业务的“开门红”竞赛活动、零售贷款“旺季创新高”竞赛活动、纸黄金交易大赛、个人网银竞赛活动及夏秋季个人中间业务产品销售竞赛活动，第三方存管“T+6”活动和岁末年初代发工资、奖金和红利专项营销活动。

三是突出市场营销，促进业务发展。与澳际、华侨、环球行和凯胜出国留学等6家出国留学机构签订了业务合作协议，与投资移民机构凯胜联合因私出境服务有限公司达成唯一合作伙伴的协议；与兰州大学、西北民族大学加强合作，开展国家助学贷款；联系和营销天庆房地产莱茵小镇项目、至诚房地产和艾黎房地产经济适用房项目、兰州军区和省军区经济适用房项目；与兰州金岛等三家汽车经销商正式签订合作协议，续做一汽大众、宝马和奥迪等系列个人汽车贷款；组织中银理财捐赠贫困山区小学公益活动暨VIP客户亲子游营销宣传活动；与天庆房地产公司合作举办两期“理财沙龙”；与电台、报社和网络等媒体合作，选派理财经理参加财经访谈节目，有效宣传和推广产品。

四是进一步加大业务拓展的广度和深度。推动全辖全面开办贵金属销售业务，开办贵金属销售业务的行由年初的5家行增加到23家，全年实现贵金属销售1 251万元，同比增加531万元，增幅74%；在全辖测试投产上线了银保通系统，扩大了代理保险业务领域；为兰州城区新设机构申办了个人结售汇资格，全辖结售汇业务网点开办率达到100%。

五是加大对重点业务的通报和督办力度。每日向全辖下

发储蓄存款、零售贷款和个人中间业务收入日报；每周对各行、各网点对私电子汇划费收入、纸黄金、个人结售汇、基金和保险等业务进行通报排名；定期通报各项营销活动进展情况；每月召开全辖个人金融业务视频通报会；不定期召开兰州城区支行个人金融业务现场督导会。

三、推进服务销售流程整合

硬件方面。牵头完成了所有列入标准化改造计划的网点立项工作，组织设计公司完成了57家网点装修图纸设计工作并对图纸逐一审核。对所有新选址网点、高柜改低柜网点、配置营销系统和标准化家具网点，以及安装室外电子滚动屏网点、配置ATM防护罩网点逐一进行现场勘查，并组织中标公司完成发货、安装和连通等工作。对兰州城区、天水、金昌、武威、酒泉、敦煌、嘉峪关、张掖、定西、白银和临夏等分行辖属的所有营业网点进行实地考察，协调解决网点建设中的问题。

软件方面。组织实施网点流程优化工作。在全辖全面推行借记卡制卡外包；测试投产小机行个金业务流程整合项目（一期、二期）；完成个金业务规章制度梳理，上挂网站并向全辖开放，方便广大员工查询相关规章制度；编制并向全辖印发《基层网点员工日常工作手册》、《个人金融业务规章制度汇编》和《个人金融业务产品手册》三本手册，有效指导网点工作；推广服务销售流程整合，在兰州市城区选择12家网点作为试点网点，同时确定嘉峪关、酒泉分行为试点行，于11月份在全辖全面推广服务销售流程整合工作，并对试点网点服务销售流程整合工作进行现场检查督导，组织管辖行及试点网点每周进行工作交流。

四、加大业务培训力度，提升个金条线人员专业素质

举办了全辖各行主管行长和个金部主任参加的个人金融板块培训班，组织学员赴山东分行参观和学习。邀请总行及先进分行的专家进行渠道管理培训和指导。对兰州市10个试点网点主任、2家单点支行行长进行培训。为全辖印制《网点服务销售流程1.0手册》，刻录《网点服务销售流程示范片》光碟；联合基金、保险和证券公司等外部机构开展了20期培训；对实时汇划、通存通兑、贵金属和个人国债等业务进行培训。

五、加强激励约束，建立健全个金板块绩效管理体系

一是制定《中国银行甘肃省分行2009年个人金融板块绩效指标体系》。加大对业务主管行长绩效考核成绩挂钩比率，强化对储蓄、零售贷款、基金、保险和中高端客户等战略性业务的考核。

二是制定《2009年个人中间业务单项产品奖励办法》，并按月及时兑现奖励，要求各行按照“谁销售业务奖励谁”的原则全额兑现到员工个人。针对个人金融重点产品，制定《中国银行甘肃省分行“十大销售高手”评比方案》，进行评比和奖励。

三是修订下发《中国银行股份有限公司甘肃省分行大堂经理制管理及考核实施办法》。同时拟定了客户经理、理财经理、消费贷款经理及一线柜员的绩效考核办法和准入退出机制。

六、加强个金业务风险内控管理，为健康发展提供保障

一是加大对各产品条线的检查力度。对部分二级机构的零售贷款、个人负债和理财等业务进行现场检查；组织全辖开展个人住房按揭贷款自查和虚假零售贷款业务排查，加强零售贷款用途真实性的核查和贷后管理工作。

二是加大风险监控、督办力度，落实零售贷款预警叫停机制。通过每日、按月对各行零售贷款业务发展、产品结构、风险环节和授信质量的非现场监控和分析，及时点评、提示和督办各行业务发展的亮点和不足；严格落实预警叫停制度，按月对各行零售贷款不良率超过预警、叫停线的产品实施风险提示、预警及叫停。

三是高度重视并积极配合内外审业务检查，提高问题整改率。先后配合人民银行、银监局、证监局、保监局、审计署、总行完成零售贷款业务、个人征信异议处理、基金、保险、个人外汇业务及网点转型工作的专项稽核和检查，对查出的问题逐一分析、查找原因、落实整改。

（王艺璇）

【国际结算】 2009年，国际结算业务的发展紧紧围绕省分行党委工作方针，在巩固传统业务优势的基础上，努力提升国际结算及金融市场业务竞争力，继续保持了省内国际结算业务领先地位。全年累计完成国际结算业务量27.86亿美元，实现业务收入5 629万元（含贸易融资利息收入）。

一、坚持横向、纵向相结合的营销方式，努力做好客户基础建设工作。成功举办了“中国银行外经贸企业迎春答谢联谊会”。持续加强与总行联动，做好对重点集团客户的营销和维护。积极实施有效纵向联动，协助分支行针对目标客户积极组织、认真拟订方案，着力营销信用证、保函等业务。

二、大力推广国际结算，全面提升国际结算业务竞争力。继续为重点客户做好结算产品服务工作，加强二级分行实施有效的纵向联动，通过与海外分行的协同努力，成功为客户办理海外代付业务。

三、加强内控管理，发挥二道防线作用，切实做好条线各项检查工作。拟定《中国银行甘肃省分行直接投资外汇业务信息系统内控制度及操作规程（2009年版）》和《中国银行股份有限公司甘肃省分行国内信用证业务管理实施细则（2009年版）》、《中国银行股份有限公司甘肃省分行国际结算及贸易融资业务实施细则（2009年版）》、《中国银行甘肃省分行国际结算条线对公外汇管理工作实施细则（2009版）》。举办全辖国际结算及资金业务培训班。对辖内二级分支行进行现场检查，对存在问题的分支行提出了具体整改要求。严格按照总行2008年机构基本授权表中转授权要求实施国际结算条线转授权工作。下发《关于进一步明确国际结算业务转授权工作相关内容的通知》，对庆阳等分行进行了有条件授权。成立了RACA评估小组，采用讨论、评估的方式对出口项下信用证及贸易融资4个流程、国内信用证及融资2个流程进行了初次评估。

（王国强）

【机构管理】 2009年，认真贯彻总行重点地区发展战略和网点转型的有关要求，积极推进机构布局的战略性调整，有效提高机构资源的配置效率，为各项业务的健康发展提供

了保障。一、做好机构网点建设规划，突出机构布局调整重点。制订了《全辖2009－2010年机构网点建设规划》和《兰州地区机构网点建设规划》，按照规划积极推进机构布局调整。2009年，在兰州市增设了3家直属管辖支行，筹建设立6家直属经营性支行，对原3家管辖支行的营业网点重新进行了整合划分。同时，结合营业网点布局调整，将发展较快且日均存款余额超过亿元的7个分理处及时升格为经营性支行，扩大网点对外服务功能；对地理位置欠佳、业务发展缓慢、储源枯竭和发展潜力小的5个营业网点进行了同城迁址；对位置比较偏远，周边客户群少且经营效益差的6个网点进行了撤并。

二、配合条线业务流程整合，完善板块组织架构。组织成立了财富管理中心，制定了相关岗位职责；启动了运营板块组织架构整合工作，制定下发《整合方案》，规范相应职责；根据授信业务管理需要，对授信执行部现有内设团队重新进行整合，细化整合各团队职能，强化了授信管理工作；根据总行财务管理相关精神，变更“计划财务部”为“财务管理部”，调整内设团队，细化了职能分工；根据总行深化业务架构整合有关精神，制定了公司与个金板块《整合实施方案》，实施了板块架构整合工作，成立了省分行个人业务部和公司与金融市场部，确定了内设团队，规范了岗位设置及工作职能，并根据职能分工，重新规范了个人金融部、银行卡部、公司业务部、国际结算部和营业部工作职责；积极改进辖属分支行内设机构，统一整合计划财务部、风险内控部，原业务发展部分设为公司业务部和个人金融部，并按照条线管理的原则，调整管理职能，精简了机构，压缩了后线人员，充实了业务拓展力量。

三、规范机构管理工作程序，做好配套服务工作。积极与甘肃银监局沟通联系，简化了兰州市城区经营性支行行长任职资格核准、报备程序，提高了工作效率和监管的及时性与有效性。为全辖42名经营性支行行长以上高级管理人员及时办理了任职资格核准手续。针对外汇管理机构信息变更备案有关问题，拟定下发了《结售汇业务准入有关问题的通知》，规范办理机构结售汇业务准入事宜，重新报备了兰州市城区34家营业网点结售汇业务机构信息。目前，兰州市城区62家机构网点的结售汇业务全部向省外管局进行备案。

四、开展机构网点经营分析，及时提供管理决策依据。在认真做好各类机构报表统计的同时，对全辖144家机构各项数据进行监控，对机构网点投入产出定期进行分析、排名和通报，提出机构管理中存在的问题、改进措施及建议。引导分支机构进行横向比较和学习，督促辖属分支行加强管理，提高经营效益，提升网点单产，为行领导及相关部门提供管理决策的依据。

（范文明）

【运营服务】 2009年，运营服务工作全面贯彻落实总行、人民银行工作部署，结合省分行年度工作要点，全面完成各项工作任务。

一、业务整合

完成行政财务整合和兰州市分行行政财务上收工作。对兰州市各支行事后监督业务进行了集中。发布了甘肃省分行运营业务整合方案和二级分行运营板块整合指导意见，明确了板块整合的目标和框架。完成了客户服务工作的移交，通力配合总行顺利完成CALL CENTER建设项目一、二期的演练测试和投产运行。

二、创新管理，支持业务发展

建立全辖统一的事后监督管理模式和操作流程，同时下发了《操作流程》，规范了全辖事后监督考核评比机制及兰州市区各机构网点会计差错评分标准及方法。改进行政财务中心报销与核算流程，规范内部传递流程，减少了前台业务量，提高了工作效率。改进兰州地区现金大库和各行的现金调缴流程，实行无人跟车运送，节约城区行人力资源。制定了《甘肃分行银企对账集中管理实施细则》，建立易于操作的银企对账集中操作制度，在确保风险可控的前提下，改进并简化内部操作流程。

三、系统改造

完成大小额支付系统升级改造工作。完成“内港直通外币支付系统”的测试和投产工作。完成了总行CALL CENTER人工坐席上收项目的前期准备工作，电话银行IVR语音和人工坐席服务全部上收总行。配合西北中心完成对旧线行内汇划系统区域内当日到账、批量汇出功能的测试以及外围系统生产变更验证工作。参与人民银行投产央行会计核算电子对账系统，设立专职的系统柜员负责人民银行账户的核对工作。配合IT蓝图建设成立由总经理牵头的运营服务部蓝图建设工作组，完成全辖机构信息、柜员信息的报送工作；梳理旧线业务，进行新旧系统差异分析；组织新线业务培训，制定、完善切换投产演练方案，完成第一轮切换投产演练。

四、运营业务管理

收付账务工作方面。加强集团海外清算渠道比例管理，会同相关部门联合确定、下发海外清算渠道比例管理考核办法。整理《SWIFT报文各场次格式说明及SBS3.0操作规范》，加强对各种清算系统业务处理进程的运行监控和管理，加强与总行资金往来账户的核对、加强内部账务核对，提高后线集中操作的准确性和及时性。完成人民银行大小额支付业务在全辖的调研任务，积极组织配合人民银行开展“中国现代化支付系统业务宣传月”活动。

票据客服工作方面。加强库存限额管理工作。重新核定库存限额，通过系统提示对尾箱进行监控考评；每日通过报表系统对全辖库存限额进行监控和风险提示，并按季对各行库存限额管理情况进行通报。组织兰州地区各行参加人民银行组织的大型反假货币宣传日活动；组织各行开展“爱护人民币，反假货币”反假宣传月活动。制定了《中国银行甘肃省分行派驻业务经理日常管理规范》，对业务经理派驻流程、履职和报告制度等进行了规范，同时，对兰州地区业务经理派驻日常管理事项进行了进一步明确和规范。加强银企对账业务管理，制定《中国银行甘肃省分行银企集中对账管理实施细则》，并下发执行，与甘肃省邮政公司签订了全辖范围内的合作协议。

五、内控合规工作

对屡查屡犯问题制定了整改方案，并进行限期专项整改，落实整改责任，加强对条线问题整改的跟踪管理和分析。配合屡查屡犯问题现场检查，同步完成对白银、平凉、庆阳、嘉峪关、酒泉和张掖六家行运营条线现场检查工作。结合自身业务流程处理的实际情况，完成对收付清算条线操作风险管理工具RACA、KRI模版的分析、确认。

（曹小荣）

【纪检监察】 2009年，党风廉政建设和案件防控工作紧紧围绕总行、分行党委各项工作部署和全辖工作会议提出的目标、任务和要求，加强以完善惩治与预防腐败体系为重点的反腐倡廉建设，积极构建党内监督机制，严密内控机制，强化思想教育，严格责任落实，坚决遏制大要案件的发生，积极营造科学发展的良好环境，为实现全年发展目标提供有力保障。

一、制度建设

认真落实党风廉政建设和案件防控责任制。一是起草了《中国银行甘肃省分行党委关于贯彻落实〈建立健全惩治和预防腐败体系2008－2012年工作规划〉实施意见》，并制订了五年规划任务分解表，将规划任务分解到各个部门，逐步建立起主要领导为第一责任人、纪委书记具体抓、班子其他成员分工负责、纪委监察组织协调、分支机构各负其责、全行员工支持参与和牵头部门狠抓落实的工作机制。二是修改、制定了《2009年党风廉政建设和案件防控责任制实施办法》，并在全辖会上同各行、部签订责任书。三是制定出台了各级管理者廉洁自律的具体规定、员工行为失范的内部报告制度和一般业务违规行为处罚办法；修订、完善了案件查处和责任追究审理的内部流程；完成了总行监察部有关案例教材编写等工作。

二、思想教育

一是重点抓好节假日期间的反腐倡廉教育。制定下发《关于切实加强春节期间全辖党风廉政建设工作的通知》。二是积极开展全辖员工“珍惜人生，远离犯罪”警示教育活动，组织参观监狱、银监局主办的警示教育展览，邀请服刑人员现身说法，组织观看《贪之害》等教育光盘。三是积极开展读书活动，继续办好廉政教育专刊。开辟政策法规、专业知识、案件通报和工作交流等学习栏目。

三、监督检查

一是继续加强对权力运行的全程监督，认真核查信访举报件。对大学生招聘的监考、阅卷与面试，干部选拔任用、网点转型基建招投标、大额采购及有关价格谈判等重要环节进行专项监督；二是认真落实领导干部个人有关事项报告、述职述廉、民主评议、诫勉谈话和民主生活会等党内监督制度和廉洁自律各项规定；三是根据省分行党委要求，配合人力资源部圆满完成对全辖各行、部领导班子和党风廉政建设责任制落实情况的考核，并对信访举报件进行认真处理，全年办结率达100%。

四、案件防控

一是积极参与整治“屡查屡犯”问题的专项大检查。二是精心组织排查案件风险。及时对当年1月1日至4月3日发生的单笔50万以上对公存款、账户管理、承兑汇票及贴现等情况进行了排查，排查面达100%。在排查的基础上，成立领导小组，制订工作方案，安排部署专项排查活动，精心组织实施并进行“回头看”，严防案件风险。三是继续做好治理商业贿赂、工程建设领域突出问题专项治理以及民主评议行风工作，巩固治理商业贿赂和案件专项治理成果。

五、责任追究

追究责任203人（次），其中总行常规稽核发现问题追究责任53人（次）；屡查屡犯追究责任92人（次）；平凉分行业务检查追究责任27人（次）；白银分行业务检查追究责任17人（次）；呆账核销追究责任14人（次）。并对责任人处理发通报，提出具体工作要求，责成有关单位立即整改。

（令　俊）

【稽核工作】 2009年，稽核工作紧密结合业务发展、机构设置和人员配置等实际，在征求管理层和相关条线部门意见的基础上，制定了针对性较强稽核检查项目。各分支行认真根据稽核检查问题积极落实整改并对相关责任人进行了问责，稽核工作取得了较为明显的成效。

一、全面完成总行稽核检查计划。一方面按照总行的统一工作部署，对4个分支行辖属12家机构开展了零售贷款、对公账户交易真实性控制、网点转型以及清算账户管理等4个总行级重点条线专项稽核项目；另一方面，根据对各级分支机构风险评估的结果，并结合实际，加强了对基层经营机构的内控状况检查，完成了3个城区支行及2个二级分行辖属的13家机构的柜台业务、零售贷款和内控管理等专项检查。

二、积极开展计划外检查项目。完成总行“重点账户风险排查”以及“存贷款‘冲时点’”非现场核查等检查项目。组织稽核人员对业务种类最齐全、业务量最大的省分行本部15个屡查屡犯问题进行现场检查。同时，对上年度的整改落实情况进行了后续跟进，切实防范操作风险的发生。

三、积极履行稽核增值服务的职责，及时发送稽核管理建议书和风险提示函。注重发挥稽核部门增值服务职能，对被查机构存在的问题及时进行系统归纳和总结，对于具有普遍性、系统性和潜在风险较高的问题，分别向省分行管理层、条线管理部门及管辖行发送管理建议书和风险提示函，全年共发送3份风险提示函和1份管理建议书。

四、按时保质完成了年度内控评价和风险评估工作。牵头组织开展了对全辖145家机构的内控评价工作，进行了指导和答疑。

五、积极配合外部监管部门检查，做好沟通和协调。配合银监局开展了新增贷款投放、承兑汇票、贴现、账户管理以及住房按揭贷款、信用卡业务等专项检查。同时，积极配合外部日常监管工作，及时、准确报送相关资料和数据，切实履行协调联系、信息沟通职能。

六、注重员工学习与成长。一是采取多种方式相结合，积极推进内部最佳实践。组织由各业务条线的骨干梳理业务流程、提炼检查要点、分析稽核检查技巧。二是以总行级重点条线稽核检查项目为依托，通过派员培训、部内转培训和确定个人业务突破重点、提前开展项目演练、项目实施

“传帮带”等多种活动。三是将参加各类培训班作为员工学习与成长的有效手段，要求员工积极参加各部门举办的业务培训班，培训结束后在部内开展转培训，努力为员工创造更多的学习机会。

（王　斌）

【人力资源管理】　2009年，人力资源管理工作以科学发展观和科学人才观为指导，按照“促进集约化经营、优化资源配置、提高运营效率、提升人力资源价值”的工作要求，把机制建设作为重点，继续深化人力资源改革，积极发挥战略保障职能，保证了各项工作的健康、持续、稳步发展。

一、优化人力资源配置管理，不断提升人力资本运营效率。积极探索核心人才激励机制建设，鼓励员工向银行专才和业务尖子方向发展。先后制定《十佳员工评选办法》等评先创优激励机制，建立了“行长特殊津贴”，对贡献突出的业务核心骨干或不可替代的高素质专业岗位人才，采用享受行长特殊津贴的方式进行激励；对业绩突出、表现优秀的管理者及员工，通过公开推荐评选和表彰奖励的方式进行激励。面向兰州城区开展了省分行公司业务部总经理以下39个职位的公开竞聘工作，结合公司、个金板块及计划财务部、运营部业务架构整合，对团队主管职位重新进行公开竞聘，切实推进公开竞聘上岗制度。科学分析、测算人员需求，开展年度社会招聘、校园招聘工作和三批派遣员工招聘选拔工作，先后招聘选拔业务岗位人员400多名充实一线产品、营销和业务操作岗位。

二、努力完善薪酬分配体系，充分发挥薪酬福利激励作用。根据总行人工成本管控有关要求和省分行绩效管理方案及利润预算情况，制定下发《2009年人事费用配置办法》和《一线部门高管人员绩效奖金挂钩办法》等规章制度，并通过加大条线奖励力度、细化条线业务奖励措施、落实竞争力调节指标和突出业绩挂钩的激励约束作用等措施，鼓励分支机构加快业务发展。制定员工工资性费用与业务产品挂钩分配办法，突出业绩贡献和价值创造的收入分配导向，加大绩效奖金与主要业务产品全面挂钩的分配力度，通过零基预算分配，加大对效益好、贡献大的分支行薪酬总额投入，努力实现薪酬投入的效益最大化。制定《机构高管人员薪酬等级晋升管理办法》和《网点人员等级评定及薪酬管理办法》，对不同等级机构高管实行差异化的薪酬等级管理，研究探索了机构管理人员和一线员工薪酬等级成长机制。对员工社会保险缴费基数进行了调整，完成了55名员工补充医疗保险补贴申请的审核工作。

三、细化绩效考核管理制度，全力推进绩效管理体系建设。制定了《兰州城区支行考核指标体系》，强化对重点城市经营机构的监控、考核和指导力度，先后两次组织人员赴兄弟行学习绩效管理经验，修订《绩效管理办法》和《绩效管理实施细则》，突出核心指标、经营效益及市场份额的导向作用，在有效引导分支行全面发展的同时，重点发展提升核心竞争力的关键业务，实现了以内外部标杆追赶和超越为主的差异化管理。结合业务架构和流程整合的实施，制定《公司业务板块绩效考核办法》和《个人金融业务板块绩效考核办法》。

四、加强各级领导班子建设，提升机构整体管理水平。按照“政治素质好、团结协作好、用人导向好、作风形象好、科学发展实绩好”的领导班子建设要求，继续开展了学习实践“科学发展观”的班子建设活动。通过民主程序，实施公开竞聘上岗制度；先后对9个分支行和5个省行部门的班子进行了调整补充，共调整和交流副总经理以上职位18人，通过公开竞聘提拔补充管理人员10名。将各个层次的优秀年轻人才纳入组织视野，交任务、压担子，快速培养，并做好优秀后备人才选拔和储备工作。2009年，结合分支行副行长空缺职位公开竞聘，全面开展了后备人选推荐考察工作，调整、充实和完善了高管人员后备库，对公认度高、工作表现和业绩突出的53人进行了重点考察，对比较成熟的后备干部通过公开竞聘及时提拔使用。2009年提拔使用的10名管理人员，全部被列为后备进库人员。

五、夯实人力资源管理工作基础，提高信息化管理水平。按照管理要求，对省分行管理的兰州城区员工、二级分行行领导近1200余卷人事档案重新进行了清理、分类排序和编号造册，对缺失的档案材料进行了收集、整理、补充和归档，保证了档案资料的完整性。在全辖开展了全员基本信息核对工作，对人员情况进行汇总分析，对各营业机构人员配置情况进行了摸底调查，集中完成eHR系统信息维护和投产，积极开展了eHR支持蓝图上线工作。

（沈凌云）

【公司业务】　2009年，中国银行甘肃省分行公司业务严格执行国家“保增长，扩内需”的宏观经济政策，认真贯彻落实总行及省分行工作方针，深入开展公司业务改革与创新，各项业务增势迅猛，人民币存、贷款等核心指标新增额、增长率位居同业首位，公司金融业务的核心战略作用快速提升，客户关系进一步加强，品牌影响力不断提升。

一、各项业务取得长足进步

人民币公司存款。截至年末，全辖人民币公司存款余额255.13亿元，较上年新增76.69亿元，增幅达到42.98%，同比多增60.96亿元。

公司贷款。截至年末，公司贷款规模迅速扩张，本外币公司贷款余额192.97亿元，较年初新增105.47亿元，增速为120.54%。其中人民币公司贷款（不含票据融资和贸易融资）余额153.28亿元，较年初增加73.23亿元，增速为91.48%，同比多增42.22亿元，市场份额较年初上升1.55个百分点，新增市场占有率为9.88%，市场份额提升度和新增市场占有率均居六大商业银行首位；外币公司贷款余额16 000万美元，较年初新增14 000万美元，增幅700%，同比多增14 152万美元，增速达到475.26%。

公司中间业务。截至年末，公司条线中间业务较上年同期多收入718.02万元，增幅高达241.64%，利润贡献度不断提升。

金融机构存款业务。截至年末，金融机构人民币存款余额72 275万元，较年初新增12 323万元，金融机构外币存款余额960万美元，较年初新增372万美元。

第三方存管业务。与省内全部11家券商建立了第三方存管业务合作关系，并与省内唯一法人券商华龙证券联合推出“1+1”营销方案，全力促进第三方存管业务发展，在证券市场投资客户中挖掘、培养个人中高端客户，全年新增三方存管客户20 269个，增幅242.77%，全辖新增有效客户占比为45.48%。

企业年金业务。成功营销金川集团企业年金账户管理业务，成为金川集团公司年金账户管理人，创系统内年金业务账户管理数纪录。全年签约企业年金基金托管3108万元，签约企业年金账户管理数35 452个。

电子银行业务。全辖企业网银客户较上年实现翻番，汇划交易量达418.57亿元，同比增长102.21%。

二、高层营销成效显著，客户规模不断扩大

一是公司贷款客户基础不断巩固。全辖新增贷款客户（不含贴现户）59个，新增客户贷款余额57.09亿元，占全部新增贷款的77.96%；与省政府重点支持的19家重点工业企业开展业务合作。二是公司有效客户数不断提升。把对公有效客户作为客户基础拓展的重点，新增有效客户337个，增幅为15.91%。三是以行政事业单位为突破口，重点对财政、社保、部队、公积金和烟草等客户进行渗透与营销。2009年，全辖行政事业机构人民币存款余额127.75亿元，占全辖人民币公司存款总余额的50.07%，较上年新增34.43亿元；全辖行政事业机构客户数较年初增加115个。四是与资源型优势产业、城市建设和铁路客户等重要行业、领域的合作取得突破，向兰新二线出具120亿元贷款承诺函，与四川分行就成兰线签署10亿元联合贷款协议，并与兰州市城投签署了8亿元银团贷款合作协议。五是加强与重点客户、集团客户和系统性客户合作的深度与广度，并先后与兰州大学、甘肃省农信社和中国移动甘肃公司签署全面合作协议，提升了品牌知名度。

三、加大优质重点客户授信支持力度，过程精细化管理初见成效

以支持国有大型企业和甘肃省重点扶持企业作为扩大内需的重要切入点，为国有企业和省属企业的结构性调整、重大工程建设、地震灾区灾后重建、节能减排和科技创新提供强有力的资金支持与金融保障，全年向甘肃省重点客户及重点投资建设项目累计投放贷款逾95亿元。同时，为支持省内中小企业发展，专门成立了中小企业团队，以重点优质核心企业为切入点，深入挖掘潜在客户，采取“以大带小”、与结算、个金等业务联动的方式，促进中小企业业务发展。按照行业细分客户经理，对二级分行授信项目实施全流程监控，对其前期营销、后期管理给予协助与支持，通过细分已批未放、审批中及目标客户的清单式管理，确保项目成功投放，并主动加强与风险管理、授信执行的沟通与联动，推动信贷投放进度，支持地方经济建设。

四、加大产品创新力度，积极支持企业“走出去”

加强与海外分行联动，为省内企业“走出去”提供强有力的支持。与总行联动，为金川公司匈牙利、澳洲和印尼等海外项目设计融资方案。同时，参团甘肃省国有资产投资有限公司100亿中期票据承销，主承销金川集团公司17亿元中期票据，并向白银公司推荐短期融资券等产品。

五、主动风险防范意识不断增强，资产质量进一步改善

2009年，对全辖实施内控分级管理，根据各分行风险管理和内控管理现状，对辖内各行进行分类评级，实施差异化管理。本年累计收回本外币不良贷款2.61亿元，公司贷款不良率较上年末下降了4个百分点，低于省内同业平均水平。客户经理主动风险防范意识进一步增强，全年无新发生不良授信。B级以上授信客户占比达到99%，客户结构优化取得实质性进展。

六、加强业务培训，打造精英团队

加快对公业务转型步伐，面向全辖选拔客户经理，在各分支行分设公司业务部，壮大公司业务队伍，提升整体服务能力。同时，注重对客户经理素质的培养，开展形式多样、内容涵盖公司业务各个领域的视频、现场培训20余次，参训人员500多人。制定《公司条线客户群建设指引》和《公司业务信息（房地产行业专刊）》，调研整理甘肃地区化工、房地产和机械制造等行业调研报告，业务与实际相结合，把握具体风险点。

（刘永江）

【培训开发】　2009年，按照“在培训理念上体现时代性、培训内容上增强针对性、培训方法上突出实效性、工作机制上确保规范性”的原则，全面开展分级培训、分层培训与全员培训。

一、通过“请进来、送出去”的方式，实施经营管理队伍培训。对管理人员培训，以外派培训、专题讲座研讨为主，省分行集中办班为辅，自学感悟提高为补充，开展素质能力提升培训。先后邀请总行、兄弟分行业务专家10余人（次）开展经济资本管理、绩效管理和市场营销等方面的专题培训。同时，组织8批各级经营管理人员赴山东、青海、陕西和山西等兄弟分行进行考察学习。

二、结合IT蓝图上线培训，开展专业技术和一线业务操作类员工常规培训。按照“统一规划、分级管理、分级培训、总体指导”的要求，以分支行自办班培训为主，省行条线部门办班为辅，省分行IT蓝图上线培训为重点，积极开展各类常规培训，培训课程涵盖传统业务、新业务、企业文化、礼仪服务及经营管理等各方面的内容。2009年，举办核心银行推广上线培训5期。全年共举办各类短期集中培训班53期，培训各级各类员工2 396人（次）；视频培训31次，培训员工6 920人（次）；选派参加总行国内培训453人（次）。

三、整合培训资源，开展多形式的人才培养工作。全面启动电子化培训，开通了二级分行电子化培训系统，组织员工参加了网银知识学习测试、核心银行系统基础培训等两期大规模在线培训。同时，按照《员工业余进修管理办法》，鼓励员工400余人积极参加各类社会资格考试和学历学位教育，利用业余时间进修深造，提升员工文化素养。

四、注重引进“外力”，实施专才培养计划。拓宽培训渠道，从大学及专门培训机构“订餐”，把员工参加正规学校的理论文化学习与职业能力、管理能力、技术能力和自我开发意识培养有机地结合起来，探索专门培训机构培训项目，提高培训的适用性，推动员工的潜在能力向实际能力的转化。与中国金融理财标委会教学单位合作，成功举办了一期AFP培训班，培养专业理财师50余人；与兰州大学合作

开办了一期MBA进修班，从兰州地区选拔50人进行深造；组织35名公司授信业务专业人才参加了《金融时报》在兰州举办的“授信项目评估技术专题培训班”，开发专业人才，提高专业能力。同时，聘请专职礼仪培训教授举办全辖礼仪服务培训班，聘请总行、兄弟行及名校专家教授举办财务管理、绩效管理与市场营销等专题讲座。

五、完善教育培训制度，建立长效培训机制。制定下发《甘肃省分行2009－2012年人力资源培训与开发规划》、《甘肃省分行2009年人力资源培训与开发工作计划》、《甘肃省分行内部培训师管理办法》、《甘肃省分行员工业余进修管理办法》和《培训中心管理体制调整方案》等制度，明确培训目标，规范培训管理模式，促进教育培训工作制度化、体系化、经常化。

（梁元福）

【法律与合规工作】 2009年，法律与合规工作以促进和保障业务发展为中心，积极加强法律风险管理、操作风险管理和合规风险管理，不断推进三道防线建设，坚决遏制大要案的发生，为促进各项业务健康、快速发展发挥了积极作用。

一、积极开展法律风险管理工作，全力支持业务发展

一是加强合同审查制度建设及规章制度建设。修订完善了《中国银行股份有限公司甘肃省分行合同管理实施细则》，全年共审查法律文本协议2 325件，涉及金额347.67亿元，审查后提出修改意见838条、889项，报送审查率达100%。二是积极开展全程法律风险识别、检查、监控管理和呆账核销审核工作，切实规避法律风险。通过法律咨询热线和《法律咨询函》等方法，共受理并解答各类法律问题咨询317件，出具《法律意见书》11件，发送新法提示和法律分析共20期，编发《甘肃省分行“集中清理执行积案活动”工作简报》和《甘肃省分行执行积案清理工作推进概况表》7期。审查出具呆账核销法律意见书6件，涉及金额1 544.95万元。三是加强外聘律师的聘任管理、全辖诉讼仲裁案件指导工作和相关案件诉讼费列账工作。认真制定《关于在全辖开展集中清理执行积案活动的实施方案》，开展了集中清理执行积案活动，全年执行积案15件，共收回资金6 675万元，有效提高了资产质量。四是认真开展“五五”普法宣传、教育工作。组织省分行全体员工进行法律知识考试，收回合格答卷383份，平均成绩均在90分以上，组织行领导参加甘肃省厅局级干部法律知识考试，不断增强员工法律观念和法治意识。

二、强化操作风险管理，全面提升内部控制水平，增强案件防控能力

一是积极建立和完善三道防线内控机制，组织开展案件治理整改工作，不断增强案件防控能力。制定了《甘肃分行2009年案件治理整改工作计划》和《甘肃分行2009年案件治理具体措施及落实计划执行情况表》，组织全辖开展案件治理整改工作，加大案件治理管控工作力度。每日对全辖各基层机构网点自查流程执行情况进行监控，全年共发送动态自查清单8期，充分发挥第一道防线的核心作用，并积极牵头组织开展了操作风险与控制评估（RACA）实施工作。二是认真制定二道防线内控工作计划，牵头组织落实“屡查屡犯”专项治理工作，加强监督检查，加大整改工作力度。结合实际梳理15项急需专项治理的屡查屡犯问题，各项检查机构覆盖率达到全部机构的34%。三是加强对内控整改问题库的维护和监管，切实抓好违规问题的整改工作，促进检查成果的转化和运用。及时维护内外审及监管部门各类检查发现问题的信息，实时记录问题库整改事项的进展情况，确保各类问题整改到位。顺利完成内控信息管理系统投产上线，实现相应整改信息的动态管理。四是认真及时开展离任审计工作。共完成16名分支行高管人员的离任审计工作。其中二级分行行长4名，二级分支行副行长9名；省分行总经理2名，副总经理1名。五是加强内控绩效考核管理，不断完善2009年度内控与合规条线工作进程维度指标和绩效考核标准。修订完善2009年度内控与合规条线工作进程维度指标和绩效考核标准，发挥激励机制在内控合规工作中的正面引导作用，用正确的绩效导向促进内控合规工作目标的顺利实现。

三、强化依法合规经营理念，加强合规风险管理，不断提高全辖合规经营能力

一是采取有效措施继续加强反洗钱日常管理和监控及宣传培训力度，做好客户尽职调查及风险分类管理。全年共上报可疑交易10 799份，共计人民币620 950亿元，外汇9 729万美元。拟定《中国银行甘肃省分行2009年反洗钱工作实施意见》，在全辖开展了“认真履行法律义务一反洗钱从我做起" 宣传月活动，积极配合总行、人民银行做好反洗钱非现场协查及考核评价等工作。拟定了《关于落实客户经理尽职调查及风险分类工作的实施方案》，对全辖客户风险等级分类工作进行分解部署，并先后编制4期“客户风险等级分类工作答疑”。二是加强制度建设，完善监督管理机制，切实防范内控合规和操作风险。有效发挥内控委员会职能作用，按季度召开内控委员会会议，编发内控委员会会议纪要，针对工作中存在的难点问题和突出问题提出了整改意见和具体解决办法，为防范风险、强化控制发挥了积极的作用。三是认真及时组织开展授权管理系统上线投产工作和关联交易名单库维护工作。认真制订《甘肃分行内控信息管理系统上线工作实施方案》。四是加强规章制度管理，不断提高全辖规章制度执行力。修订《甘肃省分行规章制度管理办法实施细则》，完成各条线部门66份规章制定的合规审核，提出审核意见250条，加强对制度的梳理和完善。

（付艳蓉）

【党务工作】 2009年，党务工作部紧紧围绕省分行的工作部署，在思想建设、企业文化建设、党员队伍建设，以及宣传工作、青年工作和维护稳定工作等方面积极努力，促进了业务发展与队伍稳定。

一、组织开展多种形式的理论学习，用科学理论武装党员干部头脑，促进观念转变。各级党组织重点围绕党的作风建设、科学发展观与企业文化建设等方面内容开展理论学习，引导党员干部运用理论指导实践，把党的理论创新成果落实到促进各项业务的发展上，着力解决在提高竞争力，增

强执行力和提高工作效率等方面存在的突出问题。面向各管理层开设了《职业经理人常犯的11种错误》培训课程，组织全行员工学习《超越自我》一书。

二、做好党务宣传工作，为事业的发展起到了营造舆论氛围、引导思想行为和总结推广经验的作用。围绕落实科学发展观、增强核心竞争力、庆祝建党88周年与宣传核心价值观等主题，组织了一系列宣传活动。首先，以电子刊物《党建工作动态》为党务宣传工作的抓手，选登员工《超越自我》等学习心得95篇。其次，总结、宣传在加强党建工作、发挥党员先进性、落实科学发展观等方面的亮点，起到了塑造典型、展示形象、精神激励和辐射带动等作用。当年，在中行党建网、中行内部网、《党建工作通讯》和《中行职工报》等网刊上发表文稿40多篇。

三、按照中央和总行部署，组织开展了学习实践科学发展观活动及整改落实"回头看"活动。一是认真准备，召开了省分行党委专题民主生活会，以贯彻落实科学发展观为主题，开展批评与自我批评，分析了制约科学发展的原因。二是运用学习调研阶段形成的共识，以理清发展思路为重点，撰写分析检查报告，提出了省分行、各二级分行、城区支行及省分行各部门推动和服务科学发展的主要内容、总体思路、重点任务与工作措施。三是做好落实整改工作。四是向全行征集意见和建议。五是完成"回头看"情况自查工作。

四、加强党员队伍建设，为建设一流银行提供组织保障。开展"为党旗增辉，为行徽添彩"的主题党日活动，积极实践总行"围绕业务抓党建，抓好党建促发展"的指导思想。按照"坚持标准、保证质量、改善结构、慎重发展"的要求，努力将业务骨干发展为共产党员，积极支持业务一线的优秀员工入党。兰州地区新发展党员36人，并对符合条件的40名预备党员办理了转正手续。结合人员调整、业务整合的新情况，对各部门的党支部成员进行了改选、调整。对生活困难党员、老党员发放了慰问金，组织机关离退休党员开展了党日活动，努力把党建工作做实做细。

五、根据总行党委要求，开好党员领导干部民主生活会。召开员工座谈会，广泛征求全辖党内外群众对省分行党委及各位成员的意见建议。对征求到的23条意见和建议，制定整改落实方案，督促有关部门认真整改。同时，安排、指导各二级分行及兰州市城区支行开好党委（支部）民主生活会。

六、做好青年工作，凝聚全行青年员工的才智和激情。开展"青年文明号"、"青年岗位能手"申报评审工作。酒泉分行新城支行获得全国级"青年文明号"，金昌分行国际结算部获得总行级"青年文明号"称号，马伟伟获得总行级"青年岗位能手"称号。组织省分行4名青年文明号负责人参加团省委的培训。西固支行薛燕同志被总行授予"优秀志愿者"称号。金昌分行马国平、省分行公司业务部刘继斌分别被授予"中国银行优秀共青团干部"和"优秀共青团员"称号。

七、努力做好维护稳定工作，积极开展扶贫助困。安排部署维稳工作，特别是在"两会"及节假日期间，排查劳务派遣人员、内退人员、复转军人及其他人员的稳定情况。无上访事件发生，维稳工作情况良好。同时，积极开展扶贫助困工作。资助甘谷县磐安镇东崖村的瓶颈路段维修，改善交通，方便群众。向甘肃省高级科技专家协会捐购《农民科学素质教育丛书》50套。组织省分行机关员工为兰州市九州开发区灾害捐款14 610元。

（袁　炜）

【安全保卫】　2009年，安全保卫工作全面落实总行、分行的部署要求，紧紧围绕全行中心工作，树立并践行科学发展观，突出安保基础设施、案件防查、工作机制、安保队伍和技防建设等工作重点，强化系统安全管理，加强案件防范与查办，提高安防科技水平，有效控制操作风险，全力防范案件事故，保障了全辖资产安全和各项业务安全运营。

一、落实分行年初工作安排，适时开展各项安保工作。为认真贯彻落实总行2009年安全保卫工作会议精神，省分行与全辖各分行、支行行长签署了《党风廉政建设及安全保卫工作案件防范责任书》。

二、加强安保工作的监督检查，确保各项工作落到实处。为使安保工作各项措施落实到位，适时在全辖范围开展明察、暗访、突击检查和监控联网中心视屏查看等多种形式的安全检查、排查活动。对全辖12个二级分行的枪弹安全、金库安全、营业网点安全、消防设施管理、技防设施管理、监控录像每日查看制度落实及社会化守押监管等项工作的落实情况进行了安全检查，检查面均达到100%。

三、坚持及时有效的风险提示，防控各类欺诈案件发生。及时下发风险提示8起，《安全保卫情况通报》53期，揭示金融案件规律、特点及手法，通报金融治安形势，推介成功堵截案件的做法和经验，增强了防控案件工作的针对性和时效性，为基层防范案件提供帮助。同时，采取有效措施防范案件发生。一是为防止不法分子利用自助银行门禁刷卡器作案，窃取客户卡信息的案件发生，将自助银行门禁刷卡器统一更换为按压开关，堵绝了不法分子在刷卡器上安装非法装置盗取客户卡信息的作案环节，最大限度从源头上遏制犯罪，有效地降低了ATM发案率。二是加大持续打击力度，净化用卡环境，及时成立应急联动小组，与城区各支行建立联动机制，利用远程监控系统，将全辖所有金库、自助设备纳入联网中心范围集中监控，一旦发生情况联合处置。

四、加强枪弹安全管理，降低自管枪弹风险。加强自有应急备用枪弹的管理，将守押工作已实行社会化的分行、支行应急备用枪弹及时移交当地公安机关或转让当地守押公司，使枪弹数量减少到最低。同时，进一步加强对现有枪弹的安全管理，明确枪支管理人，加强枪支保管、领用与交接使用各环节风险点的管控措施，确保不发生涉枪案件事故。

五、加大安防设施投入，增强营业网点防护能力。调阅安保系统和实地检查获取数据，制定安防设施更新计划，加大营业网点安防设施投入，保障安防、技防设备始终处于良好的运行状态，增强营业网点防护能力，努力为基层网点创安达标创造条件。一是更换安装全辖营业网点防尾随联动门，换装率达到80%以上。二是根据网点转型装修流程分工，按进度完成了全辖34个转型装修网点监控报警系统的设计、招标工作。协调消防、安防建设单位，根据新装修网点施工进度，做好消防和公安部门的报验手续。

六、加强技防设施建设，进一步提高全辖技术防范水平。省分行远程监控中心搭建完成后，先后与兰州城区、二级分行所辖营业网点的监控报警系统实施了联网。建立完善了制度规定、工作流程，规范联网系统的管理和操作行为。配合业务条线部门对网点安全管理、柜员合规操作、金库控制、自助银行监管、业务稽核、事后监督和文优服务等非现场监控检查提供技术支持，充分发挥监控联网平台在内控工作中的作用，使全辖内控工作迈上新台阶。

七、加强社会化押运监管，督促守押机构合规履约，完善面向社会化守押机构的沟通、协调、制约与监管工作机制。利用远程监控联网平台，探索金库远程值守实时监控运作模式，加强社会化守库工作再监督；配合运营等条线部门继续强化现金款箱出入库和网点款箱交接环节的防控措施，提高守押运作高风险环节内控管理科技含量；定期召开了社会化守押监管联席会，并通过发送监管通报或守押运作风险提示函等措施强化监管督导。

八、整治消防安全隐患，确保设施符合验收标准。安排专项费用380万元，完成了对全辖二级分行营业部、9个办公楼以及省分行科技部机房、档案中心、财富中心、两个单点支行等14处消防系统的设计和招标施工，装修改造后的消防报警系统全部通过当地消防部门的验收。

（王天彪）

【工会工作】 2009年，工会委员会认真贯彻落实总行年度工会工作会议精神，紧紧围绕省分行党委确定的工作思路和总体要求，以打造当地一流银行为目标，突出重点、求真务实，充分发挥工会组织的桥梁纽带作用。

一、加强民主政治建设，建立健全民主管理制度

按期召开职代会，各级工会按照职代会的程序认真讨论审议《行长报告》、《财务报告》和《工会报告》，对发展和改革献言献策，起到了积极作用。各级工会加强行务公开工作，做到了年度目标、任务和各项指标公开；各项财务收支及费用公开；人力资源职位竞聘及招聘员工和薪酬、人事聘免公开；采购、基建装修等项工作的公开。

二、积极在全辖开展全员营销劳动竞赛活动

在全辖范围内集中开展“全员营销劳动竞赛活动”，每季末在省分行院内制作大幅劳动竞赛展板公示竞赛成绩，张贴先进集体和先进个人照片；每季召开总结表彰大会，通报表彰先进集体和先进个人，及时落实每季度员工营销收益的奖励。

三、强化文明优质服务，促进各项业务发展

一是加强文明优质服务组织领导。各行、部结合各自实际和产品业务流程，不断完善和修订各项文明优质服务的工作制度和管理办法，各级工会通过监督检查，对各项规章制度的贯彻落实和服务承诺的执行情况进行评价。各级领导把文明优质服务作为一项日常重要工作狠抓落实，认真实施“一把手”工程。各分行、支行管理层坚持高标准、经常化、定期与不定期的检查一线网点文明优质服务和员工技能训练。

二是强化文明优质服务理念。大力弘扬“追求卓越”和“服务创造价值”的核心理念。加强员工思想教育，引导员工转变思想、转变观念，转变服务意识，提升服务质量，强化服务执行力。采取各种形式深入学习《中国银行文明优质服务规范》。

三是加强业务技能训练。对全辖业务技能测评工作进行周密、细致部署，各行、各部门为技能训练和测试工作在人力、物力上加大投入，并制定本单位业务技能训练安排、措施和奖惩办法，为业务技能测评取得好成绩夯实了基础，保障了员工技能训练工作的有效开展。经过测评，共产生各等级能手982人，能手率88.15%，合格率100%。工会还举办了全辖现场和视频服务礼仪培训班，邀请曾经担任北京奥运会高级礼仪培训师授课，参加现场培训人员175人，视频培训1 203人。

四、丰富职工文化生活，推动企业文化建设

组织开展各种形式多样、健康向上的文化体育活动，有力推动了企业文化建设。先后组织举办了全辖“庆祝建国六十周年羽毛球比赛”，选拔运动员参加了总行举办的第三届羽毛球比赛。组织机关本部全体员工迎“5.1”登山活动和以部门为单位的春游踏青活动。组织省分行本部近百名员工排练大合唱参加全省银行业庆国庆合唱比赛。各基层工会分别举办了“职工运动会”、“篮球邀请赛”、“焰火晚会”、“庆三八诗文朗诵会”和“时装表演”等活动，并积极参加当地金融系统庆祝建国60华诞文艺会演，举办《超越自我》读书心得研讨会等活动。

五、创先争优、树立典型，努力提高广大员工的工作热情和积极性

努力扩大宣传，展示甘肃中行的新形象、新面貌，积极落实各类先进的待遇，带动员工创先争优的积极性和主动性。评选和申报金昌分行为总行级先进单位，嘉峪关分行张益军为总行级先进工作者；推荐酒泉分行为中国银行系统劳动关系和谐先进单位；兰州嘉峪关东路支行申报并荣获为全国妇联级“巾帼文明示范岗”单位；考核认定3个总行级“巾帼文明示范岗”、8个省分行级“巾帼文明示范岗”、新命名5个省行级“巾帼文明示范岗”。评选上报并荣获总行级1个学习型组织先进单位和1个先进班组。

（王　鋕）

中国建设银行股份有限公司甘肃省分行

行长 艾尔肯·艾则孜

【综述】 2009年，中国建设银行甘肃省分行认真贯彻科学发展观，积极进取，奋力拼搏，各项工作取得新的进展，员工队伍素质和服务水平得到进一步提升。

一、主要业务指标快速增长

一是资产负债规模进一步扩大，双双突破千亿元大关。截至年末，全行资产总额1 091.93亿元，负债总额1 087.65亿元，分别较年初增加183.69亿元、183.53亿元；全口径存款较年初新增180亿元；各项贷款较年初新增82亿元。二是资产业务稳步发展，信贷质量持续向好。截至2009年末，全行对公贷款余额较年初新增73亿元，个人贷款较年初新增9.20亿元；不良贷款较年初减少3.15亿元，不良贷款率较年初下降1.08个百分点。三是转型业务持续推进。在积极拓展传统中间业务收入渠道的基础上，进一步加大转型创新力度，投行、年金托管等新型业务取得突破。四是经营效益稳步提升。全年实现税前利润12.80亿元，实现经济增加值6.52亿元，创历史最高水平。

二、大力开展市场营销，夯实发展基础

一是进一步加强对市场的调研和分析，重点加强了对行业、产业和客户的分析。一方面，对存量客户进行细分，分层维护，对增量目标客户实行全面名单制管理；另一方面，进一步理顺经营管理部门和团队的关系，使团队、网点和对公柜面服务人员形成营销维护合力，进一步加强对账户的监控和跟踪维护营销。二是对重点行业、重大项目进行重点维护营销，加大对铁路、公路、电力、煤炭、有色等重点行业及重大建设项目的支持力度。三是紧紧围绕国家“保增长、扩内需”的要求，从源头上入手，认真搜集和分析全省范围内企业成立、项目立项及招商引资信息，确定目标客户。四是加强对公团队建设，制定对公团队建设的规章制度，明确团队和客户经理维护和营销的目标任务，提高了客户维护和营销水平，促进团队建设更加科学化和精细化。

三、积极发展转型业务，拓展业务创新渠道

一是狠抓中间业务。精心组织，强力推进，努力解决全行中间业务发展中的盲点、弱项以及发展不均衡问题，中间业务得到进一步发展。二是加强业务创新，独家代理承销了甘肃省政府融资平台100亿元中期票据发行项目，并成功为重点客户推出投资银行、企业理财、财务顾问和年金托管等新型业务，实现银企双赢。三是重视中小企业业务，在兰州市组建成立小企业经营中心的基础上，又在天水、酒泉和白银等市成立了小企业经营中心，推广“信贷工厂”经营模式，为省内中小企业发展提供支持。四是加快电子银行、银行卡等转型业务的发展，积极引导客户了解和使用电子银行产品，创新发行“读者龙卡”、“健康龙卡”和“华龙龙卡”等多种特色联名卡，渠道建设不断加强。五是根据客户需求，为客户量身定制现金管理方案，组建重点客户资金结算网络，促进重点客户资金管理水平进一步提升。

四、积极推进信贷结构调整，优化资源配置

一是坚决执行国家宏观调控政策，优化资源配置，调整行业结构。2009年，城市基础设施、交通运输、学校医院、有色冶金、电力、煤炭和化工等重点优质行业客户在全行信贷业务中处于主导地位。二是兼顾有市场、有效益、信誉好、管理规范、抵押资产实及变现能力强的小企业客户，给予有效支持。三是调整客户结构，对战略性客户、行业名单制管理中优先支持类客户和国家重点建设项目，开通“绿色通道”，政策导向、资源配置上给予优先支持。四是调整区域结构，努力扩大兰州中心城市市场份额。五是加大信贷退出力度，确保新增信贷资源投向重点优质客户和项目。

五、切实加强内控管理，确保安全稳定

一是坚持合规稳健的经营思想，在确保新增贷款质量的基础上，加强贷后管理。二是加强授权管理，规范和细化操作流程，对重要审批事项实施双签制。三是重点加强各类业务检查、审计及外部监管工作中发现问题的整改，充分利用内外部检查、审计的成果，举一反三，找准风险点，逐项督促整改，风险、案件防范工作进一步加强。四是加强基层机构关键风险点监控检查，监控检查内容、频率和被检查机构覆盖率均达100%，发现问题数和发现问题比率逐步下降。五是严肃问责。针对审计、检查等发现的违规违纪行为，严肃处理责任人，严格追究责任。六是认真组织员工行为及业务风险点的排查工作，并制定针对性防范措施，认真整改，切实消除风险隐患。七是加强维稳工作。综合运用法律、行政、经济和思想政治工作等措施，及时解决重大矛盾纠纷和突出问题，为业务发展创造了安全稳定的环境。

六、积极稳妥改进经营机制，提升基础管理能力

一是创新管理方式，建立风险经理管户制度，进一步提升了对信贷项目的风险管理能力。二是改进和优化业务流

程，实现对公授信业务电子化申报审批，降低了项目复议、续议比率，提高了工作效率。三是在风险可控的前提下，建立个贷业务和楼盘准入审批“绿色通道”，推进个贷电子化审批覆盖面，楼盘准入实现周审周清，单笔业务审批时间缩短到2个工作日之内。四是充分发挥信息技术网络和系统对全行业务发展的支撑保障作用，推广上线零售网点业绩评价管理系统，进一步加强对公客户关系管理系统的推广运用力度，使全行基础管理更加精细、专业、科学。

七、提升网点服务质量，打造客户首选银行

一是加强物理网点和自助设备的建设和布放。全年装修网点45个，自助设备达626台，有效分流了客户，促进了柜面服务水平的不断提高。二是不断加强客户经理队伍建设，建立起了一支专业化的个人客户经理队伍。三是强化对中高端客户的服务工作，向中高端客户赠阅《读者》杂志、举办联谊会、开展理财沙龙活动，不断提高为中高端客户理财服务的水平，提高中高端客户的信赖度和贡献度。四是从“网点硬件环境、人员着装统一、大堂经理迎来送往、高低柜员双手接递”四个环节入手，统一并固化营业网点员工服务行为、语言以及服务模式，确保客户服务的规范性和一致性。五是高度重视来自客户的意见和建议，并持续改进服务工作。共接待客户近4 000余人（次），多角度倾听客户声音，并对收集到的105条意见和建议进行了积极整改，意见和建议解决率达到100%，有效促进了服务水平进一步提升。

八、进一步加强党的建设和领导班子建设

一是以开展学习实践科学发展观活动为契机，查找影响和制约全行科学发展的重点问题，积极进行整改。二是通过中心组学习等制度，认真学习党的十七届四中全会精神及国家方针政策，通过外请专家、学者授课等方式，提升了中心组的学习效果。三是在全行各级党组织中广泛开展领导干部讲党课、邀请专家学者专题讲座及党员体验做一天大堂经理等活动，教育和引导广大党员更好地发挥先锋模范作用。四是加强全行各级领导班子建设，按照精干、高效、专业的要求，强化序列交流、异地交流和上下交流，调整充实各级领导班子队伍，为领导干部队伍注入了新的活力。五是在全行各级领导人员中深入开展廉洁从业和党纪法规教育，加强领导人员监督，确保各级领导人员廉洁从业，依法从政。

九、以人为本，关心员工，营造和谐建行氛围

一是加强培训，持续提升全行员工素质和能力。举办不同层次的培训项目452个，培训人员18 220人（次），为全行员工构建了全面、专业的培训平台。二是在企业网开辟“员工心声”专栏，建立了与员工之间有效的沟通渠道。三是以组织的关怀温暖困难员工，救助困难员工和特困员工266人。四是关爱基层员工，进一步改善营业网点的办公条件。五是高度重视企业文化建设，大力弘扬先进典型，组织开展8次“员工爱岗敬业典型风采展示”活动，以典型模范事例激发员工奋发向上的工作热情，进一步促进全行和谐发展。六是认真落实好离退休人员政治、生活待遇，使全行发展成果惠及每一位离退休人员，使广大离退休人员的生活水平和生活质量不断提高。

【计划财务管理】 2009年，省分行计划财务工作以战略转型和结构调整为主线，深化改革，科学发展，加强基础管理，强化风险内控，增强计划对年度经营的全面指导及激励约束作用，有效促进全行各项业务的协调发展和经营效益的持续稳定增长。

一、精心编制和组织实施综合经营计划。一是完成了综合经营计划的编制上报、横向分解和纵向下达工作，安排好战略性业务和重点业务发展，做好业务计划与资源配置的匹配平衡，提高计划编制的科学性和准确性；二是加强对二级分支行业务发展的指导监督和计划执行情况监控，确保全行各项业务健康、稳定、有序发展。

二、进一步完善以价值创造为核心的绩效考核体系，支持业务转型。一是全面实行单价制，充分发挥财务资源配置的价格杠杆作用，进一步提高财务资源配置和使用的有效性、合理性；二是在各评价体系中进一步突出对价值创造能力的评价，加大经济增加值、资产质量和中间业务等指标的计分权重，以推进价值创造目标的实现；三是按月对各二级分支行绩效激励工资及激励费用进行考核兑现，保证全行业务激励费用及时到位。

三、深化细化成本管理。一是在保证存量业务正常运营的前提下，适度加大对增量业务的激励力度，在合理控制成本的基础上，有序地安排财务资源投入；二是在保障基本生产运营的基础上，依据全行战略规划安排，继续大力提升能够增强市场竞争力和持久盈利能力的资本性投入比重；三是严格控制非生产性固定资产投入，处置压缩闲置资产和低效资产，全年共处置资产7项，报废固定资产3 305项。

四、进一步加强价格管理，完善定价机制。一是密切关注宏观经济形势发展，对未来利率走势做出判断，通过运用主动负债管理、调整资产负债期限结构和调整利率确定方式等多种手段，在规避利率风险的同时最大限度地提高收益；二是根据内外部价格变动情况，及时测算存贷款产品盈利情况，积极推动主动负债及资产结构调整；三是做好利率执行监控工作，对不符合利率执行标准的，责令及时纠正；四是及时完成相关产品及服务价格的梳理工作。

五、加强和改善集中采购工作，降低支出成本。加强对二级分支行集中采购工作的指导和监控，引导集中采购工作进一步规范化和制度化；按照授权管理规定，授权二级分行组织实施集中采购。

六、积极开展财务专项检查，切实防范财务风险，强化合规守法的财务理念，切实提高财务管理水平。

（俞　洁）

【信贷审批管理】 2009年，信贷审批业务认真贯彻执行总行、分行各项工作部署和风险条线工作安排，进一步加快信贷业务审批，全力支持全行信贷业务又好又快的发展，较好地完成了甘肃省分行信贷审批工作任务。

一、信贷业务发展迅速，审批总量大幅增长，各项任务指标完成情况良好。2009年，共受理审批审定公司类、个人类和信用评级等各类信贷业务14 794笔，金额531.70亿元，笔数与上年同期相比增长43%，金额与上年同期相比增长7%。2009年，所有上报的信贷业务已全部审批完结；对公客户整体评级覆盖率达到100%，部门条线无责任事故和案件发生。

二、坚定执行国家宏观调控政策和总行信贷投放要求，积极主动地推进信贷结构调整，实现资源优化配置。一是执行总行、分行“进、保、控、压、退”的信贷结构调整政策，按照信贷市场状况，优化资源配置；二是对总分行重点客户或AA级（含）以上客户，开通“绿色通道”，推行差别化服务。2009年，审批此类客户金额297.60亿元，占比92%；三是继续加大退出客户信贷退出力度，确保有限的新增信贷资源投向重点优质客户和项目；四是适度兼顾有市场、有效益、信誉好的小企业客户，有选择地积极支持。

三、对公授信业务全面实现了电子化申报审批，审批效率显著提高。按照总行统一安排，经过学习准备、组织培训、模拟运行及正式实施四个阶段，已通过电子化申报审批项目249个，金额232.50亿元，节约了大量的人力物力，提高了服务质量；应用六西格玛工具优化审批流程，进一步提高了审批效率。信贷审批全流程平均用时为4个工作日（上年平均5.80个工作日），绝大部分贷款项目均能在承诺时限内审批完成，置信度达到98.20%。

四、积极组织专职贷款审批人开展项目回访调研，使信贷审批工作更加贴近市场和基层。根据本部门年度计划安排，组织专职贷款审批人开展调查研究和项目回访工作。从3月开始，共组成7个项目回访小组，先后对武威、金昌和兰州地区等13个二级分行的18个公司类贷款客户进行了实地调研了解，回访项目涉及房地产、有色金属等9个行业，金额达13.72亿元。通过项目回访“再看一眼”，及时总结审批经验，判断贷款项目决策的正确与失误，为审批把关提供了有益借鉴。

五、加强审批条线检查指导，注重员工培训，提高综合业务素质和风险管控能力。一是与有关部门共同组成联合检查组，对22个二级分支行进行常规性现场检查以及六大风险化解情况现场抽查，有针对性地提出管理建议和整改要求；二是派出60多人（次）参加总行组织的各类培训，并组织全行审批人及相关人员参加总行举办的20多次行业视频培训。

（关向来）

【公司业务】　2009年，建设银行甘肃省分行公司业务积极贯彻国家“保增长、扩内需、调结构”宏观经济政策，按照总行、分行部署，提高精细化管理水平，防范风险，拓展业务，克服了外部市场复杂多变、同业竞争日趋激烈的困难，获得了不断发展。

一、各项指标完成情况较好。截至年末，公司类贷款余额414.28亿元，比年初新增67.34亿元，占总行人民币对公贷款新增控制计划的97.03%；公司类存款余额240.79亿元，较年初新增16.76亿元；中间业务收入超额完成计划任务，其中造价咨询业务收入实现了较快增长，企业年金营销工作取得了突破。从同业情况看，年末全行对公存款余额、新增额以及人民币对公贷款余额在四家国有控股银行中的占比均位居第一。

二、综合贡献水平有所提升。截至年末，全行公司类贷款利息收入（含贴现利息收入）占全行贷款利息收入的86.45%，较上年末提高1.20个百分点；公司客户非贴现贷款收益率以及存贷利差有所下降；固定资产贷款收入仍然是公司类贷款利息收入的主要来源。

三、不断加大信贷支持力度，促进地方经济发展。一是在考虑区域特色、优势产业和行业选择策略基础上，加大对铁路、公路、钢铁、电力、煤炭、有色金属以及城市基础设施建设等重大建设项目和客户的贷款投放；二是继续做好重点客户的评定、评级授信工作，按照重点客户动态管理的要求，向总行推荐上报对分行综合贡献度大、有发展前景的集团客户，审批新增总行级重点客户2个；三是房地产业务突出业务发展重心，做大做强保证业务；四是组建小企业专营机构，积极推广小企业业务。

四、大力推进战略转型业务的发展，加强产品创新。一是在总行、省分行和二级分行的密切联动下，取得了甘肃省政府融资平台100亿元中期票据承销项目主承销商资格；二是牵头相关二级分支行营销的债务融资工具、股权通、财务顾问、产业基金和IPO财务顾问等新产品和重点项目取得突破；三是进一步提高对客户需求的关注度，积极与客户开展业务沟通及合作。

五、专业化经营取得较高成效，造价咨询中心、企业年金中心业务服务质量和服务水平持续提升。一是造价咨询中心整章建制，规范业务流程，成功获得ISO9001质量管理体系认证，提升了分行造价咨询业务在社会同业中的竞争力；二是积极拓展年金业务，部分项目取得重大突破，企业年金受托、账管和托管三大业务齐头并进，均衡发展。

六、加强基础管理，为业务发展提供良好的支持保障。一是加强信贷基础管理，力促业务合规发展，进一步加强了对公信用评级管理工作，发挥系统管理功能，提高贷后管理工作质量。截至2009年末，全行公司客户五级分类不良贷款余额较年初减少1.78亿元，不良率较年初减少0.99个百分点；二是促进对公团队建设，针对不同客户群体需求，建立差别化的渠道体系，促进组织架构、团队建设更具科学性和规范性；三是通过发挥系统功能落实和监测团队管理与建设，防范风险，提高业务水平，为业务发展提供支持和保障。

（郭海燕）

【国际业务】　2009年，建设银行甘肃省分行国际业务条线认真贯彻落实总行、分行工作会议精神，全行上下积极应对国际经济环境中的不利因素，努力克服金融危机的不利影响，千方百计寻求外汇业务发展的有效途径，外汇业务在逆境中稳步发展。

一、加强账户营销，夯实客户基础。为促进外汇对公账户快速增长，努力提升外汇业务可持续发展能力，在全行组织开展了外汇账户营销活动，同时注重发挥整体合力，充分发挥联动营销优势，确保客户营销工作取得实质性进展。

二、组织开展“树业绩、讲贡献、求发展”外汇业务评优活动。为全面完成2009年各项计划任务，推动外汇业务迈上新台阶，在全行范围内组织开展了外汇业务相关评优和劳动竞赛活动，充分发挥评优活动对推动外汇业务发展的作用。

三、进一步建立健全相关规章制度，强化国际业务的系统管理。一是认真做好全年工作安排，充分发挥外汇业务的牵头管理作用，制定并下发各个阶段国际业务工作要点，指导全行开展国际业务工作；二是狠抓整章建制工作，完善内控管理体系，制定了《甘肃省分行国际业务条线内控管理评价暂行办法》、《甘肃省分行国际结算业务档案管理实施细则》、《甘肃省分行代客外汇债务风险管理业务操作细则》、《甘肃省分行代客外汇资金管理业务操作细则》和《甘肃省分行新一代贸易融资系统（NTFS系统）国际结算跟单业务集中处理操作细则》等制度性文件。

四、加强外汇业务检查和督导力度。一是为进一步防范外汇业务操作风险，促进外汇业务持续、健康发展，组织开展了外汇业务专项检查；二是积极配合省外汇管理局、内外审计部门的专项检查，对检查发现的各类问题采取有效措施及时进行整改；三是积极开展外汇业务调研和督导，密切关注各二级行外汇业务发展情况，通过多种形式加强与二级行的沟通和联系，及时传导总行、分行管理要求和新出台的政策措施，了解各行在业务拓展和计划执行过程中的问题和困难，并研究提出解决方案。

五、举办多层次的外汇业务培训，进一步增强了国际业务条线从业人员的业务素质。一是与建设银行香港分行在兰州联合举办了“外汇金融衍生产品推介会”，邀请了10多家重点客户参加产品推介会；二是采取“走出去”的方式，加强与兄弟行的学习、交流，进一步拓宽了国际业务发展的视野；三是举办全行性外汇业务培训班，进一步提高了外汇从业人员的综合业务素质，为增强国际业务的可持续发展能力提供了坚实保障。

（陈思思）

【机构业务】 2009年，建设银行机构业务条线充分把握国家“保增长，扩内需”的有利政策形势，切实落实“以客户为中心，以市场为导向”的经营理念，积极培育客户群体，努力扩大市场份额，各项业务保持了持续、健康的发展态势。

一、进一步夯实基础，各类客户新增取得成效。一是将落实“民本通达”综合服务方案与“名单制”客户营销服务工作结合起来，事业法人名单制客户管理初见成效，已与219个客户建立了业务往来，新开立基本户56个、一般户12个、专用账户108个；二是社保业务深入推进。截至2009年末，共实现各类社保账户新增24户；三是财税库银横向联网业务取得阶段性成果，全行共实现财税库银横向联网“三方协议”签约9 648户；四是涉及18亿的全省14个市（州）中期票据贷款基础设施建设资金的14个财政专户全部在建行开立，资金全部到位。

二、机构业务创新和转型取得突破。一是成功牵头与兰州大学第一医院联合发行“健康龙卡”，并签署了《业务合作协议》，实现发卡10万多张；二是成功与兰州市城关区国家税务局签订了“委托代征零散税收、代开普通发票”业务协议，业务运行系统于8月底正式上线，截至年末，共代开发票8 688笔；三是在兰州部分网点进行了代理销售即开型体育彩票业务试点工作；四是读者出版集团的上市公司读者文化发展股份有限公司基本结算账户成功开立，该账户的成功开立，标志着建设银行与读者集团的合作进入到实质性阶段；五是中央重大民生专项资金特设账户在建行开立。

三、加强部门联动，客户综合贡献度提高。一是成功中标读者出版集团企业年金受托管理人资格，已成功与读者出版集团签署受托协议；二是先后成功与华龙证券、海通证券签订全面业务合作协议，并联名发行“华龙证券龙卡”、“海通证券龙卡”；三是“百易安”业务在贷款资金监管领域的应用得到了较快的发展，成为机构条线增长较快的中间业务产品。

四、“八一”工程取得阶段性成果。一是军队武警存款新增3.62亿元，市场占比较年初提高5.07个百分点；二是挖掘客户的金融需求，形成富有针对性、差别化金融服务，以重客系统、网上银行、应急资金保障、个人住房贷款、理财卡、公务卡和八一龙卡等产品平台，向军队武警客户提供了多渠道、差别化金融服务；三是以“军民共建”为先机，构筑军民共建合作关系，与部队官兵联欢，提升建设银行声誉。

（高裕振）

【资产保全】 2009年，建设银行甘肃省分行资产保全工作以不良贷款处置和重整证券化资产服务商工作为重点，提高精细化管理水平，稳扎稳打，艰苦攻坚，推动资产保全业务全面发展，不良贷款处置率创历史最高水平，不良额、不良率在系统内排名大幅提升，为全行资产质量的提升做出了重要贡献。

一、资产保全业务计划执行情况。2009年，资产保全系统累计处置表内外不良资产7.41亿元，现金回收表内外不良资产5.30亿元，累计退出列入退出类行业不良贷款3.24亿元，其中全额退出48户，完成结构调整行业退出计划的133%。

二、出色完成“建元2008－1”重整资产证券化资产服务商工作。2008年至2009年，共完成证券化信托资产现金回收13 678万元（含过渡期回收），全额清户5个，完成建行总行下达现金回收计划的149%，计划完成率居全国第一，“建元2008－1”重整资产证券化共为省分行创造价值5 499万元。

三、规范操作，分类梳理，非信贷不良资产处置成效显著。一是进一步加大抵债资产处置力度，抵债处置突破坚冰，成功溢价处置省分行最大一笔抵债资产。重点清理处置逾期两年未处置项目，全年累计处置逾期两年以上项目共计5笔402万元。二是分类梳理，加大非信贷资产消化力度。重点清理呆账核销项目所涉及的诉讼费，取得较好成效。

四、加大表外不良资产处置力度，取得显著成效。一是表外利息处置回收成效显著。2009年，累计处置表外利息8 388万元，其中，无本有息户处置6 518万元，累计退出21户；实现现金回收2 167万元，有效提升了全行贷款利息实收率。二是已核销呆账资产催收效果显著。全年累计回收已核销呆账资产1 364万元（含利息480万元），其中非现金回收1 220万元，资产保全业务的价值贡献进一步提升。

五、加强精细化管理，不良资产经营管理水平显著提高。一是在全行范围内组织开展两次资产保全专项业务检查，进一步提高资产保全业务经营管理水平，防范不良资产处置操作风险与道德风险；二是健全内控制度，加强贷后管理，完善管理上的薄弱环节，进一步强化风险防范意识，确保业务操作依法合规；三是开展资产保全业务培训，提高保全人员工作技能。

（王淑玲）

【个人金融】 2009年，建设银行甘肃省分行个人金融业务整体呈现持续、健康、协调发展态势。业务基础进一步坚实，结构进一步优化，网点转型效果明显，服务水平不断提升，内控管理逐步规范，诸多业务指标取得历史最好成绩，并在同业保持领先份额。

一、调整收入结构，强化产品营销，努力提高市场竞争力。在继续稳固证券代理业务的同时，引导银行卡、保险、黄金和理财等业务快速发展。一是加快银行卡业务发展，成功发行了“读者龙卡”、“健康龙卡”和“华龙龙卡”等多种特色联名卡。截至年末，借记卡本年累计新增112.22万张，借记卡消费交易额累计达71.23亿元；二是加大各类理财产品销售，细化销售措施，全年累计销售理财产品14.92亿元；三是根据市场变化，适时调整基金销售重点，全年基金代销总量46.36亿元；四是加快代理保险发展速度，推广先进经验，规范业务培训，全年累计销售寿险8.30亿元；五是加大黄金业务销售，个人黄金买卖业务累计综合交易额为32.22亿元。

二、强化对中高端客户的服务工作，提升客户贡献度。一是强化客户经理队伍力量，为提升中高端客户的服务质量奠定基础。二是加大了对客户经理的专业培训，对客户经理提出了更高的专业素质及个人职业素养要求。三是积极开展外联，努力扩大建行服务及产品的影响力。与机构业务部及全国著名文企读者集团携手，推出“双百送文化”活动，取得公私双赢的良好效果。四是推进网点二代转型和财富中心高端客户关系管理项目推广，提高中高端客户服务质量、效率。

三、固化一代转型，提高网点服务质量。切实改善和提升营业网点服务质量，全面监测全行营业网点客户服务情况，进一步提高和规范服务执行水平。制定《甘肃省分行网点转型效果固化监测管理办法》和《甘肃省分行提升网点服务质量实施方案》，组织开展“转型服务回头做”活动。

四、依托系统，加快业务发展。2009年，甘肃省分行高度重视相关系统的应用及推广，依托系统开展了多渠道联动营销。一是加快低柜销售门户系统推广力度，完成了对全省各二级分支行的现场支持与督导工作，培训面达到100%；二是充分发挥网点排队与客户满意度监测分析系统在零售网点管理工作中的重要作用；三是积极推广个人金融产品营销服务系统，力争实现营销管理的系统化、精准化和流程化。

五、加强基础管理，提升内控管理水平。一是狠抓整改工作，对整改结果通过采取跟踪管理、主管行长填报“整改工作完成确认书”和组织开展“回头看”等措施，有效提升了整改工作质量。二是认真组织开展“合规谈”活动。一方面制定了部门“合规谈”计划，有效落实“合规谈”活动；另一方面制定了《全行营业网点合规谈活动计划》，帮助前台人员查找日常工作中容易疏忽、失误及不易发现的问题。三是利用各种非现场检查系统实施后台检查。四是增加“内控专栏”，指导网点规范操作。五是合理配置网点人员，大力释放营销能力。

（王 雅）

【信用卡业务】 2009年，信用卡业务认真遵循“以提高发卡、商户质量为基础，以中间业务收入增长为核心，降低资产不良率，提升风险内控水平，全面推动全省信用卡工作又好又快发展”工作思路，推动信用卡业务快速健康发展，发卡量稳步增长，分期业务取得较大突破，业务收入翻番增长。

一、拓宽营销渠道，信用卡客户规模不断扩大。通过梳理目标客户、明确市场定位、拓宽营销渠道等工作措施，发挥多种分销渠道作用，优化进件征审流程，推动信用卡客户数和发卡量稳步增长，客户基础进一步夯实。信用卡客户新增61 828个，净增55 773个，存量客户达到15.63万个；新增发卡73 103张，净增发卡57 740张，同比多增11 584个，增幅25.10%。同时，发卡质量明显提高，账户活动率持续提升，达到60.03%，比全国建行平均水平高5.28个百分点，较年初提高5.84个百分点。

二、调整工作思路，优化商户业务结构。将商户业务工作重点转移到分期信贷业务方面，大力发展汽车分期、家装分期和商场分期业务。在传统收单商户拓展方面，坚持“规模与效益并重”原则，将POS-MIS商户作为拓展的主要目标，彻底清理抵扣、低效、不动户，商户活动率明显提高。大额专项分期和商场分期业务实现突破并快速发展，新增分期付款商户19个，存量达到25个，实现商户分期业务交易额621.86万元，较上年增长845.50%，实现分期业务收入39.10万元，较上年增长1 057%；特惠商户业务稳步推进，新增特惠商户84个，存量达到144个，覆盖兰州、天水、武威、张掖、嘉峪关和酒泉等主要城市；特约商户规模迅速扩张，新发展特约商户2 339个，净增1 158个，商户存量达到4 798个，创历史新高，新发展商场POS-MIS商户4个，收单商户实现刷卡交易量252万笔，同比增长65%，实现刷卡交易额50亿元，同比增长47%；特约商户质量明显改善，清理低效无效商户1 083个。

三、消费交易额和贷款规模大幅提升。组织开展多项信用卡分期和刷卡消费主题促销活动，有力拉动消费交易额增长，信用卡消费交易额13.61亿元，较上年增长102%。信用卡贷款规模快速提升，业务收入翻番，新增信用卡贷款7 752.88万元，同比增长1 077.97万元，余额1.75亿元，实现信用卡业务收入2 310.51万元，较上年增长106.40%。

四、强化基础管理，风险内控水平明显提高。针对信用卡业务风险管理薄弱的问题，采取有效措施，增强风险控制能力，信用卡业务风险评级由D级上升到C级，保障了信用卡业务又好又快发展。建立健全不良催收管理制度，规范操作流程，制定了《甘肃省分行龙卡信用卡催收业务管理暂行规定》，出台了《甘肃省分行信用卡不良资产司法催收暂行规定》，有效扎紧信用卡贷款风险入口。加大不良资产催收及处置力度，不良率控制在1.54%。组织开展强化商户基础管理专项整治工作，清理整改商户MCC码，规范POS机具管理，建立特约商户信息登记制度，完善商户协议和档案管理。

（山　峰）

【电子银行】　2009年，建设银行甘肃省分行电子银行业务以“扩大客户规模、提升渠道占比、提高效益贡献”作为业务发展主攻方向，深入开展电子银行劳动竞赛活动，积极探索电子银行示范网点建设，实现了电子银行业务快速健康发展。

一、主要业务指标完成情况良好。年末，电子银行客户累计达到218万个，当年新增104万个，是2008年新增客户数的1.94倍；实现电子银行业务收入1 512.82万元，完成计划任务的126%；电子银行与柜面交易量之比达到40.02%，较2008年提高了10.10个百分点。

二、加强组织推动力度，提高战略发展意识。一是深入基层、深入一线，开展调研督导；二是加强部门联动，结合各业务条线业务发展的目标及工作要求，进行电子银行工作指导和业务培训；三是加大财务资源配置，在总行买单挂价的基础上，进一步提高挂价水平，并增加费用配置，配置业务宣传、营销礼品及活动奖励等各项费用。

三、扎实做好营销组织，推动业务快速发展。一是深入开展电子银行劳动竞赛，将劳动竞赛融入个人条线及对公条线各季度的活动方案中；二是认真做好重点客户的渠道服务，成功营销兰州军区驻甘的多个部队客户使用重客系统；三是短板业务取得突破，全年共发展3个网上商户。

四、积极开展产品创新，不断增强营销服务能力。一是积极就重客系统的应用与客户进行沟通，完成了重客系统兰新铁路资金管理平台（一期）的开发工作；二是开发电子银行移动签约系统，实现个人电子银行产品移动签约，有效拓展了网点服务半径，提高网点客户服务能力；三是全力开展电子银行业务营销，开发企业网银保险费代收代付功能和物流公司代收货款支付及跟单信息服务功能，制定电子银行解决方案，开展专题营销。

五、探索电子银行示范网点建设，促进网点二代转型。组织开展了电子银行示范网点建设，将电子银行客户覆盖率、动户率以及渠道占比的提升作为关键指标，通过加强网点电子银行设备配置，细化网点营销引导流程，确定电子银行客户覆盖率及动户率提升计划，实现电子银行渠道占比的快速提升，加快网点二代转型的步伐。

六、采取多种培训形式，提高员工电子银行业务技能。一是加强业务培训频次。举办4期培训班，同时开展业务视频培训。二是制作电子银行业务培训标准课件，改变原先“填鸭式”的培训方式，启动“点菜式”培训模式。三是树立先进，典型引路。及时总结先进经验，举办电子银行业务典型风采展示活动，通过典型引路，在全行掀起学习先进、加快发展的热潮。

七、完善规章、加强监控，提高电子银行风险防控水平。一是完善规章制度。先后完成了《企业网银实施细则》和《网上商户作业指导书》等七个业务管理文件的编写和修订，进一步规范了电子银行业务操作流程，夯实了电子银行业务管理基础。二是简化业务流程。将原有的20张单位电子银行签约表单整合为2张，大幅降低前台工作流程和客户签约手续。启用企业网银预制证书网银盾，简化企业网银签约流程，将客户签约时间由5到10个工作日降低为2个工作日，有效改善了客户体验，提高了服务效率。三是开展业务检查。对全行22家二级分支行的电子银行业务开展情况进行了全面检查和督导。

（王海涛）

【房地产金融与个人信贷业务】　2009年，住房金融与个人信贷业务持续稳健发展。个人贷款余额和新增额均保持同业第一；业务发展与风险控制并重推进；房改金融业务市场份额居首位，全面完成住房资金归集及中间业务收入计划。

一、房改金融业务继续在同业保持领先。截至年末，住房资金归集余额125.15亿元，较年初新增22.45亿元，完成总行、分行下达计划的140.31%。

二、个人贷款发放、新增再创历史新高。截至年末，累计发放个人贷款13 559笔，合计197 992万元，同比增加66 056万元，增幅50.10%；个人贷款余额362 129万元，较年初新增91 887万元，同比增长41 783万元，增幅83.40%。其中全行个人住房贷款累计发放10 579笔，合计162 216万元，同比增加71 759万元，增幅79%。

三、个人贷款业务继续保持市场领先优势。截至年末，个人贷款余额36.21亿元，在全省金融同业和四大银行占比分别为23.89%和32.47%，市场排名第一；个人贷款新增9.19亿元，在全省金融同业和四大银行新增占比分别为20.87%和28.66%，位居第一。其中，个人住房贷款新增11.02亿元，在全省金融同业和四大银行新增占比分别为29.07%和39%，余额和新增均居同业第一。

四、中高端个人客户新增显著，房贷业务基础进一步夯实。2009年，新营销个人贷款客户13 559个，户均贷款14.60万元。积极营销储备优质楼盘，不断夯实房贷发展基础，其中贷款金额在20万以上的客户2 245个，贷款金额在50万元以上的客户342个，为个人业务输送了大量的优质客户。截至年末，新营销准入楼盘112个，按揭额度约18亿元，其中按揭额度在亿元以上的楼盘项目有6个，为2010年个贷业务持续发展奠定了坚实的基础。

五、住房贷款收益率位居全国建行前列。对符合利率调整的客户采取差别化的服务措施，加大了对住房贷款客户的交叉营销，对其他个人产品的带动作用明显。对新发放个人贷款客户均开立个人结算账户和借记卡，累计销售信用卡1080张。

六、积极营销住房公积金及维修资金缴存单位账户。住房公积金联名卡工作成效显著，通过关注新开立的公积金缴存单位，营销相关企业和公积金管理中心，从源头上做好稳存、增存工作，全年共新增住房公积金缴存单位及维修资金签约账户420个。

（高继红）

【中间业务】 2009年，实现中间业务净收入4.31亿元，同比增加0.81亿元，同比增速23.12%，超额完成总行中间业务收入计划，收入总量和市场占比均列甘肃国有银行同业第二。

一、加强对中间业务的统一规划和指导，建立信息共享机制，健全中间业务经营管理体制，促进业务健康发展。一是按季度或不定期组织召开全行或部门中间业务专题分析会议，通过分析对比，寻找中间业务发展差距，针对营销过程中出现的新情况、新问题，及时沟通，认真研究对策，引导中间业务积极、健康、快速发展；二是按旬、按月通报二级行及各经营部门中间业务收入完成情况，通过信息交流促进业务发展，提高了整体创收能力。

二、优化资源配置，有效促进业务快速发展。一方面加大对全行中间业务的考核力度，加大了中间业务收入相关指标在二级行KPI考核中的权重，强调市场位次和份额提升水平；另一方面完善了对中间业务的激励考核机制，采取以产品买单和任务买单相结合的考核方式，对个别重点产品使用产品买单的方式，突出重点，灵活调剂，充分调动营销人员工作积极性。

三、逐一梳理中间业务明细科目行，寻找产品收入空白点，并通过对比分析，及时向产品经营部门和各二级分支行提出合理化建议，通过深入挖潜和精细化管理提升效益，推进中间业务发生质的飞跃。

四、正确评价和有效防范中间业务风险，保障中间业务健康、持续、协调发展。2009年，加强了对中间业务经营的分析和预测，并要求产品各主管部门根据实际情况按业务风险的大小加以分类管理，通过加强内部规章制度建设，规范操作程序，完善管理措施，加强内部监控和检查，特别对风险度较高的中间业务进行严格监控，强化自我监控与自我保护机制，有效防范风险。

（俞　洁）

【营运管理】 2009年，建设银行甘肃省分行营运管理工作围绕精细管理、流程建设和合规操作来提高服务质量与效率，在确保业务系统安全稳定运行的前提下，立足本部工作，发挥岗位特色，充分利用后台数据资源，深入开展业务分析，开源节流，为全行业务发展提供了有力的后台支持和服务保障，取得良好成效。

一、夯实基础，落实常态化工作和精细化管理。以“严、实、精、细、勤”作为管理目标，各项工作合规有序开展，完成了批量代收付子系统、营运稽核系统、柜面监测系统、电子渠道跨行交易后台集中处理系统和中央银行电子对账系统推广上线工作。完善规章制度，制定了人民币银行结算户集中管理操作流程、自助设备电子流水管理规程、营运业务外包管理实施细则和批量代收付子系统操作实施细则等。

二、加强分析，为开源节流献计献策。一是规范大小额系统使用渠道，指导营业网点正确使用汇划渠道，节约汇划费用；二是在全行推广自助设备脱离纸质流水实施电子流水项目，节约成本效果显著；三是降低无效益资金占用，金库库存继续保持较低水平，全年平均库存控制在3 000万元之内；四是人民银行备付金账户余额日均控制在1亿元以内，备付率指标远远低于总行计划率；五是实施凭证ABC分类管理方式，凭证库存净降9万元，库存压缩率达7.40%。

三、持续推进中后台业务集中事项。一是实现兰州地区对公结算账户后台集中管理。优化重点客户办理流程，完成开户平均只需3天，对公账户开立的人民银行核准通过率由年初70%上升到93%。二是基本完成兰州地区离行式自助设备上收工作。后台集中维护设备38台，自助设备开机率由2008年的93%提高到96.94%。三是实现兰州地区现金、凭证和成品卡的集中配送。四是实现了定西市临洮县支行凭证的跨区域集中扫描。

四、创新服务，支持全行业务发展。一是推进稽核分级分类作业，稽核问题率控制在0.12‰以内，问题揭示深度和实效性稳步提高，专项稽核报告被总行采用，发表案例2篇；二是实施电子银行签约资料合规性专项稽核；三是有效解决票据影像截留业务处理中系统自动验印通过率较低、退票率高的问题，取得良好成效；四是针对稽核发现的问题，狠抓督改，柜面操作风险防控效果显著；五是制定兰州地区代开税票传递流程，确保税票的安全完整传送。

五、防范风险，风险控制能力持续提升。一是将系统原有的9 800余条授权复核参数梳理规范为目前的2 600余条，柜面业务操作风险的系统控制能力得到提高；二是完成了“资金调拨业务”和“离行式自助设备集中维护业务”风险控制自评估体系建设；三是开展了“每周一小时谈合规”活动，提升员工合规意识及风险自律能力；四是组织开展了营运条线操作风险自查工作，营运风险识别与控制能力持续增强。

（刘　琴）

【会计工作】 2009年，建设银行甘肃省分行会计工作以“三提高一防范”为目标，加大会计精细化管理力度，不断优化和完善业务操作流程，提高前台交易操作效率和客户营销服务水平，提升后台会计管理效能和服务支持水平，有力地促进和保障了全行各项业务又好又快发展。

一、优化业务操作流程，提升柜面操作效率和服务效率。一是认真组织实施核心系统优化版本切换上线工作，优化柜面业务操作；二是调整营业网点总账、明细账页打印要求，减少前台打印量，降低营运成本；三是结合实际，调整营业网点日始日终操作流程，简化操作手续，减轻前台柜员工作压力。

二、加大精细化管理力度，提高会计管理和服务支持工作效能。一是加大核心系统授权复核参数、机构权限和柜员权限的管控力度，提高“机控”能力；二是加强账户管理和收费管理，提高账户营销服务支持力度；三是加强金库、营业网点库存限额管理及人民银行备付金限额监测工作，合理保有资金头寸，努力降低资金成本；四是加强印章及重要物品管理，控制网点保管使用风险；五是认真组织现金核算码调整工作，规范柜员、自助设备和金库现金核算管理，控制现金管理风险；六是搭建会计工作信息交流平台，提高对前台网点核算与操作的服务支持力。

三、开发会计管理系统，提高后台会计管理水平。一是开发对公账户销户审批系统，加强账户销户管理；二是开发假币收缴登记系统，强化假币实物管理，取消了手工假币报表和假币代保管登记簿，减少了前台手工登记量；三是开发非实时业务预警系统，丰富了后台非现场监控管理手段。

四、组织开展财务会计决算和外部审计工作，提高会计信息披露质量。一是组织完成年度财务会计决算，按时按量完成年度会计决算报表的审核、汇总和报送工作；二是组织完成全行外部审计工作，严格按照外部审计工作的时间进度要求，完成审计调整事项的确认、审计调整确认函、报表确认函和财务报表声明书的出具，并编制上报总行经审计的财务会计报表，确保审计结果真实反映分行的经营管理和财务状况；三是加强ERPF会计总账审查，提高了会计确认和计量的准确性。

五、有效运用“监、查、控”手段，切实提高会计部门风险防控能力。一是加大非现场监督力度，提高检查覆盖面和风险控制力；二是开展现场检查，跟踪问题整改，加强检查整改震慑力，提高网点内控制度执行力；三是开展蹲点帮扶，改进会计基础管理，对会计基础和会计管理相对薄弱的分支行蹲点帮扶，对其提高会计基础管理水平起到了积极的推动作用。

六、拓展信息渠道，增强信息分析能力，努力提高信息数据的运用和支持决策作用。一是适应变革，业务重点由提供数据向提供数据、服务和满足监管要求并举转变；二是圆满完成总行及监管机构各类数据、报表报送工作；三是加强数据核对和数据质量管理，切实提高信息数据的规范性、完整性；四是进一步推进报表减负工作，提高报表自动化处理能力；五是完善制度，大力推动新一代信贷管理信息等系统运行，加强各二级分行信息管理工作协调发展；六是以支持业务发展为目标，树立网站信息服务品牌。

（宋金瑞）

【信息技术】 2009年，信息技术工作认真贯彻落实省分行业务发展战略，加快产品创新和技术创新，改进科技服务质量，积极支持和促进全行各项业务发展；加强风险防范、内部控制和员工队伍建设，做好科技支撑工作。在生产系统运维保障、项目开发推广、设备管理、安全与风险及内控管理、服务管理和项目实施等方面，不断提高运行管理水平和风险控制能力，充分发挥信息技术对全行业务发展的支持保障作用。

一、进一步加强基础管理、完善制度与流程，采用新技术、新手段，逐步形成了安全运行管理的长效机制。规范了事件管理、问题管理、变更管理和报告流程，提高了运行事件处置的快速响应、快速定位和解决问题的能力。加强安全管理和风险防范能力，主动分析信息系统存在的薄弱环节和安全隐患，完善了应急处理流程和上报流程。实现全年信息网络系统安全稳定运行，圆满完成了国庆六十周年安全运营保障任务。

二、进一步加大了科技创新力度，按照“全力实现科技创新与业务创新的有机结合，保证业务和技术的高度互动，切实将创新机制转变为现实生产力”的指导思想，围绕分行特色系统开展了持续优化开发和管理类应用开发，尤其在管理类的开发上有了突破性进展。实施完成兰大一院健康龙卡、公务卡、校园卡、代交费和业务预警系统等24个开发项目。对特色业务平台系统进行了功能优化，新增XML交易接口功能，实现信用卡批量代收付、多家公积金直联和公务卡业务处理流程、综合前端特色迁移、特色后台管理优化等功能。

三、顺利完成了项目推广任务。2009年，完成推广实施项目18个，包括后台业务集中处理系统、全国支票影像交换系统迁移、集中备份系统、事件管理平台、安全运维平台、公积金3.0系统迁移、会计稽核二期切换上线、终端加密传输、零售网点销售服务整合平台、OCRM系统、ACRM系统、FRS中期报表、CCBSS二期报表、营运稽核系统优化、柜面业务监测系统优化、零售网点业绩评价系统和电话支付等。

四、自助设备运维管理水平不断提升。进一步加大了ATM系统的监控管理力度、维护力度和投资力度，不断完善了监控手段和维护管理机制，并进行了大量设备、系统的改造和更新。至年末，投入运行自助设备共计657台。根据业务发展和客户分布情况，合理增加ATM机数量，优化、调整布局结构，提高了自助设备运行的安全性和服务质量。

（段维聪）

【风险管理】 2009年，风险管理工作以全面提高整体风险管理水平、有效提升核心竞争力为中心，突出风险创造价值，完善信用风险管理和操作风险管理，积极推进市场风险管理，使全面风险管理能力得到持续提升，促进了各项业务的持续健康发展。

一、加强风险计量和风险成本控制管理，发挥风险管理对提高经营效益的支持作用。一是加强经济资本行业限额执行情况监控和对影响经济资本占用关键因素的管理，有效降低了经济资本的无效占用；二是强化资产减值估算管理，在拨备覆盖率逐年提高的基础上，实现了主要经营利润指标的顺利完成；三是加强对借款人和保证人的评级管理，在确保评级覆盖率的前提下，有效提高评级结果；四是完善资产风险分类工作管理，推动资产质量的总体改善。

二、加强授信业务精细化监控管理，提高风险判断的前瞻性和应对处置能力。一是动态监控信贷政策制度的落实和执行情况，对重点关注行业和企业实施联动监控；二是加强现场检查和非现场排查、调查管理，发挥风险管理“主动作为”作用；三是加强风险报告管理，深度分析风险数据和政策调整变化情况、风险事件的原因和不利影响，为准确判断和快速决策提供参考；四是加强重大风险事项管理，着重加强应对措施有效性的管理，最大限度化解风险、减少损失。

三、创新管理方式，完善业务流程。一是在授信业务风险监控中建立风险经理管户制度，明确风险经理“规定动作”，对授信业务贷前、贷中和贷后环节实施连续的、全流程的风险监控管理。二是在项目评估工作中建立了预评估和后评估制度，对重大项目进行预评估，做到收集资料和项目评估同步推进；对已评估的重点项目实施后评估，跟进评估项目的信贷投放、项目进展、项目效益和项目实施后果等情况，延伸服务半径。三是对外部评估合作机构实施动态管理，规范抵质押品估值管理。

四、强化内控风险管理，积极发挥第二道防线作用。一是加强基层机构关键风险点监控检查，力求消除隐患，有效防止“管理疲劳”产生的操作风险和案件；二是组织开展操作风险与内部控制自评估工作，逐步建立了主动防控操作风险的管理机制；三是认真组织案件风险排查工作，加强和改进各条线内控管理。

五、落实市场风险管理政策，逐步建立和完善市场风险管理机制。一是制定市场风险管理实施细则，明确各业务条线（部门）对市场风险管理的职责，建立与业务发展相匹配的市场风险管控体系和机制；二是加强对市场风险的识别、监测和报告管理，逐步完善市场风险管理。

六、加强项目评估工作效率和质量管理，配合与支持经营条线营销工作。对评估项目按轻重缓急程度进行分类、排队，实施差别化管理。对省分行确定的重大项目和重点项目，组建项目评估任务性团队，统一调配评估力量，确保工作效率和工作质量。

（吴海涛）

【人力资源管理】 2009 年，建设银行甘肃省分行人力资源管理工作以不断适应现代商业银行改革发展需要、促进全行战略部署实现为目标，全面加快人才兴行战略的实施步伐，加强和改进人力资源管理，强化服务职能，不断夯实工作基础，积极稳妥地推进各项工作，为全行改革、发展和管理等中心工作起到了保障和促进作用。

一、深入推进用人制度改革。一是继续加大领导人员选拔力度，按照精干、高效和专业的要求，强化对领导人员岗位职务的序列交流、异地交流与上下交流；二是大力选拔优秀年轻干部，对业绩优秀、能力突出并具有一定发展潜力的原业务经理级员工进行提拔任用；三是组织力量对全行干部选拔任用工作情况进行了一次全面自查，规范了选人用人行为，有效防止和纠正了选人用人上的不正之风；四是建立健全内部组织机构管理，对原法律事务部与合规部进行整合，同时规范二级分支机构管理岗位人员职数配置，对各二级分支行进行职数指导，要求配备一名专职负责内控及整改工作的管理岗位人员，并在二级分支行下辖网点配备了专职纪检监察特派员；五是牵头在企业网开辟了“员工心声”专栏，鼓励全行员工在专栏中畅所欲言，献计献策，建立了与员工之间有效的沟通渠道。至年末，共征集员工意见和建议 195 条，员工点击量超过 11.20 万人（次）；六是加强全行外事工作管理，规范外事审批手续，全年共办理因公出国（境）手续50 件，91 人（次）。

二、规范用工管理。一是根据国家和总行的有关规定，在广泛征求员工意见的基础上，制定了《甘肃省分行员工休息休假实施细则》和《甘肃省分行员工考勤管理办法》，进一步健全和完善了员工管理制度；二是制定了《甘肃省分行劳动合同管理实施细则》，进一步规范劳动合同管理；三是制定了《甘肃省分行员工待岗管理办法》，健全了内部竞争机制，规范了员工岗位管理工作；四是为进一步推广岗位管理理念，建立以岗位管理为主的人力资源管理体系，初步开展了岗位分析与岗位梳理工作；五是严格控制劳务派遣用工总量，有效地避免了下辖机构超授权自行招聘或表外使用劳务派遣用工等行为，积极防范用工风险；六是与甘肃省人力资源和社会保障厅、甘肃省民政厅协商沟通，对分行的退役士兵安置任务全部实行了有偿转移。

三、加强专业技术岗位人才队伍建设。一是下发了《统一签订高级客户经理年度目标责任书》，明确年度工作目标；二是认真组织开展了 2009 年度省分行高级专业技术资格评审工作；三是制定下发了《甘肃省分行四级专业技术岗位职务公开竞聘实施意见》，逐步建立专业能力突出、创新性强、价值贡献度高与符合建设银行业务发展需要的专业技术人才队伍。

四、规范薪酬管理。一是制定印发了《甘肃省分行工资支付管理实施细则》，进一步增强了工资支付行为的规范化、制度化；二是制定印发了《甘肃省分行本部薪酬分配办法》，充分调动各部门的积极性和主动性；三是从 2009 年开始在全行推行了新的二级分支行工资分配方案，为全行岗位管理的推行奠定了基础；四是制定印发了《甘肃省分行补充医疗保险指导意见》，补充医疗保险管理运行顺畅。

五、强化培训管理。一是组织 95 人参加总行级管理人员培训，对 247 名基层机构现任主要负责人进行了培训，全面提高基层机构负责人业务经营管理能力和风险防范能力。二是加强了对新知识、新业务、新产品和新流程等方面培训课程的组织。至年末，共举办不同层次的培训项目 49 个、61 期，培训人员 4 520 人（次），各二级分行组织举办的为期 1 天以上培训项目 403 期，培训人员 13 700 余人（次）。三是对全行的各类培训项目全部纳入《远程培训学习系统》，全面实施全过程跟踪管理，进一步规范了全行培训工作。

（张 炎）

【党建工作】 一、开展了走访慰问建国前老党员、老同志和生活困难党员活动。一是在春节期间，在全行系统组织开展了走访慰问老党员和生活困难党员活动，共计慰问老党员和生活困难党员 113 名，其中慰问建国前老党员 23 名；二是在国庆前夕，对全行系统新中国成立前参加工作的老同志和老党员开展了慰问活动，共计慰问老同志和老党员 76 名。

二、深入开展学习实践科学发展观活动。对于在学习实践科学发展观活动中查找出的影响和制约全行科学发展的问题，制定了具体的整改方案，明确了整改时限及责任部门、责任人，认真落实整改措施，积极主动解决主要问题。

三、完成了党费账户核算管理移交财会部门工作。

四、在“七一”前夕，组织开展了主题党日活动和先进基层党组织、优秀共产党员和优秀党务工作者推荐表彰活动。经过全行各基层党组织推荐，嘉峪关分行第三党支部等 30 个先进基层党组织、王晓荣等 49 名优秀共产党员、魏明华等36名优秀党务工作者受到了表彰奖励。

五、深化和拓展“讲党性、重品行、作表率”活动。通过加强学习型组织建设，提高服务水平，集中整改突出问题，落实从严治部带队伍机制，提高干部的创新意识，不断把深化拓展活动引向深入。

六、做好全行系统发展党员工作。下发了《关于做好2009年度全行系统发展党员工作的通知》，制定了指导性计划，至年末，全行党员达到3 800人，占全行职工总数的42.97%。举办了全行第十期入党积极分子培训班，96名入党积极分子参加培训，并通过培训考核。

七、组织召开了全行系统党员领导干部民主生活会。征求了对总行、分行党委的意见及建设，对2008年度专题民主生活会整改方案进行落实，组织召开2009年度民主生活会，并形成报告上报总行党委组织部。

（段刚军）

【企业文化】 2009年，企业文化建设工作紧紧围绕全行战略转型和业务发展，较好地发挥了对中心工作和业务发展的服务与保障作用。

一、突出“一条主线”，主动策划，积极跟进。重点以“抓服务、讲合规、促发展”主题实践活动为主线，对文化要素和员工行为规范等学习内容进行了逐条线、逐部门部署；对合规、柜面服务和服务礼仪等培训做出细致安排；对客户营销服务案例和“快乐工作，我来支招”金点子征集与员工思想状况调查等进行了重点督促和实施。

二、落实“两项制度”，推进理论学习的不断深入。一是落实中心组学习制度。对党委中心组学习相关规定进行了补充和完善，制定了2009年度党委中心组学习计划和每季度学习安排；在坚持中心发言人制度的基础上，通过外请专家、学者授课等方式，对学习十七届四中全会精神等内容进行了深入辅导，收效明显。二是落实主题教育制度。以全行经营目标为主线，督促各部门、各二级分支行采取多种有效形式，紧密结合实际，围绕“恪守职业道德、提高服务质量、促进业务发展”等内容深入开展学习讨论，引导、激励员工立足本职岗位，努力转变观念，提高服务质量。

三、抓实“三大宣传”，营造健康向上的良好氛围。一是组织“闪亮·2009”典型风采展示。二是有效利用《建设银行报》等行内媒体积极宣传分行涌现出的各类先进典型。2009年，全行企业文化条线在《建设银行报》等媒体上共刊发各类稿件120余篇。三是充分利用企业内部网宣传先进典型。围绕中心工作，在企业内部网大力宣传业务营销、风险控制、服务水平及企业文化等方面取得显著成就，全面展示“以客户为中心”的经营理念。

四、完善“五种手段”，稳步推进企业文化建设。一是以客户满意为基础，不断拓展服务文化建设的渠道。围绕服务文化建设，对全行的服务“短板”问题进行研究确认，下达改进计划，提出改善策略，明确改进进度，制定改进方案。二是周密部署了客户满意和员工满意持续改进的任务、目标和要求，并对全行满意管理持续改进工作进行了全面督导。三是以查找不规范行为为突破口，不断培育员工良好的职业习惯。组织员工对照《员工手册》，学标准、挑陋习、找差距，通过学习，对照检查，找出制度、流程和操作中的不规范行为，进一步强化了服务意识，规范了服务行为。四是以精神文明创建活动为载体，持续提升服务能力。结合中心工作组织开展文明创建活动，把创建内容统一纳入服务检查内容之中，统一部署、统一检查，不断巩固和扩大文明创建成果，使省分行各级文明单位创建率达60%以上，创建质量和数量在当地同业名列前茅。五是以企业文化建设示范点为抓手，带动企业文化全面发展。加强对嘉峪关分行和天水分行2个省分行级企业文化示范点的管理，并对总行级示范点——省分行营业部的企业文化建设工作进行重点指导。在中国企业文化研究会峰会上，省分行营业部荣获了中国“企业文化建设先进单位”荣誉称号。

（孙春发）

【纪检监察】 2009年，建设银行甘肃省分行纪检监察工作按照总行“反腐倡廉抓班子、案件防查抓基层”的总体工作思路和省分行党委提出的工作目标，以建立健全惩治和预防腐败体系建设为主线，以加强领导人员监督和案件防查工作为重点，全面落实党风廉政建设责任制，较好地完成了各项工作任务，为又好又快发展提供了有力保障。

一、积极推进惩治和预防腐败体系建设，加大反腐倡廉工作力度，党风廉政建设责任制进一步落实。一是认真贯彻落实贺国强同志重要讲话精神。各级党组织将学习贯彻贺国强同志重要讲话精神作为加强反腐倡廉建设的一项政治任务，列入重要议事日程。二是扎实推进惩治和预防腐败体系建设。逐级成立了惩治和预防腐败体系领导小组，形成依靠群众支持和参与的反腐败领导体制和工作机制。三是层层落实党风廉政建设责任制。逐级签订了反腐倡廉建设和案件查防目标责任书，进一步明确了责任主体和责任内容。

二、加强教育，强化监督，领导人员廉洁从业意识进一步增强。通过召开以“加强领导干部党性修养、树立和弘扬良好作风”为主题的党员领导干部民主生活会，开展了优良作风教育。通过加强党内监督、加强对组织人事工作的监督、加强集中采购监督、加强信访举报监督和加强群众监督，加大对领导人员廉洁从业行为的监督。

三、加强基础管理，严肃执规执纪，全行案件防控工作进一步落实。案件防控工作力度不断加大。通过全面推进《方案》落实，实行“三个延伸”的排查方法，加强员工队伍的动态管理。针对屡查屡犯、此查彼犯等内部问题，充分发挥整体联动作用，及时掌握经营管理和风险内控中的薄弱环节，主动消除案件隐患。不断加强对授信业务责任认定工作的组织领导，加大对二级行责任认定工作的指导和审核力度，提高了省分行直接进行责任认定的比例，同时也加强了对责任认定工作的规范管理。

四、加强自身建设，努力提高纪检监察队伍素质和履职能力。一是按照建行总行提出的“政治坚定、公正清廉、纪律严明、业务精通、作风优良”的要求，不断加强自身建设，积极探索纪检监察工作新理念和新思路；二是配备纪检监察特派员34名，加强了纪检监察对基层机构和网点负责人及重要岗位员工的监督力量；三是不断加大对纪检监察系统人员的培训力度，纪检监察条线人员79人（次）参加中纪委、总行等各类业务培训班，提高了纪检监察工作人员的专业水平和履职能力。

（张 斌）

【安全保卫】 2009年，建设银行甘肃省分行安全保卫工作紧紧围绕“保平安”这条主线，坚持用科学发展观统筹安排全行安全保卫工作，为确保国庆“六十周年”期间全行的安全运营、维护全行稳定和各项业务的顺利开展提供了强有力的安全保障。

一、加强防范，确保安全生产。邀请消防专家为全行安全保卫人员、营业网点人员、安全员、大堂保安以及后勤保障人员等2000余人进行了消防安全知识讲座，并积极开展消防安全专项大检查，配备和更换了一批消防设施。

二、积极配合银监和公安部门“安全评估”工作，组织开展了第二批“平安支行（网点）”考核验收工作，共评定“平安支行”47个、“平安网点”30个。通过2008年和2009年两批考核验收，共评定“平安支行（网点）”231个，占全行营业网点总数的90%。

三、加强制度建设和员工教育，提高员工安全防范意识。一是制定、修改、补充和完善了多个规章制度，编写并统一给全行营业网点下发了《甘肃省分行营业网点安全一日流程》和《营业网点安全防范“三字经”》；二是结合《突发事件应急预案》，组织员工进行了“防抢劫、防盗窃、防诈骗、防火灾”、“紧急疏散”等演练，累计参与人数达13 500多人（次）；三是加大了信息交流和预警工作，利用网络、视频、内部刊物和宣传栏等形式及时将全国各个时期金融案件的新动向、新特点、新手段及防范措施通报全行，对员工进行安全知识、消防知识和案件防范教育。

四、加大安全检查和巡查力度，确保全行安全运营。一是全行各级机构全年组织对营业网点、自助设备、金库、运钞、枪支和办公楼等重点要害部位及环节开展安全检查9 364次。二是针对各个时期犯罪分子在自助设备作案的特点，加大了自助设备的安全巡查力度，特别加强了每日案件高发时段的巡查力度。各级机构多次邀请当地公安部门配合对所辖自助设备进行拉网式检查，同时采取雇用保安、员工蹲守和巡查、远程监控形式加以防范，抓获犯罪分子1人，收缴“盗码器”等作案工具5套，有效地堵截了犯罪分子利用自助设备进行诈骗和盗窃客户资料及资金案件的发生。三是坚持“谁检查、谁负责”的工作原则，对发现的问题和隐患，能现场解决的就现场解决，现场解决不了的提出限期整改意见，并督促整改落实，做到了发现问题不放过，问题不解决不放过。

五、加强安防设施建设和管理，不断提高全行整体防范能力。共投入资金1 700余万元用于技防和消防设施建设、运钞车辆购置以及其他安全保卫费用支出，使全行的整体安全防范能力有了进一步提高。

六、积极配合有关部门查处各类案件。一是积极配合省公安厅调查全国“3.30”特大信用卡诈骗案件，完成取证工作；二是配合各级公安机关协查各类案件170余起；三是配合湖南、广东等兄弟行查处客户信用卡资金被盗案件3起。

（郭 峰）

【法律合规管理】 2009年，建设银行甘肃省分行深入实践法律合规工作，创造价值理念，培育依法合规文化，提高法律合规风险管理能力，增强对全行业务发展的法律支持与保障能力，切实发挥法律合规部门风险防控和价值创造作用，提升内控管理水平，逐步夯实法律合规的基础管理。

一、稳步推进法律合规管理体系建设，切实履行职责，开创法律合规工作新局面。一是进一步完善相关规章制度，明确岗位设置及工作职责，理顺工作流程；二是加强条线管理与指导，加大对二级分支行特别是基层行法律合规工作开展情况的调研力度；三是加强与各业务条线之间的联动和与司法、审计及外部监管机构的联系，实现良性互动，全面推进法律合规管理工作逐步向深广开展。

二、加大非诉工作力度，有效防范和控制法律风险。一是加强规章制定工作，不断完善法律性文件审查工作；二是加强授权管理工作，有效保证各项业务在授权范围及期限内正常开展；三是配合完成“非业务合同文本”的审计工作，对发现的问题积极进行整改，最大限度防范风险；四是继续办精办好《法律风险提示》，切实发挥法律风险预警作用。

三、进一步加强诉讼管理工作，特别是加强对诉讼案件的精细化管理。一是加大案件诉中和诉后管理力度，继续通过狠抓诉讼季度报表效率与质量的方式，加强案件基础数据管理，提高案件统计分析能力，全程跟踪诉讼案件的进展；二是加大诉讼力度，积极配合相关部门，不断提高全行不良资产催收工作效率；三是对全行存量案件的执行情况进行梳理，逐一采取不同的应对措施，提高案件的胜诉率及执行率；四是增强法律服务意识，加大到基层调研和服务的力度；五是结合实际案件，编写案例集，提示对公信贷类业务的风险点及防范措施。

四、下力气狠抓内控管理，不断夯实内控基础。一是加强内部审计整改工作，狠抓内部整改工作措施落实；二是建立项目台账和问题库，加强问题分析及归纳，有效地促进问题的持续及有效整改；三是深入开展“每周一小时谈合规”活动，不断提升全行内控管理水平。

五、进一步推进反洗钱工作的深入开展。一是对涉及全行的反洗钱重点工作，及时组织召开反洗钱工作领导小组会议进行审议和部署；二是完善内控制度，并在制度落实上下工夫；三是及时报送大额和可疑交易报告；四是加大反洗钱宣传培训力度；五是积极配合反洗钱案件协查。

六、切实做好关联交易申报管理工作。一是加强对关联法人的管理工作；二是组织对关联交易的核查工作，对关联交易系统抓取的存款、授信和提供服务类业务等关键要素逐一进行核对；三是加强对关联交易系统的维护，及时发布各类信息，指导全行有效识别关联方；四是完成对关联交易的转培训工作。

七、加强法律合规理念建设，加大学习培训力度。一是根据“每周一小时谈合规”活动的总体安排，认真学习法律、法规与违规行为处理办法等规定，积极组织员工参与“合规法律知识”网上答题，促进全行依法合规经营意识的提高；二是先后举办了反洗钱、关联交易、整改工作和内控管理等专题培训班，并邀请知名律师、人民银行相关专家举办了法律合规业务培训班；三是积极完成省依法治省办公室的各项普法活动，依托企业网开展普法宣传教育，普及法律知识。

（陈亚利）

【工会工作】 2009年，工会主动开展针对基层员工的释疑解惑、帮扶救助、构建和谐劳动关系等工作，着力解决员工最关切、最急迫的一些具体问题，实现了为业务发展鼓劲加油的预期目标。

一、加强工会理论学习，明确工会定位。在全辖组织开展了学习贯彻党的十七届四中全会和中国工会十五大精神活动，注重理解和把握新形势下发挥工会“维护、建设、参与、教育”的职能。

二、实现为中心工作服务的目标。组织开展“共铸理想信念，共促科学发展”主题教育活动，提升员工的荣誉感、自豪感。服务中心、服务基层、服务员工的理念与作法更贴近现实。开展了对员工的思想状况调研，掌握一线员工的现实思想状况及员工的期盼和诉求，重点了解员工最关心的热点和期盼解决的难点问题，提出具体建议；开展了女职工工作情况的调查和劳动关系调研，为构建和谐劳动关系取得了决策依据。

三、民主管理取得了明显进步。对出台关系职工切身利益的政策规定，都认真听取职工代表的意见，将职代会为民主管理基本形式的作用发挥得更加突出，依法科学维护员工民主权利的制度更加健全。

四、充分展示典型风采，发挥榜样的示范作用。经层层评选，涌现出了“全国金融五一劳动奖章”获得者、“全国三八红旗手”、“全国巾帼文明岗”、“全国巾帼建功标兵”、“建总行创建学习型组织先进单位”及“建总行争做知识型员工先进个人”等一批先进集体和个人，起到了树正气、鼓干劲、聚人心的良好作用。

五、用文化体育活动锤炼团队精神。全年组队参加了总行第4届乒乓球混合团体比赛、“庆祝中华人民共和国成立60周年中国建设银行书画摄影展”、甘肃银行业协会“迎国庆颂祖国”合唱比赛、兰州片区男女混合排球比赛、河西片区“建行杯”银企羽毛球联谊邀请赛和“春节文艺演出”等6次大型文体活动，均取得了优异成绩，增进了团队力量。

六、扶危济困，用组织的关怀温暖需要救助的员工。认真组织了全行性扶贫慰问工作，筛选省分行救助特困员工35人，慰问困难职工51人、离退休人员180人。

（何正明）

【西部论丛】 2009年，《西部论丛》紧密结合实际，坚持正确的办刊方向，充分发挥联合办刊的优势，科学发展，努力创新，积极争创西部一流的财经期刊。

一、刊物质量大幅提高。逐步建立起了一支较为稳定的特约研究员队伍，保证稿件质量；编辑队伍得到了进一步锻炼，自身素质不断提高；刊物内容、版式设计和印刷质量与现代优秀刊物逐步靠拢。2009年，再次荣获“北方优秀期刊奖”。

二、稳步推进，硕果累累。2009年，共收到稿件800余篇，采用400余篇。其中不乏巴曙松、易宪容等国内著名专家学者有影响力的稿件。

三、不断发挥杂志优势，为建行改革发展提供特色服务。不断升华“星光闪耀在西部——走进西部建行”宣传活动，对西部各基层行的典型经验和先进人物进行宣传报道，活动开展三年来，宣传基层行100多家、先进人物50多人。

四、拓宽眼界，充分发挥传媒优势，解读热点问题。精心策划组织了“2009年中国经济将如何演变”、“大国汽车梦”、“危机中并购贷款引爆收购浪潮”、“破解中小企业融资困局”和“2009：宏观调控完美收官”等专题讨论，探讨当前中国宏观经济形势与面临的挑战，解读国家重大宏观调控政策对银行业的影响。

五、坚持“以读者为中心，服务至上”的理念，全面提高发行质量。落实联系行制度，多样化的营销手段促进了东、中部行的发行稳中有升。严格考核制度，对计划任务、服务质量和发行时限加大考核力度，全面提升服务水平。

六、内塑素质，外树形象，不断提升品牌效应。一是切实提高刊物质量，增强刊物的政策性、理论性、权威性、指导性、服务性、知识性和可读性。二是加强与专家学者和研究机构的通力合作，拓宽研究的深度与广度。三是加强内部管理，建立健全各项规章制度，严格办刊程序，使工作规范化和制度化。有计划地进行培训，提高编辑人员的业务水平和工作能力。加强与读者互动，反映读者心声。

（辛　辰）

交通银行股份有限公司甘肃省分行

行长　陈双城

【综述】　2009年，交通银行甘肃省分行人民币各项存款余额219.27亿元，较年初增加41.41亿元，增长23.28%，完成计划任务的165.64%。其中：人民币储蓄存款余额73.16亿元，较年初增加14.08亿元，增长23.83%；人民币对公存款余额146.10亿元，较年初增加30.33亿元，增长26.20%。人民币各项贷款余额144.33亿元，较年初增加41.45亿元，增长40.29%。本外币不良贷款占比为1.20%，较年初下降0.66个百分点。全行盈利水平继续保持了良好的增长态势，实现经营利润33 247万元，完成总行下达的计划指标。

一、公司负债、资产业务并举，进一步加快了发展速度

一是加强与地方政府的合作，积极参与全省重点项目建设。2009年初，交通银行与甘肃省政府签订了战略合作协议，搭建了银政合作平台，为甘肃省交通厅、甘肃省电力投资公司等相关企业授信360亿元，极大地提升了交通银行在甘肃经济和社会事业发展中的影响力。

二是着力调整对公授信业务客户结构和负债业务客户结构。新增贷款主要投向交通、电力、有色、冶金和装备制造业等支柱产业，提高了授信业务与甘肃省产业布局和经济发展的契合度，授信客户结构进一步优化，全年新增贷款41亿元，高于前三年新增贷款之和。多开户、开好户的经营思想得到了较好的贯彻，全年新开对公结算户1 651个，吸收对公存款18.07亿元。

三是与重点企业客户的合作不断加强。通过高端营销、制定个性化的金融服务方案等手段，不断拓展与重点企业客户的业务合作。加强了对两级财政预算单位的营销，争取到省广电局、工商局等单位开立结算户，对城关区财政局、兰州市高新技术开发区管委会等单位的营销也取得了进展。与甘肃省交通厅、兰州军区总医院、金川公司、酒钢集团、方大炭素、甘肃电投、甘肃电信及兰州公交集团等一批单位的业务合作不断向纵深发展。

四是公司业务的管理机制趋于完善。整合成立了公司业务管理部、公司业务拓展一部和二部、小企业信贷中心、房贷中心，形成了一体、两翼与多点的对公业务销售体制新格局。

二、个金业务转型步伐加快，各项业务齐头并进

按照“打造一个阵地、找准两个抓手、建立三项机制、建设四支队伍、实行五项举措”的工作思路，强化销售意识，提升销售能力，个金业务走上了良性发展轨道。

一是传统的储蓄业务稳步发展。通过狠抓代发、发展交银理财客户和沃德客户，加强公、私业务的联动，开展交叉销售，提高中高端客户的贡献度，有效促进了储蓄业务的发展。

二是销售型业务发展势头良好。通过开展多种形式的业务竞赛、销售活动，完善激励措施，充分利用厅堂、电话、短信等业务渠道和平台，加强基金、国债、保险代销和理财产品销售等对私中间业务，在总行组织的多次PK赛中取得了好名次，销售成绩显著，管理的AUM超额完成任务，有效提高了客户的忠诚度。

三是通过业务培训促进了业务发展。在部分支行组织开展了“保险特训营”活动，促进了代理保险业务的快速发展，推动了团队建设，强化了员工的销售意识，提高了销售技能。

四是积极进行核心客户群的建设。不断强化个金客户的营销意识，通过开展和组织投资者见面会、业务推介会和金融沙龙等形式，加强与高端客户的沟通交流，在培养核心个金客户群方面进行了有益的探索。

三、零售信贷业务呈现出良好的发展势头

充分发挥分行零售信贷部和各经营单位两个层面的积极性，通过理顺管理体制、完善运行和激励机制，推动了零售信贷业务的快速健康发展。

个贷业务增速较快，市场占比提高了3.80个百分点，全面实现跑赢大市。全年新增个贷4.35亿元，增幅达到70.28%。特别是个人住房贷款发展比较迅速，增量房贷连续保持了上升态势，房贷业务对零售信贷业务的推动作用明显。个贷资产质量持续好转，年末个贷不良率为1.47%，比年初下降了2.64个百分点。小企业信贷稳健启动，开局良好。小企业信贷中心成立后，积极开展与省、市中小企业管理部门的联系，认真筛选客户，量身定制授信产品，已发展22个中小企业客户，授信9 000万元，并且较好地实现了交叉销售。

四、新兴业务与战略转型业务呈现几个亮点

一是成功营销甘肃烟草工业公司和金川公司的企业年金托管业务，其中金川公司年金托管规模为全省之最；充分利用与省、市国税部门的业务合作关系，开展缴税通业务，全年完成缴税通业务量66.83亿元，在总行系统排名第一；机

构第三方存管业务、蕴通账户、蕴通供应链等业务都得到了较好发展；个金条线的AUM、第三方存管和基金定投等业务均超额完成指标任务。

二是实现了国际结算业务的逆势增长。面对甘肃省进出口量大幅下滑的不利局势，确定了“突出重点、夯实基础”的国际业务发展思路，加大对外贸骨干企业金川公司等重点外贸大户的营销力度，提高了在重点客户银行业务中的占比，其中在金川公司国际结算量中的占比达到14%。同时，加强与甘肃省商务厅的联系，积极营销中小外贸客户，促进了分行国际业务的发展。全年超额完成总行下达的国际结算量指标，其中国际条线中间业务收入增长率和计划完成率位列全行第三，国际结算增长率位列全行第九。

三是电子银行业务有了新的发展。电子分流率、企业网银动户数、个人网银动户数、手机银行注册动户数和B2C商户数均完成总行下达的计划。新建离行式自助银行4个、银亭1个，新增单台自助机具点6个，新增现金类自助机具30台，自助交易成功率位居同业第一。

五、不断加强服务质量管理工作，提升了社会形象

坚持服务质量的专业化管理，大力提升服务质量。一是加强基础服务管理，提升服务的规范化和流程化。制定了《营业网点服务客户基本流程》等6个服务规范，并组织开展服务规范的示范教育和培训，全面开展流程服务，提高了营业网点的服务规范化程度。二是强化服务技能，认真开展业务练兵和达标考试，提高了柜面人员业务技能和处理效率。三是加强对营业网点的服务督导，督促网点不断改进服务工作。通过努力，网点服务质量保持了稳中有升的良好态势，客户满意度不断提高，在总行组织的客户满意度调查中，快捷理财客户的满意度较高，其中4月份、5月份、6月份在总行连续排名第一。

六、加强了干部员工队伍建设，为经营管理工作提供了人力资源保证

坚持以人为本，为员工实现个人发展和体现价值搭建平台。按照“德才兼备、以德为先”的用人原则，加大干部培养力度，把优秀员工配置到主体业务经营中去，人力资源对业务的推动和支撑作用不断加强。销售拓展类人员较年初增加了36人，销售人员占员工总人数的比例提高了5个百分点。完善各个条线的绩效考核制度，使收入水平与员工的努力程度和工作业绩相匹配；加强客户经理、产品经理、风险经理和理财经理等各条线专业队伍的建设；按计划开展各种业务培训，不断提高员工的业务技能和职业素养；重视对员工的职业操守教育，开展对员工的内控警示教育和“反欺诈”1号行动，全面了解员工的思想状况，开展一对一的警示谈话，有效进行了预防性教育。

七、加强党的建设，改进工作作风

一是全面落实党风廉政建设责任制。认真部署全年纪检监察工作，与各部门、支行签订了党风廉政建设目标责任书，逐级抓落实。分行党委各成员认真执行关于领导干部廉洁从政、厉行节约的各项规定，拒腐防腐，坚持勤俭办行，反对铺张浪费。二是组织开展了改进机关工作作风活动。年初召开了改进机关工作作风动员大会，集中开展了改进机关作风的专题讨论学习，推出机关服务承诺制，有效提高了机关干部员工的服务意识，改进了工作作风，提高了工作效率，并为基层单位作出了表率。三是深入开展“责任交行·责任人”主题教育活动和分行成立20周年庆祝活动，通过富有成效的责任文化教育，进一步强化了员工的责任意识，提高了分行的亲和力与凝聚力。

【公司业务】　2009年，面对日益严峻的经济形势，交通银行甘肃省分行公司条线按照总行“跑赢大市、争先进位”的要求，上下一心，迎难而上，紧抓中央与地方政府出台的一系列政策机遇，通过高层营销、多点渗透，快速储备了一批优质项目；同时，在深入分析经济金融形势、本地市场状况及分行现有客户结构的基础上，针对具体业务梳理出了一批重点营销客户，落实责任，明确进度，条线上下联动，立体营销，有层次、有计划地推动业务开展。全年主体业务指标实现“跑赢大市”，多项新兴业务指标实现“争先进位”，为分行公司业务的长远发展积累了经验，奠定了基础。

人民币对公存款大幅增长。截至年末，人民币对公存款余额146亿元，较年初增加27亿元，增幅达23%，同比多增12亿元。

人民币对公贷款实现历史性突破。截至年末，人民币对公贷款余额134亿元，较年初增加37亿元，增幅达38%，同比多增24亿元。其中，实质性贷款133亿元，较年初增加37亿元，增幅达39%。

对公中间业务收入完成较好。截至年末，共实现收入1 835万元。

新开户量显著增加。截至年末，全行新开活期结算账户1 651个，同比增加680个，新开户账户余额18.07亿元。

同业间合作取得实质性进展。年末，分行与甘肃省内同业机构签订了金融同业合作往来协议，为进一步开展同业合作积累了经验。

中小企业服务工作稳步推进。积极响应中央和总行大力支持中小企业发展的号召，精心筹划成立了分行小企业信贷服务中心。截至年末，该中心共发放授信额度0.89亿元。

（李　涛）

【个人金融】　在做好传统储蓄业务的同时，加快战略转型步伐，突出财富管理特色，开展差异化服务，提升综合服务功能，有力地推动了个人金融业务的快速发展。

一是早动手、早安排，抢市场先机。第一，为了使个金业务取得良好开局，分行开展了“开门红”网点竞赛以及客户活动计划等；为鼓励优胜、激励后进，制定了分组PK形式的揽储竞赛方案，调动了全行各网点的揽储积极性。通过定期理财产品销售、代发工资和以7天理财产品吸引三方存管“证转银”资金等方式，实现了储蓄存款在年末创历史新高的目标。第二，基金销售取得了突破性进展。出色完成了7只新基金的销售工作，其中嘉实回报在总行排名第一，华夏沪深300和交银治理ETF基金均提前超额完成任务，在总行排名靠前。第三，为了优化客户资产结构，培育

客户忠诚度，结合总行的各项业务竞赛，围绕重点基金、保险和得利宝理财产品销售进行了突击推广、交叉渗透，使AUM指标中产品占比提高到了26%，全行排名第十，获得了总行竞赛活动的优胜奖。

二是持续开展网点竞赛活动，营造争先进位的赶超氛围。为保持个金业务发展的连续性和有效性，结合总行“点燃基情”、“保赢行动”、“交银理财推广”和“沃德财富品牌”专项营销等活动，开展了丰富多彩的揽储增存竞赛、全年基金争霸赛、银保业务推动竞赛、基金定投集中营销推广活动及三方存管推动等销售比赛，成效显著。

三是成功举办了保险特训营。经过两期保险特训营集训，分行保险销售实现了质的飞跃，在件数和保费上都取得了喜人成绩，各网点销售人员的销售积极性与主动性得到了极佳展示。网点销售团队在特训中真正做到了挑战自我，超越自我，真正体验到了团队作战的乐趣。

四是积极开展丰富多彩的客户体验活动。第一，按照客户活动计划，突出“沃德财富”客户服务品牌，更深入细致地做好高端客户的维护和挖潜，体现对高端客户的关注。策划并开展了“新春答谢送红酒”、“品位女人·魅力三八”女性健康养生专题座谈、“端午佳节粽香送祝福”、“中秋佳节团圆夜”以及以“沃德财富之旅”冠名的三次客户投资报告等专题客户活动，尤其是三季度组织开展的“与水皮面对面”客户投资见面会，邀请了全国著名财经评论员、中央二套经济频道《财经时间》客座嘉宾水皮先生给高端客户作了一场专业的投资报告，赢得了客户和同业的广泛好评。尝试客户服务分层化，针对不同资产等级的客户，以网点为单位，量身定做了众多的小型客户活动，使客户体验活动逐步走入常态化。第二，为进一步提升太平洋卡的美誉度，持续提高持卡人群的卡品牌识别度和依赖度，培养刷卡消费意识，促进太平洋卡消费量和卡收入的增长，开展了迎“国庆”、“中秋”刷卡有奖活动。

五是加强个金队伍建设。通过竞聘和转岗，分行共选定对私客户经理54名，经过认真调研、选择，在高端客户数量达到要求的网点配备了沃德客户经理，优化了个金销售队伍结构。

（王玉娟）

【国际业务】　2009年，在加快发展、积极推进战略转型的总体要求下，交通银行甘肃省分行以“抓重点、夯基础、调结构”为主线，紧盯全省进出口贸易的整体运行情况，市场份额大幅提高，影响力不断扩大，各项业务指标均创甘肃省分行开办外汇业务以来的最好成绩。

一是顺应市场变化，继续完善营销模式，实施灵活的营销策略。调整业务结构，突出重点客户，实行差异化客户营销策略。加强对进出口大企业的营销推动，调动营销、结算和授信等各方面力量，全力做好对重点客户的服务，国际部与支行紧密配合，落实双线营销策略。充分发挥分行国际业务部的牵头及营销组织推动职能，制订详细的客户营销计划，增强了营销工作的前瞻性；将经营单位的营销力量与国际部的专业技术力量有机结合起来，为国际部配备专职营销人员，将国际业务营销工作继续深入推进。

二是提高产品服务能力，以服务带动发展。为拓展贸易融资业务，解决中小企业融资担保问题，扭转2009年贸易融资发生额大幅下滑的状况，国际部与中国出口信用保险公司西安营业管理部密切合作，在省商务厅的大力支持下，在省内同业间首家推出出口信用短险项下保单融资业务。保单融资产品推出以来，先后为4户企业办理融资近190万美元。保单融资产品的成功办理，丰富了分行贸易融资产品线，提升了为广大出口企业服务的水平，满足了中小企业的融资需求，得到了省商务厅的高度认可，进一步提高了同业竞争力。

三是扎实推进以风险控制为中心的基础管理工作。继续做好整章建制，做到风险防范关口前移。始终以“制度先行、管理先行、操作后行”为指导原则，重视规章制度的建设工作。积极配合管理部门开展各项业务自查及现场检查工作。组织人员制定了《交通银行甘肃省分行企业货物贸易项下外债登记管理操作规程》、《交通银行甘肃省分行国际结算影像传输系统操作规程》及《交通银行甘肃省分行速汇金汇出汇款操作手册》等制度性文件，坚持制度先行，严格制度的执行。2009年，国际业务内部培训工作主要从提高员工对新产品的掌握及提高风险识别能力入手，利用每周固定的学习时间，先后对远期、期货和期权等金融衍生产品及各种衍生产品的组合进行培训；同时，对外汇管理政策的变化及时进行学习，努力防范操作风险。

（邓　超）

【中间业务】　2009年，交通银行甘肃省分行积极贯彻落实总行推进业务转型和提高中间业务占比的发展要求，因地制宜，抓住当地市场特点，及时调整经营思路，加大财务咨询顾问、代理保险业务的发展力度，加强对国际业务核心企业的营销，有力地促进了中间业务发展。全年累计完成总行考核口径本外币中间业务收入6 316万元，同比增加56万元，增幅0.89%，中间业务收入占比7.43%。

一是主要业务条线中间业务收入完成情况良好。从主要条线中间业务收入构成情况看，个金条线中间业务收入3 551万元，占全部中间业务收入的56.22%，收入同比增加215万元，占比同比提高2.93个百分点；公司条线中间业务收入1 824万元，占全部中间业务收入的28.88%，收入同比增加281万元，占比同比提高4.23个百分点；国际条线中间业务收入828万元，占全部中间业务收入的13.11%，收入同比增加22万元，占比同比提高0.23个百分点。

二是主要产品中间业务收入稳步增长。财务咨询顾问业务成为公司条线中间业务发展的主要推动力。2009年，累计完成财务咨询顾问收入1 364万元，较上年同期增加210万元，同比增幅18.20%，占公司条线中间业务收入的75%。国际结算收入大幅增长，对条线中间业务发展贡献率高。2009年，面对省内企业进出口量大幅下滑的不利影响，分行确定了“突出重点、夯实基础”的发展思路，加大对外贸重点企业的营销力度，实现国际结算业务逆势增长。全年累计完成国际结算量47 229万美元，完成总行计划任务的118.07%，实现国际结算业务收入321万元。代理保险业务发展迅猛。通过与省内多家保险公司组织“保险特训营”等活动形式，锻炼出了一支责任意识、创业意识、销售欲望和销售能力较强的精兵。全年累计完成代理保险收入479万元，同比增加233万元，增幅达94.72%。

（晋 强）

【内控及风险管理】 一是贯彻“降本增效”的经营思想，加强财务预算管理和费用控制，导入管理会计理念和工具，加强成本核算和定价管理，确保了全年经营利润的完成。

二是严格执行贷款“三查”制度，严防授信风险；授信管理部门动态制定信贷投向指导意见，从源头防范信贷风险；在授信审查中，将风险关口前移到授信业务拓展阶段，提前介入重点授信项目的授信调查，共同完善授信方案，制订风险防范措施；严格执行各项授信制度和政策，通过人员调整和业务培训，提高贷审会的审查质量。风险管理部充分运用ARMS系统和监察名单管理，以贷后管理达标为契机，开展现场和非现场检查，及时发现存量信贷业务风险，采取针对性的风险化解措施。加大不良资产的清收力度，全年处置收回不良资产9 300万元。

三是加强会计业务内控管理，严防操作风险。会计业务部不断加强各项会计业务制度建设，认真开展专项检查和定期检查，充分利用事后监督系统、会计业务录像、会计操作风险管理系统和实时监控系统等系统工具，加大非现场检查力度，强化开户核查力度，提高银企对账率，加强对重点环节的管理，切实防范操作风险。对账户审核、网银、不动户和贴现等风险较大，且能集中处理的业务由账务中心集中办理，减少风险隐患。积极开展业务调研，进一步简化、优化业务操作流程。

四是发挥审计监督的积极作用，为业务发展保驾护航。审计部认真开展各项常规审计和专项审计，提出整改建议，加大对整改工作的监督力度，努力提高审计效率，发挥好最后一道防线的特殊作用。

（徐旭东）

2009年5月15日全省人民银行节能减排会议在天水市召开

招商银行股份有限公司兰州分行

行长 管奇志

【综述】 2009年，招商银行兰州分行紧紧围绕“抢抓机遇，突破瓶颈，加速转型，强化管理”的工作中心，积极应对挑战，各项业务继续保持了良好发展势头，经营管理水平不断提升，坚定地迈出了二次转型的第一步。截至年末，全行全折人民币资产总额达246亿元，增长17.70%，自营存款余额224亿元，增长15.10%，自营贷款余额125.30亿元，增长22.40%，实现考核利润2.31亿元。经营管理呈现四大显著特征：

一、经营规模实现新突破

存贷款新增额及余额均创历史最好水平。其中，对公存款余额141.50亿元，增长14.60%；储蓄存款余额82.60亿元，增长16.60%。

二、结构调整取得新成效

信贷业务结构进一步优化。外币贸易融资总额高达1.09亿美元，创历史之最，位居同业第二；个人贷款新增5.82亿元，达到15.33亿元，增幅达61.25%，增量、增幅均位居当地同业榜首，余额位居同业第三，在一般性贷款中占比达14.94%，较上年提高4.68个百分点。票据业务转贴现量突破600亿元，融资余额在自营贷款中占比达18.13%，较上年提高8.57个百分点。零售高端客户贡献度不断提升。管理客户总资产余额186.44亿元，新增39.80亿元，居全系统第十一位，其中金葵花客户占比较上年提升6个百分点，金卡以上客户占比提升1.80个百分点。

三、特色业务再创新佳绩

代理保险、基金、理财产品销售继续领先同业，基金销售排名同业第二，理财产品销售排名同业第一。信用卡发卡量位居全系统前三，交易量占比位居市场第一，收单交易量、收益完成率和积分兑换量均位居全系统第一。企业年金继续保持100%公开招标中标率；同业银合理财、融资租赁、“银行+信托”和黄金等新兴业务实现良好开端。国际业务结售汇、跨境收支业务市场占比分别位居全系统第一、第三，提升幅度分别位居全系统第一、第二。

四、内部管理迈出新步伐

全面推进“网点创赢”项目，启动个贷业务流程优化，成立中小企业融资中心，扎实推进CRM系统上线，理顺柜面储蓄业务归口管理，优化自助设备清机流程，不断提升业务管理效率，为二次转型发展打下了基础。持续完善内控管理，开展案件风险排查，强化制度纪律约束，加大违规惩处力度，全行安全稳健运营，全年未发生重大事件和事故。

【零售业务】 2009年，招商银行兰州分行全力打造零售业务新优势，在机制创新、体制变革及客户开拓等方面狠下工夫，开创了良好局面。

一是加快流程改造，夯实业务发展基础。全面推进“网点创赢”项目，创新推出“牛人榜”积分奖励计划，构建“全员转介、专职销售”新型营销管理模式，各网点销售及服务效率得到明显提升。启动个贷业务流程改造，完整搭建中后台流水线管理平台，并进行全流程集中模式试点，统一管理，统一考核。完成个贷网上线，制定标准化操作手册，集中后的业务效率有了较大提升。理顺柜面储蓄业务归口管理，搭建涵盖产品营销推动、客户维护拓展、网点销售服务、业务管理和自助设备清机等各个环节的“大零售”体系，保证了条线的统一协调和顺畅衔接，加快了业务拓展步伐。

二是深度经营，努力扩大中高端客户群体。面向不同客户群体，举行内容各异的投资报告会及多种形式的客户联谊活动；以管理客户总资产为纲，整合条线所有产品，充分运用数据库营销功能，开展多产品、多层面的交叉销售，大力挖掘并提升存量客户；以价值认同卡为突破口，大力开拓代发业务；自行开发医疗健康体检等高端客户增值服务，提高不达标“金葵花”客户账户管理费标准，改进“金葵花”卡特批流程，落实金葵花、金卡分层归户管理，推进私人银行客户和钻石客户的集中管理，继续大力提升电子银行替代率。全行个人客户基础进一步巩固，中高端客户群体进一步扩大。全年新增标准钻石客户居全系统第二十六位，标准“金葵花”客户和私人银行客户分别位居全系统第三、第四，金卡客户位居全系统第五；钻石客户集中管理率达到62.60%，私人银行客户集中管理率达到54.50%，位居全系统第六；新增专业版有效客户1.30万个，位居全系统第七；新增“快易理财”客户4.97万个，居全系统第十四位。

三是专业化运营，大力提升个贷业务竞争力。开辟贷款限时办理、特殊业务绿色通道，加强产品宣传，组织专项营销、“个贷进社区”等各类营销竞赛活动，推行个贷业务教育式营销，完善考核激励方式，坚持多元化发展模式，二手房、消费类和经营类等贷款在全部贷款中的占比显著提升，业务结构进一步优化，较好地改变了以往单一依赖首套住房按揭贷款的状况。

四是量质并重，加速信用卡区域化经营步伐。策划并实施了刷卡、特惠和分期等31个营销主题活动，取得了良好的市场效果，特别是非常五折和刷卡看电影打造了市场领先品牌。至2009年末，信用卡实动率48.80%，开卡率76.40%，均居全国最高；注销率1.40%，位居全国第二；退卡率1.30%，卡均消费1 048元，均位居全国第三，客户整体满意度位居全国第一。

（朱志强）

【公司业务】 2009年，招商银行兰州分行率同业之先启动“二次转型”，批发业务发展有了重要改观和新的突破。一是狠抓重点客户价值提升。实施重点客户分层、分区域营销战术，继续强化对高端客户的直销力度，深化了与省内财政、交通、电力和有色客户的合作关系，开立各类资金专户，极大地促进了全行负债业务发展。同时，外币贸易融资业务实现历史重大突破，与甘肃三大外贸龙头企业的合作打开了新局面。同业业务发展加速，老客户贡献度不断提升，新客户不断扩展，客户规模创历史新高。

二是着力破解资产业务发展瓶颈。首先，积极实施一次营销，努力扩大授信规模，参与了国家开发银行牵头的南山公路银团贷款项目，加强总分联动，积极申报了中央集团公司下属企业授信以及项目银团贷款。全年对采矿业、制造业、电力和交通运输等优质企业新增授信近300亿元，较上年增长153%；中小客户新增47.50亿元，较上年增长75.30%。其次，大力发展中小企业业务，成立中小企业融资中心，全面介入省内市场，打开中小企业业务发展通道。第三，树立资产经营观念，加强贷款疏导，缓解规模不足压力，确保了优质大客户的信贷需求。同时，强化激励与考核机制，提高一般性对公贷款收益率考核权重，提高贷款定价水平，为下年资产业务发展夯实了基础。第四，开源增效，积极发展融资存放性业务，实现净利润832万元，年内实现净利润336万元。大力发展票据业务，创新推出“转直联动”，在市场收益不断下滑的情形下，创造FTP收益3 200万元，净利润2 389万元，实现了规模和效益的双丰收。在当地同业第一家成功上线电子商业汇票系统，签发了西北地区第一张电子承兑汇票，办理了第一笔电子商业汇票贴现业务，保持了票据业务的先发优势。

三是强化条线组织推动。上线CRM系统，逐步推进条线流程化管理。分阶段有侧重地组织全行营销竞赛活动，全方位拓展各项业务。完成了批发条线员工评聘工作，聘任客户经理58人、产品经理9人、管理推动人员2人，批发客户经理队伍得到进一步壮大。完善客户经理考核管理细则，对重要考核指标根据整体业务发展特点和短板，进行阶段性调整，不断提高考核的科学性。

（张少伟　王雪霞）

【中间业务】 2009年，受金融危机冲击的影响，国内资本市场低迷、外贸进出口额大幅下滑，在困难的形势下，招商银行兰州分行多管齐下，积极应对，力保中间业务收入增长。在零售业务方面，继续发挥代理保险、基金、理财产品三大“支柱产业”中坚力量，积极推进保险业务转型，累计销售各类保险3.87亿元。持续深入开展新老基金销售工作，大力推广基金定投，偏股型基金销售取得显著增长。全年认购基金5.69亿元，申购8.25亿元，新增基金定投15 067户，实现收入占零售中间业务总收入的36.77%。进一步密切与券商的合作，提高第三方存管客户的综合贡献度，全年新增量完成总行计划的218%。落实“招行一家”理念，开展一卡通、信用卡双向挖掘活动，拓展信用卡分期、消费商户和收单业务，开展POS刷卡消费促销活动，分行信用卡佣金收入、POS及店面分期收入均较上年实现翻番。

在公司业务方面，传统业务与新兴业务齐头并进，大多数超额完成总行计划，实现了均衡发展。积极开拓企业年金客户，继续保持同业领先优势。新增网上企业银行有效户266个，超级网上银行336家，完成总行计划的305%，现金管理8家，银关通有效户4个，对公有效客户162个，黄金业务机构6个，第三方存管机构客户有效户62个。电子供应链交易量达6.46亿元，商务卡发卡4 410张，首次开办3亿元融资租赁业务。公司理财业务销售41亿元，新增有效客户29个，客户规模与销售规模实现同步提升。同业理财销售25.70亿元，其中银合理财业务成绩突出，获得总行开拓进取奖。

在国际业务方面，突破逆境，大力推进进口代收、押汇和进口购付汇以及进口开证业务，取得了良好成绩。深化与中小企业的合作，中小企业贸易融资额较上年实现较大增长。成功营销全省出口骨干企业，开办出口退税质押贸易融资业务，大幅提高了国际结算业务量，全年完成国际结算量4.11亿美元，结售汇3.31亿美元。在总行2009年“逆势争先”营销竞赛中，兰州分行获贸易融资最佳进取奖第一名，市场占比突出贡献奖第三名，国际结算最佳进取奖第十名，有效客户最佳进取奖第三名。

在狠抓传统中间业务收入增长的同时，兰州分行还广开思路，开辟新的渠道，通过转让资产、发行信贷资产类产品等，积极增创新的收益，取得了较好成绩。

（袁　莉　宋建辉）

【内控合规】 2009年，招商银行兰州分行坚守风险底线，持续强化内控管理，实现了安全稳健运营。在信用风险方面，履行尽职审查职责，加强贷前调查，防范贷前风险，确保审贷质量。创新专业审贷会模式，解读政策，以案说法，提高审贷人员专业素质；建立台账，加强对银承直贴业务的风险审查与把关。加强贷后管理，关注宏观形势变化，对房地产、水泥、钢材及汽车经销商和异地客户等风险行业贷款进行了直查和专项检查。完善风险预警机制，发布40份信贷管理函，加强信贷业务动态管理，提前完成了241户企业信用评级工作。当年收回风险贷款1.23亿元，收回以物抵债现金1 133万元。

在操作风险方面，全面推行柜面员工两级考核，完善分支行柜面联络工作，提高柜面业务辅导质量。开展“学规范，找差距，防风险”以及Q6活动，提高员工制度执行力。加大条线专项检查和监督，顺利完成了指纹识别系统、影像事后监督、企业银行影像系统上线。获得了2008年举报空头支票数量第一的好成绩和“支付清算系统运行先进集体”称号。加强自助设备清机管理，灵活安排时间，增加次数，及时处理客户存款未上账等特殊交易。积极推进“定置管理”，优化零售柜面业务操作流程，改善网点作业环境和效率。规范投资类业务销售流程，加强过程风险揭示，同时严格落实信用卡亲核亲访程序，防范伪冒申请风险的发生。进一步改进贷款发放流程，全程跟踪对公信贷业务审批进程，加大预审查和贷款前指导力度，保证了贷款质量，提高了业务效率。

在合规、审计方面，持续增强对新产品、新业务的管控，梳理合规风险点，建立合规督导官队伍，完善合规官“一票否决权”及合规管理委员会工作制度。审查、检查各类文件530余份，出具书面合规审查意见450余份；评审制度47个，清理制度593个，新增、修订制度约40个。开展反洗钱检查与自查，施行岗位准入制，加强反洗钱系统日常监测。推行新员工、新任职干部和新转岗员工“三新”合规培训。强化内审职责，完成了16家支行常规审计、9项离任审计和4项专项调查，对重要问题责任人进行了问责处理。加大内控评审力度，特别是追索近三年总行审计中连续发现三次以上的问题，查找根源，消除隐患。推动分支行“双向整改”，发出6期《审计提示书》、37期《审计移送函》。建立“三三”制审计整改机制，积极整改总行常规审计中发现的问题。

在纪检、监察及保卫方面，认真落实党风廉政责任制，定期开展季度监保评级，推进惩防体系建设，落实三项执法监察工作，持续深入开展案件风险排查，清查“小金库”，排查员工异常行为，部署“三防一保”，实现监控系统全部联网，在全省银行业机构安全评估验收中实现全面达标。加强案件防控，成功应对不法分子利用自助设备盗取客户资料案件。开展应急预案演练，全年未发生重大事故和案件。

（张雪梅　尹　进　章曦东）

【人力资源】 2009年，招商银行兰州分行狠抓队伍建设，改进队伍作风，全行上下营造了团结、务实、向上的良好氛围，队伍战斗力、凝聚力得到进一步提升。一是强化六能机制，明确干部选拔“三靠”原则，即一靠素质，二靠业绩，三靠员工。规范选拔程序，加大调整力度，能上能下，年内完成36人（次）中层干部的职务报备、任免和调动，51人（次）经理级干部的职务任免和调动。同时，加大核心人才培养力度，建立了涵盖管理骨干、专业骨干、客户经理及关键柜面员工的核心人才库。二是以人为本，提升队伍凝聚力。建立健全客户经理、风险经理、审贷官和网点销售人员等员工职业发展通道，规范劳务派遣用工管理，为员工提供良好的成长空间；同时，开展薪酬福利宣导，安排员工体检，开展甲流防控工作，增强了员工忠诚度和归属感。三是优化人员配置，满足支行业务发展需要。针对各支行人才需求压力，科学调配行内人员，同时继续开展外部招聘，较好地满足了业务发展需要。四是加大培训力度，提升队伍素质。组织完成储蓄、会计（出纳）、公司、零售和个贷等五大条线上岗资格认证考试以及银行业从业资格考试，加强新员工培训，开展任职干部职业道德教育。全年二级培训达130余次。

（雷　晏）

【保障管理】 2009年，招商银行兰州分行努力提升内部管理水平，狠抓基础建设工作，为支持业务发展提供了坚强保障。

一是强化财务管理，切实过“紧”日子，采用“零基预算”方法，科学编制、分配费用预算。加强费用的审批管理，对重点项目实时管控。大额费用先申报后执行，变“事后控制”为“过程控制”。费用列支进度变“年度控制”为“逐月控制”，严控全年支出总额度。优化SAP系统工作流程，夯实管理会计基础，顺利完成税务自查工作，固定资产预算执行差异率位居系统第三，财务管理和费用管理质量得到明显提升。

二是强化全行服务管理。落实总行“超越2009”优质服务竞赛活动，加强服务检查和监督，创新服务评审会内容和方式，召开服务观摩分析会，以事实教育员工，注重服务细节，提高服务水平；及时处理客户投诉事件，开展争创全国文明服务百佳示范单位申报工作，城关支行作为甘肃省银行业唯一一家代表，入围全国评比，获得荣誉。

三是加大信息支持业务发展力度。实施全辖业务计算机网域管理，确保全行各系统无故障安全运行。完成全行100台自助设备的硬件升级及软件安装，改善了自助设备的运行质量和效率。开发RDS报表订阅等各类业务系统，较好地满足了业务需求。

四是加强行政后勤管理。完成了新建、搬迁及流程改造等5 000平方米的网点装修工作，网点搬迁和网点改造超额50%完成总行下达指标。选择了84家合格供应商，实施了全辖网点办公设备等物品的集中采购。

（袁雁飞　郑　方）

【文化和品牌建设】 2009年，招商银行兰州分行认真落实总行第五届企业文化节活动，开展了“青春 活力 超越”辩论赛、“三八妇女节”、“行长站大堂”和“增收减支”倡议等多种形式的活动，进一步凝聚了人心，鼓舞了士气。加强党团工会工作，换届选举了新一届工会组织成员，支持部分管理骨干和业务骨干参加总行、分行组织的外出考察、培训活动，认同员工价值，开阔员工视野，增强了员工投身招银事业的自豪感和使命感。充分发挥宣传舆论力量，在地方报刊投放软文314篇，发布广告132篇，有力地扩大了分行品牌知名度，并在总行《招银E报》等内部宣传媒介上投稿159篇，展示了兰州分行员工的良好精神风貌。

（魏磊萍）

上海浦东发展银行股份有限公司兰州分行

行长 张宜临

【综述】 2009年，在“保增长，扩内需，调结构”政策的指引下，浦发银行兰州分行紧紧围绕“谋发展、促效益、抓管理、控风险、增能力”这一主线，各项业务获得健康快速发展，主要经营指标取得可喜成绩。截至年末，资产总额119亿元，各项存款余额84.70亿元，各项贷款余额64.67亿元，中间业务收入978万元，实现账面利润6 002万元。

一、主要业务指标超额完成计划

一是各项存款稳步增长。截至2009年末，全行本外币各项存款余额84.70亿元。其中本外币一般性存款余额74.50亿，全年新增48.20亿元，完成年计划的165.07%；本外币对公存款余额66.76亿元，完成年计划的162.84%；本外币储蓄存款余额7.75亿元，完成年计划的186.40%。年末，一般性存款在兰州地区金融同业占比2.82%，较上年末提高1.61个百分点；在甘肃省金融同业占比1.26%，较上年末提高0.71个百分点。

二是各项贷款平稳增长。截至2009年末，全行各项贷款余额64.67亿元。其中，对公非贴现贷款余额61.15亿元，个人贷款余额3.05亿元，外币贷款余额1 000万美元。风险资产总额79.56亿元，在总行要求的额度之内。年末，非贴现贷款在兰州地区金融同业占比3.34%，较上年末提高1.37个百分点；在甘肃省金融同业占比1.82%，较上年末提高0.72个百分点。

三是中间业务收入完成较好。2009年，全行实现中间业务净收入978万元，完成全年计划的106%。中间业务收入在总收入中的占比达到1.50%，较上年末提高0.87个百分点。

四是资产质量指标良好。不良贷款额和不良贷款率均继续保持为零。

五是战略性业务得到较好发展。个人业务方面，截至2009年末，全行银行卡发卡数量18 619张，其中信用卡发卡数量2 880张。个人网银活跃客户2 291个，手机银行有效客户249个，新增POS商户80个。对公业务方面，对公有价值客户513个，对公网银客户85个，企业年金客户6个。

六是经营效益显著提升。截至2009年末，全行累计实现账面利润6 002万元。风险成本与净收入的比例为21.41%，较上年下降211.75个百分点；成本收入比35.05%，较上年下降92.22个百分点；风险资产收益率0.61 %，较上年提高4.70个百分点。

二、市场营销工作不断创新推进

一是结合市场调查和自身分析，进一步完善了全行的发展战略，修订了三至五年发展规划，以《规划》统一全行员工的思想和行动。

二是进一步加强对市场和客户的细分工作。紧紧围绕国家宏观经济政策、甘肃省经济发展规划及经济运行特点，分别制定了公司和个银业务营销指引，明确了发展目标，共确定4批、120个项目和88个重点营销公司客户。同时，制定了《兰州分行中小企业金融服务模板》，成立了中小企业业务经营中心，并积极优化个人信贷资产结构。

三是切实加强对营销工作的组织领导。进一步健全了业务协调沟通机制，制定了联动营销管理办法。组织开展了多银行系统和企业年金推荐会、“开业一周年”系列营销活动及“超越财富、寻找幸福”健康公益行活动，高端客户主题沙龙活动等营销活动。

四是进一步夯实客户基础。坚持抓大不放小的工作思路，继续加大客户营销力度。截至2009年末，全行对公客户总量达到1 123个，本年新增755个；个人客户13 301个，全年新增10 246个。

五是大力推进新产品的应用推广工作。大力推进投资银行、现金管理、企业年金、保理保函、CDM和绿色信贷等创新型产品的推广应用，并在短期融资债、企业网银“批量转账”业务、代理城市商行、信用社代签银行承兑汇票业务和欧元绿色信贷业务等方面取得了良好发展。同时，大力发展各类理财产品，在同业中率先推出了浦发金业务。

六是提升客户服务工作质量。加强宣传和服务工作，大力倡导服务理念，严格执行规范的、标准的服务制度。加强网点服务质量监督和管理，服务质量获得了客户的普遍赞誉，树立了服务满意银行的良好口碑。

三、基础和内控管理工作得到加强

一是进一步加强制度建设。根据总行验收反馈的意见，对各项规章制度进行了梳理，重新修订规章制度20多个，新发布规章制度15个。进一步加强管理、提高效率，建立和完善了各项工作机制、沟通机制和责任机制，进一步提高了全行整体工作效率和工作质量，为实施规范化管理提供了依据。

二是切实加强风险管理工作。加强对重点领域的风险监控，强化贷后管理，组织开展专题检查20余次。推进风险预警机制建设，积极推广贷后风险预警系统。

三是高度重视案件防控工作。成立了分行案件防控工作领导小组，制定了《兰州分行案件防控工作方案》和《案件防控工作实施细则》，组织全行各部门签订了《案件防控目标责任书》，组织全行对重点业务领域开展案件风险排查6次，制订排查方案2份，排查6个条线、10个领域、60多个风险点。开展职业道德、合规风险和案例警示教育2次。

四是进一步优化业务流程。在认真调查客户需求的基础上，结合实际不断推进流程再造。在信贷业务方面，全面推行流程管理，提高贷款办理速度。同时，对前台柜面业务流程进行优化，对个人汇款业务、支票取现业务及现金区受理转账支票业务的流程进行改进。

五是狠抓优质服务工作。深入推进6S标准化管理，制定《营业网点员工每日工作规范》，提升了柜面规范化优质文明服务水平。加强业务技能培训，有针对性地展开岗位练兵活动，推行了以业务量、稽核差错、培训考试与服务质量为主要内容的四项“每周通报”制度。

六是进一步加快机构网点建设工作。顺利完成了城关支行、东岗支行和雁滩大润发自助银行的筹建工作，进一步扩大了金融服务覆盖面。

【公司业务】 一、细分目标客户，明确市场定位。一是根据总行公司银行业务工作会议和分行2009年工作会议精神，下发了《2009年公司及投资银行业务工作安排》，从指导思想、主要目标和工作思路等方面对2009年公司及投资银行业务进行了安排部署。二是根据国家产业政策和总行战略发展规划，结合当地经济发展情况，制定下发了《2009年公司银行业务营销指引》，明确了对公业务目标客户群体、重点营销品种、行业投向政策及营销策略。三是为进一步增强公司银行业务的发展后劲，根据甘肃省2009年固定资产投资计划，对固定资产投资储备项目和重点负债目标客户重新进行了梳理，确定了120个固定资产投资储备项目和88个重点负债目标客户，分解包干到各营销部门，提高了营销工作的针对性和有效性。

二、完善工作制度，加强营销指导。一是切实加强制度建设。共转发总行各类产品制度73个，制定了《委托贷款作业指导书》、《银行承兑汇票作业指导书》等产品的规章制度，及时对各产品流程进行梳理和细化。二是建立了公司银行业务协调沟通机制。定期组织召开营销例会，分析、研究、解决营销过程中存在的困难和问题，明确阶段性奋斗目标，分阶段提出具体的工作要求。三是建立健全科学的激励约束机制。制定了2009年对公客户经理月度、季度和年终业绩考核办法，突出业绩导向。四是根据分行2009年对公业务工作目标，分解下达了对公业务营销计划。五是加大公司业务营销监测通报。围绕目标任务，建立了公司业务定期考核通报制度，定期对对公业务营销情况进行通报，督导各营销部门有针对性地开展营销工作。六是不定期发布《行业动态信息》，及时传导国家宏观产业政策、行业发展规划及重点企业动态等信息，供决策和营销参考。

三、采取有效措施，加大营销力度。加大对重点项目、重点行业和重点业务品种的市场营销力度，在防范风险的前提下，储备了一批优质客户，营销工作效果明显，促进了全行公司业务的快速发展，提升了全行的市场竞争力。在加强对公重点优质客户营销工作的基础上，重视发展结算依赖型和服务依赖型的中小企业客户，从源头入手，利用各种资源和渠道，重点抓好账户开立工作，争取客户结算向浦发银行分流。

四、发挥产品优势，强化联动营销。一是注重加强产品经理和对公客户经理联动营销，为支撑营销团队业务发展，先后为金川公司、甘肃国芳百货、青海国投、酒钢集团、甘肃农垦、华亭煤业、甘肃路桥和靖远二电提供了综合服务、股权投资业务、企业年金、短融和中期票据、资金归集及企业理财等各类服务方案30余个。二是大力推动企业网银业务发展。在总行的大力支持下，我行重点客户兰州国芳百货购物广场成功启用企业网银“批量转账”产品，对全行网银业务的推广提供了宝贵经验。三是加强新产品的营销推广力度。作为主承销商，成功代理了甘肃省电力投资集团公司16亿元短期融资券业务，并于1月上旬成功发行第一期8亿元。根据客户需要加强新产品研究工作，在全国首家推出了银行承兑汇票代签业务，开办了银行承兑汇票换开银行承兑汇票业务，开发了中小企业联保授信模式，与甘肃信托合作发行“与靖远二电贷款资金信托挂钩的人民币理财产品”，向总行提出了集团理财业务统一支付的产品设想。同时，保理、国际信用证、票据承兑、委托贷款、托收、押汇、财务顾问、非融资性保函、供应链融资和企业年金等多项战略型业务取得实质性突破，有20多项中间业务产品取得收益。2009年，分行累计办理保理业务26 011.85万元，保函8.66亿元，银行承兑30.99亿元，信贷证明10.37亿元，并与华融公司签订了《年金合作协议》。四是积极发展国际业务。截至年末，分行共办理国际结算业务173笔，金额1 263.39万美元。

五、加强队伍建设，提高工作效率。一是在重点优质客户的营销、新产品新业务的推广等方面，加强与相关部门的协调和配合，不断提高工作效率。二是注重加强客户经理的培训工作，制定了《2009年公司银行业务培训计划》，组织开展网上银行、企业年金等业务培训42期，完成全年培训计划的105%。通过开展业务培训，进一步提高了公司银行条线人员的业务技能。

（贯　琦）

【零售业务】 2009年，面对复杂多变的经济形势和日益激烈的同业竞争，全行个人银行条线认真贯彻落实分行党委的部署，严格按照总行、分行条线工作会议精神和要求，进一步转变观念，坚持以“个人理财、银行卡、个人信贷”业务为重点，明确目标，在个人资产、负债及中间业务方面快速协调发展，市场份额迅速扩大，品牌影响力和市场竞争力不断提升。

一、深化战略转型，促使个人负债规模稳步快速增长。截至年末，全行个人存款余额7.75亿元，再创新高，较年初新增5.07亿元，增长189.18%；个人存款日均余额4.85亿元，较年初增加2.17亿元。在保持高速增长的同时，全行个人存款活期化趋势增强，付息水平低于全行一般性存款平均水平。从期限结构看，截至年末，全行个人存款平均余额活期占比22.68%，平均付息率约1.47%，较上年末下降0.31个百分点。从战略转型角度看，在全行对公业务快速发展的背景下，个人存款的余额占比较年初增加2.04个百分点，增量占比较年初增加1.50个百分点，战略转型初见成效。

二、完善理财产品种类，不断提升市场竞争力。在产品创新战略的实施下，全行个人银行产品实施了升级换代和结构优化调整。其中，理财业务推出了专项理财产品债券盈计划、假日理财、基金一对多业务和个人实物黄金代理业务；银行卡及渠道支付方面，推出钻石卡、手机银行、周周赢升级版、储蓄国债（电子式）、网上理财产品、网上银行信用卡跨行还款和网上外汇汇款等多种产品。这些新产品既有市场独创领先的产品，又有填补历史空白的产品，丰富的产品种类，满足了客户多元化需求，提升了市场竞争能力。

三、积极拓宽中间业务收入渠道，提高个人中间业务收入水平。一是紧紧围绕客户需求，依照各项产品的风险资产占比，实施综合营销，不断提高客户的产品综合贡献度；二是将代理保险、基金、债券和浦发金等专项理财产品作为理财业务新的增长点，科学规范地开展个人理财规划，通过向中高端客户量身制定理财规划，深度挖掘客户价值潜力，促进理财产品的综合销售，将理财业务做深做透；三是以银行卡代扣物业费、水电费和房租费为目标，全面协助各支行与所辖公司客户单位的代扣业务合作，增加中间业务收入渠道；四是有针对性地选择签约特惠商户，做到量的积累，着力优化用卡环境，持续做好不同营销主题的银行卡及电子营销活动，提高卡片动户率及刷卡消费交易额，银行卡刷卡手续费收入稳步增加。截至年末，包括国债销售收入3.85万元，全行个人业务共实现总收入780万元。个人中间业务收入占个人业务总收入的比例为11.30%，较全国平均水平高出4.50个百分点。

四、细分客户群体，实施精准营销战略，为可持续发展奠定坚实基础。依托PCRM系统，进一步实施精准营销战略，同时引入白金客户分层拓展战略，推出贵宾专享系列产品，使财富管理业务成为维护和拓展贵宾客户的重要渠道。全年通过理财产品营销优质客户362个、贵宾客户76个。截至年末，全行日均金融资产30万以上的贵宾客户达到624个，全年新增460个。

五、深入推动服务体系建设，充实服务内容，提升服务品质。一是深化客户分层，构建差异化的服务体系。针对金融资产在100万元以上的客户启动贵宾客户服务管理项目，并于12月28日成功发行钻石卡。二是全力做好贵宾客户健康增值服务工作。在宁卧庄宾馆组织开展了“超越财富，寻找幸福”浦发卓信健康公益行全国巡讲活动。三是，启动全行客户满意度调查与服务过程监督项目。同时，以构建网点服务标准、打造全行服务体系为目标，在广泛开展客户满意度调研的基础上，建立全行的服务规范，通过神秘访客检查方式，逐步构建全行服务监督体系。

六、狠抓制度建设和内控管理，提升风险防范能力，确保业务合规经营。根据分行内控体系建设领导小组统一安排，对开业以来有关个人银行业务方面的文件进行了全面清理，梳理出有效执行制度文件50个，并编写成统一格式体系文件，初步形成了一套较为完善的个人银行业务制度体系。在加强内控管理、主动防范风险方面，明确专人，严格按照分行合规部门要求，适时组织开展合规培训和学习，梳理业务流程，建立规章制度，报送合规自查报告，并落实了相关专项检查工作。

七、加强队伍建设，增强条线的凝聚力和战斗力。一是以等级行员制项目建设为契机，梳理了全行个人银行组织架构，明确员工岗位职责，顺利完成个人银行条线等级行员制项目实施的各项准备工作，为等级行员制的全面实施打下了基础。二是深化理财经理人才的培养和队伍建设，加强员工岗位及职业发展培训，推进个人银行条线队伍建设。三是制订季度培训计划，对全行柜员、大堂经理定期组织开展业务培训。

（温雨德）

【资金组织】 一、建立完善资源配置与费用激励考核政策，积极为经营献计献策，充分发挥财务部门对全行经营活动的综合管理和参谋职能。一是根据分行党委适时调整经营目标的统一部署，在反复分析兰州市金融市场环境、同业发展速度以及总行管理要求等基础上，结合实际，对兰州分行2009—2011年发展规划进行了修订，明确了近三年的业务发展目标、发展思路和发展措施；二是在财务资源的配置上，坚持向业务一线倾斜，向重点行业、重点产品和重点客户倾斜，重点压缩非生产性费用，将有限的财务资源用于业务发展需要，提高了费用开支的计划性和使用效率；三是抓住财务管理的核心问题，结合总行考核办法和分行业务发展规划制定了业绩考核和营销费用管理办法，积极引导客户经理提高以效益为核心的意识，大大促进了业务拓展，增强了新员工对浦发先进的人性化管理理念的认同感，奠定了企业精神的基石；四是坚持经营分析报告制度，每日向行长室及相关业务部门提交资金来源与运用分析报表，按月就经营情况进行分析，并有针对性地提出业务发展的对策和建议。

二、以流动性风险可控为前提，以效益为中心，抓住时机，把握市场变化，扩大资金业务规模，有效提升资金收益水平。一是精打细算，合理调配，加强流动性管理，提高资金平衡能力；二是转换模式，更新思想，紧跟总行资金管理体制改革步伐，积极发挥资金全额计价对各项业务经营的引导作用；三是主动出击，积极争取，大力发展转贴、存放同业等资金业务。

三、严格执行总行、分行费用核算管理制度，规范各项财务费用的列支，并在实际工作中不断完善业务处理流程。一是加强制度建设；二是严格执行财务制度，控制费用预算，准确核算反映费用列支内容；三是充分发挥核算管理职能；四是按时准确申报缴纳各项税款，加强与税务管理部门的联系沟通。

（梁 敏）

【人力资源】 一是配合企业规模发展，积极配置人力资源。通过同业人才引进、大学生招聘和社会化用工等途径，为经营管理配套人力资源。截至2009年末，全行共有在册员工115人，平均年龄33岁。其中，本科以上学历113人，初级以上职称73人，取得金融理财师（AFP）资格4人。

二是强化全员培训工作。组织员工参加总行岗位培训28次，组织专业岗位资格考试26期，取得资格证书138人（次），组织参加反洗钱、金融消费、员工行为准则和信息安全等普及性网络培训360余人（次）。实行了每周定期培训制度，鼓励员工自学，完成了两期新行员入职培训。

三是加强人力资源基础管理。进一步完善了人事部门工作档案，按照《浦发银行兰州分行人事档案管理实施细则》，认真做好档案接收、整理和保管工作。组织员工认真参加总行在线培训，完善教育培训基金台账。整章建制，修订完善了用工管理、员工管理和党的基层建设等方面的规章制度。

（庄稼臻）

【企业文化】 一是在全行范围内开展以“培养危机意识，争创一流业绩”为主题的危机感教育活动。通过组织一次形势教育和讨论、一次市场竞争力分析调研、一次经营形势报告会、一次营销经验交流会、撰写一篇心得体会、一次“培养危机意识，争创一流业绩”主题演讲比赛的“六个一”活动，增强员工的责任感、紧迫感，提高员工工作的积极性、主动性。

二是持续加强员工思想教育工作。以学习十七届四中全会和总行战略管理会议精神为契机，开展思想解放大讨论，统一了全行员工的思想，为全行业务再上台阶提供了坚实的思想保障。

三是开展丰富多彩的业余活动。组织员工积极参加社会活动，分别以“扶残助孤”和“免费咨询”为主题，先后两次举行了青年志愿者活动。在甘肃省银行业“迎国庆·颂祖国”合唱比赛中荣获一等奖，在甘肃省银行卡业务知识竞赛中荣获二等奖。

（庄稼臻）

【党建工作】 一是认真开展学习实践科学发展观活动。按照总行党委的统一部署，全行紧扣发展主题，紧密结合实际，深入查找影响和制约全行科学发展的突出问题，制定了《兰州分行学习实践科学发展观整改落实方案》，促进了全行管理水平的提高和各项业务的持续健康发展。

二是加强领导班子和中层干部的思想作风建设。以组织建设、思想建设和作风建设为重点，进一步增强领导班子和中层干部的组织原则性，认真执行民主集中制，牢固树立责任意识和危机意识，大力倡导“细、新、严、实、快”的工作作风，积极发挥领导班子和中层干部的率先示范作用。

（庄稼臻）

中国人民银行武威市中心支行召开业务风险控制工作会议

中信银行股份有限公司兰州分行

行长 王 立

【综述】 2009年7月28日，中信银行股份有限公司兰州分行正式对外营业。中信银行总行行长陈小宪和甘肃省委常委、常务副省长冯健身出席并讲话，中信银行副行长苏国新和甘肃省政协副主席、兰州市市长张津梁等出席了开业庆典仪式。甘肃省委书记、省人大常委会主任陆浩，省委副书记、省长徐守盛会见了陈小宪一行，就中信银行兰州分行开业运营、发展壮大和支持地方经济发展等方面交换了意见。自6月12日试营业至开业庆典，中信银行兰州分行共吸收存款34.60亿元，其中对公存款32.80亿元，储蓄存款1.80亿元；审批授信额度223亿元，实际投放贷款16.05亿元，储备贷款项目160亿元。

开业以来，中信银行兰州分行坚持以科学发展观统领工作全局，结合区域经济发展特点和自身经营管理实际，在筹建开业、经营管理和市场营销的具体工作实践中，严格遵循总行"双优双主"的市场定位，狠抓目标任务和工作措施落实，创造性地开展工作，各项业务健康、快速发展，风险管理、队伍建设和服务水平显著提升。

一、按期完成筹建开业

按期完成组织机构搭建、装修工程施工、人员面试招聘、规章制度建立、前期市场营销、筹建手续报批和相关证件申领等筹建工作，组织完成总行、甘肃银监局对兰州分行的开业验收工作，成功举办开业庆典仪式。

二、主要业务快速发展

截至2009年末，各项存款余额31.80亿元，其中对公一般性存款21.90亿元、同业存款6.80亿元、个人储蓄存款3.10亿元，管理资产4.13亿元；各项贷款余额29.33亿元，其中对公一般性贷款21.17亿元、贴现7.91亿元、个人贷款0.24亿元；国际业务进出口收付汇量7 231.18万美元；新增对公有效客户86个；公司网银交易量15.98亿元；住房按揭贷款新增2 192.36万元；信用卡有效卡量2 200张；实现利润899万元。

2009年末，兰州分行一般性存款余额在系统内25家二级分行中跃升到第二十一名，新增额居第六名；各项贷款余额跃升到第十五名，新增额居第三名；票据贴现余额跃升到第三名，新增额居第一名。

2009年，兰州分行荣获了甘肃省政府颁发的2009年度"省长金融奖——新入驻金融机构奖"，统计工作被人民银行兰州中心支行评为三等奖，信息宣传工作被甘肃银监局评为三等奖。

【公司业务】 一、明确市场定位。按照总行"双优双主"的市场定位、"推进专业化经营模式，提升差异化竞争能力"的对公业务发展思路和西安分行"开拓创新、存款立行、调整结构、强化管理、快速发展"的二十字方略，大力实施"一头两翼，立足甘肃，辐射宁青"的区域发展战略，重点支持区域内的铁路、公路、城市基础设施建设和钢铁、有色、煤炭、电网、电源等区域内优势行业和特色产业，全力拼抢市场份额，着力实现效益、质量和规模的协调发展。

二、明确客户定位。坚持"五个沿着走"。一是沿着兰州—白银都市经济圈、陇东能源化工基地、河西新能源新材料及新能源装备制造基地的重点企业和重点项目走；二是沿着省、市、区财政、各大厅局、科教文卫、军队武警及社团法人客户走；三是沿着甘、青、宁三省（区）的优质上市公司走；四是沿着甘肃省确定的23户重点大型骨干企业走；五是沿着甘、青、宁三省（区）地方性关键客户走。

三、明确产品定位。发挥特色产品优势，为客户提供专业化、差异化的产品和服务。一是向战略客户提供传统信贷业务的同时，大力营销短券、中票、信托贷款等直接融资产品和银团贷款、保理、并购贷款等结构性融资产品。为白银公司成功发行信托贷款，为酒钢、甘肃信托、兰州银行和甘肃博伦等客户提供对公理财、财务顾问业务服务。二是加强对供应链金融业务的营销。以总行钢铁金融网中核心厂家在甘经销商及酒钢、八钢的经销商为主，推动存货质押、保兑仓和电子商业汇票等业务的发展；以三方合作模式为重点，加强汽车经销商的产业链金融业务营销。三是做大做强国际业务和资金资本市场业务。重点营销国内信用证、保险后出口押汇、货权质押开证、国际国内保理和外汇保函等产品。

四、建立"两个营销机制"。一是搭建机构业务、贷款业务、投行业务、产业金融业务、公司网银、国际业务和票据业务平台，建立主线推动、产品带动与前后台联动的营销机制；二是建立分行、部门、支行及客户经理分层营销机制，做到渠道畅通，信息对称，提高效率。

（张继荣）

【零售业务】 坚持总行"三维四动"的零售业务发展策略，积极围绕客户"积累、经营、提升"三个环节分层打造基础客户群，着力打造中信理财和出国金融两大零售业务品牌，针对代发、银行卡、资产、理财和服务体系“五台发动机”，推动零售业务健康发展。

一、建立零售业务营销服务体系。在人员结构上，建立零售管理人员、客户经理、理财经理、大堂经理和储蓄柜员的零售银行队伍，通过专业人员培训、柜员晨会、理财经理周例会和全员月培训制度，打造具有较高素质的零售业务团队；在营销模式上，采取公、私联动的方式，零售业务条线管理人员分别对口各个市场营销部门，共同策划零售业务营销方案、产品指导和组织推动，配合市场部门的需求随时深入市场、营销客户；在客户经营模式上，基本形成全员转介、客户经理开发、理财经理维护及分行集中管理的模式。

二、打造中信理财和出国金融两大优势零售业务品牌。在理财方面，紧紧抓住中信理财产品发售的有利时机，集中组织开展理财产品的营销推动工作，树立了中信理财的品牌形象，取得了成效。成功和西安分行联合销售白银公司信托产品1亿元，为兰州分行带来近30万元的中间业务收入，在当地市场引起较好反响。理财业务的快速发展，有力地带动了管理资产和储蓄存款的增长，夯实了客户群。截至年末，分行管理资产余额达到4.16亿元，其中理财产品达1.01亿元。在出国金融业务方面，大力开展“要出国，找中信”的宣传，通过业务推介会、与出国中介公司合作等途径，维护了一批出国金融客户。

三、基础客户群不断壮大。截至年末，累计发放借记卡4 541张，其中50万以上贵宾客户160个，200万以上准钻石客户20个，打造了稳定的基础客户群，形成了优质的中高端客户群体。分行与信用卡中心共同协作，通过商务活动打造市场热点，迅速扩大了信用卡客户群，共发放有效信用卡3 553张。通过公私联动的方式，累计实现代发工资额1 654万元。成功开发本地券商华龙证券与兰州分行的第三方存管业务，通过与券商全面合作的展开，逐渐积累了第三方存管客户群。

四、拓宽思路，整合资源，利用多种形式的广告、宣传和客户活动做好客户经营。借助报刊、网络、电梯广告和户外广告等传统广告资源，营造强大的营销声势，利用网点资源和客户经营手段做好阵地营销，向社会各界强力宣传推介分行零售业务特色产品和服务。选择分行周边14个优质社区作为第一批宣传阵地，设置报刊栏宣传分行零售业务，逐个深入进行户外宣传、举办社区宣讲会。开展中信地产博鳌项目品鉴会、中高端客户对分行个贷楼盘兰雅亲河湾的团购优惠活动，以及一系列理财讲座和业务推介会等客户活动。

（范海啸）

【内部管理】 一、强化风险管理，规范授信运作，保证贷款安全。一是强化存量贷款管理，重点防范和化解政府融资平台、房地产开发以及产能过剩行业等领域的潜在和现实风险。二是加强新规执行力度，及时与监管部门及上级行沟通，规避操作风险。三是根据国家宏观经济形势、产业政策和地方经济的布局变化及分行考核体系的变化，沉着应变，主动进行行业、客户、产品与收入结构的调整，提升中小客户的信贷份额，拓宽收入渠道，强化全流程的风险管理工作机制。四是加大风险管理创新力度，加强部门间的沟通，为营销一线提供政策导向、产品导向和流程再造的支持，并在信贷规模受限的情况下，为重点客户多渠道提供融资，增强管理服务市场的意识，促进了全行效益、质量和规模的平稳协调发展。

二、强化基础管理，建立健全制度，保证安全运营。一是强化内控体系建设。从规章制度、流程化管理、考核机制与严格纪律等方面加强内控机制建设，初步建立覆盖各项业务、各个岗位及各个环节的内部管理制度和规范的业务操作流程，梳理和细化各类制度210多项。二是加大制度执行和监督检查力度，防范操作风险。定期组织员工学习规章制度，切实加大制度执行和监督检查力度，限期整改检查中发现的问题，防范化解各类风险隐患，确保各项业务合规操作。开业以来，总行、西安分行、人民银行兰州中心支行、甘肃银监局等部门先后对分行进行了多次专项检查。为切实加强各项业务的合规经营，分行又陆续组织了以操作合规性和准确性为内容的专项检查，检查内容涉及大额资金进出、账户管理、票据管理、现金库房、重要空白凭证、印鉴卡管理等重点业务和重点环节。针对检查中发现的问题，责成相关业务部门立即整改。同时，加强后台业务管理部门对整改问题的后续跟踪，防范化解各类操作风险。三是坚持抓好安全防范。分层签订《安全保卫目标责任书》，认真执行总行《安全保卫工作检查制度》，制定值班安全巡查制度，深查细究安全防范中存在的问题，将安全责任落实到每个岗位、每个员工。在人防、物防和技防方面实行高标准、高投入，确保营业场所的安全设施装备到位，稳定运行。为减少风险隐患，实行了守押社会化和保安服务外包。

（徐世林）

【计划财务】 一是加强资产负债管理。根据总行、分行FTP政策的变化，按照FTP考核导向，及时学习研究，测算各项业务的保本点和收益水平，鼓励吸收企业结算性存款和财政性存款，促进低成本负债业务的优先发展，合理调整优化资产负债结构，实现FTP利润最大化，促进了各项业务健康发展。二是结合FTP的实施，加强分行利率管理。针对信贷增速放缓，商业银行贷款议价能力增强的实际，结合FTP的实施，加强了贷款定价机制建设，强化内涵式发展，高度关注市场利率变动趋势，合理摆布资产结构，通过价格引导经营部门合理确定重定价周期，提高贷款定价水平，促进净息差的增长。三是加强流动性管理，确保支付安全。及时了解并报备大额资金的动向，认真落实头寸报备和考核制度，加强流动性管理，做好资金的稳定性分析和资金计划，确保流动性安全。四是向精细化财务管理要效益。以“统筹兼顾、有保有压”为原则，严格执行上级行转授权规定，加强预算管理，实行事前审批制度，增收节支，优化费用结构，合理配置费用资源，提高资源配置效率，坚持合规经营理念，防控财务风险。

（范海啸）

【人力资源】 一是切实加强领导班子的思想、作风和组织建设，着力打造“四好”领导班子，班子的整体合力、决策力、领导力明显提高。二是加强吸引优秀人才。通过在有影响的媒体上刊登广告、员工介绍和定点“挖掘”等方式，从同业及高等院校吸引优秀人才到分行工作。三是培训教育及时跟进。西安分行为分行的人员培训工作搭建了良好平台，对新入行人员分批进行了集中培训。分行建立了星期六培训制度和晨会学习制度，根据全行业务发展和管理工作的需要，编制全员培训计划并抓好组织实施；业务主线部门和后台管理部门制定具体的培训方案，分别组织开展专题培训。将基础性培训与岗位适应性培训、集中培训与自学型、操作型、普及型培训和提高型培训有机结合，先后举办培训班40多期，培训人员2 000多人（次），员工业务技能和综合素质有了较大提高。四是动态管理干部员工队伍。细化落实西安分行的各项考核办法，充分发挥激励约束机制的导向作用，激励先进，鞭策后进，建立干部述职、民主评议和晋级晋升制度，实行全员的动态管理。先后3次对分行经理以上干部进行了民主测评，年初对经营业绩突出、德才兼备的2名员工破格提拔到管理岗位上，对经营业绩不佳、民主测评靠后的干部降职使用，直至辞退，真正做到了能者上，平者让，庸者下。

（罗　强）

【企业文化】　一是按照中信银行风险文化和合规文化的理念，组织全员深入学习领会“诚信、创新、凝聚、融合、奉献、卓越”的中信企业文化理念精髓。二是大力倡导团结协作、艰苦奋斗、勇于创新、无私奉献和创先争优“五种精神”，部门之间和员工之间通力合作，不断创新工作思路、方法和策略，创造性地开展工作，争创佳绩。三是积极引导员工适应同业竞争、客户需求和业务发展的现实需要，使员工以想干事、会干事、干实事、干好事、干成事的强烈意识主动投身工作实践，营销客户，拓展业务，在全行各项业务发展中实现自己的价值。四是坚持以人为本，建设“尊重、关爱、分享”的家园文化，为员工搭建施展才能的平台，让每一位员工都能以强烈的家园归属感找到自己的适当位置，充分融入到中信大家庭中，激发了员工的工作热情，有效地促进了业务的发展。

（范海啸）

7月29日，中国人民银行天水市中心支行开展金融机构践行社会责任演讲比赛活动

中国邮政储蓄银行有限责任公司甘肃省分行

行长 张 泽

【综述】 2009年，全省各级邮储银行围绕省分行“调结构、提速度、比赶超、上水平”的要求，加快发展业务，积极推进转型，继续深化改革，较好地完成了各项目标任务。截至年末，全省邮政金融业务累计实现收入4.55亿元，比上年同期增长54.54%，增幅全国排名第四。

一、抓发展，收入规模快速提高

把发展作为贯穿全年工作的重中之重来抓，创新经营方式，理顺经营机制，实现了个人业务稳步发展、新业务快速增长、收入结构较大改善和经营效益明显提高四大目标。2009年，全省邮政储蓄个人存款余额新增25.27亿元，突破200亿元，达到203.68亿元，邮政储蓄代理和自营网点余额分别为147.43亿元和56.25亿元；余额结构不断优化，活期占比达到37.24%，较银行成立前提高5.85个百分点。理财等中间业务收入占比有所提高，信贷业务收入达到6 982.28万元，公司业务实现收入2 569.19万元。

二、防风险，合规管理工作有序开展

以依法合规经营、全面推进内控管理建设为指导思想，组织开展了“合规管理年”活动；建立了业务、合规和审计三条线的风险防范体系，初步树立了全面风险管理理念；开展了多频次、大规模的专项检查活动，对制度执行不到位、风险提示不重视和整改工作不落实的网点及相关责任人进行了处罚，有效推进了邮储风险防控工作。

三、抓能力建设，发展的基础进一步夯实

全年对18个网点进行了标准化装修改造，投放ATM机36台，建设自助银行1个，布放商易通6 021部，开通电话银行、网上银行业务，拓展了服务领域，提升了服务能力；完成了邮政2.0版本改造一期工程等十几个信息化建设项目，信息网络对业务发展的支撑能力进一步增强；全省已建成347人的专职营销人员队伍，专业营销对业务发展的主导作用初步显现。

四、抓管理，基础工作进一步夯实

基础管理方面，健全了管理责任追究制度，建立了各级机构员工绩效考评制度，明确了各部门、各岗位的职责、任务和工作标准，建立了可量化、可操作的考核体系。财务会计管理方面，实行全面预算管理，增强了计划财务管理调控力度；严格控制非生产性开支，确保了生产经营所需成本，加大了对新业务的投入和支持力度；加强财务核算管理和会计监督检查、整顿，规范会计工作秩序，提高了资金使用效率。服务管理工作方面，制定服务质量考核管理办法，形成完整的标准化服务管理体系；完善客户投诉管理办法，定期开展客户满意度测评；充实大堂经理队伍，做好客户分流引导，提高网点服务效率和服务水平。

五、带队伍，职工整体素质稳步提高

进行了管理人员、专业人员的竞争上岗工作，推进了薪酬体系改革，强化了人力资源管理；开展了大范围的员工培训，全方位提高人员素质；推行了持证上岗制度，鼓励员工参加学历教育和职业资格教育。与此同时，通过持续不断地教育培养和人才引进，队伍的整体素质稳步提高；通过发掘培养、交流锻炼和调整充实，各级领导班子的素质明显提高；通过发展实践和市场历练，锻造了一支特别能吃苦、特别能战斗的员工队伍。

六、抓合作，银邮双方共同发展

按照“三个规定”的要求，明确了银邮双方的责任，在全省范围内签订了业务代理协议，使银邮双方协调机制更加完善，合作更加顺畅，促进了银邮双方的快速发展，邮储银行改革取得了阶段性成果，得到了集团公司和总行的肯定。

【服务三农】 截至2009年末，全省邮政储蓄银行各类存款达到230亿元，其中居民个人储蓄存款规模在全省商业银行居第五位；各类贷款累计26.20亿元；微小企业和农户的小额贷款余额18.80亿元，占全省小额信贷市场的10%，居全省商业银行第三位。

一是发挥网络优势，为城乡居民提供良好的基础金融服务。全面推出农民工银行卡特色服务，以中秋、国庆、元旦及春节等农民工返乡过年过节为特殊时段，组织开展“农民工银行卡特色服务”主题营销、“送金融知识下乡”等活动，解答客户咨询，缓解目前农村金融服务缺失、农民金融知识匮乏等问题，为广大外出农民工提供安全、方便、快捷、经济的资金结算渠道，有效改善了农村银行卡受理环境，惠及全省外出务工人员150万人。截至年末，通过邮储银行结算、汇兑渠道流向甘肃省农村地区的资金超过50亿元，为全面提高农村金融服务水平做出了贡献。在为“三农”服务方面，适时增加适合农村市场的金融理财产品，相继在农村地区推出安全稳妥的国债等理财业务，开展了“送国债下乡”活动。为满足各类客户的多种需求，打造了一个具有代收电信资费、代发工资养老金、代理基金、代理保险等全面业务功能的个人金融服务业务平台。在此平台上，农民可以享受邮政储蓄提供的各类方便、快捷的金融服务。

二是推出信贷产品，为“三农”提供直接融资服务。作为一家新成立的银行，邮政储蓄银行主动融入甘肃经济发展大局，顺应经济发展形势，从落实科学发展观和构建和谐社会出发，推出了以满足农民需求为主的小额信贷业务。

三是争取资金回流，支持“三农”建设。通过与农发行、招行、国开行以及工行合作，办理协议存款、银团贷款以及银行间票据贴现等业务，为甘肃经济发展争取资金136亿元。这些资金主要投向国家和省级重点工程、农业基础建设及农业综合开发等领域，有力地支援了地方经济发展，其中83亿用于农村基础建设，占总资金量的65%。

四是搭建各类补贴款项的发放平台，提供优质金融服务。相继开办了代发城市低保、医保、粮食直补款、土地补偿款、农村义务教育费用补贴、退耕还林款和教师工资款等各种财政补贴资金业务，以及代收农电费等工作量大、具有服务性和公益性的业务，累计代发各种财政资金18亿元，涉及用户14万个，缓解了政府部门农村财政补贴资金发放难的问题。

（赵 钧）

【风险合规管理】 2009年，依照总行“服务发展，固本强基，努力推进邮储银行全面风险管理体系建设”的风险管理工作会议精神，遵循“理清思路，服务发展，固本强基，稳中求进”的指导思想，有重点、有步骤、有计划地推进风险合规管理各项工作，取得了一定成绩。

一、认真组织开展“合规管理年”活动。2009年，按照总行在全系统范围内开展“合规管理年”活动的统一要求，认真部署，周密安排，广泛动员，以小额信贷合规风险评估、各级机构合规评价和反洗钱工作评价等“三项评价”为核心内容，扎实推进了“管理年”的各项工作。通过制定、贯彻、落实授权管理等“四个办法”，规范全行的法律事务工作；通过开展制度梳理和邮政金融系统人员身份清理等“二项梳理”工作，提高全行的基础管理水平；通过学习、宣传、征文和合规竞赛等活动，增强甘肃邮政金融员工风险合规意识。“合规管理年”活动的开展，增强了全行风险合规意识，初步理顺了合规管理体系，建立了合规管理制度，营造了“全员合规、合规从高层做起”、“主动合规、合规创造价值”等合规文化氛围。

二、整章建制，加强风险合规部门与业务部门的沟通机制。一是为推动全行风险管理体系建设，加强全行风险管理基础工作，制定并下发了《邮政储蓄银行甘肃省分行风险报告制度（试行）》，从风险报告的职责分工、风险管理委员会、风险信息联络员、风险管理报告类型、风险管理报告内容、风险管理报告的频率、风险报告程序和路径、风险报告的监督及反馈机制等方面对全行风险管理体系建设和运行作了明确的规定和要求。二是为规范和明确风险合规部门的部门职责和相关岗位人员的岗位职责，制定了《中国邮政储蓄银行甘肃省分行风险合规部门和岗位职责规范指引》。三是设立风险信息联络员，落实各部门、各机构的风险报告制度。根据风险报告制度，全行各级机构和部门设立了风险信息联络员，初步建立了以风险管理委员会为核心的风险管理决策层，以风险合规部为主体的执行层，以风险信息联络员为主体的联络层。通过三个层面工作的开展，促使各部门、各分支机构发挥风险管控功能。四是定期召开风险管理委员会会议，分析风险隐患，就主要风险隐患及防范措施进行讨论，制定整改措施，落实整改责任。

三、推动以授权管理为核心的全行内控机制建设。认真落实总行授权管理工作的要求，依据总行《授权管理办法》，制定下发了《中国邮政储蓄银行甘肃省分行授权管理实施细则（试行）》。同时，在总行授权权限内，根据各市（州）分行和业务部门的需求制作下发了基本业务授权书。

（赵 钧）

【会计管理】 2009年，通过制定科学实效的会计结算培训计划、推行逐级核算管理模式、优化内部管理流程和梳理规章制度等手段，进一步加强专业会计队伍建设，提高了会计核算管理水平。

一、整章建制，规范内控管理机制。为配合全行“风险合规年”活动，组织了全面整章建制工作，建立了严格有效的内控管理制度，保障了基础管理工作安全、高效和稳健运行，并将会计管理工作作为防范、化解金融风险和防止、杜绝案件发生的重要手段，积极发挥其监督、预警作用。

二、多措并举，开展多层次、多角度的培训。一是举办形式多样的各类培训。通过定期集中培训、现场互动培训以及视频培训等多种方式，分批分次地对全省业务会计进行了各类培训。针对日常操作中出现的普遍问题，及时在全省范围内举办了“差错处理平台培训”、“业务收入统计培训”和“保险大集中前账务清理及会计培训”等视频培训。二是根据总行《关于明确公司业务会计结算管理工作职责的通知》和《关于尽快完成公司业务会计结算管理工作职责交接的通知》精神，进行了公司业务会计结算管理工作职责交接，确保了交接后对公结算业务管理工作的正常开展；组织举办了全省公司业务会计结算管理工作培训班，采取视频与现场集中的方式，贯彻总行对公司业务支付结算管理工作的规章制度及管理办法，为公司结算业务管理工作奠定了良好的基础。

三、加大力度，全力推进监督检查工作。一是有效防控风险，独立开展现场会计检查。组织检查组深入分支行进行现场检查，对全省15个二级分行、29个一级支行和28个二级支行进行了会计现场检查，对发现的问题进行了现场指导，对违规情况限期进行整改。二是强化监督机制，加强非现场检查力度。对现金、银行存款等高风险、低收益的资金，按日进行非现场监控检查，对检查发现的问题，及时与当事行进行沟通，月底将检查结果进行全行系统通报。三是加强风险管控，及时进行风险提示。加强风险管控力度，对分支行在核算管理工作中出现的重大问题，通过下发“工作提示”的方式，揭示风险隐患，提出整改意见，堵塞管理漏洞，提高工作效率。

四、理顺流程，建立“高效闭环”的“沟通互动”协作机制。进一步提高全省邮政储汇资金的运用效率，将资金调拨工作与头寸管理情况相结合，完成了资金调拨工作，为分支行的业务发展提供了及时的资金保障，提供了高效的服务支撑。

五、建立机制，强化公司结算业务管理考核力度。进一步加强公司结算业务管理工作，全面提高前台操作人员的操作水平和业务技能，组织人员编写《公司结算业务管理工作指导意见》，对下一步的管理工作提出了具体要求，通过一对一通关考核的方式，不定期检验网点人员的职业技能和业务水平，督促网点人员认真学习业务、熟练掌握操作流程。

六、加强宣传，积极开展反假币工作。按照人民银行“爱护人民币、反假货币”宣传月活动安排，向各市（州）分行下发反假币宣传资料，散发宣传反假币知识和反假币宣传资料25 000份。组织全省各市（州）分行统一定购人民币管理规章制度宣传公示牌，督促市（州）分行做好假货币上缴报表报总工作。

（赵　钧）

【渠道管理】　以网点分类、功能分区、客户分层和业务分流为原则，以增强营销能力为重点，全面推进营业网点、自助设备和营销体系建设，进一步提高服务支撑能力。

一、营销体系建设工作

（一）加快推进专业营销队伍建设

紧紧围绕“以市场为导向，以客户为中心，以效益为目标”的指导思想，制定了《2009年甘肃省分行营销队伍建设指导意见》，明确了队伍建设目标、队伍组成、队伍配备标准以及队伍的组织培训。截至年末，全行专职营销人员347人，占从业人员总数的19.91%。营销体系及专职营销队伍建设工作有力地推动了公司、信贷及个人业务的快速、稳定发展，专职营销队伍对业务发展起着越来越重要的支撑作用。

（二）加大项目营销以及总部营销的实施力度

下发每月全省营销工作通报，通报各市（州）分行在项目营销中好的做法和经验，树立典型，及时推广；通过对各市（州）分行上报营销项目进行梳理筛选，确定全省重点项目39个，并下发了《2009年全省重点营销项目的通知》；加强项目营销工作的实施力度，制定并印发了《甘肃省分行总部项目营销方案》。

二、加强网点建设与管理工作

（一）加快网点搬迁改造力度，打造邮储银行新形象

根据总行要求，制定了全省网点建设形象标准；根据网点分布及分等分级情况，制定了全省骨干网点、标准网点以及农村网点设施标配表；根据网点实际面积以及是否单开门面等情况确定网点装修改造条件标准、监控系统改造标准、ATM防护罩标准、网点门头（店招）标准等，统一了网点建设以及各种硬件设施的标准，规范了网点建设及改造相关工作程序。

（二）完善渠道管理基础信息数据库的建设工作

在2008年已初步建成的网点信息数据库基础上，细化数据库指标，增加了网点设备、台席和人员情况等指标，完善网点静态信息，及时更新网点动态信息，为网点选址决策、布局优化、分等分级和区域竞争态势分析等提供了参考依据。

（三）加强网点分等分级管理工作

为推进全行经营战略转型，提高资源配置效率，按照“公平性、导向性、激励性”的原则，结合全省业务经营状况、管理水平和发展能力进行综合评定并分等分级管理，对网点进行考核评价，树立网点建设的效益观念，更好地实施分类指导，客观、公正地评价分支行经营管理水平和效益，增强分支行人员的工作积极性。

三、加强服务管理工作，提升全行服务水平

（一）做好95580电话银行上线及投诉处理工作

按照总行统一部署，完成了95580电话银行上线等各项工作，通过95580电话银行的建设，全面提升服务水平。电话银行开通后，督促市（州）分行妥善处理客户投诉，及时回复结果，做好客户回访。按月汇总客户投诉情况，对全省客户投诉进行分析通报，对存在问题限期进行整改。

（二）做好服务规范达标活动工作

为促使邮政金融服务向规范化和标准化发展，增强从业人员的服务意识和敬业精神，不断提升营业网点服务人员的职业素质和服务能力，开展了全省邮储网点服务规范达标活动。每月汇总各市（州）分行服务达标活动进展情况，报送相关信息，督促、指导各市（州）分行活动的顺利进行。

（三）做好服务管理工作

一是建立和完善服务制度，制定了《中国邮政储蓄银行甘肃省分行金融服务质量考核办法》，为服务质量检查工作奠定了基础；明确了窗口人员的素质要求，做到有章可循，有据可查。二是组织全省邮储网点开展服务及管理视频培训，为部分市（州）分行聘请专业讲师对邮政金融从业人员进行服务与营销能力提升培训。三是对服务工作实施有效的监督检查，加强邮储网点服务管理，检查内容包括网点营业环境、网点柜员服务、电话银行宣传推广情况和服务规范活动进展情况等；严格责任制度，加强考核，认真落实整改工作，对存在的问题从主、客观方面分析原因，逐项提出整改要求，对服务规范落实不到位、不重视的相关责任人和分行进行经济处罚和通报批评。

（赵　钧）

【审计工作】　以实现“双降一高”为目的，以资金安全为核心，以提高风险防控能力为目标，以内控建设与评价为手段，提高审计效能，确保审计工作监督到位、运转高效、惩处有力。以提高全省邮政金融内控管理水平和审计工作水平为指导思想，开展多种形式的审计稽查活动，为邮政金融业务的健康发展保驾护航。

一、认真开展特色专项审计工作。围绕年初制定的工作目标，针对存在风险隐患较高、管理薄弱的环节，认真研究探索审计工作的新思路，狠抓特色专项审计项目，加大防范邮政金融操作风险力度，提高邮政金融案件成功堵截率，在

全省范围内开展了邮政金融“银剑”行动专项检查活动，挖掘风险隐患与案件，清理潜伏问题，规范操作流程，改进内部管理，强化各级邮政金融机构依法合规经营。

二、深入开展案件专项治理工作。召开邮政金融资金案件专项治理工作会议，明确2009年风险排查与案件治理工作思路，提高全省邮储银行职工对防范案件重要性的认识。连续四个季度开展不同重点的滚动式案件风险排查，排查、自查面均达100%，对排除大额交易可能存在的风险隐患，挖掘隐藏案件，起到了积极有效的作用。

三、开展节日资金安全专项检查活动。在元旦、春节、“五一”和“十一”前，对各市（州）分行所属机构开展储汇现金、银行账户管理和金库管理的突击检查活动，及时掌握各级机构各阶段银行账户、网点现金、库存现金等账实情况及金库现金存放和管理情况，杜绝了白条抵库和违规占用资金行为，确保了资金安全。

四、开展邮政金融从业人员日常行为规范排查和岗位轮换专项检查活动。活动分三个阶段进行，第一阶段为组织学习阶段，第二阶段为排查检查实施阶段，第三阶段为整改落实报告阶段。全省共排查人员3 397人，其中被调整或调离19人，占总排查人数的0.56%；被重点关注35人，占总排查人数的1.03%；被告诫27人，占总排查人数的0.79%。

五、开展特殊业务专项检查。从2009年5月至7月下旬，在全省范围内组织开展了大额交易和特殊交易专项检查活动。5万元以上大额交易储蓄业务取款32 677笔，交易金额384 972万元；20万元以上存款、转账大额交易5 623笔，交易金额146 384万元。汇兑业务5万元以上收汇5 311笔，交易金额26 555万元，兑付4 395笔，交易金额21 975万元。公司业务单笔50万元以上来账、存款409笔，交易金额53 664万元；转出、支取508笔，交易金额73 403万元。储蓄业务特殊交易6 617笔，涉及交易金额5 736万元。通过检查，进一步规范了储蓄前台业务操作，预防并及时发现了邮政储蓄业务前台存在的安全隐患和资金风险。

六、开展外汇业务专项检查活动。2009年10月至11月，在全省开展了外汇业务资金安全专项大检查。重点对岗位人员履职情况、库存现金、银行存款、重要空白凭证、往来款项、应收应付款项和国际汇款备用金进行检查，自查覆盖面达100%。通过检查，进一步规范了处理流程，纠正了业务处理中的个别错误做法。

（赵　钧）

【信息技术】　以支撑全省邮政金融业务发展，保障全行网络运行质量为总体目标，以运行维护为基础、信息系统建设为重点，切实抓好信息化管理、信息化建设和运行维护工作，为加快全省邮政金融业务发展、推进企业管理创新及提升核心竞争力做好支撑和保障工作。

一、完成邮政金融网络扩容及改造工程。为满足日益增长的业务数据传输量需要，保证新业务、新系统的网络接入，优化全省邮政金融网络传输质量，扩充网络带宽，完成嘉峪关、酒泉、金昌、张掖、白银、甘南和天水等7个市（州）汇接中心及所属网点的全部网络扩容及改造工作。

二、完成邮政储蓄系统2.0版本改造工程。4月20日，顺利完成储蓄系统2.0版本改造上线工程，改造过程涉及信用卡、对公、信贷和短信平台等29个外围系统。核心系统版本改造后，新增本外币互通改造、三地转账、小额账户收费、利息税分段计算参数化、活期预结息处理和卡收年费按网点核算等新的业务功能，大幅缩短了日终处理时间，储蓄系统处理能力和中间业务批量处理性能得到较大提高，系统能力得到全面优化。

三、实施邮政储蓄物理大集中工程。为降低省中心建设运维成本，提高运行维护效率，实现全国集中运行管理，11月29日成功完成邮政储蓄系统全国中心物理集中工程，实现了储蓄核心系统、数据、应用的全国大集中，提高了中国邮政金融业务市场的核心竞争力和计算机系统运行质量。

四、推广综合办公信息处理平台。3月初，中国邮政综合办公信息处理平台（OA）系统在全国中心成功上线。5月份，在全省各市（州）分行全面推广上线使用，满足了上下级单位互相收发文件的需求，实现了日常办公无纸化，提高了办公效率，保障了关键信息在决策层、管理层和实施层之间迅速、准确传递。

五、整合差错处理平台集中系统。为整合现有各系统差错处理流程，形成统一的、针对多业务的、跨系统的综合差错处理平台，在总行的统一安排下，5月4日至5日对集中系统进行了省内联调测试，5月12日集中系统正式上线运行。新系统连接全国中心和储蓄省中心，整合现有信用卡系统、国际业务系统、公司业务系统、代理业务系统、汇兑大集中系统、小额信贷系统、网上支付通系统和第三方存管系统等行内业务系统，涵盖行内异地交易、信用卡交易、本外币互通交易、公司与储蓄业务间交易、代理业务与储蓄间交易、汇兑与储蓄间交易、汇兑与公司业务间交易、小额信贷与储蓄间交易、网上支付通与储蓄间交易、第三方存管与储蓄及第三方存管与公司业务间交易，能够实现对各业务系统间出现的差错交易及时、准确调整，确保资金安全。

六、完成本外币互通上线工程。5月6日，推广上线了本外币互通工程。该项目的成功上线，标志着邮储银行实现了外汇业务系统与邮政储蓄系统部分功能的互通。客户在外汇业务系统结汇后的资金可以直接存入人民币账户，使用人民币账户资金可在外汇业务系统购汇及支付外汇业务手续费。邮储银行对储蓄、外汇系统中涉及的相关业务处理、会计核算、资金清算和差错处理等方面的业务功能与业务流程均进行了改造，实现了本外币交易联动。

（赵　钧）

甘肃省农村信用社联合社

理事长 雷志强

【综述】 2009年，甘肃省农村信用社联合社在省委、省政府的正确领导下，在人民银行兰州中心支行、甘肃银监局的监管指导下，始终坚持服务“三农”的宗旨和审慎经营的理念，以深化改革为动力，以加快发展为主体，以提高效益为中心，区别对待，分类指导，促进全省农村信用社实现了规模与速度、质量与效益的协调发展，充分发挥了农村金融主力军的作用，为甘肃经济社会发展作出了应有的贡献。2009年8月，省联社召开第二届社员代表大会第一次会议，选举产生了第二届理事会、第一届监事会，审议通过了新的《章程》和《三年发展规划纲要》，进一步明确了农村信用社服务“三农”、服务中小企业、服务县域经济的市场定位。截至年末，全省农村信用社各项存款余额953.11亿元，较年初净增279.48亿元，增长41.49%，增量市场份额达到24.29%，居全省金融机构第一位；存量市场份额达到16.20%，居全省金融机构第四位。各项贷款余额665.84亿元，较年初净增221.92亿元，增长50%，增量市场份额达到24.20%，存量市场份额达到18.20%，均位居全省金融机构前列。

【改革试点】 截至2009年末，全省共组建成立了12家农村合作银行和74家统一法人联社，剩余1家两级法人联社的产权制度改革正在积极推进。共有84家行、社成功兑付专项央行票据，兑付金额9.72亿元，占全部认购额度11.63亿元的84%，国家的优惠扶持政策在大部分行、社得到了落实。在借鉴外省农村信用社薪酬制度改革先进经验的基础上，省联社制定了《甘肃省农村信用社薪酬制度改革方案》，按照“效益优先、绩效挂钩、按劳取酬”的原则，在全省农村信用社实行以绩效为主体结构的工资体系，调动了广大员工的工作积极性。全省农村信用社以产权制度改革和薪酬分配制度改革为契机，明确了“三会一层”的工作职责，建立了决策、执行和监督相互制衡的运行机制，法人治理结构不断完善，经营机制得到有效转换。

（康 欣）

【信贷支农】 省联社信贷资金不断向“三农”、中小企业、灾后恢复重建和新农村建设等领域倾斜，加强流动性监控和管理，进行资金余缺调剂，缓解了各行、社间资金供求不平衡的矛盾。全省农村信用社继续做大做强农户小额信用贷款和农户联保贷款两大品牌，深入开展信用村（镇）创建活动，进一步完善操作办法，合理调整授信额度，将小额农贷对象延伸到种养大户、订单农户、进城务工经商户、小型加工户、运输户和其他与“三农”有关的城乡个体经营户，缓解了农民的贷款难题；紧跟当地农业发展趋势和农业产业化进程，转变经营理念，根据自身资金实力、市场需求和当地经济发展水平，坚持因地制宜、发挥优势、突出特色，支持农业产业化向区域化布局、专业化生产和规模化经营方向推进，引导农民进行农村产业化结构调整；将改进与完善对中小企业及微小企业的金融服务、发掘和培育新的业务增长点作为推进信贷业务战略转型的重要举措来抓，推出了集信贷和结算为一体的金融服务产品——“惠企通”，提高农村信用社在中小企业及微小企业信贷领域的市场占有份额。截至2009年末，全省农村信用社农业贷款余额518.80亿元，较年初净增156.70亿元，增长30.20%，累计发放涉农贷款444.50亿元，占各类贷款累放额的67.40%，较上年同期多投放162亿元。地震灾区农村信用社积极履行社会责任，全力支持灾后重建，44家地震灾区行、社累计发放灾后重建和恢复生产贷款30多万户、54亿元。省联社与省工交投资公司合作，成功代理了国家开发银行对“两市一州”受灾农户住房重建贷款32亿元的发放工作。

（康 欣）

【内部管理】 省联社对各项规章制度和业务流程进行审核清理，对新业务和新产品开展准入前的合规审核，促进全省农村信用社工作的制度化、流程化和规范化。省联社组织开展全省农村信用社“不良贷款双降百日攻坚活动”，累计清收盘活不良贷款23.12亿元；召开“冒名贷款”排查清收工作现场会，加大督查清收力度，累计收回“冒名贷款”3.40亿元；制定《关于加强全省信贷管理工作的指导意见》，将贷款审批改为贷后监督检查，在改革信贷管理体制上实现重大突破；启动信贷管理系统开发工作，在部分行、社进行试点；分别与长城、华融和东方等资产管理公司兰州办事处签订不良贷款处置合作协议，拓宽不良资产处置渠道，实现不良贷款余额和占比双下降；建立资本充足率、风险集中度、贷款迁徙、资产利润和资产流动性等系统风险指标的季度监测、分析和通报制度，增强非现场风险监管能力。省联社对2008年度会计决算报表进行汇总和审核，对股金分红方案进行审批，提高会计信息质量，为专项央行票据兑付奠定了基础；指导全省各行、社完成费用管理层级上移划转工作和综合业务网络系统中部分费用科目的关闭工作，建立以县级行、社为主体的财务核算体系；制定适合全省农村信用社的绩效考核分配办法和等级行、社评定实施办法以及财务管理制度，强化激励约束机制，增强会计财务管理的全局性、前瞻性、可操作性和实用性；开展非生息资产、表内外应收利息的清理工作，摸清底数，对清理出的问题进行处理，提高资金使用效率；推进新会计准则实施，促进企业内部控制建设，确保财务信息真实可靠。

（康　欣）

【稽核审计】 省联社制定下发了《甘肃省农村信用社稽核审计处罚处理补充规定》和《甘肃省农村信用社稽核证管理暂行办法》等管理制度，明确全省农村信用社稽核审计处罚处理程序，规范稽核证的使用和管理；制定下发了《甘肃省农村信用社现场稽核审计指引》，规范稽核审计工作，提高稽核审计效率；制定下发了《甘肃省农村信用社2009年稽核审计工作要点》，明确各级稽核审计部门的工作重点和阶段性目标任务，突出对重点业务、重点环节和业务风险点的稽核审计和监督，加大对财经纪律严肃性、信贷资金安全性和经营管理合规性三个重点的稽核审计力度。先后组织开展稽核审计项目75项，提出稽核建议276条，充分发挥三级稽核审计作用，提高稽核审计工作效率；积极探索开展非现场稽核审计工作，从资金、成本与效益等方面建立非现场分析指标，对全省农村信用社经营管理及风险状况进行全面分析、对比和排名；实现现场稽核审计与非现场稽核审计的有机结合，合理配置稽核审计资源，提高稽核审计工作质量。省联社党委成立巡视督导办公室，明确巡视督导工作的职责、对象、原则和主要任务，对各办事处、各行、社领导班子履职情况和党风廉政建设情况进行巡视督导，对部分行、社临时工清理工作进行督查。

（康　欣）

【队伍建设】 2009年8月，省联社召开二届一次社员代表大会，选举产生了第二届理事会、第一届监事会，完善了法人治理结构，形成了决策、执行和监督相互协调相互制衡的内控体系。省联社按照“深入考察和充分酝酿、干部交流和岗位轮换、注重现实表现和工作实绩、干部上挂下派、坚持市场化引进人才、拓宽干部培养渠道”的六项用人原则，坚持深化人事制度改革，调整交流了62名中层管理人员，选拔了8名管理人员上挂到省联社机关和下派到办事处及行、社工作，从商业银行引进了6名管理人员，面向社会公开招考了334名一线员工，对20个行、社的领导班子进行了考察调整；按照劳动法律、法规及有关政策规定，对全省临时工进行身份转换，清理各种不规范用工，通过考试、考核与257人重新签订劳动用工合同；组织40家行、社领导班子成员参加“农村金融机构高级管理干部远程教育培训班”和“农村金融与创业扶持专题研究班”，提高县级行、社领导班子的经营管理能力；坚持以岗位培训和新业务培训为重点，举办各类培训班11期，参训人数累计达2 210多人（次），员工业务技能不断提高。

（康　欣）

【安全保卫】 省联社制定下发了《2009年安全保卫工作指导意见》、《2009年案件防控治理工作指导意见》和《2009—2011年安全保卫工作发展规划》，明确安全保卫工作的思路、目标和具体措施，提高物防、技防与人防水平；督促全省农村信用社签订《安全保卫工作责任书》，按照“谁主管、谁负责”的原则，落实各岗位、每个员工的责任；加强全省农村信用社节日期间安全保卫工作，结合安全保卫工作实际，有针对性地提出具体的工作措施，确保了节日期间无案件、无重大责任事故发生；举办安全保卫干部培训班，邀请省公安厅治安总队有关领导对枪支的管理、实弹射击、刑事案件防范和成因分析等内容进行培训，提高保卫人员枪支操作技能和安全防范意识；按照公安部《银行营业场所风险防范等级和防护级别的规定》要求，督促各行、社认真抓好辖内营业网点安全防范设施建设，不断提高硬件设施防护能力；切实加强安全防控工作，完成兰州市8家行、社营业网点与110报警中心的联网工作；对近3年案件专项治理“回头看”深度排查工作进行督查，对庆阳、平凉和兰州等5市22家联社的58个营业网点进行突击检查，对发现的安全隐患和问题，提出整改意见；加强与省公安厅的沟通和联系，成立省级安全防范联合办公室。

（康　欣）

【网络建设】 完成综合业务网络系统与人民银行现代化支付系统的对接工作，全省所有网点均可以办理大小额支付系统业务；加强中间业务平台建设，完成人寿保险批量代扣业务、太平洋保险业务和财税库银横向联网等系统的上线工作；自主研发批量代理业务管理系统、综合业务网络系统收费、省工交投住房重建委托贷款和经营性物业贷款等程序，确定综合业务网络系统优化升级方案与灾备建设方案；制定《全省农村信用社2010—2012年科技信息建设三年规划》，明确科技信息建设任务，为全面增强全省农村信用社改革发展的科技支撑能力奠定基础。

（康　欣）

【经营环境】 省联社先后与甘南藏族自治州、庆阳市和临夏州3个地方政府，与省供销合作社、省中小企业（乡镇企业）局、省教育厅、省人力资源和社会保障厅以及省财政厅5个政府部门，与工商银行、兴业银行、中国银行和国家开发银行4家银行，与永安财产保险、天安财产保险、太平洋人寿保险、太平洋财产保险、都邦财产保险、中国人寿保险、泰康人寿保险、平安人寿保险和安邦财产保险9家保险公司，与省电信局、省担保业协会等单位签订了业务合作框架协议或专项业务合作协议，建立了良好的业务合作关系。各行、社代理全省城镇居民基本医疗保险费的代收业务，开办代收电信话费业务，代理卷烟销售货款电子结算、资金归集业务，积极做好代收非税收入和国税业务工作，大力推行自助银行服务，丰富农村信用社的中间业务品种，拓宽收入来源，密切银企关系，扩大社会影响，改善外部经营环境。

（康　欣）

兰州银行股份有限公司

董事长 李治文

【综述】 截至2009年末，兰州银行股份有限公司资产总额440.30亿元，较上年增长30.22%；各项存款余额362.52亿元，较上年增长24.90%；各项贷款余额247.40亿元，较上年增长28.67%；完成总收入23.78亿元，较上年增长6.92%；实现利润总额2.08亿元；资本充足率10.57%，较年初增加1.92个百分点；不良贷款占比1.60%，较年初下降0.91个百分点；拨备覆盖率150.22%，较年初提高了50.06个百分点。

一、开展深入学习实践科学发展观活动，提升科学发展水平

2009年3月至9月，兰州银行开展了深入学习实践科学发展观活动，完成了活动各阶段的任务。一是加强学习，确保人员、内容和时间“三落实”。坚持三级中心组学习制度，采取集中学习与个人自学相结合的形式，努力提高学习成效。通过开展学习调研、解放思想大讨论等活动，全行支行行长助理以上干部撰写研究报告84篇。二是整改落实，破解影响和制约科学发展的难题。行领导带队深入基层开展调研，通过现场办公、行务会议研究等形式，针对支行提出的问题，按照轻重缓急和难易程度，分门别类提出整改意见，明确整改重点，落实整改责任。三是完善体制机制，建立促进和保障科学发展的长效机制。组织召开专题民主生活会，查找影响和制约科学发展的突出问题，研究制订整改落实方案，提出推动科学发展的具体意见，理清科学发展的思路。学习实践活动实现了“党员干部受教育、人民群众得实惠、科学发展上水平”的目标，学习实践活动群众满意度为100%。

二、开展市场营销，拓展银政、银企合作的广度和深度

一是做好存量大客户、系统客户的稳定与营销工作。总行由行领导带队开展了百户企业大走访活动，业务部门、各分（支）行也对重点客户进行了系列走访，维系了客户群体的稳定。二是开展银企联谊活动，加强与企业和客户之间的沟通联系。三是开展负债业务管理。四是全力支持中小企业发展。全年共向中小企业发放贷款110亿元，有效解决了中小企业融资难问题。五是积极开展银政合作和机构合作。六是加大个人业务营销力度。七是加快异地分支机构业务发展，支持当地经济建设。

三、强化风险管理，确保全行各项业务稳健发展

一是加强对宏观经济形势的研判，积极调整经营思路，完善应对措施，做到风险控制与业务发展并重。二是加强对客户群的监管。提高对客户动向的敏感度，加强对房地产、钢材销售等企业的及时监控。三是帮助困难企业渡过难关，保证企业的正常生产经营。四是对个别资产质量发生问题的企业进行重点关注，采取积极稳妥的解决办法，有效防范了风险。五是进一步加强贷后管理。六是合理控制贷款规模，把握贷款节奏。七是完善资产风险管理体系。制定授信业务担保管理、贷后管理和授信业务授权管理办法；建立滚动式常态化风险排查机制；实现授信业务按季动态调整和差别化授权。八是完成祥和支行与特殊资产管理中心的不良资产划账及机构组建工作。九是加强稽核工作。加大非现场监控力度和对重点业务、关键岗位异动数据的风险监控；增强项目稽核的针对性；做好流程推广、咨询工作。

四、开展体验服务、寻找差距和提升服务质量主题活动，提升文明规范服务水平

一是深入开展体验服务、寻找差距和提升服务质量的主题活动。开展支行间的学习交流，体验服务管理和服务技能；安排员工到其他银行现场观摩，办理业务，寻找差距。二是认真开展文明规范服务。三是举办第二届全行业务技能竞赛，进一步提高了一线员工的服务技能水平。四是加快网点功能改造。五是加强总行为支行、二线为一线的服务工作。加大督查督办力度，总行机关工作质量和服务效率不断提高；加强办公用品、凭证和宣传品的统一配送工作，做到服务高效，保障有力。

五、狠抓增收节支工作，经营业绩达到历史最好水平

一是及时完成客户授信工作，做到了早投放，快投放。二是积极采取灵活实用的利率定价政策。根据客户信用等级、综合授信、客户忠诚度、贡献度大小以及信贷风险程度的不同，适时调整利率政策。三是积极拓宽收入渠道。狠抓贷款利息收入，加强利息收入的监测与管理；规范表外挂账利息管理；积极追缴以前年度的欠息；扩大同业间合作，努力提高资金营运收入水平；积极拓展外汇业务，完成利润1 070万元；累计实现银行卡手续费收入161万元。四是严格利息支出和费用控制。

六、不断完善体制机制，内部管理水平明显提高

一是健全经营决策机制。坚持集体决策、民主决策，严格按程序办事，进一步完善行务会、行长办公会、财审会和贷审会等议事规则。二是完善目标责任考核体系和考核办法。三是不断完善等级行管理制度。加强目标任务管理和授权管理，对部门、分（支）行目标责任书和授权进行适当调整，建立与等级行相配套的财务管理制度。四是核心业务系统升级改造工作全面启动，系统建设有序推进。五是强化后台保障建设。严把公文质量关，提高办文办事效率。全面落实安全保卫责任制，认真做好维稳工作。

七、开展培训工作，提高员工整体素质

围绕全行经营管理中心工作，多层次开展培训工作。强化适应性培训，开展提高性培训。推行岗位资格认证制度，建立上岗前有专业资格培训、上岗后有专业考核培训的系统性学习机制。认真做好新聘员工的见习培训和试用考核以及跨区域分支机构储备人才培养工作。全年共举办各级各类培训73期，累计参训人数4 128人（次）。

八、加强党建和精神文明建设，增强全行凝聚力和向心力

加强基层党组织建设和党员队伍建设，成立敦煌分行党委、永登支行和榆中支行党支部，开展优良传统和革命精神学习研讨活动，进一步加强支行党组织建设，充分发挥党员的模范带头作用。进一步加强党风廉政建设和反腐败工作，认真开展案件防控和商业贿赂专项治理工作，党风廉政建设连续三年被市国资委评为“好”的等级，并受到市国资委党委通报表扬。认真落实2009－2011年创建文明单位工作方案。成功举办更名一周年座谈会。加强宣传工作，创办兰州银行行报。完善应急预案，做好甲流疫情防控工作。成功举办以“唱红歌、迎国庆、求和谐、促发展—祝福祖国”为主题的职工文艺汇演。积极开展甘肃清水县扶贫捐款、“慈善一日捐”等募捐救助活动。

【公司治理】 2009年，兰州银行资本实力进一步增强，股本总额达到19.68亿元。资本充足率、拨备覆盖率等主要监管指标大幅改善。进一步健全了以股东大会、董事会、监事会和经营管理层为主体的组织架构，保证各机构独立运作、有效制衡。董事会下设风险控制、审计和人事薪酬三个专门委员会，监事会下设履职尽责监督和审计两个专门委员会，经营管理层下设财务审批委员会、贷款审查委员会、债券投资审批委员会和抵债资产接收处置委员会等四个专门委员会。董事会每年对高管人员履职情况进行考核，股东大会对董事会、监事会成员履职尽责情况进行评价。通过分级授权，逐级控制，实现了统一经营、扁平化管理。根据监管部门对信息披露工作的要求，在《金融时报》上对2008年度报告摘要进行了公开披露。

股东大会。2009年5月21日，以通讯表决的方式召开了兰州银行三届六次股东大会。审议通过了《2008年度报告及报告摘要》、《2008年度董事会工作报告》和《2008年度监事会工作报告》等7项议案，并对2008年度董事、独立董事和监事履职尽责情况进行了评价。

董事会。全年召开董事会会议四次。召开了三届十七次董事会会议，审议通过了《2008年度报告及报告摘要》、《2008年财务决算报告及2009年财务预算方案》、《2008年利润分配方案》和《关于上市工作策略及2009年上市工作计划的议案》等议案。召开了三届十八次董事会会议，审议通过了《五户企业入股及股权转让的议案》和《2009年－2011年资本充足率及信贷风险集中度达标规划》等五项议案。召开了三届十九次董事会会议，审议了《兰州银行十年发展规划（草案)》等议案。召开了三届二十次董事会会议，审议并原则通过《2010年董事会对经营班子业绩考核激励办法》、《2009年利润分配预案》和《资本补充中长期规划》等议案。

监事会。全年召开监事会会议三次。召开了三届十三次监事会会议，讨论通过了监事会2008年工作总结及2009年工作安排，听取了各监事2008年履职情况述职，审议通过了《关于解决2008年度披露事项的几点意见》等议案。召开了三届十四次监事会会议，审议通过了《关于贷款风险分类工作中的问题及整改建议》。召开了三届十五次监事会会议，讨论通过了监事会2009年工作总结及2010年工作要点，听取了各监事2009年履职情况述职。同时，监事会积极关注业务发展，认真开展调查研究，对经营管理中发现的有关问题，及时向董事会、经营管理层提出有益的意见和建议，较好地履行了检查监督职责，保持了监督的相对独立性。

（李彩蓉）

【资金营运】 一是债券市场精耕细作。投资组合久期控制充分考虑经济周期因素。交易类债券资产和可供出售类债券资产的配置更符合利率市场预判趋势，实现利率风险防范与利润最大化的有机结合，实现风险与收益平衡的经营目标。二是票据市场严控风险。大力开展票据转贴现业务，采取积极的方式扩大营销，通过多种交易形式与各类金融机构开展业务合作，合理摆布资金，扩充票据业务渠道。三是同业市场稳健营销，收益和交易规模实现持续稳健增长。加强与各商业银行的资金往来，开展融资性同业存放业务，利用资金的地区差、时间差多方寻找同业合作机构，获得较高同业利息收入。四是探索新的收入增长点，审慎投资机构理财业务，提高资金运作收益。五是继续推行行内转贴现利率市场化引导。累计向支行发布行内转贴现利率9期，引导支行合理调控票据业务规模，优化信贷结构，强化规模调控、资金配置理念。六是加强对宏观政策取向的判断分析，为实现全面风险与价值管理奠定基础。

（宿 波）

【风险管理】 一是加强风险管理制度建设，逐步构建全面风险管理制度体系。制定《授信业务担保管理办法》，为规范全行授信业务担保管理工作提供了制度依据；制定新的贷后管理办法，完善了贷后管理基础制度；制定《授信业务授权管理办法》，该办法是兰州银行第一部专门规范授信业务授权管理的规章制度。二是进一步强化贷后管理职能，有

效提升全行贷款水平。在总行职能部门设立贷后管理科，统一负责全行贷后管理工作。组织开展全行性贷后管理综合大检查以及信贷风险自查、批发市场个人贷款贷后管理专项检查活动，有效控制信用风险。加强逾期贷款管理，有效遏制逾期贷款抬头。三是进一步规范授信业务的授权管理，初步实现授信业务的按季动态调整和差别化授权；进一步细化授权的授信业务种类和授权额度，实行商圈商户经营贷款承办行制度，并根据分（支）行信贷业务实际需求，实行差异化、特色化授权；进一步规范分（支）行授权使用情况的后评价制度，初步实现按季度动态授权管理。四是进一步加大对不良资产清收和管理力度。积极采取清收、盘活和不良资产批量处置、不良资产打包出售等措施，实现了不良贷款双降。成立特殊资产管理中心，充分发挥专业清收作用。做好资产保全工作，最大程度维护债权。五是顺利完成业务风险排查工作，有效防范相关业务的操作风险。建立风险排查组织领导机构，制定详细的风险排查工作方案，保证风险排查工作顺利进行。按季进行风险排查工作，有效堵塞风险漏洞，逐步实现滚动化、常态化的风险排查机制。通过风险排查，确保了全年无案件事故发生。

（张　明）

【计划财务】　一是充分发挥计划的综合调控作用，加强全行资产负债管理，提高资产负债协调发展能力。根据全行经营计划，按照充分运作、提高效益、结构配比和期限协调的原则，制定全行资金配比运作计划，并根据实际情况及时调整。根据全行经营情况及市场变化情况，及时调整计划，提高贷款等高收益资产占比，实现资产负债配置效益最大化。加强对资产负债监管指标的动态测算、预警和监控，强化对指标运行情况的监测和分析，使各类现场和非现场监管指标始终保持在监管要求范围内，确保全行安全运营。二是强化考核激励机制，进一步完善优化目标任务考核体系，加大考核激励奖惩力度。通过持续不间断的综合考核，按季排名、公开通报，全行竞争意识、发展意识和危机意识明显增强，经营管理更加规范化。三是以提高资金整体使用效率和防范风险为主线，灵活运用资金利率杠杆调控业务，加强利率管理和利率风险防范。进一步加强系统内资金调度和头寸资金调控，有效运作富余资金，提高资金总体收益水平。建立以Shibor利率为基准的协议存款利率市场指导价，依靠市场化的利率手段合理调整全行存款结构，提高存款整体稳定性。关注央行利率政策动向，灵活运用利率杠杆和内部资金计价调控引导业务发展。四是加强财务管理基础工作，多渠道研究利用各种杠杆调控工具参与业务调控和经营管理。推行与等级行相配套的收入费用率管理政策，积极发挥费用杠杆调控作用，有效推动全行存款快速增长。加强全行财务管理基础建设，努力实现全行财务管理程序化、科技化和规范化。加强对各分支行进行财务指导和财务监督，提高总行财务控制能力。根据总行业务调控要求和管理目标，灵活运用利率、考核、拨备、费用和利润等各种经济、行政的杠杆工具调控业务。五是切实提高财务管理水平，提高全行盈利能力，改善相关财务指标。坚持财务收支两条线管理，加强财务管理基础工作规范化建设，理顺完善财务体制。各项收入和支出实行总行集中管理、集中报账、集中核算。提高对收入的综合管理能力，加强对各项费用和成本支出的管理控制，狠抓增收节支工作，努力提高经营效益和盈利水平。按照上市要求加快改善调整全行财务指标和监管指标，积极消化解决历史包袱，持续优化全行财务报表和财务数据，全面提升盈利水平和可持续发展能力。

（蔡彦文）

【会计结算】　一是大力开展文明规范服务工作，提高全行服务质量和水平。制定“开展体验服务 寻找差距 提升服务质量”活动实施方案，并按照方案内容和时间要求做好全行文明规范服务工作。开展全行业务技能竞赛活动，对竞赛项目、业务知识内容进行优化和更新，进一步提升了职工的业务素质和服务意识。制定《营业网点文明规范服务应急预案》，完善和细化银行服务突发事件应急处置机制。提出规范化服务方面存在的19个问题，提出提升全行服务意识、服务质量和服务水平的16条意见和新要求，印发实施《关于进一步做好文明规范服务工作的通知》。二是加强支付结算工作，提高支付结算效率。支付结算业务系统全年运行平稳安全，同城及异地资金清算渠道畅通，无任何重大差错事故发生。启用新的支票磁码打印格式。积极参加支付系统应急演练活动和宣传活动。全行结算账户及反洗钱管理工作进一步加强。全面代理陇南武都金桥村镇银行的各项支付业务。完成全行存量单位银行结算账户法定代表人或单位负责人及代理人公民身份信息真实性核实工作。三是做好现金出纳管理，提高服务水平，全年现金管理无重大差错及责任事故发生。对全行营业网点库存限额进行了调整核定，确保支行现金支付工作正常进行。坚持执行查库制度、大额现金出库审批制度和库箱交接制度等，确保全行资金安全。做好全行反假币宣传工作和假币收缴工作。四是做好客户服务及后台业务运行工作，保证全行业务正常顺利开展。建立重大投诉定期报告和通报制度。制定投诉处罚暂行规定和处理流程，提高客户投诉处理工作效率。五是会计基础工作得到进一步加强。对支行凭证领用采取总行统一配送。实施全行统一银企对账工作。改进收费业务凭证格式打印及账务处理工作。配套制定《间接银团贷款会计核算办法》、《代理收取燃气费业务管理及操作流程》和《关于加强异地分支机构在会计结算管理方面的意见》。

（魏学鑫）

【公司业务】　一是加强负债业务管理，促进全行存款增长。积极做好存量大客户、系统客户的维护与营销，协助首席客户经理走访客户，及时满足客户合理需求。调整存款结构，加大清理高成本存款的力度。二是加强授信营销工作，调整信贷结构。快速反应，促进全行优质信贷客户稳定增长。统筹安排，制定措施，提高调查工作效率。加强人员，讲求效率，加快业务办理速度。四是先调研、后论证，加强行业风险控制。三是积极举办、参与各种洽谈会，为服务中小企业搭建平台。先后在兰州、酒泉和天水等地多次成功举办中小企业融资洽谈会，吸引1 500多户企业参会洽谈，参会企业融资总需求达160亿元以上。积极参与政府组织的各种银企对接会，现场受理100多户企业的业务需求。四是加强政企多方合作，拓宽业务发展渠道。获得财政国库资金集中支付代理资格。先后与皋兰县、榆中县、红古区、安宁区、西固区及城关区等6县（区）达成合作框架协议。加强银税合作，做大银税业务。独家成功代理燃气收费业务。加强与商会、协会等民间组织的交流，共同探讨业务合作途径。五是加强业务创新。开发承储物资抵押贷款、企业并购贷款和钢铁企业联保贷款，扩大银企业务合作范围。

（魏晓文）

【个人业务】 个人存款业务。一是加强个人业务宣传，深化优质文明服务。在《兰州晚报》连续开展“走进兰州银行系列报道”十六个题材的个人业务宣传报道工作。二是积极开展自助缴费业务，提高个人缴费业务的电子化服务水平。三是实施《大堂经理管理办法》，基本实现全行大堂经理专职化。四是充分发挥神秘客户的监督作用，提升柜面前台员工的服务质量。截至年末，全行个人存款余额165.40亿元，较年初净增21.20亿元，增长了14.70%。

个人贷款业务。一是积极推广个人循环贷款业务。以住房作为最高额抵押，客户申请授信额度，在不超过授信有效期和可用额度的条件下，可多次申请循环使用授信额度内的贷款。二是探索开展保障性住房贷款业务，制定《关于稳步推进经济适用房个人房贷业务的指导意见》。三是认真做好小额农户联保贷款业务试点工作。在榆中、桃林和红古等支行试点小额农户联保贷款业务，对具有农业科技含量的无公害大棚蔬菜种植及城乡结合部的农家乐旅游产业给予信贷支持。四是积极开展下岗失业人员小额担保贷款工作。全年累计发放下岗失业人员小额担保贷款2 670笔、18 419万元。截至年末，全行个人贷款余额32.18亿元，较年初净增4.42亿元。

个人代理业务。截至年末，全行累计代收移动、固定和联通话费1 728万元，累计代收国税164万元。

（刘晓艺）

【银行卡业务】 不断完善敦煌卡功能，加快敦煌卡品牌体系、市场营销体系和风险防范体系建设，敦煌卡市场占有率不断提高，综合风险防范能力不断加强。一是加强银行卡业务合规化建设工作。完成《敦煌借记卡章程》修订工作。对代理发放企事业单位职工工资及卡密码修改、重置等相关事宜进行系统梳理。二是加强银行卡安全管理工作。对银行卡发卡及安全管理、自助转账业务、ATM终端安全管理、POS终端安全管理和特约商户管理5大类32项内容进行了全面自查。建立银行卡风险联系人制度，研究制定风险防范措施。建立银行卡违法犯罪预警机制，通过多种方式向全行发布预警防范信息。三是加强联合营销宣传工作。与中国银联甘肃分公司、其他发卡机构联合举办“国美电器—万人刷银联卡购物周”的主题营销活动，宣传敦煌卡产品服务。选择全省20个重点大型商户，共同开展甘肃省“拉动内需，促进消费”联合宣传营销活动。在《鑫报》开辟专栏，宣传敦煌卡业务产品。截至年末，累计发卡1 363 646张，较年初新增87 672张；卡存款余额1 422 352万元，较年初新增132 094万元；累计实现银行卡手续费收入161万元，同比新增31万元。

（杨　杰）

【国际金融】 全年累计发放人民币国际贸易融资贷款42 346万元，实现经营利润1 070万元人民币。一是增强服务功能，提高外汇业务竞争力。完成外汇金宏系统上线。顺利通过国家外汇管理总局外汇金宏系统（国际收支申报）接口程序验收，11月23日正式上线运行。开展出口信保融资业务，与中国出口信用保险公司签订优质客户的互惠协议，出口企业凭借出口信用保险单据可以续做贸易融资。加快代理行建设，欧元结算借助德国商业银行渠道，有效提高欧元结算速度和服务质量。二是开展业务营销，市场份额逐渐增大。努力开发新客户，营销工业制成品领域的企业。积极支持分支机构营销有外币需求的客户，提高分支机构营销外汇业务的积极性。三是做好整章建制，防范外汇业务风险。配合外汇金宏系统上线，制定《国际收支申报新系统领导小组成员名单》和《新版国际收支申报数据报送管理办法》等，提高外汇业务风险防范水平。

（柴　炯）

【金融创新】 营销创新方面。一是全力支持中小企业发展，发起成立省内首家兰州银企协会，成功举办了两届“兰州中小企业融资洽谈会”，并首次在酒泉、天水举办中小企业融资洽谈会。二是积极开展银政合作和机构合作。与兰州市四区三县签订全面合作协议；向市国资物业管理有限公司综合授信5亿元，专项支持危房改造工程；获得人民银行国库资金集中支付代理资格，开办定额个体工商户税款代收代缴业务，并独家代理全市燃气收费业务。三是加大个人业务营销力度。开展下岗失业人员小额担保贷款业务。探索开办个人循环贷款业务、个人房屋最高额抵押循环贷款业务、保障性住房贷款业务和经济适用房小区个人房贷业务；开展农机具按揭贷款和小额农户联保贷款业务。四是组织开展乒乓球、象棋、羽毛球、扑克大赛等银企联谊活动和“更名一周年回馈新老客户”大型宣传活动，进一步加强与企业和客户之间的沟通联系。五是积极采取强化考核导向、调整内部资金计价、实行费用与存款挂钩等有效措施，促进存款业务快速增长。

服务创新方面。一是深入开展体验服务、寻找差距、提升服务质量的主题活动。二是认真开展文明规范服务。加强对柜面服务差错率的考核；推行客户满意度电子评价系统；外聘神秘人和专业管理咨询公司对全行所有营业网点进行明察暗访；建立重大投诉定期报告和通报制度。2009年，兰州银行网点服务总分在全省银行机构中排名第二。

风险控制方面。一是建立滚动式常态化风险排查机制，实现授信业务按季动态调整和差别化授权。二是加强对客户群的监管，重点加强对房地产、钢材销售等企业的及时监控，防范系统性风险。三是对经营暂时遇到困难的企业，积极采取增加贷款额度、降息和展期等组合措施，保证企业的正常生产经营。

（李彩蓉）

【稽核工作】 兰州银行稽核工作以稽核信息管理系统为平台，加强对易发风险点、易发风险面和易发风险岗的预警监控，继续坚持从过去查找问题向防范风险转变、从现场稽核为主向非现场稽核为主转变、从检查问题为主向整改问题为主转变，促进了全行各项业务合规、合法稳健运行。一是开展各类稽核检查工作。完成计划内稽核项目7项，计划外稽核项目11项。二是对重点业务、重点环节进行检查。对全行贷款风险分类工作的管理及分类真实性情况进行专项稽核；对全行集团客户授信业务进行专项稽核，加大对外设分行的监督检查力度。三是加大非现场稽核力度。依托稽核信息管理系统对风险预警线索及时进行查证核实，对风险点进行监控；结合预警线索分析和稽核项目安排，有针对性地开展现场检查工作。四是加大后续整改落实力度。按照谁检查、谁后续、谁跟踪的原则，不只对前一年检查出的问题进行后续稽核，对历年检查发现的问题也要进行后续稽核。五是建立稽核信息分析通报制。对全行经营业务运行过程中发现的问题汇总分析，定期进行稽核信息分析通报。六是加强内部管理。落实稽核工作责任制、分科分片包行制、稽核工作流程制、稽核反馈制度和协调沟通制等六项内部制度，严格规范内部管理。七是加强稽核人员专业知识与专业技能培训。紧跟业务创新与发展，不断更新知识层面，学习先进稽核管理技术，提高分析问题、解决问题的能力。

（高雪梅）

【人力资源管理】 一是全力组织做好各级各类培训。二是不断细化人事工作。加强基层领导班子建设，通过调整交流和选拔配备，组建了一支从总行到分行、支行，从经营到管理，从前台拓展到后台服务，素质优良、结构优化和整体实力高的各级领导班子队伍；及时对新设机构的职位设置和人员配备核定编制，保证业务的正常开展；认真做好计算机及敦煌、永登和天水等分（支）行人员招聘工作；进一步规范劳动合同的续订工作，严格按照法律规定及程序，认真办理劳动合同的终止、解除和纠纷应诉；进一步规范合同工、劳务工、返聘工及物业性用工人员合同协议范本和管理办法。三是围绕绩效考核落实薪酬福利管理。完成以等级行为依据的工资系数调整，建立大堂经理津贴标准，调整提高五险一金缴存基数，核定全行员工单缴、个缴标准，提高企业年金缴费基数，继续做好内退人员工资和退休人员福利工作。四是完善人力基础信息。规划、收集和整理人力基础信息，为建立人力资源基础数据中心打好基础。分类编制人员名册，加强党组织党员信息库建设。五是坚持以人为本理念，关注员工职业生涯。制订轮岗计划，培养新入职员工尽快成长为合格的银行从业人员；建立分专业、分层次的晋升路径，激励员工确立志向和目标，提升职业地位；建立多支柱保障与激励制度，吸引人才，留住人才。

（苏　荣）

【电子化建设】 一是积极推进核心业务系统升级改造工作。对核心业务系统的发展状况、信息系统建设情况、运行情况、业务开展情况和新产品的研发过程进行了学习考察。圆满完成系统升级改造招标和商务谈判合同签订。全面启动项目建设，和中标公司的技术人员一起完成最终符合兰州银行未来发展，体现安全性、先进性和适用性的业务需求说明书。二是加大技术创新力度，为业务发展提供可靠技术保证。完成储蓄业务批量结息程序、燃气公司代缴费业务程序的开发测试和农民工特色卡服务程序的开发。三是将现有各类前端收费类项目统一改造为电子化项目，制定营业税金统一计提的技术方案，实现季末机器统一自动计提；将内部往来利息的管理纳入机器管理范畴，当年将内部往来利息实现了自动入账处理；解决按揭贷款的利率调整问题；升级改造MIS系统；与地税部门密切合作，将以往单纯的柜面代收税款扩大到地税现金代收系统、批量代扣系统和网上报税等多种形式；将陇南金桥村镇银行业务纳入核心业务系统集中统一管理。四是以安全为核心，提高系统安全运行等级。制定应急演练计划，开展主备机实时切换演练、数据库接管、网络系统接管和供配电系统切换演练工作，提高业务系统抗风险能力和应对突发事件的能力。加强网络安全管理，保证异地分行网络系统正常运行。加大对现有计算机相关设备的维护和维修力度，确保全行计算机设备安全稳定运行。

（高焦利）

【安全保卫】 一是对各管理部综合办主任、各营业网点职工、安全兼职员和保安进行了安全保卫知识培训，参加人数1 305人（次）。二是会同银监局、市公安局对全行营业场所进行了安全评估。全面检查营业场所8次，检查率100%，整改隐患2处，隐患整改率100%。落实整改意见4条。三是改造营业场所电视监控设备23套，增添狼牙棒30支、电警棍45支，配备灭火器332具，办理网点《安全合格证》9个，《消防合格证》9个；更换报警主机89台，完全达到了报警系统升级的要求，全行网点报警系统全部与公安“110”指挥中心联网，联网率100%。四是落实安全目标责任制，层层签订安全目标责任书。五是加强对保安、保容、保风的管理，并对保安现行管理制度进行了改革。六是建立了《计算机系统操作员档案》，做到重点部位、重点人跟踪管理。七是会同省公安厅对全行数字电视监控系统、报警系统进行了检测，监控系统合格率98%，报警系统合格率100%。

（刘全辉）

【党建和精神文明建设】 一是突出质量和效果，高标准开展学习实践科学发展观活动。紧紧围绕“党员干部受教育、科学发展上水平、人民群众得实惠”的总体要求，把深入开展学习实践科学发展观活动作为党建工作的首要任务，成立领导工作小组，真正做到认识到位、措施到位、工作到位，确保学习实践活动高起点开局、高标准推进、高质量运行。在“学习调研”、“分析检查”、“整改落实”三个阶段6个环节的活动中，领导小组切实加强部署，认真组织理论学习，开展解放思想大讨论，深入进行业务发展调研，紧密结合工作实际，先后印发各类安排14篇，编发活动简报25期，向上级党组织上报周报24期，在加快体制机制创新、促进各项业务发展和切实改进工作作风等方面研究制定了一系列整改措施，顺利完成了学习实践活动的各项任务，得到了市国资委党委的充分肯定。

二是继续加强组织建设和党员队伍建设。新成立三个基层党组织，及时配备了组成人员。组织新确定的入党积极分子参加市国资委党委举办的培训班。积极培养发展对象，及时做好预备党员的发展和转正工作，逐步壮大党员队伍，充分发挥党员的模范带头作用。举办“学习实践科学发展观、接受优良传统和革命精神教育研讨班”，优秀基层党组织、优秀党员及优秀党务工作者代表共计30余人参加了培训班。积极开展“争先创优”活动。对2008年度先进基层党组织和先进个人进行表彰奖励。

三是进一步加强精神文明建设。坚持以人为本，把精神文明建设摆到突出位置，坚持贯彻“两手抓，两手都要硬”的方针，经营管理与思想政治工作一起抓，物质文明与精神文明一起抓，业务发展与党的建设一起抓。兰州银行在政治文明、职业道德、企业文化、优质文明服务和文明单位等为主要内容的社会主义精神文明建设中取得了新的成果。

四是加强纪检监察工作。认真学习《中国共产党党员领导干部廉洁从政若干准则》，不断推进领导干部廉洁自律工作深入开展。制定了《兰州银行建立健全惩治和预防腐败体系2008—2012年实施方案》、《高级管理人员廉洁自律承诺书》和《关键岗位人员廉洁自律承诺书》。对党员干部廉洁自律工作提出具体要求和安排，坚持“三重一大”事项集体决策制度。落实“三项谈话”制度。开展信访矛盾纠纷排查工作，重点查处贪污、受贿、违规授信、挪用资金、虚列费用、私设小金库和搞账外资产经营等违法违纪行为。认真做好信访工作，加大矛盾纠纷排查力度。进一步提高案件防控水平，拓宽案件信息来源，加大惩防力度。

（苏　荣　刘全辉）

中国银行甘肃省分行邀请VIP客户与和政县吊滩乡中心小学的孩子们一起参加“美丽‘心’世界”爱心捐助活动

中国银联股份有限公司甘肃分公司

总经理　王可为

【综述】　2009年，中国银联股份有限公司甘肃分公司（以下简称甘肃分公司）在总公司、人民银行兰州中心支行的正确领导和指导下，在发卡、收单机构的积极配合和大力支持下，以总公司"一三五"战略为指导，紧密结合甘肃实际，全面贯彻落实总公司年初、年中工作会议和专业工作会议精神，一盘棋、一股劲，攻坚克难，强化管理、规范发展，有效推动了全省银行卡产业健康、快速发展。

一、经营指标持续快速增长

（一）银联标准卡发卡量高速增长。全年全省新增银行卡748.80万张，同比增长36.80%，累计达到2 550.60万张，人均0.97张。新增信用卡38.50万张，累计达到121.20万张。新增银联标准卡644.60万张，同比增长89.10%，累计达到1 701.80万张。新增银联标准信用卡28.20万张，同比增长33.40%，完成全年任务的2.83倍，累计达到69.70万张。

（二）银联标准卡市场份额快速上升。全年全省新增银联标准卡发卡机构2家，累计达到12家，银联标准卡的市场份额和市场地位进一步上升。银联标准卡增量占银行卡增量的86.10%，同比提高23.80个百分点；银联标准卡存量占银行卡存量的66.70%，同比提高21.50个百分点。银联标准信用卡增量占信用卡增量的73.50%，同比提高33.30个百分点；银联标准信用卡存量占信用卡存量的57.50%，同比提高29.50个百分点。

（三）银行卡受理市场发展迅速。全年全省新增联网商户7 756个，同比增长31.10%，累计达到23 276个；新增联网POS机8 532台，同比增长25.40%，累计达到29 998台；新增联网ATM机680台，同比增长36.30%，累计达到2 554台。二级地市新增联网商户4 200个、POS机4 412台、ATM机332台，累计分别达到12 352个、14 626台和1 556台，分别占全省的53.10%、48.80%和60.90%；银行卡交易笔数754.80万笔、交易金额96.90亿元，分别占全省的20%和27.50%。

（四）银行卡交易质量明显提高。全年全省交易成功率99.85%，同比提高1.33个百分点。实现银行卡跨行交易3 768.80万笔、352.30亿元，同比分别增长66.90%和95.10%。

二、受理市场规范成效显著

甘肃分公司是总公司2009年第一批受理市场秩序长效机制建设试点单位之一，作为六家试点单位中的唯一一家新设分公司，领导重视，措施有力，工作到位，成绩显著，试点工作取得了阶段性成果。

（一）组织领导有力。一是成立了全省受理市场秩序专项规范工作领导小组、实施小组和银行卡市场工作委员会，为开展长效机制建设工作提供了组织保证。二是兰州市规范工作由甘肃分公司组织实施，市（州）规范工作由当地人民银行组织实施。三是及时召开有关会议，通报分析情况，研究解决问题，安排部署工作。四是分公司总经理亲自前往基层进行调查研究并组织召开座谈会，统一了思想，提高了认识，推动了市（州）规范工作开展。五是分公司总经理和分管领导主动拜访收单机构负责人，介绍长效机制建设的重要性和必要性，取得了收单机构的理解与支持。

（二）工作方案周全。先后制定、印发、签署了《甘肃省银行卡市场工作委员会工作规则》、《甘肃省银行卡受理市场建设和违规行为处置公约》、《甘肃省规范受理市场秩序，建立银行卡产业健康有序发展长效机制工作意见》及其《实施方案》、《甘肃省规范受理市场秩序，促进银行卡产业健康发展专项工作实施方案》及其《商户现场检查方案》和《甘肃省银行卡受理市场秩序规范工作现场检查违规商户整改实施细则》等一系列规章制度，保证了长效机制建设工作的顺利开展。

（三）措施方法得力。一是成立了17个检查小组，对全省商户进行了现场检查。二是建立了商户交易流水"五天一核查"、与收单机构主要负责人约见谈话和"每日整改、每日核查、每日督促"工作机制。三是建立了每日例会制度，当日问题当日解决。四是创办了长效机制建设工作简报，快速反映长效机制建设情况。五是开发了商户终端信息清洗程序和本地比对核查程序，派驻业务骨干为收单机构提供现场支持，指定技术骨干为收单机构提供实时支持，提高了商户联网注册率。六是制定了投诉处理流程，建立了投诉处理机制。全年全省共组织收单机构完成联网注册19 932户，其中公益类商户占4.50%，注册率100%；清理"一柜多机"商户65个，撤机73部，整改率100%；下发MCC违规商户3 155个，剔除延期整改的453个保险类商户，其余2 702个违规商户全部完成整改，整改率100%；实施追偿性清算89户、17.60万元；平均扣率由2008年年底的0.17%提高到2009年年底的0.31%，提高了0.14个百分点；处理总公司转递投诉32起，处理当地收单机构投诉26起。

三、受理市场环境继续优化

一是制定了全省“刷卡无障碍”创建实施方案，选择天水、酒泉、嘉峪关等经济相对发达的二级地市，联合当地人民银行、商业局、旅游局等单位开展了“刷卡无障碍”优秀示范街区、旅游城市创建活动，举办了天水市秦州区中华西路步行街“刷卡无障碍”优秀示范街区创建活动启动仪式。二是联合人民银行兰州中心支行、省商务厅、省旅游局等单位，举办了2008年度全省“刷卡无障碍”优秀示范商户、街区、风景区（点）授牌仪式，对14个全国级优秀示范商户、1个全国级优秀示范景区、26个省级优秀示范商户、2条省级优秀示范街区进行了表彰。

四、品牌宣传营销力度加大

一是组织开展了两次受理标识布放检查，总公司第三方机构调查显示，兰州市ATM机与商户终端标识布放率在全国32个城市中综合排名第七。二是借助元旦、春节、国庆中秋双节等消费黄金期，联合成员机构和国美、苏宁电器开展了“迎牛年送惊喜”、“刷卡消费更轻松银联相伴好生活”等一系列银联标准卡宣传营销活动。三是联合成员机构和大型重点商户开展了银行卡“拉动内需促进消费”联合宣传营销活动，并举办了两期户外抽奖活动。四是联合省邮政储蓄银行和省农村信用联社开展了农民工银行卡特色服务竞赛活动，并对在受理农民工银行卡业务方面表现突出的营业网点和个人进行了通报表彰。五是联合招商银行兰州分行开展了“欢庆祖国六十华诞·畅刷银联标准卡”——“和”您一起向国庆献礼营销活动，推动了银联标准信用卡的发行。六是协助人民银行兰州中心支行举办了“甘肃省银行卡业务知识电视大赛”，并通过甘肃电视台公共频道向全省进行了转播。七是开展了“改革开放三十年——我与银行卡”主题征文活动，对优秀征文在《兰州晨报》上进行了刊登，对获奖征文进行了通报表彰和物质奖励。八是举办了“我爱中国·共庆六十华诞——甘肃省银行卡产业展望”论坛，人民银行兰州中心支行行长、甘肃银监局局长、甘肃分公司总经理、成员机构代表做了主题发言，并将主题发言在《甘肃金融》开辟专栏进行了刊登。九是通过向总公司积极争取，楼宇广告和机场高速广告已进入采购环节。十是通过新闻媒体、公交车视频广告、成员机构营业网点LED屏幕等渠道和形式进行了广泛宣传。通过以上措施，提高了中国银联作为银行卡组织在甘肃地区的公信力和影响力。

五、业务技术工作稳步发展

一是完成了机房托管试点工作。甘肃分公司是总公司安排的第一家机房托管试点单位。试点工作从2008年8月开始商谈到2009年5月顺利托管并移交上信，前后历时10个月时间，开创了中国银联分公司机房托管的先河，为其他分公司日后托管机房积累了成功经验。机房托管为分公司节约了人力和财力，减少了工作压力和运营风险。二是完成了浦发银行兰州分行大额集中清算系统、二次清分系统、商户集中管理平台上线工作，使其成为全省第二家直联收单机构。三是完成了POSP机构代码变更、POSP集中上收、专业化服务平台交接和二代商户管理平台、公共支付平台上线工作。四是每月进行联网通用检测，撰写检测报告，发现问题及时督促整改。五是严把直联商户入网关，并于2个工作日内完成审批工作，全年共审核商户12 916个、POS终端23 469台。六是编写了《银行卡业务知识问答》和银行卡业务知识竞赛试题，按季编制了《甘肃省银行卡业务简报》，按季召开了银行卡业务分析会。七是将“如何提高统计报表质量和报送效率”作为六西格玛项目课题，开展了银行卡数据统计分析问卷调查，提出了报表报送要求，完善了全省银行卡数据。八是建立了一一对应的联系代表制度，为成员机构提供了优质、高效的服务。

六、风险管理工作得到强化

一是制定了全省银行卡风险联合防范长效机制指导意见，定期召开银行卡风险工作会议。二是制定了全省银行卡POS终端标准化改造工作实施方案和验收方案，全力推动POS标准化改造工作，全年新增直联POS全部实现标准化，存量POS改造完成总公司下达任务的181.80%。三是举办了收单机构风险信息共享系统培训和入网机构风险管理培训。四是向收单机构、专业化服务机构和特约商户开展了银联卡账户信息安全标准（ADSS）宣贯工作，选择了2家MIS商户进行了ADSS风险自评估，并对分公司内部存量项目进行了风险自评估，在线项目启动了风险自评估。五是配合公安部门协查银行卡诈骗案件86起，向成员机构发送风险提示23起，兰州市榆中县公安局还向分公司赠送了“精诚合作·共建和谐”锦旗。六是协助人民银行兰州中心支行对全省银行卡发卡、自助转账业务和POS、ATM终端安全管理及特约商户管理进行了现场检查，并对检查情况进行了通报。

七、互促共建工作取得实效

甘肃分公司与福建分公司是总公司第一批互促共建单位。互促共建工作开展以来，甘肃分公司主动联系，积极沟通，加强交流，深化合作，取得了阶段性成果。

（一）准备充分，需求明确。一是成立了互促共建工作领导小组，研究制定了互促共建实施方案和学习需求，共同签署了互促共建备忘录。二是分公司总经理先后两次带队前往福建分公司学习考察。第一次带领部门负责人就人才培养、行业合作、产品创新、联合营销、风险管理等内容进行了交流沟通；第二次带领省内部分发卡、收单机构主管领导和银行卡部门负责人就银行卡产业发展进行了考察学习，并在福建分公司召开了座谈会，进行交流。福建分公司领导也先后两次带队到甘肃交流、指导工作。

（二）措施落地，成果明显。一是选派2名业务骨干参与福建省POS机操作专项技能竞赛和学习收银员职业技能竞赛，与省人力资源和社会保障厅、经贸工会、妇联、商联等联合制定了《甘肃省“银联杯”收银员职业技能大赛方案》并发文安排了相关工作。二是选派2名技术骨干就互联网、固网支付和行业合作、中小商户机具补偿等工作赴福建分公司跟岗学习，与省电信联合制定了《甘肃省电信互联网支付业务接入方案》并洽谈技术改造等相关事宜。三是福建分公司根据甘肃省中小商户机具补偿机制实施方案及统计需求，安排专人帮助开发了程序并进行了测试，对测试发现的问题提出了解决方案。四是在福建分公司的帮助下，修正、完善了《甘肃省银行卡跨行交易统计报表》，建立了数据统计报送和反馈机制，提高了数据分析质量。

八、内部管理进一步加强

一是制定了15项规章制度与工作流程，加强了制度建设。二是成立了分公司工会，为维护员工权益提供了组织保证。三是明确了部门分工，落实了工作责任。四是招录了4名员工，聘任了1名分公司助理总经理和2名部门副总经理，加强了干部队伍建设。五是有1名员工到总公司二代办交流，1名兄弟分公司副总经理和1名总公司高级主管到分公司交流，加强了干部交流力度。六是托管了中级以下员工人事档案，整理归档了分公司成立以来的文书和会计档案，加强了档案管理。七是整理保存了分公司所有对外合同，建立了合同台账，加强了合同管理。八是签订了保密协议、安全保卫工作目标管理责任书和世博期间反恐维稳责任书，举办了消防安全知识培训班，加强了安全保卫工作。九是开展了财务、采购、合同和安全保卫工作自查，接受了总公司现场检查，得到了总公司的肯定。十是开展了清产核资工作，对分公司成立以来的实物资产进行了实名登记，建立了资产台账，加强了资产管理。十一是员工政治素质进一步提高，有1名中共预备党员转正，中共党员人数达到13人，占员工总数的81.30%。十二是购买了办公用房，完成了图纸设计、预算立项和招标代理、造价咨询、工程监理、空调安装、装修施工招标等工作。

（杜永强）

4月28日，天水市政府主持召开一季度金融运行分析会议

中国华融资产管理公司兰州办事处

副总经理　刘龙光

【综述】　2009年是中国华融资产管理公司兰州办事处实施“三年三步走”商业化转型发展战略目标的第一年，也是各项工作取得明显成效的一年。办事处紧紧围绕公司党委关于“做稳、做实、做新”的工作要求和“12345”的总体工作思路，牢牢“咬住”2009年要实现“1 000万元以上商业化收入”的经营目标不放松，发扬“一不怕苦、二不怕难”的创业精神，取得了良好的工作成效，提前超额完成公司下达的全年考核任务，实现了历史性突破。

一、千方百计抓收入，提前超额完成全年考核目标任务。2009年，办事处实现商业化业务收入1 067.54万元，完成公司下达确保收入计划925.52万元的115.34%，完成力争收入计划1 057.29万元的100.97%，提前超额完成年度“必保”和“力争”两项商业化考核指标任务，实现了历史性突破。

二、依托剩余资源拓展新业务，财务顾问业务收入实现重大突破。全年先后完成兰州兰石机械设备有限责任公司、兰州晶亮玻璃有限公司和宁夏长信公司财务顾问及融资管理咨询项目签约，实现服务费收入769.30万元。

三、依托子公司业务平台，融资租赁等业务取得新进展。全年新开办融资租赁项目4个，投放资金1.05亿元，当期实现租赁业务服务费收入232.11万元，累计投放租赁资金20 100万元。

四、资本金运作项目取得新突破。顺利完成拟上市债转股企业——甘肃稀土新材料股份有限公司非公开发行增资扩股工作，认购企业股票500万股，实现资本金投资2 150万元。

五、对剩余政策性不良资产进行深耕细作，努力实现挖掘增收。全年处置剩余债权资产2 502.50万元，回收现金219.55万元。完成兰州兰石机械设备有限责任公司股权退出项目终极处置，提前收回剩余款项3 311万元，如期上划全部处置款项7 411万元。

六、财务收支状况趋于好转，业务发展呈现良好势头。办事处实现商业化收入1 067.54万元，较上年增加581.48万元，增长119.63%。其中：资产处置业务收入19.77万元；融资租赁收入232.11万元；财务顾问收入769.30万元；信托业务收入5.98万元。

七、全面风险管控到位，商业化业务操作进一步规范。按照公司转型发展的新要求，办事处进一步加强风险管控，优化商业化业务操作流程，梳理业务风险点，落实防范措施，重点做好新开发业务风险和道德风险的防控工作，全面提升办事处风险管控能力，全年未发生案件、事故和风险隐患。

八、领导班子建设和员工队伍建设进一步加强。以“四好班子”建设为载体，坚持中心组学习制度，不断提高领导干部驾驭商业化经营的能力和水平。进一步加强了基层党组织建设，做到“管人、管事”一起抓。切实加强了员工培训，不断提高员工业务素质，以适应商业化发展需要。

【债权资产管理与处置】　办事处对剩余债权资产处置工作采取早动手、早安排、早落实的有力措施，加快剩余债权资产处置进度，最大限度提升剩余资产回收价值。一是对剩余的债权资产进行认真细致的摸底排查，逐户研究处置策略，科学测算回现目标，制定可行收现计划。二是对剩余各类资产认真梳理，挖掘“亮点”，对有回现可能的项目，实行重点监测，人盯项目。三是千方百计推进政策性债权处置收尾工作，圆满完成政策性资产收官工作。四是加快剩余损失类资产处置进度。综合运用打包、拍卖、诉讼、协议转让等多种处置方式，突出抓好重点项目处置工作。五是加快1233系列专项委托资产处置进度。六是根据公司统一安排，完成了信托Ⅳ资产包的组建、现金流预测及处置方案报批工作，未终极处置的损失类资产全部进入信托Ⅳ项目。办事处全年处置剩余债权资产2 502.50万元，回收现金219.55万元。其中：政策性资产1户，涉及账面收购额3.10万元；损失类资产4户，涉及账面金额1 992.40万元，累计处置进度达98.17%；处置1233资产3户，收回现金8万元，涉及账面金额507万元，累计处置进度达94.80%。

至2009年末，本部剩余政策性资产12户，账面金额11 850.33万元，占政策性收购资产的2.39%；剩余损失类资产215户，账面金额10 143.41万元，占损失类收购资产的1.83%；剩余1233资产72户，账面金额7 158.27万元，占1233项目资产包的5.17%。

（司晓磊）

【股权资产管理与处置】　2009年，面对政策性债权资源日益枯竭、商业化转型迫在眉睫的新形势，办事处高度重视发挥股权资源的优势作用，在紧紧围绕“加强管理，提升价值，择机转让，积极创建新业务平台”的总体思路的基础上，从加强股权基础管理入手，在履行职责、维护权益和新业务开拓等方面做了大量工作，为提升股权资产经营价值和开拓商业化业务打下了良好基础。一是年初结合内设机构改革，将办事处股权资源拆分到四个业务部门，实现资源共享，着力推动商业化业务发展。全年依托股权资源，先后完成兰州兰石机械设备有限责任公司、兰州晶亮玻璃有限公司财务顾问及融资管理咨询项目签约，实现服务费收入500万元；开展资本金投放项目1个，投放资金2 150万元。二是进一步加强股权资产基础管理，努力提升股权资源经营价值。针对股权企业分散在各业务部门的现状，进一步明确了办事处股权资产经营管理的工作重点和各业务部门股权管理工作职责；重新调整和充实了股权企业外派高管人员，加强了跟踪管理；注重加强调查研究和日常管理工作，全年先后完成5户股权企业的经营管理方案调研报告，组织派出人员参加企业“三会”23次，参加人员63人（次），审议和表决议案145项；加强了股权资产档案管理，按时上报各种报表，定期录入企业重要信息，夯实基础管理工作。三是提前收回兰州兰石机械设备有限责任公司股权退出转让剩余款项3 311万元，如期上划全部处置款项7 411万元，实现该项目终极处置。

（司晓磊）

【商业化业务】 办事处结合传达贯彻公司井冈山会议精神，组织业务部门认真分析总结近年来开拓新业务方面的经验和教训，查找自身存在的不足，进一步统一了思想认识，理清了思路，改变了以往“乱撒网”的营销模式，变为有重点、有目标、有步骤的营销，提高了商业化业务营销效率。围绕债转股企业和优质公用事业项目，实现租赁融资业务新突破。全年投放租赁融资项目4个，投放金额1.05亿元，实现租赁业务手续费收入232.11万元；开展财务顾问项目5个，实现服务费收入769.30万元。与此同时，积极稳健推进投资业务发展，全年相继启动了甘肃祁连山水泥集团股份有限公司和甘肃稀土新材料股份有限公司非公开发行增资扩股工作。在上半年祁连山项目由于报价偏低而未成交的情况下，办事处积极引导项目人员主动开拓市场，深入挖掘投资项目潜力，年末最终完成了甘肃稀土新材料股份有限公司非公开发行增资扩股工作，认购公司股票500万股，投放资本金2 150万元，实现了资本金运作项目的新突破，积累了开展投资银行业务的宝贵经验。一年来，办事处认真贯彻公司“大客户”战略方针，主动加强同政府、大银行、大企业等优质重点大客户的联系、协作和沟通，积极推进各项业务发展。先后同甘肃省农村信用联社、上海浦发银行兰州分行、工商银行甘肃省分行和甘肃天水市政府等签订了全面业务战略合作协议，并积极介入工行、农行、中行以及宁夏长信公司不良资产委托处置工作，重点启动了甘肃农村信用联社区域不良资产收购工作的前期谈判，为下一步推动办事处商业化业务营销发展打下了良好基础。

（司晓磊）

【合规审计】 2009年，办事处坚持“一手抓业务发展，一手抓内部管控”的工作方针，从严防范商业化新业务风险。一是充分发挥办事处业务审查委员会和合规及内控委员会的职能作用，加大对各项新业务的风险审查工作。努力提高风险报告的质量，发挥风险报告在合规风险管理中的作用。二是重视完善新业务操作审查流程，严把“三道防线”，从源头抓起，堵塞漏洞，防范道德风险和经营风险。三是突出抓好重要岗位的风险管控，坚持做好合规性审计工作，切实抓好实施项目的“动态”管理，密切关注风险苗头，及时采取应对措施。年初，办事处聘请中介机构对2008年度财务执行情况进行了全面审计，对审计发现的问题督促有关部门进行了整改。对固定资产购置、汽油购买使用情况及物品采购管理岗进行了检查，对出入库建账不符合财务要求及有关问题，督促相关部门进行了整改，进一步规范了管理。全年完成资产处置收尾项目审计46个，涉及企业1 047户，并对办事处已开展的10个商业化项目进行了合规性审计，对其中存在的资料不齐全、操作不规范等问题进行了纠正。

（司晓磊）

【经营财务】 2009年，办事处认真贯彻公司倡导的勤俭节约、开源节流的指导思想，坚持一手抓好增收工作，千方百计扩大经营收入，一手抓好节支工作，严格控制成本费用支出，努力提高经营效益，经营亏损势头得到有效遏制，各项费用指标控制在下达指标以内，超额完成公司下达的各项考核任务。一是下发《关于切实加强财务管理，严格控制经营成本的通知》，对招待费、业务宣传费向各业务部门下达了控制指标。二是进一步完善各项财务工作制度，做到业务记载正确，要素完整，核算合规合法。三是坚持勤俭办事原则，执行财务费用支出审批制度，控制各项费用支出，充分发挥办事处资金财务审查委员会的职能作用，对大额财务支出坚持集体审定原则。四是加强办事处各项业务资源整合和配置，统一调度，统一运作，千方百计增加收入总量，严格控制成本支出，努力增收节支，不断促进经营管理水平的提高。

（司晓磊）

【领导班子和员工队伍建设】 2009年，办事处通过坚持抓好党委中心组学习制度和每季一次党委例会制度，不断加强班子成员学风、思想和作风建设，提高班子的战斗力。通过开展“讲党性、重品行、做表率”活动、“建设学习型组织，争做学习型员工”活动和“加强组织纪律、改进工作作风”活动，着力建设一支“作风优良、纪律严明、敢打硬仗、善打胜仗”的员工队伍。按照公司党委要求，开展了学习实践活动整改落实“回头看”自查工作，进一步巩固学习实践活动成果。在办事处开展了以“三项法规”为主的各项规章制度学习教育活动，办事处党委成员利用网络视频形式为三地员工讲解辅导法规知识、商业化业务知识，开展廉洁自律教育，进一步增强廉洁从业和遵章守纪的自觉性。高度重视员工新业务培训工作，全年组织员工参加各类商业化业务培训18期、400余人（次）。注重发挥工会组织的作用，积极开展各种文体娱乐活动，关心员工生活，着力培育“稳健、创新、发展、和谐”的华融企业文化，营造内部良好的工作环境，积极推进办事处商业化转型发展。

（司晓磊）

中国长城资产管理公司兰州办事处

总经理　白　静

【综述】　2009年，中国长城资产管理公司兰州办事处认真贯彻落实年初总公司召开的全国办事处党委书记、总经理工作会议及各相关专业会议精神，努力将长城资产管理公司建设成为以不良资产经营管理为主业，具有综合金融服务功能、明显竞争优势和持续发展能力，有着稳定盈利模式和健全经营机制的综合性资产管理公司。办事处全年回收现金13 786.62万元，实现利润786.10万元，分别完成总公司下达计划目标的101.02%和360%，实现中间业务收入333.88万元，综合经营考评在全国排名第5。同时，办事处积极拓展新业务，加强与地方政府的合作，促成总公司与兰州市人民政府签订战略合作协议，为办事处在收购资产、新平台搭建、金融租赁和代理业务等领域取得新突破奠定了基础。另外，在党建、企业文化建设等方面取得显著成效，办事处被省档案局评为全省档案工作先进单位，被中国银行业监督管理委员会授予青年文明号称号。

【商业性资产经营与处置】　办事处不断总结商业性资产处置的经验，科学制定措施，有效落实责任，扎实有序推进资产处置工作。

一是建立项目储备库，实现现金均衡回流。年初，按照总公司的要求，办事处对工行包剩余资产进行全面梳理，以不低于当年现金流任务的1.50倍建立了储备项目库，并根据资产处置进度，不断调整充实储备项目，确保储备资源充足，现金回收稳定，在部分项目不能及时回收的情况下，有替代项目完成预定目标。办事处现金回收均衡，四个季度均全面完成了总公司下达的现金回收计划。

二是抓好评估环节，有效推动资产处置工作。办事处通过实施评估环节前移策略，极大地缓解了处置和评估环节衔接不畅的矛盾。通过提前评估，办事处为待处置资产寻找到最佳的市场价格坐标，多渠道发现资产价值点和问题点，为下一步处置和营销奠定了基础。

三是进一步完善了定项目、定时间、定人员和定任务的“四定”原则。办事处不断完善项目管理机制，逐步实现了任务一次亮底，年初分解落实到各项目部，与项目负责人签订责任书，并制定出具体的处置项目和处置进度时间表；每半个月召开一次资产处置经营分析例会，帮助解决资产处置中的困难及问题；同时还将考核工资、管理费用与现金流直接挂钩，根据考核时间，对照目标计划，做到项目、人员、责任和进度四落实。

四是打好多元方式营销牌，力求实现资产价值最大化。办事处始终坚持在市场中发现价值、在营销中提升价值的理念，做到营销对象立体化、营销方式多样化。坚持媒体营销和日常营销相结合，定期营销和不定期循环营销相结合，行业、区域组包和单一资产营销相结合，辖区内营销和跨区域营销相结合，营销资产与营销自己相结合。全年办事处累计在各类报纸上发布资产公告21例，在公司外网发布处置公告67例、资产营销公告25例，向中介机构市场公开询价20次，涉及165户债权企业，并利用甘肃省产交所产权交易平台对14户企业债权进行了营销推介，涉及金额2.20亿元。

五是精细运作，上下联动，保障对重点资源类项目的处置。办事处要求各经营部门严格规范重点资源类项目的处置，确保重点资源类项目从尽职调查、评估、营销询价到处置等过程都符合相关要求。对重点资源类项目和处置难度较大项目的资产经营部和项目部齐抓共管，共同参与处置前谈判、处置前期法律论证和综合审核。其中的重大项目，由办事处领导和资产经营部采取全程跟踪与指导等方式协助各项目部进行处置。一些处置难度较大的项目在年内完成处置，回收现金5 061万元，占当年办事处回收现金的36.70%。

六是加大诉讼执行力度，以诉促谈，努力实现处置回收最大化。针对最高院在全国范围内开展集中清理执行积案活动，办事处对甘肃境内涉诉资产进行了深入了解、调查、清理和筛选，向甘肃省高级人民法院上报了未执行积案情况统计表。通过与地方各级党委、政府，国资委、企业主管部门及各级法院沟通，使部分积案得到了有效执行，提高了诉讼案件的执结率，有效维护了办事处涉诉债权的合法权益。截至2009年9月30日，办事处通过各级地方法院强制执行、执行和解、对债权实施协议转让和债务重组等多种方式，共执行案件18件，涉及案标的4 617.34万元，回收现金1 651.50万元，非现金抵债资产价值26.15万元。

（李金莲）

【拓展金融服务业务】　一是落实“行司合作”精神，全面启动与三省（区）农行合作事宜。为积极落实行司联合下发的合作处置委托资产文件精神，11月初，办事处党委班子全体成员带领有关业务部门负责人分三路专程赴农业银行甘肃省分行、青海省分行、宁夏回族自治区分行开展合作工作，与主管行长及资产处置部、法律部负责人就合作处置委托资产有关事宜进行了专题会谈，达成了初步意向。

二是借助长城租赁平台，选准目标大力拓展金融租赁业务。办事处采取多项措施，全面拓展租赁业务。年内，办事处成功推荐酒泉澳凯种子有限责任公司售后回租业务项目。

三是合规实现财务顾问任务计划。年初，办事处就专项财务顾问任务分解召开了专题总经理办公会议，明确了财务顾问工作的基本要求，提出了工作中存在的问题，部署了落实财务顾问计划的工作措施，并根据实际完成情况多次向各项目部下发了业务督办单，年内办事处财务顾问和其他中间业务共实现收入347.88万元。

（程国栋）

【资本金投资项目退出】 2009年，受国际金融危机影响，证券市场波动较大，为确保年内顺利实现资本金项目“兰州黄河”退出，办事处领导亲自挂帅，采取多种方式进行余款催收，最终在年末将7 400余万元余款全部收回，上划总公司，顺利完成了资本金退出变现工作。

（雷　钧）

【加强合作 实现共赢】 2009年，办事处认真围绕把长城公司建设成为具有资产经营管理功能的现代金融服务企业这一战略目标，积极主动联系各类金融机构、地方党政和国资委等部门，在“互惠互利，合作共赢”的原则下，2009年6月办事处与甘肃省农村信用社联合社签订了战略合作协议，并于7月29日在办事处多方努力、协调和运作下，总公司与兰州市人民政府正式签订战略合作协议，为下一步办事处资产收购、新平台搭建、融资融券及代理业务等领域取得新突破奠定了基础。

（刘明煜）

【基础管理工作】 一是顺利通过ISO9001质量/风险体系认证专家的审核检查。2009年10月30日，办事处顺利通过了质量认证机构专家的审核检查，达到了ISO9001质量/风险管理体系认证要求，档案管理工作得到了审核专家的一致好评。

二是加强风险防控工作。办事处在风险防控的导向上，继续向“合规与风险并重”的全面风险管理转变，成立了以分管领导为组长的后评价工作小组，按季开展后评价工作，促进资产工作质量不断提高。积极配合外部监管部门对业务的审计调查工作，扎实做好检查发现问题的整改工作。全面自查了转型过渡期以来商业性资产处置业务，认真做好清理、清算、复合验收和整改汇报工作，适时将审计关口前移，审计人员积极参与商业性资产处置的评估确认和经营决策工作，科学防控风险。

三是继续完善“铁档案”建设。办事处有关部门切实做好经营处置档案的归集、使用和保管工作，各部门认真做好衔接工作，在项目处置终结后，将有关文件和凭证整理、装订、归档。档案管理部门认真把好处置档案材料形成移交关、文件材料收集关、统一立卷关和档案资料借阅关，促进了档案管理工作规范化、制度化和科学化，逐步形成了真实、完整、规范的档案资料和严格的档案管理制度。

（刘明煜）

【党建和队伍建设】 办事处通过加强党建和精神文明建设，激发了广大员工爱岗敬业的热情，进一步增强了队伍的凝聚力、执行力和战斗力。通过做好监督检查和党风廉政建设巡查工作，保障了各项业务工作的顺利开展。

一是继续深入学习实践科学发展观。建立学习实践活动长效机制，通过不断深入的理论学习，查找改革发展过程中存在的问题，科学的予以解决，又好又快地推动了办事处发展。

二是加强党组织建设及党员教育。广大党员充分发挥党员的先锋模范作用和党组织的战斗堡垒作用，不断提高政治素养，促进业务发展。认真落实党风廉政责任制，进一步推动领导干部廉洁自律和案件治理防控工作，全体员工严守法纪，自觉遵守党风廉政建设的各项规章制度，在资产处置中严格遵守“四个不准”，切实做到依法合规运作。

三是积极推进干部队伍建设。通过民主推荐等相关程序，按照“德才兼备”的原则，那些有能力、有热情、想干事、能干事和干成事的同志，被提升到更高一级的管理岗位上，为个人才华的充分展示提供了舞台。2009年，办事处有三位高级副经理晋升到了高级经理的岗位上，进一步充实了干部队伍。

四是加强各类培训，努力建设高素质的员工队伍。办事处按计划积极主动地做好员工思想政治工作和各类培训，突出思想信念和素质提升，切实加强与员工的交流沟通和业务培训，引导员工正确把握个人利益和集体利益、当前利益和长远利益、个人前途和公司事业的关系，把思想统一到拼搏奉献、干好工作上来。同时，一如既往地关心员工的学习、工作和生活，增强了员工对公司的认同感和归属感。

（李小芹）

中国东方资产管理公司兰州办事处

副总经理 张尊院

【综述】 2009年，中国东方资产管理公司兰州办事处以总公司年初工作会议精神为指导，确定了以利润为中心，以可疑类资产处置收现和新业务开拓并重的工作重点，坚持依法合规经营，克服困难，积极应对新疆“7.5”事件，取得了较好的成绩。全年各类资产收现55 228.60万元，其中可疑类资产收现17 848.68万元，新疆中行资产包收现36 641.62万元，政策性资产收现227.30万元，损失类资产收现511万元。

一、以任务目标为中心，全力以赴做好可疑类资产处置收现

一是层层分解任务，进行压力传导。办事处通过考察调研制定出处置策略和控亏方案，依据所属四省（区）资产质量的差异及收现进度，将收现任务层层分解，与各业务部门签订收现目标责任状，实行目标管理，按月对四省（区）任务完成情况和费用进行对比通报。

二是调整人力资源，强化收现力度。办事处根据人力资源的现状和实际需要，在四省（区）内调配人员及时补充到力量薄弱的业务部一线，加强收现力度。将西宁业务部撤回甘肃本部，人员并入本部统一管理，节约了处置成本，缩短了管理半径，提高了工作效率。

三是抓住时机，快速处置建筑行业项目。办事处在甘肃建工系统的八户企业涉及债权本金13 800万元，鉴于建工企业职工多，各类利益主体矛盾复杂等情况，办事处采取以个别户带动整个行业的处置模式，充分运用多样化的处置手段，全年甘肃省建筑行业实现回收2 887.32万元。

四是继续与政府部门合作，借助政府管理职能进行有效处置。按照海南会议纪要的要求，办事处对19个项目通过以诉促谈或通过政府调解最终达成和解，回收款项2 667万元。通过与各地方政府部门的合作，有效实现了债权利益，降低了处置费用，提高了资产处置效率。

五是借清理积案契机，加大诉讼项目的执行力度。利用全国开展集中清理执行积案的专项整治活动，与各级法院进行沟通，督促法院加大执行力度，全年回收执行款项1 719.50万元。

六是抓大不放小，稳步推进个人贷款处置。全年个贷项目实现回收1 599.96万元。

七是狠抓重点大项目，确保收现任务顺利完成。办事处统筹规划，四省（区）并重，总经理室成员有分工、有重点、有目标的对四省（区）重点项目给予督战指导。通过变更代理律师、领导出面直接谈判、加强与各级政府和法院的联系等手段，成功处置了新疆湖光糖厂、青海藏业科工贸公司、甘肃皇台股份公司、宁夏银广夏等项目，实现回收5578万元。

二、积极探索转型之路，全面拓展商业化业务

一是增值运作商业化收购项目。按照《结构性交易债权委托清收协议》和《结构性交易债权转让协议》，完成了中国银行新疆分行资产包的交割。遵循市场化的原则，确立了以利润为导向的经营理念，把资产作为资源，并通过设计筹划及运作，不断提高资产增值能力，积极尝试对接总公司商业化业务平台，使其发挥最大效益。

二是对新的不良资产市场进行调研，积极参与某金融机构资产包的竞标调研，为今后的合作奠定了基础，积累了工作经验。

三是积极拓展中间业务。全年成功地与对接公司合作完成信用评级、财务顾问、金融租赁、证券保荐等业务，实现中间业务收入近百万元。顺利完成东方国际信用评估有限公司甘肃分公司的工商注册登记，标志着东方金诚评级公司甘肃分公司正式成立。

四是把握投资机会，培育投资增值点。根据总公司股权会议的精神，把债转股项目作为转型的重要战略资源，积极寻找投资机会。当年对东方公司参股企业中具有潜在增长力和上市潜力的甘肃稀土新材料公司投资4 155.20万元、收购980万股权，使东方公司成为第四大股东，为公司投资资产增值获取了运作空间。

三、优化管理模式，进一步提升管理水平

一是加强风险防控管理。通过开展内部自查审计、法律风险审查等方式监控经营风险和操作风险，将审查工作前移，加强员工的警示教育和道德风险教育，有效防范风险节点，办事处全年未发生事故案件。

二是严格按照ISO质量体系文件要求，规范工作流程。按总公司的要求，将ISO质量体系中的管理制度和办公系统规范流程相结合，促进了处置规范管理。办事处连续两年内审中没有出现不合格项，在规范经营方面有了明显进步。

三是加强档案的管理，保障了各项工作合理有序运行。全年整理文书档案资料1 047件；接收整理一级资产档案152户、178本，二级档案463盒，处置中档案、审批、评

估材料等1 106件（卷）。在甘肃省档案局组织的档案工作检查评比中被评选为特优单位。

四是抓好党风廉政建设、纪检监察与审计工作。积极开展深入学习实践科学发展观的后续工作，始终围绕“增强党员的历史责任感和使命感”主题，坚决落实党风廉政建设责任制，与各部门负责人签订了党风廉政建设责任书，与员工签订了“十个不得”和“保密协议书”。通过学习廉洁自律、防范案件的文件、组织员工收看警示教育片等形式，提高了员工的道德风险意识和依法合规经营意识。

五是增强效益成本意识，加强财务管理工作。当年新修订了办事处《费用管理办法》，管理费用与收现总额和进度挂钩，鼓励多收、早收，业务费用超标扣减管理费用，确保费用支出的合规性。制定了《公务用车改革实施细则》，规定除核定的办公用车费用额度扣除员工定额报销费用、部门定额费用外，剩余车贴全部向一线经营部门倾斜，按部门核算，超支不补，节余自行支配。

四、强化员工队伍，创建团结和谐发展的企业文化

一是营造团结和谐的工作氛围。在干部任用、福利待遇方面，坚持业绩导向原则，公道正派，公平对待。继续办好《办事处工作周报》，解决办事处管辖四省（区）员工分散、工作沟通不够的实际问题。全年先后召开了中层干部座谈会、助理经理座谈会、年轻聘用员工座谈会，听取员工意见，总经理室成员经常和员工谈心交流，组织员工在办事处员工大会上进行总结述职，增进员工之间的交流和沟通，达到员工、部门、上下级之间互相理解和支持，提高工作效率和质量的目的。

二是关心员工生活，为员工排忧解难。新疆发生“7.5”事件期间，办事处第一时间转达公司领导的问候和关怀，关注事态发展，制定应对措施。总经理室成员亲赴乌鲁木齐看望员工，发放维稳补贴进行慰问，使广大员工进一步感受到办事处大家庭的温暖，增强了办事处员工的凝聚力和团队精神。

三是加强员工培训，重视员工队伍的培养。除让员工参加总公司举办的培训外，还根据转型需要有针对性地对员工进行金融租赁、信用评级、财务顾问等内部培训。办事处针对青年员工多的特点，采取了经验交流会、放权独立处置项目、个别交流等多种方式对青年员工进行全面培养，逐步提高青年员工的工作业务能力。通过建立职工书屋、定期开展读书活动、创办《学习园地》等形式，丰富员工文化生活，营造办事处上下团结、互相学习、互相促进、共同进步、共同发展的良好氛围。

【资产处置管理】 一是合理安排时间，做好项目尽调与日常维护工作。对剩余资产重新进行尽调，挖掘可处置项目，落实控亏指标，细化控亏项目。对实物资产及债权进行有效日常维持，进一步规范、细化项目人员对债务人、担保人及抵押物状况的现场调查工作，收集了解处置相关信息。

二是继续加大处置力量投入，抓住处置有利时机，快速处置建筑行业项目，实现行业处置整体盈利。甘肃建工系统内多家特困企业是甘肃省政府最为关注的上访单位，企业职工多，各类利益主体矛盾复杂，政府及有关部门处理与之有关的债权类事宜时态度较为消极。办事处通过各种方式与相关人员交换意见，采取以个别户带动整个行业的处置模式，充分运用多样化的处置手段进行清收，最终实现甘肃建工系统全行业处置盈利。

三是加快个贷项目处置，争创竞赛优秀。《个贷管理规范》的进一步修改，对个贷处置及管理的要求更加严格，在一定程度上增加了项目的处置难度。尤其是受地震灾害影响，陇南地区清收工作一度停滞不前。办事处在了解到陇南地区各政府机构、事业单位、大小企业都必须订阅陇南日报的情况后，通过陇南日报发布催收公告，效果理想，有部分债务人主动与办事处联系，商谈还款事宜，为清收工作打下了基础。

四是加快处置批量委托项目，借助社会资源提升处置效果。办事处在加强个案处置力度的同时，将批量委托项目处置作为工作重点，在委托项目的实施过程中，加强对大项目的管理和监督，并与受托机构交换意见，听取受托方调查后反馈意见，督促受托方按期汇报工作进展，及时掌握处置进度，力争回收最大化。

五是抓重点，克难点，紧咬大项目处置不放松。办事处先后与几个大项目债务人、当地政府、办案法官及债权购买人进行会谈，对涉诉案件准备大量详实的证据材料参加应诉，根据项目处置进展情况，制定谈判策略，强化谈判技巧，提高谈判效果，稳步向前推进大项目的处置工作，为下一步债权的实现打好了坚实的基础。

（邹　燕）

【商业化业务】 信用评级业务。2009年11月完成了东方国际信用评估有限公司甘肃分公司的工商注册登记，标志着东方金诚评级公司甘肃分公司正式成立。2008年，东方公司下属的东方金诚公司入围人民银行的评级机构库；2009年，公司派出人员参加了由人民银行兰州中心支行组织的赴成都、绵阳等地，对当地信用评价体系建设的考察学习，为开展工作积累了经验。

咨询业务。引入金诚评级公司组织实施了对长风科技公司企业经营风险控制制度的完善以及风险管理讲座交流，获得中间业务收入18万元。

财务顾问业务。当年签约财务顾问项目5个，法律咨询项目1个，合同金额82.50万元，实现中间业务收入62.50万元。

金融租赁等业务。走访了兰州、天水、武威、西宁和银川等地的10多个企事业单位，共给外贸金融租赁公司推荐项目8个，完成1个，金额3 000万元。初审同意项目2个，金额4 500万元。实现中间业务收入13万元。

（张　昭）

【债转股】 办事处有债转股企业5户，其中牵头企业1户。2009年，债转股工作的重点是调整管理策略，以债转股项目作为转型的重要战略资源，积极寻找投资增值运作空间。

一是走访债转股企业，做好年度调研工作。办事处严格按照《政策性债转股股权资产管理程序》的要求，对东方资产管理公司持股的债转股企业逐户进行了实地走访和调查研究，形成书面调研报告，重点反映了企业及其所属行业的改革发展情况，了解经营管理层动态，分析债转股企业的经营和财务情况。

二是认真执行重大事件决策程序，从制度上确保办事处对持股企业重大事项的知情权和决策权。根据人员变动情况，对派出的董事、监事人员及时调整补充，使出任各公司的董事、监事人员能正确履行监督职责，维护公司合法权益。

三是对牵头企业甘肃长风电子科技有限公司，组织实施风险管理控制培训讲座，提升了企业高管层的风险控制意识，为办事处拓展中介业务打开了突破口。

四是甘肃稀土新材料公司是东方资产管理公司参股企业中具有潜在增长力和上市潜力的项目，办事处借助其增资扩股的机会，通过与小股东谈判，成功投资 4 155.20 万元、收购980 万股权。通过投资受让股份，维护了公司作为股东的地位和利益，使公司持股比例由 2.80% 上升至 9%，公司因此成为第四大股东，为今后对股权的管理和公司投资资产增值获取了主动权。

五是在寻找新商机的同时，对已收购新疆资产结构交易包中的重点运作项目“新疆哈密长河集团”实施商业化债转股以及后续推动上市工作；协调、配合乌鲁木齐业务部与相关方开展基础性谈判工作，计划大力培植该项目的延伸业务。

（张　昭）

【处置审查及风险防范】　办事处通过深入学习 ISO 9000 质量管理体系文件，建立完善了有效的内部控制机制，将处置审查与风险防范真正落实到了每一个细节上。

办事处突出审查的监管作用，变被动为主动。通过事先审查和提前介入，以超前的意识和行为，将审查工作贯穿于处置收现的全过程；及时清理出全辖的执行积案清单，草拟相关执行积案的司法文件的提示或解读，并根据最高人民法院印发的《关于审理涉及金融不良债权转让案件工作座谈会纪要》的内容制作了解读文件；对2007 年至2009 年的国有债权既往交易进行了档案核查。

中介机构管理一直是外部监管和内部审核的重点领域，也是办事处加强管理的重要方面。2009 年，中介机构子系统上线，集中了全辖的中介机构资源，规范了中介机构的选聘、评价、考核管理，提高了管理效率；进一步加强了对库内中介机构的审查、走访和宣传，与有声望的中介机构形成长期合作关系，加强对关键岗位员工的思想教育，加强资产处置中的成本考核，避免滥用中介机构。同时，将中介机构视为办事处的重要合作伙伴和潜在客户，用真诚的态度和专业的能力推进双方的合作，提升了合作的质量。

（任明哲）

【资金财会】　一是认真学习新会计准则，熟悉新财务软件，促进会计基础工作规范化。随着新企业会计准则的实施，新财务系统也正式上线运行，办事处加强对新会计准则的学习，克服新财务系统初期运行不够完善等问题，较好地完成了“清分”的后续工作。

二是认真执行体系文件，加强财务管理工作，增强效益成本意识，提高会计信息质量。加强预算管理工作，编制办事处全年财务预算，并按要求每季上报；修改办事处《费用管理办法》，促进各项业务的开展和收现任务的完成；每月通报各业务部门的收现金额、管理费用、业务费用情况，在各业务部门之间营造了良好的竞争机制和氛围；根据总公司有关文件精神，全力支持一线处置工作，制定了办事处《车辆改革细则》。2009 年，办事处为各类项目方案出具257 份财务审查意见，召开办事处财务审查委员会会议 23 次，审议通过财务事项 25 项。日常工作中，办事处按照财务制度规定，严把财务审核关。

三是认真组织年度会计决算工作，做好财务分析。清理各项资金、核对账务；盘查和核实各项资产；核实财务收支；核实业务数据；核查科目使用情况；核对年末不良资产公允价值；核实政策性业务清分数据。

（陈　华）

中国信达资产管理公司兰州办事处

党委书记 李月瑾

【综述】 2009年是中国信达资产管理公司兰州办事处大力开拓市场、紧跟公司商业化转型发展的关键一年。办事处在公司党委的正确领导下，在总部各部门的帮助、支持下，各项工作稳步推进，较好地完成了公司下达的各项经营计划指标，实现了办事处提出的稳定队伍、拓展业务、持续发展的工作目标。全年办事处处置不良资产2 380万元，回收现金1 234万元，实现中间业务收入344万元。

【资产处置与管理】 办事处针对剩余债权资产项目散、小、差的实际情况，采取不同方式进行处置，千方百计提升价值，减少成本和损失。对于建行销包类资产，考虑到债务人、保证人多为政府部门或破产国企，项目组经过调查分析，认真寻找包中亮点，多次与青海省国有资产投资有限公司商谈，终于成功转让。甘肃省人民政府驻新疆办事处、海南办事处项目是办事处政策性债权资产中两个老大难项目，办事处分别在新疆和海南两地提起诉讼，以诉促谈。诉讼中，与甘肃省政府金融办多次协商后达成处置意向，提高了项目的现金回收比例，为办事处与政府进一步合作奠定了基础。办事处积极利用兰州市国资经营公司这个平台处置政策性和商业化资产，成功转让混合包，实现了资产处置收益最大化。

办事处从生存发展、持续经营的高度来认识不良资产收购与处置的关系，牢固树立以经营不良资产为主业的思想，在对市场进行认真调研的基础上，吸收和储备新资源，并先后对工商银行、农业银行、中国银行、建设银行、招商银行、交通银行、农业发展银行、国家开发银行、兰州银行、城市信用社以及债转股企业的不良资产进行了充分的调研，摸清了不良资产存量情况，为办事处确定工作目标和方向打下了基础。当捕捉到建设银行甘肃省分行拟转让建元2008－1信托资产包时，办事处通过周密安排，积极沟通，成功收购了该资产包。

（张剑眉）

【股权管理和经营】 2009年3月，办事处召开“债转股股权管理工作会议”，研究部署新形势下债转股股权管理的措施，对股权企业制定“一企一策”，特别是对盐湖集团、白银公司和靖远煤业集团有限公司等大项目进行深入调研，加强与这些企业的联系和沟通，寻找开展中间业务的切入点。11月9日，总部与盐湖集团签订了战略合作协议，奠定了双方良好的合作基础，为平台公司功能拓展和业务延伸提供了机遇。

中核钛白股份有限公司是信达公司债转股企业。由于该企业2008年11月以来持续停产，企业职工多次集体上访，给甘肃矿区经济发展和核工业基地安全造成了严重影响。办事处积极配合甘肃省维稳办等单位开展工作，在第一时间赶到企业，帮助企业领导班子化解矛盾，解决问题。在甘肃省工信委的协调帮助下，办事处找到了意向重组方江苏金浦集团，促成信达总公司、中核404有限公司、江苏金浦集团签订了中核钛白股份有限公司资产重组和股份转让框架协议。

（张剑眉）

【商业化业务开拓】 面对资源枯竭的现状，为了实现可持续发展，办事处高度重视搭建新业务平台。幸福人寿保险甘肃分公司在总部和幸福人寿保险公司的大力支持下，于2009年3月11日获得批筹。在筹建过程中，办事处抽调精兵强将支持平台公司建设，使幸福人寿保险甘肃分公司于2009年6月18日顺利开业。办事处利用自身窗口和资源优势，积极为幸福人寿保险甘肃分公司推销产品，当年实现保费收入8 500多万元。

对于西部租赁停业整顿和重组工作，办事处站在公司机构建设和全局发展的战略高度，积极谋划和全力配合，并先后选派业务骨干参与此项工作。同时，积极协调甘肃省政府、甘肃银监局、法院、公安等部门，联系股东单位、债权、债务单位，清理处置债权债务，稳妥处理企业遗留问题。为确保停业整顿工作顺利进行，办事处积极提供西部租赁停业整顿工作中发生的各项费用支持，积极支持和配合总部对西部租赁的重组工作。西部租赁现已成功重组，并获得相关部门批准，开业在即。在两个平台搭建过程中，办事处积极储备项目，利用客户资源优势，全力推销公司平台金融产品，开创了办事处、保险、金融租赁三驾马车齐头并进、相得益彰的良好局面。

（张剑眉）

【机制建设】 办事处高度重视员工队伍建设，充分调动员工工作的积极性、主动性和创造性。科学设置岗位，合理调整人员，使员工人尽其才、各尽所能，在稳定队伍的同时，办事处建立了适应公司商业化转型的内部高效运行机制，大力推行事业部管理的项目组负责制。将全体员工跨部门、跨前后台编入项目组，通过下达滚动月度计划、月度考核、季度兑现即时性绩效以及全员开展劳动竞赛，促进综合经营计划的全面完成。同时，办事处还完善了绩效考核奖励办法，加大滴灌的力度，重点奖励在实现经营计划中作出突出贡献的人员，形成了比学赶超的热潮和人心齐、共创收的良好氛围。

（张剑眉）

【财务管理】 办事处坚持成本效益原则，严格规范财务管理。一是加大对财务资源的支持力度，将管理费用向市场业务和资产处置倾斜。二是发挥财务资源的激励作用，将奖励工资和绩效工资向实现收入的部门和人员倾斜。三是发挥财务杠杆作用，合理安排费用，有效降低成本，增加效益。四是建立“节约型办事处”，将两层办公用房压缩为一层办公，要求员工从节约每一张纸做起，培养员工勤俭节约的良好习惯。2009年办事处被总部评为2008年财务决算优秀单位，获人民银行兰州中心支行2009年全省金融机构金融统计工作考评三等奖。

（张剑眉）

【内部管理】 办事处在拓展业务的同时，抓管理、防风险、促效益。一是邀请总部有关专家对办事处员工进行ISO9001体系文件培训，培养自己的内审人员，开展部门间的交叉内审，加强办事处执行公司质量管理体系文件的有效性。二是专门成立了内部审计小组，对西宁资产管理部进行了审计。针对2006年6月6日以来的工作，对照体系文件进行全面检查。年末，西宁资产管理部已全部整改完毕，为加强办事处内部管理、防范风险打下了坚实的基础。三是根据公司推出无纸化办公系统、档案电子化和信息化建设的要求，针对办事处股权档案和部分债权档案未扫描情况，进行了补充扫描，并通过网上链接，使项目人员可以根据授权在电脑上进行档案查阅，大大提高了调阅档案的效率，保障了档案的安全性和完整性，从源头上防范了风险。

在总部对办事处ISO9001、ISO20000、ISO27001运行情况内审中，未发现不符合项和观察项。办事处在甘肃省档案局开展的省直和中央在兰单位档案检查中获得“特优单位”。

（张剑眉）

【企业文化】 办事处积极组织员工开展拓展训练、“七一”党课教育、迎国庆信达文化故事会、“迎国庆·颂祖国”合唱比赛和办事处成立十周年文艺汇演等丰富多彩的活动，大力弘扬信达以胸怀理想、坚守信念为核心内容的精神文化，以恪守制度、合规经营为主要内容的制度文化，坚持以人为本、增强核心竞争力的创新文化，提升形象、打造服务品牌的激励文化，充满温情、简单清新的行为文化，使广大员工牢固树立起信达人的价值观。

为展现员工昂扬向上的精神风貌，办事处编撰了《快乐工作》宣传册，受到了总部好评。办事处在总部举办的信达文化故事会比赛中获得优秀组织奖，在甘肃银行业协会举办的“迎国庆·颂祖国”歌咏比赛中获得二等奖、优秀组织奖。各项活动的开展，鼓舞了全体员工开拓市场、迎接公司转型挑战的信心，增强了办事处的凝聚力和战斗力。

（张剑眉）

【党建工作】 2009年6月，办事处召开纪检监察会议，深入推进反腐倡廉建设。一是进一步落实廉政责任制，明确领导干部党风廉政建设的责任内容、责任考核和责任追究。二是进一步健全完善廉政监督制度，建立健全党内民主和党内监督制度，健全完善办事处工作机制和议事规则，健全情况通报、情况反映、重要决策征求意见制度和完善各项监督制约制度的配套措施，规范权力运行。三是坚持党委中心组学习制度，认真组织学习党风廉政建设方面的领导讲话及法律法规，筑牢领导干部的思想道德防线，做到警钟长鸣。四是制定了办事处主任定期接待群众来访的实施意见，设置“主任信箱”、实行主任接待日，畅通了员工向党委反映问题的渠道。五是采取多种形式进行党建教育，使广大员工珍惜今天改革开放的大好形势，牢固树立正确的人生观，开创性地做好办事处的每一项工作。

（张剑眉）

华龙证券有限责任公司

董事长　李晓安

【综述】 2009年，华龙证券有限责任公司积极应对市场变化，采取稳健的经营策略，以市场为导向，通过强化基础管理、科学决策、完善激励与约束机制、加强业务开拓等一系列举措，开创了公司快速发展的良好局面，实现了所有业务单元、各经营性分支机构全部盈利的目标，取得了公司成立以来最好的经营业绩。全年实现营业收入79 371万元，比上年增加43 098万元，增长118%，完成年度经营计划的161%；全年实现利润总额44 984万元，比上年增加39 891万元，增长783%，完成年度计划的225%；实现净利润41 957万元，比上年增加36 631万元，增长687%；净资产收益率29.87%，比上年提高24个百分点；总资产报酬率8.26%，比上年提高6个百分点。

2009年，公司成功获批在新疆乌鲁木齐、安徽合肥设立营业机构，使公司的经营网络扩展至包括北京、上海和深圳等全国金融中心的十多个省、市；成功保荐酒泉大禹节水在创业板首批上市，成为首批保荐创业板企业上市的17家证券公司之一；公司旗下华商基金管理公司所管理的4支基金，有3支2009年收益排名跻身全市场前四位。

2009年10月24日至26日，在上海举办的第六届中国国际金融论坛上，公司荣获“中国最佳金融创新奖”；2008年、2009年连续两年蝉联“省长金融奖”；2009年荣获上海证券交易所“我服务、我先知”投资者教育活动“优秀组织奖”、上海证券报股民学校“优秀组织奖”、甘肃金融服务业“诚信单位”和甘肃省第一届证券期货知识竞赛“优秀组织奖”。公司重庆公园路营业部连续几年获得监管部门授予的“投资者教育工作十佳红旗单位”称号，获得2008年“十佳牛市金手指”称号，获得2009年“最值得信赖的十佳券商”称号。

公司积极践行社会责任，通过捐资助学、扶贫济困和送书下乡等多种活动支持本地社会发展，并捐资在临夏广河县建设“希望小学”。2009年建国六十周年之际，公司向所在社区捐助5 000元，用于慰问困难家庭。与所在街道签订了“帮扶协议”，通过捐助贫困大学生、资助孤寡老人等方式，帮助困难群众，荣获兰州市城关区颁发的“情满城关、爱涌首善”荣誉证书。

【证券经纪】 2009年，公司通过树立新的经纪业务营销理念、服务理念和科学管理理念，不断提升营业部执行力，建立健全营销服务网络，创新服务、产品和手段，不断提高公司经纪业务的核心竞争力，取得了较好的经营业绩。公司当年累计新增开户数8.80万余个，较上年增长92%；总成交金额（不含国债回购）3 655亿元，较上年增长72.40%，省内市场份额提升至近45%。证券经纪业务实现营业收入70 444万元，较上年增长81%，完成年度计划的156%；实现利润50 293万元，较上年增长104%，完成年度计划的182%。

一、制度建设。制定与修订了《经纪业务管理总部岗位设置和考核办法》、《经纪业务管理总部行文规范》、《经纪业务管理总部内部文档电子化管理规定》和《经纪业务管理总部着装规范》，重新完善和制定了《经纪管理规章制度汇编》、《公司对规范证券营业部管理暂行规定》、《营业部内部营销人员管理制度》、《营销渠道管理办法》、《客户开户协议书》、《客户分类管理制度》、《客户服务工作标准化流程》、《客户回访制度》、《客户投诉和纠纷处理制度》、《营业部经营情况现场检查制度》、《经纪业务标准化流程》、《营业部行文规范》及《经纪人管理制度》等七大类十余项制度，为经纪业务向标准化、规范化迈进，切实改进工作作风、提高工作效率和经纪业务服务水平打下了坚实的基础。

二、组织建设。根据经纪业务服务职能和经纪业务前后台分离的原则，将经纪业务管理总部细分出八个二级部门，分别为综合部、业务部、营销部、客服部、培训部、理财部、网络营销部和产品部。前台部门为营销管理部、网络部，负责制定营销计划、品牌建设和网络推广等职责。中台部门为客户服务部、理财部和产品部，负责对客户形成完整的服务链条，其中包括常规客户服务和特色客户服务两类。后台部门为综合管理部、业务运行部、培训部，负责营业部管理、风险控制与员工培训教育等。

三、产品开发。2009年开发与推广的主要服务和支持产品：一是华龙e智汇。这是公司在证券行业首先推出的主动客户服务软件，追求差异化、个性化服务，使用方便、快捷，实现了从被动服务到主动服务，从规范服务到优质服务的成功转型。二是华龙e键通（知识库）。公司以此实现信息共享、资源共享和知识共享，为投资者提供统一化、标准化、高效率的咨询服务，为员工提供经验交流平台。三是华龙e话通。采用分布式运营、本地化服务和集中式管理，组建公司呼叫中心；提供集委托、业务咨询、投诉建议等于一体的服务功能，实现电话服务与网上服务、电话营销与网络营销相结合，成为涵盖网上交易业务、手机交易业务和开放式基金业务与创新产品业务的总部统一服务平台。四是华龙e教室。该产品是公司倾力制作的一款投资者教育光盘，内含证券交易规则、证券产品介绍、规则疑难解答和证券风险揭示等经典内容，简短精练、富于启迪，丰富了投资者教育手段。五是华龙e通。这是公司与甘肃电信联合开发的服务于华龙新老客户的宽带产品，首开证券公司与电信运营商合作的先河，以“超值华龙证券e通，畅游中国电信宽带”为产品主题，彰显了华龙证券在甘肃省内的品牌实力。六是华龙e时代。通过网络营销为投资者提供便利的沟通方式，增加投资者与公司的关联程度和依赖度，实现营业部职能的外延，通过网络发现新的目标客户，为营业部创建新的营销渠道。

四、营销活动。一是举办“卓越2009，激情盛夏”精英团队营销大赛，培养营业部的团队协作能力，增强集体荣誉感。二是与中国农业银行合作开展了“金钥匙”联合营销活动，与中国建设银行合作发行了“华龙证券龙卡”。三是进一步拓宽经纪业务营销渠道，建立多方合作和全面战略合作关系，促进公司经纪业务与更多业务领域的合作与交流。2009年8月，公司与电信达成营销合作协议，旨在建立长期、全面和深入的业务合作，实现跨地域的通信和金融业务合作。公司已与电信合作的业务有组建电信综合虚拟网、电信为公司新老客户提供专属的“华龙E通”宽带+手机的优惠融合资费。联合开展了“超值华龙证券E通，畅游中国电信宽带”营销活动。

五、网点建设。一是根据中国证监会规范服务部的相关规定，公司于2009年10月底完成了武威、平川、酒泉、定西、麦积、金昌、陇南、庆阳和临夏9家证券服务部规范为证券营业部的工作。二是将兰州陇西路证券营业部同城迁址至兰州市双城门万盛大厦五楼，将兰州五泉路营业部同城迁址至兰州市城关区雁滩路，将兰州中山路营业部迁址至新疆乌鲁木齐市，将酒泉新城区营业部迁至安徽省合肥市。三是经中国证监会批准，在兰州市安宁区和敦煌市各新设立一家证券营业部。

六、投资者教育。根据中国证监会《关于进一步做好投资者教育工作的通知》，制定了投资者教育工作流程。完善客户风险测评调查问卷，持续进行风险警示。要求开户柜对每个新开户投资者必须进行证券投资风险提示及测试，完成风险承受能力测评，填写确认签名。根据中国证监会对证券市场节日期间和创业板上市之前市场维稳的要求，安排营业部及时做好各项维稳工作，要求节假日期间安排专人负责创业板协议的签署工作，做好详细的值班记录。创业板上市之前，印制了统一的创业板投资者教育材料，通过营业部现场张贴和网络刊登，大力宣传创业板风险，让投资者全面了解创业板适当性管理的相关规定，有力保障了市场稳定和创业板平稳推出，保证了公司创业板业务的开展完全符合监管部门和深交所的要求。

（朱宗云）

【保荐承销】　2009年，公司保荐承销各项工作进展顺利，完成了三个保荐项目和大量财务顾问项目，共实现业务收入6 418万元，超额完成年初计划。

一、完成项目。2009年，公司完成浙江龙盛可转债、上海万业企业公司债以及甘肃大禹节水创业板三个项目，产生了良好的市场影响。大禹节水是中国创业板开板后首批28户创业板企业，该项目实现了超额募集，成为中小项目中的精品。万业企业公司债项目是公司完成的首个公司债项目，是在2009年公司债开闸后最先发行的几个项目之一。万业企业债发行的顺利完成，为后来其他几家房地产公司债上市树立了市场标杆。浙江龙盛是国内精细化工的龙头，2007年增发再承揽可转换公司债券项目，取得良好发行效果（网下申购机构1 000多家，冻结资金700多亿元）。浙江龙盛加大与华龙证券的合作力度，使公司保荐承销业务在可持续发展的方向上迈出了重要一步。

二、重点项目。公司通过专业化、个性化和一站式服务，树立华龙投行的业务品牌。立足西部、走向全国，业务规模不断扩大。在保荐制度实施后的几年间，单项目融资规模从几千万元逐步发展到几个亿、10个亿（承德钒钛、浙江龙盛）、15个亿（北大荒），公司投资银行业务的发展上了一个新的平台。2009年，保荐浙江龙盛12.50亿元可转换公司债发行上市、保荐上海著名外商投资企业万业企业10亿元公司债项目发行上市、保荐大禹节水在创业板首批公开发行。

三、本地服务。一是积极为甘肃企业改制服务。甘肃的许多企业尚未改制，或者改制不彻底，华龙证券坚持为本省企业服务的原则，尽心做好咨询沟通、方案设计和实施等工作。二是积极推进甘肃企业上市融资工作。公司认真分析甘肃企业实际情况，充分发挥甘肃的资源和产业优势，加快推进装备制造业、农牧业和旅游等行业的企业，尤其是国有大中型企业的上市步伐。三是做好甘肃上市公司再融资服务工作。随着甘肃上市公司质量和赢利水平的进一步提高，甘肃上市公司积极通过增发、配股和非公开发行等方式进行再融资。公司积极发挥本地券商优势，为甘肃上市公司出谋划策，推动甘肃上市公司再融资进程。四是做好省内企业重组和资源优化配置工作。发挥资本市场配置资源功能，实现国有资产保值、增值，协助企业进行重组，提供财务顾问服务。五是推动甘肃多层次资本市场建设。公司充分发挥熟悉本地经济现状的专业证券机构的优势，积极开展业务创新，集合投资银行、基金管理等领域多方面的专业人才队伍，为甘肃建立生物科技、新能源等各类产业投资基金提供方案设计、基金管理等多方面的服务；充分利用公司拥有的企业债券主承销业务资格，以及在企业债券发行、交易等方面的专业人才优势，探索发行地方城市建设债券、中小企业集合债券等融资产品，推动甘肃多层次资本市场建设。

（朱宗云）

【固定收益】　固定收益证券业务是公司重点发展的核心业务。公司已广泛开展包括债务融资、销售交易和研究投资在内的全方位固定收益证券业务。

一、部门建设

固定收益证券总部是公司固定收益证券业务的经营和管理机构，已经具备企业债券主承销和银行间债券市场成员等各种资格，下设债务融资部、销售交易部和债券研究投资中心三个二级部门，并负责对各营业机构固定收益业务的管理和支持。

固定收益证券总部旨在为政府、企业、金融机构及个人投资者提供全方位、系统性的债券融资及投资服务，开展所有与固定收益产品相关的业务，业务领域包括债务融资工具的发行与承销，债券产品的销售、交易、投资以及宏观经济、市场策略、产品定价和创新业务等方面的研究。

二、重点业务

（一）债务融资业务

债务融资业务是开展所有与债券相关的固定收益证券的发行、承销与上市推荐的业务，主要包括企业债券、上市公司债券、可转债、分离交易可转债和可交换债券等，帮助企业拓展融资渠道，实现在资本市场上的直接融资。公司成功操作过广西投资、河南建投、山西潞安矿业、湘投控股、柳州城投、柳州投控、冀东水泥、南钢联合、重庆地产、南京交通、汾湖投资、北大荒和浙江龙盛等公司债券主承销项目。截至2009年末，累计为企业融资200多亿元。

一是针对发行人资产状况、营业模式及可调用的资源等情况，提出专业的财务整合建议，协助发行人尽早满足相关法律法规对公司债券融资的要求。二是针对发行人资金使用计划、资信状况和增信方式等情况，设计合理的债券发行方案，以满足目标客户的投资需求，在确保债券发行成功的同时，最大限度地降低发行成本。三是熟悉债券申报工作的流程和关键控制节点，能很好地协调会计师事务所、律师事务所和评级机构等中介机构的工作进度，确保申报工作的顺利推进。四是在长期的业务实践中，积累了雄厚的公共关系资源。利用与主管部门及相关机构良好的公共关系，与国家发改委、人民银行、证监会、潜在担保人和机构投资者进行充分的沟通与协调，确保申报的债券尽早通过核准并顺利发行。五是在密切跟踪债券一级、二级市场收益率走势的基础上，依托公司强大的研究实力，对影响债券发行利率的各因素进行分析，为拟发行债券选择合适的发行时机。六是综合考虑发行人资质、债券一级市场情况及短期市场资金供给等因素，依托完善的分销网络向市场各主要投资者进行广泛的推介和询价，通过量化分析，为拟发行债券进行精准定价，确保发行利率在同期同级别债券中处于最低水平。

（二）销售交易业务

销售交易业务主要与商业银行、基金公司、保险公司和证券公司等各类机构投资者合作，广泛开展包括债券产品销售、银行间同业拆借、撮合交易及债券销售推介在内的各类固定收益证券的销售与交易业务。截至2009年末，已累计承销各类国债、企业债100多支，承销金额200多亿元。

一是与全国范围内的各类金融机构建立并保持着长期稳定的合作关系，确保不同资质、期限的债券均能找到合适的投资者。公司拥有遍布全国的营业网点32家，在北京、上海、深圳和兰州等地设有投资银行、收购兼并和固定收益证券业务的分支机构，为客户提供包括股票发行与承销、收购兼并、债务融资、财务顾问、资产重组、资产管理及投资咨询在内的全方位综合性金融服务。二是通过量化分析对多种固定收益产品进行报价，为客户提供高质量的交易机会。三是通过提前与各潜在投资者沟通等方式，对市场普遍关注的问题进行汇总并进行有针对性的解答，全面地展示发行人的优势，协助其在资本市场树立良好的形象。

（三）研究投资业务

债券投资研究中心是公司在固定收益总部设置的债券投资研究平台，拥有20多名内外部债券行业专家和复合型研究人员。研究人员分为宏观经济研究组、投资策略研究组及产品研究组三个小组，分别针对宏观经济、债券市场投资和债券发行定价等重点领域进行研究。坚持定性分析和数量分析相结合的方式，加强与各机构研究人员、交易人员之间的交流，为核心客户提供定期和不定期的研究报告及信息服务，为公司的债务融资业务、销售交易业务和投资业务提供研究支持。

一是分析国内外宏观经济现状，展望国内经济未来走势，对国内宏观政策进行预测。二是对商业银行存贷差、保险公司保费净收入和债券型基金发行规模等需求因素及各券种发行规模、发行利率和期限结构等供给因素进行跟踪分析。三是分析债券市场现状，结合宏观经济、债券市场供求等因素的研究，对债券市场未来走势进行预测，制定债券市场投资策略。四是根据新发行债券的期限、计息方式和信用级别等要素，结合近期宏观经济、债券市场环境，对债券发行利率进行预测；研究市场新近推出的债权类衍生产品的特点、交易制度、交易结构和市场需求等因素，对新产品进行定价分析；针对市场上出现的重大事件进行分析点评。五是针对核心客户的个性化需求，推出专业的、一对一的个性化服务。六是对债券市场需求进行细致的调查研究，适时推出需求较大的理财产品，积极创新、拓展固定收益业务。

（朱宗云）

【信息工程建设】 2009年，是证券业的IT治理年，公司完成对IT治理报告和信息技术管理制度的重新梳理，上交所NGTS、深交所创业板的测试上线，营业部搬迁、改造的招标及系统建设。保证网上交易正常运行，增加服务器、扩充线路，为客户提供WEB页面交易、手机炒股等委托手段。经过全体技术人员的不懈努力，公司信息化建设取得了长足发展，为公司业务发展、合规监控等提供了有力的技术支持。

一、做好两会及国庆期间的维稳工作。信息工程中心根据中国证监会、中国证券业协会、甘肃证监局的要求，对公司的信息系统进行了全面检查。定制机制网线，更换所有交易系统的网线；对关键设备没有双电源的，全部更换为双电源；对老机房的整个网络进行重新规划。维稳期间，信息工程中心坚持每周值班制度，每周日由值班人员对交易核心系统、网上交易系统、邮件系统和OA办公系统等进行全面检查，关闭不需要的端口和服务，对杀毒软件病毒库进行更新，对防火墙、操作系统的关键端口等进行检查，加强监控力度，保证了交易系统和网上交易的安全。

二、制定《华龙证券信息技术应急预案》。根据中国证监会证券期货业信息化领导小组办公室下发的《证券期货业网络与信息安全事件应急预案》要求，认真编写《华龙证券信息技术应急预案》，对可能发生的各种技术事故、安全隐患事件进行了详细梳理，以预防和处置相结合的方式，理顺处理流程，细分启动各级应急预案的触发条件，进行了模拟演练。

三、认真做好上交所新一代系统上线准备工作。为配合上海交易所新一代系统的前期测试和新系统的最后上线工作，公司遵照交易所的文件指示成立了由公司副总裁为组长、各业务部门主管领导为副组长的领导小组。项目实施期间，在公司各营业部、存管中心、办公室和经纪业务管理总部的配合下，完成了交易所组织的、全市场范围各个环节的多项测试任务。进行测试演练、系统升级改造测试共计44次，营业部累积加班人数达1 905人（次）。上交所新一代交易系统于11月21日正式上线运行，公司顺利完成交易系统切换。

四、认真做好各项业务的测试上线工作。2009年深交所推出了创业板交易、债券净价交易、账户合并及报价转让系统升级和南方深成ETF发行等业务，上交所推出了央企ETF、公司治理ETF发行上市等业务，中国登记结算公司推出了资金账户数据报送与账户信息比对、部分发行类产品非担保结算及中登类开放式基金行情索引升级等业务。公司在确保交易稳定和上交所新一代交易系统项目实施进度不受影响的前提下，自8月起到10月的两个多月中，完成了深圳市场创业板相关业务系统的准备、升级以及测试工作，顺利完成公司交易系统对创业板相关业务的支持工作。其它各项业务的开发、升级和测试上线工作也顺利完成。

五、建立华龙手机炒股软件品牌。公司通过与金证金慧银通公司合作，推出手机炒股平台“华龙点金”。该平台支持移动、联通和电信等多平台的手机进行行情查询和委托，为客户使用手机炒股降低了费用、提供了便捷的交易服务。

六、扩充线路，保证交易畅通。2009年，随着公司经纪业务的发展，网上交易业务急剧增加，原有的3条电信100M线路负载全部达到了上限。铁通用户登录华龙网上交易存在速度缓慢的问题。公司于8月底申请开通了4条电信100M上网线路，为手机炒股用户和铁通宽带用户增加了一条移动100M线路。线路负荷有效降低，客户登录速度显著提高。

七、建设合规监控系统。根据合规部门要求，公司于10月完成公司风险合规监控系统建设。系统包括经纪业务监控、异常交易监控、大小非监控、基金销售业务监控、业务对账、反洗钱监控、稽核审计、合规监控和自营监控等9大模块，基本涵盖了公司经纪业务的各个方面，为公司经纪业务的合规运行提供了保障。

八、建立完整独立的交易测试平台。2009年，公司搭建了一套完整的测试平台。测试平台的测试环境与生产环境完全一致，系统的建立，大大降低了日常运维中出现故障的可能性，控制了非系统风险，提高了公司日常查询业务的效率。

九、建设ETF套利系统。公司获得央企50ETF的一级分销商资格，为配合ETF套利业务，公司信息工程中心于11月初完成ETF套利系统的测试和系统改造，实现了ETF产品的网上、网下渠道的交易功能。

十、不断扩展网上交易系统，保证网上交易安全稳定运行。新增12台股民使用人数最多的大智慧行情分析软件系统，缓解登陆压力，使更多股民能够方便快速的使用公司网上交易软件。购置了4台能够自动将客户分配到空闲服务器的F5负载均衡器，公司资源得到更为有效的利用。信息工程中心购置了5台单一的防火墙，将每条接入线路加装一台防火墙，解决了单一防火墙存在的隐患，使各线路之间访问速度大大提高。完成钱龙新版6.0委托程序的升级，使股民交易更加方便、快捷、安全。

（朱宗云）

中国人民财产保险股份有限公司甘肃省分公司

总经理 徐加合

【综述】 2009年，中国人民财产保险股份有限公司甘肃省分公司全体干部员工深入贯彻落实科学发展观，牢牢把握“促发展、保效益、防风险”的工作主基调，扎实推进各项工作部署的落实，承保质量、理赔质量、费用支出、应收保费和现金流等核心指标持续向好，公司业务规模快速增长，经营业绩稳步提升，综合竞争能力不断增强。

一、加强业务销售，不断提升发展能力

一是制定出台了《关于推进销售能力建设的指导意见》、《销售团队和销售人员管理暂行办法》等一系列销售体系建设的办法和制度，对销售能力建设工作进行详细安排和部署，确定了建设的总体目标、阶段目标和主要工作任务。召开销售能力建设现场推动会，举办销售组训培训班，大力推广销售管理系统。二是大力加强各类销售团队建设。各级机构加大团队重组力度，扩大销售队伍规模。积极推动4S店、货运险、中石油、工程险等业务的专管专营工作，建立专业团队；大力开展农村、城市网点建设。经过各级机构的共同努力，2009年，公司共建成销售团队403个，其中专业团队146个，全部销售人员纳入统一的团队化管理。三是创新业务发展模式。积极推进电子商务筹备工作，完成兰州市分公司电话营销部筹建开业工作。四是学习系统先进经验，组建大学生销售团队。在学习借鉴重庆分公司经验的基础上，组建大学生团队，不断探索新型销售团队建设的经验和做法。五是深化重点区（县）支公司建设，不断夯实公司发展基础。制定出台《关于进一步加强区县支公司建设的决定》和《加强重点区县支公司建设的若干措施》，设立重点区（县）支公司建设专项费用，进一步加大财务资源向重点区（县）支公司倾斜的力度，将有限的费用资源配置到各重点区（县）支公司，确保费用率不低于17%。召开两次重点区（县）支公司建设座谈会，开展重点区（县）支公司建设“回头看”活动。各分公司充分利用省分公司出台的政策，结合实际，大力开展重点区（县）支公司建设。

二、加强关键环节管控，不断提升公司盈利能力

一是加强产品线建设。按照责权匹配原则赋予了各产品线的经营自主权，在计划下达、承保政策的制定、理赔管理、未决控制、费用分摊等方面强化了产品线的业务管理职能，进一步加大了对五个产品线的资源配置力度。二是狠抓车险经营。认真贯彻落实总公司车险盈利能力建设会议精神，以提升车险盈利能力为目标，落实“五管”举措，推进车险经营模式转变和精细化经营；扩大集中核保范围，实现标准业务自动核保，提升承保定价能力；全面应用新车险理赔系统；加强车险盈利考核问责力度。三是强化承保管控，加强省集中管控。全面完成承保中心改出单中心工作；设立省分公司车险核保中心，分类确定核保权限，顺利推进车险核保省集中管控工作，积极推行差异化的承保策略；认真开展客户代码清理，有效解决“一户多码”和“多户一码”问题。四是强化理赔管控。积极推进理赔集中工作，不断强化各理赔关键环节和风险点的管控。建立完善理赔业务分析制度，对赔付率目标偏离的分公司，提出整改建议，实施分类督导；加强车险未决赔案管理，在总公司开展车险“现场查勘、核损、定损复查月”活动的基础上，深入开展“清未决、提速度、降赔付、创效益”百日活动。五是加强财务管控，通过月度分析、定期通报、重点跟踪等举措，强化预算管理，充分发挥绩效考核办法在促进业务发展等方面的引导作用，认真落实财务业务数据真实性的有关工作要求，积极推行无现金收付，探索实施财务集中管控试点。

三、扎实推进合规经营，不断提升内控合规能力

一是开展打击“三假”专项行动。按照保监会和总公司的要求，认真开展打击假机构、假单证、假赔案的专项整治活动。二是主动规范市场秩序。积极推动全省保险经营主体行业自律公约签订；认真开展财务业务数据真实性检查。三是加强合规经营考核。对严重违规行为实行“一票否决”；制定权责规范手册，加强对业务风险管控力度，风险型业务坚持省级集中管理和分类授权；加强反洗钱工作。四是不断充实和完善纪检监察工作内容。与各级分支机构签订了党风廉政建设量化考核责任状；进一步加大审计工作力度，充分发挥纪检监察的保驾护航作用。五是加强对基层的指导和监督检查。不断强化资产、印章和单证等管理工作；加强业务质量、赔付率、费用率等关键性指标分析，及时进行风险预警和提示，为公司健康快速发展提供坚实保障。

四、加强队伍建设，不断激发员工活力

一是着力抓好领导班子建设。进一步加大班子主要负责人经营目标责任考核力度，加强各级领导班子作风建设；加大教育培训力度，不断提高各级领导班子素质。二是大力挖掘开发现有人员潜力，严格控制员工队伍规模增长，按照人均劳效水平确定各级分支机构用工总量。2009年，人员增

长速度低于业务发展速度。三是针对队伍建设与市场要求不相适应的地方，进一步面向市场，重点在人员竞争择优、待遇挂钩贡献、干部考核聘任等方面进行探索。根据实际表现兑现奖励，实现了薪酬“能多能少”；按照考核结果，对于不适应岗位要求的人员，坚决予以调整或解聘，实现了干部“能上能下”。四是深入推进学习型组织建设，不断提升“学习力”。大力开展“培训年”活动，“三合一”课题本地化工作按时完成；制定出台《2009年度员工教育培训计划》；举行区（县）支公司经理培训班，全面完成区（县）支公司经理第一次轮训；举行“管理团队学习实验室”培训班和“共享课堂”，进一步加强和改善教育培训工作。

五、加强企业文化建设，不断构建和谐企业

一是广泛开展共同愿景讨论活动。系统上下紧紧围绕集团公司在新时期的发展战略、总公司未来5至10年的发展蓝图，立足于公司经营管理实际，全员参与共同愿景讨论活动，提炼了“四高两强，五五一五”的公司共同愿景，确定了建设区域性精品公司的目标，有效提升了公司的凝聚力和向心力。二是大力推进公司企业文化建设，丰富企业文化活动形式。召开营销精英高峰会；举行车险理赔技能大赛和一线员工技能比武大赛活动；成功举办“庆祝中国人保60华诞联谊会”、职场开放、司庆征文、书画比赛等系列庆祝活动。三是加强党建工作。将党建工作与企业文化建设紧密结合起来，充分发挥党委的政治核心作用。四是召开公司首届职工代表大会，完善职代会制度，充分发挥职工当家做主的意愿和权力；积极推进“职工之家”创建活动；积极落实“员工关爱”计划。开展总经理接待日活动，完善沟通机制；建成完善公司内部网站，畅通上下交流渠道，积极探索建设有甘肃公司特色的企业文化。

【车险业务】 2009年，车险工作进一步转变车险发展方式，通过实施一系列管理措施，不断完善车险管理体系，加强管控，提高执行力，取得了较好的业绩。

一、车险业务发展良好。截至年末，全省系统共计承保各类机动车328 760辆，承保数量同比增长39.83%；实现车险保费收入99 183.30万元，净增20 935万元，增幅为26.75%，完成总公司下达计划84 164万元的117.85%；商业车险承保数量167 853辆，比上年增长27.02%，签单保费66 109.70万元，比上年增长25.25%；交强险承保数量281 476辆，比上年增长34.73%，签单保费33 073.60万元，比上年增长29.86%。车险实收保费收入101 548.20万元，同比净增保费22 944.10万元，增幅为29.19%，完成总公司下达计划85 044万元的119.41%。车险实现利润2 876万元，利润率3.41%。车险赔付率N/O/C分别为64.55%、65.92%和65.11%；车险折扣率持续下降，至年末，已达到19.08%。未出险客户续保率51.37%，比上年提高6.14个百分点。汽车险整体续保率54.48%。车险应收保费余额1 229.30万元，比上年减少2 365万元。汽车车均保费3 509元，比上年下降366元。

二、业务管控能力进一步提高。一是制定差异化的承保政策、按照总公司《车险业务承保政策制定指南（09版）》规定进行业务风险分类工作。以公司现有的条款、费率、数据为基础，在4月份分别制定了全省和各市（州）分公司的A、B、C、D、E业务分类和业务目标占比。二是根据风险分类制定各市（州）业务结构管控目标。下发了《加强车险盈利能力管控措施》，并通过信息技术部在系统内设置以实现系统自动控制；临时接管临夏分公司车险业务的核保工作；新车单车业务禁止使用C16（续保）优惠因子；跨省异地车辆全部集中至省分公司核保；上一年度商业车险立案次数3次（含）以上的业务集中至省分公司核保；严格家庭自用车盗抢险的承保条件；对各类特种车核保权上收到省分公司。三是加强高风险业务承保管控、主动进行“选择性承保”。对部分营业性车辆、高龄车辆进行限制承保；加强对出险5次以上单车业务和挖掘车的核保控制。引导业务人员从展业前端剔除高风险业务。四是限制车身划痕险承保。对车身划痕险承保条件在核保条件配置程序中进行了管控，严格车身划痕险承保。五是推行多次出险车辆信息共享查询机制。统一建立上一保险年度出险4次（含）以上的客户查询平台，对上一保险年度出险4次（含）以上的客户，在整车基准保费的基础上上浮承保费率。

三、关键举措实施顺利。一是及时传达总公司的会议精神，明确省分公司加强车险盈利能力建设的总体目标，安排部署2009年车险工作。强化组织保证，实行一票否决，就地问责制。二是以销售管理为基础，全面提升销售能力。细分客户、细分渠道，实现差异化经营和精细化管理；采取有效措施促进交强险的发展，对交强险业务发展制定单独的考核办法，保证交强险业务发展的必要投入；在全省范围内开展交强险业务促销活动，制定加快交强险有效益发展的工作方案，确保全年车险经营目标的实现。三是核保工作稳步运行。成立车险核保中心，强化车险核保省集中工作；扩大自动核保范围，提高核保效率；进一步扩大省级分公司对高风险业务的人工核保范围。四是推行车险“见费出单”制度，制定应收保费管控目标，完善相应责任考核机制。五是加强专管专营工作。按照总公司要求成立了车险专管专营领导小组和工作小组，各分公司结合本地实际，均出台了关于专管专营的实施细则以及相关的文件办法，对专管专营规定进行细化和落实，明确专管专营的组织管理、授权经营、业务移交、数据监控等工作。开展营业性车队、出租车专项业务专管专营工作。六是开展综合评价与分类管理。根据车险经营业绩综合评价体系分类管理办法的要求，逐月对本省及辖内地市级分公司进行监控，督导管控。印发了《甘肃省分公司车险经营业绩综合评价与分类管理办法》，制定了C、D类业务管控措施，逐月对各市（州）分公司进行分类评价。七是建设车险产品线队伍。制定本省及辖内地市级分公司车险产品线培训工作方案，并按照培训工作方案开展培训工作。

（张京萍）

【财产险业务】 2009年，分公司财产险和特险完成签单保费20 247.56万元，其中企财险完成保费17 081.62万元，工程险完成保费2 199.91万元，家财险实现保费856.18万元，特险产品线完成签单保费109.85万元。承保了兰渝铁路、中亚油气管线、酒泉昌马风电项目、涩宁兰管线、中石油公司财产统保，编制了全省财产险承保指南、全省展业地图，推出了财产险“手机购”业务，实行了财产险省集中核保。

一、风险防范意识有所增强。分公司全省系统认真贯彻落实“坚持有效益发展”的工作思路，全面加强风险管控，风险防范意识得到明显增强。一是合规经营工作逐步得到各分公司重视，业务质量明显提升，合规性较往年有所改善。二是黑灰名单制度得到严格执行。三是放弃了庆阳石化、徐古高速等部分赔付率高、风险大的业务。四是再保安排得到各分公司的重视。

二、家财险业务得到较快发展。全省系统家财险业务增长39.43%，实现了快速增长。一是武威、天水分公司积极协调，重点攻关，加大与银行、客户的协调联系，竞回了大量家财险业务，特别是武威分公司“和谐家园”农房保险实现凉州区统保，家财险增长率分别高达760.24%和718.49%。二是临夏分公司借助与银行长期建立的良好合作关系，加大个贷房屋保险开拓力度，家财险实现了89.82%的增长。三是定西市漳县通过与当地综治办加强合作，实现全县家财综合险统保。

三、团队建设迈出了坚实的一步。省分公司全力加强专业化团队建设力度，先后成立了风电项目团队、中石油项目团队、工程险项目团队和家财险“一卡通”业务团队，成为全省系统重点项目业务发展的中坚力量，顺利实现中石油、武罐高速、河口水电站、齐家坪水电站等多个项目的承保，为全省项目业务专业化经营起到了积极的作用。

四、经营管理基础得到进一步夯实。一是实现了财产险业务核保管理省集中。二是制定了行业最低费率标准。按照全省历年来各行业赔付情况，结合市场费率水平，制定了行业最低费率，严格审批制度，规范了费率执行标准。三是制定出台了《财产险业务ABCD分级管理实施细则》，对各分公司财产险业务实行分级监控、管理。四是制定了财产险业务展业地图和承保指南。通过建立一系列的操作标准和考核管理制度，使财产险业务管理基础得到有效夯实。

（朱丽琼）

【船货险业务】 一、船货险业务发展良好。全年共承保60 634笔，保险金额814亿元，保费收入5 503.70万元，完成年计划的55%，同比下降42.49%；市场份额88%；全年共结赔案645件，支付赔款1 417万元，综合赔付率25.88%；保费收入20万元，完成年计划的111%；支付赔款4万元，综合赔付率51.84%。

二、主要工作及措施。一是以专业化服务建设为基础，全力做好货运险业务重点客户的保险攻关展业和保险服务工作，确保市场占有率。二是积极维护与铁路部门的合作关系，提升铁路代理业务的竞争优势。三是积极开辟新领域，努力发展分散性业务。四是完善制度建设，确保货运险业务的良性发展。五是加强业务监控和业务分析，严格业务审批，防范船货险业务的风险。六是加强业务检查，纠正存在的问题，促进业务规范。

（董 瑚）

【农业保险业务】 2009年，省分公司农业保险累计实现签单保费3 626万元，比上年下降31.89%；实现实收保费4 036万元，比上年下降11.08%；累计支付赔款5 008万元，简单赔付率138.12%，比上年增加88.45%，赔付成本4 239万元，综合赔付率73.29%，实现承保利润758.80万元，应收保费1 043.03万元。

一、全面落实国家支农惠农政策，积极推进农险业务发展。一是加强与保险监管部门和主管部门的汇报沟通，所制定的《工作实施方案》明确了甘肃省2009年度政策性农业保险由人保公司承办，避免了非正当竞争；二是及时转发甘肃省保监局《关于实施省财政2009年政策性农业保险试点工作的通知》，要求相关分公司在第一时间联系当地财政、农牧部门，加大宣传和公关力度，力争取得承保资格，确保地方政策性业务顺利实施；三是抓住国家进行集体林权制度改革的有利时机，以及人民银行、财政厅、银监局、保监局和林业厅联合签发的《关于做好集体林权制度改革与林业发展金融服务工作的指导意见》的总体部署，与省内相关单位协调，加快林业保险试点步伐；四是按照甘肃省财政厅上报中央财政《关于贯彻国务院支持藏区经济社会发展将青稞、牦牛和藏羊纳入中央财政保险保费补贴范围的请示》，积极申办藏区保险；五是在甘肃省政府、财政厅、保监局的带领和推动下，先后两次向财政部提交了关于将甘肃省玉米保险纳入中央财政种植业保险保费补贴范围的申请。

二、强化风险管控，确保业务规范经营。一是规范承保、理赔实务，严格业务管理流程；二是认真落实总公司能繁母猪保险经营管理“十二条”要求，三次组成联合调查组，对辖内赔付较高的分公司的承保、理赔情况进行了检查，针对问题提出整改要求；三是从政府层面保证政策配套支持，邀请相关负责人召开全省政策性农业保险工作研讨会，研究制定防范道德风险的措施；四是开展政策性农业保险“清应收、控赔付、保增长”专项整治活动，促进政策性农险健康发展。

三、做好基础工作，实现业务的长远发展。一是组织开发地方政策性农险条款，为业务发展提供产品支持。4月份，公司组成了产品开发小组，针对甘肃内有条件开办、可形成一定规模的产业和项目，在充分调研的基础上，开发了果树种植、果树收获、肉牛、生猪、温室大棚、啤酒花等六款地方政策性农业保险产品。二是在全系统成立了农业保险专管团队。团队由分公司班子成员一名、农险专管员一名、理赔中心管理人员一名组成，由班子成员兼任团队组长。专管团队成立后，进行了农险基础知识、承保理赔实务和专业知识方面的深入培训，为今后业务发展打下良好的基础。

（张树功）

【责任险/意外健康险业务】 2009年，责任意外险业务实现了较快发展，通过承办甘肃省生源地国家助学贷款保险业务以及公众安全责任、道路交通承运人责任、企业、医院、旅游、校园、公安消防等领域的责意险业务，进一步体现保险业履行社会责任辅助社会管理的重要作用。

一、2009年基本经营指标。全年共实现责意险业务保费收入12 489.37万元，实收保费12 471.43万元。其中：

责任信用险产品线承保数量21 130笔，保险金额1 717.70亿元，保费收入和实收保费分别为8 123.43万元和8 113.41万元，比上年增长12.81%和17.91%；意外健康险产品线承保数量164 949笔，保险金额350.94亿元，保费收入和实收保费分别为4 365.95万元和4 358.02万元，比上年增长4.61%和4.30%。

二、2009年主要工作。全面完成了“54321”重点工作任务，实现了各项年度重点工作目标。一是经过连续3年的“减五增百”、“跨台阶上百万”活动，以及及时的部门动态点评、督促，各项工作都取得了新的战绩。截至年末，各区（县）支公司中两险业务100万元以上的达到9家，比2007年增加4家；20万元以上的达到94家，比2007年增加49家；责任险业务100万元以上的达到18家，比2007年增加8家；20万元以上的达到66家，比2007年增加15家。同时，各分支公司对责意险产品熟悉程度和销售能力得到持续提高。二是坚守承运人业务，对市场上出现的赠送司乘人员保险，危货责任保额实行流动化等不规范行为予以纠正，确保合规经营，业务与上期持平，实现了年度目标。三是努力做好校园方责任保险业务，认真执行了责任险行业最低费率和非车险经纪佣金行业自律规定。四是通过阶段性活动，推动E购卡业务、借款人人身意外伤害保险等分散性意外险业务快速发展。五是在建立出国人员意外伤害保险代理渠道、健康险专项工作试点、火灾公众责任保险、旅责险、医疗责任保险、安全生产责任保险、特种设备责任保险、实习学校责任保险等方面做了大量的工作，为后期业务增长奠定了一定基础。六是做好保监局、总公司《意外险经营标准》的落实，修订了全省保单管理使用办法，招标责任险业务大额赔案分摊办法等制度规定，通过相关制度的制定，较好地解决了分公司业务发展、政策执行中遇到的问题。

（卢永婷）

【理赔管理】 2009年，理赔管理工作逐步夯实理赔管理基础，提高理赔质量，改进服务，提升人员素质，使全省理赔成本管控、理赔效率、理赔质量、理赔服务得到了显著提高，取得了较好成绩。截至年末，全省系统有效报案数204 232件，比上年增加31 731件。共处理赔案188 408件，比上年增加22 417件。累计直接赔款73 769.90万元，比上年增长4.43%。综合赔付率为63.56%，同比下降2.21个百分点，低于总公司赔付率1.44个百分点。全险种案均赔款3 761.81元，同比下降11.78个百分点。案件处理率为106.55%；全省未决赔案31 309件，未决金额2.57亿元。圆满完成了总公司下达的利润计划。

一、部署全年重点工作。按照全国理赔工作会议工作部署，不断完善理赔管理目标模式，优化理赔业务流程，加强理赔队伍建设，提升理赔线成本控制能力和客户服务能力。在此基础上，确立了2009年理赔工作重点和盈利目标及赔付率控制目标。

二、全力推进新车险理赔系统。及时制定了《甘肃省分公司新车险理赔系统推广工作实施方案》，并对全省200多名理赔人员进行了相关培训。上线新车险理赔系统，对新车险理赔系统进行了压力测试，并对上线后部分理赔节点具体工作要求进行了部署和安排，对新系统相关权限进行了设置和调试。印发了《新车险理赔系统全流程操作要点及注意事项的通知》。派出业务骨干在全省进行现场答疑解惑和操作指导。举办了新车险理赔系统上机操作竞赛活动，较好地实现了新旧系统的平稳过渡。

三、加强理赔质量考核和理赔目标管理。制定了《甘肃省2009年理赔质量考核评分办法》，对全省理赔质量进行考核与监控；制定了《2009年省分公司车险理赔目标管理责任制考核办法》，将主要车险指标分解到各分公司，按照责任到产品线、责任到人、奖罚明确的原则，对车险利润实行目标管理。同时，实行车险盈利目标管理风险抵押金制度，并继续实行“车险理赔一票否决制”。

四、加强成本管控，提高理赔效率。印发了《关于强化理赔管控防止利益漏损保证实现赔付率控制目标的工作举措》，要求全省加强成本控制，防止利益漏损，提高盈利能力。向各分公司分解下达了综合成本率指标，提出了具体的工作目标。开展车险“清未决、提速度、降赔付、创效益”百日活动，提升全省车险理赔服务水平，强化车险理赔管控，加强车险未决赔案管理，确保车险盈利能力目标的完成。

五、加强理赔业务分析、督导，加强信息反馈，提高理赔质量和业务协调能力。一是指定专人逐月对全省理赔指标变化情况进行监控。并进行理赔业务分析和理赔业务点评，提出理赔管理建议。二是对各分公司理赔管控、理赔效率、理赔质量等进行监控和督导。三是根据省分公司《关于进一步加强重点区（县）支公司建设的决定》，对全省23家重点区（县）支公司实行动态管理。四是发挥理赔对产品和承保工作的事后评价职能。向车险、企财险、工程险、货运险、意外健康险等产品线就理赔中发现的产品设计、承保控制环节等方面存在的问题进行了反馈，并提出了在产品设计、定价和承保控制等方面的建议和意见，逐步扭转了以往两条线交流沟通不畅通的问题。

六、加快地震赔案处理工作。积极协商各方处理地震遗留案件，经过多次与公估公司、受损单位及其上级主管部门协商谈判，最终支付了大唐碧口水电站地震损失686.99万元，分公司地震理赔案件在地震发生一年后100%结案。

七、积极抓好非车险理赔工作。一是理赔人员参与审核招标内容，逐步在公司大型非车险业务承保中取得话语权和意见权。二是在企财险、工程险等理赔中积极引入公估、专家定损制度，提高风险评估和理赔处理的技术含量，提高定损的准确性，进一步遏制超额赔付。三是加大非车险重大赔案的管控，保证重大赔案的准确性和规范性。四是对非车险主要险种的赔付情况进行重点监控，上收了所有工程险的定损权和核赔权。五是协助相关产品线在重点客户群及部分险种中积极探索“专管专营”的理赔新模式。六是进一步完善农险理赔规章制度，落实《农险承保理赔业务指引》，提高农险理赔管理水平。七是完善和修订了《非车险理赔单证和实务》，完善了船舶保险、进出口货运险理赔质量指引等。

八、建立理赔分类管理办法，提高理赔管控针对性。一是将各分公司划分为A、B、C、D四类进行科学化、差异化管理，以达到控制理赔成本，提高公司效益的目的。二是对全省16家考核单位，按照实际赔付率完成与控制目标偏差情况、案件处理率完成情况等多项具体指标每月进行排名和分类，提高理赔管控针对性。

九、抓理赔关键节点管控。一是坚持“迅速、及时、准确、合理”的理赔查勘原则，提高车险第一现场到位率。加强与交警部门的联动。二是加强报价权限管理，调整分公司的报价权限实行交叉审核，降低车损险的案均赔款，加强数据维护，使报价一环在理赔关键环节点发挥了积极的作用。三是加强医疗跟踪和审核工作。认真落实《医疗跟踪指导意见》和《医疗审核指导意见》，积极发展定点合作医院，实行医疗费用核减效果与医疗审核人员业绩奖金挂钩机制。四是加大省分公司权限范围内赔案审核力度，严格权限内赔案审核和审批。截至年末，全省从赔案审核中挤压水分约1 600万元。五是加强赔案调查，防止保险欺诈和利益漏损。全省加强了车险风险管控。对大要案、疑难案件进行了事中核查，建立核查工作机制。对辖区内送修车辆最多的几家修理厂进行重点监控，有针对性地对扩大损失、骗赔案件进行了查处，整治4S店代报案代索赔问题。严格执行医疗审核制度和人伤案件跟踪调查制度，全面实施对伤亡人员及被扶养对象的调查核实、取证工作，确保案件的真实性。六是简化流程和单证，实行理赔单证“瘦身”。根据中国保监会和总公司《关于公布保险理赔（给付）程序，进一步做好理赔服务工作的通知》要求，将保险理赔服务流程、理赔案件赔付时限、所需材料清单、联系电话和投诉电话等内容在全省予以公示。根据总公司《车险理赔实务（2009版）》要求，提出了车险理赔单证“瘦身”计划，进一步简化理赔单证，特别是小额赔案单证的简化。七是加强盗抢险理赔管理。制定了《机动车辆盗抢险赔案审批和盗抢找回车辆处置省级分公司集中管理规定》，对2006年以来的被盗抢车辆进行清理，实行省级分公司对盗抢车辆赔案集中管理和审批，并对每辆已经赔付的盗抢车辆建立专门的档案，2009年全省共计查出20多起，为公司挽回经济损失105万元，车辆追偿收入107.50万元。八是加大理赔现场检查力度。各级公司积极开展理赔现场检查，采取有效措施予以控制。同时省分公司按照总公司《关于开展车险现场查勘、核损、定损复查月活动实施方案》、《关于开展理赔质量现场检查的通知》和《关于开展车险业务现场检查的通知》等要求，对全省车险理赔情况进行了现场检查。

十、加强未决赔案管理。认真落实《未决赔案管理办法》和保监局《关于加快未决赔案清理的通知》要求，明确责任，加强监控，实行清未决责任制，重点加大了对2006年以前历史未决赔案的清理力度，加快了2008年以后未决赔案的清理速度。对2005年以来所有未决赔案，通过制定清理时间表、规定每月清理目标等方式，限期完成清理工作。同时，建立了未决案件跟踪、督办制度，特别是对损失较严重、案情较复杂的赔案，落实到具体责任人。按照总公司《关于强化未决赔案中注销和注销恢复环节管理的通知》、《关于强化未决赔案关键环节管控的通知》精神，对于延时立案、重开赔案、立案注销、立案注销恢复等实行了严格管控。

十一、理赔队伍建设和培训工作进一步加强。一是整顿理赔队伍，建立淘汰机制。重点治理理赔队伍中存在的工作效率低、责任心不强、业务素质不高、服务态度差等问题。二是加大培训力度。展开不同层次、不同岗位的技能培训。先后开展了新车险理赔系统、交强险理赔实务、新车险省间通赔系统、医疗审核人员等培训。对陇南分公司进行了责意险、企财险等非车险业务的理赔培训。三是开展车险技能大比武活动。根据总公司车险理赔大赛实施方案要求，印发了《甘肃省分公司车险技能大赛方案》，举办了全省理赔技能大赛，并选拔优胜者参加了总公司决赛，取得团体第11名的较好成绩。

十二、全面落实理赔省集中工作。对相关理赔关键环节点数据进行认真详细测算、分析，制定了《甘肃省分公司理赔省集中实施细则》，并按照总公司指示做好相关集中准备工作。

十三、认真抓好法律合规工作。一是做好2009年全省系统的转授权工作，对再转授权进行了把关审核，对新条款进行严格授权，全险种实行了差异化授权。同时，对分公司再转授权执行情况实行了动态监控和检查。二是进一步加强系统合规经营意识、完善合规制度，有效地遏制和避免了经营中出现的风险。三是按照总公司法律部工作部署，协助人民银行在全系统开展了反洗钱培训和检查。四是根据总公司《权责规范手册》的制定要求，组织相关人员和部门，认真研究各自工作和权限范围，在全省系统开展权责规范手册的制定工作。

（曹瑜瑾）

【财会工作】 2009年，省分公司财会工作在提高经营管理水平、强化全省系统成本管理和经营风险监控、优化绩效考核机制、激发重点区县支公司经营活力、增收节支等方面做了大量工作。

一、继续优化经营绩效考核办法。一是坚持效益优先，鼓励业务健康发展。加大费用、职工工资分配与利润的挂钩力度，增加利润在薪酬、费用分配中的权重，对综合成本率控制目标实现的分公司进行现金奖励；二是引导分公司在商业险市场上争取基本稳定的份额，分别下达商业险保费与政策性农业险保费计划，同时要求政策性农业险保费不得弥补商业险保费，防止公司在商业险市场份额的下滑；三是实行正向激励，将实收保费超计划部分计算的“职工工资”全额兑换为费用指标，利润工资按照实际完成考核口径利润计算，当年考核结果上不封顶，下不保底；四是实行滚动评价。结合经营目标责任状，设立分公司经营班子“奖金银行”，将年度综合经营管理考评奖和按照年度考核口径利润计算的1%的绩效奖金全部纳入“奖金银行”滚动兑现。

二、开展财务业务数据真实性检查。一是制定下发了《甘肃省分公司财务业务数据真实性检查方案》，并通过视频会议对财务业务数据真实性检查工作进行了全面部署、对检查内容作了进一步的明确和细化、对检查工作提出了具体的工作要求。二是牵头组织检查小组，对全省所辖16个地市级分公司进行了重点抽查和督导。

三、认真组织全省系统税收自查工作。一是制定下发了

《人保财险甘肃省分公司关于进行税收自查工作的通知》，并通过视频会议对全省税收自查工作进行全面部署、落实和安排。二是要求各分公司根据《保险业自查提纲》逐条进行对照检查，根据各分公司上报的《税收自查情况表》，结合省分公司对各市（州）分公司检查过程中发现的问题，汇总上报了《税收自查工作情况及总结报告》，并按照税务局的要求和规定，组织并落实补缴税款的入库工作。

四、进一步加强对各分公司费用的管控。制定《中国人民财产保险股份有限公司甘肃省分公司费用资金分类管理暂行办法》，根据各分公司的业务发展进度及盈利水平，设立固定费用账户和变动费用账户，执行严格的“防火墙”制度，将分公司本级费用与各支公司费用分别划拨，进一步加强了对各级机构费用资金的监督与管控，保证基层公司销售费用不被挤占。

五、逐步推进甘肃省系统的无现金收付工作。制定下发《甘肃省分公司无现金收付管理暂行办法》，对各级机构保费收入、赔款支付及费用报销等实施无现金结算进行了统一规范和要求，省分公司本级已率先实行无现金收付，大部分分公司也已逐步推进。

六、进一步完善应收保费管理监控机制，强化应收保费管控力度。根据公司整体应收保费管控目标，结合各分公司实际情况，下达各分公司应收保费率阶段性控制指标，进一步明确应收保费管控要求。一是严禁各分公司出现通过未达账项虚增实收保费行为，并对此做出相应处罚规定；二是将应收保费率的考核纳入绩效考核的主要指标，并与一定的财务资源相挂钩。

七、进一步完善预算管理体系，加强对各分公司和产品线的预算监控。制定下发《全面预算管理实施细则》，从全面预算的组织与职责、预算工作框架、预算编制内容与方法、预算编报流程、分析与监控等方面对预算管理体系做进一步的完善和规范。同时结合实际制定下发《全面预算管控方案》，按季对分公司进行管理建议，分类评级、重点监管，根据业务进度实施费用资金管控。

八、调整车辆险业务结构，配合车险部做好差异化分配办法。坚持将车险业务分类管理实施办法与经营绩效考核办法有效衔接，将10－12月车险业务按照绩效考核办法测算的费用从各分公司费用总量中剥离出来，作为10－12月实施车险业务分类管理及费用差异化分配的财务资源。截至年末，车险业务结构调整初见成效。

九、有效使用未决赔款准备金精算方法，为各分公司掌握真实的盈利水平提供数据支持。继续将精算方法计算的结果纳入每月未决计提，对各分公司精算赔付率实行每季度回顾、调整，确保精算评估入账数据真实反映各分公司承保质量、理赔管控水平，改善业务质量和控制理赔出口。

（陈　丽）

【人力资源管理】　2009年，人力资源部充分发挥职能作用，求真务实，尽职尽责，圆满完成了各项工作任务。

一、着力抓好领导班子建设。一是坚持正面教育，在各级领导干部中开展廉洁自律、勤奋敬业、谦虚谨慎、民主务实的思想作风教育。二是召开民主生活会，切实解决班子中存在的主要问题。2009年下半年，省分公司对各市（州）分公司召开年度民主生活会提出了严格要求，做出了严格安排，通过组织领导，确保民主生活会质量，切实达到了预期效果。三是对个别存在问题较为突出的班子成员，按照规定进行诫勉谈话，督促其尽快解决自身存在的问题。四是要求各分公司领导班子对自身存在的问题进行认真梳理，针对突出问题，制定解决方案，逐一对解决问题情况进行专项考核，并将考核结果纳入年度绩效考核。对15个二级分公司领导班子和班子成员进行了年度考核，对表现优秀的领导干部进行了奖励，对履行职责不充分的领导干部进行了处罚或降职。

二、强化区（县）支公司建设。一是研究进一步加强重点区（县）支公司建设的具体政策措施，召开了重点区（县）支公司建设工作座谈会，形成了规划草案。二是建立战略规划，认真研究强化区（县）支公司建设的各项政策举措，制定下发了《加强区（县）支公司建设指导意见》，详细安排和部署了区（县）支公司建设的中长期目标与工作步骤。三是落实加强区（县）支公司后备干部建设工作，完善区（县）支公司领导班子和领导干部综合考核评价及选拔标准体系，切实提高管理者的素质和能力。

三、加强产品线专业能力建设。一是根据总公司的相关安排和要求，配合各产品线，制定下发了进一步加强产品线专业能力建设的意见，落实产品线专业能力建设的具体任务。二是强化系统内人力资源的科学配备，在进一步完善人力资源管理信息系统建设的基础上，结合省分公司推行的“五大集中”工作，在总公司人力资源管理的框架内，认真分析、测算、核准系统内各产品线建设的人力资源配置，尽最大努力激发产品线工作动力，提高公司总体业务发展的劳动效率对比度。三是大力借鉴先进经验，广开思路，通过典型引路的办法提高公司的产品线建设能力。借鉴了重庆分公司成立大学生团队盘活公司发展后劲不足问题的经验，以及青岛海景花园酒店通过强化企业文化提高运营能力的经验，分别在省分公司组建了14人的大学生团队，将海景花园酒店企业文化相关材料集中发布在省分公司内网，对提高公司的销售能力进行大胆探索。

四、建立健全劳动用工管理规章制度。认真贯彻落实总公司人力资源管理工作会议精神，分层级、分步骤推进人力资源管理及规范劳动用工管理工作。进一步建立健全相关的规章制度，采取每季度巡回检查制度，组织开展了全省系统的劳动用工管理、薪酬管理、人力资源管理规章制度执行情况的监督检查，完成了所有分公司的专项检查。

五、切实优化完善绩效考核方式。对市（州）分公司经营班子、区（县）支公司经营班子、省分公司本部员工的绩效考核办法进行有针对性的修订和完善，主要推行了3项优化措施：一是努力提高考核的导向作用，通过严格的考核，不断引导各级经营班子、机关员工树立正确的工作观、价值观，增强工作的责任感、创新意识，切实提高执行力；二是坚持将考核与公司重点工作任务完成情况、与岗位基本职责履行情况紧密挂钩，促使大家关注重点工作，关注公司发展；三是应用信息技术手段改进考核方式，尝试将较大范围内的考核评分通过网络系统来组织进行，提高考核工作效率。

六、强化培训，努力提高队伍素质。制定出台了《2009年度员工教育培训计划》和全省系统“培训年”工作实施方案，实施省级分公司“管理团队学习实验室”培训项目，深化学习型组织建设，对全省系统所有区（县）支公司经理、营业部经理、团队负责人进行轮训，在兰州、白银、平凉等分公司深入开展员工培训。制定细化全省系统《教育培训经费管理办法》，对经费管理的职责、费用的列支、检查落实等事项予以明确规定。研究完善内部培训师管理制度，对内部培训师的选拔、培养、管理和使用进行统一管理。在全省系统全面推广运用网络培训系统，推广学习积分制与学习护照制度，建立员工培训档案。

（闫利斌）

【渠道管理】 2009年，渠道管理部在党委、总经理室的正确领导下，紧紧围绕省分公司年初确立的总体思路，开展了如下工作：

一、各项指标完成情况。个代营销业务实现保费收入82 336.70万元，营销人员3 025人，交叉销售产代寿保费收入9 471万元，银保业务保费收入6 192.50万元，均完成总公司下达的考核指标。

二、开展销售能力建设基础性工作。一是完成《甘肃省分公司关于推进销售能力建设的指导意见》。对全省销售能力建设进行总体规划，有效指导各级机构开展工作。二是完成《甘肃省分公司销售团队和销售人员管理暂行办法》，指导全省销售团队建设，为进一步规范全省销售团队和人员管理奠定制度性基础。三是组织召开销售能力现场会议。对前4个月的团队建设情况进行了点评，邀请部分分公司做经验介绍，对前期团队建设中存在的突出问题进行了深入交流和广泛探讨。制定下发《关于进一步深入推进、规范销售能力建设的指导意见》，对全省销售能力建设进行系统指导和安排。四是完成团队组建工作。五是完成销售系统上线前准备工作，六是组织开展销售培训，加强组训队伍建设。先后组织一期组训培训、一期主管培训。目前，大部分市（州）分公司本部已设置专兼职组训岗位，各个团队也配备了专兼职组训，晨夕会制度已广泛建立，并固化为团队日常行为。

三、积极开展交叉销售工作。一是加大交叉销售考核力度。二是加速市（州）互动部建设。新建临夏、定西、陇南、武威4家市（州）级互动部，加上原有的3家互动部和6家中心支公司，协助寿险公司基本完成全省地市一级网络布局，直接促进了寿险业务的快速发展。三是积极拓展非保险板块业务，协助省分公司大项目部、人保资产公司积极开展工作，取得了铁路局企业年金人保系统第一单。

四、开展营销文化建设。成功组织全省系统营销精英高峰会，组织“精英奋进之共创辉煌”营销竞赛和“幸福通保”营销竞赛活动。

五、开展标杆团队、合格团队建设。6支团队获得总公司标杆团队称号，40支团队获得省标杆团队称号，20支团队获得合格团队称号，团队质量较上年有较大程度提高。

六、加强中介合规建设。一是加强合规检查。转发了甘肃省保监局行业协会相关文件，以及保监局全省保险中介会议精神，对公司兼业代理渠道的合规性进行规范，组织各分公司在指定时间段全面开展自查自纠工作，彻底清除风险隐患，省分公司就自查自纠情况形成书面报告上报保监局。二是加强资格审批。协助与公司有业务往来的机构申办兼业代理许可证，为全省各区（县）支公司全部申办了兼业代理许可证。三是切实提高销售人员持证水平，为今后依法合规展业奠定良好的基础。

七、建立渠道绩效考评制度。根据总公司《2009年渠道管理工作绩效考评办法》，结合2009年重点工作任务，制定《人保财险甘肃省分公司2009年渠道管理工作绩效考评办法》，为各分公司的工作确定了清晰的目标，有效地促进各项工作的开展。

（郭晓菲）

【信息技术】 2009年，信息技术工作本着“提升效率、强化基础、完善功能、加强支撑”的原则，积极开展各项工作。

一、加强区（县）支公司信息技术基础建设，强化信息技术应用基础。一是更新区（县）支公司电子化设备。全年共新配置PC机489台、XPE终端494台、笔记本电脑167台、各类打印机180台，全省系统大部分市（州）分公司的业务实现电子化处理。二是针对区（县）支公司业务统计分析需要，开发了《区（县）支公司经营情况监控系统》，对区（县）支公司主要业务经营情况进行每日监控，并对全省系统各区（县）支公司主要经营指标进行排名。三是配合人力资源部对全省系统所有区（县）支公司管理人员进行了计算机操作技能的培训。

二、深化信息技术运行维护规范工作。2009年在做好基础运行维护规范工作的基础上，重点对总公司生控中心运行后的流程进行了梳理细化，调整了系统相应的运行维护工作流程，组织对全省系统相关人员进行了培训。

三、积极推广各类信息系统，开发补充分析工具，实现对业务管理工作的紧密支撑。一是推广了新车险理赔、核保辅助、CA身份认证等新的信息系统，有效提升了承保理赔等业务处理环节的科学性和时效性。二是开发了《业务差异化费用管理系统》，对承保的业务按照公司制定的业务分类政策，以公司、业务员、客户等不同维度汇总分类，计算相应销售费用。三是开发了《综合分析系统》，初步建立了综合分析平台。

四、加强数据管理，进一步夯实信息系统应用基础。一是加强制度建设。制定了《数据日清日结实施细则》、修订了《数据质量考核办法》，对影响数据质量的关键环节加大了考核力度。二是推行数据日清日结制度，强化数据的一致性。重点在月底监控收付费系统日结情况，一旦日结后，即停止该公司核保核赔操作，以保证系统间数据的一致。三是加强数据监控分析。对发现的问题数据及时通知相关人员，及时整改。四是加强考核。每季度对各市（州）分公司的数据质量工作进行严格考核，年终最后成绩计入公司综合经营管理考评中。

五、积极落实重点工作项目，以信息技术项目建设提升公司的信息技术应用水平。一是建设全省系统的桌面视频会议系统，将视频会议延伸到区（县）一级。二是推广使用RTX。加强了员工间的信息交流，提升了核保核赔等业务处理的工作效率。

六、认真做好统计运行模式的调整工作，发挥好统计工作职能。根据统计运行模式的调整做好培训、系统调整、数据核对等工作。按时报送了保监会监管快报、保监会监管月报以及大量临时报表；向甘肃省保险行业协会报送了相关统计报表，汇总全省基础数据表并撰写月度业务信息；向兰州市统计局和甘肃保监局报送了相关报表，向保监局定期上报非寿险市场经营情况分析报告，向总公司上报季度经营分析报告和专题分析等；按期完成了全国第二次经济普查工作。

（王　栋）

【客户服务】　2009年，客户服务管理工作积极落实总公司、省分公司客户服务工作会议精神，围绕总公司和省分公司两级公司确定的重点工作和专项工作，积极推进客户服务工作。

一、95518专线工作。截至年末，全省系统专线共受理客户报案、咨询呼入呼出电话1 470 124通，其中呼入电话量1 017 243通，呼出电话量452 881通，较上年同期分别增加23.39%和24.32%。一是下发了《关于加强95518专线服务能力建设的指导意见》。二是进行现场指导和非现场督导，对硬件设备不到位或人员配备不足的分公司进行实地督办，先后有6家分公司的人员和办公环境得到明显改善，坐席线路增加6条，人员增加8人。每月在省分公司内网部门园地上面公布各分公司95518服务水平、综合优良率排名以及各项指标的运行情况，并根据公布结果对95518专线人员进行考核，兑现提成奖金额度。通过语音监听的方式对95518专线服务水平和服务效率进行督导，同时及时下发总公司95518测拨情况通报，督促各分公司进行整改。三是加强95518培训工作，与理赔管理部一起进行了新车险接报案等业务环节培训。举办了一期95518专线人员的业务技能培训。组织兰州、张掖、庆阳三家分公司参加总公司“95518语音天使”知识竞赛活动，并取得良好成绩。四是及时处理报案环节的未决赔案处理，确保理赔报案数据真实性。2009年共处理各分公司申请注销案件1 100件。五是全力做好95518集中前的准备工作。根据总公司《95518客户服务中心省集中工作实施方案》，并依照总公司的批复意见，积极有序的组织实施集中前的准备工作，为2010年完成95518省集中工作创造了有利条件。

二、客户服务管理工作。一是客户关系管理系统推广工作取得阶段性成果。根据总公司下发的《客户关系管理系统推广实施方案》的要求，全省系统完成了CRM推广的阶段性目标。第一批完成了客户数据的清理工作，并通过总公司的验收。清理单位客户档案21.92万条，其中业务系统清理前档案8.12万条，外购组织机构代码档案13.79万条。通过多次清理将业务系统存在的“一户多档”的8.12万条档案信息清理为7.72万条，合并档案0.41万条，合并率5%，将外购的13.79万条组织机构代码与公司客户档案进行匹配，客户档案的组织机构代码拥有率达到了75.69%，有效降低了公司出单人员建立档案的工作量。二是提前实现车险承保理赔信息实名制查询工作。按期完成车险保单信息自主查询系统的改造工作，顺利通过了甘肃保监局的检查验收。在新查询系统开通后，召开全省系统的视频培训会对自主查询进行了培训。积极配合甘肃保监局和省保险行业协会宣传车险承保信息自主查询工作，在全省各营业网点张贴了《甘肃省机动车辆保险保单信息自主查询公告》，同时利用短信平台向客户发送了10万多条告知信息。三是推行客户服务基本标准，加强服务标准化建设。根据总公司下发的《中国人民财产保险股份有限公司客户服务基本标准（试行）的通知》，召开了全省系统视频会议，提出了落实客户服务基本标准的具体要求，组成客户服务基本标准检查组，深入基层公司重点检查销售、理赔、咨询和投诉环节工作人员的工作规范、服务礼仪、服务态度和关键环节服务时效性的执行情况。四是加强客户投诉管理工作。强化投诉处理的时限要求，出台《客户投诉奖惩办法》，明确了公司各岗位人员违反投诉规定的处罚标准。平凉、白银等公司对被投诉的责任人给予了经济处罚。截至年末，受理和直接处理客户投诉案件252件，较上年同期增长61.53%，其中客户来访投诉10起，较上年同期降低8%；客户来电投诉199件，较上年同期增长56.36%；总公司转投诉35件，较上年同期增长500%；甘肃保监局转投诉5件，较上年同期增长40%；新闻媒体转投诉3件，较上年同期降低233%。总公司、甘肃保监局、新闻媒体转投诉的处理率达到100%，客户满意度为98%；一般性客户投诉的处理率达95%，客户满意度91%。五是开展了客户节和司庆60周年活动。配合总公司客户节和司庆活动，在《甘肃经济报》等媒体发布了客户节通告和司庆恭贺单位，报道稿件5篇，向客户赠送了纪念光盘40张，纪念画册40本，组织各分公司邀请公司VIP客户参加公司的活动和职场参观，客户节期间，开展了亲情寻“五老”、赠送世博会、亚运会获奖门票等活动。

（黄玉昌）

【审计工作】　2009年，全省系统审计工作充分发挥职能，认真履行职责，积极落实年度重点工作安排，通过开展各项审计、检查、督导工作，狠抓整改落实，促进了公司规范经营管理，较好地完成了全年各项工作任务。

一是完成多项审计项目。先后开展了经理经济责任离任审计，核保、核赔、再保、财务专项审计，经理经济责任任前审计、责任后续审计，单证及印章管理专项审计，反洗钱专项审计，机动车辆保险经营效能监察和效益审计，《管理建议书》后续审计等审计项目。全年共审计地市级分公司8个，区（县）支公司6个，审计涉及单位（抽点）42个，共投入审计力量68人（次），形成审计报告14份，下发审计问题核查督导函5份，提出审计建议96条，已被采纳91条，被审计公司上报整改措施133条。

二是认真负责，高效圆满地完成上级公司抽借审计和总经理室交办的检查、督导工作任务。共涉及1个省级分公司、11个地市级分公司、16个区（县）支公司，投入人力13人（次）、120个工作日。

三是整章建制，完善内控制度。牵头修改《中国人民财产保险股份有限公司甘肃省分公司经营管理主要环节违规违纪责任追究（暂行）办法》。制定并实施了《中国人民财产保险股份有限公司甘肃省分公司内部审计工作主审责任量化考核办法》。《中国人民财产保股份有限公司甘肃省分公司特聘兼职审计员管理办法》。

四是归纳汇总审计中发现的问题，重视并加大审计结果的利用力度。根据总公司要求，全年分两次对完成的审计项目中发现的带有倾向性、普遍性的热点、难点问题，以及在经营管理过程中存在的突出问题和薄弱环节，从财务、承保、理赔、再保、单证、印证、内控等方面进行了梳理分析、归纳汇总了83条（类）问题，上报总公司监审部并抄送到省分公司总经理室和各相关部门。

五是组织实施了全省系统民主评议政风行风工作。组织开展了系统民主评议政风行风工作，根据各地民主评议政风行风工作开展情况编辑了六期“民主评议政风行风工作简报”，及时向省纠风办汇报工作进展情况，并对白银、定西市分公司及静宁支公司民主评议政风行风工作进行了现场督导检查。

六是强化审计人员专业知识的学习与培训。安排相关人员学习有关法律法规、内部审计规定、总公司制定的审计方案、业务条款、财务制度，组织有关人员参加各类培训班，全年有4人参加了甘肃省内审协会组织的审计人员后续教育培训。

（丁　滨）

【纪检监察】　2009年，全省系统纪检监察工作在省分公司党委的领导下，遵照中纪委会议、中国保监会纪检监察工作会议和集团公司纪检监察工作会议精神，做了以下主要工作：

一、认真贯彻会议精神，加强干部党性教育。召开了党委扩大会议，提出贯彻落实的具体要求，限时上报了贯彻落实的具体措施。开展了“爱司、清廉、创新、奉献”的主题教育活动。组织了深入学习实践科学发展观的巡回讲座、新《中华人民共和国保险法》讲座。开展了自查自纠工作，进一步加强党风建设和党风廉政教育。

二、及时明确工作重点，全面落实目标责任。将纪检监察工作作为重点纳入全省工作安排意见。制定下发了《关于做好2009年纪检监察工作的指导意见》，明确了2009年纪检监察工作计划的要点。总结了党风廉政建设责任制落实过程中的经验、问题和新情况，充实完善和修订了责任状的内容。坚持实行党风廉政建设责任制量化考核管理，把落实党风廉政建设责任制的考核与干部考核、巡视监督结合起来进行，层层细化签订责任状。完成了开展巡视工作的理论文章，并按期上报总公司纪委。

三、召开纪委书记会议，提升纪检监察工作水平。召开了全省系统纪委书记工作会议，总结了2008年以来纪检监察工作，进一步部署2009年各项工作任务；安排酒泉、金昌市分公司交流了纪检监察工作经验，邀请甘肃省监察厅副厅长郭万旭进行了反腐败形势教育和案件查处培训；组织开展领导干部廉洁自律工作培训。

四、坚持关口前移，做到惩防并举。深入落实“三重一大”集体决策制度，坚持对“权、钱、人”等关键环节和重点部位的人员开展谈话制度，对新提任的干部发送廉洁自律提示函。严格执行案件报告制度，按照权限及时认真查处违法违纪违规案件和信访举报件。根据《关于对甘肃省分公司开展例行检查的报告》中提出的问题，进行对照检查，并对问题较多的省分公司营业部、酒泉市分公司、武威市分公司以及涉及的省分公司六个部门发出了整改通知。深入基层开展了全面细致的财务业务数据真实性检查工作，对相关责任人进行了处罚；对涉及全系统普遍存在的违规问题，给予了罚款处理。

五、建立健全制度体系，规范经营管理行为。认真落实“六条禁令”，不断强化统一法人意识，加强执行力建设，严格规范经营管理行为，坚持依法合规经营。严格落实《中国共产党党内监督条例》，认真执行责任追究制度，进一步加强党风廉政建设责任制量化管理，并全面落责任制量化考核。总结了党风廉政建设和经营管理的各项制度执行过程中成功做法和典型经验，针对经营管理中出现的新情况、新问题，及时充实、完善和修订相关配套制度。对《经营管理中主要环节违规违纪责任追究办法》进行了认真修改。细化签订党风廉政建设责任状。对金昌市分公司、庆阳市分公司开展了内控执法检查，针对存在的问题，提出了整改意见，并督促整改。

六、加强班子廉政建设，有力促进作风建设。公司党委书记与14个市（州）分公司党委书记、15个机关部门主要负责人签订了党风廉政建设责任状，进一步细化了任务目标、深化了责任落实。参与了领导班子和干部考核测评，适时对张掖、陇南等分公司班子的主要领导进行了调整，对兰州、金昌、武威等分公司班子进行了充实。同时，配合人力资源部对兰州、定西、张掖等分公司高级业务主管拟聘任人选进行了考察。

七、注重诚信文化建设，切实改善行业作风。组织开展行风纠建活动，纠正经营管理中的不正之风，继续树立“金牌服务”意识，深化“理赔无忧”工程。对客户反映的省分公司营业部赔付不及时的问题，迅速派员查处，并对省分公司理赔部予以通报批评。参加了保监局组织的党风廉政建设和治理商业贿赂联席会议，汇报了公司廉洁从业和廉洁经营、深入开展治理商业贿赂以及公司党的建设的情况，得到了保监局领导的肯定。

八、认真落实各项任务，开展好有关专项活动。一是认真落实了《关于做好2009年纪检监察工作的指导意见》所确定的各项专项工作任务。二是按照保监局和总公司的要求认真开展了打击“三假”活动。三是深入开展全省系统政风行风评议活动。四是对深入学习实践科学发展观活动整改落实方案执行情况开展自查自纠。五是组织了《中国共产党巡视工作条例（试行）》、《关于实行党政领导干部问责的暂行规定》、《国有企业领导人员廉洁从业若干规定》和《关于开展工程建设领域突出问题专项治理工作的意见》等4个文件专项学习教育活动。六是结合内部审计工作推动了纪检监察工作，开展了经理经济责任、内控合规、单证及印章管理、机动车辆效能监察和效益、反洗钱、后续等审计。

（高志昂）

【宣传信息】 2009年，全省系统宣传信息工作在促进业务发展、培育企业文化、提升企业影响、展示公司风采等方面取得了一定的成绩。

一、牢牢把握宣传工作主线，始终坚持正面宣传为主，为省分公司改革发展和经营服务营造良好的舆论氛围。结合“中国人保成立60周年”、“新《保险法》”等主题，开展了形式多样的宣传工作。认真组织编报信息，及时全面反映各地、各部门经营管理和改革发展情况。向广大员工宣传“坚持有效益的发展”的理念，推动了省分公司的精神文明建设和企业文化建设。

二、对外宣传工作取得大幅进步，为提升企业知名度和美誉度及社会影响力作了贡献。由省分公司宣传部门选送各级社会媒体刊登（播发）的有关稿件共104篇（条）。省分公司还被甘肃保险学会、甘肃保险行业协会评为“2009年优秀宣传单位”。

三、继续做好对内宣传工作。全年，省分公司宣传部门向总公司报送信息74条，被采用42条。开设了“共同愿景大讨论”、“机关作风整顿”和“司庆60周年”等专栏，并结合公司各项阶段性工作，积极开辟新栏目，做到集中和有效的宣传。

四、建成开通公司新网站，截至年末，省分公司信息网共计刊登要闻播报182篇，录用基层动态稿件302篇，部门园地359篇。

（严启航）

【工会工作】 2009年，全省系统工会工作在省分公司党委的正确领导和总公司工会的指导下，主要做了以下几方面的工作：

一、开展评先表彰、岗位练兵活动。制定《2009年度全省系统先进单位、先进个人评选表彰办法》，印发全省实施。各分公司在实施省分公司评比办法的同时，结合本地区实际适时制定了相应的评比竞赛办法，开展各类单、专项竞赛，并积极开展岗位练兵和技术比武活动。省分公司于9月份组织开展了全省系统员工技能比武活动，评选出20名“岗位能手”和团体一、二、三等奖；组织开展“共建和谐、共谋发展、共享成果”主题建言献策活动；配合甘肃省保险行业协会开展的第三届甘肃“保险之星”评选活动及有关部门开展的竞赛活动。

二、发挥工会职能作用，推进职工民主管理工作。省分公司召开了全辖首届职工代表大会；各市（州）分公司先后召开了一年一度的职工代表大会，并分别审议通过了《公司工作报告》和《财务收支报告》等；同时，进一步完善了《甘肃省分公司系统工会职工关爱计划》，并下发了补充规定。春节前夕，对系统内20余名病困员工进行了慰问。根据省分公司有关规定，每两年对系统内一线员工进行一次体检，对系统2名病困人员给予了关爱基金补助。组织了春节团拜会文艺演出和庆祝公司成立60年华诞文艺汇演。组织开展了系统职工绘画、书法及摄影比赛，共收到各分公司及省分公司机关上报的书法、绘画、摄影作品及征文共115件（篇）。资助公司团委与电投公司团委等单位进行了足球友谊比赛。组织省分公司机关全体员工到刘家峡开展户外拓展活动。各分公司也根据各自的条件，开展了形式多样的文体比赛活动。兰州、金昌等分公司还成立了篮球、羽毛球、乒乓球协会，积极与客户开展各种形式的友谊比赛。

三、加强工会自身建设。根据总公司2009年工作安排，各分公司均于年内对劳动争议调解委员会成员做了相应的补充和调整。全省16个分公司组织健全，都建立了工会委员会和女职工委员会，配备了专兼职工会主席、女工委主任和兼职干部。全年，各分公司因地制宜组建“职工之家”，利用现有场地开展各种文体活动。按照省分公司的规定和要求，按时按比例收缴上缴工会经费，同时做好经费管理工作。

四、加强女职工工作。开展创建“女职工文明示范岗”活动，各级工会在关心女职工利益的同时，做好女职工劳动保护，坚持一年一次的妇科健康检查制度。

（李晋荣）

中国人寿保险股份有限公司甘肃省分公司

总经理　王福祥

【综述】 2009年，中国人寿保险股份有限公司甘肃省分公司围绕年初公司工作会议确定的工作思路和发展目标，积极筹划部署，落实发展措施，推动各项业务指标持续快速发展。截至年末，全省系统实现股份总保费收入38.27亿元，其中首年保费收入16.21亿元，首年期交保费收入5.64亿元，同比增长5.20%。银保业务保费收入10.90亿元，其中银保首年期交保费收入7 781万元，完成预算指标7 000万元的111.20%。团险短期险保费收入2.20亿元，完成预算指标2.12亿元的104.10%，其中意外险保费收入8 758万元，完成预算指标8 000万元的109.50%。续期保费收入19.86亿元。代理互动业务实现企业年金保费收入3.01亿元，完成预算指标2亿元的150%。互动业务实现保费收入6 150万元，完成预算指标3 200万元的192%。受托管理、投资管理和账户管理排名全国系统第5位，获得养老金总公司三等奖。

一、积极进行结构调整，提升可持续发展能力

省分公司积极响应保监会、总公司号召和要求，着力调整业务结构，大力转变发展方式，取得明显成果。个险10年期以上首年期交保费比上年增长40.20%，在首年期交保费中的占比达67.60%，比上年提高13.90个百分点；银保首年期交保费比上年增长68.50%，在首年期交总保费中的占比达13.90%；意外险业务比上年增长22.80%，在短险中的占比达39.80%；团险渠道创费7 218万元，比上年增长14.40%；表结利润为3 745万元，比上年增长6%。三大渠道核心业务占比均有较大幅度提高，公司整体创费创佣能力明显增强。

二、科学制定发展规划，启动“精品公司”建设

“精品公司”发展脉络更加清晰、思路更加深入人心，内涵和外延不断丰富完善，“精品公司”建设已经溶化为各级公司的自觉行动和工作目标。一方面，自主发展意识得到有效增强。省、市两级公司根据自身实际，先后制定《3-5年发展规划》和打造“精品公司”的具体举措，发展的针对性、科学性明显增强。特别是兰州、嘉峪关等省辖市公司以竞争超越为目标，以夯实基础为抓手，不断强化市场竞争，核心竞争能力有了新的提高。另一方面，渠道经营水平得到有效提升。个险渠道销售转型顺畅，10年期以上首年期交业务发展较快，取得全国系统增速第2的好成绩。银保渠道在市场不丢、份额不减的前提下，逐步实现渠道战略转型。团险渠道首次提前超额完成全年计划任务，创费创利能力得到了新的提高和增强。

三、认真开展企划督导，销售工作持续推进

一是强化销售企划。通过组织“首季业务开门红”、“60周年司庆”、“为国庆献礼”、“决战2009”等系列活动，各地从细化方案入手，制定落实措施，有效调动了基层发展的积极性。二是狠抓督导追踪。省、市两级公司多次组成工作督导组，协同基层单位深入职场、团队分析解决困难，做到宏观掌控和实地督导相结合；各销售渠道全力做好支援工作，为基层公司提供了有力的销售支持与保障。三是加大分类指导力度。采取固强扶弱、重点帮扶的策略，对业务发展滞后的单位和地区进行有侧重、有针对性的帮助指导和政策倾斜，扭转了个别单位发展迟滞、进度严重拖后的局面。特别是在费用资源相对紧缺的情况下，省分公司筹措资金积极支持和推动5个省辖市及重点城区公司实施“组织超越”策略，为扩大城区营销员队伍、统筹城乡发展起到较强的推动作用。

四、不断加强经营管理，发展活力明显增强

一是建立以岗位为基础、以业绩为导向、以市场为参考的薪酬体系，全省系统人力资源管理和绩效激励体系改革取得初步成效。二是有效利用财务费用政策，将有限的资源尽力向一线倾斜，通过业务推动、增员考核、职场建设、预算补贴等方式，向各地投入佣金资源481万元、费用资源2 065万元，财务政策的杠杆和导向作用得到加强。三是省级集中管理逐步深化，柜面标准化纵向延伸，历史档案影像化处理项目顺利实施，风险管控、作业时效、柜面建设等工作稳步向前推进；信息技术资源得到有效利用和挖掘，在支持发展、保障运行、软件开发、数据清理等方面取得一定成效。四是“大服务”理念得到深化，全省系统第二届服务工作会议顺利召开，提升服务品质的措施逐步得到落实。同时不断延伸中国人寿“1+N”服务内涵，客户满意度不断提高，客户服务工作质量和层次有了新的提升。

五、有效防范经营风险，合规经营意识不断增强

一是认真学习贯彻新《保险法》以及总公司相关实务规定，完善业务处理流程，保证新旧产品销售衔接有序、新

老单证管理平稳过渡。二是完成404遵循及内控评估，推进反洗钱日常化管理、内控标准推广执行、关键岗位检查等工作；实施新的印章和单证管理办法，实现印章上收和单证归口管理；收付费管理有效推进，新单业务非现金收费率明显提升。三是推进党风廉政建设责任制、反腐倡廉教育、信访案件、源头防治、效能监察和自身建设等工作，为业务健康发展和各项工作规范运行提供了政治保障。四是开展经济责任审计、预算管理审计、执行力审计等各类审计项目92次，较好地发挥了内部审计的职能作用。五是通过开展“诚信我为先”教育活动，推进职业道德诚信教育的制度化、日常化和规范化；建立销售风险提示机制，加大违规案件查处力度，全省系统连续8年没有发生大案要案。

【财务管理】 2009年，全省系统财务工作按照“稳中求进、转型增效、深化改革、强化管控”的总体要求，不断夯实财务管理基础，实施专业化核算管理，建立健全财务管理制度，持续推进财会队伍建设，为公司发展作出了积极贡献。

一、积极发挥预算管理导向作用和费用佣金政策杠杆作用，努力促进公司年度经营目标实现。一是以新财务系统上线为契机，进一步细化全面预算管理，创新预算管控方式，完善矩阵式指标考核体系，加强资源配置管控，充分体现对各销售渠道和各分公司的差异化指导，结合实际探索建立分公司预算管理模式；二是切实加强对预算执行的事中控制，每月对各二级分公司及省分公司本部预算执行情况进行分析，加强对各预算项目的事中控制和事后监督，逐步建立完善的预算预警机制。

二、继续实施向基层和销售一线倾斜的资源配置政策，促进业务均衡发展。在费用佣金资源配置方面，进一步压缩省分公司及各二级分公司机关费用支出，加大对业务发展一线的支持力度；在固定资产投资资源配置方面，培育核心竞争优势，抢占保险资源，逐步提高了固定资产的投资管理水平，加大代理资产管控力度，提高系统内资产的利用效率。

三、顺利完成ERP新一代财务与人力资源管理系统的推广上线工作，提高财务管理、账务处理信息化水平。严格按照《中国人寿新一代财务与人力资源管理系统推广工作方案》要求，及时制定全省上线推广实施方案，对上线各阶段工作进行安排部署，明确责任，提出要求；积极抽调二级分公司财务骨干人员，加强上线队伍力量，解决“时间紧、任务重、人手不足”的困难，在保证日常财务工作的基础上，顺利完成新系统数据迁移、新旧系统并行及税务台账、资金台账上线等一系列工作。

四、完成年度各项精算工作，利用专业优势为公司业务发展提供技术和数据支持。完成各阶段负债评估工作，及时准确地报送准备金数据；根据公司经营管理的需要，及时对公司负债情况、保费收入情况等进行分析；对各二级分公司个险渠道续期收费率、死亡给付控制率、退保率三个指标进行严格考核和控制，确保全省系统年度考核达标。

五、完成各阶段财务报表的编报工作，满足外部监管和内部管理的信息需求。充分发挥财务省级集中管理的优势，圆满完成2008年度、2009年中期会计决算工作和各月度的财务报告编制工作；认真做好业绩信息统计和分析工作，及时、准确报送统计信息报表，并对各阶段业绩信息数据深入分析，形成业绩信息分析报告，为公司管理层进行经营决策提供支持。

六、进一步推进会计基础工作建设。结合公司发展的新形势、新要求，进一步加强基础制度建设，确保各项财务工作有章可循；在全省范围举办“SAP财务操作系统和专业技能培训班”，对各二级分公司、区（县）支公司财务、审计人员进行了培训，累计培训182人（次）；加大财务工作考核力度，确保各项财务工作顺利开展，同时将考核结果与二级分公司经营绩效考核结果、员工薪酬分配挂钩，确保工作质量。

七、继续做好404项目遵循及财务监督检查工作，有效规避财务风险。一是完成省分公司本部2008年度及2009年中期内部控制测试工作；二是根据总公司和人民银行要求，积极配合省分公司内控合规部，在全省系统开展反洗钱工作；三是按照保监会和总公司要求，在全省范围组织开展股份公司、代理集团公司2008年度财务、业务数据真实性自查工作，针对自查中发现的问题，组织各二级分公司积极进行了整改；四是组织各二级分公司分两次开展股份公司和代理集团业务税务自查活动，对全省系统2006年—2008年度公司涉及的各项税金的计算、计提、申报、缴纳情况进行了全面自查，并对少缴、漏缴税金进行了补缴。

八、进行资金管理体制改革探索，强化周转金日常管控，建立省级集中的资金管理体制。一是对全省2009年度股份、集团周转金进行测算，并下达了各二级分公司年度周转金限额考核指标；二是根据总公司统一部署，开展了网银系统上线推广第二阶段工作；三是在全省范围推广省、县资金直接划转模式，提升资金归集和下拨速度；四是加强收付费环节资金风险管理，制定《省分公司机关本部公务卡结算管理办法》和《甘肃省分公司加强人身保险收付费相关环节风险管理实施方案》，利用招商银行个人债务型公务卡，实现省分公司机关费用报销的零现金管理。

（彭　飞）

【人力资源管理】 2009年，全省系统进一步加强各级公司领导班子建设和员工队伍建设，创新选人用人机制，构建符合现代企业制度的人力资源管理体系，为公司发展提供强有力的组织保障和人才支持。

一是加强各级公司领导班子建设。进一步提高各级公司领导班子建设的整体水平，加强中高层经营管理干部后备人才队伍建设，积极落实总公司《关于大力加强公司系统基层公司领导班子建设的意见》精神，进一步夯实公司的发展基础、管理基础。

二是进一步理顺全省系统组织架构及人员配置。组织了省分公司本部组织架构调整及中层领导干部竞聘工作，并指导各二级分公司开展了组织架构调整及中层领导干部配置工作，对全省系统中层领导干部进行优化配置、择优选聘。

三是稳步推进绩效激励体系改革工作。在全省系统建立以岗位为基础、以业绩为导向、以市场为参考，具有竞争性与激励性的薪酬体系，开展了绩效激励体系改革工作。

四是加强工资总额和福利总量的管理。为了避免全省工资总额和福利总量超支，严格把控全省工资总额和福利总量支出成为全省系统人力资源工作的重点。

五是继续完善绩效考核工作。按照总公司绩效激励体系改革的思路和省分公司党委要求，继续加强全省系统绩效考核工作。一是在参考总公司业绩目标合同模板的基础上，按照考核办法中明确的相关指标，为各层级员工制订详实的《业绩目标合同》，并组织员工与直接主管领导签订合同；二是根据绩效激励体系改革的要求，制定出台了员工绩效考核管理办法；三是通过年底绩效考核，使考核结果与员工绩效工资相挂钩，绩效考核真正起到了激励作用。

（李　毅）

【个险销售】 2009 年，个险销售渠道按照“求真务实开新局、转型增效谋发展、坚定不移地走甘肃国寿特色精品道路”工作思路，围绕业务发展、队伍建设、基础管理和省级集中管理四大核心工作，加强队伍建设、制度建设和基础建设，积极推进销售转型，业务结构逐渐优化，队伍规模日益壮大，专业化水平进一步提升，管理成效彰显。

一、业务持续健康发展。全年实现 10 年期及以上首年期交保费 38 104 万元，比上年增长 40.77%，达成总公司下达目标 39 462 万元的 96.60%；实现 5 年—9 年期首年期交保费 6 653 万元，达成总公司下达目标 7 514 万元的 88.50%；实现长险首年标准保费 22 513 万元，达成总公司下达目标 28 403 万元的 79.30%；实现短期健康险 4 284 万元，达成总公司下达目标 3 900 万元的 109.80%；实现短期意外险 3 480 万元，达成总公司下达目标 3 400 万元的 100.23%。

二、队伍建设稳步推进。一是着力推进城区人力和有效人力的突破。2009 年，全省个险渠道以“组织扩张”和“组织超越”两个增员方案为契机，狠抓城区人力和有效人力的提升，重点关注有效人力占比、人均产能和团队举绩率等关键指标，了解团队人力发展的障碍点，积极寻找解决方法并及时进行人力发展情况通报分析，队伍建设取得成效。二是积极运作初级主管训练营。在兰州、天水、嘉峪关开展初级主管育成训练营工作，实行过程管理和阶段追踪，稳步推行初级主管育成训练营计划。三是狠抓营销员持证上岗。积极组织“代资考”工作，2009 年全省系统共 10 886 人报名参加考试，通过考试 7 479 人；强化资格证和展业证管理，及时申报农村保险营销员资格证书授予工作，保证了营销员持证上岗工作的顺利进行。

三、销售支援及时到位。一是销售企划有力有序，适时策划出台六个业务推动方案，并在业务推动活动结束后，及时进行奖励兑现，极大地调动了销售一线的工作热情；二是销售支援细致多元，配合不同阶段的销售策略和业务推动方案，及时下发多种销售专题、资料，编发销售快讯，细致深入地为基层公司提供多种销售支援工具，并多次深入 41 个县支公司和 324 个营销职场进行业务督导和调研，及时发现和解决基层单位业务发展中存在的困难和问题；三是策划和组织 2008 年国寿创富表彰大会暨 2009 年销售精英俱乐部年会等多次大型精英表彰活动。

四、营销员管理向标准化迈进。一是制度管理细化标准。制定下发了个险渠道省级集中营销员管理的十三个流程及营销员管理四项重点工作的考评制度，极大地提高了营销员管理的标准化水平、工作效率和成效。二是系统管理成效显著。先后开展三次较为彻底的数据清理，成功实现了 A-MIS5.0 上线、维护与升级，并顺利完成了一系列程序的改造，在全国率先启用了招募甄选模块，之后又逐步上线了考核预警、统计报表系统，最终实现了系统所有模块全部上线。三是开发了一套较为完整的绩效分析指标体系，实现了统计内容体系化、统计对象完整化和统计指标精细化。

五、运营管理专业化取得突破。一是深入推动标准化营销服务部创建工作。统一并规范全省创建标准化营销服务部工具，对照全省标准化营销服务部创建方案和执行手册，对全省创标工具进行修订和完善，并在全年工作中及时开展创标工作考核验收。二是有力推动组训队伍建设。在坚持日常化的组训考核工作基础上，举办了三次组训技能提升培训班，有效提升了在职组训的专业水平；按期举办季度组训例会，充分开展组训交流，及时安排部署组训管理工作。

六、区域收展向纵深发展。一是队伍规模逐步扩大。2009 年，区域收展向县域地区全面推进。二是高度重视人员培训。为解决收展建设操作中的实际问题，举办了“全省区域收展主管任职资格培训班”，明确了主管的职责与定位，合理制订个人职业生涯规划，树立团队经营意识，强化增员观念，掌握准增员对象开拓和辅导的基本方法，为更好地执行收展“基本法”奠定基础。三是制度建设取得成效。在强化收展系统管理基础上，按月、按季度通报收展“基本法”考核情况，提高了收展“基本法”执行力度；同时适时追踪收展人员晋级、转任管理情况。

（孟雪丽）

【银行保险】 2009 年，银行保险部以科学发展观为统领，积极践行中国人寿特色寿险发展道路，努力适应复杂多变的市场环境，强化渠道合作关系，加强销售队伍建设。全年银保业务实现新单保费 109 082.82 万元，其中趸交保费完成 101 298.77 万元，期交保费完成 7 784.05 万元，同比增幅 68.49%。

一是深化对银保业务的认识，进一步提高对渠道的重视程度。加快业务发展步伐，积极调整渠道险种结构，多想办法、多拿措施，有效缓解渠道费用紧张等问题，通过提高“三效”产品占比等有效手段，使银保渠道自身形成良好的自我造血机制。

二是加快银保销售队伍和职场建设步伐。制定了组建客户经理和理财经理两支队伍的指导意见和发展计划，充实全省客户经理队伍，成立理财经理队伍，为全省银保期交业务的快速稳定发展提供了有力支持。

三是采取各种有效措施，为银保业务的快速发展保驾护航。积极协调财务、业务、信息等运营部门，成立了银保业务支持小组，切实解决基层公司的一些实际问题，有效保证了业务的正常发展；总结交流各地区业务发展的成功经验，督导和帮扶业务发展滞后的地区，共同探讨促进业务发展的措施办法，上下形成合力，保证了银保业务的健康稳定发展。

四是巩固渠道合作关系，为银保业务的发展奠定稳定平台。继续巩固与各代理渠道的关系，积极拓宽业务合作广度，深化彼此合作领域，有效推动了业务的发展步伐。各级公司始终坚持“省对省、市对市、县对县、客户经理对网点”的合作模式，利用多种合作形式，充分调动了渠道网点的积极性。同时各级公司继续引入内部竞争机制，有效盘活低产能网点，激活零出单网点，并加大了对代理渠道、网点的培训力度，强化了对现有网点的精细化管理，努力提高网点的占有率、出单率和网均产能。

五是坚持依法合规经营，防范化解经营风险。认真学习贯彻监管机构和公司的各项法律法规，高度关注政策制度和监管重点，业务发展均以法律法规为指引，始终坚持依法合规经营，防范化解经营风险，主动梳理和评估销售过程中的风险点，对高风险点问题进行专项管控，避免销售风险发展为经营损失，保证了业务的持续健康发展。

（叶　勇）

【团体业务管理】　2009年，团险渠道在省分公司总经理室的正确领导下，不断巩固客户关系，拓宽发展渠道，业务取得了较快发展。全省系统实现短期险业务保费收入22 017万元，其中意外险保费收入8 758万元。

一是统一业务发展思路，安排部署全年工作。召开“2009年全省系统团险暨企业年金工作会议”，安排部署全年工作；制定《2009年度团险销售渠道考核指标细则》，科学合理地考核评估各二级分公司团险渠道的发展情况。

二是开展销售企划活动，推动业务快速发展。协调公司相关部门共同出台《2009年一季度业务推动企划方案》、《二季度“创富·献礼”业务推动激励方案》和《“决战2009”业务推动方案》等方案；认真推广总公司改造后的新产品，整合卡折式保单，使业务符合监管要求。

三是做好销售支持工作，解决基层公司的实际问题。做好超权限业务的处理工作，制定下发《团险超权限业务报批管理办法（试行）》，做好短期险报价管理；全力以赴做好销售支援，及时解决基层公司的问题。

四是采取有效措施，积极适应政策环境变化。认真贯彻落实《人身意外伤害保险业务经营标准》、《保险公司中介业务违法行为处罚办法》，同时根据保监会和总公司的要求，做好撕票业务停售的相关工作。

五是加强与年金中心合作，大力发展企业年金。下发企业年金推动方案，激发基层公司和销售人员的积极性；建立企业年金公关团队，共同拓展业务，发挥销售合力；认真落实一市一行一会制度。

六是拓宽销售渠道，努力发展非银邮中介代理业务。协助基层公司开展非银邮中介代理业务，做好相关服务工作；规范中介业务市场，根据保监会要求，对非银邮中介业务进行了多次清理整顿，保证业务的依法合规经营。

七是加强队伍建设，夯实业务发展基础。制定销售人员管理办法，出台《中国人寿保险股份有限公司甘肃省分公司团险销售人员管理办法（试行）》；加强增员工作并对新增人员开展销售培训，使新人较全面系统地掌握团险知识；组织各二级分公司人员参加“团险高级销售管理人员培训班”等各类培训。

（陈　逵）

【业务管理】　2009年，业务管理工作严格贯彻落实总公司有关规定，围绕业务发展中心工作，健全管理制度，细化管理流程，规范管理行为，较好地完成了各项工作任务。当年共处理新承保类长险业务23万件，人工核保70 152件，生存调查1 438件，体检5 121件；全年共处理各类保全业务95万件；全年共处理各类理赔业务86 392件，省分公司审批571件，赔付金额2.10亿元。

一、继续深化省级集中管理，进一步提升运营管理品质。一是大力推广集中管理服务平台。按照“管理集中，服务延伸”的业务集中管理思路，省分公司在全省系统大力推广集中管理服务平台，有效提升了跨层级业务作业时效。二是进一步优化实务流程，更好体现“以客户为中心”的服务理念。三是加强业务数据分析工作。通过对新单承保、核保、保全、续期收费、满期及年金给付、赔付支出、单证管理、运行效率等关键业务进行分析，进一步加强了风险防范水平，提升了作业处理效率。

二、有效强化风险管控，进一步提高业务管理水平。一是强化两核管理，通过加强核保授权和理赔月度会审制度，提高两核业务管理质量，同时加强生存调查管理力度，着手组建全省生调管理队伍；二是切实防范化解退保风险，加强退保业务风险管控；三是加强单证管理工作，通过强化单证库房管理，督导各柜面对单证库房做到实物、台账、系统数据“三相符”；四是继续强化权限管理，严格按照“权限管理办法”进行授权管理，并形成季度权限清理制度；五是做好新《保险法》业务配套实务推广工作。

三、提升柜面服务形象，进一步强化柜面标准化服务能力。一是开展评优选先活动，对2008年度全省系统涌现出的“优质文明柜面”、柜面“服务明星”进行评选和奖励工作；二是推广柜面服务标准，进一步健全和完善柜面服务功能，统一柜面服务形象；三是推广应用柜面综合管理系统（CCMS系统），进一步推进省级集中柜面垂直管理力度。

四、优化管理手段，进一步加强销售支持力度。一是大力推广“保全免填单服务”，简化保全业务处理手续；二是加强两红满期给付工作，确保分红险满期给付业务的顺利开展；三是进行“医保通”试点工作，进一步缩短理赔时间，提高客户满意度。

五、积极协调，妥善做好婴幼儿奶粉事件医疗给付工作。为贯彻落实国务院、保监会、总公司关于“奶粉事件”的工作部署，扎实做好患儿补偿服务工作，省分公司制定下发了《关于开展我省奶粉事件医疗赔偿基金补偿支付工作的通知》，顺利开展给付工作。

六、加强基础管理，启动历史档案影像化处理项目。启动了历史业务档案影像扫描项目，对原有未实现影像化管理的寿险业务档案实施影像扫描工作。整个项目包含了各柜面对历史业务档案的前期基本清理、档案上送移交、省分公司档案库房租赁、档案库房装修、招标选定外包服务商、档案重新整理、实物和系统数据的碰对、档案扫描，影像件导入数据库、档案上架等环节，截至年末，共清理档案2 440万件，扫描档案2 154万件，基本完成了档案影像化既定工作任务。

（王力九）

【客户服务】 2009年，客户服务管理中心严格按照总公司工作安排与部署，以落实“大服务”理念、整体提升服务品质为指导思想，以“1+N”服务品牌推广为主线，以国寿鹤卡发放为重点，以95519精细化管理为基础，以落实客户服务岗位标准为抓手，进一步夯实各项基础管理工作，实现了全年运营指标有提升，服务能力有提高，服务监督有成效。

一、落实各项附加值服务，不断充实“国寿1+N”服务品牌内涵。一是细化实施方案，力求实现服务数量上有所突破、服务创新上有所突破、销售上有所突破、品牌影响力上有所突破。二是落实五项附加值服务，有效提升了“国寿1+N”服务品牌的影响力。

二、稳步推进鹤卡发放，夯实各项服务功能。按照“宣传先行，功能铺路，阶段推进，抓质保量”的总体思路，按计划、有步骤、重实效地推广国寿鹤卡工作，取得了较好的效果。一是充分准备，打好基础。通过细化方案、强势启动、宣传造势、统一策略，营造了良好的发卡环境。二是深入基层，培训督导。围绕“重质量、抓考核、促落实”的主导思想，成立了专项工作小组，针对鹤卡推广工作中存在的普遍问题和难点，深入基层进行督导培训。三是抓质保量，保持鹤卡生命力。按照发卡流程规范严谨、回访工作注重落实、发卡方式多种多样的工作要求保证了发卡的数量和质量。

三、支持销售，不断创新，客户信息分析工作初见成效。一是抓质量。每季度由省分公司客服中心向销售部门提交季度客户信息分析报告，不断提升信息分析报告的利用率和质量。二是求创新。结合业务发展和销售部门的实际，逐步增加分析功能，不断完善分析方法，创新性地开展分析工作，引导各地市分公司应用分析结果。三是见成效。与业务推动方案相结合，与团队经营管理相结合，与提升客户服务水平相结合，让分析结果迅速转化为生产力。

四、加强95519电话中心精细化管理，努力提升服务品质。一是适应省分公司绩效激励体系改革，修订完善绩效考核办法；二是改进电话服务品质管理流程，加强服务品质管理。

五、以岗位服务标准推广为契机，加强服务流程与技能标准化、规范化。一是制订方案，深入宣导。让员工理解推广的目的，明确各岗位的服务标准与具体要求。二是细化要求，量化考核。将岗位标准化纳入员工的日常工作中，严格落实，尤其针对95519话务人员，除了日常培训外，每月末还组织进行考核测试，促使其服务技能尽快达标。三是分期实施，由易到难，逐步推广。四是明确责任，细化分工。要求各级主管负责每月末对照现行做法和“标准”进行检查，逐条沟通落实，限期达标。

六、加强回访管理，理顺回访流程，有效开展回访工作。一是加大了对回访工作的考核力度。针对基层公司回访人员少、重视不够的实际，省中心加大了回访工作占整个年度考核的权重，引导基层公司落实回访工作。二是加强进度通报，及时跟进督导，帮助基层正确处理任务单。三是提高员工工作效率，努力克服回访人力不足的压力。四是加强客户新联系电话的再次收集工作。

七、投诉管理卓有成效。通过各级公司客户投诉处理人员的共同努力，各类客户投诉得到了较好的处理，投诉处理时间控制在总部规定的9个自然日之内，平均处理时长为4.28天，投诉结案率取得了99.89%的良好成绩。

八、践行大服务理念，完善服务品质监督制度，发挥服务品质监督职能。一是制订印发了《甘肃省分公司服务质量监督测评实施方案（试行）》，搭建起了全省系统服务品质监督评价体系，成立了服务品质监督考评委员会，定期组织各个渠道开展内外部的服务品质测评，形成了自上而下的服务监督体制，实现公司整体服务链条中各个环节的全面监督与考评。二是发挥服务监督职能，组织个险、团险、银保、人力、业管等部门首次分渠道开展了服务质量测评工作。内部测评方面，对各部门的工作职责履行情况、工作内容安排、服务态度、服务响应时间等方面找问题、查漏洞、寻不足；外部测评方面，重点对与客户直接接触的销售服务、柜面服务、95519电话中心服务、附加值服务等方面进行考评，及时发现各渠道客户服务中存在的隐患，着力解决基础服务中存在的突出问题。

（董乐峰）

【信息技术管理】 2009年，信息技术部在总公司信息技术部和省分公司党委、总经理室的正确领导下，主要围绕支持发展、保障运行、安全管理、制度建设、软件开发和数据清理等方面开展工作。

一、保障各应用系统可靠运行，逐步健全运行维护体制。完善各项规章制度和工作程序，逐步充实运行维护人员，建立健全各系统运行维护体制。出台了《2009年甘肃信息技术考核指标细则》、《2009年信息技术部员工岗位责任书》、《关于省分公司信息技术部部门领导分工及员工分组的通知》等管理办法，进一步夯实了管理基础。同时注意合理配置人力资源，将部内员工分为核心运营组、决策支持组、基础平台组和服务支持组，为全省及机关提供高效优质的技术支撑和服务奠定了良好的基础。加强和完善了对已经投入运行的46个应用系统的运行维护和技术支持，为应用系统的正常运行提供了可靠的技术支撑和保障，建立了初具规模、覆盖全省的运行维护体系。在核心业务系统运行维护方面，全年共完成CBPSV8、SLBPS短险健康险系统、CBPSV7、GAPS、NBPS、OBPS、ABPS中介系统、单证（档案）、影像、医保通、国寿鹤卡系统、Call Center、柜面管理系统、档案清理工具等系统升级283次，修改错误数据15 445条，处理其他问题4 000多笔。在财务系统运行维护方面，全年共完成财务系统较大规模的升级20余次，共处理全省财务问题报告单2 000余起，强有力地支撑了财务系统的正常运转。

二、完善信息化基础工作，搭建稳定高效的信息技术平台，保证了全省91条网络线路和网络设备的可靠、安全、稳定运行。完成了地市公司IP地址改造，实现省分公司双核心交换机的互备，建成了以省分公司中心机房为基础的数据中心，强化信息化安全管理工作。按照“404”要求，严格遵循日常化工作流程。根据总公司要求，进行了各个季度应用系统权限的清理、静态参数的核对、应用系统版本一致性检查及上报工作。强化教育培训，提高保险员工的电子化应用能力。为顺利推广全省高清视频系统，举办了全省高清视频系统培训班，全面提高了地市级分公司信息技术人员新视频系统的应用水平。根据全省网络改造的需要，举办网络技术培训班。研讨了省分公司及各地市级分公司多个版本的整改方案，解决整改过程中的技术难题。提高全省信息技术人员的网络维护能力，切实保障公司网络系统的稳定、高效运行。

三、充分利用信息技术资源，全面提高公司信息技术应用水平。根据业务考核指标的要求，开发了统计信息平台财务报表查询系统，基本满足了财务快报数据的及时收集和分析要求，为及时了解全省系统业务发展情况提供了一个平台。组织了统一银行转账平台的开发工作。大力推广普及VPN技术，极大地提高了信息技术对业务发展以及管理的支持。完成了视频硬件及软件的升级改造工作，并向各地市级分公司推广了高清视频系统。

（宋祖全）

【企划宣传】 2009年，省分公司企划宣传工作紧紧围绕省分公司党委和总经理室的安排和部署，不断加强公司品牌宣传竞争优势，各项工作取得了突破性进展。

一、圆满完成60周年司庆系列活动。一是按照总公司要求，开展司庆60周年活动的前期策划、筹备、落实及后期追踪工作；二是成功策划全省《2009年二季度“创富·献礼”业务推动激励方案》及“荣耀60华诞——中国人寿甘肃省分公司杰出贡献员工”受励活动，筛选优秀的员工及营销员，授予荣誉勋章，增强公司的凝聚力、向心力；三是与甘肃电视台联合制作《辉煌的足迹——中国人寿保险股份有限公司甘肃省分公司发展纪实》专题片，在各级电视、广播及报刊媒体开展大量的宣传工作。四是借60周年司庆之际，组织营销员发放《国寿客户报》、开展《客户服务问卷调查》、“幸运客户”抽奖、营销员送达奖品等活动，加大客户联系，创造良好的展业环境。

二、积极参与业务企划活动。一是制定全省系统《2009年一季度业务推动方案》，并以《一季度业务推动战报》的形式每天向全省公布各地的业务数据，在全省系统内掀起业务发展高潮；二是在新《保险法》正式实施之前，借总公司对所有产品进行升级改造的良好机遇，配合新“两康”产品上市，制定下发《关于举办新“两康”产品推介会的指导意见》，为新“两康”产品在各地顺利推广出谋划策。

三、做好全省经营决策的分析工作。一是按月向总公司战略规划部报送《甘肃省主要寿险公司竞争情况表》及《兰州市主要寿险公司竞争情况表》；二是按季度向总公司战略规划部提交《全省经营分析报告》及《全省行业分析报告》，并在全省工作会议上进行汇报。

四、践行社会责任，提升公司品牌形象。一是与省红十字基金会、中国人寿保险文县支公司负责人进行多次接洽，落实文县丹堡中学的援建情况，预计在2010年5月正式竣工；二是联合省红十字会在2009年2月为张掖市民乐县何家沟村中国人寿保险博爱卫生站及肃南县康乐乡中国人寿保险博爱卫生院挂牌，在2009年4月份完成对武威市天祝华藏寺博爱卫生站及凉州区张义镇中国人寿保险博爱卫生站的申报工作；三是做好省内大病救助申请人的核查工作，并向总公司上报；四是赴陇南武都看望地震孤儿，进一步落实相关的帮扶工作。

五、加强新闻宣传工作，进一步提高公司的美誉度。一是配合新《保险法》的执行，开展学习宣传工作。对全省系统新《保险法》学习宣传工作提出了要求，并监督落实，保证全省系统学习新《保险法》工作落实到位。二是完成了新产品上市的宣传工作。通过制定相关文件，做好新产品的企划、宣传和推广工作。

（王艳芬）

【审计工作】 2009年，全省系统审计工作紧紧围绕公司业务发展和经营管理工作的需要，以服务发展、服务改革、服务风险防范、服务执行力建设为目的，积极配合改革，整合审计资源，切实发挥内部审计的监督、评价、建议职能，认真组织开展了项目审计，为强化公司风险防范控制能力、规范经营行为和提高经营效益起到了一定的促进作用。

一、强化责任意识，认真开展经济责任审计。对8个地市级分公司进行了经济责任审计，对37个县（区）支公司及直属营销部进行了任期和离任经济责任审计，占年计划进度的137%。针对审计发现问题向被审计单位下发审计意见书45份，审计发现内部管理问题79个。共提出审计意见及管理建议37条，并督促各级公司对经济责任审计发现的各种经营管理问题及内部控制缺陷及时进行了认真整改。

二、开展机动审计，进一步增强各级公司风险防范意识。以银行存款未达账项、预打印续期收款收据、柜面管理、收付费管理、单证管理等为重点，先后对4家二级分公司本部及所属的7个县支公司采取事前不告知的突击检查方式进行了机动审计。通过机动审计共发现4项问题和2项风险隐患，下发审计意见书4份，及时为省分公司管理层经营决策提供了信息和建议，达到了警示作用，促使各级公司进一步提高风险防范意识。

三、促进执行，有效开展反洗钱审计。分别对兰州分公司本级及所属的榆中县、皋兰县支公司和张掖分公司本级及所属的临泽县、高台县支公司2009年反洗钱工作开展情况进行了现场审计，查找反洗钱工作中存在的问题及薄弱环节，并及时加以整改，确保了反洗钱内控制度及工作职责的认真落实，切实防范了公司面临的洗钱风险以及违规风险，促进了反洗钱工作的有效开展。

四、提升管理，适时开展佣金及销售人员管理审计调查。对酒泉、平凉分公司开展了佣金及销售人员支持管理平台系统专项审计调查。重点对个险销售渠道、收展渠道的人员管理、签约、解约、佣金的计提、发放、管理及孤儿保单续期佣金的管理等情况进行了检查。通过审计，掌握了被审公司佣金管理的现状，摸清了AMIS系统和SZIS收展销售管理系统实有人力及孤儿保单续期佣金的发放与管理情况，为公司进一步统一、规范、科学管理提供了依据。

（郭怡辰）

【纪检监察】 2009年，全省系统纪检监察工作坚持以科学发展观为统领，围绕公司改革发展，以完善惩治和预防腐败体系建设为重点，强化职能拓展，加大监督力度，进一步提升各级领导干部、员工依法合规经营意识，有效防范和化解经营风险，为业务健康发展和各项工作的规范运行提供良好的服务和政治保障。

一、把党风廉政建设和案件防范工作作为系统工程常抓不懈。针对全省系统点多面广，人员分散，流动性强，管理难度大的特点，采取了三方面的措施。一是领导分片、部门包点、分工负责，形成一级抓一级，层层抓落实的党风廉政建设责任制运作机制。二是制定了《党风廉政案件防范量化管理工作考核办法》和《党风廉政责任制实施细则》，并与14个二级分公司签订了党风廉政建设责任书。三是各二级分公司党委高度重视，把党风建设和反腐倡廉工作同经营管理相结合。在日常工作中，坚持“三同时”原则：在部署工作的同时，安排反腐倡廉工作；在督导工作的同时，检查反腐倡廉工作；在总结工作的同时，回顾反腐倡廉工作。

二、落实监督制度，加强制度执行力。一是落实领导干部述职述廉制度。按照领导干部述职述廉有关规定，各二级分公司领导班子成员和机关各部门负责人93人（次）进行述职述廉。二是落实廉政谈话。省分公司纪委先后对17名新聘用的地市级分公司领导干部和31名省分公司本部新聘任部门助理以上干部进行任前廉政谈话。三是落实纪委向党委反馈员工意见的制度。全省系统共计征求意见五大类20条，在民主生活会上向省分公司党委作了反馈，党委及时组织相关部门提出了整改意见。四是落实建立廉政档案制度。全省系统各二级分公司共有56名领导干部和省分公司6名领导干部填写了廉政情况登记表，并按管理权限存档。

三、有效开展效能监察，确保公司系统依法合规经营。制定了全省系统《2009年效能监察工作实施方案》，分三个阶段进行了效能监察，及时查找和整改了全省系统在经营管理和落实规章制度方面存在的14条突出问题和薄弱环节，并督促落实。

四、有序开展依法合规经营主题教育活动。制定了《中国人寿保险股份有限公司甘肃省分公司防范经营风险主题教育实施方案》，在教育中领导干部讲党课和专题报告28场（次），接受教育人员20 103人（次）。

五、加强组织领导，狠抓“小金库”专项治理工作。制定了《中国人寿保险股份有限公司甘肃省分公司“小金库”专项治理工作实施方案》和《中国人寿保险股份有限公司甘肃省分公司“小金库”专项治理重点检查工作实施方案》，对全省系统14个二级分公司、133个县支公司、营销服务部及省分公司机关本部进行了检查。截至目前，从全省系统上报汇总的情况看，没有发现任何单位、个人私自设立“小金库”的违法行为。

六、加大查办案件的力度，重视信访工作。全省系统有2件总公司转办的信访件，已录入案件管理系统。受理信访举报信6件，组织核查6件。

七、认真做好巡视准备工作，确保执行力到位。制定了《中国人寿保险股份有限公司甘肃省分公司党委巡视工作实施细则》，明确巡视的指导思想、内容、工作程序和纪律。利用16天时间，对平凉、庆阳和定西分公司开展巡视检查工作，与被巡视单位领导班子成员和干部群众个别谈话57人（次），深入县支公司、营销部7个，召开座谈会7次，收集员工意见21条，并向省分公司党委汇报后及时反馈给被巡视公司党委。

（于保才）

【内控与风险管理】 内控合规工作在总经理室的正确领导下，以“调结构、增效益、防风险、稳增长”为主题，以加强内部管控，有效规避经营风险为目标，充分发挥内控与风险管理的职能作用。

一、全面推行风险管理体系建设，有效提升公司风险管理水平。一是建立健全全面风险管理组织架构。根据总公司要求，初步建立健全了在省分公司总经理室及内控和风险管理委员会的领导下，相关职能部门参与，内控合规部作为专业的风险管理部门牵头的全面风险管理组织架构体系。二是扎实推进全面风险管理实施措施。积极培育全面风险管理文化，建立符合公司战略目标的风险偏好；大力健全全面风险管理流程；设立全面风险管理预警指标体系；探索建立风险损失数据库和全面风险管理系统。三是有效强化各销售渠道风险管控工作。全力配合相关部门开展“业务大回访”工作；强化风险管控意识，协助银邮渠道，严格执行监管规定和自律公约，确保银邮产品销售依法合规，有效防止并杜绝可能发生的销售误导和退保风险；着力抓好非正常退保业务，防范和化解由于非正常退保而导致的突发事件风险。

二、启动内控标准执行工作，夯实风险管控基础。为进一步落实中央五部委下发的《企业内部控制基本规范》，满足各项监管要求，营造全程控制、全员参与的内控文化氛围，保证公司的经营管理行为合法合规，资产安全可靠，各项报告及管理信息的真实、完整、准确。

三、持续推动404条款日常化遵循工作，全力做好风险评估工作。满足公司在美上市的需要，并将科学的测试方法和技术引入到公司常规监督检查工作中，以客观、公正的评价发现问题，促进公司业务的规范经营。

四、依法履行反洗钱法律义务，全面推动反洗钱工作。一是组织建设初见成效。下发《关于上报反洗钱专（兼）职及联系人的通知》，对系统反洗钱人员组织建设进行了强调和重申，在省、市、县三级机构的相关部门和岗位推进实施了反洗钱专（兼）职和联络员制度，建立了统一协调、上下贯通的人员组织网络。二是狠抓制度落实。大力加强客户身份识别制度、客户身份资料和交易记录保存制度、大额交易和可疑交易报告制度以及反洗钱内部控制制度的建设与执行力度，组织员工深入学习《反洗钱法》，熟悉法律的具体章节条款，特别是涉及保险公司的内容，牢记应履行的反洗钱法律义务，做到学法、懂法、守法。三是可疑数据识别工作得到落实。通过开展反洗钱工作，及时对在保全、理赔、客户服务等业务环节中表现异常的客户身份资料进行重新识别，可疑交易数据识别工作取得了新进展。四是认真开展了反洗钱自查自纠工作，省分公司及时成立了反洗钱自查自纠工作组织，同时抽调省分公司机关和部分二级分公司人员组成工作组，制定专门的自查自纠工作方案，并将本次自查自纠工作细分为公司自查、检查验收、缺陷整改、汇总分析、情况上报等五个阶段，分步骤、分层次推进。

五、进一步梳理各项规章制度，强化制度执行力。一是在2008年制度建设的基础上，进一步归类、补充完善各项核心规章制度，与信息技术部门协调联络，建立“公司规章制度网页链接”，以便各级公司实时查询和贯彻落实。二是为进一步强化制度执行力，制定《制度执行力实施意见》，有针对性地加大考核和检查力度，强化责任追究制度，全面提升公司系统执行力建设水平。三是进一步宣导制度执行力文化建设，深化各级公司制度执行力意识，强化省分公司决策执行的权威性、统一性、时限性和实效性，培育“反复抓、抓反复，强调执行、重在落实”的良好氛围。

六、规范法律事务管理工作，确保公司依法合规经营。一是积极与外聘律师沟通，按照规定法律程序处理好省分公司机关各部门法律专业事务，做好诉讼案件审理、合同审核、疑难案件解释等法律专业支持工作。二是统筹兼顾、全面有序地做好内、外两方面的法制宣传教育工作。三是进一步为业务管理提供法律保障。继续做好业管部门提交的拒赔案件的审核工作，为业务管理提供法律保障，规避由于拒赔案件引发的业务风险。

（白国华）

【销售督察】 2009年，全省系统销售督察工作以“保障秩序、促进业务、服务发展”为出发点，强化风险责任意识，突出重点，标本兼治，重在治本，不断提高风险管控能力，化解销售领域风险，为强化公司风险防范控制能力，规范经营行为起到了积极作用。

一、加强销售督察队伍建设，进一步夯实发展基础。省分公司设立了销售督察部，各二级分公司成立监督部，设专职销售督察岗，县支公司设兼职销售督察岗。销售督察部成立后，明确了销售督察的机构设置、人员配备和工作职责，为销售督察工作的顺利开展提供组织保障，制定了《甘肃省分公司销售督察工作管理办法（试行）》，下发了《销售督察人员工作手册》和《保险营销员案件查处工作指引》等规定，规范了工作流程。

二、防范风险，加强专项检查。制定了《中国人寿保险股份有限公司甘肃省分公司2009年销售督察专项检查工作方案》，对全省的销售风险管控状况进行摸底，掌握督察一线的工作现状和突出的风险问题。对销售精英、农村网点负责人和营销员共计1 185人的上年度失效保单和现金形式委托领取的保单进行了风险排查和回访，没有发现因业务员违规违纪导致客户保单失效的情况，以及营销员诈骗、截留挪用、侵占客户保费等违法、违纪和违规行为。

三、深入持久开展“诚信我为先”活动，进一步树立诚信品牌。全省系统启动了第二届“诚信我为先”活动，开展了实实在在卖保险——销售人员诚信合规教育，对新入司人员以《销售人员职业道德与行为规范手册》为基础，开展了职业道德教育、《新保险法》培训、营销员违规处理规定等诚信合规教育。对个险渠道营销员、银保渠道客户经理和理财经理接受“代签名、销售误导”两个风险点等进行了专题教育培训。在全省系统推行销售人员“实实在在卖保险”、消费者“明明白白买保险”和分支机构“规规矩矩做保险”的销售思路，宣扬了诚信理念、弘扬了诚信精神。

四、建立销售风险提示机制，加大营销员违规案件查处力度，认真受理营销员的投诉。建立了销售风险提示制度，全省14个单位制定了开展消费者风险提示宣传周活动方案，123个单位参加了活动。

五、加强信息化管理力度。7月15日完成了全省系统的新版风险预警系统上线工作。根据《风险预警系统实务流程》，省、市、县系统管理员明确了在系统运行、回访排查、人员处理等各阶段应承担的具体职责和工作要求。11月底完成了营销员信用评价系统运行工作任务，加强了对营销员信用评估成果的利用，根据信用评级采取差别优待措施和风险控制手段，加强社会监督。

六、开展了中介业务违法违规行为自查自纠。制定下发了《中介业务违法违规行为自查自纠实施方案》，明确了执行规章制度和操作规程的重要性、必要性，做到边学习、边对照、边检查，并对存在的问题提出了整改措施和建议。

七、下发了《销售人员职业道德与行为规范手册（2009版）》（以下简称〈手册〉），各二级分公司将《手册》下发至辖区各分支机构、营销职场，组织辖区内所有销售人员采取多种形式认真学习、深入宣导。

（张元山）

中国太平洋财产保险股份有限公司甘肃分公司

总经理　周卫东

【综述】　2009年，中国太平洋财产保险股份有限公司甘肃分公司在总公司和甘肃保监局的正确领导下，以科学发展观为指导，秉承“诚信天下、稳健一生、追求卓越”的核心企业价值观，牢固树立稳健经营和以效益为中心的经营指导思想，紧紧围绕“防风险、调结构、稳增长”的目标和要求，切实防范经营风险，不断优化业务结构，积极推动各项业务健康稳定增长，完成了总公司下达的年度业务发展目标、车险精细化管理目标、综合成本率控制目标和核心业务发展目标，为“推动和实现公司可持续的价值增长”发挥了积极作用。

一、积极采取措施，大力推进业务发展

2009年，分公司以发展为第一要务，时时想发展，事事谋发展，不断拓宽发展渠道，适时抢抓发展机遇，积极搭建发展平台，持续增强发展后劲，采取有力措施，夯实基础，推进业务发展。

一是在实施车险精细化管理基础上，充分利用团队和渠道优势，适时组织开展业务竞赛，大力发展优质车险业务。车险业务发展利用市区15个业务团队的优势，在抓好续保基础上，集中优势资源，大力发展4S店渠道业务，密切跟进集团招投标采购业务，有重点地组织开展了商业三责险业务竞赛，有序推进交叉销售业务，使公司在车险业务品质提升的同时，获得了长足发展。车险业务集团采购中，成功中标省广电总台、省国税局、省政府机关后勤服务中心、中国联通甘肃分公司等企事业单位车辆保险项目。交叉销售业务根据集团整体部署，与中国太平洋人寿保险股份有限公司甘肃分公司多方接洽、深入沟通，持续推进交叉销售业务。

二是克服金融危机影响，积极抢抓机遇，大力发展非车险业务。增加非车险核心业务在绩效考核中的权重，通过各类激励机制，鼓励非车险业务的发展。针对酒钢集团、省电力公司等大型企业受金融危机和系统内承保影响，投保份额大幅降低的情况，紧紧抓住国家为拉动宏观经济发展、加大中西部地区基础设施建设投入的契机，积极捕捉市场信息，加强对大型基础设施建设项目的跟踪公关，相继成功中标永古、天平等高速公路建设项目和大唐集团景泰及甘谷电厂、西固热电、小三峡、盐锅峡水电等电力建设项目保险，促进了非车险业务较快发展。

三是不断开拓业务渠道，培育新的经济增长点，努力提高利润贡献度。进一步加强与长安、吉安、江泰、北京联合经纪公司的合作，同时与安诺、中汇、韦莱等中介机构建立了实质性的业务合作关系。成功中标甘肃省校园方责任险（天水市）、兰州市建工意外险、全省道路货运承运人责任险（与人保等公司共保）等核心业务项目。同时公司还充分利用银保渠道，做大做强以借款人意险为主的“金农保·一单通”业务。

二、夯实管理基础，提升经营管理能力

一是紧密围绕总、分公司抓管理、防风险、促发展的中心工作，通过日常合规工作，全面建立有效的合规风险管理机制，坚持专项检查、督促指导与日常监控并重，切实加强合规风险管理，推动合规文化建设，保障全司依法合规经营。

在全省系统组织开展了财务业务数据真实性自查自纠工作和合规达标考核测评工作。根据人民银行有关反洗钱工作的安排，以新《保险法》实施为契机，组织开展了新《保险法》及反洗钱业务知识培训，举办了以“学新法·迎国庆”为主题的新《保险法》知识竞赛活动。根据审计工作安排，组织开展了城区支公司及业务部负责人的离任审计和2008年度领导干部经济责任审计工作。

加强风险管控工作，对公司岗位职责、制度流程进行修订、优化和完善。加强对各环节的风险控制，从分公司各条线的管理以及各经营机构两个层面，对涉及公司安全和影响公司正常经营的风险因素逐一进行了排查，对以往积累的风险隐患进行了排除。针对H1N1甲流防控形势日趋严峻的实际，公司制订了甲流防控方案和应急预案，购置了药品和防护用品，实施了甲流每日“零报告”制度。针对安全管理工作需要，组织开展了辖区内消防安全培训。同时，根据总公司各条线应急预案，结合分公司实际制订了分公司应急分预案，提高冰雪天的查勘服务效率。分公司还适时组织了应急演练，提高突发事件应急能力。

二是以控制车险业务综合成本率为目标，抓好车险业务精细化管理。积极贯彻落实总公司对车险业务精细化管理的要求，以提升车险业务品质为核心，研究制定了分公司车险业务精细化管理实施方案和车险4S店差异化管理办法，通过对车险经营数据的动态分析和监控，实现对机构、团队、个人业务品质的跟踪和风险等级评价预警，利用费率杠杆和严格核保等手段，有效防止了高风险劣质业务的承保。

三是以精细化管理为主线，及时引入车险业务成本约束机制和车险业务基准值指标，约束和控制车险业务经营成本，实现从单一考核车险保费规模到规模效益双轨制考核的

转变，改善了车险的经营状况。

四是加强了独立调查，为有效防止理赔中的跑、冒、滴、漏现象，保证理赔质量和赔案真实性，专门设立了独立调查办，加强了对重大案件和可疑案件的外部独立调查。

五是实施了兰州市区机构网点财务向分公司集中和中心支公司财务委派制，通过财务系统密切跟踪分支机构费用预算执行情况，根据各机构实际制定实施了差异化的费用政策，对费用支出情况实施月度监控考核，严格控制费用成本。在应收保费的管理上，按周、按月提取应收保费清单，由应收保费管理员督促业务经办人员及时催收，严格管控应收保费。

三、狠抓客户服务，切实改善服务质量

以强化车险理赔标准化流程和实行车险理赔核心环节省级集中管理为抓手，强化理赔 KPI 指标的考核，加强现场查勘、核价、核损等环节的控制管理，强化岗位培训，提高人员素质和岗位技能，努力实现理赔增效，为全面提升公司的经营水平和竞争能力起到了积极作用。

一是根据甘肃保险市场的保险理赔工作需要，结合监管部门和总公司有关要求，修订了《甘肃分公司理赔管理规定（2009 版）》，并在此基础上实行了车险零配件报价和核损的全省集中，严把理赔出口关。通过细化理赔分级管理制度、严格核损核赔权限、强化第一现场到位率考核、建立和实施车险理赔竞价拆解、理赔负责人委派和理赔督导督察机制等措施，加大了对理赔质量的监控，有效降低了理赔成本，提高了理赔质量和客户满意度。

二是针对理赔人员岗位技能和执业需要，组织辖区内理赔人员进行了多形式、深层次的专业化培训，逐步建立了“人伤核损”、“法律咨询”、“高档车维修技术”等方面的专业人才队伍。开展了客户服务礼仪、公司日常管理制度、查勘定损技能、人伤查勘及核损、车险集中理赔系统应用等专题培训，增强了理赔岗位人员的标准化服务意识，提高了服务效率。

三是根据监管部门要求，对公司 2007 年及以前年度未决积压赔案进行了清理，就未决赔案赔付情况与客户进行友好沟通，尽最大可能有效清理未决案件。同时，还遵照保监局和保险行业协会有关被保险人利益保护要求，完成了车险保单信息自主查询系统平台搭建，实现了车险保单信息的自主查询，极大地方便了客户，也树立了负责任的企业形象。

四、重视队伍建设，增强发展后劲

不断引进高素质人才，为业务发展和理赔服务工作注入新鲜血液。2009 年，公司从发展实际出发，通过内部招聘、大专院校推荐、社会招聘、同业引进等多种方式，引进业务、理赔、财务等各岗位专业人才 20 多人，并根据人才不同特点进行了岗位职业化培训，实现人员快速上岗。

强化业务知识和岗位操作实务的培训，不断提高员工队伍岗位技能和综合素质。针对公司内勤和查勘人员业务素质和技能普遍较低与业务考核和专业技术要求逐年提高的矛盾，采取岗位自学、分公司内部培训、外派学习、以老带新等形式，对相关岗位人员进行了业务技能和操作实务的培训，在一定程度上促进了员工综合素质和岗位技能的提高。

（王财元）

中国太平洋人寿保险股份有限公司甘肃分公司

总经理　高生发

【综述】　2009年，中国太平洋人寿保险股份有限公司甘肃分公司结合深入学习实践科学发展观活动，按照年初总公司既定的经营方针，制定了规模保费要提高、标准保费要增长、核心业务要发展、员工收入要“差异化”提升、费用超支要减少的“四高一低”和合规零处罚的经营管理目标，励精图治，矢志拼搏，开拓进取，一心一意谋发展，聚精会神建企业，整体经营管理结果呈现了较为理想的局面。

2009年，分公司累计实现规模保费收入110 628.01万元，比上年增长13.10%；实现标准保费109 232.64万元，比上年增长66.99%；实现核心业务保费收入28 628.08万元，比上年增长151.42%，完成年度预算的113.83%。其中：营销渠道全年实现标准保费收入78 522.43万元，比上年增长73.68%；银邮渠道累计实现标准保费收入27 543.98万元，比上年增长49.91%；直销渠道累计实现标准保费收入3 166.23万元，比上年增长73.28%，完成年度预算的133.15%。

获取可用费用额度12 015万元，超支529万元，比上年减少443万元，超支费用率比上年下降了7.30个百分点。极短期意外险业务的赔付率为1.94%，短期意外险业务的赔付率为40.06%，个人短期健康险业务的赔付率为48.28%，团体短期健康险业务的赔付率为53.95%。

【财务管理】　一是改变了以往简单化、费用型的粗放式管理模式，搭建了“条、块”结合、以“条”为主的经营管理模式。二是在费用的管控上实现了“固、变”分离的费用管控模式。对固定费用实行额度控制、变动费用比率控制、浮动控制；对项目费用通过分公司预算管理委员会一事一批制度，实现了分公司对资源的统筹把控，达到资源合理、有效的投入目标。三是充分发挥绩效政策的牵引作用。将核心业务、关键KPI指标纳入了绩效考核政策，做到了要求什么考核什么的管理要求，基本实现了绩效政策的牵引作用。四是收付费“零现金”管理工作从3月份开始在辖区内强行推动，将转账率指标的考核转换为代扣率指标考核。另外，与各家合作银行积极沟通协调，已开通交通银行、招商银行、农业银行、工商银行合作渠道，实现全省集中每日批量代扣，11月18日又在辖区内开通了邮政储蓄银行的每日批量代扣。五是为满足分公司分级核算的需要，在P07核心财务系统架设了新财务账套，保证了分级核算和预算分析数据的真实、准确。六是积极响应保监会开展的对财务业务数据真实性自查工作的要求，认真从财务业务数据的管理体制、真实性、管理制度的健全性、合规性和有效性，以及财务业务数据制度执行情况等方面进行了自查。七是积极配合甘肃省国税稽查局与地税稽查局对在甘大型企业开展税收自查工作的相关要求，对分公司2005年—2007年度纳税情况进行了自查；积极支持和配合甘肃省国税稽查局对分公司税务工作进行的现场检查工作，为今后进一步加强和完善分公司税务工作打下了坚实的基础。

（李锦智）

【人力资源管理】　一是通过严格的考核推荐、会议审核、民主公示等形式先后提拔调整了各级干部68人，其中调整39人，充分调动了各级干部员工的积极性。二是以“推动专业化建设步伐，加大绩效牵引力度”为目标，按总公司“改革和完善太保寿险人力资源管理体系”项目推动的要求，构建了适应分公司发展要求和特点的科学化薪酬体系。三是结合E-HR系统“考核评分管理”模块的特点，完善了绩效考评方式，从而引导全员目标与分公司目标保持一致，建立了个人绩效与公司策略相结合的企业绩效文化。四是突破以往“课堂培训”、“以会代训”的培训模式，举办了“2009年机关内勤户外拓展培训”，磨炼了机关员工的意志、激发了干部员工精诚协作、凝聚一体的爱岗敬业精神。五是积极引导广大干部员工向党组织靠拢，有11名同志光荣地加入了中国共产党，成为中共预备党员。

（钱　江）

【合规与风险管理】　一是加强了合规队伍建设，除5名合规部专职风险管理员外，各职能部门配备兼职合规员11人，辖区内各机构配备兼职合规管理人员达67人，使合规网络遍布整个系统，为合规经营的有效实施提供组织保证。二是采取多种培训形式对新《保险法》进行了深入宣导和解析，使新法深入人心，并组织全司各级人员积极参加总公司、当地保监局以及当地保险行业协会组织的“新保险法知识竞赛”，在甘肃省保险行业协会举办的保险知识竞赛活动中分公司有16人获得了“优胜奖“。三是填补了以往审计工作的空白，在辖区内开展了“领导干部离任经济责任审计”和“领导干部经济责任审计”等内审工作。四是组织相关部门对公司的薄弱点、风险点有目的地进行合规自查，开展了中介业务违法违规行为的自查、业务专项合规自查以及反洗钱工作的宣传和开展情况、关联交易的工作情况、合规手册的学习执行情况和人身意外伤害保险业务经营标准达标自查等，并要求对自查中发现的问题限期整改，将合规工作落到实处，确保了公司的合规经营。五是紧抓合规建设和合规宣传，配发各种《合规培训教材》及《合规手册》等，全面提高了全员合规意识，逐渐改变了各级人员、各级机构“重业务、轻合规”的不良意识。六是充分发挥合规预警机制的作用，按时向有风险提示的部门和机构作出风险提示预警。

（王春花）

【个险业务】 一是进一步强化了基础管理工作。全面执行总公司四项基础管理要求，尤其在衔接培训系统和会议系统推动上取得了成效。二是严格按照三支队伍管理要求，对辖区内机构按标准配置了组训、讲师、人力管理队伍。三是围绕个险销售能力KPI指标，强化了分公司督导体系建设并有效实施。四是以“突破性新人训练”为抓手，进一步完善培训体系，提高代理人的业务素质和新人定着率。五是制定了提升业务品质的六项政策，通过机制牵引，促进外勤团队持续健康发展。六是推广使用“个险信息管理系统”，通过信息平台来营造公开的竞争环境，实现代理人的自我管理。（杨来强）

【银行保险业务】 一是确立了保规模、调结构、抓核心、重经营成本的经营指导思想。确定了在保证规模增长的前提下，大力发展核心业务，不断巩固银保渠道业务结构调整和优化成果，以提升期缴业务为主题，实现又好又快发展的工作思路。二是通过优化组织架构，建立完整的督导、培训、考核追踪、后援支持体系，对业务发展形成较为有力的保障。三是重点打造条线核心竞争力。以基础管理为抓手，加强驻点销售，加强团队文化建设，以保持银保条线持续发展为基础，摒弃手续费竞争的低级竞争策略，转换到比服务、比品牌、拼个人销售能力上来。四是积极建立全面均衡的渠道合作体系，巩固和提升主要银行渠道的合作关系和层次，实现双方的共赢。五加大对全省各级机构银保业务发展的技术支持力度，在银保整体业务发展的政策宣导、各合作渠道省一级的沟通等方面加强工作，促进全省各机构银保业务的持续发展。

（公宗良）

【团体业务】 一是大力调整业务结构。在巩固原有意外险业务的基础上，重点推动以“安贷宝”、“乘意险”为主要代表的渠道意外险业务，进一步确立渠道业务在团体业务工作中的重要地位。二是进一步完善机构团险组织架构，在各级机构组建了团险部，充实了各机构团险业务人员。采取以团险“基本法”促管理，以管理促业务的发展思路，强化了业务人员考核，为团险工作上台阶奠定了基础。三是改变以往培训单一的形式，采用多层次、多主题的手段，提高队伍整体专业化水平。通过加强培训过程管理、广泛开展业务技能专题培训，加强了客户开拓及关系管理工作，提升了团险渠道盈利能力和市场竞争能力。四是建设专业团队，实行精兵原则，提高员工效率，关注新人的培养。开展绩优销售精英的关爱活动，创造有利于精英人才成长的环境，不断壮大团险队伍的核心骨干力量；推广团险人管系统上线的应用，为人管提供技术手段，保证团险队伍的专业化管理。五是完成了乘意险嵌入式出单、航意险在线出单及POS机二代出单、旅意险传真及“信保通”系统的顺利上线工作，为渠道业务的顺利开展提供了技术支持。六是努力提升团险核心业务月平台，营造公平竞争的工作氛围。一方面建立了团险报表体系，通过“飞信”日报、业务月报、业务险种月报、人员业务月报、机构月报等报表形式追踪业务发展；另一方完善了会议管理体系，通过月、季业务分析会的交流，稳步提升各机构团险工作。

（陈　亮）

【续期业务】 一是年初针对续期条线KPI指标较为低下的现状，制定了一系列强势政策，扭转了续期KPI指标下降的趋势。二是针对个别机构续期KPI指标严重不达标的情况，对辖区内各家机构进行了现场督导，并及时了解机构续期工作中存在的问题和困难，解决了机构续期工作中存在的问题。三是改进续期报表，加强了报表的可读性和及时性，并将银邮续期业务纳入到报表中。四是根据总公司复效政策，制定了分公司复效奖励方案。五是下发了四季度续期条线业务督导工作计划，制定了相关奖惩措施。六是加强银邮续期督导工作，完善了银邮续期的工作流程。

（郝海清）

【营运工作】 一是积极应对新《保险法》的实施对理赔工作的考验，重新理顺公司理赔工作架构体系，确定了理赔调查施行分级专人负责、机构授权差异化管理的原则，明确了辖区内各级机构的核赔权限和核赔时效，提高了核赔质量、规范了核赔操作、强化了服务意识。二是制作营运监控报告，对保全作业品质检测、单证库存率、电话回访率、短期险赔付率、客户投诉统计等重要营运指标进行实时监控，对辖区内机构营运数据起到了一定的监督作用。三是积极开展打击保险业“三假”工作，有效地维护了投保人、被保险人和保险人的合法权益，更好地树立了诚信经营的行业形象。四是积极组织并参加关爱工程活动，收到近百幅绘画作品，选送了30幅作品，其中分公司选送的《双喜图》获得了全国绘画比赛优秀奖。

（王毓军）

【信息技术工作】 一是积极配合总公司P10系统的上线工作，从客户信息相关检查、保单区域代码归属、保单给付相关数据及历史保单与FF定义不符等四个方面对分公司核心业务系统的垃圾数据进行了清理，保证了客户资料及统计数据的真实性和准确性。二是为满足人力资源管理的需求开发了分公司绩效计算系统，实现了分公司相关绩效复杂条件计算的程序化，提高了工作效率。三是积极支持短意险及安贷宝业务，完成了传真业务系统，与农村信用社联合开发了信保通业务系统，为团险业务的开展提供了技术上的支持。

（王廷亮）

【工会工作】 一是组建基层组织，保证员工发挥参政议政职能；二是开展帮困救助活动，关心帮助困难职工；三是组织开展员工业余文化体育活动，保证员工身心健康；四是充分发挥工会作为党联系群众的桥梁作用，及时反映群众呼声和关心的问题，增强员工的凝聚力和向心力；五是关心女工工作和生活，确实为女工办实事；六是关心少数民族干部，及时疏导顺畅关系；七是积极投入公益事业，实施员工植树造林活动，强化员工的荣誉感和集体观念。（赵　杰）

中国平安财产保险股份有限公司甘肃分公司

总经理　李军凯

【综述】　2009年，中国平安财产保险股份有限公司甘肃分公司坚持以科学发展观为指导，认真贯彻总公司“聪明经营 健康超越”的战略指导思想，对内狠抓基础建设，提升业务人员素质；对外拓宽市场，树立品牌形象，取得了一系列可喜成绩。

一、业务发展良好

全年实现保费收入26 076.81万元，提前49天完成全年计划任务，较上年增长29.68%，呈现强劲增长势头。三大险种、五大渠道均取得超市场10个百分点的发展，实现利润316万元。截至年末，市场份额达9.26%，成为甘肃市场第二大产险公司。

二、队伍建设不断加强

实施强化人才战略。对内通过形式多样的培训活动，提高员工工作技能，淘汰低绩效员工；对外引进高素质、高技能人才，形成竞争机制，增强内部凝聚力，提高员工士气。

三、基础管理显著提升

不断建立和完善制度、流程；落实渠道化改革，组织架构改革；优化业务结构，内部财产险和意外健康险占比提升；开办电话销售业务，推行服务承诺、后援集中等一系列措施，市场形象明显改善，市场地位、服务口碑、综合竞争能力显著提升。

四、积极践行承诺，提高品牌美誉度

2009年，中国平安启动“你的平安·我的承诺”全年品牌活动，平安产险向社会郑重承诺“万元以下·资料齐全·三天赔付”。至年末，分公司承诺达成率达到99.92%，圆满兑现承诺。建立完善领先的理赔、客户服务体系，全面实现统一报案、全国调度、集中作业、跨系列环节能力共享，全力打造“行业典范”的平安产险服务品牌。

五、认真落实执行行业自律公约，树立良好的企业形象

按照甘肃保监局、保险行业自律的相关要求和工作部署，分公司认真贯彻落实车险行业自律公约和非车险业务行业自律要求，加大销售渠道行业自律的学习，并组织通关考试。通过对外宣传、积极告知等途径，强化行业自律公约的执行，对行业外部市场环境的改善起到了积极作用。对外树立了良好的企业形象，对内夯实了合规经营、稳健发展的基础。

（李建凤）

【财务管理】　一、结合总公司对分公司的财务考核管理办法，针对2008年财务工作中存在的的不足，根据三级机构实际情况，下发了分公司2009年财务考核管理办法，细化了财务考核，突出了财务基础管理工作和财务风险的管控。新的考核管理办法直接与绩效考核排名挂钩，增强了各岗位人员的责任心和积极性，财务基础工作得到了有效提升。

二、本着负责、客观、实事求是、从严控制增长、谁受益谁承担的原则开展预算编制工作，并以四大成本中心为基本编制单位，预算编制明细至成本中心，加强了对机构预算执行的考核和管控力度，使分公司预算管控更为精细。

三、在总公司的安排和指导下，财务部统筹各部门进行了分公司手续费集中上线和总账集中上线工作，通过手续费集中上线提高了手续费支付时效，规范了手续费支付流程，有效降低了监管风险；通过总账集中，规范了各机构总账账务处理，有效降低了机构总账账务处理的随意性，加强了财务核算基础工作。

四、完成了国地税纳税专项检查，通过税务检查，检视财务工作中的不足与漏洞，加强了基础核算工作和财务管理。同时针对此次检查中出现的问题，对各三级机构进行了集中培训，在加强财务基础工作的同时强化了外部监管风险意识。

（王晓珉）

【核保工作】　一、财产险核保方面。一是加强风险管控工作。加大承保前查勘的力度，对于保额较大风险较集中的客户定期安排回访；每季度对三级机构兼职风控人员进行风控要点的培训并结合多种方式考评，提升机构兼职风控人员的风险识别能力，完善兼职风控体系。继续加强与政府相关部门在消防、气象、水利、市政、防汛等方面的联系，及时掌握信息，建立灾害预警网络。二是严格核保把关。积极推进行业自律，并严格执行；突出公司服务特点，制定有针对性的核保政策，以客户为导向，从品牌、服务和承保条件等多方面体现优势；深入市场调研，保证快速、准确的核保定价；对市场和业务趋势保持高度敏感性，了解风险点，与客户友好协商，共同消除隐患，管控潜在风险，降低出险概率，提升业务品质，促进双赢合作。三是大力发展销售推动。对业务员定期进行产品知识、核保政策、风控知识培训，改善公司业务品质，促进业务发展；实行核保跟踪制度，及时追踪业务，总结经验教训，及时发现问题，调整经营策略，有效促进销售；实施机构实地帮扶行动，共同探讨机构当地业务特点，实行差异化管理，推动机构财产险业务的发展。

二、意健险核保方面。一是制定出台了契约出单、批改、档案管理等制度，下发了相关管理办法、业务管理制度等工作通知书，搭建销售与核保的沟通平台，畅通询价流程，实施首问负责制。二是规范了出单及核保的流程和工作分配。对各业务单位进行部门内划分，指定对口责任人进行跟踪推动，并对各项指标负责。三是编写教材，举行多次核保人员培训，提高核保人员的技能；开展资格考试培训，用三级机构实际案例指导三级机构，分公司核保人全部通过初级考试，推动核保队伍向产品型转变。四是严控高风险业务承保，对部分业务进行承保条件改善，努力提升保单品质。

三、车险核保方面。一是密切跟踪市场动态，了解市场信息，掌握市场变化，逐步完善车险承保基础管理，积极发展车险业。二是制定差异化车险承保政策，积极探索车险差异化经营。三是重点做好党政机关车辆及企事业单位大型车辆业务的招投标工作，积极拓展团车业务。四是针对个人车险业务的特点，提出将目标客户地图和“费率因子法”相结合的方法筛选优质客户，配合相应的定价策略，引导、激励业务人员拓展优质客户；正确处理车险转型时期规模与效益、规范与发展的矛盾，从单纯追求规模到注重速度与质量、结构、效益的统一。五是认真贯彻落实保监会70号文件与甘肃省行业自律文件，规范市场秩序，营造了有利于公司发展的外部环境，提升竞争层次，逐步从单纯的价格竞争转向全方位竞争，竞争方式从产品、技术、服务领域转向经营模式的竞争，注重经营模式的创新与变革。

（李　晋）

【理赔工作】 分公司理赔始终贯彻“客户至上、服务至上”的服务理念，以客户为中心持续提升理赔服务水平。2009年分公司在总公司统一部署下，全面开展运营改革，实现标准化作业，进一步简化理赔流程，提升理赔效率，理赔品质得到较大改善。在后台运营体系支持下，率先推出了车险赔案“平安车险，万元以下，资料齐全，三天赔付”的服务承诺，引起了市场广泛关注。分公司积极履行服务承诺，达标率达99.92%，获得了广泛好评，市场满意度和品牌美誉度显著提升。同时还通过产险95512的客户回访，搜集客户反馈意见，丰富服务内容，进一步增强了理赔服务上的领先地位。

（郭　娜）

【销售管理】 一、加强渠道建设，推广渠道化改革。2009年初，分公司通过资源重组、人力整合，进行了渠道化改革。改革后，分公司从原有的三大渠道（传统渠道、综合开拓渠道、重客渠道）发展为直销DSP渠道、综合开拓渠道、重点客户渠道、车行渠道、新渠道等五大渠道。渠道化改革为渠道发展指引了发展方向，制定了更有渠道特色的渠道基本法，渠道化经营的优势进一步凸显。

二、深化日常销售推动工作。根据不同的销售节点，制定切实可行的竞赛激励方案，提升了前线销售队伍的展业热情，营造了积极向上的竞赛氛围，推动了公司业务快速发展。

三、细化日常工作，狠抓过程管理，强调结果导向。完善日报、周报、月报等数据报送体系，将数据报送规范化、制度化。每月组织召开全省范围的月度经营分析会，在为各机构开展业务的同时，提供全面、完整的经营数据指导。

四、合规经营，严格行业自律。2009年，分公司将合规经营、精细管理作为公司经营工作的重要导向，加强业务前线自身素质提升培训，组织多项合规培训讲座，如反洗钱、反商业贿赂等，增强了公司员工法制观念，自觉地合法、合规经营。

（王　舜）

【人力资源管理】 一、继续推进组织架构优化。2009年，在总公司的帮助下，由人事行政部牵头成功完成了分公司后线架构改革、前线渠道化改革、运营条线改革、三级机构后线改革、三四级机构渠道化改革等五大改革项目，明确各部门工作职责，梳理工作流程，提升销售队伍产能、优化成本，为甘肃分公司顺利实现“聪明经营、健康超越”的战略目标打下了坚实的基础。

二、招聘工作成就显著。通过建立网络、人才市场、高校三向立体式招聘渠道，共收集本科及以上学历人员简历600余份，从社会各界为公司吸纳大批优秀人才，为公司2010年发展储备了30多名本科及以上学历的人才队伍。2009年新入编共129人，其中后线新进正式员工86%以上具有本科及以上学历，大大提升了公司管理队伍的整体素质。同时，切实落实“竞争、激励、淘汰”制度，2009年淘汰低绩效销售人员60人、低绩效后线员工52人。

三、加强队伍建设，充实干部力量。分公司顺利完成了各三级机构、各部门负责人任职工作，任职B类干部9人、V类干部3人、C类干部9人、VA类干部7人及M类人员23人，干部到岗率达到100%。有49人通过两核上岗及以上资格考试，并聘用了两核中级资格4人、初级资格9人。

四、加强培训工作，提升员工技能。制作并完善了《甘肃分公司兼职讲师管理办法》、《两核电子化考试管理办法》、《甘肃分公司客服人员培训规划》、《销售人员培训规划》和《后援支持系列培训规划》等8项培训相关制度，为搭建培训体系打下良好基础。组织全封闭式培训班11期，非制式培训班8期，共计培训人员450余人（次）。同时每月定期推出知识性刊物《培训园地》，通过网络、全员转发的方式供分公司全体员工阅读和学习，并建立分公司图书角，提供自学资料，提升员工工作技能。

五、夯实基础管理，提高服务时效。分公司规范员工面试、入司、转正、离司及干部晋升等多种人事流程，加强制度建设、队伍建设，提倡服务文化，提升服务品质。

（周培烨）

【企业文化建设】 一、开展形式多样的员工活动。积极倡导“快乐工作·健康生活”的理念，开展了员工春游踏青活动、爬山比赛、员工联谊会等形式多样的娱乐活动，为员工之间提供了良好的交流机会，增强了员工凝聚力，为形成良好的工作氛围，提升工作效率起到了重要的推动作用

二、积极投身公益事业。开展了“新农村·新希望”中国平安希望小学支教行动。分公司内部通过邮件、网络、晨会积极宣导，组织员工参加爱心支教活动，为希望小学的孩子们传授了历史、美术等方面的知识。同时，员工个人还为希望小学的孩子们捐赠了铅笔、书籍等文具用品。

三、倡导学习型团队文化。分公司积极响应集团号角行动，大力推广绩效管理，倡导学习文化，通过新人培训、销售人员技能培训、各渠道培训、产品部门培训、客服人员培训等专业方向的培训和基础培训，解决了员工在工作中遇到的问题，提升了专业技能。

四、加强礼仪文化建设。分公司进一步加强对礼仪的管理和推广，开展了礼仪检查、礼仪文化推广竞赛活动，使礼仪文化逐渐成为员工日常工作的习惯。

（李建凤）

2009年“3·15”，中国人民财产保险公司甘肃省分公司，在兰州市东方红广场开展服务咨询活动

中国平安人寿保险股份有限公司甘肃分公司

总经理　谷　刚

【综述】　2009年，中国平安人寿保险股份有限公司甘肃分公司坚持以科学发展观统领工作全局，秉承“诚信第一、效率第一，客户至上，服务至上”的宗旨，经过内外勤员工的共同努力，按照既定计划，圆满完成全年任务，并在业务发展、机构建设等方面，取得了良好成绩。截至2009年末，分公司共拥有10家中心支公司、18个营销服务部和9家支公司，保险业务覆盖全省11个市（州）。

一、业务发展创新高

2009年，分公司实现原保费收入约18.20亿元，较上年增长32.60%。个人营销渠道实现保费收入约14.30亿元，占总保费收入的78.50%，比上年增长37%。其中：新单保费收入约5.60亿元，比上年增长37.50%，期缴业务占到95.80%；续期保费收入约8.70亿元，比上年增长36.70%。银邮代理渠道实现保费收入约3.70亿元，占总保费收入的20.50%，比上年增长32.70%。其中，有99.50%为新单保费收入，而新单趸缴业务占到新单业务的98.90%。

二、调整业务结构，创新销售模式

一是大力推动分红保障型产品。针对甘肃保监局提出的结构调整要求，分公司大力推动分红保障型产品，推出了一系列激励方案，并投入大量资源。重点推动“富贵人生”，取得了良好效果，并于4月份将“三鸿”产品全面升级换代为“三鑫”，得到了业务团队及客户的充分肯定。通过加大对分红保障型产品的推动力度，分红险保费收入占比得到明显提升，全年新单保费收入占比由上年同期的23.20%上升至27.60%。

二是大力推行附加险销售模式。着重推行在万能险上附加意外险或健康险的捆绑式销售模式，补充万能险的保障功能，为客户提供更为全面的保障服务。通过这些针对性的举措，万能险附加率已达到99.40%，而保费收入及占比也得到明显提升。

三是加大银邮代理渠道期缴产品推动力度。2009年6月，分公司在银邮代理渠道推出了分红期缴型产品“金宝盆”，加上2008年推出的“一生无忧”，目前已有两款分红期缴型产品，从2009年三季度末开始，两款产品的销售情况逐步得到改善。截至2009年末，银邮代理渠道共实现新单期缴保费414万元，是上年的5.50倍。

三、践行服务承诺，提升服务水平

2009年，分公司积极响应总公司推出的“信守合约，为您寻找理赔的理由”承诺主题行动，通过一系列持续、创新的服务举措，使理赔时效和服务质量不断提高，理赔十日结案率、服务满意度稳步提升。赔付支出共计约1.20亿元，其中赔款支出2 551万元，死伤医疗给付3 806万元，满期给付5 256万元，年金给付587万元。2009年10月，分公司赔付当年最大理赔案，给付人民币331 180.96元。

四、积极开展公益事业

2009年2月，分公司以庆祝分公司十年华诞为主题开展了无偿献血活动，有200多名员工积极参加献血；当年向集团申请5所平安希望小学，在天水和武威竣工落成了两所平安希望小学，并举办了“十年承诺，让爱延续”中国平安希望小学支教行动。

五、开办电视专栏普及保险知识

分公司联合甘肃广电总台电视经济频道开办了甘肃省首档保险理财节目《平安理财》，每周一期，选派专业人员到电视台讲解保险知识和理念，受到了广大观众的欢迎。

（李会荣）

【个人寿险业务】　2009年，分公司凭借强大的团队凝聚力和高度的市场敏锐度，持续推动寿险业务全面增长。2009年规模保费达49 688万元，是上年规模保费的1.40倍；在兰州市场保费占比达到54.90%，较上年提高22.90%；在甘肃市场保费占比达到32%，较上年提高14%。

一是加强日常管理。通过在营业部装配指纹考勤机，加强考勤管理。引导销售队伍每日参加早夕会，进行公司政策制度传达和培训。

二是做好部门早会及二早的督导及充实工作。通过对早会流程的督导，严肃早会的纪律，提高营业部对早会的重视度。

三是培养人管、业管体系专业人员。明确管理主线，将管理体系拓展至全省，并利用所有可行的虚拟模式、现场模式进行具体问题的解答，提高管理技能。

四是拟定建立人管、业管考评制度。规范人管、业管工作准则，提高人管、业管工作技能。

五是业管室的搭建及数据平台的建立。搭建业管室，培养新进人员掌握基础知识，熟悉系统操作，创建日报体系追踪和月报体系总结。

六是项目性工作的承接和完成。筹备完成全省路演工作，为推动2010年开门红业务打下良好基础。

七是强化制度的执行和管控。学习、掌握总公司制度，并下发到相关岗位，做好日常制度的管控和抽查。

（李会荣）

【财务管理】　分公司财务部坚持贯彻执行“111＋3工程”，逐步完善财务各项工作，加强财务管理。

一、财务管理方面：下发了多项针对性强和具有操作性的管理办法，使业务流程规范化、操作流程标准化、工作目标明晰化和管理活动简易化。开发了多项财务管理工具，提高分公司税务管理、资金管理、预算管理及档案管理的能力，加强了对三级机构的检查，覆盖率达100%，提升了财务各项基础工作和管理水平。

二、资金方面：积极执行国家及公司的各项制度，严格执行资金流程要求，定期不定期地进行自检自查工作。对资金收付流程中的问题进行检视，对资金账户进行清查，有效地防范了公司内部资金风险。积极配合响应保监局“零现金”业务的号召，在原有资金收付基础上，与多家银行协作，大力推广银行批次转账、移动终端缴费和电子网上银行缴费等多种形势，在方便广大客户的同时避免了资金方面的重大风险。

三、预算管理方面：加大对各单位部门预算管理及制度的宣导，不断加强各单位的预算管理、成本管理，合理规划及使用年度预算。

四、会计核算方面：在完善自动制证的同时，及时梳理财务业务流程，完成会计凭证的复核及传递，保证财务业务的真实性和一致性，提高会计信息质量，健全内控体系，防范财务风险。

五、财务队伍建设及财务服务方面：对部门及机构员工进行财务核算、预算、资金和税务等方面的培训，提高员工的工作技能和业务水平；制定严格的财务审批时效承诺，及时反馈预算信息，提供各种形式的财务提示，开发了员工自助报销手册等服务举措。

（李会荣）

【两核管理】　2009年，两核部在总公司及分公司各级领导的带领下，全面审视和完善各项规章制度，进一步理顺工作流程，优化工作环节。

一、夯实基础管理。制定员工考核制度并严格执行，各科室根据专业工作情况，制定本部员工培训计划，并针对学习内容进行不同形式的测试及奖励。

二、服务并支持一线。实施新契约前置转账项目、新契约差异化管理办法，大力推广使用及上传电子投保书；两核人员走进营业区，现场解决一线伙伴两核疑问；制作两核服务手册、分公司十大理赔及核保案例，为一线提供辅助展业工具；严格执行首问负责制，及时解决客户及业务一线问题。

三、提升理赔工作效率。提高理赔案件的业务员代办率，提升客户服务满意度；审核客户报案信息，并及时进行相关理赔温馨提示；与医院和相关部门进行节日关系维护，提高医院对公司客户的服务水平及作业时效；对身故客户家属及重大疾病客户及时上门探视并指导理赔；进行住院客户鲜花探视、大额理赔款送款上门、共同灾难案件第一时间现场查勘。

四、加强团队建设，培养两核人才。按照分公司后援学习计划组织员工完成相关学习，并按照考试要求进行考试；组织员工开展登山比赛、团队游戏等，增加团队协作及团队凝聚力；推荐骨干人员参加总公司及区域组织的各类培训，加强骨干培养，搭建两核人才梯队；继续围绕总公司“P－STAR”服务理念，以“客户满意度”为核心，推动两核服务，提升风险管理水平，各项指标系统排名前20位。

五、加强机构管理支持。督促机构严格按照各项作业指导和管理办法运作，严格执行分公司制定“重特大案件上报”要求，并给予及时调查和现场支持；对机构两核工作按月进行远程和现场风险监控分析，及时发现问题并追踪改善结果；对机构所有理赔调查和协谈案件进行把关，并指导调查和协谈；对机构两核人员制定明确的培训计划，并根据学习内容进行不定期的考试督促。

（李会荣）

【人事管理】　2009年，分公司人事管理工作再上新台阶。

一、不断壮大员工队伍，优化人力资源配置。进一步完善职能部门和三级机构架构，强化各部门职能，合理调配各层级人员结构，优化资源配置，建立人才梯队。全年共培养高层主管1人，中层干部3人，基层干部11人，储备干部41人。

二、完善培训机制，强化员工技能。进一步完善内勤培训平台，优化培训资源配置。通过推广分层级培养模式，搭建人才培养与发展机制，提升骨干员工的整体素质。在实现培训整体目标的同时，逐步形成了具有甘肃特色的各层级制式培训项目。内勤现场培训覆盖率较上年度大幅度提升，整体培训覆盖率达到89.43%，在系统中名列前茅。其中，干部培训覆盖率达到95.45%，普通员工培训覆盖率达到80%，新员工培训覆盖率达到100%。除常规培训外，还在各层级员工中大力推广网络课程的学习。全年共配送6门网络课程，网络课程配送及时，覆盖率及课程通过率均达到100%。

三、关心员工生活，切实提高员工福利待遇。严格遵守国家相关政策法规，及时、规范的为员工办理“五险一金”。同时，为员工办理团体综合保障、补充养老等各项商业保险，解决了员工生活的后顾之忧；新增员工弹性保障计划，优化了为员工及员工家属办理养老保险的业务。

四、深入推广绩效文化，积极推进号角行动。分公司积极相应总部号召，在内勤员工中深入推广绩效文化，落实各项行动举措。

五、夯实基础管理、提升服务时效。严格遵守相关管理制度，定期检视管理流程，杜绝了不规范用工及违背制度而引起的用工风险；完善HR管理平台，理顺了各项劳动关系。

（李会荣）

【培训管理】　2009年，分公司培训部以留存工程、晋升工程、主顾开拓、人才培养，培训管理为五项核心工作，为分公司培养了新的一批专职讲师，搭建了营业单位培训平台。

一、落实2009年周单元经营核心工作，实施“服务式营销”培训运作，搭建分公司“大培训体系”，确保每项工作的高效执行。

二、组织了全省专讲培训班，对包括新人职代岗训练在内的各个流程进行详细介绍。先后组织了包括新人衔接训练班主任班、新人转正班主任班以及新人留存责任人季度培训等多个培训班。同时专门针对二元网点对相应的培训专岗组织培训，解决了分公司年初为搭建立体大培训体系所需的技术支援问题。

三、及时检视培训绩效，形成了对各机构的例会指导机制。按季组织全省培训负责人现场会，检视季度培训绩效，部署下季度工作，有效配合一线工作需要安排培训。

四、紧密配合营销，实现产品结构的有效引导。从外勤队伍中选拔了部分优秀导师，参与分公司季度产品方案的研讨，形成对分公司阶段产品运作的合理化建议。及时制作了历次产品方案对应的早会资料，丰富了一线早会素材。同时，在产品功能组中选送优秀成员参与中西区域关于阶段产品方案的研讨，并一同制作产品教案，受到了中西区域的表彰，为分公司达成NBEV指标做出了贡献。

五、加强培训，提高员工专项技能。按月追踪全省新人职代岗培训频次及容量，及时指导各单位关于职代岗训练的合规运作及系统录入，组织相应的专讲技能培训，专项组织全省浅年资主管轮训，配合新制式课程改革，强化主管关于留存工程中主管必做项目的技能。在主任晋升班中加入新的项目，指导主管尝试拟定结训后一个月内的早会规划，并形成专项督导。

六、加强新员工管理。出台了全省新人职代岗参训流程管理办法，并配备相应的工具确保执行。按月追踪全省各单位新人留存绩效，细化过程管控线条，关注新人衔训班、新人产说会等项目的操作。同时，借鉴先进单位的成功做法，完善新人荣誉之旅的操作流程。

（李会荣）

【企业文化建设】 2009年，分公司秉承“诚实、信任、进取、成就”的个人价值观和“团结、活力、学习、创新”的团队价值观，在业务取得突飞猛进的同时，企业文化建设方面也取得了很大成就。

一、保障员工权益。新增了员工弹性保障计划，优化了为员工及员工家属办理养老保险的业务，及时、规范地为员工办理“五险一金”，并且为员工办理团体综合保障、补充养老等各项商业保险，解决了员工生活的后顾之忧。

二、举行平安“礼仪之星”评选活动大赛。在本部及各下属机构全体内外勤人员中举行了一次持续半年之久的“微笑·魅力平安”的评选活动，活动内容包含日常礼仪检查、礼仪问卷调查及才艺比赛。

三、开展文化行销。提出“文化行销”的行销方略，融服务和文化为一体，通过定期递送平安《客户服务》报，及时传递新的保险信息及各类文化、养生信息，同时让客户随时了解已有保单的状况。

四、开办电视专栏普及保险知识，传播平安品牌形象。联合甘肃广电总台电视经济频道开办了甘肃省首档保险理财节目《平安理财》，选派专业人员到电视台讲解保险知识和理念。

五、大力开展公益事业。以庆祝分公司十年华诞为主题开展了无偿献血活动，有200多名员工积极参加献血；在第一所甘肃平安希望学校成立十周年之际，分公司又向集团申请5所平安希望小学，并于当年建成两所，还举办了“十年承诺，让爱延续”中国平安希望小学支教行动。

（李会荣）

【保费工作】 2009年，保费部紧跟分公司发展步伐，加强各项续期管理，较好地完成了工作任务。

一、制定全年续期经营目标，采取各种措施推动并监控各项续期业务指标的完成。一是持续推动“贡献度管理”的理念；二是成功搭建甘肃分公司保全队伍荣誉体系，推动总公司续期精英俱乐部活动，成立分公司“百分俱乐部”；三是持续推动月度工作规划制；四是将辅导与激励相结合，持续强化对弱体单位、保全员的辅导功能，推出一系列配套激励方案，涉及保全员、业务员、业务主管以及客户等各层面，加强追踪，强化激励方案的宣导力度，有效激发参与者的积极性；五是建立月初指标预警制度，加强对保全员当月、宽一及宽末（宽一指上月，宽末指上上月）保单进行日、周及月追踪，同时也强化对各个营业单位指标的追踪及反馈；六是关注重点险种：对公司重点险种保单进行100%回访，同时对业务队伍进行重点险种的续收培训，制定各种续收激励方案辅助；七是协助分公司“服务式营销”理念，推动孤儿单全新的分配制度。

二、强化续期基础管理。一是严格执行总公司各种续期管理工作制度、政策以及流程，同时按照实际情况出台了管理办法，如自保件管理办法、首期100%转账、三级机构孤儿单管理办法等，并严格执行、追踪反馈。二是关注电子转账平台，推动“零现金”制度。出台首期保单100%转账，继续推动续期银行转账业务。三是强化保全工作平台，有效提高保全员的工作效率。

三、加强保全队伍的建设和管理工作。一是合理整合、科学配置保全队伍。为了配合公司的运营需求，分公司保费部设置第2个收费部，同时新成立2个收费小组，新晋升2名主管。分公司保费部形成2个收费部、10个收费小组的组织架构。二是强化外勤队伍的培训管理。定期举办各类续期培训，共举办6期新人班，一期三年资、一期两年资格培训。同时对外勤队伍进行分层级培训，由保费部业务骨干承担讲授工作，收效明显。三是推出收费部（组）自主经营的管理模式。四是推行收入导向管理。在每日追踪表中将指标与薪资系数进行有效结合，保证保全员随时掌握了解薪资。五是开展“快乐工作，健康生活”活动，定期举办了各种保全员团队活动。

（李会荣）

【客户服务】 客户服务工作秉承“客户至上 服务至上”的服务宗旨，让客户服务更贴近客户的需求。

一是全力打造P－STAR平安五星级服务品牌。加强对客户服务过程每个环节的审核，努力提升服务品质，为客户提供“主动、简单、及时、方便、可靠”的服务，创建平安五星级服务品牌。不断简化售后的各项保全业务手续，推进银行转账、业务员代办客户服务，网络E服务、电话E服务、信函保全服务、亲办客户免填单服务和亲办客户快速件服务的落实。

二是开展VIP客户特色服务项目。持续加大服务支持，关注高端客户的需求，建立三大会员层级，即黄金层级、铂金层级和钻石层级。为会员提供包括财富盛宴、健康关怀、商旅服务、驾车关爱、尊贵礼遇和平安援助在内的六大项会员专属礼遇。

三是开展主题丰富的客服节活动。开展了少儿才艺大赛；推行首问业务接待制度。

四是开展“保单E”服务推广活动。为客户提供包括保单基本资料查询、修改地址、保单挂失、追加保费、保单还款和投资账户转换等20余项保单自助服务。

（李会荣）

【运营管理】 2009年，运营支持部围绕分公司本部与三级机构的运营管理，强化分析沟通职能，加强三级机构管理，完善后援培训体系，推动后援项目工作进程，有效提升了后援工作产能，并逐步细化后援负责人考核制度，实现分公司后援整体工作的目标一致性；文档工作方面，实现人均月产能累计值15 945.30件，扫描差错率累计值0.02%，逐渐形成标准化作业流程，提升了文档作业水平，并逐步实现分公司整体的档案管理业务规范化、标准化和制度化管理。

（李会荣）

【银行保险业务】 2009年，银行保险业务共完成总规模保费3.73亿元，同比增长32.70%，较好完成了全年计划任务。

一、打造稳定合作渠道。2009年，甘肃平安银保的合作渠道达到6个，招商银行、建设银行、交通银行和农业银行成为稳定合作主渠道。

二、夯实基础，追求稳定。改善队伍基础管理，建立健全各项规章制度和工作流程，以制度建设为中心、公平处事、强势管理，加强队伍的凝聚力和忠诚度建设；以提升内勤人员服务意识、强化外勤队伍活动管理为手段，凝聚内外勤队伍的向心力，明确员工职业生涯发展规划，培养外勤干部梯队，建立银保荣誉和信任体系，培养队伍的价值观；不断提升人均产能和人员活动率，提高员工收入，以稳定队伍。

三、长短方案结合，稳步推进业务。开展了“相约青海湖”暨甘肃银保首届高峰会、四五连动的“飞得更高”拓展培训方案和三季度的“魅力上海五日游”等活动，并在春节、五一、客服节、六一和十一等节假日开展营销，全年业务一举突破3亿元大关，顺利完成总公司下达的各项任务。

四、营造积极、学习和合规的良好工作氛围；开展各种制度学习和心态建设活动。（李会荣）

永安财产保险股份有限公司甘肃分公司

【综述】 2009年，永安财产保险股份有限公司甘肃分公司在甘肃保监局的监管和总公司的领导下，深入学习实践科学发展观，全面贯彻落实全国保险工作会议精神，围绕总公司经营工作的总体要求及今后一个时期的发展思路和目标，努力践行永安总公司“三步走”的战略构想，结合甘肃经济发展和保险市场的实际，以经济效益为中心，坚持改革创新、依法合规经营，完成了各项经营指标，实现盈利。

一、经营情况

2009年，永安保险甘肃分公司实现保费收入21 916.52万元，较上年净增1 037.91万元，增长4.97%。支付各类赔款13 149.90万元，比上年增加650.03万元，增长5.20%。综合赔付率62.42%，比上年下降24.63%；简单赔付率60%，满期赔付率60.71%，均与上年持平。全年共受理报案53 616起，结案率为85.08%，各项经营指标良好，全年共实现承保利润388.30万元。

二、机构建设情况

截至年末，分公司在全省除嘉峪关市以外的13个市（州）共设立机构40家，其中中心支公司11家，分别是天水中心支公司、陇南中心支公司、武威中心支公司、平凉中心支公司、庆阳中心支公司、酒泉中心支公司、定西中心支公司、张掖中心支公司、白银中心支公司、金昌中心支公司和甘南中心支公司。支公司26家，分别是兰州市西固、东岗、七里河支公司，天水市麦积支公司，文县、成县、西和、武山、秦安、甘谷、庆城、镇原、环县、华亭、静宁、泾川、陇西、临洮、通渭、天祝、古浪、民勤、玉门、金塔、瓜州和敦煌支公司。营销服务部2家，分别是临夏营销服务部、永登营销服务部。

三、员工队伍情况

在员工队伍建设上，公司始终坚持以人为本，挑选精兵，不养庸人的用人机制，截至2009年末，共有员工666人，其中大专以上学历374人，中级以上技术职称70人。

四、风险管控情况

分公司将稽核监察工作有效融入经营管理体系和风险管控中，充分发挥其管理、监察、监督和检查的职能。建立了以常规稽核为主线、专项稽核及业务合规稽核专员的单项稽核为补充的全方位稽核体系。建立了风险管理预警机制，分季度对各机构进行风险预警，有效降低了经营风险。

五、主要工作情况

一是保费规模得到有效控制，实现盈利。分公司按照总公司的要求，转变经营思路，限制承保赔付率过高的车险业务；严格执行《甘肃省保险行业协会机动车辆保险自律公约》及补充协议，采取限制承保措施；上收商业车险核保权限，对部分子险种进行承保控制；确立公司各险种业务的发展目标和工作思路，强化考核，实现整体盈利。二是全面学习贯彻科学发展观。根据《深入学习实践科学发展观活动的实施方案》，按照学习实践科学发展观活动领导小组的统一部署，认真开展学习实践活动，做好学习调研阶段的各项工作及分析检查工作，并将学习实践活动分为三个阶段6个环节，取得了实效。三是制定《三年发展规划》。按照总公司的部署，结合甘肃保监局的行业监管要求、市场环境及自身发展现状，分公司确立了未来三年发展的盈利模式、成本管理、营销管理、客户服务、业务管理、流程管控、机构建设、人力管控、合规经营等规划及实施计划，制定了《永安保险甘肃分公司三年发展规划》。四是加强案件清理和检查工作。按照总公司要求，有组织、有步骤、有计划地进行未决赔案清理工作，摸清了未决赔案的真实情况，并根据存在的问题有针对性地制定了加强未决管理的具体措施。认真开展打击“三假”工作，制订实施方案，落实工作措施，在自查自纠、完善制度、加大宣传力度、加强产品和单证管理、规范服务的同时，组织检查组对全省系统的商业险、财产险和人身险已结案件进行逐笔检查，对查出的问题按照规定做了相应处理。五是管理工作明显加强。按照总公司要求和市场变化情况，及时调整差异化的核保、核赔政策，保证了业务政策的集中性和严肃性，有效提高了承保质量。在财务管理上，严格执行资金分户管理和业务费用预算管理办法，确保了资金安全，保证了业务费用的有效使用；在信息化管理上，加强了统计信息工作，明确责任，确保数据的真实性、准确性。六是始终坚持培训工作。抽调各部门相关人员组成讲师团，采取集中和下机构的办法，对全省系统的全体员工进行依法合规、理赔风险、信息技术、团队建设和商务礼仪等内容的培训。七是服务水平逐步提高。以服务观念创新为根本，树立“永安——永远为客户着想”的大服务观，从整体上改变和改善保险服务；制定定损质量评价和考核制度；细化理赔服务环节，强化理赔信息反馈机制，提高第一现场到位率，加强现场查勘工作，及时掌握事故原因和损失情况，提高核损、定损质量；严格理赔费用管控，降低理赔成本，对现有车辆、设备进行合理配置使用。

（蔡昌平）

天安保险股份有限公司甘肃省分公司

【综述】 2009年，天安保险股份有限公司甘肃省分公司在总公司的正确领导下，在甘肃保监局的监督指导以及社会各界的大力支持下，围绕“做强做大”战略，以“合规、效益、创新”为主题，狠抓经营管理，实现了扭亏为盈，推进了各项工作的持续健康运行。全年实现保费收入8 743.88万元，同比增长15.20%。各类业务累计赔款支出5 382.63万元，同比降低27.92%。累计实现利润845.50万元。

一、坚持依法合规经营，加强对外宣传和联络，保证各项业务的稳健发展

一是按照总公司和甘肃保监局的要求，认真开展了打击“三假”、积压赔案清理、车险保单信息自主查询、数据真实性检查和车险“见费出单”等工作。制定出台激励措施，并针对个别机构负增长和经营效益不佳的情况，派出督导组进行督促检查，现场指导解决存在的问题。对部分机构的领导班子进行了调整和充实，压缩人力成本，改变机构的经营管理状况。二是加强了与省委、省政府的联系。及时向有关部门报告重大事件和问题，并多次参加与公司业务有关的社会活动，扩大公司的影响面。三是加强了新闻宣传工作，定期在《甘肃保险》、《甘肃经济日报》发表反映公司业务发展情况，尤其是在捐资助学、重大保险事故、依法合规经营等方面的业绩进行重点宣传，在社会上引起较大反响。

二、狠抓业务管理，严把“进口”关。

一是制定见费出单的工作方案，解决见费出单中存在的各类问题，顺利通过了甘肃保监局的验收。二是清理了各种中介渠道，理顺渠道业务，保证中介业务的合规经营。三是针对兼业单位的代理资格问题积极与保监局沟通协调，申报了43家兼业代理单位，安排了127人（次）的代理人换证、继续教育和考证工作。

三、狠抓理赔管理，严防“出口”关

一是加强了理赔管控工作，开展了车险理赔“打假、防骗、反欺诈”工作，涉及案件35起，金额123.30万元，挽回经济损失115.90万元。各机构还与当地机动车反盗抢大队积极配合，共追回被盗车辆4起，挽回经济损失13.59万元。二是积极推行车险主办案人制度，加强了核价集中管理工作，完善了全省核价集中模式。

四、加强财务结算工作

一是对预付赔款、其他应收款、应收保费、待摊费用、损余物资和账外固定资产进行了清理，对全省各机构逐步完成了财务区域化集中，提升了财务合规管理水平。二是严格执行车险“见费出单”制度，进一步完善“见费出单”资金往来结算流程。加强资金预算管理，有效控制资金沉淀

量，提高资金使用效率。

五、加强内部控制管理

一是根据总公司、分公司的工作安排，开展稽核审计项目14项，涉及被审计机构11个、被审计人员10人，审计频率64次，审计覆盖率100%，开庭应诉率达到100%。二是加大对中支机构的监督、检查和处罚力度，开展大型专项业务检查4项，对在检查中发现的违规违纪问题，采取“发现一起、查处一起、严惩一起”的办法，严肃查处违规违纪人员，强化了内部管控。三是开展风险预警提示工作，根据业务、财务和理赔数据，结合预警指标，每月下发月度预警风险分析报告，评测各机构风险经营情况，督促各机构级善经营品质，提高抗风险能力。

六、加强企业文化建设，活跃职工文化生活

一是加强对员工开展爱司敬业、认同天安、建设天安的教育工作。二是加强了新闻宣传工作，通过报纸杂志、会议和文件资料等形式，对公司的重要活动、经营成果和工作经验进行广泛宣传与交流，提高社会各界对公司的认知度。三是关注员工生活，公司领导和工会组织利用晨会或走访职工家庭，开展生日祝贺等各种形式的慰问活动，受到了员工的好评。

七、认真开展学习宣传新《保险法》活动

认真开展了新《保险法》宣传月、宣传周和宣传日活动。在辖区组织了新《保险法》知识竞赛，选拔优秀选手参加了甘肃保监局组织的新《保险法》知识竞赛，获得了优秀组织奖。

八、完成天安希望小学建设

一是完成了13所在建学校工程质量的监督检查工作，保证工程进度，所有援建的学校在秋季开学前顺利完工。二是利用援建天安希望小学的机会，加强了与当地政府和教育部门的联系，为开展学校保险打下了良好的基础。

（韩鹏飞）

平安养老保险股份有限公司甘肃分公司

【综述】 2009年，平安养老保险股份有限公司甘肃分公司在总公司“品质优先，利润导向，遵纪守法，重在执行”的经营方针指导下，秉承“诚信第一，效率第一，客户至上，服务至上”的服务宗旨，致力于公司管理机制的建设、经营业务的拓展、企业形象的树立和平安文化的推广。

一、推进业务发展

分公司实现总保费5 619万，比上年增长16.21%。完成短险保费2 884万元，比上年增长21.28%，市场占有率15.55%；长险达到2 735万元，达成率55%；企业年金行业第一，受托7户，受托资金977.22万元；投资管理7户，投资管理资金2 513.74万元，均为行业第一。标规2 206.43万元。

二、开展重大活动

一是承办了平安养老险在全国两大区域的年中经营分析会。二是2009年11月1日，分公司工会组织正式成立。

【财务管理】 2009年分公司从实际出发，在预算管理、资金管理、资产管理和风险防范控制等各个方面认真贯彻执行总公司制定的各项制度，严格财务管理手段，取得了明显的成效。

一是施行全面预算制度，增强成本观念。将营业费用分解落实到各部门、营业区，并相应出台了一揽子考核、评价和激励办法。各部门设置了兼职预算员，使预算费用的动支、结报流程更加规范。

二是提高会计信息质量，深化财务管理，健全内控体系，防范财务风险。加强对账工作，清理往来挂账，有效防范财务风险。

三是加强源头控制，降低资金风险。严格执行“收支两条线”和“零现金”管理；开通网上银行调拨资金，与银行数据接口自动进行账务处理。

四是提高单证管理，规范单证流程。加强单证责任管理，实行“专人领用，专人负责，责任连带”制度，进一步规范了有价单证的领用及回销流程，做到事前防范、事中控制和事后检测的财务要求，使单证的使用自始至终处于可控状态。

【内控建设】 2009年，分公司在地区稽核监察的协助下设立稽核检查岗，完善公司内控建设，坚持“稽核促管理、稽核促发展、稽核促改革、稽核促效益”的指导思想，采取防治结合、努力加强品质管理、强化规范经营等措施，积极开展各项稽核监察工作，为分公司持续、健康发展服务。

一是加强品质管理，规避道德风险。结合分公司品质教育的实际情况，采取多种形式开展品质教育。

二是整顿和规范工作秩序，积极进行自查自纠活动。对自查自纠中发现的问题如实向领导汇报并提出整改措施，限期进行跟踪整改。

三是开展各项稽核工作。完成了一系列专项和常规稽核，及时防范和化解经营管理中存在的风险。

【运营管理】 一是加强核保核赔管理，严把核保理赔关。根据《保险法》和《反洗钱法》相关规定及保险条款和核保核赔规则的界定，分析每月的各项关键指标，对经营状况进行跟踪管理，找出问题，及时整改。

二是加强运营人员培训，提高业务技能和服务水平。通过多种形式的专业培训和专题讲座，不断提高员工的业务素质和工作能力。

三是坚持诚信原则，提供专业化、人性化的理赔服务。

（许　艳）

安邦财产保险股份有限公司甘肃分公司

【综述】 2009年，安邦财产保险股份有限公司甘肃分公司已在白银、庆阳、武威、天水、酒泉、张掖、临夏、陇南、定西及合作、永靖县、榆中县、兰州市的七里河等市（州）、县（区）建立了14个经营机构。全省系统实现保费收入2 633.28万元，当年结案率达到90%，历年制赔付率为37.10%。

一是开展了为期一年的“速度年”活动。将事业部改革、提高理赔速度和保费规模发展速度作为各项工作的重中之重，在日常经营中推行“执行速度”的口号，始终坚持简单高效的理念，强化理赔流程管理，提高服务意识，加大考核力度，有效促进理赔效率和服务质量不断提高。

二是按照中国保监会、甘肃保监局的要求，停办了一批手撕单证业务，要求所有业务必须使用机打保单，有效防范了经营中的假保单风险。

三是率先在全省各级机构推行“非车险业务见费出单”工作。

四是按照《保险法》的要求，重新修订了所有险种的投保单、保单和批单等单证，坚持依法经营，充分保护被保险人的合法权益。

五是开展“品牌服务年”活动，把服务作为各项工作的重中之重，在日常经营中积极实践和推行“视客户为亲人”的口号。结合本地实际情况，创立自己的宣传路线，以多方位、多角度开展安邦电话营销服务。

六是根据总公司的中心城市业务发展战略、地市业务发展战略和县域业务发展战略，发展信用险业务，全面推进电销业务，强化传统业务，着力推动开拓渠道保险业务、银行代理保险业务、车贷险保险业务以及规模较大的非车险保险业务，扩大了公司的渠道经营和事业部发展规模。

（杨　斌）

太平人寿保险有限公司甘肃分公司

【综述】 2009年，太平人寿保险有限公司甘肃分公司科学发展观为指导，抢抓发展机遇，深化专业化经营战略，加快发展速度，扩大市场规模，提高了企业竞争力。当年完成新单首期保费收入14 111.13万元，完成续期保费739.91万元，全面完成了总公司下达的经营目标，被中国太平保险集团表彰为“2009年特殊贡献单位”，分公司总经理贾平民被中国太平保险集团表彰为“2009年特殊贡献个人”。

一、当年保费突破亿元大关

一是个人业务严格按照集团和总公司的要求强化合规经营，坚持盈利标准，追求有效益的规模，严格品质管理，追求高质量的发展，提升内涵价值，追求有价值的增长，得到市场的认可。二是银行保险管理团队持续推动专业化建设，促使业绩平台大幅提升。期缴长期保障性业务提前64天达成年度计划，趸缴业务提前43天达成全年计划。率先开展了10年期以上长期期缴产品销售。三是开展续收业务。成立了保费部，把续收工作当做一项主要业务来抓，采取一系列有效措施，加大续收力度，保证续收利益。当年个险继续率85%，银保继续率94%，全面达成精算目标。

二、稳步推进机构布局

经过市场调研，先后向中国保监会甘肃监管局提出了开设酒泉中心支公司和永登支公司的申请。2009年3月30日、9月15日，酒泉中心支公司和永登支公司分别取得保监验收通过，获得经营保险业务许可证。

三、进一步完善员工队伍建设

一是向员工宣导太平人寿的经营理念和企业文化，培养和树立员工爱岗、敬业的精神。二是坚持抓好保险知识的学习和业务技能、法律法规的培训，致力于提高队伍的整体素质，着力打造学习型团队。三是教育和引导公司员工依法合规经营，以良好的展业行为传递理念、传播文化、拓展市场，自觉维护良好的保险市场秩序，促进甘肃保险市场的繁荣健康发展。

四、加强企业文化建设

注重企业形象宣传，在《兰州晨报》等媒体上连续发布专题专栏，向消费者推介“诚信、专业、价值”的核心价值观，提升太平品牌在甘肃的知名度。在业务宣传方面，以个险和银保为主，分别组织开展了相应的增员和促销活动；在媒体方面，加强与各媒体联系，建立了良好的互信合作关系。同时组织了踏青、征文和体育比赛等活动，加强员工的归属感，增强企业的凝聚力。逐步建章立制，从制度上完善企业文化建设的常规性、延续性。

五、践行科学发展，加强团队建设

组织广大党员干部特别是党员领导干部深入学习实践科学发展观，开展学习调研、解放思想大讨论和分析检查活动，查找自身存在的不足，并集思广益解决问题，不断强化内部管理，提高效率和创新工作水平，为科学发展和促进行业调整奠定基础。

加强个险营销员团队建设，打造“高品质、高素质、高绩效”的专业化团队，为保障性期缴产品销售打下坚实的基础。开展公司银行代理兼业渠道建设，通过团队共建专业化销售训练营、代理人资格考试培训等措施，强化对兼业代理机构人员的培训，为开展期缴业务创造条件。（刘志广）

新华人寿保险股份有限公司甘肃分公司

【综述】 2009年，新华人寿保险股份有限公司甘肃分公司专业经营、扎实管理，取得了一定的成绩。公司各项经营状况良好，保费收入持续增加，品牌形象及各项关键经营指标得到持续改善。

一、各项业务发展迅速，机构建设稳步开展

2009年，分公司共实现保费收入21 039.41万元，比上年增长95.40%。其中：新契约标准保费3 071.50万元，完成计划的102.38%，比上年增长161.39%；有效规模保费11 889.83万元，完成计划的103.39%，比上年增长52.28%；银行期缴任务达成6 468.02万元，完成计划的129.36%；续期保费4 789.97万元，完成计划的110.36%，其中个险续期保费达成2 537.34万元，银代续期保费达成2 252.63万元。

分公司目前有酒泉、白银2家中心支公司，在兰州市辖区设有城关、永登和西固三个营销服务部，武威中心支公司和敦煌、靖远支公司正在筹建当中。

二、组织发展成效显著，团队整合效果明显

分公司全省个人业务营销员由上年952人增加到1 582人，实动人力由上年月均190人增加到463人，增长143.60%。针对营业区队伍架构不完善等状况，分公司及时进行队伍的架构调整，对弱小营业部组进行合并重组。目前销售队伍趋于稳定，发展健康，保费平台持续上涨，各项关键经营指标得到较好的改善。

三、人均产能有效提升，保费平台逐步提高

对公司营销方案、产品和工具均实行统一运作，一季度成功运作“幸福年年”新产品上市，“幸福年年”险种占比达80%以上，人均产能达11 673元。二季度运作“龙腾计划”成功增员468人，三季度“金秋扩军”成功增员590人，9月创造月度新单保费突破1 200万元纪录。四季度主打“吉星高照”产品，成功运作“荣誉之战”营销主题，首次顺利达成全年任务。

四、财务指标控制良好，投入产出效果显著

根据甘肃市场情况及分公司所面临的形势，不断加大业务投入力度，严控变动费用，坚持实行节约型费用政策，各渠道投入效果处于分公司成立以来最好水平。其中个人业务渠道投产比1 ∶ 1，银代渠道投产比1 ∶ 1.10，续期渠道投产比1 ∶ 1.50。零现金推广取得实效，综合转账率从年初的10%增加到目前的80%以上。

五、续收指标达成较好，银行业务增长迅猛

制定了续收业务管理办法，开展以队伍为核心的系统化运作，强化业务技能训练，固化标准作业习惯，各项绩效指标稳步提升。截至年末，公司实现续期保费4 790万元，计划达成率107%。累计个险二次达成率88%，三次达成率91.50%，四次达成率96.70%，13个月继续率87%。有效保费实现11 889.83万元，同比增长103.39%。期缴业务达到6 464万元，达成年度计划任务的129.28%。2009年，分公司在仅有兰州本部和两个中心支公司的情况下，银行期缴保费在甘肃寿险市场占比达到25.44%，位居市场前三位。客户专员业务技能显著提升，在2009年总公司开门红业务竞赛中荣获“优胜奖”。

六、客户服务水平进一步提高，风险管控保持良好

深入推进综合柜员制，简化理顺业务处理流程，创新服务模式，提高服务质量。截至年末，个险综合退保率1.80%，银代综合退保率1.26%，保单留存状况良好。

七、后援管理逐步提升，队伍信心高涨

针对公司前期业绩低迷，内外勤员工信心不足的状况，分公司确定了用快速发展来解决问题的策略，对内勤队伍进行月度绩效考核和末位淘汰，进一步增强了全体员工的积极性和自信心。

（李　强）

泰康人寿保险股份有限公司甘肃分公司

【综述】 2009年，泰康人寿保险股份有限公司甘肃分公司实现跨越发展，公司业务不断增长，经营管理水平显著提升，整体竞争实力明显提高。

一、业务快速增长，实现了跨越式发展

截至年末，泰康人寿甘肃分公司以武威、天水、白银、酒泉和张掖5家中心支公司、10家支公司和6家营销服务部实现全年总保费收入35 739万元，保险营销员人数达5 320人。个险营销“开泰杯”计划达成率222%；提前189天完成了全年计划任务；KPI考核指标位列系统第一，被泰康人寿总公司树为系统内的旗帜和标杆。团险全年完成规模保费3 640万，达成率182%，同比增长552%，当地寿险市场份额占比15%；AB类短险完成356万，同比增长289%；企业年金完成投资管理业务2.05亿元，达成率310%。银行保险全年实现1.20亿元，续期收展各项指标全面突破，任务达成率106.29%。

二、夯实基础建设，提高了基础管理水平

举办了年度总结表彰大会；进行了人力资源HAY改革，拓宽员工职业发展通道，使员工成为人力资源改革最大受益者；完成了财务数据真实性自查自纠工作，进一步规范了工作流程，及时整改了存在的问题。在内部管理、运营服务等方面开展理赔一站式、贵宾式、“无星期天”体检三项服务，提高了承保时效、理赔时效和服务质量。开展了形式多样的合规培训，对新《保险法》进行持续深入的宣传学习，组织开展反洗钱宣传月以及反洗钱知识普及和培训等各类活动，从法制学习、法治教育和诚实守信等方面，全面推进内控合规建设。

三、加强宣传，树立了良好品牌形象

与《兰州晨报》、《兰州晚报》、《西部商报》和《甘肃经济日报》等重要媒体积极合作，参与各类公益事业，举办内容丰富、形式多样的客户服务节、理赔服务节等活动，进一步扩大了泰康品牌在陇原大地的知名度，获得了甘肃省保险行业协会、甘肃省保险学会评选的“先进宣传单位”和“优秀宣传工作者”。2009年，还获得甘肃省“省A级纳税信用等级单位”荣誉称号，甘肃省商业联合会组织评选的“甘肃商业服务业名牌企业”称号。

四、丰富企业文化建设内容，打造了特色企业文化

在倡导“激情文化、感恩文化、共好文化”的基础上，持续深入开展“十大精神”宣讲活动，将零点精神、井冈山精神、长征精神、延安精神、雷锋精神、王杰精神、铁人精神、焦裕禄精神、航天精神和奥运精神作为文化建设的重点工作来抓，提高了全体员工的思想水平，牢固树立了员工爱岗敬业的工作理念。

（曹　霞）

中国人民人寿保险股份有限公司甘肃省分公司

【综述】 2009年，中国人民人寿保险股份有限公司甘肃省分公司以科学发展观为统领，认真贯彻全省保险工作会议精神，紧紧围绕“防风险、调结构、稳增长”的工作要求，坚持“规模效益化”经营思想和“三零四平五盈利”经营目标不动摇，加快发展，规范经营，圆满实现了通过业务持续高速发展立足于甘肃寿险市场的目标。

一、业务持续高速发展，市场份额不断提升

2009年，分公司业务继续保持开业运营以来高速发展的势头，全年累计实现保费收入7.80亿元，同比增长63%，年计划达成率156%，计划达成率居人保寿险全系统第9位。市场份额不断提升，达9.07%，较上年提高3.56个百分点，排名甘肃寿险市场第4位。

二、积极履行社会责任，保险保障功能不断提升

截至年末，累计承保客户数量达16万人（次），承保保险金额111亿元，赔付支出1.80亿元，提供就业岗位1 319个，提供国家社会保障133人。积极参与兰州铁路局1.60亿元的企业年金管理服务，承保兰州烟草局、西北民族大学等企事业单位19 608名职工和学生社会补充医疗保险。积极响应中央服务“三农”政策，以“互动部”模式开拓农村地区和少数民族地区保险市场。

三、渠道发展全面推进，销售能力不断提升

截至年末，银行合作伙伴扩展到6家，有效网点数1 309个，比上年增长10%。个险渠道坚持业务发展与队伍建设齐头并进，实现保费收入4 608万元，同比增长172%；新单期交保费收入2 923万元，人力规模达1 300人，人均产能、举绩率和持证率等关键指标持续良好增长。互动渠道全面加强与人保财险的合作，“互动部”发展模式不断深入，实现保费收入14 027万元，其中7家地市互动部实现保费收入11 901万元，占互动渠道保费收入的85%，具有人保特色的差异化竞争优势逐步显现。团险渠道积极借助国家政策，全面推动企业养老保险、管理医疗保险业务拓展。

四、充分发挥管理职能作用，服务水平不断提升

严格执行“一级法人、一级核算、两级管理、四级展业”的大集中管理模式，充分发挥省级管理监督职能，不断强化省级集中管理与后援服务能力。一是加大财务管控力度。不断完善省级财务核算集中模式，细化规范收付费、资金支付、费用报销、有价单证管理等环节和流程，强化可操作性，切实管控财务风险。二是健全业务管理体系。以有效控制经营风险、降低经营成本、提高管理效率为目的，围绕业务受理、业务处理和业务审核三个关键层面，建立健全业务管理集中体系，有效防范和化解假保单、假赔案等各类风险。三是提升客户服务能力。深入贯彻客户服务先行理念，加强客户服务体系建设。强化核保核赔工作，全年承保2万件，受理理赔案件999件，结案率达98.70%。建立回访平台，配置服务人力，强化指标考核，客户回访率达到90%以上，鑫荣满期给付率和和谐产品13个月新单期交继续率分别为103%和71%，达成率排名分列人保寿险全系统第3位和第1位。四是教育培训分层级逐步推进。以完善职业训练师制度建设、构建职业训练为主线，加强职业训练师队伍与组织建设，推动分层级运作，积极开展培训支援。全年举办52个培训项目，培训人员达3 545人（次）。

五、成本观念深入人心，经营效益不断提升

一是强化成本管控意识。强化三四级机构达标管理和日平台建设，根据三四级机构固定费用支出的需要测算出保费任务。同时严控成本，测算各项经营活动的投入与产出，将

厉行节约落实到经营管理的每一个环节。二是严格管控成本。全面加强费用预算管理，有效控制全省系统费用超支情况；加大集中管理力度，严控人力成本，大幅缩减行政办公费用，实现低成本、有质量的发展。三是建立市场化人力资源管理机制。坚持“精干高效”的原则，实行一人多岗，一岗多能，减少非生产性人员的成本支出。推行内勤“员工制＋派遣制”、外勤“员工制＋代理制”的多元化用工模式，减少人力成本支出。

六、内控合规扎实推进，风险防范能力不断提升

一是建立内控合规工作机制。实行内控合规工作“一把手”负责制，将内控合规纳入各三级机构经营班子绩效考核，实行风险管理一票否决。二是不断完善内控合规制度。以学习贯彻新《保险法》和打击“三假”工作为契机，归类梳理监管部门和总公司的内控基本制度，并结合实际执行需要，补充细化了配套的制度和流程，进一步强化内控合规管理。三是推行全面风险管理。对公司环境控制、风险识别、活动控制、信息与沟通、监督五个方面的十九项风险点开展定期风险评估和实时风险报告，对识别出的风险事项进行实时监测和定期评估，及时发现和化解风险隐患。四是加强反洗钱工作。认真落实大额交易和可疑交易申报制度。全年，公司运行平稳有序，没有出现账外账、小金库及其他违规事件，为持续健康发展奠定了坚实的基础。

（王青凤）

中国大地财产保险股份有限公司甘肃分公司

【综述】 中国大地财产保险股份有限公司甘肃分公司迅速铺设机构，大力开拓市场，基本建成了覆盖甘肃全省的服务网络，进一步为客户提供全面、周到、便捷的服务。

一、业务健康平稳发展，社会影响力不断增强

2009年，分公司全省系统共签发各类保单91 368份，保险金额493.58亿元，实现签单保费收入1.54亿元，较上年净增保费0.22亿元，增长17.49%，是近三年业务发展最快的一年。其中：车险保费收入1.08亿元，占比为72%；非车险保费收入0.34亿元，占比为22%；人身险保费收入0.10亿元，占比为6%。保费收入在甘肃11家产险公司中名列第7位，市场份额为5.44%。顺利承保了甘肃省承运人责任保险与校园方责任保险两个政府招标的统保业务。开拓了新的服务领域，提升了公司的社会影响力。

二、推动特色化服务体系建设

一是大力推进车险电销业务。经保监会批准，于6月30日正式启动了车险电话销售业务。并以此为契机，进一步完善了理赔细节管理。二是首家推出赔案在线查询。率先推出了“赔案在线查询”服务系统，得到中国保监会甘肃监管局的高度重视与认可，并将车险赔案在线查询系统和理赔管理系列做法在全省各保险公司推广。三是全国通赔服务再上新台阶。实现了县级机构车险全国联网通赔，降低了客户的索赔成本，并提供了索赔单证、支付保险赔款及垫付抢救费用等服务。四是精细化管理迈出新步伐。全省系统共受理各类报案18 904件，处理各类赔案15 851件，结案14 228件，支付已决赔款金额3 620万元，结案率为89.76%。全年全险种精算满期赔付率53.47%，低于全国平均水平5个百分点，比上年下降6.12%，车险历年制满期赔付率56.17%，比上年下降7.87%，三大险种赔付率均有明显下降。公司不断强化应收保费管控，积极推行车险见费出单，全年车险实现零应收，非车险、人身险应收率为0.64%，低于省内同行业平均水平。公司风险管控能力进一步增强，优质业务占比不断提高，盈利能力显著增强，成为全省八家盈利保险公司之一，并且连续两年盈利。组织专人编写了《客户服务手册》，要求全省各级机构认真落实服务承诺。

三、员工队伍建设进一步加强

联合兰州职业技术学院，举办新员工竞聘培训班，择优选拔有关汽车维修、监测、服务和营销等专业的41名应届毕业生，通过培训、考试和考核等方式，从应届毕业生中择优招聘理赔新员工，为提高查勘定损人员的充足率和理赔队伍专业化水平奠定了坚实基础。

（吴　丹）

阳光财产保险股份有限公司甘肃省分公司

【综述】 2009年，阳光财产保险股份有限公司甘肃省分公司以阳光文化为指引，以价值发展为导向，坚持稳健经营，切实防范经营风险，夯实基础，不断提升管理水平，保持了稳定较好的发展态势。

一、整体经营状况良好

截至年末，分公司共实现保费收入3 630.09万元，占甘肃保险市场份额1.29%；综合赔款1 107.79万元，综合赔付率51.46%；综合费用952.88万元，综合费用率44.29%，实现承保利润91.33万元，承保利润率4.24%；

综合成本率95.75%。总资产735.33万元，总负债816.39万元，资产负债率111.02%，固定资产168.53万元，固定资产率达22.92%，公司整体经营取得了较好的成绩。

二、以文化为指引，坚持价值发展

在阳光文化的指引下，自上而下开展了为期数月的“阳光发展观与价值观大讨论学习”活动，明确提出了“成本、盈利与发展”的活动主题，通过此项活动，对实际工作进行了对照检查和反思；明确了2009年工作的指导思想，强化管理，促进公司整体建设。

三、夯实基础，加强管理

围绕“成本、盈利、发展”三个要点，着力推进公司整体建设，启动《应收管理奖罚办法》、《费用管理暂行办法》、《理赔工作实施方案》、《查勘费使用暂行办法》、《单证管理奖罚办法》、《三级机构及业务部门经营绩效综合考评办法》、《销售团队建设及营销员管理暂行规定》和《2009年开门红劳动竞赛方案》等八项管理办法。实施车险目标市场费用跟单匹配和财意险三线联动，制作财务、业务、理赔三份月度分析报表。通过细化节点管控，强调实际工作流程中差异化的过程管理，强化配套措施之间的关联度，进一步落实了资源向价值发展倾斜的政策导向。

四、加强自律，切实防范经营风险

在监管部门及行业协会的带动组织下，制定了落实相关行业合规及自律的各项制度，做到经营活动与规章制度、自律公约要求一致。

在合规管理上，制定系统的培训计划，严格遵守各项法规和监管制度，强化了对业务承保、应收管控、理赔服务、单证管理和统计分析，以及财务费用报销审核等各项工作的管理，使合规经营真正落到实处。

（张珊珊）

都邦财产保险股份有限公司甘肃分公司

【综述】 2009年，都邦财产保险股份有限公司甘肃分公司在甘肃保监局及总公司的正确领导下，在全体员工的共同努力下，坚持以人为本，实践“两个转变”，突出品质效益，有效防范风险，降低经营成本，加强机构建设，全面完成各项目标，实现公司健康持续发展。

一、业务平稳健康发展

全年实现保费收入3 865.04万元，比上年增长48.55%，其中车险2 922.92万元、财产险608.39万元、意外健康险333.72万元；共计赔案7 012件，赔款总额为2 176.38万元，再保前满期赔付率为57.17%，赔付率为38.52%，完成了总公司下达的各项经营指标。截至年末，公司在甘肃市场的占有率为1.37%。

二、加强合规管理，防范经营风险

一是认真贯彻《保险公司合规管理指引》精神，根据总公司制定的《都邦财产保险股份有限公司合规政策》要求，在经营过程中逐渐加大对合规工作的管控，整理完善了《甘肃分公司内控制度汇编》并下发各机构，指导、约束员工及营销员的经营行为，防范经营风险。二是逐步营造合规经营的文化氛围，着力提高全体员工及营销人员的合规意识，防范化解经营风险，确保公司持续、健康、稳定发展。三是不断加大销售体制改革，严格成本控制，加大管理力度，推进公司制度化建设和品牌建设，有效控制了成本和风险，使公司品牌价值不断提升。

三、狠抓队伍建设

一是强化分类培训，提高各级管理干部的经营管理水平和普通员工的专业素质，加强专业人员的业务技能训练。共组织专业培训6次，新员工入司培训4次，共计培训200人(次)。二是通过严格考核管理，加强对中层以上干部的考核，并推行有效的绩效管理和激励制度，强化公司员工、干部队伍的建设，提升经营管理力度。三是组织全体员工召开了年中工作会议，对2009年的中期工作进行了总结和评价，对下半年的工作进行了详细的计划。

四、求真务实，提高服务水平

一是强化理赔服务质量，颁布“快、简、准”理赔服务标准，加强理赔人员业务技能的学习，加大对机构理赔人员业务培训的投入，提高理赔人员的工作效率并规范理赔人员的言行，杜绝吃、拿、卡、要等行为，进一步提升公司服务形象。二是通过严密、规范的内控流程，最大程度降低理赔水分，实现电话中心全国集中报案统一调度，加强第一现场到位率，强化理赔人员的监督考核力度，推行理赔集中管理，进一步提高理赔管控能力。截至年末，再保前满期赔付率下降至57.17%。成功拒赔了多起虚假案件，为公司挽回经济损失数十万元。

五、加强渠道建设

一是积极开拓保险市场，不断开辟各种销售渠道，加大渠道建设，开辟有金融机构兼业代理、行业兼业代理、个人代理、专业代理及网销等多条渠道。二是参与各营业区的经营活动，配合研究制定并组织落实“总对总”方案；开展新渠道拓展、协议管理、会议管理、日常维护、竞赛追踪和业务分析等工作；不断开发新渠道，建立和维护渠道关系，签署合作协议，掌握网点资源。三是组织渠道召开启动会，并积极参加渠道营销分析会，及时建立渠道档案，为公司动态调整做好前期协调；及时传递业务信息，并根据渠道客户的需求提供周报表和月报表，提供专业的保险分析，与渠道客户形成了良好的合作关系。

六、增加产品数量，完善产品线

根据总公司推出的“关爱卡”和“出行无忧卡”的销售情况，从客户角度出发，对该类卡单进行了升级，推出新版“关爱卡”及新版“出行无忧卡”，同时一并推出驾驶员“安心卡”，在原基础上增加了20元保费，进一步提高对客户的保障水平。

七、加强品牌建设

2009年，都邦保险成为CBA联赛官方赞助商，甘肃分公司通过总公司制作了海报、防滑垫和杯子等宣传品，与客户联系沟通，形成良好的合作关系。同时，广大员工向媒体投稿，积极向社会宣传公司品牌，扩大公司品牌影响力。

（刘　岩）

中国人寿财产保险股份有限公司甘肃省分公司

【综述】 2009年，中国人寿财产保险股份有限公司甘肃省分公司，坚持以“求质量、快发展为主线，以控成本、增效益为目标，以建队伍、强服务为抓手，以防风险、抓基础为手段”。精心运筹，扎实工作，业务规模迅速扩大，各项工作稳步推进，取得了较好的经营业绩。

一是业务增长势头强劲。2009年，全省系统相继开展了“春雷行动”、“勇攀高峰”和“激情夏日”等业务竞赛活动，形成了你追我赶、竞相发展的良好局面，有效推动了整体业务的快速增长。全年实现保费收入18 507万元，较上年增长144%，完成总公司调整后计划的101.69%，完成实收保费18 726万元，市场份额6.57%，业务规模在全省财险市场名列第5位。2009年，分公司分别荣获2009年度“省长金融奖”及2008年“新入驻金融机构”两项大奖。

二是渠道产能显著增强。各级机构大力加强两个“根据地”建设，营销、互动渠道销售产能持续提高。营销渠道达成保费收入11 573.47万元，在全国系统排名第9位。两名员工被甘肃省保险行业协会评为第三届“甘肃保险之星”。互动渠道实现保费收入4 198.10万元，年度计划达成率139.94%，同比增长273.27%。银邮渠道产能逐步提高，全年实现保费收入708万元，业务质量较高，业务结构日趋合理。

三是结构调整初见成效。在非车险业务发展方面，公司先后制定下发了《关于贯彻落实营销渠道结构性保费计划竞赛方案等七个竞赛方案的通知》和《业务结构调整实施方案》等多项政策措施，形成了比较明晰的发展思路。酒泉、嘉峪关中心支公司非车险保费完成率分别达到119.80%、104.80%；嘉峪关、白银、张掖和酒泉4家中心支公司非车险占比超过全省系统平均水平。在车险业务方面，根据理赔数据分类分析结果，适时调整业务发展政策，坚决禁止承保高赔付、高手续费业务，从源头上杜绝垃圾业务流入，有效控制赔付率上升。

四是风险管控得到强化。推行严格的差异化承保政策。重点对赔付率较高的挂车、特种车、家用车和非营业企业客车等四类性质的业务进行严格控制，减少高风险、高成本业务的流入。强化承保风险管控，制定了车险承保验车、验证工作等配套验险考核办法，降低先险后保和人为风险。加大车险理赔关键环节管控，加强案件定损复核，规范了案件复查、超权限案件处理流程和委托赔款支付条件，严格管控代领保险赔款风险和资金支付风险。加强风险评估指引，在非车险业务发展上，对复杂险种或重大承保项目提前介入，对拟投保标的风险评估和承保方案进行精心设计，通过实务处理，引导非车险业务的发展和管理逐步走上正轨。落实非车险业务指标监控体系，立足于核保核赔省级集中的风险管控模式，对承保理赔业务各环节进行全面监控和管理，确保各项风险管控措施基本到位。加强应收保费控制，出台了多项应收保费清收办法和处罚措施，在费用管控上，推行盈亏平衡期目标管理模式，达到了预期目标。

五是队伍建设扎实推进。按照“打造三支铁军”要求，狠抓队伍建设，取得了较好成效。组织实施了全省系统全员岗位大练兵活动，先后共组织专题培训和现场培训13场(次)，并根据练兵结果，择优将6名聘用员工纳入公司劳动合同编制进行管理。积极组织员工参加总公司组织的第三期高管培训、双核考试以及财务、业务、人力资源和综合办公等方面的培训，较好地提升了各级员工的技能素质。销售队伍逐步壮大，全省系统营销团队发展到45个，较上年增加7个，营销员发展到387人，较上年增加133人。全省系统建成互动网点53个，产险专员81人，销售力量进一步增强。

六是管理机制基本形成。按照“夯实基础”的基本要求，不断加强经营各环节规范化管理，已基本形成了监督检查机制、考核评价机制和合规约束机制。坚持把日常督查与定期考核有机结合起来，先后组织了两次财务业务大检查及合规经营检查。组织开展了全省系统财务业务数据真实性大检查活动，确保了各项数据的真实可靠。按照组织程序，分别对2008年开业的中心支公司领导班子履职情况进行了民主测评和考核，调整了部分中心支公司领导班子。坚持目标管理，绩效联动，与各级公司一把手签订责任书，将主要关键业绩指标按照序时进度严格考核。强化了赔付率与费用联动考核力度，将各机构业务进度、赔付率和非车险业务发展与每一位员工绩效工资挂钩，严格考核，奖惩兑现。加强岗位职责考核，利用岗位大练兵活动和年终考评，通过闭卷考试、流程演示等方式，对每个员工履职能力进行了考核。切实加强党风廉政建设和反腐败工作，先后接受并通过了省、市国税和地税局专项检查，以及总公司人力资源效能与党建效能监察、变动费用审计，甘肃保监局经营情况督导调研、保单信息自主查询、未决赔案清理及公司经营情况检查等专项督查。

七是服务能力逐步提高。加强理赔标准化建设，印发了《定损手册》、《人身损害医疗跟踪和医疗审核的指导意见》，核定了赔偿标准和工时费标准。推广和实施了GPS项目，地市互动点查勘车辆配备基本到位，并增加了理赔服务力量，大大提高了理赔服务效率。继续推行特色化服务措施，白银中心支公司实行理赔服务首接负责制、责任追究制和理赔周例会制度，组织开展了“理赔服务流程公开化”活动，理赔服务效率显著提高。白银中心支公司营业部被省保险行业协会评为“甘肃保险业文明规范服务示范单位”；张掖中心支公司为重点客户举办了安全知识培训班，免费为客运车辆配置灭火器，并全面推行现场赔付或立等结案制度；陇南中心支公司为客户发放了服务承诺和理赔服务监督卡；平凉中心支公司对理赔人员实行按地域分组管理，加快了案件处理速度，缩短了理赔周期，赢得了广大客户的好评。

（畅世栋）

中华联合财产保险股份有限公司甘肃分公司

【综述】 2009年，中华联合财产保险股份有限公司甘肃分公司在公司转型关键时期，积极响应总公司和保监局号召，认真贯彻落实各项方针政策，抓管理、降成本、提效率，公司上下成本效益意识和依法合规意识得到增强，执行力和管理能力逐步提高，业务质量明显改善，经营状况逐步改观，整体工作向好的方向发展。全年实现保费收入18 371.55万元，完成总公司调整计划的99.74%，比上年增长16.85%。赔款支出12 131.48万元，简单赔付率66.03%，综合赔付率74.89%。

一、坚持科学发展，业务质量明显提高

公司始终坚持效益优先的发展理念，牢牢把握“防风险、调结构、保增长”的方针，明确发展思路，狠抓发展措施，逐步走上高质量、低成本的良性发展轨道。一是细化核保政策，保费充足率稳步提升。认真贯彻执行总公司和行业协会出台的各项政策措施，进一步细化核保政策，严格执行，折扣率明显降低，保费充足率明显提高。二是用活费用杠杆，效益性险种占比逐步优化。从险种、车型和优惠等方面进行了详细的核保规定；取消车损险手续费，调低商业车险（除车损险）手续费标准，调高盈利险种费用，为公司后续经营打好基础。三是推行非车险“集中出单”。打破传统承保业务操作流程，由承保单位提供投保资料，省公司集中录入系统、打印保险单的非车险“集中出单”模式，规范了非车险承保。四是建立月、季、年业务分析通报制度，按计划编制全省业务序时进度表，每月对未完成序时进度的支公司查找原因，协助支公司调整业务发展方式。分阶段制定并落实了促销方案，有效地激发了基层业务发展的积极性和主动性。

二、加强理赔管控，服务基础逐步夯实

一是加强理赔前端管理。抓第一现场到位率和查勘工作质量，强化调度管理，严格调度指令，查勘定损人员第一现场到位的及时性大幅度提高，有效遏止了第一现场到第二现场损失的风险扩大。二是认真做好未决赔案清理，将未决赔案由最初的12 588件减少到了6 558件，为进一步核实未决案件存量，提高准备金数据的准确性，提高结案速度，缩短结案周期，提升理赔服务质量奠定了基础。三是“硬软”并施，改善客服基础设施。硬件方面，投资近百万元，改造客服环境，实现了客户来电转接、三方通话、电话录音、语音宣导等新的功能；软件方面，制定了《客户服务“四化”建设方案》，统一呼叫中心服务流程，强化服务意识，规范服务用语，明确理赔各环节时效，着力打造中华特色的理赔服务平台。四是有效整合资源，全面整顿理赔队伍，在全省统一考核、选拔录用员工，队伍素质明显提高，服务实力得以加强。

三、推进重点工作，管理措施逐步到位

一是推进集中管理。在前期九项集中管理的基础上，进一步健全“四中心、五部门”职能职责，重塑、优化业务流程和管理职责，对集中管理工作进行了补充、完善和提高，形成六个集中管理体系。二是着力规范中介业务及手续费管理。通过构建新的中介管理流程，制定中介业务及手续费规范管理暂行办法。三是加快信息系统的技术改造升级。对理赔、财务系统进行优化、改造和升级，给公司集中管理提供技术支持；完成呼叫中心建设，开发上线了保单信息查询系统；优化影像、单证、见费出单和中介手续费等系统模块，提高业务管理水平；安装了OA办公自动化系统、视频会议系统。

四、加强制度建设，合规体系逐步健全

一是健全完善了内控体系。根据总公司最新修订的各项内控制度，及时废止制度16项，最新修订出台内控制度37项，将内控制度增加到72项，并将各项制度以文件汇编形式，下发到各支公司、各部门学习执行。二是全面落实了岗位责任制和差错责任追究制。制定出台了《支公司负责人任期违纪违规行为责任处罚暂行办法》，对各级负责人在任期内的违纪违规行为实行责任追究，提升了各级干部的责任意识。三是推行了经理任期年度和不定期审计制度。加大稽核审计力度，提高合规意识、法律意识，切实规范各机构经营行为，有效防范违规违纪事件发生。四是认真落实党风廉政建设责任制，扎实开展“认真履行法律义务，反洗钱从我做起”活动，通过学习培训、发放宣传资料和张贴宣传横幅，对公司每一位员工进行反洗钱教育宣传，增强全体成员反洗钱意识。

五、强化财务管理，经营成本逐步下降

一是上收了费用审核、审批权限。各支公司固定费用由计划财务部结合各单位实际核批，单独核算，其他经济事项在计划发生前必须报财务主管会计审核批准后方可支付，单项金额5万元以上的大额费用经总公司审核批准后列支，变传统的事后监督为事前控制，有效遏止了营业费用上升态势。二是财务实现了集中支付。在兰州各支公司当期结案赔款集中支付试点的基础上，全省推行赔款集中支付，加快了结案速度；根据各支公司保费规模预留备用金，用于支付正常办公经费，杜绝了营业费用挤占固定费用的现象；严格遵循总公司账户设置要求，集中清理各支公司账户，从源头上控制经营风险。三是将费用预算和实收保费挂钩，严禁超支或无计划列支费用；关注整体经营指标，对分公司整体进行费用调控与成本控制。四是规范财务单证管理。加强发票和代查勘费收据等财务重要财务单证的管理，将发票入库权限上收至分公司；重新印制代查勘费收据，全面清理核对已使用代查勘费收据，资金全额入库，票据交旧领新，有效降低了财务源头的管控风险。

六、加强机构、班子和队伍建设，人员素质逐步提高

一是制定和完善了《甘肃分公司标准化公司建设指导意见》，推进标准化公司建设，有三家支公司实现标准化并受到行业协会的表彰。二是优化班子结构，提高整体工作水平。注重班子年龄结构、知识结构的合理搭配，对班子力量不足、管控能力弱的公司，采取内部选拔、公司下派和外部引进等多种方式，补充、完善班子队伍。三是加大各级各岗位员工培训力度，提高业务操作技能。安排一把手脱产集中培训，提升支公司班子成员综合素质和管理能力。落实每周六视频会议培训制度，对出单、财务、理算、赔案缮制及查勘人员等各岗位开展经常性培训，人员整体素质不断提升。四是推行公开考试选拔优秀员工上岗制度，从基层选调10多名基础知识扎实、专业技能较强的一线员工充实到机关各部门，调动了广大员工干事创业的积极性。

（赵晓莉）

幸福人寿保险股份有限公司甘肃分公司

【综述】 幸福人寿保险股份有限公司甘肃分公司经保监会批复，于2009年6月18日正式挂牌开业。开业后，分公司以业务发展作为全年的工作主旋律，加强基础建设，依法合规经营，争效益，上规模，经过半年多的努力，各项工作顺利开展。

一、各项业务全面推进

截至年末，分公司实际完成总保费8 532.49万元，超计划1 652.49万元，计划达成率124.02%。个险部共实现规模保费75.60万元，折算为标准保费65.49万元，其中寿险标准保费61.96万元，短期意外险及健康险标准保费3.53万元。团体/中介部实现规模保费71.91万元，规模保费年度达成率25.68%，其中长险保费15.58万元，短险保费56.33万元，短险保费年度达成率80.47%，达成率在总公司15家分公司中排名第7。银保部实现规模保费8 384.98万元，其中趸缴保费7 906.40万元，期缴保费478.58万元，趸缴保费年度计划达成率132.50%，期缴保费占规模保费5.70%。综合费用预算执行率为67%。在新契约回访中，回访成功率年度平均值96.60%；问题件占年度平均值的7.20%，回销率100%。在业务收付费零现金管理中，根据甘肃保监局的统计，分公司业务收付费零现金的综合转账率99.94%，在全省寿险公司中排名第一。分公司在册各类员工人数231人，其中内勤员工33人，事务员6人，团险外勤6人，银保外勤46人，个险代理人140人。内勤员工中有16人来自保险行业，银保外勤员工中有13人具有保险从业经历。内勤所有员工均为本科以上学历，其中3人为硕士研究生。银保外勤员工均为大专以上学历，其中22人为本科学历。

二、大力开拓市场

一是优先发展银行保险业务，在短期内快速启动，稳步推进期缴业务的平衡增长。二是以培养高素质个险渠道专业化队伍为重点，大力发展内涵价值高的保险业务，结合分公司实际情况，制定开门红方案，开展劳动竞赛等活动。三是组建团体/中介渠道队伍，以意外险、健康险启动市场。强化培训，挖掘市场，找准市场定位，涵养客户资源，不断加大建工险业务的拓展力度。

三、加强内部管理

制定了《甘肃分公司员工考勤管理办法》等一系列实用有效的内部规章制度，并挂网执行，与总公司现行制度体系实现了无缝对接，使分公司的各项工作有章可循，形成“靠制度管理，按制度办事”的良好机制。同时，按总公司“集约化经营、规范化管理、程序化运行、标准化运作、优质化服务、制度化建设”的管理模式搭建管理平台，牢固树立“管理无小事，管理就是生产力”思想。以ISO9001和新《保险法》实施为契机，对全员集中培训，逐步规范操作程序，不断提升内控内管水平，有效防范经营风险，不断打牢基础。

四、提升业务服务水平

严格规范客服工作，将幸福保险一流的客服管理平台落实到位，规范业务流程，建立了关键指标考核体系，强化客服柜面服务职能，开通理赔结案客户和保全退费客户的电话回访业务，建立运营报表体系，搭建营销一线沟通平台，设置特性化客服中心，使客户全面了解分公司服务水准，体现

人性化的服务理念，实现客户满意最大化。

五、维护员工权益，塑造企业文化

一是按照总公司的相关规定，积极为员工办理了补充保险等福利，使每位员工都享有充分的保障，增加了员工对公司的归属感和忠诚度。二是响应总公司企业文化建设的号召，做好分公司企业文化工作。组织了员工培训，发行《幸福天地》；组织员工健康体检、外出郊游等娱乐活动；积极参加各种社会活动，在甘肃省银行业协会举办的“迎国庆·颂祖国”合唱比赛中，与信达资产管理公司兰州办事处联袂演出，在16家参赛单位中脱颖而出，荣获大赛二等奖、优秀组织奖；参与甘肃保监局组织的“学新法·迎国庆”的知识竞赛中，获得“优秀组织奖”，在甘肃省保险行业宣传了“幸福人寿”，展现了“幸福人”的风采。

（李　新）

甘肃陇达期货经纪有限公司

【综述】　2009年，甘肃陇达期货经纪有限公司在规范经营、防范风险的基础上，把增资扩股、创新管理和搞好投资者教育作为主要工作来抓。公司全年实现手续费收入529.48万元，营业利润120万元，取得了良好的经营效益。

一、进一步梳理内控制度，加强各业务环节的风险监督，确保公司规范运作

公司按照监管要求，设置了首席风险官，加大了公司内控制度建设。对公司的内部控制制度及其他管理制度进行了完善和修改，并将各项制度的落实作为一项重要的管理工作来抓，确保客户开户、交易、追加保证金、强行平仓、出入金管理和内部稽核等相关工作落实到部门、岗位，责任明确到个人，达到“凡事有章可循、凡事有人负责”的管理要求，使公司管理更加规范化、科学化。

二、制定风险监控措施、切实控制交易风险

为了有效地防范风险，公司树立了全员风险管理和全过程风险管理的理念。在交易过程中，强化风险监控的作用，通过对风险客户进行追踪，举办各种形式的投资者教育活动，召集客户培训、座谈、研讨等，提高客户的风险意识和交易技巧，进一步提高客户的盈利率。

三、增资扩股，扩大公司的经营规模

公司在大股东华龙证券的积极支持下，注册资金由3 000万增至5 000万，并再次通过了向公司增资扩股至6 500万的决议，进一步提高了公司的整体实力和市场竞争力。

四、加强职工队伍建设，积极储备期货专业人才，提高执业水平

为应对股指期货的推出，公司积极储备专业人才，2009年新招聘了多名大学生，并积极完善公司的培训管理制度，鼓励员工互帮互学，提高执业技能，以崭新的面貌迎接股指期货的到来。目前公司从业人员已达到43人。

五、深化改革，迎接挑战

一是建立一套适合公司现状的现代企业运行机制。公司以经营业绩为核心抓人才队伍建设，以贡献大小为核心抓激励机制建设，以为客户提供优质服务为核心抓好日常管理，收到了实效。二是继续贯彻、落实内控制度，组织全体员工认真学习体会制度精神，层层抓落实到部门、落实到个人。三是根据各营业部的实际情况制定目标管理责任书，将部门及员工的收入和各自的工作业绩挂钩。四是利用报纸、电视等广告媒体，采取灵活多变的方式，利用钢材期货等新合约上市的良机，继续加大宣传力度，树立公司的品牌形象；加强公司网站建设，投入一定的人力、财力和物力，利用陇达期货网站进一步提高公司的知名度。

（曹文惠）

甘肃省信托有限责任公司

【综述】　2009年，甘肃省信托有限责任公司坚持以邓小平理论和“三个代表”重要思想为指导，深入学习实践科学发展观，认真贯彻落实中央和全省经济工作会议精神，以“建设具有综合竞争实力的金融信托机构，积极支持甘肃社会经济发展”为目标，树立“保增长、渡难关、上水平”的思想意识，积极应对国际金融危机持续蔓延带来的不利影响，在保持各项业务稳健发展的同时，进一步开拓创新、克难奋进，努力推进业务转型，着力培育利润增长点，不断强化风险控制和内部管理工作，改革、发展、稳定各项工作取得了新的进展。

截至年末，公司实现利润总额9 822.50万元，完成年计划的982.25%；人均实现利税186.46万元；管理信托资产余额429 500万元

一、创新业务模式，稳步推进信托业务转型

一是深化银信合作。着力构建“平台共用、信息共享、人才互动”的银信合作机制，充分融合银行、信托两大金融平台优势，研发银信合作理财产品，为企业发展提供融资支持，努力实现银、信、企的多赢格局。积极联系各家商业银行，协调各总行对公司进行合作准入资质评级工作，完成了工商银行、建设银行、招商银行和浦发银行的准入资质评级，并分别签订了《银信合作协议》。与中信银行、兰州银行沟通，达成全面合作意向，全年开展银信合作业务38 363万元。同时，于2009年10月参与了宁夏银行“理财产品竞选信托公司”招投标工作，并成功中标。二是在深圳市成功发行了“甘肃信托证券投资金石理财资金信托计划（一期)”，受托理财资金4 510万元；为广州银兴担保公司开展股权信托1 500万元。同时，积极联系上海音创投资和上海京华投资等知名投资、咨询及担保机构，努力搭建业务合作平台。三是加强信企合作，不断完善股权信托业务的管理工作。进一步加强了对酒钢公司、兰石集团和天水万达等股权信托业务的服务与管理工作，为企业投资融资、改制重组和并购上市等提供了专业的咨询与服务工作。进一步加强对国家农业综合开发办公室和省农业综合开发办公室委托参股的六户省农业产业化龙头企业的监管工作。依法落实了公司持有的甘肃扶正药业科技股份有限公司1 400万元股份，恢复了公司股东身份，并依法责令甘肃扶正药业科技股份有限公司按约定向公司分配2007年度、2008年度利润。四是积极开展项目调研，为拓展新业务夯实项目储备。组织调研考察了新能源、农业制种和医疗器械等十余个行业的21户企业(项目)，主要包括天水绿鹏、玉门拓璞科技、白银普瑞特化工有限公司和厦门华泰五谷种子有限公司等企业。同时，积极开展房地产市场调研工作，对天庆集团等20多户大中型房地产开发公司和省建集团等10多户建筑企业开展了深入的市场调研，目前已就西固区经济适用房项目达成了初步意向。2009年完成信托手续费收入1 192.84万元，截至年末，管理信托资产余额42.95亿元。

二、加强战略投资业务，为公司后续发展奠定坚实基础

以信托贷款3 094万元对甘肃宏良皮业股份有限公司进行扶持，并用固有资产1 560万元（折股1 000万股）投资于该企业，先后两次共投资2 860万元（折股2 000万股)，占该企业总股本的19.05%；委派专人帮助企业制定了内控制度，加强了队伍建设，规范了法人治理结构。2009年底，公司以固有资产投资参股兰州兰石重型装备股份有限公司，通过竞标以2.50元/股的价格，受让该企业1 140万股，占总股本的4%。

三、稳健开展证券投资，进一步提升公司盈利能力

一是继续完善研发平台，加强与市场主力机构间的沟通合作，在现有研发平台的基础上积极建立与基金、QFII等机构的合作。二是继续加强与上市公司的沟通联系，及时把握上市公司的市场信息。全年实现证券投资收益5 027.15万元。

四、积极开展增资扩股工作，提升资本实力

经省政府审议批准了公司提出的《关于确定甘肃信托重组方的建议》，获得了由甘肃省国有资产投资集团有限公司增资的7亿股，使公司注册资本金达到10亿元人民币以上。

（胥　明）

第三部分

各市、州金融发展情况

兰 州 市

2009年，兰州市常住人口332.18万人，其中市区人口210.47万人。全年实现地区生产总值925.98亿元，比上年增长10.80%。其中：第一产业增加值30.55亿元，同比增长6.17%；第二产业增加值433.62亿元，同比增长10.23%；第三产业增加值461.81亿元，同比增长11.64%；三次产业比例为3.3：46.83：49.87。全年实现工业增加值331.22亿元，比上年增长9.42%；粮食总产量38.79万吨，比上年增长0.12%。非公有制经济增加值351.96亿元，增长22.37%，占全市GDP的比重为38%。全社会固定资产投资总额506.18亿元，比上年增长17.18%。其中：城镇固定资产投资完成475.66亿元，比上年增长13.54%；房地产开发投资98.61亿元，比上年增长6.59%。实现社会消费品零售总额469.77亿元，比上年增长18.92%。居民消费价格总指数为99.60%，比上年下降0.40%。外贸进出口总额4.88亿美元，比上年下降31.85%。其中：出口3.06亿美元，比上年下降47.82%；进口1.82亿美元，比上年增长40.8%。城市居民人均可支配收入12 760.66元，比上年增长9.28%。农民人均纯收入4 001.04元，比上年增长14.2%。全年地区财政收入254.80亿元，比上年增长71.27%；一般预算收入57.04亿元，增长20.18%。一般预算支出119.83亿元，增长20.24%。年末，兰州市金融机构本外币各项存款、贷款余额分别为2 641.35亿元和2 061.41亿元，同比分别增长21.63%和32.65%。全年全市金融机构新增本外币存、贷款分别为469.78亿元和507.36亿元。全年金融机构累计现金收入和支出分别为331.73亿元和324.79亿元，收支相抵后累计净回笼现金6.94亿元。全市保险公司承保总额达3 141.01亿元，比上年增长23.66%；保险业务收入35.85亿元，比上年增长4.80%；支付已决赔款5.76亿元，比上年增长2.91%。全年新增城镇就业人员5.02万人，城镇登记失业率为3.09%。

一、认真贯彻落实国家宏观调控政策，全力支持经济社会平稳较快发展

（一）准确把握金融宏观调控意图，认真落实适度宽松货币政策措施。人民银行兰州中心支行着力在营造货币政策执行环境、保持银行体系流动性、拓宽多元化融资渠道与加强监测分析上下工夫。通过制定信贷增长指导意见，召开经济金融形势季度分析会和金融机构座谈会等多种手段，准确传导适度宽松货币政策调控意图。加强与政府部门、经济综合部门的沟通协调，积极搭建银企融资平台，组织金融机构参加各种层次的银企、银地、银文项目对接会，推动银行信贷资金与企业项目的有机对接。发挥货币政策工具的市场导向作用，积极推进辖区利率市场化，制定《完善金融机构存贷款利息计算辅导方案》，指导地方法人金融机构加强贷款定价机制建设，确保了利率政策执行的严肃性和透明度。建立辖区地方法人金融机构流动性监测制度，密切关注金融机构流动性变化情况。引导企业利用短期融资券等市场融资工具筹集资金，进一步完善市场成员联系会议、重点成员走访及实地调研指导制度，加强对市场业务监督指导和政策产品宣传。

（二）充分发挥信贷政策导向作用，促进地方经济社会全面发展。加大对重点企业和重大项目的支持力度，全年投向重点项目建设的中长期贷款增加239.83亿元，比上年多增118.67亿元；投向工业及消费领域的短期贷款增加179.96亿元，比上年多增105.88亿元；票据融资67.13亿元，比上年多增43亿元。认真做好金融支持林权改革工作，制定了做好集体林权制度改革和林业发展金融服务工作的实施意见；金融机构积极探索开发满足农民需求的消费信贷产品，有效刺激了农村消费。全年农业贷款和乡镇企业贷款增加23.22亿元，比上年多增11.31亿元。配合兰州市委、市政府举办了中小企业融资洽谈会，10家金融机构共向中小企业授信560亿元。建设银行率先成立兰州小企业经营中心，兰州银行牵头成立了全省首家银企协会并举办了两次中小企业融资洽谈会，为中小企业提供了全方位的金融服务。认真做好金融支持残疾人事业、扶贫贴息贷款和民贸民品贴息贷款等方面的金融服务工作。加快建立“创建信用社区+就业培训+小额担保贷款”的金融支持再就业长效机制，全市下岗失业人员小额担保贷款比上年末增长5.92倍，各项助学贷款同比增长62.72%。

二、积极推进地方金融改革与发展，努力维护金融体系安全稳健运行

（一）稳步推进金融改革，夯实金融稳定基础。不断加快金融机构改革步伐。政策性银行在巩固传统业务的基础上，按照商业化改制要求，不断转换经营机制，拓展业务领域，积极满足县域城镇基础设施建设的资金需求；国有股份制商业银行适应改革的需要，着力转变经营理念和发展模式；邮政储蓄银行进一步理顺管理体制，发挥网络多的优势，增强服务城乡的能力。积极支持股份制银行来兰设立分支机构。上海浦东发展银行、中信银行兰州分行均已开业，浙商银行兰州分行正在筹建，兰州银行省内跨区域经营范围进一步扩大；资产管理公司探索多元化经营新模式，商业化业务拓展取得了明显进展。农村新型金融组织健康发展。村镇银行、农村资金互助社等新型农村金融机构在县域地区不断发展，小额贷款公司试点工作全面推开，金融机构服务“三农”的能力进一步增强。

（二）依法履行金融监管职责，进一步净化金融市场环境。人民银行兰州中心支行综合运用中央银行金融监管手段，努力维护良好的金融秩序。通过认真履行金融市场、账户管理、现金管理、支付清算、征信管理、国库管理和金融统计等业务监督检查职能，不断提高行政执法行为的规范性和权威性，对金融机构违规网点进行了查处；通过深化与有关部门的反洗钱合作，构建了反洗钱联合防线，制定实施了银行、保险和证券金融机构反洗钱考评办法，强化反洗钱动态评价与风险预警机制建设，提升了反洗钱监管效力；通过

开展商业银行外汇政策执行情况和个人外汇业务专项检查，进一步规范外汇业务操作，打击外汇违法违规行为。银监、证监和保监部门依法履行监管职责，充分运用非现场监管、现场检查、市场准入和高级管理人员任职资格审查等有效监管手段，全面提高对各类风险的识别、计量、监测和控制能力，督促金融机构牢牢把住风险管理底线。同时，金融监管部门还配合政府部门强化案件防控目标责任管理，细化分解工作目标，积极开展法制教育和警示教育。继续做好金融租赁公司风险处置工作，依法查处个别企业非法集资事件，促进了金融业的健康发展。

三、大力推进金融产品创新，切实提升金融服务水平

（一）加强金融基础工程建设，全面提升金融综合服务水平。人民银行兰州中心支行积极推动金融创新，在拓宽金融服务上取得实效。通过不断完善调查统计信息交流共享机制，改进和完善金融数据信息披露方式，自主开发了“县域经济金融数据库系统”，准确及时地反映县域经济金融运行状况。进一步推进现代化支付体系建设，扩大支付系统在农村地区的覆盖面。构建城乡一体化支付结算体系，督促农村信用联社改造综合业务系统和支付系统接口方式。至12月末，甘肃省农村信用联社支付系统接入网点比改造前增加了1.23倍，小额支付系统业务量同比增长46.80%，小额支付系统和全国支票影像交换系统安全运行率达100%。优化外汇管理和服务环境，与税务部门出口收汇核销数据的交换时间由一个月缩短到当日，便利企业办理出口退税，加快了企业资金周转速度。提高企业和个人征信系统利用率，继续完善中小企业和农户信用档案，支持发展农户小额信用贷款，扩大非银行信息采集范围，开展信贷市场信用评级，进一步强化了征信体系服务功能。初步构建了金融机构践行社会责任评价体系，金融机构社会责任意识明显增强。通过加快财税库银横向联网系统（TIPS）推广进程，实现国税业务上线运行，财税库银横向联网系统的覆盖面进一步扩大。积极配合财政部门开展财政专项资金直拨业务，扩大集中支付业务范围和“省直管县”改革，省直管县财政管理体制改革范围进一步扩大。

（二）大力推进金融产品技术革新，不断改进金融服务手段和方式。农业银行甘肃省分行营业部通过组织开展“点滴积累，成就梦想”基金定期定额投资营销推广活动，全年基金新开户1 992个、新增定投客户205个，累计申购3 615.72万元；营销开放式基金1.03亿元，实现手续费收入506万元。大力拓展电子银行业务，全年新增企业、个人网银注册客户335个和3.40万个，累计交易366亿元；新增电话银行、手机银行注册客户2.10万个和1.30万个，消息服务个人签约客（账）户3.6万个；转账电话累计交易12.50亿元，手续费收入35万元。中国银行在兰机构成立了公司与金融市场部和个人业务部，进一步规范了个人金融部、银行卡部、公司业务部、国际结算部和营业部工作职责，突出客户服务职能。建设银行在兰机构通过开发电子银行移动签约系统，实现个人电子银行产品移动签约，有效拓展了网点服务半径，提高网点客户服务能力；信用卡客户新增61 828个，净增55 773个，存量客户达到15.63万个；新增发卡73 103张，增长25.10%。交通银行兰州分行拓展贸易融资业务，解决中小企业融资担保问题，在省内同业间首家推出出口信用短险项下保单融资业务，先后为4家企业办理融资近190万美元。加大财务咨询顾问、代理保险业务的发展力度，加强国际业务核心企业的营销，有力地促进了中间业务的发展，全年累计完成本外币中间业务收入6 316万元，比上年增加56万元，增长0.89%，中间业务收入占比7.43%。浦发银行兰州分行不断推广现金管理、企业年金、保理保函、CDM和绿色信贷等创新型产品，在短期融资债、企业网银“批量转账”业务、代理城市商行和信用社代签银行承兑汇票业务、欧元绿色信贷业务等方面取得了良好发展，并在同业中率先推出了银行承兑汇票代签业务，开发了中小企业联保授信模式。兰州银行全面提升国际结算业务竞争力，通过向客户推介国内信用证、融资性保函、协议付款、海外代付、福费廷及达宇系列国际结算及贸易融资产品，进一步加强银企合作，以高效优质服务吸引客户，全年累计完成国际结算业务量18 573万美元，实现各项结算业务收入1 317.90万元。人寿保险公司在兰机构建立了1 000元以下小额赔案快速处理绿色通道，成立客户服务中心，提升95518专线服务水平，建立理赔业务集中处理平台，提高了工作效率和业务水平。

四、全面提高金融企业风险管理水平，不断增强金融企业核心竞争力

（一）加强风险管理制度建设，全力构建金融风险防范机制。国家开发银行成立分行层级操作风险评估和管理方案实施小组，通过推行操作风险管理工具提高风险意识和识别、评估、判断风险事件的能力，完善分行全面风险管理。农业银行甘肃省分行营业部积极推进三农金融部改革，进一步健全了组织架构，明晰了职能边界，完善了成本分摊、资金管理和单独核算资源配置等运作机制，同时通过准确辨认农户身份、规范惠农卡申领手续、加强贷款调查发放管理、全面落实“三包一挂”责任制、加强信用村建设和短信平台建设等有效措施，切实加强风险防范工作，主动加强与保险公司的合作，最大限度分散和降低贷款风险。截至年末，到期贷款现金收回率达97.84%，逾期率0.54%，比上年下降0.74个百分点。进一步加大不良贷款清收处置力度，全年累计清收自营不良贷款本息2.07亿元，清收处置委托资产1.25亿元。交通银行兰州分行制定信贷投向指导意见，从源头防范信贷风险，在授信审查中，将风险关口前移到授信业务拓展阶段，提前介入重点授信项目的授信调查，共同完善授信方案，制定风险防范措施；严格执行各项授信制度和政策，通过加强人员调整和业务培训与学习，提高贷审会的审查质量；充分运用ARMS系统和监察名单管理，以贷后管理达标为契机，开展现场和非现场检查，及时发现存量信贷业务风险，采取针对性的风险化解措施，加大不良资产的清收力度，全年处置收回不良资产9 300万元。兰州银行制定《授信业务担保管理办法》和《授信业务授权管理办法》，为规范授信业务担保管理和授权管理工作提供了制度依据；组织开展贷后管理综合大检查以及信贷风险自查、批发市场个人贷款贷后管理专项检查，有效控制信用风险；成

立特殊资产管理中心，充分发挥专业清收作用；做好资产保全工作，最大程度维护债权；按季进行风险排查工作，有效堵塞风险漏洞，逐步实现滚动化、常态化的风险排查机制；通过风险排查，进一步完善操作流程，有效防范风险隐患。

（二）积极推进营业网点经营转型，着力提高金融机构社会新形象。农业银行甘肃省分行营业部制定了2009年网点建设规划，大力实施重点行、重点网点优先发展战略，加快网点优化整合，确定新购建网点4个，装修改造网点17个、自助银行3个；开展了“网点文明标准服务年”活动，制定网点文明标准服务导入实施方案，完成了32个网点的文明标准服务导入工作，在32个网点配备了大堂经理，为19个网点配备了理财经理，积极推行和落实分层服务；改善网点员工精神面貌，提高了网点社会形象，增强了营销能力。建设银行在兰机构努力提升网点服务质量，打造客户首选银行，加强物理网点和自助设备的建设和布放；全年装修网点45个，自助设备达626台，有效分流了客户，促进了柜面服务水平的不断提高；从“网点硬件环境、人员着装统一、大堂经理迎来送往、高低柜员双手接递”四个环节入手，统一并固化营业网点员工服务行为、语言以及服务模式，确保客户服务的规范性和一致性。兰州银行深入开展体验服务、寻找差距和提升服务质量的主题活动，推行客户满意度电子评价系统，外聘客户和专业管理咨询公司对所有营业网点进行明察暗访，提升柜面前台员工的服务质量；建立重大投诉定期报告和通报制度，2009年在全省银行机构网点服务评比中总分排名第二。

五、积极开展精神文明建设活动，全面推进现代金融文化建设

（一）以文明单位创建为载体，切实抓好央行文化建设。人民银行兰州中心支行把文明单位创建作为推进文化建设的重要载体，研究制订了“2009年—2011年度文明单位建设规划”和“2009年度创建工作实施方案”，广泛开展了选树“学习型组织”标杆和“知识型职工”标杆活动、以“同舟共济保增长、建功立业促发展”为主题的劳动竞赛和“创新金融业务、支持经济发展”业务竞赛活动，有效激发了干部职工干事创业的积极性。不断创新干部管理方式，提高选人用人公信度。建立科学考核评价体系，加强干部交流和岗位轮换工作，健全青年干部管理制度，进一步明确了对青年干部培养和管理的目标、基本要求和考核标准。加大选拔优秀青年干部力度，激发了青年干部工作的积极性。坚持学术报告暨业务交流讲座制度，邀请国内知名专家、学者和教授举办学术报告暨业务交流讲座12期。举办“辉煌60年，赞歌颂祖国”——庆祝新中国成立60周年演唱会，激发干部职工的爱国热情；紧贴青年职工思想实际，开展了“青春建功在岗位”、“我与央行共奋进”等形式多样的主题教育实践活动，引导青年干部树立正确的人生观、价值观。在西安分行“央行之星”青年英语大赛中获得二等奖；获得西安分行“女职工文明示范岗”荣誉称号；钱币学会获中国钱币学会第三届先进学会；甘肃开元钱币文化有限公司被授予2009年度中国金币特许零售示范店。

（二）积极开展企业文化建设，树立现代金融企业新形象。国家开发银行在兰机构成功举办分行十周年联欢会、沙漠运动会、国庆联欢会和“五四”演讲比赛等活动，获得甘肃银行业“迎国庆·颂祖国”合唱比赛一等奖、开行西部片区篮球赛第三名。建设银行在兰机构大力弘扬先进典型，激发员工奋发向上的工作热情。农业银行甘肃省分行营业部进一步加强理财人员队伍建设，共有27名员工取得AFP资格、3名员工取得CFP资格，其中1名员工在“福布斯富国中国优选理财师评选”活动中，荣获甘肃赛区冠军、西部赛区亚军，并晋级中国优选理财师全国50强。招商银行兰州分行开展了“青春 活力 超越”辩论赛、“三八妇女节”、“行长站大堂”和“增收减支”倡议等多种形式活动，支持部分管理骨干和业务骨干外出考察，开阔员工视野，增强了员工投身招银事业的自豪感和使命感。浦发银行兰州分行开展以“培养危机意识，争创一流业绩”为主题的危机感教育活动，分别以“扶残助孤”和“免费咨询”为主题，先后两次举行了青年志愿者活动，在甘肃省银行业“迎国庆·颂祖国”合唱比赛中荣获一等奖，在甘肃省银行卡业务知识竞赛中荣获二等奖。人寿保险公司在兰机构召开营销精英高峰会；举行车险理赔技能大赛和一线员工技能比武大赛活动，有效提升了员工的自豪感。

（刘红艺）

白　银　市

2009年，白银市常住人口175.72万人，人口自然增长率为6.91‰。实现地区生产总值265.33亿元，比上年增长11.10%；人均生产总值达到15 125元，增长10.88%。其中：第一产业增加值32.88亿元，增长5%；第二产业增加值146.62亿元，增长12.90%；第三产业增加值85.83亿元，增长10.20%。三次产业结构比例为12.39:55.26:32.35。全市实现工业增加值124.54亿元，增长13.50%。粮食总产量达到60.75万吨，增长8.76%。完成固定资产投资148.28亿元，增长33.47%。社会消费品零售总额74.27亿元，增长18%。居民消费价格总水平上涨2.10%。全年城镇居民人均可支配收入13 135元，增长8.03%；农民人均纯收入2 984元，增长11.51%。全市大口径财政收入28.01亿元，增长0.75%，一般预算支出58.98亿元，增长37.71%。全市银行业金融机构资产总额341.37亿元，比上年末增长16.30%，负债总额333.45亿元，增长15.85%，所有者权益7.92亿元，增长39.19%。各项存款余额312.84亿元，增长16.12%，其中储蓄存款165.35亿元，增长25.97%。各项贷款余额138.94亿元，增速达45.30%，增量创近年最高。全年保险公司实现保费收入8.37亿元，比上年增长23.45%；保险赔付额1.37亿元，赔付率达到63%。

一、优化货币政策传导机制，助推资源型城市经济转型

（一）充分发挥“窗口指导”作用，努力提高信贷政策导向效果。人民银行白银市中心支行在引导全市金融机构全面理解和把握中央、省、市出台的应对金融危机各项方针政策的同时，紧紧围绕推进白银资源型城市经济转型，会同市委、市政府召开全市扩大内需、金融支持地方经济发展暨重点项目对接会，按季组织召开金融机构、经济主管部门和重点企业负责人参加的经济金融联席会，及时把各项货币信贷政策传达到地方政府、各银行机构及重要产业部门，掌握全市经济金融运行中的实际情况和经济金融一线管理者的意见建议，畅通货币政策传导渠道。制定《2009年白银市银行信贷增长指导意见》，制定并报请市政府印发了《白银市金融支持全民创业工程的指导意见》等12项指导意见，引导金融机构以项目带动为着力点，以发展特色经济为突破口，以新农村建设为契机，增加总量与优化结构并举，推动全市经济平稳较快发展。

（二）灵活运用货币政策工具，有力支持全市金融稳定发展。人民银行白银市中心支行充分发挥货币政策工具的引导与支持作用，累计向农村信用社发放支农再贷款2.1亿元，积极支持其发放涉农贷款。进一步完善信贷投向、存贷款利率、民间借贷和消费信贷等监测制度，建立了重大项目投资进展情况和地方政府融资平台贷款投放情况监测制度、重点联系行及银行家、企业家约见座谈等制度，适时反映货币政策和金融运行中的重点、难点和热点问题，不断提高监测分析工作的前瞻性和有效性。

（三）明确信贷支持重点，积极助推全市经济转型。全市金融机构紧紧围绕经济转型这一主线，结合“八大支柱产业”、“五大基地”建设，突出信贷支持重点，积极推动产业结构优化升级和经济增长方式转变。全市金融机构新增中长期贷款19.50亿元，比上年增加6.90亿元；新增短期贷款23.70亿元，比上年增加16.10亿元；票据融资余额3亿元，比上年增长7.10%。其中：农业发展银行新增贷款6.98亿元，四家国有商业银行新增贷款15.50亿元，城乡信用社新增贷款19.10亿元。在满足有色冶金、能源化工等重点项目和重点企业信贷资金需求的同时，各银行机构普遍加大了对中小企业、“三农”经济、民生消费等领域的信贷投入，全市金融机构中小企业贷款余额达46.75亿元，累计多投放10亿元，贷款覆盖面达到44.20%；农村信用社、农业银行、农业发展银行等涉农金融机构累计投放农业贷款24.30亿元，比上年多增12.90亿元；全市金融机构个人消费贷款达8.54亿元，比上年增长72%；累计发放下岗失业人员小额担保贷款4 816万元、生源地国家助学贷款1.89亿元，为全市扩内需、保增长、促转型政策措施的顺利实施提供了有效的信贷支持。

二、优化金融稳定协调机制，切实强化金融风险防范

（一）不断完善金融稳定协调机制。人民银行白银市中心支行制定并报请市政府批转了《白银市金融稳定工作沟通协调机制实施意见》、《金融稳定风险报告制度》，进一步完善了与银监、财政、安全和司法等部门的金融稳定协调机制。改进风险监测手段，推行风险监测“周报”制度，将风险监测范围由银行业扩大到证券、保险、跨市场和交叉性业务，注重研究金融危机对实体经济的影响，增强了金融风险分析评估的全面性、科学性。白银银监分局着力改进监管方式和手段，进一步强化准入监管、现场检查和非现场监管，监管有效性不断提高。

（二）稳步推进金融机构改革。农业银行白银市分行股份制改造顺利完成。邮政储蓄银行白银市分行加速向现代商业银行转型，贷款余额达到1.47亿元，排全省第2名。白银市城市信用社加快商业银行组建步伐，股本总额达到1.26亿元，资产总额达到24.14亿元，资产利润率达到4.83%，组建商行19项规定指标有18项达到或超过规定指标。农村信用社改革取得阶段性成果，5家信用联社全部完成专项票据兑付，顺利实施一级法人改革。农业发展银行商业化经营步伐进一步加大，新设平川区支行，服务网络进一步健全。全市新设立村镇银行1家、小额贷款公司4家，为完善农村金融服务体系开辟了新路子。

（三）加快推进金融生态环境创建。完善政府主导、人行推动、部门联动、银企互动的金融生态环境创建机制，建立信用建设协调制度，加快推进征信数据库建设，广泛采集征信数据，全市非银行信息采集种类从7大类扩大到10大类，居全省第1位，住房公积金信息增加到6万户，居全省第2位。信用体系建设的逐步深入取得了良好的社会效应，全市银行业金融机构不良贷款占比9.42%，比上年下降2.61个百分点；全年实现净利润3.03亿元，较上年多增加0.52亿元。

三、优化金融服务机制，有效提升服务质量和效率

（一）现代化支付体系建设进一步完善。人民银行白银市中心支行始终以“服务型央行”建设为目标，大力推进支付体系建设，完成了中央银行会计集中核算系统（v5.1版）升级换版工作，举办了中央银行会计集中核算电子对账系统培训班，设置开户单位44家，总账户数524个，确保了电子对账系统的成功上线。督促白银市城市信用社做好电子商业汇票系统的推广，及时协调解决了辖区内新设立的农业发展银行平川区支行、会宁会师村镇银行加入支付结算系统的相关技术问题。规范银行卡受理环境，举办了全市银行业金融机构银行卡特约商户业务培训班，配合中国银联甘肃分公司组织召开银行卡受理市场工作座谈会，对白银市856个存量特约商户、167个新增特约商户进行了全面核查统计。组织开展了以“刷卡促消费，共同拉内需”为主题的银行卡集中宣传日活动。加强结算账户管理，对8 719个存量单位银行结算账户相关个人身份信息开展了清理核实，组织对单位银行结算账户管理情况进行了现场检查。大力改善农村地区支付结算环境，全面推广农民工银行卡特色服务，农业银行白银市分行新发惠农卡1.13万张，累计投放惠农卡贷款1.95亿元；全市农村信用社加入了农信银资金清算系统，开通了大小额支付系统，安装ATM机7台、POS机16个，累计发行银行卡10.31万张。率先在全省实现财税库银横向联网建设工程，提高了金融服务地方财政的能力和水平。与代理银行续签了市、县两级财政资金支付与清算协议书，开办了涉农补贴资金国库直接拨付到户业务，实现了“家电下乡”、“军人优抚补贴”、“良种补贴”和“农村医疗补助”等24类资金的直接拨付，拓展了国库服

务领域。

（二）外汇管理与服务水平不断改进。认真贯彻落实“出口收汇联网核查”和“贸易项下外债登记管理”政策，加强国际收支间接申报日常管理。对企业出口收汇采取灵活管理，外汇指定银行在保证贸易真实性前提下，为企业提供便利结汇，减少了企业资金占用及汇率变动造成的损失。举办了外汇政策、业务操作培训班、金融危机风险提示会，指导进出口企业做好汇率风险防范工作，支持区域外向型经济健康发展。辖区内实现外汇收支2.94亿美元、外贸进出口总额3.35亿美元。

（三）金融业务宣传进一步深入。依托城乡反假货币工作网络，积极组织开展反假货币宣传活动。与公安机关密切配合，深入开展打击假币“09行动”，共收缴假币31.90万元。组织开展“金融知识进社区”、“诚信兴商宣传月”、“征信知识进校园”及银行卡、反洗钱等金融知识宣传。同时，各银行还通过金融知识宣传，进一步树立了各自的品牌形象。中国银行白银分行开展“开门红”拉户揽储和扫街清楼活动，在电视、电台和报纸等新闻媒体集中投放广告，加大了对中行品牌及重点业务产品的宣传力度。邮政储蓄银行白银分行通过新闻媒体以及横幅、海报、宣传单和咨询台等多种形式，对新业务进行了广泛的宣传。

（四）金融服务产品不断丰富。工商银行白银分行加大服务环境改进，全年共装修改造贵宾理财中心3个、一般理财网点4个，新建自助银行2个，增加自助设备18台，全行牡丹信用卡比年初增加9 332张，牡丹卡直接消费交易额达2.52亿元；全行ATM日均交易笔数317笔，个人理财业务达21.04亿元；“如意”品牌金销售6.3千克；个人黄金集存开户57个；个人网上银行净增21 399户，企业网上银行净增537户，个人电话银行净增17 122户，手机银行（WAP）净增8 217户，铜城支行被评为工行总行“百家服务机构”。中国银行白银分行以实施标准化、多功能网点转型为契机，加强了个人理财、因私结售汇、代销基金、代理保险、保管箱等重点和优势产品的拓展力度，全年实现中间业务净收入410.92万元。农业银行白银市分行大力拓展银证转账业务和证券交易结算资金第三方存管业务，5个支行进入全省农行“十强支行”，7个网点被评为全省“百佳网点”。

四、优化内控管理机制，确保各项工作安全平稳发展

人民银行白银市中心支行以“工作零失误、管理零违规、业务零差错、资金零风险”为目标，积极推行了“四查”制度，构筑了“岗位自控、部门互控、全程监控”三道防线，形成了“岗位有责任、环节受监督、差错要追究、奖惩凭业绩”的责任追究机制。按照《岗位风险防范指南》、《内部控制指引》等有关规定要求，修订完善10类104项内部管理制度，建立了横向到边、纵向到底，包括全员及全岗和全程的、以工作业绩为基础的绩效考核指标体系与考核办法，有效提高了机关工作效率。突出风险监控，坚持开展要害部位和要害环节的安全大检查，制订了《机关防范恐怖分子袭击应急预案》和《防控甲流应急预案》，风险应急处置能力不断提高和完善。在全省率先实行了按日电话对账制度，为有效防范资金风险进行了积极探索，得到了人民银行总行和兰州中心支行的充分肯定。白银银监分局严格加强内部管理，进一步规范工作秩序，不断改进工作作风，严肃各项工作纪律，努力营造了“风正、气顺、心齐、劲足、绩优”的良好氛围。工商银行白银分行坚持把内控评价贯穿于日常检查当中，突出重要风险点的防控治理工作，实现了全行的安全营运。农业银行白银市分行成立了风险管理委员会和信用风险、市场风险、操作风险3个专业委员会，明确了风险管理职责。中国银行白银分行开展了“增强内控合规意识，强化规章制度执行力，提升内控合规管理水平”的大讨论和对照整改工作，增强了员工的防范意识、责任意识和合规意识。建设银行白银分行组织开展“每周一小时谈合规”活动，强化主动风险监控，落实管户制度，提高了资产质量的管控能力。

五、优化科学管理机制，切实提升干部队伍履职能力

（一）以践行科学发展观为抓手，全面加强班子队伍建设。人民银行白银市中心支行紧紧抓住“学习型党组织”建设试点单位的有利时机，制定《建设学习型党组织实施细则》、《建设廉洁型党组织实施细则》，确定了“中心组带动、专家辅导、专题研讨、心得交流”等多种学习方式，围绕“中国特色社会主义理论体系、十七届四中全会精神、塑造团队竞争力、文明服务礼仪”等20个专题，邀请市委党校18位教授举办了为期一个月的干部职工“理论素养提高”培训班，举办了学习成果研讨会和心得交流会，使“自觉学习、乐于学习、团队学习、终身学习”的理念深入人心。组织开展了统计、征信、会计、国库和执法监察等业务培训25次，选送60多名业务骨干参加了上级行组织的各类专业知识和技能培训。组织完成信息调研285篇，有102篇被国办及总行、《西部金融》和《甘肃金融》等刊物采用，其中2篇得到国务院领导的肯定性批示。白银银监分局坚持把强化理论学习、提高政策理论水平和组织领导水平作为班子建设的首要任务，领导干部的理论思维能力、统筹决策能力和正确决策能力有了很大提高。工商银行白银分行邀请专家重点对40岁以上员工进行了素质提升集中培训；依托远程网络教育培训平台，组织开展培训48期，培训员工5 848人（次）。农业银行白银市分行对机关部门经理、副经理和员工实行了考评聘任和双向选择聘任，机关工作效率进一步提高。邮储银行白银分行组织相关管理人员先后到金昌、平凉和庆阳等行参观交流学习，拓宽了工作思路。

（二）以弘扬金融文化为抓手，努力营造文明和谐的金融服务环境。人民银行白银市中心支行依托央行文化建设平台，组织参加了人民银行西安分行举办的央行文化展览，与石嘴山市中心支行、阿克苏市中心支行联合开展了央行文化交流联谊活动。组织开展了“祖国在我心中”征文活动，举办了“喜迎国庆·歌颂祖国”文艺汇演，参加了西安分行“央行之星”青年英语大赛（甘肃赛区）的比赛，获二等奖；参加甘肃省青年征信知识竞赛，获团体优秀奖。工商银行白银分行以获得省级文明先进行业为契机，着力培育内控、营销、服务、廉政、和谐“五种文化”，为各项业务的可持续发展注入了新的生机和活力。白银市城市信用社以争

创"文明单位"、"文明行业"、"青年文明号"、"巾帼文明示范岗"和"优质服务标兵、业务明星、先进个人"为核心，把政风与行风建设有机地融入到企业文化当中，推动了各项业务的发展。

（吴正鹍）

天 水 市

2009年，天水市总人口359.70万人，自然增长率6.90‰。实现地区生产总值260亿元，比上年增长10.40%，其中：第一、二、三产业分别完成增加值47.90亿元、101.10亿元和111亿元，分别增长8.60%、8.60%和12.80%，分别占生产总值的18.40%、38.90%和42.70%。人均生产总值7 222元，增长8.90%。完成工业总产值123.54亿元，比上年增长7.90%；规模以上工业企业完成工业增加值47.50亿元，增长8.30%。完成农、林、牧、渔业总产值79.90亿元，比上年增长9.50%；粮食总产量104.50万吨，比上年增长1.10%。完成全社会固定资产投资202.90亿元，比上年增长41.70%。实现社会消费品零售总额109.60亿元，比上年增长22.60%；居民消费价格指数101.50%，比上年下降5.10个百分点。城镇居民人均可支配收入9 932元，比上年增长9.70%；农民人均纯收入2 404元，比上年增长11.90%。实现大口径财政收入35.80亿元，比上年增长22.70%；支出107.60亿元，比上年增长34.90%。全市金融机构人民币各项存款余额386.10亿元，比上年末增长36.20%；各项贷款余额159.50亿元，比上年末增长49.90%，高出全省16.60个百分点，贷款增量分别是近三年的2.60倍、3.10倍、4.90倍，接近前四年贷款增量的总和，创历史新高；累计现金收入879.80亿元，累计现金支出865.40亿元，收支相抵净回笼现金14.40亿元，比上年多回笼0.10亿元。实现保费收入6.80亿元，比上年增长30.80%；保险赔付额0.70亿元，比上年下降8.60%。

一、认真贯彻适度宽松的货币政策，支持地方经济平稳较快发展

（一）加大窗口指导，货币政策执行绩效明显。人民银行天水市中心支行制定了金融业支持扩大内需、农业发展、灾后重建和对外经济发展等8个方面的指导意见，被市政府批转执行；促进融资渠道多元化，在全省首家开通了中小企业网上融资服务平台，积极引导金融机构加大对中小企业的信贷投入；加大支农再贷款额度的调剂力度，累计发放支农再贷款8.60亿元，比上年增加7.40亿元，增长6.10倍，带动地方法人金融机构新增短期涉农贷款19.90亿元，大力支持了"三农"经济的平稳较快发展。天水银监分局与地方政府、银行业机构协调配合，签订了《农业政策性金融支持"三农"合作备忘录》，签订了7个贷款项目协议，累计发放贷款1.80亿元，用于支持畜牧、水果和蔬菜三大主导产业规模化发展；积极支持灾后重建，共发放受灾农户住房重建贷款3.40亿元，为灾后重建提供了有力的资金支持。

（二）大力支持优势产业，信贷投放快速增长。农业发展银行天水市分行在保证粮油企业资金需求的基础上，大力支持农业产业化发展，累计向天水昌盛食品、众兴菌业等农业产业化龙头企业贷款3.30亿元；向天水茂丰中药材、维亚实业和嘉园果蔬等农业小企业贷款0.80亿元。工商银行天水分行积极开展高层攻关，实行重点优质项目三级联动营销机制，充分发挥联动营销效应，累计发放项目贷款1.60亿元，比上年净增0.90亿元。农业银行天水市分行大力发展个人资产业务，组织专门队伍，进社区、进机关、进专业市场、进农村和入农户，取得了良好成效，累计发放个人类贷款3.90亿元，比上年增加2.50亿元。中国银行天水分行确定目标客户，制定营销策略，发掘授信项目，加大信贷投放，贷款同比增长达99.80%。建设银行天水分行确立了各项业务"增速瞄准全省前三、业绩确保两年翻番、市场新增占比力争第一"的经营目标，新增贷款8.70亿元，其中对公类贷款、个人住房贷款市场新增占比分别为第二和第一。邮政储蓄银行天水分行始终坚持"规范起步、审慎经营、积极营销、稳健发展"的经营方针，稳步推进信贷业务快速发展，发放小额贷款1.30亿元，比上年增长3.30倍。农村信用社以区域特色产业发展为依托，加大对新农村建设的信贷支持，共发放特色农业贷款9.80亿元、基建贷款12.80亿元。

二、努力化解降低信贷风险，切实维护辖区金融稳定

（一）强化货币信贷分析监测，认真履行维护金融稳定职责。人民银行加大风险监测预警力度，切实防范系统性金融风险，加强对银行业、证券业、保险业金融机构风险变动趋势的监测分析，开展了对跨市场、交叉性业务发展情况及风险的监测工作，有效地维护了辖区金融稳定。

（二）加强监管有效性建设，推进监管工作的规范化和制度化。天水银监分局突出现场检查"六抓"，即抓基础、抓创新、抓结合、抓规范、抓督促、抓廉政，完成对国有商业银行新发放贷款检查15项、17家农村合作金融机构检查14项；建立健全监管信息档案，组织开展农村合作金融机构非现场监管信息系统的升级，结合考核评价和风险评级，完成了对7家农村合作金融机构监管评级；开展案件风险排查，与检察院、人民银行联合召开了"天水市金融系统预防职务犯罪工作联席会议"；加强对高管人员准入管理，建立了分层高管人员准入考试题库，制定了高管人员准入前考试管理办法，对25名银行业分支机构拟任高管人员进行了资格考试；审批新设机构3家，核准机构变更14家，审查核准23名金融机构高级管理人员任职资格。

（三）增强贷款风险的预防和控制能力，贷款质量明显提高。农业发展银行天水分行完善不良贷款管理制度，制定了《天水市分行不良贷款管理及专项考核办法》和《管户信贷员贷后管理工作质量考核办法》，积极开展破产企业呆账核销，核销呆账贷款0.20亿元，不良贷款率比上年下降2.30个百分点。农业银行天水市分行集中开展了个人不良贷款清收活动，在1个月内累计收回不良贷款614万元，个人贷款不良率比上年下降15.40%。建设银行天水分行认真

贯彻落实省分行"打基础、调结构、促转型、保平安、上份额"的工作方针，不良资产现金回收0.20亿元，完成计划的282.90%，不良资产处置0.20亿元，完成计划的133.80%。农村信用社制定了《关于加强风险管控，开展不良贷款"百日攻坚活动"的通知》和《天水市农村信用社"冒名贷款"排查清收工作安排意见》，收回不良贷款1.50亿元，不良率下降15.70个百分点。

三、提供优质高效的金融服务，推动各项业务平稳较快发展

（一）优化存款结构，各项存款快速增长。工商银行天水分行加强对大型客户进行上门服务、跟踪营销，确保其存款及时回笼，客户存款余额6.50亿元，比上年增加0.90亿元，存款日均余额7.40亿元，日均净增1.80亿元。农业银行天水市分行大力开展"奋战90天，确保储蓄存款增量存量市场份额双第一"竞赛活动和大规模的客户回访活动，积极拼抢市场份额，壮大资金实力，储蓄存款快速增长，储蓄存款余额达到70.80亿元，比上年增加11.30亿元。中国银行天水分行继续开展存款"开门红"竞赛活动，存款比上年增加5.80亿元，完成计划任务的147.10%。建设银行天水分行紧紧围绕"抓账户、抓项目、抓服务、抓内控、争一流、上位次"的工作重点，存款实现跨越式发展，新增存款17.90亿元，其中对公存款余额27.30亿元，市场份额跃居第一。邮政储蓄银行天水分行努力拓展低成本、高效益储源，不断优化客户结构，以营销促发展，存款结构逐年优化，活期存款占比36.20%，比上年增长6个百分点。

（二）适应市场需求，推动中间业务稳步发展。工商银行天水分行积极营销收益相对稳定、风险度较低的保本型理财产品，提升银行理财产品创利能力，个人理财业务19.10亿元，实现收入163万元。农业银行天水市分行以开展"金e顺唱响2009"营销宣传活动为契机，力促电子银行业务快速发展，新增网银个人注册客户10 555个、企业注册客户67个，电子银行交易量41.20亿元，比上年增加15.40亿元。邮政储蓄银行天水分行改进柜台服务，加快办理业务速度，做好正面宣传引导、客户维护和稳定工作，中间业务平稳增长，累计代销保险0.20亿元，发放绿卡3.50万张，卡户余额0.40亿元。

（三）优化支付结算环境，办公自动化程度进一步提高。人民银行天水市中心支行顺利完成ABS5.1升级换版工作和中央银行会计核算电子对账系统上线运行工作；狠抓银行卡风险防范工作，成功开展全省首个"刷卡无障碍"优秀示范街区创建活动。农业发展银行不断提高会计核算办公自动化水平，圆满完成了cm2006二期适应性测试工作，组织实施综合柜员制上线运行，认真清理核实固定资产和低值易耗品，加大闲置资产处置力度。工商银行天水分行积极开发具有本地区特色的区域性联名卡项目，与天水市旅游局合作，推出了"牡丹伏羲卡"，成功举行了发卡仪式，为全省首家与地方合作发行的区域性联名卡，共发卡1 878张。

（四）突出特色，调研信息工作取得新成果。人民银行天水市中心支行开展了"关中—天水经济区"金融协调发展研究、金融支持科技特派员创业链研究等特色研究，完成各类调研文章520篇，在《金融时报》、《中国金融》、《中国外汇》和《甘肃金融》等省级以上报刊发表文章115篇，其中"关中—天水经济区"金融协调发展研究荣获全省优秀课题三等奖，5篇金融科研优秀成果受到市政府表彰奖励；编发《天水金融》12期，刊用各类稿件219篇；上报信息1 030条，被总行、分行和兰州中支采用118条，省、市党委、政府系统采用106条，《金融时报》、《西北金融通讯》等报刊采用19条。天水银监分局进一步完善《政务信息考核管理办法》，加强了量化考核奖惩力度，编发《金融监管信息》26期，向省局报送信息60篇，被《银行监管信息》刊用13篇，完成各类调研23篇，被《银行业监管分析与调研》刊用8篇。

四、严格执行各项规章制度，大力提高经营管理水平

（一）完善激励机制，深化机构改革。人民银行天水市中心支行创新用人方式，激励机制不断完善，首次采取了全行职工广泛参与、符合推荐条件人选述职演讲和民主投票相结合的方式，在干部选拔任用方式上进行了新探索、新尝试，共调整、提任中支机关科级干部16人，考察配备县支行副行级领导干部3人。银监分局从完善内部运行机制，整合内部管理流程入手，规范行政许可事项审核，完善了现场检查工作制度和监督机制，制定了《天水市合作金融机构高管人员履职考核办法》、《天水市合作金融机构监管例会制度》和《天水市合作金融机构风险处置预案》。农业发展银行天水市分行开展中层干部聘任到期重新竞聘上岗，3人竞聘到同级岗位，5人竞聘到高一级岗位，中层干部平均年龄从45岁降到43岁，学历全部达到大专以上。工商银行天水分行加强基层班子建设，从工作实绩、业务发展、群众评价、管理水平和工作作风等方面对四个一级支行原行长进行了考核评价，调任新岗位，同时提拔聘任了三个一级支行的新行长。农业银行天水市分行优化现有网点结构布局，积极申请将29个营业网点升格为二级支行，其中12个网点已完成升级改造。天水市麦积区农村信用合作社联合社改制后更名为天水麦积农村合作银行。

（二）完善制度，注重实效。人民银行天水市中心支行重新修订完善了涉及党务、政务与人事等9个方面的67个制度、办法和规定，制定印发了《中国人民银行天水市中心支行督查督办实施方案》，下发督办卡22张（次），所督办的工作件件得到落实；完成审计项目27项，查出问题96个，提出整改建议和处理意见32条，落实问题责任人18人。农业银行天水市分行扎实开展"严于律己，廉洁从业"警示教育活动和作风建设教育活动，填写行为自查表654份，做出廉洁从业承诺611份，进行廉政谈话81次，组织专题学习99次，组织观看案例警示教育片8次，开展警示教育讲座18次，组织开展讨论36次，前台部门按照要求向客户公布和发送了《廉洁从业公约》1445份。中国银行天水分行认真开展现场检查，及时化解存在的问题，共组织各类检查12次，处罚违规责任人14人（次）。建设银行天水分行坚持抓服务、抓内控、抓整改，合规经营，精细管理，严肃问责，内控水平风险评级明显提升，评分从64分上升到72分，是全省提升幅度最大的二级行，风险内控等级由

4级1档晋升为3级2档，财务授权管理被评定为A级行。

五、加强新业务新技能学习，开展丰富多彩的文化生活

人民银行天水市中心支行举办培训班43期，参加培训1 324人（次）；开展了“女职工文明示范岗”、“文明家庭”、“岗位建业绩，服务创优质”等评选和竞赛活动，举行了庆“三·八”迎“五·四”爬山比赛、职工球类、棋类和趣味运动会、庆“七·一”建党纪念、庆祝建国60周年职工联欢会和金融系统职工书画展等活动；成功举办了天水市第二届“金融活动周”，13项活动结出硕果，其中6项开全省先河；继2003年-2005年度之后又成功创建为2006年-2008年度总行级文明单位；内审科被总行评为2005年-2008年度先进集体。天水银监分局举办短期业务培训8期，培训390人（次）；重新设计了突出工作特色、体现职工文化生活和注重天水文化底蕴的“监管文化”、“党政文化”、“廉政文化”、“文明创建”等30个板块69幅作品。农业发展银行天水市分行组织员工参加中国银行业协会组织的公共基础资格及专业科目考试，8人通过考试，13人参加了系统内远程教育网培训。工商银行天水分行通过参加上级行视频会、总行网络大学学习考试等多种形式，培训员工1 456人（次），累计培训1 478天，人均培训3天。农业银行天水市分行开展了“青年文明号”、女职工“双文明示范岗”等创争活动，秦州支行营业室获得了“甘肃省五一劳动奖状”，成为全省商业银行中唯一获此殊荣的单位。建设银行天水分行积极参与社会公益事业，捐款40万元用于秦州区白家山村灾后重建；资助天水一中70名贫困高中生每人每年1 500元，以完成高中阶段学业。

（石望林）

嘉峪关市

2009年，嘉峪关市实现地区生产总值160.05亿元，增长10%。其中，第一产业完成2.28亿元，增长11%；第二产业完成126.24亿元，增长9.6%；第三产业完成31.53亿元，增长11.30%。农作物播种面积5.79万亩，比上年下降2.50%；粮食总产量7 122.08吨，与上年持平。完成工业增加值122.62亿元，比上年增长10%。完成全社会固定资产投资40.44亿元，下降24.07%。实现外贸进出口总额40 745万美元，下降66%。完成社会消费品零售总额20.45亿元，增长13.61%。居民消费价格指数101%。实现大口径财政收入23.29亿元，比上年下降10.80%。城市居民人均可支配收入达到15 123.10元，增长4.20%；农民人均纯收入达到6 956元，增长8%。年末，全市金融机构本外币各项存款余额154.44亿元，比上年增长20.05%。其中：企事业单位存款余额68.50亿元，比上年增长25.11%；储蓄存款余额63.25亿元，比上年增长17.47%。本外币各项贷款余额180.43亿元，比上年增长25.31%。其中：短期贷款余额87.42亿元，比上年增长25.92%；中长期贷款余额45.08亿元，比上年增长1.02%；票据融资余额40.51亿元，比上年增长35.30%。辖区保险机构资产总额4.54亿元，负债总额4.76亿元，保费收入2.88亿元，比上年增长12.66%，理赔支出0.70亿元，平均赔付率为24.44%。全市证券业投资活跃，辖区内市民证券投资开户数为18 197个，比上年增加2 867户，增长18.70%。证券交易额为114.63亿元，比上年增加26.03亿元，增长29.38%。

一、认真执行适度宽松的货币政策，大力支持全市经济企稳回升

（一）准确把握适度宽松货币政策的内涵和意图，切实加强“窗口指导”。人民银行嘉峪关市中心支行结合辖区经济发展预期目标，制定了《2009年嘉峪关市银行信贷增长指导意见》并经市政府批转执行，明确了2009年货币信贷工作的总体要求、信贷总量增长和结构调整目标，引导辖区金融机构认真贯彻国家宏观调控政策，合理把握执行适度宽松货币政策的重点、节奏和力度，不断优化信贷结构，大力支持地方经济发展。2009年，辖区内金融机构累计新发放各类贷款179.58亿元，同比增长23.40%。加强与地方政府部门、监管部门和金融机构之间的联系和沟通，适时召开金融工作联席会议，及时向有关部门传达和通报上级行的货币政策意图、辖区内金融运行情况以及存在的问题，争取地方相关部门对金融工作的支持，努力把握货币信贷工作的主动性。为认真贯彻落实好国家“扩内需、保增长、调结构”的宏观调控政策，紧紧围绕“保增长、保稳定、保民生”这一重中之重，积极应对复杂多变的国际国内形势，通过开展信贷政策导向效果评估，加大对地方经济金融运行、货币政策执行情况的监测、分析，以及热点、难点问题的调查研究，成功举办“优化金融生态，助推经济增长——金融活动月”活动，会同银监分局出台了《关于落实适度宽松货币政策 促进全市经济平稳较快发展的指导意见》等一系列措施，积极支持地方经济企稳回升。

（二）保持信贷总量合理增长，着力调整优化信贷结构。认真落实人民银行、银监会下发的《关于进一步加强信贷结构调整促进国民经济平稳较快发展的指导意见》，继续按照“区别对待，有保有压”的原则，抓住实施国家振兴十大产业规划的机遇，加大对钢铁支柱产业、装备制造业、农业、服务业、中小企业和城乡一体化建设等重点项目的信贷支持力度。2009年末，全市制造业贷款88.61亿元，占各项贷款余额的66.87%。认真执行人民银行总行关于增加“三农”信贷投入、落实小额担保管理规定等有关文件精神，配合“家电下乡”、“万村千乡市场”、保障性住房建设等工程，稳步推进国家惠民政策落到实处。年末，全市涉农贷款余额3.95亿元，比年初新增1.01亿元。全年累计发放下岗失业人员小额担保贷款2048万元，比上年多发放1 674万元，增长3.47倍。增强中小企业等经济薄弱环节的信贷投放，努力缓解中小企业融资难问题。在嘉峪关市银企项目融资对接会期间，金融机构与64户企业的81个项目签订了60.75亿元意向性贷款协议，落实资金54亿元，占协议总额的89%。全年累计向中小企业发放贷款22.49亿元，比上年增长71.63%，是近年来增长最快的一年。

（三）进一步加强货币政策工具管理，发挥货币政策工具效能。加强存款准备金管理，跟踪监测全市金融机构流动性，强化对存款准备金政策执行情况的监测，积极开展存款准备金率调整后全市法人金融机构流动性变化情况及调整效应的调查。加强利率政策执行情况监测，建立辖区银行业金融机构贷款利率执行情况监测制度，提高监测分析质量。

二、深入推进金融稳定工作，切实维护辖区金融平稳运行

（一）进一步完善金融稳定工作机制。2009年，市政府批转实施了《嘉峪关市金融稳定工作制度》，对全市金融系统做好金融稳定工作进行了有效规范。探索建立区域金融稳定监测评估指标体系，及时掌握辖区内金融机构的运行状况、流动性状况及风险情况，形成了监测周报、分析月报、评估季报和年度金融稳定工作报告的全方位、多角度、深层次的监测分析体系。继续完善金融稳定数据库，完成了2008年涵盖银行、证券、保险及宏观经济领域的数据收集和整理工作。积极开展担保公司、典当行和小额贷款公司经营状况调查，继续加强对重点企业、上市公司的跟踪调查，认真分析研究存在的问题，有效履行金融职责。

（二）密切关注金融改革动态。人民银行嘉峪关市中心支行积极开展对辖区金融机构改革情况的调查研究工作，努力推动辖区金融改革发展。继续监测、评估农村信用联社改革进展情况，加强票据兑付的后续跟踪监测与检查，确保“花钱买机制”改革目标的实现，已经银监会批复同意成立合作银行。持续关注、了解辖区信用担保、典当行和小额贷款公司等其他金融性公司的发展情况。2009年3月平安财产保险嘉峪关中心支公司正式成立；2009年8月东方小额贷款公司开业，为全市经济发展注入了新的活力。

（三）进一步优化金融生态环境。积极探索金融推动嘉峪关经济社会协调发展、实施金融带动战略的有效方式，开展了以银企项目对接会为亮点，以反洗钱、反假货币、征信、外汇及金融服务等4个活动周为支撑，以信用体系建设交流、金融知识宣传普及等9项活动为内容的“优化金融生态 助推经济增长——金融活动月”系列活动，得到了市委、市政府的高度评价和社会各界的充分肯定。这是近年来嘉峪关市规模最大、范围最广、内容最多和影响最深的综合性金融服务活动，达到了增强社会公众金融意识、促进经济金融良性互动与改善金融生态环境的目的。

（四）加大不良贷款清收力度，积极防范和化解金融风险。工商银行嘉峪关分行通过指定专人，按月清收，帮助企业处置闲置固定资产，全年清收不良贷款475.40万元。农业银行嘉峪关市分行盯住重点客户，采取各种措施累计清收自营不良贷款3 118万元，累计处置委托不良资产232万元。中国银行嘉峪关分行实现不良贷款现金清收163万元，零售不良贷款现金清收88万元。建设银行嘉峪关分行明确贷款原始审批人始终是第一责任人的要求，加大对新到期贷款的清收力度，严格控制新增不良贷款，全年累计收回不良贷款1 369万元，其中现金收回941万元，非重组上调428万元。嘉峪关市农村信用联社坚持“谁发放、谁审批、谁负责”的原则，落实责任清收机制，加大清收力度，全年累计收回不良贷款4 043.50万元。年末，辖区四家大型银行不良贷款占比仅为0.18%，比上年下降0.26个百分点。

三、创新金融服务手段，提升金融服务效率和水平

（一）努力延伸服务领域，加强中央银行金融服务工作。提供优质、高效和安全的支付结算服务。全年累计办理会计核算业务1 985笔，金额22.13亿元，办理账户行政许可事项1 830件，支付清算系统未发生银行卡诈骗等行为。扎实开展“刷卡无障碍”创建暨评选活动，共评选出5个全国级、甘肃省地方级优秀示范单位。做好公用事业代收费业务试点工作，制定《嘉峪关市推广使用小额支付系统开展公用事业代收费业务指导意见》并经市政府批转执行，全年累计处理公用事业代收费7 658笔，实现公用事业代收费用944.15万元。不断改进外汇管理与服务手段，及时贯彻国家外汇管理各项政策措施，进一步简化境外投资审批手续，研究探索便利企业境外投资的有效途径。全年，辖区外汇银行累计结汇1 341万美元，比上年下降93.45%，售汇1.77亿美元，比上年下降64.26%；进口付汇核销3.76亿美元，比上年下降57.47%，出口收汇核销2 523万美元。稳步推进征信管理及服务工作。协调政府召开征信体系建设观摩会，积极推进地方信用体系建设和中小企业、农户信用体系建设；进一步提高企业和个人征信系统的应用水平和数据质量，不断扩大非银行信息采集及征信产品应用范围；采取多种形式深入开展征信知识宣传，不断扩大社会各界对征信的认知度。全年累计办理贷款卡发放等行政许可事项267笔，企业和个人信用报告查询177笔，异议处理9笔。切实履行经理国库职能。全年完成各级预算收入26.68亿元，比上年下降11.35%；预算支出9.29亿元，比上年下降0.99%；组织发行凭证式国债和储蓄国债十三期，累计发行金额4 632万元。现金投放平稳有序，年末，金融机构累计投放现金117 962万元，比上年减少9 791万元，下降7.66%。通过强化工作机制，监测预警人民币流通状况，新建反假货币工作站、点，创新宣传培训等措施，辖区金融机构共收缴假币合计42.25万元，其中“HD90”假币20.62万元。积极拓展反洗钱工作领域，通过签署反洗钱工作合作备忘录、编发《嘉峪关反洗钱工作简报》、制定并实施《嘉峪关市银行业“护航2009”反恐融资专项行动方案》使反洗钱工作机制得到进一步完善。

（二）及时更新营销观念，积极拓展信贷市场。农业发展银行嘉峪关市分行在继续支持传统业务的基础上，坚持“一体两翼”的业务发展格局，重点支持国家级农业产业化龙头企业，发放农村流通体系建设中期贷款5 000万元，实现了农业发展银行中期贷款零的突破。工商银行嘉峪关分行坚持以发展为主题、以效益为核心、以质量为基础的经营管理思想，积极稳妥地开展各项信贷业务，全年共发放各类贷款26亿元。农业银行嘉峪关市分行以提升城市业务市场竞争力为中心，以内部价值创造为助推，按照“抓大、拓中、不放小”的客户准入策略，突出抓好中小客户的市场营销和拓展，成为全市支持中小企业力度最大，投放贷款最多的银行。中国银行嘉峪关分行紧抓国家扩大内需和全市经济发展重大机遇，加快有效信贷投放，优化贷款结构。年末，人

民币贷款余额29.07亿元，比去年增加14.42亿元，增幅达到98.43%，市场份额较2008年提升6.63个百分点。建设银行嘉峪关分行继续重点营销大型客户，对酒钢（集团）公司综合授信限额继续为96亿元，其中酒钢集团本部70.50亿元、酒钢集团子公司、龙泰矿建公司、宏丰实业公司和宏达建材公司授信额度达10亿元。嘉峪关市农村信用联社创新信贷支农新模式，大力支持种养殖业、运输、农产品深加工和农村专业技术协会，全年累计发放涉农贷款达5.71亿元。邮政储蓄银行嘉峪关市分行积极开展存单质押、个人商务和二手房按揭等个人贷款业务，全年累计发放各类贷款4 337.23万元。

（三）创新金融产品，积极发展中间业务。工商银行嘉峪关分行开展新兴的结构性存款业务即代理资金业务，全年收入306万元。农业银行嘉峪关市分行积极营销个人中高端客户，大力发展银行卡业务创新，推广各类信用卡、电子银行、银行类及代理类理财等产品，全年新增借记卡19 356张，惠农卡4 317张，发展POS特约商户74个，完成年计划的246.66%，实现银行卡收入377万元。中国银行嘉峪关分行积极为企业办理汇利达、融易达等贸易融资新产品，全年累计办理汇利达业务8 053万美元，融易达业务1.20亿元。建设银行嘉峪关分行创新营销模式，加强新产品研发，推出“速贷通”、“成长之路”、“中小企业联贷联保”等满足中小企业信贷需求的产品。

（四）加快金融电子化建设，提高金融电子化服务水平。人民银行嘉峪关市中心支行顺利完成了对全市各家金融机构ATM机设备的专项检测及会计集中核算系统、入侵检测系统和非法外联等监测系统的升级工作。农业发展银行嘉峪关市分行积极做好综合业务会计应用系统柜员制、CM2006系统二期及大小额支付系统升级等一系列应用程序顺利上线的前期学习培训工作。农业银行嘉峪关市分行推广应用会计档案系统和现金调拨系统，实现纸质会计档案的登记、查询、调阅、移交和销毁的电子化管理；实现现金、箱包调拨指令电子化。嘉峪关市农村信用合作联社积极做好信贷管理系统的上线准备工作。

四、强化内部管理，加强基础设施建设

（一）加强党建和干部队伍建设。人民银行嘉峪关市中心支行及辖区各金融机构通过精心部署、广泛动员和扎实推进，认真组织党员干部开展深入学习实践科学发展观活动，学习贯彻十七届四中全会精神，全面贯彻落实科学发展观；进一步完善了党风廉政建设工作机制，层层签订党风廉政建设责任书，确保了党风廉政建设责任落到实处；扎实开展作风教育活动，认真解决干部职工切身利益、业务发展等方面的突出问题；组织干部职工积极开展各类专题业务培训、资格考试等，加强干部职工学习教育。

（二）不断推动内部管理水平上台阶。人民银行嘉峪关市中心支行通过建立健全各项规章制度，不断完善目标考核机制，强化“中支、科室、岗位”三级目标考核责任体系，与各职能部门签订工作目标责任书，严格落实责任目标量化考核制度；农业银行嘉峪关市分行以强化责任为重点，以防范风险为目的，着力抓好关键环节的制度落实及检查，发现各类问题59个，并限期整改。中国银行嘉峪关分行以目标管理为主线，以业务发展为核心，以过程管理为手段，严抓内控管理，不断完善“三道防线”体系，确保各项业务安全平稳运营。嘉峪关市农村信用合作联社以风险防范为主线，发现存在的问题134个，现场纠改86个，限期整改48个，防控能力进一步增强。

（三）继续加强精神文明建设。人民银行嘉峪关市中心支行深入开展文明单位创建、央行文化建设与“创争”等活动，全面调动干部职工的积极性和创造性，塑造了积极进取、团结和谐、健康向上的良好形象。工商银行嘉峪关分行获总行“学习型组织先进单位”称号，5人分获总行“百佳服务标兵”、“电子银行先进个人”和“总行优秀工会干部”等称号。农业银行嘉峪关市分行被总行评为“信贷管理先进单位”。

（四）基础设施建设进一步加强。辖区各金融机构加大网点转型力度，加快网点环境建设及硬件更新、布放，对各网点配备了排队叫号机、自动取款机、存取款一体机、现金复点机具、液晶电视和客户经理PC机等设备，为业务快速发展提供支撑，整体服务能力得到明显提高。工商银行嘉峪关分行积极调整和优化网点布局，合并、搬迁营业网点各1个。农业银行装修改造重点网点，实现了营业网点“功能分区、业务分流、服务分层和产品分销”。中国银行嘉峪关分行改造所有网点，改变过去网点营业面积狭小、客户分流和产品销售不畅的局面。嘉峪关市农村信用合作联社对5个网点进行了全面装修。年末，辖区各金融机构网均自助设备配备量、台日均交易笔数、台日均取款笔数、台日均交易金额、设备开机率和自助设备收入等指标在全省市（州）排名前列。

（朱海亮）

金 昌 市

2009年，金昌市常住人口47.57万人，人口自然增长率5.82‰，城镇化率达到57.66%。全年实现地区生产总值194.75亿元，增长14.20%。其中，第一产业增加值10.24亿元，比上年下降1.84 %；第二产业增加值155.68亿元，增长16.09 %；第三产业增加值28.83亿元，增长8.23 %。人均GDP达到41 060元（折合6 011美元），增长13.52%。实现农林牧渔业增加值9.60亿元，比上年下降1.84%。粮食总产量34.45万吨，增长3.41%。实现工业增加值142.93亿元，比上年增长16.88% 。其中，规模以上工业企业增加值141.48亿元，增长17.04%。全社会完成固定资产投资89.14亿元，比上年增长21.54%。其中，城镇投资80.88亿元，农村投资8.26亿元，分别增长18.55%、61.36%。实现社会消费品零售总额32.11亿元，比上年增长14.89%；实现进出口贸易总额22.74亿美元，比上年下降31.22%。实现大口径财政收入23.39亿元，比上年下降39.52%。城镇居民人均可支配收入16 317元，比上年增长

5.90%；农民人均纯收入5 441元，比上年增长8.52%。年末，金融机构本外币存款余额160.52亿元，比上年末增长14.64%；本外币贷款余额162.05亿元，比上年末增长43.31%；净投放现金10.59亿元，下降1.19%。银行业金融机构贷款不良率1.83%，占比下降2.03个百分点；全年实现利润2.62亿元，下降2.95%。全市证券交易开户数达到26 032个，比上年增长62.50%；证券成交额198.73亿元，比上年增长53.17%；托管市值总额8.19亿元，增长44.54%。保险业全年实现保费收入3.48亿元，比上年增长16.8%。其中，财产保险保费收入1.43亿元，比上年增长6.72%；寿险保费收入2.05亿元，比上年增长22.67%。

一、落实适度宽松的货币政策，着力促进地方经济发展

（一）加强窗口指导，提高货币政策的执行绩效。人民银行金昌市中心支行以“保民生、促增长”为出发点，研究制定了《金昌市2009年信贷增长指导意见》、《金融机构支持扩大内需，促进全市经济平稳较快发展的意见》、《金融业进一步支持农业发展，促进农民增收的意见》和《金融业进一步支持循环经济发展，促进全市经济转型的实施意见》等，准确把握政策取向，分类开展“窗口指导”，按季度组织召开经济金融形势分析会议、金融联席会议，消除经济金融宏观政策落实的瓶颈，疏通了政策传导渠道，全面贯彻执行适度宽松货币政策。联合市委、市政府政策研究部门举办了金昌市首届“循环经济发展与金融支持论坛”，进一步明晰了循环经济发展路径及金融支持模式；与市中小企业局等部门联合举办了全市银企重点项目对接会，签约项目35个，签约资金32亿元，适时跟踪督办资金落实进展情况，资金到位率达93.80%。

灵活运用货币政策工具，有效引导信贷投放。运用再贷款、再贴现等政策工具增强金融机构的资金实力，全年累计支农再贷款5 000万元。推动票据融资业务发展，对工商银行金昌分行、建设银行金昌分行和农村信用社票据贴现、同业拆借、国债交易等金融市场业务进行了现场检查，促进了辖区金融市场的规范发展。支持金昌汇众小额贷款公司发展，推广应收账款质押登记公示登记系统、农户“保证+保险”贷款等，缓解中小企业、农民贷款难问题。修订《小额担保贷款管理办法》，将小额担保贷款额度由2万元提高到5万元，贷款对象由城镇下岗失业人员扩大至城乡创业带头人和回乡创业大学生，扩大贷款的覆盖率；制定《金昌市妇女小额担保贷款管理办法》，启动妇女致富创业金融支持行动，提升了妇女的社会地位，推进全市创业、就业工作。全年累计向657人发放小额担保贷款3 160万元，发放人数和金额是上年的3.60倍和8.60倍。

推动金融市场创新和发展。做好票据市场、国债市场和黄金市场等金融市场的监测管理工作，密切关注金川公司中期票据发行进展，重点监测融资企业资金流向与用途、财务与信用状况、偿债能力变化等情况，及时反馈。

（二）扩大信贷投放，积极支持地方经济发展。辖区各金融机构紧密结合地方经济发展战略，积极发挥比较优势，切实加大信贷投放，为促进经济走出危机阴影提供了持续的金融保障。2009年新增贷款48.97亿元，增长43.31%，增量、增速创10年来的新高，10年来贷款总额首次超过存款总额，存贷比达100.95%。其中：农业发展银行金昌市分行确定了“增总量、求质量”的工作思路，优先支持资信好的农业产业化龙头企业和粮油加工企业，择优支持购销企业，审慎发展商业性贷款业务，确定了10户产业化龙头企业、7户国有粮食购销企业和13个商业性贷款客户为重点支持对象，全年新增0.57亿元，贷款余额11.18亿元，增长5.36%。工商银行金昌分行以“多元化发展，精细化营销”为主线，紧紧围绕突出核心业务、核心客户两个重点，紧盯市场，不断丰富业务品种，在企业年金、个人贷款和外汇贷款业务等方面取得了新的突破，全年新增2.75亿元，贷款余额32.15亿元，增长9.35%，其中个人贷款2.74亿元，占市场份额的39.05%。农业银行金昌市分行深化信贷审批体制改革，推行信贷客户名单管理制，成立了小企业金融服务中心，贷款投放取得了重大突破，全年新增贷款9.39亿元，贷款余额28.57亿元，增长48.96 %。中国银行金昌分行围绕重点项目和重点企业，开展总分行三级联动和差异化营销服务，狠抓公司业务，大力拓展个人金融业务，积极抢占市场份额，全年新增贷款18.45亿元，贷款余额33.95亿元，增长119.03%，其中外汇贷款2.45亿元美元，占全口径市场份额62.98%。建设银行金昌分行秉承“以客户为中心，以市场为导向”的经营理念，抓住地区优势和行业特色，将信贷资源向优质客户和重点项目倾斜，全年新增贷款13.83亿元，贷款余额42.76亿元，增长47.81%。全市农村信用社在满足农户有效资金需求的基础上，加大对城镇个体工商业的信贷支持，形成了“立足农村、渗透城市”的发展格局，全年新增贷款3.54亿元，贷款余额12.79亿元，增长38.27%。邮政储蓄银行金昌市分行加快了业务发展速度，积极服务地方经济发展，全年累计发放贷款1.08亿元，贷款余额0.65亿元。

二、加强金融生态环境建设，切实维护区域金融稳定

（一）进一步夯实金融稳定的基础。人民银行金昌市中心支行完善了人民银行和银监局之间的工作协调和信息共享机制，拟定了人民银行与市发改委、市财政局的沟通协调制度，初步达成与区、县政府的信息沟通机制，搭建与地方政府相关部门的信息交流和协调平台。结合地方实际，调整、增加风险监测指标，对法人金融机构监测数据库进行了完善。将保险业、证券业的相关数据纳入风险监测范畴，拓宽了监测范围，提高了对系统性风险的判断能力。按季度分别对银行、证券和保险业风险实施监测与分析，对法人金融机构实行月度监测分析，强化对金融业主体的风险评估。全面开展对银行、证券和保险业风险及辖区跨市场、交叉性业务发展的监测和分析。继续推进金融机构践行社会责任活动，强化维护金融稳定的责任和使命，提高了金融维稳工作的水平。

人民银行金昌市中心支行自主开发了反洗钱“大额现金交易监测系统”，完成对人保财险、邮政储蓄银行等3家金融机构的反洗钱现场检查，督促银行业金融机构按时准确报送现金管理报表，及时核查疑义信息，开展大额现金管理试点工作，不断加大反洗钱工作力度。认真核对银行业金融

机构企业征信系统数据和国有商业银行个人信贷数据，成功开发农户电子信用档案数据录入模板，新增工商奖励等非银行信息的采集，开展征信知识进社区、下乡等活动，稳步推进社会信用体系建设，夯实了金融稳定的基础。

（二）努力确保金融业的稳健运行。金昌银监分局坚持宽严相济，合理把握容忍度，严守风险底线，推进辖区银行业机构平稳健康发展，实现了不良贷款的“双降”，2009年末辖区银行业不良贷款率1.83%，下降2.03个百分点。同时，建立了案件防控体系，把内控制度建设和案件防控与高管人员绩效考核挂钩、与风险评级挂钩、与市场准入挂钩，有效控制了新增贷款风险。对风险不同的金融机构实施统一监管标准下的差别监管措施，组织开展了新发放贷款等24项现场检查，促进银行业机构依法合规经营。

（三）稳步推进银行业的改革。农业发展银行金昌市分行在做好粮油购销政策贷款的同时，加强商业性贷款的制度建设和流程设计，拓展信贷范围。工商银行、中国银行和建设银行金昌分行进一步深化了分支机构改革，基本实现了基层网点向营销和服务平台的转化。农业银行金昌市分行完成了市、县两级行组织架构调整，建立了“三农”金融事业部制，增强了服务“三农”的功能和活力。金川区、永昌县2家农村信用联社完成了统一法人社改革，建立了较为完善的法人治理结构。邮政储蓄银行建立了各项内控制度，逐步形成了适应业务发展和风险管控需求的网点管理模式。

三、改进金融服务方式和手段，努力提升金融服务水平

（一）继续加强金融设施的建设。加快了现代支付体系建设，通过召开支付结算联系会议、银企座谈会、业务推介会和市政府批转《关于推动金昌市公用事业定期代收费业务发展意见》等措施，进一步扩大银行定期代收公用事业收费范围和业务量，扎实推进小额支付系统公用事业代收业务发展，推广经验在甘肃省支付结算工作会议进行了交流。落实公民身份信息联网核查，强化人民币银行结算账户管理；开展打击银行卡犯罪活动，推动银行卡产业的健康发展；完成中央银行会计集中核算系统升级换版和电子对账系统上线。推进国库管理和服务创新，国库与国税部门、商业银行以及信用社的电子缴税实时扣税系统正式运行，与地税部门横向联网的试点测试成功，率先在全省实现乡镇国库横向联网，财税库银横向联网工程取得阶段性成果。开辟了国库直拨快速通道，实现国库部门直接划拨辖区库区移民补助资金。科学合理、及时安全地调拨发行基金，保证了经济发展对现金的合理需求。开展人民币收付业务、反假货币工作检查和“商业银行人民币现金业务服务质量”调查，不断提升人民币流通质量。城乡反假货币“两个网络”建设成效显著，四类工作站经验在全国反假币工作会议上进行了交流。充分利用资本项目审批权限下放的政策，及时办理企业境外投资外汇资金来源审查，支持金川公司等企业“走出去”。推进进出口核销制度改革，实现了核销单无纸化。深化外汇管理体制改革，实现了出口收汇与出口退税联动管理。加大了国际收支间接申报核查的力度，强化国际收支统计申报管理，推进外汇金宏工程上线工作。出台了《金昌市外汇金融支持涉外经济健康发展指导意见》，加快了涉外经济发展。加大统计检查，促进全市金融统计工作水平的不断提高。扎实做好工业景气、企业商品交易价格指数、进出口问卷、银行家问卷与城镇储户问卷等经济调查的汇总、审核和分析，为上级行提供决策信息。

（二）努力提升金融服务水平和效率。农业发展银行金昌市分行开展“合规管理年”活动，推进精细化管理，规范操作流程和操作行为，提升了经营管理水平，被市政府评为“深入实施工业强市战略先进企业”。工商银行金昌分行深入开展“学规定促发展”、“远离违规行为，珍惜职业生涯”主题教育活动，积极推进运行“三项改革”和报表集中改革，不断加大管理力度，依法合规经营，连续实现了第十七个安全年，被中央文明委授予国家级“文明单位”称号。农业银行金昌市分行大力开展“网点文明标准服务年”活动，积极推进网点转型，文明标准服务的理念深入人心，在金昌市政风行风评议中取得了服务行业第二、金融机构第一的好成绩。建设银行金昌分行以“深化文明创建、打造精品银行”为出发点，开展“抓服务、讲合规、促发展”专题活动，印发了《业务向导》手册，推行“客户接待日”、“首问负责制”等，文明创建与业务发展相互促进，有1个支行被省银行业协会评为银行业文明规范服务“示范单位”、2个支行被建设银行甘肃省分行命名为“青年文明号”单位。农村信用社代理财政部门发放“一册明、一折统”，推广飞天银行卡业务，开通了ATM自助银行营业网点、手机银行短信平台等，提升了农村金融服务的层次。

四、完善内部控制管理体系，积极构建金融企业文化

（一）进一步完善内控体系。人民银行金昌市中心支行整合内审、事后监督、纪检监察和会计等职能作用，采取“检查+辅导”的办法，建立日常重点监控、后续检查监督和定期不定期跟踪监督为重点的内控安全监督长效机制；强化对结算资金、国库资金、发行基金与金融机构缴存资金等要害岗位和重要环节的监督，对涉及大额资金汇划的支付清算业务实施逐笔全程审核，防范了业务风险；加强会计财务管理，规范固定资产、集中采购和基建项目的管理，认真开展自有银行账户、固定资产及“小金库”的清理工作；推进“法治科室”创建活动，落实政务公开制度，参加甘肃省“政务行风热线”直播活动，推动了法制央行、阳光央行的建设步伐，通过逐层签订工作目标责任书、综合治理目标责任书和保密承诺书等，加强保卫、政务、计算机、门卫等值班和登记管理，深入开展矛盾纠纷、计算机、保密信息、枪支弹药、消防器材及节日安全等全方位的安全排查，有效地防范了业务风险，中心支行被评为金昌市“平安建设先进单位”。农业银行金昌市分行开展了案件专项治理和集中排查、网点移位检查等活动，有效遏制和防范了风险，市分行及所有支行内控评价均为一类行。建设银行金昌分行修订完善了《激励费用考核考核分配办法》、《营销费用配置办法》、《产品创新管理办法（试行）》等办法和制度。

（二）加强党建和队伍建设。人民银行金昌市中心支行进一步创新和丰富中心组学习的内容、形式和过程，做到了思想政治建设不放松、落实制度不放松、调查研究不放松；围绕干部作风建设、廉政文化建设、制度建设、队伍建设和

案件治理专项工作，加强对党员领导干部的思想道德教育和纪律教育，增强党员干部执政能力；举办了庆祝建党88周年、“我与我的祖国”和“廉政家访”、民主评议行风等活动，促进领导干部廉洁自律意识和作风建设；加大岗位交流力度，开展业务骨干金融知识系列讲座和“专家月月谈”活动，努力培养跨部门、跨业务的综合型人才。工商银行金昌分行实施“人才兴行”战略，加大在岗员工再教育和再培训工作，优化人力资源组合，积极选拔培养后备人才，为业务的快速发展输入了新的活力。建设银行金昌分行邀请深圳市博唯扬企业管理咨询有限公司的资深培训师对管理人员进行专题培训，进一步提高了管理能力和水平。

（三）开展金融文化创建活动。人民银行金昌市中心支行和金昌银监分局联合举办了“金昌市金融系统庆祝新中国成立60周年文艺汇演”，全市各商业银行、农村信用联社、保险公司和证券公司等金融机构参加了演出，表达了金融系统全体干部职工对共和国60年华诞的深情厚谊。人民银行金昌市中心支行大力开展“特色文化建设年”系列活动，举办了运动会、舞蹈、歌咏比赛和文化知识、金融知识、业务技术竞赛等，提高了干部履职能力，获得了2007年—2008年度分行先进集体、2008年度女职工文明示范岗和甘肃省青年征信知识竞赛优秀奖等荣誉称号。中国银行金昌分行开展了文明优质服务大比拼、“寻找同业亮点、提升中行品牌”志愿服务、“热心储户”评选等活动，提升了服务水平。建设银行金昌分行开展了“关爱员工、从心开始”系列活动，缓释了员工精神压力，鼓舞了员工士气，培育了健康向上的生活情趣和爱好。

（李广炎）

武威市

2009年，武威市总人口191.83万人，自然增长率为6.69‰，城镇化率为34.11%。实现地区生产总值192.79亿元，较上年增长9.40%。其中，第一、二、三产业分别实现增加值53.50亿元、73.77亿元和65.52亿元，比上年增长7%、11.40%和9.30%。三次产业结构为27.75: 38.26: 33.99。全年实现工业增加值48.65亿元，比上年增长13.42%；农业增加值53.5亿元，增长5.54%。粮食总产量达95.31万吨，增长4.95%。完成全社会固定资产投资133.82亿元，增长22.40%，完成城镇固定资产投资101.16亿元，增长20.07%，完成农村固定资产投资32.66亿元，增长30.22%；实现社会消费品零售总额64.89亿元，增长18.02%。实现外贸进出口总额712.10万美元，增长41.30%。完成大口径财政收入9.94亿元，增长20.21%，实现一般预算收入4.84亿元，增长18.12%；完成支出61.26亿元，增长35.34%，城镇居民人均可支配收入10 447元，增长10.08%；农（牧）民人均纯收入3 972元，增长10.60%。年末，全市金融机构各项存款余额261.12亿元，比上年末增长30.50%。其中，储蓄存款余额180.12亿元，增长28.17%；各项贷款余额117.16亿元，增长32.71%。按五级分类划分的不良贷款率11.60%，下降17.13个百分点。全市金融机构累计现金收入1 166.15亿元，现金支出1 165.54亿元，收支相抵净回笼现金0.61亿元，比上年多回笼现金0.57亿元。各类证券业务交易额135亿元，比上年增长15.36%。全市保险系统实现保费收入6.09亿元，增长17.79%。其中，财险业务保费收入1.22亿元，比上年增长24.45%；人身险业务保费收入4.86亿元，比上年增长12.24%；保险赔款给付1.05亿元。

一、认真贯彻落实货币政策，促进经济稳定增长

（一）继续贯彻执行适度宽松的货币政策。人民银行武威市中心支行出台了《2009年银行业金融机构落实扩大内需政策促进经济发展信贷增长指导意见》，积极落实“扩内需、促发展”的政策，加大信贷投放力度，积极开展项目对接。与市政府、市经委和中小企业局协商，先后组织召开落实扩需会议3次，银企对接会2次，金融知识讲座2次，推荐信贷支持项目11个，企业获得贷款6.70亿元，签约意向协议项目金额达22.50亿元，实现项目与资金的有效对接。按月向市委、市政府主管经济工作的主要领导和部门报送《武威市月度金融运行情况分析报告》，根据辖区经济金融运行状况，分析影响金融发展的主要问题，提出指导性意见。撰写报送《武威市货币政策执行报告》《武威市存款准备金执行报告》《武威市地方性金融机构利率政策执行报告》等，及时反馈金融运行中的新情况、新变化，促进区域经济协调发展。

（二）对中小企业支持力度加大。2009年，全市金融机构贷款投放创历史最高。全年贷款投放到基础设施建设、工业流动资金周转以及私营企业及个体经营户，中长期基础设施建设贷款余额达45.65亿元，比上年末净增8.27亿元，占贷款净投放的45.30%。工业流动性贷款和私营企业及个体贷款占比较小，但全年增速较高。其中：工业流动性贷款净投放1.50亿元，增长136%，解决了食品加工业等一些中小企业短期流动资金困难；私营企业及个体贷款净投放2亿元，增长250%，多增1.50亿元，主要解决了小企业及个体工商户资金需求。

（三）支持“三农”成效显著。2009年，辖区内各家金融机构特别是农村信用社加大对以设施农业建设为中心的“三农”服务，全年农业贷款净增4.80亿元，比上年多增3.80亿元。主要用于日光温室大棚种植和规模养殖。

二、改善金融生态环境，促进辖区金融业健康稳定运行

（一）优化区域金融环境，全力推进社会信用建设。在继续完善农村信用创建工作的基础上，进一步推进“诚信武威”建设向纵深发展。按照市政府《关于开展信用商户、信用企业创建活动的实施方案》要求，人民银行武威市中心支行联合市工商局、中小企业局开展了“信用商户、信用企业”评选工作，评选出信用商户30个、信用企业户12个。武威电视台、《武威日报》对创建领导小组负责人和信用商户、信用企业的典型事迹进行了跟踪采访。《武威日报》用一个专版对创建活动进行了全面的宣传报道，社会

影响积极深远。

（二）开展践行社会责任活动，提升金融业整体形象。人民银行武威市中心支行从思想认识、制度建设和实践探索等方面研究和推动金融机构践行社会责任，构建长效机制。市政府批转实施了《武威市金融机构践行社会责任指导意见》，突出“以人为本、关注民生、和谐金融、持续发展”的主题，明确辖区金融机构践行社会责任的工作目标、思路及方法，建立工作机制。

（三）支持重点工程，推动石羊河生态治理。2009年，人民银行武威市中心支行联合市农牧局开展了金融支持效果的评估工作，评定凉州区清水农村信用社等3家单位为全市金融支持石羊河流域重点治理优秀单位。以信贷投入为主的金融服务成为石羊河流域重点治理的杠杆和助推器。

（四）切实推进农村信用社票据兑付工作有序进行。人民银行武威市中心支行依照上级行的要求，上报了民勤县农村信用社专项票据兑付申请，成功兑付央行资金1 401.50万元，初步实现了“花钱买机制”的政策效应。同时，加强了对凉州区农村信用联社增资扩股、股本金管理、经营财务指标、置换资产的处置、贷款占用形态及处置不良贷款真实性和合规性等工作的监测与现场检查，资产质量明显改善，资金实力和盈利能力明显增强。年末盈利2 047万元，9年来首次实现了扭亏为盈。

三、创新金融服务方式，提升金融服务水平

（一）扩大支付系统使用面，推动小额收付业务发展。突出重点，切实推进全国支票影像交换系统和甘肃省支票影像清分系统在区域、同城和全国范围内的运用，将票据交换行扩大到50家，100%覆盖支付业务参与银行，彻底改变了由付款方发起的贷记业务采用“倒进账”方式办理同城支票业务的行为，缩短客户资金的到账时间，提高资金使用效率。积极推动定期借记业务，帮助电信、电力和自来水等部门选择信誉度好、资金充足的付款单位签订三方协议，引导收费单位使用小额支付系统公用事业费代收业务，逐步完成所有付款单位、付款个人的三方协议签订，扩大小额定期支付业务的范围。

（二）深入开展农民工银行卡特色服务，中间业务收入稳步增长。农村信用社、邮政储蓄银行一次性全部开通县及县以下营业网点综合业务系统，受理农民工银行卡业务，为农民工提供专业服务。规范银行卡市场秩序，对辖区内84家使用POS机的特约商户进行检查，切实解决机具使用不规范、不稳定的问题。2009年，全市新增贷记卡10 000张，比上年增长46%，新增借记卡121 044张，增长23%，全年实现中间业务收入11 230万元。

（三）推动财税库行联网，增强公共服务能力。2009年武威市国库工作会议要求辖区内国库把横向联网推广作为重点工作来抓，努力扩大辖区财税库银横向联网系统覆盖范围，不断增加纳税人签约数量，切实提高横向联网系统运行效率。中心支库积极采取措施与税务部门、商业银行进行协商和系统联调测试，为系统成功上线运行奠定了坚实的基础。截至11月30日，辖区累计纳税人签约户数为1 423个，实际扣税户1 416个，电子扣税占报税户数的31%。

（四）推广国库直拨业务，助推拉动内需政策实施。人民银行武威市中心支行以服务民生为宗旨，主动加强与政府财政、民政、社保等部门的协调与沟通，宣传国库直接办理补助金发放的优势，争取地方政府领导的支持，努力打造涉农补贴资金全程封闭运行的“国库直通车”，全市三县一区成功实现城市低保、家电下乡、汽车摩托车下乡和学生助学金补助等四个项目的国库直接拨付，2009年，累计直接支付10 998笔，412万元，受到基层政府、社会和广大受助群众的充分肯定与赞誉。

（五）改进外汇服务措施，促进贸易投资便利化。积极推进外汇“金宏”工程上线，完成了辖区各外汇指定银行基本信息登记准入工作。努力推进企业网上开户工作，为辖区内进出口企业进行网上开户17个。圆满完成银行执行出口收结汇联网核查和企业货物贸易项下外债登记管理政策情况专项检查。

（六）保险、证券金融业务有序开展，不断提升经营绩效。2009年底，全市各类保险公司共有12家，其中财产保险公司8家，人寿保险公司4家。全年实现保费收入60 857万元，比上年增长26.01%。其中：财产险实现保费收入12 212.32万元，比上年增长36.88%；寿险实现保费收入48 644.68万元，比上年增长23.55%。赔款和给付支出10 465.93万元，保险深度2.57%，保险密度318.62元/人。证券业务平稳发展，证券交易量稳步增加，投资者开户数达1.85万户，较年初新增客户4 300多个，证券交易客户结算资金余额1.50亿元，证券累计交易额135.20亿元，同比增长32.60%，实现营业收入1 312.20万元，营业利润997.67万元，较上年均有大幅增长。

四、加强金融行业文化建设，不断提升行业形象

人民银行武威市中心支行不断强化责任意识、安全意识、服务意识、创新意识和奉献意识，着力构建“五型机关”。深入开展“中国特色社会主义理论体系宣传普及活动”、“普及心理健康知识开启人生阳光心态教育疏导活动”、“我与我的祖国”和“正作风·树形象·爱岗敬业”主题活动。以“创争”为载体，继续深入开展“党员要成为业务中坚力量”、“女职工示范岗”和“文明单位”等创争活动。稳步推进央行文化建设，征集出版了《员工愿景及职业规划手册》，编印了人民银行武威市中心支行央行文化建设宣传画册。2009年，被省总工会命名为“模范职工之家”称号，被武威市总工会授予“标准化职工书屋”和“工会工作二十强”。工商银行武威市分行深入开展“四好”班子创建活动，不断加强领导班子建设。农业银行武威市分行建立了副科级以上干部廉政档案，进一步增强了各级领导干部廉洁自律意识。中国银行武威市分行继续加强全行员工的IT蓝图相关培训工作，着力提升全员总体素质。建设银行武威市分行继续加大培训力度，深入开展“百名金牌服务柜员”活动。农村信用联社加快建立信用社主任履职评价考核体系，创建特色企业文化。

（巴泰基）

张 掖 市

2009年，张掖市总人口为128.81万人，较上年增加0.65万人。其中：城镇人口45.73万人，占35.50%；乡村人口83.08万人，占64.50%。实现地区生产总值192.02亿元，较上年增长11.50%。其中：第一产业实现增加值53.64亿元，增长7.20%；第二产业实现增加值72.51亿元，增长13.40%；第三产业实现增加值65.87亿元，增长13.10%。人均生产总值14 945元，增长11.10%。完成工业增加值55.01亿元，增长14.60%，规模以上工业企业完成增加值45.60亿元，增长16.20%。实现农业增加值52.93亿元，增长7.20%。粮食总产量达102.90万吨，增长8.50%，创历史最高水平。完成全社会固定资产投资95.17亿元，同比增长21.20%。其中：城镇投资完成68.74亿元，增长16.90%；农村投资完成26.43亿元，增长34.10%。实现社会消费品零售总额57.25亿元，增长18.70%，外贸进出口总额为4 400万美元，较上年增长10%。其中：出口总额4 392万美元，增长20%；进口总额8万美元，下降97%。签约总投资为60.26亿元，招商引资103项，实际开工建设96项，占签约项目的93.20%，落实到位资金26.18亿元。完成大口径财政收入15.04亿元，增长18.26%；完成地方一般预算收入6.32亿元，增长13.35%。金融机构各项存款余额214.36亿元，增长33.50%，各项贷款余额113.37亿元，增长28.40%。实现保费收入63 915万元，增长8.70%，其中财险收入13 577万元，寿险收入50 338万元。支付各类赔款及给付11 831万元，增长7.90%，其中财险赔付8 523万元，寿险赔付3 308万元。城镇居民人均可支配收入10 153元，较上年增长9%，人均消费支出9 578元，增长6.60%，恩格尔系数为29.03%，下降1.38个百分点；农民人均纯收入4 989元，较上年增长10.50%，人均生活消费支出3 914元，增长8.30%，恩格尔系数为40.12%，下降0.31个百分点。

一、积极推动辖区经济金融健康平稳发展

（一）创新机制，科学评估，有效执行货币政策。人民银行张掖市中心支行以认真执行适度宽松的货币政策为己任，紧密结合辖区实际牵头开展了由政府相关部门和金融机构负责人参加的“货币政策执行绩效”调研活动，在对全市农业发展、重点项目和企业生产经营及融资、信贷需求情况进行深入考察了解的基础上，制定了《张掖市2009年信贷增长指导意见》，并针对不同阶段经济发展需要，制定了10个分项指导意见，均由市政府批转金融机构及有关单位执行。以山丹县为试点深入推进信贷政策导向效果评估工作，建立了金融机构贯彻落实信贷政策督导制度，督促金融机构进一步加大执行货币信贷政策力度。严格审批，及时发放再贷款8 000万元，有效支持了“三农”发展。年内，在解决中小企业贷款难、贫困学生就学难及扶持民营经济、发展担保业务等方面的积极探索得到了上级行和省、市政府的充分肯定，并在张掖市召开了“全省妇女小额担保贷款试点工作启动大会”和“全省扶持人口较少民族发展现场会议”。

（二）认真执行一号文件及保稳定政策，主动谋划，全力应对。全市金融机构始终将服务“三农”作为工作的出发点和落脚点，累计发放的335 648万元农业贷款，有力支持了农村经济发展。政策性银行面对农产品出口锐减、国内市场疲软等不利因素，遵循“政府协调、银行融资、企业承贷”的方式，认真落实其上级行与张掖市政府签订的战略合作协议，通过展开高端营销，筛选符合信贷政策的项目入库，及客户维护管理责任制和对重点客户按季回访等有效措施，加强协作、积极应对经济危机造成的不利影响。及时发放的贷款确保了辖区农产品及生产资料的收购、储备及农业开发、农村基础设施建设、商业流通和县域城镇建设等方面的资金需求。农村金融机构积极探索贷款营销的新方法、新措施，通过适度提高贷款授信额度、创新信贷服务品种等有效措施，在辖区内农村信用社积极开办了“商户信用共同体联户联保”、“最高额抵押”、“城镇居民个人消费”、“农村安居工程”等信贷品种，充分挖掘了新的贷款增长点。具体实施中以简化环节、提高效率和方便农户为主旨，积极搭建农户贷款的绿色通道，专人负责农户小额信贷，实施行风监督员监督，强化贷款营销工作，促进了社农双赢。商业银行以科学发展观统领全局，积极实施“三农”和县域蓝海战略，通过“现场调查靠实底数、依托龙头优选客户、整村推进择优放贷、责任到人流动服务”等切实有效的服务方式，及时解决了辖区农村经济中“种植、养殖、加工、商流、基础建设”等方面的资金需求。在农业银行张掖市分行积极支持下辖区内农村“一乡一业、一村一品”及“公司+基地+农户”的新农村格局基本形成。

（三）结合地方发展战略抓重点，全力做好优质贷款营销。辖区内金融机构紧紧围绕“十大工程”建设，抓住电力、矿业、燃气和房地产等行业持续发展的有利时机，对新建、续建、在建项目及企业运行环节给予了及时、有效的信贷支持。积极协商同市政府在兰州召开张掖市银地战略合作项目推介会，与省级6家金融机构达成了授信额度为350亿元的银地战略合作协议，并建立和完善了季度项目发布推介、政银企三方定期联合调研等制度，为张掖经济企稳向好提供了宽松的金融环境。进一步加强重点法人客户的贷款营销工作，通过及时建立项目信息库、专人负责、跟踪营销、“工商+协会+商户+农行”的有效模式，及时调动了员工的积极性，确保了项目建设及运行环节中的资金之需。继续扩大票据融资规模，确保市场占有份额，通过完善票据营销组织架构、收集信息、广泛宣传等措施为做大做强票据贴现业务打下了坚实基础，工商银行张掖市分行全年累计办理票据贴现310笔，融资25 814万元，为增加信贷资金存量奠定了坚实基础。根据辖区实际积极发放惠民性贷款，全市下岗失业人员小额担保贷款余额已达5 558万元，在甘肃省各市（州）位居第二；助学贷款余额达580万元，发放的小额妇女贷款已争取到政府贴息50多万元，17个乡镇20个村的490家农户受益，政策效应和经济效益的双赢效果已初

步显现。

二、积极促进金融业稳健运行

（一）依托平台，完善体系，稳步推进金融生态建设。人民银行张掖市中心支行以临泽县创建金融生态县试点工作为契机，及时建议地方政府开展“中国金融生态城市”创建工作，并制定了《张掖市金融生态环境建设实施意见》和具体的考核评价办法，被市委、市政府批转有关单位执行，推进张掖市金融生态环境建设迈出了实质性步伐。密切监测危机背景下金融运行情况特别是地方法人金融机构的流动性状况，在密切注视实体经济风险向银行业传导问题的基础上，修改完善了《张掖市金融机构践行社会责任评价办法》，并依此对辖区内金融机构2008年度践行社会责任情况开展了综合考评。与张掖市中小企业局联合下发了《张掖市中小企业信用档案建设实施办法》，为全市4000余户中小企业建立了信用档案。及时捕捉大额可疑支付交易线索，依托上年建立的“反洗钱上游犯罪三方会商制度”，协助公安机关破获了一起涉及20余个省、市，66户企业涉案金额达8.01亿元的虚开增值税专用发票案。通过组织反假币宣传周、征信知识宣传月和征信知识进社区等系列宣传活动，构建了金融知识宣传长效机制，进一步提高了社会公众的金融意识和抵御金融风险的能力。在强化培训切实提高一线工作人员“两反”能力的同时，与公安机关联合开展了“09”专项行动，严厉打击各类制贩假币犯罪活动，全年共破获3起涉案金额为2.58万元的假币案，公安部门和金融机构分别收缴案值为43.16万元和21.86万元的假币。

（二）更新理念，科学监管，切实增强风险管控能力。张掖银监局及时跟踪，重点监控，督促金融机构采取以资抵贷、优化重组等多种方式，加快不良贷款处置，有效缓解了信贷资产劣变压力，确保了“双控”目标的实现。年内，辖区金融机构不良贷款余额和占比实现了“双降”。通过注重检查跟进和确保案防效果等有效措施，成功堵截了盗窃客户银行卡信息案件1起，案值为900万元的银行承兑汇票诈骗案1起，并成功抓获了两起案件的犯罪嫌疑人，实现了全年案件为零的目标。按照“分类必须准确、拨备和资本必须充足、风险管理必须到位”的工作要求，对资本充足率低于8%的机构及时进行风险提示，督促其加强风险管理，同时对不达标的机构提出了严格限制股东分红等监管措施。按照硬件合格、程序合规、调查深入和针对具体的要求，对机构准入、事项变更等事宜坚持实地查看，确保了上述事项的合规。坚持对高管人员以往履职和拟任情况及机构运营情况的调查了解，有针对性地进行监管谈话，提出监管要求，年内共办理行政许可210项。及时制定下发了规范合作金融机构信息披露办法，指导6家法人机构对2008年信息进行公开披露，同时要求对达到一定资产规模的甘州合作银行由外部审计机构进行审计。先后投入1 492个工作日，对17家法人机构、111家支行以上机构的跨年及本年度信贷业务进行了检查，对查出113款问题及时进行了纠正，有效规范了辖区内金融部门的业务运作。

三、进一步增强各项工作的创新能力

（一）夯实基础，着眼重点，努力提升履职绩效。人民银行张掖市中心支行以认真履行基层央行职责为己任，全面提升了履职绩效，年内被中国金融工委表彰为第三届全国金融系统“学习型组织先进单位”，被人民银行西安分行表彰为“2006年-2008年度文明单位”，“2007年-2008年度先进集体”，被张掖市委、市政府表彰为“对张掖经济社会发展做出突出贡献的驻张单位”。通过建立涵盖9个板块54项内容的人民银行信息共享平台，进一步完善了张掖市经济金融数据库，为全省范围内建设县域经济金融数据库提供了宝贵经验。以“狠抓特色，提升层次”作为2009年调查研究的主攻方向，实现了定性分析向定量分析的逐步转变，年内共有6篇学术论文被CSSCI核心期刊采用，80篇调研文章被省级以上刊物采用，上报的各类信息中56篇被兰州中心支行采用，30篇被西安分行采用，1篇被总行采用，数量和质量均优于往年。

（二）注重效率，优化手段，不断提高服务水平。通过运行中央银行会计核算电子对账系统，对辖区43个对账单位的66个对账账户全部实现了电子对账，100%的对账一致率，从根本上解决了对账不及时、风险不易发现和事后监督不便等问题。通过布放ATM、POS机、开通网上银行、电话银行及推广银行卡等方式进一步改善了农村支付结算体系。针对复杂多变的国际国内经济金融形势，在总结以往涉外金融服务与管理工作经验的基础上，组织编写了《外汇业务服务手册》，及时下发支持涉外经济发展的“指导意见”，引导辖区内涉外经济组织积极应对金融危机的不利影响，充分利用好“两个市场、两种资源”，推动辖区涉外企业的结构调整。以促进外汇指定银行合规经营为主旨，适时对全市5家外汇指定银行26项指标及外汇政策执行情况进行了考核和检查，至年末，全市跨境收支总额562.90万美元，银行结售汇总额903万美元，顺差111万美元；出口总额1 998万美元，涉外经济呈现出健康平稳发展的态势。各家保险公司大力拓展业务范围，不断提高保险深度和密度，及时进行赔付，为张掖市经济社会发展提供了有力的风险保障。随着国泰、华龙两家证券公司业务的进一步拓展，年末累计开户数已达14 411个，年度内交易额达150.52亿元，一定程度上丰富了居民理财品种，改善了居民投资结构。

（贺树杰）

平　凉　市

2009年，平凉市总人口229.77万人，人口自然增长率为6.75‰。实现地区生产总值195.66亿元，比上年增长10.80%。其中，第一、二、三产业对经济的贡献率分别为22.18%、45.36%和31.16%。人均生产总值6 573元，增长12.30%。全市城镇化率达到32.46%。粮食总产量89.10万吨，增长0.33%。完成农业、工业增加值分别为43.39亿元和71.58亿元，分别增长8.10%和9.20%。完成全社会固定资产投资和社会消费品零售总额分别为194.62亿元和74.11亿元，比上年分别增长49.14%和19.10%。旅游综合收入10.54亿元，增长99.60%。居民消费价格指数比上年增长1.60%。完成大口径财政收入22.18亿元，增长10.20%，其中，地方财政收入9.52亿元，增长15.50%。城镇居民人均可支配收入和农民人均纯收入分别为10 678元和2 715元，比上年分别增长10.08%和12.50%。城乡居民医疗保险参保率和参合率分别为94.86%和97.85%。年末，全市金融机构本外币各项存、贷款余额分别为265.04亿元和160.31亿元，比上年末分别增长28.42%和26.50%。

一、全面落实宏观调控措施，货币政策执行绩效显著增强

（一）加强“窗口指导”，促进经济发展。2009年，人民银行平凉市中心支行按照“保增长、扩内需、调结构”的宏观调控要求，多措并举贯彻执行适度宽松货币政策，创造性提出促进全市货币信贷有效增长的“两优四高八突出”的引导要求，督促金融机构优化信贷结构，加大对平凉煤电化工、民生工程等领域的信贷投放，满足全市“六个集中突破”项目的合理资金需求，助推地方经济企稳回暖。关注薄弱环节、弱势群体的信贷服务，召开农户小额信用贷款总结规范、推广普及庄浪现场推进会，制定金融支持灾后重建等15个指导性文件，有7个办法、意见被市政府批转或直接以市政府文件下发，全市事关改善民生的创业促就业、助学等贷款余额较年初翻了一番。树立“保增长就是保企业、保企业就是保就业”的责任理念，配合市政府积极开展“企业服务年”活动，多次深入市政府确定的25户重点扶持中小企业调研，有效缓解了中小企业贷款难题，得到市委、市政府的充分肯定。年末，全市新增贷款比上年多增18.82亿元，增幅高于全市生产总值增长速度、高于历史水平和全省平均水平。

（二）实施“715工程”，破解农户贷款难题。甘肃省农村信用合作联社平凉办事处在全市范围内广泛推行了“在年内给全市7万农户每户发放1本《贷款证》，农户小额信用贷款新增5亿元”的“715”便民活动，着力破解农户“贷款难”和农信社“难贷款”的问题，赢得了地方党政领导和农民群众的广泛赞誉。

（三）创新贷款营销方式，支持经济平稳增长。农业发展银行平凉市分行以粮油库贷差额清收整改为重点，努力防控和化解信贷风险；积极开展贷款营销，大力发展商业性贷款业务；不断拓展代理保险等中间业务；大力推行收购资金非现金结算、企业网银、银行卡以及银行承兑汇票业务，进一步提高了工作效率和金融服务水平。工商银行平凉分行公司业务始终紧盯市场和目标客户，以煤、电产业为重点，加强贷款营销工作，紧紧抓住全市煤电化工产业深度开发和实施“重大基础设施建设突破年”活动，主动出击，分析市场、筛选项目、锁定目标，形成强势贷款营销攻势，并多次与平凉市中小企业信用担保中心联系，落实中小企业贷款担保、解决其贷款营销“瓶颈”问题。农业银行平凉市分行强力营销华能平凉发电公司等法人客户贷款业务，围绕“加快客户结构调整，大力营销高价值个人客户，全力提升客户质量”目标，积极准入优质楼盘、汽车经销商，大力发展以住房为主的个人消费贷款业务。中国银行平凉分行大力发展优质授信，做大做强资产业务，公司业务主要加大对全市煤电、水泥、房地产等支柱行业和华煤集团、华能平凉发电公司等“黄金客户”的贷款营销力度；零售贷款方面成立了个人消费信贷工作小组，优选重点对象，积极办理个人信用循环贷款。建设银行平凉分行坚持“打基础、调结构、促转型、保平安、上份额”的“十五字”工作思路，以客户为中心，以市场为导向，以抓项目为突破口，以精细化管理为根本，切实加大贷款投放力度。平凉市商业银行以“双赢”为目标，加大中小企业贷款力度，以民生为己任，积极推进下岗失业人员小额担保贷款，以贷款业务扩展为方向，进一步创新公职人员担保贷款、农户联保贷款、汽车消费贷款和个人综合消费贷款等信贷新产品，不断增加信贷资金扶持的覆盖面和受益人群。泾川县汇通村镇银行和静宁县成纪村镇银行，积极拓展贷款业务，不断增强经营能力。至年末，两家村镇银行各项贷款余额为3 224万元，比上年增加1 947万元，增长1.53倍。邮政储蓄银行平凉市分行始终坚持“规范流程，内控为先”的资产业务经营理念，通过采取深挖产品优势、加大宣传力度和拓宽营销渠道等手段，确保了贷款业务稳健发展。继平凉市崆峒区“中实小额贷款有限责任公司”之后，经市政府多次协调，省政府金融办公室批复，先后于2009年9月28日和10月25日成立了崆峒区“信泰小额贷款公司”和静宁县“恒达小额贷款公司”，农村金融组织体系继续呈现多元化发展趋势。

二、优化金融生态环境，维护金融稳定

（一）深化金融改革，确保金融稳定。人民银行平凉市中心支行把推动金融企业改革作为维护辖区金融稳定的治本之策，全市7县农村信用联社央行票据兑付工作全面完成，整体实力显著增强。按照建立多层次、广覆盖、可持续和竞争性农村金融服务体系的思路，多方协调推动设立了平凉市商业银行崇信县支行，协助成立2家小额贷款公司。跟踪掌握辖区内两家村镇银行的经营发展状况。先后两次协助开展农村金融改革高层调研，全面客观总结反思全市农村金融改革中出现的新情况、新问题，受到人民银行总行、省委调研组的充分肯定。建立和完善金融稳定风险监测月报制度，实施银行业、证券业和保险业风险季度监测分析制度，加强了区域风险状况深度分析判断。在全市范围内开展非法集资风险排查工作，切实维护了区域金融在世界金融危机蔓延特殊时期安全稳定运行。制定实施金融生态环境建设意见及检测评价办法，建设模式逐渐成熟，优化金融生态环境日益成为地方政府推动经济发展的共识，平凉市被国际金融协会评为中国最具发展潜力金融生态示范城市，被中国金融生态城市创建工作领导小组办公室认定为第六批中国金融生态市。

（二）科学运用各种监管手段，全方位履行监管职责。平凉市银监分局把科学把握“守住风险底线”作为风险监管的重点，按照宽严相济的要求，以现场检查、非现场监管和案件专项治理为内容，多措并举，履行监管职责，确保一方金融平安。

（三）加强“双降”工作，规避经营风险。甘肃省农村信用合作联社平凉办事处不断强化全市农信社经营风险管

控，抽调人员深入一线，加大不良贷款清收力度，努力化解信贷风险。农业发展银行平凉市分行成立了贷款风险监测中心，设立了贷款独立审查官，明确了风险经理职责，坚持定期对信贷业务运行情况进行监测分析，及时发现和揭示信贷运行中的风险性、苗头性问题，并提出对策建议。工商银行平凉分行切实抓好内控案防，努力消除风险隐患；完善风险防控措施，加强操作风险管理；着力前移防范关口，有效规避经营风险。农业银行平凉市分行以“大户、新户、担保户、确权户”为重点，充分运用“减、免、挂、委托”等优惠政策和清户销据奖励政策，早收、快收、抢收，大力开展不良贷款清收攻坚战。建设银行平凉分行充分发挥不良资产清收领导小组职能作用，实行“一户一策”清收办法，完善新到期贷款的预警制和资产质量问责制，使不良贷款率降至1.40%。平凉市商业银行上下联动，组建清收队伍，明确目标，进行摸底调查，严格奖励，建立考核制度，使信贷资产质量明显提高。全市农村信用社通过采取“农村信用工程”创建和“715小额信贷便民”活动，逐户评定信用农户，加大不良贷款清收力度。2家村镇银行和3家小额贷款公司，以固定资产抵押、工薪人员再担保等为抓手，审慎发放贷款，从源头上有效防范信贷风险。

二、优化金融生态环境，维护金融稳定

（一）创建“服务型”央行，提升服务水平。高度关注适度宽松货币政策实施、农村金融服务及中小企业融资等热点、焦点和难点问题，积极开展深度专题调研，形成了一批具有参考价值的调研成果，在国家核心期刊和人民银行总行对外公开刊物上刊登调研材料12篇，西安分行、兰州中心支行政务信息采用60多条。认真落实工业景气、出口企业问卷等专项经济调查制度，向市委、市政府按季报送监测分析报告和具有指导性的意见、制度与办法，受到地方党政领导的一致好评。牵线联系中华联合信用评级公司为本地企业进行信用评级，广泛开展征信知识宣传教育，在全省青年征信知识大赛中获得三等奖。成功开发企业和个人公积金缴存信息接口程序，成功上报全市企事业单位住房公积金缴存账户2 574个，个人住房公积金缴存账户5.10万个，征信系统非银行信用信息采集取得重大突破。

（二）加强督促指导，完善服务体系。平凉银监分局督促农业银行平凉市分行、农业发展银行平凉市分行落实支农新职能，以促进新型农村金融机构试点工作为重点，评估、申报和组建平凉市崆峒区信泰、静宁县恒达2家小额贷款公司，不断健全完善广覆盖、多领域的金融服务体系。

（三）创新金融产品，提升服务水平。农业发展银行平凉市分行建立了分级负责的客户维护工作责任制，坚持定期走访企业，加强与客户的联系和沟通，确保了优质客户的稳定。工商银行平凉分行不断拓展市场，与平凉实力最大的工贸集团新世纪公司联合成功营销牡丹新世纪联名卡6 400张；通过理财沙龙、节日走访、电话回访和短信沟通等形式加强对中高端个人客户关系维护和产品定向营销，努力改善客户结构；成功发行“牡丹公积金联名卡”、“建国60周年主题信用卡”；广泛开展“浪漫四月、相约五月”刷牡丹信用卡好礼送不停主题促销活动；安装、调试“银烟通”电子访销系统POS机具5台，完成烟草户信息刷卡录入3 000多户。农业银行平凉分行突出重点区域、重点季节、重点客户及重点业务，先后开展了“春天行动”、“激情仲夏、金彩生活”、“爱在金秋、情系万家”和“奋战90天，确保储蓄存款存量、增量市场份额双第一”等零售业务综合营销竞赛活动，促进了储蓄存款持续快速增长。中国银行平凉分行成功开立了平凉市财政8个零余额专户以及华亭县财政局污水处理项目专户等；与平凉市非税局达成了平凉市非税收入代理协议，积极拓展中间业务；通过配备大堂经理、开展一句话营销等方法加强渠道建设，通过狠抓文明优质服务提升服务水平，将柜台打造成最佳吸存平台；成功开通工商验资E线通业务，为新开立企业合作奠定了坚实基础。建设银行平凉分行把“变理念、求创新、谋发展、增收入”作为全行的工作重点，按照“新、严、稳、实、快”五字要求，不断提升服务水平，并于2009年10月31日成功中标华煤集团公司“企业年金托管人”资格，这是该行继成功取得酒钢集团、省电力投资公司年金业务托管代理资格后，又一项主要创新成果。平凉市商业银行于2009年6月1日成功上线运行财政库银横向联网系统，10月成功上线运行风险监管预警系统，不断强化服务质量。各级农村信用社积极争取代理代发医疗保险、粮食直补、退耕还林、教师工资和林权改革资金等业务；大力推行“飞天卡”，开展便民优质服务。邮政储蓄银行平凉市分行以“绿卡”和“商易通”客户“增量保质”为目标，努力提高服务水平。2家村镇银行和3家小额贷款公司广泛开展“惠民”宣传活动，加大“以贷引存”工作力度，努力拓展业务领域。

（四）拓展保费业务，保费增幅明显。2009年，全市保险行业以“防风险、调结构、稳增长”为中心，以“两防两保”为抓手，积极应对金融危机的影响，实现了稳定增长。至年末，全市保费收入44 938万元，比上年增长14.47%，其中，财险、寿险保费收入分别达到17 318万元和27 619万元，比上年分别增长35.95%和12.33%。已决赔付金额6 961万元，已决赔付率为40.20%。保险深度为2.36%，比上年提高0.05个百分点，保险密度为195.73元/人，比上年增长13.80%。

（五）应对不利影响，稳步提高效益。面对金融危机的不利影响，华龙证券有限责任公司平凉市西大街营业部创新工作方式，注重客户群体增容，使经营效益增幅较大。至年末，实现营业收入和利润分别为4 147万元和3 231万元，比上年分别增长73.84%和94.63%。

四、强化内部管理，争创一流业绩

人民银行平凉市中心支行狠抓内部管理，加强队伍建设，构建和谐环境，创建文明单位，取得了明显成效。党建工作被总行表彰为2009年度“先进基层党组织”；目标管理责任考核连续八年被西安分行考评为“先进单位”；“职工之家”被西安分行考核验收为“模范单位”；营业室被西安分行表彰为“女职工文明示范岗”；在平凉市庆祝新中国成立60周年“颂歌献祖国”歌咏大赛中获得二等奖；杨涛被西安分行授予“五四奖章”，于东学被西安分行树为“感动央行人物”。“厚学明德、慎思敏行、自强不息、争创一

流”的共同思想愿景得到全行上下的认同和实践，干部思想道德素养进一步提升。

（孙小平）

庆阳市

2009年，庆阳市总人口252.68万人，人口自然增长率7.45‰。土地总面积271.19万公顷。全年实现地区生产总值303.22亿元，比上年增长14.60%。其中，第一产业增加值44.25亿元，增长8.80%；第二产业增加值180.47亿元，增长16.50%；第三产业增加值77.50亿元，增长13.60%。产业结构比例为14.64：59.71：25.65。人均国内生产总值11 973元，比上年 增长14.10%。粮食总产量110.86万吨，比上年增长3.60%，创历史最高水平。完成全部工业增加值162.03亿元，比上年增长15.60%。全社会固定资产投资完成353.53亿元，比上年增长58.50%。实现社会消费品零售总额78.17亿元，比上年增长25.50%。居民消费价格总水平比上年上升1.10%。外贸出口创汇6 033万美元，比上年下降41.00%。城镇居民人均可支配收入11 130元，比上年增长12%；农村居民人均纯收入2 686元，增长12.60%。财政收入44.69亿元，比上年增长33.30%，其中一般预算收入完成22.64亿元，增长29.70%；财政支出88.79亿元，增长29.20%。城镇登记失业率3.89%，与上年基本持平。万元GDP能耗下降5.30%，电耗下降4.50%。化学需氧量在“十五”末的基础上削减13.20%，二氧化硫削减2.70%。全市金融机构本外币各项存款余额289.53亿元，比上年末增长31.25%；各项贷款余额104.63亿元，比上年增长44.99%；累计现金收入630.42亿元，比上年增长21.10%，累计现金支出653.59亿元，比上年增长25.90%，收支相抵净投放现金23.17亿元，比上年增长40.30%。实现保费收入5.13亿元，比上年增长19.86%；保费支出1.33亿元，比上年上升30.39%。

一、贯彻适度宽松货币政策，支持地方经济良性发展

（一）加强窗口指导，增强货币政策执行绩效。人民银行庆阳市中心支行加强对房地产、农产品价格和能源金融等微观监测，实行重点联系行及银行家、企业家约见谈话制度。制定信贷增长指导意见，召开季度经济金融运行分析会议。通过信息、简报、内部刊物和在媒体连载《金融知识问答100题》、参与行风热线直播等形式，搭建交流平台，加强政策宣传，引导金融机构优化信贷结构，加大信贷投入。先后制定了改善信用环境、破解担保抵押难题、推广农户小额信用贷款工作等5个办法及意见，经市政府批转下发全市执行。联合金融办举办了全市银企项目推介会，为22户企业融资12亿元；全力支持全市“中小企业解困工程”实施，协调金融机构展期贷款16.90亿元。制定《林权抵押贷款管理办法》，在合水县开展了林权抵押贷款管理试点。开展信贷政策导向效果评估试点，动态跟踪监测、客观评价辖区金融机构信贷政策落实效果。坚持风险监测周报、月报制度，加强行业风险和跨系统、交叉性业务发展情况及金融危机对地方实体经济冲击力的监测，维护辖区金融稳定。

（二）支持农民增收，破解农民贷款难的问题。庆阳市银监分局制定并提请市政府下发了《关于在全市农村信用社大力推广农户小额信用贷款的实施意见》。农业发展银行庆阳市分行先后向农村基础设施建设、农业综合开发和粮油收购等累计发放贷款10.22亿元。农业银行庆阳市分行全年新发放惠农卡2.44万张，新增农户小额贷款1.95亿元。邮政储蓄银行庆阳市分行和当地政府建成首个“邮政储蓄银行信贷支持‘三农’示范村”，累计发放700万元的小额贷款支持该村养殖产业发展。西峰瑞信村镇银行建行三年来，累计发放支农贷款5.4亿元。省联社驻庆阳办事处适时出台了《庆阳市农村信用社小额信用贷款操作规程》，指导各联社积极推广农户小额信用贷款。全年全市农村信用社建立农户资信档案40.20万个，授信农户26.04万个，授信金额32.18亿元。西峰区民信小额贷款公司成立一年来，就支持当地农村经济发展发放贷款0.51亿元。

（三）帮助小企业解困，支持工业强市战略。庆阳银监分局出台企业解困六条措施，制定了《关于全市银行业金融机构支持中小企业解困的意见》，得到了银行机构的积极响应。农业发展银行庆阳市分行认真落实与市政府签订的《政策性金融合作性框架协议》中意向性贷款15.30亿元，展期企业贷款2户446万元。农业银行庆阳市分行针对31户小企业制定融资方案，并及时发放流动资金贷款67笔2.64亿元。中国银行庆阳分行向通达果汁厂发放苹果收购贷款0.50亿元。全市农村信用社共发放企业救急贷款43笔0.58亿元，为3户企业的117万元贷款减免了加罚息，为24户企业的998万元贷款降低了利率标准。庆阳银监分局组织金融机构深入企业开展解困调研活动，帮助企业制定应对危机融资措施，现场达成信贷支持意向企业24户，涉及贷款0.51亿元。各国有商业银行设立小企业专营机构，先后培育小企业48户，累计发放企业贷款15.73亿元。庆阳市农村信用社指导6家联社成立小企业信贷部，累计发放小企业贷款1.60亿元。2009年，全市金融机构累计发放小企业贷款21.50亿元，同比增长46.40%。

（四）加大项目建设投入，支持项目带动战略。人民银行庆阳市中心支行、庆阳银监分局积极引导各银行机构加大对列入国家发展规划立项、资金暂时不到位项目的支持力度。辖区国有商业银行共围绕高速公路建设、铁路建设、生态保塬和能源开发等项目，争取项目贷款6.50亿元。其中，已落实工商银行、农业银行、建设银行庆阳分行向西长凤高速公路投放贷款2亿元，农业银行、建设银行和中国银行庆阳分行向煤田项目投放贷款2.75亿元，向长庆实业集团石油开发、市人民医院门诊楼改建和陇东学院新校区建设等项目发放贷款1.05亿元。

二、推动金融服务创新，提高金融服务水平

（一）认真履职，促进创新，不断拓宽金融服务领域。人民银行庆阳市中心支行与辖区内25家金融单位签订了统计信息共享协议，建立金融业综合统计制度。与毗邻能源富

集地区的陕西、内蒙古、山西和宁夏等4省（区）7地、市签订了合作协议，定期交换经济金融运行信息。采取召开支付结算工作联席会议、向个别商业银行下发督办通知书和坚决停止同城特约委托收款等有效措施，扩大小额支付系统应用。加强外汇管理与服务，开展国际收支统计监测与分析预警。拓宽国库服务范围，全市非税收入收缴、低保资金发放、银行卡缴税、土地出让金收入直缴等6项国库直接收付业务试点进展良好。开通财税库银横向联网业务。科学调拨发行基金，加大小票面投放和残损券回收力度，严厉打击、收缴假人民币。召开了护航2009反恐融资专项行动联席会议。修订下发《执法检查管理办法》，开展了保险公司、邮储银行反洗钱、金融机构存量账户个人身份联网核查、银行卡和外汇管理等7项现场检查，规范辖区内金融秩序。

（二）突出特色，因地制宜，着力创新金融服务方式。农业发展银行庆阳市分行继续巩固和发展粮油信贷主导地位，全年共发放粮油储备贷款0.40亿元；全年上报农村和城镇基础设施建设贷款项目9个，获审贷款11.48亿元，先后为籽仁、果品加工等龙头企业发放贷款1.63亿元。工商银行庆阳分行年初开展“新春大营销，持续保发展”业务营销竞赛活动和“2009年贵金属业务专项营销活动”、“‘共赢理财－工银瑞信基金’专项营销活动”、“‘如意养老1号’企业年金计划”和“太平－工商银行智信企业年金计划”等专题宣传营销活动，并利用“缴费通”、电子银行及自助设备等扩大代理渠道，与正宁县电力局签订了首笔企业年金合作协议。制定了用国际贸易融资业务替代流动资金贷款方案，加大流动资金贷款的营销和置换力度。农业银行庆阳市分行推出第三方担保、工薪人员担保、农户多户联保、存货抵押和农机具抵押等多种组合担保方式，探索出“协会＋农行＋农户”和“信用村＋农行＋农户”、“基地＋农行＋农户”等多种服务模式，并大力推广个人生产经营贷款、小企业自助可循环贷款、小企业简式快速贷款等“三农”金融产品；全行共布放ATM机、转账电话、自助查询机和POS机等自助设备514台，与农村信用社、邮政储蓄银行密切合作，初步构建了多渠道、立体交互式的电子银行服务体系。中国银行庆阳分行完成了西街支行同城迁址、业务转型及南街支行购置新址工作，推行了销售流程整合工作，制定印发了《2009年度文明优质服务工作安排》，进行了文明优质服务专项整治工作。建设银行庆阳分行开展了旺季营销、“红五月”、“两增一提高”、“年终冲刺”等竞赛活动，使“财务顾问”、“百易安”等产品实现零突破，同时新设环县、宁正煤田及西峰区安定路3个支行，完成营业网点装修改造4处、自助银行装修1处，增配运钞车及业务用车4辆。西峰瑞信村镇银行对养殖、种植示范区进行上门调查，现场办理信贷业务，召开了客户评级授信暨贷款证发放工作会议，新增评级客户516个，存量客户达到1 779个，依据信用等级实行差别服务。邮政储蓄银行庆阳市分行积极支持养殖业农户小额贷款、就业再就业贷款及“青年创业促进就业小额贷款项目”，并通过积极营销，成为环县“新农保”事业的唯一合作银行，累计布放商易通1 047部。庆阳市农村信用社积极引导信贷资金向“三农”、中小企业、灾后重建及新农村建设领域倾斜。西峰民信小额贷款公司在信贷服务上突出方便快捷，各类贷款在1日－5日均可完成，并广泛推广第三方信用担保，方便了客户。

（三）积极拓展，广泛营销，努力发展中间业务。工商银行庆阳分行代理销售各类个人理财产品35.99亿元、品牌金9.63公斤，新增网银个人客户1.27万个、网银个人证书客户453个、企业网银户185个、企业网银证书客户216个，新增电话银行个人客户3 916个、手机银行客户1 283个，网上银行交易额94.98亿元，全年新增信用卡0.95万张、牡丹灵通卡4.90万张，累计交易额6.92亿元。农业银行庆阳市分行的现金管理平台、短消息服务、转账电话、理财顾问等业务品种成功上线运行，全年本外币中间业务收入0.19亿元。中国银行庆阳分行组织实施了“纸黄金交易大赛活动”、“个人网上银行业务竞赛活动”、“关于联合基金公司开展基金定期定额促销活动”、“2009年夏季中间业务产品销售竞赛”等中间业务竞赛活动，首批取得了贵金属业务增值税一般纳税人资格，成功代理中国进出口银行陕西省分行为庆阳陇东农副产品集团有限公司发放委托贷款0.30亿元。建设银行庆阳分行新增个人信用卡980张、对公贷记卡653张，新增个人网银活跃客户1 498个、手机银行客户308个、短信银行客户8 330个、企业网银客户37个、企业短信银行客户211个。庆阳市农村信用社各县（区）联社全面代理强农惠农“一册明、一折统”业务，代理甘肃烟草卷烟货款电子结算资金归集业务、人寿保险批量代扣业务、中国电信缴费、财税库银横向联网、非税收入代缴业务和太平洋保险“安贷保”柜台出单等业务，发行飞天卡13.44万张，实现中间业务收入290.68万元。邮政储蓄银行庆阳市分行全年代理保费1 134万元，销售理财产品0.76亿元，代销基金283.83万元，销售国债891万元。华龙、海通证券公司庆阳服务部全年新增开户1 447户，累计交易总额42.78亿元，托管市值达到2.77亿元。

（四）竞争活跃，结构优化，加快发展保险行业。2009年，庆阳市保险业全年保费收入5.13亿元，比上年增加0.85亿元，保险深度为1.67%，保险密度为192元/人。年内新增太平洋寿险、人保寿险2家公司。庆阳市寿险保费收入3.36亿元，其中10年以上的新单期缴为0.81亿元。

三、加强金融风险管理，确保金融业稳健运行

（一）加强监管，做好风险资产的预防和处置。庆阳银监分局前移监管关口，及时约见各级高管人员谈话92人（次），对2名违纪违法的高管人员做出行政处罚。与辖区国有商业银行、政策性银行和农村信用社分别签订了“双控”、“双降”责任书。把不良贷款存量大、占比高的农业银行庆阳分行和建设银行庆阳分行列为重点关注行，召开风控部门座谈会，指导制定抓降措施。把庆城县、西峰区农村信用联社作为大额贷款风险化解主战场，分别派出工作组进行全面调查，提出信贷风险管控、化解措施。对农业银行庆阳市分行损失类贷款增加0.67亿元的异常现象立项检查，有效控制了信贷风险蔓延势头。开展大额贷款、担保类贷款、住房按揭贷款、房地产开发贷款等现场检查18次，发现问题158个，提出整改意见93条，对相关责任人进行经济处罚。向市政府提交了《关于配合银行机构清收不良贷

款的意见》，分别协助农业发展银行、农业银行庆阳市分行及庆阳市农村信用社清收不良贷款1.91亿元。2009年末，全市银行机构不良贷款率比上年末下降8.07%。

（二）标本兼治，增强内部风险控制能力。农业发展银行庆阳市分行与抗风险能力较差的企业法人及主要股东签订无限连带责任保证合同，涉贷金额2.34亿元；下发了《关于加强不良贷款管理工作的意见》，累计收回不良贷款0.42亿元；对16户存在风险贷款的企业制定了处置预案，涉及贷款1.11亿元。工商银行庆阳分行对照《员工违规行为处理暂行规定》，认真开展“三查”工作。严格按照《庆阳分行重点监控行整改实施方案》，开展内控制度建设和案件防范整改工作，使工商银行省分行解除对庆阳分行的重点监控。农业银行庆阳分行既加大信贷投放有效支持“三农”，又坚持“商业运作”，全面落实客户经理“三包一挂”责任制和“十个严禁”，防范信贷风险产生。中国银行庆阳分行制定了《2009年内控检查工作计划的通知》，在各经营网点全面实施自查流程工作；开展了“珍惜人生，远离犯罪”专题警示教育活动，加强了对ATM及自助银行日常检查巡查及案件防范宣传工作。建设银行庆阳分行积极组织开展“压不良专项活动”及“提质降比”全员大讨论，通过跟进催收、法律诉讼等措施，在庆阳广电网络、兰州麦斯力和西峰财政等不良项目上取得了重大进展；持续加大对不良个贷的处置盘活，全年累计回收不良个贷120万元；集中对全行“对公”不良资产进行了责任认定，涉贷金额0.70亿元，追究有关责任人89人（次）。庆阳市农村信用社各联社采取奖励清收、依法清收、集中清收等措施，累收各项贷款23.64亿元。通过“冒名贷款”复查工作累计查出“冒名贷款”0.97亿元，收回0.28亿元，清理职工贷款0.66亿元，收回309万元。

（三）推进征信建设，优化区域金融生态环境。人民银行庆阳市中心支行提请市政府批转了《关于全面推进农村信用体系建设强化金融支农工作的意见》，召开了全市社会信用体系建设领导小组第一次会议。中心支行被总行征信局确定为农村信用体系建设重点联系行，为全市40.20万农户建立了信用档案，将28.80万条数据报送总行征信数据库。联合陇东学院开展“贷款助学信用助人”征信征文活动和征信知识宣传周活动。初步形成了政府主导、部门配合、社会各界广泛参与的金融生态环境建设联动机制。

四、构建和谐金融文化，树立良好行业形象

人民银行庆阳市中心支行开展了迎国庆“爱国歌曲大家唱”、建党88周年庆祝大会及“三八”女职工联欢会和“五一”职工趣味运动会等活动，组织参加了“央行之星”青年英语大赛和离退休老干部“祖国颂”诗歌朗诵比赛。庆阳银监分局举办庆祝分局成立五周年、建国六十周年等系列主题活动，认植纪念树、制作摄影宣传牌、举办职工运动会和职工书画、摄影作品展。农业发展银行庆阳市分行组织开展了迎国庆联欢、健身娱乐等大型活动。工商银行庆阳分行开展了“共铸理想信念，共促科学发展”、“为工行添彩，为国庆献礼”和“满意在工行”等主题宣传活动。建设银行庆阳分行开展了“春季长跑”、迎“三八”文体活动、城区员工游泳健身活动和迎“七一”运动会等活动；向受灾农户捐款5.45万元，启动“双百送文化”和“三帮三联三增”活动。邮政储蓄银行庆阳市分行开展了“服务提升年”和“品牌形象塑造年”活动。西峰瑞信村镇银行举办了“瑞信风采”文艺汇演。西峰民信小额贷款公司两次在全省小额贷款公司高管人员培训班上进行了经验交流，甘肃卫视频道对该公司发展情况进行了专题报道。

（李亚雯）

酒　泉　市

2009年，酒泉市总人口101.88万人，人口自然增长率5.55‰。实现地区生产总值321.05亿元，比上年增长14.70%。其中，一、二、三产业分别完成增加值46.96亿元、155.14亿元、118.95亿元，增长7.34%、14.69%、17.72%。三次产业结构为14.6∶48.3∶37.1。人均生产总值31 599元，比上年增长27.63%。工业总产值402.99亿元，比上年增长22.80%；农业总产值86.15亿元，比上年增长5.04%。粮食总产量36.06万吨，比上年下降1.60%。棉花总产量6.34万吨，比上年下降23.30%；完成全社会固定资产投资300.16亿元，比上年增长90.97%。社会消费品零售总额75.83亿元，比上年增长21.28%；商品零售价格指数100.60，比上年上升0.60个百分点；居民消费价格指数101.30。外贸进出口总额6 424万美元，比上年增长23.40%。城市居民人均可支配收入13 705元，比上年增长10.20%；农民人均纯收入6 410元，比上年增长11.20%。完成财政总收入45.01亿元，比上年增长107.41%；财政支出49.56亿元，比上年增长28.11%。城镇人口登记失业率3.58%，比上年下降0.09个百分点。年末，全市金融机构本外币各项存款余额405.78亿元，比上年末增长24.64%；贷款余额148.87亿元，比上年末增长40.04%。全市金融机构累计净投放现金5.36亿元，比上年少投放0.86亿元。保险公司实现各类保费收入8.85亿元，比上年增长9.80%。其中：财险收入1.43亿元，比上年增长15.32%；寿险收入7.42亿元，比上年增长8.80%；健康险和意外伤害险收入0.41亿元，比上年增长4.85%。证券市场完成证券交易量196.46亿元，比上年增长76.78%。

一、全面落实适度宽松的货币政策，促进地方经济平稳较快发展

（一）货币政策执行绩效显著提升。人民银行酒泉市中心支行围绕国家“扩内需、促增长、调结构”的经济工作目标，制定了《关于金融支持扩大内需，促进全市经济平稳较快发展的意见》《2009年酒泉市信贷增长指导意见》，按季召开经济金融分析例会，成功举办了全市第七届银企合作项目推介会，签约项目79个，金额52.70亿元，签约资金落实率达到88.98%；有针对性地加大对辖区中小企业、“三农”发展的支持力度，制定了《酒泉市金融机构支持中小企业加快发展的指导意见》《关于进一步发挥农业政策性银行信贷支农作用的意见》；认真落实普惠金融政策，推动相关金融机构为1 408名下岗失业人员和20户小企业发放小额担保贷款7 363万元，带动就业11 633人；积极探索符合地方实际的生源地助学贷款运行机制，累计发放助学贷款54万元，余额184万元。

（二）加大金融机构信贷支持地方经济发展的力度。农业发展银行酒泉市分行认真落实“确保政策性信贷资金需求、适度调减棉花信贷业务总量、积极发展农业产业化信贷业务、大力营销中长期贷款”的发展思路，在全力做好粮棉油信贷资金供应的同时，积极营销商业性贷款，贷款余额比上年增长5.05%。工商银行酒泉分行把项目贷款营销作为加快发展的有力支撑，抢抓机遇，坚持内外营销，全年对11个项目开展了评估、授信和上报工作，累计投放项目贷款15亿元，贷款余额比上年增长73.85%。农业银行酒泉分行紧紧抓住特色农业及节水灌溉农业，坚持“抓大拓中不放小”和“大中选强、小中选优”的营销策略，积极支持“三农”发展、风电为主的清洁能源项目、装备制造业以及矿山类资源性企业等，累计投放贷款27.27亿元，比上年增长41.86%，其中发放农资贷款3.12亿元，净投放农户小额贷款1.08亿元。中国银行酒泉分行在抓好风电项目的同时，狠抓票据贴现业务，认真做好房地产、电力等行业贷款营销工作，项目贷款余额、票据贴现余额分别较上年增长174.77%、138.50%。建设银行酒泉分行抓住酒泉新能源基地建设的发展机遇，积极与地方政府和新能源开发企业广泛交流沟通，储备并成功营销一批光电、风电项目，全年累计发放贷款17.98亿元，比上年增长了233.60%。农村合作金融机构创新支农服务，形成了以工促农、以城带乡、龙头带基地和基地联农户的新格局，在投放总量、小额信用贷款覆盖面、农民消费贷款以及基础设施贷款方面实现了新的突破，累计发放贷款56.42亿元，比上年增长30.53%。兰州银行酒泉分行以银企洽谈会为契机，积极拓展和培育优质中小企业客户，累计发放贷款9.01亿元，达到上年同期水平的10倍。

（三）显著提升调查研究服务决策的功效。人民银行酒泉市中心支行健全调研信息考核体系，修订完善了调研考核管理办法和政务信息管理办法，进一步规范了调研信息管理工作。增强调查研究的针对性，制定下发了调研课题指南和信息选题要点；整合各类信息资源，加大培训指导和约稿力度，共安排重点课题18个，下达约稿信息26篇，调研信息的质量明显提高。全年被省以上刊物刊登123篇；采编各类信息726篇，被上级行和地方党委政府采用149篇，有效发挥调研信息的决策服务作用。

二、改善区域金融生态环境，促进辖区金融业健康稳定发展

（一）抓好金融稳定工作。组织对辖区银行、保险和证券共18家金融机构上年度金融稳定目标管理责任书的考评和通报，对金融稳定量化考核指标进行了调整和补充，组织签订了2009年金融稳定工作目标责任书，进一步增强了金融稳定工作考核的可操作性。积极构建金融机构践行社会责任长效机制，组织开展了2次集中宣传，并在地方主流媒体发布了2008年践行社会责任情况报告。

（二）推进辖区金融体系改革。把握深化农村信用社改革工作重心，加大央行票据兑付后的动态监测力度，密切关注农村信用社各项经营指标和不良贷款清收进展情况，确保“花钱买机制”改革目标的实现。积极推进金融改革，推动健全金融服务体系，促成辖区首家小额贷款公司挂牌运营，丰富了金融服务“三农”发展的力量。

（三）加强征信体系建设。与地方劳动保障部门制定出台了《关于开展企业劳动保障诚信等级评定的实施意见》，与税务部门联合制定了《企业和个人信用信息共享工作实施意见》，共采集各类信息35 691条。加快中小企业、农村信用体系建设步伐，通过加大宣传、整合资源、深入现场检查和辅导等方式，共为2 255户中小企业、172 728个农户建立了信用档案。开展了征信知识宣传周活动和面向青少年的专项征信知识宣传，取得了较好效果。对商业银行个人征信异议处理工作进行了检查，共核准发放企业新贷款卡243张，年审合格贷款卡企业641户，提供企业、个人信用信息查询863人（次）。

（四）金融运行质量明显提升。金融机构多措并举，不良贷款“双降”效果明显。农业发展银行酒泉市分行坚持“一企一策”原则，制定不同的清收措施，采取司法、行政和经济手段，大力清收不良贷款，不良贷款余额及占比实现了“双降”。工商银行酒泉分行加大不良贷款清收处置，全年清收处置不良贷款2 001万元，其中清收转化个人不良贷款1 458万元，压缩潜在风险存量贷款1 467万元。农业银行酒泉分行推行每日预警，强化到期贷款收回管理，采取锁定余额、锁定客户、锁定支行和锁定清收人员的办法，采用政策清收、集中清收和依法清收等方式，现金清收不良贷款10 264万元，委托资产收回3 004万元，不良贷款占比下降1.88个百分点，贷款质量处于历史最好水平。中国银行酒泉分行积极采取法律手段，努力化解不良资产，累计清收不良贷款330万元，不良贷款占比较上年下降1.20个百分点，资产质量得到进一步改善。建设银行酒泉分行进一步加大对重点不良贷款项目和非信贷资产的处置力度，加快对损失类贷款的核销申报进度，处置不良贷款1 243万元，处置非信贷类资产2 161万元，不良贷款占比下降3.04个百分点，资产质量实现新的提升。人民银行酒泉市中心支行依法履职，加大监督检查工作力度。先后组织开展了外债登记管理政策执行情况、统计数据真实性、个人结售汇业务、账户管理、人民币收付、国库和反洗钱等9项现场检查工作，对4家金融机构实施了处罚，促进了金融机构依法合规经营。

三、促进金融服务优质高效发展，营造和谐稳定的发展环境。

（一）推进服务型央行建设取得新发展。全面组织了外汇管理新政策的宣传培训活动，开展了“诚信兴商”宣传月和“国际收支宣传周”活动；扎实推进贸易投资便利化，完成辖区35户进出口企业贸易收付汇核查系统档案信息清理工作，顺利实现“金宏”工程上线运行，外汇管理和服务水平不断提升。指导辖区商业银行首次成功办理了小额支付系统银行本票出票、承兑业务，并组织积极开办公用事业收费定期代收业务；严密内控管理，着力提高核算质量，完成了中央银行会计集中核算系统升级换版和会计核算电子对账系统上线运行工作，现代化支付体系功能不断优化。率先在全省优化了出口退税流程，实现退税资金直接划转到企业账户，提高了资金使用效率；积极推进财税库银横向联网工作，实现了财税库银横向联网电子缴税系统的运行；完成了TBS服务器CA证书更新工作，实现了国库资金零风险的目标。扎实推进发行库达标升级工作，中心支库经总行考核验收为“一级库”，认真做好发行基金调拨和账务核算工作，满足了酒泉、嘉峪关市和甘肃矿区、东风场区合理的现金需求；深入开展反假货币宣传月活动，加大假币收缴力度，货币金银管理工作不断加强。进一步健全反洗钱工作运行机制，强化反洗钱非现场监管，健全了辖区28家银行、证券、保险业金融机构反洗钱非现场监管档案，反洗钱工作运行机制不断完善。认真贯彻新的金融统计制度，顺利实现了金融统计数据集中运行；组织进行了调查统计数据质量专项治理活动，加大了统计数据交流共享力度，调查统计工作被总行评为全国先进，调查统计工作的信息支持功能不断强化。健全技术服务体系，高效完成各类业务系统的服务保障、日常维护和技术支持，金融科技工作的服务能力不断增强。

（二）金融机构服务水平有了新改观。工商银行酒泉分行进一步完善批量代扣措施，加快“缴费通”在税务、电力等重点客户的推广使用；以项目为依托，强力推广公务用卡，加快推进POS收单业务向铁路货运和农村优质烟草商户的延伸，搭建资金集中管理网上银行支付和代发工资平台，切实提高了网上银行的动户率和业务替代率。农业银行酒泉分行加快网点、电子银行渠道及“金钥匙”理财中心等中高端客户服务平台建设，推动电话银行一体化进程，加大自助银行机具投放力度，营销推广银行卡、网上银行、代客理财、基金保险和第三方存管等多种产品，强化文明优质服务。中国银行酒泉分行加大对网点渠道建设硬件改造，完成率达到54%，推行网点服务，增加网银演示设备，进一步优化网点服务销售流程。建设银行酒泉分行在服务方面更加注重差别化、专业化、精细化和全面化，切实加强了公私联动服务，对客户的服务响应速度和服务质量有了较大的提高，网点服务水平、客户满意度和柜面交易量得到有效提升。

（三）金融企业文化建设有了新进步。人民银行酒泉市中心支行深入推进央行文化建设，举办了“酒泉中支央行文化展”，建成了中支文化长廊，开展了“创新金融服务、支持经济发展”业务竞赛活动，成功承办了“央行之星”2009年西安分行甘肃赛区青年英语大赛，开展了一系列主题文化活动。启动“专家月月谈”培训活动，累计培训1851人（次），促进了干部职工综合素质的提高。农业发展银行酒泉市分行全力推行行为文化建设，倡导行为礼仪规范，树立良好形象；积极开展“青年文明号”、“职工之家”、“女职工文明示范岗”创建活动，加大班子成员与员工谈话的频度和深度，诚心实意帮助职工解决实际困难，着力营造和谐氛围。工商银行酒泉分行组织开展乒乓球比赛、徒步健身等活动，丰富了员工文化生活，增强了员工的凝聚力，文明单位创建活动取得良好效果。农业银行酒泉分行重视人文关怀和心理疏导，组织开展员工全面身体检查，慰问患病、困难员工和老职工117人（次），重视对总行企业文化理念的宣传和落实，更换新的统一形象视觉标识。中国银行酒泉分行先后组织开展了“三八”妇女节、拓展训练、“七一”主题党日活动、社会篮球赛等文娱活动丰富职工生活，努力创建和谐企业文化。建设银行酒泉分行加强了对困难职工的经济救助，想方设法尽力解决好职工住房、网点配餐、冬季取暖、搬迁改造等工作和生活中的实际困难，增强了全体员工的向心力。通过开展丰富多样的主题活动，企业文化建设得到不断深化。农村合作金融机构积极开展形式多样的优质服务竞赛、岗位劳动竞赛和文化娱乐活动，焕发了广大员工的责任感、使命感、光荣感，调动了主动性、积极性和创造性，形成了工作合力，取得了弘扬企业文化、彰显风采的实效。

（赵宗荣）

定 西 市

2009年末，定西市常住人口294.13万人，人口自然增长率6.37‰。实现地区生产总值131.94亿元，比上年增长10.30%，单位生产总值能耗下降6.10%。三次产业完成增加值分别为40.60亿元、31.10亿元和60.24亿元，比上年增长5.50%、14.20%和11.70%。三次产业结构为31:24:45，对经济增长的贡献率分别为17%、32%和51%。完成工业增加值18.76亿元，增长11.50%。其中规模以上工业企业完成增加值12.70亿元，比上年增长12.50%。农作物播种面积787.94万亩，增长1.38%。完成全社会固定资产投资125.66亿元，增长56.10%。实现社会消费品零售总额45.42亿元，增长16.80%。居民消费价格指数102.70%，商品零售价格指数103.30%，农业生产资料价格指数96.60%。外贸进出口总额1 156万美元，增长41.20%。城镇居民人均可支配收入9 858元，比上年增长8.66%。农民人均纯收入2 380元，比上年增长11.40%。城乡居民人均消费支出分别为7 568元和2 265元，分别增长7.72%和8.68%。城镇从业人员10.28万人，全年职工平均工资23 166元，比上年增长12.40%。年内城镇新增就业12 992人，城镇下岗失业人员再就业5 730人，城镇登记失业率为4.19%。一般预算收入完成5.04亿元，增长31.57%；大口径财政收入完成9.47亿元，增长28.72%。一般预算支出实现72.68亿元，增长36.70%。年末，全市金融机构人民币各项存款余额213.73亿元，比上年末增长36.80%，人民币各项贷款116.24亿元，比上年末增长36.83%；全年累计现金收入512.36亿元，累计现金支出495.89亿元，现金净投放16.47亿元，同比多投放3.37亿元。实现保险总保费3.99亿元，增长21.03%。其中：实现财产险保险费1.43亿元，增长36.83%；实现人寿保险费2.56亿元，增长12.78%。

一、贯彻适度宽松货币政策，支持地方经济发展

（一）强化传导机制，有效增强货币政策执行力。人民银行定西市中心支行坚持按季召开经济金融分析例会，结合定西实际，创造性地传导贯彻适度宽松的货币信贷政策。研究制定并报请市政府批转了《定西市2009年银行业信贷增长指导意见》《定西市农村青年创业小额贷款实施意见》《关于进一步做好小额担保贷款工作的指导意见》等多个指导性文件，引导金融机构切实加大对“三农”、中小企业、重点项目和民生改善等领域的信贷支持力度。年内累计发放支农再贷款4.65亿元，增长63.16%；发放生源地助学贷款2 029万元，支持4 016名贫困大中专学生顺利入学；发放下岗失业人员小额担保贷款16 120万元，支持6 869名失业人员再次择业、创业。制定《定西市信贷政策执行效果评价办法》，督促和指导各金融机构更好地贯彻落实中央银行的信贷政策，2009年重点对涉农贷款、国家助学贷款、小额担保贷款和房地产信贷政策执行情况进行了专题评估，客观公正地反映了辖区金融机构执行人民银行信贷政策的实际情况。

（二）调整信贷结构，有效促进经济结构转变。辖区金融机构积极响应“扩内需、调结构、保增长”的战略决策，切实加大信贷结构的调整，有力地促进了经济结构转变。人民银行定西市中心支行制定出台了《关于开展“绿色信贷”支持节能减排工作指导意见》《关于金融支持定西市服务业加快发展的指导意见》《关于进一步改进农村信贷服务的指导意见》，大力推进辖区信贷结构调整。农业发展银行定西市分行重点支持农业农村基础设施建设，全年累计发放农村基础设施建设中长期贷款11.60亿元，占全行贷款投放总额的74.50%，特别在支持非经营性项目上，营销力度大，调查效率高，投放速度快，取得了明显成效，全行共发放非经营性贷款9.12亿元，占中长期贷款投放总额的84.60%；积极支持各级粮棉油储备系统建设，增强国家和地方政府对粮油市场的宏观调控力，确保粮食安全。农业发展银行定西市分行累计发放各级粮食储备贷款5 354万元，支持轮换中央、省级储备粮1 824万公斤；立足特色产业，支持农业产业化经营，共计向28户企业发放3.20亿元贷款。工商银行定西市分行全力支持重点项目建设，分别向天定高速公路和中铝西北铝5万吨铝箔投放6 000万元、3 000万元优质项目贷款；向甘肃物资储运总公司营销贸易融资业务340万元，贸易融资业务实现“零”突破。农业银行定西市分行重点支持全市特色产业和“三农”发展，积极推广小企业简式快速贷款和“三农”个人信贷业务，有效解决中小企业“贷款难”问题，加大对“三农”的扶持力度，全年累计发放中小企业贷款6.80亿元、农户小额贷款5.18亿元。中国银行定西市分行储备了定西起重机厂1.13亿元技改项目和定西高强度螺钉有限责任公司技改项目。农村信用社有效发挥农村金融主力军作用，2009年全市农村信用社“三农”贷款投量33.84亿元，占信贷总投量的78.55%。

二、构筑内控与监管合力，保障金融业稳健运行

人民银行定西市中心支行建立了辖区金融风险监测周报制度，每两周上报一期辖区金融风险监测情况报告，及时反映辖区法人金融机构风险指标的变化情况，提高了金融稳定工作敏感性和实效性。积极拓展监测范围，不断加强对担保公司、典当行的监测分析。密切关注实体经济风险向银行业的传导，积极引导金融机构优化信贷结构，加强风险防范，完善风险预警体系。进一步改进金融稳定评估方法，准确判断辖区金融稳定状况。定西银监分局制定并印发了《2009年定西市大型银行分支机构监管工作要点》《2009年定西全辖合作金融监管工作总体思路和要点》等一系列指导性文件，明确工作重点，突出监管要求，提示潜在风险。根据国家宏观调控总体要求，结合辖区实际，通过监管会谈、风险提示和平共处现场监管等方式对需引起高度关注的突出问题和风险及时向被监管机构作出提示。突出非现场检查的“精确制导”作用，加强非现场监管信息数据的审核和数据分析运用工作，全面掌握被监管机构的各类风险情况，为现场检查实施“准确打击”提供依据和指导。突出现场检查的“纠错”功效，全年共投入811个有效工作日开展现场检查，发现确认问题116个，涉及金额5.20亿元，提出整改建议和监管意见73条。年末，全市金融机构不良贷款率为12.66%，较上年末下降2.07个百分点。全市银行业金融机构共实现税后利润1.99亿元。

定西银监分局密切关注农业银行股份制改革工作，深入农业银行定西分行调查走访和了解改革进展情况，督促农业银行定西分行不断强化内部控制，加大对“三农”的信贷支持，防范和化解金融风险。辖区金融机构通过多种有效措施加强资金运营管理和案件防范工作，认真组织开展年度内控评价和重要业务及重要风险环节检查工作，达到了堵塞管理漏洞、消除风险隐患的目的。工商银行定西分行认真落实《中国工商银行信贷风险监测预警工作制度》，充分发挥CM2002系统、PCM2003系统以及CIIS等系统风险预警功能，做到现场监测与非现场监测的有机结合，强化对贷款质量变化的监测和动态跟踪，建立健全前中后台一体化风险预警监测体系，掌控信贷风险能力取得了良好的效果。

三、创新金融服务方式，不断提高金融服务水平

（一）征信服务体系不断健全。人民银行定西市中心支行研究制定并报请市政府印发了《定西市农村信用组织评定管理办法》《关于进一步加快全市农村信用体系建设的实施意见》，在全省率先统一了涉农金融机构信用评级标准和程序。切实加强信用信息基础数据库建设，入库总额达到70.18亿元，入库率为63.91%。征信系统信息资源利用率不断提高，征信系统在服务金融机构信贷决策和业务发展中发挥着越来越重要的作用。

（二）外汇监管与服务不断优化。人民银行定西市中心支行积极指导企业应对国际金融危机，努力完善跨境资金流出入均衡管理，加强国际收支统计监测与分析预警，稳步推进外汇贸易改革，严格资本项目管理，加大外汇检查工作力度，提高管理信息化水平，强化依法行政能力，有力地促进了全市外向型经济又好又快发展。全市跨境收支总额1 346.01万美元，比上年增长136.93%；银行结售汇总额1 414万美元，比上年增长105%；进口企业累计进口付汇

668.03万美元，同比增长25.86倍，成为拉动定西市涉外经济增长的主要动力；外商直接投资资本金217.90万美元，比上年增长263%，增幅创历史新高。

（三）支付清算服务不断加强。人民银行定西市中心支行制定下发了《关于进一步规范支票影像截留业务运行 防范同城票据交换风险的通知》，规范了支票影像业务，提高支票结算效率。积极推动定期借记业务发展，改善公用事业收费服务。组织召开了全市支付结算工作联席会议，制定了全市公用事业收费推动计划，积极推动公用事业代收费业务健康发展。加强组织协调，认真落实《电子商业汇票系统项目工程实施计划》《甘肃省电子商业汇票系统推广实施方案》，积极促进电子商业汇票系统推广工作。加强部门协作和业务宣传，稳步扩大银行卡受理范围，积极推动银行卡产业健康发展。切实加强银行账户核准、变更和销户管理，进一步做好机关事业单位银行账户管理工作，组织开展了单位银行结算账户相关个人公民身份信息核查工作，全年累计新开立银行账户2 308个，撤销账户1 022个，变更账户信息501个，单位存量结算账户11 990个。

（四）新型金融业务不断开展。工商银行定西分行全力拓展银行卡业务领域，与市住房公积金中心签订牡丹住房公积金联名卡合作协议；对经营情况较好、还款能力强和信用记录良好的私营业主积极配发牡丹准贷记卡、贷记卡和牡丹国际信用卡；全面与农业发展银行定西市分行开展电子银行业务合作，加大个人中高端客户拓展力度，不断扩大相关业务应用范围，逐步形成电子银行业务与其他业务良性互动发展的工作格局；开展现代商业银行服务礼仪培训，注重从服务理念、服务行为、服务语言和规范礼仪等方面进行系统的培训，积极推动服务标准化、规范化建设。农业银行定西市分行进一步创新服务模式，纵深推进服务“三农”工作，总结推出了“政府+农行+农户”、“公司+农行+农户”和“基地+农行+农户”等12种服务模式，全力推进惠农卡和农户小额贷款整体推进工作，全年累计发放惠农卡20.29万张，发放农户小额贷款5.19亿元，位居全省第一。

四、关注经济金融发展全局，金融业积极践行社会责任

2009年，人民银行定西市中心支行着眼全市经济金融发展全局，在市委、市政府的大力支持下，组织辖区金融机构积极践行金融业的社会责任，圆满地开展了以“扩内需、调结构、保增长”为主题的“金融在行动”系列活动，取得了明显成效。召开银政企合作洽谈会，市中小企业局代表全市中小企业与7家市级银行业金融机构签订了战略合作协议，13家金融机构和132户企业就140个项目进行了合作洽谈，签约金额61.40亿元。开展“十百千”中小企业信贷服务活动，选择了扶正药业等16户产业化龙头企业、宇臻物流等102户县域经济骨干企业和1 674户微型创业企业，有针对性地开展金融服务创新，加大信贷扶持力度。召开金融服务“三农”渭源现场会，总结推广了近年来全市加强农村信用体系建设和支持“三农”发展的成功经验和做法，对加快全市农村信用体系建设和改进农村信贷服务工作进行了专题研究部署。组织开展了关注民生主题实践活动。与团市委、市劳动和社会保障局、定西银监分局共同实施全市农村青年创业小额贷款，每年对1000名农村青年给予小额创业贷款扶持，进一步拓宽了金融业支持农民工就业的新路子，有效支持了农业和农村经济的健康发展。开展金融服务竞赛月活动，组织辖区银行业金融机构从改善服务环境、统一服务规范、提高服务效率、强化服务管理四个方面入手，深入开展了金融服务竞赛月活动，各金融机构大力推广银行卡、电子银行、POS等产品，服务渠道得到拓宽，服务手段得到充实，服务功能日趋完善。组织开展了金融知识大型宣传活动，组织7家银行业金融机构和12家保险业金融机构集中进行了大型金融宣传活动，重点宣传了金融法规和征信、反假人民币、反洗钱、投资理财、惠农卡和保险等金融知识，介绍了各自的金融新产品、新业务。联合市委宣传部举办了定西市“金融杯”庆祝中华人民共和国成立60周年大型文艺晚会，得到了市上领导的充分肯定和社会各界的赞扬。

（王代霞　金启昊）

陇南市

2009年末，陇南市总人口279.01万人，人口自然增长率6.20‰。全年实现地区生产总值142.34亿元，增长9%。其中：第一产业实现增加值38.32亿元，增长6.30%；第二产业实现增加值35.94亿元，增长7%；第三产业实现增加值68.08亿元，增长11.50%。一、二、三产业对生产总值的贡献率分别为26.93%、25.25%、47.82%。全年实现大口径财政收入17.10亿元，比上年增长2.20%，财政支出145.77亿元，比上年增长19.41亿元。全年居民消费价格总水平为102.20，全市商品零售价格指数为102.30，农业生产资料价格指数100.70。全年粮食种植面积467.55万亩，粮食总产量96.60万吨，比上年增产4.35%。规模以上工业增加值17.14亿元，比上年增长2.30%。完成社会固定资产投资200.95亿元，比上年增长69%，全市累计开工灾后重建项目1 793项，竣工462项，在建1 331项，累计完成投资197亿元。全年实现社会消费品零售总额35.10亿元，比上年增长16.50%。城镇居民人均可支配收入9 477元，比上年增长9%，农民人均纯收入1 995元，增长12.10%。全年进出口总额610.50万美元，比上年降低51%。招商引资签约93.74亿元，到位资金41.89亿元。全年金融机构本外币各项存款341.83亿元，比上年末增长17.96%。其中人民币存款341.78亿元。城乡居民储蓄存款160.63亿元，比上年末增长25.10%。本外币各项贷款148.66亿元，比上年末增加48.67亿元。

一、认真贯彻货币信贷政策 积极支持地方经济发展

（一）充分发挥“窗口指导”功能。人民银行陇南市中心支行制定下发了《陇南货币信贷增长指导意见》，引导金融机构掌握国家宏观政策，确保货币政策传导渠道畅通。按照国家产业政策和国家支持的重点和方向，制定印发了

《金融支持陇南市特色产业发展指导意见》《金融支持陇南市中小企业发展指导意见》《铅锌产业转型与金融服务拓展问题的报告》《金融支持灾后重建指导意见》等，均被市政府转发各县和有关部门执行，促进了货币政策在辖区的贯彻落实。

（二）积极调整信贷结构，加大信贷对地方经济发展的支持力度。2009年，银行业金融机构各项贷款达到148.66亿元，增长48.68%，其中农业贷款余额达到52.96亿元。农村合作金融机构累计向全市23.39万个农户，发放灾后重建贷款32.16亿元。各商业银行按照人民银行提出的“保持货币信贷的合理增长，加大银行信贷对经济增长的支持力度”的要求，积极支持地方工业经济发展，合理配置信贷资源，确保信贷资金向铅锌、水电等优势产业倾斜。年末，全市银行业金融机构向水电产业投放贷款余额达42.52亿元，占企业贷款总额的62.30%；向铅锌产业投放贷款20.58亿元，占企业贷款总额的38.50%。从各家金融机构贷款投放情况看，国有商业银行企业贷款占辖区企业贷款的82%，同比上升23个百分点。其中，建设银行占比38%，工商银行占比17%，农业银行占比16%，中国银行占比11%。

从期限结构看，短期贷款的45%投放到采矿行业，中长期贷款的89%投放到制造业、水电业，辖区基础设施建设和重点产业领域得到了重点信贷支持。

（三）发挥金融杠杆作用，继续支持灾后重建。“5·12”特大地震发生后，人民银行陇南市中心支行及时争取和发放支农再贷款，最大限度地满足陇南市灾后重建的资金需求，至2009年末，发放支农再贷款14亿元，比上年增长近3倍。在支农再贷款管理上，把实际需求和贷款风险管理结合起来，做到了既发挥好支农再贷款作用，又防止支农再贷款风险发生。用足用活特殊利率政策，加大对灾区农户住房贷款特殊利率执行情况的监测力度。密切关注社会各界的反应，及时搜集有关情况，做好信息反馈，为上级行决策提供了依据。

（四）积极培育新的经济增长点和信贷增长点。各金融机构积极支持符合国家产业政策和陇南资源特色的重点项目，加大对重点行业、重点企业和重点产品的信贷扶持力度，全年新增企业技术改造贷款5.20亿元。大力支持特色资源加工和农产品深加工，推进农业产业化的快速发展，年末辖区农村金融机构支持特色农业产业化贷款达到12.60亿元，比上年增长2.30%。辖区银行业根据全市经济发展的总体部署，配合产业结构调整战略，加快信贷结构的调整，增加信贷投入，通过信贷结构的调整带动和促进全市经济结构的调整，实现经济和金融“两个调整、相互促进、共同发展”的双赢局面。在“兰渝铁路”和“武灌”高速公路的建设中，辖区各商业银行积极给予信贷投入，实现了“产业结构调整——新的经济增长点——信贷有效需求增加”的经济与金融良性循环格局。

二、积极构建宽松有序的金融环境，确保辖区金融稳定

由于灾后重建大力投入，2009年陇南市金融机构存贷款规模出现超常规增长态势。年末，金融机构存款规模较上年增长107.67%，贷款较上年增长48.68%。地方法人金融机构存贷款市场份额不断加大，年末地方法人金融机构存款占全市金融机构存款比重达36%，贷款份额占全市贷款总量达53%。银行业金融机构实现全面盈利，经营管理能力明显提高。国有商业银行信贷资金集中投向铅锌和水电企业，但受到铅锌价格低迷影响，信用风险因素加大。而农村合作金融机构由于支持农村灾后重建的因素，中长期贷款大幅上涨，风险隐患也同步增加。同时，受经济发展程度的影响，陇南市金融市场的构成单一，市场的深度、广度和活跃程度仍处在初级阶段。

金融机构整体备付能力正常。国有商业银行存放中央银行准备金存款为0.35亿元，备付金率为0.61%，虽然备付能力偏低，但其系统内资金调拨迅速便捷；农村信用合作金融机构存放中央银行准备金存款为52.83亿元，备付金率为44.10%，备付能力进一步增强。

2009年，陇南市金融生态环境有了明显改善，征信体系的覆盖面和征信知识的宣传力度进一步扩大，社会民众信用意识不断增强。反洗钱、支付结算和反假货币工作的加强和巩固，为金融健康运行夯实了基础。

三、创新金融服务理念 提高金融服务质量

2009年，陇南市金融机构采取有效措施，积极应对金融危机对经济发展的不利影响，在加强自身风险防范的同时，配合国家扩内需、惠民生政策，加大信贷投入，进一步提高服务水平，强化内部管理，大力发展各种代理代收等中间业务，保持了经营效益的稳定增长。

（一）人民银行陇南市支行认真履行基层央行职责，进一步强化服务职能。支付结算监管与服务工作得到加强。组织撰写了《陇南市支付系统运行报告》，得到了人民银行兰州中心支行的肯定。国库服务社会功能明显增强，开辟了国库重建资金绿色通道，在辖区实现城市低保、计生补助和房屋重建补助等七个项目补助资金的国库直接拨付，保障了灾区群众生活安定、秩序稳定，赢得了地方政府和广大群众的称赞。征信管理工作取得新进展，开创了农村信用体系建设的新局面，推动非银行信息工作向规范化迈进。科学、合理调拨发行基金，顺利完成了灾后重建的现金供应工作，全年净投放现金56.75亿元，比上年增长56.80%。邀请公安经侦部门参加辖区银行业金融机构召开的“护航2009”反恐融资专项行动联席会议，为维护全市社会稳定提供保障。开展反洗钱培训21场（次），辖区金融机构反洗钱监管水平有效提高。新增支农再贷款14亿元，支持了农村金融机构的“三农”服务工作。

（二）商业银行积极开发金融产品，支持地方中小企业及私营个体企业发展。陇南市共有中小企业、私营个体企业39 363户，从业人员82 609人，实现产值18.38亿元，对地方财政贡献1.36亿元。国有商业银行把中小企业列入了信贷支持的重点范围。全市相继设立了“中小企业信贷管理部”和“中小企业信贷业务专柜”。至年末，全市商业银行向小型企业、个体私营企业发放贷款12 653万元，基本满足了中小企业的有效信贷需求。

（三）农村信用社采取多种有效措施，全方位提高农村

金融服务质量。积极扩大农户小额信用贷款，简化业务操作手续，切实让农户感受到方便、实惠。至年末，全市农村信用社已发放小额信用贷款36.28亿元，服务农户21万个。加快自动取款机和POS自助设备的推广应用，全市已安装14台自动取款机和200台POS自助设备，为农民提供了便捷的存取款服务。继续做好农村灾后重建的金融服务工作，全市农村信用社发放农户重建贷款36.19亿元，支持重建农户200 698个；代理国家开发银行发放重建贷款21.41亿元，支持农户134 220个。合理确定贷款利率，对有发展前途的养殖业贷款、农户看病贷款和农村助学贷款等实行较低的差别利率。继续开展创建信用村（镇）活动，目前全市已创建信用村1 321个，新增23个，农村覆盖率达到41.20%。进一步疏通农村结算渠道，全市208个农村信用社网点全面开通了银行卡（银联卡、飞天卡）系统营运，农村支付结算环境得到了根本的改变，农村金融服务功能明显提高。

（赵东平　郭培清）

临　夏　州

2009年，临夏州总人口为200.01万人，自然增长率为7.52‰。实现地区生产总值93.17亿元，比上年增长10%。其中，第一、二、三产业增加值分别为20.20亿元、28.65亿元、44.32亿元，增长7.10%、10.70%和10.80%。人均生产总值4 673元，增长10.90%。三次产业结构为21.70：30.8：47.5。全部工业企业实现增加值19.67亿元，比上年增长8.47%。完成农林牧渔业总产值31.67亿元，比上年增长6.64%。完成全社会固定资产投资76.49亿元，比上年增长45.23%。乡镇企业总户数达15 157个，实现乡镇企业增加值27.11亿元，比上年增长15.50%。完成社会消费品零售总额29.40亿元，比上年增长18.95%。全年居民消费价格比上年下降0.50%，其中食品价格下降12%。外贸出口总额达863万美元，比上年下降57%。完成大口径财政收入7.98亿元，比上年增长10.33%。全年财政支出64.86亿元，比上年增长27.09%。全年城镇居民人均可支配收入7 368元，比上年增长12%。农民人均纯收入2 089元，比上年增长13.10%。全年旅游接待总人数188.80万人（次），比上年增长30.40%，旅游总收入5.56亿元，增长31.40%。全州从业人员为91 496人，比上年增长1.50%。全州金融机构人民币各项存款余额148.83亿元，比上年增长30.15%；各项贷款余额74.52亿元，增长37.69%。保费收入11 648万元，比上年增长5.60%。其中：财产险保费收入6 408万元，增长15%；寿险保费收入5 240万元，下降4%。全年赔付额4 350万元，下降32.40%。其中：财产险赔付3 214万元，下降17.80%；寿险赔付1 136万元，下降55%。

一、认真执行适度宽松货币政策，积极支持地方经济发展

（一）发挥信贷政策导向作用，满足经济社会发展合理信贷需求。人民银行临夏州中心支行围绕全州经济工作总体要求、预期目标和重点工作，加强窗口指导，制定并由州政府批转实施了《2009年临夏州银行业信贷增长指导意见》《临夏州银行业强化小企业培育，切实改进金融服务工作的指导意见》，引导金融机构加大信贷投入，全面落实扩大内需政策措施，2009年全州信贷增长创历史最高水平。累计发放各项贷款68.26亿元，增长34.03%。积极向州委、州政府建言献策，并精心组织召开了全州银企合作促进会，牵头编写《中小企业贷款——银行信贷产品指南》宣传册，为银企双方搭建对接平台，缓解了中小企业融资难问题。

（二）深化监测分析，充分发挥货币政策工具作用。根据全州支农资金紧缺的实际，积极向上级行申请支农再贷款，累计向农村信用社发放支农再贷款5.19亿元，重点支持了全州畜牧养殖业和清真食品等行业的发展。全州农村信用社累计发放各项贷款33.21亿元，比上年增长29.52%，支农力度明显加大。全面落实支农再贷款管理三级责任制，层层签订管理责任书，坚持按季检查，确保了支农再贷款使用安全合规。认真执行存款准备金政策，积极探索存款准备金计提考核机制由现行的时点法改为平均法的可行性。继续加强对农村信用社贷款利率定价机制建设的指导，积极开展民间借贷监测分析，按月做好利率监测、报备及情况分析工作。认真贯彻落实民族贸易和民族用品生产企业贷款贴息政策，注重与相关部门的协调配合，规范贴息行为，全年贴息529.46万元，达历年最高。

（三）加强督促指导，努力推进专项票据兑付考核工作。针对辖区部分农村信用社历史包袱沉重、法人治理结构不完善、股本结构单一、贷款形态不实、存贷比超标和不良贷款处置缓慢等问题，加强与监管部门的协调配合，克服各种困难，围绕关键指标，督促农村信用社按照兑付考核标准，落实工作措施，突出工作重点，切实提高兑付考核效率和质量。至年末，辖区内8家信用联社中，有7家成功兑付专项票据6 247万元，农村信用社改革试点资金支持工作取得了阶段性成效。

（四）完善服务措施，不断提高外汇管理水平。加强结售汇业务市场准入管理，工商银行临夏分行成为辖区第三家外汇指定银行。以外汇管理新政策和服务措施为重点，组织开展了“诚信兴商宣传月”和“国际收支宣传周”活动。积极提供技术服务，按时完成了逾期未核销催核工作。充分发挥外汇金宏系统功能，认真开展国际收支统计申报、国际收支现场和非现场核查及结售汇统计等工作，国际收支申报率和申报时效进一步提高。年末，全州外汇账户余额207万美元，比上年增长26.99%；出口收入核销总额640万美元，比上年下降73.22%；银行结汇540万美元，比上年下降23.27%；银行售汇261万美元，比上年增长117.50%。

二、认真履行维护金融稳定职责，积极防范金融风险

（一）完善风险监测手段，全力做好风险预警监测。加强风险变动趋势监测，建立了风险监测周报制度，按月对法人金融机构风险状况进行监测，及时关注在金融危机背景下实体经济风险向银行业传导情况。积极开展金融稳定评估工作，进一步拓展金融稳定数据采集渠道，按时撰写上报区域金融稳定报告。

（二）加强金融风险处置再贷款管理，全面完成金融稳定再贷款本息清收任务。认真做好临夏市解放路农村信用社退市个人债权甄别确认工作。年末，共计甄别个人债权9 423笔、8 865.36万元，累计向清算组拨付风险处置再贷款8 469.73万元。加强风险处置再贷款的管理和监督检查，确保了资金的合规使用。针对该社资产处置进展缓慢的情况，建议清算组制定了《处置方案》，积极开展资产处置工作。加强组织协调，稳妥开展了金融稳定再贷款利息清收工作，全面完成了利息清收任务。

（三）完善工作机制，增强反洗钱工作的有效性。临夏州作为全国人民币大额现金收支监测十个试点地区之一，积极探索建立可疑大额现金交易双向筛选排查机制，并借助联网核查、账户管理等业务系统，全面掌握异常账户及交易情况，有效组织开展了大额现金收支监测试点工作，反洗钱监测水平明显提升。注重加强反洗钱工作协调沟通机制和内控制度建设，制定并由州政府印发实施了《临夏州反洗钱工作联席会议制度》，进一步修订完善了《可疑交易及洗钱行为举报制度》等12项工作制度和业务操作流程图，反洗钱工作机制逐步完善。不断强化非现场监管，通过下发《非现场监管质询通知书》等措施，督促金融机构及时整改存在的问题。加强与州反恐办的协调沟通，认真组织开展了“护航2009”反恐融资专项行动，政府相关部门、社会公众反洗钱意识不断增强。

三、强化服务意识，创新服务手段，努力提升金融服务水平

（一）推进服务性央行建设取得新成效。人民银行临夏州中心支行积极协调推进康乐县改善农村支付服务示范县工作，开展了支付结算知识进乡村活动，协调、督促康乐县金融机构为农户开立财政补贴专户54 251个，发放惠农卡11 185张，为农民群众提供了便捷的支付服务。加强与财税等部门的沟通联系，财税库银税收收入电子缴库业务成功上线并推广到辖区各县，实现了信息共享，税款入库速度明显加快。组织开展了“送国债进乡村”活动，面向农民发售凭证式国债33万元，储蓄式国债4.97万元，拓宽了农民投资理财渠道。参与制定了《临夏州政府非税收入管理实施细则》，规范了非税收入入库业务。顺利实现了州级国库集中支付业务数据电子化传输，保证了财政库款及时支拨到位和清算数据的准确性。根据纸辅币需求量较大的特点，认真编制实施2009年发行基金调拨计划，积极克服调库次数频繁、量大、任务重的困难，安全完成了全年调运任务，保证了全州经济发展的合理现金需求。严格执行人民币发行库管理办法，积极开展发行库达标升级和安全检查，货币发行工作不断规范。积极推进反假货币长效机制建设，开展了“宣传金融知识，我为惠农添光彩”反假币宣传活动，提高了群众对“HB、HD”假币的识别能力。加强与公安机关的配合，及时提供反假和假币鉴定服务，扩大了反假货币工作成果。协助公安机关破获假币案件1起，收缴假币52 445元，上缴销毁假币131 215元。加强贷款卡年审工作，年审率达到91.37%。加大非银行信息采集工作力度，实现了单位缴存住房公积金信息和企业信用信息的采集工作，已累计报送企业和个人住房公积金缴存信息60余万条。创新宣传方式，指导康乐县支行利用莲花山“花儿会”，通过聘请专家编写金融花儿、刻录光盘和设点宣传等方式，开展了以征信为主的大型金融知识宣传活动。全年累计查询个人信用报告93次，企业查询信用报告39次。严格落实金融统计和经济调查等制度，统计信息的完整性、真实性和及时性不断提高。收集整理并完成了《临夏经济金融发展30年》资料，为2010年人民银行“宏观经济时间序列数据库管理系统”上线和运行奠定了基础。按时完成了第二次全国经济普查工作中临夏州银行及其他金融业数据的普查和汇总工作，得到了省政府统计工作巡查组的充分肯定。围绕全州经济金融运行中的热点难点和履职中出现的新情况，研究确定中心支行重点课题25个，完成的《发挥支农再贷款政策在西部的政策效应》《伊斯兰文化影响下的我国穆斯林民间借贷》2篇调研报告，被《中国金融》采用。全年完成调研材料72篇，被《中国金融》《西部金融》《甘肃金融》等刊物采用33篇，其中《不同地域间的民间融资差异性问题研究》一文获得甘肃省人民银行系统调研成果评比优秀奖。

（二）金融业在创新中快速发展。农业发展银行临夏州分行全年贷款余额78 883万元，比上年增长50%；各项存款余额16 989万元，比上年增长70.86%。账面利润（税后）1 455万元，比上年净增454万元。贷款优先支持粮油收购主体业务，确保了地方粮食安全。工商银行临夏州分行坚持“以客户为中心、以市场为导向、以效益为目标”的经营方向，经营效益再创新高，全年实现拨备后利润2 372万元，比上年增长52.20%，实现中间业务收入846万元，比上年增长26.80%；资产规模持续快速增长，人民币各项贷款净增3.58亿元，余额突破13亿元，完成省分行下达全年增加计划的228%；累计发放个人贷款1.16亿元，余额达1.29亿元，完成全年任务的904%，增幅创4年来新高；办理保理业务200万元，法人理财产品销售6 932万元，完成计划任务的154%；纸黄金业务营销计划完成率全省排名第一，贵金属中间业务收入全省排名第二；新增信用卡发卡4 431张，计划完成率115.09%，信用卡不良透支率为全省最优，实现银行卡业务总收入228万元。农业银行临夏州分行实现了各项任务超计划、超同步、超同业发展。各项存款余额427 028万元，完成省分行全年必保计划的104%；对公存款余额127 786万元，完成省分行全年必保计划的140.54%；各项贷款余额164 961万元，比上年多增38 283万元，累计投放各项贷款124 616万元，比上年多投放54 099万元；实现中间业务收入1 589万元，完成省分行全年必保计划的99.31%；实现拨备后利润5 071万元，完成省分行全年计划的154.34%。建设银行临夏州分行各项存款余额239 350万元，完成省分行下达计划的104%；各项贷款余额83 072万元，完成省分行下达计划的126%；中间业务收入创历史新高，实现中间业务收入940万元，比2008年多增178万元；龙卡发卡量达124 107张，电子银行客户新增23 317个，电子银行业务交易量达35.58万笔，交易额达5.39亿元。邮政储蓄银行临夏州分行汇兑业务、商易通业务、对公存款和信贷业务全面发展。年末，对公存款余额达10 224万元，新增9 084万元；全年累计发放贷款

1 018笔，贷款余额9 070万元，其中个人小额贷款641笔2 303万元，商务贷款377笔6 767万元。

（马全福）

甘 南 州

2009年，甘南州总人口68.08万人，人口自然增长率为8.13‰。实现地区生产总值57.65亿元，比上年增长12.50%，创近20年来新高。人均生产总值8 472元，增长12.50%。其中：第一产业实现增加值14.31亿元，增长7%；第二产业实现增加值13.49亿元，增长9.30%；第三产业实现增加值29.85亿元，增长16.10%。第一、二、三产业对经济的贡献率分别为13.10%、15.70%和71.20%，比重为24.80：23.4：51.8。全州实现农林牧渔业增加值14.31亿元，增长7%。全年完成农作物播种面积103.33万亩，增长0.70%。粮食总产量8.68万吨，下降3.34%。油料产量2.09万吨，增长7.40%。全社会完成固定资产投资62.34亿元，增长46.10%。全州实现社会消费品零售总额16.65亿元，增长16.60%；居民消费价格总指数（CPI）由2008年的106.90回落到102.60；消费品价格指数为103，上涨3%。城镇居民人均可支配收入8 822元，增长12.95%；农牧民人均纯收入2 301元，增长12.29%。累计完成大口径财政收入5.46亿元，增长17.80%。外贸出口总额390万美元，比上年下降90.31%。全年接待国内外游客155万人（次），旅游综合收入3.10亿元，增长1.20倍。全州金融机构各项存款余额108.17亿元，比上年末增长34.42%；各项贷款余额51.74亿元，比上年末增长49.37%。全州金融机构累计现金收入157.30亿元，增长32.75%；累计现金支出177.67亿元，增长30.92%；收支相抵净投放20.37亿元，增长18.33%。全州保险机构保费收入6 546万元，增长13.35；保险赔款支出3 211万元，下降7.49%。

一、落实适度宽松货币政策，支持经济金融健康发展

（一）准确把握国家宏观调控意图，货币政策执行绩效进一步提升。人民银行甘南州中心支行紧紧围绕国家“保增长、调结构、促民生”的宏观调控目标，积极引导辖区金融机构认真贯彻执行适度宽松的货币政策，从强化监测分析和调查研究入手，进一步加大货币政策宣传力度，努力改进“窗口指导”方式，配合甘南州落实藏区发展政策的战略措施，制定并经州政府批转实施了金融支持“三农”、灾后重建、畜牧业、民贸民品企业发展和林权制度改革等28项指导意见，通过制定信贷增长指导意见和召开季度金融形势分析例会和召开民贸民品优惠贷款政策落实会等形式，努力搭建银政、银企合作平台，引导金融机构调整优化信贷结构，加大信贷资金投放力度，保证了地方经济发展对信贷资金的合理需求，有力地支持了地方经济发展。

（二）着力发挥在支持地方经济发展中的桥梁纽带作用。人民银行甘南州中心支行通过主动向州委、州政府领导汇报金融工作，邀请地方领导参加经济金融分析例会，与州经济委、州民委等政府部门共同组织有关银行、企业座谈会，加强了人民银行、金融机构与地方政府部门、企业的沟通联系，为认真贯彻执行货币政策创造了良好宽松的外部环境，从而有效发挥了金融业在促进地方经济发展中的重要作用。年末，全州累计发放支农再贷款3.64亿元，通过灵活有效运用支农再贷款，积极支持农村信用社发放涉农贷款，有效促进了全州农牧村经济发展，为经济金融协调发展发挥了重要作用。发放小额担保贷款1 140万元，较上年多发放402万元，直接和间接带动了680名失业人员实现再就业。共向8户民贸民品定点企业审核办理贴息128.94万元，贴息贷款额度达到1.79亿元，较上年增加1.01亿元。

（三）优化信贷结构，加大信贷支持力度。全州金融机构加强金融服务，优化信贷结构，积极开展贷款营销，从不同领域加大信贷投放力度，进一步加大了对特色产业、绿色经济、节能环保以及农村消费的信贷支持力度，有效满足了“三农”、灾后重建、项目建设和中小企业的资金需求，推动了甘南民族经济的可持续、协调发展，有效发挥了金融支持地方经济发展的重要作用。全年累计发放各项贷款31.85亿元，比上年多投放10.73亿元。工商银行甘南分行紧紧抓住国家扩内需促发展和州内项目建设迎来高峰的历史机遇，实施更加积极的竞争策略和更加有效的信贷服务模式，加快优质建设项目的衔接、营销和储备，继续以优质水电项目和州内建设项目贷款为切入点，加强贷款营销，各项贷款余额达10.95亿元，比上年增长23.28%。农业银行甘南分行以支持县域经济发展为经营平台，以县域中小企业、农牧业产业化企业、小额扶贫为目标市场，从小企业产业升级、技术革新和金融生态环境改善中寻找机遇，优化农业信贷结构。累计发放各类涉农贷款12.93亿元；累计发放惠农卡9 852张，涉及1 344户，发放贷款4 300万元。建设银行甘南分行专门推出了一项以“民本通达”为品牌的包括“教育慧民”、“医疗健民”、“社保安民”、“环保益民”在内的四大金融套餐服务，大力支持民生领域的发展，先后向合郎公路、王达公路、甘肃民族师范学院“专升本”项目和燎原乳业有限责任公司等提供4.65亿元的信贷支持，并向社会公众提供了个人住房、公积金委托贷款等服务项目，取得了良好的社会经济效益。邮政储蓄银行甘南州分行服务领域进一步拓宽，经营规模不断扩大，尤其是贷款业务拓展方面，投放力度较大，贷款余额达到2 849万元，增速居全州金融机构首位。

二、加强金融风险管理，维护辖区金融稳定

（一）加快建立现代金融企业制度，金融改革工作不断推向深入。农业发展银行甘南州分行通过积极进行贷款营销，延伸服务领域，采取各种措施积极营销财政支农资金存款，信贷资金自给率不断增强，使用“以贷引存、监管保存、服务增存”等手段，严格控制贷款资金支付，确保了贷款专款专用和存款的稳定，累计发放储备粮油贷款689.20万元，投放非经营性贷款4 550万元，累计发放商业性涉农企业贷款3 860万元，累计发放农村基础设施贷款

1.35亿元。全年盈余343万元，彻底扭转长期亏损的局面，实现了“规模、质量、效益”相统一。农业银行甘南分行继续推进股份制改革，按照《中国农业银行三农金融事业部制改革试点实施方案》相关要求，全面落实面向“三农”的战略定位，切实改善“三农”金融服务，组建了“三农”对公业务部、“三农”个人金融部；成立了合作市支行，解决了合作市没有县域支行，不能有效服务“三农”的空白；其他县支行作为营销和服务“三农”业务的操作平台，整体进入事业分部，使服务“三农”的机构和人员有了保障，积极发挥了农业银行在农村金融中的骨干作用。建设银行甘南分行经过机构改革，消除了原来机构臃肿的弊端，通过不断加强学习培训，现有职工队伍精良，业务稳步发展，具备提供全方位金融服务的能力。在人民银行和银监分局的指导下，继续深化和推进全州农村信用社改革工作，全州农村信用社全部完成了统一法人社的组建挂牌，成功兑付了玛曲县、合作市农村信用社专项票据。全州8县（市）农村信用联社5 325.66万元专项票据资金已全部实现兑付，分别置换不良贷款4 789.12万元、历年亏损挂账536.54万元，有效化解了信用社的历史包袱，促使农村信用社增强了服务“三农”的实力。

（二）加强风险监测和金融监管，切实维护辖区金融稳定。2009年，人民银行甘南州中心支行收清了合作市农村信用社支农再贷款4 000万元，收回了建设银行甘南分行头寸再贷款5万元。通过指导金融机构做好风险防范和应急管理等工作，认真执行上级行和地方政府关于维稳工作的各项安排部署，密切监控辖区金融机构运行状况。加强系统性金融风险监测、分析和全州金融稳定评估工作，建立和完善《人民银行甘南州中心支行 甘南州公安局关于可疑交易线索调查工作的协调制度》《甘南州金融机构反洗钱工作联席会议制度》《农业银行甘南州分行职能部门、营业网点反洗钱工作内部职责规定》等制度，进一步明确了反洗钱工作领导小组、各职能部门和营业网点的工作职责，规范了反洗钱工作程序，通过召开金融稳定、反洗钱和反假货币联席会议等形式，特别是各金融机构在3月份维稳敏感时期及重大节假日期间，安排专人值班，确保了各项业务的顺利开展，有效维护了辖区金融稳定。甘南银监分局加强现场和非现场监管工作，坚持季度银行监管分析例会制度，深入分析全州金融机构经营运行和风险情况，研究监管工作措施，切实加强资产质量监管。年末，全州金融机构不良贷款率2.80%，同比下降4.03个百分点。

三、加快金融服务创新，提高金融服务水平

全州金融机构统计管理水平进一步提高，顺利实现金融统计数据集中系统的上线运行。辖区金融机构加强金融数据统计的准确性，进一步提高了全州金融统计数据的质量。国库服务功能明显增强，相继成功上线了甘南州财政国库集中支付系统和财税库银横向联网系统，顺利完成了临潭县的省财政直管县管理体制改革试点的相关工作任务。全年共办理各级预算收入5.71亿元，增长26.46%；办理预算支出57.50亿元，增长37.48%。外汇工作水平进一步提升，稳步推进进出口收付汇核销制度改革，完成辖区外商投资企业的联合年检和外汇代理银行外汇业务考核。经过监督指导，工商银行、建设银行甘南分行成功上线了“金宏”工程外汇局子项试点系统。通过与政府有关部门协商，成功地将质检部门的行政处罚、产品抽查等信息纳入了征信系统，初步建立起了非银行信息采集长效机制。全州金融机构信贷数据入库率比上年提高了13.03个百分点，达到了75.69%，全州企业单位贷款卡年审率由上年的81.23%提高到90.09%，全州征信系统查询利用率进一步提高，信用报告的查询支持为借款人全面了解信用状况和信贷审查及贷后管理提供了便利。支付结算秩序进一步规范，全州金融机构认真开展存量单位银行结算账户相关个人公民身份信息真实性核实工作，人民银行甘南州中心支行召开了金融机构支付结算工作联席会议，成功地发起支票影像截留业务45笔，打破了同城支票影像截留业务在甘南州为“零”的局面。非现金结算方式进一步推广，工商银行甘南分行发放借记卡1.57万张，贷记卡2 068张，准贷记卡291张，新增有效信用卡827张。全州金融机构积极推进中间业务和新业务发展，不断创新金融服务和开拓市场，大力拓展代发工资、基金理财、银行卡、保管箱、银证转账、第三方存管和转账电话等电子银行业务以及代理保险等投资理财类业务。农业银行甘南分行制订的《2009年－2011年新业务发展三年规划》和所制定的《重点零售业务产品计价考核办法》，全面推行新业务、新产品和中间业务营销台账管理制度，做到了营销、日常维护、到期续约一本账和一条龙服务。金融宣传工作成效明显，全州金融机构利用“九色甘南香巴拉旅游艺术节”等重大活动，积极开展基金理财、银行卡、下岗失业小额信贷、助学贷款、征信、反假币和反洗钱等金融知识宣传活动。联合共青团甘南州委在全州青年群体中大力普及征信知识，在共青团甘肃省委和人民银行兰州中心支行共同举办的“甘肃省青年征信知识竞赛”活动中，甘南州代表队获得了三等奖。

四、完善内控管理机制，内部管理水平不断提升

2009年，甘南银监分局增强持续动态监管效力，依照日常监管程序，通过约见金融机构高管谈话等方式，促进了全州银行业金融机构进一步加强内控管理、规范业务流程，不断提高经营管理和风险防范的能力。各金融机构内部审计和事后监督工作进一步加强，财务管理和业务经营水平得到明显提高。工商银行甘南州分行进一步推行扁平化管理模式，重视安全防范工作，“三防一保”工作常抓不懈，坚持“超前防范，确保安全”的指导思想，结合“扫雷工程”，强化内控管理，深入开展了“远离违规行为，珍惜职业生涯”主题教育活动。农业银行甘南分行修订、完善了《业务部门自律监管实施细则》，把自律监管工作融入日常工作的每一个角落，围绕安全保卫、柜台操作风险和信贷操作风险三条主线的风险点进行了全面梳理，重点监管，确保了自律监管工作取得实效。合作市农村信用联社按照现代金融企业管理和完善法人治理结构要求，建立了“各司其职、高效运转、相互配合、相互制衡”的运行机制和内部制约机制，始终坚持“内控优先、制度先行”的原则，把内控制度的建设和落实当作强化经营管理、规范经营行为、防范经

营风险、确保信用社稳健发展的保障措施来抓。共补充完善和重新出台了13个劳动用工、教育和薪酬管理制度及12个信贷业务管理制度、19个财务管理制度、5个监督和审计稽核制度、9个安全保卫类规章制度、14个法人治理制度。

五、丰富活动形式，促进金融文化建设

（一）加强央行文化建设，提高调查研究能力。2009年，人民银行甘南州中心支行组织人员参加了人民银行总行党委宣传部在西安召开的“央行文化建设现场推进会”文艺汇报演出，受到了总行、分行和与会代表的好评，分行专门发来《感谢信》给予了充分肯定。在西安分行“央行之星”英语大赛甘肃赛区的比赛中，人民银行甘南州中心支行代表队经过努力，获得了三等奖。在分行成功展览了人民银行甘南州中心支行近年来的央行文化建设成果，分行领导给予高度评价，行长刘贵生作了“弘扬高原精神”的亲笔题词，《金融时报》进行了专题报道。积极开展了全州银行家座谈工作。在各类刊物上共刊登调研信息150多篇，《甘南藏区畜牧业金融发展趋势及存在的问题》，被《中国金融》2009年第16期刊用，《西部大开发十年来西北地区贫困县发展情况的调查》等3篇信息被总行采用。

（二）提升经营理念高度，加强金融企业文化建设。工商银行甘南分行以优质项目贷款为切入点，着力做大资产、负债及中间业务，强化管理，细化经营，推进全行业务快速、健康发展的工作思路，制定了“百日营销竞赛”活动方案和激励机制，举全行之力开展“新春大营销，持续促发展”业务营销竞赛活动；积极培育“诚信、人本、稳健、创新、卓越”的企业价值观，秉承“源于社会、回馈社会、服务社会”的企业宗旨，完善部门学习制度；教育引导员工牢固树立“客户至上”的服务理念，不断优化客户业务办理环节，完善银行服务平台，提升服务客户的能力和水平。农业银行甘南分行按照“服务到位、风险可控、发展可持续”的总体要求，牢固树立“总量就是实力，增量就是地位，以市场份额论英雄”的工作理念，坚定不移地实施存款优先发展战略；大力实施“细分市场、主攻大户、改善服务、稳定存量、挖掘潜力、扩大增量”市场营销策略；面向个人设立经营管理最佳行长、最佳大堂经理、十佳服务标兵、最佳网点主任、最佳会计主管、最佳执行制度的模范、十佳营销能手、新业务营销十强、最满意的服务型科长和服务型员工，加强专项奖励。人寿保险甘南分公司坚持“用心经营，诚信服务”理念，广泛开展以“诚信·沟通·维权”、“规范经营、诚信服务”、“诚信我为先”和“诚信合规日”等系列主题实践活动，在公司的企业文化中以“双成”为核心理念，以“造福社会大众，振兴民族寿险”为企业使命，以“创新、拼搏、务实、奉献”为企业精神，全面塑造“厚重诚信、自强致远”的企业品格。

（严小军）

陇南市银企洽谈会及贷款签约仪式现场

陇南市召开铅锌企业发展与金融服务座谈会

第四部分

调查报告与专题材料

金融支持甘肃省旅游经济发展研究

一、甘肃省旅游资源及旅游经济发展概况

（一）甘肃省旅游资源概况

鲜明的地域特色，特殊的自然环境，悠久的历史文化，多样的民族民俗，造就了甘肃省丰富多彩、高品位、比较优势和绝对优势突出的旅游资源。甘肃省旅游资源数量众多、内涵丰富，是旅游资源密集度比较高的省份。根据《旅游资源分类、调查与评价》（GB/T18972－2003）国家标准，甘肃省旅游资源共有8个主类、29个亚类和139个基本类型，分别占全国旅游资源类型的100%、93.55%和89.68%，其中基本类型中优良级旅游资源单体数量较多，占单体总量的29.79%。此外，国家旅游局近期对外推介的12条重点旅游线路，甘肃省就有丝绸之路、万里长城、红军长征、黄河文明和青藏铁路5条线路，具备发展旅游经济、建设旅游大省的资源优势和发展大区域、开发跨区域旅游市场的区位优势，旅游经济发展潜力巨大。

1. 自然旅游资源。甘肃省位处黄土高原、青藏高原和蒙古高原三大高原的结合带，地貌形态多样，同时气候上处于东部湿润区域向西北干旱区域过渡地带，具有亚热带、暖温带和温带多种气候类型，再加上地跨西北部的内陆河流域、东南部的长江流域和中部和东部的黄河流域，有9个水系，被地质学家称为最丰富的地质和地表特征博物馆，极具观赏性和开发价值。甘肃省主要的自然旅游资源包括：一是大漠戈壁。主要包括河西走廊戈壁风光和腾格里、巴丹吉林沙漠风光。二是森林草原。甘肃省有1个世界生物圈保护区，6个国家自然保护区，23个国家森林公园，61个省级森林公园及夏河桑科草原、玛曲草原和山丹马场等成片的草场。三是冰川雪峰。"七一"冰川和肃北"透明梦柯"等冰川风光独特，交通相对便利，是开展冰雪观光、探险旅游的绝佳去处。四是砂林丹霞。甘肃省有丹霞地貌53处，列全国之冠。张掖丹霞彩色丘陵被国家地理杂志评为中国最美的丹霞之一。五是峡谷溶洞。甘肃省南部的原始森林区有上百条峡谷，生物多样性特点十分明显，生长着亚热带、温带、寒带千余种植物和多种珍稀动物，其间分布着陇南文县天池等数十个堰塞湖泊，上百条瀑布悬泉和万象洞等大型溶洞。六是地质地貌。甘肃省拥有4个国家地质公园，包括敦煌雅丹国家地质公园、刘家峡恐龙国家地质公园、景泰黄河石林国家地质公园和平凉崆峒山国家地质公园。七是山脉景观。甘肃省拥有3个国家级风景名胜区，包括麦积山风景名胜区、崆峒山风景名胜区"鸣沙山—月牙泉风景"名胜区。

2. 人文旅游资源。甘肃省历史跨越八千年，是华夏文明和中华民族的发祥地之一，闻名中外的丝绸之路横贯全境，有许多具有历史断代意义的考古发现和众多蜚声中外的民族瑰宝，人文旅游资源博大精深，品位高，垄断性强。一是举世闻名的"石窟之乡"。甘肃省现存各类石窟寺337座，石窟数量之多、内容之丰富，为世界所罕见。敦煌莫高窟和天水麦积山石窟位列全国四大石窟第一和第四，其中莫高窟被誉为中华民族艺术史上最伟大的艺术宝库，也是世界现存的佛教艺术最伟大的艺术宝库。二是享誉中外的古文化遗址。甘肃省境内的史前文化遗址多达7 000多处，数量居全国第二位，其年代由距今8 200年一直延续到距今3 000多年前，具有完整的发展序列，为国内独有。三是举世无双的长城及古城址。甘肃省境内保存的长城长度占到全国长城总长度的四分之一，超过5 000公里，在15个省份中排名第二，嘉峪关堪称"天下第一雄关"。沿长城分布有大量的关隘城堡，其中敦煌的玉门关和阳关扼丝路古道之咽喉，享有极高的知名度，同时高台骆驼城和瓜州锁阳城分别为国内保存最完整的汉唐和隋唐古城。四是独具特色的民族风俗。甘肃省境内常住少数民族为45个，其中裕固族、东乡族和保安族为甘肃独有民族。每个民族都有自己的宗教信仰、历史文化、服饰文化、民风习俗、喜庆节日和衣食住行等特点，尤其是少数民族风情与当地独特的自然风光相结合，形成了极富民族特色的旅游氛围，再加上拉卜楞寺、郎木寺、禅定寺和清真寺等各种宗教建筑，少数民族集中聚居区已经成为甘肃省著名的旅游胜地。

3. 其他旅游资源。除了丰富的自然旅游资源和人文旅游资源，甘肃省还具有独特的工农业旅游资源和红色旅游资源。一是特色工业旅游资源。甘肃省工业历史悠久，技术含量高，其工业旅游资源主要包括：第一，中国石油第一井——老君庙、石油工业摇篮玉门油田和石油英模王进喜故居等旅游资源，见证了我国石油工业的起步、发展和壮大。第二，刘家峡水电站是中国人自己勘测设计、自己制造设备和自己施工安装的我国第一座百万千瓦以上的大型水力发电站。第三，中国第一航天城——酒泉卫星发射中心，具有我国航天史的10个第一，见证了我国从"东方红一号"到"神舟七号"进入世界航天大国的航天工业发展史和强国梦想的实现。第四，镍都金昌、铜都白银、戈壁钢城酒泉钢铁公司和正在建设中的我国首座千万千瓦级酒泉风电基地，均浓缩着高新技术的发展和应用。二是丰富的农业旅游资源。主要包括张掖市石岗墩高科技农业旅游点、临洮新美花卉高科技园区、天水农业高新技术示范园区、天水伟业生态观光园、古浪县马路滩沙漠生态观光旅游区和武威城东生态农业观光旅游区。三是红色旅游资源。甘肃省作为红军长征的主要途径地、战场和目的地之一，留存了众多革命文物，目前被公布为各级文物保护单位的革命文物有300多处，其中国家级3处，省级23处，有8处列为全国近百个红色旅游经典景区。

（二）甘肃省旅游经济发展概况

改革开放30年来，甘肃省旅游经济经过从无到有的发展历程，由最初的1979年接待入境旅游者2 485人（次），创汇41万美元，发展到2007年接待入境旅游者33.12万人（次），创汇7 021万美元，发展速度较快，为甘肃经济社会发展作出了突出贡献，在全国和世界旅游市场上产生了一定影响。特别是中央实施西部大开发战略以来，甘肃省旅游经济发展思路进一步明确，产业结构调整取得明显成效。通过加快优势旅游资源开发和特色旅游产品培育，着力改善旅游产业体系和空间布局，实施点、区、群、带开发战略，甘肃省已初步形成了以兰州为中心，西、中、东三大区域联动，七个景区群整体发展①，六条旅游线路呈放射状展开的发展格局②，形成了沿丝绸之路、黄河流域分布，并且与西陇海兰新经济带相互叠加、相互促进的旅游经济带。

经甘肃省政府和国家旅游局批准，2009年5月，《甘肃省旅游业发展规划》正式出版发行，明确提出"旅游业是甘肃省新的经济增长点，近期应发展成为全省经济的新兴产业，远期成为支柱产业"。甘肃省旅游经济在产业成熟化发展过程中促进国民经济增长的效益日渐显现，1999年-2008年，甘肃省国内旅游收入和旅游总收入的增长速度远远大于地区生产总值的增长速度，并且波动幅度也大于地区生产总值的波动幅度。同期，甘肃省旅游业总收入占甘肃省地区生产总值的比重大体呈逐年上升趋势，从1999年的2.05%增至2008年的4.33%，反映了甘肃省旅游经济在国民经济发展的贡献份额不断提高，在国民经济发展中发挥着越来越大的支撑作用。

（三）甘肃省与毗邻六省区旅游经济发展状况比较

改革开放以来，特别是20世纪90年代末西部大开发战略实施以来，甘肃省和毗邻六省区（内蒙古、四川、陕西、宁夏、青海、新疆）的旅游经济发展迅速，这些省区均在"十一五"规划纲要中将旅游经济作为重点开发领域或者支柱产业，提出根据自身资源优势和特点发展特色旅游、开发特色旅游产品。将甘肃省旅游经济发展与毗邻省区进行比较分析，考察甘肃省旅游经济发展的实际情况，有利于准确定位和制定相应措施以推动甘肃省旅游经济健康持续发展。

从甘肃省旅游资源来看，有悠久的历史文化、独特的自然风光、浓郁的民族风情和多彩的现代风貌。甘肃省在与其毗邻省区国家级各类景区的数量对比中居于前列，表现出比较明显的优势。

经过多年的发展，甘肃省旅游经济实现了较快的发展，但是甘肃省旅游经济各项指标与甘肃省旅游资源大省的地位极不相符，主要旅游指标在全国的份额小、位次低。从全国来看，2007年甘肃省国内旅游人数仅为全国国内接待人数的1.48%，入境旅游人数仅为全国入境旅游人数的0.25%；旅游外汇收入仅高于青海和宁夏，居全国第29位；旅游总收入占全国旅游总收入的比重仅为1.06%。

从与其毗邻六省区来看，2007年甘肃省旅游收入占全国旅游收入的比重（1.06%）远低于其国家级旅游资源占全国的比重（2.99%）。甘肃省旅游收入与毗邻省区，如四川、陕西、内蒙古、新疆的差距十分显著，与其拥有的旅游资源优势相比较，甘肃省旅游经济发展明显滞后，集中表现在旅游资源开发层次低、旅游品牌宣传营销滞后、旅游产业链条短以及金融支持旅游经济发展乏力等方面。因此，通过与毗邻省区旅游经济发展状况的比较分析可以发现，甘肃省旅游经济的潜力远未得到充分的开发利用，综合效益尚未得到充分发挥，开发潜力与发展空间很大。

二、金融支持甘肃省旅游经济发展的现状和问题

甘肃省虽然为旅游资源的"大省、富省"，但由于整体经济实力不强，旅游开发投入与旅游资源优势不相匹配，导致旅游开发相对滞后，许多优质旅游资源由于资金投入的严重不足，长期停留在原始状态，尚未培育成成熟的景区，再加上甘肃省交通、住宿等基础设施建设和其他关联产业也相对滞后，进一步阻碍了将甘肃省丰富的旅游资源优势转化为经济优势，使得甘肃省成为了旅游经济发展的"小省、贫省"，旅游经济发展一直徘徊在低水平阶段。目前，匮乏的资金投入已成为制约甘肃省旅游经济发展的"瓶颈"。为了解和掌握甘肃省旅游经济发展中的资金投入和金融支持情况，本文选取了甘肃省10个市（州）、主要金融机构以及旅游企业进行调查，重点分析金融机构对甘肃省旅游经济发展的支持情况，通过研究金融支持甘肃省旅游经济发展的现状及存在的主要问题，进而探讨旅游经济发展中金融支持不足的原因。

（一）金融支持甘肃省旅游经济发展的现状

根据《中国旅游年鉴》统计数据，2007年甘肃省旅游项目开工建设投资总额达594 831.20万元，其中，政府投资222 870.20万元，占比37.47%；企业投资356 216万元，占比59.89%；外商投资8 195万元，占比1.38%；银行贷款7 550万元，占比1.26%。

1. 甘肃省旅游经济融资结构。2006年-2008年，甘肃省10个市（州）旅游经济投入资金合计870 766.50万元，其中，政府投资302 378.40万元，占比34.73%；金融机构贷款122 590.50万元，占比14.08%；招商引资113 890万元，占比13.08%；民间投资230 546.90万元，占比26.48%；其他投资101 360.70万元，占比11.64%。

2. 金融机构旅游经济贷款发放情况。2006年-2008年，甘肃省10个市（州）金融机构发放旅游贷款122 590.5万元，其中：旅游景区开发贷款39 606.88万元，占比32.31%；旅游交通运输业贷款31 468.35万元，占比25.67%；旅游产品生产开发贷款2 054.22万元，占比1.68%；旅游住宿餐饮业贷款37 075.01万元，占比30.24%；旅游企业贷款9 989.04万元，占比8.15%；其他贷款2 397万元，占比1.96%。

① 七个景区群包括：敦煌景区群、酒泉嘉峪关景区群、张掖武威金昌景区群、兰州白银定西景区群、临夏甘南景区群、天水陇南景区群、平凉庆阳景区群。

② 六条旅游线路包括：西线是丝绸之路大漠风情游、南线是回藏风情草原风光游、东线是丝路胜迹寻根朝觐游、北线是黄河奇观石林风光游、东北线是道学圣地黄土风情游、东南线是绿色峡谷天池溶洞游。

截至2009年6月末，甘肃省10个市（州）金融机构发放旅游贷款余额74 816万元，占金融机构贷款余额总额的1.09%，其中：开发性固定资产贷款余额30 921.80万元，占比41.33%；经营性流动资金贷款余额43 894.20万元，占比58.67%。从贷款方式看，旅游贷款中信用贷款14 589万元，占比19.50%，抵押贷款47 861.56万元，占比63.97%，质押贷款5 495.44万元，占比7.35%，担保贷款6 870万元，占比9.18%。

（二）金融支持甘肃省旅游经济发展中存在的问题

1. 金融机构对旅游经济资金投入严重不足。从甘肃省旅游经济资金来源看，大多数旅游景区开发和旅游相关产业的资金投入依赖于政府投资和企业投资，而金融资源配置远远滞后于旅游经济发展，旅游项目开发及其相关产业发展难以得到金融机构的信贷支持，导致旅游项目开发分散，档次偏低，规模偏小，很多优质资源由于资金投入的不足，长期停留在原始状态，没有培育成成熟产品，基础设施建设和旅游相关产业也有待于进一步完善，不能满足旅游市场需求。2007年，甘肃省旅游经济投资中，金融机构贷款7 550万元，仅占旅游经济投资总额的1.26%和全省金融机构贷款总额的0.03%。截至2009年6月末，甘肃省10个市（州）金融机构旅游贷款余额7.48亿元，仅占10个市（州）金融机构贷款余额总额的1.09%。金融机构对旅游经济资金投入严重不足，与甘肃省旅游经济的快速发展势头极不协调。

2. 金融机构对旅游经济相关领域投放不均衡。甘肃省金融机构旅游经济贷款中，信贷重点投放在旅游景区开发、旅游交通运输业和旅游住宿餐饮业领域，对相关产业拉动效应不足，推动旅游产业链条延伸不够。2006年–2008年，甘肃省10个市（州）的金融机构旅游经济贷款合计122 590.50万元，其中景区开发、交通运输业和住宿餐饮业贷款共108 150.20万元，占比88.22%。甘肃省金融机构对于旅游产品开发、旅游企业和旅游娱乐业等的信贷投放总量非常小，致使甘肃省旅游相关产业发展不均衡，整体旅游经济发展的速度和质量难以有大的提高，还处于以观光旅游为主的初级阶段，已不能适应目前现代旅游业由观光旅游向综合旅游转变的发展趋势。

3. 旅游经济发展中的金融服务滞后。目前，金融机构传统的金融服务已不能适应甘肃省旅游经济发展的需要。据调查，甘肃省旅游景区、宾馆、购物场所的金融服务网点、自助银行和ATM机极少，POS机数量也较少，甚至在部分较为落后的市（州），旅游景区基本上未设置自助银行和ATM机。同时，金融机构提供的金融服务品种少、层次低，旅游企业结算、汇兑不方便，游客持卡消费环境不佳，绝大部分旅游景区基本上使用现金消费。金融服务的缺失，不能有效地满足游客的支付需求和旅游企业的业务需要。特别是随着甘肃省接待境外游客人数逐年增多，涉外旅游经济总量逐年加大，能够方便地进行外汇兑换和交易的金融服务网点更是少之又少。

（三）甘肃省旅游经济发展中金融支持不足的原因

1. 旅游项目开发资金需求量大，资金回收期与贷款期限不匹配。旅游项目开发以及相关产业开发所需要的资金投入量大，建设周期长，资金回收缓慢，即使一些旅游项目建成后即可产生经济效益，但全部收回投资成本需要几年到十几年的时间，这与金融机构信贷资金追逐高利润、安全性和流动性的特点不相符合，在现行的信贷政策下很难得到金融机构的信贷资金支持。同时，金融机构贷款期限一般都在10年期内，这使得在贷款期限内旅游项目还款资金不足，金融机构信贷资金无法按时收回。金融机构贷款期限与旅游企业资金回收期不相匹配，也制约着金融机构信贷资金的投放。

2. 旅游经济整体发展水平较低，旅游企业经济效益不佳。甘肃省旅游景区较为分散，季节性差异明显，旅游设施利用率低，尚未形成完整、成熟的旅游市场，旅游经济整体发展水平较低，主要表现在：一是旅游产业链条短，旅游经济衍生收入较低。甘肃省旅游资源整合欠佳，旅游产品单一，难以满足游客“吃、住、行、游、购、娱”等全方位需求，大量游客旅游动机以观光为主，供游客参与的活动项目少，从而使得游客滞留时间较短，对旅游相关产业的拉动作用不大，影响了旅游经济整体效益与可持续发展。二是对旅游资源内涵挖掘和创新不够，大部分旅游景区、餐饮、住宿和产品没有体现地方特色，优质旅游资源和民俗文化等开发相对滞后。三是由于甘肃省地域广阔，经济发展不均衡，有些地区的饭店宾馆根本就不具备与客流相应的接待能力和服务质量。另外，甘肃省旅游企业竞争激烈，旅游企业经营效益普遍不高，抗风险能力较弱，经营和财务管理上的随意性较大，缺乏高素质旅游专业人才，自我积累能力差，成为阻碍金融机构信贷资金进入的重要因素。

3. 旅游经济贷款抵押担保落实难，信贷还款保障度低。为了有效规避风险，金融机构普遍制定了严格的信贷准入政策，使信贷“门槛”相对较高，致使旅游经济获得信贷资金的难度加大。调查发现，甘肃省金融机构旅游贷款以抵押担保贷款为主。截至2009年6月末，甘肃省10个市（州）旅游贷款余额中，抵押、质押和担保贷款占比80.50%。由于旅游项目资金投入大、回收期长，旅游项目单位在申请贷款时很难找到价值足够大又能长期保值的抵押物，再加上甘肃省担保机构数量少并且规模普遍偏小，大部分旅游项目偿还贷款的主要来源仅靠门票收入，金融机构出于审慎考虑而不愿过度介入，旅游经济缺乏有效抵押担保是金融支持不足的主要原因。另外，长期以来部分旅游企业信用观念淡薄，使银企关系陷入“企业不愿还旧贷，银行难以放新贷”的恶性循环，旅游经济不良贷款偏高，致使金融机构对旅游经济贷款慎之又慎。据调查，2008年，甘肃省某市旅游经济不良贷款余额为614万元，不良率为14.11%，与2006年相比上升了3.58个百分点。

4. 旅游信贷风险偏高，金融机构与旅游产业的信息不对称。一方面，甘肃省旅游企业普遍实力较弱，部分旅游景区开发和管理单位的信用等级达不到信贷准入的基本要求，不具备承贷主体资格，信贷风险较大。旅游经济的季节性风险、市场竞争风险、企业经营风险和道德风险较大，再加上旅游经济对国内政局、国际形势、宏观经济和自然灾变等反应十分敏感的特点，致使旅游信贷风险明显偏高，影响了金融机构发放旅游贷款的积极性。另一方面，相关部门在研究制定旅游经济发展规划时，没有协调金融机构参加，一定程度上割断了与金融机构的联系。由于金融机构对旅游管理、发展规划、项目开发、融资需求以及国家扶持政策缺乏全面了解，对项目前景、预期收益和风险程度难以作出准确的判断，致使银行信贷投放难以适应旅游经济快速发展的需要。

5. 旅游资源产权关系界定不清，金融机构与旅游经济间互动性不足。甘肃省部分地区的旅游资源、旅游景区的所有权、经营权和收益权等权限模糊，权、责、利不清，体制不顺，各管一方，各自为政，不利于旅游经营管理工作，致使旅游资源的有效开发、经营和管理难以实现。如部分景区普遍存在着主管部门职能交叉，文物、水利、林业、国土和旅游多头管理，导致一个景区的开发需要协调的部门太多，其结果造成开发成本和管理成本的增加，开发效益和管理效率低下，阻碍了金融机构对旅游经济的信贷投放。另一方面，甘肃省部分景区和旅游项目的经营权归属于政府部门，政企不分、产权不明晰等问题的存在使得旅游贷款主体难以落实，一些景区、旅游项目的所有者和经营者不具备承贷主体资格，无法从金融机构取得贷款支持。另外，调查发现部门地区旅游经济的资金来源主要依赖于政府投资，缺乏与金融机构的沟通联系，对金融机构信贷资金需求的主动性不足，难以得到金融机构的资金支持。

三、金融支持甘肃省旅游经济发展的措施建议

（一）财政金融协调配合，构建多元融资渠道

调查发现，甘肃省旅游经济发展更多地依赖于政府投资，没有政府的主导推动，旅游经济发展将举步维艰。因此，应充分发挥政府推动作用，努力形成政府财政、社会资金、金融机构信贷相结合的多渠道、多元化的旅游经济资金投入格局。一是由各级政府牵头，政府财政和旅游企业共同出资，建立旅游专项发展基金，主要用于旅游项目开发贷款担保、贷款贴息及补助等。对于重点旅游开发项目贷款，在规定期限内由旅游专项发展基金提供贷款担保，给予全额或一定比例的贴息，降低信贷资金风险，以解决旅游经济担保难、贷款难的问题。二是抓住国家扩大内需的政策机遇，积极争取国家发展旅游经济的扶持资金。争取中央政府提供的区域性财政政策，如对甘肃省等一些旅游资源丰富而经济基础薄弱的地区旅游经济的投资，同时制定扶持旅游经济发展的优惠税收政策，不断改善旅游投资环境，引导社会各方面资金投资旅游经济。三是鼓励和引导民间资本投资旅游经济。转变旅游经济过度依赖政府投资的单一模式，通过引入“谁投资，谁受益”的发展战略，吸引民间资本投资旅游景区开发、基础设施建设和旅游综合服务等相关领域。有条件的旅游企业可通过证券市场等金融市场筹措资金，创新融资方式，进一步拓宽旅游经济的融资渠道。

（二）完善信贷管理体制，增加信贷有效投入

金融机构要切实转变经营理念，完善信贷管理体制，不断创新金融信贷产品，为甘肃省旅游经济发展提供有力信贷支持。一是金融机构应增强服务区域经济，尤其是服务区域特色经济的理念，制定支持甘肃省旅游经济发展的发展规划，改革和完善现行的信贷管理体制，调整信贷结构和信贷支持力度，提高信贷资金在旅游经济融资中的比率和资金利用率，充分发挥信贷政策为区域经济结构调整优化服务的功能。二是积极开展形式多样的信贷业务创新，完善差别化信贷服务机制。针对旅游经济发展的资金需求特点，探索以未来收益权等为质押的信贷新产品，建立旅游景区门票质押贷款、旅游景区联保贷款等制度，合理确定贷款期限，增强信贷资金的有效供给能力。三是探索建立适合旅游经济的审贷机制和建立合理的营销激励机制，进一步调动信贷营销人员挖掘和培育优质客户的能动性。对旅游龙头企业和重点项目，金融机构可以实行优先贷款、简化手续、放宽额度、提供优惠利率和票据贴现等措施，通过信贷资金投入引导和促进旅游资源的开发和整合，支持甘肃省旅游经济做大做强。四是在研究旅游经济发展趋势和项目开发前景的基础上，对有财政前期投入的大型旅游项目，金融机构可尝试推行银团贷款模式，金融支持及时跟进，避免由于配套资金不足而使项目陷入停顿，促进金融资源与旅游资源的深度融合。

（三）创新旅游金融业务，完善金融服务体系

金融机构要充分发挥行业优势，积极为旅游经济提供方便快捷和安全高效的金融服务，构建全方位的旅游金融服务体系。一是金融机构要加强在旅游景区的金融服务网点建设和自助银行设施的配置，增加ATM机和POS机数量，创新符合旅游经济特点的个性化金融服务业务，如电话银行、网上银行、“旅游一卡通”和旅游服务专柜等，改善游客刷卡消费环境，为游客的资金安全提供保障。二是开展满足旅游企业不同需求的特色金融服务，如代理各种旅游服务收费、旅游保险等业务；针对景区门票收入现金量大，现金运送、保管不安全问题，金融机构可提供“出纳窗口前移”并派专车到售票点收缴现金的服务。三是基于国际游客的金融服务需要，提供外汇兑换、外卡取现、国际间转账、本外币通用信用卡、人民币鉴定和票面搭配等金融服务。同时全面整合本外币金融服务体系，为各旅行社之间的资金往来提供高效的结算手段，尽量减少资金来往时滞。

（四）优化金融生态环境，加大招商引资力度

一是积极推动建立由政府牵头、司法主导和金融机构配合的联合执法机制，加大打击逃废金融债务力度，加大金融案件结案、执行力度，有效维护金融债权。以人民银行信用信息数据库为依托，旅游部门要积极探索建立旅游项目库和旅游企业信息查询系统，为金融机构与旅游企业之间加强合作提供融资平台。通过地方政府、金融机构和旅游企业的共同努力，切实优化金融生态环境。二是金融机构要大力支持甘肃省旅游资源整合，加强旅游整体形象宣传力度，打造甘肃旅游品牌，增强对省外、国外资金的吸引力。三是金融机构要积极配合地方政府，采取各种鼓励和优惠政策，着力改善投资环境，做好旅游招商引资工作。同时金融机构要协助管理好外资，支持甘肃省旅游企业与国际旅游大集团的合作，支持旅游龙头企业实施跨地区、跨行业的多种形式的联合重组和资本扩张，引进先进的管理经验、经营机制和服务模式，不断提升甘肃省旅游经济的整体素质和竞争力。

（五）加强部门沟通协调，防范旅游信贷风险

一是充分利用银政企洽谈会、项目推介会等方式，搭建金融机构、政府部门、旅游管理部门和旅游企业的信息沟通交流平台，建立信息共享的长效机制，切实解决金融机构与旅游企业融资信息不对称问题。二是在各相关部门向金融机

构推荐旅游经济发展重点领域的基础上，金融机构要积极参与旅游项目总体规划、前期考察与后期开发的全过程，形成旅游信贷支持与金融风险控制的长效机制。三是金融机构利用自身优势，为旅游企业提供信用评级、财务咨询和金融管理等业务，并对可能存在的金融风险予以警示，以此控制企业的信贷风险，保障金融机构自身的投资利益，也有利于旅游企业的长期健康发展。四是为了进一步规范旅游企业行为，降低金融支持旅游经济发展的风险，要积极探索建立为旅游经济提供服务的担保公司、咨询公司和评估机构等金融中介机构，促进旅游经济与金融机构之间的良好对接与互动。五是旅游经济企业要转变经营理念，积极主动向金融机构宣传推介，牢固树立诚信意识，提高自身信用等级，达到金融机构信贷准入条件，共同破解金融支持旅游经济发展的难题。

（六）支持基础设施建设，延伸旅游产业链条

借助甘肃省旅游经济跨越式发展的大好时机，金融机构要支持旅游基础设施建设，进一步拓展旅游产业链条，增加旅游产业附加值。一是金融机构要在支持大力宣传甘肃省旅游资源的基础上，支持旅游景区和旅游城镇的交通、电力、通讯、住宿、餐饮、供水、停车场、公厕及垃圾处理等旅游基础设施建设，完善旅游配套服务体系。二是积极支持旅游产品开发和创新。甘肃历史悠久，文化底蕴丰厚，相关旅游产品资源丰富。金融机构要采取优先贷款、放宽额度和利率优惠等措施，不断加大对旅游产品开发与生产的信贷投放力度，支持和引导有关旅游企业加快对具有甘肃地方特色旅游产品的挖掘、开发与推广，满足广大游客的多层次消费需求。三是金融机构要积极开展个人旅游消费信贷业务，大力推动自驾游、科考游及探险游等特色旅游，丰富旅游内涵。四是发挥人民银行支农再贷款作用，引导农村信用社配合农村旅游资源开发，发放与之相关的农户小额信用贷款和农户联保贷款，推动农村地区利用果园林地、湖泊和民俗风情等农村旅游资源，进一步大力发展“农家乐”，加大农村金融机构对农村旅游经济的信贷投入，为甘肃省旅游经济发展注入新的活力。

（中国人民银行兰州中心支行行长 杨明基）

金融支持甘肃省文化产业发展问题研究

一、导言

（一）文化产业的界定

2004 年，在国家统计局制定的《文化及相关产业分类》基础上，形成了一个认同度较高的“文化产业”概念：“为社会公众提供文化、娱乐产品和服务的活动，以及与这些活动有关联的活动的集合。”并进一步将文化产业内部结构细分为核心产业层，外围产业层以及相关产业层，如下图所示。

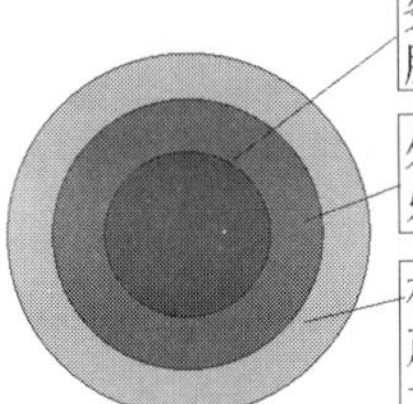

图 1　文化产业结构图

（二）文化产业在社会经济发展中的重要作用

一是有利于调整产业结构，优化经济发展方式。二是有利于扩大内需，刺激消费。从内需来讲，文化消费是一个新的经济增长点，文化产业受国际金融危机的影响较小，经济增速放缓时，文化消费需求反而有可能增加。三是有利于扩大区域影响力，提升区域软实力。文化产业提供内蕴价值观和审美观的文化产品和服务，成为展示地区文化形象的途径和载体。四是有利于满足人民群众精神生活需要，为社会经济发展提供精神动力和智力支持。随着社会发展，文化对经济的渗透已无处不在。文化的积累与发展越来越成为众多经济活动成功与否的必要条件。从这个意义上讲，中国的经济发展，文化的作用至关重要，文化已经成为推动社会经济发展的重要力量。

二、甘肃省文化产业发展现状

近年来，甘肃省委、省政府高度重视文化建设和文化产业发展，把发展文化产业作为发展先进文化、建设和谐文化的重大措施，作为培育新的经济增长点、促进经济结构调整和产业结构升级的重要手段，坚持一手抓公益性文化事业，一手抓文化产业，采取了一系列措施发展文化产业，取得了积极成效，文化产业呈现出良好的发展态势。

（一）甘肃省文化产业发展的比较优势

1. 拥有得天独厚的文化资源优势。甘肃历史悠久、文化底蕴厚重，是中华文明的发祥地之一，是古丝绸之路的重要通道，也是农耕文化与游牧文化、中部文化与西部文化、华夏文化与外来文化的交汇地，文化资源非常丰富。按照联合国《世界遗产公约》和《国家旅游资源分类、调查与评估》标准，全省历史遗存、经典文化、民族民俗文化和旅游观光文化等四类资源的丰富程度名列全国第五。

2. 已经形成了一批在全国具有一定影响力的文化品牌。经过多年的发展，目前全省已经形成了一批在区域甚至全国具有一定知名度和影响力的知名文化品牌。期刊业中《读者》杂志发行量亚洲第一、世界第四、月发行量突破 1000

万册，实力雄厚；文娱演艺业中舞剧《丝路花雨》自1979年上演以来，已演出1 300多场（次），创下单项剧目演出场次之最，被列入吉尼斯世界纪录，享誉海内外；舞剧《大梦敦煌》在世界10多个国家进行过演出，成绩斐然。此外，以《大敦煌》、《老柿子树》为代表的影视业蓬勃发展；以庆阳香包为代表的民间民俗文化产业迅速壮大；以敦煌为代表的文化旅游业方兴未艾；以天水汉唐、《梦里敦煌》为代表的文物复制品业独具特色。特别是近年来，还涌现出一批以甘肃艺百、兰州零点为代表的新兴动漫企业。以这些品牌为代表的文化产业正在向着做精、做优、做大、做强的方向发展，具有广阔的发展前景。

（二）甘肃省文化产业发展中存在的问题

1. 文化产业总体“大而不强”。“大而不强”主要是指甘肃省文化产业虽然近年来发展迅速，也形成了一些比较大的产业集团，但作为文化资源大省，资源的开发利用及整合力度仍然不够，文化产品有效供给不足，总体实力不强，与中东部省份相比，无论从产值、产业规模，还是从效益以及在GDP中的比重等方面都差距较大，还不能称为文化强省，更不是文化产业强省，与其文化资源大省的身份不符。2007年文化产业实现增加值36.13亿元（含个体经营数据），同比增长12.50%，仅占全省GDP的1.30%，也仅为同期全国平均水平（2.60%）的一半。

2. 文化产业投入严重不足。2006年全省文化产业计划总投资额为58 027.90万元，而实际完成投资额仅为37 384.90万元，占计划投资额的64.40%，占2006年甘肃省固定资产投资总额的0.40%。其中国有文化企业实际投资额占55.20%，民营文化企业的实际投资总额只有14 579.10万元，外商投资仅有606万元。从信贷投入来看，近年来，甘肃省文化产业贷款占全部贷款的比例一直不到0.50%，远低于文化产业增加值占地区生产总值的比重。产业发展专项基金除了甘肃省文化产业发展专项基金（2009年1 000万元）外，无其他基金支持。文化产业投入严重不足，已成为制约甘肃省文化产业发展的瓶颈。

3. 文化产业集群尚未形成，文化产业链条短。虽然甘肃省文化产业门类比较齐全，文化产业企业众多，但除了少数几个较大规模的文化企业集团以外，大部分文化企业实力较弱，尚未形成具备现代企业制度的文化产业企业集群，产业发展缺乏实体支撑。同时，甘肃省文化产品生产除了核心产品以外，以传统工艺技术为主，缺乏其他衍生产品，科技含量低，创新能力不强，附加值不高，在国内外市场上缺乏竞争力，难以满足多样化的文化消费需求，导致甘肃文化产业和产品丧失了本应获得的经济效益。

总而言之，甘肃省文化产业发展具有一定基础，优势与劣势并存，机遇与挑战同在。如果能够充分发挥优势，改进不足，抓住当前的机遇加快发展，甘肃省文化产业必定能够实现一个大的飞跃。

三、甘肃省文化产业融资障碍分析

“产业发展必须跟资本结合，插上资本的翅膀，没有这一点文化产业不可能取得跨越式发展。”资本的力量在文化产业发展中所起的作用非常重要。由于甘肃省文化产业尚处于发展的初级阶段，实力较弱，产业自有资金有限，实现跨越式发展，仅靠自身积累、不借助资本的力量是不行的。

在当前适度宽松的货币政策环境下，一方面资本流动性充足，希望找到有成长性的投资项目；另一方面文化产业成长空间很大，急需吸收大量资本发展。因此，清除阻碍两者合作中的若干桎梏，促进文化产业与资本的深度融合，已成为实现文化业和金融业互利双赢的客观需要，也是推动文化产业快速发展的必然要求。

（一）金融支持甘肃省文化产业存在的问题

1. 资金供求矛盾突出，金融支持力度有待加强。从近3年全省各金融机构对文化产业信贷投入总体情况看，金融支持文化产业的力度不大，且有下降的趋势。2006年－2008年，全省文化产业贷款分别为4.67亿元、4.71亿元、3.40亿元，分别占同期贷款总量的0.20%、0.20%、0.12%，远远低于文化产业增加值在地区生产总值中的比重。2007年、2008年文化产业贷款年增速分别为0.80%、－27.81%，也远低于同期文化产业发展速度。从2009年上半年的情况看，文化产业贷款增速（5.80%）虽然较上年末有了很大的提高，但总量仍然偏小（3.60亿元），不容乐观。全省文化产业的生存发展仍然主要依靠政府投入，文化产业贷款数量较少，占比不大。

从文化产业企业资金供需情况看，大型文化产业企业的资金需求基本能够得到有效满足，如读者集团、甘肃有线网络公司等，但绝大部分中小文化产业企业缺乏信贷支持，举步维艰。从供需对比看，2009年全省文化产业项目贷款需求达17.79亿元，而近两年文化产业贷款年均增加额不到1亿元，文化产业发展资金供需存在很大缺口。2009年年初全省银文对接会中提出的文化产业贷款项目中，至今已经落实的还不到10%。一些文化企业由于急需资金而又没有银行愿意放贷，不得不从民间高息借贷，为其带来了沉重的财务压力。

近年来，虽然有个别实力较强的民营企业参与了文化领域的投资，建设了一些文化产业项目，但这些民营企业还没有形成以文化产业为主业的经营业态，且大多数为房地产开发企业，对文化产业的理解认识不足，资金投入力度尚待加大。

2. 金融支持方式单一，多元化投融资机制尚未健全。从全省文化企业融资结构看，除了政府投资和银行贷款外，基本没有股权融资、风险投资和发行债券等直接融资渠道。银行贷款主要为担保、有形资产抵押等传统信贷方式，且手续繁杂，周期较长，费用较高。截至目前，全省尚没有一家银行为文化企业开辟方便、快捷的融资“绿色通道”。一般来说，文化企业对资金需求的时效性要求较高，尤其是文娱演艺、出版发行等行业，贷款审批周期过长会对这些行业的经营产生较大的影响。调研中发现，目前全省还没有支持文化产业发展的信贷创新产品，在知识产权等无形资产质押贷款以及其他配套金融服务方面，与发达地区相比还有较大的差距。

3. 信贷投放的行业、企业和期限结构不合理。从信贷投放行业看，主要支持现代传媒、出版发行等传统领域，而文娱演艺、文化旅游、动漫及数字媒体等新兴业态急需资金但得不到满足，在全省文化产业贷款中，广播影视业、出版发行业贷款占比基本在90%左右；从信贷投放对象看，各银行都愿意对大型文化企业集团放贷，而对中小文化企业则普遍较为谨慎，中小文化企业贷款难问题突出，贷款满足率较低；从贷款期限结构看，以文化基础设施建设为主的中长期贷款占比较大，而文化企业日常运营急需的短期贷款投放不足。

（二）甘肃省文化产业融资障碍分析

1. 文化体制改革不到位影响了银行业金融机构的信贷投放。文化体制改革不到位对文化企业融资的影响主要表现在以下几个方面。一是当前全省的文化单位大部分仍然是事业单位，不是市场主体，不具备投融资的条件和能力，大大制约了金融对文化产业的支持。二是由于改革不彻底，一些文化单位随时可能被解散或合并，银行除了面临与其他企业相同的信贷风险外，还面临着这些文化单位非市场退出的风险。三是由于行政性的条块分割和多头管理，造成文化企业小而散、量多质次和布局的分散与重复，加大了银行信贷的投放难度。四是目前全省大部分文化企业缺乏自主权和生存发展能力，缺乏竞争和创新能力，经营状况不佳，资金使用效益低下，影响了银行对它们的信贷投放积极性。五是一些文化企业刚刚成立，盈利模式不清晰，对资本运作还不太熟悉，缺乏资金融通方面的知识和经验，遇到资金紧缺等问题首先想到的仍是寻求政府支持或自筹资金，而不是主动创造融资条件向金融机构申请贷款支持。

2. 为无形资产提供评估、转让和担保的中介机构严重不足。首先是缺乏对无形资产的评估、转让和入股等提供专业服务的中介机构。目前，甘肃省尚无权威的无形资产评估机构，银行自身也缺乏这方面的专业人员和成熟的评估方法，而且无形资产流转服务体系不到位，无形资产贷款出现了质押物处理难的问题。此外，还存在知识产权抵质押登记、托管制度不完善和保险介入不深等问题。其次是担保机构实力较弱，担保制度不完善，目前还没有涉及文化企业的担保业务。

3. 缺乏针对金融支持文化产业的相关政策措施。一是政府资金支持力度不大。除了省财政从2008年开始预算安排1 000万元用于文化项目的贷款贴息外，甘肃省尚未出台其他鼓励金融支持文化产业发展的优惠政策，没有充分发挥财政、税收在引导和撬动信贷资金进入文化产业应起的作用。二是缺乏长效的银政文合作平台，信息沟通交流渠道不畅。金融机构对文化产业不了解，对文化企业经营情况不熟悉。同时，文化企业也不清楚银行信贷政策及产品，政府在银文沟通合作方面的作用还亟待增强。三是缺乏文化企业兼并、联合和重组相关政策。甘肃省文化积淀深厚，文化资源丰富，但潜在的文化资源优势尚未转化为文化产品优势，特色品牌不多。“有资源无产品、有产品无品牌、有数量无质量”的问题较为突出。政府对文化资源的开发水平不高，对文化资源的开发整合力度不够，缺乏对金融机构具有吸引力的文化项目。

4. 金融机构对文化产业的认识和服务创新不足，严重限制了金融对文化产业的支持范围。多年来，文化一直是由政府一手操办，文化的产业属性对大多数金融机构来说还很陌生，在金融支持经济发展中忽视支持文化企业发展的惯性思维仍然存在，金融业对文化产业的发展规律和资金运用特点认识不足，对如何在市场经济条件下加大金融支持文化产业发展还缺乏深入的思考和研究。

调研中发现，一些商业银行省级分行在对文化企业授信过程中，仍然生搬硬套总行制定的相关办法，致使甘肃省一些本来发展势头良好的文化企业最终由于不能满足条件而得不到银行的信贷支持。如某商业银行总行对广电系统贷款依据人口密度、受众人口等规定了信贷优先支持、一般支持和信贷退出的标准，但由于甘肃省地广人稀，地形复杂因素影响，全省很多市（州）广电系统达不到其规定的相关标准，导致不能从该行获得贷款。由于文化产业对金融业来说还是一个新的信贷投入领域，目前对文化产业信贷项目，国内金融业还缺乏成熟的经验和较为可靠的风险评估体系，大多数银行没有针对文化产业的信贷指引，也没有相应的专业信贷人员，针对文化产业特点主动开展融资产品创新方面明显不足。

从金融服务角度看，目前全省绝大多数商业银行对文化企业提供的金融服务仍局限于传统的贷款服务，其他金融服务严重滞后。以最简单的金融结算服务为例，由于相关服务设施缺乏，信用卡、银联卡等方便快捷的结算手段在全省的旅游景点、文化演出场所基本无法使用，消费者只能使用现金消费，非常不便。

此外，由于我国资本市场发育不完善，尚未建立多层次的资本市场，现行上市标准中关于企业规模、盈利记录与融资额度以及净资产规模挂钩等规定均有利于规模较大的国有企业上市，对于大多数是中小企业的甘肃文化企业来说，目前还很难实现上市融资。

5. 文化企业自身特性难以适应金融机构信贷投放的相关要求。文化企业的自身特性导致了两方面的融资难题：一方面，由于文化企业的核心资产主要是知识产权和品牌这样的无形资产，有形资产较少，难以评估质押，在财务报表上也无法明确反映，使得抵押贷款的抵押品价值不足，可获得的贷款数额有限。部分文化企业还因土地、场馆所有权证不全，不符合抵押贷款条件，使企业融资变得更加困难。另一方面，文化产业领域的投资无论是用于形成固定资产的文化基本建设投资，还是用于形成流动资产的知识产权投资，其建设、创作、培养周期和成型期都比较长，收益具有很大的不确定性，金融机构出于风险控制考虑，往往不愿意介入前期开发，仅希望在项目成型后视运作情况进行放贷。以甘肃省杂技团为例，其《敦煌神女》精品打造工程项目最终没有获得贷款，其原因就是相关银行为控制信贷风险，在其项目收益还不明确的情况下，不愿在早期介入。

四、我国近年来文化产业融资的先进经验

近几年来，我国金融支持文化产业已经进行了一些有益的探索，出现了一些文化产业与资本成功结合的典型案例。这些融资典型案例，可以为甘肃省文化产业融资提供一些新的思路。

（一）利用版权质押贷款拍电影

《英雄》是近年来首次利用贷款拍摄的电影。贷款前，

制片方先对剧本进行预算，然后找到一家著名的国际保险公司为其做担保，最后到国外银行贷款，成功融资3 000万美元。此后，《卧虎藏龙》、《无极》和《满城尽带黄金甲》等基本延续了这一路径。但这些影视作品都是向国外银行申请贷款。由于国内影视的知识产权当时还不能作为抵押物，考虑到不可测的诸多风险，国内金融机构一直不愿为影视提供贷款。

《集结号》开了影视公司国内贷款的先河。2006年，招商银行“破天荒”向华谊兄弟提供无担保贷款5 000万元，以《集结号》全球版权作为质押。此后，《夜宴》、《宝莲灯前传》和《赤壁》等影视作品都相继得到了国内一些银行的信贷支持。

（二）文化企业上市融资

1999年，成都商报社通过持有四川电器2 000万股份实现间接控股上市。2004年，北京青年报社采取剥离上市的办法，将《北京青年报》及下属3家报纸所有的广告及照排、印刷等制作业务，以及旗下一家分公司剥离出来，组成北青传媒（股票代码：HK01000），在香港联交所挂牌上市。2007年12月，辽宁出版传媒股份有限公司在上交所挂牌（股票代码：SH601999），IPO当日股价飙升329.53%，报收于19.93元。将经营业务与编辑业务整体打包，是辽宁出版集团上市的最大亮点。最近据悉，国内出版业巨鳄中国出版集团公司将采用“分立上市”原则，分别成立两家公司国内上市：一家是以传统发行为主体的联合发行集团；一家是以数字化、网络化为基础的数字传媒公司，若成功上市，必将掀起国内出版行业的上市热潮。

（三）利用国际风险投资发展

以网络游戏为主营业务的盛大网络，借助软银亚洲基金提供的4 000万美元的风险投资，于2004年5月在美国纳斯达克上市，其资产迅速超过了10亿元。IDG（国际数据公司）是进入中国最早、也是最成功的文化产业风险投资商，该公司投资了国内搜狐、百度和腾讯等数十个互联网项目后，获得了5倍的盈利，投资回报金额达到10亿美元。以百度为例，IDG在1999年投入120万美元拥有了百度4.90%的股份，2005年百度在美国纳斯达克股市上市后股价迅速攀升至每股150美元。按此价格计算，IDG单此一项投资即可获得1亿美元的收益。

（四）发行企业债

2007年12月，中国电影集团公司正式发行5亿元企业债券。这是国内首家获准发行企业债券的文化传媒企业，由中国建设银行授权北京市分行提供全额无条件不可撤销担保，债券期限为7年。与上市相比，文化企业发行债券有很多优点，如不涉及控股权问题，不会改变企业性质，融资风险大大降低等等。

五、金融支持甘肃省文化产业发展的思路

“文化产业的做大做强需要金融的深度融合”。要想实现文化产业与金融的深度融合，进而实现文化产业的跨越式发展，必须解放思想，突破制度、观念上的桎梏，把金融支持文化产业放到国际国内大背景中去考虑、去审视；必须找准金融与文化产业的结合点，充分发挥金融创新与文化产业创意的合力作用；必须加强信息沟通交流，进一步夯实银文之间的信任基础。通过银行和文化企业的共同努力，最终形成相互支持、相互信任、互惠共赢、共同发展的新型银文合作关系。

（一）解放思想，深入研究文化产业发展规律，找准金融与文化产业的结合点

金融机构首先应解放思想、转变观念，充分认识文化产业对经济发展、金融发展的重要性。特别是在国际金融危机持续蔓延、世界经济增长明显放缓的大背景下，一定要利用好文化产业反周期发展的特性，因势利导，顺势而为，拓展金融服务领域，扩大信贷投入总量。其次是要结合甘肃省文化体制改革起步较晚、文化产业发展严重滞后的实际情况，全面分析金融支持文化产业所面临的障碍，深入研究文化产业的资金需求特点和信贷潜在风险，探索创新金融支持文化产业的手段和方式，找出有效破解文化产业融资瓶颈问题的办法。通过深入研究文化产业发展规律，确定金融支持文化产业的重点方向和重点领域，充分配置金融资源，实现金融业与文化产业的合作共赢。

为排除金融支持文化产业的体制障碍，还需要政府积极推动经营性文化事业单位转企改制，培育一批面向市场、自我发展的市场主体。建议政府以发挥市场机制作用为重点，积极培育现代市场体系，加快文化产品市场和要素市场建设，建立市场准入和退出机制。以优化资源配置为重点，加快文化领域结构调整，着力调整组织、行业、所有制和产品结构。以推进政府职能转变为重点，进一步创新文化管理体制，从根本上做到职能分开、机构分设、财务分离，推动文化行政管理部门逐步实现由办文化向管文化转变，由管微观向管宏观转变，把重心转移到抓好政策调节、市场监管、社会管理和公共服务上来，增强文化企业发展的独立性，增强微观文化主体活力。

（二）加快开发适合文化企业融资需求的无形资产质押等信贷产品创新

一是各商业银行应向上级行申请技术支持，创新融资方式，研究知识产权、企业无形资产和电影（视）制作权的质押方式，或者以文化创意产品保底发行金为还款来源的预售发行权合约担保方式；积极探索以专利权、著作权以及经过评估的文化资源项目、销售合同和门票等现金流量等作为银行信贷质押的途径；开展电影完工保证、游戏软件完工保证等无形资产融资保证业务，以解决文化企业普遍缺乏抵（质）押物的问题。二是积极向上级行申请文化产业贷款授权的相关政策，争取成立为文化产业服务的、形式多样的专兼职部门和专业化的信贷队伍，为文化产业发展提供方便、快捷、灵活的专业化信贷服务。三是结合甘肃实际，建立适应文化产业发展特点的信贷业务流程和信用评级制度，制定符合甘肃省情的文化产业贷款调查、审批、发放和催收等管理办法。

（三）拓展文化产业融资渠道，建立全方位的文化产业金融支持体系

积极拓展间接融资渠道。通过政府、大型文化企业和银行的协调沟通，组织银团贷款，充分发挥银团贷款支持大型企业、重大项目与新兴行业的优势，推动文化产业集群的形

成。对经济效益好，有发展潜力，但经营规模较小的文化企业开办免信用评级的中小企业小额贷款；联合经营状况好的中小文化企业开办企业联保贷款；对文化产品销路好的企业开办产品质押贷款。通过发放并购贷款、重组贷款和进行信托融资等途径，促进文化产业企业的优化整合。通过小额贷款公司、个人委托贷款途径，创新民间融资渠道。积极发展小额贷款公司、村镇银行等多种中小金融机构，形成门类齐全、优势互补、良性竞争与合作共存的金融服务体系，为文化企业特别是农村文化企业融资提供便利的信贷服务平台。深入开展个人委托贷款业务，通过个人委托贷款业务理顺民间融资渠道，使民间资金以更有效、更合法的形式支持文化企业发展。

大力提高直接融资比例。近年来，国内文化企业直接融资的成功案例为甘肃省提供了思路和借鉴。金融机构可以帮助文化企业完善相关财务制度，为读者集团等文化企业上市融资提供金融策划，推动具有发展潜力的中小文化企业通过创业板上市融资；为单个文化企业或几个文化企业集合发行中长期企业债、短期融资券提供策划及承销等服务，鼓励文化企业利用债券融资；积极向国内外风险投资机构推介甘肃省具有较大发展潜力的文化产业项目，吸引风险资本投资文化产业领域。

不断开拓新的文化产业金融服务领域。金融机构应适应文化市场的发展变化趋势，研究文化企业个性化金融服务需求，尝试在资金结算、国际业务、网银业务、机构理财、供应链融资和现金管理等方面为文化企业提供一揽子金融服务。在贷款政策允许的前提条件下，进一步完善和改进贷款授信制度，简化信贷审批手续，建立低风险文化项目快速审批的“绿色通道”，提高服务效率。积极开发适应文化产业发展的保险产品，支持各类保险机构为文化企业开展贷款担保和再担保业务，大力发展出口信用保险，实现保险与文化产业联动，充分发挥保险在文化产业发展中的保驾护航作用。通过不断完善金融服务，满足文化产业企业多样化的融资需求。

（四）深入开展银政文合作，积极搭建面向文化企业的多元化金融服务平台

一是加强省委宣传部、省政府金融办、省财政厅、省文化厅、省广电局和省新闻出版局等相关部门与金融机构、文化企业之间的沟通协调，建立长效的工作联系和信息交流机制，共享省上有关部门出台的支持文化产业发展的优惠政策和措施，研究解决、协调处理金融支持文化产业发展中的有关问题，充分发挥各部门合力作用，促进金融支持文化产业工作的良性快速发展。

二是考虑建立文化产业投融资平台。由省委宣传部牵头，省文化厅、新闻出版局联合省内一些大型文化企业，在保证国有资本控股的前提下，适当吸收民间资金组建甘肃省文化产业投融资平台，为文化产业与金融业合作牵线搭桥。

三是充分发挥产权交易所对文化产业融资的促进作用。建议甘肃省产权交易所定期组织文化产业投融资项目推介会，吸引民间资金投资文化产业。建议在产权交易所设立知识产权交易专业部门，为知识产权拍卖、信息发布等提供“一站式”服务，促进无形资本转化为真正意义上的可用资本，为文化企业利用无形资产融资开辟新的途径。

四是充分利用银文对接会、文化博览会等窗口，积极向外推介、展销本省的文化项目和文化产品。2009年3月在甘肃举办了2009年银文合作项目对接会。会上省委宣传部与在甘金融机构签订了支持甘肃文化产业发展合作备忘录，并推介了需要贷款扶持的119个文化产业项目。2009年6月，甘肃省文化博览会签约文化产业项目73个，签约资金达22.75亿元人民币。通过这两次对接会，既推介了文化项目，加强了政府、金融机构和文化企业之间的沟通，又缓解了部分文化项目资金紧缺的局面，取得了良好的成效。建议以后在继续扩大会议规模和影响的基础上，在全省各市（州）加以推广。

（五）充分利用财政、税收等手段，引导信贷资金、民间资金及外资进入文化产业

一是创新财政资金运用，通过信贷风险补偿等方式，发挥财政资金对信贷资金的引导和撬动作用。可安排一定数量的财政资金，采取资本金投入、贷款贴息等方式引导文化企业积极申请贷款。按新增文化产业贷款的一定比例给予金融机构风险补贴或信贷投入奖励，激励金融机构加大对文化产业的信贷投放。二是对中小民营文化企业实行减征、免征税金或税收返还政策，对一些优秀的、民族的、传统的和高层次的文化艺术创作甚至可以采取无偿资助的方式，吸引民间资金进入文化产业。三是建立文化产业投资基金作为发展文化产业的引导资金，做好民间资金进入文化产业的相关配套工作，降低民间资金进入文化产业的成本。四是在政策允许范围内，建立外资投资导向目录，定期向社会公布，鼓励外商直接投资进入国家允许的文化领域，利用境外合作者的资金、技术和营销渠道，开展国际营销，为甘肃省文化产业发展提供强有力的外部支持。五是利用BOT、TOT、ABS、PPP等新型融资模式，吸引国内外投资资金进入甘肃省文化产业。

（六）引入开发性金融理念，重点支持文化产业集群的发展壮大和文化产业链条的延伸

开发性金融是为弥补市场缺损和制度落后，在为特定需求者提供中长期信用的同时，以建设市场和健全制度的方式，帮助其实现长期效益，进而取得市场业绩的金融方式。针对甘肃省文化产业市场发展不足、改革相对滞后的实际情况，金融机构更应树立开发性金融理念，在建立健全文化产业多元化融资体系的同时，应注意把金融支持的重点放在建立文化产业集群和延伸文化产业链条上来。在金融支持建立文化产业集群方面，一是要支持文化企业内部、行业内部进行资源整合。通过金融支持结构调整和文化企业重组，组建并重点培育发展一批实力雄厚、主业突出、具有较强竞争力和影响力的大型文化企业集团，如出版集团、报业集团、影视集团、演艺集团和旅游集团等等，实现规模化经营、集团化运作。二是支持实施文化品牌战略。充分发挥甘肃特有的资源优势，突出地域特色，打造敦煌文化、伏羲文化、航天文化、庆阳香包和河州花儿等强势文化品牌。继续扶持全省八个文化产业集聚区和四个文化产业基地建设，确保形成品牌优势和集群优势。

在金融支持文化产业链条延伸方面，主要是加大对文化

产品研发和创意的信贷支持力度，通过研发和创意，努力形成新的经营业态，延伸产业链条。如支持影视基地引入影视主体公园、餐饮、休闲娱乐及表演等各种业态，形成产业链。支持动漫产品从事相关衍生品的开发等等。通过产业链条的延伸，形成文化旅游、文艺演出和艺术创作等融为一体的文化产业链，提高文化产品附加值。

（七）建立健全无形资产评估及投融资中介体系，防范文化产业融资项目运作风险

建立无形资产评估机构。成立知识产权、专利评估机构，专门从事文化企业无形资产评估，为银行信贷、无形资产入股与转让等提供专业咨询，积极发挥无形资本的融资功能。培育知识产权流转市场，抓紧制定和完善规范专利权、版权等无形资产评估、质押、登记、流转和托管的管理办法，突破文化产业融资难的评估、流转制度障碍，降低文化产业项目运作风险。

健全文化产业的专业担保、评估及流转制度。鼓励多渠道、多形式地发展各类担保机构；对信用担保机构给予必要的指导和政策性支持，加快政策性文化产业担保公司的筹建步伐；增加担保公司注册资本，鼓励担保公司多吸纳社会资金，增强担保能力，扩大担保面；科学设计担保机制，改进担保服务，简化文化产业贷款担保手续；建立担保机构的资本金风险补偿机制，引导有条件的地区建立再担保机构，分散中小企业担保风险，鼓励担保公司开展共保、分保等业务，降低银行信贷风险。

（八）进一步完善文化企业信用体系建设，优化文化产业融资信用环境

文化企业的信用问题是金融机构对文化产业进行信贷投放时有所顾虑的重要原因。优化文化产业融资的信用环境，一是要加快推进文化企业信用建设。建立政府、人民银行及相关金融机构和文化企业的信息交流机制，完善共享信息平台和文化企业信用记录体系，不断扩大文化企业征信的信息范围，提高征信信息的精准度，减少银企信息不对称带来的偏差。二是完善各银行业金融机构对文化企业的信用等级评估办法，建立起真正符合文化企业特点的信用评级体系。对文化企业的信用评估，要弱化固定资产的权重，加大经济效益和发展前景的权重，变重资产为重效益、重成长性，使信用评级能真实充分地反映企业未来的真实偿债能力。三是引导文化企业树立信用意识。信用是现代企业生存的基础，作为亟须金融支持而金融机构又相对不了解、不熟悉的文化企业，更应诚实守信，做到财务管理规范透明，财务数据真实可靠，让银行充分了解自身的经营状况；同时应加强债务管理，确定合理筹资渠道和方式，确保有良好的信用记录，树立文化企业信用形象，为文化企业后续融资创造积极条件。四是加强社会诚信体系建设，树立诚信可贵的价值观。建立鼓励中小文化企业诚实守信的奖罚机制，加大对失信行为的披露和惩戒力度，加强舆论监督，形成诚实守信的良好社会氛围。

（中国人民银行兰州中心支行副行长　陶君道）

切实解放思想　坚持科学发展
以有效银行监管促进甘肃经济金融较快发展

近年来，甘肃银行业在科学发展观的指引下，不断深化改革，转变经营理念，革新发展模式，创新金融服务，深化市场拓展，使银行业在资本实力、资产质量、盈利能力和竞争能力等方面都有了跨越式提升，积极支持了甘肃经济又好又快发展。

一是银行业整体实力明显增强。截至 2009 年 6 月末，甘肃银行业金融机构总资产达 6 558.7 亿元，同比增加 1 598.30亿元，是 2003 年的 1.89 倍，年均增长 13.7%；所有者权益达到 124.52 亿元，同比增加 22.6 亿元，比 2003 年的负数增加 340.5 亿元；利润由 2003 年的 -0.12 亿元增加到 2008 年的 57.64 亿元，较 2007 年多盈利 11.06 亿元，增长 23.75%。同时，贷款损失准备充足率不断提高，拨备覆盖率进一步上升。法人银行机构资本金不断充实，资本充足率明显提高。不良贷款率由 2003 年的超过 20%，下降到低于 5% 的最好水平，抗风险能力大为改善。

二是银行业发展水平不断提高。各银行机构改革发展的质量和水平明显提高。尤其是积极开展“引进来”，上海浦东发展银行兰州分行开业，中信实业银行兰州分行已批准开业，新成立了 296 家邮政储蓄银行的地市分支机构、7 家农村合作银行、8 家村镇银行、2 家农村资金互助社，银行机构由 2003 年的 3918 个增加到 2009 年 6 月末的 4494 个，从业人员也达到 44236 人。至此，银行类型和机构进一步丰富，金融产品进一步多样化，金融服务能力进一步提高，对甘肃经济的渗透力进一步增强。

三是银行业经营机制进一步完善。各银行机构经营理念发生重大变化，以市场为导向，主动改变业务流程和组织架构，加强内部管理，强化激励与约束，树立了“以客户为中心”的服务理念、价值理念、风险管理理念和品牌意识，营销能力进一步增强，制度建设日趋完善，财务管理明显健全，经营绩效和服务水平不断提高；大部分法人银行机构开始探索建立符合现代金融企业要求的公司治理框架，机制效应初步体现，合理配置资源的作用进一步发挥。

四是银行业服务经济社会能力持续增强。银行业不断更新发展理念，创新金融产品，支持支柱产业，拓宽服务领域，履行社会责任，关注国计民生，援助受灾地区，参与公益事业，金融服务水平显著提高。2009 年 6 月末，各项贷

款余额3319.53亿元，同比增加640.89亿元，增长23.9%，是2003年末的1.84倍。贷款投放有效增加，投向结构进一步优化，有效促进了甘肃经济结构的调整和经济的又好又快发展。

一、客观分析存在问题，谋划银行业科学发展

（一）经济金融基础薄弱，发展相对缓慢。1978年甘肃省的地区生产总值、银行存款和贷款分别要占到全国的1.79%、2.83%、1.68%，但到2009年6月末，地区生产总值、银行存款和贷款分别仅占到全国的0.9%、0.96%、0.85%，人均不足全国平均水平的一半，金融基础很薄弱。从应对国际金融危机采取的一揽子计划措施效果来看，甘肃加大项目建设力度，积极向基础设施、民生和灾后重建投资，取得很大成效，但与全国平均水平相比，甚至与西部一些地区相比，经济金融主要指标的增长相对较低，发展速度相对缓慢。

（二）银行机构种类少，金融资源供给不足。甘肃银行业金融机构种类和数量少，且网点分布主要集中在兰州市。城市商业银行组建步伐较慢，法人治理、内部管理、业务流程、经营战略和业务创新等方面还存在许多问题需要进行不断改革，县域地区尤其是边远农村地区金融机构缺乏，还存在90个“金融空白”乡镇，金融供给严重不足。银行业市场竞争和服务不充分的问题，是制约甘肃银行业快速发展、增强市场竞争力和服务能力、加快商业化进程的重要原因。

（三）银行业改革不到位，市场化经营意愿有待提高。近几年，甘肃省银行业不良贷款虽然连续实现了“双下降”的目标，但政策性剥离和新增贷款稀释在其中发挥了很大作用。一些银行机构的行政化趋向并没有得到根本改变，市场化、商业化意愿不强，大型银行管理链条长，基层行改革穿透力不足，缺乏末端激励；地方法人银行管理体制不顺，核心竞争力不强，主动拓展市场的意愿不强，自主创新和发展的内在驱动力不足，管理水平低，内控不严密，历史遗留问题多，市场风险定价管理机制还没有完全建立；局部地区农村信用社历史包袱重，流动性不足，资产质量差，风险比较突出；非银行金融机构战略性重组改革发展及转型步伐缓慢，对地方经济的渗透力不强等。

（四）国际金融危机的影响还在加深，银行业风险不容忽视。全球金融信贷紧缩、资产价格下跌已与实体经济下滑之间形成了相互放大的恶性循环，全球经济将面临需求不足、产能过剩等的持续压力和经济缺乏内生动力、财政状况恶化等新的隐忧。甘肃省经济形势虽已开始企稳向好，积极因素和有利条件在不断增多，但经济企稳向好并不意味着困难时期已经过去，经济发展的不稳定、不确定和不平衡因素仍然较多，仍面临结构性矛盾突出、价格持续下行、就业压力难以缓解与产能过剩问题严重等严峻挑战。这些因素将进一步对甘肃企业经营产生压力，不可避免地影响到银行经营管理和持续盈利能力，银行业风险隐患增大。

二、以解放思想为先导，实现银行业科学发展

（一）解放思想是实现科学发展的必然要求。要加快推进改革发展，就必须要以解放思想为先导，正视面临的困难和差距，增强忧患意识和责任感，积极学习先进的发展理念和好的发展思路，创造有利于发展的公共管理体制和运行机制；以及营造有利于发展、改革、创新的社会、文化环境等经验和做法；以改革创新的精神，坚持着力解决影响和制约甘肃银行业科学发展方面的突出问题，理清促进银行业科学发展的工作思路，明晰科学的发展规划，为快速发展、科学发展提供思想保障。

（二）解放思想就要勇于树立创新思维。在开放的、快速变化着的环境中，要以更加宽广的视野和更加科学的态度，把银行业工作放在经济发展的大局中，结合甘肃实际，主动把本地区、本单位和本部门的工作摆进去，潜心思考，认真查找和解决在思想观念、发展理念、工作作风、学习态度和知识储备等方面的差距和问题，创新思维，创新方式，创新工作，自觉冲破监管工作中不合时宜的陈旧传统思维定式，冲破监管工作中不适应、不符合科学发展观的习惯和做法，打破部门利益、个人利益的束缚，切实把思想解放的过程转变为促进发展的实际行动，在解放思想中真抓实干，在转变观念中破解难题，创新思维中谋求发展，努力形成推动甘肃银行业科学发展的新思维、新举措和新办法。

（三）解放思想必须要树立发展是第一要务的意识。必须要深刻地认识到，对于欠发展的西部地区，发展更具迫切性、根本性和基础性，离开了发展，科学发展观就成了无源之水、无本之木。甘肃银行业金融机构当前的最大问题是发展不协调、不全面、不充分，缺乏主动发展的内在动力和积极性，缺乏人才发展战略和业务经营战略。要准确审视和科学把握甘肃银行业运行规律，措施办法要符合新形势的要求，用“发展是第一要务”的思路，按照全面、协调、可持续发展的要求，谋划长远的发展战略，建立支撑长远发展的人才队伍、组织框架、业务流程和市场定位，从而实现科学发展、快速发展。

（四）解放思想需要进一步坚定信心。在当前严峻的形势和挑战的情况下，银行业要看到做好各项工作的有利条件，进一步增强履行银行职责的信心。要看到银行业有力地配合了国家各项政策的实施，很大程度上支撑了经济的好转，抵御了金融危机的冲击，为经济企稳回暖作出了积极的贡献；要看到有党中央国务院的坚强领导和应对亚洲金融危机积累的经验，有应对经济下滑，制定并实施积极的财政政策和适度宽松的货币政策，强有力的投入；要看到在落实国家宏观调控政策“保增长、调结构、扩内需、重民生”，为西部地区和甘肃经济带来新的难得的发展机遇，进一步提振信心，明确目标，抓住重点，迎难而上，充分发挥银行业在经济发展中的催化、杠杆作用和优化配置资源作用，调整资产结构，在经济快速发展中做大做强银行业。

（五）解放思想就要善于抓住机遇。为响应国家10大重点产业振兴规划，省里已经确定石油化工、钢铁有色、装备制造、轻工纺织和电子信息5个全省经济支柱行业为甘肃省重点振兴产业，尤其是，甘肃省还有国家加大西部地区基础设施项目建设的政策优势，有承接东部地区产业转移的机遇优势，有产业发展与国家优先支持产业一致性的机遇，有落实灾后重建规划大规模建设

项目开工建设带来的机遇等等，这些都为银行业快速发展带来机遇。为此，全省银行业要紧盯国家安排的项目，增强工作的主动性，抢抓商机，创新产品，用好用足用活各项政策措施，按照国家和省里确定的投资重点，加大信贷营销力度，积极对接甘肃的基础设施和对全省经济发展有带动作用的重大项目，支持产业结构的调整、技术和产品升级换代，支持农业产业化和优势特色产业发展，促使形成产业规模和特色品牌。按照商业化、市场化的改革目标，积极开拓市场，培育新的客户群和盈利增长点，开创性地做好中小企业、“三农”、有助于就业等领域的银行服务工作，形成多元化的盈利结构。

三、紧紧抓住发展第一要务，为甘肃银行业创造科学发展的监管环境

（一）以监管新理念引领银行业科学发展。监管实践表明，银监会确定的监管新理念是四个监管理念（即管法人、管风险、管内控、提高透明度），四项监管目标（即通过审慎有效的监管，保护广大存款人和消费者的利益；通过审慎有效的监管，增进市场信心；通过宣传教育和信息披露，增进公众对现代银行业金融产品、服务的了解和相应风险的识别；努力减少银行业金融犯罪，维护金融稳定），六条良好监管标准（即促进金融稳定和金融创新的共同发展；努力提升银行业在国际金融业中的竞争力；对商业银行所做的限制要做到科学合理；鼓励公平竞争，反对无序竞争；对监管者和被监管者都要实施严格明确的问责制；高效、节约地使用一切监管资源），简称“四四六”银行监管新理念，这一新理念和“准确分类－提足拨备－做实利润－资本充足达标”的持续监管思路，抓住了银行监管的“牛鼻子”，是引领银行业科学发展、实行有效监管的行动指南，是银行业落实科学发展观的具体体现。要结合实际，把“四四六”的科学监管理念落实到具体工作中。要把工作的着眼点和落脚点放在促进银行业科学发展上，从甘肃银行业基础差、规模小、底子薄和发展慢的实际出发，以科学发展观为指导，牢固树立“越是欠发展地区越要加快发展”的观念，树立“发展是化解风险的最有效途径，不发展是最大风险”的思想，把银行监管工作与经济大局紧密联系起来，注重发挥金融的经济核心作用。要紧紧抓住发展这一要务，从现场检查到非现场监管，从市场准入到开展调研，都坚持以有利于发展为标准，解决好监管本身应该“管什么”、“怎么管”的问题，从有利于甘肃银行业发展，有利于银行业总体风险控制，有利于经济社会的发展，有利于良好金融环境的创建出发，用发展的办法解决和克服发展中的问题，通过银行业的科学发展防范和化解风险，促进银行业体制、机制、管理和制度的改革创新，促进银行业盈利能力和竞争能力的提高。

（二）加大对国家和省里确定的大项目的信贷支持力度。全省银行业金融机构要充分把握国家为扩大内需促进增长提出的“十项措施”的政策机遇，按照省里确定的重点振兴和发展的产业，紧紧抓住国家加大对西部基础设施投资倾斜，国家振兴钢铁、石化、有色金属和装备制造等重点产业发展与甘肃工业产业优势一致性的机遇，加大对重点企业、重点项目、重点工程以及技术改造的信贷支持力度，加强对甘肃经济社会发展具有带动作用的基础设施建设工程等重大项目和特色优势产业项目的资金支持力度，发展绿色信贷，大力支持节能减排重点工程、新能源开发和循环经济。对符合国家产业政策导向，已列入国家发展规划立项、暂时资金不到位的，要积极帮助，使其能早日开工建设。对10亿元以上的重点项目，引导银行机构采用银团贷款方式，确保充分满足大项目对资金的需求。

（三）进一步提高对“三农”的金融服务水平。要按照十七届三中全会和2009年中央1号文件精神，创新农村金融体制，建立健全农村金融体系，加强对农业产业化龙头企业、农产品深加工企业的金融投入，积极扶持特色农产品加工企业的联合经营和兼并重组，做大做强特色农产品品牌，推动节水农业和节水农业技术应用，提高农村金融服务水平。农业银行要以股份制改革为切入点，根据甘肃农村经济实际，把“三农”作为重要的支柱业务，延伸农村事业部制，拓展县域服务功能，实现社会效益与自身经济效益的双赢。注重综合发挥农业发展银行、邮政储蓄银行和农村信用社等其他银行机构在农村金融中的作用，改革农村信贷方式，推动信用村建设，增加对农村基础设施的信贷投放，加强对农村沼气、饮水安全工程、农村公路建设和农村电网改造等的信贷支持力度，增加农业开发投入，促进“三农”发展，民生改善，农民增收。要进一步推进农村地区新型金融机构的试点工作，在已有10家新型农村金融机构的基础上，根据甘肃省农村地区实际，积极引导各类资本到甘肃省设立新型金融机构，提高农村金融覆盖面，增强服务甘肃农村经济社会发展的能力。

（四）加大对中小企业的信贷支持力度。银行业金融机构要充分认识中小企业在搞活甘肃经济、吸纳社会就业、提高城乡居民收入中的重要地位和作用，抓住西部地区承接东部地区劳动密集型产业转移的契机，把对中小企业贷款作为开拓市场、培育新的客户群与盈利增长点来挖掘。根据银监会《关于银行建立小企业金融服务专营机构的指导意见》，深化风险定价、独立核算、高效审批、激励约束、专业培训和违约信息通报等“六项机制”建设，按照市场原则和商业化运行模式，设立和完善小企业信贷专营机构，实行对小企业不良贷款、成本等的单独考核，开展对信贷人员的专门培训，实行有效的激励约束。要特别注意支持创新能力强、技术含量高、拥有自主知识产权以及有市场、有发展前景的中小企业及科技型中小企业的发展，确保小企业贷款增速不低于全部贷款增速。

（五）加大对消费的信贷支持力度。这次宏观调控“保增长”的基本立足点就是扩大国内需求。为此，银行业金融机构要积极支持银行发展消费信贷，开展有利于促进消费的金融创新，加大对“家电下乡”、“汽车下乡”等扩大内需措施的金融配套服务力度，促进城乡消费和消费升级。要进一步提高金融服务效率，积极为商贸流通企业和扩大内需型建设企业提供信贷服务。认真按照国家房地产政策要求，以保障性住房建设和安居工程为重点，加大对符合条件的中低价位、中小套型普通商品住房、经济适用房、廉租住房的信贷倾斜和支持力度。要满足优质房地产开发企业的合理资金需求，促进

甘肃房地产市场的健康发展。

（六）加强灾后重建的信贷服务。2009年是甘肃省地震灾后重建规划实施和农户住房重建的关键性一年，全省银行业金融机构要继续发扬抗震救灾精神，进一步加强银行业灾后重建的金融服务，主动与受灾地区政府联系，及时衔接重建规划，介入项目的前期调研论证，积极满足灾后重建项目和农户重建的配套信贷资金需求。要深入调研，全面掌握灾后重建中的困难，用好用足用活灾后重建金融优惠政策，在利率、期限和额度等方面创新信贷产品，确保所有符合条件的灾区重建项目配套信贷资金需求得到充分满足，做到应贷尽贷。

（七）通过“区别对待、有保有压”促进甘肃经济结构的调整。在适度宽松的货币政策和“保增长”政策导向下，要特别防止一些领域可能出现的重复建设和“两高一剩”反弹现象。要按照“区别对待、有保有压”的要求，严格控制对“两高一资一剩”淘汰产业企业的贷款，严格控制在环保方面违法违规企业的贷款，坚决压缩、退出对落后产能的贷款。对于不符合国家产业政策规定、市场准入标准、达不到国家环评和排放要求的项目，要严格限制任何形式的新增授信、搭桥贷款。各银行业金融机构要加强与发改委、工信、国土资源、环保和规划等地方政府主管部门的沟通，及时了解相关政策与标准，并内化到内部信贷政策及操作规程中，从严把关，通过信贷结构的调整，积极促进甘肃产业结构的调整和经济平稳健康科学发展。

（八）努力促进甘肃银行业深化改革。督促大型银行按照股份制的要求，加大改革力度，有序推进组织架构和业务流程改造，提高扁平化管理效果，增强改革的渗透力。积极推进国开行商业化改革步伐，探索适合新的市场定位的发展路径。全力支持农业发展银行大力开办县域业务，增强对县域经济社会的金融服务能力。积极引进股份制银行来甘肃设立分支机构，激活银行业竞争市场，鼓励其走出兰州，到其他地、市、州设立机构，提供金融服务，牵头在县域设立村镇银行。加强对地方性中小金融机构改革推动工作，进一步清晰产权，充实资本，健全机制，加强管理，加快发展。加大新型农村金融机构布点和筹建的力度，不断激活农村金融市场，增强农村金融活力，提高农村金融服务水平。推进资产管理公司多元化经营和甘肃信托公司的改革重组，努力推动西部金融租赁公司引进战略投资者，重组发展，进一步增强银行业服务甘肃经济社会发展的能力。

（甘肃银监局局长　席前进）

东西部地区保险业发展差异研究

——基于西北五省（区）和东部地区差异分析

西北五省（区）保险业发展从恢复经营以来，保持了年均20%以上的增长速度。从1980年全面恢复业务，到2008年实现保费收入513.63亿元，近30年的发展时间里西北五省（区）保险业取得了很大的增长，在保险市场培育、保险监管、承保范围和险种开发等各方面都取得了令人瞩目的成就，也为西部地区的经济发展做出了积极的贡献。但从目前保险业发展的现状来看，由于西部欠发达地区受经济、社会、地域及人文等因素的影响，不仅同东部地区保险业发展差距拉大，而且同西部其他省区的差距也在不断拉大，区域保险差异化已经非常明显。

一、区域保险业发展差异的表现形式

尽管西北五省（区）从1980年恢复保险业以来，保费收入迅速增加，增速远远高于地区生产总值的增长速度，但由于改革开放后采取的非均衡发展战略，导致区域间国民经济发展呈现出明显的经济梯度性，受此影响，我国区域保险发展水平也明显地表现为东高西低的梯度性差异，并且这种差距有进一步扩大的趋势。主要表现为西北五省（区）保险业发展规模偏小、市场份额占比较低、市场主体集中度较高，市场竞争程度较弱。

（一）西北地区保险业发展规模偏小，同东部地区差距不断拉大

通过比较从1999－2007年各区域保费收入、保险深度和保险密度这三个反映保险总量的指标来衡量四个区域保险市场的发展情况。依据这三个反映指标，横向比较各区域保险业发展规模之间的差异。可以看出，东部保费收入在各年都占有绝对优势，2007年东部地区保费收入基本是中、西部地区保费收入的3.4倍，西部12省的保费收入与中部6省在1999－2007年的保费收入差距不大，中西部地区保费规模增长速度明显低于东部。西北五省（区）保险业虽然以年均49%的增长速度保持了较快发展，但同东部地区的差距仍然在不断扩大。1999年同东部地区的保费收入差距仅有783亿，到了2007年这一差距扩大到3801亿元。

计算1999年－2007年我国东、中、西部和西北五省（区）保险深度和保险密度，从中可以看出，西北地区的保险深度略高于东部和中部地区，主要是由于西北地区生产总值基数相对于东部、中部较小，所占生产总值比重相对较高。而保险密度，西北五省（区）由于人口基数较小，保险密度高于中部和整个西部地区，但同东部的差距较大，东部地区要远高于中西部地区。

（二）西北五省（区）保险市场主体集中度较高，保险市场竞争不充分

考虑我国保险业机构发展进程和进入西部地区较早保险

机构发展情况，本文分别选择中国人寿、平安人寿和太平洋人寿三大寿险公司的市场份额之和计算人身保险市场集中度，选择中国人保、平安产险和太平洋产险公司的市场份额之和计算财产保险市场集中度。

从地区来看，由于市场化和对外开放程度的差异，各地区市场竞争程度呈现较大差异。北京、上海、江苏和广东等东部地区开放较早，保险公司数量多，三大寿险公司所占市场份额较低，东部地区寿险市场集中度平均为66%，竞争和开放程度高。西北五省（区）呈现出保险公司数量少，三大寿险公司占绝对地位的局面，市场集中度平均达到81%，市场垄断程度较高。从东部和西北五省（区）的财产险市场集中度比较来看，东部地区的平均集中度只有59%，而西北五省（区）的平均集中度达到了72.3%，三家产险公司市场垄断程度高于东部地区，市场竞争仍不充分。

（三）东西部地区保险产品结构雷同，西北五省（区）保险业可持续发展能力不强

在总量规模、市场份额等方面存在差异的同时，东西部地区在业务和产品结构上又存在着一定程度的雷同性。从财产险和人身险业务结构看，2008年，东、中、西部地区和西北五省（区）财产险和人身险保费的比例分别为24.65%：75.35%，19.61%：80.39%，28.07%：71.93%和26.52%：73.48%，各区域保险业发展呈现出一种人身险业务比例过高的结构失衡状态。东、中、西部地区财产险和人身险业务结构差异小，各地区没有呈现出应有的与本地区保险发达程度相适应的区域财产险和人身险业务结构特征，而是表现出了很大的共性。

从保险险种结构看，在财产险市场上，2008年，各区域机动车辆及第三者责任险的保费收入比例均超过了60%，东、中、西部地区及西北五省（区）车险占比分别为69.53%，72.27%，69.52%和66.82%；而企财险的保费收入比例分别为9.02%、7.48%、6.98%和8.2%，其他险种除农业保险和信用保险、船舶保险东部和其他地区存在差距外，其余险种占比都较低且险种结构比例大体一致。

在人身险市场上，新型人身险产品的保费收入比重较高，东部和西北五省（区）分红投资型险种保费占总人身险保费收入的比例都达到50%以上，意外伤害保险和健康保险的比例都比较低，二者合计分别为10.25%、7.91%，东部和西北五省（区）人身险险种结构比例同财产险一样有明显的趋同性。这种产品趋同的结果，直接造成了西部地区保险业可持续发展能力不强，如果继续下去，发展差距将会进一步加大。

二、东西部保险业发展差异定量分析

根据对区域保险发展需求影响因素的定性分析，本文分别建立区域人身保险规模和财产保险规模的计量模型，对比较显著的影响因素做定量分析。

（一）区域人身保险计量模型

1. 指标选取和数据收集。在对我国区域人身保险发展差异进行实证分析前，先确定影响我国人身保险业发展的因素。在对影响保险业发展供给因素的选择上，由于保险产品的数量和价格全国各区域范围内较为一致，因此舍弃不予考虑，而对保险公司的数量，由于统计上从1999年－2007年数据不准确，因此也不予考虑。本文只对影响保险业发展的需求因素进行定量分析。在第三部分对影响保险业需求因素定性分析的基础上，最终选取寿险保费收入作为被解释变量，代表寿险需求；经济发展水平、收入水平、社会保障水平、城市化水平、人口总扶养比、储蓄水平和教育水平这7个变量作为影响人身保险需求的解释变量：

（1）保费收入。用BFSR表示，用以反映各区域保费规模的总量。

（2）经济发展水平。用地区生产总值反映经济发展的总量水平。

（3）收入水平。用城镇居民家庭人均可支配收入（Inc）反映居民的支付能力和地区经济发展水平。将其引入模型用以考察收入对寿险业发展的影响。

（4）社会保障水平。用人均社会保障水平（LSS）反映，它等于（地区政府的抚恤和社会福利救济支出＋行政事业单位离退休经费＋社会保障补助支出）/地区年底总人口。LSS反映了地区的社会保障水平。将其引入模型用以考察在我国社会保障是否对商业寿险具有替代效应。

（5）城镇化水平（Urb）。由于城镇化人口在2000年－2008年间数据统计资料不全，因此，本文使用非农业人口占总人口的比例来说明城镇化进程，将其引入模型用以考察城市化对人寿保险的影响。

（6）人口总扶养比（YO）。它等于地区14岁及以下的人口数和65岁以上人口数与15岁—64岁之间的人口数之比。将该指标引入模型用以考察人口的年龄结构对我国寿险市场的影响。

（7）教育水平（Edu）。它等于地区大专以上人口占6岁及6岁以上总人口的比率。将其引入模型用以考察教育水平的提高对人寿保险需求的影响。

（8）储蓄水平（Save）。它等于我国城乡居民储蓄存款年底余额除以年底总人口。Save反映了居民的储蓄倾向和金融资产数量，将其引入模型用以考察储蓄对人寿保险的替代效应和收入效应。

在进行模型回归之前，对所有变量取自然对数，分别用Ln（BFSR）、Ln（GDP）、Ln（Inc）、Ln（LSS）、Ln（Urb）、Ln（YO）、Ln（Edu）、Ln（Save）来表示。对变量取对数既可以消除数据的过度波动，又考虑到回归系数的经济含义。根据上文分析的结果，建立如下的多元线性回归方程：$Ln(BFSR) = C + \beta_1 + Ln(GDP) + \beta_2 Ln(lnc) + \beta_3 Ln(Lss) + \beta_4 Ln(Urb) + \beta_5 Ln(YO) + \beta_6 Ln(Edu) + \beta_7 Ln(Save) + \mu$

2. 东西部地区计量回归分析。本文使用stata10.0，利用1999年－2007年我国东部和西北共18个省、自治区和直辖市的面板数据进行回归分析，分析以上7个因素对我国不同区域寿险业发展差异的影响。经过Hausman检验，东部地区不能拒绝随机效应模型，而西北五省（区）在1%的显著性水平下拒绝了随机效应模型，因此结果中只列出东部随机效应模型结果和西北五省（区）固定效应模型的结果，

回归结果见表1:

表1 东部和西北五省（区）寿险业回归结果

解释变量	东部	西北五省（区）
C	-0.9932528 (2.17747)	9.77137 (5.683172)
Ln（GDP）	0.813808*** (0.0780759)	2.174357*** (0.5211247)
Ln（Inc）	0.6131654** (0.2870987)	-0.3224094 (0.6025036)
Ln（LSS）	-0.1318648* (0.0940621)	0.1672* (0.1183224)
Ln（Urb）	0.1373442 (0.1243936)	2.372937*** (0.4224925)
Ln（YO）	-0.8991937*** (0.2303551)	-2.272755*** (0.6611547)
Ln（Edu）	0.0568413 (0.0902028)	0.02534 (0.1098515)
Ln（Save）	0.0766124 (0.2060308)	-1.728932*** (0.5754259)
OBS	117	45
Overall R^2	0.9602	0.8697
FE/RE	RE	FE
Time effect	Yes	Yes

注：括号内的数值为std. Err. 统计值。***、**、*分别表示1%、5%、10%的显著性水平。

从表1可见，东部和西北五省（区）的拟合优度分别为0.9602和0.8697，说明以上7个解释变量能较好地解释东部和西部地区的寿险市场发展水平。现分别对各变量对东部和西北五省（区）寿险保费收入的影响进行比较分析。

东部和西部欠发达地区的经济发展水平与寿险业保费收入都是正相关的，且均在1%的显著性水平下显著，东部和西北五省（区）的生产总值系数分别为0.813808和2.174357，西北五省（区）的系数远远大于东部地区。这说明生产总值的增长将带动西部欠发达地区寿险业更快程度的增长，生产总值每提高1亿元，则人身保险的保费收入提高2.17百万元，其对寿险规模的影响程度在西部欠发达地区更强烈。

值得关注的是人均可支配收入指标，在东部地区和西北五省（区）系数符号是相反的，东部地区在5%显著性水平下显著，人均可支配收入增加1万元，寿险保费收入可以增加61.31元，而西北五省（区）却不显著。也就是说，在西部欠发达地区，人均可支配收入的增加并不会明显导致寿险需求的增加。这主要是因为由于收入水平的不同，寿险产品对于东部地区来说是必需品，而对于中西部地区来说却是奢侈品，在可支配收入增加的情况下，欠发达地区的人们会将收入投入到生活更必需的产品或者收益更大的金融产品，比如购置房产、购买股票等，而不是考虑风险保障问题。

东部和西北五省（区）的人均社会保障水平与保费收入的相关程度也是相反的，但均在10%显著性水平下显著。由于东部地区相比西部欠发达地区社会保障水平较高，保险密度较高，东部地区的社会保险对商业保险具有替代效应，东部居民在选择保险时，会理性选择商业保险和社会保险，重复购买比例较低。而西部地区本身社会保险发展水平较低，保障面较窄，西部欠发达地区居民会根据需要在购买社会保险的同时，寻找补充商业保险，扩大自己的保障程度。

东部地区的城市化水平对寿险业的影响程度并不显著，而西北五省（区）的城市化水平在1%显著性水平下显著。欠发达地区非农人口与农业人口收入差距较大，对寿险的需求主要在城市，非农人口占比越高，对寿险保费收入增长拉动越明显。而在东部地区，经济发展速度较快，非农人口与农业人口收入差距并没有西部地区大，非农业人口和农业人口对寿险具有基本相同的潜在需求，对寿险业增长影响不明显。

东部地区和西北五省（区）的人口抚养率均为负相关，且均在1%显著性水平下负相关。这说明人口扶养比同比例下降带动的寿险业规模增长程度西北五省（区）要高于东部地区。在抚养比重下降的情况下，西部地区居民可将节省的抚养资金用于购买保险，需求潜力大于东部地区。

东部和西北五省（区）教育水平对寿险保费收入影响均不显著，但是在东部地区教育水平的影响系数高于西部五省的影响系数，说明东部地区由于寿险市场比较发达，各种保险产品比较丰富，随着教育水平的提高，居民收入水平提高后，对寿险的需求要高于西部地区。

储蓄对东部地区寿险保费影响并不显著，但对西北五省（区）寿险保费在1%显著性水平下显著并与其负相关，在西部地区储蓄对寿险业的替代效应大于收入效应。虽然我国寿险产品大多具有储蓄功能，并具有保障功能，但由于储蓄时间较长，资金的流动性较银行储蓄较差，且退保会造成资金损失，在西北五省（区）居民可支配收入较低的情况下，居民选择储蓄倾向高于保险，银行储蓄对寿险的替代作用较为明显。

3. 回归分析结果解释。通过对影响东部和西北五省（区）寿险业发展的外部需求因素的定量比较分析，本文认为形成东西部寿险业发展差距的原因有以下几点：

（1）生产总值因素。东西部经济发展的不平衡造成西北五省（区）生产总值与东部比较基数很低，尽管其对保费收入增加的拉动效应很明显，但这种拉动所产生的保费收入依然低于东部地区。

（2）人均可支配收入因素。1999年-2007年西北五省（区）的居民收入有所增加，但由于这一因素对西部地区保费收入增长影响不显著，在东部居民可支配收入同样增加且对保费收入影响显著的情况下，寿险保费之间的差异会不断扩大。

（3）人均社会保障水平因素。西部地区社会保障水平较低，尽管对保险需求具有正向拉动作用，但由于我国各区域保险产品的趋同性原因，西部地区居民在寻找适合自身且补充社会保险的产品选择范围并不大，客观上造成供给不足导致的需求不足，人均社会保障程度的正向拉动作用不明显，导致区域保险发展差异的形成。

（4）城市化水平因素。这一因素对西部寿险发展拉动明显，但由于非农人口在整个西北地区占比较低，收入水平较低且收入对寿险需求影响不明显，因此也造成了区域保险差异的产生。

（5）人口扶养比因素。西北五省（区）的人口扶养比要比东部地区高，西部地区的收入水平较低，抚养任务较重，在预算约束条件下，购买寿险产品用于保障受到限制，客观造成了东西部寿险发展差距。

（6）储蓄因素。由于保险产品和银行产品的部分同质性，西北五省（区）储蓄对保险具有替代作用，在居民储蓄余额不断增加的情况下，并没有对寿险保费收入增加产生带动作用。尽管储蓄对东部地区寿险业发展影响因素不明显，但是它仍具有正向带动作用，在储蓄不断增加的情况下，发展差距势必拉大。

在以上6个因素的综合影响下，形成了东部和西北五省（区）寿险业发展的差异结果。

（二）区域财产保险计量模型

1. 指标选取和数据收集。对财产保险需求的影响因素中由经济发展水平解释的比例较大，经济基础是其最主要的影响因素，虽然社会保障水平、教育水平等因素对财产保险也有一定的作用，但相对来说不如经济基础作用大。因此对财产保险定量分析，综合考虑数据可取得性，选择保费收入作为被解释变量，代表产险的需求，地区生产总值、产业结构、收入水平、城镇化水平、固定资产投资和总人口数作为解释变量：

（1）经济机构状况（ES）。用二、三产业占地区生产总值的比重来说明经济结构状况，将其引入模型考察经济结构对财产保险的拉动效应。

（2）固定资产投资（INV）。根据数据的可得性，选择新增固定资产指标说明固定资产投资的规模，将其引入模型考察固定资产投资对财产保险的影响程度。

（3）人口（pop）。人口数量一般来说，人口数量越多，保险的潜在顾客越多，潜在市场就越大。因此将这一指标引入模型。

地区生产总值、收入水平、城镇化水平指标与考量人身险指标解释相同。

同样，在进行模型回归之前，对所有变量取自然对数，分别用Ln（BFSR）、Ln（GDP）、Ln（ES）、Ln（Inv）、Ln（Urb）、Ln（pop）和Ln（Inc）来表示。对变量取对数既可以消除数据的过度波动，又考虑到回归系数的经济含义。根据上文分析的结果，建立如下的多元线性回归方程：

$$Ln(BFSR) = C + \beta_1 + Ln(GDP) + \beta_2 Ln(Es) + \beta_3 Ln(Inv) + \beta_4 Ln(Urb) + \beta_5 Ln(pop) + \beta_6 Ln(Inc) + + \mu$$

2. 回归分析结果。同寿险业回归分析相同，财产险回归分析同样使用stata10.0对对东部13个省、自治区、直辖市和西北五省（区）的面板数据进行回归分析。经过Hausman检验，东部和西部地区均在1%的显著性水平下拒绝了固定效应模型，结果中只列出随机效应模型的结果，回归结果见表2：

表2 东部和西北五省（区）产险业回归结果

解释变量	东部	西北五省（区）
C	-10.47976 (2.069803)	-3.680123 (5.768311)
Ln（GDP）	0.44401*** (0.1604448)	1.000966*** (0.3159105)
Ln（ES）	0.2585905 (0.5488239)	-1.61744** (0.7691522)
Ln（Inv）	0.0092081 (0.0271231)	-0.912452 (0.107044)
Ln（Urb）	0.269244*** (0.0985091)	0.3054294 (0.4904572)
Ln（Pop）	0.3909278** (0.1578337)	0.869606 (0.2905291)
Ln（Inc）	1.178017*** (0.2023247)	0.2175114 (0.6434009)
OBS	117	45
Overall R2	0.9713	0.9890
FE/RE	RE	RE
Time effect	Yes	Yes

注：括号内的数值为std. Err. 统计值。***、**、*分别表示1%、5%、10%的显著性水平。

从表2可见，东部和西北五省（区）的拟合优度分别为0.9713和0.9890，说明以上6个解释变量能非常好的解释东部和西部地区的财产险市场发展水平。现分别对各变量对东部和西北五省（区）财产险保费收入的影响进行比较分析。

东部和西部欠发达地区的经济发展水平与财产险保费收入都是正相关的，且均在1%的显著性水平下显著。东部和西北五省（区）的生产总值系数分别为0.44401和1.000966，西北五省（区）的系数大于东部地区。这说明生产总值的增长同带动西部欠发达地区寿险业增长一样，能较快的带动财产险的发展。西北五省（区）国内生产总值每提高1亿元，财产保险的保费收入提高1百万元。

值得注意的是二、三产业占比指标，在东部地区影响并不显著，但对西北五省（区）财产险保费收入在5%显著性水平下显著负相关，也就是说，西北五省（区）工业和服务业增加值占生产总值比重越高，越不会对产险保费收入产生拉动。

从固定资产投资角度看，东部地区为正相关，而西北五省（区）为负相关，且均不显著。这说明从西部大开发以来，固定资产投资促进了西部经济发展水平的提高，但没有产生对保险业发展明显的影响。西部欠发达地区的财产保险依靠固定资产投资拉动并不有效。

城市化水平和人口2个指标对东部地区和西北五省（区）的财产保费收入均为正相关，但在东部地区城市化水平在1%显著性水平下显著，人口在5%显著性水平下显著，而在西北五省（区）2个指标均不显著，对西北五省（区）财产险保费收入影响不大。

东部地区和西部地区的人均可支配收入与财产保险保费收入均为正相关，在东部地区在1%显著性水平下显著，而在西北五省（区）影响不显著，同寿险分析类似，人均可支配收入的提高并不会产生对保险需求的增加。

3. 回归分析结果解释。通过对影响东部和西北五省（区）财产保险发展的外部需求因素的定量比较分析，本文认为形成东西部产险业发展差距的原因有以下几点：

（1）生产总值因素。同寿险业一样，西北地区生产总值增长对保费收入的拉动效应大于东部地区，但东西部经济发展的不平衡所造成西北五省（区）基数低的现实，客观上造成了差距的形成。

（2）二三产业占比因素。无论是在东部地区还是在西北五省（区）这一指标的增长都不会对财产保险市场带来明显的拉动作用，这主要是因为各个区域财产保险市场主要的保费收入来源是机动车辆保险，工程保险和责任保险等服务于二、三产业的险种比例较低，使得二、三产业占比指标的增长对财产保险保费增长影响不大，在东部地区正向影响系数仅为0.2585905，而在西北五省（区）则出现了负向影响，这种完全相反的影响关系更加剧了区域间财产险发展差距的形成。

（3）固定资产投资因素。该指标对东西部地区财产险保费收入完全相反的影响，与财产险险种结构不合理也有必然的联系。财产保险的发展形成了较为严重的路径依赖，以车险为主要发展方向，冲规模，占份额。尤其是考察1999年-2007年西部大开发这段时间以来固定资产投资对西北五省（区）的财产保险发展的影响结果来看，财产保险对基础设施建设的保障服务程度并不令人满意，这种保障程度的差异也客观上造成了东部和西北地区财产保险发展的差异，这种结果也必然会影响到财产险市场的全面可持续发展。

（4）城市化水平、人口和可支配收入因素。这3个因素在上述的定量分析中，对西北五省（区）财产保险保费收入的增长影响均不显著，但是对东部地区的影响是非常显著的。在东部地区城市化水平、人口、居民可支配收入增长速度和数量本来就比西北地区高的情况下，直接造成了东西部差异的形成。

在以上6个因素的综合作用下，造成了东部和西北五省（区）财产保险发展的差异结果。

三、加快西北五省（区）保险业发展的思考

（一）各保险机构紧抓深入推进西部大开发有利机遇，转变经营方式和经营理念，进行结构调整，找准服务西北五省（区）经济发展的结合点，建立符合西北五省（区）经济发展特色的专业保险产品体系。西部大开发为西北五省（区）的保险业发展提供了有利的历史机遇，西北五省（区）的保险业要在保监会要求进行结构调整总体部署下，转变经营方式，由粗放式经营向集约化经营方式转变，由重规模、重份额向重效益、重质量转变。根据西北五省（区）所处的地理环境和经济建设、社会发展及人文特点开发具有西北特色的保险产品，从供给角度解决潜在需求不足的问题。借助深入推进西部大开发有利时机，围绕基础设施建设、资源开发利用、高科技开发与应用、旅游特色线路的改造和开发、生态环境保护、产业结构调整和科技教育发展等战略重点，设计推出与重大项目建设相配套的工程保险、工程人身意外伤害保险，与旅游开发相配套的旅游意外伤害保险、公众责任保险，与生态环境保护相配套的林木火灾保险，与西部地区特色农业发展和农业产业化相配套的农作物保险和养殖业保险，与西部地区科技教育水平相配套的高新技术风险保险和教育保险。找到服务经济社会发展的结合点，解决供给不足的情况。同时立足于满足被保险人的真实保险需求，将人均可支配收入、固定资产投资等负向影响西北五省（区）的外部需求因素，转变为促进保险业发展的正向显著因素，缩小与东部地区发展的差距。

（二）切实提高服务质量，逐步实现保险服务专业化

保险公司必须牢固树立以“客户为中心”的经营理念，全面推行客户关系管理模式，为客户提供富有特色的专业化服务，改进服务质量，缩短理赔服务时间。加强保险的延伸性服务，体现保险的连续性和人文关怀，为客户提供风险咨询、风险管理及防灾防损等服务，同时为客户提供有关投资咨询、理财顾问和信息交流等方面的延伸服务，不断推出具有人性化和独具特色的服务，增加保险产品供给，延长供给链条。

（三）多渠道吸引人才，同时培养西北五省（区）保险人才

应在留住现有人才，满足人才待遇，充分挖掘现有人才能力的前提下，实施引进人才战略。将东部地区懂精算、懂管理的人才请进来，将西北地区的人才派出去，加强学习和交流。要通过多渠道、多方式进行保险人才的培养。鼓励西部大专院校与东部开设保险专业的院校进行合作，联合培养西部地区当地的保险人才，同时鼓励建立校企合作及企业培训等相结合的保险人才培养模式。在有条件的高校开设保险学专业，通过全日制高等教育、高职教育和地方学历教育等多层次、多形式的教育方式，培养适应西部欠发达地区新时期保险经营管理的专门人才。

（四）探索建立商业保险与社会保险的合作方式、方法，寻找商业保险对社会保险的补充点，提高全社会保障程度

在定量分析中社会保障程度在西北五省（区）对商业寿险业的发展具有正向拉动效应。保险业应在政府加大该地区社会保障支出，提高社会保障水平的同时针对目前保障水平不高，保障覆盖面小，人口老龄化趋势和少数民族分布集中的特点，开发与西部经济发展水平相适应，即保费水平与当地居民收入水平相适应，保障水平能满足当地居民生活需求的养老、医疗保险和其他一些既能满足人身风险保障需求又充分尊重宗教信仰的人身险险种。积极寻找同社会保险的互补方向，积极参与新医改，新型农村合作医疗保险、新型

农村养老保险等正在大力推进的社会保险。从供给角度增加保险产品内容，满足需求，将社会保障正向作用放大，将人均可支配收入负向作用转变为正向作用，双管齐下，通过供需两方面因素的增长缩小东西部发展差距。

（五）加快发展政策性保险和农村保险

在西北五省（区）人均可支配收入不高，对商业保险需求较低的情况下通过加大对该地区保险业的财政扶持力度，以财政补贴的方式大力发展政策性保险，扩大保险需求和覆盖面，是提高保障水平的一种有效方式。一方面可以通过财政补贴降低居民保费，缓解预算压力；另一方面通过保险赔付，提高了居民的风险保障意识，认识到保险的功能和作用，可将潜在需求转化为现实需求。

西北五省（区）大多数人口分布在农村，并且以农业为最主要的产业支柱，西北五省（区）保险业的发展不能忽视农村保险的发展，离开农村保险的发展，整个西部保险市场开发的战略目标将无法实现。通过大力发展适合农民需要的家庭财产保险、人身保险（目前推行的农村人身小额保险实践证明，这种保险在农村深受农民的欢迎，大大提高了西北地区广大农民的保障水平）和农业保险，特别是发展养老保险和医疗保险将对西北地区人口扶养比对保险业发展的负向效应直接转换为正向效应，推动西北地区保险业的发展。

（甘肃保监局局长　张　瑞）

农业发展银行信贷支持甘肃风电产业发展调查

一、加快发展风电产业，是甘肃省能源建设的战略选择

在全球能源趋紧和节能减排双重压力下，清洁能源、可再生能源备受青睐。世界各国已将风电产业作为能源安全和结构调整的战略举措，在政策导向、技术研发、项目建设和资金扶持上加大力度。甘肃作为我国风能资源重要聚集区，开发前景十分广阔。

（一）甘肃风电产业发展的现状。甘肃特殊的自然条件，既给经济社会发展带来了不少困难，同时也蕴藏着可再生能源巨大的开发潜力。甘肃省委、省政府从发展风电产业入手，确立了着力打造能源大省的发展战略。2006年提出了“建设河西风电走廊，再造陆上‘三峡’”的战略构想；2007年向国家发改委上报了《建设酒泉千万千瓦级风电基地的规划》，远期规划总装机3 665万千瓦，先期建设1 065万千瓦，2015年建成。2008年国家发改委批准了这一规划。2009年4月国家发改委核准批复了酒泉千万千瓦级风电基地的380万千瓦风电场项目，包括18个20万千瓦的风电场和2个10万千瓦的风电场，由大唐等20户企业投资建设。这标志着世界首例和中国第一个千万千瓦级风电基地已进入了开工建设阶段，拉开了甘肃能源发展战略调整的序幕。甘肃省规划，河西风电基地风电装机容量到2015年达到1 000万千瓦，2020年达到2 000万千瓦，2020年以后陆续扩展到3 000万千瓦以上，使之成为世界上最大的风电基地之一。

（二）甘肃风电产业发展的动因。甘肃风电产业发展的动因主要有两个方面：

一是受之于中国乃至世界能源发展战略调整大潮的涌动。自20世纪70年代初第一次世界石油危机以来，世界能源日趋紧张。进入21世纪，国际原油价格日趋走高，煤炭资源相对减少，发展可再生能源已是大势所趋，其中发展风电已被各国作为应对能源危机的首选。目前，风电已成为当今世界的重要能源之一。从公布资料看，全球风能资源总量约为2.74万亿千瓦，其中可利用的风能为200亿千瓦。近年来，全球风电装机以年均近25%的速度增长，到2008年年底全球风电累计装机容量达1.21亿千瓦，相当于每年减排1.58亿吨二氧化碳。全球可持续能源投资在2007年再创新纪录，达1 484亿美元，同比增长超过60%。目前，风电在全球能耗总量中的比重已由1997年的0.1%上升到1.5%，风电开发较早的丹麦，风力发电占整个电源的25%。美国成为风电发展世界第一的国家，约占全球风电装机总量的21%。欧洲成为新能源发展的领头羊，近两年，新增风电装机容量比新增天然气发电能力高出28%，比火电新增发电能力高出10余倍。据英国新能源财经有限公司2008年全球展望显示，从现在到2012年，每年对可持续能源的投资预计将达到4 500亿美元。从2020年到2030年，每年的投资额将增加6 000亿美元。预计未来4年，全球风电还将保持20%以上的增长速度，到2012年全球风电装机容量将达到2.4亿千瓦，年发电5 000亿千瓦时，占全球电力供应的3%。

我国风能资源比较丰富，风能资源总储量约32.26亿千瓦，每年可提供约2.30万亿千瓦时电量。自1986年建成山东荣成第一个示范风电场至2008年末，累计装机容量达1 324.22万千瓦。过去7年年均增长速度达到56%。尤其自2006年我国实施《可再生能源法》后，连续两年的增长速度超过100%。据有关资料统计，2007年全球风电投资中，有15%的资金投向中国市场。中国已成为世界风电增长最快的市场之一，风电规模已居世界第五位。2007年3月国家发改委发布的《可再生能源发展“十一五”规划》，到2010年风电总装机1000万千瓦的目标，提前两年实现了。我国制订的《可再生能源中长期发展规划》中提出到2020年，中国风电总装机容量达到3 000万千瓦的目标预计在2011年就可能实现。国家发改委可能将2020年风电总装机

的目标调高至1亿千瓦。在2020年以后，我国风电有可能超过核电成为第三大主力电源，实现5亿至8亿千瓦的总装机目标，风电占总发电量的比重超过20%。

由此可见，风电产业正在全球特别是在我国异军突起，成为未来我国乃至世界的主要战略能源之一。

二是受之于甘肃独特的自然条件和巨大的风能资源基础。甘肃地处青藏高原、内蒙古高原和黄土高原的接触地带，海拔大都在1 000米以上，具有明显的大陆性气候过渡的特征。干燥少雨，自然条件恶劣，尤其是河西走廊，年降雨量在50毫米左右。但甘肃风能资源丰富，是我国风能资源丰富的省区之一，总储量为2.37亿千瓦，位居全国第5位，占全国风电资源总储量的7.30%，技术可开发量占全国的11%，可利用区面积17.66万平方公里，占全省面积的39%，其中风能资源丰富区为5万平方公里，占可利用面积的28.31%。甘肃风能储量由西北向东南逐渐减少。位于河西走廊西端的酒泉市，在绵延1 000多公里的狭长地带内，具有建设大型风电场的良好条件。年均有效风能密度在200瓦/平方米以上，有效风速时数在6 000小时以上，可利用小时在2 300小时左右，风能资源可开发量在4 000万千瓦以上，占全省可开发量的90%。

甘肃能源种类齐全且相当丰富，除风能外，全省能源理论储藏中，水能1 488万千瓦，煤炭1 870亿吨，石油11.29亿吨，同时还有丰富的太阳能、天然气和地热等资源。虽然经过多年开发，但目前甘肃省“以火电为主、水电为辅、清洁能源占比较低”的不合理能源结构仍未得到改善，其中火电消耗煤炭达到1 553.9万吨，节能减排任务艰巨。到2007年全省累计总装机容量1 328万千瓦，占全国装机总量79 253万千瓦的近2%；从其结构看，火电809万千瓦，占60.92%，水电478万千瓦，占35.99%，风电约占3%。其中，小火电比重相当高，仅单机13.50万千瓦级及以下火电装机达187.90万千瓦，占火电装机的近30%。同时，甘肃风电发展与现实可能、与资源可开发量占全国份额仍不相适应。据统计，到2008年底，甘肃风电总装机量达100万千瓦，占全省所有能源总装机量的6%左右，风电总装机量占全国风电总装机量的比仅为7.55%。

由此可见，甘肃丰富的风能资源与甘肃能源总量中风能结构的不合理性，以及甘肃现已开发风能量与其风能储量占全国的份额来看，甘肃风电发展虽然已有实质性突破，但与可行性规划比较，仍需加快发展。通过风电的带动，使甘肃成为名副其实的能源大省，成为我国西电东送的重要基地。

二、制约甘肃省风电产业发展的瓶颈正在得到有效解决

从目前看，发展风电产业的制约因素较多，其中，上网电价问题，国家已通过“风电特许权项目招标办法”和《可再生能源发电价格和费用分摊管理试行办法》及用电户用电附加费征收等办法的实施，使风电上网及风电售价问题基本得到解决。而风电输送、风电设备这两大风电产业发展的瓶颈，在甘肃风电产业发展中正得到有效的缓解。

（一）电网输送能力正在增强，风电消纳渠道走向多元化。由于风电固有的间歇性和波动性，电网的可靠性、稳定性降低，影响电网的频率调控、电压调整、潮流分布及电能质量，增大电网运行故障，使得电网运行成本增加。同时，与全国风电输送问题一样，甘肃省风电资源也分布在远离负荷中心。受酒泉千万千瓦风电基地建设的拉动，到2010年甘肃省风电装机容量达到516万千瓦，年发电量约为103亿千瓦时，但现有的330千伏甘肃河西电网是国内输电距离最长、串联变电所最多的线路，只能满足70万千瓦的风电接入。预计到2010年全省可调范围内最大负荷950万千瓦，甘肃省公司售电量560亿千瓦时，须依靠整个电网消纳。显然，这与大规模的风电基地建设极不适应。针对这一问题，近几年特别是近两年甘肃省风电输送问题正通过以下途径加快解决。第一，近两年国家电网和西北电网建设，为甘肃风电“西电东送”提供了外部条件。2008年西北电网投资240.5亿元，投产110千伏及以上线路8 211.71公里，变电容量2 061.15万千伏安，创历史最高。其中750千伏兰州东至银川、750千伏西宁至官亭等重点工程相继投入运行。2009年国家电网计划投资313.05亿元，同比增长30.10%。其中750千伏电网建设工程投资139.60亿元，占投资总额的44.40%。到“十一五”末，国家电网将在西北建成750千伏变电站27座、变电容量5 730千伏安、线路12 420公里，西北电网外送能力达886万千瓦。第二，进入“十一五”以来，甘肃电力公司750千伏－330千伏骨网架发展迅速。2006年以来，甘肃电网输电线路和变电容量年均分别增长53%和117%，投产规模、开工规模年均增长30%和115%。2008年历史性投运6项750千伏工程。750千伏永登至白银变电工程目前已完成60%。根据甘肃省资源现状和甘新联网、西北电网建设要求，750千伏、330千伏骨干网架建设、主网结构转型升级进入高峰。国家“西电东送”北通道重点工程－750千伏兰州东至白银至银川东输变电工程正式投入运行。另外，投资总额66亿元的新一轮城农电网建设改造全面开工。专家估计，届时完全可以容纳甘肃省总装机接近2 000万千瓦的输电量。2009年甘肃省电力公司已采取国内外最先进的750千伏串补和世界独一无二的750千伏可控高抗等先进技术，将河西750千伏电网西电东送能力从180万千瓦提高到318万千瓦，考虑到风电机组发电的同时率和省内就近消纳部分用电负荷，可以满足516万千瓦风电外输能力。甘肃正在设计1 000千伏特高压直流电网向华中和华北输电，充分利用国家电网远距离、大容量、高效率和低损耗的优势，扩大甘肃省风电外输总量。第三，电网调峰电源点建设步伐加快。2009年，为加快甘肃电网及相关风电产业重大项目建设，甘肃省出台了《关于实行重点项目互保共建措施，促进全省经济社会平稳较快发展的意见》，实行风电与火电同步建设，规划到2020年在河西建成1 360千瓦火电。酒泉火电一期工程360万千瓦项目已完成论证，两条通向蒙古国边界的2 000万吨至3 000万吨煤炭专用铁路正在建设。目前，投资5亿元建设全国最大的1万千瓦太阳能光伏并网荒漠电站即将在甘肃敦煌开工，建成后年发电量将达1 637万千瓦时。第四，加紧风电就地转化工作。甘肃省规划在风电资源富集区发展适应电源特点的高科技、高附加值的高载能产业，正在论证电能水氢、高容量动力电池充电等储能产业发展规划，论证抽水蓄能电站项目建设，这样即可以减轻电网压力，又能促进当地新兴产业的发展。

（二）风电设备的自主创新能力正在增强，整体装配水平能够满足风电建设速度。风电设备是支撑和推动风电场建设，打造世界级的酒泉千万千瓦级风电基地的重要前提。根据酒泉地区的实际情况，专家评估，在当地使用1.50～2兆瓦（1兆瓦=1000千瓦）的设备最为适宜。但从目前全国风电场已安装风电机组看，兆瓦级以上的单机机组占总装机数的比不足15%，其中1.50兆瓦以上的不足10%，而单机机组在600千瓦、750千瓦和800千瓦的机型在已安装总机数中分别占29%、20%和30%。从我国生产风电机组情况看，兆瓦级以上的单机机组，其核心部件仍需要进口才能稳定运行质量；偏航轴承、偏航减速器及控制系统等关键部件仍依赖于进口。目前，我国风电总装机份额中，仍然有65%的国外风电技术产品。这是制约我国风电发展和风电建设投资较高的重点原因之一。有专家估计，如果风机制造的关键技术得以突破，我国风电每千瓦装机投资将由目前的8 000元～9 000元（其中设备投资占76.47%），能够降到每千瓦4 000元～5 000元，与火电装机投资基本相当。为此，近年来，国家加大了对风电机组制造业自主创新的扶持力度，实施了《风力发电设备产业专项资金管理办法》，对符合条件的50户兆瓦级风电机组生产企业补助600元/千瓦，并重点向关键零部件的薄弱环节倾斜。事实表明，我国风电发电技术正朝着“提高单机容量、减轻单位千瓦重量、提高转换效率”的方向发展。目前，我国风电整机制造企业总计已超过70家，风叶生产企业50多家，塔筒生产企业近100户，有10余户企业专做轴承及控制系统等零部件。其中：金风科技、华锐、东汽和上海四大户生产能力就达1 200万千瓦，生产设备订单已安排到2010年。甘肃省通过兰州理工大学等13个甘肃风电方面的核心企业和科研单位的努力，适合甘肃风电场特点的大功率风力发电机和控制设备的研制已取得重点突破，自主完成系统集成的兆瓦风力发电机组已投入运行。同时，可以生产兆瓦级风电机组的金风科技、银河集团、华锐、东汽、丹麦VESTS和西班牙GAMESA等国内外知名公司已入驻省内风电集中区。目前，酒泉市已在肃州区投资1 707万元，规划建设了10平方公里的风电装备制造产业园，引进了风机总装、风轮叶片和关键部件制造等风电设备制造项目12个，达20亿元。到2010年，年总装风力发电成套设备和生产能力分别达到500套和750万千瓦以上，2015年前将形成1 500千瓦的风机成套生产能力。酒泉市规划使之建成研发、制造、认证、测试、培训、配件供应与售后服务为一体的国内最大、世界一流的风电装备制造产业基地，成为甘肃快速发展风电产业和增强风电场设备利用效率的重要支撑。

三、甘肃风电场运行效益良好，金融支持力度不断加大

风电装机容量的快速提升，源自于风电设备技术革新和我国自主程度的提高，源自于国家对风电产业政策的支持，源自于风电场投资商投资报酬率的基本实现。正因为如此，金融业加大了对风电产业的信贷投入，促进了风电产业的快速有效发展。

（一）甘肃风电场运行效益良好。通过调查，目前包括中国大唐集团公司、中国电力投资集团公司和中国广东核电集团公司、国投华靖电力控股股份有限公司、中国龙源电力集团公司等，在甘肃省已建成8个风力发电场。2008年这8个风电场发电量63041.24万千瓦时，剔除因电网建设滞后导致限制发电因素外，各公司运营情况良好，经济效益明显。甘肃洁源风电有限责任公司自1997年在玉门市投资建设风电场以来，由于经济效益显著，企业逐年扩大投资规模，总装机容量由最初的1.20万千瓦发展到目前的15.90万千瓦，建成两个风力发电场，2008年企业盈利约1 000万元。甘肃中广核风力发电有限公司从2007年4月开始建设酒泉瓜州大梁一期风电场，2008年3月完工发电，2008年4月建设大梁二期风电场，8月完工运营，总装机容量为9.90万千瓦，发电量为5 923万千瓦时，2008年获取净利润82万元；大唐玉门风电有限公司2005年、2006年分别在玉门开始建设一二期风电场，2006年12月、2007年4月分别完成一二期风电场建设，截至2008年末，总装机容量5万千瓦，实现净利润170万元。

经过分析可以看出，风电场项目通过特许权招标后，发电量能全额上网，售价既定，这是效益可预期的基本前提。风电场盈利的主要原因还有以下四个方面：（1）风电场建设投资逐年趋减，折旧成本逐年降低。我国风电场建设初始投资从1994年的1.20万元/千瓦降到目前的8 500元/千瓦左右，其核心是进口设备份额已降低65%。随着核心设备的自主创新进程加快，风电场单位投资可降到5 000元/千瓦左右。（2）国家扶持力度大。国家设立了可再生能源发展专项资金，为可再生能源开发利用项目提供财政贴息，加大自主创新风电设备补助力度，对兆瓦级以上单机机组生产50台以上企业补贴600元/千瓦；调整了关税和增值税政策，使风机进口关税由12%降到6%，零部件关税率为3%，关键零部件免税，企业所得税统一为25%，国家认定的高新技术产业区内新办企业投产2年内免征，2年后按15%征收。这些都使得风电场建设投资和运行管理成本大为降低。（3）甘肃风电场环境和风能质量较好，发电成本相对较低。甘肃风电场基本在戈壁滩，耕地占用极少，年均有效风能密度200瓦/平方米以上。其中酒泉为230瓦/平方米，高于全国150瓦/平方米平均数；有效发电时间在2 300小时以上，高于全国平均有效发电时间2 000小时；由此，发电成本在0.379元/千瓦时，比全国平均发电成本0.417元/千瓦时相对低9.12%。（4）有效的清洁能源补贴机制。酒泉千万千瓦级风电场满负荷发电后，平均发电为230亿度，相当于每年节约煤炭920万吨，每年减少粉尘排放6 900吨，减少二氧化碳排放1.20万吨，减少氮氧化物排放9700吨，每年发电收入将达到122亿元，增加CDM收入近6亿元左右，使单位风电发电量增加0.026元/千瓦时收益。随着《京都议定书》的生效，从长远看，中国承担碳减排义务的压力将加大，包括风电在内的清洁能源发展的补贴机制将会得到更好落实，这为降低风电基地建设运行成本提供了重要条件。

（二）风电产业金融支持力度不断增强。总体看，金融支持甘肃风电的状况主要表现在三个方面：一是从宏观着眼，重视金融支持政策的研究。各家商业银行都从宏观上加强了风电行业发展的研究，制定了金融支持的政策、目标和

重点。中国银行通过连续4年的观察和研究，把风电作为支持能源结构战略性调整的重点加以对待，带动内部电力信贷结构的进一步优化和信贷业务的可持续发展。二是从大处着手，加大对风电投资者总部营销授信。由于风电产业国家宏观上扶持力度大，风电场经营效益可预期，营运风险可控，各家银行总行都加强对参与甘肃风电场建设企业的控股公司总部的营销和授信工作，使之成为各商业银行总行级优质客户，简化了给集团公司公开授信手续，直接授信额度较大。如工商银行总行直接向华润集团授信292亿元，建设银行总行向中电国际新能源控股公司授信39亿元；同时，采用“上贷下划”的方式，适当放宽利率浮动下限、贷款方式和期限等贷款条件。三是当地政府出台了当地银行融资的多项措施。酒泉市为了促进地方经济发展，提出“六个”必须，即必须在当地注册、融资、保险、缴税、用工和用材，严格要求获取风电建设权的企业要在当地银行部分融资。当地工行、农行、中行和建行均将风电项目贷款作为营销重点，成立专门的信贷服务小组，定期上门主动拜访，了解客户需求，及时提供金融支持服务方案，采取多种方式营销客户。如中国华电集团新能源发展有限公司在酒泉瓜州投资建设的干河口20万千瓦风电项目，总投资约21亿元，有5家银行提供了融资方案，国开行、农行正在积极营销并初步达成贷款协议，拟贷款金额8亿元以上，利率下浮10%，建设期为信用贷款，项目完成后用固定资产抵押和收费权质押。中国华电集团新能源发展公司由各家银行授信49亿元，均下浮利率10%，建设期实行信用贷款方式，期限为15年。

四、农发行信贷支持风电产业的意见

（一）农发行风电项目营销进展情况及存在困难。为增进农发行客户营销力度，省分行和酒泉、白银市分行成立了风电客户营销工作小组。一方面积极与地方政府、人民银行、银监局及各商业银行积极协调沟通，防止银行间通过降低贷款条件实行恶性竞争。通过努力，酒泉市人民政府下发了《关于金融机构支持风电产业加快发展的指导意风》，要求各金融机构严格执行国家货币信贷政策，避免无序竞争，商业银行、农村信用社对风电企业的贷款利率下限，均执行基准利率乘以下限系数0.90的规定，为农发行开展风电项目营销奠定了基础。另一方面，大力加强客户营销，通过银团贷款方式，已向甘肃中广核风力发电有限公司发放贷款0.60亿元（其中流动资金0.20亿元）。已营销了国家电网新源控股有限公司、中国水电建设集团新能源开发有限责任公司、中国华电集团新能源发展有限公司和华能国际电力股份有限公司、华能新能源产业控股有限公司和北方联合电力有限责任公司，共拟需农发行贷款53亿元。省分行和酒泉市分行按照总行明确的贷款条件，通过政府出面协调，多次与公司洽谈，达成建设期由其母公司提供担保、贷款期限均低于15年，贷款利率下浮10%的协议。

由于风电建设项目投资规模大，经济预期看好，风力发电企业已成为各家商业银行营销的重点。同时，各户风电企业从积极抢占风力发电场土地资源出发，加快了基础建设投入。地方政府召开协调会也要求企业加快建设步伐，今后两年将会是资金投入高峰期。为抢抓发展机遇，各家商业银行都将风力发电项目作为营销重点，以利率下浮10%、建设期信用贷款与长期贷款期限等优惠条件全力以赴积极营销，《国家发展改革委关于甘肃千万千瓦级风电基地“十一五”380万千瓦风电场核准的批复》（发改能源〔2009〕1005号），对甘肃省19户企业进行立项核准，总投资为380亿元，涉及农发行贷款的企业只有1户，拟贷款16亿元。与同业比较，总行已明确的贷款条件与其他金融机构相比还有较大差距，给落实工作带来一定难度。

（二）支持风电产业发展的政策建议。风电是清洁能源、可再生能源，应当成为农发行支持的重点领域。这对立足于当地政府主导的产业和项目，充分发挥农业政策性银行功能，实现信贷结构的战略性调整和可持续发展，都具有十分重要的意义。农发行应坚持“主动参与、择优扶持、稳步推进、积极发展”的原则，做好以下方面的工作：

一是抢抓机遇，将风电项目作为农发行信贷结构战略调整的重点。总体看，未来10年甘肃风电建设总投资将达到2 000亿元以上，贷款总需求达1 500亿元，农发行按15%左右的占有份额计算，风电贷款总量潜力将达到225亿元。这对快速扩大农发行信贷总量和优化信贷结构是十分重要的。因此，农发行将以支持风力发电项目为着力点，同时加大对相关的风电设备制造、电网建设等相关产业进行营销，争取在3年－5年内使风电项目贷款能有大的突破。在信贷重点支持顺序上：优先支持酒泉市玉门、瓜州两地的风电项目，优先支持国家重点企业的风电项目，优先支持具有风电经营特许权的风电项目，优先支持母公司提供建设期担保的风电项目，优先支持风电场建设与风电设备制造、电网建设一体化建设项目，优先支持装机规模在10万千瓦以上或连续多期开发的项目，优先支持中外合资企业的风电项目，优先参与风电项目银团贷款方式。

二是分类指导，支持资金实力雄厚的国有大型风力发电企业。重点选择资金实力雄厚、从业经验丰富和技术力量强的企业给予贷款支持。对已出具意向性贷款承诺函的华能国际电力股份有限公司和国网新源甘肃新能源开发部进一步落实相关项目开展情况；进一步加强与华能国际电力股份有限公司、中广核风力发电有限公司、国投华靖电力控股股份有限公司、国家电网新源控股有限公司、中国水利水电集团公司和中国节能投资公司等企业的沟通，维护稳定合作关系，力争发展为农发行的贷款客户；同时进一步加强对其他国有大型风电企业的营销。

三是明确条件，积极推进客户营销工作。农发行目前在利率、期限和担保等方面的贷款条件，均高于商业银行对风电企业提供的相关准入规定。为进一步提高对风电行业的整体把握能力和风险识别能力，在总行的全面指导和协助下，确定有利于农发行风电贷款业务发展的信贷政策和贷款条件，建议总行在信贷政策上给予倾斜，争取将已营销的优质客户纳入信贷支持范围。对目前已列入国家发改委380万千瓦风电场核准的农发行16亿元贷款，同意企业提出的建设期信用贷款、期限13年和利率下浮10%的意见，为农发行风电场建设创造有利条件。

（中国农业发展银行甘肃省分行行长　蔺秦生）

中国人民银行武威市中心支行召开金融支持扩大内需，促进经济平稳较快发展会议

中国人民银行武威市中心支行开展“诚信杯”金融知识大奖赛

第五部分

金融学会、协会及金融研究成果

学会、行业协会工作

甘肃省金融学会

2009年，甘肃省金融学会围绕加快培养高素质金融研究人才，进一步加强金融理论研究，加大学术交流力度，形成了一批有价值的研究成果和专题调研报告。学会会刊和年刊《甘肃金融》、《甘肃金融年鉴》的办刊质量与编辑水平进一步提高，《甘肃金融志》第二轮修志工作按计划进度展开。学会加强规范化建设，各项工作有了新的发展。

一、深入开展课题攻关和调查研究工作

为推动全省金融系统学术研究活动的深入开展，促进金融理论和金融实践的不断创新，学会秘书处印发了《2009年度甘肃省金融学会重点调研课题指南》，组织各会员单位围绕全省经济社会发展的重大问题和热点难点问题。结合本单位实际，选择对经济金融工作具有指导意义的选题命题。学会审核确定了22项调研课题，下达有关会员单位由一把手或主要领导亲自挂帅，抽调有较强研究能力的同志组成课题组进行攻关，并加强课题管理，把握课题进度，督促课题结项，做好成果转化。其中，会长杨明基主持的《我国农地金融制度建设的探讨与构想》，常务副会长陶君道主持的《世界经济金融化问题研究》，分别被人民银行总行和西安分行确定为重点课题项目；副会长蔺秦生主持的《农业发展银行信贷支持甘肃风电产业发展调查》，副会长傅志辉主持的《农业银行甘肃省分行推进业务经营转型应注意的几个问题》等3多项课题，在《甘肃金融》等省级刊物上公开发表，推动了全省金融研究工作向更高水平发展。同时，学会还加强和巩固与高校、政府综合经济部门和各学会之间的联系与合作。对基础理论性强的课题、涉及面广的重点课题，采取联合攻关的方式进行研究。

二、办好《甘肃金融》会刊，扩大对社会的影响力

2009年，《甘肃金融》的政策性、理论性和实践性更加突出，可读性不断提高，逐渐形成了自己的办刊风格和特色。一是坚持多视角选题策划，增强刊物的理论性。进一步突出《甘肃金融》的理论性和学术性，注重多角度展现经济综合部门与金融机构、管理层与基层一线、理论工作者与实务工作者、业内专家与院校学者的观点认识，通过“专稿”、“资讯”、“论坛”等栏目把不同层面的声音反映出来。二是坚持报道专家学者的声音，增强刊物的权威性。在作者选择上，《甘肃金融》积极主动地扩展作者队伍，建立多层次、多元化的作者队伍体系。目前，《甘肃金融》在巩固金融系统各层次作者队伍的基础上，作者群已延伸到国务院发展研究中心、中国社会科学院、中国人民银行等宏观经济研究部门和宏观经济调控部门，延伸到北京大学、清华大学、中国人民大学与中央财经大学等全国著名高等学府。三是坚持规范性编校程序，增强刊物的影响力。进一步健全和完善了“三编、三审、两排、六校”制度，确保杂志具有较高的质量，按时完成2009年12期《甘肃金融》及两本增刊的编、排和发行工作。据统计，《甘肃金融》的电子版机构用户已达到2734个，包括国内的北京大学、清华大学、国家图书馆、中国社科院，香港理工大学、香港公共图书馆、台湾清华大学、台湾中央研究院，以及海外的美国斯坦福大学、普林斯顿大学，英国牛津大学、剑桥大学，日本东京大学，新加坡国立大学，韩国国家图书馆，澳大利亚国家图书馆等高端用户，个人读者遍布近30个国家和地区。同时，通过拓宽发行渠道，《甘肃金融》发行工作也实现了新的跨越，年发行量近十万份，基本走上了市场化发展的轨道。2009年9月开展的中国北方优秀期刊评选活动中，《甘肃金融》荣获“中国北方优秀期刊”殊荣。

三、《甘肃金融年鉴》编校工作规范有序，质量稳步提高

2009年，《甘肃金融年鉴》围绕编纂、出版和发行任务，制订计划，扎实推进，全面完成了《年鉴》各项工作任务。一是优化《年鉴》栏目框架和条目内容，体现年鉴的时代特色。做到重大事件、重要报表不遗漏，机构增减、人事变动记载不走样，使《年鉴》的编排设计更加科学合理，实用性更强。二是规范《年鉴》工作流程，严把编校质量关，进一步提高编辑水平。修订了《年鉴》编审、校对工作规程，统一了编校标准，定期召开责编例会，及时梳理、解决编辑过程中出现的问题。同时，对《年鉴》稿件严格实行“二编、四审、三校、一读”规范化操作，确保了稿件内容客观真实、语言精练准确、语法更加规范。三是精心选图配文，做好彩页、插图和护封的编排设计，增强《年鉴》的时尚感和活泼性。四是加强与组稿单位、撰稿人员的联系沟通和反复协商，确保《年鉴》资料、数据的准确、完整和时效性，进一步提升《年鉴》的使用价值和权威性。五是建立《年鉴》编校资料数据库，及时核对各环节资料，做好编审过程各资料库内容调整、转换，各环节之间的登记、催办、协调、衔接与及时送达，保证编审工作有条不紊、井然有序地进行。六是精心组织开展年鉴校对工作。在“三校一读”的基础上，进行认真细致的校红和胶片校对工作，确保年鉴稿件质量达到较高水平。

四、加强学会组织建设，不断规范学会工作

一是定期召开学会秘书长办公会议，及时协调与组织学会工作的开展。学会根据各个阶段工作重点，召开学会秘书长会议，制定学会工作要点，促进了学会各项工作有重点、

有步骤、按计划地全面推开。2009年11月下旬召开的“甘肃省金融学会第六届理事会常务理事（扩大）会议”，安排部署了做好甘肃省第四次金融科研优秀成果评奖活动、《甘肃金融志》第二轮编修工作以及筹备召开学会第七次会员代表大会的有关事项，进一步加强金融机构之间的联系与沟通，推动了甘肃省金融学会各项工作的有序开展。

二是进一步加强财务管理。认真做好学会账务记载、财务凭证整理、会计报表编制和财务报告工作。接受并通过了会计师事务所对甘肃省金融学会的会计、财务工作审计。在做好学会日常工作的同时，不断总结经验改进工作，及时向社团管理部门和民间组织管理部门报送学会工作安排、总结和财务审计报告等，通过了甘肃省社会团体年检和甘肃省金融学会组织机构代码证的年检工作。圆满承办了《中国金融年鉴》组稿会议和《中国金融》通联会议，赢得了人民银行总行有关部门领导的肯定。

三是积极参加甘肃省社科联组织的各项活动，组织推荐了一批成果参加全省社科优秀成果评奖。会长杨明基主持撰写的《金融生态环境对金融资源配置影响的实证分析》和常务副会长陶君道撰写的专著《工业化与中国经济》，获甘肃省第十一届社会科学优秀成果二等奖；另有两篇成果获得三等奖。

四是稳步推进甘肃省第四次金融科研优秀成果评奖活动和金融志第二轮编修工作。

（荆勤忠）

甘肃省钱币学会

2009年，甘肃省钱币学会在陈列展示、学术研究和宣传服务等方面实现了跨越式发展，完成了全年各项工作任务。

一、深入开展学术研究与交流。以“加强学术交流、深入调查研究、反映调研成果”为重点，扎实推进学会各项工作。召开了甘肃地方货币学术研讨会，组织开展了以钱币文化知识培训和优秀论文研讨为内容的钱币文化交流活动，并编辑出版了《甘肃金融钱币增刊》。完成了人民银行兰州中心支行重点调研课题《市场经济条件下货币文化产业发展问题研究》、《履行学会职责，推进文化建设》、《我国贵金属纪念币反假工作思考》、《如何看待中央银行货币文化建设问题》及《立足钱币，面向社会，突出特色，扎实推进基层央行货币文化建设工作》等研究论文，进一步提高了钱币研究水平。编辑印刷了《甘肃省反假货币工作成果展》文集，充分反映了反假货币工作成果。收集、整理了甘肃省钱币学会1986年成立以来20年的历史档案资料，完成了《金融志》钱币学会部分的撰写报送工作。

二、有效发挥了博物馆钱币文化交流平台作用。以钱币博物馆陈列为平台，积极开展钱币文化交流、展示宣传活动，得到了总行及社会各界的肯定与好评。钱币博物馆全年共接待人民银行副行长苏宁、纪委书记王洪章等领导及社会各界钱币爱好者5 000余人（次）。就文物保护、陈列展览及综合服务等方面与省博物馆进行了深入的交流和探讨。建立健全了博物馆相关管理制度，完善了馆藏实物电子档案，全面提高了钱币展览水平。

三、大力弘扬钱币文化。立足甘肃地方文化实际，积极参与各种社会活动，宣传普及货币文化知识。参加了“3.15”维护消费者合法权益日、“5.18”国际博物馆日国家文化遗产日和“09行动”反假币大型咨询宣传服务等活动，向社会公众普及了钱币知识和货币文化。首次组团赴京参加了以“方泉世界，辉煌历程”为主题的第十四届北京国际钱币博览会，宣传展示了甘肃地方钱币文化产品。积极开展“中国贵金属纪念币维权反假宣传周”活动，荣获“中国贵金属纪念币维权反假宣传周经销商业绩”二等奖。举办了以“凝聚合力，共建品牌，走进社区”为主题的“金币知识进社区”活动，荣获“2009年金币知识进社区”三等奖。研发了《中国历代货币实物标本册》、《传世宝银》、《丝绸之路货币》和《魅力甘肃》等具有地方特色的钱币文化产品，钱币文化开发、营销能力进一步增强，学会创办的甘肃开元钱币文化有限公司获得中国金币总公司2009年度中国金币特许零售商示范店资格，并获准经营2010年上海世博会贵金属纪念币、章等产品。甘肃省钱币学会荣获中国钱币学会第三届“先进团体会员”奖；钱币学会撰写的《西北银行甘肃分行及纸币发行考》和《关于波斯萨珊银币在中国流通使用的若干问题》荣获论文类“金泉奖”。甘肃省钱币博物馆荣获陈列类“金泉奖”提名奖，与省电视台联合录制的《方圆天地》电视系列片荣获音像类“金泉奖”。

（李文娟）

甘肃省金融会计学会

2009年，甘肃省金融会计学会以发展和繁荣金融会计理论、推广理论成果、促进金融会计实践为使命，认真做好各项工作。

一、加强学术交流和理论研讨，充分发挥了学会的交流平台作用。认真筛选甘肃省第五次金融会计学术会议论文23篇，以《甘肃金融》增刊结集出版，为会员单位提供了交流平台，推动了学术交流和成果转化。结合后金融危机时期全球经济金融改革与发展，特别是金融会计理论和实务工作中遇到的重点、难点问题，以及公允价值计量、贷款减值损失确认与央行资产负债管理等热点问题，积极开展会计理论研究，为服务上级决策、促进金融会计实践提供了有益参考。

二、狠抓自身建设，学会工作规范化水平明显提高。加强学会组织建设，目前学会已吸纳包括银行业、证券业和保险业在内的15个单位为团体会员。加强财务管理工作，从严控制费用支出，对财务报表委托社会中介机构进行审计，顺利完成了2008年度学会年检工作。加强学会日常管理，完善学会管理制度，强化督导检查，有力推动了金融会计学会工作规范有序开展。

三、积极参加中国金融会计学会各项活动，加强《金融会计》办刊工作，社会影响明显扩大。参加了中国金融会计学会举办的2009年学术年会暨重点研究课题颁奖大会、中国金融会计学会工作座谈会和“公允价值应用与金融风险防范”学术研讨会，及时了解了金融会计前沿理论，加强了与兄弟单位的沟通联系，展示了甘肃金融会计学会的良好风貌。积极与全省金融机构沟通联系，认真做好中国金融会计学会主办的《金融会计》发行工作，《金融会计》征订数量逐年上升，社会影响明显扩大。

（王彦平）

甘肃省银行业协会

2009年，甘肃省银行业协会切实履行“一个宗旨四项职能”，较好地完成了年初会员大会确定的各项工作任务。

一、加强自律，促进银行业健康发展

（一）督促会员单位认真学习贯彻国家的法律法规和方针政策，特别是督促落实好金融方针政策。一是通过协会刊物、网站及时转发“实行积极财政政策和适度宽松货币政策”、“有保有压，区别对待”等政策规定，并提出要求，引导会员单位进一步加强信贷额度管理，重点加强信贷结构调整，在支持灾后重建、国家重点基础设施建设、节能减排和结构升级等产业发展项目，支持“三农”和中小企业融资等项目当中，认真贯彻中央和省上的有关方针政策，为全省经济“保增长、扩内需、调结构、促改革、惠民生”做出了贡献。二是督促会员单位贯彻落实好中国银监会和甘肃银监局有关监管法规制度，正当竞争，合规经营，自觉维护金融市场秩序。同时协会还向会员单位及时传达、转发有关监管要求，发出信贷风险提示，为防范和化解金融风险及“双降”做了一些补充工作。三是督促会员单位落实执行好以《中国银行业自律公约》为核心的“行规行约”，对中国银行业和甘肃银行业《文明服务公约》等落实情况，多次以不同方式进行检查，维护银行业良好秩序和会员单位自身利益。

（二）补充完善“行规行约”。制定了《甘肃省银行业银团贷款合作公约》。制定和签署了《甘肃省银行业银团贷款合作公约》，并将有关银团贷款的示范文本进行了编辑，刊登在《甘肃银行业》银团贷款业务专刊上，为会员单位银团贷款工作提供了科学、规范、统一的文本。

（三）继续抓好文明规范服务活动，进一步提高银行业服务水平。一是配合中国银行业协会开展了2009年度中国银行业文明规范服务百佳示范单位评选活动。分别于8月、9月下旬，按照中银协百佳示范单位标准进行综合复查、考核。10月中旬，配合中银协检查组对甘肃省申报的2个营业网点进行了检查验收。招商银行兰州分行城关支行最终获得“2009年中国银行业文明规范服务百佳示范单位”称号。二是开展了2008年度中国银行业文明规范服务示范单位和甘肃省银行业百家金牌服务单位的跟踪检查。4月至6月，协会对“2008年度中国银行业文明规范服务示范单位”和“2008年度甘肃省银行业百家金牌服务单位”进行了跟踪检查。三是举办了全省银行业文明规范服务先进事迹报告会。2009年10月至11月，分别在兰州、白银、定西、临夏、平凉和庆阳市举办了甘肃省银行业文明规范服务示范单位和个人先进事迹报告会，共有1800多人听取了报告。四是聘请地方测评公司对银行业服务质量进行测评。

二、强化维权，维护银行业合法权益

（一）评选诚信企业，促进社会诚信。在甘肃银监局指导下，协会继续在全省范围内开展了银行业“信贷诚信企业”评选表彰活动。经企业自愿申请、会员单位推荐、协会维权部初审、会员单位互审、“信贷诚信企业”评审委员会评审、人民银行征信系统审验、常务理事审定、报甘肃银监局审查后，评选出以甘肃天庆房地产有限公司为代表的122户2008年度“信贷诚信企业”，并于9月23日进行了表彰，同时在《甘肃日报》上向社会进行了公告。

（二）搞好调研统计，处置胜诉案件。为了切实维护银行业合法权益，遏制企业恶意逃废银行债务的不法行为，促进银行业胜诉未执结案件的执行，协会对全省银行业胜诉未执结案件和企业逃废银行债务情况进行了第三次摸底调研，调查结果显示，全省银行业金融机构胜诉案件执行率明显偏低，与社会其他经济案件执结率相差较大。协会将调研报告上报省高级法院，抄报省委、省政府、省人大和银监局及其他相关部门，以引起各级领导重视。

（三）通报大额欠息，提示信贷风险。根据《甘肃省银行业协会对大额欠息客户通报暂行办法》，协会在各会员单位的协助和配合下，继续对大额欠息客户欠息情况按季进行通报。及时将银行业欠息情况及时全面地反馈给各会员单位，对有效解决银行和企业信息不对称、银行与银行信息不掌握的状况起到了一定作用，为实现会员间信息共享、防范信贷风险提供了依据。

（四）积极组织协调，开展银团贷款。2009年协会在银监局的指导下，积极同会员单位协调，顺利完成了甘肃省银行业第一笔银团贷款，实现了银团贷款的零突破。9月18日，兰州市南山路银团贷款合同正式签约，由国家开发银行甘肃省分行牵头，与中国银行甘肃省分行、招商银行兰州分行和兰州银行等3家代理行组成银团，为兰州市南山路项目提供总额为31.80亿元的银团贷款。

三、注重协调，发挥好桥梁纽带作用

一是加强与省政府金融办公室、甘肃银监局、人民银行兰州中心支行、省民间组织管理局和中国银行业协会等指导监督部门的联系，尤其是加强了与主管部门甘肃银监局的协调。严格执行《甘肃省银行业协会重大事项请示汇报制度》，协会重要工作、重大会议和重大活动都及时向银监局请示汇报，各项全局性、行业性和系统性的重要工作情况以当面汇报、简报、书面报告等形式进行汇报。协会重大活动邀请各上级部门参加。二是加强协会与会员、会员与会员单位之间的协调联系。主要是办好《甘肃银行业》、《甘肃省银行业协会简报》和“甘肃银行业协会网站”、“甘肃银行业产品网”，刊发会员单位各方面信息，供会员单位之间学习、沟通与交流，为会员单位搭建了联络平台。三是加强协会自律、法律、银行卡和教育培训等几个工作委员会的协调，通过各个工作委员会开展活动，促进会员单位之间信息互通，信息共享，加强联络，增进友谊。四是加强同司法部门的协调沟通。对于银行业胜诉未执结案件情况，协会秘书处负责人多次到省高院汇报，敦促对银行业胜诉未执结案件

的执行。五是加强协调会员单位对信访举报案件的处理。对于银行客户投诉的问题，协会积极与会员单位协调，随投诉、随协调，随处理、随反馈，不仅维护了投诉客户的利益，也维护了银行业的形象。

四、立足服务，提升行业服务水平

（一）顺利完成从业人员资格认证考试。根据中国银行业2009年度从业人员资格认证考试统一部署，协会密切配合中国银行业协会，主要做了以下工作：一是及时转发《中国银行业协会关于银行业从业人员资格认证考试的通知》，提出要求，组织报名；二是分别召开会员单位人力资源和考点负责人会议，研究部署相关工作；三是认真组织发售教材；四是加强了巡考、督考工作。银监局相关领导同协会工作人员分组对兰州市各考场进行督查，确保了考试的严肃性和权威性。

（二）加大专题培训力度。一是同银联甘肃分公司共同举办了1期培训班，邀请中国银联总部专家来兰州讲授“银行卡”业务，会员单位相关部门管理人员60余人参加了培训；二是组织收看中国银行业协会与世界银行学院共同举办的“农村金融机构中高级干部远程教育培育班”的授课，会员单位参加培训人员达92人；三是举办仲裁法及仲裁事务培训班，40余人参加了培训；四是加强境外培训。协会分别于4月、10月、12月组织会员单位相关部门人员在香港与台湾举办了“大堂经理”、“银行业风险管理及信贷营销管理”和“法律风险管理”培训班；五是举办了“银行业服务与风险防范交流研讨班”，安排部分赴港台考察学习人员、驻兰会员单位相关部门的领导及工作人员共112人参加了培训与交流。

（三）完成中国银行业协会试题征集工作。协会组织协调5家会员单位12人参加了银行从业资格考试题库试题征集工作。甘肃5个课目共有1150道试题被采集进入中国银行业资格认证考试题库。

五、严格管理，加强秘书处自身建设

（一）加强内部管理，完善规章制度。根据工作需要，协会健全完善了一些规章制度。一是制定了《甘肃省银团贷款业务合作公约》及《银团贷款委员会规则》。二是以《甘肃银行业》专刊形式，收集、整理和编写了《银行业银团贷款业务示范文本》，印发各会员单位，以期规范银团贷款业务。

（二）搞好协调配合，完成各项任务。配合甘肃银监局制作甘肃银行业改革开放三十年和庆祝中华人民共和国建国六十周年专题片；配合甘肃银监局和会员单位做好国庆期间维稳工作；积极响应中宣部号召，认真组织甘肃银行业开展以“迎国庆·颂祖国”为主题的合唱比赛活动。

（三）办好“两刊两网”，搭建服务平台。协会坚持办好“两刊两网”，为了提高刊物质量，协会将原《甘肃省银行业通讯》更名为《甘肃银行业》，扩大版面，调整栏目，增加了印发量，下半年以来，共编印《甘肃银行业》3期，印数1200余册。编发《甘肃银行业协会简报》30期，印数4000多份。简报编印得到了银监局领导的肯定，认为有特色，是沟通会员单位和介绍银行业、宣传银行业、发挥协会作用的重要阵地。甘肃省银行业产品网点击率目前已达38万多人（次），较好地宣传了银行业新产品，并为理财客户提供了方便。

（四）严格财务制度，确保支付规范。协会秘书处严格遵守《甘肃省银行业协会财务管理制度》，进一步规范和加强了协会财务管理。协会本着“勤俭办会”的方针，坚持“取之适度，用之得当”和“量入为出，自求平衡”的原则，合理安排各项支出，严格财务管理程序，支付做到了票据齐全、程序合规、审批完善和支付规范，有效保障了协会工作的顺利开展。

（五）按照章程要求，积极发展会员。按照《甘肃省银行业协会章程》有关规定，协会及时发展新入驻甘肃的金融机构为会员单位，年内已发展上海浦东发展银行兰州分行为会员单位。

（六）受理客户投诉，维护行业形象。截至12月底，协会共受理客户投诉的信件和电话共计52件（次），已办结47件。与上年同期相比客户投诉减少27件（次），投诉呈下降趋势。

（七）规范文档管理，确保文档完整。

（张东标）

甘肃证券期货业协会

2009年，协会加强自身建设和行业自律，积极开展投资者教育，努力服务会员，较好地完成了全年工作。甘肃证券期货业协会截至年末共有57家会员单位，其中，有52家证券经营机构会员单位，5家期货经营机构会员单位。年内，新设证券分公司2家，新增证券营业部2家，证券服务部转制为证券营业部19家，新增期货营业部3家。全年证券交易总额5841.67亿元，其中股票基金交易额5588.42亿元，权证交易额247.06亿元。非现场交易额5 132.36亿元，占总交易额的87.86%，利润总额95435.14万元。从业人员1000多人，其中经纪人及客户经理200多人。累计开立资金户71.89万个。全年期货交易总额1097.28亿元，利润总额343.56万元，年末客户权益1.78亿元。

（一）召开协会2009年年会。2009年2月8日，协会召开了2009年会员大会。会议对协会一年来的工作给予了充分肯定，全票通过了协会向大会作的年度工作报告和财务报告，全面总结协会2008年工作，部署2009年工作。

（二）召开证券期货业协会2009年第一次临时会员大会和第二次临时会员大会，签订会员自律公约，完成协会换届工作。一是4月13日协会召开了2009年第一次临时会员大会，专题讨论研究辖区会员自律公约。《甘肃证券期货业协会会员自律公约》始签于2002年，为适应证券市场发展的需要，根据中国证券业协会的有关要求，协会秘书处与2008年10月开始组织人员进行修改，在借鉴兄弟协会经验基础上，经过与会员单位反复征求意见，并通过甘肃证监局审核，提交本次会员大会讨论研究。会议听取、审议并通过了向大会提交的《甘肃证券期货业协会会员自律公约》及《甘肃辖区佣金自律公约》。二是7月23日协会召开了2009

年第二次临时会员大会，完成协会换届工作。会议对二届理事会3年来的工作予以充分肯定，听取、审议并通过了《甘肃证券期货业协会二届理事会工作报告和财务报告》。经过选举，协会理事由21人增加到25人，常务理事由13人增加到15人，华龙证券公司董事长李晓安继续出任会长，甘肃陇达期货经纪公司董事长娄德全、海通证券甘肃分公司总经理宋世浩、国泰君安甘肃分公司总经理郭丽萍和中信建投证券兰州金昌路营业部总经理宋少平再次当选为副会长。

（三）召开期货经营机构会员单位会议，签订期货佣金自律公约。通过对5家期货经营机构进行电话询问、调取有关资料、现场座谈与专题研讨等形式的调查研究后，形成了《甘肃辖区期货经营机构佣金自律公约》征求意见稿，在征得5家期货经营机构修改意见后，又与甘肃证监局进行多次研究沟通。11月6日，协会召开了5家期货经营机构会议，签订了甘肃辖区期货经营机构佣金自律公约。

（四）检查证券期货经营机构会员单位投资者教育工作。根据中国证券业协会和中国期货业协会的要求，8月－11月，协会秘书处组织人员对辖区4家期货经营机构会员单位、52家证券经营机构会员单位投资者教育工作进行了现场检查，现场检查率为100%。通过检查发现，随着投资者教育工作的持续开展，各机构已经普遍将投资者教育工作融入到日常经营活动中，取得了比较好的效果。检查结束后，按要求对投资者教育工作进行了全面总结，制定了新一年的工作计划，同时上报中国证券业协会和中国期货业协会。

（五）组织“华龙证券杯”甘肃辖区第一届证券期货知识竞赛。为庆祝新中国60周年华诞，中国证监会甘肃监管局、甘肃证券期货业协会、甘肃省上市公司协会和华龙证券有限责任公司联合举办了以普及证券期货基础知识、进一步推进投资者教育活动为主要内容的知识竞赛。辖区内有76个队共计700多人参加了竞赛。华龙证券公司做为独家赞助单位获得竞赛筹委会颁发的“特别优秀组织奖”，另有10个单位获得“优秀组织奖”，82名参赛选手获得个人优胜奖。

（六）配合甘肃证监局，努力做好行业自律工作。年内，针对各证券营业部信息报送问题较多，尤其是数据错报、误报和概念不清的情况比较普遍，与甘肃证监局机构监管处联合举办了2期证券营业部数据报送员培训班，由机构处与协会负责信息审核及汇总的人员就如何正确填报信息专门进行讲解，统一报送口径。另外，针对辖区个别机构以降低佣金方式招揽客户及经纪人违规开展业务等问题引发的多起投诉，与机构处联合对有关证券经营机构进行了现场检查。

（七）提供协会2008年度发展情况报告。根据中国证券业协会和中国期货业协会的要求，向其提供《中国证券业发展报告（2008）》和《中国期货业发展报告（2008）》有关甘肃辖区证券期货业发展情况的材料。

（八）坚持开展为会员单位代表过生日、送温暖活动。

（九）编印会刊。2009年会刊对长城电工、华龙证券及其有关营业部、南华期货公司及其兰州营业部、莫高股份公司等企业进行了专题报道。

（陈熠昕）

甘肃省上市公司协会

2009年，协会加强自身建设和行业自律，积极开展投资者教育，努力服务会员，较好地完成了全年工作。甘肃省上市公司协会截至年末共有会员单位25家，其中，上市公司会员单位21家，中介机构会员单位4家。

（一）2009年2月8日，协会召开了2009年会员大会。会议由协会秘书长陈秄宏主持，甘肃省上市公司协会副会长杨皓代表协会讲话，甘肃证监局副局长陈士轰到会讲话，对协会一年来的工作给予了充分肯定。会议全票通过了由陈秄宏秘书长代表协会向大会作的年度工作报告和财务报告。

（二）为庆祝新中国60周年华诞，中国证监会甘肃监管局、甘肃证券期货业协会、甘肃省上市公司协会、华龙证券有限责任公司联合举办了以普及证券期货基础知识、进一步推进投资者教育活动为主要内容的知识竞赛。辖区内有76个队共计700多人参加了竞赛。华龙证券公司作为独家赞助单位获得竞赛筹委会颁发的“特别优秀组织奖”，另有10个单位获得“优秀组织奖”，82名参赛选手获得个人优胜奖。

（三）配合甘肃证监局上市公司监管处，通过深圳证券交易所，为各上市公司搭建了投资者互动平台；参与举办了2期上市公司高管培训班；与董事会秘书委员会共同组织了3次董事会秘工作座谈会。

（四）根据甘肃证监局、全国上市公司协会秘书长联席会等部门的要求，及时撰写并上报了相关金融年鉴材料。

（五）参加了全国上市公司协会秘书长联席会第三届会员大会。

（陈熠昕）

甘肃省保险行业协会　甘肃省保险学会

2009年甘肃省保险行业协会和甘肃省保险学会结合甘肃省保险业实际，深入学习实践科学发展观，坚持督促会员自律，维护行业利益，促进行业发展，为会员公司和保险消费者提供服务，加强“两会”建设，认真履行行业自律和服务两大职责，开展维权、协调、宣传和交流工作，取得了一定的成绩。

一、加强行业自律，加大“自律公约”执行力，不断营造公平、和谐的保险业发展环境。

（一）紧密结合全省保险市场发展要求和竞争形势，及时修订行业“自律公约”，不断扩大“自律公约”覆盖范围。针对保险市场的发展和变化，协会先后修订、制定并组织会员公司签署了《甘肃省机动车辆保险自律公约（2009版）》、《甘肃省保险行业协会银保业务自律公约》、《甘肃省保险行业非车险自律公约》和《甘肃省专业保险中介机构依法经营行业自律公约》，从制度上不断完善了自律文件的涵盖范围。针对责任险尤其是校园方责任险、承运人责任险及旅行社责任险等保险产品手续费、佣金居高不下的局面，协会组织各产险公司修订调整了《甘肃省财产保险自律公约》第十条的规定，规范了手续费的支付标准。针对银保业务中代理机构手续费过高的问题，组织寿险公司研究制定了“保险兼业代理协议指引（范本）”，对兼业代理机构的代理资格、协议双方义务、反洗钱、反商业贿赂条款、保险费划缴方式和期限、代理手续费支付标准和方式、保险代理监督检查等内容进行了规范化约定，并对兼业代理机构施行考核机制，有效地遏制了这一领域的违规行为。

（二）积极组织开展“自律公约”执行情况检查，强化“自律公约”的执行力度。一是抽调省内各财产保险公司的业务骨干组成检查组，并从7月份开始指导各市（州）保险行业协会，同步对机动车辆保险业务分三次开展自律检查，其中兰州市机构检查率达到100%，各市（州）机构检查率在80%以上。二是联合各市（州）协会，对7家寿险公司展开自律检查，并派员对酒泉、张掖、武威、天水、平凉和庆阳6市协会检查的情况进行复查，对银行代理保险业务的“三无”问题（无经营保险许可证、无兼业代理协议、代理人员无资格证）及时向保监局写出报告，得到了妥善的解决。

（三）加大对违约行为的处理力度，维护“自律公约”的严肃性和权威性，提高自律检查的有效性。依照《甘肃省自律保证金制度（试行）》和各“自律公约”相关罚则的规定，在机动车辆保险自律检查中采取检查结果现场确认、现场开具“违约金扣缴通知书”，随后向违约机构以“甘肃省保险行业协会自律函”的形式反馈检查结果和处理意见的举措，要求限期整改，同时将违约和处罚情况抄送该机构的省分公司。在银保业务自律检查中，对违约的9家机构下发了“处罚决定”，扣缴违约金，并限期整改。2009年全省共扣缴违约金12.50万元，其中机动车辆保险业务扣缴8万元，银保业务扣缴4.50万元。违约金按规定全部用于表彰行业先进，加强“两会”自身建设之中。

二、加强宣传交流，不断树立保险业的良好社会形象

（一）继续以“两会”会刊为载体，为会员公司搭建交流平台。《甘肃保险》立足甘肃省保险业发展状况，突出监管信息、行业自律、会员动态与理论研究，力争做到栏目多样化、信息最大化和内容丰富化。2009年应广大会员公司的要求，《甘肃保险》发行量继续加大，受到业内外好评。

（二）巩固传统主流媒体的宣传阵地。“两会”充分发挥牵头协调和统筹安排的积极作用，继续依靠“中国保险报甘肃记者站”、《甘肃经济日报·保险特刊》、《甘肃保险》杂志、“两会网站”和甘肃交广台“保险进万家”栏目等新闻媒介的宣传优势，在各会员公司的大力支持下，积极发挥保险行业宣传的作用。2009年《中国保险报》刊载甘肃省保险宣传报道32条，《甘肃经济日报·保险特刊》出刊54期，稿件674篇，组织参与甘肃交广台“交广连线”栏目15次；“两会”网更新监管信息53条，法规文件21条（款），协会新闻31篇，市场资讯81篇，会员公司宣传稿41篇，行业论文30篇，保险案例24篇。中国保险网、保险法律网、中国行业协会商会网、金融界、证券之星网、中国保险行业协会、中国保险学会、山东省保险行业协会网站和河南保险信息等网站杂志对协会网站上的部分信息进行了转载。

（三）认真动员组织各保险机构开展各项集中性的学习宣传交流活动。

一是组织各保险公司参加协会与甘肃省消费者协会联合举办的“3. 15”广场大型宣传咨询活动，现场宣传保险知识，接受广大消费者的咨询和投诉。协会也多次参加工商、税务、广播、电视和报刊等组织的评议、座谈活动，提升保险行业服务形象。

二是对“见费出单”、“零现金收付”及“互碰自赔”等工作进行广泛宣传，为其顺利实施营造良好的舆论环境；大力宣传农业保险、农村小额保险及各类责任保险，通报保险业打假工作；及时召开新闻发布会，对部分焦点事件进行说明，化解形象危机，消除个别事件对行业的负面影响，维护保险业的良好形象。

三是积极组织开展新《保险法》的主题学习宣传活动。在“新《保险法》宣传月”、“宣传周”和“宣传日”活动中，组织指导各公司开展各种形式的宣传活动，编印《学习新保险法材料汇编》和“新《保险法》宣传折页”；利用“两会”网站、《甘肃经济日报·保险特刊》和《甘肃保险》刊载学习、宣传文章，报道各公司的活动开展情况，积极引导，不断把学习活动引向深入；协助甘肃保监局组织报纸答题、现场竞赛等形式多样的“新《保险法》知识竞赛”活动，表彰了6个优秀组织单位及100位答题优秀个人。举办“2009年甘肃保险业‘学习新《保险法》’研讨会暨第三届高峰论坛”，为各公司搭建了相互学习交流的平台。

三、加强诚信建设，不断提升行业形象和从业人员诚信经营、合规经营的自觉性

（一）开展“首届优质文明服务示范单位”和“第三届百名保险之星”活动，树立示范典型，评选优秀从业人员，表彰先进。为构建和谐规范的保险服务窗口，2009年经“两会”常务理事会讨论通过，经各公司积极推荐、市（州）协会审核、省协会复核、公示，并报甘肃保监局批准在全省范围评选出50个“优质文明服务示范单位”和100名“保险之星”，拟在“2010年全省保险工作会议”上予以表彰。

（二）开展从业人员诚信教育培训，严格管理，提高素质。在培训教育方面，严格按照甘肃保监局的具体要求，一是督促符合培训机制要求的保险公司做好从业人员的继续教育工作，要求他们每年按时按质地完成规定时间的培训，做好相关课时记录和培训登记工作，以备甘肃保监局和甘肃省保险行业协会检查；二是通过与中国保险报、深圳永新元公司和甘肃电大继续教育学院合作，共同开发了三套内容涉及保险营销法律法规、保险营销员职业道德及诚信建设的网上继续教育课程，供保险从业人员自主选择，完成当年的培训计划，核发《保险从业人员继续教育培训合格证》，全年面授和在线学习人数已达1334名。

四、加强管理，强化服务意识，不断提升服务水平，拓宽服务领域

“两会”为会员公司服务，为保险消费者服务，归纳起

来就是做好“一站一会”、“一个中心”、“两个平台”和“一个系统”工作。

“一站一会”。“甘肃省消费者协会保险工作联络站”和“兰州仲裁委员会保险分会”作为甘肃省目前处理保险合同纠纷的主要渠道，协会积极利用这一平台，做好日常保险投诉工作。认真研究保险条款，耐心细致地对投诉案件进行协调，对理解保险条款有偏差的客户，尽量做好解释工作；对一些客户的过分要求果断地予以否决；对确实应该承担保险责任的投诉，责成相关公司及时给予理赔，有效维护了保险双方当事人的合法权益，维护了甘肃保险业的社会形象。2009 年共处理投诉案件 135 起，接受咨询 248 次。

“一个中心”。受甘肃保监局的委托，协会成立了“保险中介从业人员资格电子化考试中心” （以下简称“中心”），积极指导各市（州）保险行业协会在当地成立考点，切实为会员公司和广大保险从业人员提供服务。“中心”成立后组织保险代理人考试 573 场（次），参考 25 104 人（次）。同时，根据中国保险行业协会的安排，积极推广“中国人身保险从业人员资格考试”认证项目工作，2009 年组织考试 38 场（次），参考人员 633 人，截至 2009 年底已有 5 人获得寿险管理师高级资格，36 人获得寿险管理师中级资格，19 人获得中国寿险规划师（新型寿险产品方向），7 人获得中国寿险规划师（健康保险产品方向），7 人获得中国寿险规划师（养老保险产品方向），7 人获得中国寿险理财规划师高级资格，2 人获得中国员工福利规划师高级资格，1 人获得中级资格。

“两个平台”。先后建立了“交强险理赔简易信息平台”和“商业车险简易信息平台”两个机动车辆保险承保共享数据平台，为“交强险”和“商业车险”的费率浮动提供了准确可靠的依据，其中“商业车险简易信息平台”是 2009 年根据甘肃省的实际情况，应各财产保险主体的需求建立起来的，对出险次数较多客户的续保费率上浮、打击保险诈骗等起到了一定作用。2009 年这两个数据平台累计上传数据 21845 条。

“一个系统”。根据甘肃保监局的委托，协会负责保险营销员管理信息系统的日常维护和资格证书管理工作。为切实发挥好系统对保险营销员全程化、动态化管理作用和加强营销员队伍诚信建设作用，采取了三项具体措施：一是秘书处设置了专人专岗，负责营销员资格管理、展业证资质发放和系统维护，保证了系统数据的及时性、准确性和严肃性；二是制定了具体管理办法，加强资格证书管理，严格操作流程，与甘肃保监局中介处数据进行对接，确保万无一失；三是及时进行资格证书的打印和换发工作，减少数据积累，提高维护效率。2009 年共打印和换发新证 32 620 本（含农村营销员资格证）。

五、努力做好甘肃保监局委托的各项工作

（一）协会成立了以秘书长为组长的验收组，接受委托对一些保险主体新设立的分支机构进行现场检查验收，先后对太保寿险、国寿财险的等 8 家分支机构进行验收，严格执行验收标准，履行委托职责，为公司负责，得到保监局相关处室的认可。协会也积极对市（州）协会的验收工作进行指导，确保此项工作的顺利完成。

（二）为确保全省机动车辆保险实现“见费出单”，积极参与并指导市（州）协会对各机动车辆保险经营主体进行验收，反复与“银联”协商，促成全省 10 家保险主体与其签订合作协议，印制“通告”、投保提示和宣传折页，在主要新闻媒体上反复进行宣传，为此项工作在全省顺利实施做出了不懈的努力。

（三）根据甘肃保监局的授权，对市（州）协会的工作予以指导，办好《协会工作动态》，强化业内交流，及时做到上下沟通；组织召开“全省市（州）保险行业协会秘书长联席会议”，以会代培，拓宽协会工作人员的视野，开阔工作思路，督促市（州）协会加强与政府相关部门的联系，多请示汇报工作；制定市（州）协会秘书长考核办法，并对全省 13 个市（州）协会履行职责、财务管理、健全完善制度及会员公司的满意度进行考核，对 13 个市（州）行业协会财务收支进行了检查，向保监局写出报告，抄报了各省级公司；制定了县域保险自律组织职责及运作方式，指导市（州）协会在符合条件的县域设立保险自律组织。景泰、临洮和敦煌 3 个县（市）已完成了保险分会的组建工作。

六、加强“两会”自身建设，不断提高工作效率，提升服务水平

一是加强协会党组织建设和思想政治工作。两会经甘肃保监局党委批准，成立了协会、学会党支部，为保监局第八党支部。党支部自成立以来，制定了详细的党员管理制度、组织生活制度、学习制度和议事制度，并围绕行业自律、维权、协调、交流、调研与宣传的宗旨积极发挥党员先锋作用，开展行业工作。

二是狠抓制度建设，建制度、立规矩，在原有 50 多项制度的基础上，先后又修订了财务管理制度、考勤和休假管理制度、工作人员守则等规章制度，规范了“两会”工作人员的工作规则、工作程序，理顺了工作流程，提高了工作效率。 （杨子江）

甘肃省城市金融学会

2009 年，甘肃省城市金融学会坚持“以理论研究为主导，以服务业务为基础”的社团工作方向，围绕全行中心工作，积极组织开展多层次、多形式、群众性的金融理论研究和专题调研活动，努力为全行业务发展提供理论依据和实践对策，贴近银行经营管理，发动群众广泛参与普及型学术研究，取得了较为丰硕的学术科研成果。

一、加强基础建设，促进学会工作健康发展。一是加强思想政治建设，始终坚持正确发展方向。以提高全行金融理论和业务水平，发展和繁荣本行金融文化事业，创建和谐银行为目标，围绕全行改革发展中的热点、难点问题，紧贴业务发展实践，积极开展金融科学研究。二是加强组织和基础建设。学会注重加强与省社科联、省民间组织管理局、中国城市金融学会、甘肃省金融学会及其他学会机构的工作联系，按时报送工作总结和工作规划，对日常工作中遇到的问题主动请示汇报，按照要求及时组织申报研究课题，并积极

推荐优秀科研成果参加各种范围的评选。严格执行省民间组织管理局关于加强和规范民间组织及社团管理的有关规定和要求，完成学会财务审计和年检工作；按时向甘肃省社会科学界联合会及甘肃省民间组织联合会缴纳年费，及时更换《社会团体法人登记证》，学会管理不断规范，自身建设不断加强。三是认真组织开展学术研究活动。保质保量完成总行布置的《工商银行县域机构变革与发展研究》和《工商银行营业网点营销传播渠道建设研究》等10多项重点课题；牵头完成了每季度1次的银行家问卷调查。四是牵头组织了多项书目的编纂工作。组织机关各部室完成了《甘肃金融志》（工商银行部分）和2009年卷《甘肃金融年鉴》（工商银行部分）的编撰工作，提供文字材料80多万字。在编辑过程中认真按照甘肃省金融学会要求，严格把关，以较高的质量和效率赢得了编辑部的好评。完成了甘肃省发改委组织的《甘肃信息化年鉴》等图书的供稿工作，全面地反映了工商银行甘肃省分行改革发展成果及甘肃省城市金融学会建设情况。五是创建学会活动平台，发挥信息决策支持作用。学会秘书处围绕经济金融热点和难点问题，编发《决策信息》和《专题报告》，在省分行“网讯”上开辟专栏进行刊登交流。2009年编发各类调研文章、学术成果最新理论信息30多条。

二、围绕中心工作，深入开展重点课题研究。2009年，学会围绕宏观经济发展趋势和工商银行改革发展的中心工作，结合甘肃地方经济发展特点，着重开展了省、市学会两个层次的重点课题研究，并以此来统领和带动学会其他各项工作，取得了较好的成绩。一是开展工商银行核心竞争力课题研究。针对业务发展中的热点和难点问题，从中国城市金融学会下达的全国性重点研究课题中选择10个左右作为一级课题，由省学会秘书处牵头，在全行遴选具有一定经济金融理论知识，银行实践经验较为丰富，且有较强研究能力和写作水平的同志，分别组成相应的课题研究小组，由行领导分别担任各课题组组长，集中力量进行研究。一批课题成果紧贴商业银行改革发展实际，问题分析透彻有力，所引资料翔实可信，并提出了一些具有决策参考价值的对策性建议，对全行的经营管理在理论上起到了一定的引导作用，并在实践中发挥了较好的促进作用。二是围绕经营管理开展课题研究。根据全行的中心工作，特别是经营管理中急需解决的问题，以学会为平台组织发动广大干部员工共同探讨和研究。2009年，学会拟订出20个重点研究课题，作为二级课题下发给各二级分行，落实责任人开展专题研究。这些研究课题的组织和成果的应用，对全行统一认识，明确目标，转变观念，推动全行改革发展起到了积极的作用。三是引导群众性的课题研究活动。为了使课题研究紧密结合全行改革发展实际，年初制订下发课题研究注意事项和指导意见，着力提高课题研究的应用性、可行性和操作性，力争做到调查研究与业务发展和经营管理相结合，理论探讨与中心工作和重点工作相结合，经验总结与反映新情况和新问题相结合，群众性调查研究与专家专题研讨相结合，促进调查研究从封闭型走向开放型，使调研成果有血有肉，更具参考价值，从而使学会的课题研究工作具有广泛的群众基础，推动了群众性金融科研活动广泛深入开展。

三、积极参与各类社会活动，扩大和提升工商银行形象。2009年，学会积极参加中国城市金融学会和工总行金融研究所的各类学术活动，通过专题座谈会、秘书长培训班等方式，汇报交流甘肃城市金融学会的工作和研究成果。在学习借鉴兄弟行学会经验的基础上，结合工作实际开展了一系列丰富多彩、行之有效的群众性学术活动。如通过座谈、讲座、研讨会和学术报告等形式，研究、宣传、普及商业银行的新知识、新业务、新技能；联合当地科研机构和高等院校的专家学者，共同研究银行改革和发展中的难点问题；利用网讯、课题汇编等平台和手段，交流群众性学术活动经验，宣传研究成果；通过参与地方政府部门、人民银行、银监会、社科联等组织的学术活动、课题研究等，推进金融理论发展，宣传金融改革成果，扩大工商银行的影响。

（张建军）

甘肃省农村金融学会

2009年，甘肃省农村金融学会紧紧围绕全行改革发展目标，充分发挥调查研究、学术交流、信息传播及宣传舆论作用，为全省农业银行改革发展、业务经营提供决策参考和智力支持。

一、召开甘肃省农村金融学会第六次代表大会

2月7日，甘肃省农村金融学会第六次代表大会在兰州召开。大会听取、审议、通过了学会工作报告。省分行行长傅志辉作了题为《树立研究创造价值理念，充分发挥学会工作职能》的工作报告，回顾总结了近年来学会的主要工作，确定了当前和今后一段时期的指导思想和主要任务。大会修改、完善并通过了新的《甘肃省农村金融学会章程》。大会选举产生了新一届理事会、常务理事及领导成员。会议选举产生了由91名理事组成的第六届理事会，理事会选举产生了25名常务理事，傅志辉当选为第六届理事会会长，陈立中、周密、马义文、高万生、高景峰、何独业和韩国强当选为副会长，其中陈立中为常务副会长，张宁为秘书长。

二、围绕全省农业银行中心工作确定调查研究重点

（一）研究如何围绕“3510”总体发展战略，深化机构和人力资源综合改革、经营机制改革、“三农”事业部制改革等各项内部改革，探讨完善绩效考核、资本管理和资源配置机制，调动各级行和全员积极性的政策措施。

（二）研究如何继续实施赶超跨越战略，提高在城乡两个市场业务竞争力的对策，探讨明确县支行经营主体地位，明晰责任利益边界，优化劳动组合、业务流程与资源配置，健全和完善激励约束机制，激发经营活力，实现县域支行可持续发展的措施。

（三）研究如何坚持面向“三农”，全力拓展县域“蓝海”市场的思路和办法，探讨服务“三农”组织机构、业务边界、职能分工、分摊核算和绩效考核等有关制度与机制。

（四）研究如何打好“三农”业务、城市业务两场硬仗的组织体系、岗位设置、薪酬分配、绩效考核、资本管理、

资源配置和信贷审批等方面的相关政策，探讨在加强大客户、大项目拓展的同时，努力优化“三农”、中小客户结构，不断提升发展质量和效益的有效措施。

（五）研究如何加快风险管理体系建设，加强信用风险管理、改善操作风险管理与健全风险管理机制，从管理体系、管理技术及资产处置手段等多方面加强信用风险、市场风险和操作风险的全面管理、全程管理，探讨以临柜业务、授信业务和技术运行为重点，继续扎实推进精细化管理，抓好重点部位的风险管控，增强对风险、案件防控能力的措施。

（六）研究如何顺应市场和客户需求变化，及时有效地推进业务经营转型和产品、服务创新的措施和机制，探讨加快城市对公业务综合化经营、中间业务和转变零售业务营销管理模式、全面推进重点零售业务、强力推进网点转型的途径。

（七）研究如何健全内控管理长效机制，防范、遏制各类案件和违规违纪问题发生，探讨完善内部控制体系、强化系统控制力和制度执行力、改善基础管理状况的有效措施。

（八）研究持续加强党的建设、干部员工队伍建设、作风建设和企业文化建设的具体措施，探讨坚持以人为本，提倡人性化管理，为全行营造更加有利的人气环境，以执行力和控制力为重点，打造农行的“精、气、神”，不断增强竞争软实力的策略。

三、组织开展调查研究活动

（一）群众性调研和中青年业务骨干调研相结合、指定课题和自选课题相结合开展调研活动。全省各市（州）农村金融学会根据省学会确定的调研重点，结合本单位的业务经营实际，确定调研课题，落实责任、落实数量、落实质量、落实时限。各级行主要领导带头深入基层开展调查研究，广大员工踊跃参与，采取集体攻关、联合攻关或个人承担的调研方式，努力探究影响和制约全省农行业务经营和改革发展的源头性、结构性问题，寻求解决热点、难点、重点问题的有效途径和对策。全年形成了400余项调研成果。

（二）开展重点课题调研。一是根据中国农村金融学会确定的2009年重大、重点调研课题，申报了《农业银行推进业务经营转型应注意的几个问题》作为重点调研课题，经中国农村金融学会审查立项。省分行行长傅志辉主持，按时完成了承担的重点课题调研，向中国农村金融学会报送了《农业银行零售业务转型研究》调研成果。二是根据甘肃省金融学会2009年重点调查研究课题，申报了《农行甘肃分行推进业务经营转型应注意的几个问题》作为重点调研课题，经甘肃省金融学会审查立项。

（三）开展专项课题调查研究。根据中国农村金融学会开展“农业产业投资基金的业务模式设计”课题研究要求，在2008年底初步完成课题设计构思的基础上，做好课题后续研究的组织、协调和调研，经筛选向中国农村金融学会报送了《农业产业投资基金运作模式构架》、《设立农业产业投资基金构想》、《设立农业产业投资基金基本思路》和《农业产业投资基金风险防范》等4项专题成果。

（四）开展“产品创新征文”活动。为将产品创新融入全省农行创新文化建设，在全省农行营造良好的产品创新氛围，省学会秘书处会同省分行结算与现金管理部在全省农行举办了“产品创新征文”活动。各级行和农村金融学会围绕“产品创新征文”确定的重点深入调研，形成了100余项有较强针对性、指导性、操作性及建设性的意见、建议。在此基础上，向省学会推荐75项。7月份，省学会经过初评、复评和终评，表彰奖励了《关于局域农村金融产品创新的调查与思考》等24项优秀成果，其中一等奖3项、二等奖5项、三等奖10项、鼓励奖6项。

四、组织参与《中国金融学会第九届优秀金融论文和调研报告》评选活动

根据中国金融学会《关于开展第九届全国优秀金融论文及调研报告评选活动的通知》要求，在全省农行组织优秀金融论文和调研报告参与评选活动，推荐了《充分发挥农村金融骨干和支柱作用，加快县域业务商业可持续发展》、《对甘肃农行内部控制建设的评价和对策思考》、《农业银行“面向三农”与“商业运作”关系探讨》、《农行服务“三农”中的信用风险控制》和《〈物权法〉的商业银行视角》等5篇优秀金融论文和调研报告参加评选。

五、精心办好《甘肃农村金融》

一是根据全行的工作重心和业务经营重点组稿。围绕继续实施赶超跨越战略，推进业务经营转型，全力拓展县域“蓝海”市场，打好服务“三农”、城市业务综合化经营两场硬仗，提高在城乡两个市场业务竞争力，加强全面风险管理，健全内控管理长效机制等方面重点组稿。二是突出栏目特色。栏目设置围绕全行中心工作，以服务基层、服务一线和服务业务经营为目标，着重宣传全省农行改革发展成就，反映全省农行经营管理动态和发展趋势，解决业务经营热点、难点与焦点的对策、措施，增加信息量，满足各层次读者的需要。三是努力提高刊物质量。在坚持组稿、栏目设置服务业务经营的同时，重视编排质量，精心编排，严把审稿、编辑、校对、印刷和装帧等环节关口，确保《甘肃农村金融》质量保持较高水平。全年编发《甘肃农村金融》6期。

六、展示改革发展历程，回顾总结存史留志

（一）展示甘肃农行改革发展辉煌历程。根据甘肃省委宣传部、甘肃省文联与甘肃日报社开展《庆祝建国60周年“百名摄影家看陇原”采风活动》的要求，围绕反映“辉煌的历程”主题，搜集、整理、筛选和推荐68幅全省农业银行服务三农、多方合作、业务发展、抗震救灾、发展变化及企业文化等改革发展图片，经组委会审定，《甘肃风采网》采用。

（二）回顾总结甘肃农业银行改革发展三十年。2009年正值改革开放和农业银行甘肃省分行再次恢复30年之际，通过大量翔实的资料，较为全面系统地回顾总结、反映了农业银行甘肃省分行30年来“体制改革与机制创新”、“内控建设与风险防范”、“负债、中间与国际业务”、“资产业务”、“计划、财会、统计”和“科技信息工作与农村金融研究”等主要方面的改革、发展、创新历程，在《甘肃农村金融》简要地以志的形式呈现，发挥“存史、资政、育人、励志”作用。

（三）《甘肃金融年鉴》组稿、编辑。完成了《甘肃金融年鉴》》2009年卷农行部分条目的组稿、审稿和编辑工作。

（四）搭建了《甘肃省志·金融志》续志农业银行部分资料的基本框架。

七、加强农村金融学会自身建设

（一）完善学会组织机构，依法合规开展工作。一是全省各级农村金融学会按照学会章程，适时召开学会代表大会、进行换届，产生新一届理事会。二是及时办理省学会、《甘肃农村金融》年检手续，依法合规开展活动。当年，《甘肃农村金融》被甘肃省新闻出版局评为优秀期刊。三是根据中国农村金融学会"建立研究人才库"的要求，在全省农业银行系统选拔、推荐了15名热爱农村金融事业、具有一定创新精神和文字功底的研究人员、业务骨干为中国农村金融学会特邀研究员。

（二）做好各种资料的收集、整理和管理、利用。一是对于各种资料做好征订、登记、整理和上架，保证其完整性、连续性。二是做好各类资料的利用。积极收集、整理经济与金融方面的政策信息、市场资讯、管理经典、营销案例、专家观点及新业务介绍等方面的信息200余条。

（丁兆魁）

丰富生活，增强体质，中国人民银行兰州中心支行职工运动会场景

第六部分

金融法规、制度、办法选编

中国保险监督管理委员会甘肃监管局 甘肃省财产保险公司机动车辆保险 “见费出单”指引

（2009年1月1日）

第一章 总 则

第一条 为进一步做好机动车交通事故责任强制保险及商业机动车保险管理工作，防范化解保费资金风险，根据《中华人民共和国保险法》、《机动车交通事故责任强制保险条例》以及《关于加强保险公司应收保费管理有关事项的通知》（保监发〔2008〕53号）精神，制定本指引。

第二条 “见费出单”是指保险公司只有在收取全额保费后，才能打印并向投保人出具正式保单（批单）、发票及相关保险凭证。

第三条 本指引适用范围为各保险公司开办的机动车交通事故责任强制保险及商业机动车保险业务（包括批改加保车辆）。

第四条 本指引所适用的保险公司，是指在甘肃省境内依法设立的财产保险公司营业性机构，包括分公司、中心支公司、支公司、营业部和营销服务部。

第二章 保费结算

第五条 个人投保业务的保费结算方式应以刷卡为主，保险公司应主动向投保人推荐该结算方式。

第六条 投保人以刷卡方式缴纳保费时，保费应划入保险公司指定账户（仅指保险公司保费收入户，下同）。保险公司核心业务系统在投保时仅可由系统自动生成的唯一业务代码向银联公司（或银行）发送待收费信息，待获取银联公司（或银行）返回的缴费成功信息后，核心业务系统方可自动生成并打印保单。

第七条 投保人以现金方式缴纳保费时，保险公司应在收取保费后，通过刷卡将等额保费划入保险公司指定账户，待获取银联公司（或银行）返回的缴费成功信息后，核心业务系统方可自动生成并打印保单。

第八条 投保人以票据方式缴纳保费的，保险公司可正常进行投保操作，待保费到达保险公司账户后，由保险公司指定专人在系统进行手工收费确认后，方可生成并打印保单。

第九条 人工收费信息确认，仅限于票据结算方式；其他方式不能使用人工保费收费信息确认。

第十条 投保人采取其他结算方式支付保险费的（如网银、电汇等方式），也应符合“见费出单”的相关要求。

第十一条 保险公司在各类保险中介机构设立的远程出单点，遵照本指引有关规定执行。

第十二条 禁止各公司向投保人、中介代理机构垫付保费。

第三章 流程控制

第十三条 见费出单业务流程应至少包括：

（1）投保人填写投保单（或者批改申请书），保险公司（或者保险中介机构）对其进行投保提示并要求投保人书面确认；

（2）录入投保信息提交核保；

（3）核保通过后，投保人交付保险费；

（4）缴费成功后，保险公司进行保费收费确认，生成有效保单（批单）

（5）保险公司（或者保险中介机构）打印保单（批单）、发票及相关保险凭证交付投保人。

第十四条 核保通过但未作保费收费确认的保单，保险公司的系统应自动控制不能进行打印、批改、接报案等操作。

第十五条 保险公司核心业务系统应每日定时清理并自动注销已经核保通过但未作收费确认的保单（批单）。

刷卡或现金结算方式下，经核保通过但未作收费确认的保单（批单），保险公司核心业务系统应于当日营业终了自动注销该投保信息。

票据（包括网银、电汇等其他支付方式）结算方式下，保险公司核心业务系统应于保单（批单）保险起期前，自动注销已核保通过但未作收费确认的投保信息。

第十六条 保险公司核心业务系统应把保费收费确认时间、有效保单（批单）生成时间和单证打印时间精确到分并打印在保单上。上述时间可根据保单（批单）印刷号及保单（批单）号实时查询。

第十七条 收到支付票据后，保险公司应及时向投保人出具票据收讫收据。收据应包括票据金额、票号、收票日期、保单（批单）生效日期和对应保单（批单）号等内容，并加盖公司印章。票据收讫收据应在系统内打印，并与保单（批单）号相关联。

第十八条 定额保单业务必须在出具保险单后的7日内补录入系统并将保费全额实收入账。

第四章 管理要求

第十九条 保险公司应加强销售渠道管理，在系统中严格区分中介业务、直销业务和电销业务等。对不同业务渠道应按照不同保费结算方式可分别统计查询。

第二十条 保险公司在收费确认前应充分履行告知义务并请投保人确认签章。保险公司核心业务系统应确保收费确认操作不能撤销。

第二十一条 保险公司核心业务系统应能自动校验和控制保费收费确认时间、有效保单（批单）生成时间和保险责任起期（批单生效）时间的前后逻辑关系。确保保单（批单）责任起期在保费到账时间之后。

第二十二条 刷卡（现金）结算方式下，银联（或银行）系统与保险公司系统的数据交换必须由系统自动处理，不能人工修改。

第二十三条 刷卡（现金）结算方式下，保费收费确认由核心业务系统自动判断，确认时间以核心业务系统或财务系统获取银联（或银行）的缴费成功信息为准。

第二十四条 票据结算方式下，保险公司可应投保人要求，向投保人出具《付款通知书》并加盖公司印章。

第二十五条 以票据形式支付保费的，确认时间以保险公司人工确认收到保费的时间为准。

第二十六条 票据结算方式下，系统应对票据收取时间、银行到账时间、保费确认时间、有效保单（批单）生成时间和起保时间进行自动校验和控制，保证前后逻辑关系。

第二十七条 保险公司的系统应将结算方式和保费收费信息对应，并能按照不同结算方式进行统计查询。收费确认后，票据相关信息不能修改。

第二十八条 保险公司应加强对人工收费确认操作人员的权限管理，指定专人进行人工收费确认操作。人工收费确认权限原则上应收至中心支公司（含）以上。对机构层级较多的保险公司，可以通过授权、委托等形式由支公司、营业部和营销服务部等机构进行人工收费确认。

第五章 附 则

第二十九条 本指引中所称日期均指工作日。

第三十条 本指引由甘肃保监局负责解释。

第三十一条 本指引自下发之日起施行。

中国保险监督管理委员会甘肃监管局
甘肃省财产保险公司车险保单
信息自主查询制度

（2009年7月24日）

第一章 总 则

第一条 为保障保险客户的消费知情权，提高客户服务品质，提升财产保险公司精细化管理能力，强化公司外部监督制约机制，根据保险监督管理委员会《关于实行车险保单信息自主查询制度的通知》精神，特制定本制度。

第二条 车险保单信息自主查询是指保险消费者可通过电话、柜台和互联网等渠道自主查询投保车辆的承保、理赔相关信息，及时、准确、全面了解车辆保险情况、案件处理的状态和结果。

第三条 本指引适用范围为各保险公司开办的机动车交通事故责任强制保险及商业机动车保险业务。

第四条 本指引所适用的保险公司，是指在甘肃省境内依法设立的财产保险公司营业性机构，包括分公司、中心支公司、支公司、营业部和营销服务部。

第二章 查询建设

第五条 各公司应充分利用信息、通讯和电子等技术手段，结合公司现有经营资源及机构网点情况，为保险消费者提供真实、便捷和迅速的查询服务。各公司至少提供以下三种查询方式：一是电话查询。客户通过拨打公司的客户服务电话，由公司客服人员通过登陆公司信息系统，提供查询服务。二是互联网查询。客户在公司提供的查询网页上通过输入保单号等相应信息进行自主查询。三是柜台查询。客户在公司柜台，通过工作人员进行当面查询。

第六条 为确保信息系统安全，各公司应对查询人进行必要的身份识别，可根据本公司特点自行确定查询条件，但至少应包括保单号码+被保险人身份证号码（单位组织机构代码）两个条件进行保单信息查询。

第七条 保险消费者可以查询的信息应当包括但不限于以下主要内容：

一、承保信息

（一）保单信息

在保险消费者正确输入查询条件后，应显示起保日期至少在2008年9月1日以后的保单信息，包括保单号、被保险人名称、保险期限、投保险种（包括各险种名称和相应保额）、标的信息（包括车牌号、使用性质、发动机号、车辆类型）、保险金额、标准保费金额、折后保费金额、折扣率（交强险应列明费率浮动系数及原因；商业车险应列明各险种具体费率调节因子）和保单状态（指期内有效、期满、退保等）。

（二）缴费信息

包括已缴保费金额、欠缴保费金额、缴费方式和缴费日期。

（三）批改信息

包括批改日期至少在2008年9月1日以后的批改类型及批单正文、批改后保费金额、批改后保险金额、批改日期、批改生效日期、批改后保单状态、批增保费的缴费信息、批减保费的资金支付信息和批改申请人名称。其中批减保费的资金支付信息包括支付日期、支付方式、支付对象、支付对方银行账号和支付金额等。

以上信息必须为最终信息，同时应提示以下信息："如果您查询的承保信息与实际投保情况不符，请留言或联系本公司。"

如公司系统内查询不到相应的承保信息，则提示以下信息："您查询的车辆未在我公司投保，如有疑问请留言或联系本公司。"

二、理赔信息

（一）出险次数

在保险消费者正确输入查询条件后，如该车辆有出险记录，应显示对应保单至少自2008年9月1日（出险日期）起所有的报案号，反映出险次数。如该车辆未出险，则提示以下信息："您查询的车辆没有出险记录。"

（二）出险经过

保险消费者选择报案号后，应显示该案的报案人姓名、联系人名称、报案日期、报案时间、车辆型号、车牌号、出险日期、出险时间、出险地点、出险原因和出险经过，并显示以下重要提示："为维护您的权益，如果您发现事故经过、损失等内容与实际不符，请您务必留言或联系本公司。感谢您对本公司工作的支持！"

（三）案件处理情况

1. 核定损失。如案件已核定损失，则应显示以下内容：

（1）车辆损失，显示换件项目、维修项目和维修价格分项及合计。

（2）财产损失，显示损伤项目、核定损失金额分项及合计。

（3）人伤损失，显示人伤情况、核定损失金额分项及合计。公司可在考虑保险消费者隐私的情况下可对部分人伤信息适当省略，但不能影响保险消费者对人伤情况真实性的查询。并显示以下提示："核定损失金额并不是最终赔付金额，我们将根据你、您投保的险种、保险条款和核定损失金额来计算对您的赔款。"

2. 索赔材料。网页应显示以下内容：

（1）若客户未提交索赔材料，应显示"您需要提供××、××材料（显示索赔须知中要求客户提供的全部内容），请尽快提交索赔材料"。

（2）若客户已经提交部分索赔材料，应显示"您需提供××、××材料（显示索赔须知中需要客户提供的全部内容），目前已经提供了××、××材料（显示客户按照索赔须知要求已提供上传的内容），还需提供××、××材料（显示客户按照索赔须知要求尚未提供上传的内容），请您尽快将未提供的材料交至我公司理赔网点"。

（3）如果客户已提交全部索赔材料，但未完成审核，应显示"您的索赔资料已提交，正在审核中"。

（4）如果客户已提交全部索赔材料并审核完毕，应显示"您的索赔材料已提交，并符合要求"。

3. 赔偿金额。

（1）若该案已经核赔通过，应显示"经核定，您将获得××、××的赔款"，并提示以下信息"因赔款计算可能涉及多张计算书，此金额可能不是最终赔付金额"。

（2）若公司不予理赔，应显示拒赔原因，并提示客户如对本案有争议，请及时与公司沟通联系，同时告知客户联系方式。

4. 赔款支付。若该案已结案，应显示以下内容：

（1）若赔款已支付，显示"赔款已经于××年××月××日支付至×××（账户名）的×××××××××（账号）的银行账户"或"赔款已经于××年××月××日以现金方式由×××（签领人）领取"。

（2）如果赔款未支付，显示"请尽快与我公司联系领取赔款"。

第八条 各公司应在网页设置案件处理流程图选项，显示整个理赔案件的处理流程，并显示各环节完成情况及完成时间。各公司应根据本公司理赔处理流程确定具体环节，如报案、调度、立案、查勘、核损、单证（索赔材料）、核赔和支付等。

第九条 各公司应在网页醒目位置注明公司的理赔服务电话。

第十条 各公司应针对不同的渠道查询方式，收集客户查询结果与保单信息或与实际发生情况不一致的异议信息。针对互联网查询方式，各公司应在保单信息查询网页设置留言信箱，留言箱信息自动转发至省级分公司稽核部门或法律合规等部门。针对电话查询方式，各公司应对保单信息电话查询过程进行全程录音，并由接话员将异议信息实时录入电话记录系统，热线电话记录系统应自动将异议信息转发至省级分公司稽核部门或法律合规等部门。针对柜台查询方式，各公司应在各营业网点安排人员负责查询工作，应将客户提供的异议信息及时向省级分公司稽核部门或法律合规等部门报告。

第十一条 各公司应在收到异议信息五个工作日内将处理情况向客户反馈。

第三章 信息技术建设与数据真实性

第十二条 保单信息自主查询系统数据库应独立于核心业务系统和财务系统数据库，但必须确保数据的一致性、完整性和真实可靠性。

第十三条 保单信息自主查询系统严格遵循保单查询客户身份验证机制，确保通过身份验证的客户才能获取查询信息，保障客户和公司利益。

第十四条 提供柜台、电话和互联网等多渠道查询的信息来源应当一致，查询结果应当一致。

第十五条 各公司应保证查询信息的及时性，提供实时查询信息。

第四章 资源保障

第十六条 各公司应成立工作领导小组，由领导班子成员担任责任人。设立工作执行小组，负责保单自主查询机制的制度建设、流程设计、系统开发建设和推广运维等具体事项，确保资源调配到位，责任明确到人。

第十七条 各公司营业网点要落实专岗负责柜台查询服务。

第十八条 各公司应对电话服务人员、柜台服务人员进行专业培训，确保服务质量。

第十九条 各公司应注重保单信息自主查询制度宣传工作，制定详细的宣传方案，通过不同渠道采取多种形式开展宣传。

第二十条 各公司应在保单中明确提示“尊敬的客户：保单生效次日后，您可通过本公司网页、客服电话、营业网点核实保单及理赔等信息。若对查询结果有异议，请联系本公司”。

第五章 管理要求

第二十一条 各公司应将查询登录栏目直接挂在公司外网网站主页的一级栏目下，登录界面应该尽量简单，以方便用户查询使用，并及时将登陆网址报送甘肃保监局、甘肃省保险行业协会。

第二十二条 各公司应建立检查、监督机制，定期对查询系统运行维护情况、柜台与电话中心服务水平等工作内容进行检查完善 。

第二十三条 各公司应参照本制度要求，制定具体实施细则，建立公司统一规范的车险保单信息自主查询服务标准流程。

第六章 附 则

第二十四条 本制度由甘肃保监局负责解释。

第二十五条 本制度自2009年10月1日起施行。

中国农业发展银行甘肃省分行信贷业务法律审查办法

(2009年11月10日)

第一章 总 则

第一条 为规范信贷法律审查工作，有效防控信贷法律风险，提高信贷资产质量，根据总行有关信贷管理制度和《信贷担保法律审查指引》，制定本办法。

第二条 信贷法律审查（以下简称法律审查），是指本行法律审查人员通过客观独立的审查程序，依据法律法规，对信贷业务中的有关事项进行法律分析，提出法律审查意见及风险防范建议的工作。

第三条 法律审查坚持“合法有效、防范风险、分级负责、客观独立”的原则。

“合法有效”是指通过法律审查，使信贷业务的送审事项符合国家法律规定，使本行权益得到法律的有效保护。

“防范风险”是指通过法律审查人员对送审事项的事前尽职审查，增强信贷业务的法律保障，将风险防范关口前移。

“分级负责”是指法律审查一般坚持“哪一级审批，哪一级审查”，各级行依照其信贷审批权限，承担各自职责范围内的信贷法律审查工作。

“客观独立”是指法律审查人员依法独立地对送审的书面材料进行审查，正确分析，准确判断，出具法律审查意见，不受其他任何部门和人员的干预和影响。

第四条 法律审查部门或人员，对信贷材料中相关事项的合法有效性进行审查确认，提供法律风险防范的建议，对审查事项的合法性负责。

第五条 法律审查坚持书面审查的原则，审查人员根据所提供的送审材料，在掌握信贷项目事实及背景的基础上，准确把握法律关系，正确适用法律，提出明确的法律审查意见。

第六条 法律审查的依据主要是国家的法律法规，具体包括：

1. 全国人大及其常委会颁布的法律。
2. 国务院颁布的行政法规。
3. 最高人民法院和最高人民检察院颁布的司法解释。
4. 国务院各部委颁布的行政规章。

第七条 省分行不定期地对各行法律审查情况进行检查，并根据检查情况，将各二级分行的法律审查工作纳入风险管理与法律事务工作条线考核。

第二章 法律审查机构和人员

第八条 各级行风险管理部门是信贷法律审查工作的管理部门，具体负责法律审查工作的管理、协调、指导、服务和实施。

第九条 除本办法第二十一条所列事项可委托外聘律师审查外，其他法律审查工作应由本行内部审查人员承担。

委托外聘律师审查的，应指定经办人协调监督外聘律师的审查工作。

委托外聘律师审查的，应当要求外聘律师保守本行信贷秘密，严格履行年度法律顾问合同中约定的保密义务。

第十条 省分行法律审查工作由省分行法律岗位人员承

担。各二级分行的法律审查工作由二级分行推荐并经省分行认可的行内人员承担。

第十一条 对于重大疑难的贷款法律审查事项，下级行法律审查部门可向上级行法律审查部门请求帮助，上级行法律审查部门应给予帮助和指导。

第十二条 各级行要加强对法律人才的培养使用，并向省分行推荐法律审查人员。

第十三条 省分行将建立甘肃省分行法律审查人才库，并根据工作需要进行调配，各行应当配合人员的调配安排。

第十四条 各级行内部从事法律审查工作的人员应当具备以下条件：

（一）具有大学法律专科以上学历，或具有大学非法律专业本科以上学历。

（二）取得信贷人员上岗资格，熟悉农发行信贷业务。

（三）具有良好的职业道德修养，爱岗敬业，遵纪守法，坚持原则，廉洁自律。

第十五条 信贷法律审查人员的职责是：

（一）办理信贷法律审查事项，提出相应的法律审查意见。

（二）协调落实信贷法律审查意见，解决信贷法律问题。

（三）参与信贷业务检查，有效防控信贷法律风险。

（四）开展法律宣传咨询，及时解答法律问题。

第十六条 法律审查人员在其职责范围内可以行使以下职权：

（一）有权调阅与法律审查有关的信贷资料；

（二）有权向信贷业务办理人员询问了解与信贷法律审查有关的情况；

（三）经主管行领导批准，有权对审查发现的疑点问题到有关企业及部门调查、核实情况；

（四）有权对审查发现的法律问题向本行分管领导或主要领导直至上级行风险部门直接反映；

（五）接受有关部门邀请参与信贷调查、审查和审议等工作，并就涉及的法律问题发表意见。

法律审查人员行使以上职权时，有关部门或人员应当予以配合，按要求提供所需资料和情况。

第三章 审查范围和内容

第十七条 信贷法律审查坚持分类指导、区别对待的原则。对本办法规定应经法律审查而未审查的，原则上不得有关会议审议或发放贷款。

第十八条 在贷审会审议前，贷款审批行必须对担保主体资格、担保意思表示、担保物的合法性等信贷担保事项进行法律审查，内容详见《信贷担保法律审查重点内容参考表》。

第十九条 对首次与本行发生信贷关系的新客户，贷款审批行在贷审会审议前必须对借款人主体资格、意思表示等进行法律审查，但政策性贷款客户除外。内容参照《信贷担保法律审查重点内容参考表》中主体及意思表示部分。

第二十条 保证、抵质押担保贷款在发放前，二级分行要对贷款合同、担保合同和办理手续的合法性进行法律审查。

第二十一条 贷款重组、以资抵债、呆账核销、风险贷款清收处置和企业改组改制维权等信贷事项应当进行法律审查，具体按照本办法第五章的规定进行。

第二十二条 信贷业务中的复议项目、展期项目、变更项目和续贷项目，如果以前已经过法律审查，而且担保人和担保物均未发生变化，可不再进行法律审查。

银行承兑汇票贴现、全额保证金开具银行承兑汇票业务，可不进行法律审查。

第二十三条 其他需要审查的事项，可根据需要提交本行法律审查部门审查。

第二十四条 总行或省分行对法律审查事项另有特别规定的，依照其规定执行。

第二十五条 审查的基本内容为以下一项或几项：

（一）借款人主体资格和意思表示的合法性；

（二）担保人主体资格和意思表示的合法性；

（三）抵质押担保物的合法性；

（四）借款合同、担保合同内容的合法性；

（五）借款合同、担保合同的登记及生效条件的合法性；

（六）其他法律问题的合法性。

对具体贷款事项的法律审查，参照《中国农业发展银行甘肃省分行贷款法律审查指引》进行。

第四章 法律审查流程

第二十六条 有关部门对需要法律审查的事项，填写《法律审查送审表》，经部门负责人审核签字后，连同相关信贷资料一并提交本行法律审查部门。

第二十七条 法律审查部门收到相关信贷材料和《法律审查送审表》后，应及时指定法律审查人员进行法律审查。对重大复杂的事项，有关部门应约请法律审查人员提前介入或全程参与。

第二十八条 法律审查人员在对贷款材料进行初步审查后，如需补充资料或了解情况的，可要求送审部门在3个工作日内提供，送审部门要积极配合。因特殊原因不能按时提供的，送审部门要书面说明情况。

第二十九条 法律审查部门原则上应在材料齐全后3日内完成贷款法律审查工作，并出具法律审查意见，连同相关信贷材料一并退还送审部门，个别法律关系复杂的信贷项目法律审查可以延长至7个工作日。

对于重大疑难的贷款法律审查事项，下级行法律审查部门可向上级行法律审查部门、有关政府部门、社会中介机构和学术研究机构征询意见后出具法律审查意见。

第三十条 法律审查结束后要形成法律审查意见，填制《法律审查意见书》，与送审材料一并退回送审部门。

由外聘人员进行法律审查的，应要求外聘人员出具法律意见书，附《法律审查意见书》之后。

第三十一条 法律事务职能部门出具的法律意见应当符合以下基本要求：

（一）全面掌握送审单位提交事实及背景资料；

（二）准确把握相关法律关系，定性恰当；

（三）适用法律正确，依据充分；

（四）结论明确，建议可行。

第三十二条 法律意见书中针对被审查事项的合法性提出的意见，有关部门应予采纳；对风险防范措施可行性、有效性和周密性提出的意见，有关部门应予完善。意见不一致时，应及时同法律事务职能部门进行沟通，沟通后仍达不成一致意见的，应提交行领导决定；对提出其他的意见，有关部门可根据具体情况予以采纳，或与法律事务职能部门进一步协商有关处理办法。

第三十三条 法律审查应填制一式两份《法律审查送审表》，法律审查管理部门留存一份，退送审部门一份。法律审查档案必须一户一档并入信贷企业档案管理。

第三十四条 信贷法律审查管理部门应定期或不定期地对法律审查意见落实情况以及信贷法律风险防控情况进行检查，及时解决影响信贷安全的法律风险问题。

第五章 其他法律审查事项的特别规定

第三十五条 其他法律审查事项是指除政策性贷款、准政策性贷款、商业性贷款业务以外的信贷业务活动中与法律审查有关的事项。主要包括风险（含不良）贷款的重组转化或清收处置、以资抵债、呆账核销和企业改制维权等活动中与法律审查有关的事项。

第三十六条 其他信贷业务法律审查的原则、流程和机构人员等事项，除本章规定外，依照本办法的相关规定执行。

第三十七条 风险（含不良）贷款的重组转化或清收处置、以资抵债和呆账核销法律事项的审查，按照二级分行初审、省分行复审的原则进行；国有粮食企业改制维权法律事项的审查，由二级分行法律审查部门负责。

第三十八条 对风险贷款的重组转化或风险贷款清收处置预案的法律审查，主要对风险贷款重组转化有关文件、重组转化行为的合法性和风险贷款清收处置预案的合法性、法律可行性等进行审查。

第三十九条 对呆账核销的法律审查，主要对呆账核销项目关闭、破产和注（吊）销等各种证明资料的合法性进行法律审查。

第四十条 对抵债资产的法律审查，主要对抵债当事人的主体资格和相关法律文件内容、形式等的合法性事项进行法律审查。

第四十一条 企业改组改制中的债权保护事项，主要对改组改制行为的合法性和改组改制相关文件、债权落实协议的合法性等情况进行法律审查。

第六章 附 则

第四十二条 本办法由中国农业发展银行甘肃省分行负责解释和修改。

第四十三条 其他事项的法律审查流程，参照本办法。

第四十四条 本办法自印发之日起施行，原《中国农业发展银行甘肃省分行信贷业务法律审查办法（试行）》同时废止。

中国银联股份有限公司甘肃分公司
甘肃省银行卡受理市场建设及
违规行为处置公约

（2009年10月8日）

第一章 总 则

第一条 为促进甘肃省银行卡产业发展，规范甘肃省银行卡受理市场秩序，营造公平公正、合作共赢的市场环境，维护发卡银行、收单机构和银行卡清算组织等市场参与方的合法权益，依据《银行卡业务管理办法》、《中国人民银行关于〈中国银联入网机构跨行交易收益分配办法〉的批复》（银复〔2003〕126号）、中国人民银行等九部委《关于促进银行卡产业发展的若干意见》（银发〔2005〕103号）、《中国人民银行关于规范和促进银行卡受理市场发展的指导意见》（银发〔2005〕153号）和中国人民银行兰州中心支行、中国银行业监督管理委员会甘肃监管局、甘肃省公安厅、甘肃省工商行政管理局等四部门《转发中国人民银行、中国银行业监督管理委员会、公安部、国家工商总局关于加强银行卡安全管理、预防和打击银行卡犯罪的通知》（兰银发〔2009〕117号）和中国人民银行兰州中心支行《关于甘肃省规范受理市场秩序，建立银行卡产业健康有序发展长效机制的意见》（兰银发〔2009〕162号）等有关政策法规，结合甘肃省实际情况，制定本公约。

第二条 本公约所称银行卡，是指由商业银行向社会发行的具有消费信用、转账结算、存取现金等全部或部分功能的支付工具。

第三条 本公约适用于甘肃省银行卡受理市场业务。

第二章 受理市场建设规则

第一节 市场主要参与方及其职责

第四条 甘肃省银行卡受理市场主要参与方包括发卡银行、银行卡清算组织、收单机构和第三方服务商等。各参与方均应严格遵守本公约的规定，共同维护甘肃省银行卡受理市场的正常秩序和银行卡产业的整体利益。

第五条 本公约所称发卡银行，是指经国务院银行业监督管理机构批准经营发行银行卡业务的银行机构及其在各地的分支机构。

第六条 本公约所称银行卡清算组织，是指提供银行卡跨行信息交换和清算服务的法人。中国银联是目前国内专门从事人民币银行卡跨行信息转接的清算组织，主要职责是建立和运营安全、高效的银行卡跨行信息转换网络，实现银行卡联网通用。中国银联甘肃分公司是中国银联在甘肃省设立的分支机构，负责甘肃省银行卡跨行交易的转接和清算。

第七条 本公约所称收单机构，是指与甘肃省特约商户签约并向该商户承诺付款的银行机构以及有资质的专业化收单机构。其业务范围包括发展商户、机具布放和维护、交易处理及交易单据清分、为商户受理银行卡提供授权和结算、交易后的对账查询和差错处理、监控收单交易等。

收单机构可根据自身业务发展情况自主决定是否将非核心业务（包括：机具布放和服务、系统建设和维护、客户服务和培训等）外包给第三方服务商，但收单机构仍是收单业务的责任主体。

第八条 本公约所称第三方服务商，是指接受收单机构委托，在甘肃省从事银行卡业务中机具布放和服务、系统建设和维护、客户服务和培训等非核心业务外包服务的自主经营、自负盈亏的法人实体。

第三方服务商在开展业务前，需由发包的收单机构向中国人民银行兰州中心支行报备。

第九条 中国银联甘肃分公司、甘肃省各发卡银行、收单机构共同成立甘肃省银行卡市场工作委员会（以下简称“市工委”）。

市工委对甘肃省银行卡市场各参与方履行本公约进行监督，同时对违反本公约的行为（以下简称“违规行为”）进行裁定，市工委有权对违规收单机构进行处置。

第十条 市工委由中国银联甘肃分公司、各发卡银行、收单机构各推荐一名委员组成，其中，发卡银行兼做收单业务的，合并推荐一名委员。推荐的委员应为本单位相关银行卡业务部门主要负责人。

市工委应按照《甘肃省银行卡市场工作委员会工作规则》开展工作。

第十一条 市工委设主任委员一名，由全体委员共同选举产生，每届任期一年。市工委秘书处设在中国银联甘肃分公司市场部（以下简称“秘书处”），负责市工委的日常工作。

第二节 受理市场建设基本原则

第十二条 联网通用：联网通用是中国人民银行管理银行卡业务的基本要求，除本公约另有约定外，甘肃省所有银行卡受理终端必须联网通用。

第十三条 一柜一机：商户可自主选择收单机构签订收单协议，商户的每一个柜台原则上只能摆放一台受理终端，对业务量较大的柜台，可摆放同一收单机构的多台受理终端。对于同一柜台重复放置的外卡受理终端或特色业务（《银联卡业务运作规章》规定之外的业务）受理终端，只能受理外卡或特色业务。

第十四条 稳定存量、发展增量、规范 MCC 和有序竞争：各收单机构不得重复发展已签约受理银行卡的商户，不得重复布放受理机具。维护各参与方利益，维持存量市场稳定，重点发展增量市场。规范市场竞争行为，规范使用 MCC，加大市场规则的宣贯力度，提高市场规则的公信力和执行力，奠定持续发展的银行卡产业规范基础；遏制无序竞争，培育公平竞争，推动受理市场健康、有序、和谐发展；维护银行卡产业良性运作机制。

第三节 商户发展

第十五条 收单机构应遵循“联网通用、一柜一机、稳定存量、发展增量、规范 MCC、有序竞争”原则，在平等自愿的基础上发展商户，强化服务意识，不断提高服务质量。

第十六条 收单机构应遵守有关法律法规和《银联卡业务运作规章》等相关规则要求，对目标商户进行必要的资信调查，确保商户满足受理银行卡的条件，不得将法律法规和《银联卡业务运作规章》中规定的禁入商户发展为银行卡特约商户。

第十七条 收单机构发展银行卡特约商户，须与特约商户签订协议，明确双方权利、义务和违约责任，并依照《中国人民银行关于〈中国银联入网机构跨行交易收益分配办法〉的批复》（银复〔2003〕126 号），严格执行固定发卡行收益和银联网络服务费 7∶1∶X 的商户交易结算手续费标准化分配模式。维护收单行的合理收益和银行卡产业的健康持续发展，与特约商户签约扣率不低于 7∶1∶2 的商户交易结算手续费分配标准。

第十八条 收单机构作为银行卡特约商户的发展主体，享受收单权利，承担收单责任。收单机构负责收集、整理和核实商户的基本信息资料，实施商户发展审查和入网管理，依据《银联卡业务运作规章》及相关管理细则正确设置商户类别码（MCC）、商户名称和商户编码等内容。

第十九条 收单机构发展特约商户，必须将所有商户和终端信息在中国银联联网通用商户信息注册公共服务系统（以下简称“注册系统”）进行联网通用注册。联网注册商户分为公示类商户和非公示类商户。非公示类商户需注册的信息包括：商户编号、商户中文名称、商户简称、地区代码、商户地址、收单机构代码、商户状态和商户营业执照号码、商户类别码（MCC）、受理终端编号、受理终端状态、受理终端类型，以及相关规则要求提供的其他信息。

公示类商户（包括公益类商户、经中国银联市场发展委员会许可的套用 MCC 商户和业务管理委员会确定的低扣率商户），除了注册上述信息以外，还需要注册受理终端绑定的电话号码（MIS 商户除外）、商户联系人姓名和联系电话，并向中国银联提供“三证一表”（营业执照复印件、税务登记证复印件、法定代表人身份证复印件和商户信息调查表），对于临时套用公益类 MCC 的商户，还需要注册真实 MCC 和补分润信息。公示类商户注册时须经中国银联甘肃分公司初审，并在注册之日起由中国银联甘肃分公司通过注册系统公示 10 个工作日，以接受其他收单机构的监督。

中国银联甘肃分公司初审的主要内容是：注册信息的完整性和格式合规性，以及相关资料的完整性。公示信息包括商户编号、商户中文全称、商户简称、商户类别码和收单机构代码，对于临时套用MCC商户，还需要公示真实MCC和商户扣率。

第二十条 收单机构对商户和终端联网通用注册信息的真实性、准确性和完整性负责。

第二十一条 收单机构须在新增商户入网和已入网商户信息发生变更或退出时，在3个工作日内将新入网商户和发生变更或退出的已入网商户及终端的必要信息按规定的统一格式注册到“注册系统”。

第二十二条 中国银联甘肃分公司负责对商户联网通用注册信息进行事后复核。

第二十三条 中国银联甘肃分公司对联网通用注册信息安全使用承担责任，承诺对收单机构提交的商户信息不得用于规范市场秩序以外的其他用途，也不得提供给其他收单机构使用。

第二十四条 对于已与收单机构建立收单关系的特约商户，其他收单机构不得以低价或变相低价等不正当竞争手段为该商户提供收单服务，扰乱市场秩序。

第二十五条 对商户提出的更换收单机构要求，首先由原收单机构与商户协商，30天内协商不成功的，由原收单机构或新收单机构将有关材料及商户要求变更的说明材料报送中国银联甘肃分公司，中国银联甘肃分公司组织双方收单机构核实不存在不正当竞争行为的，方准予商户更换收单机构。原收单机构应协助新的收单机构完成收单机构变更，由此造成的遗留账务问题按照《银联卡业务运作规章》处理。

第二十六条 商户退出包括主动退出，强制退出或因停业、破产等其他原因退出。

收单机构负责实施商户退出管理，处理与商户之间有关银行卡未偿债务，并依据《银联卡业务运作规章》书面通知中国银联甘肃分公司。

第二十七条 收单机构应协调主动退出的商户配合处理有关银行卡未偿债务和遗留的差错交易处理。

第二十八条 商户因违规而被收单机构强制退出的，收单机构应提供相关材料报送中国银联甘肃分公司备案，并将该商户列入风险信息共享系统可疑商户名单中，所有收单机构在两年之内不得与该商户再次签订收单协议。

第二十九条 因停业、破产等其他原因退出的商户，收单机构应停止该商户交易，并及时通知中国银联甘肃分公司，未及时停止该商户交易而产生的所有损失由收单机构承担。

第四节 交易清算

第三十条 为维护甘肃省统一、高效、优质的清算和客户服务，特约商户资金清算由收单机构负责，收单机构也可委托中国银联甘肃分公司代为完成。各方对账应以中国银联交易数据为准。

第三章 违规行为描述及定义

第三十一条 收单机构的违规行为主要包括但不限于：

（一）违反中国人民银行等九部委《关于促进银行卡产业发展的若干意见》和中国人民银行《关于规范和促进银行卡受理市场发展的指导意见》，以及《商户发展规则》第十五条中规定的“一柜一机”原则，或第十一条规定的开展特色业务的专用受理机具违反仅受理特色业务规定的。

（二）违反中国人民银行等四部委《关于加强银行卡安全管理预防和打击银行卡犯罪的通知》对收单机构应严格遵守商户类别代码的规定，或者违反《商户发展规则》第十四条的规定，未经银行卡市场发展委员会（以下简称“市发委”）许可违规设置或在交易报文中违规传输商户类别码（MCC），损害受理市场其他参与方合法权益的。

（三）违反中国人民银行等四部委《关于加强银行卡安全管理预防和打击银行卡犯罪的通知》（银发〔2009〕142号）对受理市场秩序的相关规定，套用、变造与真实商户类型不相符的商户编码以及多家商户共用一个商户编码和多台终端机具共用一个终端编号，或者在交易处理时没有向中国银联准确上送有关商户信息，损害受理市场其他参与方合法权益的。

（四）违反中国人民银行等四部委《关于加强银行卡安全管理预防和打击银行卡犯罪的通知》和《甘肃省规范受理市场秩序，建立银行卡产业健康有序发展长效机制工作实施方案》中对收单机构应向中国银联注册有关商户信息的规定，未向“注册系统”及时注册商户信息，或注册商户信息存在虚假、严重误导性陈述或者重大遗漏。

（五）违反中国人民银行等四部委《关于加强银行卡安全管理 预防和打击银行卡犯罪的通知》对收单机构原则上不得为经营场所地不在收单机构注册地的特约商户提供银行卡收单服务的相关规定，或者违反市发委《全国“总对总”商户收单服务工作指引》的相关规定发展“总对总”收单，直接损害当地发卡行和银联的共同利益。

（六）违反中国人民银行等四部委《关于加强银行卡安全管理预防和打击银行卡犯罪的通知》对POS违规移机的相关规定，或者违反《银联卡收单机构商户风险管理规则》关于POS违规移机的相关规定。

（七）违反《银联卡收单机构商户风险管理规则》（银联风管委〔2009〕2号）关于商户准入的规定发展禁入类商户。

（八）未经中国银联业务管理委员会许可使用了《银联卡特约商户类别码使用细则》未规定或已停用的商户类别码（MCC）。

（九）违反《商户发展规则》第十一条规定的“对于已与收单机构建立收单关系的特约商户，其他收单机构不得以低价或变相低价等不正当手段为该商户提供收单服务，致使其他收单机构因此蒙受损失”。

（十）违反《商户发展规则》第二十四条中规定的“自收单协议解除生效之日起六个月内，不得与主动退出的特约商户签订收单协议”；或者违反《商户发展规则》第二十五条中规定的“在两年内，不得与因违规而被收单机构强制退出的商户签订收单协议”。

（十一）违反监管机构有关受理市场秩序的法律规章，以及《银联卡业务规章》受理市场秩序相关规定和《商户发展规则》规定的其他行为。

第四章 违规行为的投诉及调查

第三十二条 违规行为的投诉主要来源于社会各界举

报、各参与方投诉、中国银联跨行交易系统侦测、商户工商注册信息核查、秘书处定期和不定期现场检查等。

第三十三条 银行卡受理市场参与各方有权利和义务就上述违规行为向市工委及其秘书处投诉。市工委及其秘书处对投诉机构实行保密原则。

第三十四条 秘书处通过公共媒体向社会公众公布举报受理渠道。公众举报内容包括但不限于：

（一）不支持联网通用，对受理非本行卡进行限制。

（二）一柜多机。

（三）商户未张贴银联标识。

（四）商户向持卡人收取刷卡手续费。

（五）刷卡消费场所与签购单打印内容不符。

第三十五条 各投诉机构在投诉时须填写《银行卡受理市场秩序违规行为投诉表》。

投诉实行“谁投诉，谁举证”的原则。每项投诉应包括投诉机构信息（名称、联系方式和联系人）、被投诉机构信息（名称和联系方式）、投诉事项描述（包括涉及商户的编码、名称、收单机构代码、涉及的银行卡卡号，以及投诉事项发生的日期等关键要素），并根据具体的违规行为类型提供相关举证材料。

相关举证材料应包括：

1.《银行卡受理市场秩序违规行为投诉表》及投诉情况说明；

2.投诉涉及商户的POS机具签购单；

3.持卡人银行卡对账单；

4.如投诉涉及的商户与本单位建立过收单关系，须提供商户收单协议复印件；

5.可供举证的其他材料。

第三十六条 市工委授权秘书处负责对违规行为组织开展调查。调查方式包括书面函件调查和现场实地调查。

第三十七条 秘书处设专人专岗，负责投诉的日常受理工作。秘书处在接到加盖投诉方公章的投诉材料原件后10个工作日内，对该投诉是否符合受理条件进行审查并通知投诉方。如果未受理，应说明理由。

第三十八条 秘书处应在受理投诉后的3个工作日内，向被投诉机构正式发送《投诉事项告知函》。被投诉机构收到《投诉事项告知函》后，须对投诉内容进行自查，并在5个工作日内书面回复秘书处。书面回复认可投诉内容的，应说明处理意见和整改情况；不认可或不完全认可投诉内容的，应说明理由，并随附相关证明材料。被投诉机构逾期不回复的，视同认可投诉内容。

第三十九条 对于被投诉机构认可投诉内容的，秘书处要跟踪被投诉机构的整改情况，并确认是否按相关要求完成整改；对于被投诉机构不认可或不完全认可投诉内容，且投诉主体不接受被投诉机构观点的，秘书处可组织成立现场调查小组对违规行为进行专项调查，以确认投诉内容是否属实。

第四十条 调查小组成员不少于3人，秘书处从受理市场各参与主体选派的专业人士中选取。投诉机构和被投诉机构可协助调查小组工作，但不作为调查小组成员。秘书处指定1名小组成员担任调查小组组长，负责专项调查的具体工作。

第四十一条 调查小组实施调查前，须向被投诉机构送达《投诉事项调查通知书》。被投诉机构须积极配合调查小组开展工作，并指定一人作为本机构的正式代表，协助调查小组的具体调查工作。

第四十二条 调查小组的工作和职责包括但不限于以下内容：

（一）通过查阅商户收单协议、商户现场调查、银联跨行交易流水比对等多种手段对投诉内容进行调查，确认投诉机构和被投诉机构相关材料的真实性和有效性。查阅商户收单协议仅限于来自中国银联甘肃分公司的调查小组成员。

（二）秘书处可根据调查小组开展调查的需要，向被投诉机构出具《投诉内容调查函》，要求查阅商户收单协议等相关资料并对复印件进行证据保全。被投诉机构接到调查函后，应当按照调查函的要求提供相关资料。被投诉机构拒绝提供的，视同其认可投诉内容，但被投诉机构要求签署《投诉内容调查保密承诺书》而调查小组成员拒绝签署的情况除外。

（三）调查小组认为需要对投诉涉及商户开展现场调查的，被投诉机构应当协调相关商户，予以安排。被投诉机构拒绝安排，或相关商户拒绝配合现场调查的，视同被投诉机构认可投诉内容。

（四）形成调查结论和明确的处理建议，并向秘书处提交书面调查报告和所有调查资料。

第四十三条 对于《商户发展规则》第二十二条所述情况，商户提出更换收单机构，而原收单机构与商户在30天内协商不成功，原收单机构或新收单机构将有关材料以及商户要求变更的说明材料报送中国银联甘肃分公司的，秘书处应组织成立专项调查小组，对新收单机构是否存在不正当竞争行为进行调查。专项调查小组比照第三十九条、第四十条和第四十一条的相关规定开展工作。

第四十四条 秘书处受理的投诉事项原则上应在受理后的15个工作日内处理完毕，并向投诉方回复。

第四十五条 中国银联甘肃分公司对通过中国银联系统侦测到的疑似违规行为的调查，可比照第三十八条至第四十二条的相关规定进行。

第五章 违规行为的认定及处置

第四十六条 市工委及其秘书处根据被投诉机构对违规行为的书面认可或调查小组调查报告及相关证据和资料对违规行为进行认定。

第四十七条 对于认定的违规行为，市工委授权秘书处书面通知相关违规收单机构限期整改，要求其自收到《限期整改通知书》之日起5个工作日内完成整改，并将整改情况书面回复秘书处。

相关违规收单机构未按期完成整改的，市工委及其秘书处将视其情节轻重和影响程度同时或分步骤采取一项或多项进一步的处理措施。

对于违规行为特别严重或整改后再次违规的，市工委及其秘书处可向人民银行兰州中心支行报告，由人民银行兰州中心支行约谈或通报。

第四十八条 进一步的违规处理措施主要包括：

（一）通报：秘书处将违规收单机构的违规行为通报受理市场各参与主体，并抄送市工委各委员，同时抄报市发委秘书处。

（二）追偿性清算：秘书处授权中国银联甘肃分公司对因收单机构违规套用MCC致使发卡机构收益和银联网络服务费损失的金额，按月由中国银联跨行清算系统从收单机构的清算资金中予以扣除，并返还给相关发卡机构和中国银联。追偿性清算可追溯到相关收单机构违规套用MCC的起始日，但追偿性清算的时间跨度不应超过180天，超过180天的不再追偿。

（三）标准化清算：秘书处授权中国银联甘肃分公司对违规行为涉及商户的跨行消费类交易，按照人民银行126号文规定的最高收费标准清算发卡行收益和银联网络服务费。对于违规行为涉及商户的跨行消费类交易已按照最高收费标准清算发卡机构收益和银联网络服务费的，不适用本措施。

（四）拒绝转接：对于将违规行为涉及商户纳入黑名单商户管理的，中国银联甘肃分公司对于该商户在违规情况下受理的银行卡跨行消费交易，可以拒绝转接。

（五）赔偿损失：采取不正当手段争抢商户的收单机构，向原收单机构支付一定的赔偿金，以弥补原收单机构的损失。根据违规行为对原收单机构经济利益的影响程度，赔偿金一般为违规月均收单收益的1－6倍。

第四十九条 市工委授权秘书处根据本办法对已确认违规的行为作出处理决定。若违规收单机构对标准化清算、追偿性清算或赔偿损失等处理措施有异议，应向秘书处提交书面申诉材料，由市工委审议裁定，并按照全体委员三分之二以上同意的意见处理。

第五十条 市工委及其秘书处在采取第四十八条所述的进一步处理措施的同时，应向违规收单机构下达《违规处理决定通知书》。秘书处监督处理措施的执行，并将执行结果及时报告市工委。

第五十一条 收单机构存在本办法第三十一条第二款违规行为，损害发卡方和转接方利益的，在向违规收单机构发送限期整改通知书的同时，实施追偿性清算。但收单机构严格按照联网商户信息注册的要求对公示类商户进行公示，并处于公示期的商户及其收单机构，不采取追偿性清算措施。

收单机构未在限定期限内完成整改的，予以通报。

第五十二条 收单机构存在本办法第三十一条第三款、第四款、第五款或第八款的违规行为，损害受理市场其他参与方合法权益的，如果未在限定期限内完成整改，予以通报。通报后的5个工作日内仍未完成整改的，视同无法判断该违规行为涉及商户的正确MCC，采取标准化清算措施。但以下两种情况除外：

（一）对违规收单机构及其违规行为涉及的商户已按人民银行126号文规定的最高标准清算发卡行收益和银联网络服务费收益；

（二）对违规收单机构及其违规行为涉及的商户正在采取追偿性清算措施。

第五十三条 对第五十一条或第五十二条所述情况，如果中国银联甘肃分公司已连续三个月采取追偿性清算或标准化清算措施，或者通报后的三个月内，相关违规收单机构仍未完成整改的，中国银联甘肃分公司可以将该违规行为涉及商户纳入黑名单商户管理，对该商户在违规情况下受理的银行卡跨行消费交易，可拒绝转接。

第五十四条 收单机构存在本办法第三十一条第六款或第七款的违规行为，中国银联甘肃分公司将按照《银联卡收单机构商户风险管理规则》（银联风管委〔2009〕2号）的相关规定处理。

第五十五条 收单机构存在本办法第三十一条第九款规定的违规行为，损害其他收单机构合法权益的，如果未在限定期限内完成整改，予以通报。同时，市工委及其秘书处将在违规行为专项调查的基础上，根据第四十八条第五款的规定，确定违规收单机构应向原收单机构支付的赔偿金数额，并向违规收单机构和原收单机构下达《赔偿金确认书》。

第五十六条 收单机构存在本办法第三十一条第一款、第十款和第十一款的违规行为，损害受理市场其他参与方合法权益的，如果未在限定期限内完成整改，予以通报。

第五十七条 违规的收单机构或其分支机构有以下情况之一的，相关负责人和业务人员应参加由秘书处举办的专项培训：

（一）每年受到五次以上追偿性清算或标准化清算处理的；

（二）每年受到三次以上拒绝转接处理的；

（三）每年受到的追偿性清算或标准化清算等处理措施的累计金额超过5万元的。

专项培训的主要内容是商户发展规则和银联卡相关业务规章，培训时间不少于8小时，培训费用由违规收单机构承担。

第五十八条 收单机构不得将因受到违规处理所产生的损失转嫁给相关的商户。

第五十九条 违规收单机构对秘书处的违规处理措施有异议的，可以向市工委提起申诉，由市工委审议裁定。

第六章 附 则

第六十条 为及时了解甘肃省受理市场发展态势，各发卡银行和收单机构应按照统一要求进行数据统计。每月五日或十日前，各发卡银行和收单机构应向中国银联甘肃分公司报送每月或每季度银行卡各项业务数据统计报表和风险数据等信息，报送报表和信息要求及时、准确、完整。中国银联甘肃分公司汇总后应于每月十日或二十日前上报人民银行兰州中心支行，同时向各发卡银行和收单机构公布；每季度举办业务分析会，与各发卡银行和收单机构共同探讨甘肃省受理市场和谐发展及银行卡产业发展现状与趋势。

第六十一条 本公约由甘肃省银行卡受理市场各参与方共同制定。公约生效后，甘肃省新增发卡银行、新增收单机构自动成为市工委委员单位，受本公约约束。

第六十二条 本公约在执行过程中，根据委员单位申请，经市工委三分之二以上委员通过后可对公约进行修改完善。委员单位应按照修改完善后的公约执行。

第六十三条 本公约自2009年10月8日起生效。

中国人寿保险股份有限公司甘肃省分公司销售人员重大突发事件应急处理办法（试行）

（2009年8月4日）

第一章 总 则

第一条 为规范销售人员重大突发事件应急处理工作管理，维护公司秩序，根据总公司《处置重大突发事件应急预案》、《营销员案件查处工作指引》等相关制度，制定本办法。

第二条 本办法的销售人员重大突发事件是指因销售人员引起的突然发生的、可能严重影响或者危及公司正常运行、使公司蒙受经济损失或声誉损害的重大事件。

第三条 发生下列情形之一的，属于本办法所述的销售人员重大突发事件：

（一）因销售人员违法违规行为引起的涉案金额在100万元以上的案件；

（二）因销售人员引起的重大投诉、纠纷或群体事件；

（三）销售人员事件被媒体关注或已被媒体报道，且有可能给公司品牌产生负面影响的事件；

（四）涉及5人以上销售人员的串联、静坐、聚集上访或采取其他过激行为的群体事件；

（五）其他严重危及公司，或者与公司维稳工作相关的、对社会影响大的、危害程度高的销售人员重大突发事件。

第二章 销售人员重大突发事件应急处理工作的组织管理

第四条 省分公司成立销售人员重大突发事件应急处理领导小组。领导小组组长由省分公司总经理王福祥担任，副组长由省分公司纪委书记魏徐生担任。销售督察部、办公室、内控合规部、企划部、财务管理中心、业务管理中心、客户服务中心、监察部、个险销售部、团体业务部和银行保险部负责人为组员。

第五条 省分公司重大突发事件应急处理领导小组是负责销售人员重大突发事件应急处理工作的领导机构。按照销售人员重大突发事件处理工作属地管理原则，事件发生所在地的市级分公司成立销售人员重大突发事件应急处理领导小组和应急处理工作小组，接受省分公司领导小组和工作小组的统一指挥。

第六条 领导小组的职责：

（一）领导、指挥和协调销售人员重大突发事件处理工作；

（二）制定销售人员重大突发事件应急预案；

（三）负责处理与当地政府、保险监督管理机构以及司法机关的协调、沟通工作；

（四）作出有关销售人员重大突发事件应急处理工作的其他决定。

第七条 工作小组是在领导小组之下设立的具体工作机构，负责处理领导小组安排的具体事务。根据重大事件的实际情况，设立查办工作组、协调工作组和法律支持工作组。

省分公司工作小组由纪委书记魏徐生任组长，销售督察部总经理李绍平任副组长，销售督察部、办公室、内控合规部、企划部、财务管理中心、业务管理中心、客户服务中心、监察部、个险销售部、团体业务部和银行保险部相关人员为组员。

（一）查办工作组。由销售督察部、财务管理中心、业务管理中心和业务发展部门等相关职能的专职人员组成，主要负责全面、及时地推进重大事件查处工作，包括内部单证的清理与核查、风险管控措施的落实与检查等。

（二）协调工作组。由办公室、企划部、客户服务管理中心和业务管理中心等相关职能的专职人员组成，主要负责与案件相关的公共关系和客户服务，包括媒体的监测与沟通、案件当事人的接待与安抚等。

（三）法律支持工作组。由法律与合规相关职能的专职人员组成，主要负责确保案件查处工作中的相关法律事务，包括提出法律意见、审核案件和对外提供信息等。

事件发生所在地公司的负责人及相关人员应参与工作小组的具体工作。

第八条 工作小组的职责：

（一）制定销售人员重大突发事件调查、督办方案，赴现场督促、指导销售人员重大突发事件应急处理工作；

（二）向领导小组汇报销售人员重大突发事件调查、督办情况，并落实领导小组的指示；

（三）负责处理媒体监测、应对工作；

（四）负责处理事件当事人的沟通工作和维稳工作。

第三章 销售人员重大突发事件的应急预案

第九条 各二级分公司应重视并及时建立销售人员重大突发事件防范和应急处理责任制，制定并完善应急预案，确保销售人员重大突发事件应急处理工作正常进行。

第十条 应急预案应当包括以下内容：

（一）销售人员重大突发事件应急处理领导机构的组成和相关部门职责；

（二）销售人员重大突发事件的监测和预警；

（三）销售人员重大突发事件的预防和应急准备；

（四）销售人员重大突发事件信息收集、分析和报告制度；

（五）销售人员重大突发事件的应急处理工作方案，包含针对不同类型事件的后续工作处置措施以及相关当事人的安抚维稳工作等；

（六）其他应当包括的内容。

第十一条 各级公司应当根据销售人员重大突发事件的变化和实施中发现的问题，及时修订和完善应急预案，充实应急预案内容，提高应急预案的科学性和可操作性。

各级公司可以根据自身的情况，不定期地组织应急预案的演练。

第四章 销售人员重大突发事件的应急处置

第十二条 本办法第三条规定的销售人员重大突发事件发生后，应及时启动应急预案，部署相应工作。

第十三条 事件发生所在地公司应在第一时间向上一级公司纪委书记或主要负责人报告。

第十四条 市级公司收到辖内单位销售人员重大突发事件报告后，应当及时组织本级公司相关部门对销售人员重大突发事件进行核实、确认，向有关单位了解、咨询销售人员重大突发事件情况，并按照省分公司营销员案件查处指引规定的一级案件须在16小时时限内报送事件情况。根据事态的发展，须随时向省分公司补充报告事件进展和核实情况。

第十五条 销售人员重大突发事件的报告应当包括以下内容：

（一）事件发生时间、性质和涉及范围；

（二）对公司造成或者可能造成的损失及影响；

（三）已经或者拟采取的紧急应对措施；

（四）其他应当报告的情况。

第十六条 应急预案启动后，分公司工作小组应着重做好以下应急处置工作：

（一）协调本级公司及辖内机构开展应急处理工作；

（二）调查收集、分析和汇总突发事件工作动态，及时为应急处理领导机构的决策、指挥提供准确依据；

（三）积极开展与当地政府部门、保险监督管理机构和司法机关的联系沟通工作，按照授权范围和统一口径及时报告相关信息，确保相关信息报告的一致性和协调性；

（四）对所在行政区域内媒体的报道及时进行监测，做好与相关媒体的沟通协调工作，防止出现相关负面报道；

（五）对涉及的当事人要做好安抚稳定工作，防止事态进一步扩大。

第十七条 工作小组在向司法机关报告销售人员重大突发事件信息时，应遵循依法办案、合规处理的原则，经法律专业人士审核把关后方可提供相关材料。

第十八条 未经总公司、省分公司授权，省分公司、市级分公司不得就销售人员重大突发事件对新闻媒体和社会公众进行信息披露。

第五章 销售人员重大突发事件的后续处理

第十九条 销售人员重大突发事件处理结束后，工作小组应以《事件总结报告》的形式向省公司提交应急处理工作的总结，其内容应包括：

（一）事件最终处理结果，包括公司损失和承担责任的情况，以及当事人及当地媒体的反应等；

（二）应急处理工作的总结，包括经验总结、应汲取的教训以及对相关人员处理情况等；

（三）事件发生所在地市公司在经营管理、风险防控等方面存在的问题，以及下一步整改方案及措施；

（四）对完善公司风险管控机制及相关制度的意见和建议。

第二十条 对在应急处理工作中，有下列行为和情形之一的，将按照公司有关规定视其情节给予相应处罚：

（一）瞒报、缓报和谎报销售人员重大突发事件情况，延误时机，给事件处理造成重大影响或者导致事态恶化；

（二）工作懈怠，不服从上级指挥，处置严重失当，给公司造成严重负面影响；

（三）其他应急处理工作不力的情形。

第六章 附 则

第二十一条 本办法由省分公司负责解释。

第二十二条 本办法自下发之日起施行。

第七部分

甘肃金融大事记

甘肃金融大事记

2009 年

一 月

1 日 甘肃省保险行业开始正式实施机动车辆保险“见费出单”制度。

5 日至 6 日 中国东方资产管理公司兰州办事处召开 2009 年工作会议。

8 日 浦东发展银行兰州分行成功发行甘肃电力投资集团公司 16 亿元短期融资券一期。

9 日 中国农业银行甘肃省分行举行与甘肃省 14 个市（州）政府战略合作协议签约仪式暨全省农业银行各项存款突破 800 亿元、储蓄存款突破 500 亿元庆典活动。

12 日 中国银行甘肃省分行召开拉户揽储暨 2009 年“开门红”现场工作会议。

16 日 甘肃省副省长郝远到国家开发银行甘肃省分行，实地调研国家生源地信用助学贷款开展情况。

同日 中国建设银行甘肃省分行召开文明服务表彰大会暨“闪亮·2009”典型风采展示活动。

17 日 招商银行兰州分行在兰州金城大剧院召开 2008 年度总结表彰大会。

18 日 交通银行兰州分行更名为交通银行甘肃省分行。

21 日 中国人民银行兰州中心支行举行甘肃省农民工用卡特色服务开通仪式，中国人民银行副行长苏宁及甘肃省委常委、常务副省长冯健身出席开通仪式并讲话。

21 日至 22 日 中国工商银行甘肃省分行召开全省二级分行党委书记、分支行长会议，传达总行全国分行长会议精神，总结 2008 年经营管理工作，部署 2009 年主要任务。

22 日 中国人民银行兰州中心支行召开 2008 年全省金融形势分析会。会议通报了 2008 年全省金融运行情况、货币信贷政策执行情况和银行业、证券业、保险业监管情况。甘肃省委常委、常务副省长冯健身出席会议并作重要讲话。

23 日 交通银行甘肃省分行 2009 年工作会议及 2008 年度总结表彰大会在兰州宁卧庄宾馆召开。

是月 中国太平洋财产保险股份有限公司甘肃分公司承保甘肃省电力公司财产一切险、机器损坏险、供电责任险（电力）和雇主责任险，保险金额总计 107. 73 亿元。

二 月

3 日 中国建设银行甘肃省分行召开 2009 年第一次案件防控部门联席会议，提出了“重点抓、抓重点”的案件查防工作要求。

同日 中国人寿保险股份有限公司甘肃省分公司召开党委扩大会议，制定甘肃省分公司《深入学习实践科学发展观活动整改落实阶段工作实施方案》。

5 日 中国工商银行甘肃省分行开展《远离违规行为，珍惜职业生涯》主题教育活动。

6 日 兰州银行股份有限公司牵头发起成立了由 158 家会员单位参与的甘肃省第一家银企协会——兰州银企协会。

7 日 浦东发展银行兰州分行召开 2009 年工作会议。

11 日 甘肃证监局与甘肃省委宣传部、省广播电影电视局和省新闻出版局等单位联合下发了《关于规范全省证券期货投资咨询信息传播工作的通知》，明确了证监、广电和新闻出版部门在证券期货信息传播监管方面的职责分工。

13 日 交通银行与甘肃省政府签署银政战略合作协议。

同日 中国长城资产管理公司兰州办事处成立改革发展研究小组，研究办事处的区域战略定位和发展方向，提出了“固本求新，科学发展”的指导思想和“三个打造”的目标定位。

17 日 中国长城资产管理公司兰州办事处组织召开法律工作会议及代理律师座谈会，分析通报了 176 件诉讼项目的执行情况，对集中清理积案提出了具体措施。

18 日 甘肃银监局邀请部分全国人大代表、全国政协委员视察银行业监管工作并召开座谈会。省人大常委会副主任孙效东等 5 名全国人大代表及省人大财经委相关人员，省政协陈学亨主席等 10 名全国政协委员及省政协经济委员会相关人员，甘肃银行业金融机构主要负责人及甘肃银监局班子成员参加了会议。

20 日 国家开发银行甘肃省分行向庆阳市受灾地区发放抗旱保苗救灾应急贷款 2600 万元。

同日 中国银行甘肃省分行召开 2009 年工作会议。

同日 甘肃省政府与中国建设银行在北京建行信达大厦举行 100 亿元中期票据项目合作备忘录签约仪式。

21 日 中国平安人寿保险股份有限公司甘肃分公司联合平安养老险甘肃分公司在兰州市东方红广场举行“十年华诞回馈社会，献血助人一生平安”2009 年度爱心献血活动，近千名员工参加了此次活动，当天共献血 6 万多毫升。

23 日 国家开发银行甘肃省分行与中非基金、金川集团公司座谈合作事宜，三方议定共同致力于非洲矿产资源特别是镍、铜、钴和铁等资源的开发投资。

24 日 中国银联甘肃分公司组织评选 2008 年度甘肃省“刷卡无障碍”优秀示范商户、街区和风景区（点）。

26 日 甘肃证券期货监管工作会议在兰州召开，甘肃省委常委、常务副省长冯健身出席会议并作重要讲话，甘肃证监局局长方向瑜作工作报告。

是月 甘肃保监局首次开展全省市（州）保险行业协

会考核，考核内容包括行业自律、协调服务、行业宣传与自身建设四个方面。

是月 中国平安财产保险股份有限公司甘肃分公司小额案件快速通道系统上线，全面践行“平安车险，万元以下，资料齐全，三天赔付”的服务承诺。

三 月

1日 道路运输承运人责任保险在甘肃省统一实施。

2日 中国人寿保险股份有限公司甘肃省分公司制定《维护社会稳定工作应急预案》，对2009年可能存在的非正常退保、案件引发、理赔服务、信访投诉和媒体应对等五个方面的潜在风险制定了应急处置流程。

2日至20日 中国银联甘肃分公司对兰州市1 005家特约商户进行了现场检查。

3日 中国邮政储蓄银行甘肃省分行召开学习实践科学发展观总结大会。

4日 中国太平洋人寿保险股份有限公司党委委员、审计总监阎栗一行来兰州宣布甘肃分公司新一届领导班子：高生发任党委书记、总经理，马杰任党委委员、副总经理，王莉春、常培林任党委委员，孔强、王莉春任总经理助理。

5日 中国人民银行兰州中心支行和甘肃银监局联合向甘肃省政府专题报送《关于进一步做好金融支持全省灾后重建工作的意见》，汇报金融支持灾后重建工作的情况并提出相关建议。并向各金融机构印发《关于进一步做好金融支持灾后重建工作的指导意见》，引导全省各金融机构加大信贷支持力度，全力做好灾后重建各项工作。

同日 甘肃银监局召开学习实践科学发展观总结暨领导班子和领导干部年度考核大会。银监会处置非法集资办公室巡视员、学习实践科学发展观检查指导组组长杨玉柱到会并讲话。

同日 中国建设银行甘肃省分行2009年工作会议在兰州召开，提出了全年工作的指导思想和坚持“打基础、调结构、促转型、保平安、上份额”的工作思路。

9日 浦东发展银行兰州分行与甘肃省农垦集团公司签订银企战略合作协议。

10日至12日 甘肃银监局召开辖区大型银行监管工作会议，总结2008年全辖大型银行监管工作，传达银监会2009年大型银行监管工作会议精神，安排部署了大型银行监管重点工作。

11日 甘肃证监局发布《关于规范证券经营机构网上发布信息行为及参与广播电视证券节目的通知》，进一步规范从业机构网上信息发布及参与广播电视证券节目的行为。

12日 国家开发银行甘肃省分行开办基本结算户业务，为兰州恩威水务公司开立首个基本户。

12日至13日 中国长城资产管理公司兰州办事处召开2009年工作会议，认真贯彻落实全国办事处党委书记、总经理会议暨纪检监察工作会议精神，提出了2009年经营计划指标和奋斗目标。

13日 廖小林任甘肃保监局党委委员、纪委书记、副局长，万金文任甘肃保监局党委委员、副局长。

同日 中国长城资产管理公司兰州办事处召开学习实践科学发展观活动总结大会，办事处党委副书记白静（主持全面工作）作了总结讲话。

16日 中国东方资产管理公司召开深入学习实践科学发展观活动全辖（视频）总结大会。

16日至17日 甘肃银监局在白银召开全省农村中小金融机构监管工作会议，传达了银监会2009年农村中小金融机构监管工作思路，安排部署了全年重点工作。

18日 甘肃银监局牵头召开2009年甘肃“一行三局”金融联席会议。人民银行兰州中心支行副行长张志峰，甘肃银监局局长席前进，副局长冷云竹、张宏，甘肃保监局局长张瑞，甘肃证监局副局长陈士轰等参加会议。

同日 中国太平洋人寿保险股份有限公司甘肃分公司在省政府礼堂召开2008年度“白海豚”业务竞赛表彰大会，105名人员受到表彰和奖励。

19日 中国建设银行甘肃省分行与读者出版集团有限公司在兰州正式签订企业年金基金受托管理（含账户管理）合同。

23日 中国建设银行甘肃省分行向兰州市城市发展投资有限公司发放直接融资类搭桥贷款10亿元。

23日至24日 中国工商银行甘肃省分行副行长吕相军率队参加中国工商银行和欧洲金融会展公司在北京举办的第三届中国企业现金、财资及风险管理年会。

24日 由国家开发银行主承销的兰州市城市发展投资有限公司15亿元企业债券开始发行，开创了甘肃省城市建设领域利用债券市场直接融资的先河。

25日 国家开发银行与甘肃省人民政府签订第二轮《开发性金融合作协议》。

26日 中国工商银行甘肃省分行与兰州铁路局签订《企业年金基金账户管理合同》和《企业年金基金托管合同》。

同日 中国农业银行甘肃省分行启动省分行本部组织架构改革。

同日 王立任中信银行兰州分行筹建组组长。

27日 中国证监会党委任命管兴业为甘肃证监局党委委员、副局长（排陈士轰之后），免去方向瑜甘肃证监局党委书记、纪委书记、局长职务，另有任用。

同日 中国长城资产管理公司兰州办事处收到“兰州黄河”项目资本金退出转让款2000万元。

30日 招商银行兰州分行个人贷款较年初新增8 500万元，完成“金牛争春”个人贷款营销竞赛确保任务的106%，创下自分行成立以来单季增长的最高纪录；余额达到10.36亿元，实现了历史性的突破。

30日至4月1日 中国人民银行兰州中心支行召开2009年全省人民银行业务工作暨外汇管理工作会议。会议传达贯彻2009年中国人民银行工作会议、全国外汇管理工作会议及中国人民银行各专业工作会议精神，总结2008年全省人民银行业务工作，安排部署2009年全省人民银行业务工作及外汇管理工作。行长杨明基作了《认清形势，迎难而上，锐意进取，高效履职，全力支持甘肃经济社会平稳较快发展》的工作报告。

31日 交通银行甘肃省分行成立小企业信贷服务中心。

是月 甘肃证监局对辖区期货公司进行了首次分类监管评价试评。

四 月

9日 甘肃证监局牵头组织召开辖区新闻媒体、网络信息主管部门工作联席会议，甘肃省委宣传部、省公安厅、省通信管理局、省新闻出版局、省广电局和省广电总台等单位相关负责人参加了会议。

13日 甘肃保监局联合甘肃银监局下发通知，进一步规范全省银行代理保险业务。

同日 中国银联甘肃分公司召开甘肃省银行卡受理市场秩序专项规范工作会议。

15日至17日 中国农业银行甘肃省分行在定西市召开全省农业银行全面推进服务“三农”现场会。

18日 中国邮政储蓄银行甘肃省分行召开项目营销汇报暨营销工作推进电视电话会议。

20日 “邮政储蓄系统2.0版本改造工程”在中国邮政储蓄银行甘肃省分行顺利切换上线。

21日 中国邮政储蓄银行甘肃省分行与中国农业发展银行甘肃省分行签订37亿元同业存款协议。

22日 国家开发银行甘肃省分行开办流动资金贷款业务，首笔3亿元贷款顺利发放。

同日 中国华融资产管理公司党委副书记、副总裁郑万春一行到兰州办事处调研指导工作。

23日 中国工商银行甘肃省分行与甘肃省电力投资公司签署融资顾问合作协议。甘肃省委常委、常务副省长冯健身和中国工商银行副行长李晓鹏出席了签约仪式。

24日 平安养老险甘肃分公司保单上线计划顺利完成，平安养老险甘肃分公司与中国平安人寿保险股份有限公司甘肃分公司实现打印共享。

28日 中国人民银行人事司副司长齐小东来兰州宣布关于明确中国人民银行兰州中心支行党委书记、行长杨明基正厅局级职务级别的决定。中国人民银行副行长易纲出席会议并作重要讲话

同日 中国人民银行副行长易纲在兰州大学作了“当前宏观经济金融形势与货币政策”的学术报告。

同日 甘肃保监局组织召开新闻媒体通气会，向各新闻媒体通报了一季度甘肃省保险业经营情况，披露主要监管措施。

同日 《甘肃省银行业银团贷款合作公约》签约仪式暨“甘肃省银行业银团贷款合作委员会”成立大会在国家开发银行甘肃省分行举行。国家开发银行甘肃省分行担任第一届甘肃省银行业银团贷款合作委员会轮值主席单位。

五 月

1日 甘肃省开始实施交强险互碰自赔制度。道路事故中各方车辆损失均在交强险有责任财产损失赔偿限额以内、不涉及人员伤亡和车外财产损失的，由各承保公司在本方机动车交强险财产损失赔偿限额内进行赔付。

4日 中国银行甘肃省分行召开公司业务“夏季攻坚”竞赛活动动员大会暨公司信贷管理系统维护情况视频会议。

5日 中国人民银行纪委书记王洪章赴中国人民银行康县支行、陇南市中心支行慰问干部职工，检查当地灾后重建情况。

6日 中国东方资产管理公司兰州办事处副总经理薛志渊与总公司投行部一行参加宁夏回族自治区国资委主持召开的银广夏股东联席会议。

7日 国家开发银行纪委书记徐宜仁一行到国家开发银行甘肃省分行检查指导联合监督工作，并与甘肃省委常委、省纪委书记蒋文兰座谈。

12日 甘肃保监局汇总统计“5·12”汶川特大地震理赔情况。因地震甘肃省保险业共接到有效报案726件，其中人身险公司接到有效案件62件，已全部结案；财产险公司接到有效案件664件，已结案621件。预计赔付保险金1.06亿元，实际赔付8 670多万元，其中预付954万元，赔付率达到81.80%。

同日 中国建设银行甘肃省分行与兰州大学第一医院举行联名发行“健康龙卡”合作协议签约仪式。

13日 甘肃证监局牵头组建了由高校知名专家、市场资深人士和业务骨干组成的甘肃资本市场新闻评论员队伍，进一步加强甘肃资本市场宣传工作。

14日 中国建设银行甘肃省分行与甘肃农业大学签署《银校合作协议》。

18日至20日 浦东发展银行总行对兰州分行进行了开业验收。

21日 兰州银行股份有限公司三届股东大会第六次会议以通讯表决的方式召开。

21日至22日 中国农业银行董事会部分董事到中国农业银行甘肃省分行营业部皋兰支行和定西分行安定支行就服务“三农”工作进行专题调研。

同日 招商银行兰州分行召开案件专项排查视频动员会议，安排部署案件专项排查和资产业务营销等工作。

22日 中国银联甘肃分公司当选甘肃省银行业协会第三届银行卡工作委员会主任单位，中国银联甘肃分公司总经理王可为当选甘肃省银行业协会第三届银行卡工作委员会主任。

同日 中国人寿保险股份有限公司甘肃省分公司召开全省系统农村小额人身保险扩大试点工作会议。

同日 中国平安财产保险股份有限公司甘肃分公司售出甲型H1N1流感综合保险产品第一单。

23日 国家开发银行副行长蔡华相赴金昌市和金川集团公司调研。

27日 招商银行兰州分行办理一笔金额为910350欧元的信用证转让业务，成为兰州分行首笔大金额离岸转让信用证业务。

31日 中国银行甘肃省分行召开全辖公司授信项目专题会议。

六 月

5日 甘肃银监局批复同意中信银行兰州分行开业并颁

发金融许可证。

同日 中国华融资产管理公司兰州办事处与中国工商银行甘肃省分行在兰州阳光大酒店签订全面业务合作协议。

8日 中国长城资产管理公司兰州办事处与甘肃省农村信用社联合社在兰州签署《战略合作框架协议》。

12日 招商银行兰州分行举行“消费易”、“周转易”产品新闻发布会，成为自“个人住房循环授信”、“随借随还”、“入住还款”等业务之后又一次推出的个贷创新产品。

同日 中信银行兰州分行开始对外试营业。

14日 中国工商银行甘肃省分行与甘肃省产权交易所签订并购贷款业务合作协议。

15日 王立任中信银行兰州分行行长，李军、李警惕任副行长，孙明晔任行长助理。

17日 幸福人寿保险股份有限公司甘肃分公司经甘肃保监局批准开业。

18日 交通银行甘肃省分行成立房地产信贷中心。

18日至19日 中国工商银行甘肃省分行与甘肃省电力投资公司、中国电力财务公司签订票据托管业务合作协议。

19日 农业发展银行甘肃省地县级分支机构设立以来新成立的第一家县级区域性支行——白银市平川支行正式对外挂牌营业。

22日 中国农业银行股份有限公司与甘肃省政府签署银政战略合作备忘录。根据协议，从2009年开始的5年内，中国农业银行将向甘肃省提供总额不低于1 560亿元人民币的意向信用支持。

23日 管奇志任招商银行兰州分行行长。

25日 中国建设银行甘肃省分行风险管理评价等级成功晋升为A级，在全国建设银行38家一级分行中排名第8位。

26日 中国邮政储蓄银行甘肃省分行与中国农业银行甘肃省分行签订全面业务合作协议。

同日 兰州银行股份有限公司在兰州宁卧庄宾馆举办兰州银行银政合作签约仪式暨更名一周年座谈会。

30日 中国建设银行甘肃省分行资产、负债规模双双越过千亿元大关，分别达到1 004.08亿元和1 000.93亿元。

同日 中国人寿保险股份有限公司甘肃省分公司召开会议，审核讨论《甘肃省分公司2009－2011年发展规划》，明确公司未来3年经营管理和业务发展方面的具体目标。

七　月

2日 中国人民银行兰州中心支行与国家开发银行甘肃省分行在甘肃农业大学开展生源地信用助学贷款诚信教育宣传活动。

3日 根据《中国银监会关于中国农业发展银行扩大县域存款业务范围和开办县域城镇建设贷款业务的批复》，农业发展银行甘肃省分行扩大了县域存款业务范围和开办了县域城镇建设贷款业务。

5日 中国农业银行甘肃省分行“新一代”网上银行系统切换取得成功。

9日 中国建设银行甘肃省分行召开上半年经营形势分析会，通报上半年主要业务指标完成情况，分析存在的问题，并对下半年工作做出安排。

11日 中国银联甘肃分公司举办甘肃省农村信用社银行卡业务视频高级培训班。

同日 中国华融资产管理公司兰州办事处党委召开兰州本部、银川营业部和西宁营业部三地中层以上干部参加的党委（扩大）会议暨上半年三地业务经营汇报交流会议。

14日至16日 中国建设银行党委副书记、监事长谢渡扬来甘肃省分行调研。

19日 中国建设银行甘肃省分行与兰州市人民政府、中国科学院近代物理研究所和甘肃盛达集团股份有限公司举行合作建设重离子癌症治疗中心项目签约仪式。

20日 中国人民银行兰州中心支行召开上半年甘肃省金融形势分析会。会议通报了上半年全省金融运行情况，省工业与信息化委员会副主任朱行之通报了上半年全省工业经济运行形势，副主任姜义德通报了银企对接重点帮扶工作。省政府金融办、发改委、统计局和金融监管部门负责同志参加了会议。

22日 中国人民银行兰州中心支行组织省商务厅、省国税局、兰州海关和省统计局等部门召开2009年上半年甘肃省涉外经济金融形势分析会暨涉外经济信息交流与合作联席会。

23日 中国人民财产保险股份有限公司甘肃省分公司成功承保兰渝铁路建工险。

24日 中国建设银行甘肃省分行成功主办中铁二十一局集团有限公司资金归集业务。这是中国建设银行甘肃省分行主办的第一家涉及全国建设银行11家一级分行的资金归集业务。

27日 为规范创业板交易开通申请工作，甘肃证监局督促辖区机构做好创业板投资者适当性管理工作。

28日 中国邮政储蓄银行甘肃省分行与甘肃省邮政公司签订《省级委托代理银行业务协议》。

同日 中信银行兰州分行举行开业庆典。

29日 中国人民银行兰州中心支行组织甘肃银监局、甘肃证监局和甘肃保监局召开甘肃省“一行三局”信息交流与共享联席会议。

同日 中国长城资产管理公司与兰州市人民政府签署全面战略合作协议。

30日 陈双城任交通银行甘肃省分行行长。

31日 中国工商银行甘肃省分行召开业务运营改革工作推动会，要求全行认真贯彻落实总行业务运营改革工作动员会议精神，深入推动业务运营三项改革，努力打造业务运营集约化和管理一体化的创新型、价值型运行管理新体系。

同日 招商银行兰州分行实现当年新增信用卡11 270户，提前5个月完成2009年度信用卡新户指标。

是月 甘肃证监局对金川集团有限公司参与的境外期货套期保值业务进行了现场检查。

是月 甘肃证监局对海南联合油脂科技发展股份有限公司的实际控制人兰州亚太工贸集团有限公司及其一致行动人兰州太华投资控股有限公司的有关事项进行非正式调查。

八　月

4日　国家开发银行董事长陈元在北京会见甘肃省省长徐守盛、常务副省长冯健身一行，座谈地震灾区农民住房重建项目合作事宜。

5日　中国人民银行兰州中心支行召开甘肃省“一行三局”金融稳定协调小组办公室会议，对银行、证券和保险行业风险运行情况进行通报交流。

6日　中国人民财产保险股份有限公司甘肃省分公司成功承保2009年兰州市重点工程——南山路工程建筑工程一切险及建筑施工人员意外伤害保险。

7日　中国长城资产管理公司兰州办事处召开总经理办公会，确定业务拓展二部全面负责青海省各项业务工作。

12日　中国工商银行甘肃省分行举办牡丹信用卡发行二十周年知识竞赛。

13日　甘肃省政府办公厅召集省金融办、省国资委、省财政厅、甘肃证监局及有关中介机构研究甘肃证券期货市场发展问题，甘肃省委常委、常务副省长冯健身听取汇报并作重要讲话。

13日至14日　中国邮政储蓄银行甘肃省分行召开全省财务工作会议。

19日　中国建设银行甘肃省分行与兰州市城关区国家税务局举行“委托代征零散税收、代开普通发票”签约仪式。

20日至21日　甘肃省农村信用社联合社召开第二届社员代表大会第一次会议，选举产生了省联社第二届理事会和第一届监事会，审议通过了新的《章程》和《2010年—2012年三年发展规划纲要》。

24日　国家开发银行监事长姚中民来兰州出席国家开发银行与甘肃省政府《“5·12”汶川特大地震受灾农户住房重建项目合作协议》签字仪式。

25日　甘肃省国有资产投资集团100亿元中期票据发行，发行期限5年，票据利率3.80%，成为继广东、北京和上海之后第四个试点发行中期票据的省份。

26日　中国工商银行甘肃省分行与兰州大学签署全面合作协议。

27日　甘肃省省长徐守盛就甘肃证券期货市场发展情况作重要批示，充分肯定甘肃证监局工作，并对加快市场发展提出具体要求。

28日　国家开发银行甘肃省分行一次性向陇南市、天水市及甘南藏族自治州受灾农户发放住房重建贷款32亿元。

是月　甘肃证监局部署辖区2009年上市公司治理相关工作。

是月　甘肃证监局联合甘肃省公安厅对辖区部分证券经营机构安保及信息系统安全情况进行联合检查。

是月　甘肃保监局开展打击“假机构、假保单、假赔案”专项工作，共查处假保单301份，挽回经济损失196.90万元。

九　月

1日　甘肃银监局举办“银行业反腐倡廉集中警示教育展览”。甘肃省纪委副书记李玉梅，省检察院副检察长高继明，甘肃银监局党委委员、纪委书记何伟，副局长冷云竹及省级各银行业金融机构班子成员等出席首展式并观看展览。

同日　针对前期创业板交易开通申请工作中存在的问题，甘肃证监局进一步安排督促辖区机构做好创业板交易开通准备和投资者适当性管理工作。

同日　中国建设银行甘肃省分行自主研发的对公客户辅助管理系统上线，实现了名单制、表格化的客户营销管理。

同日　浦东发展银行兰州分行正式加入中国银联网络。

3日　中国人寿保险股份有限公司甘肃省分公司举办庆祝中国人寿诞辰60周年庆典。

7日　中国平安财产保险股份有限公司甘肃分公司成功中标白银、定西地区校方责任险，保费突破400万元，实现校方责任险的重大突破。

8日　中国银行甘肃省分行与兰州大学签订全面合作协议。

同日　兰州银行股份有限公司敦煌分行正式开业。

18日　以国家开发银行甘肃省分行为牵头行，中国银行甘肃省分行、招商银行兰州分行和兰州银行为参加行的兰州市南山路银团贷款合同签字仪式在兰州举行。该银团贷款规模31.80亿元，是甘肃省迄今单笔规模最大的银团贷款。

21日　甘肃地方货币学术研讨会在兰州召开，中国钱币学会常务副秘书长、秘书处处长王永生代表中国钱币学会致辞并做学术报告。甘肃省钱币学会理事、学术委员，市（州）钱币学会秘书长，钱币专家、学者等90余人参加会议。

22日　中国银监会党委委员、纪委书记王华庆赴甘肃银监局宣布甘肃银监局党委委员、副局长夏令武的任职决定。

同日　中国工商银行甘肃省分行联合中核四0四有限公司发行“牡丹福利联名卡”。

同日　兰州银行股份有限公司召开学习实践科学发展观活动总结大会。

24日　中国华融资产管理公司副总裁章琳一行到兰州办事处指导2009年度党员领导干部民主生活会，并对办事处工作进行调研指导。

25日　中国银联甘肃分公司举办“我爱中国，共庆60华诞”——甘肃省银行卡产业展望主题论坛。

26日　中国建设银行甘肃省分行与兰天集团在天水举行全省首张百货联名卡“兰天龙卡”签约仪式。

是月　甘肃证监局圆满完成了中国证监会2009年证券期货业网络与信息安全事件应急演练任务。

是月　甘肃证监局对辖区期货公司进行了首次分类监管评价并将初评结果上报中国证监会。

十　月

1日　新《保险法》正式实施。甘肃保监局开展了专题讲座、知识竞赛和高峰论坛等学习宣传新《保险法》系列活动。

同日 全省实行车险保单信息自主查询制度，客户在提供保单号、身份证号等相应信息后，可以对投保车辆的承保、缴费、批改和理赔等信息进行自主查询。

同日 中国东方资产管理公司兰州办事处在总公司开展的2009年可疑类处置收现竞赛和个贷收现竞赛活动中当年任务完成率达到60.53%，排名全系统第13位。

14日 中国华融资产管理公司与天水市人民政府在天水市签署战略合作协议。

14日至15日 中国农业银行在兰州召开全面推进服务“三农”改革发展会议。

19日 中国东方资产管理公司兰州办事处与新疆哈密长河集团就新业务领域合作签订了框架协议。

同日 中国人民财产保险股份有限公司甘肃省分公司在兰州宁卧庄宾馆举办“庆祝中国人保60华诞联谊会”。

20日至21日 银监会非银部柯卡生主任一行就甘肃非银行金融机构的经营发展现状来兰州调研。

21日至22日 兰州银行股份有限公司举行全行业务技术比赛，共73名选手参加了5个项目的比赛。

24日至25日 招商银行兰州分行举行第九届业务技术比赛，参赛员工203人，为历年来参赛人数最多的一届。

28日 招商银行兰州分行成功上线电子商业汇票系统，签发了西北地区第一张电子承兑汇票，办理了第一笔电子商业汇票贴现业务。

29日 由中国建设银行甘肃省分行牵头承办的“西北五省（区）军队武警业务座谈会”召开。

同日 中国平安人寿保险股份有限公司甘肃分公司举行2009年BCP演习，模拟实施了停电事故中一系列针对业务恢复的程序，增强了员工应对突发灾害和事故的应变能力。

29日至30日 中国长城资产管理公司兰州办事处通过了中国质量认证中心监督审核工作组对ISO9001质量/风险管理体系文件运行情况的全面审核。

30日 甘肃大禹节水股份有限公司作为首批创业板上市公司之一，在深交所挂牌上市。

31日 中国人民银行兰州中心支行协同甘肃省内各家商业银行在兰州东方红广场举行“甘肃省现代化支付系统业务宣传活动启动仪式”。中国人民银行清算总中心主任励跃和中国人民银行兰州中心支行行长杨明基参加仪式并致辞。

是月 周卫东任中国太平洋财产保险股份有限公司甘肃分公司党委书记、总经理、纪委书记。

十一月

2日 中国证监会党委任命刘兴兵为甘肃证监局党委委员、副局长。

3日至4日 为广泛宣传普及银行卡知识和安全用卡技巧，加强社会公众对银行卡的了解，推动甘肃省银行卡产业健康发展，中国人民银行兰州中心支行协同银联甘肃分公司举办“甘肃省银行卡业务知识竞赛”，全省11家发卡银行组队参赛。

4日 国家开发银行甘肃省分行发放2009年生源地信用助学贷款4.15亿元，累计受惠学生达9.7万人。

5日 中国建设银行甘肃省分行决定在有条件的二级分（支）行设立造价咨询分中心。造价咨询分中心主任由各行分管公司业务的行领导兼任。造价咨询分中心受所在行和省分行造价咨询中心的双重管理。

15日 中国建设银行甘肃省分行对公客户关系管理系统二期推广工作圆满完成并正式上线运行。

18日 中国人民银行兰州中心支行与甘肃省工信委、省金融办联合召开“全省非金融企业债务融资工具及金融产品宣传推介会”。省工信委副主任姜义德参加会议并讲话，中国人民银行金融市场司程建胜处长参加会议并致辞。省工信委、省金融办、人民银行各市（州）中心支行、各商业银行及省内大型企业负责人参加会议。

同日 中国人寿保险股份有限公司党委委员、监事长夏智华到甘肃省分公司调研，并组织召开座谈会征求对总公司决策、政策的意见和建议。

25日 甘肃省金融学会第六届理事会常务理事（扩大）会议在兰州召开。会议研究了关于做好甘肃省第四次金融科研优秀成果评奖活动、关于进一步加快推进《甘肃省志·金融志》编修工作的意见以及关于筹备召开学会第七次会员代表大会等事项。

27日 甘肃证监局党委召开民主生活会，中国证监会主席助理朱从玖出席并指导会议。

同日 中国信达资产管理公司、中核四O四厂和江苏金浦集团在嘉峪关市达成了中核钛白重组会谈纪要，中核钛白重组工作进入了实质性操作阶段。

是月 甘肃证监局对辖区全部期货经营机构进行了全面现场检查，重点检查了期货公司净资本管理、自有资金管理、开户管理和营业部“四统一”管理等方面。

是月 全省农村小额人身保险试点范围由5个市（州）9个县（区）扩大到10个市（州）的所有县（区）。

十二月

2日 中国人民银行在兰州召开中国信用评级市场发展暨信用评级体系建设调研座谈会，参事魏本华、参事室主任唐思宁参加会议并讲话，国家开发银行、工商银行、农业银行甘肃省分行，招商银行兰州分行，兰州银行以及联合、大众、东方金诚三家评级公司负责人参加了座谈。

3日 中国工商银行甘肃省分行与金川集团有限公司签署企业年金基金受托管理协议。

9日 中国人民财产保险股份有限公司甘肃省分公司电话投保第一单诞生。

10日 中国信达资产管理公司兰州办事处与白银有色金属（集团）有限公司签订了《财务顾问协议》。

11日 中国建设银行甘肃省分行召开2010年旺季营销动员大会，安排部署2010年旺季营销活动。

14日 浦东发展银行兰州分行与兰州住房公积金管理中心签订委托贷款业务合作协议。

16日 招商银行兰州分行2009年新年音乐会在兰州金

城大剧院举行。

17日 中国人民银行兰州中心支行召开干部任职宣布大会，中国人民银行西安分行党委委员、副行长郑锋到会讲话并宣布李文瑞担任兰州中心支行党委委员、副行长的任命决定。

同日 中国建设银行甘肃省分行举办“建行：我心中的宝”——员工爱行敬业典型风采展示活动。

22日 中国银行甘肃省分行召开首届职工代表大会暨工会会员代表大会 。

23日 甘肃银监局局长席前进出席平凉市商业银行召开的第一届第四次董事会会议，对平凉市商业银行加强和改进经营管理提出了十个方面的意见。

同日 中国太平洋人寿保险股份有限公司甘肃分公司兰州中心支公司开业。

24日 中国建设银行甘肃省分行与读者出版集团在兰州宁卧庄宾馆共同启动“双百双优送文化”主题活动暨业务合作签约仪式。

28日 国家开发银行甘肃省分行开办保理业务，为金昌铁业（集团）有限公司提供750万元有追索权非融资保理。

29日 中国建设银行甘肃省分行造价咨询业务收入实现新的突破，年创收入达2112万元。

30日 中国农业银行甘肃省分行举行小企业金融服务中心揭牌仪式。省分行营业部与10户小企业现场签订了总额达3亿元的授信协议。

31日 兰州市委常委、副市长吴继德与兰州市人大常委会副主任张宗奎、兰州市政协副主席宋昌义代表兰州市“四大班子”来中国人民银行兰州中心支行慰问。

同日 中国信达资产管理公司投资、重组西部金融租赁公司获财政部批准。

同日 中国平安财产保险股份有限公司甘肃分公司2009年实现保费收入26 175万元，实现利润316万元，多年来首度实现盈利。

是月 甘肃证监局集中开展“防范非法证券活动风险投资者教育宣传月活动”。

是月 甘肃保险业累计实现原保险保费收入114.4亿元，同比增长17.4%，提前一年实现“十一五”规划目标。

是年 甘肃省44家地震灾区农村信用社（合作银行）累计发放灾后重建和恢复生产贷款30多万户、54亿元。

7月29日，中国人民银行天水市中心支行开展全省首个“刷卡无障碍”优秀示范街区创建活动

7月28日，中国人民银行天水市中心支行召开全市社会信用体系建设推进会

第八部分

经济、金融统计资料

甘肃省金融机构本外币各项存、贷款
月度增量及年增量对比

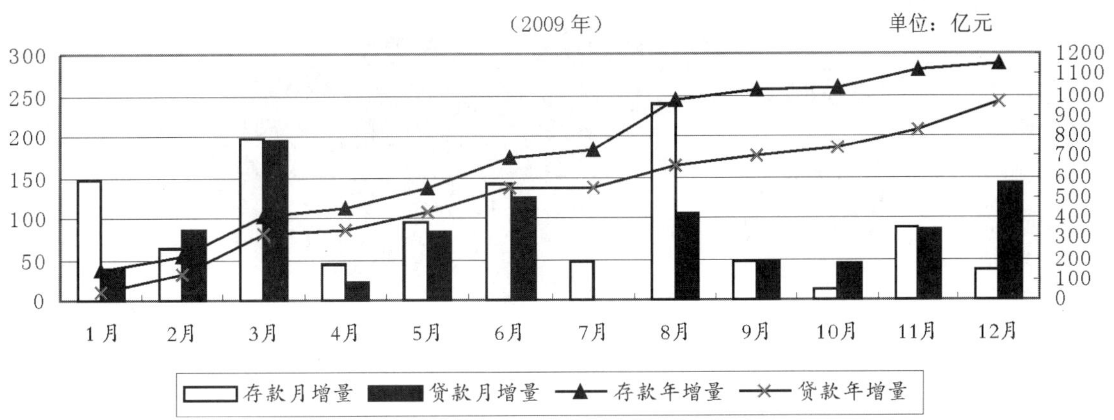

甘肃省金融机构本外币各项存、贷款同比增速对比

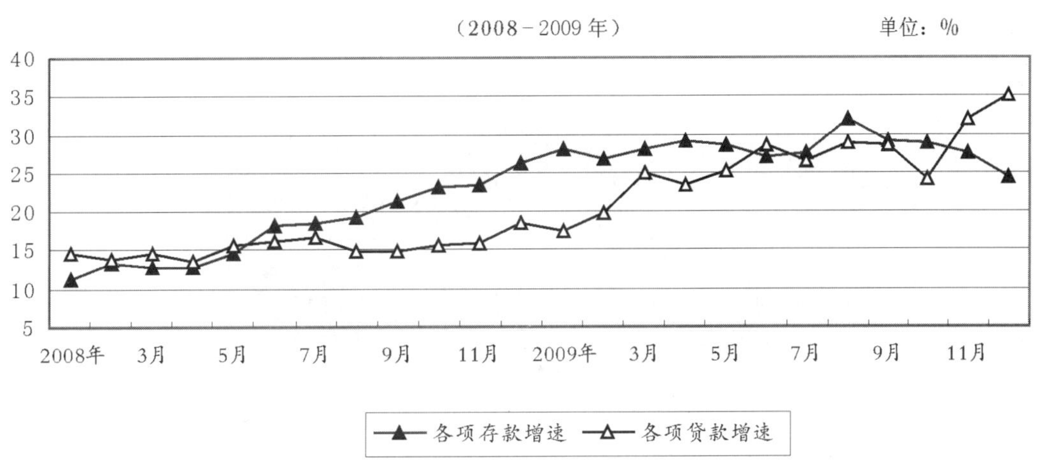

甘肃省金融机构人民币各项存、贷款余额及增量对比

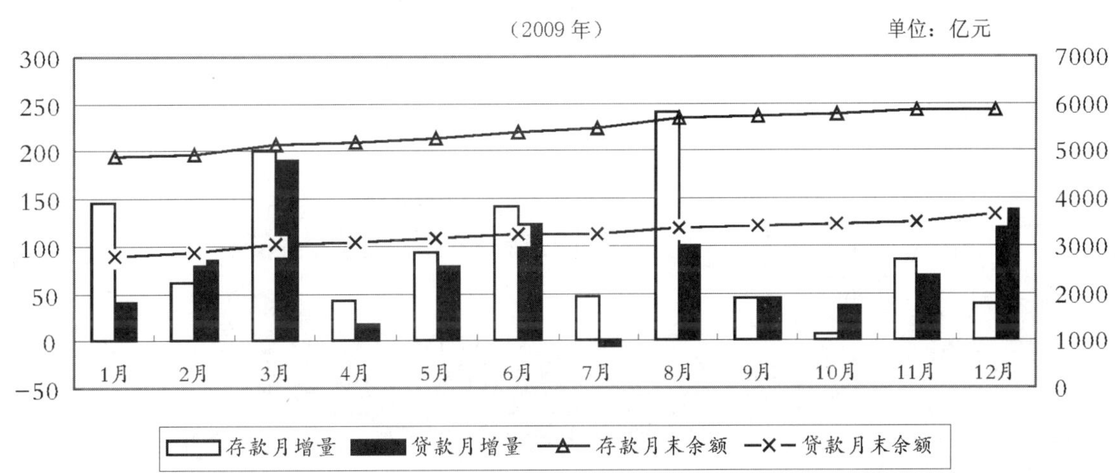

甘肃省金融机构人民币各项存款余额分机构所占比重

（2009年末）

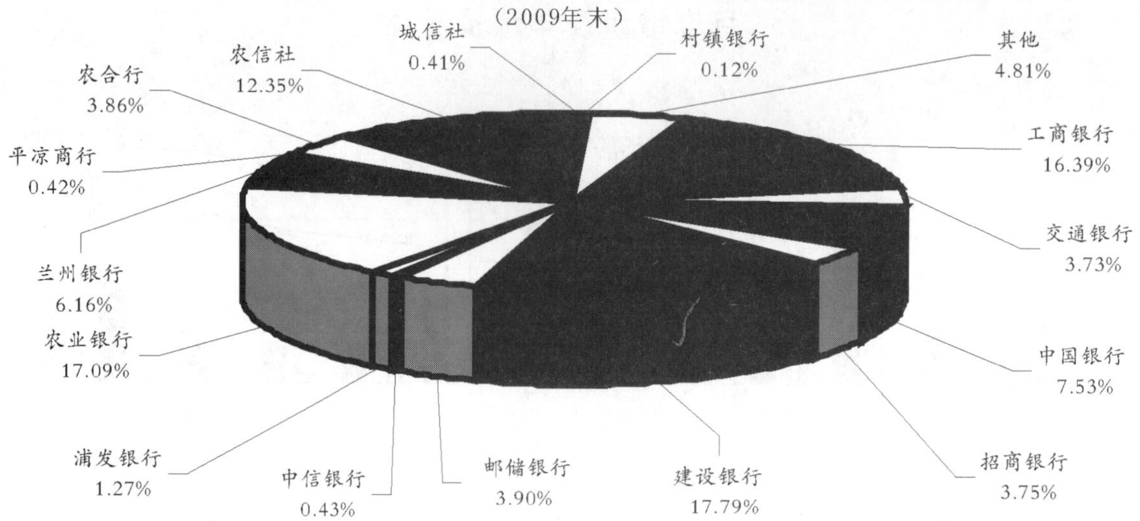

甘肃省金融机构人民币各项贷款余额分机构所占比重

（2009年末）

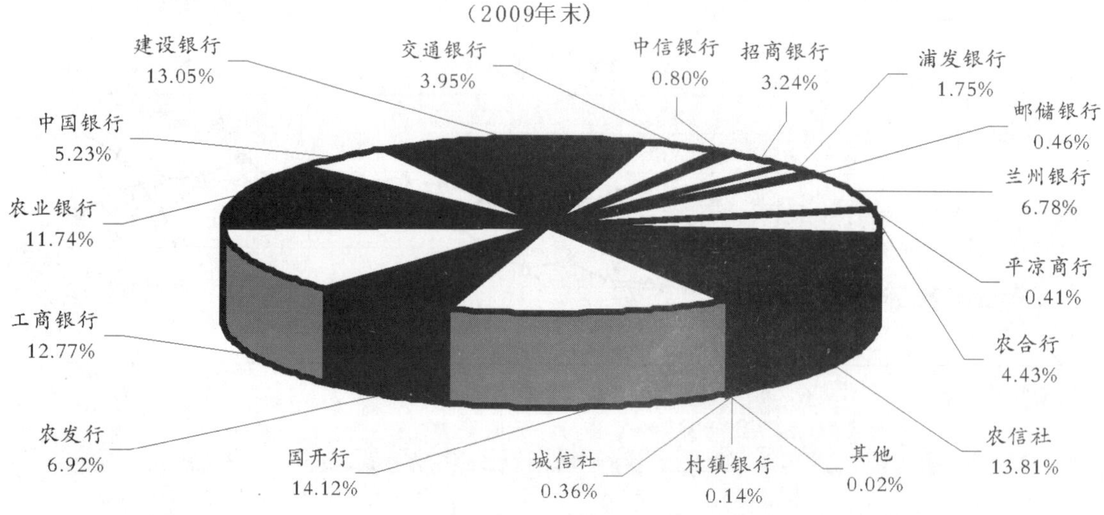

甘肃省金融机构人民币各项存款余额分地区所占比重

（2009年末）

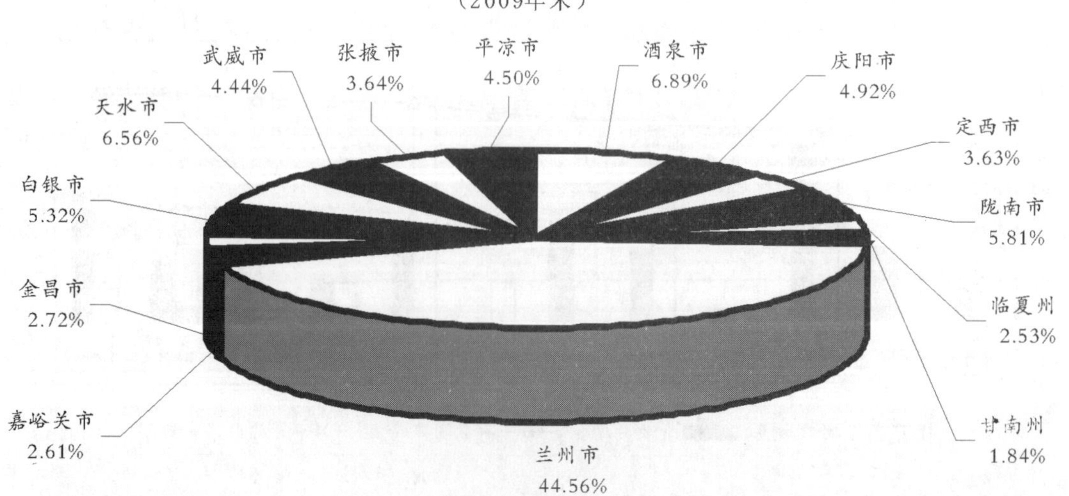

甘肃省金融机构人民币各项贷款余额分地区所占比重

（2009年末）

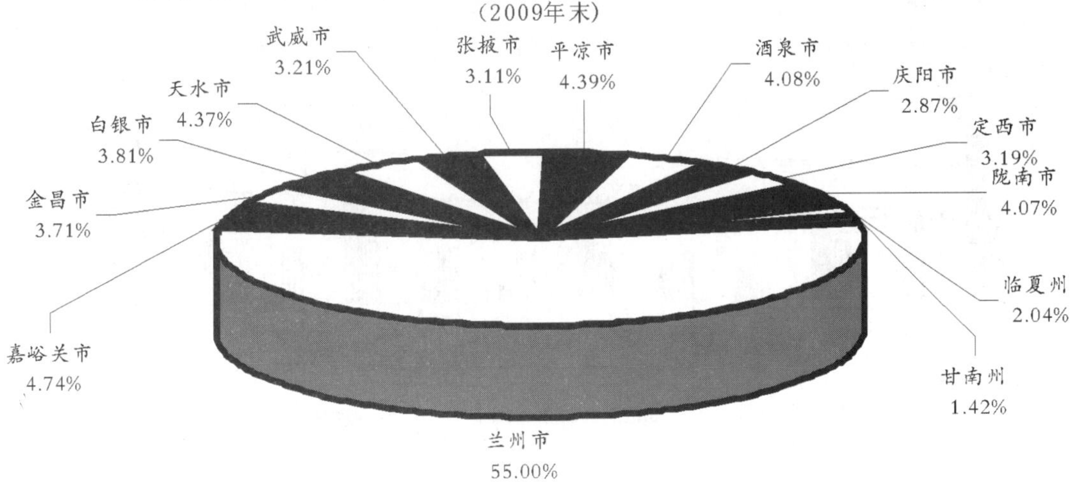

甘肃省金融机构人民币储蓄存款余额分机构所占重比

（2009年末）

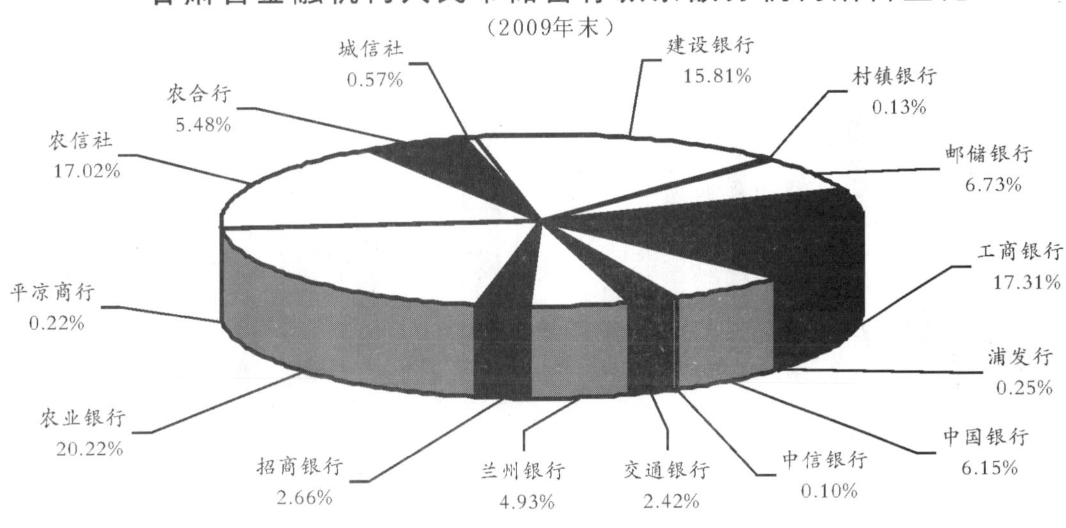

甘肃省金融机构人民币储蓄存款余额分地区所占比重

（2009年末）

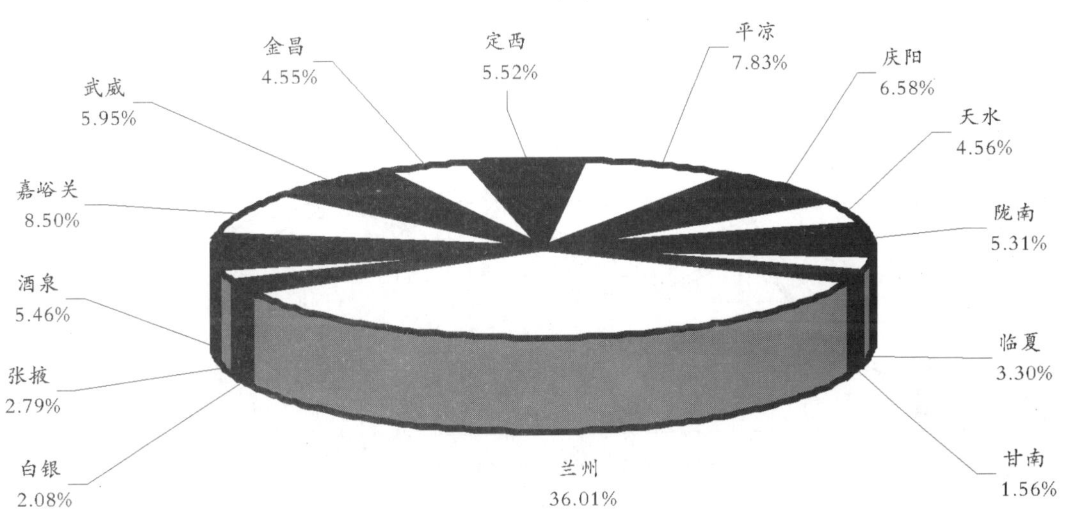

甘肃省金融机构人民币储蓄存款月末余额及增量对比

（2007-2009年）　　　单位:亿元

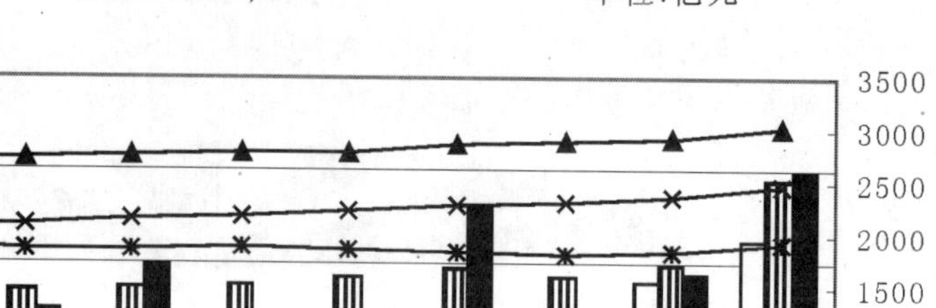

甘肃省银行、信用社人民币贷款累放累收及增减对比

（2009年）　　　单位:亿元

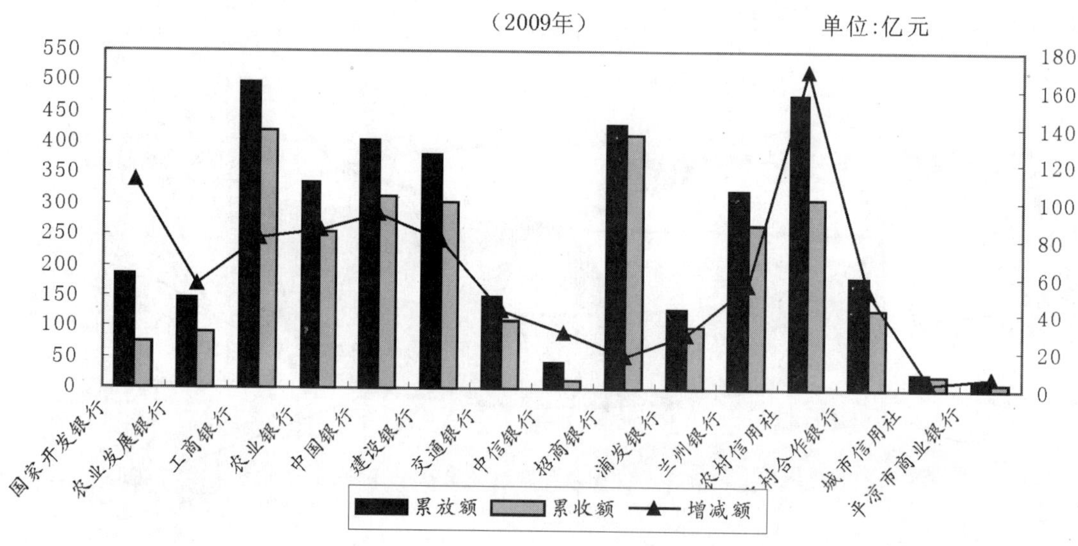

甘肃省金融机构月现金投放（+）回笼（一）年趋势对比

（2007-2009年）　　　单位:亿元

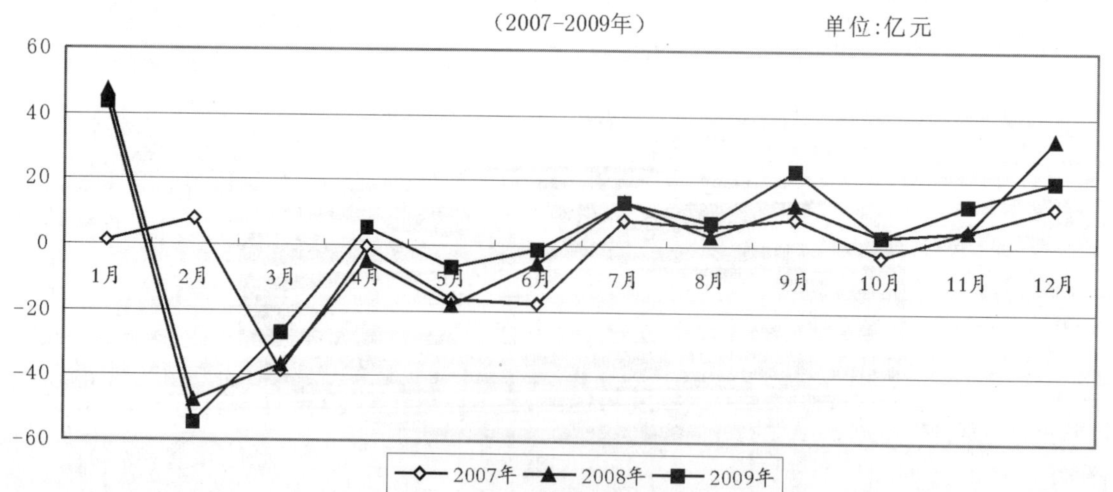

一、金融业务综合统计

甘肃省金融机构本外币信贷收支统计

2009 年末汇率：6.8282　　（2007—2009 年）　　单位：人民币万元

栏目 项目	2007 年 年末余额	2008 年 年末余额	2009 年 年末余额	比年初	
				增减数	增减%
资金来源项目					
一、各项存款	37 649 542	47 456 658	59 031 258	11 551 851	24.33
1. 企事业单位存款	11 320 612	13 721 729	17 062 989	3 259 774	23.62
（1）活期存款	7 915 633	9 018 116	11 318 013	2 274 754	25.15
（2）定期存款	3 404 979	4 703 613	5 744 976	985 020	20.69
2. 储蓄存款	19 297 172	24 757 208	30 420 048	5 651 404	22.82
（1）活期储蓄	7 472 375	9 363 444	12 608 373	3 253 342	34.78
（2）定期储蓄	11 824 797	15 393 764	17 811 675	2 398 062	15.56
3. 信托存款					
4. 委托存款	94 113	131 736	320 485	188 748	143.28
5. 其他存款	6 937 645	8 845 985	11 227 736	2 451 925	27.94
二、所有者权益	720 684	888 771	1 372 344	482 231	54.18
其中：实收资本	438 289	487 784	635 756	140 905	28.47
三、其他	-13 027 134	-19 766 552	-21 409 033	-1 636 443	8.28
资金来源总计	**25 343 092**	**28 578 877**	**38 994 569**	**10 397 639**	**36.36**
资金运用项目					
一、各项贷款	24 481 578	27 684 375	37 398 995	9 696 567	35.00
1. 短期贷款	10 496 974	12 144 186	16 155 450	4 020 362	33.13
2. 中长期贷款	12 550 951	14 237 755	18 727 902	4 462 987	31.29
3. 信托贷款					
4. 委托贷款	35 340				
5. 其他贷款	349 116	105 367	337 776	231 055	216.50
6. 票据融资	1 033 622	1 191 149	217 5160	984 012	82.61
7. 各项垫款	15 575	5 918	2 707	-1 849	-40.58
二、有价证券及投资	861 514	894 502	1 595 574	701 072	78.38
资金运用总计	**25 343 092**	**28 578 877**	**38 994 569**	**10 397 639**	**36.36**

注：1. 第八部分经济金融统计资料中各表除加注资料来源的，其他均由人民银行兰州中心支行调统处提供。
2. 表中“比上年末增减额、增减%”是按当年年末余额与年初结转的可比口径数据相比计算的。

甘肃省国有商业银行本外币信贷收支统计

汇率：6.8282　　(2009 年)　　单位：人民币万元

来源项目	年末余额	比年初增减额	比年初增减%	运用项目	年末余额	比年初增减额	比年初增减%
一、各项存款	34 755 573	5 601 547	19.21	一、各项贷款	16 047 485	3 663 314	29.58
1. 企事业单位存款	10 792 612	1 306 922	13.78	1. 短期贷款	5 290 876	1 385 356	35.47
（1）活期存款	6 861 411	810 422	13.39	2. 中长期贷款	9 255 820	1 514 359	19.56
（2）定期存款	3 931 201	496 500	14.46	3. 其他贷款	247 978	165 692	201.36
2. 储蓄存款	18 128 328	2 940 352	19.36	4. 票据融资	1 251 283	600 194	92.18
（1）活期储蓄	7 713 899	1 748 865	29.32	5. 各项垫款	1 528	-2 287	-59.95
（2）定期储蓄	10 414 429	1 191 487	12.92	二、有价证券及投资	199 261	13 903	7.50
3. 其他存款	5 834 633	1 354 273	30.23	三、应收及预付款	160 930	-14872	-8.46
二、债券发行及境外筹资	39 784	2 062	5.47	其中：应收利息	136 713	-8 123	-5.61
三、应付及暂收款	642 471	-17 603	-2.67	四、买入返售资产		-110 908	
其中：应付及预收利息	356 678	-36 096	-9.19	五、存放中央银行存款	215 766	-242 344	-52.90
四、卖出回购证券				六、同业往来	3 684	2 766	301.05
五、向中央银行借款	3 588	-5		七、库存现金	161 404	33 392	26.09
六、同业往来	552 517	-46 630	-7.78				
七、代理境内贷款资金	142 870	-42 500	-22.93				
八、各项准备	303 924	-4 339	-1.41				
其中：贷款损失准备	274 196	-2 799	-1.01				
九、所有者权益	298 439	71 907	31.74				
其中：实收资本							
十、其他	-19 950 636	-2 219 188	12.52				
资金来源总计	**16 788 530**	**3 345 251**	**24.88**	**资金运用总计**	**16 788 530**	**3 345 251**	**24.88**

注：本表数据统计口径机构包括中国工商银行、中国农业银行、中国银行、中国建设银行。

甘肃省金融机构人民币信贷收支统计

（2009 年）

单位：万元

来源项目（栏目）	年末余额	比年初		运用项目（栏目）	年末余额	比年初	
		增减额	增减%			增减额	增减%
一、各项存款	58 818 151	11 507 191	24.32	一、各项贷款	36 496 154	9 159 156	33.50
1. 企业存款	.16 970 930	3 227 708	23.49	1. 短期贷款	15 895 973	3 830 232	31.74
（1）活期存款	11 236 680	2 246 009	24.98	（1）工业贷款	4 224 661	599 695	16.54
（2）定期存款	5 734 250	981 699	20.66	（2）商业贷款	2 255 216	64 819	2.96
2. 财政存款	1 575 163	-355 602	-18.42	（3）建筑业贷款	274 126	122 081	80.29
3. 机关团体存款	4 268 668	1 122 851	35.69	（4）农业贷款	3 681 724	943 858	34.47
4. 储蓄存款	30 269 418	5 639 030	22.89	（5）乡镇企业贷款	1 131 927	473 996	72.04
（1）活期储蓄	12 572 927	3 246 928	34.82	（6）三资企业贷款	57 550	18 244	46.42
（2）定期储蓄	17 696 491	2 392 102	15.63	（7）私营企业及个体贷款	731 528	316 982	76.46
5. 农业存款	2 333 667	993 745	74.16	（8）其他短期贷款	3 539 241	1 290 557	57.39
6. 信托存款				其中：个人消费贷款	339 261	114 603	51.01
7. 委托存款	353 020	185 921	111.26	2. 中长期贷款	18 421 716	4 344 626	30.86
8. 其他存款	3 047 285	693 538	29.47	（1）基本建设贷款	10 649 625	1 796 120	20.29
二、金融债券	23			（2）技术改造贷款	403 374	-30 166	-6.96
三、应付及暂收款	1 220 471	48 054	4.10	（3）其他中长期贷款	7 368 717	2 578 672	53.83
其中：应付利息	599 536	-4 459	-0.74	其中：个人消费贷款	1 521 267	479 367	46.01
四、同业往来	542 411	242 369	80.78	3. 信托贷款			
五、行内资金往来				4. 融资租赁	1 453		
六、各项准备	824 782	37 911	4.82	5. 委托贷款			
其中：贷款损失准备	762 234	36 322	5.00	6. 票据融资	2 175 160	984 012	82.61
七、所有者权益	1 365 063	481 758	54.54	其中：贴现	2 175 160	984 012	82.61
其中：实收资本	635 756	140 905	28.47	7. 各项垫款	1 852	286	18.26
八、其他	-7 403 276	-1 350 625	22.31	二、有价证券及投资	1 826 347	323 310	21.51
				三、应收及预付款	318 459	23 185	7.85
				其中：应收利息	175 385	7 834	4.68
				四、同业往来	765 430	703 745	
				五、行内资金往来	14 798 813	609 047	4.29
				六、金银占款			
				七、外汇占款	1 423	9 583	-117.44
				八、固定资产	849 991	95 972	12.73
				九、库存现金	311 008	42 660	15.90
资金来源总计	**55 367 625**	**10 966 658**	**24.70**	**资金运用总计**	**55 367 625**	**10 966 658**	**24.70**

注：本表数据统计口径机构包括中国人民银行、政策性银行、国有商业银行、交通银行、中信银行、招商银行、浦发银行、邮政储蓄银行、城市商业银行、农村合作银行、城市信用社、农村信用社、村镇银行、信托投资公司、金融租赁公司。

甘肃省金融机构外汇信贷收支统计

（2009 年） 单位：万美元

栏目 来源项目	年末余额	比年初		栏目 运用项目	年末余额	比年初	
		增减额	增减%			增减额	增减%
一、各项存款	31 210	6 564	26.63	一、各项贷款	132 222	78 755	147.29
1. 单位活期存款	11 911	4 217	54.81	1. 短期贷款	38 001	27 854	274.52
其中：中资企业存款	5 838	3 319	131.75	（1）境内短期贷款	38 001	27 854	274.52
外商投资企业存款	373	79	26.88	其中：中资企业贷款	38 000	28 000	280.00
2. 单位定期存款	1 571	487	44.99	外商投资企业贷款			
其中：中资企业存款	195	175	879.06	（2）境外短期贷款			
外商投资企业存款	816	801		2. 中长期贷款	44 841	17 360	63.17
3. 储蓄存款	22 060	1 831	9.05	（1）境内中长期贷款	28 201	8 228	41.19
其中：定期存款	16 869	888	5.56	其中：中资企业贷款	27 661	8 161	41.85
4. 信托存款							
外商投资贷款							
5. 委托存款	-4 765	409	-7.91	（2）境外中长期贷款	16 640	9 132	121.64
6. 其他类存款	433	-380	-46.74	3. 进出口贸易融资	36 946	34 017	
7. 境外存款				4. 票据融资			
二、境外筹资	6 256	740	13.42	其中：贴现			
三、同业存放	200	55	37.73	5. 融资租赁			
其中：境外同业存放				6. 信托贷款			
四、应付及暂收款	2 338	710	43.65	7. 委托贷款			
其中：应付及预提利息	253	-617	-70.94	8. 各项垫款	125	-312	-71.38
五、同业拆入				9. 境外筹资转贷款	12 309	-164	-1.31
其中：境外同业拆入				二、有价证券及投资			
六、外汇买卖	146	1 406	-111.62	三、应收及预付款	2 935	2 139	268.74
其中：结售汇	-236	1 237	-84.00	其中：应收及预付利息	468	-87	-15.61
七、境内联行存放	91 538	70 776	340.90	四、存放同业			
八、境外联行存放	1 386	1 386		其中：存放境外同业			
九、证券业务款项				五、拆放同业			
十、各项准备	1 026	189	22.64	其中：拆放境外同业			
其中：贷款损失准备	1 026	189	22.64	六、存放境内联行			
十一、所有者权益	1 066	70	7.05	七、存放境外联行			
其中：实收资本				八、证券业务占款			
十二、其他	1 259	-1 036	-45.14	九、库存现金	1 268	-34	-2.64
资金来源总计	**136 425**	**80 860**	**145.52**	**资金运用总计**	**136 425**	**80 860**	**145.52**

甘肃省金融机构分地区人民币存款统计

（2009 年） 单位：万元

项目 地区	各项存款	比年初		企业存款		财政存款	机关团体存款	储蓄存款		农业存款	其他存款
		增减额	增减%		定期				定期		
兰州市	26 211 979	4 649 112	21.56	10 202 249	3 863 223	749 611	1 513 564	10 899 723	7 184 672	632 593	2 037 182
白银市	3 127 972	434 224	16.12	1 107 048	509 187	59 252	123 596	1 653 527	938 958	106 099	73 825
天水市	3 860 747	1 026 654	36.23	711 401	101 993	47 728	230 915	2 574 323	1 434 481	174 495	99 273
嘉峪关市	1 536 757	260 543	20.42	681 552	391 228	38 650	91 141	629 104	402 574	16 037	80 273
金昌市	1 601 814	211 835	15.24	385 978	118 447	34 482	105 431	845 576	512 366	46 681	183 616
武威市	2 611 183	608 435	30.38	341 237	65 345	36 562	277 199	1 801 166	1 043 937	94 339	46 467
张掖市	2 143 600	538 451	33.55	398 799	76 097	64 530	166 604	1 377 925	742 249	83 035	48 050
平凉市	2 648 776	583 076	28.23	590 003	91 909	64 621	169 535	1 670 819	933 023	91 388	37 998
庆阳市	2 895 656	682 127	30.82	430 732	18 465	143 082	206 161	1 991 278	1 089 560	76 669	24 834
酒泉市	4 054 450	801 063	24.62	911 250	384 867	52 636	244 339	2 369 397	1 447 067	157 592	296 165
定西市	2 137 336	574 923	36.80	297 953	29 594	65 800	249 554	1 379 922	713 992	113 657	23 574
陇南市	3 417 842	514 931	17.74	538 584	41 833	94 572	554 047	1 606 281	635 080	521 450	51 113
临夏州	1 488 327	344 818	30.15	206 917	17 063	78 035	120 391	998 703	442 763	49 201	34 543
甘南州	1 081 712	276 999	34.42	167 227	24 999	45 602	216 191	471 674	175 769	170 431	10 372
全省合计	**58 818 151**	**11 507 191**	**24.32**	**16 970 930**	**5 734 250**	**1 575 163**	**4 268 668**	**30 269 418**	**17 696 491**	**2 333 667**	**3 047 285**

甘肃省金融机构分地区人民币贷款统计

（2009 年）

单位：万元

项目 地区	各项贷款	比年初		短期贷款	工业贷款	商业贷款	建筑业贷款	农业贷款	乡镇企业贷款	私营企业及个体贷款	其他短期贷款	中长期贷款	基本建设贷款	其他中长期贷款	票据融资	各项垫款
		增减额	增减%													
兰州市	20 071 913	4 869 330	32.03	6 629 302	2 011 696	958 152	213 910	344 274	404 546	231 583	2 407 592	12 049 885	7 919 198	3 747 077	1 389 825	1 444
白银市	1 389 411	433 166	45.30	813 916	263 624	107 557	7 416	219 809	24 479	41 763	149 267	545 125	183 436	361 690	30 369	
天水市	1 595 420	531 565	49.97	864 017	67 522	66 723	791	370 750	171 442	29 831	156 958	727 974	176 080	546 130	3 429	
嘉峪关市	1 730 137	290 252	20.16	874 166	632 210	94 372		39 518	5 652	3 769	98 645	450 803	175 900	274 903	405 068	100
金昌市	1 354 432	247 208	22.33	847 163	607 207	78 932	3 150	63 098	31 283	19 447	44 047	206 757	116 439	90 318	300 266	245
武威市	1 171 598	288 532	32.67	662 208	25 775	217 060	100	208 213	116 214	28 132	66 713	504 547	295 485	209 062	4 781	63
张掖市	1 133 653	250 530	28.37	583 050	56 276	130 003	940	269 999	25 642	24 606	75 584	538 255	357 058	181 196	12 349	
平凉市	1 603 099	334 548	26.37	951 065	296 986	128 947	10 040	299 742	5 487	75 839	134 025	646 516	279 494	367 022	5 518	
庆阳市	1 046 256	316 841	43.44	612 438	7 707	87 288	7 450	404 039	34 233	28 333	43 389	433 819	128 699	305 120		
酒泉市	1 488 668	425 617	40.04	970 032	147 258	207 818	5 028	299 592	136 041	46 938	127 356	497 001	285 871	211 130	21 635	
定西市	1 162 411	312 908	36.83	689 353	22 149	68 876	24 471	337 086	77 711	101 344	57 715	471 634	98 547	359 087	1 425	
陇南市	1 486 623	483 660	48.22	841 085	63 310	62 759	450	529 628	49 899	33 162	101 877	645 494	280 940	364 554	45	
临夏州	745 170	204 003	37.70	365 292	15 651	40 066	180	181 025	19 676	58 193	50 501	379 428	158 198	221 230	450	
甘南州	517 363	170 996	49.37	192 886	7 290	6 663	200	114 951	29 622	8 588	25 572	324 478	194 280	130 198		
全省合计	**36 496 154**	**9 159 156**	**33.50**	**15 895 973**	**4 224 661**	**2 255 216**	**274 126**	**3 681 724**	**1 131 927**	**731 528**	**3 539 241**	**18 421 716**	**10 649 625**	**7 368 717**	**2 175 160**	**1 852**

甘肃省金融机构人民币个人消费贷款专项统计

（2009 年）

单位：万元

项目名称＼机构	本月余额	比年初		国家开发银行	工商银行	农业银行	中国银行	建设银行	交通银行	中信银行	招商银行	浦发银行	邮政储蓄银行	城市商业银行	农村合作银行	城市信用社	农村信用社	村镇银行
		增减额	增减%															
个人消费贷款合计	**1 860 521**	**593 970**	**46.90**	**86 749**	**338 466**	**224 536**	**190 069**	**329 345**	**94 937**	**2 440**	**135 464**	**25 689**	**15 611**	**149 853**	**24 466**	**7 629**	**232 260**	**3 007**
一、个人短期消费贷款	339 255	114 603	51.01		10 614	20 569	22 647	2 771	1 330	200	2 503	5 490	3 011	44 391	23 296	640	199 717	2 076
1. 住房贷款	68 767	24 922	56.84			612	240	270			247		23	22 335	4 029	107	40 283	621
2. 汽车贷款	38 006	10 257	36.96		516	55	54	2			10		66	2 128	19 267	92	15 744	72
3. 助学贷款	1	-1	-53.29					1										
4. 大件耐用消费品贷款	1	-2	-78.26										1					
5. 旅游贷款																		
6. 个人住房装修贷款	870	454	109.49				94	1					58	474			46	197
7. 其他贷款	231 610	78 973	51.74		10 098	19 902	22 259	2 497	1 330	200	2 246	5 490	2 863	19 454		441	143 644	1 186
其中：个人卡透支	9 686	6 859	242.58			9 515		11	3			157						
二、中长期个人消费贷款	1 521 266	479 367	46.01	86 749	327 852	203 967	167 422	326 574	93 607	2 240	132 961	20 199	12 600	105 462	1 170	6 989	32 543	931
1. 住房贷款	1 188 415	385 446	48.00		279 244	164 733	127 008	281 879	86 358	2 192	124 281	19 698	12 331	82 880		1 724	5 540	547
2. 汽车贷款	74 672	27 886	59.60		3 584	29 472	6 924	1 546	826	29	1 203	247	15	14 303	274	5 265	10 876	108
3. 助学贷款	118 451	42 566	56.09	86 749	1 513	299	18 987	3 715		19		100		1	896		6172	
4. 大件耐用消费品贷款	215	-85	-28.29					215										
5. 旅游贷款																		
6. 个人住房装修贷款	1 359	-535	-28.23		108		94	499	132		194		71					261
7. 其他贷款	138 154	24 090	21.12		43 403	9 463	14 409	38 720	6 291		7 283	154	183	8 278			9 955	15

注：本表统计口径自2009 年起新增个人信用卡透支内容。

甘肃省银行、信用社人民币贷款累放累收统计

（2009 年）

单位：万元

栏目 项目名称	本年贷款					
	累计发放	累计收回	增减额	平均余额	周转次数	周转天数
贷款合计	**37 288 419**	**28 262 898**	**9 025 520**	**31 822 643**	**0.89**	**411**
1. 短期贷款	17 967 197	14 217 250	3 749 947	13 858 028	1.03	356
（1）工业贷款	5 434 384	4 752 782	681 602	3 939 476	1.21	303
（2）商业贷款	1 762 841	1 677 527	85 315	2 117 516	0.79	461
（3）建筑业贷款	390 727	305 163	85 564	193 922	1.57	232
（4）农业贷款	3 794 683	2 824 764	969 919	3 457 503	0.82	447
（5）乡镇企业贷款	1 086 444	665 036	421 408	814 710	0.82	447
（6）三资企业贷款	54 248	36 004	18 244	33 688	1.07	342
（7）私营企业及个体贷款	266 718	233 058	33 660	43 412	5.37	68
（8）其他短期贷款	5 177 152	3 722 916	1 454 235	3 257 801	1.14	319
其中：个人短期消费贷款	220 585	451 314	-230 729	143 011	3.16	116
2. 中长期贷款	7 640 914	3 341 788	4 299 126	16 049 758	0.21	1 753
（1）基本建设贷款	2 834 652	1 377 782	1 456 870	9 754 042	0.14	2 584
（2）技术改造贷款	79 043	109 209	-30 166	396 575	0.28	1 325
（3）其他中长期贷款	4 727 219	1 854 797	2 872 422	5 899 141	0.31	1 161
其中：个人中长期消费贷款	806 722	351 694	455 028	1 209 333	0.29	1 255
3. 票据融资	11 576 198	10 601 371	974 826	1 912 136	5.54	66
4. 各项垫款	104 110	102 489	1 621	2 721	37.67	10

注：本表统计口径机构不包括邮政储蓄银行和村镇银行相关数据。

甘肃省商业银行人民币贷款累放累收统计

（2009 年） 单位：万元

栏目 项目名称	本年贷款					
	累计发放	累计收回	增减额	平均余额	周转次数	周转天数
贷款合计	**27 101 900**	**21 980 692**	**5 121 207**	**19 243 307**	**1.14**	**320**
1. 短期贷款	10 432 828	8 834 062	1 598 766	6 902 479	1.28	285
（1）工业贷款	5 428 224	4 746 551	681 673	3 935 607	1.21	303
（2）商业贷款	1 123 970	939 134	184 836	797 919	1.18	310
（3）建筑业贷款	390 427	299 163	91 264	188 208	1.59	230
（4）农业贷款	434 071	295 111	138 959	265 423	1.11	328
（5）乡镇企业贷款	2 271	1 921	350	794	2.42	151
（6）三资企业贷款	54 248	36 004	18 244	33 688	1.07	342
（7）私营企业及个体贷款	225 879	195 910	29 969	22 942	8.54	43
（8）其他短期贷款	2 773 738	2 320 268	453 471	1 657 898	1.4	261
其中：个人短期消费贷款	220 623	450 979	-230 356	-3 693	-122.13	-3
2. 中长期贷款	5 073 957	2 513 542	2 560 414	10 452 840	0.24	1 518
（1）基本建设贷款	1 830 032	991 430	838 602	5 815 540	0.17	2 141
（2）技术改造贷款	79 043	109 209	-30 166	396 575	0.28	1 325
（3）其他中长期贷款	3 164 882	1 412 903	1 751 978	4 240 725	0.33	1 096
其中：个人中长期消费贷款	754 574	347 451	407 123	1 129 901	0.31	1 187
3. 票据融资	11 491 030	10 530 623	960 406	1 885 330	5.59	65
4. 各项垫款	104 085	102 465	1 621	2 658	38.55	185

注：本表数据统计口径机构包括中国工商银行、中国农业银行、中国银行、中国建设银行、交通银行、中信银行、招商银行、浦发银行、城市商业银行。

甘肃省商业银行人民币信贷收支统计

（2009 年）　　　　　　　　单位：万元

栏目 来源项目	年末余额	比年初		栏目 运用项目	年末余额	比年初	
		增减额	增减%			增减额	增减%
一、各项存款	43 853 201	7 856 479	21.83	一、各项贷款	21 800 540	5 114 644	30.65
1. 企业存款	15 444 056	2 544 514	19.73	1. 短期贷款	7 797 381	1 571 738	25.25
（1）活期存款	10 056 728	1 661 891	19.80	（1）工业贷款	4 219 959	598 044	16.51
（2）定期存款	5 387 328	882 623	19.59	（2）商业贷款	898 916	179 443	24.94
2. 机关团体存款	4 075 761	1 013 751	33.11	（3）建筑业贷款	274 036	122 291	80.59
3. 储蓄存款	21 210 995	3 567 966	20.22	（4）农业贷款	272 276	74 724	37.83
（1）活期储蓄	8 543 658	1 911 748	28.83	（5）乡镇企业贷款	350	350	
（2）定期储蓄	12 667 337	1 656 218	15.04	（6）三资企业贷款	57 550	18 244	46.42
4. 农业存款	46 244	31 478	213.19	（7）私营企业及个体贷款	575 719	259 686	82.17
5. 其他存款	3 076 145	698 770	29.39	（8）其他短期贷款	1 498 575	318 956	27.04
二、代理财政性存款	143 560	-44 729	-23.76	其中：个人消费贷款	110 516	35 118	46.58
三、金融债券	23			2. 中长期贷款	11 875 803	2 583 418	27.80
其中：政策性金融债券	23			（1）基本建设贷款	6 475 634	1 177 862	22.23
四、应付及暂收款	901 058	83 888	10.27	（2）技术改造贷款	403 374	-30 166	-6.96
其中：应付及预提利息	479 713	-2 325	-0.48	（3）其他中长期贷款	4 996 795	1 435 722	40.32
五、卖出回购证券	189 370	189 370		其中：个人消费贷款	1 380 285	410 718	42.36
六、向中央银行借款	9 688	-5	-0.05	3. 票据融资	2 125 566	959 203	82.24
七、同业往来	512 474	-134 709	-20.81	其中：贴现	2 125 566	959 203	82.24
1. 同业存放	512 474	-134 709	-20.81	4. 各项垫款	1 790	285	18.94
2. 同业拆借				二、有价证券及投资	774 602	-21 773	-2.73
八、行内资金往来				三、应收及预付款	257 326	24 382	10.47
九、委托存款及委托投资基金（净）	164 360	75 440	84.84	其中：应收利息	143 429	-2 179	-1.50
1. 委托存款及委托投资基金	1 195 575	408 656	51.93	四、买入返售资产	145 861	84 497	137.70
2. 减：委托贷款及委托投资	1 031 215	333 217	47.74	五、存放中央银行准备金存款	800 479	35 599	4.65
十、代理金融机构委托贷款基金	142 870	-42 500	-22.93	六、存放中央银行特种存款			
其中：中央银行委托贷款基金				七、缴存中央银行财政性存款	114 752	-256 926	-69.13
十一、各项准备	438 563	14 545	3.43	八、同业往来	43 250	42 844	
其中：贷款损失准备金	404 229	15 538	4.00	1. 存放同业	43 250	42 844	
十二、所有者权益	600 680	149 231	33.06	2. 拆放同业			
其中：实收资本	210 714	56 573	36.70	九、行内资金往来	20 914 697	1 742 551	9.09
十三、其他	-1 779 263	-1 385 928	352.35	十、代理金融机构贷款	142 870	-48 600	-25.38
				其中：代理人行专项贷款		-6 100	
				十一、库存现金	183 816	35 419	23.87
				十二、外汇占款	-1 609	8 445	-84.00
资金来源总计	**45 176 584**	**6 761 082**	**17.60**	**资金运用总计**	**45 176 584**	**6 761 082**	**17.60**

注：本表数据统计口径包括中国工商银行、中国农业银行、中国银行、中国建设银行、交通银行、中信银行、招商银行、浦发银行、城市商业银行。

甘肃省商业银行分地区人民币存款统计

（2009 年）　　单位：万元

项目 地区	各项存款	比年初		企业存款		机关团体存款	储蓄存款		农业存款	其他存款
		增减额	增减%		定期			定期		
兰州市	22 568 120	3 901 616	20.90	9 560 879	3 641 453	1 499 031	9 365 751	6 287 232	12 858	2 129 604
白银市	2 148 043	171 333	8.67	936 413	488 836	121 003	1 020 635	528 609	937	69 055
天水市	2 367 125	529 093	28.79	539 438	75 329	213 483	1 515 956	813 834	510	97 737
嘉峪关市	1 363 707	228 814	20.16	668 260	380 782	87 839	528 107	331 268	490	79 011
金昌市	1 284 946	134 472	11.69	338 445	105 880	105 044	659 732	406 558	419	181 305
武威市	1 647 122	363 166	28.28	289 009	55 477	275 974	1 041 910	608 475	1 049	39 181
张掖市	1 321 109	325 443	32.69	346 717	68 995	148 472	781 265	423 557	3 821	40 834
平凉市	1 816 181	349 210	23.80	564 651	89 181	155 130	1 063 319	548 205	139	32 942
庆阳市	1 766 359	366 830	26.21	345 402	12 832	184 734	1 212 432	628 024	2 233	21 557
酒泉市	3 026 799	559 112	22.66	854 836	373 143	243 557	1 624 914	1 043 872	21 755	281 738
定西市	1 214 538	280 417	30.02	201 386	27 488	243 752	749 393	363 842	816	19 190
陇南市	1 794 565	378 565	26.73	466 760	33 964	479 228	805 297	337 371	844	42 436
临夏州	906 434	171 014	23.25	180 538	13 545	105 959	588 165	260 489	137	31 635
甘南州	628 153	97 394	18.35	151 322	20 423	212 555	254 119	86 001	236	9 920
全省合计	**43 853 201**	**7 856 479**	**21.83**	**15 444 056**	**5 387 328**	**4 075 761**	**21 210 995**	**12 667 337**	**46 244**	**3 076 145**

甘肃省商业银行分地区人民币贷款统计

（2009 年）

单位：万元

项目 / 地区	各项贷款	比年初		短期贷款							中长期贷款				票据融资	各项垫款
		增减额	增减%		工业贷款	商业贷款	建筑业贷款	农业贷款	私营企业及个体贷款	其他短期贷款		基本建设贷款	技术改造贷款	其他中长期贷款		
兰州市	12 968 056	3 069 709	31.01	4 453 683	2 011 696	701 793	213 910	55 726	195 990	1 217 018	7 149 930	3 745 267	383 610	3 021 053	1 362 997	1 445
白银市	660 291	155 093	30.70	311 528	260 632	2 823	7 416	3 082	16 910	20 664	340 505	183 436		157 069	8 258	
天水市	554 815	144 132	35.10	108 049	67 522	5 065	791	5 533	24 675	4 463	443 336	176 080	5 764	261 492	3 429	
嘉峪关市	1 648 355	277 211	20.22	830 013	632 210	81 359		35 995	1 237	79 212	413 369	175 900		237 469	404 873	100
金昌市	1 108 209	201 596	22.24	624 795	607 207	1 880	3 150	280	9 061	3 217	182 903	116 439		66 464	300 266	245
武威市	495 266	100 865	25.57	93 903	25 775	14 623	100	35 776	13 730	3 899	396 643	295 485		101 158	4 721	
张掖市	551 201	84 621	18.14	109 770	56 276	2 629	940	12 822	21 746	15 357	429 082	357 058		72 024	12 349	
平凉市	967 604	199 775	26.02	467 826	296 986	26 298	9 950	80	71 548	62 614	494 261	279 434		214 827	5 518	
庆阳市	318 176	83 311	35.47	83 029	7 707	6 937	7 450	27 129	24 100	9 706	235 147	128 699		106 448		
酒泉市	805 838	317 056	64.87	351 762	147 258	35 957	5 028	78 085	29 584	55 850	432 842	285 871		146 971	21 235	
定西市	430 837	75 370	21.20	165 666	22 149	12 777	24 471	9 425	89 700	7 144	263 745	98 547	14 000	151 198	1 425	
陇南市	585 620	203 809	53.38	91 763	63 310	5 012	450	100	15 417	7 474	493 813	280 940		212 873	45	
临夏州	414 940	130 055	45.65	91 558	13 941	1 763	180	8 143	56 404	11 127	322 932	158 198		164 734	450	
甘南州	291 331	72 041	32.85	14 036	7 290		200	100	5 617	830	277 295	194 280		83 015		
全省合计	**21 800 539**	**5 114 644**	**30.65**	**7 797 381**	**4 219 959**	**898 916**	**274 036**	**272 276**	**575 719**	**1 498 575**	**11 875 803**	**6 475 634**	**403 374**	**4 996 795**	**2 125 566**	**1 790**

甘肃省各金融机构外汇信贷收支情况统计（一）

（2009 年）　　　　单位：万美元

机构 来源项目	国家开发银行	农业发展银行	工商银行	农业银行	中国银行	建设银行	交通银行	中信银行	招商银行	浦东发展银行	兰州银行
一、各项存款	3 944	18	1 446	1 353	17 753	4 130	2 207	15	4 962	106	41
1. 单位活期存款	3 944	18	218	643	1 755	3 160	136		2 019		19
其中：中资企业存款	3 944	18	108		1 734		7		28		
外商投资企业存款			99		21				253		
2. 单位定期存款				267	478		810		16		
其中：中资企业存款					185		10				
外商投资企业存款							800		16		
3. 储蓄存款			1 180	300	15 464	8 80	1 203	15	2 897	100	22
其中：定期存款			370	292	12 258	761	1 039	10	2 042	76	22
4. 其他类存款			48	143	56	90	58		30	6	
5. 境外存款											
二、境内中长期筹资											
三、卖出回购资产											
四、境外筹资			3 716			2 107				433	
五、向中央银行借款											
六、中央银行存款											
七、应付及暂收款			8	1 087	199	40	984		19		1
其中：应付及预提利息			7	5	172	17	34		18		1
八、同业存放				1	955				25		
（1）境内同业存放				1	955				25		
（2）境外同业存放											
九、同业拆入											
（1）境内同业拆入											
（2）境外同业拆入											
十、委托基金存款（净）				-4 797			32				
十一、外汇买卖	444		-56	110	-375			-504			527
其中：结售汇				110	-368			-504			527
十二、境内联行存放	45 973		5 975	6 857	17 441	3 687	5 117	500	5 526	483	
十三、境外联行存放					1 386						
十四、各项准备			100		683		24		219		
其中：贷款损失准备金			100		683		24		219		
十五、所有者权益	160		353	27	683	16	10		-188	3	3
其中：实收资本											
十六、其他	-4		739	116	414	1	500	-1			
资金来源总计	**50 517**	**18**	**12 281**	**4 754**	**39 139**	**9 881**	**8 874**	**10**	**10 563**	**1 025**	**572**

甘肃省各金融机构外汇信贷收支情况统计（二）

（2009 年） 单位：万美元

机构 运用项目	国家开发银行	农业发展银行	工商银行	农业银行	中国银行	建设银行	交通银行	中信银行	招商银行	浦东发展银行	兰州银行
一、各项贷款	50 301		12 145	4 599	38 140	8 073	7 777		10 186	1 000	
1. 短期贷款	6 000		7 000	3 001	16 000		5 000			1 000	
（1）境内短期贷款	6 000		7 000	3 001	16 000		5 000			1 000	
其中：中资企业贷款	6 000		7 000	3 000	16 000		5 000			1 000	
其中：外商投资企业贷款											
（2）境外短期贷款											
2. 中长期贷款	44 301			540							
（1）境内中长期贷款	27 661			540							
其中：中资企业贷款	27 661										
外商投资企业贷款											
（2）境外中长期贷款	16 640										
3. 进出口贸易融资			1 329	1 058	18 469	5 584	319		10 186		
4. 票据融资											
其中：贴现											
5. 各项垫款			100				25				
6. 境外筹资转贷款			3 716		3 671	2 489	2 433				
二、投资											
1. 购买有价证券											
其中：购买境外有价证券											
2. 其他投资											
其中：投资境外											
三、应收及预付款	216		−2	73	211	1 554	869		14		
其中：应收及预付利息	215			2	204	17	15		14		
四、买入返售资产											
五、存放中央银行											2
其中：缴存准备金											2
六、存放同业			52	21		194	183	10	251	18	561
（1）存放境内同业			52	21		194	183	10	251	18	561
（2）存放境外同业											
七、拆放同业											
（1）拆放境内同业											
（2）拆放境外同业											
八、存放境内联行		18									
九、存放境外联行											
十、库存现金			86	61	788	160	45		112	7	9
资金运用总计	**50 517**	**18**	**12 281**	**4 754**	**39 139**	**9 881**	**8 874**	**10**	**10 563**	**1 025**	**572**

甘肃省各市、州分县（区）人民币储蓄存款余额统计

（2009 年）　　　　单位：万元

地区、县（区）\ 项目	城乡储蓄		其中：城乡储蓄		其中：城乡储蓄	
	合　计	#定期	合　计	#定期	合　计	#定期
全省合计	**30 269 418**	**17 696 491**	**23 420 414**	**14 122 037**	**6 849 004**	**3 574 454**
兰州市	**10 899 723**	**7 184 672**	**9 756 260**	**6 545 763**	**1 143 463**	**638 909**
市　区	9 637 699	6 452 428	9 073 150	6 139 312	564 549	313 116
红古区	292 215	162 280	215 224	128 973	76 991	33 307
榆中县	396 151	248 779	188 986	117 920	207 165	130 859
皋兰县	198 798	99 646	80 696	42 984	118 102	56 662
永登县	374 860	221 539	198 204	116 574	176 656	104 965
白银市	**1 653 527**	**938 958**	**1 311 184**	**765 668**	**342 343**	**173 290**
白银区	748 889	510 090	657 353	439 503	91 536	70 587
平川区	330 231	171 360	289 915	154 995	40 316	16 365
靖远县	196 066	90 063	121 350	60 696	74 716	29 367
景泰县	183 337	68 474	125 921	49 415	57 416	19 059
会宁县	195 004	98 971	116 645	61 059	78 359	37 912
天水市	**2 574 323**	**1 434 481**	**1 777 379**	**963 587**	**796 944**	**470 894**
秦州区	1 085 199	667 325	794 966	448 317	290 233	219 008
麦积区	529 994	297 403	380 959	214 791	149 035	82 612
甘谷县	280 286	138 044	209 396	101 091	70 890	36 953
武山县	182 804	102 173	121 758	70 151	61 046	32 022
清水县	103 650	48 604	48 937	19 560	54 713	29 044
张川县	102 531	39 365	57 557	18 547	44 974	20 818
秦安县	289 859	141 567	163 806	91 130	126 053	50 437
嘉峪关市	**629 104**	**402 574**	**585 991**	**374 148**	**43 113**	**28 426**
金昌市	**845 576**	**512 366**	**730 189**	**453 931**	**115 387**	**58 435**
金川区	596 084	383 723	552 806	360 765	43 278	22 958
永昌县	249 492	128 643	177 383	93 166	72 109	35 477
武威市	**1 801 166**	**1 043 937**	**1 204 713**	**713 864**	**596 453**	**330 073**
凉州区	1 171 407	708 999	841 122	515 188	330 285	193 811
民勤县	337 493	191 136	180 690	106 615	156 803	84 521
天祝县	136 209	64 181	81 618	38 442	54 591	25 739
古浪县	156 057	79 621	101 283	53 619	54 774	26 002
张掖市	**1 377 925**	**742 249**	**893 274**	**504 742**	**484 651**	**237 507**
甘州区	743 354	413 450	540 778	3 088 36	202 576	104 614

续表

项目 地区、县（区）	城乡储蓄		其中：城乡储蓄		其中：城乡储蓄	
	合 计	#定期	合 计	#定期	合 计	#定期
山丹县	167 546	89 515	124 251	68 220	43 295	21 295
高台县	161 235	90 522	80 184	48 912	81 051	41 610
临泽县	144 684	71 993	63 043	34 926	81 641	37 067
民乐县	123 073	62 587	70 134	37 052	52 939	25 535
肃南县	38 033	14 182	14 884	6 796	23 149	7 386
平凉市	**1 670 819**	**933 023**	**1 170 726**	**620 079**	**500 093**	**312 944**
崆峒区	632 945	354 514	534 507	296 733	98 438	57 781
泾川县	225 280	146 312	131 860	78 264	93 420	68 048
华亭县	259 872	127 092	185 561	86 697	74 311	40 395
静宁县	177 739	83 976	98 621	43 143	79 118	40 833
庄浪县	166 643	93 911	101 686	53 257	64 957	40 654
灵台县	133 273	86 930	71 382	40 599	61 891	46 331
崇信县	75 067	40 288	47 109	21 386	27 958	18 902
庆阳市	**1 991 278**	**1 089 560**	**1 393 514**	**729 630**	**597 764**	**359 930**
西峰区	650 189	312 663	538 375	262 253	111 814	50 410
庆城县	373 705	205 407	310 658	167 431	63 047	37 976
宁　县	284 951	188 466	139 098	83 154	145 853	105 312
镇原县	222 477	131 505	141 094	79 366	81 383	52 139
正宁县	163 193	114 259	104 270	68 793	58 923	45 466
合水县	99 616	56 185	37 715	18 366	61 901	37 819
环　县	107 149	37 376	63 979	21 860	43 170	15 516
华池县	89 998	43 699	58 325	28 407	31 673	15 292
酒泉市	**2 369 397**	**1 447 067**	**1 790 567**	**1 180 606**	**578 830**	**266 461**
肃州区	872 733	521 314	662 518	4 322 98	210 215	89 016
玉门市	273 031	158 249	214 495	129 409	58 536	28 840
敦煌市	745 143	518 842	602 707	448 564	142 436	70 278
安西县	161 004	68 948	86 502	38 793	74 502	30 155
金塔县	160 745	89 931	77 578	47 258	83 167	42 673
肃北县	16 466	7 356	11 091	4 540	5 375	2 816
阿克塞县	17 873	9 037	13 274	6 354	4 599	2 683
东风场区	44 132	29 495	44 132	29 495		
甘肃矿区	78 270	43 895	78 270	43 895		
定西市	**1 379 922**	**713 992**	**888 933**	**451 026**	**490 989**	**262 966**
安定区	376 457	202 802	280 512	146 907	95 945	55 895

续表

项目 地区、县（区）	城乡储蓄		其中：城乡储蓄		其中：城乡储蓄	
	合　计	#定期	合　计	#定期	合　计	#定期
陇西县	279 385	141 906	169 017	74 787	110 368	67 119
临洮县	316 091	184 495	203 193	125 217	112 898	59 278
渭源县	95 868	40 464	60 158	25 598	35 710	14 866
通渭县	109 069	64 615	54 939	30 832	54 130	33 783
岷　县	144 717	54 286	85 771	32 096	58 946	22 190
漳　县	58 335	25 424	35 343	15 589	22 992	9 835
陇南市	**1 606 281**	**635 080**	**969 598**	**414 754**	**636 683**	**220 326**
西和县	205 738	93 935	129 137	63 040	76 601	30 895
礼　县	204 265	92 282	90 458	44 130	113 807	48 152
徽　县	186 560	78 181	116 505	53 240	70 055	24 941
两当县	40 349	14 173	17 678	7 096	22 671	7 077
武都区	349 106	121 748	230 986	84 910	118 120	36 838
宕昌县	101 164	30 121	45 565	13 705	55 599	16 416
成　县	264 043	120 983	194 858	94 059	69 185	26 924
康　县	96 058	32 561	34 961	13 824	61 097	18 737
文　县	158 998	51 096	109 450	40 750	49 548	10 346
临夏州	**998 703**	**442 763**	**658 790**	**299 617**	**339 913**	**143 146**
临夏市	447 606	211 496	349 000	165 845	98 606	45 651
临夏县	80 504	36 905	43 127	18 237	37 377	18 668
永靖县	191 184	109 205	131 931	79 198	59 253	30 007
康乐县	68 538	25 453	36 964	13 407	31 574	12 046
和政县	61 180	23 786	26 397	9 727	34 783	14 059
广河县	68 335	13 932	34 576	6 366	33 759	7 566
积石山县	46 407	11 979	21 000	4 180	25 407	7 799
东乡县	34 949	10 007	15 795	2 657	19 154	7 350
甘南州	**471 674**	**175 769**	**289 296**	**104 622**	**182 378**	**71 147**
合作市	131 569	48 344	115 603	42 337	15 966	6 007
夏河县	42 748	17 825	22 763	7 969	19 985	9 856
临潭县	70 166	22 905	33 902	10 822	36 264	12 083
卓尼县	43 568	15 140	23 671	8 843	19 897	6 297
迭部县	46 466	17 456	26 565	9 891	19 901	7 565
舟曲县	90 834	45 952	38 755	20 226	52 079	25 726
玛曲县	30 445	4 996	18 671	2 848	11 774	2 148
碌曲县	15 878	3 151	9 366	1 686	6 512	1 465

注：本表“农户储蓄”数据统计口径机构包括农村合作银行、农村信用社、村镇银行。

甘肃省金融机构现金收支统计

（2009 年） 单位：万元

项目 收入项目	本年累计额	比上年		项目 支出项目	本年累计额	比上年	
		增减数	增减%			增减数	增减%
一、商品销售收入	6 904 613	793 368	12.98	一、工资及个人其他支出	5 981 382	842 548	16.40
二、服务业收入	3 813 528	440 885	13.07	二、农副产品采购支出	2 271 659	271 666	13.58
三、行政税费收入	771 899	107 233	16.13	三、工矿及其他产品采购支出	614 628	61 283	11.08
四、城乡个体经营收入	2 836 927	197 304	7.47	四、行政企业管理与经营费支出	2 610 720	148 521	6.03
五、储蓄存款收入	70 851 662	8 611 663	14.90	五、城乡个体经营支出	2 558 557	326 849	14.65
六、其他金融性公司收入	442 244	100 977	29.59	六、储蓄存款支出	72 260 687	9 290 308	15.20
七、居民归还贷款收入	2 926 985	443 526	17.86	七、其他金融性公司支出	347 544	163 404	88.74
八、汇兑收入	586 912	-27 601	-4.49	八、居民提取贷款支出	3 133 843	592 517	23.32
九、有价证券及其他投资性收入	60 160	-26 895	-30.89	九、汇兑支出	391 228	-119 239	-23.36
十、其他收入	6 390 416	2 193 928	52.28	十、有价证券支出	46 410	-4 335	-8.54
其中：兑换外币收入	49 304	-10 598	-17.69	十一、其他支出	5 759 856	1 605 611	38.65
				其中：兑换外币支出	63 726	-7 249	-10.21
收入合计	**95 585 346**	**12 834 387**	**16.50**	**支出合计**	**95 976 514**	**13 179 133**	**16.90**
				投放（+）．回笼（-）	391 171	344 748	742.62
				附：代发工资	4 166 901	488 214	13.27

甘肃省商业银行现金收支统计

（2009 年） 单位：万元

项目 收入项目	本年累计额	比上年		项目 支出项目	本年累计额	比上年	
		增减数	增减%			增减数	增减%
一、商品销售收入	6 193 354	739 607	13.56	一、工资及个人其他支出	5 440 566	831 606	18.04
二、服务业收入	3 500 906	513 394	17.18	二、农副产品采购支出	1 658 425	271 730	19.60
三、行政税费收入	711 735	98 533	16.07	三、工矿及其他产品采购支出	556 589	60 882	12.28
四、城乡个体经营收入	1 888 346	254 693	15.59	四、行政企业管理与经营费支出	2 318 979	124 162	5.66
五、储蓄存款收入	55 929 796	5 824 858	11.63	五、城乡个体经营支出	1 691 321	301 518	21.70
六、其他金融性公司收入	441 103	113 784	34.76	六、储蓄存款支出	55 842 590	5 809 195	11.61
七、居民归还贷款收入	456 939	48 555	11.89	七、其他金融性公司支出	302 940	145 781	92.76
八、汇兑收入	475 448	-86 054	-15.33	八、居民提取贷款支出	437 382	115 063	35.70
九、有价证券及其他投资性收入	56 352	-29 230	-34.15	九、汇兑支出	349 509	-123 119	-26.05
十、其他收入	4 169 955	887 671	27.04	十、有价证券支出	42 678	-7 075	-14.22
其中：兑换外币收入	49 291	-10 611	-17.71	十一、其他支出	3 936 317	905 046	29.86
				其中：兑换外币支出	63 726	-7 225	-10.18
收入合计	**73 823 933**	**8 365 812**	**12.78**	**支出合计**	**72 577 296**	**8 434 789**	**13.15**
				投放（+）．回笼（-）	-1 246 637	68 977	-5.24
				附：代发工资	3 971 151	362 889	10.06

甘肃省金融机构分地区现金投放（+）、回笼（-）统计

（2009 年） 单位：万元

地　区	本年累计	上年累计	比上年增减额
兰州市	-1 286 875	-1 117 912	-168 963
白银市	151 825	146 099	5 726
天水市	-143 673	-143 276	-397
嘉峪关市	118 799	127 752	-8 953
金昌市	105 861	107 131	-1 270
武威市	-6 149	-62 308	56 159
张掖市	711	-21 000	21 711
平凉市	-57 188	-115 568	58 380
庆阳市	231 691	165 080	66 611
酒泉市	53 561	62 199	-8 638
定西市	165 000	131 006	33 994
陇南市	564 600	359 636	204 964
临夏州	289 294	235 430	53 864
甘南州	203 714	172 154	31 560
全省合计	**391 171**	**46 423**	**344 748**

甘肃省金融机构分机构现金投放（+）、回笼（-）统计

（2009 年） 单位：万元

机构名称	本年累计	上年累计	比上年增减额
中国农业发展银行	94 292	123 256	-28 964
中国工商银行	-1 179 072	-790 375	-388 697
中国农业银行	210 253	112 178	98 075
中国银行	72 252	118 586	-46 334
中国建设银行	1 298 378	1 044 713	253 665
交通银行	-613 405	-778 998	165 593
中信银行	-28 497		-28 497
招商银行	-300 320	-369 673	69 353
浦发银行	-40 258	-10 278	-29 980
邮储银行	-101 351	2 185	-103 536
兰州银行	-668 137	-641 766	-26 371
农村信用合作社	1 220 577	992 581	227 996
农村合作银行	388 917	250 176	138 741
城市信用社	35 372	-6 162	41 534
平凉商业银行	2 170		2 170
全省合计	**391 171**	**46 423**	**344 748**

注：此数据不包括村镇银行数据。

甘肃省银行结售汇统计

（2009 年）　　单位：万美元

项　　目	本年累计	比上年增长%	项　　目	本年累计	比上年增长%
一、结汇合计	99 783	-43.83	三、售汇合计	294 541	-31.73
（一）经常项目	75 413	-46.95	（一）经常项目	272056	-31.33
1. 货物贸易	61 331	-50.04	1. 货物贸易	251 872	-33.69
2. 服务贸易	4 556	-21.92	2. 服务贸易	14 847	20.58
运输	69	-71.72	运输	499	-64.00
旅游	1 724	-20.30	旅游	10 189	35.47
金融和保险服务	19	-24.00	金融和保险服务	295	39.15
专有权利使用费和特许费	9	-89.77	专有权利使用费和特许费	741	64.67
咨询服务	236	61.64	咨询服务	845	53.36
其他服务	2 499	-21.14	其他服务	2 278	3.88
其中：银行卡	5	-79.17	其中：银行卡	100	33.33
3. 收益和经常转移	9 526	-29.71	3. 收益和经常转移	5 337	32.86
职工报酬和赡家费	7 198	-24.44	职工报酬和赡家费	2 853	28.28
投资收益	305	-24.13	投资收益	1 832	34.90
其他经常转移	1 712	-52.19	其他经常转移	623	45.56
（二）资本与金融项目	24 370	-31.30	（二）资本与金融项目	22 485	-36.21
1. 资本账户	2 396	416.38	1. 资本账户	126	-26.32
2. 直接投资	6 958	-65.96	2. 直接投资	1 638	-87.10
其中：投资资本金	6 920	-66.07	其中：投资资本金	416	-96.55
直接投资撤资	28	115.38	直接投资撤资	13	-7.14
房地产	0		房地产	0	
3. 证券投资	0		3. 证券投资	63	
对境外证券投资撤回	0		对境外证券投资	0	
证券筹资	0		证券投资撤出	63	
4. 其他投资	14 366	-0.29	4. 其他投资	5 451	-37.48
其中：跨境贷款	19	-98.21	其中：跨境贷款	147	-13.53
外债转贷款	14 335	7.46	外债转贷款	5 279	-12.34
5. 国内外汇贷款	0		5. 国内外汇贷款	14 870	25.84
6. 金融机构资金本外币转换	3		6. 金融机构资金本外币转换	0	
其中：资本金（营运资金）	0		其中：资本金（营运资金）	0	
代债务人结汇	3		代债务人售汇	0	
7. 其他	647	516.19	7. 其他	337	-81.56
二、远期结汇签约额			四、远期售汇签约额		
未到期远期结汇			未到期远期售汇		
			五、结售汇差额	-194 758	-23.27
			经常项目差额	-196 643	-22.59
			资本与金融项目差额	1 885	726.75

资料来源：由国家外汇管理局甘肃省分局提供。

甘肃省外汇债务统计

（2009 年）　　单位：万美元

债务类型	上年末余额	本年新提款额	本年偿还额			汇率差及调整数	本年末余额
			已还本金	应付利息	已付利息		
一、外债转贷款	156 080	14 132	10 188	2 638	2 638	11 804	171 828
1. 外国政府贷款	92 877	2 818	3 303	1 278	1 278	6 418	98 810
2. 国际金融组织贷款	55 648	10 928	4 684	1 213	1 213	4 537	66 429
3. 国际商业贷款	6 037	386	757	147	147	754	6420
4. 其他	1 518	0	1 444	0	0	95	169
二、国内外汇贷款	31 783	59 629	14 006	0	0	0	77 406
三、直接外债	2 794	106	0	30	30	81	2 981
合　计	**190 657**	**73 867**	**24 194**	**2 668**	**2 668**	**11 885**	**252 215**

注：1. 资料来源：由国家外汇管理局甘肃省分局提供。

2. 国际商业贷款：包括国外银行及其他金融机构贷款、对外发行债权、在华外资银行贷款、买方贷款。

3. 其他：包括向国外出口商或国外企业、私人借款、延期付款、海外私人存款、国际金融租赁、补偿贸易中用现汇偿还的债务。

甘肃省银行外汇账户余额统计表

(2009 年) 单位：万美元

项　　目	户　数	期初余额	期末余额
一、经常项目外汇账户	2 087	4 347	3 351
1. 结算账户	1 880	3 248	2 760
2. 承包工程账户	18	62	28
3. 捐赠账户	59	209	199
4. 其他账户	130	828	364
二、资本项目账户	306	4 454	6 270
1. 外债专户	16	185	151
2. 外债转贷款专户	38	3 364	4 970
3. 还贷专户	19		
4. 外商投资企业资本金账户	198	282	196
5. 其他账户	35	623	953
合　计	**2 393**	**8 801**	**9 621**

注：1. 资料来源：由国家外汇管理局甘肃省分局提供。
2. 以上外汇账户余额统计数据中不包括居民外汇储蓄存款。

甘肃保险业主要指标统计

(2009 年) 单位：亿元

项　　目	本年累计	上年累计	比上年增长%
保费收入	114.38	97.45	17.38
财产险业务	27.05	22.61	19.63
寿险业务	80.34	68.82	16.73
健康险业务	4.91	4.29	14.54
意外险业务	2.08	1.73	20.56
赔款与给付	31.84	31.25	1.89
财产险业务	14.43	14.01	3.00
寿险业务	14.91	14.99	-0.51
健康险业务	1.92	1.74	10.18
意外险业务	0.58	0.51	13.83
总资产	**228.04**	**190.13**	**19.94**

注：1. 资料来源：由甘肃保监局统计研究处提供。
2. 部分公司没有包括固定资产项目和上划资金项目，该资产较为谨慎。
3. “总资产”上年累计栏为年初值。

甘肃省国际收支统计申报表

(2009 年) 单位：万美元

项　　目	收入部分			支出部分			收支合计		
	本年累计	去年累计	累计比上年(%)	本年累计	去年累计	累计比上年(%)	本年累计	去年累计	累计比上年(%)
合　计	**129 754**	**235 377**	**-44.87**	**377 499**	**535 511**	**-29.51**	**507 253**	**770 888**	**-34.20**
一、经常账户	99 704	198 123	-49.68	374 693	498 477	-24.83	474 397	696 600	-31.90
1. 商品贸易	87 480	183 710	-52.38	357 942	484 136	-26.07	445 422	667 846	-33.30
2. 服务贸易	5 649	5 151	9.67	12 897	11 540	11.76	18 546	16 691	11.11%
3. 收益	2 053	2 154	-4.69	2 567	2 430	5.64	4 620	4 584	0.79
4. 经常转移	4 522	7 108	-36.38	1 287	371	246.90	5 809	7 479	-22.33
二、资本和金融账户	30 050	37 254	-19.34	2 806	37 034	-92.42	32 856	74 288	-55.77
1. 资本转移	1 512	28	5300.00	343	203	68.97	1 855	231	703.03
2. 金融账户	28 538	37 226	-23.34	2 463	36 831	-93.31	31 001	74 057	-58.14

注：1. 资料来源：由国家外汇管理局甘肃省分局提供。

甘肃省银行、邮政系统凭证式国债发行情况统计

（2009 年）　　单位：万元

机构名称	一期			二期			三期			四期			五期			凭证式国债发行总额
	三年期	五年期	小计	三年期	五年期	小计	三年期	五年期	小计	一年期	三年期	小计	一年期	三年期	小计	
中国工商银行	9 100	3 900	13 000	24 000	6 000	30 000	7 230	853	8 083	4 000	4 000	8 000	2 800	2 800	5 600	64 683
中国农业银行	2 800	788	3 588	3 371	294	3 665	892	138	1 030	1 602	1 340	2 942	1 312	1 147	2 459	13 684
中国银行	2 100	886	2 986	2 999	504	3 503	3 763	619	4 382	1 990	1 832	3 822	1 408	1 406	2 814	17 507
中国建设银行	7 000	3 000	10 000	12 800	3 129	15 929	12 000	1 490	13 490	5 500	5 500	11 000	4 900	4 900	9 800	60 219
交通银行	700	300	1000	800	200	1000	400	100	500	150	250	400	267	267	534	3434
合计	**21 700**	**8 874**	**30 574**	**43 970**	**10 127**	**54 097**	**24 285**	**3 200**	**27 485**	**13 242**	**12 922**	**26 164**	**10 687**	**10 520**	**21 207**	**159 527**

资料来源：由中国人民银行兰州中心支行国库处提供。

甘肃省人民银行系统分地区国债兑付情况统计

（2009 年）　　单位：元

地区 项目	单位兑付		个人兑付		合　计		合　计
	本金	利息	本金	利息	本金	利息	本息合计
兰州市	1 000	700	49 767	27 737. 37	50 767	28 437. 37	79 204. 37
天水市	350	203	2245	843. 29	2595	1 046. 29	3 641. 29
白银市	300	210	540	376. 75	840	586. 75	1 426. 75
金昌市			370	150. 82	370	150. 82	520. 82
嘉峪关市			15	7. 50	15	7. 50	22. 50
庆阳市			1 451	573. 95	1 451	573. 95	2 024. 95
平凉市	1 150	745	335	160. 97	1485	905. 97	2 390. 97
陇南市	4 011	2 604. 65			4 011	2 604. 65	6 615. 65
定西市							
武威市	1 000	580	848	339. 52	1 848	919. 52	2 767. 52
张掖市			1 320	516. 22	1 320	516. 22	1 836. 22
酒泉市			340	166. 69	340	166. 69	506. 69
临夏州			210	95. 45	210	95. 45	305. 45
甘南州							
合　计	**7 811**	**5 042. 65**	**57 441**	**30 968. 53**	**65 252**	**36 011. 18**	**101 263. 18**

资料来源：由中国人民银行兰州中心支行国库处提供。

金融机构人民币存款基准利率调整情况

单位：年利率%

项目	利率					
	2007年12月21日	2008年9月16日	2008年10月9日	2008年10月30日	2008年11月27日	2008年12月23日
一、活期存款	0.72	0.72	0.72	0.72	0.36	0.36
二、定期存款						
（一）整存整取						
三个月	3.33	3.33	3.15	2.88	1.98	1.71
半　年	3.78	3.78	3.51	3.24	2.25	1.98
一　年	4.14	4.14	3.87	3.6	2.52	2.25
二　年	4.68	4.68	4.41	4.14	3.06	2.79
三　年	5.40	5.40	5.13	4.77	3.60	3.33
五　年	5.85	5.85	5.58	5.13	3.87	3.60
（二）零存整取、整存零取、存本取息						
一　年	3.33	3.33	3.15	2.88	1.98	1.71
三　年	3.78	3.78	3.51	3.24	2.25	1.98
五　年	4.14	4.14	3.87	3.60	2.52	2.25
（三）定活两便	按一年以内定期整存整取同档次利率打六折执行	同前	同前	同前	同前	同前
三、协定存款	1.53	1.53	1.53	1.53	1.17	1.17
四、通知存款						
一　天	1.17	1.17	1.17	1.17	0.81	0.81
七　天	1.71	1.71	1.71	1.71	1.35	1.35

资料来源：由中国人民银行兰州中心支行货币信贷管理处提供。

金融机构人民币贷款基准利率调整表

单位：年利率%

项目	利率					
	2007年12月21日	2008年9月16日	2008年10月9日	2008年10月30日	2008年11月27日	2008年12月23日
一、短期贷款						
六个月以内（含六个月）	6.57	6.21	6.12	6.03	5.04	4.86
六个月至一年（含一年）	7.47	7.20	6.93	6.66	5.58	5.31
二、中长期贷款						
一至三年（含三年）	7.56	7.29	7.02	6.75	5.67	5.40
三至五年（含五年）	7.74	7.56	7.29	7.02	5.94	5.76
五年以上	7.83	7.74	7.47	7.20	6.12	5.94
三、贴现	以再贴现利率为下限加点确定	同前	同前	同前	同前	同前
四、个人住房公积金贷款						
五年以下（含五年）	4.77	4.59	4.32	4.05	3.51	3.33
五年以上	5.22	5.13	4.86	4.59	4.05	3.87

资料来源：由中国人民银行兰州中心支行货币信贷管理处提供。

优惠贷款利率调整表

单位：年利率%

项目	利率					
	2007年12月21日	2008年9月16日	2008年10月9日	2008年10月30日	2008年11月27日	2008年12月23日
第一类						
中国进出口银行出口卖方信贷						
船舶	4.86	4.59	4.32	4.05	2.97	2.70
成套和高技术含量	5.67	5.40	5.13	4.86	3.78	3.51
低技术含量和一般产品	6.39	6.12	5.85	5.58	4.50	4.23
第二类						
民政部门福利工厂贷款	6.03	5.76	5.49	5.22	4.14	3.87
第三类						
老少边穷发展经济贷款	4.59	4.32	4.05	3.78	2.70	2.43
贫困县办工业贷款	4.59	4.32	4.05	3.78	2.70	2.43
民族贸易及民族用品生产贷款	4.59	4.32	4.05	3.78	2.70	2.43
其他类						
银行系统印制企业基建储备贷款	4.68	4.68	4.68	4.68	4.68	4.68
扶贫贴息贷款（含牧区）	3.00	3.00	3.00	3.00	3.00	3.00

资料来源：由中国人民银行兰州中心支行货币信贷管理处提供。

二、金融机构业务统计

中国人民银行甘肃省人民币信贷收支统计

（2009 年） 单位：万元

资金来源项目	年末余额	比年初		资金运用项目	年末余额	比年初	
		增减额	增减%			增减额	增减%
一、财政存款	1 258 139	-294 168	-18.95	一、金融机构贷款	416 240	223 901	116.41
其中：中央财政存款				1. 政策性银行贷款			
地方财政存款	1 258 139	-294 168	-18.95	2. 国有商业银行贷款	270	-3 760	-93.30
二、金融机构存款	3 294 949	687 278	26.36	3. 其他商业银行贷款			
1. 政策性银行存款	44 072	7 370	-1.80	4. 城市商业银行贷款			
2. 国有商业银行存款	128 438	-7 407	-5.45	5. 城市信用社贷款	2 000	-5 000	-71.43
3. 其他商业银行存款	94 247	29 987	46.66	6. 农村信用社贷款	238 265	112 017	88.73
4. 城市商业银行存款	577 788	13 015	2.30	7. 资产管理公司贷款			
5. 城市信用社存款	45 020	-282	-0.62	8. 其他金融机构贷款	95 800	40 739	73.99
6. 农村信用社存款	1 753 649	267 546	18.00	9. 再贴现	79 905	79 905	
7. 资产管理公司存款				其中：国有商业银行			
8. 其他金融机构存款	651 735	377 049	137.27	二、专项贷款			
三、金融机构特种存款		-8 191		三、金银占款			
四、邮政储蓄存款		-12		四、外汇占款			
五、商业银行划来财政性存款	136 638	-252 340	-64.87	五、有价证券及投资			
六、卖出回购证券				六、买入返售证券			
七、中央银行债券				七、存放金融机构			
八、货币发行							
九、国家资本							
十、其他	-4 273 486	91 334	-2.09				
资金来源总计	**416 240**	**223 901**	**116.41**	**资金运用总计**	**416 240**	**223 901**	**116.41**

中国人民银行甘肃省分地区人民币存款统计

（2009 年） 单位：万元

地区 \ 项目	各项存款	比年初		财政存款	
		增减额	增减%		其中：地方财政存款
兰州市	683 320	-199 536	-22.60	683 320	683 320
白银市	53 726	27 301	103.32	53 726	53 726
天水市	37 235	-4 186	-10.11	37 235	37 235
嘉峪关市	38 394	9 794	34.24	38 394	38 394
金昌市	31 481	3 967	14.42	31 481	31 481
武威市	25 359	1 715	7.25	25 359	25 359
张掖市	50 629	26 927	113.61	50 629	50 629
平凉市	58 850	46 339	370.39	58 850	58 850
庆阳市	35 255	16 971	92.82	35 255	35 255
酒泉市	37 809	23 860	171.05	37 809	37 809
定西市	52 060	40 283	342.05	52 060	52 060
陇南市	53 532	-312 273	-85.37	53 532	53 532
临夏州	72 947	44 586	157.21	72 947	72 947
甘南州	27 542	-19 916	-41.97	27 542	27 542
全省合计	**1 258 139**	**-294 168**	**-18.95**	**1 258 139**	**1 258 139**

国家开发银行甘肃省人民币信贷收支统计

（2009 年）　　　　单位：万元

资金来源项目	年末余额	比年初		资金运用项目	年末余额	比年初	
		增减额	增减%			增减额	增减%
一、各项存款	679 243	176 847	35.20	一、各项贷款	5 153 190	1 105 618	27.32
1. 企业存款	378 355	177 392	88.27	1. 短期贷款	533 240	365 050	217.05
（1）活期存款	328 531	136 329	70.93	（1）工业贷款			
（2）定期存款	49 824	41 063	468.73	（2）商业贷款			
2. 机关团体存款				（3）建筑业贷款			
3. 储蓄存款				（4）农业贷款			
（1）活期储蓄				（5）乡镇企业贷款			
（2）定期储蓄				（6）三资企业贷款			
4. 农业存款				（7）私营企业及个体贷款			
5. 其他存款	300 888	-545	-0.18	（8）其他短期贷款	533 240	365 050	217.05
二、代理财政性存款				其中：个人消费贷款			
三、金融债券				2. 中长期贷款	4 619 950	740 568	19.09
其中：政策性金融债券				（1）基本建设贷款	4173 931	618 268	17.39
四、应付及暂收款	5 082	256	5.30	（2）技术改造贷款			
其中：应付及预提利息	704	288	69.18	（3）其他中长期贷款	446 019	122 300	37.78
五、卖出回购资产				其中：个人消费贷款	86 749	41 340	91.04
六、向中央银行借款				3. 票据融资			
七、同业往来	140 000	140 000		其中：贴现			
1. 同业存放	140 000	140 000		4. 各项垫款			
2. 同业拆借				二、有价证券及投资	1 015	-85 687	-98.83
八、行内资金往来	4 287 733	703 289	19.62	三、应收及预付款	14 724	6 777	85.28
九、委托存款及委托投资基金（净）				其中：应收利息	14 456	6 688	86.11
1. 委托存款及委托投资基金				四、买入返售资产			
2. 减：委托贷款及委托投资				五、存放中央银行准备金存款	25894	1026	4.13
十、代理金融机构委托贷款基金				六、存放中央银行特种存款			
其中：中央银行委托贷款基金				七、缴存中央银行财政性存款			
十一、各项准备				八、同业往来	1		
其中：贷款呆账准备金				1. 存放同业	1		
十二、所有者权益	82 946	16 813	25.42	2. 拆放同业			
其中：实收资本				九、行内资金往来			
十三、其他	2 852	-8 332	-74.50	十、代理金融机构贷款			
				其中：代理人行专项贷款			
				十一、库存现金			
				十二、外汇占款	3 032	1 139	60.14
资金来源总计	**5 197 856**	**1 028 873**	**24.68**	**资金运用总计**	**5 197 856**	**1 028 873**	**24.68**

国家开发银行甘肃省分行资产负债表

（2009 年）

单位：万元

项　　目	年初数	年末数	项　　目	年初数	年末数
资产：			负债：		
现金及银行存款	236	926	向中央银行借款		
存放中央银行款项	24 867	25 894	联行存放款项	4 212 917	4 986 341
贵金属			同业及其他金融机构存放款项	300 000	440 000
存放联行款项	390 102	384 693	拆入资金		
存放同业款项	1	1	交易性金融负债		
拆出资金			衍生金融负债		
交易性金融资产			卖出回购金融资产款		
衍生金融资产			吸收存款	202 409	406 172
买入返售金融资产			应付职工薪酬		
应收款项类金融资产			应交税费	4 136	3 997
应收利息	10 100	15 926	应付利息	416	705
其他应收款	184	273	其他应付款	274	381
发放贷款和垫款	4 286 838	5 496 658	预计负债		
可供出售金融资产	85 687		应付债券		
持有至到期投资			递延所得税负债		
长期股权投资	1 015	1 015	其他负债	6 775	10 773
投资性房地产			负债合计	4 726 927	5 848 369
固定资产	5 336	5 051	所有者权益（或股东权益）：		
在建工程		11 904	实收资本（或股本）	10 000	10 000
固定资产清理			其中：国有资本	10 000	10 000
无形资产			外商资本		
商誉			资本公积		
长期待摊费用			减：库存股		
抵债资产			盈余公积		
递延所得税资产			一般风险准备		
其他资产	47	66	未分配利润	67 486	84 038
			外币报表折算差额		
			归属于母公司所有者权益合计	77 486	94 038
			少数股东权益		
			所有者权益（或股东权益）合计	77 486	94 038
资产总计	**4 804 413**	**5 942 407**	**负债和所有者权益（或股东权益）总计**	**4 804 413**	**5 942 407**

资料来源：由国家开发银行甘肃省分行提供。

国家开发银行甘肃省人民币贷款累放累收统计

(2009 年)　　单位：万元

项目名称＼栏目	本年贷款					
	累计发放	累计收回	增减额	平均余额	周转次数	周转天数
贷款合计	**1 860 968**	**755 350**	**1 105 618**	**649 340**	**1.16**	**314**
1. 短期贷款	715 810	350 760	365 050	213 665	1.64	222
(1) 工业贷款						
(2) 商业贷款						
(3) 建筑业贷款						
(4) 农业贷款						
(5) 乡镇企业贷款						
(6) 三资企业贷款						
(7) 私营企业及个体贷款						
(8) 其他短期贷款	715 810	350 760	365 050	213 665	1.64	222
其中：个人消费贷款						
2. 中长期贷款	1 145 158	404 590	740 568	435 675	0.93	393
(1) 基本建设贷款	1 004 620	386 352	618 268	380 149	1.02	359
(2) 技术改造贷款						
(3) 其他中长期贷款	140 538	18 238	122 300	55 526	0.33	1 111
其中：个人消费贷款	41 538	198	41 340	5 061	0.04	9 352
3. 票据融资						
4. 各项垫款						

国家开发银行甘肃省分行损益表

(2009 年)　　单位：万元

项目	上年数	本年数	项目	上年数	本年数
一、营业收入	88 812	107 015	(二) 业务及管理费	5 094	6 740
(一) 利息净收入	76 937	103 956	(三) 资产减值损失或呆账损失		
利息收入	286 095	306 555	(四) 其他业务成本		
利息支出	209 158	202 599	三、营业利润	68 006	84 105
(二) 手续费及佣金净收入	2 789	1 002	加：营业外收入		7
手续费及佣金收入	2 846	1 123	减：营业外支出	520	6
手续费及佣金支出	57	121	四、利润总额	67 486	84 106
(三) 投资收益	9 252	2 000	减：所得税费用		67
(四) 公允价值变动收益			五、净利润	67 486	84 039
(五) 其他收入	-166	57	归属于母公司所有者的净利润		
汇兑收益	-166	57	少数股东损益		
其他业务收入			六、每股收益：		
二、营业支出	20 806	22 910	(一) 基本每股收益 (元)		
(一) 营业税金及附加	15 712	16 170	(二) 稀释每股收益 (元)		

资料来源：由国家开发银行甘肃省分行提供。

中国农业发展银行甘肃省人民币信贷收支统计

（2009 年）　　单位：万元

资金来源项目	年末余额	比年初		资金运用项目	年末余额	比年初	
		增减额	增减%			增减额	增减%
一、各项存款	619 195	297 122	92.25	一、各项贷款	2 524 557	526 707	26.36
1. 企业存款	561 859	301 050	115.43	1. 短期贷款	1 560 876	-83 622	-5.08
（1）活期存款	548 182	292 086	114.05	（1）工业贷款			
（2）定期存款	13 677	8 964	190.20	（2）商业贷款	1 343 251	-124 962	-8.51
2. 机关团体存款				（3）建筑业贷款			
3. 储蓄存款				（4）农业贷款			
（1）活期储蓄				（5）乡镇企业贷款			
（2）定期储蓄				（6）三资企业贷款			
4. 农业存款				（7）私营企业及个体贷款			
5. 其他存款	57 336	-3 929	-6.41	（8）其他短期贷款	217 625	41 340	23.45
二、代理财政性存款	122 762	-34 488	-21.93	其中：个人消费贷款			
三、金融债券				2. 中长期贷款	963 681	610 781	173.07
其中：政策性金融债券				（1）基本建设贷款			
四、应付及暂收款	3 839	-407	-9.58	（2）技术改造贷款			
其中：应付及预提利息	32	18	132.13	（3）其他中长期贷款	963 681	610 781	173.07
五、卖出回购资产				其中：个人消费贷款			
六、向中央银行借款				3. 票据融资		-452	
七、同业往来	64 487	5 920	10.11	其中：贴现		-452	
1. 同业存放	64 487	5 920	10.11	4. 各项垫款			
2. 同业拆借				二、有价证券及投资			
八、行内资金往来	1 715 497	261 501	17.99	三、应收及预付款	802	-113	-12.36
九、委托存款及委托投资基金（净）				其中：应收利息	387	-195	-33.50
1. 委托存款及委托投资基金				四、买入返售资产			
2. 减：委托贷款及委托投资				五、存放中央银行准备金存款	18 178	6 344	53.61
十、代理金融机构委托贷款基金				六、存放中央银行特种存款			
其中：中央银行委托贷款基金				七、缴存中央银行财政性存款			
十一、各项准备				八、同业往来	621	482	347.64
其中：贷款呆账准备金				1. 存放同业	621	482	347.64
十二、所有者权益	33 887	3 503	11.53	2. 拆放同业			
其中：实收资本				九、行内资金往来			
十三、其他	-14 567	466	-3.10	十、代理金融机构贷款			
				其中：代理人行专项贷款			
				十一、库存现金	942	197	26.38
				十二、外汇占款			
资金来源总计	**2 545 100**	**533 617**	**26.53**	**资金运用总计**	**2 545 100**	**533 617**	**26.53**

中国农业发展银行甘肃省分地区人民币存、贷款统计

（2009 年）　　单位：万元

项目 地区	各项存款	比年初		企业存款		各项贷款	比年初		短期贷款		中长期贷款
		增减数	增减%		活期		增减数	增减%		商业贷款	
兰州市	68 955	5 778	9.15	64 816	64 816	456 463	71 250	18.50	271 264	255 910	185 200
白银市	88 541	43 831	98.03	85 313	84 103	242 934	69 777	40.30	128 594	104 734	114 340
天水市	74 501	50 912	215.83	73 032	71 213	262 872	103 922	65.38	85 933	61 658	176 939
嘉峪关市	2 026	-2 587	-56.08	1 635	1 635	28 762	1 568	5.77	15 013	13 013	13 749
金昌市	29 808	15 693	111.18	27 663	27 542	111 789	5 683	5.36	103 802	77 052	7 987
武威市	46 674	2 070	4.64	39 408	34 978	246 525	16 736	7.28	208 555	202 438	37 970
张掖市	44 501	7 880	21.52	37 285	36 063	174 238	3 243	1.90	135 371	127 374	38 866
平凉市	20 738	6 780	48.57	15 813	14 813	163 076	9 794	6.39	125 097	102 649	37 979
庆阳市	60 702	52 373	628.80	57 425	57 425	187 213	86 312	85.54	83 070	67 749	104 143
酒泉市	53 379	18 184	51.67	38 964	35 919	241 849	11 631	5.05	211 716	171 862	30 133
定西市	88 184	72 622	466.66	83 800	83 170	209 650	99 629	90.55	73 370	56 099	136 280
陇南市	15 692	10 589	207.51	14 470	14 270	92 225	17 217	22.95	65 715	57 747	26 510
临夏州	15 546	7 464	92.35	12 738	12 738	78 883	26 294	50.00	42 853	38 303	36 030
甘南州	9 948	5 533	125.32	9 497	9 497	28 078	3 651	14.95	10 523	6 663	17 555
全省合计	**619 195**	**297 122**	**92.25**	**561 859**	**548 182**	**2 524 557**	**526 707**	**26.36**	**1 560 876**	**1 343 251**	**963 681**

中国农业发展银行甘肃省人民币贷款累放累收统计

（2009 年）　　单位：万元

栏目 项目	本年贷款					
	累计发放	累计收回	增减额	平均余额	周转次数	周转天数
贷款合计	**1 477 018**	**925 030**	**551 988**	**1 984 240**	**0.47**	**783**
1. 短期贷款	848 075	905 633	-57 558	1 452 187	0.62	585
(1) 工业贷款						
(2) 商业贷款	637 411	737 093	-99 681	1296 223	0.57	642
(3) 建筑业贷款						
(4) 农业贷款						
(5) 乡镇企业贷款						
(6) 三资企业贷款						
(7) 私营企业及个体贷款						
(8) 其他短期贷款	210 664	168 540	42 123	155 964	1.08	338
其中：个人短期消费贷款						
2. 中长期贷款	628 564	18 566	609 998	531 920	0.03	10 457
(1) 基本建设贷款						
(2) 技术改造贷款						
(3) 其他中长期贷款	628 564	18 566	609 998	531 920	0.03	10 457
其中：个人中长期消费贷款						
3. 票据融资	354	806	-452	133	6.06	60
4. 各项垫款	25	25				

中国农业发展银行甘肃省分行资产负债表（本外币合并）

（2009 年） 单位：万元

项　目	年初数	年末数	项　目	年初数	年末数
资产：			负债：		
现金及银行存款	818	990	向中央银行借款		
存放中央银行款项	11 834	18 178	联行存放款项	1 453 995	1 715 376
贵金属			同业及其他金融机构存放款项	58 566	64 487
存放联行款项			拆入资金		
存放同业款项	139	621	交易性金融负债		
拆出资金			衍生金融负债		
交易性金融资产			卖出回购金融资产款		
衍生金融资产			吸收存款	479 324	742 002
买入返售金融资产			应付职工薪酬	449	244
应收款项类金融资产			应交税费	2 176	2 499
应收利息	582	387	应付利息	14	33
其他应收款	332	414	其他应付款	1 608	1 064
发放贷款和垫款	1 997 850	2 524 558	预计负债		
可供出售金融资产			应付债券		
持有至到期投资			递延所得税负债		
长期股权投资			其他负债	13 364	13 418
投资性房地产			负债合计	2 009 496	2 539 123
固定资产	27 270	25 931	所有者权益（或股东权益）：		
在建工程	515	1 309	实收资本（或股本）		
固定资产清理	9	119	其中：国有资本		
无形资产	511	479	外商资本		
商誉			资本公积		
长期待摊费用	2	1	减：库存股		
抵债资产			盈余公积		
递延所得税资产			一般风险准备		
其他资产	18	23	未分配利润	30 384	33 887
			外币报表折算差额		
			归属于母公司所有者权益合计	30 384	33 887
			少数股东权益		
			所有者权益（或股东权益）合计	30 384	33 887
资产总计	**2 039 880**	**2 573 010**	**负债和所有者权益（或股东权益）总计**	**2 039 880**	**2 573 010**

资料来源：由中国农业发展银行甘肃省分行提供。

中国农业发展银行甘肃省分行损益表（本外币合并）

（2009 年） 单位：万元

项　目	金　额	项　目	金　额
贷款利息收入	107 944	存款及债券利息支出	1 806
国际贸易融资利息收入		金融机构往来支出	50 717
金融机构往来收入	6 613	业务管理费	19 017
其他营业收入	304	其他营业支出	3 200
营业外收入	157	营业税金及附加	5 927
		营业外支出	445
收入小计	115 018	支出小计	81 112
纯　损		纯　益	33906
合　计	**115 018**	**合　计**	**115 018**

资料来源：由中国农业发展银行甘肃省分行提供。

中国工商银行股份有限公司甘肃省人民币信贷收支统计

（2009 年）　　单位：万元

资金来源项目	年末余额	比年初		资金运用项目	年末余额	比年初	
		增减额	增减%			增减额	增减%
一、各项存款	9 640 182	1 066 417	12.44	一、各项贷款	4 660 736	789 992	20.41
1. 企业存款	2 670 928	-60 435	-2.21	1. 短期贷款	1 001 422	30 292	3.12
（1）活期存款	1 605 172	-13 239	-0.82	（1）工业贷款	675 213	-64 535	-8.72
（2）定期存款	1 065 756	-47 196	-4.24	（2）商业贷款	35 242	-22 359	-38.82
2. 机关团体存款	880 895	192 715	28.00	（3）建筑业贷款	414	-1 928	-82.32
3. 储蓄存款	5 239 036	675 677	14.81	（4）农业贷款	4 478	-1 070	-19.29
（1）活期储蓄	2 116 797	578 589	37.61	（5）乡镇企业贷款			
（2）定期储蓄	3 122 239	97 088	3.21	（6）三资企业贷款			
4. 农业存款	13 301	11 769		（7）私营企业及个体贷款	40	40	
5. 其他存款	836 022	246 691	41.86	（8）其他短期贷款	286 035	120 144	72.42
二、代理财政性存款	37 593	-3 502	-8.52	其中：个人消费贷款	10 614	6 869	183.44
三、金融债券				2. 中长期贷款	3 190 829	542 023	20.46
其中：政策性金融债券				（1）基本建设贷款	1 821 475	294 087	19.25
四、应付及暂收款	218 164	23 805	12.25	（2）技术改造贷款			
其中：应付及预提利息	97 670	-7 289	-6.94	（3）其他中长期贷款	1 369 354	247 936	22.11
五、卖出回购资产				其中：个人消费贷款	327 854	84 280	34.60
六、向中央银行借款				3. 票据融资	468 485	217 677	86.79
七、同业往来	361 267	139 735	63.08	其中：贴现	468 485	217 677	86.79
1. 同业存放	361 267	139 735	63.08	4. 各项垫款			
2. 同业拆借				二、有价证券及投资	108 928	23 813	27.98
八、行内资金往来				三、应收及预付款	10 480	1 530	17.09
九、委托存款及委托投资基金（净）	183	-50	-21.51	其中：应收利息	7 098	109	1.56
1. 委托存款及委托投资基金	846	-435	-33.98	四、买入返售资产			
2. 减：委托贷款及委托投资	663	-385	-36.75	五、存放中央银行准备金存款	46 574	-12 577	-21.26
十、代理金融机构委托贷款基金				六、存放中央银行特种存款			
其中：中央银行委托贷款基金				七、缴存中央银行财政性存款	50 364	-1 062	-2.06
十一、各项准备	85 746	-9 837	-10.29	八、同业往来	462	-170	-26.95
其中：贷款呆账准备金	83 602	-9 524	-10.23	1. 存放同业	462	-170	-26.95
十二、所有者权益	80 369	1 368	1.73	2. 拆放同业			
其中：实收资本				九、行内资金往来	5 567 608	423 179	8.23
十三、其他	64 089	18 052	39.21	十、代理金融机构贷款			
				其中：代理人行专项贷款			
				十一、库存现金	42 441	11 283	36.21
				十二、外汇占款			
资金来源总计	**10 487 593**	**1 235 988**	**13.36**	**资金运用总计**	**10 487 593**	**1 235 988**	**13.36**

中国工商银行股份有限公司甘肃省分地区人民币存款统计

（2009 年）

单位：万元

地区＼项目	各项存款	比年初		企业存款		机关团体存款	储蓄存款		农业存款
		增减额	增减%		定期			定期	
兰州市	4 262 007	252 438	6.30	1 410 162	651 359	284 308	2 122 845	1 376 446	443 823
白银市	670 056	24 414	3.78	246 847	143 945	31 531	363 448	193 667	27 994
天水市	509 704	94 922	22.88	66 796	7 713	74 887	331 612	185 520	36 409
嘉峪关市	297 390	63 252	27.01	135 233	101 678	21 323	136 822	89 892	4 012
金昌市	441 228	16 040	3.77	86 829	16 379	22 914	286 447	183 762	44 994
武威市	374 452	74 774	24.95	46 884	13 406	63 792	253 423	152 966	9 634
张掖市	405 342	83 711	26.03	66 803	6 164	53 710	255 446	143 925	28 567
平凉市	396 589	82 720	26.35	104 006	18 072	45 353	224 980	109 867	22 216
庆阳市	396 965	70 769	21.70	60 106	300	48 725	281 630	143 411	6 503
酒泉市	958 029	115 808	13.75	200 223	93 500	72 814	486 283	304 850	188 375
定西市	265 549	52 218	24.48	57 246	4 848	33 543	169 314	85 498	5 444
陇南市	350 753	79 395	29.26	102 997	1 233	65 394	170 081	76 108	12 280
临夏州	160 586	25 960	19.28	37 779	3 803	21 347	98 168	57 352	3 281
甘南州	151 532	29 996	24.68	49 017	3 356	41 254	58 537	18 975	2 490
全省合计	**9 640 182**	**1 066 417**	**12.44**	**2 670 928**	**1 065 756**	**880 895**	**5 239 036**	**3 122 239**	**836 022**

中国工商银行股份有限公司甘肃省分地区人民币贷款统计

（2009 年）

单位：万元

地区＼项目	各项贷款	比年初		短期贷款				中长期贷款			票据融资
		增减额	增减%		工业贷款	商业贷款	其他短期贷款		基本建设贷款	其他中长期贷款	
兰州市	2 477 727	368 762	17.49	356 085	189 311	31 530	135 243	1 718 431	1 005 507	712 925	403 210
白银市	227 288	66 653	41.49	108 428	89 069	1 353	15 530	116 612	52 630	63 982	2 248
天水市	144 383	9 574	7.10	24 148	21 207		2 941	119 459	9 782	109 677	776
嘉峪关市	260 082	43 138	19.88	149 125	80 875		68 250	67 377	15 900	51 477	43 579
金昌市	273 690	-14 102	-4.90	163 036	162 837		199	104 444	66 009	38 435	6 211
武威市	65 698	13 117	24.95	353			353	64 345		64 345	1 000
张掖市	240 000	41 003	20.60	30 248	25 551	284	3 842	200 880	164 741	36 138	8 873
平凉市	271 490	37 632	16.09	91 483	50 665	84	40 734	180 007	107 610	72 397	
庆阳市	48 116	10 558	28.11	6 688	3 390		1 678	41 427	5 882	35 545	
酒泉市	242 462	95 446	64.92	46 489	36 877		9 612	193 991	127 874	66 117	1 983
定西市	75 002	15 249	25.52	8 513	2 904	1 918	3 617	65 884	19 950	45 934	605
陇南市	87 704	46 443	112.56	10 035	6 260	10	3 575	77 669	66 590	11 079	
临夏州	137 544	35 835	35.23	5 488	5 057	63	368	132 056	89 600	42 456	
甘南州	109 550	20 684	23.28	1 303	1 210		93	108 247	89 400	18 847	
全省合计	**4 660 736**	**789 992**	**20.41**	**1 001 422**	**675 213**	**35 242**	**286 035**	**3 190 829**	**1 821 475**	**1 369 354**	**468 485**

中国工商银行股份有限公司甘肃省人民币贷款累放累收统计

（2009 年） 单位：万元

栏目 / 项目名称	本年贷款 累计发放	累计收回	贷款增减额	平均余额	周转次数	周转天数
贷款合计	**4 988 746**	**4 194 905**	**793 841**	**4 406 060**	**0.95**	**383**
1. 短期贷款	1 414 793	1 353 249	61 544	996 780	1.36	269
（1）工业贷款	1 022 061	981 243	40 818	760 071	1.29	283
（2）商业贷款	88 378	111 536	-23 158	51 103	2.18	167
（3）建筑业贷款	33 010	61 024	-28 014	-9 440	-6.46	-56
（4）农业贷款	3 413	3 083	330	5 544	0.56	656
（5）乡镇企业贷款						
（6）三资企业贷款						
（7）私营企业及个体贷款	40		40	32		
（8）其他短期贷款	267 891	196 363	71 528	189 470	1.04	352
其中：个人短期消费贷款	76 962	74 214	2 748	6 000	12.37	30
2. 中长期贷款	1 035 255	521 635	513 620	2 936 686	0.18	2 055
（1）基本建设贷款	535 211	313 798	221 413	1 682 442	0.19	1 957
（2）技术改造贷款						
（3）其他中长期贷款	500 044	207 837	292 207	1 254 244	0.17	2203
其中：个人中长期消费贷款	171 004	70 083	100 920	285 811	0.25	1 489
3. 票据融资	2 536 901	2 319 224	217 677	472 153	4.91	74
4. 各项垫款	1 797	797	1 000	441	1.80	202

中国工商银行股份有限公司甘肃省分行损益表

（2009 年） 单位：万元

项目	年累计金额	项目	年累计金额
一、利息净收入	189 691	2. 营业税金及附加	14 919
1. 利息收入	340 897	3. 其他营业支出	549
金融机构往来利息收入	472	五、投资收益（损失以“-”号填列）	3 203
贷款利息收入	220 342	1. 债券投资利息收入	3 203
系统内往来利息收入	120 084	2. 股权投资收益（金融机构）	
其他利息收入		3. 股权投资收益（其他机构）	
2. 利息支出	151 206	4. 其他投资收益	
金融机构往来利息支出	4 765	六、营业外净收入	276
存款利息支出	146 442	1. 营业外收入	1 582
系统内往来利息支出		其中：处置抵债资产收入	
其他利息支出		2. 营业外支出	1 306
二、手续费净收入	48 704	七、扣除资产减值损失前的利润总额	101 229
1. 手续费收入	51 590	1. 减：资产减值损失（转回的金额以“-”号填列）	999
2. 手续费支出	2 885	八、扣除资产减值损失后的利润总额	100 230
三、其他业务收入	-180	1. 减：所得税	28621
四、营业支出	140 466	九、少数股东损益	
1. 业务及管理费	124 998	十、净利润（净亏损以“-”号填列）	71 609
其中：工资薪金支出	40 380		

资料来源：由中国工商银行股份有限公司甘肃省分行管理信息部提供。

中国工商银行股份有限公司甘肃省分行资产负债表

（2009年）

单位：万元（含外币）

项　　目	本　期		比年初	
	余额	占比	今年	去年
一、各项贷款净值	4 659 382	44.04	853 974	495 081
（一）各项贷款	4 743 667	44.84	842 456	480 506
（二）减：贷款损失准备	-84 285	-0.80	11 518	14 575
二、债券投资净值	107 559	1.02	23 813	-8 328
1. 债券投资	107 559	1.02	23 813	-8 328
2. 减：投资减值准备				
三、拆放同业				
四、存放同业	815	0.01	35	-333
五、存放中央银行款项	46 574	0.44	-12 577	21 982
六、买入返售资产				
七、其他生息资产	5 526 797	52.24	495 153	1 187 414
八、非生息资产	239 813	2.27	25 772	-33 948
其中：应收利息	272		29	43
九、减：其他各项减值准备	-2 144	-0.02	313	11 783
资产总计	**10 578 797**		**1 265 052**	**1 551 873**
一、各项存款	9 650 054	91.94	1 066 358	1 373 245
二、同业存放	361 267	3.44	139 735	154 773
三、同业拆入				
四、卖出回购款项				
五、发行债券				
六、其他付息负债	158 894	1.51	14 455	-4 067
七、无息负债	325 802	3.10	41 331	60 315
其中：应付利息	97 606	0.93	-7 284	29 478
负债总计	**10 496 018**		**1 261 878**	**1 584 265**
股东权益	**82 779**		**3 174**	**-32 393**
一、股本				
二、公积金	2 469	2.98	-159	-32 896
三、一般风险准备				
四、未分配利润	80 309	97.02	3 333	504
负债及所有者权益总计	**10 578 797**		**1 265 052**	**1 551 873**

资料来源：由中国工商银行股份有限公司甘肃省分行提供。

中国农业银行股份有限公司甘肃省人民币信贷收支统计

（2009 年） 单位：万元

资金来源项目	年末余额	比年初		资金运用项目	年末余额	比年初	
		增减额	增减%			增减额	增减%
一、各项存款	10 054 318	1 691 334	20.22	一、各项贷款	4 282 983	838 736	24.35
1. 企业存款	2 948 361	511 263	20.98	1. 短期贷款	1 795 123	481 020	36.60
（1）活期存款	2 132 581	343 977	19.23	（1）工业贷款	833 326	127 611	18.08
（2）定期存款	815 780	167 286	25.80	（2）商业贷款	266 660	50 140	23.16
2. 机关团体存款	895 121	211 438	30.93	（3）建筑业贷款	43 374	792	1.86
3. 储蓄存款	6 120 974	957 563	18.55	（4）农业贷款	155 697	23 443	17.73
（1）活期储蓄	3 142 842	565 594	21.95	（5）乡镇企业贷款			
（2）定期储蓄	2 978 132	391 969	15.16	（6）三资企业贷款			
4. 农业存款				（7）私营企业及个体贷款	357 191	222 151	164.51
5. 其他存款	89 862	11 070	14.05	（8）其他短期贷款	138 875	56 883	-55.18
二、代理财政性存款	80 920	-11 377	-12.33	其中：个人消费贷款	20 569	8 153	65.67
三、金融债券				2. 中长期贷款	2 302 924	343 323	17.52
其中：政策性金融债券				（1）基本建设贷款	1 429 997	231 987	19.36
四、应付及暂收款	160 826	-41 087	-20.35	（2）技术改造贷款			
其中：应付及预提利息	93 697	723	0.78	（3）其他中长期贷款	872 927	111 336	14.62
五、卖出回购资产	12 467	-76 734	-86.02	其中：个人消费贷款	203 966	60 748	42.42
六、向中央银行借款	2 955		-98.69	3. 票据融资	184 936	14 590	8.56
七、同业往来	201 710	-8 340	-3.97	其中：贴现	184 936	14 590	8.56
1. 同业存放	201 710	-8 340	-3.97	4. 各项垫款		-197	
2. 同业拆借				二、有价证券及投资	25 564	2 843	12.51
八、行内资金往来				三、应收及预付款	16 563	-6 340	-27.68
九、委托存款及委托投资基金（净）	392	-2 633	-87.04	其中：应收利息	12 782	11 202	709.09
1. 委托存款及委托投资基金	346 383	41 601	13.65	四、买入返售资产			
2. 减：委托贷款及委托投资	345 991	44 234	14.66	五、存放中央银行准备金存款	14 925	-16 682	-52.78
十、代理金融机构委托贷款基金	142 870	-42 500	-22.93	六、存放中央银行特种存款			
其中：中央银行委托贷款基金				七、缴存中央银行财政性存款	18 389	-4 960	-21.24
十一、各项准备	158 943	5 681	3.71	八、同业往来	2 864	2 192	326.29
其中：贷款呆账准备金	158 657	5 443	3.55	1. 存放同业	2 864	2 192	326.29
十二、所有者权益	132 701	52 974	66.44	2. 拆放同业			
其中：实收资本				九、行内资金往来	6 281 411	774 163	14.06
十三、其他	-113 591	-7 988	7.56	十、代理金融机构贷款	142 870	-42 500	-22.93
				其中：代理人行专项贷款			
				十一、库存现金	48 190	11 270	30.52
				十二、外汇占款	752	608	420.92
资金来源总计	**10 834 511**	**1 559 330**	**16.81**	**资金运用总计**	**10 834 511**	**1 559 330**	**16.81**

中国农业银行股份有限公司甘肃省分地区人民币存款统计

(2009年)　　单位：万元

地区＼项目	各项存款	比年初		企业存款		机关团体存款	储蓄存款		农业存款
		增减额	增减%		定期			定期	
兰州市	2 105 386	153 866	7.88	902 202	397 953	60 700	1 107 815	541 067	34 668
白银市	677 210	162 664	31.61	285 293	88 449	35 281	353 264	158 721	3 373
天水市	975 593	154 980	18.89	197 306	17 154	66 569	708 219	352 146	3 499
嘉峪关市	216 719	37 213	20.73	96 904	33 087	4 551	100 138	54 834	15 127
金昌市	306 996	24 924	8.84	112 655	32 118	9 104	182 578	100 715	2 660
武威市	800 116	158 024	24.61	163 739	31 043	92 619	532 716	291 469	11 041
张掖市	510 555	124 476	32.24	147 038	28 577	31 532	330 550	171 578	1 436
平凉市	765 733	174 564	29.53	150 056	23 559	81 713	531 488	262 145	2 476
庆阳市	678 401	125 313	22.66	100 409	7 321	78 683	494 978	260 969	4 332
酒泉市	854 505	149 671	21.23	338 380	119 076	48 483	462 799	256 504	4 842
定西市	560 485	110 158	24.46	69 425	7 937	75 245	414 678	191 404	1 137
陇南市	738 627	168 150	29.48	192 257	10 505	128 366	416 285	169 128	1 718
临夏州	427 028	71 453	20.10	98 868	1 934	28 423	299 242	103 917	494
甘南州	436 964	75 878	21.01	93 829	17 067	153 852	186 224	63 535	3 059
全省合计	**10 054 318**	**1 691 334**	**20.22**	**2 948 361**	**815 780**	**895 121**	**6 120 974**	**2 978 132**	**89 862**

中国农业银行股份有限公司甘肃省分地区人民币贷款统计

（2009 年）

单位：万元

项目 地区	各项贷款	比年初		短期贷款						中长期贷款			票据融资
		增减额	增减%		工业贷款	商业贷款	农业贷款	私营企业及个体贷款	其他短期贷款		基本建设贷款	其他中长期贷款	
兰州市	1 225 971	261 672	27.14	432 314	214 511	111 745	1 150	7 004	88 403	782 465	576 157	206 306	11 190
白银市	247 833	51 410	26.17	86 807	59 917	1 470	605	16 798	3 600	155 306	82 306	73 001	5 720
天水市	225 683	52 248	30.13	60 263	25 985	3 565	5 488	24 111	831	165 407	98 647	66 760	13
嘉峪关市	466 949	-14 423	-3.00	269 309	157 035	73 821	35 995	1 237	1 222	120 995		120 995	76 645
金昌市	261 528	73 406	39.02	151 052	137 070	1 880	280	8 970	2 703	34 535	19 180	15 355	75 941
武威市	282 693	54 089	23.66	82 265	16 275	14 623	35 776	12 966	2 525	200 054	196 232	3 822	375
张掖市	144 011	2 714	1.92	55 829	11 375	2 345	12 441	21 042	7 876	85 767	79 900	5 867	2 415
平凉市	222 592	46 559	26.45	98 027	45 390	2 808	80	48 818	931	120 840	61 084	59 756	3 725
庆阳市	161 454	39 967	32.90	63 040	4 317	6 937	25 509	23 886	942	98 414	57 990	40 424	
酒泉市	299 866	80 793	36.88	175 121	81 216	30 905	20 605	26 789	13 778	116 298	90 774	25 525	8 447
定西市	273 741	37 957	16.10	154 101	17 745	9 859	9 425	89 392	3 242	119 640	37 659	81 981	
陇南市	164 006	60 175	57.95	73 788	52 050	5 002	100	14 231	2 145	90 173	49 070	41 103	45
临夏州	164 961	43 128	35.40	80 474	4 360	1 700	8 143	56 330	9 941	84 068	11 898	72 170	420
甘南州	141 695	49 041	52.93	12 733	6 080		100	5 617	736	128 962	69 100	59 862	
全省合计	**4 282 983**	**838 736**	**24.35**	**1 795 123**	**833 326**	**266 660**	**155 697**	**357 191**	**138 875**	**2 302 924**	**1 429 997**	**872 927**	**184 936**

中国农业银行股份有限公司甘肃省人民币贷款累放累收统计

（2009 年） 单位：万元

栏目 项目名称	本年贷款					
	累计发放	累计收回	贷款增减额	平均余额	周转次数	周转天数
贷款合计	**3 366 188**	**2 526 125**	**840 063**	**3 758 147**	**0.67**	**543**
1. 短期贷款	2 001 783	1 525 392	476 391	1 454 766	1.05	348
（1）工业贷款	954 410	848 662	105 748	701 212	1.21	302
（2）商业贷款	341 987	285 656	56 331	234 114	1.22	299
（3）建筑业贷款	46 063	50 212	-4 149	39 029	1.29	284
（4）农业贷款	294 133	207 854	86 279	172 962	1.20	304
（5）乡镇企业贷款						
（6）三资企业贷款						
（7）私营企业及个体贷款						
（8）其他短期贷款	365 190	133 008	232 182	307 449	0.43	844
其中：个人短期消费贷款	39 640	28 503	11 137	17 047	1.67	218
2. 中长期贷款	768 442	420 700	347 741	2105 542	0.20	1 827
（1）基本建设贷款				1 198 010		
（2）技术改造贷款						
（3）其他中长期贷款	768 442	420 700	347 741	907 532	0.46	787
其中：个人中长期消费贷款	112 837	56 301	56 536	167 882	0.34	1 088
3. 票据融资	595 824	580 033	15 792	197 625	2.94	124
4. 各项垫款	139		139	214		

中国农业银行股份有限公司甘肃省分行损益表

（2009 年） 单位：万元（合并本外币）

项目	金额	项目	金额
一、贷款利息收入类	230 351	九、利息支出类	128 826
二、投资利息收入类		十、金融机构往来支出类	522 036
三、金融机构往来收入类	700 144	十一、管理费用类	136 483
四、中间业务收入类	31 606	十二、手续费支出类	799
五、其他营业收入类	994	十三、其他营业支出类	14 711
六、投资收益类	811	十四、营业税及附加	14 339
七、公允价值变动损益		十五、营业外支出类	1 060
八、营业外收入类	1 415	十六、资产减值准备支出类	13 878
		十七、所得税支出类	84
收入小计	**965 321**	**支出小计**	**832 216**
税前亏损		税前利润	133 189
净亏损		净利润	133 104
总计	**965 321**	**总计**	**965 321**

资料来源：由中国农业银行股份有限公司甘肃省分行财务会计处提供。

中国农业银行股份有限公司甘肃省分行资产负债表

（2009 年）　　　　单位：万元（本外币合计）

项　目	期初余额	期末余额	项　目	期初余额	期末余额
资产：			负债：		
现金及存放中央银行款项	92 245	82 027	向中央银行借款	2 955	2 955
贵金属			联行存放款项		
存放联行款项	5 479 112	6 234 597	同业及其他金融机构存放款项	221 572	214 773
存放同业款项	862	3 008	拆入资金		7 226
减：存放同业款项减值准备			以公允价值计量且其变动计入		
当期损益的金融负债					
拆出资金			衍生金融负债		
减：拆出资金减值准备			卖出回购金融资产款	89 201	12 467
以公允价值计量且其变动计入					
当期损益的金融资产			吸收存款	845 4190	10 131 923
衍生金融资产			应付职工薪酬	18 129	16 815
买入返售金融资产			应交税费	5 913	5 511
减：买入返售金融资产减值准备			应付利息	93 019	93 731
应收款项类金融资产	22 721	25 564	预计负债	4 464	3 951
减：应收款项类金融资产减值准备			应付债券及存款证		
应收利息	12 319	12 794	递延所得税负债		
发放贷款和垫款	3 448 417	4 314 387	其他负债	104 138	64 389
减：贷款减值准备	153 213	158 657	负债合计	8 993 582	10 553 741
可供出售金融资产			所有者权益（或股东权益）：		
减：可供出售金融资产减值准备			实收资本（或股本）		
持有至到期投资			其中：国有资本		
减：持有至到期投资减值准备			外商资本		
长期股权投资			资本公积		
减：长期股权投资减值准备			盈余公积		
投资性房地产			一般风险准备		
减：投资性房地产减值准备			未分配利润	79 973	132 883
固定资产	149 271	162 184	外币报表折算差额		
减：累计折旧	14 526	28 893	归属于母公司所有者权益合计	79 973	132 883
减：固定资产减值准备			少数股东权益		
在建工程	2 070	12 792	所有者权益（或股东权益）合计	79 973	132 883
减：在建工程减值准备					
无形资产	19 519	18 941			
减：无形资产减值准备					
抵债资产					
减：抵债资产减值准备					
递延所得税资产					
其他资产	14 805	8 168			
减：其他资产减值准备	49	286			
资产总计	**9 073 554**	**10 686 624**	**负债和所有者权益（或股东权益）总计**	**9 073 554**	**10 686 624**

资料来源：由中国农业银行股份有限公司甘肃省分行财务会计处提供。

中国银行股份有限公司甘肃省人民币信贷收支统计

（2009 年）

单位：万元

资金来源项目	年末余额	比年初		资金运用项目	年末余额	比年初	
		增减额	增减%			增减额	增减%
一、各项存款	4 426 129	1 104 220	33.24	一、各项贷款	1 910 123	921 836	93.28
1. 企业存款	1 935 790	515 414	36.29	1. 短期贷款	1 103 758	603 993	120.86
（1）活期存款	905 913	305 017	50.76	（1）工业贷款	999 857	526 619	111.28
（2）定期存款	1 029 877	210 397	25.67	（2）商业贷款	385	-218	-36.23
2. 机关团体存款	414 695	103 596	33.30	（3）建筑业贷款	28 109	28 000	
3. 储蓄存款	1 860 278	333 052	21.81	（4）农业贷款			
（1）活期储蓄	487 663	132 844	37.44	（5）乡镇企业贷款			
（2）定期储蓄	1 372 615	200 208	17.08	（6）三资企业贷款	1 291	-4	-0.31
4. 农业存款	15 010	15 006		（7）私营企业及个体贷款	5 890	5 890	
5. 其他存款	200 356	137 152	217.00	（8）其他短期贷款	68 226	43 706	178.25
二、代理财政性存款	1	1		其中：个人消费贷款	22 647	20 611	1012.61
三、金融债券				2. 中长期贷款	646 333	214 137	49.55
其中：政策性金融债券				（1）基本建设贷款	326 857	184 857	130.18
四、应付及暂收款	120 533	-1 804	-1.47	（2）技术改造贷款	150 842	-8 242	-5.18
其中：应付及预提利息	86 265	-13 286	-13.35	（3）其他中长期贷款	168 634	37 522	28.62
五、卖出回购资产				其中：个人消费贷款	167 422	48 108	40.32
六、向中央银行借款				3. 票据融资	159 532	103 706	185.77
七、同业往来	57 842	7 071	13.93	其中：贴现	159 532	103 706	185.77
1. 同业存放	57 842	7 071	13.93	4. 各项垫款	500		
2. 同业拆借				二、有价证券及投资	17 696	-1 116	-5.93
八、行内资金往来				三、应收及预付款	93 913	-18 688	-16.60
九、委托存款及委托投资基金（净）				其中：应收利息	94 256	-18 590	-16.47
1. 委托存款及委托投资基金	57 384	36 740	177.97	四、买入返售资产			
2. 减：委托贷款及委托投资	57 384	36 740	177.97	五、存放中央银行准备金存款	52 469	18 583	54.84
十、代理金融机构委托贷款基金				六、存放中央银行特种存款			
其中：中央银行委托贷款基金				七、缴存中央银行财政性存款	2 774	1 942	233.71
十一、各项准备	26 746	1 363	5.37	八、同业往来			
其中：贷款呆账准备金	26 588	1 392	5.52	1. 存放同业			
十二、所有者权益	35 327	11 081	45.70	2. 拆放同业			
其中：实收资本				九、行内资金往来	2 557 024	172 043	7.21
十三、其他	-21 645	-14 991	225.27	十、代理金融机构贷款			
				其中：代理人行专项贷款			
				十一、库存现金	13 449	4 935	57.96
				十二、外汇占款	-2 515	7 406	-74.65
资金来源总计	**4 644 933**	**1 106 941**	**31.29**	**资金运用总计**	**4 644 933**	**1 106 941**	**31.29**

中国银行股份有限公司甘肃省分地区人民币存款统计

（2009 年） 单位：万元

地区＼项目	各项存款	比年初		企业存款		机关团体存款	储蓄存款		农业存款	其他存款
		增减额	增减%		定期			定期		
兰州市	2 233 805	529 686	31.08	988 095	611 033	230 337	961 523	757 008	6 730	47 121
白银市	179 785	21 905	13.87	125 418	94 191	901	52 356	41 759	114	996
天水市	160 394	56 885	54.96	80 623	18 215		71 270	51 196	405	8 095
嘉峪关市	290 342	99 352	52.02	187 341	80 806	5 520	90 878	63 643	1	6 602
金昌市	238 741	48 942	25.79	53 969	35 885	34 206	56 557	42 476	53	93 956
武威市	131 329	29 866	29.44	20 027	8 335	34 305	68 407	51 871	222	8 368
张掖市	114 707	36 140	46.00	73 467	20 439	2 847	37 941	25 272	270	182
平凉市	182 699	51 135	38.87	92 996	24 428		86 147	55 314	104	3 452
庆阳市	245 578	59 731	32.14	119 029	1 948		124 858	69 847	1 326	365
酒泉市	383 812	81 867	27.11	154 488	113 926	22 987	194 411	148 697	4 270	7 657
定西市	66 126	18 088	37.65	16 496	12 973	12 245	30 271	19 519	684	6 430
陇南市	119 341	49 086	69.87	9 461	4 587	60 194	37 913	21 093	793	10 980
临夏州	79 470	21 537	37.18	14 380	3 111	11 153	47 746	24 920	38	6 152
全省合计	**4 426 129**	**1 104 220**	**33.24**	**1 935 790**	**1 029 877**	**414 695**	**1 860 278**	**1 372 615**	**15 010**	**200 356**

中国银行股份有限公司甘肃省分地区人民币贷款统计

（2009 年） 单位：万元

地区＼项目	各项贷款	比年初		短期贷款				中长期贷款			票据融资
		增减额	增减%		工业贷款	商业贷款	其他短期贷款		基本建设贷款	其他中长期贷款	
兰州市	829 700	447 880	117.30	455 851	393 500		42 608	309 079	115 250	57 684	64 270
白银市	65 909	26 477	67.15	58 838	54 307		1 531	6 951		6 952	120
天水市	40 247	20 118	99.95	7 828	7 050		669	31 881	17 000	14 181	538
嘉峪关市	290 727	144 259	98.49	212 865	208 000	363	4 502	5 184		5 184	72 678
金昌市	171 872	30 540	21.61	155 396	152 000		316	9 445		9 445	7 031
武威市	29 702	16 701	128.46	11 171	9 500		980	15 185	3 200	11 985	3 346
张掖市	61 363	34 272	126.51	2 181			1 766	58 121	52 337	5 785	1 061
平凉市	182 678	72 505	65.81	177 203	175 500		1 703	4 447	2 000	2 447	1 028
庆阳市	29 240	19 626	204.14	12 183			6 080	17 057	12 000	5 057	
酒泉市	69 518	38 692	125.52	7 356		22	5 249	53 552	40 950	12 603	8 610
定西市	18 995	12 394	187.76	280			280	17 895		3 895	820
陇南市	90 809	36 474	67.13	1 725			1 725	89 084	78 120	10 964	
临夏州	29 363	21 898	293.34	881			817	28 452	6 000	22 452	30
全省合计	**1 910 123**	**921 836**	**93.28**	**1 103 758**	**999 857**	**385**	**68 226**	**646 333**	**326 857**	**168 634**	**159 532**

中国银行股份有限公司甘肃省人民币贷款累放累收统计

(2009 年)　　单位：万元

项目名称＼栏目	本年贷款					
	累计发放	累计收回	贷款增减额	平均余额	周转次数	周转天数
贷款合计	**4 042 580**	**3 120 647**	**921 934**	**1 422 968**	**2.19**	**166**
1. 短期贷款	1 590 276	986 186	604 090	731 477	1.35	271
（1）工业贷款	1 195 729	669 013	526 716	659 791	1.01	360
（2）商业贷款	200	418	-218	528	0.79	461
（3）建筑业贷款	34 026	6 026	28 000	8 200	0.73	497
（4）农业贷款						
（5）乡镇企业贷款						
（6）三资企业贷款		4	-4	1 293		
（7）私营企业及个体贷款						
（8）其他短期贷款	360 321	310 725	49 596	61 665	5.04	72
其中：个人短期消费贷款	34 573	278 186	-243 613	-84 904	-3.28	-111
2. 中长期贷款	389 134	174 997	214 137	515 239	0.34	1 075
（1）基本建设贷款	213 137	28 280	184 857	207 647	0.14	2 680
（2）技术改造贷款	17 945	26 187	-8 242	156 483	0.17	2 181
（3）其他中长期贷款	158 052	120 530	37 522	151 109	0.80	458
其中：个人中长期消费贷款	104 890	73 134	31 756	127 064	0.58	634
3. 票据融资	2 057 170	1 953 464	103 707	175 752	11.11	33
4. 各项垫款	6 000	6 000		500	12.00	30

中国银行股份有限公司甘肃省分行损益表

折算率：1 美元 =6.8282 人民币　　(2009 年)

项目	外汇金额（万美元）	人民币金额（万元人民币）	合计金额（万元人民币）	项目	外汇金额（万美元）	人民币金额（万元人民币）	合计金额（万元人民币）
各项收入	1 881	275 625	288 466	各项支出			
利息收入	365	73 105	75 596	利息支出	208	74 812	76 235
金融机构往来收入	1 468	190 011	200 032	金融机构往来支出	682	102 647	107 307
手续费收入	37	9 803	10 054	手续费支出	5	345	379
汇兑收入	11	1 154	1 232	营业费用		38 601	38 601
其他营业收入		716	716	折旧		5 596	5 596
投资收益		732	732	提取准备金	279	1 516	3 421
营业外收入		103	103	汇兑损失			
营业税金及附加	23	4 527	4 683				
其他营业支出		19	19				
营业外支出		820	820				
所得税		11 414	11 414				
收入总计	**1 881**	**275 625**	**288 466**	**支出总计**	**1 197**	**240 298**	**248 474**
本年利润	683	35 327	39 993				
合计	**1 197**	**240 298**	**248 474**	**合计**	**1 197**	**240 298**	**248 474**

资料来源：由中国银行股份有限公司甘肃省分行财务管理部提供。

中国银行股份有限公司甘肃省分行资产负债表

各货币汇总折人民币　　（2009 年）　　单位：万元

资产项目	期末余额	负债所有者权益项目	期末余额
现金及存放中央银行款项	74051	向中央银行借款	
存放同业款项	2 437 943	同业及其他金融机构存放款项	62 898
贵金属	1 429	拆入资金	14 467
拆出资金		交易性金融负债	
交易性金融资产		衍生金融负债	1 748
衍生金融资产	2 346	卖出回购金融资产款	
买入返售金融资产		吸收存款	4 549 293
应收利息	50 428	应付职工薪酬	11 348
发放贷款和垫款	2 138 308	应交税费	4 904
可供出售金融资产		应付利息	42 213
持有至到期投资		预计负债	
贷款及应收款项类债券	17 696	发行债券	
长期股权投资		递延所得税负债	
投资性房地产		其他负债	17 897
固定资产	44 036	负债合计	4 704 770
无形资产	6 724		
商誉		股本（营运资金）	31 803
递延税资产		资本公积	
其他资产	3 605	减：库藏股	
		盈余公积	
		一般风险准备	
		未分配利润	39 993
		外币折算差额	
		归属于母公司股东权益合计	71 796
		少数股东权益	
		股东权益合计	71 796
资产总计	**4 776 566**	**负债和股东权益总计**	**4 776 566**

资料来源：由中国银行股份有限公司甘肃省分行提供。

中国银行股份有限公司甘肃省分地区外汇存款情况表

(2009 年)　　单位：万美元

地区＼项目	各项存款合计	企业存款	个人存款	存入保证金	外债专户存款
兰州市（含省分行）	13 365.47	997.72	12 072.12	3.29	292.34
白银市	358.61	36.17	322.44		
天水市	562.41	18.59	543.70	0.12	
嘉峪关市	960.31	505.54	422.29	32.48	
金昌市	378.04	59.02	303.40	15.62	
武威市	197.31	3.68	193.63		
张掖市	236.64	70.80	165.83		
平凉市	212.23	33.89	178.34		
庆阳市	176.12	19.43	156.68		
酒泉市	1 020.50	194.44	826.06		
定西市	39.89	0.28	39.60		
陇南市	39.61	2.33	37.28		
临夏州	205.89	3.46	202.43		
合计	**17 753.00**	**1 945.35**	**15 463.80**	**51.51**	**292.34**

资料来源：由中国银行股份有限公司甘肃省分行财务管理部提供。

中国银行股份有限公司甘肃省外汇贷款发放、收回情况

(2009 年)　　单位：万美元

项目	年初余额	发放金额累计	收回金额累计	年末余额
一、短期贷款	2 262	42 529	10 469	34 322
中资企业贷款	2 000	17 000	3 000	16 000
外商投资企业贷款				
境内其他贷款				
出口押汇		32	32	
进口押汇	262	25 497	7 436	18 322
其他进出口贸易融资				
二、长期贷款				
中资企业贷款				
外商投资企业贷款				
国家特定贷款				
三、境外筹资转贷	4 012	550	1 220	3 343
外国政府贷款	4 012	550	1 220	3 343
买方信贷				
转贷日本能源贷款				
转贷混合贷款				
日本资金协力贷款				
四、各项垫款				
信用证垫款				
其他垫款				
五、贴现				
六、其他流动资产				
合计	**6 274**	**43 079**	**11 689**	**37665**

资料来源：由中国银行股份有限公司甘肃省分行公司业务部提供。

中国建设银行股份有限公司甘肃省人民币信贷收支统计

(2009年) 单位：万元

资金来源项目	年末余额	比年初		资金运用项目	年末余额	比年初	
		增减额	增减%			增减额	增减%
一、各项存款	10 466 407	1 728 311	19.78	一、各项贷款	4 763 756	785 732	19.75
1. 企业存款	3 193 010	338 882	11.87	1. 短期贷款	1 213 034	107 182	9.69
（1）活期存款	2 178 308	170 720	8.50	（1）工业贷款	858 014	-46 295	-5.12
（2）定期存款	1 014 702	168 162	19.86	（2）商业贷款	18 589	5 249	39.35
2. 机关团体存款	1 591 514	365 643	29.83	（3）建筑业贷款	48 360	30 860	176.34
3. 储蓄存款	4 786 337	962 418	25.17	（4）农业贷款	81 650	51 150	167.70
（1）活期储蓄	1 938 301	464 751	31.54	（5）乡镇企业贷款			
（2）定期储蓄	2 848 036	497 667	21.17	（6）三资企业贷款			
4. 农业存款	17 585	4 377	33.14	（7）私营企业及个体贷款	3 506	736	26.57
5. 其他存款	877 961	56 991	6.94	（8）其他短期贷款	202 915	65 482	47.65
二、代理财政性存款	13 862	3 681	36.16	其中：个人消费贷款	2 771	-13 040	-82.47
三、金融债券	23			2. 中长期贷款	3 112 047	414 424	15.36
其中：政策性金融债券	23			（1）基本建设贷款	2 154 733	183 904	9.33
四、应付及暂收款	133 839	-520	-0.39	（2）技术改造贷款	159 224	-43 602	-21.50
其中：应付及预提利息	77 681	-11 905	-13.29	（3）其他中长期贷款	798 090	274 122	52.32
五、卖出回购资产				其中：个人消费贷款	326 575	104 447	47.02
六、向中央银行借款	633	-5	-0.78	3. 票据融资	438 330	264 222	151.76
七、同业往来	186 350	66 031	54.88	其中：贴现	438 330	264 222	151.76
1. 同业存放	186 250	66 031	54.92	4. 各项垫款	345	-96	-21.77
2. 同业拆借	100			二、有价证券及投资	47 074	-11 637	-19.82
八、行内资金往来				三、应收及预付款	27 435	-1 840	-6.28
九、委托存款及委托投资基金（净）	178	77	75.74	其中：应收利息	21 052	-1 015	-4.60
1. 委托存款及委托投资基金	517 680	167 905	48.00	四、买入返售资产		-110 908	
2. 减：委托贷款及委托投资	517 502	167 828	48.00	五、存放中央银行准备金存款	14 478	3 273	29.21
十、代理金融机构委托贷款基金				六、存放中央银行特种存款			
其中：中央银行委托贷款基金				七、缴存中央银行财政性存款	15 793	-230 863	-93.60
十一、各项准备	27 140	-1 456	-5.09	八、同业往来	610	-105	-14.64
其中：贷款呆账准备金		-20		1. 存放同业	610	-105	-14.64
十二、所有者权益	42 677	3 330	8.46	2. 拆放同业			
其中：实收资本				九、行内资金往来	5 939 513	1 402 614	30.92
十三、其他	-12 602	42 780	-77.25	十、代理金融机构贷款			
				其中：代理人行专项贷款			
				十一、库存现金	49 848	5 963	13.59
				十二、外汇占款			
资金来源总计	**10 858 507**	**1 842 229**	**20.43**	**资金运用总计**	**10 858 507**	**1 842 229**	**20.43**

中国建设银行股份有限公司甘肃省分地区人民币存款统计

（2009 年） 单位：万元

项目 地区	各项存款	比年初		企业存款		机关团体存款	储蓄存款		农业存款	其他存款
		增减额	增减%		定期			定期		
兰州市	5 084 467	916 567	21.99	1 802 133	553 597	657 525	2 058 829	1 321 850	5 221	560 758
白银市	620 992	-37 651	-5.72	278 855	162 250	53 290	251 567	134 462	587	36 693
天水市	665 873	178 519	36.63	170 611	30 072	72 027	393 110	214 786	105	30 021
嘉峪关市	559 256	28 998	5.47	248 782	165 211	56 445	200 268	122 900	490	53 271
金昌市	297 981	44 566	17.59	84 992	21 497	38 820	134 151	79 605	322	39 696
武威市	341 225	100 502	41.75	58 358	2 691	85 258	187 364	112 168	108	10 138
张掖市	290 504	81 116	38.74	59 409	13 816	60 384	157 328	82 781	2 735	10 648
平凉市	225 305	-60 952	-21.29	37 754	2 984	28 064	154 688	84 286	1	4 797
庆阳市	445 415	111 016	33.20	65 858	3 263	57 326	310 966	153 796	907	10 357
酒泉市	748 160	140 158	23.05	128 008	35 255	71 897	469 551	325 149	6 838	71 867
定西市	322 377	99 953	44.94	58 220	1 730	122 719	135 129	67 421	130	6 179
陇南市	585 845	81 934	16.26	162 044	17 639	225 274	181 019	71 041	50	17 458
临夏州	239 350	52 064	27.80	29 510	4 697	45 036	143 009	74 300	89	21 707
甘南州	39 657	-8 479	-17.61	8 476		17 449	9 358	3 491	2	4 371
全省合计	**10 466 407**	**1 728 311**	**19.78**	**3 193 010**	**1 014 702**	**1 591 514**	**4 786 337**	**2 848 036**	**17 585**	**877 961**

中国建设银行股份有限公司甘肃省人民币贷款累放累收统计

（2009 年） 单位：万元

栏目 项目名称	本年贷款					
	累计发放	累计收回	增减额	平均余额	周转次数	周转天数
贷款合计	**3 820 197**	**3 033 176**	**787 021**	**4 393 838**	**0.69**	**529**
1. 短期贷款	1 763 870	1 656 379	107 492	1 214 436	1.36	268
（1）工业贷款	1 045 389	1 091 642	-46 253	928 314	1.18	310
（2）商业贷款	21 086	15 837	5 249	16 750	0.95	386
（3）建筑业贷款	74 880	44 020	30 860	34 559	1.27	287
（4）农业贷款	95 850	44 700	51 150	57 019	0.78	466
（5）乡镇企业贷款						
（6）三资企业贷款						
（7）私营企业及个体贷款	526	438	88	153	2.87	127
（8）其他短期贷款	526 139	459 742	66 398	177 641	2.59	141
其中：个人消费贷款	14 084	27 137	-13 053	12 489	2.17	168
2. 中长期贷款	1 083 742	668 337	415 404	2 906 192	0.23	1 587
（1）基本建设贷款	517 746	368 442	149 305	2 079 044	0.18	2 060
（2）技术改造贷款	23 500	67 102	-43 602	165 405	0.41	900
（3）其他中长期贷款	542 496	232 793	309 701	661 743	0.35	1 038
其中：个人消费贷款	172 295	67 669	104 626	268 954	0.25	1 451
3. 票据融资	882 124	617 903	264 221	272 792	2.27	161
4. 各项垫款	90 461	90 557	-96	418	216.57	2

中国建设银行股份有限公司甘肃省分地区人民币贷款统计

（2009 年）

单位：万元

项目 / 地区	各项贷款	比年初		短期贷款					中长期贷款			票据融资
		增减额	增减%		工业贷款	商业贷款	私营企业及个体贷款	其他短期贷款		基本建设贷款	其他中长期贷款	
兰州市	2 491 832	358 734	16.82	648 448	379 980	7 814	1 193	181 461	1 831 725	1 316 671	360 894	11 660
白银市	119 261	10 553	9.71	57 455	57 340		112	3	61 635	48 500	13 135	1701
天水市	112 313	30 561	37.38	7 622	6 200	1 100	120	22	102 962	42 651	55 247	1 730
嘉峪关市	630 597	104 236	19.80	198 713	186 300	7 175		5 238	219 813	160 000	59 813	211 971
金昌市	401 119	111 753	38.62	155 311	155 300		11		34 479	31 250	3 229	211 084
武威市	117 173	16 958	16.92	114			72	42	117 058	96 053	21 005	
张掖市	105 827	6 632	6.69	21 513	19 350		289	1 874	84 314	60 080	24 234	
平凉市	141 804	-18 945	-11.79	21 705	21 500		2	203	119 334	106 050	13 284	765
庆阳市	79 367	13 160	19.88	1 118			112	1 006	78 249	52 827	25 422	
酒泉市	135 105	50 091	58.92	87 333	21 020	1 500	130	13 033	46 822	26 073	20 749	950
定西市	63 099	9 771	18.32	2 772	1 500	1 000	268	4	60 327	40 938	19 389	
陇南市	243 100	60 717	33.29	6 214	5 000		1 186	28	236 886	87 160	149 726	
临夏州	83 072	29 194	54.19	4 716	4 524		11	1	78 356	50 700	27 656	
甘南州	40 087	2 317	6.13						40 087	35 780	4 307	
全省合计	**4 763 756**	**785 732**	**19.75**	**1 213 034**	**858 014**	**18 589**	**3 506**	**202 915**	**3 112 047**	**2 154 733**	**798 090**	**438 330**

中国建设银行股份有限公司甘肃省分行资产负债表（本外币合计）

（2009 年）　　单位：万元

资产项目	期末余额	负债和所有者权益项目	期末余额
现金及存放中央银行款项	81 213	向中央银行借款	633
存放同业款项	1 937	同业及其他金融机构存放款项	186 250
贵金属		拆入资金	100
拆出资金		交易性金融负债	
交易性金融资产		衍生金融负债	114
衍生金融资产	182	卖出回购金融资产款	
买入返售金融资产		吸收存款	10 561 987
发放贷款和垫款	4 816 063	应付利息	76 116
应收利息	10 802	应付职工薪酬	17 599
可供出售金融资产		应交税费	4 874
应收款项投资		预计负债	
持有至到期投资	31 343	应付债券	23
长期股权投资		递延所得税负债	
资产支持证券		其他负债	28 833
投资性房地产		负债合计	10 876 529
固定资产	77 643	股东权益：	
在建工程	3 106	股本	
无形资产	18 937	资本公积	
商誉		减：库存股	
递延所得税资产		盈余公积	
其他资产	5 878 088	一般风险准备	
		未分配利润	42 785
		外币报表折算差额	
		股东权益合计	42 785
资产总计	**10 919 314**	**负债和股东权益总计**	**10 919 314**

资料来源：由中国建设银行股份有限公司甘肃省分行提供。

中国建设银行股份有限公司甘肃省分行损益表（本外币合计）

（2009 年）　　单位：万元

项　目	金　额	项　目	金　额
一、营业收入	263 371	二、营业支出	137 169
利息净收入	220 734	营业税金及附加	15 946
利息收入	366 505	业务及管理费	118 867
利息支出	145 771	资产减值损失	-1 180
手续费及佣金净收入	42 175	其他业务成本	3 536
手续费及佣金收入	43 299	三、营业利润	126 203
手续费及佣金支出	1 124	加：营业外收入	8 308
投资收益	311	减：营业外支出	1 904
其中：对联营企业和合营企业的投资收益		四、利润总额	132 607
公允价值变动收益	-132	减：所得税费用	336
汇兑收益	7	五、净利润	132 271
其他业务收入	277		

资料来源：由中国建设银行股份有限公司甘肃省分行提供。

交通银行股份有限公司甘肃省分行人民币信贷收支统计

（2009 年）　　　　单位：万元

资金来源项目	年末余额	比年初		资金运用项目	年末余额	比年初	
		增减额	增减%			增减额	增减%
一、各项存款	2 192 653	414 115	23.28	一、各项贷款	1 443 287	414 534	40.29
1. 企业存款	1 231 404	259 665	26.72	1. 短期贷款	509 005	14 787	2.99
（1）活期存款	785 732	182 190	30.19	（1）工业贷款	164 850	-46 528	-22.01
（2）定期存款	445 672	77 475	21.04	（2）商业贷款	45 177	12 628	38.80
2. 机关团体存款	29 023	16 024	123.27	（3）建筑业贷款	56 830	14 761	35.09
3. 储蓄存款	731 641	140 807	23.83	（4）农业贷款	15 300	1 100	7.75
（1）活期储蓄	265 307	62 507	30.82	（5）乡镇企业贷款			
（2）定期储蓄	466 334	78 300	20.18	（6）三资企业贷款			
4. 农业存款				（7）私营企业及个体贷款	2 163	507	30.59
5. 其他存款	200 585	-2 381	-1.17	（8）其他短期贷款	224 685	32 319	16.80
二、代理财政性存款	521	-2152	-80.49	其中：个人消费贷款	1 330	45	3.52
三、金融债券				2. 中长期贷款	924 897	401 193	76.61
其中：政策性金融债券				（1）基本建设贷款	305 774	136 767	80.92
四、应付及暂收款	22 659	2 408	11.89	（2）技术改造贷款	41 098	9 648	30.68
其中：应付及预提利息	14 217	-1 855	-11.54	（3）其他中长期贷款	578 025	254 778	78.82
五、卖出回购资产				其中：个人消费贷款	93 606	44 310	89.89
六、向中央银行借款				3. 票据融资	8 440	-2 024	-19.35
七、同业往来	19 315	4 261	28.31	其中：贴现	8 440	-2 024	-19.35
1. 同业存放	19 315	4 261	28.31	4. 各项垫款	945	578	157.73
2. 同业拆借				二、有价证券及投资	1 041	-60 148	-98.30
八、行内资金往来				三、应收及预付款	8 069	3 132	63.46
九、委托存款及委托投资基金（净）	61 636	-1 510	-2.39	其中：应收利息	642	452	239.00
1. 委托存款及委托投资基金	73 315	1 985	2.78	四、买入返售资产			
2. 减：委托贷款及委托投资	11 679	3 495	42.70	五、存放中央银行准备金存款	15 985	-5 299	-24.90
十、代理金融机构委托贷款基金				六、存放中央银行特种存款			
其中：中央银行委托贷款基金				七、缴存中央银行财政性存款	471	-814	-63.37
十一、各项准备	10 461	1 394	15.37	八、同业往来	8 674	8 674	
其中：贷款呆账准备金	10 461	1 394	15.37	1. 存放同业	8 674	8 674	
十二、所有者权益	31 262	893	2.94	2. 拆放同业			
其中：实收资本				九、行内资金往来	834 308	56 947	7.33
十三、其他	-20 548	-3 303	19.15	十、代理金融机构贷款			
				其中：代理人行专项贷款			
				十一、库存现金	6 124	-920	-13.06
				十二、外汇占款			
资金来源总计	**2 317 959**	**416 106**	**21.88**	**资金运用总计**	**2 317 959**	**416 106**	**21.88**

交通银行股份有限公司甘肃省分行人民币贷款累放累收统计

(2009 年) 单位：万元

项目名称 \ 栏目	本年贷款					
	累计发放	累计收回	增减额	平均余额	周转次数	周转天数
贷款合计	**1 509 005**	**1 094 471**	**414 534**	**1 259 113**	**0.87**	**420**
1. 短期贷款	722 094	707 306	14 787	478 010	1.48	247
(1) 工业贷款	286 145	332 673	-46 528	198 337	1.68	218
(2) 商业贷款	52 200	39 572	12 628	36 802	1.08	339
(3) 建筑业贷款	77 630	62 868	14 761	52 894	1.19	307
(4) 农业贷款	22 800	21 700	1 100	14 838	1.46	250
(5) 乡镇企业贷款						
(6) 三资企业贷款						
(7) 私营企业及个体贷款	1 680	1 173	507	407	2.88	127
(8) 其他短期贷款	281 639	249 320	32 319	174 732	1.43	256
其中：个人短期消费贷款	12 141	12 096	45	1 813	6.67	55
2. 中长期贷款	665 652	264 459	401 193	706 552	0.37	975
(1) 基本建设贷款	307 856	171 089	136 767	259 000	0.66	553
(2) 技术改造贷款	17 598	7 950	9 648	31 781	0.25	1 459
(3) 其他中长期贷款	340 198	85 420	254 778	415 771	0.21	1 777
其中：个人中长期消费贷款	57 972	13 662	44 310	62 640	0.22	1674
3. 票据融资	115 990	118 015	-2 024	73 467	1.61	227
4. 各项垫款	5 269	4 691	578	1 084	4.33	84

交通银行股份有限公司甘肃省分行资产负债表

(2009 年) 单位：万元

项目名称	期末余额	项目名称	期末余额
资产		负债及所有者权益	
现金及银行存款	7 364	存款	2 207 721
存中央银行款项	16 456	同业存放款项	19 316
存放同业款项及存放联行	809 291	应付账款	14 447
贷款	1 496 391	其他流动负债	15 893
应收账款	745	**负债合计**	**2 257 377**
其他应收款	939	实收资本	
在建工程	622	资本公积	
其他资产合计	28 394	本年利润	31 328
减：呆账准备等	71 497	**所有者权益合计**	**31 328**
资产总计	**2 288 705**	**负债及所有者权益总计**	**2 288 705**

资料来源：由交通银行股份有限公司甘肃省分行提供。

交通银行股份有限公司甘肃省分行损益表

(2009 年) 单位：万元

项目	金额	项目	金额
利息收入	64 157	利息支出	30 863
金融企业往来收入	14 380	金融企业往来支出	2 370
手续费收入	3 223	手续费支出	1 055
汇兑收益	505	汇兑损失	2
其他营业收入	1 569	营业费用	13 200
投资收益	2 211	其他营业支出	2 706
营业外收入	57	营业税及附加	3 847
		营业外支出	731
收入小计	**86 102**	**支出小计**	**54 774**
		税后利润	31 328
合　计	**86 102**	**合　计**	**86 102**

资料来源：由交通银行股份有限公司甘肃省分行提供。

招商银行股份有限公司兰州分行人民币信贷收支统计

(2009 年)　　　　单位：万元

资金来源项目	年末余额	比年初		资金运用项目	年末余额	比年初	
		增减额	增减%			增减额	增减%
一、各项存款	2 207 990	295 671	15.46	一、各项贷款	1 183 484	166 895	16.42
1. 企业存款	1 057 374	111 339	11.77	1. 短期贷款	287 567	−273 746	−48.77
（1）活期存款	559 112	20 432	3.79	（1）工业贷款	91 234	−142 571	−60.98
（2）定期存款	498 262	90 907	22.32	（2）商业贷款	3 696	2 206	148.05
2. 机关团体存款	122 595	38 766	46.24	（3）建筑业贷款	11 000	4 000	57.14
3. 储蓄存款	806 484	117 268	17.01	（4）农业贷款			
（1）活期储蓄	351 629	52 569	17.58	（5）乡镇企业贷款			
（2）定期储蓄	454 855	64 699	16.58	（6）三资企业贷款	56 259	18 248	48.01
4. 农业存款				（7）私营企业及个体贷款	9 105	6 797	294.50
5. 其他存款	221 537	28 298	14.64	（8）其他短期贷款	116 273	−162 426	−58.28
二、代理财政性存款		−39 289		其中：个人消费贷款	2 503	1 499	149.30
三、金融债券				2. 中长期贷款	668 685	311 230	87.07
其中：政策性金融债券				（1）基本建设贷款	129 976	34 978	36.82
四、应付及暂收款	33 025	4 988	17.79	（2）技术改造贷款	35 500	3 000	9.23
其中：应付及预提利息	14 909	−1 206	−7.48	（3）其他中长期贷款	503 209	273 252	118.83
五、卖出回购资产				其中：个人消费贷款	132 961	49 131	58.61
六、向中央银行借款				3. 票据融资	227 232	129 411	132.29
七、同业往来	39 344	−1 911	−4.63	其中：贴现	227 232	129 411	132.29
1. 同业存放	39 344	−1 911	−4.63	4. 各项垫款			
2. 同业拆借				二、有价证券及投资			
八、行内资金往来	78 559	78 559		三、应收及预付款	1 795	−249	−12.18
九、委托存款及委托投资基金（净）				其中：应收利息	1 787	−145	−7.51
1. 委托存款及委托投资基金	7 027	37	0.53	四、买入返售资产	1 017 058	711 686	233.06
2. 减：委托贷款及委托投资	7 027	37	0.53	五、存放中央银行准备金存款	29 530	−8 681	−22.72
十、代理金融机构委托贷款基金				六、存放中央银行特种存款			
其中：中央银行委托贷款基金				七、缴存中央银行财政性存款		−40 332	
十一、各项准备	53 372	−731	−1.35	八、同业往来	187 518	187 157	
其中：贷款呆账准备金	52 222	88	0.17	1. 存放同业	187 518	187 157	
十二、所有者权益	9 766	−13 106	−57.30	2. 拆放同业			
其中：实收资本				九、行内资金往来		−683 837	
十三、其他	8 615	11 007	−460.16	十、代理金融机构贷款			
				其中：代理人行专项贷款			
				十一、库存现金	11 286	2 549	29.17
				十二、外汇占款			
资金来源总计	**2 430 671**	**335 188**	**16.00**	**资金运用总计**	**2 430 671**	**335 188**	**16.00**

招商银行股份有限公司兰州分行人民币贷款累放累收统计

(2009 年)　　单位：万元

项目名称	累计发放	累计收回	增减额	平均余额	周转次数	周转天数
贷款合计	**4 294 315**	**4 127 420**	**166 895**	**1 051 894**	**3.92**	**93**
1. 短期贷款	635 636	909 382	-273 746	467 208	1.95	188
(1) 工业贷款	158 380	300 951	-142 571	174 996	1.72	212
(2) 商业贷款	8 418	6 212	2 206	2 886	2.15	170
(3) 建筑业贷款	15 000	11 000	4 000	9 583	1.15	318
(4) 农业贷款						
(5) 乡镇企业贷款						
(6) 三资企业贷款	54 248	36 000	18 248	32 395	1.11	328
(7) 私营企业及个体贷款	16 426	9 629	6 797	4 351	2.21	165
(8) 其他短期贷款	383 164	545 590	-162 426	242 997	2.25	163
其中：个人短期消费贷款	9 881	8 382	1 499	2 010	4.17	88
2. 中长期贷款	517 895	206 665	311 230	507 072	0.41	896
(1) 基本建设贷款	94 000	59 022	34 978	154 043	0.38	953
(2) 技术改造贷款	7 000	4 000	3 000	32 875	0.12	3 000
(3) 其他中长期贷款	416 895	143 643	273 252	320 154	0.45	814
其中：个人中长期消费贷款	70 716	21 585	49 131	103 461	0.21	1 750
3. 票据融资	3 140 766	3 011 355	129 411	77 614	38.80	9
4. 各项垫款	18	18				

招商银行股份有限公司兰州分行资产负债表

(2009 年)　　单位：万元

资产项目	期末余额	负债所有者权益项目	期末余额
现金及存放同业	230 815	短期存款	2 024 503
短期贷款	252 959	联行及同业存款	267 662
进出口押汇	69 537	应付款项	15 035
贴现	227 232	其他负债	23 382
买入返售款项	1 017 058	流动负债合计	2 330 582
应收及其他应收款	1 892	长期存款	116 352
待摊费用	1 226	其他负债	6 392
流动资产合计	1 800 719	长期负债合计	122 744
中长期贷款	668 673	负债合计	2 453 326
逾期贷款	34 619	净值	
呆账准备	-53 717	股本	
固定资产净值	9 396	公积金	
长期资产合计	658 971	税后利润	8 486
无形、递延及其他资产	2 122	净值合计	8 486
资产总计	**2 461 812**	**负债及净值总额**	**2 461 812**

资料来源：由招商银行股份有限公司兰州分行计划财务部提供。

招商银行股份有限公司兰州分行损益表

(2009 年)　　单位：万元

项目	金额	项目	金额
贷款利息收入	51 105	存款及债券利息支出	30 767
国际贸易融资利息收入	0	金融机构往来支出	5 023
金融机构往来收入	21 548	业务管理费	25 404
其他营业收入	3 677	其他营业支出	3 576
营业外收入	38	营业税金及附加	3 038
		营业外支出	74
收入小计	**76 368**	**支出小计**	**67 882**
		纯益	8 486
合计	**76 368**	**合计**	**76 368**

资料来源：由招商银行股份有限公司兰州分行会计部提供。

上海浦东发展银行股份有限公司兰州分行人民币信贷收支统计

(2009 年)　　单位：万元

资金来源项目	年末余额	比年初 增减额	比年初 增减%	资金运用项目	年末余额	比年初 增减额	比年初 增减%
一、各项存款	744 324	481 196	182.88	一、各项贷款	639 891	290 453	83.12
1. 企业存款	422 209	326 932	343.14	1. 短期贷款	463 604	222 909	92.61
(1) 活期存款	170 416	125 388	278.47	(1) 工业贷款	306 500	103 200	50.76
(2) 定期存款	251 793	201 544	401.09	(2) 商业贷款	10 980	4 980	83.00
2. 机关团体存款	40 885	25 157	159.95	(3) 建筑业贷款			
3. 储蓄存款	76 792	50 078	187.46	(4) 农业贷款			
(1) 活期储蓄	21 552	13 344	162.57	(5) 乡镇企业贷款			
(2) 定期储蓄	55 240	36 734	198.50	(6) 三资企业贷款			
4. 农业存款				(7) 私营企业及个体贷款			
5. 其他存款	204 438	79 029	63.02	(8) 其他短期贷款	146 124	114 729	365.44
二、代理财政性存款				其中：个人消费贷款	5 490	5 095	
三、金融债券				2. 中长期贷款	171 633	120 409	235.06
其中：政策性金融债券				(1) 基本建设贷款	139 600	89 600	179.20
四、应付及暂收款	8 955	5 130	134.12	(2) 技术改造贷款			
其中：应付及预提利息	7 034	6 272	823.10	(3) 其他中长期贷款	32 033	30 809	
五、卖出回购资产				其中：个人消费贷款	20 199	19 233	
六、向中央银行借款				3. 票据融资	4 654	-52 865	-91.91
七、同业往来	102 072	-88 302	-46.38	其中：贴现	4 654	-52 865	-91.91
1. 同业存放	102 072	-88 302	-46.38	4. 各项垫款			
2. 同业拆借				二、有价证券及投资	371	371	
八、行内资金往来	298 590	298 590		三、应收及预付款	1 366	1 362	
九、委托存款及委托投资基金(净)	17 280	15 017	663.59	其中：应收利息	1 127	1 123	
1. 委托存款及委托投资基金	102 680	99 417		四、买入返售资产	77 232	77 232	
2. 减：委托贷款及委托投资	85 400	84 400		五、存放中央银行准备金存款	17 940	13 175	276.50
十、代理金融机构委托贷款基金				六、存放中央银行特种存款			
其中：中央银行委托贷款基金				七、缴存中央银行财政性存款			
十一、各项准备	7 146	3 581	100.45	八、同业往来	440 067	439 840	
其中：贷款呆账准备金	7 146	3 581	100.45	1. 存放同业	440 067	439 840	
十二、所有者权益	1 908	5 979	-146.87	2. 拆放同业			
其中：实收资本				九、行内资金往来		-102 098	
十三、其他	-2 452	-199	8.83	十、代理金融机构贷款			
				其中：代理人行专项贷款			
				十一、库存现金	956	665	228.52
				十二、外汇占款		-8	
资金来源总计	**1 177 823**	**720 992**	**157.82**	**资金运用总计**	**1 177 823**	**720 992**	**157.82**

上海浦东发展银行股份有限公司兰州分行人民币贷款累放累收统计

(2009 年)　　单位：万元

项目名称 \ 栏目	本年贷款					
	累计发放	累计收回	贷款增减额	平均余额	周转次数	周转天数
贷款合计	**1 294 269**	**1 003 816**	**290 453**	**364 922**	**2.75**	**133**
1. 短期贷款	645 694	422 786	222 908	161 735	2.61	140
(1) 工业贷款	416 900	313 700	103 200	74 283	4.22	86
(2) 商业贷款	12 580	7 600	4 980	2 919	2.60	140
(3) 建筑业贷款						
(4) 农业贷款						
(5) 乡镇企业贷款						
(6) 三资企业贷款						
(7) 私营企业及个体贷款						
(8) 其他短期贷款	216 214	101 486	114 728	84 533	1.20	304
其中：个人短期消费贷款	6 821	1 825	4 996	2 034	0.90	407
2. 中长期贷款	125 922	5 512	120 410	58 129	0.09	3 849
(1) 基本建设贷款	92 700	3 100	89 600	44 692	0.07	5 262
(2) 技术改造贷款						
(3) 其他中长期贷款	33 222	2 412	30 810	13 437	0.18	2 033
其中：个人中长期消费贷款	20 543	1 310	19 233	7 930	0.17	2 210
3. 票据融资	522 252	575 117	-52 865	145 058	3.96	92
4. 各项垫款	401	401				

上海浦东发展银行股份有限公司兰州分行损益表（本外币合计）

(2009 年)　　单位：万元

项目	金额	项目	金额
一、营业收入	16 705	二、营业支出	10 704
1. 利息收入	27 859	1. 营业税金及附加	1 588
金融机构往来利息收入	6 273	2. 营业费用	5 535
系统内往来利息收入	32 433	3. 资产减值损失	3 581
2. 利息支出	10 657	4. 其他营业支出	
金融机构往来利息支出	5 695	三、营业利润（亏损以“-”号填列）	6 002
系统内往来利息支出	34 501	加：营业外收入	
3. 手续费收入	999	1. 营业外收入	
4. 手续费支出	22	2. 其他营业外收入	
5. 汇兑收益	10	3. 营业外支出	
6. 其他营业收入	6	4. 其他营业外支出	
		四、利润总额（亏损总额以“-”号填列）	6 002

资料来源：由上海浦东发展银行股份有限公司兰州分行提供。

上海浦东发展银行股份有限公司兰州分行资产负债表（本外币合计）

（2009 年）　　单位：万元

资产项目	期末余额	负债所有者权益项目	期末余额
现金	1 007	向中央银行借款	
存放中央银行款项	17 940	同业存放款项	102 072
存放同业	440 190	拆入资金	
贵金属		衍生金融负债	
拆出资金		卖出回购金融资产款	
交易性金融资产		短期存款	474 851
加或减：交易性金融资产公允价值调整		短期储蓄存款	75 079
衍生金融资产		财政性存款	
买入返售金融资产	77 232	委托资金	
应收利息	1 127	存入短期保证金	10 105
短期贷款	468 284	长期存款	100 887
贴现	4 654	长期储蓄存款	2 392
进出口押汇	2 290	存入长期保证金	81 100
中期贷款	3 402	应解汇款及临时存款	631
长期贷款	168 089	资产托管存款	
逾期贷款		应付工资	
减：贷款呆账准备	7 146	应付福利费	
可供出售金融资产		应交税费	464
加或减：可供出售金融资产公允价值调整		应付利息	7 035
减：可供出售金融资产减值准备		发行长期债券	
持有至到期投资		递延所得税负债	
减：持有至到期投资减值准备		汇出汇款	
分为贷款和应收款的金融资产	371	其他应付款	951
长期股权投资		应付利润	
减：长期股权投资减值准备		预提费用	
固定资产	12 183	其他流动负债	329 676
减：累计折旧	844	其他长期负债	2 954
减：固定资产减值准备			
固定资产清理			
在建工程		负债合计	1 188 198
减：在建工程减值准备			
无形资产			
减：无形资产累计摊销		实收资本	
减：无形资产减值准备		资本公积	
递延所得税资产		盈余公积	
其他应收款	239	一般风险准备	
减：坏账准备		未分配利润	1 932
其他流动资产			
长期待摊费用	1 109	所有者权益合计	1 932
待处理抵债资产			
减：抵债资产跌价准备			
其他长期资产			
减：其他非贷款资产减值准备			
资产合计	**1 190 129**	**负债和所有者权益合计**	**1 190 129**

资料来源：由上海浦东发展银行股份有限公司兰州分行提供。

中信银行股份有限公司兰州分行人民币信贷收支统计

(2009年)

单位：万元

资金来源项目	年末余额	比年初		资金运用项目	年末余额	比年初	
		增减额	增减%			增减额	增减%
一、各项存款	250 440	250 440		一、各项贷款	293 277	293 277	
1. 企业存款	180 878	180 878		1. 短期贷款	152 942	152 942	
（1）活期存款	147 087	147 087		（1）工业贷款	94 000	94 000	
（2）定期存款	33 791	33 791		（2）商业贷款	500	500	
2. 机关团体存款	7 293	7 293		（3）建筑业贷款	2 9000	2 9000	
3. 储蓄存款	31 186	31 186		（4）农业贷款			
（1）活期储蓄	5 544	5 544		（5）乡镇企业贷款			
（2）定期储蓄	25 642	25 642		（6）三资企业贷款			
4. 农业存款				（7）私营企业及个体贷款			
5. 其他存款	31 083	31 083		（8）其他短期贷款	29 442	29 442	
二、代理财政性存款				其中：个人消费贷款	200	200	
三、金融债券				2. 中长期贷款	61 240	61 240	
其中：政策性金融债券				（1）基本建设贷款	17 000	17 000	
四、应付及暂收款	223	223		（2）技术改造贷款	10 000	10 000	
其中：应付及预提利息	176	176		（3）其他中长期贷款	34 240	34 240	
五、卖出回购资产				其中：个人消费贷款	2 240	2 240	
六、向中央银行借款				3. 票据融资	79 095	79 095	
七、同业往来	67 732	67 732		其中：贴现	79 095	79 095	
1. 同业存放	67 732	67 732		4. 各项垫款			
2. 同业拆借				二、有价证券及投资			
八、行内资金往来				三、应收及预付款	313	313	
九、委托存款及委托投资基金（净）	84 692	84 692		其中：应收利息	294	294	
1. 委托存款及委托投资基金	84 692	84 692		四、买入返售资产			
2. 减：委托贷款及委托投资				五、存放中央银行准备金存款	30 791	30 791	
十、代理金融机构委托贷款基金				六、存放中央银行特种存款			
其中：中央银行委托贷款基金				七、缴存中央银行财政性存款			
十一、各项准备	1 769	1 769		八、同业往来	2 000	2 000	
其中：贷款呆账准备金	1 769	1 769		1. 存放同业	2 000	2 000	
十二、所有者权益	-414	-414		2. 拆放同业			
其中：实收资本				九、行内资金往来	90 875	90 875	
十三、其他	9 585	9 585		十、代理金融机构贷款			
				其中：代理人行专项贷款			
				十一、库存现金	214	214	
				十二、外汇占款	-3 443	-3 443	
资金来源总计	**414 027**	**414 027**		**资金运用总计**	**414 027**	**414 027**	

中信银行股份有限公司兰州分行人民币贷款累放累收统计

(2009 年)　　单位：万元

栏目 项目名称	本年贷款					
	累计发放	累计收回	增减额	平均余额	周转次数	周转天数
贷款合计	**410 657**	**117 380**	**293 277**	**90 141**	**1.30**	**280**
1. 短期贷款	200 942	48 000	152 942	66 609	0.72	507
(1) 工业贷款	124 000	30 000	94 000	50 750	0.59	617
商业贷款	500		500	21		
建筑业贷款	30 000	1 000	29 000	9 375	0.11	3 422
农业贷款						
(5) 乡镇企业贷款						
(6) 三资企业贷款						
(7) 私营企业及个体贷款						
(8) 其他短期贷款	46 442	17 000	29 442	6 463	2.63	139
其中：个人短期消费贷款	200		200	58		
2. 中长期贷款	61 428	188	61 240	16 652	0.01	32 415
(1) 基本建设贷款	17 000		17 000	4 958		
(2) 技术改造贷款	10 000		10 000	1 250		
(3) 其他中长期贷款	34 428	188	34 240	10 444	0.02	20 330
其中：个人中长期消费贷款	2 428	188	2 240	360	0.52	702
3. 票据融资	148 287	69 192	79 095	6 880	10.06	36
4. 各项垫款						

中信银行股份有限公司兰州分行损益表

(2009 年)　　单位：万元

项目	金额	项目	金额
一、营业收入	3766	二、营业支出	2 360
(一) 净利息收入	3 587	(一) 业务及管理费	2 089
1. 利息收入	5 188	(二) 营业税金及附加	271
贷款利息收入	4 732	(三) 其他营业支出	
金融机构往来利息收入	294	三、营业外净收入	
系统内往来利息收入	162	(一) 营业外收入	
2. 利息支出	1 601	(二) 营业外支出	
存款利息支出	536	四、贷款减值准备	1 821
金融机构往来利息支出	840	五、所得税	
系统内往来利息支出	225	六、净利润	-414
(二) 手续费收入	179		
手续费收入	186		
手续费支出	7		

资料来源：中信银行股份有限公司兰州分行提供。

中信银行股份有限公司兰州分行资产负债表

（2009 年）　　单位：万元

资产项目	期末余额	负债所有者权益项目	期末余额
流动资产		流动负债	
货币资金	215	短期存款	154 380
存放中央银行款项	30 791	短期储蓄存款	5 578
存放同业款项	2 070		
减：存放同业减值准备		财政性存款	
存放联行款项	31 770	向中央银行借款	
拆放同业		同业存放款项	67 732
其中：拆放金融性公司		联行存放款项	29 034
减：拆放同业减值准备		同业拆入	
短期贷款	148 700	其中：金融性公司拆入	
交易性金融资产		票据融资	
贴现	79 095	减：贴现业务递延支出	
减：递延买断贴现业务利息收益	464	交易性金融资产	
应收进出口押汇	4 242	应解汇款	
应收利息	294	汇出汇款	
其他应收款	19	应付账款	176
减：坏账准备		其他应付款	111
存出保证金		预收利税	
买入返售资产		应付薪酬	9
减：买入返售业务递延收益		应付福利费	
待摊费用	22	应交税金	-106
其他流动资产		应付利润	
流动资产合计	296 756	卖出回购资产	
长期资产		存入短期保证金	24 638
中长期贷款	61 240	预提费用	
逾期贷款		一年内到期的长期负债	
减：呆账准备	1 769	外币兑换	
应收租赁款		预计负债	
减：未实现租赁收益		其他流动负债	52
租赁资产		流动负债合计：	281 605
减：租赁减值准备		长期负债	
衍生产品公允值价值正值		长期存款	33 791
可供出售金融资产		长期储蓄存款	25 709
减：可供出售减值准备		长期借款	
持有至到期减值准备		发行长期债券	
减：持有至到期减值准备		存入长期保证金	6 445
长期股权投资		衍生产品公允值价值负值	
减：长期投资减值准备		其他长期负债	
固定资产原值	669	长期负债合计：	65 945
减：累计折旧	29	递延税款贷项	277
固定资产净值	640	**负债合计：**	**347 826**
减：固定资产减值准备		少数股东权益	
在建工程		所有者权益	
减：在建工程减值准备		营运资金	10 000
在建工程净值		资本公积	
固定资产清理		本年利润	-414
待处理固定资产净损失		未分配利润	
长期资产合计	60 111	外币报表折算差额	
无形资产及其他资产		**所有者权益合计：**	**9 586**
无形资产			
减：无形资产减值准备			
无形资产净值			
长期待摊费用	545		
抵债资产			
减：抵债资产减值准备			
外币兑换			
其他资产			
无形资产及其他资产合计	545		
递延税款借项			
资产合计	**357 412**	**负债及所有者权益总计**	**357 412**

资料来源：中信银行股份有限公司兰州分行提供。

中国邮政储蓄银行有限责任公司甘肃省人民币信贷收支统计

（2009 年）　　单位：万元

资金来源项目	年末余额	比年初		资金运用项目	年末余额	比年初	
		增减额	增减%			增减额	增减%
一、各项存款	2 296 681	445 774	24.08	一、各项贷款	168 342	130 469	344.49
1. 企业存款	238 721	172 212	258.93	1. 短期贷款	74 904	37 430	99.88
（1）活期存款	226 430	164 759	267.16	（1）工业贷款			
定期存款	12 291	7 453	154.05	（2）商业贷款			
2. 机关团体存款	18 200	17 584		（3）建筑业贷款			
3. 储蓄存款	2 036 321	253 371	14.21	（4）农业贷款	29 670	22 369	306.39
（1）活期储蓄	738 453	195 536	36.02	（5）乡镇企业贷款			
（2）定期储蓄	1 297 868	57 835	4.66	（6）三资企业贷款			
4. 农业存款	3 285	2 551	347.78	（7）私营企业及个体贷款	42 222	15 588	58.53
5. 其他存款	154	56	57.14	（8）其他短期贷款	3 012	-527	-14.89
二、代理财政性存款				其中：个人消费贷款	3 012	-527	-14.89
三、金融债券				2. 中长期贷款	73 465	73 065	
其中：政策性金融债券				（1）基本建设贷款			
四、应付及暂收款	8 060	-12 156	-60.13	（2）技术改造贷款			
其中：应付及预提利息	9 305	-5 028	-35.08	（3）其他中长期贷款	73 465	73 065	
五、卖出回购资产				其中：个人消费贷款	12 600	12 600	
六、向中央银行借款				3. 票据融资	19 973	19 974	
七、同业往来	750	-2 608	-77.66	其中：贴现	19 973	19 974	
1. 同业存放	750	-2 608	-77.66	4. 各项垫款			
2. 同业拆借				二、有价证券及投资			
八、行内资金往来				三、应收及预付款	154	-313	-67.01
九、委托存款及委托投资基金（净）				其中：应收利息	93	10	11.91
1. 委托存款及委托投资基金	11 624	8 192	238.69	四、买入返售资产			
2. 减：委托贷款及委托投资	11 624	8 192	238.69	五、存放中央银行准备金存款	7 750	-2 734	-26.08
十、代理金融机构委托贷款基金				六、存放中央银行特种存款			
其中：中央银行委托贷款基金				七、缴存中央银行财政性存款			
十一、各项准备				八、同业往来	19 590	-1 259	-6.04
其中：贷款呆账准备金				1. 存放同业	19 590	-1 259	-6.04
十二、所有者权益				2. 拆放同业			
其中：实收资本				九、行内资金往来			
十三、其他	-2 090 156	-302 245	16.90	十、代理金融机构贷款			
				其中：代理人行专项贷款			
				十一、库存现金	19 499	2 602	15.40
				十二、外汇占款			
资金来源总计	**215 335**	**128 765**	**148.74**	**资金运用总计**	**215 335**	**128 765**	**148.74**

中国邮政储蓄银行有限责任公司甘肃省分地区人民币存款统计

（2009 年） 单位：万元

地区＼项目	各项存款	比年初		企业存款		机关团体存款	储蓄存款		农业存款	其他存款
		增减额	增减%		定期			定期		
兰州市	418 594	26 170	6.67	27 584	1 329	421	390 507	258 530	83	
白银市	125 397	12 367	10.94	7 130		747	117 450	80 227	70	
天水市	342 777	111 909	48.47	75 123	1 116	6 175	261 424	149 753		54
嘉峪关市	61 254	7 650	14.27	3 371	2 159		57 884	42 879		
金昌市	82 627	20 970	34.01	12 144	4 720		70 457	47 374	27	
武威市	171 833	26 290	18.06	8 312	930	300	162 804	105 389	417	
张掖市	121 226	17 810	17.22	9 163	247	37	112 009	81 185	16	
平凉市	122 883	35 584	40.76	5 521	106	9 305	107 407	71 874	650	
庆阳市	193 970	40 013	25.99	12 888			181 081	101 606		
酒泉市	175 728	27 675	18.69	9 009	1 000	8	165 654	136 734	1 057	
定西市	151 831	28 746	23.35	11 290		35	139 541	87 184	965	
陇南市	208 882	67 076	47.30	44 581	34		164 301	77 384		
临夏州	80 849	18 172	28.99	10 123		1	70 625	39 128		100
甘南州	38 830	5 342	15.95	2 482	650	1 171	35 177	18 621		
全省合计	**2 296 681**	**445 774**	**24.08**	**238 721**	**12 291**	**18 200**	**2 036 321**	**1 297 868**	**3 285**	**154**

中国邮政储蓄银行有限责任公司甘肃省分地区人民币贷款统计

（2009 年） 单位：万元

地区＼项目	各项贷款	比年初		短期贷款				中长期贷款		票据融资
		增减额	增减%		农业贷款	私营企业及个体贷款	其他短期贷款		其他中长期贷款	
兰州市	31 319	27 350	689.09	9 193	487	8 214	488	2 156	2 156	19 973
白银市	15 042	12 176	424.84	4 795	1 678	2 791	326	10 246	10 246	
天水市	12 735	8 715	216.79	7 388	2 426	4 906	56	5 347	5 347	
嘉峪关市	2 657	2 037	328.55	1 120	249	844	26	1 537	1 537	
金昌市	6 539	4 528	225.16	2 496	1 511	957	29	4 043	4 043	
武威市	9 667	7 109	277.91	4 011	2 562	1 367	83	5 656	5 656	
张掖市	8 214	3 787	85.54	6 522	2 991	2 861	671	1 691	1 691	
平凉市	14 437	10 577	274.02	4 943	1 070	3 541	332	9 494	9 494	
庆阳市	23 931	18 963	381.70	8 270	3 821	4 233	216	15 661	15 661	
酒泉市	9 085	7 196	380.94	6 548	1 327	5 074	148	2 536	2 536	
定西市	13 802	11 044	400.44	9 076	5 671	3 019	386	4 726	4 726	
陇南市	10 674	8 734	450.21	8 295	5 092	3 036	167	2 379	2 379	
临夏州	7 391	5 983	424.93	1 535	730	742	64	5 856	5 856	
甘南州	2 849	2 270	392.06	712	55	637	20	2 137	2 137	
全省合计	**168 342**	**130 469**	**344.49**	**74 904**	**29 670**	**42 222**	**3 012**	**73 465**	**73 465**	**19 973**

中国邮政储蓄银行有限责任公司甘肃省分行资产负债表

（2009 年） 单位：万元

资产项目	资产负债表	负债项目	年末余额
资产：		负债：	
现金及银行存款	21 377	向中央银行借款	
存放中央银行款项	7 750	联行存放款项	
贵金属		同业及其他金融机构存放款项	817
存放联行款项	2 105 777	拆入资金	
存放同业款项	19 590	交易性金融负债	
拆出资金		衍生金融负债	
交易性金融资产		卖出回购金融资产款	
衍生金融资产		吸收存款	2 296 614
买入返售金融资产		应付职工薪酬	181
应收款项类金融资产		应交税费	451
应收利息	93	应付利息	9 291
其他应收款	1 329	其他应付款	2 003
发放贷款和垫款	167 311	预计负债	
可供出售金融资产		应付债券	
持有至到期投资		递延所得税负债	
长期股权投资		其他负债	32 568
投资性房地产		负债合计	2 341 925
固定资产	15 127	所有者权益（或股东权益）：	
在建工程	1 197	实收资本（或股本）	
固定资产清理		其中：国有资本	
无形资产	429	外商资本	
商誉		资本公积	
长期待摊费用	161	减：库存股	
抵债资产		盈余公积	
递延所得税资产		一般风险准备	
其他资产	1 784	未分配利润	
		外币报表折算差额	
		归属于母公司所有者权益合计	
		少数股东权益	
		所有者权益（或股东权益）合计	
资产总计	**2 341 925**	**负债和所有者权益（或股东权益）总计**	**2 341 925**

资料来源：由中国邮政储蓄银行有限责任公司甘肃省分行提供。

中国邮政储蓄银行有限责任公司甘肃省分行利润表

（2009 年） 单位：万元

项目	本年数	项目	本年数
一、营业收入	18 170	二、营业支出	21 637
（一）利息净收入	38 051	（一）营业税金及附加	848
利息收入	79 305	（二）业务及管理费	19 701
利息支出	41 254	（三）资产减值损失	1 088
（二）手续费及佣金净收入	－19 945	（四）其他业务成本	
手续费及佣金收入	5 865	三、营业利润（亏损以“－”号填列）	－3 467
手续费及佣金支出	25 810	加：营业外收入	62
（三）投资收益（损失以“－”号填列）		减：营业外支出	40
其中：对联营企业和合营企业的投资收益		四、利润总额（亏损总额以“－”号填列）	－3 446
（四）公允价值变动收益（损失以“－”号填列）		减：所得税费用	
（五）汇兑收益（损失以“－”号填列）	1	五、净利润（净亏损以“－”号填列）	－3 446
（六）其他业务收入	62		

资料来源：由中国邮政储蓄银行有限责任公司甘肃省分行提供。

甘肃省农村信用合作社人民币信贷收支统计

（2009 年）　　　　单位：万元

资金来源项目	年末余额	比年初		资金运用项目	年末余额	比年初	
		增减额	增减%			增减额	增减%
一、各项存款	7 262 518	1 792 232	32.76	一、各项贷款	5 041 583	1 461 390	40.82
1. 企业存款	211 641	41 070	24.08	1. 短期贷款	4 333 386	1 244 791	40.30
（1）活期存款		-62		（1）工业贷款	1 710	1 710	
（2）定期存款	211 641	41 132	24.12	（2）商业贷款			
2. 机关团体存款	142 576	72 035	102.12	（3）建筑业贷款			
3. 储蓄存款	5 151 117	1 036 128	25.18	（4）农业贷款	2 588 912	539 803	26.34
（1）活期储蓄	2 497 337	745 728	42.57	（5）乡镇企业贷款	753 408	263 496	53.78
（2）定期储蓄	2 653 780	290 400	12.29	（6）三资企业贷款			
4. 农业存款	1 746 879	669 547	62.15	（7）私营企业及个体贷款	69 940	32 365	86.13
5. 其他存款	10 305	-26 548	-72.04	（8）其他短期贷款	919 416	407 417	79.57
二、代理财政性存款	45 192	15 606	52.75	其中：个人消费贷款	199 717	71 291	55.51
三、金融债券				2. 中长期贷款	700 924	212 080	43.38
其中：政策性金融债券				（1）基本建设贷款			
四、应付及暂收款	212 153	-51 919	-19.66	（2）技术改造贷款			
其中：应付及预提利息	79 377	-3 404	-4.11	（3）其他中长期贷款	700 924	212 080	43.38
五、卖出回购资产	306 180	306 180		其中：个人消费贷款	32 543	11 764	56.62
六、向中央银行借款	230 801	113 118	96.12	3. 票据融资	7 210	4 519	167.90
七、同业往来	34 694	-122 599	-77.94	其中：贴现	7 210	4 519	167.90
1. 同业存放	33 930	-122 599	-78.32	4. 各项垫款	63		
2. 同业拆借	764			二、有价证券及投资	1019 639	422 334	70.71
八、行内资金往来	427 602	190 610	80.43	三、应收及预付款	26 172	-8 738	-25.03
九、委托存款及委托投资基金（净）	161 112	86 510	115.96	其中：应收利息	14 401	2 842	24.59
1. 委托存款及委托投资基金	384 068	292 160	317.88	四、买入返售资产	721 000	721 000	
2. 减：委托贷款及委托投资	222 956	205 650		五、存放中央银行准备金存款	1 807 845	302 710	20.11
十、代理金融机构委托贷款基金	11 457	5 456	90.92	六、存放中央银行特种存款		-7 190	
其中：中央银行委托贷款基金	26	23	766.67	七、缴存中央银行财政性存款	12 711	-1 798	-12.39
十一、各项准备	317 177	3 223	1.03	八、同业往来	665 366	63 936	10.63
其中：贷款呆账准备金	291 249	2 284	0.79	1. 存放同业	664 080	63 974	10.66
十二、所有者权益	387 410	221 715	133.81	2. 拆放同业	1 286	-38	-2.87
其中：实收资本	262 270	64 912	32.89	九、行内资金往来			
十三、其他	-10 695	395 516	-97.37	十、代理金融机构贷款	4 898	419	9.35
				其中：代理人行专项贷款			
				十一、库存现金	86 387	1 585	1.87
				十二、外汇占款			
资金来源总计	**9 385 601**	**2 955 648**	**45.97**	**资金运用总计**	**9 385 601**	**2 955 648**	**45.97**

农村信用合作社甘肃省分地区人民币存款统计

（2009 年） 单位：万元

地区\项目	各项存款	比年初增减额	比年初增减%	企业存款	企业存款定期	机关团体存款	储蓄存款	储蓄存款定期	农业存款	其他存款
兰州市	1 627 663	536 188	49.13	161 601	161 601	12 346	936 298	508 049	515 402	2 017
白银市	451 692	158 073	53.84	4 861	4 861	1 846	338 453	171 231	105 040	1 492
天水市	450 494	13 658	3.13	3 362	3 362	8 098	355 494	168 737	83 540	
嘉峪关市	71 120	16 864	31.08	8 287	8 287	3 302	43 113	28 426	15 547	871
金昌市	169 901	37 047	27.89	7 726	7 726	387	115 387	58 435	46 235	165
武威市	688 325	202 680	41.73	4 478	4 478	925	590 060	328 904	92 842	20
张掖市	145 733	-108 284	-42.63	650	650	8 832	119 383	54 216	16 868	
平凉市	594 889	144 307	32.03	1 622	1 622	5 100	497 438	312 114	90 599	130
庆阳市	680 902	162 452	31.33	602	602	21 427	584 438	353 768	74 435	
酒泉市	308 094	73 072	31.09	3 458	3 458	249	226 179	107 167	78 208	
定西市	476 870	136 907	40.27	908	908	5 767	380 621	195 847	89 574	
陇南市	830 945	127 954	18.20	6 642	6 642	57 401	441 962	152 593	319 330	5 610
临夏州	406 926	104 622	34.61	3 518	3 518	14 431	339 913	143 146	49 064	
甘南州	358 964	186 692	108.37	3 926	3 926	2 465	182 378	71 147	170 195	
全省合计	**7 262 518**	**1 792 232**	**32.76**	**211 641**	**211 641**	**142 576**	**5 151 117**	**2 653 780**	**1 746 879**	**10 305**

农村信用合作社甘肃省分地区人民币贷款统计

（2009 年） 单位：万元

地区\项目	各项贷款	比年初增减额	比年初增减%	短期贷款	农业贷款	乡镇企业贷款	私营企业及个体贷款	其他短期贷款	中长期贷款
兰州市	1 218 586	503 112	70.32	1 121 329	215 304	312 978	27 376	565 671	90 702
白银市	334 838	161 706	93.40	268 064	213 422	24 479	2 750	27 413	66 774
天水市	354 330	46 599	15.14	311 813	204 271	89 114		18 428	42 517
嘉峪关市	50 364	9 437	23.06	28 021	3 274	5 652	1 688	17 407	22 148
金昌市	127 895	35 400	38.27	116 071	61 307	31 283	9 430	14 051	11 824
武威市	412 350	156 284	61.03	347 992	162 447	116 214	13 035	56 296	64 235
张掖市	106 826	-30 711	-22.33	102 410	95 190	3 917		3 303	4 416
平凉市	454 758	112 456	32.85	350 851	298 286	5 137		47 428	103 907
庆阳市	496 885	118 217	31.22	418 118	365 740	34 233		18 145	78 767
酒泉市	161 671	30 766	23.50	149 866	99 169	34 582	12 280	3 835	11 405
定西市	372 937	97 210	35.26	308 848	230 573	45 361		32 914	64 089
陇南市	511 082	86 210	20.29	413 043	352 980	1 160		58 903	98 039
临夏州	243 956	41 670	20.60	229 346	172 153	19 676	1 047	34 760	14 610
甘南州	195 105	93 034	91.15	167 614	114 796	29 622	2 334	20 862	27 491
全省合计	**5 041 583**	**1 461 390**	**40.82**	**4 333 386**	**2 588 912**	**753 408**	**69 940**	**919 416**	**700 924**

甘肃省农村信用合作社人民币贷款累放累收统计

（2009 年） 单位：万元

栏目 项目名称	本年贷款					
	累计发放	累计收回	增减额	平均余额	周转次数	周转天数
贷款合计	**4 773 146**	**3 082 424**	**1 690 722**	**4 557 138**	**0.68**	**540**
1. 短期贷款	4 195 543	2 793 507	1 402 036	3 932 315	0.71	514
（1）工业贷款						
（2）商业贷款	60		60	58		
（3）建筑业贷款		6 000	-6 000	-250	-24.00	-15
（4）农业贷款	2 519 480	1 840 518	678 962	2 600 467	0.71	516
（5）乡镇企业贷款	738 498	481 149	257 349	596 827	0.81	453
（6）三资企业贷款						
（7）私营企业及个体贷款	2 202	1 765	438	14	128.75	3
（8）其他短期贷款	935 303	464 075	471 227	735 199	0.63	578
其中：个人短期消费贷款	-57	204	-261	128 289		229 537
2. 中长期贷款	561 993	277 474	284 518	623 071	0.45	820
（1）基本建设贷款						
（2）技术改造贷款						
（3）其他中长期贷款	561 993	277 474	284 518	623 071	0.45	820
其中：个人中长期消费贷款	5 509	1 197	4 312	21 677	0.06	6 610
3. 票据融资	15 610	11 443	4 168	1 689	6.77	54
4. 各项垫款				63		

甘肃省农村信用合作社损益表

（2009 年） 单位：万元

项目	本年累计金额	项目	本年累计金额
一、营业收入	604 521	三、营业税金及附加	28 678
利息收入	522 280	四、营业利润	70 759
金融机构往来收入	74 576	加：投资收益	37 448
手续费收入	7 080	加：营业外收入	4 952
其他营业收入	584	减：营业外支出	7 931
二、营业支出	505 084	加：以前年度损益调整	3 688
利息支出	116 465	五、利润总额	108 915
金融机构往来支出	41 922	减：所得税	29 039
手续费支出	6 294	六、净利润	79 875
营业费用	208 848		
其他营业支出	131 554		

资料来源：由甘肃省农村信用社联合社提供。

甘肃省农村信用合作社资产负债表

（2009 年）　　单位：万元

项目名称	期末余额	项目名称	期末余额
现金及周转金	104 830	短期存款	2 512 083
存放中央银行款项	2 489 913	短期储蓄存款	3 597 790
专项央行票据	19 139	财政性款项	50 718
央行专项扶持资金	96 189	向中央银行借款	300 963
存放同业款项	2 503 611	央行拨付专项票据资金	96 189
存放联行款项	6 946	同业存放款项	1 974 573
拆放同业	43 465	联行存放款项	8 403
拆放金融性公司	100	同业拆入	30 834
买入返售资产	802 000	卖出回购资产款	536 300
短期贷款	3 464 440	金融性公司拆入	
待处理抵债资产	28 417	应解汇款	6 188
应收账款	15 979	汇出汇款	
拨付营运资金		应付账款	105 781
其他应收款	363 226	拨入营运资金	
贴现	7 510	其他应付款	701 779
短期投资	78 529	应付工资	32 681
待处理流动资产净损失	201	应付福利费	
一年内到期的长期投资		应交税金	9 291
预计资产	15 249	应缴代扣利息税	268
流动资产合计	**10 039 744**	应付利润	30 366
		预提费用	189
中长期贷款	2 617 109	发行短期债券	
逾期贷款	160 105	一年内到期的长期负债	2 670 877
呆滞贷款	393 734	预计负债	15 249
呆账贷款	15 463	**流动负债合计**	**12 680 520**
减：呆账准备	381 455	长期存款	10 599
长期存放银行款项		长期储蓄存款	729 092
长期投资	943 591	保证金	4 514
固定资产原值	188 035	发行长期债券	
减：累计折旧	66 583	长期借款	1 007
固定资产净值	121 452	长期应付款	4 405
固定资产清理	96	待转资产价值	
在建工程	19 087	**长期负债合计**	**749 617**
待处理固定资产净损失	396	实收资本	312 928
长期资产合计	**3 889 578**	资本公积	12 851
		盈余公积	34 178
无形资产	430	其中：公益金	11
递延资产	9 114	一般准备	183 762
无形、递延资产合计	**9 544**	未分配利润	53 422
		减：未弥补历年亏损	88 412
		所有者权益合计	**508 729**
资产总计	13 938 866	**负债及所有者权益总计**	13 938 866

资料来源：由甘肃省农村信用社联合社提供。

甘肃省农村合作银行人民币信贷收支统计

（2009 年）　　　　单位：万元

资金来源项目	年末余额	比年初		资金运用项目	年末余额	比年初	
		增减额	增减%			增减额	增减%
一、各项存款	2 269 171	1 003 135	79.23	一、各项贷款	1 616 778	757 728	88.21
1. 企业存款	40 016	-4 759	-10.63	1. 短期贷款	1 443 285	636 875	78.98
（1）活期存款				（1）工业贷款			
（2）定期存款	40 016	-4 759	-10.63	（2）商业贷款			
2. 机关团体存款	32 131	19 480	153.98	（3）建筑业贷款			
3. 储蓄存款	1 659 554	703 910	73.66	（4）农业贷款	763 347	291 967	61.94
（1）活期储蓄	753 883	374 978	98.96	（5）乡镇企业贷款	378 169	210 150	125.08
（2）定期储蓄	905 671	328 932	57.03	（6）三资企业贷款			
4. 农业存款	537 072	289 988	117.36	（7）私营企业及个体贷款	23 334	698	3.08
5. 其他存款	398	-5 484	-93.23	（8）其他短期贷款	278 435	134 060	92.86
二、代理财政性存款	5 510	2 177	65.32	其中：个人消费贷款	23 296	6 677	40.18
三、金融债券				2. 中长期贷款	173 193	120 553	229.01
其中：政策性金融债券				（1）基本建设贷款			
四、应付及暂收款	76 616	30 223	65.15	（2）技术改造贷款			
其中：应付及预提利息	26 292	6 953	35.95	（3）其他中长期贷款	173 193	120 553	229.01
五、卖出回购资产				其中：个人消费贷款	1 170	452	62.95
六、向中央银行借款	71 000	37 000	108.82	3. 票据融资	300	300	
七、同业往来	119 628	60 637	102.79	其中：贴现	300	300	
1. 同业存放	119 628	60 637	102.79	4. 各项垫款			
2. 同业拆借				二、有价证券及投资	3 480	500	16.78
八、行内资金往来				三、应收及预付款	4 356	2 200	102.04
九、委托存款及委托投资基金（净）	27 929	21 348	324.39	其中：应收利息	1 576	860	120.11
1. 委托存款及委托投资基金	149 508	135 339	955.18	四、买入返售资产			
2. 减：委托贷款及委托投资	121 579	113 991		五、存放中央银行准备金存款	665 503	403 912	154.41
十、代理金融机构委托贷款基金	693	-728	-51.23	六、存放中央银行特种存款		-1 000	
其中：中央银行委托贷款基金				七、缴存中央银行财政性存款	3 846	3 211	505.67
十一、各项准备	64 273	19 202	42.60	八、同业往来	114 424	52 831	85.77
其中：贷款呆账准备金	62 255	17 579	39.35	1. 存放同业	108 424	46 831	76.03
十二、所有者权益	136 106	72 881	115.27	2. 拆放同业	6 000	6 000	
其中：实收资本	50 658	23 403	85.87	九、行内资金往来	310 444	17 391	5.93
十三、其他	-33 337	-7 960	31.37	十、代理金融机构贷款	320	-980	-75.38
				其中：代理人行专项贷款			
				十一、库存现金	18 438	2 122	13.01
				十二、外汇占款			
资金来源总计	**2 737 589**	**1 237 915**	**82.55**	**资金运用总计**	**2 737 589**	**1 237 915**	**82.55**

甘肃省农村合作银行分地区人民币存款统计

（2009 年） 单位：万元

地区 \ 项目	各项存款	比年初		企业存款		机关团体存款	储蓄存款		农业存款	其他存款
		增减额	增减%		定期			定期		
兰州市	322 573	116 129	56.25	9 016	9 016	1 766	207 165	130 859	104 252	374
天水市	553 251	305 527	123.33	20 367	20 367	3 159	439 268	301 620	90 445	12
张掖市	441 844	266 161	151.50	4 983	4 983	9 263	365 268	183 291	62 330	
酒泉市	411 118	79 995	24.16	4 121	4 121	525	349 992	157 699	56 468	12
定西市	133 237	23 207	21.09	568	568		110 368	67 119	22 301	
陇南市	407 148	212 136	108.78	961	961	17 418	187 493	65 083	201 276	
全省合计	**2 269 171**	**1 003 135**	**79.23**	**40 016**	**40 016**	**32 131**	**1 659 554**	**905 671**	**537 072**	**398**

甘肃省农村合作银行分地区人民币贷款统计

（2009 年） 单位：万元

地区 \ 项目	各项贷款	比年初		短期贷款					中长期贷款
		增减额	增减%		农业贷款	乡镇企业贷款	私营企业及个体贷款	其他短期贷款	
兰州市	236 150	92 761	64.69	233 902	72 755	91 568		69 579	1 948
天水市	408 638	227 389	125.46	348 803	156 739	82 328		109 736	59 835
张掖市	293 175	189 590	183.03	228 976	158 996	21 725		48 255	64 199
酒泉市	266 267	57 207	27.36	246 602	118 565	101 459		26 578	19 665
定西市	135 186	29 655	28.10	132 393	91 418	32 350	8 625		2 793
陇南市	277 362	161 126	138.62	252 609	164 874	48 739	14 709	24 287	24 753
全省合计	**1 616 778**	**757 728**	**88.21**	**1 443 285**	**763 347**	**378 169**	**23 334**	**278 435**	**173 193**

甘肃省农村合作银行人民币贷款累放累收统计

（2009 年） 单位：万元

项目名称 \ 栏目	本年贷款					
	累计发放	累计收回	贷款增减额	平均余额	周转次数	周转天数
贷款合计	**1 818 490**	**1 291 840**	**526 650**	**1 130 696**	**1.14**	**319**
1. 短期贷款	1 623 801	1 207 799	416 002	1 033 699	1.17	312
(1) 工业贷款						
(2) 商业贷款				5		
(3) 建筑业贷款				52		
(4) 农业贷款	841 131	689 134	151 997	591 613	1.16	313
(5) 乡镇企业贷款	345 675	181 966	163 709	217 090	0.84	435
(6) 三资企业贷款						
(7) 私营企业及个体贷款	4 773	1 076	3 697	196	5.49	67
(8) 其他短期贷款	432 222	335 623	96 599	224 743	1.49	244
其中：个人短期消费贷款		26	-26	16 607		233 136
2. 中长期贷款	184 454	84 041	100 413	95 743	0.88	416
(1) 基本建设贷款						
(2) 技术改造贷款						
(3) 其他中长期贷款	184 454	84 041	100 413	95 743	0.88	416
其中：个人中长期消费贷款	151	167	-16	693	0.24	1 515
3. 票据融资	10 235		10 235	1 254		
4. 各项垫款						

兰州银行股份有限公司人民币信贷收支统计

(2009 年)

单位：万元

资金来源项目	年末余额	比年初增减额	比年初增减%	资金运用项目	年末余额	比年初增减额	比年初增减%
一、各项存款	3 624 902	723 033	24.92	一、各项贷款	2 473 962	551 166	28.66
1. 企业存款	1 624 261	281 375	20.95	1. 短期贷款	1 191 518	221 916	22.89
(1) 活期存款	1 412 702	289 850	25.81	(1) 工业贷款	193 033	43 043	28.70
(2) 定期存款	211 559	-8 475	-3.85	(2) 商业贷款	494 282	126 218	34.29
2. 机关团体存款	93 740	53 119	130.77	(3) 建筑业贷款	47 000	12 706	37.05
3. 储蓄存款	1 492 250	277 377	22.83	(4) 农业贷款	15 151	101	0.67
(1) 活期储蓄	184 600	25 989	16.39	(5) 乡镇企业贷款			
(2) 定期储蓄	1 307 650	251 388	23.80	(6) 三资企业贷款			
4. 农业存款	348	326		(7) 私营企业及个体贷款	175 096	19 556	12.57
5. 其他存款	414 303	110 836	36.52	(8) 其他短期贷款	266 956	20 292	8.23
二、代理财政性存款	10 662	7 908	287.14	其中：个人消费贷款	42 615	5 451	14.67
三、金融债券				2. 中长期贷款	727 583	123 857	20.52
其中：政策性金融债券				(1) 基本建设贷款	147 532	4 682	3.28
四、应付及暂收款	197 652	89 184	82.22	(2) 技术改造贷款	6 710	-970	-12.63
其中：应付及预提利息	84 326	24 916	41.94	(3) 其他中长期贷款	573 341	120 145	26.51
五、卖出回购资产	189 370	189 370		其中：个人消费贷款	105 462	-1 780	-1.66
六、向中央银行借款	6 100			3. 票据融资	554 861	205 393	58.77
七、同业往来	114 936	-49 368	-30.05	其中：贴现	554 861	205 393	58.77
1. 同业存放	111 936	-49 368	-30.61	4. 各项垫款			
2. 同业拆借	3 000			二、有价证券及投资	573 469	24 101	4.39
八、行内资金往来				三、应收及预付款	96 778	45 175	87.54
九、委托存款及委托投资基金(净)		-20 153		其中：应收利息	4 391	4 391	
1. 委托存款及委托投资基金	5 568	-23 286	-80.70	四、买入返售资产	145 861	84 497	137.70
2. 减：委托贷款及委托投资	5 568	-3 133	-36.01	五、存放中央银行准备金存款	526 730	15 028	2.94
十、代理金融机构委托贷款基金				六、存放中央银行特种存款			
其中：中央银行委托贷款基金				七、缴存中央银行财政性存款	26 961	19 162	245.70
十一、各项准备	61 669	11 337	22.52	八、同业往来	409 891	259 434	172.43
其中：贷款呆账准备金	59 594	11 337	23.49	1. 存放同业	409 541	259 434	172.83
十二、所有者权益	250 913	86 065	52.21	2. 拆放同业	350		
其中：实收资本	196 866	56 190	39.94	九、行内资金往来	21 108	-14 186	-40.19
十三、其他	-167 941	-56 562	50.78	十、代理金融机构贷款		-6 100	
				其中：代理人行专项贷款		-6 100	
				十一、库存现金	9 905	-1 346	-11.97
				十二、外汇占款	3 598	3 883	
资金来源总计	**4 288 263**	**980 814**	**29.65**	**资金运用总计**	**4 288 263**	**980 814**	**29.65**

兰州银行股份有限公司人民币贷款累放累收统计

（2009 年）　　单位：万元

项目名称＼栏目	本年贷款					
	累计发放	累计收回	增减额	平均余额	周转次数	周转天数
贷款合计	**3 220 612**	**2 669 446**	**551 166**	**2 130 170**	**1.25**	**291**
1. 短期贷款	1 364 132	1 142 217	221 915	1 084 332	1.05	347
（1）工业贷款	216 710	173 667	43 043	183 534	0.95	386
（2）商业贷款	596 421	470 203	126 218	446 808	1.05	347
（3）建筑业贷款	75 218	62 512	12 706	43 835	1.43	256
（4）农业贷款	17 875	17 774	101	15 061	1.18	309
（5）乡镇企业贷款						
（6）三资企业贷款						
（7）私营企业及个体贷款	191 580	172 023	19 556	17 109	10.05	36
（8）其他短期贷款	266 328	246 038	20 291	377 985	0.65	561
其中：个人短期消费贷款	24 335	18 884	5 451	39 330	0.48	760
2. 中长期贷款	364 766	240 909	123 857	639 366	0.38	969
（1）基本建设贷款	52 382	47 700	4 682	135 704	0.35	1 038
（2）技术改造贷款	3 000	3 970	-970	8 782	0.45	807
（3）其他中长期贷款	309 384	189 239	120 145	494 880	0.38	955
其中：个人中长期消费贷款	41 889	43 519	-1 630	104 832	0.42	879
3. 票据融资	1 491 714	1 286 320	205 394	406 472	3.16	115
4. 各项垫款						

兰州银行股份有限公司资产负债表

（2009 年）　　单位：万元

资产	年末余额	负债及净值	年末余额
现金及存放同业	423 339	同业存款	111 936
放款	2 473 962	存款	3 625 181
固定资产及投资	611 156	应付账款	194 010
应收款项	96 778	其他负债	220 900
其他资产	797 727	负债合计	4 152 027
		净值	
		股金	196 866
		公积金	28 057
		未分配利润	26 012
		其中：本年利润	17 352
		净值合计	250 935
资产总额	**4 402 962**	**负债及净值总额**	**4 402 962**

资料来源：由兰州银行股份有限公司提供。

兰州银行股份有限公司损益表

（2009 年）　　单位：万元

项目	金额	项目	金额
各项收入	223 721	各项支出	209 117
其中：利息收入	124 690	其中：利息支出	76 260
金融机构往来收入	95 874	金融机构往来支出	79 880
其他营业收入	154	业务管理费	35 676
营业外收入	927	其他营业支出	17 301
手续费收入	2 076	营业税金及附加	7 884
投资收益	14 117	利润	20 837
合　计	**237 838**	**合　计**	**237 838**

资料来源：由兰州银行股份有限公司提供。

平凉市商业银行人民币信贷收支统计

（2009 年）　　　　单位：万元

资金来源项目	年末余额	比年初		资金运用项目	年末余额	比年初	
		增减额	增减%			增减额	增减%
一、各项存款	245 856	101 743	70.60	一、各项贷款	149 040	62 023	71.28
1. 企业存款	179 840	79 203	78.70	1. 短期贷款	79 408	10 442	15.14
（1）活期存款	159 702	90 470	130.68	（1）工业贷款	3 931	3 500	812.06
（2）定期存款	20 138	-11 267	-35.88	（2）商业贷款	23 406	100	0.43
2. 机关团体存款				（3）建筑业贷款	9 950	4 100	70.09
3. 储蓄存款	66 016	22 540	51.84	（4）农业贷款			
（1）活期储蓄	29 422	10 018	51.63	（5）乡镇企业贷款	350	350	
（2）定期储蓄	36 594	12 522	52.02	（6）三资企业贷款			
4. 农业存款				（7）私营企业及个体贷款	22 728	4 009	21.42
5. 其他存款				（8）其他短期贷款	19 043	-1 617	-7.83
二、代理财政性存款				其中：个人消费贷款	1 777	234	15.17
三、金融债券				2. 中长期贷款	69 632	51 581	285.75
其中：政策性金融债券				（1）基本建设贷款	2 690		
四、应付及暂收款	5 180	1 561	43.13	（2）技术改造贷款			
其中：应付及预提利息	3 738	1 129	43.27	（3）其他中长期贷款	66 942	51 581	335.79
五、卖出回购资产				其中：个人消费贷款			
六、向中央银行借款				3. 票据融资			
七、同业往来				其中：贴现			
1. 同业存放				4. 各项垫款			
2. 同业拆借				二、有价证券及投资	460		
八、行内资金往来				三、应收及预付款	613	-14	-2.23
九、委托存款及委托投资基金（净）				其中：应收利息			
1. 委托存款及委托投资基金				四、买入返售资产			
2. 减：委托贷款及委托投资				五、存放中央银行准备金存款	51 058	-2 013	-3.79
十、代理金融机构委托贷款基金				六、存放中央银行特种存款			
其中：中央银行委托贷款基金				七、缴存中央银行财政性存款			
十一、各项准备	5 571	1 445	35.02	八、同业往来	65 072	35 699	121.54
其中：贷款呆账准备金	4 191	79	1.92	1. 存放同业	65 072	35 699	121.54
十二、所有者权益	16 171	1 061	7.02	2. 拆放同业			
其中：实收资本	13 848	383	2.84	九、行内资金往来			
十三、其他	-5 133	-9 309	-222.92	十、代理金融机构贷款			
				其中：代理人行专项贷款			
				十一、库存现金	1 402	806	135.23
				十二、外汇占款			
资金来源总计	**267 645**	**96 501**	**56.39**	**资金运用总计**	**267 645**	**96 501**	**56.39**

平凉市商业银行人民币贷款累放累收统计

（2009 年）　　单位：万元

栏目 项目名称	本年贷款					
	累计发放	累计收回	增减额	平均余额	周转次数	周转天数
贷款合计	**155 329**	**93 306**	**62 023**	**16 615**	**5.62**	**65**
1. 短期贷款	93 607	83 165	10 442	6 430	12.93	28
（1）工业贷款	8 500	5 000	3 500	1 019	4.91	74
（2）商业贷款	2 200	2 100	100	-13	-168.00	-2
（3）建筑业贷款	4 600	500	4 100	171	2.93	125
（4）农业贷款						
（5）乡镇企业贷款	2 271	1 921	350	794	2.42	151
（6）三资企业贷款						
（7）私营企业及个体贷款	15 627	12 646	2 981	891	14.20	26
（8）其他短期贷款	60 409	60 998	-589	3 568	17.09	21
其中：个人短期消费贷款	1 986	1 752	234	93	18.84	19
2. 中长期贷款	61 722	10 141	51 581	10 185	1.00	367
（1）基本建设贷款						
（2）技术改造贷款						
（3）其他中长期贷款	61 722	10 141	51 581	10 185	1.00	367
其中：个人中长期消费贷款						
3. 票据融资						
4. 各项垫款						

甘肃省城市信用合作社人民币信贷收支统计

（2009年） 单位：万元

资金来源项目	年末余额	比年初		资金运用项目	年末余额	比年初	
		增减额	增减%			增减额	增减%
一、各项存款	241 609	29 743	14.04	一、各项贷款	131 227	29 335	28.79
1. 企业存款	68 408	-21 082	-23.56	1. 短期贷款	97 993	27 855	39.71
（1）活期存款	54 128	-22 769	-29.61	（1）工业贷款	2 992	-59	-1.93
（2）定期存款	14 280	1 687	13.40	（2）商业贷款			
2. 机关团体存款				（3）建筑业贷款			
3. 储蓄存款	173 099	50 730	41.46	（4）农业贷款			
（1）活期储蓄	16 266	5 125	46.00	（5）乡镇企业贷款			
（2）定期储蓄	156 833	45 605	41.00	（6）三资企业贷款			
4. 农业存款	52	45		（7）私营企业及个体贷款	19 312	8 045	71.40
5. 其他存款	50	50		（8）其他短期贷款	75 689	19 869	35.59
二、代理财政性存款				其中：个人消费贷款	640	332	107.79
三、金融债券				2. 中长期贷款	11 123	1 011	10.00
其中：政策性金融债券				（1）基本建设贷款			
四、应付及暂收款	2 010	-1 214	-37.66	（2）技术改造贷款			
其中：应付及预提利息	1 836	-1 124	-37.97	（3）其他中长期贷款	11 123	1 011	10.00
五、卖出回购资产				其中：个人消费贷款	6 989	1 629	30.39
六、向中央银行借款		-5 000		3. 票据融资	22 111	469	2.17
七、同业往来		-7 109		其中：贴现	22 111	469	2.17
1. 同业存放		-7 109		4. 各项垫款			
2. 同业拆借				二、有价证券及投资			
八、行内资金往来				三、应收及预付款	1 029	-195	-15.93
九、委托存款及委托投资基金（净）				其中：应收利息	982	-242	-19.77
1. 委托存款及委托投资基金				四、买入返售资产			
2. 减：委托贷款及委托投资				五、存放中央银行准备金存款	45 020	-282	-0.62
十、代理金融机构委托贷款基金				六、存放中央银行特种存款			
其中：中央银行委托贷款基金				七、缴存中央银行财政性存款			
十一、各项准备	3 692	465	14.41	八、同业往来	30 434	-7 730	-20.25
其中：贷款呆账准备金	3 692	465	14.41	1. 存放同业	30 434	-7 730	-20.25
十二、所有者权益	20 420	3 531	20.91	2. 拆放同业			
其中：实收资本	15 284	2 700	21.46	九、行内资金往来			
十三、其他	-59 229	626	-1.05	十、代理金融机构贷款			
				其中：代理人行专项贷款			
				十一、库存现金	792	-86	-9.79
				十二、外汇占款			
资金来源总计	**208 502**	**21 042**	**11.22**	**资金运用总计**	**208 502**	**21 042**	**11.22**

甘肃省城市信用合作社人民币贷款累放累收统计

（2009 年）　　单位：万元

栏目 项目名称	本年贷款					
	累计发放	累计收回	增减额	平均余额	周转次数	周转天数
贷款合计	**256 898**	**227 563**	**29 335**	**123 333**	**1.85**	**198**
1. 短期贷款	151 140	125 489	25 651	86 528	1.45	252
(1) 工业贷款	6 160	6 231	-71	3 438	1.81	201
(2) 商业贷款	1 400	1 300	100	4	312.00	1
(3) 建筑业贷款	300		300	63		
(4) 农业贷款						
(5) 乡镇企业贷款						
(6) 三资企业贷款						
(7) 私营企业及个体贷款	33 864	34 307	-443	10 953	3.13	117
(8) 其他短期贷款	109 416	83 651	25 765	72 070	1.16	314
其中：个人短期消费贷款	19	105	-86	265	0.40	921
2. 中长期贷款	46 789	43 575	3 214	13 077	3.33	110
(1) 基本建设贷款						
(2) 技术改造贷款						
(3) 其他中长期贷款	46 789	43 575	3 214	13 077	3.33	110
其中：个人中长期消费贷款	4 950	2 681	2 269	6 593	0.41	898
3. 票据融资	58 969	58 499	470	23 728	2.47	148
4. 各项垫款						

甘肃省村镇银行人民币信贷收支统计

（2009 年）　　　　单位：万元

资金来源项目	年末余额	比年初		资金运用项目	年末余额	比年初	
		增减额	增减%			增减额	增减%
一、各项存款	68 189	45 468	200.11	一、各项贷款	51 794	33 734	186.78
1. 企业存款	27 875	17 311	163.86	1. 短期贷款	48 217	30 584	173.45
（1）活期存款	22 682	13 775	154.65	（1）工业贷款			
（2）定期存款	5 193	3 536	213.37	（2）商业贷款	12 602	10 339	456.83
2. 机关团体存款				（3）建筑业贷款	90	-210	-70.00
3. 储蓄存款	38 333	26 925	236.04	（4）农业贷款	27 519	14 995	119.73
（1）活期储蓄	23 330	13 813	145.14	（5）乡镇企业贷款			
（2）定期储蓄	15 003	13 112	693.60	（6）三资企业贷款			
4. 农业存款	135	135		（7）私营企业及个体贷款	1 000	600	150.00
5. 其他存款	1 846	1 097	146.46	（8）其他短期贷款	7 006	4 860	226.53
二、代理财政性存款				其中：个人消费贷款	2 076	1 712	470.63
三、金融债券				2. 中长期贷款	3 577	3 150	737.17
其中：政策性金融债券				（1）基本建设贷款	60	-10	-14.29
四、应付及暂收款	1 018	568	126.24	（2）技术改造贷款			
其中：应付及预提利息	303	162	115.08	（3）其他中长期贷款	3 517	3 160	884.40
五、卖出回购资产				其中：个人消费贷款	931	864	
六、向中央银行借款				3. 票据融资			
七、同业往来	9 000	7 187	396.37	其中：贴现			
1. 同业存放	5 000	3 187	175.76	4. 各项垫款			
2. 同业拆借	4 000	4 000		二、有价证券及投资		-1 000	
八、行内资金往来				三、应收及预付款	101	-73	-42.07
九、委托存款及委托投资基金（净）	10	10		其中：应收利息	61	50	454.55
1. 委托存款及委托投资基金	10	10		四、买入返售资产			
2. 减：委托贷款及委托投资				五、存放中央银行准备金存款	7 952	6 449	429.09
十、代理金融机构委托贷款基金				六、存放中央银行特种存款			
其中：中央银行委托贷款基金				七、缴存中央银行财政性存款			
十一、各项准备	538	323	149.82	八、同业往来	27 079	8 684	47.21
其中：贷款呆账准备金	538	325	152.16	1. 存放同业	27 079	8 684	47.21
十二、所有者权益	15 548	8 280	113.93	2. 拆放同业			
其中：实收资本	13 711	6 641	93.94	九、行内资金往来	4 505	4 505	
十三、其他	-1 739	-8 715	-124.93	十、代理金融机构贷款			
				其中：代理人行专项贷款			
				十一、库存现金	1 133	822	264.30
				十二、外汇占款			
资金来源总计	**92 564**	**53 121**	**134.68**	**资金运用总计**	**92 564**	**53 121**	**134.68**

甘肃省村镇银行分地区人民币存款统计

（2009 年） 单位：万元

地区＼项目	各项存款	比年初		企业存款		储蓄存款		农业存款	其他存款
		增减额	增减%		定期		定期		
白银市	8 813	8 813		4 923		3 890	2 059		
天水市	2 260	1 204	114.02	78		2 182	537		
武威市	6 454	4 548	238.61	30	30	6 393	1 169	31	
平凉市	5 052	2 002	65.64	2 397		2 655	830		
庆阳市	27 741	18 784	209.71	14 415	5 031	13 326	6 162		
酒泉市	3 626	1 245	52.29	863	100	2 659	1 595	104	
陇南市	14 243	8 872	165.18	5 169	32	7 228	2 651		1 846
全省合计	**68 189**	**45 468**	**200.11**	**27 875**	**5 193**	**38 333**	**15 003**	**135**	**1 846**

甘肃省村镇银行分地区人民币贷款统计

（2009 年） 单位：万元

地区＼项目	各项贷款	比年初		短期贷款					中长期贷款
		增减额	增减%		商业贷款	农业贷款	私营企业及个体贷款	其他短期贷款	
白银市	5 079	5 079		2 942		1 627		1 315	2 137
天水市	2 031	808	66.07	2 031		1 781	250		
武威市	7 791	7 538	2 979.45	7 748		7 429		319	43
平凉市	3 224	1 947	152.47	2 348		305	750	1 203	876
庆阳市	20 051	10 037	100.23	19 950	12 602	7 348			101
酒泉市	3 958	1 760	80.07	3 538		2 447		1 091	420
陇南市	9 660	6 565	212.12	9 660		6 582		3 078	
全省合计	**51 794**	**33 734**	**186.79**	**48 217**	**12 602**	**27 519**	**1 000**	**7 006**	**3 577**

中国人民财产保险股份有限公司甘肃省分公司保险业务主要指标统计

（2009 年）

项　　目	单　位	金　额	项　　目	单　位	金　额
一、承保额	万元	46 737 362	三、储金期末有效数	万元	6 667
企事业财产险	万元	9 150 978	四、返还性险退保金	万元	3 795
家庭财产险	万元	396 807	五、赔案件数	件数	221 664
工程险	万元	776 431	已决赔案件数	件数	192 828
责任险	万元	17 176 991	未决赔案件数	件数	28 836
保证险	万元	－1 048	六、已决赔款支出	万元	75 018
其他险	万元	1 231	企事业财产险	万元	11 467
机动车辆险	万元	7 522 323	家庭财产险	万元	217
船舶险	万元		工程险	万元	1 924
货物运输险	万元	8 139 418	责任险	万元	3 452
农业险	万元	55 930	保证险	万元	
能源险	万元	8 890	其他险	万元	
人身意外伤害险	万元	3 500 179	机动车辆险	万元	49 711
健康险	万元	9 231	船舶险	万元	4
二、保费收入	万元	141 046	货物运输险	万元	1 491
企事业财产险	万元	17 077	农业险	万元	5 009
家庭财产险	万元	856	能源险	万元	
工程险	万元	2 200	人身意外伤害险	万元	958
责任险	万元	8 069	健康险	万元	785
保证险	万元	－1	七、未决赔款估损金额	万元	21 948
其他险	万元	55	八、满期返还金额	万元	3 795
机动车辆险	万元	99 183	九、当年结案率	%	87
船舶险	万元	20	十、赔付率	%	53
货物运输险	万元	5 484	十一、年内平均职工人数	人	911
农业险	万元	3 626	十二、年末实有职工人数	人	911
能源险	万元	110	十三、年内费用支出	万元	20 314
人身意外伤害险	万元	2 671			
健康险	万元	1 695			

资料来源：由中国人民财产保险股份有限公司甘肃省分公司提供。

中国人民财产保险股份有限公司甘肃省分公司保险业务情况统计

（2009 年）

指　标 险　种	计量单位	承保数量累计	保险金额累计（万元）	保费收入累计（万元）	储金期末有效数（万元）	已决赔案件数累计（件）	已决赔款金额累计（万元）	满期返还累计（万元）	已决赔付率（%）
合　计		**615 534**	**46 737 362**	**141 046**	**6 667**	**192 828**	**75 018**	**3 795**	**53.19**
一、财产险		59 188	27 501 391	28 257	3 490	8 345	17 060	3 795	60.38
1. 企事业财产险	笔	2 720	9 150 978	17 077		3 068	11 467		67.15
2. 家庭财产险	户	32 266	396 807	856	3 490	3 079	217	3 795	25.33
3. 工程险	笔	56	776 431	2 200		114	1 924		87.47
4. 责任险	笔	21 130	17 176 991	8 069		2 084	3 452		42.78
5. 保证险	笔	1	－1 048	－1					
6. 其他险	笔	3 015	1 231	55					
二、机动车辆险	辆	329 001	7 522 323	99 183		134 841	49 711		50.12
三、船舶险				20			4		19.76
四、货物运输险	笔	60 634	8 139 418	5 484		645	1 491		27.19
五、农业险		1 758	55 930	3 626		42 802	5 009		138.12
六、能源险	笔	4	8 890	110					
七、人身意外伤害险	人	164 886	3 500 179	2 671	3 177	6 150	958		35.86
八、健康险	人	63	9 231	1 695		45	785		46.29

资料来源：由中国人民财产保险股份有限公司甘肃省分公司提供。

中国人民财产保险股份有限公司甘肃省分公司分地区保险业务收支统计

（2009 年） 单位：万元

地区＼指标	全年保费收入累计	储金期末有效数	全年赔款支出累计	全年满期返还累计	已决赔付率（%）
合　计	**141 046**	**6 667**	**75 018**	**3 795**	**53.19**
兰州市	40 170	2 321	22 499	441	56.01
白银市	8 826	212	4 489	396	50.86
天水市	6 392	273	3 399	189	53.18
嘉峪关市	8 827	649	4 757	212	53.89
金昌市	11 519	132	5 736	102	49.80
武威市	6 295	137	2 007	90	31.87
张掖市	5 207	293	4 638	47	89.06
平凉市	7 212	65	3 579	26	49.63
庆阳市	11 217	241	5 571	90	49.67
酒泉市	12 793	2 317	6 790	2 201	53.08
定西市	7 562	9	4 103		54.26
陇南市	5 484	10	2 858		52.11
临夏州	6 409		3 214		50.15
甘南州	3 132	9	1 378		44.00

资料来源：由中国人民财产保险股份有限公司甘肃省分公司提供。

中国人民财产保险股份有限公司甘肃省分公司利润表

（2009 年） 单位：万元

项　目	金　额	项　目	金　额
一、保险业务收入	141 131	其中：已发生未报案	
1. 保费收入	141 046	减：转回未决赔款准备金	
2. 分保费收入		其中：已发生未报案	
3. 追偿款收入	85	2. 提存未到期准备金	4 316
二、保险业务支出	124 693	减：转回未到期准备金	
1. 赔款支出	75 018	3. 提存长期准备金	
减：摊回分保赔款	9 300	减：转回长期准备金	
2. 分出保费	15 348	四、承保利润	4 022
3. 分保赔款支出		加：投资收益	2
4. 分保费用支出		利息收入	47
5. 手续费支出	13 388	其他收入	981
6. 营业税金及附加	7 524	减：利息支出	-475
7. 营业费用	24 746	其他支出	611
减：摊回分保费用	3 159	五、营业利润	4 916
8. 提存保险保障基金	1 128	加：营业外收入	148
三、准备金提转差	12 415	减：营业外支出	60
1. 提存未决赔款准备金	8 100	六、利润总额	5 004

资料来源：由中国人民财产保险股份有限公司甘肃省分公司提供。

中国人寿保险股份有限公司甘肃省分公司保险业务情况统计表

（2009 年）　　单位：万元

险种＼指标	保费收入累计	赔付累计	满期给付累计	退保累计
合　计	**382 702**	**12 918**	**56 565**	**20 381**
一、普通保险小计	151 728		4 015	6 742
（一）定期寿险	669			4
（二）两全寿险	76 918		4 015	2 782
（三）终身寿险	72 338			2 177
（四）年金保险	1 803			1 780
二、分红保险小计	203 791		52 550	13 530
（一）定期寿险				
（二）两全寿险	168 191		52 550	10 757
（三）终身寿险	1 195			19
（四）年金保险	34 405			2754
三、意外险	8 366	1 816		
四、健康险	18 817	11 102		109
（一）短期健康险	13 259	11 102		
（二）长期健康险	5 558			109

说明：1. 数据为股份公司 2009 年报数据，不含集团公司数据；
2. 资料由中国人寿保险股份有限公司甘肃省分公司提供。

中国人寿保险股份有限公司甘肃省分公司分地区保险业务情况统计

（2009 年）　　单位：万元

单位＼指标	保费收入累计	赔付累计	满期给付累计	退保累计
全省合计	**382 702**	**12 918**	**56 565**	**20 381**
兰州市	87 460	5 058	23 256	4 508
天水市	27 590	800	5 958	1 356
白银市	24 449	568	3 728	1 350
金昌市	17 248	566	2 168	872
嘉峪关市	20 797	669	1 902	1 618
酒泉市	25 445	497	2 635	1 754
张掖市	26 383	533	3 668	1 329
武威市	26 539	473	2 954	1 545
庆阳市	39 617	1 108	4 717	2 170
平凉市	10 282	98	374	758
陇南市	55 059	1 752	2 364	2 113
定西市	14 644	542	1 736	662
临夏州	5 240	143	897	251
甘南州	1 949	111	207	94
矿区				

注：1. 数据为股份公司 2009 年报数据，不含集团公司数据；
2. 资料由中国人寿保险股份有限公司甘肃省分公司提供。

中国太平洋财产保险股份有限公司甘肃分公司保险业务主要指标统计

（2009 年）

项　　目	单　位	金　额	项　　目	单　位	金　额
一、承保金额	千元	106 497 997	（1）企业财产险	千元	2 412
1. 企业财产险	千元	37 601 897	（2）机动车辆险	千元	68 502
2. 机动车辆险	千元	13 607 480	（3）家庭财产险	千元	29
3. 家庭财产险	千元	203 927	（4）货运险	千元	475
4. 货运险	千元	1 079 813	（5）责任保险	千元	1 407
5. 责任保险	千元	27 549 506	（6）其他险	千元	8 872
6. 其他险	千元	26 455 374	2. 退保支出	千元	
二、保费收入	千元	214 820	五、未决赔款估损金额	千元	38 232
1. 企业财产险	千元	27 736	六、当年结案率	%	87.30
2. 机动车辆险	千元	137 998	七、综合赔付率	%	49.23
3. 家庭财产险	千元	193	八、年内费用支出	千元	6782
4. 货运险	千元	3 377	九、年内平均职工人数	人	323
5. 责任保险	千元	7 746	十、年末平均职工人数	人	323
6. 其他险	千元	37 770	十一、机构数	个	17
三、赔案件数	件	33 669	1. 一级分公司	个	1
1. 已决赔案件数	件	27 872	2. 地（市）中心支公司	个	8
2. 未决赔案件数	件	5 797	3. 县（区）支公司	个	8
四、保险业务支出	千元	81 697	4. 营销服务部	个	
1. 理赔支出	千元	81 697	其他	个	

资料来源：中国太平洋财产保险股份有限公司甘肃分公司提供。

中国太平洋财产保险股份有限公司甘肃分公司保险业务情况统计

（2009 年）

指标 险种	承保数量累计（件）	保险金额累计（千元）	保费收入累计（千元）	储金期末有效数（千元）	赔案件数累计（件）	赔案金额累计（千元）	未决案件累计（件）	未决案件估损金额（千元）
合　计	**411 823**	**106 497 997**	**214 819**	**-8**	**27 872**	**81 697**	**5 797**	**38 232**
一、非水险业务	343 197	91 810 704	73 444	-8	959	12 718	523	17 125
1. 企业财产险	431	37 601 897	27 736		220	2 412	38	6 843
2. 家庭财产险	1 659	203 927	193	-8	7	29	10	17
3. 建筑工程险	13	4 826 240	17 007		14	3 841	11	6 925
4. 安装工程险	5	2 253 707	2 049		3	179		
5. 责任保险	2 845	27 549 506	7 746		83	1 407	12	167
6. 短意险	338 007	19 396 526	18 618		631	4 414	451	2 721
7. 保证保险	237	-21 099	95		1	438	1	452
二、水险业务	7 434	1 079 813	3 377		60	475	4	142
1. 国内货运险	7 341	1 030 496	3 299		60	475	3	112
2. 进出口货运险	93	49 318	78				1	30
三、机动车辆保险	61 192	13 607 480	137 998		26 853	68 501	5 270	20 965
四、特殊风险业务								

资料来源：由中国太平洋财产保险股份有限公司甘肃分公司提供。

中国太平洋财产保险股份有限公司甘肃分公司损益表

（2009 年）　　单位：万元

项　　目	金　　额	项　　目	金　　额
一、保险业务收入	21 482	2. 提取未到期责任准备金	6 772
1. 保费收入	21 482	减：转回未到期责任准备金	5 347
2. 分保费收入		3. 提取寿险责任准备金	
3. 追偿款收入		减：转回寿险期责任准备金	
二、保险业务支出	18 414	4. 提取长期健康险责任准备金	
1. 死伤医疗给付		减：转回长期健康险责任准备金	
2. 满期给付		5. 提取长期责任准备金	
3. 年金给付		减：转回长期责任准备金	
4. 退保金		四、承保利润	1 214
5. 赔款支出	8 170	加：投保收益	
减：摊回分保赔款	1 142	利息收入	
6. 分出保费	4 911	买入返售证券收入	
7. 分保赔款支出		其他收入	19
8. 分保费用支出		汇总收益	
9. 手续费支出	2 281	减：利息支出	
10. 佣金支出		保户利差支出	
11. 营业税金及附加	1 178	卖出回购证券支出	
12. 营业费用	4 502	其他支出	73
减：摊回分保费用	1 486	五、营业利润	1 160
13. 提取保险保障基金		加：营业外收入	2
三、准备金提转差	1 854	减：营业外支出	99
1. 提取未决赔款准备金	4 024	六、利润总额	1 063
减：转回未决赔款准备金	3 595		

资料来源：由中国太平洋财产保险股份有限公司甘肃分公司提供。

中国太平洋人寿保险股份有限公司甘肃分公司保险业务主要指标统计

（2009 年）

项　　目	单　位	数　额	项　　目	单　位	数　额
一、保险金额	万元	2 234 014	六、退保金支出	万元	6 115
1. 个人营销业务	万元	1 160 283	1. 个人营销业务	万元	1 837
2. 银行保险业务	万元	82 302	2. 银行保险业务	万元	4 160
3. 团体保险业务	万元	991 430	3. 团体保险业务	万元	118
二、保费收入	万元	110 628	七、营业费用支出	万元	8 982
1. 个人营销业务	万元	43 775	八、承保利润	万元	－10 019
2. 银行保险业务	万元	64 779	九、年内平均员工人数	人	650
3. 团体保险业务	万元	2 074	十、年末实用员工人数	人	632
三、理赔案件件数	件	6 291	十一、年内平均正式职工人数	人	650
1. 已决赔案件数	件	6 291	十二、年末正式职工人数	人	632
2. 未决赔案件数	件		十三、机构数	个	34
四、理赔结案率	%	100	1. 一级分公司	个	1
五、给付支出	万元	11 372	2. 地（市）中心支公司	个	8
1. 个人营销业务	万元	2 390	3. 县（区）支公司	个	19
2. 银行保险业务	万元	7 201	4. 营销服务部	个	6
3. 团体保险业务	万元	1 781			

资料来源：由中国太平洋人寿保险股份有限公司甘肃分公司提供。

中国太平洋人寿保险股份有限公司甘肃分公司保险业务情况统计

(2009 年)

险种＼指标	保单件数累计（件）	保险金额累计（万元）	保费收入累计（万元）	给付支出累计（万元）	退保累计（万元）
总　　计	**213 574**	**2 234 014**	**110 628**	**11 372**	**6 115**
一、个人营销业务	165 422	1 160 283	43 775	2 390	1 837
1. 传统寿险	47 712	198 370	19 526	1 388	904
2. 分红寿险	39 314	117 338	18 703	273	223
3. 万能寿险		8 658	4 502	149	710
4. 短期意外险	71 235	745 476	727	428	
5. 短期健康险	7 161	90 441	317	153	
二、银行保险业务	29 718	82 302	64 779	7 201	4 160
1. 传统寿险	86	12	4	7 091	
2. 分红寿险	24 673	20 862	63 324		1 513
3. 万能寿险	700	892	1 383	89	2 647
4. 短期意外险	4 152	57 262	63	15	
5. 短期健康险	107	3 273	4	6	
三、团体保险业务	18 434	991 430	2 074	1 780	118
1. 传统寿险	109	13 580	80	1 512	117
2. 分红寿险		448	247	32	
3. 万能寿险				10	1
4. 短期意外险	15 367	846 341	1 464	115	
5. 短期健康险	2 958	131 060	283	112	

资料来源：由中国太平洋人寿保险股份有限公司甘肃分公司提供。

中国太平洋人寿保险股份有限公司甘肃分公司损益表

(2009 年)　　单位：万元

项　　目	本年累计数	项　　目	本年累计数
一、营业收入	110 224	5. 营业税金及附加	1 067
1. 已赚保费	110 068	6. 手续费及佣金支出	9 353
2. 保费业务收入	110 628	7. 业务及管理费	8 982
3. 提取未到期责任准备金	561	8. 利息支出	79
4. 投资收益	31	9. 其他业务支出	28
5. 其他业务收入	125	三、营业利润	-10 019
二、营业支出	120 243	加：营业外收入	
1. 退保金	6 115	减：营业外支出	83
2. 赔款总支出	11 372	六、利润总额	-10 102
3. 提取保险责任准备金	81 739	减：所得税	
4. 保户红利支出	2 467	七、净利润	-10 102

注：1. 资料来源：由中国太平洋人寿保险股份有限公司甘肃分公司提供。
　　2. 收入中：营业收入为（1+4+5）、已赚保费为（2-3）

中国平安财产保险股份有限公司甘肃分公司主要业务指标统计

（2009 年）

项　　目	单　位	金　额	项　　目	单　位	金　额
一、保费收入	万元	26 077	其他财产保险	万元	81
企业财产保险	万元	2 486	责任保险	万元	136
机动车辆保险	万元	20 574	信用保证保险	万元	7
货物运输保险	万元	174	农业保险	万元	
其他财产保险	万元	1 402	短期健康保险	万元	221
责任保险	万元	328	意外伤害保险	万元	298
信用保证保险	万元	148	三、赔案件数	件	44 059
农业保险	万元		四、未决赔款	万元	4 507
短期健康保险	万元	236	五、机构数	个	25
意外伤害保险	万元	730	省级分公司	个	1
二、已决赔款支出	万元	10 861	中心支公司	个	13
企业财产保险	万元	594	兰州渠道	个	6
机动车辆保险	万元	9 467	营销服务部	个	5
货物运输保险	万元	56	六、年末职工人数	人	423

资料来源：由中国平安财产保险股份有限公司甘肃分公司提供。

中国平安财产保险股份有限公司甘肃分公司损益表

（2009 年）　　单位：万元

项　　目	金　额	项　　目	金　额
一、营业收入	20 155	保单红利支出	
已赚保费	20 080	分保费用	
保险业务收入	26 077	营业税金及附加	1 452
其中：分保费收入		保险业务手续费及佣金支出	2 570
减：分出保费	2 284	业务及管理费	4 565
提取未到期责任准备金	3 713	减：摊回分保费用	770
利息收入		其他业务成本	
利息支出		资产减值损失	35
手续费及佣金净收入		三、营业利润	1 544
手续费及佣金收入		加：营业外收入	7
手续费及佣金支出		减：营业外支出	117
投资收益/（损失）	3	四、利润总额	1 434
其中：对联营企业和合营企业的投资收益		减：所得税费用	162
公允价值变动收益/（损失）		五、净利润	1 272
汇兑收益/（损失）	1	六、每股收益	
其他业务收入	71	（一）基本每股收益	
二、营业支出	18 611	（二）稀释每股收益	
退保金			
赔付支出	10 861		
减：摊回赔付支出	910		
提取保险责任准备金	758		
减：摊回保险责任准备金	-50		

资料来源：由中国平安财产保险股份有限公司甘肃分公司提供。

中国平安人寿保险股份有限公司甘肃分公司保险业务情况统计

（2009 年）　　单位：万元

指标 险种	承保人数累计（人）	保险金额累计	保费收入累计	赔款支出累计	满期给付累计	年金给付累计	退保累计
总　计	**689 151**	**2 533 601**	**179 340**	**1 117**	**5 256**	**59**	**11 642**
个人业务	689 151	2 533 601	179 340	1 117	5 256	59	11 642
1. 寿险	218 735	717 872	176 457		5 256	59	11 642
2. 意外险	426 528	1 773 711	585	116			
3. 短期健康险	43 888	42 019	2 299	1 001			

资料来源：由中国平安人寿保险股份有限公司甘肃分公司提供。

中国平安人寿保险股份有限公司甘肃分公司损益表

（2009 年）　　单位：万元

项　目	金　额	项　目	金　额
一、营业收入	180 399	赔付支出	10 232
已赚保费	179 147	减：摊回赔付支出	65
保险业务收入	179 340	提取保险责任准备金	126 672
其中：分保费收入		减：摊回保险责任准备金	-41
减：分出保费	97	保单红利支出	
提取未到期责任准备金	97	分保费用	
银行业务利息净收入	128	营业税金及附加	-162
利息收入	128	保险业务手续费及佣金支出	25 173
利息支出		业务及管理费	12 382
手续费及佣金净收入		减：摊回分保费用	8
手续费及佣金收入		其他业务成本	1 136
手续费及佣金支出		资产减值损失	
投资收益		三、营业利润	-6 645
其中：对联营企业和合营企		加：营业外收入	42
公允价值变动收益		减：营业外支出	218
汇兑收益		四、利润总额	-6 822
其他业务收入	1 124	减：所得税费用	
二、营业支出	187 044	五、净利润	-6 822
退保金	11 642		

资料来源：中国平安人寿保险股份有限公司甘肃分公司提供。

甘肃省信托投资公司人民币信贷收支统计

（2009 年） 单位：万元

资金来源项目	年末余额	比年初		资金运用项目	年末余额	比年初	
		增减额	增减%			增减额	增减%
一、各项存款				一、各项贷款	6 238	-469	-6.99
1. 信托存款				1. 信托贷款			
2. 委托存款				其中：中长期信托贷款			
（1）委托存款				2. 委托贷款			
（2）委托投资基金				3. 抵押贷款			
3. 保证金存款				4. 票据融资			
4. 其他存款				其中：贴现			
二、金融债券				5. 融资租赁			
三、应付及暂收款	5 308	-1 184	-18.24	6. 各项垫款			
其中：应付及预提利息				7. 其他贷款	6 238	-469	-6.99
四、长期借款				二、委托投资			
五、证券业务款项	123	-1	-0.81	三、投资	24 961	8 935	55.75
六、卖出回购资产				1. 短期投资	18 681	7 684	69.87
七、向中央银行借款				2. 长期投资	6 280	1 251	24.88
八、同业往来				四、应收及预付款	198	-741	-78.91
1. 同业存放				其中：应收利息			
2. 同业拆借				五、证券业务占款			
九、代理金融机构贷款基金				六、经营租赁			
其中：中央银行委托专项贷款基金				七、买入返售资产			
十、各项准备	365	153	72.17	八、存放中央银行准备金存款			
其中：贷款损失准备金	230	131	132.32	九、存放中央银行特种存款			
十一、所有者权益	39 656	5 803	17.14	十、同业往来			
其中：实收资本	31 819	-13 324	-29.52	1. 存放同业			
十二、其他	-14 055	2 954	-17.37	2. 拆放同业			
				十一、代理金融机构贷款			
				其中：代理人行专项贷款			
				十二、库存现金			
				十三、外币占款			
资金来源总计	**31 397**	**7 725**	**32.63**	**资金运用总计**	**31 397**	**7 725**	**32.63**

三、金融系统机构、人员统计

甘肃省金融系统机构、人员统计

（2009 年）

机构名称	机构（个）	人数（人）
一、银行业	**2 280**	**36 341**
1. 中国人民银行兰州中心支行	78	3 474
2. 中国银行业监督管理委员会甘肃监管局	79	824
3. 国家开发银行甘肃省分行	1	108
4. 中国农业发展银行甘肃省分行	58	1 312
5. 中国工商银行股份有限公司甘肃省分行	364	6 746
6. 中国农业银行甘肃省分行	599	8 926
7. 中国银行股份有限公司甘肃省分行	144	2 501
8. 中国建设银行股份有限公司甘肃省分行	264	7 261
9. 交通银行股份有限公司甘肃省分行	27	614
10. 招商银行股份有限公司兰州分行	18	642
11. 上海浦东发展银行股份有限公司兰州分行	4	115
12. 中信银行股份有限公司兰州分行	1	60
13. 中国邮政储蓄银行有限责任公司甘肃省分行	559	1 946
14. 兰州银行股份有限公司	84	1 812
二、资产管理公司	**4**	**222**
1. 中国华融资产管理公司兰州办事处	1	71
2. 中国长城资产管理公司兰州办事处	1	73
3. 中国东方资产管理公司兰州办事处	1	45
4. 中国信达资产管理公司兰州办事处	1	33
三、证券业	**60**	**1 257**
1. 中国证券监督管理委员会甘肃监管局	1	32
2. 华龙证券有限责任公司	36	679
3. 其他证券、期货经营机构	23	546
四、保险业	**1 216**	**8 325**
1. 中国保险监督管理委员会甘肃监管局	1	54
2. 中国人民财产保险股份有限公司甘肃省分公司	270	951
3. 中国人寿保险股份有限公司甘肃省分公司	587	2 026
4. 中国太平洋财产保险股份有限公司甘肃分公司	17	323
5. 中国太平洋人寿保险股份有限公司甘肃分公司	34	632
6. 中国平安财产保险股份有限公司甘肃分公司	19	423
7. 中国平安人寿保险股份有限公司甘肃分公司	38	683
8. 其他保险公司	229	3 051
9. 甘肃保险中介公司	21	182
五、甘肃省农村信用社联合社	**2 265**	**14 537**
六、城市商业银行	**1**	**173**
七、城市信用社	**1**	**357**
八、其他金融性公司	**2**	**72**
1. 中国银联股份有限公司甘肃分公司	1	16
2. 甘肃省信托投资有限责任公司	1	56

注：1. 根据各金融机构人事部门提供的资料汇总。其中：城市商业银行和城市信用社情况，由人民银行兰州中心支行及各市（州）中心支行提供；金融性公司情况由甘肃银监局和中国银联甘肃分公司提供；证券经营机构情况由甘肃证监局和华龙证券公司提供；其他保险公司和保险中介公司情况由甘肃保监局提供。

2. 保险公司、保险中介公司含部分保险服务部和兼业代理机构数和人数。

3. 证券、期货经营机构中含异地分支机构数和人数。

甘肃省金融监管部门机构、人员统计

（2009 年）

级别分类 \ 机构	人民银行		银监局		证监局		保监局	
	机构（个）	人数（人）	机构（个）	人数（人）	机构（个）	人数（人）	机构（个）	人数（人）
全省总计	**78**	**3 474**	**79**	**824**	**1**	**32**	**1**	**54**
其中：省会中心支行、监管局	1	415	1	141	1	32	1	54
市、州、地中心支行、监管分局	13	1 596	13	459				
县（市、区）支行	63	1 458	65	224				
其 他	1	5						

注：1. 根据人民银行兰州中心支行及各市（州）中心支行、甘肃银监局、证监局、保监局人事部门提供的资料汇总。
2. “其他”栏内：人民银行系敦煌市培训中心机构1个5人。

甘肃省金融监管部门分地区机构、人员统计

（2009 年）

级别分类 \ 机构	人民银行		银监局		证监局		保监局	
	机构（个）	人数（人）	机构（个）	人数（人）	机构（个）	人数（人）	机构（个）	人数（人）
全省总计	**78**	**3 474**	**79**	**824**	**1**	**32**	**1**	**54**
其中：省会中心支行、监管局	5	502	1	141	1	32	1	54
兰 州 市			4	12				
白 银 市	5	215	5	49				
天 水 市	6	265	6	65				
嘉峪关市	1	80	1	26				
金 昌 市	2	97	2	31				
武 威 市	4	205	4	45				
张 掖 市	6	236	6	52				
平 凉 市	7	306	7	62				
庆 阳 市	8	309	8	65				
酒 泉 市	5	231	6	58				
定 西 市	7	285	7	54				
陇 南 市	9	284	9	62				
临 夏 州	6	237	7	53				
甘 南 州	6	217	6	49				
其 他	1	5						

注：1. 根据人民银行兰州中心支行及各市（州）中心支行、甘肃银监局、证监局、保监局人事部门提供的资料汇总。
2. “其他”栏内：人民银行系敦煌市培训中心机构1个5人。

甘肃省银行系统机构、人员统计

（2009 年）

级别分类 \ 机构	国家开发银行		农业发展银行		工商银行		农业银行		中国银行		建设银行		交通银行		招商银行		浦发银行		中信银行		邮政储蓄银行		兰州银行		城市商业银行	
	机构（个）	人数（人）	机构（个）	人数（人）	机构（个）	人数（人）	机构（个）	人数（人）	机构（个）	人数（人）	机构（个）	人数（人）	机构（个）	人数（人）	机构（个）	人数（人）	机构（个）	人数（人）	机构（个）	人数（人）	机构（个）	人数（人）	机构（个）	人数（人）	机构（个）	人数（人）
全省合计	**1**	**108**	**58**	**1 312**	**364**	**6 746**	**599**	**8 926**	**144**	**2 501**	**264**	**7 261**	**27**	**614**	**18**	**642**	**4**	**115**	**1**	**60**	**559**	**1 946**	**84**	**1 812**	**1**	**173**
其中： 一级分行	1	108	1	89	1	357	1	272	1	495	1	703	1	251	1	160	1	52	1	60	1	68	1	358		
二级分行、兰州市商业银行			14	500	16	2 389	13	1 014	20	927	13	1 992					3	63			14	275	83	1 454	1	173
县（市、区）级支行（办事处）			43	723	49	1 871	96	4 050	3	66	157	3 568	26	363	17	482					70	632				
县（市、区）辖办事处、分理处					284	2 052	486	3 416	120	1 013	49	494														
储蓄所					11	57					42	385														
营业部							1	154			1	98									474	971				
其　他					3	20	2	20			1	21														

注：1. 根据各银行人事部门提供的资料汇总。

2. “其他”栏中：工商银行系省分行培训中心机构3个20人；农业银行系兰州培训学校机构1个17人、敦煌培训分部机构1个3人；建设银行系天水培训中心机构1个21人。

甘肃省银行系统分地区机构、人员统计

（2009 年）

机构 地区	国家开发银行		农业发展银行		工商银行		农业银行		中国银行		建设银行		交通银行		招商银行		浦发银行		中信银行		邮政储蓄银行		兰州银行		城市商业银行	
	机构（个）	人数（人）	机构（个）	人数（人）	机构（个）	人数（人）	机构（个）	人数（人）	机构（个）	人数（人）	机构（个）	人数（人）	机构（个）	人数（人）	机构（个）	人数（人）	机构（个）	人数（人）	机构（个）	人数（人）	机构（个）	人数（人）	机构（个）	人数（人）	机构（个）	人数（人）
全省总计	**1**	**108**	**58**	**1 312**	**364**	**6 746**	**599**	**8 926**	**144**	**2 501**	**264**	**7 261**	**27**	**614**	**18**	**642**	**4**	**115**	**1**	**60**	**559**	**1 946**	**84**	**1 812**	**1**	**173**
其中：一级分行、分公司及直（附）属机构	1	108	1	89	4	377	2	336	1	495	2	801	1	251	1	160	1	52	1	60	2	96	1	358		
兰州市			8	181	130	2 145	90	1 524	61	746	100	2 345	26	363	17	482	3	63			123	391	80	1 383		
白银市			5	89	28	451	41	549	7	88	18	400									35	126				
天水市			4	87	23	486	59	857	10	140	19	507									58	170	1	27		
嘉峪关市			1	20	10	167	9	114	7	112	10	204									10	64				
金昌市			3	54	22	289	18	276	6	99	10	293									19	83				
武威市			5	121	16	245	53	566	7	103	10	257									43	102				
张掖市			6	118	20	362	37	531	5	82	11	258									25	101				
平凉市			3	31	18	382	57	687	8	115	11	311									43	127			1	173
庆阳市			5	107	19	308	49	697	7	117	16	534									50	148				
酒泉市			6	129	29	444	45	620	13	199	24	414									29	132	1	23		
定西市			5	106	13	322	45	683	3	57	10	230									38	133				
陇南市			2	55	14	315	41	647	4	69	11	333									46	140				
临夏州			2	40	7	205	28	494	5	79	8	243									27	80				
甘南州			2	35	7	162	23	325			1	70									11	53				
其他					4	86	2	20			3	61											1	21		

注：1. 根据各银行人事部门所提供的资料汇总。

2. “其他”栏内：工商银行系甘肃矿区机构 1 个 40 人、东风场区机构 3 个 46 人；农业银行系兰州培训学校 1 个 17 人、敦煌培训分部机构 1 个 3 人；建设银行系甘肃矿区支行机构 2 个 40 人、天水培训中心机构 1 个 21 人；兰州银行系敦煌分行 1 个 21 人。

证券经营及城乡信用社分地区机构、人员统计

（2009 年）

地区＼机构	华龙证券有限责任公司		其他证券期货经营机构		农村信用社		市州办事处		农村合作银行		合行下属支行		联　社		信用社		城市社用社	
	机构（个）	人数（人）	机构（个）	人数（人）	机构（个）	人数（人）	机构（个）	人数（人）	机构（个）	人数（人）	机构（个）	人数（人）	机构（个）	人数（人）	机构（个）	人数（人）	机构（个）	人数（人）
全省总计	**36**	**679**	**23**	**546**	**2 265**	**14 537**	**11**	**103**	**12**	**435**	**442**	**2 533**	**77**	**2 218**	**1 723**	**9 248**	**1**	**357**
其中：总公司	1	100																
省级公司					2	129							2	129				
兰州市	11	224	10	435	292	2 076			1	45	42	245	7	336	242	1 450		
白银市	2	27	1	12	127	839	1	9					5	110	121	720	1	357
天水市	2	34	2	25	197	1 354	1	9	2	76	75	488	5	129	114	652		
嘉峪关市			2	12	11	81							1	30	10	51		
金昌市	1	9	2	14	45	317							2	80	43	237		
武威市	1	6	1	8	195	1 311	1	8					4	238	190	1 065		
张掖市	1	11	1	11	115	883	1	10	3	102	74	484	3	78	34	209		
平凉市	1	16			201	1 083	1	10					7	170	193	903		
庆阳市	1	6	1	11	190	1 275	1	11					8	297	181	967		
酒泉市	2	31	2	11	154	1 026	1	8	2	64	84	473	5	69	62	412		
定西市	1	9			205	1 330	1	9	2	78	79	470	5	133	118	640		
陇南市	1	10	1	7	259	1 356	1	7	2	70	88	373	7	163	161	743		
临夏州	1	11			174	988	1	11					8	168	165	809		
甘南州					98	489	1	11					8	88	89	390		
其他	10	185																

注：1. 根据人民银行兰州中心支行及各市（州）中心支行、甘肃证监局、华龙证券公司及甘肃省农村信用联社提供的资料汇总。

2.“其他”栏内：华龙证券公司系异地分支机构数和人数。

甘肃省保险公司机构、人员统计

（2009 年）

机构 级别分类	人民财产保险公司		人寿保险公司		太平洋财险公司		太平洋寿险公司		平安财险公司		平安寿险公司		其他保险公司	
	机构（个）	人数（人）	机构（个）	人数（人）	机构（个）	人数（人）	机构（个）	人数（人）	机构（个）	人数（人）	机构（个）	人数（人）	机构（个）	人数（人）
全省总计	**270**	**951**	**587**	**2 026**	**17**	**323**	**34**	**632**	**19**	**423**	**38**	**683**	**229**	**3 051**
其中：一级分公司	1	91	1	249	1	115	1	117	1	171	1	311	14	947
二级分公司	16	382	14	928	8	129	8	403	13	239	10	172	71	1 244
县（市区）支公司	109	469	80	726	8	79	19	88			9	120	136	705
营业部			29	16									8	155
营销服务部	144	9	463	107			6	24	5	13	18	80		
其他														

注：1. 根据甘肃保监局和各保险公司提供的资料汇总。
2. 保险公司统计数中含部分保险代理机构、营销人员数。
3. 人民财产保险公司和人寿保险公司的人数为正式在册职工数。

甘肃省资产管理公司和其他金融性公司机构、人员统计

（2009 年）

机构 地区	华融资产公司兰州办事处		长城资产公司兰州办事处		东方资产公司兰州办事处		信达资产公司兰州办事处		中国银联股份有限公司甘肃分公司		甘肃省信托投资有限责任公司	
	机构（个）	人数（人）	机构（个）	人数（人）	机构（个）	人数（人）	机构（个）	人数（人）	机构（个）	人数（人）	机构（个）	人数（人）
全省总计	**1**	**71**	**1**	**73**	**1**	**45**	**1**	**33**	**1**	**16**	**1**	**56**
其中：一级分公司	1	71	1	73	1	45	1	33	1	16	1	56

注：1. 根据甘肃银监局、各资产管理公司和中国银联甘肃分公司提供的资料汇总。
2. 信托投资公司统计数已剔除证券经营分支机构数和人数。

甘肃省保险公司分地区机构、人员统计

(2009 年)

级别分类 \ 机构	人民财产保险公司		人寿保险公司		太平洋财险公司		太平洋寿险公司		平安财险公司		平安寿险公司		其他保险公司	
	机构(个)	人数(人)	机构(个)	人数(人)	机构(个)	人数(人)	机构(个)	人数(人)	机构(个)	人数(人)	机构(个)	人数(人)	机构(个)	人数(人)
全省总计	**270**	**951**	**587**	**2 026**	**17**	**323**	**34**	**632**	**19**	**423**	**38**	**683**	**229**	**3 051**
其中:一级分公司	1	118	1	249	1	115	1	117	1	171	1	311	14	947
兰州市	30	240	43	286	6	79	9	204	3	60	8	40	40	339
白银市	21	52	32	113	3	30	5	55	3	26	5	50	24	220
天水市	23	54	45	132	1	24			1	26	5	52	17	205
嘉峪关市	5	42	7	36					1	13	1	29	5	42
金昌市	6	46	16	91			3	36	1	14	2	22	7	66
武威市	17	33	52	120	1	8	4	62	1	12	3	30	12	204
张掖市	26	34	74	180	1	17	4	44	1	17	3	36	19	226
平凉市	18	56	67	132	1	15			2	22	1	17	19	147
庆阳市	30	64	53	151	1	12	3	38	1	19	1	12	15	134
酒泉市	31	61	66	227	1	15	2	32	2	18	7	70	26	221
定西市	17	44	58	103	1	8	3	44	1	10	1	14	13	130
陇南市	14	42	48	118					1	15			10	94
临夏州	18	38	16	57									5	46
甘南州	10	19	9	31									3	30
其他	3	8												

注:1. 根据甘肃保监局和各保险公司提供的资料汇总。
2. 保险公司统计数中含部分保险代理机构、营销人员数。
3. “其他”栏内:人民财产保险公司是甘肃矿区分公司3个机构8人。
4. 人民财产保险公司和人寿保险公司的人数为正式在册职工数。

中国人民银行甘肃省职工年龄、文化、职称情况统计

（2009 年）

年龄结构			文化结构			职称结构		
年龄档次	人数（人）	比重（%）	文化水平	人数（人）	比重（%）	职称档次	人数（人）	比重（%）
30 岁以下	416	11.97	博士	4	0.12	高级职称	68	1.96
31～40 岁	1 104	31.78	硕士	69	1.99	中级职称	1 338	38.51
41～50 岁	1 409	40.56	本科	1 853	53.34	初级职称	1 496	43.06
51～60 岁	545	15.69	专科	1 548	44.56			
60 岁以上			中专及以下					
合计	**3 474**	**100**	**合计**	**3 474**	**100**	**合计**	**2 902**	**83.53**

资料来源：由中国人民银行兰州中心支行和各市（州）中心支行人事部门提供。

中国银行业监督管理委员会甘肃监管局系统职工年龄、文化、职称情况统计

（2009 年）

年龄结构			文化结构			职称结构		
年龄档次	人数（人）	比重（%）	文化水平	人数（人）	比重（%）	职称档次	人数（人）	比重（%）
30 岁以下	66	8.01	博士	2	0.24	高级职称	48	5.83
31～40 岁	241	29.25	硕士	49	5.95	中级职称	370	44.90
41～50 岁	414	50.24	本科	516	62.62	初级职称	282	34.22
51～60 岁	101	12.26	专科	194	23.54			
60 岁以上	2	0.24	中专及以下	63	7.65			
合计	**824**	**100**	**合计**	**824**	**100**	**合计**	**700**	**84.95**

资料来源：由中国银行业监督管理委员会甘肃监管局人事部门提供。

中国证券监督管理委员会甘肃监管局职工年龄、文化、职称情况统计

（2009 年）

年龄结构			文化结构			职称结构		
年龄档次	人数（人）	比重（%）	文化水平	人数（人）	比重（%）	职称档次	人数（人）	比重（%）
30 岁以下	14	43.75	博士			高级职称	2	6.25
31～40 岁	9	28.13	硕士	8	25.00	中级职称	4	12.50
41～50 岁	8	25.00	本科	22	68.75	初级职称	3	9.38
51～60 岁	1	3.13	专科	2	6.25			
60 岁以上			中专及以下					
合计	**32**	**100**	**合计**	**32**	**100**	**合计**	**9**	**28.13**

资料来源：由中国证券监督管理委员会甘肃监管局人事部门提供。

中国保险监督管理委员会甘肃监管局职工年龄、文化、职称情况统计

（2009 年）

年龄结构			文化结构			职称结构		
年龄档次	人数（人）	比重（%）	文化水平	人数（人）	比重（%）	职称档次	人数（人）	比重（%）
30 岁以下	21	38.89	博士			高级职称	3	5.56
31～40 岁	27	50.00	硕士	13	24.07	中级职称	19	35.19
41～50 岁	4	7.41	本科	41	75.93	初级职称	16	29.63
51～60 岁	2	3.70	专科					
60 岁以上			中专及以下					
合计	**54**	**100**	**合计**	**54**	**100**	**合计**	**38**	**70.38**

资料来源：由中国保险监督管理委员会甘肃监管局人事部门提供。

国家开发银行甘肃省分行系统职工年龄、文化、职称情况统计

（2009 年）

年龄结构			文化结构			职称结构		
年龄档次	人数（人）	比重（%）	文化水平	人数（人）	比重（%）	职称档次	人数（人）	比重（%）
30 岁以下	62	57.41	博士	2	1.85	高级职称	21	19.44
31～40 岁	28	25.93	硕士	70	64.81	中级职称	18	16.67
41～50 岁	17	15.74	本科	36	33.33	初级职称	47	43.52
51～60 岁	1	0.93	专科					
60 岁以上			中专及以下					
合计	**108**	**100**	**合计**	**108**	**100**	**合计**	**86**	**79.63**

资料来源：由国家开发银行甘肃省分行人事部门提供。

中国农业发展银行甘肃省分行系统职工年龄、文化、职称情况统计

（2009 年）

年龄结构			文化结构			职称结构		
年龄档次	人数（人）	比重（%）	文化水平	人数（人）	比重（%）	职称档次	人数（人）	比重（%）
30 岁以下	202	15.40	博士			高级职称	40	3.05
31～40 岁	347	26.45	硕士	58	4.42	中级职称	450	34.30
41～50 岁	533	40.63	本科	630	48.02	初级职称	592	45.12
51～60 岁	229	17.45	专科	403	30.72			
60 岁以上	1	0.08	中专及以下	221	16.84			
合计	**1 312**	**100**	**合计**	**1 312**	**100**	**合计**	**1 082**	**82.47**

资料来源：由中国农业发展银行甘肃省分行人事部门提供。

中国工商银行股份有限公司甘肃省分行系统职工年龄、文化、职称情况统计

（2009 年）

年龄结构			文化结构			职称结构		
年龄档次	人数（人）	比重（%）	文化水平	人数（人）	比重（%）	职称档次	人数（人）	比重（%）
30 岁以下	338	5.01	博士			高级职称	112	1.66
31～40 岁	2 333	34.58	硕士	30	0.44	中级职称	2 452	36.35
41～50 岁	3 826	56.72	本科	2 910	43.14	初级职称	2 896	42.93
51～60 岁	249	3.69	专科	2 854	42.31			
60 岁以上			中专及以下	952	14.11			
合计	**6 746**	**100**	**合计**	**6 746**	**100**	**合计**	**5 460**	**80.94**

资料来源：由中国工商银行股份有限公司甘肃省分行人事部门提供。

中国农业银行股份有限公司甘肃省分行系统职工年龄、文化、职称情况统计

（2009 年）

年龄结构			文化结构			职称结构		
年龄档次	人数（人）	比重（%）	文化水平	人数（人）	比重（%）	职称档次	人数（人）	比重（%）
30 岁以下	605	6.78	博　士			高级职称	63	0.71
31～40 岁	3 401	38.10	硕　士	64	0.72	中级职称	1 667	18.68
41～50 岁	4 200	47.05	本　科	2 393	26.81	初级职称	4 883	54.71
51～60 岁	720	8.07	专　科	3 330	37.31			
60 岁以上			中专及以下	3 139	35.17			
合　计	**8 926**	**100**	合　计	**8 926**	**100**	合　计	**6 613**	**74.10**

资料来源：由中国农业银行股份有限公司甘肃省分行人事部门提供。

中国银行股份有限公司甘肃省分行系统职工年龄、文化、职称情况统计

（2009 年）

年龄结构			文化结构			职称结构		
年龄档次	人数（人）	比重（%）	文化水平	人数（人）	比重（%）	职称档次	人数（人）	比重（%）
30 岁以下	751	30.03	博　士			高级职称	26	1.04
31～40 岁	705	28.19	硕　士	53	2.12	中级职称	490	19.59
41～50 岁	778	31.11	本　科	1 077	43.06	初级职称	659	26.35
51～60 岁	267	10.68	专　科	731	29.23			
60 岁以上			中专及以下	640	25.59			
合　计	**2 501**	**100**	合　计	**2 501**	**100**	合　计	**1 175**	**46.98**

资料来源：由中国银行股份有限公司甘肃省分行人事部门提供。

中国建设银行股份有限公司甘肃省分行系统职工年龄、文化、职称情况统计

（2009 年）

年龄结构			文化结构			职称结构		
年龄档次	人数（人）	比重（%）	文化水平	人数（人）	比重（%）	职称档次	人数（人）	比重（%）
30 岁以下	587	8.08	博　士			高级职称	75	1.03
31～40 岁	3 064	42.20	硕　士	39	0.54	中级职称	2 263	31.17
41～50 岁	2 759	38.00	本　科	2 487	34.25	初级职称	1 943	26.76
51～60 岁	851	11.72	专　科	3 176	43.74			
60 岁以上			中专及以下	1 559	21.47			
合　计	**7 261**	**100**	合　计	**7 261**	**100**	合　计	**4 281**	**58.96**

资料来源：由中国建设银行股份有限公司甘肃省分行人事部门提供。

交通银行股份有限公司甘肃省分行系统职工年龄、文化、职称情况统计

（2009 年）

年龄结构			文化结构			职称结构		
年龄档次	人数（人）	比重（%）	文化水平	人数（人）	比重（%）	职称档次	人数（人）	比重（%）
30 岁以下	225	36.64	博　士			高级职称	3	0.49
31～40 岁	250	40.72	硕　士	31	5.05	中级职称	146	23.78
41～50 岁	112	18.24	本　科	388	63.19	初级职称	239	38.93
51～60 岁	27	4.40	专　科	157	25.57			
60 岁以上			中专及以下	38	6.19			
合　计	**614**	**100**	合　计	**614**	**100**	合　计	**388**	**63.20**

资料来源：由交通银行股份有限公司甘肃省分行人事部门提供。

招商银行股份有限公司兰州分行系统职工年龄、文化、职称情况统计

(2009年)

年龄结构			文化结构			职称结构		
年龄档次	人数(人)	比重(%)	文化水平	人数(人)	比重(%)	职称档次	人数(人)	比重(%)
30岁以下	340	52.96	博士			高级职称	6	0.93
31~40岁	220	34.27	硕士	55	8.57	中级职称	91	14.17
41~50岁	77	11.99	本科	483	75.23	初级职称	49	7.63
51~60岁	5	0.78	专科	89	13.86			
60岁以上			中专及以下	15	2.34			
合计	**642**	**100**	**合计**	**642**	**100**	**合计**	**146**	**22.73**

资料来源：由招商银行股份有限公司兰州分行人事部门提供。

上海浦东发展银行股份有限公司兰州分行系统职工年龄、文化、职称情况统计

(2009年)

年龄结构			文化结构			职称结构		
年龄档次	人数(人)	比重(%)	文化水平	人数(人)	比重(%)	职称档次	人数(人)	比重(%)
30岁以下	45	39.13	博士			高级职称	3	2.61
31~40岁	70	60.87	硕士	7	6.09	中级职称	50	43.48
41~50岁			本科	106	92.17	初级职称	20	17.39
51~60岁			专科	2	1.74			
60岁以上			中专及以下					
合计	**115**	**100**	**合计**	**115**	**100**	**合计**	**73**	**63.48**

资料来源：由上海浦东发展银行股份有限公司兰州分行人事部门提供。

中信银行股份有限公司兰州分行系统职工年龄、文化、职称情况统计

(2009年)

年龄结构			文化结构			职称结构		
年龄档次	人数(人)	比重(%)	文化水平	人数(人)	比重(%)	职称档次	人数(人)	比重(%)
30岁以下	23	38.33	博士			高级职称	5	8.33
31~40岁	32	53.33	硕士	14	23.33	中级职称	18	30.00
41~50岁	5	8.33	本科	45	75.00	初级职称	17	28.33
51~60岁			专科	1	1.67			
60岁以上			中专及以下					
合计	**60**	**100**	**合计**	**60**	**100**	**合计**	**40**	**66.66**

资料来源：由中信银行股份有限公司兰州分行人事部门提供。

中国邮政储蓄银行有限责任公司甘肃省分行系统职工年龄、文化、职称情况统计

(2009年)

年龄结构			文化结构			职称结构		
年龄档次	人数(人)	比重(%)	文化水平	人数(人)	比重(%)	职称档次	人数(人)	比重(%)
30岁以下	703	36.13	博士			高级职称	21	1.08
31~40岁	750	38.54	硕士	7	0.36	中级职称	57	2.93
41~50岁	465	23.90	本科	390	20.04	初级职称	241	12.38
51~60岁	28	1.44	专科	772	39.67			
60岁以上			中专及以下	777	39.93			
合计	**1 946**	**100**	**合计**	**1 946**	**100**	**合计**	**319**	**16.39**

资料来源：由中国邮政储蓄银行有限责任公司甘肃省分行人事部门提供。

甘肃省农村信用社联合社系统职工年龄、文化、职称情况统计

(2009 年)

年龄结构			文化结构			职称结构		
年龄档次	人数（人）	比重（%）	文化水平	人数（人）	比重（%）	职称档次	人数（人）	比重（%）
30 岁以下	3 120	21.46	博士			高级职称	7	0.05
31～40 岁	6 972	47.96	硕士	4	0.03	中级职称	554	3.81
41～50 岁	3 795	26.11	本科	1 768	12.16	初级职称	2 722	18.72
51～60 岁	650	4.47	专科	6 959	47.87			
60 岁以上			中专及以下	5 806	39.94			
合计	**14 537**	**100**	**合计**	**14 537**	**100**	**合计**	**3 283**	**22.58**

资料来源：由甘肃省农村信用社联合社人事部门提供。

兰州银行股份有限公司系统职工年龄、文化、职称情况统计

(2009 年)

年龄结构			文化结构			职称结构		
年龄档次	人数（人）	比重（%）	文化水平	人数（人）	比重（%）	职称档次	人数（人）	比重（%）
30 岁以下	295	16.28	博士			高级职称	38	2.10
31～40 岁	1 024	56.51	硕士	40	2.21	中级职称	320	17.66
41～50 岁	445	24.56	本科	1 171	64.62	初级职称	1 046	57.73
51～60 岁	48	2.65	专科	480	26.49			
60 岁以上			中专及以下	121	6.68			
合计	**1 812**	**100**	**合计**	**1 812**	**100**	**合计**	**1 404**	**77.49**

资料来源：由兰州银行股份有限公司人事部门提供。

中国银联股份有限公司甘肃分公司职工年龄、文化、职称情况统计

(2009 年)

年龄结构			文化结构			职称结构		
年龄档次	人数（人）	比重（%）	文化水平	人数（人）	比重（%）	职称档次	人数（人）	比重（%）
30 岁以下	7	43.75	博士			高级职称	1	6.25
31～40 岁	5	31.25	硕士	3	18.75	中级职称	5	31.25
41～50 岁	2	12.50	本科	13	81.25	初级职称		
51～60 岁	2	12.50	专科					
60 岁以上			中专及以下					
合计	**16**	**100**	**合计**	**16**	**100**	**合计**	**6**	**37.50**

资料来源：由中国银联股份有限公司甘肃分公司人事部门提供。

中国华融资产管理公司兰州办事处职工年龄、文化、职称情况统计

(2009 年)

年龄结构			文化结构			职称结构		
年龄档次	人数（人）	比重（%）	文化水平	人数（人）	比重（%）	职称档次	人数（人）	比重（%）
30 岁以下	1	1.41	博士			高级职称	18	25.35
31～40 岁	10	14.08	硕士	3	4.23	中级职称	44	61.97
41～50 岁	45	63.38	本科	57	80.28	初级职称	7	9.86
51～60 岁	15	21.13	专科	11	15.49			
60 岁以上			中专及以下					
合计	**71**	**100**	**合计**	**71**	**100**	**合计**	**69**	**97.18**

资料来源：由中国华融资产管理公司兰州办事处人事部门提供。

中国长城资产管理公司兰州办事处职工年龄、文化、职称情况统计

(2009 年)

年龄结构			文化结构			职称结构		
年龄档次	人数(人)	比重(%)	文化水平	人数(人)	比重(%)	职称档次	人数(人)	比重(%)
30 岁以下	24	32.88	博士			高级职称	2	2.74
31~40 岁	28	38.36	硕士	4	5.48	中级职称	20	27.40
41~50 岁	19	26.03	本科	46	63.01	初级职称	7	9.59
51~60 岁	2	2.74	专科	15	20.55			
60 岁以上			中专及以下	8	10.96			
合计	**73**	**100**	**合计**	**73**	**100**	**合计**	**29**	**39.73**

资料来源:由中国长城资产管理公司兰州办事处人事部门提供。

中国东方资产管理公司兰州办事处职工年龄、文化、职称情况统计

(2009 年)

年龄结构			文化结构			职称结构		
年龄档次	人数(人)	比重(%)	文化水平	人数(人)	比重(%)	职称档次	人数(人)	比重(%)
30 岁以下	10	22.22	博士			高级职称	5	11.11
31~40 岁	11	24.44	硕士	1	2.22	中级职称	18	40.00
41~50 岁	18	40.00	本科	35	77.78	初级职称	3	6.67
51~60 岁	6	13.33	专科	6	13.33			
60 岁以上			中专及以下	3	6.67			
合计	**45**	**100**	**合计**	**45**	**100**	**合计**	**26**	**57.78**

资料来源:由中国东方资产管理公司兰州办事处人事部门提供。

中国信达资产管理公司兰州办事处职工年龄、文化、职称情况统计

(2009 年)

年龄结构			文化结构			职称结构		
年龄档次	人数(人)	比重(%)	文化水平	人数(人)	比重(%)	职称档次	人数(人)	比重(%)
30 岁以下			博士	1	3.03	高级职称	7	21.21
31~40 岁	6	18.18	硕士	6	18.18	中级职称	14	42.42
41~50 岁	15	45.45	本科	16	48.48	初级职称	9	27.27
51~60 岁	10	30.30	专科	8	24.24			
60 岁以上	2	6.06	中专及以下	2	6.06			
合计	**33**	**100**	**合计**	**33**	**100**	**合计**	**30**	**90.90**

资料来源:由中国信达资产管理公司兰州办事处人事部门提供。

华龙证券有限责任公司职工年龄、文化、职称情况统计

(2009 年)

年龄结构			文化结构			职称结构		
年龄档次	人数(人)	比重(%)	文化水平	人数(人)	比重(%)	职称档次	人数(人)	比重(%)
30 岁以下	254	34.10	博士	6	0.81	高级职称	9	1.33
31~40 岁	307	44.16	硕士	57	10.60	中级职称	16	2.36
41~50 岁	106	20.13	本科	403	60.00	初级职称	43	6.33
51~60 岁	12	1.61	专科	190	25.50			
60 岁以上			中专及以下	23	3.09			
合计	**679**	**100**	**合计**	**679**	**100**	**合计**	**68**	**10.02**

资料来源:由华龙证券有限责任公司人事部门提供。

甘肃陇达期货经纪有限公司职工年龄、文化、职称情况统计

(2009 年)

年龄结构			文化结构			职称结构		
年龄档次	人数（人）	比重（%）	文化水平	人数（人）	比重（%）	职称档次	人数（人）	比重（%）
30 岁以下	11	25.58	博士			高级职称		
31~40 岁	23	53.49	硕士	1	2.33	中级职称	7	16.28
41~50 岁	8	18.60	本科	25	58.14	初级职称	10	23.26
51~60 岁	1	2.33	专科	17	39.53			
60 岁以上			中专及以下					
合计	**43**	**100**	**合计**	**43**	**100**	**合计**	**17**	**39.54**

资料来源：由甘肃陇达期货经纪有限公司人事部门提供。

异地在甘肃证券期货经营机构职工年龄、文化、职称情况统计

(2009 年)

年龄结构			文化结构			职称结构		
年龄档次	人数（人）	比重（%）	文化水平	人数（人）	比重（%）	职称档次	人数（人）	比重（%）
30 岁以下	220	43.74	博士	1	0.20	高级职称	2	0.40
31~40 岁	236	46.92	硕士	18	3.58	中级职称	69	13.72
41~50 岁	44	8.75	本科	320	63.62	初级职称	35	6.96
51~60 岁	3	0.60	专科	156	31.01			
60 岁以上			中专及以下	8	1.59			
合计	**503**	**100**	**合计**	**503**	**100**	**合计**	**106**	**21.08**

资料来源：由中国证券监督管理委员会甘肃监管局提供。

甘肃省信托投资有限责任公司职工年龄、文化、职称情况统计

(2009 年)

年龄结构			文化结构			职称结构		
年龄档次	人数（人）	比重（%）	文化水平	人数（人）	比重（%）	职称档次	人数（人）	比重（%）
30 岁以下	15	26.79	博士			高级职称	2	3.57
31~40 岁	15	26.79	硕士	14	25.00	中级职称	18	32.14
41~50 岁	16	28.57	本科	24	42.86	初级职称	8	14.29
51~60 岁	10	17.86	专科	9	16.07			
60 岁以上			中专及以下	9	16.07			
合计	**56**	**100**	**合计**	**56**	**100**	**合计**	**28**	**50.00**

资料来源：由甘肃省信托投资有限责任公司人事部门提供。

中国人民财产保险股份有限公司甘肃省分公司系统职工年龄、文化、职称情况统计

(2009 年)

年龄结构			文化结构			职称结构		
年龄档次	人数（人）	比重（%）	文化水平	人数（人）	比重（%）	职称档次	人数（人）	比重（%）
30 岁以下	115	12.09	博士			高级职称	31	3.26
31~40 岁	354	37.22	硕士	10	1.05	中级职称	188	19.77
41~50 岁	351	36.91	本科	497	52.26	初级职称	252	26.50
51~60 岁	131	13.77	专科	310	32.60			
60 岁以上			中专及以下	134	14.09			
合计	**951**	**100**	**合计**	**951**	**100**	**合计**	**471**	**49.53**

资料来源：由中国人民财产保险股份有限公司甘肃省分公司人事部门提供。
注：中国人民财产保险股份有限公司甘肃省分公司人数为正式在册职工数。

中国人寿财产保险股份有限公司甘肃省分公司系统职工年龄、文化、职称情况统计

(2009年)

年龄结构			文化结构			职称结构		
年龄档次	人数（人）	比重（%）	文化水平	人数（人）	比重（%）	职称档次	人数（人）	比重（%）
30岁以下	41	25.47	博　士			高级职称	5	3.11
31～40岁	74	45.96	硕　士	5	3.11	中级职称	21	13.04
41～50岁	41	25.47	本　科	90	55.90	初级职称	25	15.53
51～60岁	5	3.11	专　科	63	39.13			
60岁以上			中专及以下	3	1.86			
合　计	**161**	**100**	**合　计**	**161**	**100**	**合　计**	**51**	**31.68**

资料来源：由中国人寿财产保险股份有限公司甘肃省分公司人事部门提供。

中国太平洋财产保险股份有限公司甘肃分公司系统职工年龄、文化、职称情况统计

(2009年)

年龄结构			文化结构			职称结构		
年龄档次	人数（人）	比重（%）	文化水平	人数（人）	比重（%）	职称档次	人数（人）	比重（%）
30岁以下	106	32.82	博　士			高级职称	8	2.48
31～40岁	138	42.72	硕　士	3	0.93	中级职称	36	11.15
41～50岁	64	19.81	本　科	103	31.89	初级职称	37	11.46
51～60岁	15	4.64	专　科	144	44.58			
60岁以上			中专及以下	73	22.60			
合　计	**323**	**100**	**合　计**	**323**	**100**	**合　计**	**81**	**25.09**

资料来源：由中国太平洋财产保险股份有限公司甘肃分公司人事部门提供。

中国平安财产保险股份有限公司甘肃分公司系统职工年龄、文化、职称情况统计

(2009年)

年龄结构			文化结构			职称结构		
年龄档次	人数（人）	比重（%）	文化水平	人数（人）	比重（%）	职称档次	人数（人）	比重（%）
30岁以下	230	54.37	博　士			高级职称	1	0.24
31～40岁	149	35.22	硕　士	2	0.47	中级职称	15	3.55
41～50岁	43	10.17	本　科	169	39.95	初级职称	33	7.80
51～60岁	1	0.24	专　科	196	46.34			
60岁以上			中专及以下	56	13.24			
合　计	**423**	**100**	**合　计**	**423**	**100**	**合　计**	**49**	**11.59**

资料来源：由中国平安财产保险股份有限公司甘肃分公司人事部门提供。

永安财产保险股份有限公司甘肃分公司系统职工年龄、文化、职称情况统计

(2009年)

年龄结构			文化结构			职称结构		
年龄档次	人数（人）	比重（%）	文化水平	人数（人）	比重（%）	职称档次	人数（人）	比重（%）
30岁以下	101	15.17	博　士			高级职称	9	1.35
31～40岁	338	50.75	硕　士	1	0.15	中级职称	61	9.16
41～50岁	206	30.93	本　科	68	10.21	初级职称	45	6.76
51～60岁	21	3.15	专　科	305	45.80			
60岁以上			中专及以下	292	43.84			
合　计	**666**	**100**	**合　计**	**666**	**100**	**合　计**	**115**	**17.27**

资料来源：由永安财产保险股份有限公司甘肃分公司人事部门提供。

天安保险股份有限公司甘肃分公司系统职工年龄、文化、职称情况统计

(2009 年)

年龄结构			文化结构			职称结构		
年龄档次	人数（人）	比重（%）	文化水平	人数（人）	比重（%）	职称档次	人数（人）	比重（%）
30 岁以下	122	35.47	博　士	1	0.29	高级职称	1	0.29
31～40 岁	131	38.08	硕　士			中级职称	20	5.81
41～50 岁	80	23.26	本　科	118	34.30	初级职称	26	7.56
51～60 岁	11	3.20	专　科	180	52.33			
60 岁以上			中专及以下	45	13.08			
合　计	**344**	**100**	**合　计**	**344**	**100**	**合　计**	**47**	**13.66**

资料来源：由天安保险股份有限公司甘肃分公司人事部门提供。

中国大地财产保险股份有限公司甘肃分公司系统职工年龄、文化、职称情况统计

(2009 年)

年龄结构			文化结构			职称结构		
年龄档次	人数（人）	比重（%）	文化水平	人数（人）	比重（%）	职称档次	人数（人）	比重（%）
30 岁以下	103	27.76	博　士			高级职称	39	10.51
31～40 岁	151	40.70	硕　士	2	0.54	中级职称	21	5.66
41～50 岁	102	27.49	本　科	107	28.84	初级职称	22	5.93
51～60 岁	15	4.04	专　科	146	39.35			
60 岁以上			中专及以下	116	31.27			
合　计	**371**	**100**	**合　计**	**371**	**100**	**合　计**	**82**	**22.10**

资料来源：由中国大地财产保险股份有限公司甘肃分公司人事部门提供。

中华联合财产保险股份有限公司甘肃分公司系统职工年龄、文化、职称情况统计

(2009 年)

年龄结构			文化结构			职称结构		
年龄档次	人数（人）	比重（%）	文化水平	人数（人）	比重（%）	职称档次	人数（人）	比重（%）
30 岁以下	80	31.50	博　士			高级职称	1	0.39
31～40 岁	88	34.65	硕　士	8	3.15	中级职称	24	9.45
41～50 岁	79	31.10	本　科	79	31.10	初级职称	32	12.60
51～60 岁	7	2.76	专　科	115	45.28			
60 岁以上			中专及以下	52	20.47			
合　计	**254**	**100**	**合　计**	**254**	**100**	**合　计**	**57**	**22.44**

资料来源：由中华联合财产保险股份有限公司甘肃分公司人事部门提供。

安邦财产保险股份有限公司甘肃分公司系统职工年龄、文化、职称情况统计

(2009 年)

年龄结构			文化结构			职称结构		
年龄档次	人数（人）	比重（%）	文化水平	人数（人）	比重（%）	职称档次	人数（人）	比重（%）
30 岁以下	71	50.35	博　士			高级职称	1	0.71
31～40 岁	51	36.17	硕　士			中级职称	3	2.13
41～50 岁	17	12.06	本　科	61	43.26	初级职称	4	2.84
51～60 岁	2	1.42	专　科	75	53.19			
60 岁以上			中专及以下	5	3.55			
合　计	**141**	**100**	**合　计**	**141**	**100**	**合　计**	**8**	**5.68**

资料来源：由安邦财产保险股份有限公司甘肃分公司人事部门提供。

阳光财产保险股份有限公司甘肃分公司系统职工年龄、文化、职称情况统计

(2009 年)

年龄结构			文化结构			职称结构		
年龄档次	人数（人）	比重（%）	文化水平	人数（人）	比重（%）	职称档次	人数（人）	比重（%）
30 岁以下	29	49.15	博　士			高级职称	1	1.69
31～40 岁	20	33.90	硕　士			中级职称	3	5.08
41～50 岁	9	15.25	本　科	24	40.68	初级职称	4	6.78
51～60 岁	1	1.69	专　科	32	54.24			
60 岁以上			中专及以下	3	5.08			
合　计	**59**	**100**	**合　计**	**59**	**100**	**合　计**	**8**	**13.55**

资料来源：由阳光财产保险股份有限公司甘肃分公司人事部门提供。

都邦财产保险股份有限公司甘肃分公司系统职工年龄、文化、职称情况统计

(2009 年)

年龄结构			文化结构			职称结构		
年龄档次	人数（人）	比重（%）	文化水平	人数（人）	比重（%）	职称档次	人数（人）	比重（%）
30 岁以下	31	40.26	博　士			高级职称		
31～40 岁	38	49.35	硕　士			中级职称	5	6.49
41～50 岁	8	10.39	本　科	30	38.96	初级职称	4	5.19
51～60 岁			专　科	43	55.84			
60 岁以上			中专及以下	4	5.19			
合　计	**77**	**100**	**合　计**	**77**	**100**	**合　计**	**9**	**11.68**

资料来源：由都邦财产保险股份有限公司甘肃分公司人事部门提供。

中国人民人寿保险股份有限公司甘肃省分公司系统职工年龄、文化、职称情况统计

(2009 年)

年龄结构			文化结构			职称结构		
年龄档次	人数（人）	比重（%）	文化水平	人数（人）	比重（%）	职称档次	人数（人）	比重（%）
30 岁以下	25	23.81	博　士			高级职称	3	2.86
31～40 岁	56	53.33	硕　士	1	0.95	中级职称	13	12.38
41～50 岁	23	21.90	本　科	49	46.67	初级职称	7	6.67
51～60 岁	1	0.95	专　科	51	48.57			
60 岁以上			中专及以下	4	3.81			
合　计	**105**	**100**	**合　计**	**105**	**100**	**合　计**	**23**	**21.91**

资料来源：由中国人民人寿保险股份有限公司甘肃省分公司人事部门提供。

中国人寿保险股份有限公司甘肃省分公司系统职工年龄、文化、职称情况统计

(2009 年)

年龄结构			文化结构			职称结构		
年龄档次	人数（人）	比重（%）	文化水平	人数（人）	比重（%）	职称档次	人数（人）	比重（%）
30 岁以下	556	27.44	博　士			高级职称	33	1.63
31～40 岁	933	46.05	硕　士	20	0.99	中级职称	177	8.74
41～50 岁	430	21.22	本　科	646	31.89	初级职称	227	11.20
51～60 岁	107	5.28	专　科	931	45.95			
60 岁以上			中专及以下	429	21.17			
合　计	**2 026**	**100**	**合　计**	**2 026**	**100**	**合　计**	**437**	**21.57**

资料来源：由中国人寿保险股份有限公司甘肃省分公司人事部门提供，不含营销人员。
注：中国人寿保险股份有限公司甘肃省分公司人数为正式在册职工数。

中国太平洋人寿保险股份有限公司甘肃分公司系统职工年龄、文化、职称情况统计

(2009年)

年龄结构			文化结构			职称结构		
年龄档次	人数（人）	比重（%）	文化水平	人数（人）	比重（%）	职称档次	人数（人）	比重（%）
30岁以下	261	41.30	博　士			高级职称		
31～40岁	274	43.35	硕　士	3	0.47	中级职称	30	4.75
41～50岁	87	13.77	本　科	269	42.56	初级职称	37	5.85
51～60岁	10	1.58	专　科	336	53.16			
60岁以上			中专及以下	24	3.80			
合　计	**632**	**100**	**合　计**	**632**	**100**	**合　计**	**67**	**10.60**

资料来源：由中国太平洋人寿保险股份有限公司甘肃分公司人事部门提供。

中国平安人寿保险股份有限公司甘肃分公司系统职工年龄、文化、职称情况统计

(2009年)

年龄结构			文化结构			职称结构		
年龄档次	人数（人）	比重（%）	文化水平	人数（人）	比重（%）	职称档次	人数（人）	比重（%）
30岁以下	492	72.04	博　士			高级职称	1	0.15
31～40岁	173	25.33	硕　士	3	0.44	中级职称	5	0.73
41～50岁	17	2.49	本　科	436	63.84	初级职称	1	0.15
51～60岁	1	0.15	专　科	204	29.87			
60岁以上			中专及以下	40	5.86			
合　计	**683**	**100**	**合　计**	**683**	**100**	**合　计**	**7**	**1.03**

资料来源：由中国平安人寿保险股份有限公司甘肃分公司人事部门提供。

新华人寿保险股份有限公司甘肃分公司系统职工年龄、文化、职称情况统计

(2009年)

年龄结构			文化结构			职称结构		
年龄档次	人数（人）	比重（%）	文化水平	人数（人）	比重（%）	职称档次	人数（人）	比重（%）
30岁以下	43	55.13	博　士			高级职称		
31～40岁	27	34.62	硕　士	3	3.85	中级职称	1	1.28
41～50岁	8	10.26	本　科	39	50.00	初级职称	5	6.41
51～60岁			专　科	32	41.03			
60岁以上			中专及以下	4	5.13			
合　计	**78**	**100**	**合　计**	**78**	**100**	**合　计**	**6**	**7.69**

资料来源：由新华人寿保险股份有限公司甘肃分公司人事部门提供，不含聘用人员。

泰康人寿保险股份有限公司甘肃分公司系统职工年龄、文化、职称情况统计

(2009年)

年龄结构			文化结构			职称结构		
年龄档次	人数（人）	比重（%）	文化水平	人数（人）	比重（%）	职称档次	人数（人）	比重（%）
30岁以下	205	46.91	博　士			高级职称	1	0.23
31～40岁	173	39.59	硕　士	4	0.92	中级职称	6	1.37
41～50岁	56	12.81	本　科	100	22.88	初级职称	5	1.14
51～60岁	3	0.69	专　科	232	53.09			
60岁以上			中专及以下	101	23.11			
合　计	**437**	**100**	**合　计**	**437**	**100**	**合　计**	**12**	**2.74**

资料来源：由泰康人寿保险股份有限公司甘肃分公司人事部门提供。

平安养老保险股份有限公司甘肃分公司系统职工年龄、文化、职称情况统计

(2009 年)

年龄结构			文化结构			职称结构		
年龄档次	人数（人）	比重（%）	文化水平	人数（人）	比重（%）	职称档次	人数（人）	比重（%）
30 岁以下	45	72.58	博　士			高级职称		
31～40 岁	14	22.58	硕　士	2	3.23	中级职称		
41～50 岁	3	4.84	本　科	27	43.55	初级职称		
51～60 岁			专　科	30	48.39			
60 岁以上			中专及以下	3	4.84			
合　计	**62**	**100**	**合　计**	**62**	**100**	**合　计**		

资料来源：由平安养老保险股份有限公司甘肃分公司人事部门提供。

太平人寿保险股份有限公司甘肃分公司系统职工年龄、文化、职称情况统计

(2009 年)

年龄结构			文化结构			职称结构		
年龄档次	人数（人）	比重（%）	文化水平	人数（人）	比重（%）	职称档次	人数（人）	比重（%）
30 岁以下	149	69.63	博　士			高级职称		
31～40 岁	60	28.04	硕　士	1	0.47	中级职称	4	1.87
41～50 岁	5	2.34	本　科	117	54.67	初级职称	1	0.47
51～60 岁			专　科	84	39.25			
60 岁以上			中专及以下	12	5.61			
合　计	**214**	**100**	**合　计**	**214**	**100**	**合　计**	**5**	**2.34**

资料来源：由太平人寿保险股份有限公司甘肃分公司人事部门提供。

幸福人寿保险股份有限公司甘肃分公司系统职工年龄、文化、职称情况统计

(2009 年)

年龄结构			文化结构			职称结构		
年龄档次	人数（人）	比重（%）	文化水平	人数（人）	比重（%）	职称档次	人数（人）	比重（%）
30 岁以下	54	65.85	博　士			高级职称	1	1.22
31～40 岁	23	28.05	硕　士	3	3.66	中级职称	7	8.54
41～50 岁	4	4.88	本　科	49	59.76	初级职称		
51～60 岁	1	1.22	专　科	30	36.59			
60 岁以上			中专及以下					
合　计	**82**	**100**	**合　计**	**82**	**100**	**合　计**	**8**	**9.76**

资料来源：由幸福人寿保险股份有限公司甘肃分公司人事部门提供。

甘肃省保险中介公司职工年龄、文化、职称情况统计

(2009 年)

年龄结构			文化结构			职称结构		
年龄档次	人数（人）	比重（%）	文化水平	人数（人）	比重（%）	职称档次	人数（人）	比重（%）
30 岁以下	50	27.47	博　士			高级职称	4	2.20
31～40 岁	77	42.31	硕　士	6	3.30	中级职称	22	12.09
41～50 岁	44	24.18	本　科	71	39.01	初级职称	23	12.64
51～60 岁	11	6.04	专　科	84	46.15			
60 岁以上			中专及以下	21	11.54			
合　计	**182**	**100**	**合　计**	**182**	**100**	**合　计**	**49**	**26.93**

资料来源：由中国保监会甘肃监管局提供。

注：此表包括鸿润、安诺、江泰、中盛国际、北京金诚国际、长安、北京联合、长城、北京华育保险经纪有限公司甘肃分公司和甘肃金轮、甘肃奔马恒发、甘肃谕庆、甘肃兰天、甘肃吉安、甘肃万宁、甘肃华盛陇安、甘肃安泰、兰州众源、兰州天域、兰州翔宇保险代理公司的人数。

四、国民经济统计

甘肃省国民经济主要指标

指标 \ 年份	单位	2004	2005	2006	2007	2008	2009
一、年末总人口	万人	2 618.78	2 594.36	2 606.25	2 617.16	2 628.12	2 635.46
城镇人口	万人	749.23	778.83	810.28	826.76	844.94	860.48
乡村人口	万人	1 869.55	1 815.53	1 795.97	1 790.40	1 783.18	1 774.98
自然增长率	‰	5.91	6.02	6.24	6.49	6.54	6.61
二、从业人员数	万人	1 520.46	1 391.36	1 401.36	1 414.76	1 446.34	1 488.63
城镇登记失业人数	万人	9.53	9.25	9.69	9.51	9.43	10.28
城镇登记失业率	%	3.40	3.26	3.63	3.34	3.20	3.30
三、生产总值	亿元	1 688.49	1 933.98	2 277.35	2 703.98	3 176.11	3 387.56
四、农林牧渔业增加值	亿元	285.04	308.06	333.35	387.55	462.27	497.04
五、限额以上工业增加值	亿元	505.12	601.80	774.21	956.68	1 135.17	1 136.71
支柱工业增加值	亿元	461.34	561.22	703.82	882.52	1 048.69	1 036.69
支柱工业增加值占全省比重	%	91.67	93.26	90.91	92.25	89.32	91.20
六、全社会固定资产投资总额	亿元	756.01	874.53	1 024.87	1 310.38	1 735.79	2 479.60
七、交通、邮电							
1. 货运量	万吨	24 776	25 843	27 512	29 505	22 742	26 605
铁路	万吨	3 270	3 274	3 633	4 126	4 512	5 763
公路	万吨	21 460	22 520	23 826	25 325	18 201	20 812
2. 客运量	万人	16 519	17 803	19 066	20 435	46 002	49 968
铁路	万人	1 125	1 230	1 402	1 566	1 844	2 121
公路	万人	15 050	16 247	17 319	18 510	43 962	47 755
3. 邮电业务总量	亿元	107.95	135.92	167.47	219.28	279.81	361.75
八、社会消费品零售总额	亿元	560.64	632.80	717.47	833.32	990.14	1 183.01
九、海关进出口总额	万美元	176 314	263 136	382 450	549 594	609 355	386 175
十、财政							
财政收入	亿元	215.86	254.57	294.98	391.87	470.94	603.98
财政收入占生产总值的比重	%	12.78	13.16	12.96	14.50	14.83	17.83
财政支出	亿元	356.94	429.35	528.59	675.34	968.43	1 246.28
十一、物价（上年=100）							
居民消费价格指数	%	102.30	101.70	101.30	105.50	108.20	101.30
商品零售价格指数	%	102.10	99.90	101.20	104.40	107.90	101.80
农产品生产价格指数	%	113.06	103.60	102.63	111.40	114.00	100.20
十二、能源生产与消费							
生产总量	万吨标煤	3 360	3 605	3 799	3 986	4 097	4 232
消费总量	万吨标煤	3 908	4 368	4 743	5 109	5 373	5 482
十三、实际利用外资额	万美元	26 297	25 639	27 241	38 202	47 642	51 383
十四、旅游业							
国际旅游外汇收入	万美元	4 379	5 876	6 293	7 021	1 603	1 254
国际旅游人数	人次	236 708	288 484	303 254	331 238	83 196	60 711

注：国民经济统计资料由人民银行兰州中心支行调统处根据甘肃省统计局《甘肃年鉴》有关资料整理。

甘肃省生产总值及指数

项目 / 年份	生产总值	第一产业	第二产业	第三产业	人均生产总值（元/人）
绝对值（亿元）					
2000	1 052.88	194.10	421.65	437.13	4 129
2001	1 125.37	207.96	458.08	459.34	4 386
2002	1 232.03	215.51	501.69	514.83	4 768
2003	1 399.83	237.91	572.02	589.91	5 429
2004	1 688.49	286.78	713.30	688.41	6 566
2005	1 933.98	308.06	838.56	787.36	7 477
2006	2 277.35	334.00	1 043.19	900.16	8 757
2007	2 703.98	387.55	1 279.32	1 037.11	10 346
2008	3 166.82	462.27	1 470.34	1 234.21	12 075
2009	3 387.56	497.05	1 527.24	1 363.27	12 872
指数（上年＝100）					
2000	109.70	101.56	110.08	112.67	108.89
2001	109.76	107.56	109.51	110.99	109.07
2002	109.86	105.86	110.22	111.25	109.11
2003	110.74	105.48	111.73	111.96	110.98
2004	111.51	105.92	112.26	112.97	111.80
2005	111.84	105.86	113.15	112.82	111.20
2006	111.51	105.18	114.25	111.06	110.94
2007	112.30	104.00	116.80	110.50	111.80
2008	110.14	107.12	108.43	113.17	109.69
2009	110.29	105.10	111.02	111.18	109.83
平均年增长速度（%）					
“六五”时期	8.08	9.95	6.16	10.42	
“七五”时期	9.56	6.40	5.50	15.88	
“八五”时期	9.65	5.04	10.90	11.56	
“九五”时期	9.20	2.70	10.20	11.70	
“十五”时期	10.74	6.12	11.37	11.99	

注：1. 此表数据为经济普查调整数。
2. 2003 年及以前年份第一产业不包括农林牧渔服务业。
3. 2008 年、2009 年又根据第二次经济普查结果进行了数据调整。

甘肃省主要工业产品产量

产品名称＼年份	单位	2003	2004	2005	2006	2007	2008	2009
原煤	万吨	2 922.60	3 539.98	3 619.84	3 822.79	3 949.34	3 976.99	3 975.96
原油	万吨	255.86	283.63	305.00	332.36	351.67	365.15	359.91
原油加工	万吨	1 013.81	1 158.90	1 225.17	1 310.76	1 426.16	1 384.63	1 436.59
焦炭	万吨	136.18	149.63	221.85	240.80	249.39	243.13	243.13
发电量总计	亿千瓦小时	405	455	506	532	618.85	690.22	703.25
啤酒	万千升	23.85	29.58	34.01	42.61	40.96	51.89	59.47
卷烟	万箱	42	44	71	71	74.40	77.90	78.40
化学纤维	万吨	1.87	2.79	0.60	0.48	0.49	0.70	0.35
塑料制品	吨	115 436	623 937	101 317	106 246	103 193	94 924	122 200
机制纸及纸板	吨	110 227	142 241	134 180	93 817	82 165	140 859	106 000
农用化肥	万吨	74.20	105.00	113.51	110.83	99.50	71.34	80.99
化学农药	万吨	0.02	0.19	0.04	0.58	0.18	0.13	0.16
乙烯	万吨	17.53	23.87	24.57	24.01	68.18	70.15	69.38
水泥	万吨	1 160.82	1 326.37	1 553.29	1 454.76	1 540.21	1 560.32	1 816.10
平板玻璃	万重量箱	270.37	306.67	339.62	428.92	591.89	576.18	508.09
钢	万吨	223.89	279.96	458.44	545.30	602.80	515.78	626.36
成品钢材	万吨	245.58	298.17	452.25	534.75	597.89	577.30	644.54
生铁	万吨	239.03	295.73	468.72	545.77	592.78	550.79	612.14
铁合金	万吨	43.41	71.51	64.34	74.67	87.81	86.56	93.56
铅	万吨	5.77	6.72	6.07	5.13	2.86	2.08	3.02
锌	万吨	15.47	21.51	22.61	23.05	23.23	20.77	19.85
铜	万吨	17.23	19.41	23.79	28.19	31.78	36.72	41.89
镍	万吨	6.08	6.47	8.28	10.12	10.61	10.43	13.00
铝	万吨	50.67	50.33	56.94	63.76	74.27	95.77	94.79

工业企业主要经济效益指标

项目＼年份	单位	2003	2004	2005	2006	2007	2008	2009
工业增加值率	%	33.81	33.56	31.84	31.17	29.60	30.93	
总资产贡献率	%	6.86	9.18	8.37	10.11	13.72	7.37	11.16
资产负债率	%	64.83	60.93	58.70	56.88	57.42	50.78	60.41
流动资产周转次数	次/年	1.46	1.69	1.96	2.19	2.32	2.22	1.91
工业成本费用利润率	%	2.85	4.51	3.49	4.75	7.55	1.99	4.50
全员劳动生产率	元/人、年	49 857	66 054	94 481	104 023	145 027	161 035	153 201
产品销售率	%	97.76	97.75	97.83	97.78	97.57	95.50	97.54
工业经济效益综合指数	%	95.70	130.97	145.98	162.38	205.54	180.01	187.44
资本保值增值率	%	103.19	113.52	114.78	117.34	119.32	121.07	95.00

甘肃省主要年份农、林、牧、渔业产值及指数

指 标	总 计	农 业	林 业	牧 业	渔 业	农林牧渔服务业
总产值（万元）						
2000	3 201 176	2 228 126	111 534	688 108	11 878	161 530
2001	3 396 579	2 396 351	86 471	759 285	10 896	143 576
2002	3 528 583	2 532 054	138 735	807 290	10 004	40 500
2003	4 278 433	2 758 234	198 140	854 917	9 571	457 571
2004	5 035 034	3 313 663	161 915	1 057 696	9 863	491 898
2005	5 497 110	3 628 896	158 959	1 143 231	10 237	555 787
2006	5 937 000	3 958 383	149 934	1 182 928	10 369	635 386
2007	6 860 990	4 587 283	194 286	1 311 680	10 469	757 272
2008	8 080 990	5 295 644	224 366	1 682 607	10 112	868 261
2009	8 762 818	5 872 679	242 400	1 718 887	11 130	917 722
发展速度（上年＝100）						
2000	104.92	103.44	122.46	107.12	109.55	
2001	107.81	109.93	71.19	107.14	104.29	
2002	105.77	103.75	163.62	106.12	100.44	
2003	105.88	103.18	148.36	107.41	97.20	
2004	107.10	108.05	80.83	110.12	107.05	105.00
2005	107.03	107.21	90.85	107.03	105.92	111.30
2006	104.61	103.58	85.55	109.04	105.29	112.99
2007	104.31	104.17	130.96	96.83	107.17	112.76
2008	107.35	108.89	109.48	102.93	101.16	105.24
2009	105.79	105.18	116.21	107.50	101.04	103.57

注：农业总产值和牧业总产值根据第一、二次农业普查结果对部分历史数据进行了调整；农林牧渔服务业 2002 年以前主要为农民家庭兼营工业。

甘肃省主要农、林产品及畜牧、渔业产量

产品 \ 年份	单位	2003	2004	2005	2006	2007	2008	2009
粮食	万吨	789.34	805.80	836.89	808.05	824.43	888.50	906.20
夏粮	万吨	333.31	336.94	338.01	339.12	316.75	351.30	341.30
秋粮	万吨	456.03	468.86	498.88	468.93	507.68	537.20	564.90
谷物	万吨	600.28	596.98	607.24	580.64	582.18	637.14	681.09
小麦	万吨	272.46	272.32	264.84	260.70	237.42	268.10	261.10
玉米	万吨	244.43	245.03	248.51	218.60	242.65	265.40	312.60
豆类	万吨	39.00	38.02	41.65	39.46	35.61	36.76	33.71
薯类	万吨	150.05	170.80	189.87	187.95	206.64	214.60	191.40
油料	万吨	46.04	48.50	50.31	48.99	46.36	53.54	58.54
棉花	万吨	8.66	11.00	11.05	12.75	12.94	12.32	9.54
麻类	万吨	1.14	1.14	1.74	1.32	0.88	0.48	0.40
甜菜	万吨	19.95	15.87	14.54	19.02	27.80	20.09	20.42
烟叶	万吨	3.12	3.53	3.38	3.94	0.99	1.04	1.23
蔬菜	万吨	725.08	810.75	866.91	933.85	999.92	1 082.29	1 145.35
水果	万吨	145.37	140.98	172.45	205.09	228.10	248.14	277.56
大牲畜（年末头数）	万头	582.71	595.40	563.09	629.30	576.24	597.67	623.22
猪（年末头数）	万头	640.28	656.20	592.54	708.59	562.00	578.60	600.59
羊（年末只数）	万只	1 285.94	1 409.00	1 466.19	1 573.40	1 594.39	1 647.89	1 726.70
肉类总产量	万吨	74.19	78.72	69.81	93.21	76.90	79.21	83.32
禽蛋	万吨	13.44	13.70	10.95	14.79	10.49	10.14	10.55
水产品产量	万吨	1.43	1.45	1.04	1.65	1.14	1.17	1.19

注：有关畜牧业及水产品数据根据第一、二次农业普查结果进行了相应衔接调整。

甘肃省财政收入情况

单位：万元

年份＼项目	财政收入	各项税收	企业所得税	税收收入	附：上交中央四税收入
2000	1 083 752	516 624	60 957	103 099	470 903
2001	1 241 396	587 853	104 045	105 463	541 911
2002	1 503 365	654 283	66 054	115 811	740 933
2003	1 771 750	722 434	53 111	159 688	895 189
2004	2 158 581	823 382	63 182	212 988	1 104 105
2005	2 545 665	919 615	84 320	247 439	1 310 639
2006	2 949 750	1 108 360	106 902	293 589	1 537 598
2007	3 918 687	1 420 532	179 740	488 575	2 009 580
2008	4 709 361	1 628 049	206 233	1 021 601	2 059 711
2009	6 039 849	1 760 411	169 511	1 105 487	3 173 951

注：2001 年及以前上交中央四税收入为上交中央两税（增值税、消费税）收入。

甘肃省财政支出情况

单位：万元

年份＼项目	财政支出	一般公共服务支出	农业支出	文教科学及医疗卫生支出	社会保障和就业支出
2000	1 882 322	195 859	38 128	413 557	265 115
2001	2 534 643	258 060	38 791	526 168	271 729
2002	2 740 111	305 658	40 195	612 355	398 054
2003	3 000 070	313 176	99 521	682 425	629 082
2004	3 569 366	349 975	112 281	776 947	690 634
2005	4 293 479	425 038	136 613	981 860	826 988
2006	5 285 946	534 555	188 778	1 268 730	860 488
2007	6 753 372	1 111 147	310 221	1 875 450	1 068 675
2008	9 684 336	1 271 358	450 664	2 701 614	1 536 984
2009	12 462 817	1 500 716	751 906	3 294 109	1 997 489

注：2006 年以前“农业支出”为“支援农业生产支出”；“一般公共服务”为“行政管理费”。

甘肃省全社会固定资产投资额构成情况

项目 \ 年份	2004	2005	2006	2007	2008	2009
一、投资总额（亿元）	756.01	874.53	1 024.87	1 310.38	1 735.79	2 479.60
1. 按登记注册类型分						
内资	688.96	789.67	931.16	1 219.85	1 609.98	2 313.62
国有	468.86	505.92	560.60	690.04	899.56	1 379.41
集体	44.15	50.26	19.93	40.33	43.58	56.33
股份合作	3.75	6.73	4.75	5.65	6.88	5.00
国有联营	0.29	1.18	0.64	0.07	0.32	0.32
集体联营	1.78	1.16	0.57	2.31	2.95	1.53
国有与集体联营	0.39	0.53	0.36	0.41	0.01	0.24
其他联营	0.40	0.49	1.05	0.68	4.23	3.45
国有独资公司	3.38	3.66	6.43	9.98	61.45	51.21
其他有限责任公司	91.33	126.14	166.41	231.64	267.91	412.03
股份有限公司	27.03	31.08	51.64	68.55	81.61	103.70
私营	42.52	52.54	99.50	144.02	198.26	229.68
其他	5.08	9.98	19.28	26.18	43.22	70.72
港澳台商投资经济	10.62	13.74	7.47	10.12	15.76	28.72
外商投资经济	6.94	17.12	23.91	13.35	12.84	12.77
个体经济	53.49	54.00	62.33	67.06	97.21	124.49
2. 按隶属关系分						
中央项目	177.62	138.66	135.69	161.36	239.11	406.03
地方项目	578.39	735.87	889.18	1 149.02	1 496.68	2 073.57
3. 按产业分						
第一产业	36.79	41.87	57.34	69.12	84.24	129.09
第二产业	316.50	350.15	436.96	597.87	834.38	1 206.31
第三产业	402.72	482.51	530.57	643.39	817.17	1 144.20
4. 按城乡分						
城镇	682.83	790.22	925.92	1 177.47	1 495.64	2 076.38
其中：房地产开发	72.08	85.75	97.72	134.07	170.69	204.14
农村	73.18	84.31	98.95	132.92	202.02	286.64
其中：农户	43.54	51.47	55.58	62.55	79.42	110.73
5. 按资金来源分						
国家预算内资金	91.86	84.09	106.88	117.76	198.10	442.15
国内贷款	147.23	174.06	195.85	260.54	304.10	369.80
利用外资	12.38	14.43	16.36	11.22	13.26	17.62
自筹资金	384.91	483.71	544.15	741.23	955.83	1 385.39
其他资金	119.63	118.24	161.63	179.63	264.51	330.95
二、房屋建筑面积（万平方米）						
施工面积	4 928	5 201	4 887	4 477	6 808.00	7 848.87
竣工面积	2 199	2 383	2 221	1 518	1 632.00	1 599.84
其中：住宅	1 407	1 605	1 451	755	1 008.00	916.07
三、房地产开发投资（万元）	720 818	857 534	977 206	1 340 699	1 706 914	2 041 378
商品房建设投资额	510 294	657 088	775 511	1 069 744		
土地开发投资额	56 197	11 496	72 405	103 959	77 267	101 599

甘肃省全社会固定资产投资额及指数

指　　标	合　计	国有经济	集体经济	个体经济	其他经济
投资额（万元）					
2000 年	4 413 518	2 973 021	277 047	541 339	622 111
2001 年	5 054 200	3 378 767	283 300	563 100	829 033
2002 年	5 758 344	3 821 155	354 824	509 444	1 072 921
2003 年	6 550 718	4 071 846	413 158	508 987	1 556 727
2004 年	7 560 144	4 685 324	496 843	534 839	1 843 138
2005 年	8 745 250	5 107 600	580 595	539 971	2 517 084
2006 年	10 248 651	5 676 745	252 476	623 318	3 696 112
2007 年	13 103 759	7 000 896	482 940	670 610	4 949 313
2008 年	17 357 895	9 613 256	534 076	972 050	6 238 513
2009 年	24 795 998	14 309 438	628 608	1 244 894	8 613 058
发展速度（上年＝100）					
2000 年	114. 91	116. 20	118. 76	104. 56	117. 68
2001 年	114. 52	113. 65	102. 26	104. 02	133. 26
2002 年	113. 93	113. 09	125. 25	90. 47	129. 42
2003 年	113. 76	106. 56	116. 44	99. 92	145. 09
2004 年	115. 41	115. 07	120. 25	105. 08	118. 40
2005 年	115. 68	109. 01	116. 85	100. 96	136. 57
2006 年	117. 19	111. 14	43. 49	133. 86	142. 89
2007 年	127. 86	123. 33	191. 28	107. 59	133. 91
2008 年	132. 47	137. 31	110. 59	144. 95	126. 05
2009 年	142. 85	148. 85	117. 70	128. 07	138. 06

注：国有经济中含国有联营，国有独资公司，集体中含集体联营及股份合作数，集体经济 2006 年以后按新口径计算。

甘肃省人民生活水平情况

项　目 ＼ 年　份	单位	2003	2004	2005	2006	2007	2008	2009
一、人均收入								
城镇居民人均可支配收入	元/人	6 657	7 377	8 087	8 921	10 012	10 969	11 929. 78
农村居民人均纯收入	元/人	1 673	1 852	1 980	2 134	2 329	2 724	2 980
二、职工工资总额	万元	2 401 533	2 588 909	2 902 237	3 355 289	3 881 377	4 545 794	5 112 345
国有单位	万元	2 060 749	2 223 100	2 515 372	2 597 908	3 076 739	3 577 087	4 084 117
城镇集体单位	万元	118 097	120 900	116 129	102 553	104 398	112 852	130 486
其他	万元	222 687	244 928	270 736	654 828	700 240	855 855	897 742
职工年平均工资	元/人	11 419	12 711	14 172	16 565	20 987	24 017	27 177
国有单位	元/人	12 079	13 427	15 075	17 506	22 314	25 284	28 565
城镇集体单位	元/人	6 674	7 676	8 550	10 759	12 979	16 179	19 453
其他	元/人	10 115	10 957	11 121	14 674	17 948	20 966	23 360
三、人均消费性支出								
城镇居民	元/人	5 299	5 937	6 259	6 974	7 876	8 309	8 891
农村居民	元/人	1 337	1 464	1 820	1 855	2 017	2 401	2 766
四、恩格尔系数								
城镇居民	%	36. 07	37. 12	36. 04	35. 00	35. 86	38. 32	37. 78
农村居民	%	43. 86	48. 04	47. 20	47. 00	46. 80	47. 17	41. 28
五、人均储蓄存款	元/人	4 716	5 297	6 134	7 020	7 333	9 387	11 501
六、人均居住面积								
城镇居民	平方米	16. 95	17. 57	18. 59	20. 16	27. 04	27. 19	27. 35
农村居民	平方米	17. 58	17. 88	18. 71	19. 12	19. 46	19. 87	20. 55

甘肃省海关进出口贸易总额情况

单位：万元

年份 \ 项目	进出口总额（美元）	美元		
		进口	出口	差额
2000	56 953	15 458	41 495	26 037
2001	77 887	30 256	47 631	17 375
2002	87 740	32 847	54 893	22 046
2003	132 714	44 994	87 720	42 726
2004	176 314	76 676	99 638	22 962
2005	263 136	154 038	109 098	-44 940
2006	382 450	231 525	150 925	-80 600
2007	549 594	383 673	165 921	-217 752
2008	609 355	449 138	160 217	-288 921
2009	386 175	312 624	73 551	-239 073

注：货物进出口差额负数为逆差。

甘肃省社会消费品零售总额情况

单位：万元

项目 \ 年份	2003	2004	2005	2006	2007	2008	2009
社会消费品零售总额	**4 965 852**	**5 606 447**	**6 327 997**	**7 174 744**	**8 333 238**	**9 901 389**	**11 830 052**
一、按销售地区分							
市的销售额	3 221 845	3 657 085	4 071 433	4 625 253	5 390 527	6 388 689	7 629 518
县的销售额	798 012	888 061	1 009 316	1 144 625	1 325 111	1 585 631	1 916 933
县以下的销售额	945 995	1 061 300	1 247 248	1 404 866	1 617 600	1 927 069	2 283 600
二、按行业分							
批发零售贸易业	4 062 509	4 557 794	5 116 818	5 790 459	6 719 425	8 046 237	9 647 593
餐饮业	699 780	829 405	997 292	1 160 446	1 367 327	1 637 925	1 947 583
其他行业	203 563	219 248	213 886	223 839	246 486	217 227	234 875
三、限额以上批发零售贸易业商品购销							
购进总额	5 241 103		8 427 333	10 578 666	12 958 046	14 286 023	13 509 394
销售总额	5 354 523	6 059 904	8 947 591	9 809 023	12 349 344	15 259 939	14 876 815
库存总额	378 391		617 384	927 884	875 972	1 418 841	1 782 957

注：从2003年起，国家统计局对行业划分进行了重新调整，故与历年没有可比性，此表数据为经济普查调整数。

甘肃省各种物价总指数

年份 \ 项目	商品零售价格指数	居民消费价格指数			农产品生产价格指数
			城镇	农村	
(上年=100)					
2000	99.10	99.50	99.20	100.10	
2001	99.60	104.00	103.00	105.50	
2002	98.90	100.00	99.30	100.90	
2003	100.20	101.10	100.90	101.40	103.36
2004	102.10	102.30	101.30	104.30	113.06
2005	99.90	101.70	101.20	103.00	103.06
2006	101.20	101.30	101.20	101.40	102.63
2007	104.40	105.50	105.20	106.30	111.40
2008	107.90	108.20	108.00	108.70	114.00
2009	101.80	101.30	100.90	102.20	100.20

甘肃省近年各种价格指数

(上年=100)

项目 \ 年份	2002	2003	2004	2005	2006	2007	2008	2009
居民消费价格指数	100.00	101.10	102.30	101.70	101.30	105.50	108.20	101.30
商品零售价格指数	98.90	100.20	102.10	99.90	101.20	104.40	107.90	101.80
农产品生产价格指数		103.36	113.06	103.06	102.63	111.40	114.00	100.20
农业生产资料价格指数	100.40	101.80	107.40	109.00	104.40	107.10	114.70	99.00
固定资产投资价格指数	100.20	101.70	105.50	102.20	104.10	102.80	106.70	101.50
建筑安装工程价格指数	100.90	102.90	106.70	102.40	104.40	103.90	111.80	100.70
原材料燃料动力购进价格指数	98.40	105.60	112.50	109.90	108.80	104.30	110.20	90.50
主要工业品出厂价格指数	97.90	110.00	114.30	109.60	109.80	105.49	104.90	91.00

第九部分

金融机构、负责人名录

一、甘肃省金融管理部门机构、负责人名录

（截至2009年12月31日）

中国人民银行兰州中心支行机构、负责人名录

中国人民银行兰州中心支行

行　长：杨明基
副行长：王志武　陶君道
　　　　王世元　李文瑞
纪委书记：张立民
工会主任：白克荣
地　址：甘肃省兰州市东岗西路698号
邮　编：730000
电　话：（0931）8800596

办公室
主　任：蒋　烈
副主任：李永国　何红岩

法律事务办公室
主　任：李永国（兼）

《金融时报》驻甘记者站
副站长：李常武（兼）

货币信贷管理处
处　长：蔡　彤
副处长：王晓红　李兴坚

金融稳定处
处　长：张志暹
副处长：杨文彦　董　丽

调查统计处
处　长：陈文华
副处长：刘　刚

会计财务处
处　长：来元元
副处长：卫　静

基建办公室
主　任：潘　强

支付结算处
处　长：范三成
副处长：李万柱　李文娟

反洗钱处
处　长：李艳华
副处长：李宝岱

科技处
处　长：王健肃
副处长：牛仲亮

货币金银处
处　长：缪玉成
副处长：赵宗福　邓建华

甘肃重点库
副主任：缪玉成（兼）　郭进德
　　　　魏至山

国库处
处　长：雷　铁
副处长：乔天锋

内审处
处　长：李鹏飞

人事处
副处长：李常武

金融研究处
处　长：蒋润祥
副处长：郭常民

征信管理处
处　长：郭长平
副处长：王端行

国际收支处
处　长：张宏清
副处长：冉向东　包　卉

外汇管理处
处　长：王愫怡
副处长：尚　莉

事后监督中心
副主任：王晓华　安晓蓉

保卫处
处　长：朱建平
副处长：韩林玉　何占虎

离退休干部处
处　长：陈　维
副处长：李锋华

纪律检查委员会
副书记：缪普昌

监察室
主　任：缪普昌（兼）

工会办公室
主　任：田　明
副主任：高英琦

工会女工委员会
副主任：陈　梅

宣传群工部
副部长：冯　刚　王惠民

营业部
副主任：张晓丽　韩克恩

清算中心
主　任：戴国旭
副主任：李　华

后勤服务中心
主　任：马　斌
副主任：薛智平　倪　明

钞票处理中心
主　任：王　滨
副主任：宋　立

甘肃钱币博物馆
馆　长：于廷明

甘肃金融培训中心
主　任：崔　浩
副主任：王礼俊

兰州金融电子结算中心
主　任：赵书海

国家外汇管理局甘肃省分局

局　长：杨明基（兼）
副局长：王志武（兼）
地　址：甘肃省兰州市东岗西路698号
邮　编：730000
电　话：（0931）8800708

中国银行业监督管理委员会甘肃监管局机构、负责人名录

中国银行业监督管理委员会甘肃监管局

局　长：席前进
纪委书记：何　伟
副局长：冷云竹　刘　青
　　　　张　宏　夏令武
地　址：甘肃省兰州市南滨河东路635号
电　话：(0931) 8855377

办公室
主　任：李小林
电　话：(0931) 8838435
副主任：田　宝
电　话：(0931) 8854658

政策法规处
副处长：彭秀民（主持工作）
电　话：(0931) 8803697
副处长：贾　宁
电　话：(0931) 8824636

非现场监管一处
处　长：柳　楼
电　话：8855565
副处长：高卫东　李春林
电　话：(0931) 8855470　8823707

非现场监管二处
处　长：瞿　靖
电　话：(0931) 8855472
副处长：李　涛　梅睿哲
电　话：(0931) 8855418　8855014

现场检查一处
处　长：任继秋
电　话：(0931) 8836382
副处长：张立新　牛钦泽
电　话：(0931) 8867884　8848938

现场检查二处
处　长：陈国玺
电　话：(0931) 8828029
副处长：田　力　李克玮
电　话：(0931) 8829300　8828074

现场检查三处
处　长：康厚新
电　话：(0931) 8816271
副处长：杜晓琴　陈立莉
电　话：(0931) 8825537　8825009

现场检查四处
处　长：刘爱平
电　话：(0931) 8827681
副处长：高立忠　齐继红
电　话：(0931) 8848768

合作金融机构监管处
处　长：解冰华
电　话：(0931) 8825109
副处长：阮　澧　肖如强
电　话：(0931) 8836287　8823630

统计信息处
处　长：柳　华
电　话：(0931) 8823785
副处长：阎冶军　徐向宝
电　话：(0931) 8822015　8803763

财务会计处
处　长：贾　锐
电　话：(0931) 8823132
副处长：巩　固　吕兆军
电　话：(0931) 8821137

人事处
处　长：贾　涛
电　话：(0931) 8849318
副处长：成　江　胡　睿
电　话：(0931) 8802107

监察室
主　任：王录应
电　话：(0931) 8870733
副主任：樊立农　刘　鹏
电　话：(0931) 8849358　8849398

巡视组
组　长：李宝新
电　话：(0931) 8848738
副组长：卡布才让
电　话：(0931) 8885285

机关党委（党委宣传部）
部　长：杨生炜
电　话：(0931) 8848758
副部长：沈宏毅
电　话：(0931) 8849628

系统工会办公室
主　任：赖学龙
电　话：(0931) 8823597
副主任：高知沁
电　话：(0931) 8827336

后勤服务中心
主　任：来　明
电　话：(0931) 8829385
副主任：刘卫宏
电　话：(0931) 8803091

中国证券监督管理委员会甘肃监管局机构、负责人名录

中国证券监督管理委员会甘肃监管局

副局长：陈士轰（主持工作）
副局长：管兴业　鱼向东　刘兴兵
地　址：甘肃省兰州市张掖路87号中广大厦18层
邮　编：730030
电　话：(0931) 8475698
传　真：(0931) 8475929

党务工作办公室
主　任：杨敬文
电　话：(0931) 8475080

办公室
主　任：陈永东
电　话：(0931) 8488707
副主任：许尔远
电　话：(0931) 8475182

上市公司监管处
处　长：韩小玉
电　话：(0931) 8489230
副处长：王玉宝
电　话：(0931) 8475643

机构监管处
副处长：卢卫民
电　话：(0931) 8488345

期货监管处
处　长：杨敬文（兼）
电　话：(0931) 8475080

稽查处
副处长：柴小平
电　话：(0931) 8475061

中国保险监督管理委员会甘肃监管局机构、负责人名录

中国保险监督管理委员会甘肃监管局

局　长：张　瑞
副局长：廖小林
副局长：万金文
地　址：甘肃省兰州市广场北路168号陆都嘉邸1～4层
邮　编：730030
电　话：(0931) 8831665

办公室
主　任：刘景琪
电　话：(0931) 8831788

财产保险监管处
处　长：张倍源
电　话：(0931) 8832758

人身保险监管处
处　长：李新建
电　话：(0931) 8831508

保险中介监管处
处　长：宋朝晖
电　话：(0931) 8833651

统计研究处
处　长：王新涛
电　话：(0931) 8833761

人事教育处
副处长：石富覃
电　话：(0931) 8836228

法制处
处　长：李　琦
电　话：(0931) 8833786

国家开发银行甘肃省分行机构、负责人名录

国家开发银行甘肃省分行

行　长：杨文清
副行长：吴立智　张　明　孙业波
地　址：甘肃省兰州市南昌路1716号
邮　编：730030
电　话：　8866628（值班）
传　真：(0931) 8866237

办公室（党委办公室）
主　任：刘天会
副主任：尹保辉
电　话：(0931) 8867139

规划发展处
处　长：赵香定
电　话：(0931) 8866367

经营管理处
处　长：马旭兵
电　话：(0931) 8866365

金融合作处
处　长：金永治
电　话：(0931) 8866238

国际合作业务处
处　长：张　艳
电　话：(0931) 8866722

风险管理处
处　长：周岳蕾
电　话：(0931) 8866359

评审处
处　长：杜　卓
电　话：(0931) 8866201

客户一处
处　长：梁永生
电　话：(0931) 8866501

客户二处
处　长：张　禔
电　话：(0931) 8866509

客户三处
处　长：汪永平
电　话：(0931) 8866355

财会处
处　长：张晓原
副处长：敬卫华
电　话：(0931) 8866278

人事处（党委组织部）
处　长：李森林
电　话：(0931) 8866708

纪检监察（审计举报）、法律事务办公室
主　任：郭宏伟
电　话：(0931) 8866709

信息科技处
处　长：窦世成
电　话：(0931) 8866707

中国农业发展银行甘肃省分行机构、负责人名录

中国农业发展银行甘肃省分行

行　长：蔺秦生
副行长：吴怀德　管立新　王达祖
地　址：甘肃省兰州市张掖路82号
邮　编：730030
电　话：(0931) 8445010
传　真：(0931) 8445029

办公室
主　任：曾贤禹
副主任：牛效智　张　雄
电　话：(0931) 8445028

资金计划处
处　长：周云敏
副处长：慕逸仙
电　话：(0931) 8445098

客户一处
处　长：郭　荟
副处长：孙建成
电　话：(0931) 8445060

客户二处
处　长：白文耀
副处长：杨建义
电　话：(0931) 8445063

客户三处
处　长：王达祖（兼）
副处长：周　伟
电　话：(0931) 8445118

信贷管理处
处　长：陈光有

副处长：徐守库
电　话：(0931) 8445099

风险管理处
处　长：肖春兰
副处长：胡红梅
电　话：(0931) 8445013

财务会计处
处　长：王天军
副处长：杨兰平　黄党民
电　话：(0931) 8445020

内部审计处
处　长：赵澎涛
副处长：章　路
电　话：(0931) 8445068

信息技术处
处　长：王宁平
副处长：张　晔
电　话：(0931) 8445217

人力资源处
处　长：张世祖
副处长：翟红义　王迎春
电　话：(0931) 8445053

监察室
主　任：孙建平
电　话：(0931) 8445069

工会团委工作处（机关党委）
处　长：朱四军
副处长：管海宁
电　话：(0931) 8445082

总务处
处　长：张　岩
副处长：郭玉虎
电　话：(0931) 8445039

培训中心
主　任：乔士连
电　话：(0931) 8445086

中国工商银行股份有限公司甘肃省分行机构、负责人名录

中国工商银行股份有限公司甘肃省分行

行　长：许　海
副行长：樊志成　王文胜　吕相军
　　　　李　昶　郭一民　何　林
纪委书记：王文胜（兼）
副厅级巡视员：杨春毅
地　址：甘肃省兰州市庆阳路408号
邮　编：730030
电　话：(0931) 8432498

办公室
主　任：李增耀
副主任：李忠盛（总经理级）
　　　　郝　巍

党委宣传部
部　长：王　中
副部长：王多祥（总经理级）

管理信息部
总经理：王小平
副总经理：刘　萍

财务会计部
总经理：晏贵宾
副总经理：王再评　雷德庆

资产负债管理部
总经理：闫生正
副总经理：周俊杰　王金凌

票据业务中心
副主任：王伟芳

机构业务部
总经理：付　强
副总经理：苏　力（总经理级）
　　　　　王登俊

个人金融业务部
总经理：张振民
副总经理：于正君（总经理级）
　　　　　胡建国

银行卡业务中心
总经理：姚　平
副总经理：巨　刚　韩少波

信贷管理部
总经理：焦建民
副总经理：汤　涛

信贷监督中心
主　任：雷维亮（总经理级）

公司业务部
总经理：任卫秋
副总经理：张　保　万山荣
　　　　　王志奇　李　峰

授信审批部
总经理：柯德明
副总经理：史补龙　江文广

风险管理部
总经理：张　波
副总经理：井兰萍

法律事务部
总经理：杨景涵
副总经理：廉小社

运行管理部
总经理：张　琪
副总经理：黄国发

内控合规部
总经理：张尚华
副总经理：杨天顺　王　岚

科技信息部
总经理：祁学军
副总经理：王庆伟

人力资源部
总经理：霍　江
副总经理：邢建设（总经理级）
　　　　　师建华

监察室
主　任：陈淑荣
副主任：崔永平

信访办公室
主　任：庞凤智（兼）　保卫部
总经理：陈　垣
副总经理：马国斌（总经理级）

工会工作委员会
副主任：刘伟立

工会工作委员会办公室
主　任：梁　艳
副主任：乔华堂（总经理级）
　　　　刘恩科

女工委员会
副主任：雷敏燕

中共中国工商银行甘肃省分行机关党委
书　记：吕相军
副书记：王多祥

共青团中国工商银行甘肃省分行团委
书　记：郭　力

中国工商银行甘肃金融培训学校
校　长：倪曾武
支部书记：梁晓平
副校长：马维民　岳继明

中国工商银行甘肃金融培训中心
副主任：王殿军

中国农业银行股份有限公司甘肃省分行机构、负责人名录

中国农业银行股份有限公司甘肃省分行

行　长：傅志辉
副行长：马义文　高万生　何独业
纪委书记：徐跃生
行长助理：韩国强
地　址：甘肃省兰州市金昌北路108号
邮　编：730030
电　话：（0931）8895084

农村产业金融部
总经理：陈甲生
副总经理：李锦礼

农户金融部
总经理：苏永新
总经理助理：徐剑群

公司业务部
总经理：史小平
副总经理：董东渊

机构业务部
总经理：苗辅尧
副总经理：徐光诚　李卫东

房地产信贷部
总经理：王文明
副总经理：张效敏

国际业务部
副总经理：李丹灵（主持工作）
副总经理：段文峰

大客户部
总经理：王承军
副总经理：刘宏伟

个人金融部
总经理：康景森
副总经理：刘文斌　石　兵

信用卡中心
副总经理：水青松
总经理助理：常春燕

电子银行部
总经理：王治国
副总经理：汪贻鹏

风险管理部
总经理：杨晓明

信贷管理部
总经理：杨　耀
副总经理：廖海洋

资产处置部
总经理：邱永耀

内控合规部
总经理：王仰信
副总经理：许卫东　张凤岐

法律事务部
副总经理：符　勇（主持工作）
副总经理：杨宗勇

资产负债管理部
总经理：李月林
副总经理：车　华

财务会计部
总经理：靳小平
副总经理：武占宏、秦少华

运营管理部
总经理：薛存元
副总经理：吴晓慧

信息技术管理部
总经理：刘建荣
总工程师：杨　波（正处级）
副总经理：魏志强　李正辉

结算与现金管理部
副总经理：李　敏

办公室
主　任：张　宁
副主任：李　峰　王彦恒

人力资源部
总经理：魏孔山
副总经理：田东林　赵旭红

监察部
总经理：郭振峰
副总经理：许跃武

安全保卫部
总经理：王世忠
副总经理：陈锦隆

工会委员会办公室
主　任：董　林
主任助理：薛泽邦

总务部
总经理：赵木力
副总经理：左戈萍　许思军

培训学校
校　长：何春兴
副校长：张　伟　张孝军

金昌路支行
行　长：负建华（副处级）

中国银行股份有限公司甘肃省分行机构、负责人名录

中国银行股份有限公司甘肃省分行

行　长：郭心刚
副行长：余　岳
行长助理（兼财务总监）：于金山
行长助理（兼风险总监）：杨国梁
地　址：甘肃省兰州市天水南路525号
邮　编：730000
电　话：（0931）8837809

办公室
主　任：杨　乾
副主任：司朝阳
电　话：（0931）8837809

人力资源部
总经理：吴时伟
副总经理：胡海滨
电　话：（0931）8833893

财务管理部
总经理：刘锡岗
副总经理：杨晓玲
电　话：（0931）8732106

风险管理部
总经理：邓朝晖
副总经理：伍再奇
电　话：（0931）8888887

公司业务部
副总经理：张　岗
副总经理：杨　军　赵　妙　张晓虹　张　莉
电　话：（0931）8886924

授信执行部
总经理：鲁建立
副总经理：徐　登
电　话：（0931）8837720

个人金融部

总经理：王才先
副总经理：丁文豹　李　力
　　　　　魏逸伦　贾淑丽
电　话：(0931) 8410667

银行卡部
总经理：陈　炜
副总经理：孙厚新
电　话：(0931) 8842559

国际结算部
副总经理：王国强（主持工作）
副总经理：张　宁　裘　江
电　话：(0931) 8838728

营业部
主　任：康凌风
副主任：董钰禄
电　话：(0931) 8857137

运营服务部
总经理：史文玲
副总经理：梁波妮　薛小宁
电　话：(0931) 8847448

稽核部
总经理：王　斌
副总经理：陆英杰
电　话：(0931) 8417496

监察部
总经理：王建华
副总经理：令　俊
电　话：(0931) 8410657

保卫部
总经理：苏　鸣
副总经理：仲　琎
电　话：(0931) 8851514

信息科技部
总经理：漆海林
副总经理：侯海涛
电　话：(0931) 8837807

法律与合规部
总经理：盛天宏
副总经理：成春雷　曹晓武
电　话：(0931) 8838558

党务工作部
部　长：张光阳
副部长：袁　炜
电话：(0931) 8834700

总务部
总经理：东　方
副总经理：李晓东
电　话：(0931) 8417284

工会工委
常务副主任：朱维国
副主任：王　鈜
电　话：(0931) 8886981

中国建设银行股份有限公司甘肃省分行机构、负责人名录

中国建设银行股份有限公司甘肃省分行

行　长：艾尔肯·艾则孜
副行长：王文永　孙一顺
纪委书记：苏安平
风险总监：杨仲元
行长助理：申　健　朱博海
地　址：甘肃省兰州市秦安路77号
邮　编：730030
电　话：(0931) 4891558

办公室
主　任：王生红
副主任：买　曦

人力资源部
总经理：李兴平
副总经理：池　永
电　话：(0931) 4891982

计划财务部
总经理：蔡彦萍
副总经理：姜梅霞　师习巍　马晓黎

会计部
负责人：马　俊
副总经理：汪　泽　王晓玉
电　话：(0931) 4891886

信息中心（二级部）
主　任：汪　泽
电　话：(0931) 4891976

风险管理部
总经理：李云海
副总经理：尹　平　张　赞
电　话：(0931) 4891931

信贷审批部
总经理：何永斌
副总经理：成　泉
电　话：(0931) 4891917

公司业务部
总经理：顾海蓉
副总经理：张诚君　马银莎
电　话：(0931) 4891015

机构业务部
总经理：幺晓淳
副总经理：张新起　隋权英
电　话：(0931) 4891536

个人金融部
总经理：尹玉琴
副总经理：赵　晶　郭小平

住房金融与个人信贷部
总经理：田邯平
副总经理：阎惠青　邵宏伟
电　话：(0931) 4891912

资产保全部
总经理：孟　辉
副总经理：彭年军

信息技术管理部
总经理：陈国庆
副总经理：田永红
电　话：(0931) 4891699

营运管理部
总经理：赵　炜
副总经理：李顺明　李　洪
　　　　　范　兵　方志远

电子银行部
总经理：刘　冰
副总经理：刘凤枝
电　话：(0931) 4891680

法律合规部
总经理：赵更生
副总经理：石　柠　张慕天
电　话：(0931) 4891858

纪检监察部
总经理：秦其哲
副总经理：张　毅
电　话：(0931) 4891751

安全保卫部
总经理：潘正平
副总经理：陆建平　王伟民

企业文化部
总经理：汝彦发
副总经理：范喜岷

离退休人员管理部
总经理：郭红军
副总经理：张忠贤　窦陇生
电　话：(0931) 8419917

工会
副主任：何正明
副主任：李凤雏　张三宝
电　话：(0931) 4891939

西部论丛
总编辑：陈加琨

副总编辑：巴好胜
电　话：(0931) 4891598
甘肃省分行营业部
总经理：陈雪蓓
副总经理：王锡真　惠　斌
邮　编：730030
电　话：(0931) 4891668

交通银行股份有限公司甘肃省分行机构、负责人名录

交通银行股份有限公司甘肃省分行

行　长：陈双城
副行长：王　智　苏　毅
郭小静　汪　麟
工会主席：王　智（兼）
高级督察：王小荣
地　址：甘肃省兰州市庆阳路129号
邮　编：730030
电　话：(0931) 8105120

办公室
主　任：伍　静
人力资源部
总经理：杨芙蓉
预算财务部
总经理：孟学军
副总经理：郭　鸣
公司业务部
总经理：刘　鑫
公司业务拓展一部
总经理：李世宏
公司业务拓展二部
总经理助理：汪志敏
国际业务部
副总经理：彭福嘉
资产保全部
总经理：刘　坚
副总经理：徐　鸣
个人金融业务部
总经理：霍　红
副总经理：赵　萍
零售信贷部
副总经理：李振亚
电子银行部
总经理：王春玲
服务办
总经理：翁晓萍
会计结算部
副总经理：张淑华（主持工作）
副总经理：范多志
授信管理部
总经理：王兰生
风险管理部
总经理：徐　欣
审计部
副总经理：洪昌元（主持工作）
法律合规部
总经理：陈继抗
信息技术部
总经理：谢建湘
监察室
主　任：殷忠滨
副主任：赵来仁
员工工作部
总经理：包小玲
保卫部
总经理：李银平
行政部
总经理：汪文军
副总经理：杨继维

招商银行股份有限公司兰州分行机构、负责人名录

招商银行股份有限公司兰州分行

行　长：管奇志
副行长：刘　斌
副行长：王永力
副行长：刘　燕
副行长：苏　力
地　址：甘肃省兰州市庆阳路9号
邮　编：730030
电　话：(0931) 8729793

办公室
主　任：张晓华
人力资源部
总经理助理：雷　晏（主持工作）
计划财务部
副总经理：卢会明（主持工作）
副总经理：王剑峰
授信审批部
总经理：尚建民
总经理助理：王学军
总经理助理：李庆捷
信贷管理部
总经理：岳兆和
总经理助理：侯伏平
总经理助理：傅　军
会计部
副总经理：尹　进（主持工作）
副总经理：李晓敏
公司银行部
总经理：王　娟
总经理助理：何万银
零售银行部
总经理：宋　睿
副总经理：马德骏
总经理助理：朱志强
国际业务部
总经理：李继虹
法律与合规部
副总经理：张雪梅（主持工作）
监察保卫部
总经理：张玉忠
信息技术部
总经理：牟继林
副总经理：陈志刚
行政管理中心
主　任：成和平
审计部
总经理：李　静
信用卡部
副总经理：刘　霞（主持工作）
营业部
总经理：陈淑君
总经理助理：王凌霜　张鸿利

上海浦东发展银行股份有限公司兰州分行机构、负责人名录

上海浦东发展银行股份有限公司兰州分行

行　长：张宜临
副行长：刘永平　景红卫
地　址：甘肃省兰州市广场南路101号
邮　编：730030
电　话：(0931) 8948910

办公室
主　任：庄稼臻
人力资源部
总经理：庄稼臻
资金财务部
总经理：梁　敏
信息科技部
总经理：刘云晖
风险管理部
总经理：王春云
运营管理部
负责人：卯　昀
公司银行业务管理部
总经理助理：孟祥龙
公司银行产品部
总经理：淳　洁
个人银行发展管理部
总经理：李　治
中小企业业务经营中心
总经理：张洪功

中信银行股份有限公司兰州分行机构、负责人名录

中信银行股份有限公司兰州分行

行　长：王　立
副行长：李　军　李警惕
行长助理：孙明晔
地　址：甘肃省兰州市东岗西路638号
邮　编：730030
电　话：(0931) 8890639

办公室
总经理助理：罗　强
会计部
副总经理：李旭萍
风险管理部
总经理助理：徐世林
公司银行部
总经理：孙明晔（兼）
零售银行部
总经理：李　军（兼）
营业部
副总经理：徐国忠
市场营销二部
副总经理：张应桥
市场营销三部
总经理助理：李小宁
市场营销四部
总经理助理：丁红宇

中国邮政储蓄银行有限责任公司甘肃省分行机构、负责人名录

中国邮政储蓄银行有限责任公司甘肃省分行

行　长：张　泽
副行长：王蔚奇　张学峰　韩　涛
总审计师：屈海泓
地　址：甘肃省兰州市庆阳路211号
邮　编：730030
电　话：(0931) 8429890

办公室
总经理：赵　侃
人力资源部
总经理：马兴文
计划财务部
总经理：阮卫东
信贷业务部
总经理：张　铭
个人业务部
总经理：韩　涛（兼）
会计结算部
总经理：张　丽
渠道管理部
总经理：胡克举
公司业务部
副总经理：李建刚
风险合规部
副总经理：袁子成
审计部
副总经理：马荔渭
科技管理部
副总经理：李砚轶

甘肃省农村信用社联合社机构、负责人名录

甘肃省农村信用社联合社

理事长：雷志强
主　任：李　鑫
监事长：王蓉生
副主任：王永佳　王广平
地　址：甘肃省兰州市庆阳路128号
邮　编：730030

电　话：(0931) 8738906
传　真：(0931) 8738888

综合管理部
总经理：康　欣
电　话：(0931) 8738899

市场发展部
总经理：陈克枫
电　话：(0931) 8738819

风险管理部
总经理：杨子江
电　话：(0931) 8738916

会计财务部
总经理：张　禧
电　话：(0931) 8105928

党委巡视督导办
主　任：贾　宝
电　话：(0931) 8793500

人力资源部
总经理：张忠林
电　话：(0931) 8738862

监察保卫部
副总经理：巩若冰
电　话：(0931) 8738988

稽核审计部
总经理：尹进亮
电　话：(0931) 8738868

科技信息部
副总经理：滑　斌
电　话：(0931) 8738869

合规管理部
副总经理：苏鸿发
电　话：(0931) 8738970

兰州管理部
总经理：孙建华
电　话：(0931) 8793507

结算服务中心
主　任：宋小宁
电　话：(0931) 8819636

工会
副主席：袁晓青
电　话：(0931) 8793508

省联社白银办事处
副主任：王德荣
白银市长安路 18 号
电　话：(0943) 8661296
邮　编：730900

省联社天水办事处
副主任：徐永寿
天水市秦州区民主东路 78 号
电　话：(0938) 6816091
邮　编：741000

省联社武威办事处
副主任：俞　欣
武威市凉州区胜利街 4 号
电　话：(0935) 2228938
邮　编：733000

省联社张掖办事处
副主任：马　瑛
张掖市甘州区西街 51 号
传　真：(0936) 8257766
邮　编：734000

省联社平凉办事处
副主任：张晓堂
平凉市石家巷 1 号
电　话：(0933) 8226356
邮　编：744000

省联社庆阳办事处
副主任：王新刚
庆阳市西峰区南大街
电　话：(0934) 8687750
邮　编：745000

省联社酒泉办事处
副主任：冯正俊
酒泉市肃州区盘旋东路 19 号
电　话：(0937) 2655316
邮　编：735000

省联社定西办事处
副主任：苏忠兴
定西市安定区永定西路 24 号
电　话：(0932) 8218358
邮　编：743000

省联社陇南办事处
副主任：何振国
陇南市武都区城关镇
电　话：(0939) 8266321
邮　编：746000

省联社临夏办事处
副主任：史繁荣
临夏州临夏市青年路 57 号
电　话：(0930) 6230599
邮　编：731100

省联社甘南办事处
副主任：魁国玺
甘南州合作市八一街
电　话：(0941) 8231700
邮　编：747000

兰州银行股份有限公司机构、负责人名录

兰州银行股份有限公司

董事长、党委副书记、
法定代表人：李治文
党委书记：安振亚
监事长：赵怀珠
行　长：房向阳
党委副书记：辛　坚
副行长：裴东平　刘　棍　张俊良
总稽核：张曙光
工会主席：潘竟琴
行长助理：薛建君　李玉峰
地　址：甘肃省兰州市酒泉路 211 号
邮　编：730030
电　话：(0931) 8405041

办公室
主　任：薛建君（兼）
副主任：李玉华
副主任：袁志军

人力资源部
总经理：李川斗
副总经理：张民政
副总经理：王彩翔

计划财务管理部
总经理：李玉峰（兼）
副总经理：宋佳梅

会计结算部
总经理：李　军
副总经理：戴　慧

科技部
总经理：何　力
副总经理：王　实
总工程师：李　彪

发展合规部
总经理：李　琎
总经理助理：蔡国峰

上市办公室
主　任：王成基

客户经理一部
总经理：李启明
副总经理：李胜龙

客户经理二部
总经理：秦　宏
副总经理：杨改兰
总经理助理：熊亚光

银行卡发展中心
总经理：畅义钢

总经理助理：张怀民

资产风险管理部

总经理：刘 霞

副总经理：何霄庆

副总经理：高晓民

资金营运中心

总经理：杨江惠

稽核部

总经理：王瑞虹

副总经理：宋兰玉

贷款审批中心

总经理：敬君生

国际业务部

总经理：苌 雷

后勤服务中心

总经理：唐金贵

副总经理：王志贤

监察保卫部

总经理：彭良树

营业部

总经理：黄筱红

副总经理：李 强

副总经理：曾兰斌

管理一部

总经理：刘麟瑜

副总经理：柏 森

管理二部

总经理：解东亮

总经理助理：李小平

管理三部

总经理：杨 阳

副总经理：何益平

管理四部

总经理：李蓉生

副总经理：洪 兵

总经理助理：韩佳峻

管理五部

总经理：郭 泉

副总经理：丁晓礼

中国银联股份有限公司甘肃分公司机构、负责人名录

中国银联股份有限公司甘肃分公司

总经理：王可为

副总经理：徐 炼

助理总经理：苏晓军

地 址：甘肃省兰州市东岗西路638号

邮 编：730000

电 话：(0931) 8835925

综合部

总经理：杜永强

电 话：(0931) 8835925

市场部

副总经理：田 庆

电 话：(0931) 8837893

业务技术部

副总经理：吴雪红

电 话：(0931) 8838446

中国华融资产管理公司兰州办事处机构、负责人名录

中国华融资产管理公司兰州办事处

副总经理：刘龙光（主持工作）

副总经理、纪委书记：杨 威

副总经理：张焕涛

总经理助理：卫国栋

地 址：甘肃省兰州市武都路225号

邮 编：730010

电 话：(0931) 8500280

综合管理部

高级经理：汉尚军

电 话：(0931) 8500289

高级经理：朱应凤

电 话：(0931) 8500283

合规部

高级经理：余艳明

电 话：(0931) 8507882

资产经营部

高级经理：曹龙年

电 话：(0931) 8500285

创新业务部

高级副经理：胡玉诚（主持工作）

电 话：(0931) 8507900

金融服务一部

高级经理：石怀贵

电 话：(0931) 8507883

高级副经理：杨 宏

电 话：(0931) 8500088

高级副经理：刑钊

电 话：(0931) 8505561

金融服务二部

高级经理：杨继森

电 话：(0931) 8505159

金融服务三部

高级副经理：石伟平（主持工作）

电 话：(0931) 8500388

银川营业部

副总经理：张焕涛

电 话：(0951) 6037718

高级经理：万映红

电 话：(0951) 6037711

高级经理：刘延风

电 话：(0951) 6037702

高级副经理：范全祥

电 话：(0951) 6037707

西宁营业部

总经理助理：卫国栋

电 话：(0971) 6122072

高级经理：赵海军

电 话：(0971) 6159161

高级经理：沈瑛德

电 话：(0971) 6158154

高级副经理：曹建忠

电 话：(0971) 6119304

中国长城资产管理公司兰州办事处机构、负责人名录

中国长城资产管理公司兰州办事处

总经理：白　静
副总经理：许天信
纪委书记、总经理助理：李　龙
地　址：甘肃省兰州市广场南路77号统办二号楼
邮　编：730030

综合管理部（人力资源部）

高级经理：石树林
电　话：(0931) 8417739
高级副经理：李小芹
电　话：(0931) 8418586

资金财务部

高级经理：陈志豪
电　话：(0931) 8418664
高级副经理：梁凯龙
电　话：(0931) 8418782

业务拓展部

高级经理：程国栋
电　话：(0931) 8418757
高级副经理：雷　钧
电　话：(0931) 8413347

业务拓展二部

高级经理：安少良
电　话：(0931) 8417762

资产经营部（法律事务部）

高级经理：李金莲
电　话：(0931) 8418686
高级副经理：张　恒
电　话：(0931) 8830157
高级副经理：赵　沈
电　话：(0935) 2227619

监察审计部

高级副经理：赵晓莉（主持工作）
电　话：(0931) 8412391

项目审核部

高级经理：龚志英
电　话：(0931) 8810074

资产经营二部

高级经理：张敬立
高级副经理：沈小春
电　话：(0951) 5699110

中国东方资产管理公司兰州办事处机构、负责人名录

中国东方资产管理公司兰州办事处

副总经理：张尊院（主持工作）
副总经理：薛志渊　康　进
助理总经理：南　兵
地　址：甘肃省兰州市天水南路525号
邮　编：730000
电　话：(0931) 8879444

办公室

高级经理：王　斌
电　话：(0931) 8879444

资金财会部

经　理：陈　华
电　话：(0931) 8859234

风险管理部

经　理：侯敬伟
电　话：(0931) 8848074

资产经营一部

高级经理：穆小龙
电　话：(0931) 8888463

资产经营二部

高级经理：张友驰
电　话：(0931) 8861044

乌鲁木齐业务部

高级经理：刘　柯
电　话：(0991) 2305810

银川业务部

高级经理：金学文
电　话：(0951) 6030886

中国信达资产管理公司兰州办事处机构、负责人名录

中国信达资产管理公司兰州办事处

党委书记：李月瑾
副总经理：汪雄亚
总经理助理：姚卫星
地　址：甘肃省兰州市广场南路77号统办二号楼
邮　编：730030

综合管理部（党委办公室）

副主管：王建中（主持工作）
电　话：(0931) 8823362

业务一部

副主管：李冰江（主持工作）
电　话：(0931) 8866077

业务二部

副主管：王立勇（主持工作）
电　话：(0931) 8865082

资金财务部

主　管：刘　军
电　话：(0931) 8869290

西宁资产管理部

主　管：梁晓天
电　话：(0971) 8236546
地　址：青海省西宁市东大街8号
邮　编：810000

华龙证券有限责任公司机构、负责人名录

华龙证券有限责任公司

董事长：李晓安
总经理：韩　鹏
董　事：娄德全　刘西兰
监事长：梁文科
副总经理：徐国兴　全　泽
总会计师：苏金奎
合规总监：赵　廷
董事会秘书：陈武林
地　址：甘肃省兰州市静宁路308号
邮　编：730070
电　话：(0931) 8888088
传　真：(0931) 4890515

办公室
主　任：路　强

计划财务部
总经理：苏金奎（兼）

人力资源总部
总经理：刘旺兴（兼）

经纪业务管理总部
总经理：王小刚（兼）

信息工程中心
总经理：孟敬颐

客户资产存管中心
总经理：王建国

研究中心
总经理：张　可

证券投资总部
总经理：张　宏

固定收益证券部
总经理：孙守用

中国人民财产保险股份有限公司甘肃省分公司机构、负责人名录

中国人民财产保险股份有限公司甘肃省分公司

总经理：徐加合
副总经理：王建明　王小明　董彦明
地　址：甘肃省兰州市庆阳路270号
邮　编：730030
电　话：(0931) 8416078

办公室
主　任：王伟荣
副主任：李　晖

财务会计部/再保险部
副总经理：董　怡（主持工作）

人力资源部
总经理：卢　金
总经理助理：崔卫平

车辆保险部
总经理：张少华
总经理助理：孟惠丽

财产保险部
总经理：毛丰美

船舶货运保险部
副总经理：赵尔庆（主持工作）

农业保险部
副总经理：张树功（主持工作）

理赔管理部/法律部/合规部
总经理：陈健旺
副总经理：王小云
总经理助理：杨国亮

责任信用保险部/意外健康保险部
副总经理：魏　欣（主持工作）

营销渠道管理部
副总经理：郭晓菲（主持工作）

客户服务管理部
总经理：杜怀中

信息技术部
总经理：高利强

监察部/审计部
总经理：马福祥
总经理助理：丁　滨

工会工作办公室
主　任：倪克湖

中国人寿保险股份有限公司甘肃省分公司机构、负责人名录

中国人寿保险股份有限公司甘肃省分公司

总经理：王福祥
副总经理：常仁杰　张德平
　　　　　岳中珲　张举科
纪委书记：魏徐生
党委委员：任　彬
地　址：甘肃省兰州市南滨河东路719号
邮　编：730030
电　话：(0931) 8403858

办公室
主　任：宋　平
主任助理：段　锋

财务管理中心
总经理：郑江涛
总经理助理：朱　娜

人力资源部
总经理：周应斌
副总经理：杨　军

个险销售部
总经理：何　阳
副总经理：高　薇　张小东

银行保险部
总经理：张晓彬
副总经理：任建全　伍建民

团体业务部
总经理：王建刚
总经理助理：陈　逵

信息技术部
副总经理：王定祥（主持工作）
副总经理：韦建明

业务管理中心
总经理：张升明
副总经理：赵保良

客户服务管理中心
总经理：令　莉
副总经理：韦树楠

教育培训部

副总经理：贾世平（主持工作）
副总经理：赵　荣
企划部
副总经理：张志生（主持工作）
内控合规部
副总经理：魏殿平（主持工作）
副总经理：张兰琴
监察部
总经理：于保才
销售督察部
李绍平
副总经理：张元山
工会工作部
总经理：郭怡辰

中国太平洋财产保险股份有限公司甘肃分公司机构、负责人名录

中国太平洋财产保险股份有限公司甘肃分公司

党委书记、总经理：周卫东
副总经理、工会主席：刘　妮
总经理助理：陈　虎
党委委员：吴德基
地　址：甘肃省兰州市静宁路308号
邮　编：730030
电　话：2105191
党委办公室
主　任：吴德基（兼）
办公室
主　任：牟克显（兼）
党委组织部/人力资源部
副部长/副经理：白幼鹏
计划财务部
经　理：王锡娟
信息技术部
经　理：牟克显
合规管理部
经　理：侯娇丽
群工部
主　任：马金城
车险部
副经理：杨　超
非车险业务管理部
经　理：孟庆旭
中介部
经　理：薛世英
理赔部
经　理：王海旭
副经理：韩昊成
客户服务部
经　理：徐亚丽
重大客户部
经　理：吴德基（兼）
车商渠道业务部
经　理：王祥侃
综合拓展部
经　理：李　森
公司业务部
经　理：薛　玲

中国太平洋人寿保险股份有限公司甘肃分公司机构、负责人名录

中国太平洋人寿保险股份有限公司甘肃分公司

总经理：高生发
副总经理：马　杰
总经理助理：孔　强　王莉春
财务副总监：常培林
地　址：甘肃省兰州市静宁路308号
邮　编：730030
电　话：95500
传　真：(0931) 8835524
办公室
主　任：陆兴文
人力资源部
经　理：钱　江
工会办公室
主　任：赵　杰
财务会计部
经　理：常培林（兼）
经理助理：李锦智
合规与风险管理部
经　理：王春花
信息技术部
经理助理：王廷亮
营运部
经　理：王毓军
保费部
经　理：郝海清
个人业务部
经　理：杨来强
副经理：阴红霞
团体业务部
经　理：陈　亮
银行保险部
经　理：公宗良

中国平安财产保险股份有限公司甘肃分公司机构、负责人名录

中国平安财产保险股份有限公司甘肃分公司

总经理：李军凯
副总经理：张存荣
地　址：甘肃省兰州市平凉路366号万通电信物业大厦5楼
邮　编：730030
电　话：(0931) 8872882
传　真：(0931) 8871479
人事行政部
经　理：刘志锋
电　话：(0931) 8872399
财务部
经　理：朱振平
电　话：(0931) 8870355
市场企划部
经　理：贾海昕
电　话：(0931) 8871473
渠道管理部
经　理：贾海昕

电　话：(0931) 8871473

车险部

经　理：陶雪峰

电　话：(0931) 8871393

财产险部

经　理：李晓辉

意健险部

经　理：刘瑞芳

电　话：(0931) 8871443

理赔部

经　理：曾凯鸿

客服部

经　理：李　娟

电　话：(0931) 8871367

本部DSP直销业务部

经　理：胡　晓

郊县DSP直销业务部

经　理：王　勤

重点客户业务部

经　理：周　旭

电　话：(0931) 8871358

车行业务部

经　理：连治屹

电　话：(0931) 8871352

综合开拓业务部

经　理：沙　峰

电　话：(0931) 8871373

新渠道业务部

经　理：邴　昕

中国平安人寿保险股份有限公司甘肃分公司机构、负责人名录

中国平安人寿保险股份有限公司甘肃分公司

总经理：谷　刚

副总经理：王长庚　樊兆昌　邹建强　东野尚青　龙　江

地　址：甘肃省兰州市张掖路1号保利大厦

邮　编：730030

传　真：(0931) 8431133

人力资源部

经　理：刘　燕

电　话：(0931) 8435600

行政部

负责人：袁　黎

电　话：(0931) 8401066

财务部

经　理：吴巍栋

电　话：(0931) 8407700

运营支持部

负责人：罗应华

电　话：(0931) 8406255

企划部

负责人：雷　蕾

电　话：(0931) 8431516

客户服务部

经　理：王　晶

电　话：(0931) 8406811

区域拓展部

经　理：陈　静

电　话：(0931) 8435626

银保销售部

经　理：张冬梅

电　话：(0931) 8479777

两核管理部

经　理：刘红梅

电　话：(0931) 8406400

销售企划部

经　理：杨晓毅

电　话：(0931) 8407633

营销管理部

经　理：李建刚

电　话：(0931) 8407067

培训部

经　理：姚春媛

电　话：(0931) 8408410

保费部

负责人：祁玲玲

电　话：(0931) 8433900

稽核部

经　理：王双生

电　话：(0931) 8433650

二、甘肃省金融系统分支机构负责人名录

（截至 2009 年 12 月 31 日）

中国人民银行甘肃省分支机构名录

机构名称	地址	负责人	邮编	电话
中国人民银行榆中县支行	榆中县文成路 7 号	刘小兵	730100	(0931) 8800430
中国人民银行皋兰县支行	皋兰县兰泉路 11 号	赵林焜	730200	(0931) 8800441
中国人民银行永登县支行	永登县建军路 7 号	张　凌	730300	(0931) 8800456
中国人民银行红古支行	兰州市红古区海石湾镇 8 号	于建新	730084	(0931) 8800460
中国人民银行白银市中心支行	白银市白银区诚信大道	赵东芳	730900	(0943) 8269010
中国人民银行平川区支行	平川区长征东路 2 号	张国柱	730913	(0943) 8269188
中国人民银行靖远县支行	靖远县南大街	黄庆河	730600	(0943) 8269158
中国人民银行会宁县支行	会宁县教场路 85 号	杨春香	730700	(0943) 8269119
中国人民银行景泰县支行	景泰县一条山镇东街 2 号	张世忠	730400	(0943) 8269135
中国人民银行天水市中心支行	天水市秦州区建设路 22 号	马常青	741000	(0938) 8274088
中国人民银行甘谷县支行	甘谷县康庄东路	杨启明	741200	(0938) 8274120
中国人民银行武山县支行	武山县公园路	包新俊	741300	(0938) 8274150
中国人民银行清水县支行	清水县永清路 59 号	张正刚	741400	(0938) 8274201
中国人民银行张家川县支行	张家川县人民西路 6 号	李建安	741500	(0938) 8274221
中国人民银行秦安县支行	秦安县青年东路 15 号	李　军	741600	(0938) 8274180
中国人民银行嘉峪关市中心支行	嘉峪关市新华南路 42 号	安夏青	735100	(0937) 6320001
中国人民银行金昌市中心支行	金昌市新华西路 3 号	陈永明	737100	(0935) 8610501
中国人民银行永昌县支行	永昌县城关镇东大街 17 号	张学玉	737200	(0935) 8610586
中国人民银行武威市中心支行	武威市北大街 17 号	田　霏	733000	(0935) 2262180
中国人民银行民勤县支行	民勤县东大街	雷在玉	733300	(0935) 2262118
中国人民银行古浪县支行	古浪县建设路	梁鸿雁	733100	(0935) 2262131
中国人民银行天祝县支行	天祝县祝贡路 14 号	乔　永	733200	(0935) 2262158
中国人民银行张掖市中心支行	张掖市甘州区县府街 85 号	石建平	734000	(0936) 8257201
中国人民银行临泽县支行	临泽县东关街 711 号	魏　强	734200	(0936) 8257301
中国人民银行高台县支行	高台县城关镇前进路 2 号	李继龙	734300	(0936) 8257320
中国人民银行山丹县支行	山丹县东大街 53 号	刘建军	734100	(0936) 8257340
中国人民银行民乐县支行	民乐县县府街 47 号	梁宏林	734500	(0936) 8257360

续表

机构名称	地址	负责人	邮编	电话
中国人民银行肃南县支行	肃南县红湾寺镇明花路11号	胡海洋	734400	(0936) 8257380
中国人民银行平凉市中心支行	平凉市崆峒区石家巷1号	牛立业	744000	(0933) 8268061
中国人民银行泾川县支行	平凉市泾川县泾崇路12号	赵永峰	744300	(0933) 8268011
中国人民银行灵台县支行	平凉市灵台县环城路20号	李　荣	744400	(0933) 8268021
中国人民银行崇信县支行	平凉市崇信县西南路9号	梁国栋	744200	(0933) 8268031
中国人民银行华亭县支行	平凉市华亭县东大街175号	孙立平	744100	(0933) 8268051
中国人民银行庄浪县支行	平凉市庄浪县水洛镇西关街1号	刘小泉	744600	(0933) 8268041
中国人民银行静宁县支行	平凉市静宁县北环路83号	李昭林	743400	(0933) 8268001
中国人民银行庆阳市中心支行	庆阳市西峰区长庆北路143号	王永恒	745000	(0934) 8613086
中国人民银行庆城县支行	庆阳市庆城镇北大街	张录民	745100	(0934) 3221254
中国人民银行环县支行	环县老城街52号	刘　德	745700	(0934) 4421903
中国人民银行华池县支行	华池县柔远镇中街26号	景文涛	745600	(0934) 5124989
中国人民银行合水县支行	合水县西华池北街193号	杨　扬	745200	(0934) 5521805
中国人民银行正宁县支行	正宁县县城长乐北路4号	李永哲	745300	(0934) 6121863
中国人民银行宁县支行	宁县新宁镇人民路12号	郑亚宁	745600	(0934) 6623125
中国人民银行镇原县支行	镇原县南环路12号	刘浩武	744500	(0934) 7121355
中国人民银行酒泉市中心支行	酒泉市富康路31号	余跃泉	735000	(0937) 2677001
中国人民银行金塔县支行	金塔县解放路394号	王会昌	735300	(0937) 4418389
中国人民银行玉门市支行	玉门市新市区清泉路	张建军	735211	(0937) 3338966
中国人民银行瓜州县支行	瓜州县渊泉街33号	张耀文	736100	(0937) 5522520
中国人民银行敦煌市支行	敦煌市沙州北路4号	王彦东	736200	(0937) 8822983
中国人民银行定西市中心支行	定西市安定区西环路	吴金彪	743000	(0932) 8237801
中国人民银行陇西县支行	陇西县东环新村62号	许鸣雷	748100	(0932) 8237881
中国人民银行渭源县支行	渭源县清源镇下集139号	张龙生	748200	(0932) 8237941
中国人民银行通渭县支行	通渭县平襄镇西街59－1号	陈　东	743300	(0932) 8237921
中国人民银行临洮县支行	临洮县洮阳镇北关文峰西路开发区	刘　瑜	740500	(0932) 8237901
中国人民银行漳县支行	漳县武阳路48号	李凌云	748300	(0932) 8237961
中国人民银行岷县支行	岷县和平街	刘伟民	748400	(0932) 8237981
中国人民银行陇南市中心支行	武都区盘旋南路	冯宗敬	746000	(0939) 8266012
中国人民银行文县支行	文县城关东街	时玉珍	746400	(0939) 8266092
中国人民银行成县支行	成县陇南北路6号	张　明	742500	(0939) 8266060
中国人民银行康县支行	康县城关南街43号	焦保聚	746500	(0939) 8266134
中国人民银行宕昌县支行	宕昌县长征路56号	张汇文	748500	(0939) 8266077

续表

机 构 名 称	地 址	负责人	邮 编	电 话
中国人民银行西和县支行	西和县青年街83号	赵刚明	742100	(0939) 8266083
中国人民银行礼县支行	礼县城关环城南路	赵东平	742200	(0939) 8266127
中国人民银行徽县支行	徽县城关建新路4号	呼延合庆	742300	(0939) 8266105
中国人民银行两当县支行	两当县城关南路14号	赵鹤龄	742400	(0939) 8266110
中国人民银行临夏州中心支行	临夏市红园路49号	王宗祥	731100	(0930) 6241008
中国人民银行永靖县支行	永靖县川中路11号	安 毅	731600	(0930) 6241076
中国人民银行广河县支行	广河县东街26号	马国良	731300	(0930) 6241086
中国人民银行东乡县支行	东乡县锁南镇西大街14号	马庆廉	731400	(0930) 6241096
中国人民银行积石山县支行	积石山县吹麻滩镇大河路11号	党志明	731700	(0930) 6241102
中国人民银行康乐县支行	康乐县中街5号	王廷俊	731500	(0930) 6241108
中国人民银行甘南藏族自治州中心支行	合作市八一街	陈志远	747000	(0941) 8250128
中国人民银行临潭县支行	临潭县城关上郊口21号	周文新	747500	(0941) 8250080
中国人民银行卓尼县支行	卓尼县上城门街69号	李东海	747600	(0941) 8250090
中国人民银行夏河县支行	夏河县人民西街65号	张才让	747100	(0941) 8250110
中国人民银行迭部县支行	迭部县兴迭东街176号	武桂文	747400	(0941) 8250060
中国人民银行舟曲县支行	舟曲县城关镇南门108号	赵从辉	746300	(0941) 8250070

国家外汇管理局甘肃省分支机构名录

机 构 名 称	地 址	负责人	邮 编	电 话
国家外汇管理局白银市中心支局	白银市北京路171号	赵东芳（兼）	730900	(0943) 8269001
国家外汇管理局天水市中心支局	天水市秦州区建设路22号	马常青（兼）	741000	(0938) 8274088
国家外汇管理局嘉峪关市中心支局	嘉峪关市新华南路42号	安夏青（兼）	735100	(0937) 6320001
国家外汇管理局金昌市中心支局	金昌市新华西路3号	陈永明（兼）	737100	(0935) 8610501
国家外汇管理局武威市中心支局	武威市北大街17号	田 霏（兼）	733000	(0935) 2262180
国家外汇管理局张掖市中心支局	张掖市甘州区县府街47号	石建平（兼）	734000	(0936) 8235131
国家外汇管理局平凉市中心支局	平凉市崆峒区石家巷1号	牛立业（兼）	744000	(0933) 8268061
国家外汇管理局庆阳市中心支局	庆阳市西峰区长庆北路143号	杨光荣（兼）	745000	(0934) 8613086
国家外汇管理局酒泉市中心支局	酒泉市肃州区富康路31号	于跃泉（兼）	735000	(0937) 2677001
国家外汇管理局定西市中心支局	定西市安定区友谊南路11号	吴金彪（兼）	743000	(0932) 8237801
国家外汇管理局陇南市中心支局	陇南市武都区盘旋南路	冯宗敬（兼）	746000	(0939) 8212203
国家外汇管理局临夏州中心支局	临夏市红园路49号	王宗祥（兼）	731100	(0930) 6241008
国家外汇管理局甘南州中心支局	合作市八一街	陈志远（兼）	747000	(0941) 8250128
国家外汇管理局敦煌支局	敦煌市沙洲镇沙洲北路4号	王彦东（兼）	736200	(0937) 8829226

中国银行业监督管理委员会甘肃监管局分支机构名录

机构名称	地址	负责人	邮编	电话
中国银行业监督管理委员会白银银监分局	白银市长安路18号	马国俊	730900	(0943) 8290288
中国银行业监督管理委员会天水银监分局	天水市建设路42号	王　宏	741000	(0938) 8298668
中国银行业监督管理委员会嘉峪关银监分局	嘉峪关市雄关西路76号	刘亚萍	735100	(0937) 6285188
中国银行业监督管理委员会金昌银监分局	金昌市北京路83号	郭明君	737100	(0935) 8212296
中国银行业监督管理委员会武威银监分局	武威市凉州区胜利街4号	贺多智	733000	(0935) 2212116
中国银行业监督管理委员会张掖银监分局	张掖市甘州区南环路西延伸段	张满红	734000	(0936) 8226460
中国银行业监督管理委员会平凉银监分局	平凉市红旗街28号	丁玉阔	744000	(0933) 8212989
中国银行业监督管理委员会庆阳银监分局	庆阳市西峰区广厦新村	赵维峰	745000	(0934) 4168888
中国银行业监督管理委员会酒泉银监分局	酒泉市卫生街7号	徐曙光	735000	(0937) 2617559
中国银行业监督管理委员会定西银监分局	定西市安定区西环路	张天祀	743000	(0932) 8216777
中国银行业监督管理委员会陇南银监分局	陇南市武都区下较场	石治平	746000	(0939) 8219228
中国银行业监督管理委员会临夏银监分局	临夏市民主西路25号	田　军	731100	(0930) 6214290
中国银行业监督管理委员会甘南银监分局	甘南州合作市腾志北街	袁一峰	747000	(0941) 8232006

中国农业发展银行甘肃省分支机构名录

机构名称	地址	负责人	邮编	电话
中国农业发展银行甘肃省分行营业部	兰州市城关区皋兰路125号省统办2号楼6楼	方一颖	730030	(0931) 8859458
中国农业发展银行兰州市城关区支行	兰州市城关区中山路268号13楼	杨茂魁	730030	(0931) 8430940
中国农业发展银行兰州市七里河区支行	兰州市七里河区西津东路178号	罗永涛	730050	(0931) 2610641
中国农业发展银行兰州市西固区支行	兰州市西固区玉门街325号	宋玉田	730060	(0931) 7546868
中国农业发展银行兰州市红古区支行	兰州市红古区海石湾平安路490号	陈云霞	730084	(0931) 6214890
中国农业发展银行皋兰县支行	兰州市皋兰县石洞镇中心路	冯　全	730200	(0931) 5721318
中国农业发展银行榆中县支行	兰州市榆中县太白东路19号	石全林	730100	(0931) 5225134
中国农业发展银行永登县支行	兰州市永登县城关镇和平街4号	王崑山	730300	(0931) 6423343
中国农业发展银行白银市分行	白银市兰州路35号	王自斌	730900	(0943) 8223016
中国农业发展银行白银市分行营业部	白银市兰州路35号	张艳辉	730900	(0943) 8251933
中国农业发展银行景泰县支行	景泰县条山镇黄河路	杨文权	730400	(0943) 5526306
中国农业发展银行会宁县支行	会宁县会师路10号	雷振琴	730700	(0943) 3222543
中国农业发展银行白银市平川支行	白银市平川区兴平南路	张向民	730913	(0943) 6626056
中国农业发展银行天水市分行	天水市秦州区藉河南路13号	赵传勇	741000	(0938) 8622288

续表

机构名称	地址	负责人	邮编	电话
中国农业发展银行天水市分行营业部	天水市秦州区藉河南路13号	鲁红义	741000	(0938) 8623958
中国农业发展银行天水市麦积支行	天水市麦积开发区伯阳路	王晓明	741020	(0938) 2733069
中国农业发展银行武山县支行	武山县富强路62号	温新育	741300	(0938) 3422062
中国农业发展银行嘉峪关市分行	嘉峪关市新华中路8号	张俊明	735100	(0937) 6232530
中国农业发展银行金昌市分行	金昌市新华路72号	徐大元	737100	(0935) 8221835
中国农业发展银行金昌市分行营业部	金昌市新华路72号	周宏军	737100	(0935) 8334005
中国农业发展银行永昌县支行	永昌县东大街什字	李岩山	737200	(0935) 7522722
中国农业发展银行武威市分行	武威市东大街12号	景晓光	733000	(0935) 2222056
中国农业发展银行武威市凉州区支行	武威市东大街12号	李学元	733000	(0935) 6962128
中国农业发展银行民勤县支行	民勤县东大街38号	范志刚	733300	(0935) 4124638
中国农业发展银行天祝藏族自治县支行	天祝县华藏镇天堂路12号	曹永兰	733200	(0935) 3128920
中国农业发展银行古浪县支行	古浪县城建设路	杨文俊	733100	(0935) 5123861
中国农业发展银行张掖市分行	张掖市甘州区民主西街77号	吴尚德	734000	(0936) 8292126
中国农业发展银行张掖市甘州区支行	张掖市甘州区东街180号	张世明	734000	(0936) 8213041
中国农业发展银行临泽县支行	临泽县县府街247号	郭　斌	734200	(0936) 5522634
中国农业发展银行高台县支行	高台县人民西路与西城河路什字南角	邵明华	734300	(0936) 6626275
中国农业发展银行山丹县支行	山丹县王什街1号	侯秉忠	734100	(0936) 2723774
中国农业发展银行民乐县支行	民乐县西大街4号	李荣春	734500	(0936) 4423976
中国农业发展银行平凉市分行	平凉市崆峒区西大街57号	杨文玉	744000	(0933) 8229511
中国农业发展银行平凉市崆峒区支行	平凉市崆峒区延伸路	万凌汉	744000	(0933) 8223751
中国农业发展银行泾川县支行	泾川县北新街59号	戴登刚	744300	(0933) 3323636
中国农业发展银行庆阳市分行	庆阳市西峰区西大街236号	罗思锋	745000	(0934) 8227613
中国农业发展银行镇原县支行	镇原县中街5号	杨金祥	744500	(0934) 7122114
中国农业发展银行宁县支行	宁县新宁镇马莲路	段有理	745200	(0934) 6621545
中国农业发展银行庆阳市西峰区支行	庆阳市西峰区解放西路36号	王　宇	745000	(0934) 8619019
中国农业发展银行庆城县支行	庆城县南大街103号	阎宁锋	745100	(0934) 3221893
中国农业发展银行酒泉市分行	酒泉市肃州区东大街23号	汪玉贵	735000	(0937) 2636337
中国农业发展银行酒泉市肃州区支行	酒泉市肃州区东大街23号	王振平	735000	(0937) 2630010
中国农业发展银行敦煌市支行	敦煌市沙州北路10号	贾万春	736200	(0937) 8828305
中国农业发展银行玉门市支行	玉门市玉门镇新区清泉路北侧	李全银	735211	(0937) 3338861
中国农业发展银行瓜州县支行	瓜州县渊泉镇渊泉街85号	郭小宏	736100	(0937) 5523333
中国农业发展银行金塔县支行	金塔县金塔镇解放路356号	夏惠芸	735300	(0937) 4423549
中国农业发展银行定西市分行	安定区永定西路26号	张鹏君	743000	(0932) 8262928

续表

机构名称	地址	负责人	邮编	电话
中国农业发展银行定西市安定支行	安定区永定西路1号	鲍建林	743000	(0932) 8212298
中国农业发展银行陇西县支行	陇西县巩昌镇东城路中段	林　祥	748100	(0932) 6624031
中国农业发展银行岷县支行	岷县岷阳镇和平西路北城壕2号	蔺建军	748400	(0932) 7722473
中国农业发展银行通渭县支行	通渭县城北街31号	李陇平	743300	(0932) 5556442
中国农业发展银行陇南市分行	陇南市武都区城关镇盘旋东路	李　新	746000	(0939) 8217388
中国农业发展银行陇南市武都支行	陇南市武都区城关镇建设东路	王佐富	746000	(0939) 8213006
中国农业发展银行临夏回族自治州分行	临夏市自力路55号	王仲斌	731100	(0930) 6222958
中国农业发展银行临夏回族自治州分行营业部	临夏市自力路55号	曹长进	731100	(0930) 6223763
中国农业发展银行甘南藏族自治州分行	合作市当周街381号	张学友	747000	(0941) 8232600
中国农业发展银行甘南藏族自治州分行营业部	合作市当周街381号	毛　蔺	747000	(0941) 8232533

中国工商银行股份有限公司甘肃省分支机构名录

机构名称	地址	负责人	邮编	电话
中国工商银行股份有限公司甘肃省分行营业部	兰州市城关区庆阳路163号	郭一民	730030	(0931) 8444034
中国工商银行股份有限公司兰州金城支行	兰州市城关区庆阳路408号	李　宏	730030	(0931) 8444182
中国工商银行股份有限公司甘肃省分行营业部	兰州市城关区庆阳路163号	蒋立强	730030	(0931) 8444034
中国工商银行股份有限公司兰州金城支行	兰州市城关区庆阳路408号	李　宏	730030	(0931) 8444182
中国工商银行股份有限公司兰州城关支行	兰州市城关区武都路149号	王建青	730030	(0931) 8473204
中国工商银行股份有限公司兰州东岗支行	兰州市城关区定西南路475号	刘兆明	730000	(0931) 4800137
中国工商银行股份有限公司兰州七里河支行	兰州市七里河西津西路47号	马秉钰	730050	(0931) 2333106
中国工商银行股份有限公司兰州西固支行	兰州市西固区合水路43号	杨　林	730060	(0931) 7554739
中国工商银行股份有限公司兰州安宁支行	兰州市安宁区安宁西路399号	冯进玺	730070	(0931) 7757247
中国工商银行股份有限公司兰州红古支行	兰州市红古区海石湾平安路976号	喇　彬	730084	(0931) 6213129
中国工商银行股份有限公司兰州永登支行	永登县和平街2号	张树新	730090	(0931) 6423410
中国工商银行股份有限公司兰州八一支行	兰州市城关区南昌路796号	王　虎	730000	(0931) 8818364
中国工商银行股份有限公司兰州广场支行	兰州市城关区庆阳路77号	王多令	730030	(0931) 8886369
中国工商银行股份有限公司兰州汇通支行	兰州市城关区静宁路188号	王伯平	730030	(0931) 8444071
中国工商银行股份有限公司白银分行	白银市白银区人民路81号	王　贵	730900	(0943) 8213351
中国工商银行股份有限公司白银平川支行	白银市平川区大桥路18号	汪建国	730913	(0943) 6633611
中国工商银行股份有限公司白银靖远支行	靖远县城关镇东大街	吴玉根	730600	(0943) 6121127
中国工商银行股份有限公司白银景泰支行	白银市景泰县条山镇西街	寇宗范	730400	(0943) 5523064
中国工商银行股份有限公司天水分行	天水市秦州区建设路185号	杨爱军	741000	(0938) 8230699

续表

机构名称	地址	负责人	邮编	电话
中国工商银行股份有限公司天水麦积支行	天水市麦积区埠南路 26 号	张建荣	741020	(0938) 2736695
中国工商银行股份有限公司甘谷支行	甘谷县北大街 25 号	孔德生	741200	(0938) 5622508
中国工商银行股份有限公司武山支行	武山县富强路 62 号	董跃荣	741300	(0938) 3422628
中国工商银行股份有限公司秦安支行	秦安县新华街 70 号	陈效选	741600	(0938) 6526845
中国工商银行股份有限公司嘉峪关分行	嘉峪关市新华中路 476 号	田世春	735100	(0937) 6226094
中国工商银行股份有限公司金昌分行	金昌市金川区新华路 18 号	屠伟谷	737100	(0935) 8328919
中国工商银行股份有限公司河西堡支行	金昌市河西堡镇河雅路	张新平	737000	(0935) 7321831
中国工商银行股份有限公司永昌支行	金昌市永昌县东大街 1 号	苏万红	737200	(0935) 7522913
中国工商银行股份有限公司武威分行	武威市西大街 9 号	周玉龙	733000	(0935) 2267192
中国工商银行股份有限公司民勤支行	民勤县南大街 4 号	杨玉堂	733300	(0935) 4121471
中国工商银行股份有限公司天祝支行	天祝县祝贡路 34 号	陈　谦	733200	(0935) 3121528
中国工商银行股份有限公司武威武南支行	武威市武南镇	崔国卿	733000	(0935) 2716106
中国工商银行股份有限公司张掖分行	张掖市甘州区县府街 99 号	张辉明	734000	(0936) 8214656
中国工商银行股份有限公司山丹支行	山丹县南大街 8 号	黄文胜	734100	(0936) 2721064
中国工商银行股份有限公司民乐支行	民乐县西大街 12 号	岳新明	734500	(0936) 4421426
中国工商银行股份有限公司临泽支行	临泽县西关街 164 号	周国东	734200	(0936) 5521846
中国工商银行股份有限公司高台支行	高台县人民西路 31 号	赵　臻	734300	(0936) 6626957
中国工商银行股份有限公司平凉分行	平凉市崆峒区西大街 75 号	袁　桃	744000	(0933) 8213075
中国工商银行股份有限公司华亭支行	华亭县东大街 520 号	王明亮	744100	(0933) 7721588
中国工商银行股份有限公司泾川支行	泾川县中山街 15 号	唐书牧	744300	(0933) 3321416
中国工商银行股份有限公司静宁支行	静宁县中街 131 号	张银顺	743400	(0933) 2521233
中国工商银行股份有限公司庆阳分行	庆阳市西峰区西大街 232 号	赵兴宁	754000	(0934) 8271209
中国工商银行股份有限公司庆城支行	庆城县城西大街 1 号	张　军	745100	(0934) 3222354
中国工商银行股份有限公司镇原支行	镇原县城中街 8 号	李众海	744500	(0934) 7121249
中国工商银行股份有限公司宁县支行	宁县城九龙路 2 号	俄　宏	745200	(0934) 6622957
中国工商银行股份有限公司正宁支行	正宁县城团结路 8 号	戴亦博	745300	(0934) 6121164
中国工商银行股份有限公司酒泉分行	酒泉市肃州区北大街 3 号	唐红武	735000	(0937) 2615549
中国工商银行股份有限公司玉门支行	玉门市北坪区安康路 4 号	何　江	735200	(0937) 3922581
中国工商银行股份有限公司敦煌支行	敦煌市阳关中路 15 号	范海鹰	736200	(0937) 8821450
中国工商银行股份有限公司瓜州支行	瓜州县南大街 16 号	孙天云	736100	(0937) 5521655
中国工商银行股份有限公司金塔支行	金塔县解放路 384 号	肖海鹰	735300	(0937) 4421206
中国工商银行股份有限公司定西分行	定西市安定区中华路大什字	张厚斌	743000	(0932) 8212721
中国工商银行股份有限公司陇西支行	陇西县巩昌镇万寿街 3 号	陈　智	748100	(0932) 6622010

续表

机构名称	地址	负责人	邮编	电话
中国工商银行股份有限公司临洮支行	临洮县东大街2号	付建军	730500	(0932) 2242266
中国工商银行股份有限公司岷县支行	岷县和平街75号	车吉平	748400	(0932) 7722091
中国工商银行股份有限公司陇南分行	陇南市武都区盘旋路6号	陈卫平	746000	(0939) 8212881
中国工商银行股份有限公司成县支行	成县东新街20号	冯　炜	742500	(0939) 3221920
中国工商银行股份有限公司文县支行	文县县城十字街61号	黄海波	746400	(0939) 5522152
中国工商银行股份有限公司西和支行	西和县南大街10号	何　伟	742100	(0939) 6621486
中国工商银行股份有限公司徽县支行	徽县城关南街	张　伟	742300	(0939) 7521067
中国工商银行股份有限公司临夏分行	临夏市团结路50号	陈力明	731100	(0930) 6210493
中国工商银行股份有限公司永靖支行	永靖县刘家峡镇川东路125号	刘永平	731600	(0930) 8832441
中国工商银行股份有限公司甘南分行	合作市碌曲路18号	王志勇	747000	(0941) 8213315
中国工商银行股份有限公司迭部支行	迭部县兴迭东街8号	孙　静	747400	(0941) 5622146
中国工商银行股份有限公司玛曲支行	玛曲县团结东路72号	王礼慧	747300	(0941) 6121012
中国工商银行股份有限公司甘肃矿区分行	兰州市85信箱乙-5号	伊万平	732850	(0937) 6765288
中国工商银行股份有限公司东风场区分行	兰州市27支局48信箱106号	王岩刚	732750	(0937) 2468051
中国工商银行股份有限公司东风场区河东里支行	酒泉市14支局128号	张旭全	735018	(0937) 2437398

中国农业银行股份有限公司甘肃省分支机构名录

机构名称	地址	负责人	邮编	电话
中国农业银行股份有限公司甘肃省分行营业部	兰州市城关区金昌路78号	张远军	730030	(0931) 8895240
中国农业银行股份有限公司兰州城关支行	兰州市城关区鼓楼巷75号	魏孔彦	730030	(0931) 4660017
中国农业银行股份有限公司兰州七里河支行	兰州市七里河区西津东路490号	苏小龙	730050	(0931) 2660093
中国农业银行股份有限公司兰州西固支行	兰州市西固区福利西路44号	王元珑	730060	(0931) 7554992
中国农业银行股份有限公司兰州安宁支行	兰州市安宁区安宁西路558号	李积奎	730070	(0931) 7668531
中国农业银行股份有限公司兰州红古支行	兰州市红古区海石路56号	施德元	730084	(0931) 6211214
中国农业银行股份有限公司兰州金城支行	兰州市城关区金昌北路108号	杨小林	730030	(0931) 8895014
中国农业银行股份有限公司兰州高新技术开发区支行	兰州市城关区南昌路542号	武建荣	730000	(0931) 8264550
中国农业银行股份有限公司兰州金穗支行	兰州市庆阳路251号	刘秉雄	730030	(0931) 8468890
中国农业银行股份有限公司兰州中央广场支行	兰州市城关区酒泉路408号	陶天舒	730030	(0931) 8471110
中国农业银行股份有限公司榆中县支行	榆中县城关镇栖云北路2号	魏存德	730100	(0931) 5221797
中国农业银行股份有限公司皋兰县支行	皋兰县城关镇北辰路137号	胡永青	730200	(0931) 5721001
中国农业银行股份有限公司永登县支行	永登县城关镇永窑路48号	郑国强	730300	(0931) 6422252
中国农业银行股份有限公司白银分行	白银市白银区纺织路173号	王　飞	730900	(0943) 8221982

续表

机构名称	地址	负责人	邮编	电话
中国农业银行股份有限公司白银西区支行	白银市北京路508号	罗继林	730900	(0943) 8240654
中国农业银行股份有限公司白银白银区支行	白银市白银区人民路98号	张林喜	730900	(0943) 8222916
中国农业银行股份有限公司白银平川支行	白银市平川区长征东路86号	李　平	730913	(0943) 6622643
中国农业银行股份有限公司靖远县支行	靖远县南大街	芦有春	730600	(0943) 6122135
中国农业银行股份有限公司会宁县支行	会宁县会师镇北大街9号	任育林	730700	(0943) 3221220
中国农业银行股份有限公司景泰县支行	景泰县条山镇西街3号	焦学元	730400	(0943) 5523022
中国农业银行股份有限公司天水分行	天水市秦州区中心广场	杨　军	741000	(0938) 8212166
中国农业银行股份有限公司天水秦州支行	天水市秦州区民主东路55号	逯刚军	741000	(0938) 8298348
中国农业银行股份有限公司天水麦积支行	天水市麦积区兴陇路	李全德	741020	(0938) 2736744
中国农业银行股份有限公司甘谷县支行	甘谷县城关镇北大街29号	费云中	741200	(0938) 5624047
中国农业银行股份有限公司武山县支行	武山县城关镇公园路16号	吴瑞俭	741300	(0938) 3421432
中国农业银行股份有限公司清水县支行	清水县中山路13号	时志强	741400	(0938) 7151624
中国农业银行股份有限公司张家川回族自治县支行	张家川县张川镇人民东路4号	张继祖	741500	(0938) 7881255
中国农业股份有限公司银行秦安县支行	秦安县兴国路11号	成小录	741600	(0938) 6521440
中国农业银行股份有限公司嘉峪关分行	嘉峪关市新华中路37号	辛建平	735100	(0937) 6226596
中国农业银行股份有限公司金昌分行	金昌市公园路6号	杨霖辉	737100	(0935) 8224413
中国农业银行股份有限公司金昌金川支行	金昌市新华路72号	田伟奎	737100	(0935) 8213320
中国农业银行股份有限公司金昌河西堡支行	金昌市河西堡镇永河路	洪　毅	737100	(0935) 7321418
中国农业银行股份有限公司永昌县支行	永昌县城关镇东大街	蒲有才	737200	(0935) 7522314
中国农业银行股份有限公司武威分行	武威市凉州区东大街183号	谢宗胜	733000	(0935) 2212792
中国农业银行股份有限公司武威城区支行	武威市凉州区东大街183号	姜炯基	733000	(0935) 2227720
中国农业银行股份有限公司武威凉州支行	武威市东大街183号	胡　阳	733000	(0935) 2215332
中国农业银行股份有限公司民勤县支行	民勤县城东大街5号	王生奇	733300	(0935) 4122473
中国农业银行股份有限公司古浪县支行	古浪县中心路33号	田开玉	733100	(0935) 5121176
中国农业银行股份有限公司天祝藏族自治县支行	天祝县华藏寺镇天堂路11号	孔德光	733200	(0935) 3121166
中国农业银行股份有限公司张掖分行	张掖市东街大什字	徐杨春	734000	(0936) 8214436
中国农业银行股份有限公司张掖甘州支行	张掖市甘州区东街大什字东南角	柯建军	734000	(0936) 8219027
中国农业银行股份有限公司张掖西区支行	张掖市甘州区西大街富民小区C30号楼	鲁笑来	734000	(0936) 8228058
中国农业银行股份有限公司临泽县支行	泽县县府街439号	王　锋	734200	(0936) 5521092
中国农业银行股份有限公司山丹县支行	山丹县东大街31号	李玉春	734100	(0936) 2721456
中国农业银行股份有限公司民乐县支行	民乐县西大街4号	廖永俊	734500	(0936) 4421179
中国农业银行股份有限公司高台县支行	高台县解放南路1号	李万江	734300	(0936) 6621886
中国农业银行股份有限公司肃南裕固族自治县支行	肃南县红湾镇马蹄路2号	李玉民	734400	(0936) 6121217

续表

机构名称	地址	负责人	邮编	电话
中国农业银行股份有限公司平凉分行	平凉市中山街48号	魏高山	744000	(0933) 8212553
中国农业银行股份有限公司平凉崆峒支行	平凉市崆峒区东大街31号	王向东	744000	(0933) 8213065
中国农业银行股份有限公司华亭县支行	华亭县城东大街152号	郭若平	744100	(0933) 7721382
中国农业银行股份有限公司泾川县支行	泾川县城安定街21号	薛海成	744300	(0933) 3321261
中国农业银行股份有限公司灵台县支行	灵台县中台镇西大街2号	杨发海	744400	(0933) 3621345
中国农业银行股份有限公司静宁县支行	静宁县城关镇中街5号	王继斌	743400	(0933) 2521492
中国农业银行股份有限公司庄浪县支行	庄浪县水洛镇东关街07号	李晓兵	744600	(0933) 6621551
中国农业银行股份有限公司崇信县支行	崇信县团结路14号	曹金林	744200	(0933) 6121376
中国农业银行股份有限公司庆阳分行	庆阳市解放西路88号	徐灵合	745000	(0394) 8612942
中国农业银行股份有限公司庆阳西峰支行	庆阳市西峰区东大街72号	张建民	745000	(0394) 8212340
中国农业银行股份有限公司庆城县支行	庆城县北开发区	贾义平	745100	(0394) 3222746
中国农业银行股份有限公司镇原县支行	镇原县茹河街1号	金　波	744500	(0394) 7121247
中国农业银行股份有限公司宁县支行	宁县新宁镇人民路8号	姚晓飞	745200	(0394) 6622188
中国农业银行股份有限公司正宁县支行	正宁县城南街1号	李平馥	745300	(0394) 6121621
中国农业银行股份有限公司华池县支行	华池县中街25号	郭勤铭	745600	(0394) 5121305
中国农业银行股份有限公司合水县支行	合水县文化西路004号	董建军	745400	(0394) 5521026
中国农业银行股份有限公司环县支行	环县县城中街241号	焦　兵	745700	(0394) 4421754
中国农业银行股份有限公司酒泉分行	酒泉市盘旋东路2号	向铁军	735000	(0937) 2613773
中国农业银行股份有限公司酒泉肃州支行	酒泉市卫生街1号	杨　军	735000	(0937) 2623269
中国农业银行股份有限公司玉门市支行	玉门市解放门	田多斌	735200	(0937) 6991669
中国农业银行股份有限公司敦煌市支行	敦煌市阳关中路27号	袁建国	736200	(0937) 8822599
中国农业银行股份有限公司瓜州县支行	瓜州县南大街18号	张文杰	736100	(0937) 5521075
中国农业银行股份有限公司金塔县支行	金塔县金塔镇解放路389号	牛　勇	735300	(0937) 4421796
中国农业银行股份有限公司肃北蒙古族自治县支行	肃北县党城湾镇东街	蔡德全	736300	(0937) 8122397
中国农业银行股份有限公司阿克塞哈萨克自治县支行	阿克塞红柳湾镇团结区32号	张　伟	736400	(0937) 8322449
中国农业银行股份有限公司定西分行	定西市安定区解放路85号	周占斌	743000	(0932) 8212707
中国农业银行股份有限公司定西安定支行	定西市安定区永定西路1号	景宣东	743000	(0932) 8213318
中国农业银行股份有限公司通渭县支行	通渭县平襄镇南街6号	何　智	743300	(0932) 5556125
中国农业银行股份有限公司陇西县支行	陇西县巩昌镇景家桥1号	张建华	748100	(0932) 6622226
中国农业银行股份有限公司漳县支行	漳县城关武阳路60号	李俊彪	748300	(0932) 4862100
中国农业银行股份有限公司岷县支行	岷县和平街74号	郝晓明	748400	(0932) 7722361
中国农业银行股份有限公司渭源县支行	渭源县清源镇首阳路22号	雒素庸	748200	(0932) 4132244
中国农业银行股份有限公司临洮县支行	临洮县北大街1号	何信忠	730500	(0932) 2242259

续表

机　构　名　称	地　　址	负责人	邮　编	电　　话
中国农业银行股份有限公司陇南分行	陇南市武都区下北山西路教场坝226号	王宪俊	746000	(0939) 8213072
中国农业银行股份有限公司陇南武都支行	陇南市武都区教场东路南侧212线东城大厦	吴　强	746000	(0939) 8212438
中国农业银行股份有限公司康县支行	康县城关镇中街6号	林　明	746500	(0939) 5121527
中国农业银行股份有限公司成县支行	成县陇南北路	王维科	742500	(0939) 3203151
中国农业银行股份有限公司文县支行	文县城关镇马家街34号	后晓云	746400	(0939) 5522132
中国农业银行股份有限公司宕昌县支行	宕昌县城关镇人民街64号	吕永新	748500	(0939) 6121325
中国农业银行股份有限公司西和县支行	西和县汉源镇南大街	王　刚	742100	(0939) 6621911
中国农业银行股份有限公司礼县支行	礼县城关镇北大街20号	何俊峰	742200	(0939) 4422541
中国农业银行股份有限公司徽县支行	徽县城关镇宝徽大厦11楼	冯永强	742300	(0939) 7521676
中国农业银行股份有限公司两当县支行	两当县城关镇南街2号	王　立	742400	(0939) 7121564
中国农业银行股份有限公司临夏分行	临夏市北大街1号	海明钧	731100	(0930) 6228949
中国农业银行股份有限公司临夏市支行	临夏市解放路111号	尚凤鸣	731100	(0930) 6313560
中国农业银行股份有限公司临夏县支行	临夏县韩集镇前街26	马子虎	731800	(0930) 3222176
中国农业银行股份有限公司积石山保安族东乡族撒拉族自治县支行	积石山县吹麻滩镇临夏路3号	冶成义	731700	(0930) 7721511
中国农业银行股份有限公司永靖县支行	永靖县刘家峡镇川东路147号	孔令旭	731600	(0930) 8832661
中国农业银行股份有限公司东乡族自治县支行	东乡县锁南镇东西大街75号	妥建雄	731400	(0930) 7121338
中国农业银行股份有限公司和政县支行	和政县横街6号	马明成	731200	(0930) 5521365
中国农业银行股份有限公司广河县支行	临夏回族自治州广河县城关镇西街35号	张小明	731300	(0930) 5623306
中国农业银行股份有限公司康乐县支行	康乐县附城镇西街68号	马红玉	731500	(0930) 4421274
中国农业银行股份有限公司甘南分行	合作市盘旋路66号	杨海元	747000	(0941) 8211381
中国农业银行股份有限公司合作市支行	合作市人民街市国税局1楼	尕藏才让	747000	(0941) 8213480
中国农业银行股份有限公司临潭县支行	临潭县城关镇南大街14号	孙宝林	747500	(0941) 3123129
中国农业银行股份有限公司卓尼县支行	卓尼县柳林镇民主街48号	吴玉才	747600	(0941) 3621766
中国农业银行股份有限公司舟曲县支行	舟曲县城关乡北街10号	李鹏程	746300	(0941) 5122197
中国农业银行股份有限公司迭部县支行	迭部县兴迭东街12号	郭斌爱	747400	(0941) 5622418
中国农业银行股份有限公司玛曲县支行	玛曲县支行团结路64号	牛志海	747300	(0941) 6121789
中国农业银行股份有限公司夏河县支行	夏河县人民东街11号	李世剑	747100	(0941) 7121553
中国农业银行股份有限公司碌曲县支行	碌曲县勒尔多西路	王世辉	747200	(0941) 6621250
中国农业银行股份有限公司兰州金昌路支行	兰州市城关区金昌路108号	贠建华	730030	(0931) 8895033
中国农业银行股份有限公司甘肃省分行营业部内控合规办事处	兰州市城关区金昌路108号	王尚仁	730030	(0931) 8895210
中国农业银行股份有限公司白银分行内控合规办事处	白银市白银区纺织路173号	马俊智	730900	(0943) 8221030
中国农业银行股份有限公司天水分行内控合规办事处	天水市秦州区中心广场	漆桂生	741000	(0938) 8296636
中国农业银行股份有限公司武威分行内控合规办事处	武威市凉州区东大街183号	张文亮	733000	(0935) 2213287

续表

机　构　名　称	地　　址	负责人	邮　编	电　话
中国农业银行股份有限公司张掖分行内控合规办事处	张掖市东街大什字	侯友国	734000	（0936）8214877
中国农业银行股份有限公司平凉分行内控合规办事处	平凉市中山街48号	张　宜	744000	（0933）8215077
中国农业银行股份有限公司庆阳分行内控合规办事处	庆阳市解放西路88号	杨崇玺	745000	（0934）8613816
中国农业银行股份有限公司酒泉分行内控合规办事处	酒泉市盘旋东路2号	王永喜	735000	（0937）2664926
中国农业银行股份有限公司定西分行内控合规办事处	定西市安定区解放路85号	任天军	743000	（0932）8212821
中国农业银行股份有限公司陇南分行内控合规办事处	陇南市武都区下北山西路教场坝226号	王欣生	746000	（0939）8210836
中国农业银行股份有限公司临夏分行内控合规办事处	临夏市北大街1号	马玉成	731100	（0930）6221439
中国农业银行股份有限公司甘南分行内控合规办事处	合作市盘旋路66号	宗世林	747000	（0941）8215910

中国银行股份有限公司甘肃省分支机构名录

机　构　名　称	地　　址	负责人	邮　编	电　话
中国银行股份有限公司兰州市城关支行	兰州市城关区广场南路79号	魏成全	730030	（0931）8864666
中国银行股份有限公司兰州市嘉峪关东路支行	兰州市嘉峪关东路615－617号	段朝赟	730000	（0931）8650907
中国银行股份有限公司兰州市五泉山支行	兰州市城关区和平新村77号	赵孜辉	730000	（0931）8244022
中国银行股份有限公司兰州市五泉广场支行	兰州市城关区火车站西路722号	杨乔英	730000	（0931）8121955
中国银行股份有限公司兰州市东岗西路支行	兰州市城关区东岗西路704号	梁万虎	730030	（0931）8822468
中国银行股份有限公司兰州市民主东路支行	兰州市城关区民主东路331－5号	王继荣	730000	（0931）4630492
中国银行股份有限公司兰州市盐场路支行	兰州市城关区盐场路334号	戴建中	730046	（0931）8341438
中国银行股份有限公司兰州市金轮广场支行	兰州市城关区和政东路191号	赵瑞丽	730000	（0931）4633125
中国银行股份有限公司兰州市耿家庄支行	兰州市城关区平凉路427号	李彦虎	730000	（0931）8787892
中国银行股份有限公司兰州市飞机场支行	兰州市城关区嘉峪关西路248号	张效春	730000	（0931）8496267
中国银行股份有限公司兰州市火车站支行	兰州市城关区天水南路29号	蒋昌莉	730000	（0931）8419318
中国银行股份有限公司兰州市八冶支行	兰州市城关区定西路八冶兰州基地北院高层住宅1楼	李东霞	730000	（0931）8622079
中国银行股份有限公司兰州市定西路支行	兰州市城关区定西路55号	魏　莉	730000	（0931）8615236
中国银行股份有限公司兰州市七里河支行	兰州市七里河区西津东路477号	王学军	730050	（0931）2653256
中国银行股份有限公司兰州市西站支行	兰州市七里河区西津西路59号	乔冠霖	730050	（0931）2337558
中国银行股份有限公司兰州市敦煌路支行	兰州市七里河区敦煌路591号	郭兰杰	730050	（0931）2331044
中国银行股份有限公司兰州市西关什字支行	兰州市城关区中山路140号	陈　娟	730030	（0931）8467214
中国银行股份有限公司兰州市西津广场支行	兰州市七里河区西津东路575号	刘克瑄	730050	（0931）2651933
中国银行股份有限公司兰州市酒泉路支行	兰州市城关区酒泉路49号	胡宇宏	730030	（0931）8478322
中国银行股份有限公司兰州市中山林支行	兰州市城关区民主西路305号	冯晓霆	730030	（0931）8110966
中国银行股份有限公司兰州市白银路支行	兰州市城关区白银路96号	卡玉玲	730000	（0931）8461650

续表

机构名称	地址	负责人	邮编	电话
中国银行股份有限公司兰州市西固支行	兰州市西固区合水路89号	包　丽	730060	(0931) 7366771
中国银行股份有限公司兰州市福利西路支行	兰州市西固区福利西路735号	陈　渊	730060	(0931) 7556673
中国银行股份有限公司兰州市福利路支行	兰州市西固区福利路136号	路雪松	730060	(0931) 7553468
中国银行股份有限公司兰州市山丹街支行	兰州市西固区山丹街136号	张林春	730060	(0931) 7561933
中国银行股份有限公司兰州市明生广场支行	兰州市西固区公园路438号	周　会	730060	(0931) 7548699
中国银行股份有限公司兰州市牌坊路支行	兰州市西固区庄浪东路121号	张明富	730060	(0931) 7584399
中国银行股份有限公司兰州市庆阳路支行	兰州市城关区庆阳路89号	王　鑫	730030	(0931) 8414839
中国银行股份有限公司兰州市静宁路支行	兰州市城关区静宁路89－91号	韩雪琴	730030	(0931) 4662033
中国银行股份有限公司兰州市武都路支行	兰州市城关区武都路438号	马永军	730030	(0931) 8463897
中国银行股份有限公司兰州市平凉路支行	兰州市城关区平凉路665号	李晓云	730030	(0931) 8803699
中国银行股份有限公司兰州市双城门支行	兰州市城关区庆阳路广星大厦1楼	王　斌	730030	(0931) 8487738
中国银行股份有限公司兰州市广场西口支行	兰州市城关区武都路28号	扈　勇	730030	(0931) 8840763
中国银行股份有限公司兰州市甘南路支行	兰州市城关区甘南路陈家湾子30号	关烈云	730030	(0931) 8826080
中国银行股份有限公司兰州市甘南中路支行	兰州市城关区甘南路462号	梁麟明	730030	(0931) 8812295
中国银行股份有限公司兰州市雁滩支行	兰州市城关区雁南路1266号	赵新平	730030	(0931) 8552062
中国银行股份有限公司兰州市天庆花园支行	兰州市城关区雁滩路2796号	赵　剑	730020	(0931) 8555399
中国银行股份有限公司兰州市东湖支行	兰州市城关区南昌路89号	王丽娜	730000	(0931) 8264067
中国银行股份有限公司兰州市雁滩路支行	兰州市城关区雁滩路3614－2号	王　琪	730000	(0931) 8502243
中国银行股份有限公司兰州市南昌路支行	兰州市城关区南昌路479号	焦德鸿	730000	(0931) 8270841
中国银行股份有限公司兰州市安宁支行	兰州市安宁区万新南路86号	郗选荣	730070	(0931) 7665699
中国银行股份有限公司兰州市安宁西路支行	兰州市安宁区安宁西路624号	王　斌	730070	(0931) 7666744
中国银行股份有限公司兰州市安宁东路支行	兰州市安宁区安宁东路564号	孙　锐	730070	(0931) 7665953
中国银行股份有限公司兰州市科技城支行	兰州市安宁区安宁西路151号	阎成才	730070	(0931) 7660155
中国银行股份有限公司兰州市金城支行	兰州市城关区金昌南路213号	程春兰	730030	(0931) 8413165
中国银行股份有限公司兰州市中央广场支行	兰州市城关区张掖路81号	喇延学	730030	(0931) 8106132
中国银行股份有限公司兰州市滨河支行	兰州市城关区天水北路1号	段宏涛	730030	(0931) 8893676
中国银行股份有限公司兰州市大教梁支行	兰州市城关区兰州市平凉路大教梁12号	孟　杰	730030	(0931) 8413441
中国银行股份有限公司兰州市广武门支行	兰州市城关区秦安路4号	韦兴钰	730030	(0931) 8859187
中国银行股份有限公司兰州市金昌路支行	兰州市城关区民主西路97号	牟源明	730000	(0931) 8121535
中国银行股份有限公司白银分行	白银市白银区红星街286号	郭　凯	730900	(0943) 8225026
中国银行股份有限公司天水分行	天水市秦州区建设路8号	张九龄	741000	(0938) 8214781
中国银行股份有限公司天水市麦积支行	天水市麦积区埠南路45号	田小青	741020	(0938) 2736526
中国银行股份有限公司嘉峪关分行	嘉峪关市新华中路42号	张益军	735100	(0937) 6280643

续表

机　构　名　称	地　　址	负责人	邮　编	电　　话
中国银行股份有限公司嘉峪关核城支行	嘉峪关市中核四0四总公司生活基地碧波园底商碧A－1－5	王　强	735100	(0937) 6788109
中国银行股份有限公司嘉峪关市新南支行	嘉峪关市新华南路8号	龚冬霞	735100	(0937) 6222754
中国银行股份有限公司嘉峪关市酒钢支行	嘉峪关市酒钢公司交易大厅	周鸿岩	735100	(0937) 6231026
中国银行股份有限公司嘉峪关市世纪园支行	嘉峪关市大众街26号楼3号	贾素芬	735100	(0937) 6282044
中国银行股份有限公司嘉峪关市雄关广场支行	嘉峪关市绿景苑1楼6号	汪进琦	735100	(0937) 6321116
中国银行股份有限公司嘉峪关市新华中路支行	嘉峪关市新华中路24－8号	罗鹏飞	735100	(0937) 6226538
中国银行股份有限公司金昌分行	金昌市新华路	张德华	737100	(0935) 8214014
中国银行股份有限公司金昌市金汇里支行	金昌市金汇里	申志玲	737100	(0935) 8212421
中国银行股份有限公司金昌市金川支行	金昌市北京路	周　芳	737100	(0935) 8216736
中国银行股份有限公司武威分行	武威市凉州区西大街21号	艾明义	733000	(0935) 2235206
中国银行股份有限公司武威市盘旋路支行	武威市凉州区南关西路10号	张　庆	733000	(0935) 2214179
中国银行股份有限公司武威市南街支行	武威市凉州区南大街36号	包正雄	733000	(0935) 2251240
中国银行股份有限公司张掖分行	张掖市东大街什字西北角	于立人	734000	(0936) 8214534
中国银行股份有限公司张掖市县府街支行	张掖市张掖宾馆大门北侧	赵秀梅	734000	(0936) 8214013
中国银行股份有限公司平凉分行	平凉市崆峒区西大街17号	赵　军	744000	(0933) 8214925
中国银行股份有限公司平凉市西大街支行	平凉市崆峒区西大街银河大厦1楼	李志斌	744000	(0933) 8214642
中国银行股份有限公司华亭支行	华亭县城东大街132号	杨震荣	744100	(0933) 7727110
中国银行股份有限公司庆阳分行	庆阳市西峰区西大街66号	金　华	745000	(0934) 8228203
中国银行股份有限公司庆阳市北街支行	庆阳市西峰区北大街151号	杨忠宁	745000	(0934) 8615901
中国银行股份有限公司庆阳市东街支行	庆阳市西峰区九龙路107号	马　菁	745000	(0934) 8215561
中国银行股份有限公司庆阳市南街支行	庆阳市西峰区南大街412号	脱文贤	745000	(0934) 8685672
中国银行股份有限公司庆阳市西街支行	庆阳市西峰区长庆南路60号	付丽芳	745000	(0934) 8226482
中国银行股份有限公司庆城支行	庆城县城北关8号	周湘评	745100	(0934) 3221588
中国银行股份有限公司酒泉分行	酒泉市肃州区东大街90号	赵利军	735000	(0937) 2634446
中国银行股份有限公司酒泉市北街支行	酒泉市肃州区北大街3号	杜　彬	735000	(0937) 2612701
中国银行股份有限公司酒泉市盘旋路支行	酒泉市肃州区解放路33号	陈　全	735000	(0937) 2616054
中国银行股份有限公司酒泉市新城支行	酒泉石油基地中心商贸区3号楼	金　星	735000	(0937) 3950658
中国银行股份有限公司敦煌支行	敦煌市阳关中路13号	杨　明	736200	(0937) 8823515
中国银行股份有限公司定西分行	定西市安定区永定东路60号	彭政文	743000	(0932) 8360771
中国银行股份有限公司陇南分行	陇南市武都区盘旋西路163号	邓春明	746000	(0939) 8215597
中国银行股份有限公司陇南市武都支行	陇南市武都区政府招待所1楼	田　芳	746000	(0939) 8215824
中国银行陇南市盘旋东路支行	陇南市武都区盘旋东路	李阳学	746000	(0939) 8217007
中国银行股份有限公司临夏分行	临夏回族自治州临夏市解放路57号	马效明	731100	(0930) 6314257

中国建设银行股份有限公司甘肃省分支机构名录

机构名称	地址	负责人	邮编	电话
中国建设银行股份有限公司甘肃省分行营业部	兰州市秦安路77号	陈雪蓓	730030	(0931) 4891668
中国建设银行股份有限公司兰州城关支行	兰州市城关区金昌北路59号	许建平	730030	(0931) 8820412
中国建设银行股份有限公司兰州中山路支行	兰州市城关区庆阳路486号	朱彤宇	730030	(0931) 8487638
中国建设银行股份有限公司兰州开发区支行	兰州市城关区东岗西路230号	尹　峰	730000	(0931) 8264155
中国建设银行股份有限公司兰州拱星墩支行	兰州市城关区东岗东路1425号(劳动宾馆旁)	王　珏	730000	(0931) 8674226
中国建设银行股份有限公司兰州草场街支行	兰州市城关区佛慈大街33号	寇　伟	730030	(0931) 8352981
中国建设银行股份有限公司兰州庆阳路支行	兰州市城关区庆阳路296号	鲁海岚	730030	(0931) 8479047
中国建设银行股份有限公司榆中支行	榆中县栖云南路2号	彭敬东	730100	(0931) 5221764
中国建设银行股份有限公司皋兰支行	皋兰县北辰路354号	冯国春	730200	(0931) 5721499
中国建设银行股份有限公司和平支行	榆中县和平镇博文学院大门西侧	刘生培	730101	(0931) 5270399
中国建设银行股份有限公司兰州大砂坪支行	兰州市城关区佛慈大街120号	常　青	730020	(0931) 8365101
中国建设银行股份有限公司兰州高新支行	兰州市城关区南河路1500号	庄　瑾	730000	(0931) 8554597
中国建设银行股份有限公司兰州广场东口支行	兰州市城关区东岗西路662号	郝明霞	730030	(0931) 8813602
中国建设银行股份有限公司兰州南昌路支行	兰州市城关区渭源路199号	冯玉平	730030	(0931) 8275100
中国建设银行股份有限公司兰州张掖路支行	兰州市城关区通渭路15号	李英红	730030	(0931) 8462363
中国建设银行股份有限公司兰州铁路支行	兰州市城关区皋兰路35号	薛　靖	730030	(0931) 8813344
中国建设银行股份有限公司兰州西站支行	兰州市七里河区西站西路56号	金　熙	730050	(0931) 2338205
中国建设银行股份有限公司兰州东岗支行	兰州市城关区天水南路73号	韩兴旺	730000	(0931) 8875735
中国建设银行股份有限公司兰州民主西路支行	兰州市城关区民主西路5号	董豫军	730030	(0931) 4811728
中国建设银行股份有限公司兰州农民巷支行	兰州市城关区东郊巷17号	杨光斌	730030	(0931) 8725413
中国建设银行股份有限公司兰州甘南路支行	兰州市城关区甘南路	路振华	730030	(0931) 8400813
中国建设银行股份有限公司兰州团结新村支行	兰州市城关区红星巷123号	李生华	730030	(0931) 8616486
中国建设银行股份有限公司兰州铁路局支行	兰州市城关区和政东街191号	胡金辉	730030	(0931) 4937487
中国建设银行股份有限公司兰州电力支行	兰州市七里河区西津东路435号	毕业庆	730050	(0931) 2651668
中国建设银行股份有限公司兰州光明支行	兰州市七里河区西津东路667号	邵　宏	730050	(0931) 2650178
中国建设银行股份有限公司兰州西津西路支行	兰州市七里河区西津西路470号	赵翠丽	730050	(0931) 2335069
中国建设银行股份有限公司兰州电力支行营业室	兰州市七里河区西津东路487号	蒋　平	730050	(0931) 2650648
中国建设银行股份有限公司兰州敦煌路支行	兰州市七里河区敦煌路125号	陈黎明	730050	(0931) 2334433
中国建设银行股份有限公司兰州中山林支行	兰州市城关区酒泉路14号	曹　红	730030	(0931) 8405462
中国建设银行股份有限公司兰州兰园支行	兰州市城关区武都路167号	郭亚玲	730030	(0931) 8462446
中国建设银行股份有限公司兰州嘉峪关路支行	兰州市城关区嘉峪关西路340号	李晓辉	730030	(0931) 8654114

续表

机构名称	地址	负责人	邮编	电话
中国建设银行股份有限公司兰州安宁支行	兰州市安宁区安宁西路504号	贺新强	730070	(0931) 7666801
中国建设银行股份有限公司兰州黄河支行	兰州市安宁区北滨河西路67号	张　钫	730070	(0931) 7703719
中国建设银行股份有限公司兰州七里河支行	兰州市七里河区滨河南路电力小区1楼铺面（百合家园住宅区）	郇建忠	730050	18919007533
中国建设银行股份有限公司兰州合水路支行	兰州市西固区公园路77号	周　全	730060	(0931) 7311574
中国建设银行股份有限公司兰州西固支行	兰州市西固区合水路461号	任晓祥	730060	(0931) 7585318
中国建设银行股份有限公司兰州石化支行	兰州市西固区庄浪西路500号	李俊和	730060	(0931) 7574967
中国建设银行股份有限公司永登支行	永登县独立街94号	王　宁	730300	(0931) 6422332
中国建设银行股份有限公司兰州红古支行	兰州市红古区海石镇平安路744号	史　宇	730080	(0931) 6212029
中国建设银行股份有限公司兰州民航支行	兰州市城关区嘉峪关西路141号	朱旭东	730030	(0931) 4866538
中国建设银行股份有限公司兰州河口支行	兰州市西固区新维路183号	甄　嵘	730060	(0931) 7525978
中国建设银行股份有限公司兰州福利路支行	兰州市西固区兰化福利区15街区150号楼	李永东	730060	(0931) 7536825
中国建设银行股份有限公司兰州山丹街支行	兰州市西固区公园路77号	张丽玲	730060	(0931) 7557265
中国建设银行股份有限公司兰州住房城建支行	兰州市城关区庆阳路151号	李　峰	730030	(0931) 8440037
中国建设银行股份有限公司兰州广场支行	兰州市城关区金昌南路343号	徐谊萍	730030	(0931) 4966006
中国建设银行股份有限公司兰州金城支行	兰州市城关区金昌南路270号	李德怀	730030	(0931) 8846376
中国建设银行股份有限公司正宁路支行	兰州市城关区白银路122号	汉桂芬	730030	(0931) 8464357
中国建设银行股份有限公司东岗西路支行	兰州市城关区东岗西路6号	李志宏	730030	(0931) 8264150
中国建设银行股份有限公司西地支行	兰州市城关区雁儿湾3512号	梁　伟	730030	(0931) 8696030
中国建设银行股份有限公司曦华源支行	兰州市七里河区敦煌路589号	李　鹏	730050	(0931) 2360318
中国建设银行股份有限公司嘉峪关东路支行	兰州市城关区嘉峪关东路251号	李　剑	730030	(0931) 8497774
中国建设银行股份有限公司滨河东路支行	兰州市城关区南滨河东路502号	董　红	730030	(0931) 8844966
中国建设银行股份有限公司南山小区支行	兰州市西固区省建二校住宅1楼	富治年	730060	(0931) 7564740
中国建设银行股份有限公司古浪路支行	兰州市西固区古浪路78号	齐　飞	730060	(0931) 7351459
中国建设银行股份有限公司时代广场支行	兰州市城关区永昌路250号	李　蓉	730030	(0931) 8453432
中国建设银行股份有限公司银安路支行	兰州市安宁区银安路451501号	杨文静	730030	(0931) 7953799
中国建设银行股份有限公司建兰路支行	兰州市七里河区阳光家园紫荆苑67号	孙晓东	730050	(0931) 2316838
中国建设银行股份有限公司秀川支行	兰州市七里河区秀川综合1楼	任　彦	730050	(0931) 2565758
中国建设银行股份有限公司西北师大支行	兰州市安宁区安宁东路805号	景玺昌	730070	(0931) 7970610
中国建设银行股份有限公司交通大学支行	兰州市安宁区安宁西路92号	赵廷明	730070	(0931) 7669824
中国建设银行股份有限公司雁南路支行	兰州市雁南路1486号	宗　颉	730030	(0931) 8555252
中国建设银行股份有限公司兰州金昌南路支行	兰州市城关区金昌南路270号	张淑君	730030	(0931) 8416306
中国建设银行股份有限公司白银分行	白银市白银区人民路69号	李兆桂	730900	(0943) 8238508
中国建设银行股份有限公司白银纺织路支行	白银市白银区纺织西路322号西侧	张启海	730900	(0943) 8224304

续表

机构名称	地址	负责人	邮编	电话
中国建设银行股份有限公司白银友好路支行	白银市白银区友好路134号	陶兴明	730900	(0943) 8225040
中国建设银行股份有限公司白银公园路支行	白银市公园路793号	魏　东	730900	(0943) 8221263
中国建设银行股份有限公司白银中心街支行	白银市公园路685号	邢建平	730900	(0943) 8223747
中国建设银行股份有限公司白银科技园支行	白银市白银区胜利路73号	周建琴	730900	(0943) 8252086
中国建设银行股份有限公司白银银光路支行	白银市白银区银光厂生活区	董千勇	730900	(0943) 8301021
中国建设银行股份有限公司白银大峡支行	白银市白银区人民路3号	郭新民	730900	(0943) 8222769
中国建设银行股份有限公司靖远电厂支行	白银市平川区电力路4号	陈文勤	730913	(0943) 6780372
中国建设银行股份有限公司白银平川支行	白银市平川区长征东路42号	王建团	730913	(0943) 6652224
中国建设银行股份有限公司白银靖煤支行	白银市平川区黄土岘大桥南侧	安　琴	730913	(0943) 6633747
中国建设银行股份有限公司白银王家山支行	白银市平川区王家山镇	王　博	730919	(0943) 6681019
中国建设银行股份有限公司靖远支行	靖远县东大街	邵汉璧	730600	(0943) 6121236
中国建设银行股份有限公司靖远南街支行	靖远县南大街南端	田海燕	730600	(0943) 6121565
中国建设银行股份有限公司景泰支行	景泰县条山镇西街6号	李永旺	730400	(0943) 5524437
中国建设银行股份有限公司会宁支行	会宁县会师镇盘旋路	张胜利	740700	(0943) 3221817
中国建设银行股份有限公司天水分行	天水市秦州区金龙大厦	杨　宁	741000	(0938) 8272835
中国建设银行股份有限公司天水麦积支行	天水市麦积区桥南经济技术开发区	严　峻	741020	(0938) 2734359
中国建设银行股份有限公司武山支行	武山县城关镇宁远路口	周　斌	741300	(0938) 3421742
中国建设银行股份有限公司甘谷支行	甘谷县北大街62号	王文忠	741200	(0938) 5621913
中国建设银行股份有限公司秦安支行	秦安县兴国镇青年东路	王峰柏	741600	(0938) 6522713
中国建设银行股份有限公司天水民主路支行	天水市秦城区建设路263号	毛东艳	741000	(0938) 8271880
中国建设银行股份有限公司天水七里墩支行	天水市秦州区七里墩	杨菱阁	741000	(0938) 8385015
中国建设银行股份有限公司天水商埠路支行	天水市麦积区商埠路	刘小平	741020	(0938) 2736773
中国建设银行股份有限公司天水忠武巷支行	天水市秦州区忠武巷	移勤学	741000	(0938) 8272553
中国建设银行股份有限公司天水青年南路支行	天水市秦州区青年南路（东升大厦1楼）	李小平	741000	(0938) 8272752
中国建设银行股份有限公司天水伯阳路支行	天水市麦积区伯阳路	谢旭芳	741020	(0938) 2734244
中国建设银行股份有限公司嘉峪关分行	嘉峪关市新华中路28号	魏明华	735100	(0937) 6226534
中国建设银行股份有限公司嘉峪关酒钢支行	嘉峪关市诚信广场1008号	蔺润泽	735100	(0937) 6288900
中国建设银行股份有限公司嘉峪关新华南路支行	嘉峪关市新华南路17号	李永和	735100	(0937) 6222020
中国建设银行股份有限公司嘉峪关新华北路支行	嘉峪关市新华北路8号	宋　毅	735100	(0937) 6286619
中国建设银行股份有限公司嘉峪关迎宾西路支行	嘉峪关市迎宾西路9号	王晓荣	735100	(0937) 6326029
中国建设银行股份有限公司嘉峪关铁路支行	嘉峪关市火车站站前街	王胜全	735100	(0937) 6311304
中国建设银行股份有限公司嘉峪关新华中路支行	嘉峪关市新华中路19号	徐利民	735100	(0937) 6225269
中国建设银行股份有限公司金昌分行	金昌市金川路95号	陈金龙	737100	(0935) 8229519

续表

机构名称	地址	负责人	邮编	电话
中国建设银行股份有限公司永昌支行	金昌市永昌县城关镇东街	何沛学	737200	(0935) 7522535
中国建设银行股份有限公司金昌河西堡支行	金昌市永昌县河西堡镇河雅路	张金能	737000	(0935) 7322440
中国建设银行股份有限公司金昌天津路支行	金昌市天津路6号	李占东	737100	(0935) 8224284
中国建设银行股份有限公司金昌永昌西路支行	金昌市永昌路3号	魏永平	737100	(0935) 8220225
中国建设银行股份有限公司金昌新华东路支行	金昌市新华东路585号	马　兵	737100	(0935) 8234541
中国建设银行股份有限公司武威分行	武威市南关西路1号	杨卫军	733000	(0935) 6180164
中国建设银行股份有限公司武威步行街支行	武威市西大街164号	俞俊山	733000	(0935) 2215504
中国建设银行股份有限公司武威南关支行	武威市南关中路37号	樊斌山	733000	(0935) 6182520
中国建设银行股份有限公司武威北关西路支行	武威市北关西路32号	吴春霞	733000	(0935) 2213707
中国建设银行股份有限公司武威北街支行	武威市北大街6号	刘小兰	733000	(0935) 2216400
中国建设银行股份有限公司武威东街支行	武威市东大街62号	王永全	733000	(0935) 2217415
中国建设银行股份有限公司武威西关支行	武威市西关中路10号	花福玲	733000	(0935) 6119822
中国建设银行股份有限公司武威武南支行	武威市武南镇二马路186号	叶虎林	733000	(0935) 5912532
中国建设银行股份有限公司武威西街支行	武威市西大街122号	崔鲁勤	733000	(0935) 2216417
中国建设银行股份有限公司张掖分行	张掖市甘州区县府街45号	姚勇民	734000	(0936) 8230818
中国建设银行股份有限公司张掖西郊支行	张掖市甘州区西关盘旋路72号(民族宾馆楼下)	杨继询	734000	(0936) 8213534
中国建设银行股份有限公司张掖西大街支行	张掖市甘州区西大街富民小区C30号楼	张钰曦	734000	(0936) 8215904
中国建设银行股份有限公司张掖东大街支行	张掖市甘州区东大街16号	梁兴海	734000	(0936) 8216474
中国建设银行股份有限公司山丹支行	张掖市山丹县东大街1号大什字东北角	杜　兵	734100	(0936) 2721240
中国建设银行股份有限公司高台支行	高台县解放北路1号	向　鸿	734300	(0936) 6621958
中国建设银行股份有限公司民乐支行	民乐县西大街14号	荀柏平	734500	(0936) 4421541
中国建设银行股份有限公司平凉分行	平凉市西大街52号	杨祥林	744000	(0933) 8214834
中国建设银行股份有限公司平凉东街支行	平凉市崆峒区船舱街13号	邓　斌	744000	(0933) 8215231
中国建设银行股份有限公司平凉西街支行	平凉市崆峒区西大街148号	刘斌儒	744000	(0933) 4161536
中国建设银行股份有限公司华亭支行	华亭县东华镇东关178号	张军民	744100	(0933) 7722880
中国建设银行股份有限公司静宁支行	静宁县西环路3号	李政鹏	743400	(0933) 2521290
中国建设银行股份有限公司庆阳分行	西峰区北大街124号	韦公卓	745000	(0934) 8212127
中国建设银行股份有限公司环县支行	环县县城中街220号	张振峰	745700	(0934) 4429253
中国建设银行股份有限公司镇原支行	镇原县城南环路32号	崔　耘	744500	(0934) 7123082
中国建设银行股份有限公司宁县支行	宁县新宁路10号	刘兆宁	745200	(0934) 6622310
中国建设银行股份有限公司华池支行	华池县城中街16号	贾　斌	745600	(0934) 5121194
中国建设银行股份有限公司长庆支行	庆城县育才路中段	李崇玉	745100	(0934) 3228625
中国建设银行股份有限公司西峰西郊支行	西峰区长庆南路48号	权治平	745000	(0934) 8617063

续表

机 构 名 称	地 址	负责人	邮 编	电 话
中国建设银行股份有限公司西峰油田支行	西峰区北大街10号	苏清锋	745000	(0934) 8216541
中国建设银行股份有限公司西峰南郊支行	西峰区南大街424号	马 旭	745000	(0934) 8683500
中国建设银行股份有限公司庆城支行	庆城县东大街2号	俄胜军	745100	(0934) 3222926
中国建设银行股份有限公司庆城北关支行	庆城县北关2号	位兆新	745100	(0934) 3210635
中国建设银行股份有限公司庆城田家城支行	庆城县皇城东口	豆宏伟	745100	(0934) 3210637
中国建设银行股份有限公司酒泉分行	酒泉市肃州区解放路5号	王竹萍	735000	(0937) 6986600
中国建设银行股份有限公司酒泉分行肃州支行	酒泉市肃州区仓门街2号	王晓沛	735000	13369376648
中国建设银行股份有限公司酒泉商贸中心支行	酒泉市新城区飞天路新天地商业街1号楼	徐庆红	735000	(0937) 3950818
中国建设银行股份有限公司玉门支行	玉门市向阳路6号	林承志	735200	(0937) 3365996
中国建设银行股份有限公司玉门向阳路支行	玉门市向阳路6号	张玉忠	735200	(0937) 3366333
中国建设银行股份有限公司敦煌支行	敦煌市阳关中路11号	苑晓军	736200	(0937) 8821083
中国建设银行股份有限公司敦煌昆仑西路支行	敦煌市七里镇昆仑西路	朱 昕	736200	(0937) 8933774
中国建设银行股份有限公司敦煌大庆南路支行	敦煌市七里镇大庆南路建安大厦南侧	陆晓梅	736200	13309374395
中国建设银行股份有限公司敦煌公寓支行	敦煌市七里镇新一区108110号楼	马福林	736200	(0937) 8891465
中国建设银行股份有限公司敦煌金达路支行	敦煌市七里镇金达路油田基地商场	郭君卿	736200	13830773525
中国建设银行股份有限公司敦煌柴达木路支行	敦煌市七里镇柴达木路47号楼	张媛媛	736200	(0937) 8891190
中国建设银行股份有限公司瓜州支行	瓜州县渊泉镇西大街21号	周 鸣	736100	(0937) 5521181
中国建设银行股份有限公司金塔支行	金塔县金塔镇中山街18号	刘金伟	735300	(0937) 4422159
中国建设银行股份有限公司阿克塞支行	阿克塞红柳湾镇金山路1号	吾孜格斯	736400	(0937) 8322512
中国建设银行股份有限公司定西分行	定西市安定区永定东路101号	李 卫	743000	(0932) 8361288
中国建设银行股份有限公司定西中华路支行	定西市安定区中华路31号	曹勇卫	743000	(0932) 8361103
中国建设银行股份有限公司定西民主街支行	定西市安定区民主街21号	吴江涛	743000	(0932) 8281105
中国建设银行股份有限公司陇西支行	陇西县巩昌镇北大街15号	董建林	748100	(0932) 6626542
中国建设银行股份有限公司陇西文峰支行	陇西县文峰镇铁路新村	吕晓莉	748100	(0932) 5956029
中国建设银行股份有限公司临洮支行	临洮县洮阳镇东大街19号	张新华	730500	(0932) 2242011
中国建设银行股份有限公司陇南分行	陇南市武都区南桥路280号	冯煜辉	746000	(0939) 8263995
中国建设银行股份有限公司成县支行	成县城关镇同谷南路3号	李俊峰	742500	(0939) 3213360
中国建设银行股份有限公司徽县支行	徽县城关镇北街5号	闫 斌	742300	(0939) 7521551
中国建设银行股份有限公司西和支行	西和县汉源镇	鱼 泉	742100	(0939) 6621136
中国建设银行股份有限公司文县支行	文县城关镇憧街	雷云翔	746400	(0939) 5522865
中国建设银行股份有限公司陇南分行盘旋路支行	陇南市武都区城关镇盘旋路	张 明	746000	(0939) 8212756
中国建设银行股份有限公司陇南分行人民路支行	陇南市武都区人民路	范文平	746000	(0939) 8231928
中国建设银行股份有限公司临夏分行	临夏市团结路70号	徐志鹏	731100	(0930) 6212891

续表

机构名称	地址	负责人	邮编	电话
中国建设银行股份有限公司临夏团结路支行	临夏市团结路45号	罗国民	731100	(0930) 6214027
中国建设银行股份有限公司永靖支行	永靖县刘家峡镇什字街60号	祁　暄	731600	(0930) 8837628
中国建设银行股份有限公司永靖盐锅峡支行	永靖县盐锅峡镇盐峡街3号	姚　峰	731601	(0930) 8868808
中国建设银行股份有限公司临夏新华街支行	临夏市新华街1号	刘世宏	731100	(0930) 6228150
中国建设银行股份有限公司甘南分行	合作市人民街67号	王秋英	747000	(0941) 8213599
中国建设银行股份有限公司甘肃矿区支行	甘肃矿区三区	刘天海	732850	(0937) 6764605
中国建设银行股份有限公司嘉峪关核城支行	嘉峪关市和诚西路359号	范兆廷	735100	(0937) 6783194
中国建设银行股份有限公司甘肃分行天水培训中心	天水市大众路65号	王维新	741000	(0938) 8213276

交通银行股份有限公司甘肃省分行分支机构名录

机构名称	地址	负责人	邮编	电话
交通银行股份有限公司甘肃省分行营业部	兰州市城关区庆阳路129号	刘国予	730030	(0931) 8105251
交通银行股份有限公司兰州雁滩支行	兰州市城关区雁滩路3880号	姜志红	730000	(0931) 8511600
交通银行股份有限公司兰州第一支行	兰州市城关区东岗西路707号	张海俊	730030	(0931) 4812051
交通银行股份有限公司兰州七里河支行	兰州市七里河区西津东路492号	杨武贵	730050	(0931) 2665422
交通银行股份有限公司兰州第三支行	兰州市七里河区西津东路583号	杨　耀	730050	(0931) 2652275
交通银行股份有限公司兰州解放门支行	兰州市城关区中山路219号	陈　涛	730030	(0931) 8430214
交通银行股份有限公司兰州天水路支行	兰州市城关区天水南路469号	张国俭	730030	(0931) 8851312
交通银行股份有限公司兰州桥北支行	兰州市城关区城关区佛慈大街16号	王　利	730046	(0931) 8381701
交通银行股份有限公司兰州城关支行	兰州市城关区皋兰路11号	黄守信	730030	(0931) 8894293
交通银行股份有限公司兰州西固支行	兰州市西固区合水路201号	胡国君	730060	(0931) 7315566
交通银行股份有限公司兰州西站支行	兰州市七里河区武威北路2号	陈　全	730050	(0931) 2346332
交通银行股份有限公司兰州第二支行	兰州市城关区民主西路223号	陈兰芝	730030	(0931) 8122337
交通银行股份有限公司兰州永昌路支行	兰州市城关区永昌路354号	孙　斌	730030	(0931) 8482716
交通银行股份有限公司兰州民主东路支行	兰州市城关区平凉路359号	侯　巍	730030	(0931) 4634326
交通银行股份有限公司兰州东岗支行	兰州市城关区东岗西路8号	李新潮	730000	(0931) 8264887
交通银行股份有限公司兰州敦煌路支行	兰州市七里河区敦煌路196号	韩程荣	730050	(0931) 2330389
交通银行股份有限公司兰州嘉峪关路支行	兰州市城关区嘉峪关西路354号	冯　宽	730030	(0931) 8658477
交通银行股份有限公司兰州铁路小区支行	兰州市城关区和政东街55号	黄　岸	730030	(0931) 4640933
交通银行股份有限公司兰州福东支行	兰州市西固区福利东路770号	严　磊	730060	(0931) 7577791
交通银行股份有限公司兰州庆阳路支行	兰州市城关区庆阳路252号	贾奋飞	730030	(0931) 8826200
交通银行股份有限公司兰州天鹅湖支行	兰州市西固区福利西路兰化40号楼	陈　勇	730050	(0931) 7587271

续表

机构名称	地址	负责人	邮编	电话
交通银行股份有限公司兰州安宁支行	兰州市安宁区安宁西路63号	张俊选	730070	(0931) 7669127
交通银行股份有限公司兰州高新支行	兰州市城关区张苏滩458号	曹劲	730020	(0931) 8552030
交通银行股份有限公司兰州金昌路支行	兰州市城关区金昌南路215－217号	张乔	730030	(0931) 8875955
交通银行股份有限公司兰州定西南路支行	兰州市城关区红星巷125号	毛蔚文	730030	(0931) 8736129
交通银行股份有限公司兰州城中支行	兰州市城关区张掖路兰州市国税局1楼	侯新鹏	730030	(0931) 8457896
交通银行股份有限公司兰州平凉路支行	兰州市城关区陆都花园4号楼1楼	李森	730030	(0931) 8720675

招商银行股份有限公司兰州分行分支机构名录

机构名称	地址	负责人	邮编	电话
招商银行股份有限公司兰州东口支行	兰州市城关区东岗西路698号	王雅	730030	(0931) 8867907
招商银行股份有限公司兰州安宁支行	兰州市安宁区安宁西路498号	林涛	730070	(0931) 7669715
招商银行股份有限公司兰州东岗支行	兰州市城关区皋兰路18号	张宜群	730000	(0931) 8824667
招商银行股份有限公司兰州城南支行	兰州市城关区平凉路282号	陈瑛	730000	(0931) 8801716
招商银行股份有限公司兰州七里河支行	兰州市七里河区西津西路3号	张晓燕	730050	(0931) 2330836
招商银行股份有限公司兰州小西湖支行	兰州市七里河区西津东路264号	高静	730050	(0931) 2613013
招商银行股份有限公司兰州西固支行	兰州市西固区中街4号	管德兴	730060	(0931) 7366508
招商银行股份有限公司兰州中山路支行	兰州市城关区中山路24号	郑钊	730030	(0931) 8452226
招商银行股份有限公司兰州天鹅湖支行	兰州市西固区福利路兰化福利区136号楼1层	马民	730060	(0931) 7551092
招商银行股份有限公司兰州城关支行	兰州市城关区庆阳路243号	林东	730030	(0931) 8456512
招商银行股份有限公司兰州中央广场支行	兰州市城关区中央广场1号	杨春红	730030	(0931) 8429550
招商银行股份有限公司兰州天水路支行	兰州市城关区天水南路160号	陈进远	730000	(0931) 8610320
招商银行股份有限公司兰州城东支行	兰州城关区东岗东路2696号	王文娟	730000	(0931) 4670511
招商银行股份有限公司兰州新港城支行	兰州市城关区新港城第一幢1单元3号	李蓉君	730000	(0931) 4615712
招商银行股份有限公司兰州渭源路支行	兰州市城关区南昌路566号	介文庆	730000	(0931) 8264608
招商银行股份有限公司兰州西站支行	兰州市七里河区敦煌路208－212号	董岩	730050	(0931) 2332426

上海浦东发展银行股份有限公司兰州分行分支机构名录

机构名称	地址	负责人	邮编	电话
上海浦东发展银行股份有限公司兰州分行营业部	兰州市城关区广场南路101号	雷晓伟	730030	(0931) 8948868
上海浦东发展银行股份有限公司兰州城关支行	兰州市酒泉路215号	周长海	730000	(0931) 8948811
上海浦东发展银行股份有限公司兰州东岗支行	兰州市东岗东路瑞德大道8号	余多献	730030	(0931) 8948998

中国邮政储蓄银行有限责任公司甘肃省分支机构名录

机构名称	地址	负责人	邮编	电话
中国邮政储蓄银行有限责任公司甘肃省分行直属支行	兰州市城关区庆阳路211号	李玮	730030	(0931) 8429801
中国邮政储蓄银行有限责任公司兰州市分行	兰州市城关区庆阳路211号	季澜	730030	(0931) 8787635
中国邮政储蓄银行有限责任公司兰州市东岗支行	城关区嘉峪关南路254号	张秀军	730020	(0931) 8657103
中国邮政储蓄银行有限责任公司兰州市东部支行	兰州市城关区东岗东路1805号	申仕芳	730020	(0931) 8650340
中国邮政储蓄银行有限责任公司兰州市耿家庄支行	兰州市城关区民主东路32号	董莉辉	730000	(0931) 8789467
中国邮政储蓄银行有限责任公司兰州市火车站支行	兰州市城关区火车站东路399号	魏芸	730000	(0931) 8639406
中国邮政储蓄银行有限责任公司兰州市铁路新村支行	兰州市城关区和政路24号	达田华	730000	(0931) 4630475
中国邮政储蓄银行有限责任公司兰州市靖远路支行	兰州市城关区盐场路469号	张丽莉	730046	(0931) 8364461
中国邮政储蓄银行有限责任公司兰州市张苏滩支行	兰州市城关区南河路2172号	赵琴琴	730010	(0931) 8511147
中国邮政储蓄银行有限责任公司兰州市高新区支行	兰州市城关区张苏滩563号	千玉玲	730010	(0931) 8557501
中国邮政储蓄银行有限责任公司兰州市静宁路支行	兰州市城关区静宁路308号	白宝莹	730030	(0931) 8465501
中国邮政储蓄银行有限责任公司兰州市小沟头支行	兰州市城关区小沟头108号	王萍	730030	(0931) 8855990
中国邮政储蓄银行有限责任公司兰州市七里河支行	兰州市七里河区西津西路94号	钟莉	730050	(0931) 2336858
中国邮政储蓄银行有限责任公司兰州市小西湖支行	兰州市七里河区西津东路321号	朱兰宁	730050	(0931) 2666553
中国邮政储蓄银行有限责任公司兰州市土门墩支行	兰州市七里河区西津西路426号	靳辉	730050	(0931) 2566075
中国邮政储蓄银行有限责任公司兰州市西固支行	兰州市西固区合水路19号	孙晓蕾	730060	(0931) 7561115
中国邮政储蓄银行有限责任公司兰州市牌坊路支行	兰州市西固区西固中路87号	李佳颖	760060	(0931) 7556410
中国邮政储蓄银行有限责任公司兰州市安宁支行	兰州市安宁区安宁西路96号	张娟	730070	(0931) 7679755
中国邮政储蓄银行有限责任公司兰州市刘家堡支行	兰州市安宁区安宁西路852号	崔承霞	730070	(0931) 7678230
中国邮政储蓄银行有限责任公司兰州市红古区支行	兰州市红古区海石镇	徐向国	730084	(0931) 6221348
中国邮政储蓄银行有限责任公司兰州市红古区平安乡支行	兰州市红古区平安乡河湾村1号	姚玉梅	730089	(0931) 6291230
中国邮政储蓄银行有限责任公司永登县支行	永登县城关镇胜利街57号	安文功	730300	(0931) 6422452
中国邮政储蓄银行有限责任公司永登县中堡镇支行	永登县中堡镇中心街	高玉莲	730301	(0931) 6478470
中国邮政储蓄银行有限责任公司皋兰县支行	皋兰县三泉路2号（皋兰县城关镇北辰路186号）	王锡莲	730200	(0931) 5721170
中国邮政储蓄银行有限责任公司榆中县支行	榆中县兴隆路269号	张晓玲	730200	(0931) 5221003
中国邮政储蓄银行有限责任公司白银市分行	白银市白银区体育街76号	蒲国荣	730900	(0943) 8301969
中国邮政储蓄银行有限责任公司白银市公园路支行	白银市白银区公园路859号	王丽民	730900	(0943) 8222813
中国邮政储蓄银行有限责任公司白银市银光支行	白银市白银区银光公司家属区	万青	730900	(0943) 8306847
中国邮政储蓄银行有限责任公司白银市胜利路支行	白银市白银区体育街76号	郝华婷	730900	(0943) 8301800
中国邮政储蓄银行有限责任公司白银市北京路支行	白银市北京路108号	张小红	730900	(0943) 8231178
中国邮政储蓄银行有限责任公司白银市平川区支行	白银市平川区长征东路	李鸿	730913	(0943) 6622018

续表

机构名称	地址	负责人	邮编	电话
中国邮政储蓄银行有限责任公司靖远县支行	靖远县西大街22号	赵鹏飞	730600	(0943) 6126130
中国邮政储蓄银行有限责任公司靖远县北湾镇支行	靖远县北湾镇	魏永强	730605	(0943) 6171110
中国邮政储蓄银行有限责任公司会宁县支行	会宁县北大街8号	李宝进	730700	(0943) 3221405
中国邮政储蓄银行有限责任公司景泰县支行	景泰县条山镇西街10号	李应玲	730400	(0943) 5523230
中国邮政储蓄银行有限责任公司天水市分行	天水市秦州区大众北路1号	张　杰	741000	(0938) 8218999
中国邮政储蓄银行有限责任公司天水市建设路支行	天水市秦州区建设路2号	李晓毅	741000	(0938) 8211014
中国邮政储蓄银行有限责任公司天水市罗峪支行	天水市秦州区罗峪小区23号	周　涛	741000	(0938) 8215494
中国邮政储蓄银行有限责任公司天水市绿色市场支行	天水市秦州区泰山东路35号	寇世刚	741000	(0938) 8280135
中国邮政储蓄银行有限责任公司天水市麦积区支行	天水市麦积区埠南路14号	刘亚东	741020	(0938) 2736091
中国邮政储蓄银行有限责任公司天水市麦积区马跑泉支行	天水市麦积区马跑泉路	刘小萍	741020	(0938) 2734806
中国邮政储蓄银行有限责任公司甘谷县支行	甘谷县新城街	杨燕胜	741200	(0938) 5636658
中国邮政储蓄银行有限责任公司甘谷县盘安镇支行	甘谷县盘安镇	王　琦	741211	(0938) 5685099
中国邮政储蓄银行有限责任公司秦安县支行	秦安县兴国镇青年东路	牛满仓	741600	(0938) 6522638
中国邮政储蓄银行有限责任公司清水县支行	清水县北环路21号	周凯军	741400	(0938) 7151809
中国邮政储蓄银行有限责任公司武山县支行	武山县局	施　巍	741300	(0938) 3421803
中国邮政储蓄银行有限责任公司张家川回族自治县支行	张家川县人民西路	王安东	741500	(0938) 7881906
中国邮政储蓄银行有限责任公司嘉峪关市分行	嘉峪关市雄关广场西侧	刘松年	735100	(0937) 6330666
中国邮政储蓄银行有限责任公司嘉峪关市新华中路支行	嘉峪关市新华中路1-1号	刘艳艳	735100	(0937) 6284797
中国邮政储蓄银行有限责任公司嘉峪关市广场支行	嘉峪关市广场西邮政局楼下	邢晓梅	735100	(0937) 6330335
中国邮政储蓄银行有限责任公司嘉峪关市和诚路支行	嘉峪关市和诚路兰泽园底商LB-1-1102	刘广宇	735100	(0937) 6784852
中国邮政储蓄银行有限责任公司金昌市分行	金昌市金川西路6号	边　涛	737103	(0935) 8815321
中国邮政储蓄银行有限责任公司金昌市金川支行	金昌市金川西路6号	许　琴	737103	(0935) 8212741
中国邮政储蓄银行有限责任公司金昌市河西堡镇支行	金昌市河西堡镇车站路3号	曹文有	737000	(0935) 7321235
中国邮政储蓄银行有限责任公司金昌市东区支行	金昌市新华路43号	马芝秀	737101	(0935) 8220044
中国邮政储蓄银行有限责任公司金昌市金三角支行	金昌市北京路71号	赵雪梅	737100	(0935) 8227630
中国邮政储蓄银行有限责任公司金昌市延安路支行	金昌市延安路91号	李建华	737100	(0935) 8227631
中国邮政储蓄银行有限责任公司永昌县支行	永昌县南街8号	王　刚	737200	(0935) 7521751
中国邮政储蓄银行有限责任公司武威市分行	武威市凉州区西关公园路8号	马玉元	733000	(0935) 6119670
中国邮政储蓄银行有限责任公司武威市文昌路支行	武威市凉州区文昌路2号	王建中	733000	(0935) 2259280
中国邮政储蓄银行有限责任公司武威市火车站支行	武威市凉州区西凉大酒店一楼4号	杨海成	733000	(0935) 6101466
中国邮政储蓄银行有限责任公司武威市南关支行	武威市凉州区南关中路65号	王文英	733000	(0935) 6185708
中国邮政储蓄银行有限责任公司武威市黄羊镇支行	武威市凉州区黄羊镇新镇路24号	烟世德	733006	(0935) 2611281
中国邮政储蓄银行有限责任公司武威市武南支行	武威市凉州区武南镇二马路866号	谢　卫	733009	(0935) 2711222
中国邮政储蓄银行有限责任公司武威市勤俭新村支行	武威市凉州区勤俭新村	张百峰	733000	(0935) 2216475

续表

机构名称	地址	负责人	邮编	电话
中国邮政储蓄银行有限责任公司民勤县支行	民勤县南大街	姜利基	733300	(0935) 4128104
中国邮政储蓄银行有限责任公司古浪县支行	古浪县昌松路	王大纲	733100	(0935) 5121024
中国邮政储蓄银行有限责任公司天祝县支行	天祝县极乐路	陈桂英	733200	(0935) 3127760
中国邮政储蓄银行有限责任公司张掖市分行	张掖市西街 15 号	宋宏图	734000	(0936) 8224474
中国邮政储蓄银行有限责任公司张掖市火车站支行	张掖市火车站	唐　贵	734000	(0936) 8431707
中国邮政储蓄银行有限责任公司张掖市西街支行	张掖市西街 15 号	刘公湖	734000	(0936) 8213929
中国邮政储蓄银行有限责任公司张掖市县府街支行	张掖市县府街防疫站楼下	魏　娟	734000	(0936) 8213892
中国邮政储蓄银行有限责任公司张掖市恒基支行	张掖市甘州区西大街恒基小区	王红梅	734000	(0936) 8212512
中国邮政储蓄银行有限责任公司肃南裕固族自治县支行	肃南县皇城路 8 号	赫　庆	734400	(0936) 6122015
中国邮政储蓄银行有限责任公司民乐县支行	民乐县县府南街 4 号	吕锦香	734500	(0936) 4421313
中国邮政储蓄银行有限责任公司临泽县支行	临泽县文化路 816 号	王海霞	734200	(0936) 5522434
中国邮政储蓄银行有限责任公司高台县支行	高台县人民西路 1 号	方媛媛	734300	(0936) 6621472
中国邮政储蓄银行有限责任公司山丹县支行	山丹县北大路 1 号	许媛媛	734100	(0936) 2723414
中国邮政储蓄银行有限责任公司平凉市分行	平凉市崆峒东路 43 号	杨军红	744000	(0933) 8615621
中国邮政储蓄银行有限责任公司平凉市西新桥支行	平凉市崆峒区崆峒西路 247 号	孙咏华	744000	(0933) 8714731
中国邮政储蓄银行有限责任公司平凉市崆峒东路支行	平凉市崆峒区崆峒东路 43 号	吴君瑞	744000	(0933) 8623350
中国邮政储蓄银行有限责任公司平凉市中山桥支行	平凉市崆峒区中山街中山桥头	范　婧	744000	(0933) 8213316
中国邮政储蓄银行有限责任公司平凉市西门口支行	平凉市崆峒区西大街 116 号	韩晓燕	744000	(0933) 8214554
中国邮政储蓄银行有限责任公司平凉市建材市场支行	平凉市崆峒区水岸新城小区 4 号商铺 101 号	王晓阳	744000	(0933) 8214562
中国邮政储蓄银行有限责任公司泾川县支行	泾川县新建街 1 号	张晓明	744300	(0933) 3321623
中国邮政储蓄银行有限责任公司泾川县窑店镇支行	泾川县窑店镇街道	尚金钟	744308	(0933) 3371545
中国邮政储蓄银行有限责任公司灵台县支行	灵台县县城东街 85 号	冯晓东	744400	(0933) 3621369
中国邮政储蓄银行有限责任公司崇信县支行	崇信县县城新西街 4 号	王振宏	744200	(0933) 6121127
中国邮政储蓄银行有限责任公司华亭县支行	华亭县城东大街 144 号	高　俊	744100	(0933) 7723527
中国邮政储蓄银行有限责任公司庄浪县支行	庄浪县东关街广电大楼 1 楼	史　峰	744600	(0933) 6621526
中国邮政储蓄银行有限责任公司静宁县支行	静宁县南关什字	王宏学	743400	(0933) 2521124
中国邮政储蓄银行有限责任公司庆阳市分行	庆阳市西峰区北大街 234 号	张　晖	745000	(0934) 8622591
中国邮政储蓄银行有限责任公司庆阳市北街支行	庆阳市西峰区北大街	郑海英	745000	(0934) 8614752
中国邮政储蓄银行有限责任公司庆阳市西街支行	庆阳市西峰区西大街	梁海军	745000	(0934) 8613272
中国邮政储蓄银行有限责任公司庆阳市南街支行	庆阳市西峰区南大街 586 号	唐晶晶	745000	(0934) 8682038
中国邮政储蓄银行有限责任公司庆阳市东街支行	庆阳市西峰区东大街	包金锋	745000	(0934) 8215821
中国邮政储蓄银行有限责任公司庆阳市董志镇支行	庆阳市西峰区董志镇	金星辉	745002	(0934) 8421239
中国邮政储蓄银行有限责任公司庆城县支行	庆城县人民路 116 号	张　铭	745100	(0934) 3223109
中国邮政储蓄银行有限责任公司庆城县驿马镇支行	庆城县驿马镇	刘亚峰	745106	(0934) 3282216

续表

机构名称	地址	负责人	邮编	电话
中国邮政储蓄银行有限责任公司环县支行	环县中街290号	赵春霞	745700	(0934) 4423180
中国邮政储蓄银行有限责任公司华池县支行	华池县城老城街2号	杨小丽	745600	(0934) 5124997
中国邮政储蓄银行有限责任公司合水县支行	合水县中街	赫燕燕	745400	(0934) 5522777
中国邮政储蓄银行有限责任公司正宁县支行	正宁县城东街18号	江忠峰	745300	(0934) 6122403
中国邮政储蓄银行有限责任公司宁县支行	宁县县城缉宁路6号	张　华	745200	(0934) 6622603
中国邮政储蓄银行有限责任公司镇原县支行	镇原县城中街5号	韩永刚	744500	(0934) 7121714
中国邮政储蓄银行有限责任公司酒泉市分行	酒泉市肃州区尚武街35号	任明宽	735000	(0937) 2663003
中国邮政储蓄银行有限责任公司酒泉市南苑支行	酒泉市南苑小区	余东兴	735000	(0937) 2645329
中国邮政储蓄银行有限责任公司酒泉市世纪广场支行	酒泉市富康购物中心凯旋门14－16号	陈天创	735000	(0937) 2650400
中国邮政储蓄银行有限责任公司酒泉市兆祺园支行	酒泉市石油基地中心商贸区1号	马　艳	735300	(0937) 3950488
中国邮政储蓄银行有限责任公司酒泉市西关支行	酒泉市西大街25号综合楼下6号	刘丽君	735000	(0937) 6990870
中国邮政储蓄银行有限责任公司酒泉市紫荆园支行	酒泉市石油基地肃州路紫荆园商铺6号	殷廷强	735000	(0937) 3925330
中国邮政储蓄银行有限责任公司金塔县支行	金塔县解放路369号	李兴文	735300	(0937) 4422200
中国邮政储蓄银行有限责任公司瓜州县支行	瓜州渊泉镇南大街1号	李海勇	736100	(0937) 5510903
中国邮政储蓄银行有限责任公司肃北县支行	肃北县北大街1号	张仲举	736300	(0937) 8122508
中国邮政储蓄银行有限责任公司阿克塞县支行	阿克塞县金山路2号	丁晓军	736300	(0937) 8322116
中国邮政储蓄银行有限责任公司玉门市玉门镇支行	玉门市玉门镇建国路1号	鲍玉琴	735211	(0937) 3364228
中国邮政储蓄银行有限责任公司玉门市支行	玉门市北坪区	李茹红	735200	(0937) 3244316
中国邮政储蓄银行有限责任公司敦煌市支行	敦煌市阳关中路1号	张　丽	736200	(0937) 8821304
中国邮政储蓄银行有限责任公司敦煌市新城支行	敦煌市阳关西路18号	苏旭明	736200	(0937) 8820269
中国邮政储蓄银行有限责任公司定西市分行	定西市安定区民主路6号	杜国战	743000	(0932) 8284026
中国邮政储蓄银行有限责任公司定西市火车站支行	定西市安定区民主路6号	祁　军	743000	(0932) 8280041
中国邮政储蓄银行有限责任公司定西市西关支行	定西市安定区友谊北路17号	朱爱萍	743000	(0932) 8215443
中国邮政储蓄银行有限责任公司定西市永定路支行	定西市安定区永定西路55号	张凤玲	743000	(0932) 8261734
中国邮政储蓄银行有限责任公司定西市定临路支行	定西市安定区定临路4号	周伟东	743000	(0932) 8263726
中国邮政储蓄银行有限责任公司定西市友谊广场支行	定西市安定区友谊广场	何芳春	743000	(0932) 8222692
中国邮政储蓄银行有限责任公司通渭县支行	通渭县北街20号	孙继东	743300	(0932) 5558001
中国邮政储蓄银行有限责任公司陇西县支行	陇西县巩昌镇南大街54号	何彩虹	748100	(0932) 6622316
中国邮政储蓄银行有限责任公司陇西县中药材市场支行	陇西县文峰镇中药材市场	李尚华	748100	(0932) 6687301
中国邮政储蓄银行有限责任公司渭源县支行	渭源县清源镇首阳路48号	周卫华	748200	(0932) 4132696
中国邮政储蓄银行有限责任公司临洮县支行	临洮县洮阳镇灰盐市1号	孙彩霞	730500	(0932) 2242697
中国邮政储蓄银行有限责任公司临洮县太石镇支行	临洮县太石镇	何　伟	730500	(0932) 2781499
中国邮政储蓄银行有限责任公司漳县支行	漳县武阳路44号	董秋菊	748300	(0932) 4862092
中国邮政储蓄银行有限责任公司岷县支行	岷县和平街77号	杜旭红	748400	(0932) 7722305

续表

机 构 名 称	地 址	负责人	邮 编	电 话
中国邮政储蓄银行有限责任公司陇南市分行	陇南市武都区建设什字南路	刘 波	746000	(0939) 8265389
中国邮政储蓄银行有限责任公司陇南市南桥路支行	陇南市武都区畜牧局1楼	张彩艳	746000	(0939) 8214745
中国邮政储蓄银行有限责任公司陇南市两水镇支行	陇南市武都区两水镇后坝	杨 飏	746000	(0939) 8518224
中国邮政储蓄银行有限责任公司陇南市建设路支行	陇南市武都区建设南路邮政大楼	杨国平	746000	(0939) 8262543
中国邮政储蓄银行有限责任公司陇南市角弓镇支行	陇南市武都区角弓乡	席赛丽	746013	(0939) 8538026
中国邮政储蓄银行有限责任公司陇南市安化镇支行	陇南市武都区安化镇	李惠萍	746023	(0939) 8613201
中国邮政储蓄银行有限责任公司宕昌县支行	宕昌县城关镇下坝体育场门口	卢文江	748500	(0939) 6121920
中国邮政储蓄银行有限责任公司成县支行	成县城关西大街8号	张海洋	742500	(0939) 3221865
中国邮政储蓄银行有限责任公司成县红川镇支行	成县红川镇	李卫华	742506	(0939) 3778613
中国邮政储蓄银行有限责任公司康县支行	康县城关镇中街4号	李晓琴	746500	(0939) 5121770
中国邮政储蓄银行有限责任公司文县支行	文县城关镇双桥街87号	金洪文	746400	(0939) 5522325
中国邮政储蓄银行有限责任公司西和县支行	西和县中山街10号	李 涵	742100	(0939) 6622237
中国邮政储蓄银行有限责任公司礼县支行	礼县环城东路	党凤琴	742200	(0939) 4422830
中国邮政储蓄银行有限责任公司两当县支行	两当县南大街邮政生产大楼	朱宝莉	742400	13519094891
中国邮政储蓄银行有限责任公司徽县支行	徽县东街26号	任彦斌	742300	(0939) 7521613
中国邮政储蓄银行有限责任公司临夏回族自治州分行	临夏州民主东路8号	姚旭年	731100	(0930) 6217718
中国邮政储蓄银行有限责任公司临夏市民主东路支行	临夏市民主东路8号	苟红瑜	731100	(0930) 6213535
中国邮政储蓄银行有限责任公司临夏市前河沿东路支行	临夏市前河沿东路	马少娥	731100	(0930) 6312938
中国邮政储蓄银行有限责任公司临夏县支行	临夏县韩集镇上街17号	杨伟红	731800	(0930) 3222185
中国邮政储蓄银行有限责任公司康乐县支行	康乐县新治街23号	张秀霞	731500	(0930) 4421626
中国邮政储蓄银行有限责任公司永靖县支行	永靖县川东路126号	焦世翠	731600	(0930) 8832214
中国邮政储蓄银行有限责任公司广河县支行	广河县城关镇西街18号	史 琼	731300	(0930) 5622312
中国邮政储蓄银行有限责任公司和政县支行	和政县城关镇西街28号	田学芳	731200	(0930) 5521849
中国邮政储蓄银行有限责任公司东乡县支行	东乡县锁南镇东西大街81号	马贤英	731400	(0930) 7121106
中国邮政储蓄银行有限责任公司积石山县支行	积石山县吹镇临夏路	何生琦	731700	(0930) 7721427
中国邮政储蓄银行有限责任公司甘南藏族自治州分行	合作市当周街239号	王学斌	747000	(0941) 8212184
中国邮政储蓄银行有限责任公司合作市当周街支行	合作市当周街19号	蒲 龙	747000	(0941) 8219798
中国邮政储蓄银行有限责任公司甘南州分行营业部	合作市人民街104号	王淑萍	747000	(0941) 8212743
中国邮政储蓄银行有限责任公司临潭县支行	临潭县城关镇西大街76号	张来顺	747500	(0941) 3121768
中国邮政储蓄银行有限责任公司卓尼县支行	卓尼县人民街1号	郑建学	747600	(0941) 3623709
中国邮政储蓄银行有限责任公司舟曲县支行	舟曲县城关广坝68号	韩江林	746300	(0941) 5122117
中国邮政储蓄银行有限责任公司迭部县支行	迭部县兴迭西街200号	孙金林	747400	(0941) 5622007
中国邮政储蓄银行有限责任公司玛曲县支行	玛曲县团结路10号	蒲 龙	747300	(0941) 6121740
中国邮政储蓄银行有限责任公司碌曲县支行	碌曲县勒尔多西路1号	陈芝莲	747200	(0941) 6621798
中国邮政储蓄银行有限责任公司夏河县支行	夏河县人民东街8号	张建东	747100	(0941) 7121678

甘肃省农村信用合作社县级联合社机构名录

（下列机构名称中“农村信用联社”包括“农村信用合作社联合社”、“农村合作银行”）

机构名称	地址	负责人	邮编	电话
兰州市				
兰州市城关区农村信用合作联社	兰州市城关区东岗东路868号	仇金虎	730030	(0931) 8464333
兰州市七里河区农村信用合作联社	兰州市七里河区西津东路440号	成志忠	730050	(0931) 2666601
兰州市西固区农村信用合作联社	兰州市西固区西固中街95号	周承忠	730060	(0931) 7311208
兰州市安宁区农村信用合作联社	兰州市安宁区银滩路203号	张　全	730070	(0931) 7652268
兰州市红古区农村信用合作联社	兰州市红古区海石湾平安路508号	戴志高	730084	(0931) 6211204
皋兰县农村信用合作联社	皋兰县城关镇北辰路417号	马宁东	730200	(0931) 5726706
甘肃榆中农村合作银行	榆中县太白东路9号	吕宗勋	730100	(0931) 5237297
永登县农村信用合作联社	永登县城关镇解放路94号	蒋瑾科	730300	(0931) 6411886
白银市				
白银市白银区农村信用合作联社	白银市白银区人民路189号	曾潮卫	730900	(0943) 8251169
白银市平川区农村信用合作联社	白银市平川区兴平南路	杨　涌	730913	(0943) 6622511
靖远县农村信用合作联社	靖远县南大街53号	靳建军	730600	(0943) 6126785
会宁县农村信用合作联社	会宁县会师镇东关南路	何向东	730700	(0943) 3226158
景泰县农村信用合作联社	景泰县一条山镇705路27号	马殿权	730400	(0943) 5522866
天水市				
天水麦积农村合作银行	天水市麦积区兴陇路	李松涛	741020	(0938) 2723156
天水秦州农村合作银行	天水市秦州区合作北路	钱瑞峰	741000	(0938) 8214699
张家川县农村信用合作联社	张家川县人民西路	潘明顺	741500	(0938) 7882219
武山县农村信用合作联社	武山县城关镇滨河路	程新武	741300	(0938) 3424561
甘谷县农村信用合作联社	甘谷县康庄东路	负强强	741200	(0938) 5623492
秦安县农村信用合作联社	秦安县成纪大道	汝田仓	741600	(0938) 6521301
清水县农村信用合作联社	清水县永清路82号	黄福堂	741400	(0938) 7153918
嘉峪关				
嘉峪关市农村合作银行	嘉峪关市朝阳街区	闫生科	735100	(0937) 6318868
金昌市				
金昌市金川区农村信用合作联社	金昌市金川路1号	卢加爱	737100	(0935) 8229162
永昌县农村信用合作联社	永昌县城关镇南大街8号	苏子才	737200	(0935) 7560622
武威市				
武威市凉州区农村信用合作社联合社	武威市胜利街4号	马　烨	733000	(0935) 2258545
民勤县农村信用合作联社	民勤县三雷镇民湖路3号	周安德	733300	(0935) 4124588

续表

机构名称	地址	负责人	邮编	电话
古浪县农村信用合作联社	古浪县建设路	张全民	733100	(0935) 5122426
天祝县农村信用合作联社	天祝县华干西路35号	祁玉章	733200	(0935) 3123458
张掖市				
张掖甘州农村合作银行	张掖市西街51号	潘发军	734000	(0936) 8215103
山丹县农村信用合作联社	山丹县胜利街8号	李世斌	734100	(0936) 2721109
甘肃临泽农村合作银行	临泽县沙河镇建设路什字	丁　江	734200	(0936) 5521161
甘肃高台农村合作银行	高台县解放北路	秦万余	734300	(0936) 6621677
肃南县农村信用合作联社	肃南县红湾寺镇皇城路28号	兰立桢	734400	(0936) 6121652
民乐县农村信用合作联社	民乐县县府街4号	杨　亮	734500	(0936) 4412229
平凉市				
平凉市崆峒区农村信用合作联社	平凉市崆峒区解放路88号	刘宗君	744000	(0933) 8636352
华亭县农村信用合作联社	华亭县东大街183号	薛元成	744100	(0933) 7724072
泾川县农村信用合作联社	泾川县北新街6号	李爱信	744300	(0933) 3329598
灵台县农村信用合作联社	灵台县卫生巷1号	张亚东	744400	(0933) 3625891
崇信县农村信用合作联社	崇信县市场路	姚　鹏	744200	(0933) 6123188
庄浪县农村信用合作联社	庄浪县滨河南路24号	马延璋	744600	(0933) 6610088
静宁县农村信用合作联社	静宁县中街108号	赵宏福	743400	(0933) 2525666
庆阳市				
庆城县农村信用合作联社	庆城县南大街36号	段亚民	745100	(0934) 3226311
镇原县农村信用合作联社	镇原县县城南环路14号	乔通州	744500	(0934) 7131878
宁县农村信用合作联社	宁县新宁镇农贸路1号	米吉锋	745200	(0934) 6621321
正宁县农村信用合作联社	正宁县县城西街01号	孙晓英	745300	(0934) 6122099
合水县农村信用合作联社	合水县西华中街50号	路少军	745400	(0934) 5522553
华池县农村信用合作联社	华池县城幼儿园巷3号	何鹏程	745600	(0934) 5122030
环县农村信用合作联社	环县县城南街151号	胡鹏翚	745700	(0934) 4421493
庆阳市西峰区农村信用合作联社	西峰区南大街	张友成	745000	(0934) 8682605
酒泉市				
酒泉肃州农村合作银行	酒泉市南盘旋东路28号	张新荣	735000	(0937) 2655216
玉门市农村信用合作联社	玉门市经济开发区清泉路1号	郑廷安	735211	(0937) 3362838
甘肃敦煌农村合作银行	敦煌市沙州镇阳关东路3号	任玉涛	736200	(0937) 8825236
瓜州县农村信用合作联社	瓜州县文化街15号	何应喜	736100	(0937) 5526020
金塔县农村信用合作联社	金塔县解放路123号	王华全	735300	(0937) 4422944
肃北县农村信用合作联社	肃北县东街49号	于忠义	736300	(0937) 8121202
阿克塞县农村信用合作联社	阿克塞县红柳湾镇金山路7号	王建忠	736400	(0937) 8322246

续表

机构名称	地址	负责人	邮编	电话
定西市				
定西市安定区农村信用合作联社	安定区永定西路 24 号	王翰林	743000	(0932) 8231303
通渭县农村信用合作联社	通渭县南大街 16 号	李树白	743300	(0932) 5556404
甘肃陇西农村合作银行	陇西县南门外	周建福	748100	(0932) 6622505
漳县农村信用合作联社	漳县武阳路 119 号	许晓中	748300	(0932) 4862079
岷县农村信用合作联社	岷县城关新民街 59 号	邱春瑞	748400	(0932) 7723428
甘肃临洮农村合作银行	临洮县北关开发区	张　明	730500	(0932) 2245229
渭源县农村信用合作联社	渭源县清源镇首阳路 11 号	邵泽平	748200	(0932) 4135989
陇南市				
陇南武都农村合作银行	武都县城关盘旋路	袁银贵	746000	(0939) 8214500
成县农村信用合作联社	成县城关镇南环路	郭玉忠	742500	(0939) 3214093
文县农村信用合作联社	文县城关镇马家街	田润森	746400	(0939) 5526859
礼县农村信用合作联社	礼县城关什字街	齐向阳	742200	(0939) 4466666
两当县农村信用合作联社	两当县城关镇盘旋路	吕树钰	742400	(0939) 7121910
康县农村信用合作联社	康县城关中街	冯小满	746500	(0939) 5121738
甘肃西和农村合作银行	西和县一马路中山南路	李文德	742100	(0939) 6621972
宕昌县农村信用合作联社	宕昌县城关长征路 111 号	李　勇	748500	(0939) 6124406
徽县农村信用合作联社	徽县城关建兴路 14 号	张　锋	742300	(0939) 7528961
临夏州				
临夏市农村信用合作联社	临夏市青年路 57 号	任延雄	731100	(0930) 6235358
临夏县农村信用合作联社	临夏县韩集镇中街	马义良	731800	(0930) 3223868
积石山县农村信用合作联社	积石山县吹麻滩镇利民街 1 号	马占海	731700	(0930) 7721972
永靖县农村信用合作联社	永靖县刘家峡镇小什字 100 号	谢绍功	731600	(0930) 8835900
东乡县农村信用合作联社	东乡县锁南镇西大街 76 号	马小华	731400	(0930) 7121340
和政县农村信用合作联社	和政县城后泉广场	黄玉华	731200	(0930) 5522616
广河县农村信用合作联社	广河县城关镇东街 29 号	陈　正	731300	(0930) 5623466
康乐县农村信用合作联社	康乐县新治街 21 号	韩继源	731500	(0930) 4421188
甘南州				
合作市农村信用合作联社	合作市旧街 7 号	马　元	747000	(0941) 8232285
夏河县农村信用合作联社	夏河县人民西街 29 号	安忠礼	747100	(0941) 7122533
卓尼县农村信用合作联社	卓尼县民主街十字	薛勤民	747600	(0941) 3625166
临潭县农村信用合作联社	临潭县城关西大街 84 号	马永福	747500	(0941) 3121956
舟曲县农村信用合作联社	舟曲县城关南门 21 号	姚平生	746300	(0941) 5125781
迭部县农村信用合作联社	迭部县兴迭西街 110 号	格志辉	747400	(0941) 5623383
玛曲县农村信用合作联社	玛曲县团结东路	高海平	747300	(0941) 6125626
碌曲县农村信用合作联社	碌曲县勒乐多东路	吴志军	747200	(0941) 6622188

兰州银行股份有限公司分支机构名录

机构名称	地址	负责人	邮编	电话
兰州银行股份有限公司酒泉分行	酒泉市肃州区北大街37号	周　瑾	735000	(0937) 2699004
兰州银行股份有限公司天水分行	天水市秦州区岷山路A组团综合楼1楼	刘　军	741000	(0938) 8223736
兰州银行股份有限公司敦煌分行	敦煌市沙洲北路5号	杨　阳	736200	(0937) 8886129
兰州银行股份有限公司榆中支行	兰州市榆中县栖云北路247号	王京岩	730100	(0931) 5235219
兰州银行股份有限公司永登支行	兰州市永登县城关镇建军街20号	石兴儒	730300	(0931) 6411136
兰州银行股份有限公司世纪支行	兰州市城关区世纪广场1B楼208号	王梅芳	730030	(0931) 8441718
兰州银行股份有限公司民院支行	兰州市城关区西北新村70号	田　洪	730030	(0931) 8159632
兰州银行股份有限公司红古支行	兰州市红古区平安路36号街	罗爱玲	730084	(0931) 6213160
兰州银行股份有限公司窑街支行	兰州市红古区窑街镇上窑街道上十字	郑存宝	730080	(0931) 6312979
兰州银行股份有限公司华龙支行	兰州市红古区平安路746号	刘玉兰	730080	(0931) 6211699
兰州银行股份有限公司西固支行	兰州市西固区合水路50号	宋　玥	730060	(0931) 7555343
兰州银行股份有限公司银炼支行	兰州市西固区玉门街2号	边　鹏	730060	(0931) 7933899
兰州银行股份有限公司福鑫支行	兰州市西固区公园路129号	让志敏	730060	(0931) 7815199
兰州银行股份有限公司西固东路支行	兰州市西固区西固中路204号	宋锦红	730060	(0931) 7557459
兰州银行股份有限公司城建支行	兰州市西固区庄浪西路128号	曹宇红	730060	(0931) 7556825
兰州银行股份有限公司炼业支行	兰州市西固区福利东路622号	黄永川	730060	(0931) 7939149
兰州银行股份有限公司安宁支行	兰州市安宁区安宁西路389号	张国华	730070	(0931) 7652998
兰州银行股份有限公司桃源支行	兰州市安宁区安宁东路313号	孙振江	730070	(0931) 7756659
兰州银行股份有限公司桃林支行	兰州市安宁区安宁东路413号	陈克谦	730070	(0931) 7767234
兰州银行股份有限公司七里河支行	兰州市七里河区西津东路494号	陈宜伟	730050	(0931) 2663092
兰州银行股份有限公司兰西支行	兰州市七里河区西津西路102号	邵广龙	730050	(0931) 2337500
兰州银行股份有限公司宏鑫支行	兰州市七里河区西津西路14号	曹治军	730050	(0931) 2325652
兰州银行股份有限公司银河支行	兰州市七里河区南滨河中路1269号	赵三江	730050	(0931) 2502569
兰州银行股份有限公司西津支行	兰州市七里河区西津东路义乌商贸城1楼	张力文	730050	(0931) 2602011
兰州银行股份有限公司中山支行	兰州市城关区中山路60号	李德全	730030	(0931) 8473401
兰州银行股份有限公司文化宫支行	兰州市七里河区西津东路224号	屈忠娣	730050	(0931) 2613005
兰州银行股份有限公司信昌支行	兰州市城关区中山路275号	潘建军	730030	(0931) 8481089
兰州银行股份有限公司恒通支行	兰州市城关区通渭路100号	张　宇	730030	(0931) 8451930
兰州银行股份有限公司永昌路支行	兰州市城关区永昌路396号	罗晓鸿	730030	(0931) 8435923
兰州银行股份有限公司张掖路支行	兰州市城关区张掖路113号	肖　非	730030	(0931) 8430758
兰州银行股份有限公司德隆支行	兰州市城关区庆阳路217号	倪　黎	730030	(0931) 8449361
兰州银行股份有限公司穆斯林支行	兰州市城关区武都路311号	马忠乾	730030	(0931) 8456976

续表

机构名称	地址	负责人	邮编	电话
兰州银行股份有限公司汇通支行	兰州市城关区甘南路773号	刘　翔	730030	(0931) 8433533
兰州银行股份有限公司诚信支行	兰州市城关区甘南路900号	陶生辰	730030	(0931) 8461789
兰州银行股份有限公司白银路支行	兰州市城关区白银路199号	乔登淑	730030	(0931) 8124081
兰州银行股份有限公司德源支行	兰州市城关区白银路332号	刘　玲	730030	(0931) 8473654
兰州银行股份有限公司兰园支行	兰州市城关区张掖路21号	高汝霖	730030	(0931) 8465927
兰州银行股份有限公司庆阳路支行	兰州市城关区庆阳路322号	赵百云	730030	(0931) 8478941
兰州银行股份有限公司民族支行	兰州市城关区武都路165号	李　瑞	730030	(0931) 8480378
兰州银行股份有限公司秦安路支行	兰州市城关区秦安路97号	达世宏	730030	(0931) 8814534
兰州银行股份有限公司白塔山支行	兰州市城关区白塔山1号	郭遂燕	730030	(0931) 8366229
兰州银行股份有限公司金城支行	兰州市城关区静宁路158号	弓永平	730030	(0931) 8466496
兰州银行股份有限公司银隆支行	兰州市城关区酒泉路298号	陈广师	730030	(0931) 4660314
兰州银行股份有限公司五泉支行	兰州市城关区火车站西路850号	蔡小葵	730030	(0931) 4666615
兰州银行股份有限公司城关支行	兰州市城关区静宁南路5号	田小群	730030	(0931) 4661722
兰州银行股份有限公司民西支行	兰州市城关区金昌南路203号	李红玲	730030	(0931) 8854611
兰州银行股份有限公司郑家台支行	兰州市城关区甘南路450号	杨　彪	730030	(0931) 8827573
兰州银行股份有限公司三金支行	兰州市城关区金昌北路110号	王敏华	730030	(0931) 8837023
兰州银行股份有限公司中鑫支行	兰州市城关区武都路12号	吕晓芹	730030	(0931) 8868731
兰州银行股份有限公司金轮支行	兰州市城关区火车站广场西侧118－119号楼1楼	祁文新	730030	(0931) 4639035
兰州银行股份有限公司东方红支行	兰州市城关区金昌北路94号	范海春	730030	(0931) 8866874
兰州银行股份有限公司民升支行	兰州市城关区金昌北路244号	姜　敏	730030	(0931) 8856620
兰州银行股份有限公司雁宁支行	兰州市城关区雁宁路345号	李红兵	730000	(0931) 8585998
兰州银行股份有限公司兴陇支行	兰州市城关区广场南路133号	康若萍	730030	(0931) 8858762
兰州银行股份有限公司民主路支行	兰州市城关区民主西路226号	于润生	730030	(0931) 8829047
兰州银行股份有限公司黄河支行	兰州市城关区皋兰路58－3号	王　鑫	730030	(0931) 8849135
兰州银行股份有限公司联惠支行	兰州市城关区民主东路288号	赵　成	730030	(0931) 8889198
兰州银行股份有限公司兴天支行	兰州市城关区331号规划路	李　震	730000	(0931) 8854962
兰州银行股份有限公司金汇支行	兰州市城关区平凉路557号	孙　茜	730000	(0931) 8880877
兰州银行股份有限公司兴华支行	兰州市城关区平凉路425号	周明林	730000	(0931) 8789034
兰州银行股份有限公司祥和支行	兰州市城关区麦积山路兰州军区建筑勘察设计院临街两层楼	任建青	730030	(0931) 8815907
兰州银行股份有限公司金河支行	兰州市城关区平凉路396号	夏力行	730000	(0931) 8736450
兰州银行股份有限公司天成支行	兰州市城关区一只船南街109号	杨俊杨	730000	(0931) 8860212
兰州银行股份有限公司兴业支行	兰州市城关区东岗西路696号	牛　耘	730000	(0931) 8899137
兰州银行股份有限公司飞天支行	兰州市城关区天水南路493号	李怀玺	730000	(0931) 8720256
兰州银行股份有限公司陇茂支行	兰州市城关区东岗西路781号	黄　莉	730000	(0931) 8827772
兰州银行股份有限公司天水路支行	兰州市城关区定西南路469号	伏　冲	730000	(0931) 8633788

续表

机构名称	地址	负责人	邮编	电话
兰州银行股份有限公司科技支行	兰州市城关区东岗西路318号	冯立新	730000	(0931) 8272313
兰州银行股份有限公司友谊支行	兰州市城关区雁西路1300号	任　峰	730000	(0931) 4616183
兰州银行股份有限公司兴兰支行	兰州市城关区南昌路1716号	李　涛	730000	(0931) 4501056
兰州银行股份有限公司金科支行	兰州市城关区西北电子商贸城北区主楼206室	常宏涛	730000	(0931) 8615803
兰州银行股份有限公司雁滩支行	兰州市城关区雁滩家具市场3号楼	李新浩	730000	(0931) 8516677
兰州银行股份有限公司张苏滩支行	兰州市城关区张苏滩468号	王彩萍	730000	(0931) 8552703
兰州银行股份有限公司兴科支行	兰州市城关区科技街2号	马超远	730000	(0931) 8268396
兰州银行股份有限公司开发区支行	兰州市高新技术开发区南面滩268号	王斌国	730000	(0931) 8556685
兰州银行股份有限公司金雁支行	兰州市城关区雁滩路3587号	白　岗	730000	(0931) 8503760
兰州银行股份有限公司拱星墩支行	兰州市城关区东岗东路1993号	蒋　瑛	730020	(0931) 8495628
兰州银行股份有限公司鑫成支行	兰州市城关区东岗东路1371号	李永彬	730020	(0931) 8495091
兰州银行股份有限公司东岗支行	兰州市城关区定西路334号	周　静	730000	(0931) 8616834
兰州银行股份有限公司金祥支行	兰州市城关区东岗东路346号	尹小刚	730000	(0931) 8691843
兰州银行股份有限公司东部支行	兰州市城关区东岗东路东部市场新世纪广场1楼	谢　林	730000	(0931) 8672119
兰州银行股份有限公司宁卧庄支行	兰州市城关区农民巷2号	武　磊	730000	(0931) 8823075
兰州银行股份有限公司隆盛支行	兰州市城关区兰新市场商20号三区1001号	唐岩涛	730000	(0931) 8663654
兰州银行股份有限公司东兴支行	兰州市城关区嘉峪关东路591-1号	任玉军	730020	(0931) 8650219

甘肃省城市信用合作社（中心社）、村镇银行机构名录

机构名称	地址	负责人	邮编	电话
白银市城市信用社	白银市白银区兰州路35号	高维治	730900	(0943) 8661638
秦安众信村镇银行	秦安县旱坪路红景小区	牟来胜	741600	(0938) 6525332
泾川县汇通村镇银行	泾川县县城安定街18号	杨剑耕	744300	(0933) 3321925
静宁县成纪村镇银行	静宁县县城北环路83号	张永行	743400	(0933) 2522989
庆阳市西峰瑞信村镇银行股份有限公司	庆阳市西峰区南大街165号	李旭秀	745000	(0934) 8682288

华龙证券有限责任公司分支机构名录

机构名称	地址	负责人	邮编	电话
华龙证券兰州静宁路证券营业部	兰州市城关区静宁路308号	刘　闻	730030	(0931) 8851234
华龙证券兰州民主东路证券营业部	兰州市城关区民主东路294号	张建银	730030	(0931) 8881897
华龙证券兰州七里河证券营业部	兰州市七里河区西津东路581号	刘廷先	730050	(0931) 2658938

续表

机构名称	地址	负责人	邮编	电话
华龙证券兰州农民巷证券营业部	兰州市城关区农民巷203号	王清慧	730030	(0931) 8887190
华龙证券兰州永昌路证券营业部	兰州市城关区庆阳路450号万盛大厦5楼	熊亚军	730000	(0931) 8488434
华龙证券兰州合水路证券营业部	兰州市西固区合水路1号	陈涛	730060	(0931) 7313427
华龙证券兰州民主西路证券营业部	兰州市城关区民主西路3号	王均	730030	(0931) 4811700
华龙证券兰州东岗西路证券营业部	兰州市城关区东岗西路666号	王小刚	730030	(0931) 8810038
华龙证券兰州雁滩路证券营业部	兰州市城关区雁滩路3614－1号	朱之明	730000	(0931) 8510776
华龙证券兰州酒泉路证券营业部	兰州市城关区酒泉路16号电投大厦5楼	周丽葵	730030	(0931) 8406263
华龙证券白银四龙路证券营业部	白银市四龙路261号	张巧玲	731900	(0943) 8252823
华龙证券天水广场证券营业部	天水市金龙大厦4楼	王保国	741200	(0938) 8297707
华龙证券天水麦积区证券营业部	天水市麦积区商埠路信福商城4楼	郑云	741020	(0938) 2720181
华龙证券金昌上海路证券营业部	金昌市上海西路龙云里小区9号华芳家园综合楼1楼	周康育	737100	(0935) 8310909
华龙证券武威胜利街证券营业部	武威市凉州区胜利街1号华信大厦2楼	高继峰	733000	(0935) 2260701
华龙证券张掖西大街证券营业部	张掖市甘州区西大街41号	李牟	734000	(0936) 8250066
华龙证券平凉西大街证券营业部	平凉市西大街101号	韩柯	744000	(0933) 8239168
华龙证券庆阳西大街证券营业部	庆阳市西峰区西大街66号中行4楼	张彦斌	745000	(0934) 8215616
华龙证券酒泉盘旋东路证券营业部	酒泉市盘旋东路8号	牛建强	735000	(0937) 2682618
华龙证券定西永定东路证券营业部	定西市安定区城关镇永定东路60号	张顺安	743000	(0932) 8360837
华龙证券陇南建设路证券营业部	陇南市武都区建设路什字华龙证券	阎小健	746000	(0939) 8263283
华龙证券临夏红园路证券营业部	甘肃省临夏市红园路55号新闻商厦三楼	张雄	731100	(0930) 6226051
华龙证券有限责任公司在异地分支机构、负责人名录				
华龙证券公司北京分公司	北京市西城区金融街33号通泰大厦B座603室	全泽	100032	(010) 88086668
华龙证券北京安外大街证券营业部	北京市安外大街191号	胡大勇	100011	(010) 64401888
华龙证券上海中山北二路证券营业部	上海市中山北二路1558号	李惠勤	200437	(021) 65527788
华龙证券上海长宁路证券营业部	上海市长宁路1661弄1号	于海新	200051	(021) 52420601
华龙证券深圳深南大道证券营业部	深圳福田区深南大道4009号投资大厦7楼	徐玲	518048	(0755) 83990288
华龙证券重庆公园路证券营业部	重庆渝中区公园路19号	倪小华	400010	(023) 63837637
华龙证券无锡北大街证券营业部	无锡市北大街30号	王浩	214043	(0510) 82605979

续表

机　构　名　称	地　　址	负责人	邮　编	电　　话
华龙证券杭州杭大路证券营业部	杭州杭大路15号嘉华国际商务中心1503室	朱　渊	310007	(0571) 28916092
华龙证券乌鲁木齐扬子江路证券营业部	乌鲁木齐市扬子江路339号商业银行科技大厦1~2楼	贺　强	830000	(0991) 4552166
华龙证券合肥亳州路证券营业部	合肥市庐阳区亳州路58号柏景湾西门综合楼1~3楼	王长阳	230001	(0551) 5697003

其他证券、期货、信托机构名录

机　构　名　称	地　　址	负责人	邮　编	电　　话
甘肃信托投资有限责任公司	兰州市静宁路308号	赵兰银	730030	(0931) 4890367
甘肃陇达期货经纪有限公司	兰州市皋兰路1号工贸大厦10楼	马兆勇	730030	(0931) 8894644
陇达期货兰州营业部	兰州市西固区玉门街80号亚太新村1号楼4~5楼	马兆勇	730060	(0931) 8894851
甘肃陇达期货经纪有限公司在异地分支机构				
甘肃陇达期货经纪有限公司上海营业部	上海市浦东新区松林路300号期货大厦1602室	焦　婕	200122	(021) 68401161
甘肃陇达期货经纪有限公司银川营业部	银川市新华东街78号凤凰商业广场A座5楼	吴　洋	750004	(0951) 4011257
浙江南华期货经纪公司兰州营业部	兰州市城关区双城门万盛大厦26楼	朱哨平	730030	(0931) 8805361
海通期货有限公司兰州营业部	兰州市城关区广场南路107号远达文华大厦6幢11楼	杨俊峰	730030	(0931) 2176908
海航东银期货有限公司兰州营业部	兰州市城关区庆阳路169号陇鑫大厦2104、2105室	郭　鹏	730030	(0931) 2176966
万达期货有限公司兰州营业部	兰州市城关区张掖路1号保利大厦1401、1402室	葛振栋	730030	(0931) 8429691
异地券商在兰分支机构				
国泰君安证券股份有限公司甘肃分公司	兰州市城关区酒泉路215号	郭丽萍	730000	(0931) 8472157
国泰君安兰州酒泉路营业部	兰州市酒泉路215号	郭丽萍（兼）	730000	(0931) 8888999
国泰君安兰州西固中路营业部	兰州市西固区西固中路87号	李　军	730060	(0931) 7586160
国泰君安兰州东岗西路营业部	兰州市城关区东岗西路703号	兰革儒	730000	(0931) 8889199
中信建投证券兰州营业部	兰州市城关区金昌北路56号	宋少平	730000	(0931) 8814411
英大证券兰州中山路营业部	兰州市城关区中山路邮政大厦	唐大鹏	730030	(0931) 8489204
银河证券兰州营业部	兰州市城关区静宁路158号	陈延康	730000	(0931) 8860651
广发证券兰州酒泉路营业部	兰州市酒泉路220号石油大厦3楼	江　涌	730000	(0931) 8448318
申银万国证券兰州营业部	兰州市城关区东岗西路457号	张海群	730000	(0931) 8870731
海通证券股份有限公司甘肃分公司	兰州市武都路157号	宋世浩	730000	(0931) 8483992
海通证券兰州西津西路营业部	兰州市西津西路9号	张　东	730050	(0931) 2310099
海通证券兰州东岗东路营业部	兰州市东岗东路2070号	林　海	730000	(0931) 8655468

续表

机构名称	地址	负责人	邮编	电话
海通证券兰州天水路营业部	兰州市定西南路376号	薛成彬	730000	(0931) 8611671
海通证券兰州武都路营业部	兰州市武都路157号	沈子强	730000	(0931) 8432251
海通证券兰州安宁西路营业部	兰州市安宁高新技术开发区6号	韩钢	730070	(0931) 7660688
天源证券兰州雁滩路证券营业部	兰州市城关区雁滩路3581号人防大厦3楼	王立佳	730010	(0931) 2116926
招商证券兰州庆阳路营业部	兰州市庆阳路239号	谭章民	730000	(0931) 2121111

中国人民财产保险股份有限公司甘肃省分支机构名录

机构名称	地址	负责人	邮编	电话
中国人民财产保险股份有限公司甘肃省分公司营业部	兰州市庆阳路270号	廖宏	730030	(0931) 8413008
中国人民财产保险股份有限公司兰州市分公司	兰州市城关区庆阳路450号	王作海	730030	(0931) 8466111
中国人民财产保险股份有限公司兰州市分公司营业部	兰州市城关区庆阳路456号	乔绪荣	730030	(0931) 8404588
中国人民财产保险股份有限公司兰州市城关支公司	兰州市城关区金昌南路228号	朱军胜	730030	(0931) 8735556
中国人民财产保险股份有限公司兰州市东岗支公司	兰州市南昌路1716号	吴森生	730000	(0931) 8733598
中国人民财产保险股份有限公司兰州市七里河支公司	兰州市七里河区西津东路479号	高斌	730050	(0931) 2651333
中国人民财产保险股份有限公司兰州市西固支公司	兰州市西固区福利西路42号	陈敏	730060	(0931) 7559934
中国人民财产保险股份有限公司兰州市安宁支公司	兰州市安宁区十里店文化街12号	万锦平	730070	(0931) 7752972
中国人民财产保险股份有限公司兰州市红古支公司	兰州市红古区海石湾镇八号街坊	张生红	730084	(0931) 6211425
中国人民财产保险股份有限公司永登支公司	兰州市永登县城关镇胜利街37号	雷天佑	730300	(0931) 6424511
中国人民财产保险股份有限公司皋兰支公司	兰州市皋兰县城关镇北辰路211号	石占邦	730200	(0931) 5721353
中国人民财产保险股份有限公司榆中支公司	兰州市榆中县城关镇栖云南路78号	张嘉泓	730100	(0931) 5224945
中国人民财产保险股份有限公司兰州市城关支公司盐场路营业部	兰州市城关区草场街佛慈大道安乐新村	张海涛	730046	(0931) 8360672
中国人民财产保险股份有限公司兰州市城关支公司白银路营业部	兰州市城关区白银路	张晓龙	730030	(0931) 8869702
中国人民财产保险股份有限公司兰州市城关支公司金昌路营业部	兰州市城关区金昌南路228号	韩小萍	730030	(0931) 8853456
中国人民财产保险股份有限公司兰州市城关支公司皋兰路营业部	兰州市城关区庆阳路270号	陶灵	730030	(0931) 8412086
中国人民财产保险股份有限公司兰州市东岗支公司东岗西路营业部	兰州市东岗西路262号火炬大厦	田宏伟	730030	(0931) 8729676
中国人民财产保险股份有限公司兰州市东岗支公司拱星墩营业部	兰州市城关区东岗东路1904号	潘波	730000	(0931) 4671982
中国人民财产保险股份有限公司兰州市东岗支公司火车站营业部	兰州市东岗西路263号火炬大厦	巩森娃	730030	(0931) 8729676
中国人民财产保险股份有限公司兰州市东岗支公司雁淮营业部	兰州市城关区天庆嘉园A区23号	郭彤	730030	(0931) 8553950

续表

机构名称	地址	负责人	邮编	电话
中国人民财产保险股份有限公司兰州市七里河支公司七里河桥营业部	兰州市七里河区七里河桥北街7号	石怀文	730050	(0931) 2651661
中国人民财产保险股份有限公司兰州市七里河支公司龚家湾营业部	兰州市七里河区七武威路158号	刘　辉	730050	(0931) 2650243
中国人民财产保险股份有限公司兰州市七里河支公司敦煌路营业部	兰州市七里河区西站西路30号	陈桂荣	730050	(0931) 2332600
中国人民财产保险股份有限公司兰州市西固支公司新城营业部	兰州市西固区新城桥头235号	吴　晖	730060	(0931) 7210528
中国人民财产保险股份有限公司永登支公司城关营业部	兰州市永登县城关镇胜利街152号	顾新华	730300	(0931) 6422218
中国人民财产保险股份有限公司永登支公司建设坪营业部	兰州市永登县河桥镇建设坪	马　毅	730300	(0931) 6432073
中国人民财产保险股份有限公司永登支公司中堡营业部	兰州市永登县中堡镇	张正清	730300	(0931) 6423812
中国人民财产保险股份有限公司白银市分公司	白银市人民路66号	龚建钢	730900	(0943) 8256866
中国人民财产保险股份有限公司白银市分公司营业部	白银市人民路66号	陈东禄	730900	(0943) 8246667
中国人民财产保险股份有限公司白银市平川支公司	平川区长征东路84号	李成惠	730913	(0943) 6622650
中国人民财产保险股份有限公司靖远支公司	靖远县城南大街130号	田晓强	730600	(0943) 6125006
中国人民财产保险股份有限公司会宁支公司	会宁县盘旋路	李建宏	730700	(0943) 3223205
中国人民财产保险股份有限公司景泰支公司	景泰县条山镇705路北59号	王明霞	730400	(0943) 5523788
中国人民财产保险股份有限公司白银市平川支公司火电厂营业部	平川区电力路	李成惠	730913	(0943) 6622650
中国人民财产保险股份有限公司天水市分公司	甘肃省天水市大众路46-2号	贾曼录	741000	(0938) 8296042
中国人民财产保险股份有限公司天水市分公司营业部	天水市秦州区大众路46-2号	杨智峰	741000	(0938) 8212431
中国人民财产保险股份有限公司天水市北道支公司	天水市麦积区新建巷18号	周继明	741020	(0938) 2736885
中国人民财产保险股份有限公司甘谷支公司	甘谷县新城街156号	蒋莉卿	741200	(0938) 5622018
中国人民财产保险股份有限公司武山支公司	武山县宁远路新华书店楼下	李新芳	741300	(0938) 3423123
中国人民财产保险股份有限公司秦安支公司	秦安县大石头巷交警队院内	马千年	741600	(0938) 6526299
中国人民财产保险股份有限公司张家川支公司	张家川县城解放西路134号	刘雅萍	741500	(0938) 7881422
中国人民财产保险股份有限公司清水支公司	清水县城北环路	李　斌	741400	(0938) 7151041
中国人民财产保险股份有限公司天水市秦城区大众路营业部	天水市秦州区大众路46-2号	秦　猛	741000	(0938) 8217432
中国人民财产保险股份有限公司天水市秦城区瀛池路营业部	天水市秦州区瀛池路	张晓晨	741000	(0938) 8280395
中国人民财产保险股份有限公司天水市秦城区五里铺营业部	天水市秦州区五里铺	郭　勇	741000	(0938) 8296041
中国人民财产保险股份有限公司天水市北道支公司道南营业部	天水市麦积区新建巷18号	贺小红	741020	(0938) 2735354
中国人民财产保险股份有限公司武山支公司洛门营业部	天水市武山县洛门开发区	史正德	741300	(0938) 3423360

续表

机构名称	地址	负责人	邮编	电话
中国人民财产保险股份有限公司嘉峪关市分公司	嘉峪关市新华中路36号	张玉虎	735100	(0937) 6281053
中国人民财产保险股份有限公司嘉峪关市酒钢支公司	嘉峪关市新华街46号楼-1、2号	刘志秀	735100	(0937) 6712180
中国人民财产保险股份有限公司金昌市分公司	金昌市新华东路71号	李桂英	737100	(0935) 8313550
中国人民财产保险股份有限公司金昌市分公司营业部	金昌市新华东路71号	崔志刚	737100	(0935) 8212124
中国人民财产保险股份有限公司河西堡支公司	金昌市河西堡镇河雅路	许延成	737109	(0935) 3664886
中国人民财产保险股份有限公司永昌支公司	金昌市永昌县城关镇东关路3号	赵玉虎	737200	(0935) 7522344
中国人民财产保险股份有限公司武威市分公司	武威市西大街58号	文　海	733000	(0935) 2210021
中国人民财产保险股份有限公司武威市分公司营业部	武威市西大街58号	刘　军	733000	(0935) 2218298
中国人民财产保险股份有限公司民勤支公司	武威市民勤县城关镇东大街13号	张民中	733300	(0935) 4121382
中国人民财产保险股份有限公司天祝支公司	武威市天祝县华藏寺祝贡路35号	侯建斌	733200	(0935) 3121177
中国人民财产保险股份有限公司古浪支公司	武威市古浪县昌松路	张占辉	733100	(0935) 5122560
中国人民财产保险股份有限公司天祝支公司炭山岭营业部	武威市天祝县炭山岭镇236号	侯建斌	733200	(0935) 3121177
中国人民财产保险股份有限公司张掖市分公司	张掖市南环路108号	陈元生	734000	(0936) 8214668
中国人民财产保险股份有限公司张掖市分公司营业部	张掖市南环路108号	曹智睿	734000	(0936) 8242563
中国人民财产保险股份有限公司民乐支公司	民乐县张青北路13号	陈学忠	734500	(0936) 4421354
中国人民财产保险股份有限公司临泽支公司	临泽县民主路	郭新敏	734200	(0936) 5521480
中国人民财产保险股份有限公司高台支公司	高台县城关镇解放北路8号	王天军	734300	(0936) 6621621
中国人民财产保险股份有限公司山丹支公司	山丹县西大街113号	袁德忠	734100	(0936) 2721537
中国人民财产保险股份有限公司肃南支公司	肃南县红湾寺会镇明花路6号	马静泉	734400	(0936) 6121499
中国人民财产保险股份有限公司平凉市分公司	平凉市西大街149号	伏　强	744000	(0933) 8216177
中国人民财产保险股份有限公司平凉市分公司营业部	平凉市西大街149号	张建荣	744000	(0933) 8216167
中国人民财产保险股份有限公司泾川支公司	泾川县北新街9号	刘芳莉	744300	(0933) 3321827
中国人民财产保险股份有限公司庄浪支公司	庄浪县滨河路	王亚群	744600	(0933) 6621649
中国人民财产保险股份有限公司静宁支公司	静宁县北环路95号	杨向东	743400	(0933) 2521634
中国人民财产保险股份有限公司华亭支公司	华亭县东大街180号	柴学斌	744100	(0933) 7721398
中国人民财产保险股份有限公司灵台支公司	灵台县南环路212号	崔兆锋	744400	(0933) 3622738
中国人民财产保险股份有限公司崇信支公司	崇信县团结路2号	吴生军	744200	(0933) 6122028

续表

机构名称	地址	负责人	邮编	电话
中国人民财产保险股份有限公司平凉市崆峒区东关营业部	平凉市解放北路6号	王崇东	744000	(0933) 8229029
中国人民财产保险股份有限公司庆阳市分公司	庆阳市西峰区广场路2号	朱永忠	745000	(0934) 8633470
中国人民财产保险股份有限公司庆阳市分公司营业部	庆阳市西峰区广场路2号	司长庆	745000	(0934) 8633899
中国人民财产保险股份有限公司庆城支公司	庆城县庆城镇育才路5号	李林瑞	745100	(0934) 3223754
中国人民财产保险股份有限公司镇原支公司	镇原县南环路12号	刘克卫	744500	(0934) 7121639
中国人民财产保险股份有限公司宁县支公司	宁县县城新宁路48号	王宁生	745200	(0934) 6622539
中国人民财产保险股份有限公司环县支公司	环县环新路1号	李崇宪	745700	(0934) 4421761
中国人民财产保险股份有限公司华池支公司	华池县城中街28号	杜昀坤	745600	(0934) 5121657
中国人民财产保险股份有限公司合水支公司	合水县城解放东路144号	王有虎	745400	(0934) 5521447
中国人民财产保险股份有限公司正宁支公司	正宁县城北新街5号	张宏伟	745300	(0934) 6121922
中国人民财产保险股份有限公司酒泉市分公司	酒泉市肃州区共和街10号	画　林	735000	(0937) 2653224
中国人民财产保险股份有限公司酒泉市分公司营业部	酒泉市肃州区共和街10号	陆　鸿	735000	(0937) 2652799
中国人民财产保险股份有限公司酒泉市分公司玉门油田营销服务部	酒泉市新城区玉门油田酒泉基地中心商贸区玉兰圆小区13号楼1层	代军玉	735000	(0937) 3955555
中国人民财产保险股份有限公司金塔支公司	金塔县金塔镇解放路209号	王存全	735300	(0937) 4421019
中国人民财产保险股份有限公司玉门支公司	玉门市新市区玉关路	苏晓明	735200	(0937) 3364459
中国人民财产保险股份有限公司敦煌支公司	敦煌市沙洲南路13-1号	褚　锋	736200	(0937) 8822622
中国人民财产保险股份有限公司安西支公司	瓜州县南大街28号	朱　刚	736100	(0937) 5523818
中国人民财产保险股份有限公司肃北支公司	肃北县梦柯路48号	李　明	736300	(0937) 8122040
中国人民财产保险股份有限公司阿克塞支公司	阿克塞哈萨克族自治县红柳湾镇金山路3号	马　信	736400	(0937) 8322989
中国人民财产保险股份有限公司玉门市老市区营业部	玉门市北坪自由路	代军玉	735200	(0937) 3955555
中国人民财产保险股份有限公司安西支公司柳园镇营业部	瓜州县柳园镇	朱　刚	736100	(0937) 5523818
中国人民财产保险股份有限公司敦煌支公司七里镇营业部	敦煌市七里镇新区	陆登辉	736200	(0937) 8891834
中国人民财产保险股份有限公司定西市分公司	定西市安定区中华路6号	南晓东	743000	(0932) 8218685
中国人民财产保险股份有限公司定西市分公司营业部	定西市安定区中华路6号	何保军	743000	(0932) 8212376
中国人民财产保险股份有限公司陇西支公司	陇西县文峰镇汽车路7号	骆小武	748000	(0932) 6688548
中国人民财产保险股份有限公司临洮支公司	临洮县洮阳镇北关192号	朱志刚	730500	(0932) 2246147
中国人民财产保险股份有限公司漳县支公司	漳县城关镇商贸一条街	郭玉强	748300	(0932) 4862330

续表

机构名称	地址	负责人	邮编	电话
中国人民财产保险股份有限公司岷县支公司	岷县和平街100号	刘玉帅	748400	(0932)7723893
中国人民财产保险股份有限公司通渭支公司	通渭平襄北街52－54号	徐晓	743300	(0932)5554518
中国人民财产保险股份有限公司渭源支公司	渭源县新街30号	李小林	748200	(0932)4133166
中国人民财产保险股份有限公司陇西支公司城关营业部	陇西县公安局交警大队院内	钱进	748100	(0932)6688547
中国人民财产保险股份有限公司陇南市分公司	陇南市武都区盘旋东路	雒新民	746000	(0939)8218746
中国人民财产保险股份有限公司陇南市分公司营业部	陇南市武都区盘旋东路	王建强	746000	(0939)8235339
中国人民财产保险股份有限公司成县支公司	成县城关镇环城路8号	岳应昌	742504	(0939)3218787
中国人民财产保险股份有限公司徽县支公司	徽县城关北街	姜成	742300	(0939)7525508
中国人民财产保险股份有限公司西和支公司	西和县汉源镇北川	冯志强	742100	(0939)6622690
中国人民财产保险股份有限公司文县支公司	文县城关滨河路	李继华	746400	(0939)5522547
中国人民财产保险股份有限公司康县支公司	康县城关中街23号	贾军红	746500	(0939)5126601
中国人民财产保险股份有限公司礼县支公司	礼县城关镇中山路25号	苏愈平	742200	(0939)4428475
中国人民财产保险股份有限公司宕昌支公司	宕昌县城关镇大桥湾51号	焦保尔	748500	(0939)6121362
中国人民财产保险股份有限公司两当支公司	两当县东街15号	王晓燕	742400	(0939)7121432
中国人民财产保险股份有限公司成县支公司厂坝营业部	成县黄渚镇	岳应昌	742504	(0939)3218787
中国人民财产保险股份有限公司文县支公司碧口营业部	文县碧口镇上街64号	李继华	746400	(0939)5522547
中国人民财产保险股份有限公司临夏州分公司	临夏市团结路56号	赵飞	731100	(0930)6212089
中国人民财产保险股份有限公司临夏州分公司营业部	临夏市西郊新村21栋	马辉	731100	(0930)6289999
中国人民财产保险股份有限公司临夏支公司	临夏县韩集镇22号	陈中云	731800	(0930)3222142
中国人民财产保险股份有限公司永靖支公司	永靖县刘家峡镇川东路121号	刘永录	731600	(0930)8833368
中国人民财产保险股份有限公司广河支公司	广河县城关镇东街71号	马永祥	731300	(0930)5622168
中国人民财产保险股份有限公司康乐支公司	康乐县城南街8号	马振海	731500	(0930)4421382
中国人民财产保险股份有限公司东乡支公司	东乡县锁南镇东西大街40号	赵文强	731400	(0930)7121998
中国人民财产保险股份有限公司和政支公司	和政县城关镇梁家庄村35号	包润军	731200	(0930)5522859
中国人民财产保险股份有限公司积石山支公司	积石山县吹麻滩镇利民街45号	赵永忠	731700	(0930)7721667
中国人民财产保险股份有限公司甘南州分公司	合作市交警大队5楼	赵永生	747000	(0941)8213497
中国人民财产保险股份有限公司甘南州分公司营业部	合作市交警大队院内	杜成伟	747000	(0941)8212934

续表

机构名称	地址	负责人	邮编	电话
中国人民财产保险股份有限公司夏河支公司	夏河县拉卜楞镇柔扎村318号	杨海岩	747100	(0941) 7121751
中国人民财产保险股份有限公司迭部支公司	迭部县新市场西侧2楼	宋海山	747400	(0941) 5622166
中国人民财产保险股份有限公司碌曲支公司	碌曲县玛艾乡勒尔多东路	龚吉生	747200	(0941) 6621882
中国人民财产保险股份有限公司玛曲支公司	玛曲县兴隆路203号	杜崇斌	747300	(0941) 6121562
中国人民财产保险股份有限公司舟曲支公司	舟曲县城关镇广坝10号	王小龙	746300	(0941) 5122916
中国人民财产保险股份有限公司卓尼支公司	卓尼县柳林镇木耳街298号	魏　昕	747600	(0941) 3621971
中国人民财产保险股份有限公司临潭支公司	临潭县城关镇西大街68号	沈辉祥	747200	(0941) 3122180
中国人民财产保险股份有限公司矿区分公司	兰州市85邮政信箱丁-1号	赵本魁	732850	(0937) 6764247

中国人寿保险股份有限公司甘肃省分支机构名录

机构名称	地址	负责人	邮编	电话
中国人寿保险股份有限公司兰州市分公司	兰州市南滨河东路719号	武晓娟	730030	(0931) 8475668
中国人寿保险股份有限公司兰州市城关支公司	兰州市城关区金昌南路228号	王　剑	730030	(0931) 8877270
中国人寿保险股份有限公司兰州市东岗支公司	兰州市城关区嘉峪关东路405号1楼	费绍宏	730000	(0931) 4506393
中国人寿保险股份有限公司兰州市七里河区支公司	兰州市七里河区西津东路256号	张亚玲	730050	(0931) 2653556
中国人寿保险股份有限公司兰州市安宁区支公司	兰州市安宁区东路243号	夏宏伟	730070	(0931) 7756241
中国人寿保险股份有限公司兰州市西固区支公司	兰州市西固区福利西路42号	黄建芳	730060	(0931) 7556150
中国人寿保险股份有限公司兰州市红古区支公司	兰州市红古区海石湾镇	梁　斌	730084	(0931) 6216270
中国人寿保险股份有限公司永登县支公司	永登县人民街东段	陈国杰	730300	(0931) 6426173
中国人寿保险股份有限公司皋兰县支公司	皋兰县城关镇	胡斌文	730200	(0931) 5722261
中国人寿保险股份有限公司榆中县支公司	榆中县城关镇	魏小彬	730100	(0931) 5221776
中国人寿保险股份有限公司白银分公司	白银市白银区公园路95号	徐晓陇	730090	(0943) 8313899
中国人寿保险股份有限公司白银市白银区支公司	白银市白银区公园路95号	李亚伟	730090	(0943) 8223386
中国人寿保险股份有限公司白银市平川区支公司	白银市平川区兴平北路18号	李寿丁	730913	(0943) 6621298
中国人寿保险股份有限公司靖远县支公司	靖远县城西大街	贾　伦	730600	(0943) 6123970
中国人寿保险股份有限公司会宁县支公司	会宁县会师镇盘旋路	杨彦博	730700	(0943) 3221754
中国人寿保险股份有限公司景泰县支公司	景泰县一条山镇西街	卢守永	730400	(0943) 5524031
中国人寿保险股份有限公司天水分公司	天水市秦州区建设路十方堂	杨岗平	741000	(0938) 8280399

续表

机构名称	地址	负责人	邮编	电话
中国人寿保险股份有限公司秦州区支公司	天水市秦州区建设路十方堂	王建民	741000	（0938）8271625
中国人寿保险股份有限公司麦积区支公司	天水市麦积区渭滨北路东1号	夏　琪	741020	（0938）2736989
中国人寿保险股份有限公司清水县支公司	清水县北环路	侯文祥	741400	（0938）7151405
中国人寿保险股份有限公司秦安县支公司	秦安县青年东路	周生平	741600	（0938）6529699
中国人寿保险股份有限公司甘谷县支公司	甘谷县城关镇新城街康庄西路	王　强	741200	（0938）5623491
中国人寿保险股份有限公司武山县支公司	武山县城关镇宁远路	李弘君	741300	（0938）3421632
中国人寿保险股份有限公司张川县支公司	张川县张川镇人民西路6号	高宏林	741500	（0938）7882926
中国人寿保险股份有限公司嘉峪关分公司	嘉峪关市新华中路46号	张永宁	735100	（0937）6232775
中国人寿保险股份有限公司甘肃矿区支公司	嘉峪关市和诚西路359－4号	蒋新民	732850	（0937）6783049
中国人寿保险股份有限公司金昌分公司	金昌市新华东路79号	范玉德	737100	（0935）8212342
中国人寿保险股份有限公司金昌市金川区支公司	金昌市金川区金芝里	苏国仁	737100	13830558269
中国人寿保险股份有限公司永昌县支公司	永昌县城关镇东大街	张俊科	737100	（0935）7521077
中国人寿保险股份有限公司河西堡支公司	金昌市河西堡镇河雅路79#	李振海	737100	（0935）7322570
中国人寿保险股份有限公司武威分公司	武威市凉州区南大街49号	李金贵	733000	（0935）2221741
中国人寿保险股份有限公司武威分公司营业部	武威市凉州区南大街49号	刘向昕	733000	（0935）2265414
中国人寿保险股份有限公司天祝藏族自治县支公司	天祝县华藏寺镇团结路	张光德	733000	（0935）3122497
中国人寿保险股份有限公司古浪县支公司	古浪县建设路	王振业	733000	（0935）5121339
中国人寿保险股份有限公司民勤县支公司	民勤县城关镇东大街	李大庆	733000	（0935）4121446
中国人寿保险股份有限公司张掖分公司	张掖市甘州南大街46号	王兴国	734000	（0936）8225854
中国人寿保险股份有限公司张掖分公司营业部	张掖市甘州区东街派出所旁	张全宗	734000	（0936）8259986
中国人寿保险股份有限公司山丹县支公司	山丹县东大街53号	王伟国	734100	（0936）2721553
中国人寿保险股份有限公司民乐县支公司	民乐县西大街	韩廷栋	734500	（0936）4423360
中国人寿保险股份有限公司临泽县支公司	临泽县文化路262号	田自虎	734200	（0936）5524792
中国人寿保险股份有限公司高台县支公司	高台县城关镇人民西路5号	姜　涛	734300	（0936）6623991
中国人寿保险股份有限公司肃南裕固族自治县支公司	肃南县红湾寺镇明花路6号	展怀全	734400	（0936）6121423
中国人寿保险股份有限公司平凉分公司	平凉市下县巷1号	贾嘉宁	744000	（0933）8225578
中国人寿保险股份有限公司平凉分公司营业部	平凉市东大街33号	王利民	744000	（0933）8233026
中国人寿保险股份有限公司东关营业部	平凉市新民中路7号	王学礼	744000	（0933）8218331

续表

机构名称	地址	负责人	邮编	电话
中国人寿保险股份有限公司泾川县支公司	平凉市泾川县县城北新街25号	厚 辉	744300	(0933) 3321239
中国人寿保险股分有限公司灵台县支公司	平凉市灵台县中介镇南环路36号	王海平	744400	(0933) 3622396
中国人寿保险股分有限公司崇信县支公司	崇信县县城团结路西路	刘安学	744200	(0933) 6121578
中国人寿保险股分有限公司华亭县支公司	平凉市华亭县东大街494号	王 鹏	744100	(0933) 7726095
中国人寿保险股分有限公司庄浪县支公司	平凉市庄浪县水洛镇滨河南路街48号	马秦芮	744600	(0933) 6622077
中国人寿保险股分有限公司静宁县支公司	平凉市静宁县城关镇北环路95号	穆忠宇	743400	(0933) 2521021
中国人寿保险股份有限公司庆阳分公司	庆阳市西峰区真宁路99号	张希斌	745000	(0934) 8633936
中国人寿保险股份有限公司庆阳分公司营业部	庆阳市西峰区真宁路99号	先振国	745000	(0934) 8632229
中国人寿保险股份有限公司庆城县支公司	庆城县育才路33号	张新民	745100	(0934) 3221644
中国人寿保险股份有限公司宁县支公司	宁县新宁镇新宁路28号	李广印	745200	(0934) 6623575
中国人寿保险股份有限公司镇原县支公司	镇原县城南环路12号	段宏泽	744500	(0934) 7123960
中国人寿保险股份有限公司正宁县支公司	正宁县城北新街8号	戴双峰	745300	13993408156
中国人寿保险股份有限公司环县支公司	环县环城镇中街	张克禄	745700	(0934) 4422390
中国人寿保险股份有限公司合水县支公司	合水县西华南街031号	李明贤	745400	(0934) 5521734
中国人寿保险股份有限公司华池县支公司	华池县华吴路217号	李政权	745600	(0934) 5121680
中国人寿保险股份有限公司酒泉分公司	酒泉市盘旋西路9号	郑占锋	735000	(0937) 2656271
中国人寿保险股份有限公司阿克塞哈萨克族自治县支公司	阿克塞哈萨克族自治县红柳湾镇团结路29号	刘德成	736400	(0937) 8322238
中国人寿保险股份有限公司瓜州县支公司	瓜州县渊泉镇南大街什字	李 方	736100	(0937) 5522584
中国人寿保险股份有限公司敦煌市支公司	敦煌市阳关中路12号	王 玮	736200	(0937) 8823002
中国人寿保险股份有限公司金塔县支公司	金塔县解放路181号	刘伟军	735300	(0937) 4421786
中国人寿保险股份有限公司肃北蒙古族自治县支公司	肃北县东街46号	杨永军	736400	(0937) 8122400
中国人寿保险股份有限公司玉门市支公司	玉门市玉门镇北街	刘毅梅	735200	(0937) 3368900
中国人寿保险股份有限公司酒泉分公司营业部	酒泉市肃州区东大街市工会四楼	肖学峰	735000	(0937) 2613929
中国人寿保险股份有限公司定西分公司	定西市安定区南大街177号	李源良	743000	(0932) 8225658
中国人寿保险股份有限公司定西分公司营业部	定西市安定区大什字（中国工商银行定西分行办公楼）	冯 涛	743000	(0932) 8217378
中国人寿保险股份有限公司通渭县支公司	通渭县北大街	杨振业	743300	(0932) 5552651
中国人寿保险股份有限公司陇西县支公司	陇西县巩昌镇南大街16号	董 鹏	748100	(0932) 6627293
中国人寿保险股份有限公司渭源县支公司	渭源县首阳路9号	李雪林	748200	(0932) 4132875
中国人寿保险股份有限公司临洮县支公司	临洮县北大街13号	郑宏伟	730500	(0932) 2246291

续表

机　构　名　称	地　　址	负责人	邮　编	电　　话
中国人寿保险股份有限公司漳县支公司	漳县武阳路51号	张立军	748300	（0932）4861301
中国人寿保险股份有限公司岷县支公司	岷县新民街28号	燕　龙	748400	（0932）7727316
中国人寿保险股份有限公司陇南分公司	陇南市武都区建设东路	程　江	746000	（0939）8262001
中国人寿保险股份有限公司礼县支公司	礼县城关中山路25号	王炳国	742200	（0939）4421162
中国人寿保险股份有限公司西和县支公司	西和县汉源镇前进街	杜红牛	742100	（0939）6621066
中国人寿保险股份有限公司成县支公司	成县城关环城路8号	李武海	742500	（0939）3216255
中国人寿保险股份有限公司康县支公司	康县城关南街34号	冯小龙	746500	（0939）5121335
中国人寿保险股份有限公司陇南分公司营业部	陇南市武都区南桥路136号	李顺录	746000	（0939）8218146
中国人寿保险股份有限公司宕昌县支公司	宕昌县城关镇长征路74号	李立功	748500	（0939）6123278
中国人寿保险股份有限公司文县支公司	文县城关所城东街23号	张　昆	746400	（0939）5523786
中国人寿保险股份有限公司两当县支公司	两当县城关东街	王　刚	742400	（0939）7121293
中国人寿保险股份有限公司徽县支公司	徽县城关官井巷口	者智明	742300	（0939）7521262
中国人寿保险股份有限公司临夏分公司	临夏市团结路56号	邱成荣	731100	（0930）6219558
中国人寿保险股份有限公司临夏分公司营业部	临夏市团结路小什字德顺昌3楼	张学云	731100	（0930）6222587
中国人寿保险股份有限公司临夏县支公司	临夏县土桥镇	宋进平	731800	（0930）3288157
中国人寿保险股份有限公司永靖县支公司	永靖县刘家峡镇八卦岛开发区滨河花园1号	牛兴旺	731600	（0930）8832213
中国人寿保险股份有限公司和政县支公司	和政县城关镇梁家庄	何通彪	731200	（0930）5521879
中国人寿保险股份有限公司康乐县支公司	康乐县县城南街24号	赵志刚	731500	（0930）4421502
中国人寿保险股份有限公司东乡族自治县支公司	东乡县锁南镇东西大街40号	马东善	731400	（0930）7121587
中国人寿保险股份有限公司广河县支公司	广河县城关镇农机公司住宅楼2单元201号	徐光强	731300	（0930）5622642
中国人寿保险股份有限公司保安族东乡族撒拉族自治县支公司	积石山县吹麻滩花园路13号	祁文成	731700	（0930）7721561
中国人寿保险股份有限公司甘南分公司	合作市当周街6－172号住宅楼负1楼	周建华	747000	（0941）8212419

中国太平洋财产保险股份有限公司甘肃分公司分支机构名录

机　构　名　称	地　　址	负责人	邮　编	电　　话
中国太平洋财产保险股份有限公司甘肃分公司兰州市城关支公司	兰州市城关区静宁路308号	方鲁刚	730030	（0931）2105519
中国太平洋财产保险股份有限公司甘肃分公司兰州市东岗支公司	兰州市城关区东岗西路617号	赵建宏	730000	（0931）2105201

续表

机构名称	地址	负责人	邮编	电话
中国太平洋财产保险股份有限公司甘肃分公司兰州市七里河支公司	兰州市七里河区西津东路540号	王亮	730050	(0931) 2115300
中国太平洋财产保险股份有限公司甘肃分公司兰州市西固支公司	兰州市西固区合水路30号	李伟	730060	(0931) 7549011
中国太平洋财产保险股份有限公司甘肃分公司兰州市榆中支公司	兰州市榆中县栖云北路155号	白景昌	730100	(0931) 5225139
中国太平洋财产保险股份有限公司甘肃分公司兰州市永登支公司	兰州市永登县和平街2号	孔令华	730300	(0931) 6426310
中国太平洋财产保险股份有限公司甘肃分公司白银中心支公司	白银市白银区北京路303号	赵涛	730900	(0943) 5983911
中国太平洋财产保险股份有限公司甘肃分公司平川支公司	白银市平川区中区乐雅路7-2号	王志宏	730913	(0943) 6626615
中国太平洋财产保险股份有限公司甘肃分公司景泰支公司	景泰县条山镇黄河路景泰邮政县邮政局1楼	朱君祖	730400	(0943) 5535599
中国太平洋财产保险股份有限公司甘肃分公司天水中心支公司	天水市秦州区籍河南路天水一建大厦	王小宁	741000	(0938) 8222399
中国太平洋财产保险股份有限公司甘肃分公司武威中心支公司	甘肃省武威市凉州区凤凰路1号华信商贸有限公司	蔡辉山	733000	(0935) 2238838
中国太平洋财产保险股份有限公司甘肃分公司张掖中心支公司	张掖市甘州区东街101号金荣综合楼	金福河	734000	(0936) 8252008
中国太平洋财产保险股份有限公司甘肃分公司平凉中心支公司	平凉市崆峒区崆峒东路43号	张智	744000	(0933) 6461070
中国太平洋财产保险股份有限公司甘肃分公司庆阳中心支公司	庆阳市西峰区九龙南路华宇名城11号楼	杜昀坤	745000	(0934) 8681699
中国太平洋财产保险股份有限公司甘肃分公司酒泉中心支公司	酒泉市新城区宝泉东路1号	闫学福	735000	(0937) 2665115
中国太平洋财产保险股份有限公司甘肃分公司定西中心支公司	甘肃省安定区民主路定西质量技术监督局综合楼1楼	罗孝祁	743000	(0932) 8227005

中国太平洋人寿保险股份有限公司甘肃分公司分支机构名录

机构名称	地址	负责人	邮编	电话
中国太平洋人寿保险股份有限公司兰州中心支公司	兰州市静宁路308号	章忠民	730300	(0931) 8849806
中国太平洋人寿保险股份有限公司兰州市东岗支公司	兰州市城关区秦安路28号	陈红	730030	(0931) 4122010
中国太平洋人寿保险股份有限公司兰州市城关支公司	兰州市静宁路308号	吴剑	730030	(0931) 8835524
中国太平洋人寿保险股份有限公司兰州市七里河支公司	兰州市七里河西津东路490号	任科	730050	(0931) 2663599
中国太平洋人寿保险股份有限公司兰州市西固支公司	兰州市西固区福利东路299号	刘维屏	730060	(0931) 7553933
中国太平洋人寿保险股份有限公司榆中支公司	兰州市榆中县城关镇太白西路南侧太白花园2号楼2层	魏常胜	730100	(0931) 8236514
中国太平洋人寿保险股份有限公司永登支公司	兰州市永登县城关镇和平街15号	张明哲	730300	(0931) 6413606
中国太平洋人寿保险股份有限公司白银中心支公司	白银市白银区长通路39号	刘盛祖	730900	(0943) 8255536
中国太平洋人寿保险股份有限公司会宁支公司	白银市会宁县东大街17号	李军	730700	(0943) 3222325
中国太平洋人寿保险股份有限公司平川支公司	白银市平川区盘旋路工商银行平川支行盘旋路分理处4楼	牛成红	730913	(0943) 6625489

续表

机构名称	地址	负责人	邮编	电话
中国太平洋人寿保险股份有限公司靖远支公司	靖远县东大街7号5楼	康秀华	730600	(0943) 6127269
中国太平洋人寿保险股份有限公司景泰支公司	景泰县条山镇黄河路17号邮政局办公楼4楼	胡俊德	730400	(0943) 5522707
中国太平洋人寿保险股份有限公司金昌中心支公司	金昌市金川区上海路龙云里华芳小区博盛苑综合楼	杨　鑫	737100	(0935) 6919552
中国太平洋人寿保险股份有限公司永昌支公司	永昌县城关镇东大街供销社南楼	唐开明	737100	(0935) 7530899
中国太平洋人寿保险股份有限公司武威中心支公司	武威市国际旅行社西大街41号	刘敏杰	733000	(0935) 6964505
中国太平洋人寿保险股份有限公司天祝支公司	武威市天祝县华藏寺镇祝贡南路34号	马震艳	733200	(0935) 3122866
中国太平洋人寿保险股份有限公司民勤支公司	民勤县北大街36号	苏桂峰	733300	(0935) 4131181
中国太平洋人寿保险股份有限公司张掖中心支公司	张掖市甘州区西街161号金鸿大厦	由维谦	734000	(0936) 6919520
中国太平洋人寿保险股份有限公司临泽支公司	张掖市临泽县健康路56号	郭建军	734200	(0936) 5520550
中国太平洋人寿保险股份有限公司山丹支公司	张掖市山丹县青年街7号	董晓春	734100	(0936) 2720189
中国太平洋人寿保险股份有限公司高台支公司	张掖市高台县人民西路永利商厦	阮加礼	734300	(0936) 6620920
中国太平洋人寿保险股份有限公司庆阳中心支公司	庆阳市西峰区广场南路永安花园11号	段志明	745000	(0934) 8680095
中国太平洋人寿保险股份有限公司正宁支公司	庆阳市正宁县永正路西侧	蔺　良	745200	(0934) 6123688
中国太平洋人寿保险股份有限公司宁县支公司	庆阳市宁县农贸路3号	张　威	745300	(0934) 6624488
中国太平洋人寿保险股份有限公司酒泉中心支公司	酒泉市肃州区北市街12号	田善栋	735000	(0937) 6986006
中国太平洋人寿保险股份有限公司敦煌支公司	敦煌市沙州北路9号	王如柏	736200	(0937) 8832979
中国太平洋人寿保险股份有限公司定西中心支公司	定西市安定区中华路127号	马群力	743000	(0932) 8280708

中国平安财产保险股份有限公司甘肃分公司分支机构名录

机构名称	地址	负责人	邮编	电话
中国平安财产保险股份有限公司兰州中心支公司	兰州市城关区平凉路366号万通电信物业大厦4楼	胡晓昀	730030	(0931) 8871906
中国平安财产保险股份有限公司西固支公司	兰州市西固区公园路129号长业大厦1710室	王　勤	730060	(0931) 7310328
中国平安财产保险股份有限公司白银中心支公司	白银市纺织路486号（思拓电气有限责任公司5楼）	王　巍	730900	(0943) 8229559
中国平安财产保险股份有限公司天水中心支公司	天水市秦州区解放路玩月楼巷1号	吴雪峰	741000	(0938) 8279991
中国平安财产保险股份有限公司嘉峪关中心支公司	嘉峪关市新华街46号4单元	温吉波	735100	(0937) 6288111
中国平安财产保险股份有限公司武威中心支公司	武威市凉州区西大街城建大厦1楼、3楼	刘啸虎	733000	(0935) 2259757
中国平安财产保险股份有限公司张掖中心支公司	张掖市青年东街94号金鼎综合楼1～2楼	化立国	734000	(0936) 8278500

续表

机构名称	地址	负责人	邮编	电话
中国平安财产保险股份有限公司平凉中心支公司	平凉市崆峒区建设局2楼（望台巷1号）	邹会军	744000	（0933）8238997
中国平安财产保险股份有限公司庆阳中心支公司	庆阳市西峰区解放西路239号	王凌佩	745000	（0934）8629992
中国平安财产保险股份有限公司酒泉中心支公司	酒泉市盘旋东路2号中国农业银行酒泉分行9楼	陈静梅	735000	（0937）2656626
中国平安财产保险股份有限公司陇南中心支公司	陇南市武都区盘旋北路建行盘旋路支行2楼	李海辉	746000	（0939）8221627

中国平安人寿保险股份有限公司甘肃分公司分支机构名录

机构名称	地址	负责人	邮编	电话
中国平安人寿保险股份有限公司白银中心支公司	白银市白银区四龙路357号	蔡 毅	730900	（0943）8229168
中国平安人寿保险股份有限公司天水中心支公司	天水市秦州区解放路秦宝斋商城2～3层	李小勇	741000	（0938）8280703
中国平安人寿保险股份有限公司嘉峪关中心支公司	嘉峪关市新华中路48号联信品牌广场4楼	马 丽	735100	（0937）6282202
中国平安人寿保险股份有限公司金昌中心支公司	金昌市金川区长春路30号	李谊道	737100	（0935）8211616
中国平安人寿保险股份有限公司武威中心支公司	武威市凉州区南城门综合楼（仁爱医院2楼）	宋高平	733000	（0935）2250096
中国平安人寿保险股份有限公司张掖中心支公司	张掖市欧式街北段安兴房产7号楼均数	史 炜	734000	（0936）8256886
中国平安人寿保险股份有限公司平凉中心支公司	平凉市中山街8号	张全文	744000	（0933）8233799
中国平安人寿保险股份有限公司庆阳中心支公司	庆阳市西峰区南大街538号	祁玲玲	745000	（0934）8688801
中国平安人寿保险股份有限公司酒泉中心支公司	酒泉市肃州区西关路1号	程 昊	735000	（0937）2602171
中国平安人寿保险股份有限公司定西中心支公司	定西市安定区永定路1号	武谊鹏	743000	（0932）8218808

其他保险股份有限公司甘肃省分支机构名录

机构名称	地址	负责人	邮编	电话
永安财产保险股份有限公司甘肃分公司	兰州市城关区庆阳路169号隆鑫大厦14层	孔凡武	730030	（0931）2183668
永安财产保险股份有限公司兰州市西固支公司	兰州市西固区公园路60号西固区统办楼北楼	闫 强	730060	（0931）7565558
永安财产保险股份有限公司兰州市七里河支公司	兰州市七里河区南滨河路292号2楼	高君伟	730030	（0931）2180008
永安财产保险股份有限公司东岗支公司	兰州市城关区广武门后街立功巷1号甘肃省自考办大楼3楼	王厉风	730030	（0931）2112128
永安财产保险股份有限公司白银中心支公司	白银市白银区长通路39号长通大厦1、7楼	李树琪	730900	（0943）8243288
永安财产保险股份有限公司天水中心支公司	天水市秦州区中心广场金龙大厦23层	刘增龙	741000	（0938）8281119
永安财产保险股份有限公司麦积支公司	天水市麦积区埠南路7号恒力大厦4楼	张伍堂	741020	（0938）2726100
永安财产保险股份有限公司秦安支公司	秦安县信用合作社城关信合办公楼3楼	李少红	741600	（0938）6518101

续表

机构名称	地址	负责人	邮编	电话
永安财产保险股份有限公司武山支公司	武山县供热公司办公楼4楼	赵　帆	741300	(0938) 3429790
永安财产保险股份有限公司甘谷支公司	甘谷县像山西路宾馆1楼	王　宏	741200	(0938) 5623629
永安财产保险股份有限公司金昌中心支公司	金昌市金川区北京路延伸段庆阳路口地税局家属楼2楼	刘　英	737100	(0935) 8327667
永安财产保险股份有限公司武威中心支公司	武威市胜利街20号供销社综合楼	石庆忠	733000	(0935) 2211528
永安财产保险股份有限公司民勤支公司	民勤县南关30号烟草公司1楼	许志强	733300	(0935) 4126993
永安财产保险股份有限公司古浪支公司	古浪县古浪镇昌灵路（古浪政府办公楼）	薛秦斌	733100	(0935) 5122227
永安财产保险股份有限公司天祝支公司	天祝县华藏寺镇团结路34号天祝医药有限责任公司办公楼2楼	赵天佑	733200	(0935) 3128865
永安财产保险股份有限公司张掖中心支公司	张掖市东大街184号1～2楼	王世珍	734000	(0936) 8239990
永安财产保险股份有限公司平凉中心支公司	平凉市崆峒区崆峒西路21号	贾小平	744000	(0933) 8718666
永安财产保险股份有限公司华亭支公司	华亭县河南街东华宾馆1楼	贾文洁	744100	(0933) 7724029
永安财产保险股份有限公司静宁支公司	静宁县城关镇中街88号3楼	李本立	743400	(0933) 2535966
永安财产保险股份有限公司泾川支公司	泾川县北新街天苑宾馆2楼	严志瑞	744300	(0933) 3323110
永安财产保险股份有限公司庆阳中心支公司	庆阳市西峰区北大街254号邮政大厦	姚天武	745000	(0934) 4166888
永安财产保险股份有限公司环县支公司	环县中街289号国税局办公楼1楼	徐廷玺	745700	(0934) 4423855
永安财产保险股份有限公司镇原支公司	镇原县南环路34号1～2楼	张小兰	744500	(0934) 71230667
永安财产保险股份有限公司庆城支公司	庆城县建材北路9号1～2楼	赵　军	745100	(0934) 3219401
永安财产保险股份有限公司酒泉中心支公司	酒泉市肃州区雄关路金港湾小区6号楼	张志福	735000	(0937) 2618098
永安财产保险股份有限公司敦煌支公司	敦煌市阳关中路30号金龙大酒店综合楼2楼	张宏伟	736200	(0937) 8823358
永安财产保险股份有限公司玉门支公司	玉门市新市区人民路1号国税局办公楼1楼	徐小红	735200	(0937) 3338028
永安财产保险股份有限公司金塔支公司	金塔县解放路227－2号金塔县中小企业管理局2楼	李建海	736100	(0937) 3896976
永安财产保险股份有限公司瓜州支公司	瓜州县渊泉镇南市街国土资源局办公楼1楼	陆　永	735300	(0937) 5525858
永安财产保险股份有限公司定西中心支公司	定西市安定区小北街11号财政局综合楼	王晓东	743000	(0932) 8228839
永安财产保险股份有限公司临洮支公司	临洮县洮阳镇城北电力住宅小区A栋1～2层	辛天胜	730500	(0932) 2249966
永安财产保险股份有限公司通渭支公司	通渭县北街50号1楼	宿　炜	743300	(0932) 5557579
永安财产保险股份有限公司陇西支公司	陇西县东城路体育局1号楼1楼	包晓琰	748100	(0932) 6623399
永安财产保险股份有限公司陇南中心支公司	陇南市武都区建设东路电信大厦	陈昌华	746000	(0939) 3698285
永安财产保险股份有限公司成县支公司	成县河东区盘旋路农行办公楼2楼	郭　倩	742500	(0939) 3203162

续表

机构名称	地址	负责人	邮编	电话
永安财产保险股份有限公司西和支公司	西和县汉源镇青年街1号	秦宝强	742100	(0939)6624692
永安财产保险股份有限公司文县支公司	文县城关镇马家街农行办公楼4楼	王雪红	746400	(0939)5527968
永安财产保险股份有限公司甘南中心支公司	合作市东一路9号新世纪宾馆3楼	庞宏民	747000	(0941)8219129
天安保险股份有限公司甘肃省分公司	兰州市东岗西路382号兰州地质研究所5~6楼	管万林	730000	(0931)8263029
天安保险股份有限公司白银中心支公司	白银市白银区红星街286号中行6楼	李　丰	730900	(0943)8260050
天安保险股份有限公司天水中心支公司	天水市建设路8号中行7楼	张立民	741000	(0938)8277766
天安保险股份有限公司武威中心支公司	武威市凉州区东大街110号4楼	高录基	733000	(0935)6963007
天安保险股份有限公司平凉中心支公司	平凉市崆峒西路33号玄鹤宾馆3楼	刘世丰	744000	(0933)4163000
天安保险股份有限公司庆阳中心支公司	庆阳市西峰区广场南路13号智林大厦4楼	张建新	745000	(0934)8689386
天安保险股份有限公司酒泉中心支公司	酒泉市肃州区东环南路12号	王　岩	735000	(0937)2664676
天安保险股份有限公司陇南中心支公司	陇南市武都区北山东路陇南市扶贫办6楼	唐启勤	746000	(0939)8261201
平安养老保险股份有限公司甘肃分公司	兰州市城关区张掖路1号保利大厦25楼	孙苏予	730030	(0931)8434675
安邦财产保险股份有限公司甘肃分公司	兰州市城关区张掖路1号保利大厦A座15楼	刘长忠	730030	(0931)8405678
安邦财产保险股份有限公司白银中心支公司	白银市北京路96号	许肃川	730900	(0943)8229161
安邦财产保险股份有限公司天水中心支公司	甘肃省天水市秦州区自由路华苑小区写字楼	叶洪涛	741000	(0938)8225000
安邦财产保险股份有限公司武威中心支公司	武威市南大街南城门广场东侧综合楼2楼	陈庆基	733000	(0935)2216000
安邦财产保险股份有限公司张掖中心支公司	张掖市东环路仁和广场4号楼6层	柏奇山	734000	(0936)8224498
安邦财产保险股份有限公司平凉中心支公司	平凉市崆峒西路更天门花苑6号楼	高俊杰	744000	(0933)8711086
安邦财产保险股份有限公司庆阳中心支公司	庆阳市西峰区广场南路103号	晏得勤	745100	(0934)8272769
安邦财产保险股份有限公司酒泉中心支公司	甘肃酒泉玉门东路8号	辛海德	735000	(0937)2603301
安邦财产保险股份有限公司陇南中心支公司	陇南市武都区交警支队驾驶员培训中心4楼	林　涛	746000	(0939)8238056
安邦财产保险股份有限公司临夏中心支公司	临夏市红园新村58栋-5号	易先武	731100	(0930)6280506
安邦财产保险股份有限公司安定支公司	甘肃省定西市安定区交通路火车站办公楼3楼	刘　胜	743000	(0932)8281977
安邦财产保险股份有限公司合作支公司	合作市东一路市运管局4楼	马玉林	747000	(0941)8211877
安邦财产保险股份有限七里河支公司	兰州市城关区张掖路1号保利大厦A座15楼	陈　花	730030	(0931)8401922
太平人寿保险有限公司甘肃分公司	兰州市城关区皋兰路58号	贾平民	730030	(0931)8885902
新华人寿保险股份有限公司甘肃分公司	兰州市东岗西路638号兰州财富中心15楼	张　琦	730030	(0931)8116206

续表

机构名称	地址	负责人	邮编	电话
新华人寿保险股份有限公司白银中心支公司	白银市白银区水川路80号	包向民	730900	(0943) 8310903
新华人寿保险股份有限公司酒泉中心支公司	酒泉市肃州区雄关路9号	杨晓风	735000	(0937) 2615932
泰康人寿保险股份有限公司甘肃分公司	兰州市城关区东岗西路638号财富大厦13楼	谢宪民	730000	(0931) 4895562
泰康人寿保险股份有限公司白银中心支公司	白银市白银区公园路424号银都大厦4楼	孙彦国	730900	(0943) 8235090
泰康人寿保险股份有限公司平川支公司	平川区兴平北路18号1楼	高佑信	730913	(0943) 6622914
泰康人寿保险股份有限公司景泰支公司	景泰县一条山镇705路	田玉成	730400	(0943) 5521292
泰康人寿保险股份有限公司天水中心支公司	天水市秦州区民主西路2号	王　蕾	741000	(0938) 8272778
泰康人寿保险股份有限公司秦安支公司	秦安县成纪大道兴国信用社综合楼4~5楼	李金祖	741600	(0938) 6527768
泰康人寿保险股份有限公司甘谷支公司	甘谷县北大街商贸楼6号2楼	孔庆丽	741200	(0938) 5626977
泰康人寿保险股份有限公司武威中心支公司	武威市凉州区北关中路24号武威大酒店综合楼副楼	李开铭	733000	(0935) 2255510
泰康人寿保险股份有限公司民勤支公司	民勤县东大街国土资源局办公楼5楼	叶　伟	733300	(0935) 4121608
泰康人寿保险股份有限公司古浪支公司	古浪县古浪镇昌灵路（运管局1楼）	胡忠海	733100	(0935) 5122569
泰康人寿保险股份有限公司张掖中心支公司	张掖市甘州区南大街金房大厦5~7楼	贾　明	734000	(0936) 8258755
泰康人寿保险股份有限公司临泽支公司	临泽县粮食局办公楼6楼	李　虎	734200	(0936) 5522112
泰康人寿保险股份有限公司山丹支公司	山丹县南大街8号工行办公区	张荣水	734100	(0936) 2725065
泰康人寿保险股份有限公司酒泉中心支公司	酒泉市肃州区解放路41号院北侧楼1~2楼	张　伟	735000	(0937) 2672798
泰康人寿保险股份有限公司金塔支公司	金塔县解放路123号金塔县农村信用合作社营业办公楼北端1、4层	田春梅	735305	(0937) 4428557
泰康人寿保险股份有限公司敦煌支公司	敦煌市鸣山路32号国际旅行社敦煌分社办公楼3楼	单玉香	736200	(0937) 8831202
中国人民人寿保险股份有限公司甘肃省分公司	兰州市城关区南昌路1716号5楼	姜志强	730030	(0931) 8411108
中国人民人寿保险股份有限公司甘肃省分公司营业部	兰州市城关区民主西路299号至诚大厦6楼	陈渊博	730030	(0931) 8415368
中国人民人寿保险股份有限公司兰州市城关支公司	兰州市城关区民主西路299号至诚大厦6楼	杨　磊	430030	(0931) 8125365
中国人民人寿保险股份有限公司兰州市七里河支公司	兰州市七里河区农村信用合作联社7楼	陈霭丽	730050	(0931) 2609669
中国人民人寿保险股份有限公司兰州市西固支公司	兰州市西固区福利西路10号长业大厦13层	李宏斌	730060	(0931) 7545826
中国人民人寿保险股份有限公司兰州市安宁支公司	兰州市安宁东路	冯冬林	730030	(0931) 7751665
中国人民人寿保险股份有限公司白银市中心支公司	白银市白银区人民路101号新华书店10楼	夏兴鹏	730900	(0943) 8259068
中国人民人寿保险股份有限公司景泰县支公司	景泰县一条山镇705南路333号	王剑平	730400	(0943) 5523126
中国人民人寿保险股份有限公司靖远县支公司	靖远县风雷街临街2楼	权瑞东	730600	(0943) 6125318

续表

机构名称	地址	负责人	邮编	电话
中国人民人寿保险股份有限公司天水市中心支公司	天水市秦州区解放路毓秀苑	陈小平	741000	(0938) 8299111
中国人民人寿保险股份有限公司甘谷县支公司	甘谷县新城街156号	张　强	741200	(0938) 2618198
中国人民人寿保险股份有限公司秦安县支公司	秦安县青年东路9号	关春江	741600	(0938) 6523663
中国人民人寿保险股份有限公司平凉市中心支公司	平凉市东大街33号	王保利	744000	(0933) 8211299
中国人民人寿保险股份有限公司静宁县支公司	静宁县城关镇北环路83号	孟宪强	743400	(0933) 2523769
中国人民人寿保险股份有限公司泾川县支公司	泾川县城关镇北新街9号	代广奇	744330	(0933) 3322182
中国人民人寿保险股份有限公司庆阳市中心支公司	庆阳市西峰区广场南路103号	白宏文	745000	(0934) 8680536
中国人民人寿保险股份有限公司庆城县支公司	庆城县南大街24号	王　瑞	745100	(0934) 3210660
中国人民人寿保险股份有限公司镇原县支公司	镇原县城南环路马维山私有写字楼第4楼	苟世宏	744500	(0934) 7123889
中国人民人寿保险股份有限公司张掖市中心支公司	张掖市甘州区东街盘旋路农机大楼	伏志英	734000	(0936) 8278728
中国大地财产保险股份有限公司甘肃分公司	兰州市城关区庆阳路350号世纪广场B座27层	贾得荣	730030	(0931) 8441613
中国大地财产保险股份有限公司嘉峪关中心支公司	嘉峪关市新华中路37号中国农业银行嘉峪关市分行办公楼3楼	郭利民	735100	(0937) 6233555
中国大地财产保险股份有限公司金昌中心支公司	金昌市延安西路2号	安治斌	737100	(0935) 8220305
中国大地财产保险股份有限公司武威中心支公司	武威市凉州区胜利街4号信用联社2楼	魏录元	733000	(0935) 2258126
中国大地财产保险股份有限公司张掖中心支公司	张掖市东盘旋路张掖市工商行政管理局1~2层	王　毅	734000	(0936) 8258158
中国大地财产保险股份有限公司平凉中心支公司	庆阳市西峰区广场路永安花园小区11号楼2楼	李多成	745000	(0934) 8689808
中国大地财产保险股份有限公司华亭支公司	庆阳市华亭县华陇集团2楼	郭振民	744100	(0933) 7728580
中国大地财产保险股份有限公司庆阳中心支公司	平凉市西大街117号中国石油大厦4楼	肖宗宁	744000	(0933) 8222966
中国大地财产保险股份有限公司庆城支公司	平凉市庆城县北开发区广场路8号	王　刚	745100	(0934) 3228166
中国大地财产保险股份有限公司酒泉中心支公司	酒泉市肃州区世纪大道45号	高和平	735000	(0937) 2669581
中国大地财产保险股份有限公司敦煌支公司	敦煌市鑫棉接待中心3楼	杨文伟	7362000	(0937) 8837558
中国大地财产保险股份有限公司定西中心支公司	定西市安定区中华路127号大地保险公司	黄忠平	734000	(0932) 8282677
中国大地财产保险股份有限公司临夏中心支公司	临夏自治州红园路西口临夏煤炭公司3楼	鲁国义	731100	(0930) 6216208
阳光财产保险股份有限公司甘肃省分公司	兰州市城关区庆阳路488号万盛商务大厦11层	刘东来	730000	(0931) 8403456
阳光财产保险股份有限公司甘肃省分公司营业部	兰州市城关区庆阳路488号万盛商务大厦11层	郭朝晖	730000	(0931) 8401233
阳光财产保险股份有限公司白银中心支公司	白银市白银区水川路81号	朱　江	730900	(0943) 6925998
阳光财产保险股份有限公司白银中心支公司景泰支公司	景泰县条山镇南街	张新林	730900	(0943) 5527696

续表

机构名称	地址	负责人	邮编	电话
阳光财产保险股份有限公司酒泉中心支公司	酒泉市肃州区雄关路18号	闫玉鸣	735000	（0937）2603365
阳光财产保险股份有限公司定西中心支公司	定西市安定区民主北路173处办公楼4楼	武占青	743000	（0932）8217111
都邦财产保险股份有限公司甘肃分公司	兰州市城关区民主西路299号至诚大厦7楼	金　文	730000	（0931）2105818
都邦财产保险股份有限公司天水中心支公司	天水市秦州区泰山东路31号长途汽车站1楼	陈　晟	741000	（0938）6812998
都邦财产保险股份有限公司张掖中心支公司	张掖市甘州区东环路339号	韩建宏	734000	（0936）6920888
都邦财产保险股份有限公司平凉中心支公司	平凉市崆峒西路天门花苑小区6号楼1～2楼	戴琪军	744000	（0933）8711766
都邦财产保险股份有限公司酒泉中心支公司	酒泉市西大街15－1号	王　钊	735000	（0937）2626198
中国人寿财产保险股份有限公司甘肃省分公司	兰州市城关区静宁路321号甘肃省电影发行放映公司办公楼1～3楼	王　权	730030	（0931）8439301
中国人寿财产保险股份有限公司兰州市中心支公司	兰州市城关区静宁路321号甘肃省电影发行放映公司办公楼1～3楼	赵从善	730030	（0931）2100983
中国人寿财产保险股份有限公司东岗高新技术开发区支公司	兰州市城关区雁滩路3602号	梁永军	730010	（0931）8507073
中国人寿财产保险股份有限公司七里河区支公司	兰州市七里河区西津东路178号15层	王珍宏	730050	（0931）2614221
中国人寿财产保险股份有限公司西固区支公司	兰州市西固区西固中路598号	宗世恩	730060	（0931）7369500
中国人寿财产保险股份有限公司红古区支公司	兰州市红古区海石湾镇平安路	金智远	730084	（0931）2100969
中国人寿财产保险股份有限公司城关区支公司	兰州市城关区静宁路321号	冯宇民	730030	（0931）2100989
中国人寿财产保险股份有限公司安宁区支公司	兰州市安宁区银安路470号（安宁区人民检察院办公东1楼大厅）	张晓龙	730070	（0931）7667008
中国人寿财产保险股份有限公司永登区支公司	永登县城关镇人民街东段	马维民	730300	（0931）6421488
中国人寿财产保险股份有限公司白银市中心支公司	白银市白银区人民路58号粮食局办公楼1～2楼	刘　生	730900	（0943）8238809
中国人寿财产保险股份有限公司平川区支公司	白银市平川区乐雅路181号	张　平	730910	（0943）6625001
中国人寿财产保险股份有限公司靖远支公司	靖远县风雷街	苟　芳	730920	（0943）6129629
中国人寿财产保险股份有限公司嘉峪关市中心支公司	嘉峪关市五一南路1908号新宇公司办公楼1～2楼	刘玲英	735100	（0937）6330599
中国人寿财产保险股份有限公司矿区支公司	甘肃矿区中核四0四有限公司行政处1楼	周旭（兼）	732850	（0937）6769355
中国人寿财产保险股份有限公司金昌市中心支公司	金昌市金川区昌泰里国红华昌商铺楼	秦国伟	737100	（0935）8310300
中国人寿财产保险股份有限公司张掖市中心支公司	张掖市甘州区东街125号1～2楼	赵兴成	734000	（0936）8440599
中国人寿财产保险股份有限公司山丹县支公司	山丹县东环北路41号	吴　霖	734100	（0936）2727124
中国人寿财产保险股份有限公司高台县支公司	高台县城关镇西城河路原木器厂北侧	王兴斌	734300	（0936）6622970
中国人寿财产保险股份有限公司临泽县支公司	临泽县西关街236号	王　军	734200	（0936）5532519
中国人寿财产保险股份有限公司平凉市中心支公司	平凉市崆峒区定北路望台花园8号楼	兰小平	744000	（0933）8230768

续表

机构名称	地址	负责人	邮编	电话
中国人寿财产保险股份有限公司华亭县支公司	华亭县东大街经济局办公楼1~2楼	王军旺	744100	(0933) 7729561
中国人寿财产保险股份有限公司静宁县支公司	静宁县北二环路二建公司家属楼1楼14号铺面	李晓雄	743400	(0933) 2529756
中国人寿财产保险股份有限公司庆阳市中心支公司	甘肃省庆阳市西峰区解放西路副食厂1号综合楼	崔建笃	745000	(0934) 8611950
中国人寿财产保险股份有限公司酒泉市中心支公司	酒泉市肃州区雄关路金港湾小区9-6号楼3号营业门点及3楼	张锐峰	735000	(0937) 2613519
中国人寿财产保险股份有限公司玉门市支公司	玉门市新市区玉关南路西测玉港实业有限公司办公楼1~2楼	田宏选（兼）	735211	(0937) 3363958
中国人寿财产保险股份有限公司敦煌市支公司	敦煌市月影广场北侧商租楼	朱新全	736400	(0937) 8840997
中国人寿财产保险股份有限公司瓜州县支公司	瓜州县文化街4号医药公司2楼	顾超荣	736100	(0937) 5528012
中国人寿财产保险股份有限公司定西市中心支公司	定西市中华路新华书店1楼、3楼	何保军	743000	(0932) 8210166
中国人寿财产保险股份有限公司临洮县支公司	临洮县东大街2号工商银行临洮支行办公楼2~3楼	王腕国（兼）	743400	(0932) 2234898
中国人寿财产保险股份有限公司陇西县支公司	陇西县东大街游击巷口东侧	贺美琴	743200	(0932) 6611768
中国人寿财产保险股份有限公司陇南市中心支公司	陇南市武都区建设南路陇南市邮政局附属楼1楼、4楼	郭爱平	746000	(0939) 8260625
中国人寿财产保险股份有限公司成县支公司	成县城关镇陇南大道（新华书店院内）	尹春贵	742500	(0939) 3200518
中国人寿财产保险股份有限公司徽县支公司	徽县城关镇建新路14号农村信用联社办公楼1楼、5楼	姚新明	742300	(0939) 7528686
中华联合财产保险股份有限公司甘肃分公司	兰州市民主西路226号西北弘大厦A座23~24楼	祁成民	730030	(0931) 8861939
中华联合财产保险股份有限公司兰州市城关区支公司	兰州市武都路510号办公楼3-6层	王自信	730000	(0931) 8460733
中华联合财产保险股份有限公司兰州市红古区支公司	红古区海石湾平安路976号1楼	尹建国	730080	(0931) 6223077
中华联合财产保险股份有限公司兰州市七里河区支公司	兰州市七里河区西津东路570号水电四局高层2103室	王凯平	730050	(0931) 2666918
中华联合财产保险股份有限公司兰州市西固区支公司	兰州市西固区西固中街56号五金商务楼3楼	李有元	730060	(0931) 7364119
中华联合财产保险股份有限公司兰州市安宁区支公司	兰州市安宁区安宁东路240号弹簧厂家属楼1楼	马德胜	730070	(0931) 7752316
中华联合财产保险股份有限公司榆中县支公司	榆中县太百东路1号供销宾馆六楼	张振坤	730100	(0931) 5229198
中华联合财产保险股份有限公司皋兰县支公司	皋兰县城关镇北辰路362号检察院办公楼1~2楼	彭正进	730200	(0931) 5722581
中华联合财产保险股份有限公司永登县支公司	永登县中华街新世纪建材市场大门对面312国道东端	周有卫	730300	(0931) 6412011
中华联合财产保险股份有限公司白银市白银区支公司	白银区人民路51号办公楼1楼	霍飞	730913	(0943) 8263989
中华联合财产保险股份有限公司白银市平川区支公司	平川区长征东路251号公交公司新建办公楼1~2楼	张克霞	730913	(0943) 6626216
中华联合财产保险股份有限公司会宁县支公司	会宁县桃花山开发区什字郭城供电分局家属楼1楼	任永清	743200	(0943) 3229075
中华联合财产保险股份有限公司靖远县支公司	靖远县靖远一中操场北面2楼6-8号	张武林	730600	(0943) 5962685
中华联合财产保险股份有限公司景泰县支公司	景泰县条山镇黄河路世民宾馆1~3楼	王达国	730400	(0943) 5524333

续表

机构名称	地址	负责人	邮编	电话
中华联合财产保险股份有限公司天水市秦州区支公司	天水市秦州区岷山路88号畅和居6号1~2楼	范弟	741000	(0938)8289355
中华联合财产保险股份有限公司嘉峪关市支公司	嘉峪关市五一南路朝阳花园中国信合大厦1楼	王经建	735100	(0937)6318955
中华联合财产保险股份有限公司金昌市金川区支公司	金昌市延安路102号消防支队1楼	周建国	737100	(0935)6910701
中华联合财产保险股份有限公司永昌县支公司	永昌县城关镇南大街玉器公司1楼	周建国	737200	(0935)7526118
中华联合财产保险股份有限公司武威市凉州区支公司	武威市凉州区建设北路21号武威市宗泰宾馆2楼	许兴明	733000	(0935)6123533
中华联合财产保险股份有限公司张掖市甘州区支公司	张掖市甘州区南环路西延伸段路南银监局办公大楼1楼	董家炳	734000	(0936)8889018
中华联合财产保险股份有限公司山丹县支公司	山丹县南环路29号	张有杰	734100	(0936)2726665
中华联合财产保险股份有限公司高台县支公司	高台县县府街9号县粮食局办公楼1楼	何立新	734300	(0936)6629598
中华联合财产保险股份有限公司民乐县支公司	民乐县世纪嘉园大门南侧2号	樊有平	734500	(0936)4438509
中华联合财产保险股份有限公司临泽县支公司	临泽县健康路供暖公司综合楼1楼	汪兴荣	734200	(0936)5526222
中华联合财产保险股份有限公司平凉市崆峒区支公司	平凉市崆峒区崆峒中路245号盐务局1~3楼	邢刚文	744000	(0933)8712899
中华联合财产保险股份有限公司庆阳市西峰区支公司	庆阳市西峰区民族路111号1~2楼	朱忠贤	745101	(0934)8229615
中华联合财产保险股份有限公司酒泉市肃州区支公司	酒泉市肃州区西关路11号西峰乡官北沟村委会综合楼	刘俊	735000	(0937)2669388
中华联合财产保险股份有限公司敦煌市支公司	敦煌市阳关西路甘肃省国家安全厅敦煌培训中心5号楼1楼	刘一鸣	736200	(0937)8822255
中华联合财产保险股份有限公司金塔县支公司	金塔县解放路384号中国工商银行金塔县支行办公楼3楼	王生德	735300	(0937)4422012
中华联合财产保险股份有限公司玉门市支公司	玉门市新市区清泉路北侧农业发展银行1~2楼	辛建军	735211	(0937)3339962
中华联合财产保险股份有限公司瓜州县支公司	瓜州县渊泉镇南大街1号电信局办公楼1楼	王勇	736100	(0937)5525860
中华联合财产保险股份有限公司定西市安定区支公司	定西市安定区中华路129号1~2楼	刘润和	743000	(0932)8223666
中华联合财产保险股份有限公司陇南市武都区支公司	陇南市武都区下北山文明巷金融培训中心1楼	雷少武	746000	(0939)8235095
中华联合财产保险股份有限公司合作市支公司	合作市人民街南路合作市青少年校外活动中心2楼	王都吉	747000	(0941)8219686
中华联合财产保险股份有限公司临夏市支公司	临夏市民主西路49号古河州酒厂商住楼1~2楼	徐浩明	731100	(0930)6241666
幸福人寿保险股份有限甘肃分公司	兰州市城关区庆阳路350号世纪广场B座26楼	黄占平	730030	(0931)2158400
幸福人寿保险股份有限公司兰州市城关支公司	兰州市城关区庆阳路169号陇鑫大厦17层	黄晓辉	730030	(0931)8471133

甘肃省其他保险中介公司机构名录

机构名称	地址	负责人	邮编	电话
甘肃鸿润保险经纪有限公司	兰州市城关区白银路123号（新闻大厦）	李煜	730030	(0931)8400246
兰州翔宇保险代理有限公司	兰州市城关区东岗西路252号	赵伯涛	730030	(0931)8832802

续表

机构名称	地址	负责人	邮编	电话
甘肃江泰保险经纪有限公司兰州分公司	城关区庆阳路53号兴隆大厦A座4楼	冯杰	730030	(0931) 2120933
安诺保险经纪有限公司甘肃分公司	兰州市城关区张掖路65号B塔2003室	沈少平	730030	(0931) 8838526
甘肃安泰保险代理有限公司	兰州市七里河区西津东路445号	李妍	730050	(0931) 2650329
兰州众源保险代理有限公司	兰州市城关区酒泉路乾昌大厦811号	阎军红	730030	(0931) 8430875
兰州天域保险代理有限责任公司	兰州市城关区庆阳路91号建信大厦1802室	于春花	730030	(0931) 8822555
甘肃金轮保险代理有限公司	兰州市城关区民主东路385号金轮大厦	陈志权	730000	(0931) 4953170
北京金城国际保险经纪有限公司兰州分公司	兰州市城关区庆阳路98号甘肃省公安厅西楼315室	程坚	730030	(0931) 4159888
甘肃华盛陇安保险代理有限公司	兰州市城关区民主西路226号	周涛	730000	(0931) 8106588
甘肃奔马恒发保险代理有限公司	兰州市城关区九州大道66号	金宽荣	730046	(0931) 8333672
长安保险经纪有限公司甘肃分公司	兰州市建工西街3号金雨大厦15楼	陈乾坤	730050	(0931) 2958045
甘肃吉安保险经纪有限责任公司	兰州市城关区庆阳路350号世纪广场B座22层	尚进忠	730030	(0931) 8441455
北京联合保险经纪有限公司甘肃省分公司	兰州市城关区通渭路1号房地产大厦16层	袁栋	730030	(0931) 2118818
北京华育保险经纪有限公司甘肃分公司	兰州市东岗西路582号	郭省谋	730000	(0931) 8882500
甘肃谕庆保险代理有限公司	兰州市东岗西路629号	周富明	730030	(0931) 845966
甘肃谕庆保险代理有限公司天水分公司	天水市秦州区人民西路36号	李哲军	741000	(0931) 4989088
甘肃兰天保险代理有限公司	兰州市城关区广场北路168号	王安平	730030	(0931) 8412035
长城保险经纪有限公司甘肃分公司	兰州市城关区团结一路 省政协办公大楼东楼101室	程黎	730020	(0931) 8583188
甘肃万宁保险代理有限公司	兰州市城关区东岗西路382号	候保健	730020	(0931) 8663790
中盛国际保险经纪有限公司甘肃分公司	兰州市城关区国芳写字楼1101室	赵旭东	730030	(0931) 8738001